T0400114

Peter Gülke – Guillaume Du Fay

Du Fay – links vor dem Portativ – und Binchois – rechts, mit der Harfe, Miniatur aus einer um 1451 in Arras angefertigten Kopie des *Champion des Dames* von Martin le Franc (Paris, Bibliothèque Nationale, fonds français 12476, folio 98 recto

Peter Gülke

Guillaume Du Fay

Musik des 15. Jahrhunderts

Verlag J.B. Metzler Stuttgart · Weimar
Bärenreiter Kassel

Bibliografische Information Der Deutschen Bibliothek
Die Deutsche Bibliothek verzeichnet diese Publikation in der Deutschen Nationalbibliografie; detaillierte bibliografische Daten sind im Internet über <http://dnb.ddb.de> abrufbar

ISBN 978-3-476-01883-0 (J.B. Metzler)
ISBN 978-3-476-02848-8 (eBook)
DOI 10.1007/978-3-476-02848-8

Ursprünglich erschienen bei J.B. Metzlersche Verlagsbuchhandlung und Carl Ernst Poeschel GmbH in Stuttgart 2003
www.metzlerverlag.de
info@metzlerverlag.de

Inhalt

Anhang

Inhalt

Vorwort

Guillaume Du Fay, zu seiner Zeit in seinem Fach eine Jahrhundertfigur, stellt sich heute im Bewußtsein der musikalischen Öffentlichkeit als nebulöse bis legendäre Größe dar, nahezu als Geheimtip für Spezialisten und Eingeweihte. Die Gründe hierfür sind zu vielfältig, zu tief mit der Strukturierung des Musiklebens, mit der Art und Weise unseres Musikhörens und -erlebens verbunden, als daß einer, der über ihn zu schreiben unternimmt, versuchen dürfte, sie geradenwegs zu entkräften oder auf einen Akt ausgleichender Gerechtigkeit auszugehen. Wichtiger und angemessener wäre anhand unterschiedlicher Stücke und von verschiedenen Seiten her immer neu zu fragen, weshalb und inwiefern diese Musik sich uns entzieht und dennoch eine Vorstellung vermittelt von dem, was sich da entzieht. Weil sich unter dem Gegendruck dieser Fragestellung tragfähige Verständnisbrücken am ehesten bauen lassen, hat der Rekurs auf sie mit Resignation nichts zu tun.

Würden wir nicht so fragen, hätten wir mehr Anlaß zu Resignation – beispielsweise angesichts der Nachbarschaft von Hochschätzung und raschem Vergessen nach Du Fays Tod, noch mehr angesichts der Selbstverständlichkeit, mit der fast alle kulturgeschichtlichen Darstellungen seiner Zeit Musik vernachlässigen und sich ersparen, dieses anhand der Quellen leicht überführbare Defizit zu reflektieren. Wenn schon nicht hierüber, müßten wir uns wenigstens darüber wundern, daß eine musikalische »Achsenzeit«[1], in der die wichtigsten Weichen für die Entwicklung des mehrstimmigen Komponierens gestellt und Maßstäbe etabliert wurden, bei denen spätere Generationen oft nur mit Mühe mithalten konnten – nicht zufällig trägt deren ambitionierteste Darstellung aus jüngerer Zeit den Titel *The Rise of European Music*[2] –, so wenig Aufmerksamkeit findet. Freilich hätten wir die Gegenfrage zu gewärtigen, weshalb wunderbare Musik komponiert, wunderbar aufgeführt und kompetent über Musik geschrieben werden konnte von Leuten, die von Du Fay, Ockeghem oder Josquin des Prés keine Ahnung hatten. Sie wären, sofern sie sich zu verteidigen nötig fänden, kaum widerlegbar mit der Argumentation, deren Schöpfungen hätten nur eine winzige Enklave in der Gesamtmasse des seinerzeit Gesungenen bzw. Musizierten gebildet, und die Art und Weise, in der wir Zutritt zu dieser Enklave suchten, hätte mit dem originaliter zugehörigen, vermutlich enttäuschend pragmatischen, viel weniger ästhetischen Verständnis wenig gemein.

Wer immer wieder auf die Situation der entfernten, schwer zugänglichen Musik rekurriert, bekommt, weil er einen weiten Problemhorizont offenhalten muß, mit einem methodischen Dilemma zu tun: Sauberes Nacheinander im Abhandeln aller auf Grundsätzliches zielenden Fragestellungen muß er sich versagen, Verflechtungen von Werk und Biographie, Wiederholungen, wie immer aufs jeweilige Detail zuspitzend, kann er nicht vermeiden. Im vorliegenden Buch betrifft das die Problematik der Epochengrenze ebenso wie die eines angemessenen Hörens, diejenige adäquater ästhetischer Kategorien ebenso wie die soziologische der jeweils gemeinten Adressaten, diejenige des Verhältnisses der notierten, komponierten zur nicht notierten, vornehmlich usuell geprägten Musik ebenso wie die der Aufführungsweisen, es betrifft das Spannungsverhältnis zwischen der Dynamik der in den Werken initiierten

1 Eine Prägung von Karl Jaspers, vgl. ders.: *Vom Ursprung und Ziel der Geschichte*, Frankfurt am Main/Hamburg 1955, S. 58 ff.

2 Strohm 1993

Entwicklung und deren Abbremsung in konsistenten Strukturen ebenso wie dasjenige einer zunehmend prätendierten ästhetischen, wo nicht gar personenbezogenen Unverwechselbarkeit und der anonymisierenden Einbindung in Anlässe, Funktionen, Rituale, transzendierende Bezüge.

Der eingangs behauptete, auf legendäre Größe reduzierte Du Fay scheint im Widerspruch zu stehen zu hochachtbaren, vielfältigen musikwissenschaftlichen Bemühungen und zur Arbeit von Spezialensembles, welche dem Interessierten kompetente Höreindrücke vermitteln, im Widerspruch auch zum interessierten, sachkundigen Verhältnis zu Du Fay bei etlichen Komponisten unserer Zeit. Wir verfügen über eine, wie immer umstrittene, mittlerweile ergänzte und weiter ergänzungsbedürftige Gesamtausgabe, eine den Lebensweg nahezu lückenlos erhellende Dokumentation und können Aufführungen erleben, deren Überzeugungskraft uns das Gefühl vermittelt, dieser Musik nahe zu sein – und betreten damit das Glatteis einer waghalsigen, geschichtsbedingten Dialektik: Denn unsere Vorstellungen von musikalischer Plausibilität und Wirkung, von musikalischem Ausdruck und Erleben – das betrifft auch die Musizierenden – sind fast ausschließlich geprägt durch Erfahrungen mit jüngerer Musik, und derlei tief in unsere Emotionalität gebettete Erfahrungen und Prägungen können und dürfen wir nicht leichthin gegen andere austauschen. Der Du Fay, der uns günstigstenfalls erreicht, ist ein widergespiegelter Du Fay; nur die gröbsten Brechungen des Spiegels sind unserer Rechenschaft zugänglich, und pedantische Rechenschaften sollten wir nicht unbedingt wünschen – sie gefährden die risikofreudig-unvermittelte Spontaneität des Zugangs, weil zu oft in Auskünfte darüber mündend, was wir mit dieser Musik *nicht* tun dürfen.

Diese heutzutage in der Spielweise von Spezialensembles oft überzeugend entschärfte, weil integrierte Problematik zu erinnern erscheint nicht überflüssig, weil sie beim Anhören jener Musik ungefragt mitarbeitet – beispielsweise, wenn wir Reglements von Kirchentonarten auf die uns geläufigere Dur-Moll-Polarität bezogen, also reduziert erleben; wenn später »dominantisch« genannte Harmoniefolgen oder periodische Stimmigkeiten allzu anheimelnd hervorleuchten, ein Stück wie *Se la face ay pale* uns vertraut und »modern« entgegenspringt und zu entsprechenden Schlußfolgerungen einlädt, obwohl es in jeder Hinsicht eine Ausnahmelösung darstellt[3]; wenn Doppelleittonkadenzen unserer diatonisch eingeschworenen Wahrnehmung fremder entgegenklingen als den Ohren damals, weil z.B. bei einem dem schließenden *d – a – d'*- Klang vorausgehenden *e – gis – cis'* die Assoziation *cis*-Moll stärker ins Gewicht fällt als die Zwangsläufigkeit der melodischen Fortschreitungen von *e* nach *d*, *gis* nach *a*, *cis'* nach *d'*; oder wenn uns ein Quint-Oktavklang »hohl« erscheint und nicht, wie dem damaligen Verständnis entspräche, stärker schließend als ein durch die »unvollkommene« Terz getrübter. Solcher Verschiebungen sich erwehren zu wollen erscheint nicht nur sinnlos, weil man sich gar nicht wehren kann, sondern auch, weil es die Bandbreite der rezeptiven Möglichkeiten verengen und bestimmte Berührungen ausschließen, mithin Vorurteile praktizieren hieße, bevor eine ungeschützte Begegnung mit der Andersartigkeit dieser Musik stattgefunden hat. Selbstverständlich bleibt beispielsweise die unten[4] angebotene Deutung für den Doppelleittonklang in der Motette *Supremum est* dem Verdacht ausgesetzt, allzu sehr von den angesprochenen Verschiebungen inspiriert zu sein; ihretwegen empfinden wir gewiß auch die doppelleittönigen Kadenzfloskeln u.a. bei Motettenschlüssen der zwanziger und dreißiger Jahre stärker als formelhaft angehängt als die Menschen damals. Wiederum sollte uns vor

---

3 Vgl. S. 57 ff., 345 ff.

4 S. 168/169

übertriebenem Mißtrauen in unsere Eindrücke und Empfindungsweisen u. a. die Beobachtung bewahren, daß eine doppelleittönig ausmündende, modern gesprochen: von *G* nach *cis* führende kleine Wendung in der Ballade *Resvellies vous* und in der nach ihr benannten Messe[5] Du Fay charakteristisch genug erschien, um als auffällige Kennmarke zu dienen, und daß er in dem vieldiskutierten Rondeau *Hélas, ma dame, par amours*[6] die Besonderheit einer ähnlich fremd einfallenden Harmonie benutzt, indem er sie als Zielpunkt eines dreimal nahezu identischen Melodiegangs erst beim dritten Mal einsetzt, nachdem er bei beiden vorangegangenen Malen die Erwartungen auf einen anderen, »natürlicheren« Auslauf eingeschworen hat.

Für die Handhabung des Abstandes zwischen dem auf legendäre Größe reduzierten Du Fay und vermehrten Kenntnissen, zwischen der Aura des Entlegenen und einer oftmals unmittelbar sich mitteilenden Klangrede bietet sich die von seinem Zeitgenossen Nikolaus von Kues definierte Denkfigur der *docta ignorantia* an: Je mehr wir wissen, desto genauer wissen oder ahnen wir, was wir nicht wissen, desto genauer kennen wir Art und Weise unseres Nichtwissens und die Richtung, in der die unerreichbaren, unwißbaren Dinge liegen. »Les œuvres cessent d'amuser, d'exciter. – Elles peuvent avoir une seconde vie pendant laquelle on les *consulte*, à titre d'enseignement – et une troisième, – à titre d'enseignement ... Joie d'abord. – Puis, leçon technique. – Enfin, document.«[7]. So zutreffend dies immer erscheinen mag – vielleicht sind »Freude ... Unterweisung ... Dokument« in Bezug auf die Werke doch nicht so säuberlich scheidbar, vielleicht können wir uns vom »Dokument« über die »Unterweisung« zu mancher »Freude« zurücktasten.

So eindringlich bei dem Versuch vor falscher Vertraulichkeit mit anheimelnden Details gewarnt werden muß, welche uns ähnlich trügerisch entgegenkommen wie in nah verwandten Sprachen verständlich erscheinende Worte mit andersartigen Bedeutungen, so einseitig wäre es, unsere Rezeption für unbelehrbar zu halten und Annäherungen keine Chance zu geben. Jede neue, gründlich erfahrene, erlebte und reflektierte Musik, welcher Art auch immer, verändert unsere Begriffe von Musik, unsere Rezeption, uns selbst; keineswegs arbeiten die rationalen Momente der musikalischen Wahrnehmung so autonom an den emotiven vorbei – im Gegenteil: Musik ist die hohe Schule ihrer Kooperation –, als daß intime Kenntnisse von Strukturen, Aufführungsumständen etc. nicht auch das vermeintlich naive Hören mitformen würden. Nicht zufällig sprechen wir von »Einhören«, wenn bei mehrmaliger Beschäftigung die Außenansicht einer vordem unvertrauten Musik, die zunächst deren Besonderes darzustellen schien, durchlässig wird und innerwärts die Details zu reden beginnen. Genau darum geht es bei alter Musik. Ihre Stilistik, jenes heute Besondere, einstmals das fast unter der Wahrnehmungsschwelle liegende Selbstverständliche, stellt für uns, angefangen bei der Aura von Entlegenheit, von verlorener Einfalt oder einer von fernher tönenden frommen Botschaft, als Firnis und Patina einen eigenen ästhetischen Reiz dar, sie könnte unsere Aufmerksamkeit so sehr binden, daß wir die Sprache der darunter, dahinter befindlichen Details nicht vernehmen. Um diese jedoch war es den Komponierenden zu tun. Im Übrigen machen die generalisierenden Wirkungen dessen, was hier summarisch »Patina« genannt wird, nicht nur der Musik zu schaffen: Wie schwer tut sich mancher, der die sakrale Großartigkeit mittelalterlicher Kir-

5 Vgl. Kap. IV

6 S. 64 und 214

7 Paul Valéry, *Autres rhumbs*, in: ders., *Œuvres*, Édition de la Pléiade, Paris 1960, Band II, S. 679; »Die Werke hören auf anzuregen, zu ergötzen. – Vielleicht leben sie ein zweites Mal, wenn man sie um der Belehrung willen *befragt* – und ein drittes Mal, wenn es wegen der Tatsachen geschieht ... Erst sind sie zur Freude da, dann zur Unterweisung, zuletzt als Dokument.« Paul Valéry, *Werke*, Frankfurter Ausgabe, Band 5, Frankfurt 1991, S. 262

chenräume zuerst im Zusammenhang mit deren Monochromie, mindestens stark verblaßter Farben, erfahren hat, mit farbenfrohen, fraglos authentischen Restaurationen; welchen geradehin orientalischen Farbenprunk müßte er mit seinen bisherigen Vorstellungen übereinbringen, wenn er in eine gemäß den Erkenntnissen der Kunsthistoriker wiederhergestellte gotische Kathedrale[8] eintreten oder der in ihrer ursprünglichen Polychromie erstrahlenden Goldenen Pforte in Freiberg[9] ansichtig würde!

Patina außen und Strukturen innen strikt auseinanderzuhalten wäre indessen nicht nur entmutigend, sondern falsch; es zöge eine Scheidung von Mittel und Intention nach sich, in deren Konsequenz beispielsweise verminderte Septakkorde bei Mozart, Moll-Dur-Wechsel oder mediantische Übergänge bei Schubert durch massenhafte Verwendung im späteren 19. Jahrhunderts um ihre Wirkung und Leuchtkraft gebracht sein müßten. Sie sind es nicht; ihnen bleibt, als Überschuß über ihre materielle Konfiguration und nicht von ihr ablösbar, der syntaktische Zusammenhang erhalten, die Art und Weise, wie, und die Begründungen, warum sie so eingesetzt sind, wie der Verlauf auf sie zukommt und sich von ihnen entfernt, und viele andere Momente, die den originalen Stellenwert reflektieren und mindestens teilweise reaktivieren. Es gehört zu den Wundern großer Musik, daß sie den Hörenden anzusaugen, an den ihr eigenen Regelkreis heranzuziehen vermag – kaum fühlbar, wenn sie vertraut, und deutlicher fühlbar, wenn sie weit entfernt ist. Dennoch bedarf es besonderer Aufmerksamkeit, um etwa die katastrophischen Dimensionen bei Schubert oder Mozart, Bachs waghalsige Grenzgänge oder die »Lieder ... jenseits der Menschen« (Celan) beim späten Beethoven nachzuvollziehen – auch deren Musik altert bzw. hat, gewiß weniger wahrnehmbar, Patina. So könnte man sagen, daß Du Fay nur handgreiflich vorführt, was jenen eines, hoffentlich fernen, Tages auch bevorsteht, vielleicht auch, daß die Beschäftigung mit seiner Musik jenen Tag hinausschieben hilft.

Und umgekehrt. Patina, oder was wir als Notbehelf so nennen, ist nicht nur ein Hinzugekommenes, nicht nur Staubschicht der Jahrhunderte, sie wirkt auch als Optik und Dolmetsch, sie sickert in die Strukturen ein und macht als Kontrastmittel sichtbar, was früher Lebende nicht sahen. Wir brauchen nur Erfahrungen mit heutiger Musik zu vergegenwärtigen, um zu wissen, daß nicht ausschließlich das Verhältnis der Zeitgenossen zum jeweils neu Komponierten als authentisch zu gelten braucht und jede spätere Wahrnehmung als durch Abstand neutralisiert, gemildert, beschönigt oder gar verfälscht. Musik realisiert sich allein in der Summe aller, auch peripherer Arten und Weisen, in denen sie gespielt, gehört, erlebt worden ist; sie braucht Zeit, möglicherweise viel Zeit, welche erst endet, wenn keiner mehr zuhört. Wenn wir, eigenen Eindrücken mißtrauend, von Patina und aus der Ferne herübertönenden Botschaften sprechen, meinen wir, meist unausgesprochen, mehr – die so gelassene wie eindringliche Klangrede einer Musik, die sich nicht, wie heutige, gegen die Überspülung durch den Geräuschpegel des täglichen Lebens und gegen andere Musik wehren muß und klingend Segmente jener größeren Stille umschreibt, aus der sie herkommt; die nicht, wie die heutige, die Last immerwährenden Einspruchs gegen unerträgliche Beschleunigungen trägt; die im allmählichen, nahezu rituellen Vorantasten der Linien im Tonraum die Behutsamkeit aufbewahrt, mit der man mit dem jungen Wunder artifizieller Mehrstimmigkeit umging, und im Formelwesen der Kadenzierungen das Wissen, daß polyphone Gespinste zerbrechliche Gebilde sind, die markierender Stützungen bedürfen.

---

8 Hierüber u.a. Sedlmayr 1950, S. 26 ff.

9 Manfred Hübner/Manfred Lohse, *Dom St. Marien Freiberg/Sachsen*, 4. Aufl. Rostock 2001, S. 84

Dennoch tut eine Darstellung gut daran, den Aufenthalt bei der Außenansicht zu verkürzen, es von vornherein möglichst genau machen zu wollen und mit Pauschalierungen sparsam umzugehen – deshalb im vorliegenden Buch analytische Betrachtungen, welche dem auf rasche Summierungen oder Lese-Kurzweil Ausgehenden nicht gefallen mögen und trotz beigegebener Hilfsmittel die Paradoxie riskieren, sich auf Einzelheiten einer in jedem Sinne schwer erreichbaren Musik einzulassen, die der Leser nicht sogleich vergegenwärtigen kann. In dieser Richtung hat den Autor nicht zuletzt die Erfahrung bestärkt, daß schon pedantische, lediglich bewußtmachende Beschreibungen von Details und Zusammenhängen bekanntester Bilder, vertrautester Gedichte die Intensität der Wahrnehmung, die – auch emotionelle – Nähe befördern. Angesichts der besonderen Schwierigkeiten der Vergegenwärtigung der Musik auf eingehende Analysen zu verzichten hieße von vornherein Annäherungen und Ansprüche verlorenzugeben, welche bei anderen, mit Literatur und Kunst befaßten Wissenschaften selbstverständlich sind. Die Verfolgung einer melodischen Linie, welche allmählich vorgegebene Tonräume erschließt, Spitzentöne sorgsam setzt, innerhalb einer Zeileneinheit von einer prägnanten Wendung zu freiem melismatischem Fluß und endlich zu kleingliedriger Bewegung fortgeht, in deren Führung immerfort und bei wechselnden Gewichtungen der Bezug auf eine der anderen Stimmen fühlbar bleibt, mit denen sie bald mehr, bald weniger deutlich dialogisiert; die Beobachtung meist diskret gehandhabter rhetorischer Momente oder symbolischer Kontexte von An- oder Abstiegen, des Ausdruckswertes auffälliger Intervalle wie der verminderten Quart oder des fein dosierten Gewichtes von Zeilenschlüssen etwa im Rondeau, die für verschiedenartige Fortführungen taugen müssen – derlei Aufmerksamkeit schult eine »sich innigst identisch machende« Sensibilität, an der alle wahrnehmenden Instanzen teilhaben und die Unterscheidung intellektueller und emotiver Momente abprallt. Deshalb hat den Autor die Erwartung nicht entmutigt, daß nicht jeder Leser sich durch das Nadelöhr detaillierter Analysen hindurchzwängen wird.

Im Übrigen bewegt die die Strukturen analytisch abtastende »zarte Empirie«[10] sich auf den Spuren der, auch aus der Form der Aufzeichnung ersichtlichen, seinerzeit geforderten Art und Weise der Wahrnehmung – nicht zufällig taucht bei dem am stärksten auf Du Fay bezogenen Theoretiker, Johannes Tinctoris, erstmals der Gesichtspunkt der »*eruditio aureum*«, der Schulung der Ohren auf[11]. Diese von Sängern für Sänger komponierte Musik ist zu deutlich als prozessuale Entfaltung konzipiert, als daß man simpel unterscheiden dürfte zwischen der Wahrnehmung durch den sie von innen her aufschließenden Sänger bzw. Instrumentisten und derjenigen des von außen erlebenden Hörers; anders als in der uns geläufigen Darbietungssituation meint sie nicht in erster Linie den Hörer, die Maßgaben einer unmittelbar sich mitteilenden Plausibilität sind ihr fremd, mithin auch diejenigen einer gerundeten, sich selbst genügenden Vollendung. Sie braucht, eine Musik der Spezialisten und der Eingeweihten, nicht zu überzeugen, zu überreden, zu überwältigen – Heinrich Besselers suggestiver Brückenschlag zwischen *varietas* und Mystik[12] z.B. erscheint zu stark einer ihr fremden Wirkungsästhetik geschuldet. Ihr wichtigster Adressat, die Transzendenz, mit der sie durch die Nabelschnur des Cantus firmus verbunden ist, dispensiert sie von allzu direkten Verpflichtungen und Zurichtungen auf den irdischen Adressaten – vergleichbar u.a. den nach oben geklappten, von obenher zu lesenden, mithin Gott zugewendeten Spruchbändern auf altniederländischen Bildern,

10 Goethe, *Betrachtungen im Sinne der Wanderer*, 126, *Wilhelm Meisters Wanderjahre*, in: ders., *Werke*, Hamburger Ausgabe, München 1988, Bd. 8, S. 302

11 Wegman 2003

12 S. 428 ff. und Gülke 2001

z.B. dem Genter Altar der Brüder van Eyck. Sie darf und will, keineswegs im Widerspruch zu dem ihr eigenen »Realismus«, nicht ganz von dieser Welt sein und will nicht einfach erlebt, sondern erschlossen, im übertragenen Sinne aufgeblättert, gelesen, buchstabiert werden mit je nach Zugangsweise variablem Resultat. Wer sich musizierend in sie hineinbewegt wie ins Längsschiff einer Kathedrale, nimmt sie angemessener wahr als, wer zunächst den Grundriß anschaut – wobei der in die Musik Hineingehende seine »Kathedrale«, wie immer nach vorgegebenem Plan, im Hineingehen überhaupt erst erbaut.

Zu solchem Hineingehen zwingt auch die Notierungsweise. Die eigene Stimme fungiert dabei als eigener Weg neben anderen Wegen, deren Verlauf ebenfalls verfolgt werden muß – so wird u.a. eine ungeduldig vorwegnehmende Überschau über das Ganze verhindert, welche dem Herstellungsprozeß vorgriffe. Indem die Notierung den Musizierenden auf seinem Wege und auf dessen jeweiliger Station festhält, stellt sie eine spezifische Nähe zum Kompositionsprozeß her, abgesehen davon, daß ein beträchtliches Mindestmaß an strukturellem Verständnis vonnöten ist – nicht erst bei Stimmen, insbesondere Cantus firmi, welche dieselben Noten in verschiedenen Mensuren zu lesen erfordern. Eben hier, wo dem Ausführenden in Mensurvorschriften wichtige strukturelle Maßgaben vor Augen stehen, zeigt sich, inwiefern auch rigoros vorausfixierende Dispositionen wie die isorhythmische, wenn in erster Linie als klingende Architekturen, Korrespondenz- oder Symmetrieverhältnisse aufgefaßt, mißverstanden wären; zunächst und in erster Linie sind isorhythmische Vorgaben Spielanweisungen.

Übertragungen in moderne Partitur lassen das leicht übersehen – der Musizierende muß z.B. nicht mehr dieselben Noten in verschiedenen Durchgängen verschieden bewerten. Die Partitur ist nicht besser, weil wir sie leichter lesen – »transcription into modern notation is itself a corruption«[13]; wohl erlaubt sie, rasch einen Überblick über das Satzganze zu gewinnen, aber dieser Überblick ist qualitativ ein anderer und abstrakter als der, den der Musizierende im 15. Jahrhundert sich – langsamer, konkreter, eindringlicher – erarbeitete[14]. Die modern notierte Stimme erscheint zwar eindeutiger, insofern sie z.B. Takteinheiten und den Unterschied zweizeitiger und dreizeitiger Längenwerte anzeigt, aber sie distanziert den Spieler vom Gesamtzusammenhang; von diesem braucht er, anders als seine Kollegen vor fünf- bis sechshundert Jahren, nicht viel zu wissen, um zur richtigen Zeit die richtige Note zu spielen. Indes würde er anders spielen, wenn er auf seine Partner zu hören und die Mechanik des Zusammenwirkens mitzuvollziehen gezwungen wäre. Wie immer vom Komponierenden in ihrer Zusammenfügung vorausgedacht, realisieren die Stimmen als Struktur, als Gespräch und Verbund sich erst beim Musizieren, erst klingend; wohingegen die Partitur im optischen Untereinander der Stimmen, die Andersartigkeit des anderen Mediums nutzend und der musikeigenen Wirklichkeit vorgreifend, das Erstgeburtsrecht des tönenden Vollzuges in Bezug auf das Ganze bricht und ihm damit einen Teil seiner transzendentalen Würde raubt. Wenn Du Fays großer Vorgänger Guillaume de Machaut seiner Liebsten mitteilen muß, er habe ein neues Stück für sie komponiert, könne es aber noch nicht übersenden[15], bevor er es gehört habe, so nicht, weil er seinen Satzkünsten mißtraut und die Übereinstimmung des Geschriebenen mit dem Vorgestellten prüfen, sondern weil es, um in den Händen des Schenkenden und dann denen der Beschenkten ein und dieselbe Gabe, um tatsächlich eine Über-Eignung sein zu können, erst klingende Musik gewesen sein muß.

---

13 Wegman 1995, S. 21
14 Vgl. Bent 1994
15 *Le Livre du Voir Dit*, zitiert u.a. bei Boone 1996, S. 89

Du Fays »Bedeutung für die europäische Musikgeschichte des 15. Jahrhunderts« kann »ohne Übertreibung mit jener Beethovens für das 19. Jahrhundert verglichen werden«[16] – man möchte ergänzen: mindestens. Denn Du Fay hat fast 50 Jahre länger in seinem Jahrhundert gelebt als Beethoven im neunzehnten, er ist sofort und direkt beerbt worden, der späte Beethoven hingegen kaum, und in viel höherem Maße als bei diesem erscheint seine Musik mit derjenigen seines Jahrhunderts identisch. Die Formulierung indessen bedarf mehrerer Einschränkungen: Personal- und zeitstilistische Momente lagen fast untrennbar nahe beieinander, so daß diese Identität sich leichter herstellen mußte – sofern jene Nähe nicht überhaupt verbietet, mit der Unterscheidung die Möglichkeit einzuräumen, daß sie triftig sei; und wenn es doch so war, dann viel eher und für die Zeitgenossen unter anderen Maßgaben wahrnehmbar als für uns, Personalstil im späteren Verständnis hat es im 15. Jahrhundert nicht gegeben; insoweit er mit origineller Prägung zu tun hat, durfte es ihn teilweise nicht geben, weil wichtige Formabläufe durch dezidiert originelle, hervorstechende Kennmarken nicht bereichert, sondern behindert worden wären[17].

Von hier aus ließe sich, u.a. auf der Linie der von Ludwig Finscher erwogenen Risiken[18], weiterfragen, inwiefern gerade bei einem in so hohem Maße seine Zeit repräsentierenden Musiker eine personenbezogene Darstellung gerechtfertigt sei. Sie ist es nur im Zeichen eines pars pro toto, nur, wenn sie auf diesen einen nicht hinzielt, sondern immer neu von ihm ausgeht. Allerdings hat die idealtypisch zugespitzte Vorstellung fromm-demütiger Zurücknahme in dienende, anonyme Handwerklichkeit eher als Widerlager zu Subjektivitäts- und Geniekult und als Berufungsinstanz »neuer Sachlichkeit«[19] Berechtigung denn als Beschreibung des künstlerischen Selbstverständnisses im 14. und 15. Jahrhundert, »the history of an art is in the first instance the history of great achievements by individuals«[20]. Im Übrigen liegt der personale Bezug nahe, weil kein anderer Lebensgang eines Musikers vor Du Fay und noch etliche Zeit nach ihm so reich dokumentiert ist, so viele flankierende Erhellungen ermöglicht und Einstiegsluken bietet in Katakomben, bei denen wir angesichts ihrer Dunkelheiten keine Erklärungshilfe verschmähen sollten.

Zu jenen Dunkelheiten gehört auch die Diskrepanz zwischen dem, was über Geschichte, Gesellschaft und bildende Kunst des 15. Jahrhunderts und dem, was gemeinhin über Musik bekannt ist – je heller das Licht, desto dunkler der Schatten. Schon das ästhetische Wesen der mit besonderer Unmittelbarkeit wirkenden und sodann verklingenden Musik liefert Gründe dafür, daß der unbeirrbare »nisus vorwärts« jener Zeit der Erinnerung an frühere Musik übel mitspielen mußte. Es hat seine eigene Logik, wie die Grenzen dessen, was musikalisch relevant sei, immer neu an die jeweilige Gegenwart herangezogen werden: Kurz nach Du Fays Tode erscheint dem damals bedeutendsten Theoretiker nur die seit vierzig Jahren komponierte Musik »*hörenswert*«[21]; wie hiermit alle davorliegende verfällt 80 Jahre später alle vor Josquin komponierte Musik bei Adam Petit Coclico[22] dem Verdikt, nun demjenigen, von »*mathema-*

---

16 Jürg Stenzl in: *Metzler Musiklexikon*, Artikel *Dufay*

17 Vgl. Kap. XII

18 Finscher 1989, S. IX: »In einer Epoche ..., in der sich kompositorische Individualität in einem überaus komplizierten Wechselspiel von kompositionstechnischen Entwicklungen, Gattungsnormen, ideologischen und sozialen Prämissen überhaupt erst als Möglichkeit, nicht als Postulat ausbildet, hätte die Betonung der Leistung der »großen Männer« in besonderem Maße die Gefahr der Projektion ästhetischer Haltungen des 19. und 20. Jahrhunderts auf eine noch fast ganz anders strukturierte Epoche eingeschlossen.«

19 Vgl. z.B. Strawinskys *Musikalische Poetik*, Mainz 1951

20 Brown 1976, S. XIV; vgl. Kap. XX

21 ... auch in der vorliegenden Darstellung das meistgenannte zeitgenössiche Zeugnis

22 *Compendium musices*, 1552

tici« verfertigt und geprägt zu sein, und dieselbe Zeitspanne reicht aus, bis der rasch legendär gewordene Palestrina alles Frühere überstrahlt, in erster Linie die »niederländische Schule, welche wegen der ungemeinen Künstlichkeit und Wunderlichkeit ihrer Werke bestaunt wurde«[23]. Mit dieser Formulierung Jakob Burckhardts war, an prominenter Stelle und an den schon damals ertragreichen Bemühungen um eine Erschließung vorbei, der Unzugänglichkeit fast eine – obendrein suggestive – Theorie verpaßt und über die vage Begründung hinaus angedeutet, weshalb der Versuch eines Zugangs kaum lohne. Vor Zweifeln waren aber auch die unmittelbar mit der Musik Befaßten nicht gefeit: »In looking over music of this early period, so many crudities and archaisms at once catch the eye, that a superficial survey might lead to some doubts as to the utility of publishing it«[24]. Die Wirkung solcher Zweifel oder gar Verdikte – wie schnell werden Diagnosen zu Hör-Anweisungen! – läßt sich noch bei dem des Epigonentums unverdächtigen Ernst Bloch bis in die Annäherung an Burckhardts Wortwahl hinein erkennen: »Aber auch bei ihnen (den Niederländern) ist der Blick noch leer. Man denkt hier vor allem an den bedeutenden Josquin. Es gibt von ihm gewiß kleinere Stücke voll überraschend inniger, durchaus auf das Beseeltsein der Stimmen gestellter Wirkung. Aber wie trocken wird dort überall das Brot, wo es anspruchsvoller nährt, wie hart bleibt die Stimmführung, wie unsangbar, ausdruckslos und melodienlos ist noch Dufays oder Ockenheims künstliche und bewunderungswürdige Satzkunst. Einflußlos steht der Text da, und fruchtlos bleibt die ungeheure Verstandesarbeit in sich selbst verschlossen«[25]. Um die Kontinuität und die Akzentverlagerungen bei der Distanzierung früherer Musik vorzuführen, könnte man bei der Chronik der Abgrenzungen übrigens an beiden Enden anstückeln: Philippe de Vitrys Proklamation einer *Ars nova* im Jahre 1320 gehört ans eine Ende, das andere verlängern u.a. die oft mißverstandenen historischen Kontexte von *prima* und *seconda prattica,* die Verlegenheiten um die Musik der Bach-Zeit in der nachfolgenden Generation oder die krude Entgegensetzung von »historischer« und »lebendiger« Musik, mit der sich vor nicht langer Zeit das vom Nebeneinander unterschiedlicher Stilistiken überforderte Gemüt behalf.

Aus Ernst Blochs nicht speziell der Musikgeschichte gewidmetem Buch zu zitieren müßte deplaziert erscheinen, wenn neben der dort formulierten Sperre nicht auch die Begründung repräsentativ erschiene. Schon im Jahre 1857 hatte Gustav Droysen, von Kiesewetter u. a. offenbar nicht wissend, gemeint, es sei »bis gegen Mitte unseres Jahrhunderts ... niemandem eingefallen, von einer Geschichte der Musik zu sprechen«[26], und – um sogleich in die jüngstvergangene Zeit zu springen – weder in Eugenio Garins Darstellung der Kultur der Renaissance[27] noch im einschlägigen Bande der *Fischer Weltgeschichte*[28] noch in André Chastels ausführlicher Behandlung des *Künstlers*[29] fällt ein Wort über Musik, selbst bei Huizinga[30] bleibt sie marginal – eine Ausnahme machen Panofsky[31] und Burke[32] –, von Anthologien oder Behandlungen der

23 Jacob Burckhardt, *Die Kultur der Renaissance in Italien Ein Versuch*, in: ders. *Gesammelte Werke*, Berlin o.J., Band III, Fünfter Abschnitt, S. 264

24 Stainer 1898, S. 27

25 *Geist der Utopie.* Bearbeitete Neuauflage der zweiten Fassung von 1923, Frankfurt am Main 1964, S. 51

26 *Historik*, Neuausgabe 1958, S. 138

27 innerhalb der *Propyläen – Weltgeschichte*, 1960 – 1964

28 Band 12, Frankfurt am Main 1967

29 In: *Der Mensch der Renaissance,* hrsg. von Eugenio Garin, Frankfurt/New York 1988

30 1919 bzw. 1924

31 Panofsky 2001, S. 154 ff. und 194 ff., die zweite Passage mit der Möglichkeit befaßt, daß Jan van Eycks »Timotheos« ein Porträt von Binchois sein könnte.

32 Burke 1988

Theorien des Schönen ganz zu schweigen[33], deren Abstinenz eine furchteinflößende Spezialität alles Musikalischen vermuten lassen könnte. Die Ursachen so konsequenten Desinteresses liegen zu tief, um als Anklagepunkt zu taugen. Besser taugen sie, die Musikwissenschaft zu Überlegungen hinsichtlich eigener Anteile an der Sperre zu ermuntern[34].

Deren Wirkungen mag man noch in der kompensatorischen Neigung erkennen, Geschichte der Musik einseitig als Entwicklung abzuhandeln, das Komponierte überstark in die Polarität von Nicht-mehr und Noch-nicht einzuspannen – was am ehesten gerechtfertigt war durch die Notwendigkeit, zunächst das Gelände zu karthographieren –, und Entwicklungsstufen fast als Wertkriterien zu gebrauchen. Sie traf sich zu gut mit dem Vergangenes als veraltet abschüttelnden, vorandrängend definierten Geschichtsverständnis der Renaissance, als daß die damals zur Selbstbestätigung errichteten Schwellen – deutlich zu erkennen u.a. am humanistischen Verdikt über frühere Wahrnehmungen des Wort-Ton-Verhältnisses[35] – dem musikgeschichtlichen Denken nicht zu Fallen hätten werden können. Kommt hinzu, daß musikalische Werke wegen ihrer immer wieder frag-würdigen Gegenständlichkeit – schon mittelalterliche Theoretiker haben vom »*opus non manens*« gesprochen – sich auch im Strom der Geschichte leichter verflüssigt vorstellen lassen als literarische oder die der bildenden Kunst, und daß die Handwerksregeln des Komponierens den Stand der Entwicklung leicht abzulesen erlauben – im 15. Jahrhundert z.B. geben Notationsweisen, die Handhabung des Cantus firmus oder Kadenzformeln Indizien, um deren dingfeste Konkretheit Historiker anderer Künste den Musikforscher beneiden dürften.

Freilich konnten dabei die Begrenzungen dessen, was unzweideutig festgemacht werden konnte, der qualitative Unterschied zwischen der Substanz und der historischen Zuordnung des Komponierten, leicht aus dem Blick geraten; daß ästhetische Strukturen geschichtlichen Zeitlauf nicht nur schaffen und markieren, sondern zugleich bremsen und aufheben, Rankes »Unmittelbarkeit zu Gott«, hatte geringe Chancen. Daraus mag sich die simpel-einleuchtende Unterscheidung einer »ersten, zweiten und dritten niederländischen Schule« bis hin zu Guido Adler und Friedrich Ludwig[36] ebenso erklären wie die Gefahr, daß entwicklungsgeschichtliche Kriterien zu ästhetischen werden, etwa in Heinrich Besselers vieldiskutierter Teleologie[37] oder, wenn Edward E. Lowinsky seine kenntnis- und perspektivenreiche Überschau über *Music in the Culture of the Renaissance*[38] mit zehn Thesen beschließt, welche sich wie der Rapport über eine erfolgreich absolvierte Wegstrecke lesen. Auf einem anderen Blatt steht, daß, wenn wir mehr Differenzierung im Begriff Fortschritt, mehr Berücksichtigung etwaiger Bremsungen und Gestehungskosten reklamieren und nach der dialektischen Verknotung von Quintessenz und Wegbereitung fragen, wir auch und gerade Forschungsarbeiten wie die genannten voraussetzen. Dennoch – es gibt genug Gründe, gegen die Suggestivität der progredierenden Momente immer neu auch nach musikalischen Strukturen als »Formen und Funktionen der kulturellen Erinnerung«[39], als stabilisierender Rückversicherungen zu fragen

33 ... mit Ausnahme von Eco 1991; vgl. Assunto 1963, Jäger 1990

34 Vgl. u.a. Lowinsky, a.a.O.; Walter Wiora, *Musikwissenschaft und Universalgeschichte*, in: *Acta mus.* 1961, S. 84 ff.; Floris van der Mueren, *Pourquoi l'histoire universelle se désintéresse-t-elle de l'histoire de la musique?*, in: *Festschrift Karl Gustav Fellerer*, Regensburg 1962, S. 368 – 376; Carl Dahlhaus, *Grundlagen der Musikgeschichte*, Köln 1977; Georg Knepler, *Geschichte als Weg zum Musikverständnis*, Leipzig 1977

35 Hierzu vgl. inbesondere Kap. XXVII

36 *Handbuch der Musikgeschichte*, Wien 1924, 2. Aufl. 1929; eine Gegenbestätigung findet sie noch in der im Artikel *Frankoflämische Musik,* in: MGG, 2. Ausgabe, Band 3, Kassel/Stuttgart usw. 1995, vorgenommenen Einteilung nach Generationen

37 Besseler 1950/1974

38 Lowinsky 1954/ 1968, Nachdruck in: Lowinsky 1989, S. 19 – 39

39 Assmann/Harth 1991

angesichts vieler in jener Zeit erdrückender Verunsicherungen. »Le goût exclusif de la nouveauté marque une dégénerence de l'esprit critique, car rien n'est plus facile que de juger de la nouveauté d'un ouvrage«[40]. Dank solcher »dégénerence» steht der Komponist am Ende als Vollzugsbeamter fragwürdiger historiographischer Verordnungen da: »Seit den 1420er Jahren erarbeitete Dufay das vollständige Meßordinarium als musikalischen Zyklus«[41].

Abstrakte Karthographie und Faszination durch eine scheinbar unerbittlich positiv konnotierte Entwicklung rühren aber auch daher, daß wir, umso vermittelter, schwieriger unser Verhältnis zu einer Musik ist, desto mehr angewiesen sind auf die Vorstellungen, die wir mit ihr verbinden. Dies selten reflektierend, vermengen wir Engagement und Begeisterung für den Gegenstand mit denjenigen für das Bild, das wir uns von ihm gemacht haben – eine entschuldbare, im Übrigen produktive Alltäglichkeit, welche negativ kaum ins Gewicht fiele, läge der Erklärungsanspruch nicht hoch und wären Art und Größe der Diskrepanz zwischen Bild und Gegenstand nicht der genaueren Rechenschaft entzogen. Man muß nicht Adornos *Kritik des Musikanten*[42] gelesen haben, um zwischen dem Selbstverständnis der im 15. und 16. Jahrhundert Komponierenden und den Gründen ihrer Aktualität im Zeichen von neuer Sachlichkeit, Jugendmusik, Singkreisen etc. – deren am weitesten greifende Darlegung hat Heinrich Besseler als Einleitung seiner *Musik des Mittelalters und der Renaissance*[43] geschrieben – einen Riesenabstand zu vermuten. Wiederum rechtfertigen auch solide Anhalte für diese Vermutung nicht, das eigene Verhältnis zu jener Musik für angemessener zu halten, worauf man andererseits, mit ihr beschäftigt, als Arbeitshypothese kaum verzichten kann – nicht die schlechtesten Darstellungen erscheinen dank des Impetus der Annäherung dem Verdacht ausgesetzt, Abstand, Ferne und Fremdheit zu ignorieren oder wegreden zu wollen. So bleibt als ehrlichster Anlauf zu ihrer Verringerung nur, sie anhand repräsentativer Details immer neu zu reflektieren.

Bei Du Fay ohne Schwierigkeiten zugestanden, wohl auch dem »fremden« Shakespeare[44], nur widerwillig dem »fernen« Bach[45] – zu den Prämissen des vorliegenden Buches gehört, daß es, historisch begriffen, dieselbe Bewegung ist, die die Werke distanziert, die jüngeren kaum merklich, hingegen sehr alte auf eine Weise, die unsere erlebenwollende Wahrnehmung zunächst abprallen läßt; daß wir dieselbe Schwelle hier kaum bemerken und dort zu überwinden kaum hoffen dürfen; daß wir von Unmittelbarkeit glaubwürdig nur reden dürfen, wenn wir die vermittelnden Momente mitdenken, von lebendiger Musik nur, wenn wir sie auch als historische begreifen.

Sofern wir dies tun, konfrontieren wir uns mit zwei Formen musikalischer Vergänglichkeit – einer »ersten«, ästhetischen in der Identität von *Er*klingen und *Ver*klingen, und einer »zweiten«, historischen im Bedenken dessen, was im Laufe der Zeit verlorengegangen, mindestens vergessen worden ist. Jede Beschäftigung mit Kompositionen wie denjenigen Du Fays setzt sich dem Verdacht aus, die Diskrepanz zwischen der ihnen zugewendeten Aufmerksamkeit und ihrem Anteil am insgesamt seinerzeit Musizierten weiter zu vergrößern. Ihm zu begegnen reicht der Hinweis auf einmütige Urteile kompetenter Zeitgenossen eben so wenig hin wie die Entschuldigung, daß wir von damals kaum andere als diese Musik haben, es also garnicht anders geht. Quantitativ gesehen hat es sich bei den Pflegestätten polypho-

---

40 Valéry 1960, a.a.O., Band II, S. 479

41 *Riemann Musiklexikon*, Sachteil, Mainz 1967, S. 564; zum Problem vgl. insbesondere Strohm 1990 und unten Kap. XXX

42 In: ders., *Dissonanzen*, Göttingen 1955, S. 62

43 Potsdam 1931

44 Klaus Reichert, *Der fremde Shakespeare*, München 1998

45 Wolfgang Hildesheimer, *Der ferne Bach*. Eine Rede, Frankfurt am Main 1985

ner Musik – wie immer es sich um Leuchtpunkte handelte, welche ausstrahlten und auch Elemente aus heute unbekanntem Terrain aufbewahrten – eher um weit gestreute Enklaven gehandelt, und nichts spricht dafür, daß von dem, was sie an Quellen und Zeugnissen hinterließen, weniger verlorengegangen sein könnte als im Bereich der bildenden Kunst und der Literatur – einschlägige Vermutungen bewegen sich weit über 90 Prozent[46] des ursprünglich vorhanden Gewesenen. Sicherlich ist es nicht nur einer – überaus verzeihlichen – déformation professionelle zuzuschreiben, daß wir die erhaltene Musik als repräsentativ ansehen und uns zu dem Versuch berechtigt fühlen, von ihr aus ein Gesamtbild zu entwerfen; dennoch müssen wir die Möglichkeit im Auge behalten, daß es, auf das uns entzogene Ganze gesehen, nicht die wichtigsten Werke sein und neue Funde zu grundlegenden Revisionen jenes Bildes Anlaß geben könnten. Schlägt man die vermuteten Verluste auf den Gesamtanteil jener Enklaven um, müßte noch der Vergleich mit der Spitze eines Eisberges untertrieben erscheinen, hätten die Streuung der Enklaven und deren Kommunikation sich nicht umgekehrt proportional verhalten: Das Interesse der Komponierenden für die Arbeit anderswo tätiger Kollegen läßt sich nicht nur mittelbar belegen über die gewiß vielsträhnige, dennoch insgesamt schlüssige Kontinuität der musikalischen Entwicklung. Du Fay hält in dem einzigen von ihm erhaltenen Brief[47] nicht für ausgeschlossen, daß jüngst von ihm komponierte Lamentationen in Florenz bereits bekannt seien; die im 15. Jahrhundert mächtig anschwellende Migration und die allen gemeinsame Kenntnis des Lateinischen beförderte eine vielfältig kommunizierende Internationale der Musiker; daß sie auf ihren Reisen zumeist Neukomponiertes im Gepäck hatten, ist durch etliche Berichte und u.a. durch Musikhandschriften belegt, bei denen der jähe Abbruch einer systematisch konzipierten Anordnung vermuten läßt, ein Kollege von auswärts sei vorbeigekommen und habe bisher unbekannte Stücke bei sich gehabt, welche man möglichst rasch in den eigenen Bestand aufnehmen wollte[48].

Die Umstände haben es dem Verfasser leichtgemacht, eine prinzipielle Unterscheidung der Wahrnehmungsweise älterer und jüngerer Musik nicht zuzulassen. Nach intensiver, praktischer und theoretischer Beschäftigung in den fünfziger Jahren – jene in vielen Proben und Konzerten der studentischen Arbeitsgemeinschaft *Musica Antiqua*[49], diese in der Mitarbeit bei zwei Bänden der Gesamtausgabe und anläßlich der Promotion – ließen andere berufliche Schwerpunkte die Musik der Du Fay-Zeit jahrzehntelang zu einer *amor de lonh* werden. Die Zeiten der Fernliebe wurden unterbrochen durch die nach Heinrich Besselers Tode gestellte Aufgabe, mithilfe seiner Hinterlassenschaften den Band *Schriftbild der mehrstimmigen Musik*[50] zu gestalten, und durch ein Buch über die Musik des Mittelalters[51], dessen geplante Fortführung ins 15. und 16. Jahrhundert hinein politische Umstände verhinderten. Seither hat der Verfasser, von anlaßgebundenen Einrichtungen für moderne Instrumente abgesehen, wenig Kontakt mit dem Gegenstand gehabt und die Entwicklung der einschlägigen Forschung nur als Zeuge, meist voller Bewunderung, verfolgen können; er darf sich nicht als einen durch neugewonnene Einzelerkenntnisse, biographische Funde, Zuweisungen etc. ausgewiesenen Spezialisten betrachten und weiß sich angewiesen auf »die Nachsicht, die in der Nachbarschaft eines großen Werks geboren wird«[52].

---

46 S. die Kap. XX und XXII und Schätzungen bei Montagna 1988
47 S. XXIII/XXIV
48 Das betrifft z.B. die englischen Repertoires der Handschriften Aosta und Modena
49 Ihrer Leiterin, Frau Prof. Lieselotte Pieper, sei an dieser Stelle ausdrücklich und dankbar gedacht
50 Leipzig 1973
51 *Mönche, Bürger, Minnesänger*, Leipzig 1975, 2. Aufl. 1980, 3. Auflage Laaber 1998
52 Olof Lagercrantz, *Marcel Proust oder: Vom Glück des Lesens*, Frankfurt am Main 1997, S. 8

Der Carl-Friedrich von Siemens-Stiftung München und ihrem Geschäftsführer, Herrn Prof. Dr. Heinrich Meier, dankt er für im Jahr 2001 großzügig eingeräumte Möglichkeiten zur Konzentration auf diese Arbeit; Uwe Schweikert für unbeirrtes Interesse an einem nicht eben profitträchtigen Thema; Laurenz Lütteken für die Erlaubnis, das Werkverzeichnis seines Dufay-Artikels aus MGG 2 zu übernehmen; Melanie Wald für ihre Mithilfe bei den Registern; Fiona Dancy für die sachkundige Verfertigung der Notenbeispiele und Christina Eiling für die vorzügliche, weit über bloß drucktechnische Herstellung hinausgehende Buchgestaltung.

Freiburg, im Herbst 2003
Peter Gülke

Zeittafel[1]

1390 (?) **John Dunstaple geb.**; *Jan van Eyck geb.*

1392 *nachdem König Karl VI. von Frankreich dem Wahnsinn verfallen ist, Machtkämpfe zwischen den Herzögen von Orléans und Burgund*

1394 *Charles d'Orléans geb.*

1393 *König Wenzel von Böhmen läßt Johannes von Nepomuk foltern und ertränken*

1396 *König Sigismund von Ungarn, ab 1410 deutscher Kaiser, wird bei Nikopolis von den Türken geschlagen; Philipp der Gute, ab 1419 Herzog von Burgund, geb.*

1397 (?) **5. August: Du Fay geb., seine Mutter: Marie Du Fay, Vater und Geburtsort unbekannt; Francesco Landino gest.**; *Pisanello (Antonio Pisano) geb.*

1399 *Richard II. von England wird von seinem Vetter Heinrich IV. aus dem Hause Lancaster gestürzt; Peter Parler gest.; Luca della Robbia geb.*

1400 (?) **Gilles Binchois geb.**; *Geoffrey Chaucer gest.; (?) Rogier van der Weyden geb.*

1401 *Nikolaus von Kues (Cusanus) geb.; Masaccio (Tommaso di Giovanni di Simone Guidi) geb.; Klaus Störtebecker in Hamburg hingerichtet*

1403 *Verfolgung der Anhänger des Reformators John Wyclif in England*

1404 *Philipp der Kühne, Herzog von Burgund, gest., sein Nachfolger Johann Ohnefurcht; Leon Battista Alberti geb.*

1405 *Georges Chastellain, burgundischer Hofchronist, geb.; Aeneas Silvius Piccolomini, später Papst Pius II., geb.; Eustache Deschamps, französischer Dichter und Chronist, gest.*

1406 **Johannes Ciconia: Motette** ***Albane misse celitus;*** *Lorenzo Valla, florentiner Humanist, geb.*

1409 10. August (?): **Du Fay nach 11 Wochen Privatunterricht bei Jehan de Hesdin Kapellknabe (*puer altaris*) in der Kathedrale zu Cambrai; Johannes Ciconia: Motette *Petrum Marcello venetum;* Feragut: Motette *Excelsa civitas Vincentia;*** *das Reformkonzil von Pisa eröffnet, stellt die Autorität des Konzils über die des Papstes*

1410 (?) **Jan Ockeghem geb.**; *Sigismund, König von Ungarn, zum deutschen Kaiser gewählt; Polen besiegt den Deutschen Orden in der Schlacht bei Tannenberg; Jan Hus vom Prager Erzbischof gebannt; Jean Froissart, französischer Dichter und Chronist, gest.; Dirk Bouts geb.*

1411 **Du Fay erhält, wohl als Anerkennung, ein *Doctrinale***; *Pierre d'Ailly in den Kardinalsstand erhoben*

1412 **Johannes Ciconia gest.**; *Jeanne d'Arc, die Jungfrau von Orléans, geb.*

1413 **Du Fay als *clericus altaris* erwähnt und mit einer Kaplanstelle bedacht**; *Heinrich V. wird König von England*

1414 **Antonius Romanus: Motette *Ducalis sedes;*** *Eröffnung des Konzils von Konstanz; Pierre d'Ailly trifft dort mit seinem Gefolge im November ein,* **im Gefolge auch Du Fay (?)**

---

1 Auf Einzelnachweise wird im Folgenden weitestgehend verzichtet; die wichtigsten Primärquellen sind Chambéry, *Archives générales de la Savoie*, SA 3605; Florenz, *Archivio del stato, Mediceo avante il principato*; Lausanne, *Archives cantonales vaudoises*, Dg 7/1; Lille, *Archives départementales du Nord*; Modena, *Archivio di stato, Camera marchionale estense 4986/99*; Rom, *Archivio di stato, Fondo Camerale* I; Turin, *Archivio di stato, Conti die tesorieri generali di Savoia (inv. 16)* und Vatikanstadt, *Archivio segreto pontificio*. Detailliert aufgearbeitet finden die Nachweise sich bei Houdoy 1880; Haberl 1885; v.d. Borren 1926; Pirro 1940; Besseler 1952; Wright 1975; Fallows 1982 (inbezug auf die chronologische Übersicht insbesondere S. 302 – 305); Planchart 1988

1415 *Feuertod von Jan Hus in Konstanz; Heinrich V. erneuert den Hundertjährigen Krieg und besiegt die Franzosen bei Azincourt; Paris und der größere Teil von Frankreich von den Engländern besetzt*

1416 **John Dunstaple: Motette *Preco preheminciae*;** *Feuertod von Hieronymus von Prag, Freund von Jan Hus*

1417 *Kaiser Sigismund erzwingt auf dem Konzil von Konstanz die Beendigung des seit 1378 andauernden Schismas; die konkurrierenden Päpste abgesetzt, Martin V. als neuer Papst gewählt;* **Du Fay im November in Cambrai; Hubertus de Salinis, Gloria *Jubilacio* aus Anlaß der Beendigung des Schismas, die anonym überlieferte Motette *Clarus ortus* aus Anlaß der Krönung Martins V.(?)**

1418 **Richard Loqueville gestorben;** *Konzil von Konstanz beendet*

1419 **Du Fay bereits im Dienst der Malatesta(?);** *Johann Ohnefurcht, Herzog von Burgund, ermordet, Nachfolger sein Sohn Philipp (der Gute)*

1420 **(?) August: Du Fays Motette *Vasilissa ergo gaude* zur bevorstehenden Hochzeit der Cleofe Malatesta mit Theodoros Palaiologos; 20. August: Cleofe verläßt Rimini; wohl aus demselben Anlaß Hugo de Lantins: *Tra quante regione*;** *Vertrag von Troyes; Heinrich V. von England heiratet eine Tochter Karls VI. von Frankreich, erhält die Regentschaft und das Recht auf die Thronfolge, verbündet sich mit Burgund; Piero della Francesca geb.*

1421 *Januar: Heirat von Cleofe Malatesta und Theodoros Palaiologos in Konstantinopel; Giovanni di Bicci de'Medici wird zum Gonfalionere von Florenz gewählt; dortselbst Beginn des Kuppelbaus von Santa Maria del Fiore unter Leitung von Filippo Brunelleschi*

1422 **Antonio da Cividale: Motette *Inclita persplendens*;** *August: Heinrich V. von England gest., Nachfolger sein Sohn Heinrich VI; Oktober: Karl VI. von Frankreich gest., Nachfolger sein Sohn Karl VII.; Kaiser Sigismund bei Prag von den Hussiten geschlagen; Jan van Eyck Hofmaler Johanns von Bayern, Graf von Holland und Fürstbischof von Lüttich*

1423 **Du Fays Ballade *Resvelliés vous*, wohl auch die gleichnamige Messe aus Anlaß der Hochzeit von Carlo Malatesta da Pesaro und Vittoria Colonna am 18. Juli; Antonius Romanus, Motette *Carminibus festos* (April); Antonios da Cividale, Motette *Strenua quem duxit* (Juni); Hugo de Lantins, Motette *Christus vincit*;** *Ludwig XI., Vetter, zunächst Jugendfreund, später Gegenspieler Karls des Kühnen, geb.*

1424 **Beginn von Du Fays Aufenthalt in Laon (?); nicht auszuschließen und nicht mit Laon vereinbar eine Reise mit dem Malatesta-Hof nach Patras (s. 1426);** Binchois im Dienste von William Pole, Graf von Suffolk *Lorenzo Ghiberti beendet die Arbeit an der nördlichen Bronzetür des Baptisteriums in Florenz*

1425 **12. Juli: Du Fays Ballade *Je me complains piteusement*;** Binchois begleitet William Pole auf einer Reise in den Hennegau; *Filippo Brunelleschi experimentiert mit der Zentralperspektive und erneuert San Lorenzo in Florenz als Säulenbasilika; Jan van Eyck im Dienste Philipps des Guten*

1426 **Du Fays Rondeau *Adieu ces bons vins de Lannoys* beim Abschied von Laon (?), seine Motette *Apostolo glorioso* zur Wiedereinweihung der St. Andreas-Kathedrale durch Erzbischof Pandolfo Malatesta da Pesaro, Bruder der Cleofe; (?) 17. Juni: Dunstaple, Motette *Albanus roseo rutilat*;** *Hubert van Eyck gest.*

1427 **27. April: Kardinal Aleman sichert in Cambrai für Du Fay die in absentia gehaltene Pfründe an St. Géry; 25. Juli (?) Aufführung der *Missa Sancti Jacobi*; Du Fays Ballade *Mon chier amy* wohl aus Anlaß des Todes von Pandolfo Malatesta da Rimini (3. Oktober);** (?) Binchois in Diensten Philipps des Guten; *Gentile da Fabriano gest; Masaccio malt in der Brancacci-Kapelle der Kirche St. Maria del Carmine in Florenz*

1428 **24. März: Du Fay wird in einem Brief Louis Alemans als in Bologna lebender, frisch ordinierter Priester erwähnt, vermutlich gemeinsam mit Aleman am 23. August von dort verjagt, im Oktober als Mitglied der päpstlichen Kapelle in Rom registriert, wo er am 20. Dezember sein erstes Gehalt empfängt; Prosdocimus de Beldemandis gest.;** *Masaccio vollendet die* Trinitas *in der Brancacci-Kapelle, kurz danach gest.; Philipp der Gute erwirbt die Grafschaften Hennegau, Holland und Seeland*

1429 14. April: Du Fay abermals als Mitglied der päpstlichen Kapelle und als Inhaber von Pfründen in Cambrai und Laon erwähnt, im Dezember mit einem monatlichen Salär von 5 Florin. *Unter der Führung der Jeanne d'Arc besiegen die Franzosen die Engländer bei Orléans und führen eine Wende im Hundertjährigen Krieg herbei; Krönung Karls VII. in Reims*

1430 20. April: Du Fay als Inhaber einer Pfründe in Nouvion-le-Vineux nahe Laon erwähnt; *(ca) Christine de Pisan gest., Donatello:* David; *Philipp der Gute heiratet in dritter Ehe Isabella von Portugal, stiftet aus diesem Anlaß den Orden zum Goldenen Vlies; Jeanne d'Arc gefangengenommen und an die Engländer ausgeliefert*

1431 Binchois spätestens seit Januar, vermutlich schon früher, Mitglied der burgundischen Hofkapelle; *20. Februar: Papst Martin V. gest.;* aus Anlaß der Krönung des Nachfolgers Eugen IV. schreibt Du Fay die Motette *Ecclesie militantis* und Johannes Brassart die Motette *Magne decus potencie*; 7. April: Motette *Balsamus et munda* für die Zeremonie der »*Agnus Dei*«; Eugen IV. verschafft Du Fay eine neue Pfründe in Lausanne, bestätigt die ihm bereits gehörigen und nennt ihn als Anwärter auf weitere an St. Donatien in Brügge und St. Pierre in Tournai; auf die letztere verzichtet Du Fay am 22. August; Binchois: Motette *Novum cantum melodiae* wohl zur Taufe von Antoine de Bourgogne, Sohn Philipps des Guten; *das – bis 1449 andauernde – Konzil von Basel eröffnet; Feuertod der Jeanne d'Arc in Rouen; 16. Dezember: Heinrich VI. von England in Paris zum König von Frankreich gekrönt,* (?) zu diesem Anlaß Dunstaples Motette *Veni Sancte Spiritus*; *François Villon geb.; Andrea Mantegna geb.*

1432 Antonius Romanus: Motette *Aurea flamigeri*; Antonio Squarcialupi wird Organist von Santa Maria del Fiore in Florenz; *Leon Battista Alberti tritt in päpstliche Dienste; Jan van Eyck vollendet den Genter Altar*

1433 *31. Mai: Kaiserkrönung des deutschen Königs Sigismund in Rom*; aus Anlaß des am 21. April vorausgegangenen Friedensschlusses zwischen König und Papst Du Fays Motette *Supremum est mortalibus*; er verläßt die päpstliche Kapelle im August und reist über Ferrara (Ballade *C'est bien raison?*) nach Savoyen; *Karl der Kühne geb.; sein Vater Philipp der Gute erweitert die nördlichen Besitzungen; Kompromiß des Basler Konzils mit den böhmischen Hussitten; Hans Memling geb.*

1434 1. Februar: Du Fay *magister capellae* am Hofe Amadeus' VIII. von Savoyen. *7. Februar: Der burgundische Hof trifft in Chambéry ein, Hochzeit des Thronfolgers Louis mit Anne de Lusignan, aus diesem Anlaß dort Besuch Philipps des Guten und seiner Hofkapelle* (*Se la face ay pale?*); Du Fay wird Urlaub zum Besuch seiner Mutter gewährt, am 14. Oktober empfängt er das Abendmahl in Cambrai. *Eugen IV. flieht am 4. Juni aus Rom und trifft am 23. Juni in Florenz ein; am 11. November verzichtet Herzog Amadeus zugunsten seines Sohnes auf den Thron; Cosimo de' Medici übernimmt die – de jure republikanisch verfaßte – Herrschaft in Florenz; Nikolaus von Kues vertritt die dem Papst übergeordnete Autorität des Konzils (*De concordantia catholica*); Jan van Eyck:* Arnolfini- Porträt

1435 18. April: Du Fay erhält Kleidung am Savoyer Hof, kehrt im Juni als zweiter Sänger in die päpstliche Kapelle, nun nach Florenz, zurück und wird im August als vorläufiger, im Oktober als ständiger *magister capellae* bestätigt; *Abschluß des Vertrages von Arras, Philipp der Gute aus Lehenspflichten gegenüber der französischen Krone entlassen; Luca della Robbia vollendet die* Sängerkanzel *in Santa Maria del Fiore zu Florenz; Leon Battista Alberti:* De pictura

1436 25. März: Motette *Nuper rosarum flores* zur Einweihung von Santa Maria del Fiore zu Florenz; gleichfalls am 25. März oder am 1. April (?) die Motette *Salve flos Tusce gentis*, am 18. April (?) *Mirandas parit*; 3. September: Kanonikat und Pfründe an der Kathedrale zu Cambrai zuerkannt, am 12. November mit Nicolas Grenon als Verwalter am Ort bestätigt; *Paris von den Franzosen zurückerobert; Ende der Hussittenkriege, Kaiser Sigismund wird als König von Böhmen anerkannt; 18. April: Eugen IV. und sein Gefolge verlassen Florenz in Richtung Bologna; Fra Angelico malt die Fresken in St. Marco, Florenz; Jan van Eyck:* Madonna des Kanzlers Rolin *und* Paele-Madonna

1437 21. März: Eine päpstliche *littera de fructibus* gestattet Du Fay weitere Abwesenheit von Cambrai; 6. Mai: Der Hof in Ferrara bestätigt eine Zahlung von 20 Dukaten an Du Fay; Ende Mai: Du Fay verläßt die päpstliche Kapelle, befindet sich am 25./26. in Lausanne zu einer Sitzung des Kapitels der Kathedrale und empfängt abermals Kleidung vom Savoyer Hof. *18. September: Eugen IV. versucht zum wiederholten Male, das Basler Konzil aufzulösen und nach Bologna zu verlegen; 9. Dezember: Kaiser Sigismund gest., sein Nachfolger Albrecht II. von Habsburg; Nikolaus von Kues geht, frühere Positionen widerrufend, zur päpstlichen Partei über und reist im Auftrage Eugens IV. nach Konstantinopel, um Verhandlungen über die Wiedervereinigung der beiden Kirchen vorzubereiten.*

1438 *8. Januar: Eröffnung des von Eugen IV. installierten Gegenkonzils in Ferrara, es beschließt – vergeblich – die Vereinigung der seit 1054 getrennten ost- und weströmischen Kirche; 14. Februar: Kardinal Louis Aleman zum Vorsitzenden des Konzils von Basel gewählt; 15. Februar: Eugen IV. erklärt alle Entscheidungen des Basler Konzils für von vornherein unwirksam;* **7. April: Du Fay als Delegierter des Cambraier Kapitels auf dem Basler Konzil benannt (*Iuvenis qui puellam?*); 28. April: Er übernimmt die Pfründe an St. Donatien in Brügge; 3. Mai, Bern: Motette *Magnanime gentis* aus Anlaß des Friedensschlusses zwischen Louis von Savoyen und seinem Bruder Philipp, Graf von Genf; 16. Oktober: Gemeinsam mit Louis und seiner Gattin Anne (de Lusignan) verläßt Du Fay Le Bourget zu einem Winteraufenthalt in Pinerolo**

1439 **Zur Karnevalszeit unter Mitwirkung Du Fays (?) Aufführung von *Tempio dell'Onore e delle Vertù* in Pinerolo;** *25. Juni: Das Basler Konzil erklärt – ohne Auswirkungen – Eugen IV. für abgesetzt und wählt am 5. November Herzog Amadeus VIII. von Savoyen als Felix V. zum Papst;* **9. Dezember: Du Fay in Cambrai, (?) schon seit dem Sommer**

1440 *6. Januar: Amadeus VIII. tritt die Herrschaft Savoyens an seinen Sohn Louis ab; 3. März: Eugen IV. exkommuniziert Amadeus; Friedrich III. wird deutscher Kaiser (bis 1493), gekrönt erst 1452, und unterstützt Eugen IV. gegen das Basler Konzil; Nikolaus von Kues:* De docta ignorantia

1441 **Januar: Du Fay reist nach Brügge; 14. September: Du Fay verzichtet auf drei Pfründen; 5. November: Louis von Savoyen bittet Philipp den Guten, Du Fay die Rückkehr nach Savoyen zu gestatten;** *Jan van Eyck gest.; Nikolaus von Kues wirbt in Deutschland für die Sache des römischen Papstes Eugen IV.; 26. Dezember: Niccolò III., Herzog von Ferrara, gest., sein Nachfolger Leonello d'Este*

1442 ***Seigneur Leon* für Leonello d'Este (?); 2. Februar (?): Motette *Fulgens iubar*; 6. Februar: Du Fay verzichtet auf Positionen bzw. Pfründen in Versoix und Lausanne;** *Juni bis August: Bischof Johann von Burgund besucht Cambrai;* **Du Fay folgt Nicolas Grenon als Meister der *petits vicaires* nach; 17. Juni: Johannes Brassarts Motette *O rex Fridrice* (?) aus Anlaß der Krönung Friedrichs III. in Aachen; 3. August (?): Motette *Moribus et genere*; September: Du Fay reist nach Brügge;** *Nikolaus von Kues:* De Coniecturis

1443 *28. September: Eugen IV. kehrt nach Rom zurück;* **23. Oktober: Du Fay schickt Jacobus de Clibano nach Brügge, um dort für ihn seine Zahlung von 20 Dukaten aus Ferrara in Empfang zu nehmen;** *das Herzogtum Luxemburg fällt an Philipp den Guten, größte Ausdehnung seines Herrschaftsbereiches*

1444 **23. April: Du Fays Mutter gest.; er erwirkt ein Grab in der Kathedrale von Cambrai;** *Sandro Botticelli geb.; Donato Bramante geb.*

1445 **14. August: Du Fay bezieht in Cambrai ein Haus, das zuvor dem Kanonikus Pierre Beye gehört hat; Oswald von Wolkenstein gest.;** *Fra Angelico malt die Fresken in der Nikolauskapelle des Vatikans; erster Buchdruck mit beweglichen, gegossenen Lettern durch Johann Gutenberg*

1446 **9. Februar: Du Fay schließt – (?) im Rahmen einer umfassenden Reorganisation der Kathedralmusik – mit Jean de Namps einen Vertrag über die Neuanfertigung von Meßbüchern; 4. Oktober: Er verzichtet auf die Pfründe an St. Donatien in Brügge und befindet sich am 7. Oktober am burgundischen Hof; am 17. Oktober wird er als Kanoniker an St. Waudru in Mons bestätigt; von jetzt ab scheinen als Kopisten Jean de Namps vornehmlich für einstimmige, Simon Mellet (gest. 1481) vornehmlich für mehrstimmige Musik zuständig zu sein;** *Lionardo Giustiniani gest.; Filippo Brunelleschi gest.*

1447 *23. Februar: Papst Eugen IV. gest., sein Nachfolger Nikolaus V.;* **6. September: Du Fay wird die Verantwortung für die Weinkeller des Kapitels übertragen;** *Philipp der Gute verhandelt mit dem deutschen Kaiser über die Erhebung zur Königswürde*

1448 5. – 8. Februar: Du Fay besucht im Auftrage des Cambraier Kapitels Mons; zwischen dem 10. April und 8. Mai besucht er Laon und Reims, um Wein für die Kathedrale zu kaufen; Simon Mellet kopiert *»facta nova cantorum modernum«* – verlorene Motetten?; *Johann Hunyadi verteidigt Belgrad gegen die Türken; 31. Oktober: Kaiser Johannes VIII. Palailogos stirbt, sein Nachfolger Konstantin XI.*

1449 19. – 21. Januar: Philipp der Gute besucht Cambrai, wohl in seinem Gefolge trifft Du Fay am 5. Februar in Brüssel ein; 5. März: Du Fay und Binchois begegnen sich bei der Sitzung des Kapitels von St. Waudru in Mons; *7. April: Der Gegenpapst Felix V. (Amadeus VIII. von Savoyen) dankt ab; 19. April: Das Basler Konzil bestätigt Nikolaus V. als Papst und löst sich am 25. April auf; Italienreise Rogiers van der Weyden; Lorenzo (il Magnifico) de'Medici geb.*

1450 *26. Februar: Francesco Sforza wird Herzog von Mailand;* 11. März: Du Fay als in Cambrai anwesend erwähnt; 26. Mai – 1. Juni: Du Fay mit neun »Mönchen« (Sängern) auf Kosten des Herzogs von Savoyen in der Herberge *del capello* in Turin; *13. Juni, Weihe des von Donatello geschaffenen Altars in der Basilika di Sant'Antonio in Padua,* Anlaß oder Gelegenheit für die Aufführung der *Missa Sancti Antonii de Padua* (?); *1. Oktober Leonello d'Este gest.; Alain Chartier gest.;* 15. Dezember (oder früher): Du Fay wieder in Cambrai

1451 *22. Januar: Der einstmalige Gegenpast Felix V., vordem Herzog Amadeus VIII. von Savoyen, in Genf gest.; 10. März: Heirat des französischen Dauphin Louis mit Charlotte von Savoyen in Chambéry;* 22. Oktober: Ein Brief aus Savoyen, worin Du Fay dorthin zurückzukehren gebeten wird, bezeichnet ihn als *conseiller et maistre de la chapelle*; *Paolo Uccello gest.; Stefan Lochner gest.; Christoph Columbus geb; Amerigo Vespucci geb.*

1452 21. April: Du Fay wird vom Kapitel in Anbetracht besonderer musikalischer Verdienste ein Jahresgehalt im Voraus bezahlt; dies bis Ende 1458 der letzte Hinweis auf eine Anwesenheit in Cambrai; Binchois zieht sich aus burgundischen Hofdiensten zurück; *14. September, das Bild der* Notre-Dame de Grace, *angeblich vom heiligen Lukas gemalt, wird dem Kapitel der Cambraier Kathedrale feierlich übergeben; September: Der Hof von Savoyen,* (?) mit ihm auch Du Fay, *befindet sich wegen eines Treffens mit Karl VII. von Frankreich in Le Cleppé, dortselbst am 27. Oktober Abschluß eines Vertrages; Lorenzo Ghiberti vollendet die Paradiestüren am Baptisterium in Florenz; Leonardo da Vinci geb.; Girolamo Savonarola geb.*

1453 *29. Mai: Mohammed II. erobert Konstantinopel, Kaiser Johannes XI. Palailogos fällt; Ende des Hundertjährigen Krieges, außer Calais alle vordem englischen Besitzungen auf französischem Boden wieder in französischer Hand; Krieg Philipps des Guten mit Gent; Donatellos Reiterstandbild des Gattamelata;* 24. Dezember: John Dunstaple gest.

1454 17. Februar: Fasanenbankett in Lille; 22. Februar (dieses, vielleicht auch des übernächsten Jahres): Du Fay schreibt aus Genf an Piero und Giovanni de'Medici:

»Großmächtige und edle Herren, vorab alle tiefe Ergebenheit! Da ich sehr wohl weiß, daß Sie stets Freude am Gesang (an der Musik) hatten und da Sie, so glaube ich, in dieser Neigung nicht schwankend geworden sind, habe ich es gewagt, Ihnen einige Chansons zu übersenden, welche ich kürzlich auf Bitten einiger hoher Herren des königlichen Hofes komponierte, als ich mich mit dem Herren von Savoyen in Frankreich befand. Darüberhinaus habe ich einige andere, welche ich Ihnen später übersenden werde. Außerdem schrieb ich im vergangenen Jahr vier Lamentationen für Konstantinopel, die recht gut sind, drei von ihnen für vier Stimmen; die Texte waren mir aus Neapel zugesandt worden. Ich weiß nicht, ob sie Ihnen vorliegen; wenn nicht, so seien Sie so freundlich, es mich wissen zu lassen, ich werde sie Ihnen, wenn Sie es wünschen, dann zusenden. Im Übrigen muß ich das große Lob des Herren Francesco Sassetti singen, Ihres hiesigen Bevollmächtigten; denn als ich im vergangenen Jahr einige Dinge am römischen Hof zu erledigen hatte, half er mir großherzig und hat mich außerordentlich liebenswürdig behandelt, wofür ich Ihnen danke, so sehr ich nur kann. Wie ich hörte, haben Sie derzeit einige gute Leute in der Kapelle von St. Giovanni; deshalb würde ich Ihnen gern, sofern es beliebt, häufiger einige meiner kleinen Sachen zur Kenntnis geben, als ich in der Vergangenheit getan habe. Ich täte dies auch wegen meiner Wertschätzung von Antonio (Squarcialupi), Ihres und meines guten Freundes, dem mich zu empfehlen ich herzlich bitte. Großmächtige und edle Herren, wenn es irgend etwas gibt, das ich hier für Sie tun kann, so lassen Sie es mich bitte wissen; ich werde es herzlich gern tun – mit der Hilfe unseres Herren, welcher Ihnen ein langes und gutes Leben schenken möge und am Ende

das Paradies. Geschrieben in Genf am 22. Februar. Ihr ergebener Kaplan und unwürdiger Diener Guillaume Dufay, Kanonikus zu Cambrai.[2]

Ockeghem erstmals als *premier chappelain* Karls VII. erwähnt

1455 **1. Januar: Du Fay erhält ein Geschenk vom Herzog und der Herzogin von Savoyen; 1. Mai: Er fehlt in einer Mitgliederliste der savoyischen Kapelle;** *22. Mai: Schlacht von St. Albans, Beginn der »Rosenkriege« zwischen den York und Lancaster;* **8. November: Du Fay wirkt als Testamentsvollstrecker des savoyischen Sängers André Picard und bezeichnet sich selbst als *magister capelle*; Dezember: Der Hof und die Kapelle von Savoyen befinden sich wegen eines Vertragsabschlusses mit Karl. VII. von Frankreich in St. Pourçain, (?) Anlaß zur Komposition der *Missa L'homme armé* und der Rondeaux *Malheureux cuer* und *Les douleurs*;** *Fra Angelico gest.; Antonio Pisanello gest.; Lorenzo Ghiberti gest.; in Bourges Wiederaufnahme des Prozesses der Jeanne d'Arc*

1456 **Oktober: Nicolas Grenon gest.**; *Mohammed II. erobert Griechenland, wird aber bei Belgrad von den Ungarn geschlagen; Leon Battista Alberti erweitert die Fassade von Santa Maria Novella in Florenz; Villon:* Le petit Testament; *der Dauphin Ludwig flieht vor seinem Vater, König Karl VII., an den Hof Philipps des Guten, wo er bis zum Tode seines Vaters (1461) bleibt*

1457 *Lorenzo Valla gest.; »Coucours de Blois« im poetischen Zirkel um Charles d'Orléans, zu dem auch Charles d'Albret gehörte*

1458 **14. September: Du Fay zu Besuch beim Kapitel von St. Etienne in Besançon, wo er zum Modus der Antiphon *O quanta est exulatio angelicis turmis* befragt wird; vor dem 6. November Rückkehr nach Cambrai, wo er an diesem Tage Weinrechnungen prüft**; *unter Ferdinand I. (gest. 1494) wird der Hof in Neapel zu einer wichtigen Pflegestätte der Kunst und Musik; der Humanist Enea Silvio Piccolomini, vordem engagierter Konziliarist, als Pius II. zum Papst gewählt; Matthias I. Corvinus (gest. 1490) König von Ungarn; Fra Filippo Lippi:* Anbetung im Walde

1459 **Du Fay für ein Jahr wieder Meister der *petits vicaires* in Cambrai; er vereinbart weitere Abschriften mit dem Kopisten Simon Mellet**; *Maximilian I., geb; Serbien von Mohammed II. erobert; Cosimo de'Medici gründet in Florenz die* Accademia Platonica; **Paul Hofhaimer geb.**; *Mantegna:* Thronende Madonna mit Engeln und Heiligen *für S. Zeno in Verona*

1460 **11. Juli: Johannes Tinctoris wird für viermonatige Mitgliedschaft bei den *petits vicaires* in Cambrai entlohnt; 20. September: Binchois gest., aus Anlaß seines Todes *Mort tu as navré* von Ockeghem und (?) *En triumphant de tel crudel mal* von *Du Fay*; John Bedingham gest.**; *23. Oktober: Der burgundische Thronfolger Karl, Graf von Charolais (später: Karl der Kühne), hört in Cambrai eine selbstkomponierte Motette;* **10. November: Das Kapitel bittet Du Fay, einen Nachfolger für die Leitung der *petits vicaires* zu benennen**

---

2 *»Magnifiques et nobles seigneurs, toute humble recommendacion premise. Pour ce que je sçay bien, que tousjours pris plaisir avés en chanterie, et encore comme je croy n'avés pas changié voulenté, je me suis enhardy de vous envoyer aulcunes chansons les quelles ay faictes nagaires moy estant en France avoec monsieur de Savoye, a la requeste de aulcuns seigneurs de l'ostel du Roy. J'en ay encore d'autres pour une autrefois envoyer. Item j'ay fait cest an passé IIII lamentacions de Constantinoble, qui sont assés bonnes, dont les III sont a IIII voix, et me furent envoyés les parolles de Napples. Je ne sçay se les avés point par de la, se vous ne les avés, faites le moy scavoir s'il vous plest, et je les vous envoyeray. En oultre je me loue grandement de seigneur Franchois Sachet, vostre facteur de par decha, car l'an passé j'eux a besongnier en court de Rome, et il m'a servi bien grandement, et traittié bien gracieusement, dont je vous remercye, tant comme je puis. Vous avés a present en votre chapelle de saint Jean de bonnes gens comme j'ay entendu, et pour ce je vous vueil communiquier de mes petites choses plus souvent que je n'ay fait icy devant, se c'est vostre plaisir. Et aussi pour l'amour de Anthoine vostre bon ami et le mien, au quel s'il vous plest me recommanderes cordialement. Magnifiques et nobles seigneurs, s'il est choses que je puisse pour vostres seignouries faire par dessa faittes le moy scavoir et de tres bon cuer l'acompliray. A l'ayde de nostre seigneur, le quel vous vueille donner bonne vye et longue, et en fin paradis. Est script a Geneve le XXIIe de fevrier. Vostre humble chapelain et petit serviteur Guillaume Du Fay chanoine de Cambray«.*
Dieser einzige von Du Fay erhaltene Brief zitiert nach Kühner 1939; ein Faksimile in: Bianca Beccherini, *Relazioni di musici fiamminghi con la corte dei Medici: nuovi documenti*, in: *La rinascità*, IV, 1941, S. 87; Heinrich Besseler, *Dufay, Guillaume*, Artikel in: MGG, 1. Ausgabe, Band 3, Kassel usw. 1954, Sp. 889/90; Alberto Maria Fortuna, *Autografi dell'Archivio mediceo avanti il principato*, Florenz 1977, Illustration 18. Die Datierung des Briefes ist strittig, obwohl das »*vorige Jahr*«, in dem Du Fay die Lamentationen geschrieben hat, am ehesten als 1453 vorstellbar erscheint.

1461 18. März bis 6. Mai: Du Fay leitet als Schatzmeister *(tresorier du petit coffre)* eine Inventur des Besitzes der Kathedrale von Cambrai; *28. Juni: Eduard IV. aus dem Hause York stürzt Heinrich VI. aus dem Hause Lancaster, König von England bis 1483; 22. Juli: Karl VII. von Frankreich gest., sein Nachfolger Ludwig XI.; 8. November: Martin le Franc gest.*

1462 2. Juni: Ockeghem besucht Cambrai; dort wird Du Fays – später verlorengegangenes – *Magnificat septimi toni* abgeschrieben; *11. November: Anne von Savoyen (de Lusignan) gest.; 21. Dezember: Karl, Graf von Charolais, besucht erneut Cambrai ; Rogier van der Weyden:* Columba-Altar

1463 In Cambrai werden Du Fays *Missa Ecce ancilla Domini* und eine – verlorengangene – Hymne *O quam glorifica* abgeschrieben, wohl im Rahmen der Neuanfertigung von sechs großen Handschriften mit Messen und Motetten; *Mohammed II. erobert Bosnien; François Villon vor der Hinrichtung zu zehn Jahren Verbannung aus Paris begnadigt, von da an verschollen; Pico della Mirandola geb.; Ludwig XI. kauft von Burgund die Somme-Städte zurück*

1464 Februar/März: Ockeghem für zwei Wochen in Cambrai, wohnt im Hause Du Fays; dessen Antiphon *Ave regina coelorum* (3. Fassung, vierstimmig) und die Sequenz für Maria Magdalena werden in Cambrai abgeschrieben; aus der Verantwortung für die *petits vicaires* zieht er sich endgültig zurück, sein Nachfolger Simon le Breton; *16. Juni: Rogier van der Weyden gest; 1. August: Cosimo de'Medici gest:, 11. Augst: Nikolaus von Kues gest; 15. August: Papst Pius II. gest.; Piero della Francesca: Fresken in S. Francesco, Arezzo*

1465 *4. Januar: Charles d'Orléans gest.; 29. Januar: Herzog Louis von Savoyen gest.; Giovanni Bellini:* Pietà; *Piero della Francesca: Bildnis des Federigo da Montefeltro von Urbino; Karl, Graf von Charolais, verbündet sich in der* Ligue du bien public *mit französischen Prinzen gegen Ludwig XI., Schlacht bei Monthléry*

1466 16. Juli: Du Fay verzichtet zugunsten einer Pfründe in Ohain auf das Kanonikat an Notre-Dame in Condé; die *Complainte sur la mort de Jacques Milet* von Simon Greban erwähnt u.a. Du Fay; für Gilles Flannel amtiert er als Testamentsvollstrecker; *Donatello gest.*

1467 1. Mai: Antonio Squarcialupi schreibt aus Florenz an Du Fay; *15. Juni: Philipp der Gute gest.; sein Nachfolger Karl der Kühne stößt auf Widerstand in Gent und Lüttich; Giovanni Bellini:* Der tote Christus

1468 *Ludwig XI. von Frankreich unterstützt den Aufstand in Lüttich, wird von Karl dem Kühnen gefangengesetzt und gezwungen, mit ihm gemeinsam gegen Lüttich zu ziehen; am 16./17. Oktober besucht er Cambrai, um das Bild der* Notre-Dame de Grace *anzubeten;* (?) aus diesem Anlaß die Motette *Omnium bonorum plena* von Loyset Compère, welche u.a. Du Fay rühmend erwähnt; Gile Crepin bringt Musik von Du Fay nach Savoyen; *Luca della Robbia: Bronze-Reliefs auf der Tür der neuen Sakristei des Domes in Florenz; Johannes Gutenberg gest.*

1469 *Lorenzo de'Medici übernimmt die Herrschaft in Florenz; Karl der Kühne erwirbt das Elsaß als Pfand von Sigismund von Tirol; Niccoló Macchiavelli geb., Vasco da Gama geb.; Piero della Francesca:* Geißelung Christi

1470 Du Fays *Missa pro defunctis, »de novo compilata«* und später verlorengegangen, in Cambrai abgeschrieben; *Leon Battista Alberti schließt die Arbeiten an der Fassade von Santa Maria Novella in Florenz ab; Fra Filippo Lippi gest.*

1471 *Sixtus IV. Papst (bis 1484); Bündnis Karls des Kühnen mit Eduard IV. von England, der nach kurzer Vertreibung aus England dorthin zurückkehrt, Heinrich VI. (Lancaster) ermordet; Angelo Poliziano gest.; Thomas a Kempis gest.*

1472 *25. April: Leon Battista Alberti gest.;* 5. Juli: Pierre de Ranchicourt, Bischof von Arras, weiht die Kathedrale von Cambrai und wohnt im Hause Du Fays; die Kathedralweihe Anlaß für Du Fays *Missa Ave regina coelorum* (?); *erste Druckausgabe von Dantes* Divina commedia

1473 Die Missa *Ave regina coelorum* in Cambrai abgeschrieben; *Karl der Kühne bemächtigt sich des Herzogtums Geldern, trifft in Trier mit Kaiser Friedrich III. zusammen; im Elsaß und am Oberrhein formieren sich Bündnisse gegen ihn; Sandro Botticelli:* Der Heilige Sebastian; *Nikolaus Kopernikus geb.; 18. November: Kardinal Basilius Bessarion gest.*

1474 **8. Juli: Du Fay, vermutlich schwerkrank, macht sein Testament; Sonntag, d. 27. November abends: Du Fay gest.**; *der Bevollmächtigte Karls des Kühnen im Elsaß ermordet, Schweizer und Elsässer verbünden sich gegen Burgund*

1475 **Jahresanfang: Simon Mellet kopiert drei – verlorene – Lamentationen, wohl auf den Tod Du Fays, von Ockeghem, Jean Busnoys und Jean Hemart**; *Karl der Kühne belagert Neuß; einer seiner Vertrauten, Ludwig von Luxemburg, Graf von Saint-Pol, wird in Paris als Verräter hingerichtet; Ludwig XI. verbündet sich mit den Schweizern; Georges Chastellain gest.*

1476 *Karl der Kühne überfällt Lothringen, führt Krieg gegen die Schweizer, wird von ihnen bei Granson und Murten besiegt*

1477 *Niederlage und Tod Karls des Kühnen bei Nancy; Ludwig XI. zieht das Herzogtum Burgund ein und bemächtigt sich der Pikardie, des Artois, des Hennegaus und der Freigrafschaft Burgund. Karls des Kühnen Tochter vermählt sich mit Maximilian von Habsburg*

I. »De presbytero genitus et soluta«

»Seine Geburt war unordentlich«[1]. Das haben Beteiligte und Näherstehende so gut zu verbergen verstanden, daß erst jüngst die Indizien zusammen- und zum Reden gebracht werden konnten[2].

Ehe wir in wohlfeiler Großzügigkeit den Makel unerheblich finden, sollten wir zu ermessen versuchen, was er damals bedeutete – auch für einen Prominenten, der u.a. bei der Bewerbung um manche Pfründe nachweisen mußte, daß er »frei und eh'lich geboren« sei. Welches Gewicht dem beigemessen wurde, zeigt sich darin, daß nur der Papst, wie irgendwann bei Du Fay geschehen, von diesem Nachweis entbinden konnte – womit er zugleich die Begünstigten sich in besonderer Weise verpflichtete. Einschlägige Nachrede allerdings dürfte durch die allerhöchste Intervention eher befördert worden sein; nicht zufällig verdanken wir nur ihr die Information über Du Fays »unordentliche« Geburt. Der Hinweis auf allerwärts herumlaufende fürstliche Bastarde taugte zur Entlastung nur teilweise und gewiß am wenigsten, wenn als Argument beansprucht: Pandolfo Malatesta da Rimini, der in Du Fays Biographie eine wichtige Rolle spielen wird, hatte aus drei Ehen keine legitimen Söhne, dafür woandersher drei illegitime, welche später vom Papst als erb- und regierungsfähig anerkannt wurden; ein lebenslustiger Halbbruder Philipps des Guten war u.a. Bischof in Cambrai und selten dort anwesend; einen Sohn Philipps, den offiziell als *»grand bâtard«* geführten und politisch-militärisch begabten Antoine – einen von sechsundzwanzig anerkannten *»bâtards«* –, hat Rogier van der Weyden wunderbar porträtiert; Niccolò III. d'Este[3] hatte nicht weniger Grund als Philipp der Gute, die Übersicht über seine Nachkommenschaft zu verlieren; Papst Martin V., dessen Wahl das Konzil von Konstanz beendete, war der Sohn des Kardinals Agapito Colonna; die Talente und den Charme des jungverstorbenen, von Piero della Francesca auf der »Geißelung Christi« postum verewigten[4] Buonconte, des unehelichen Sohnes von Federico da Montefeltro, hat einschließlich des Papstes ganz Italien bewundert; Sigismondo Malatesta, ein berühmt-berüchtigter *condottiere*, welcher den ebenfalls »unordentlich« geborenen Leon Battista Alberti mit dem Bau von San Francesco in Rimini beauftragte, war der natürliche Sohn jenes Pandolfo Malatesta, dessen Tod im Oktober 1427 Anlaß gab zu Du Fays Ballade *Mon chier amy*[5]; Johannes Grünwalder, der musikbegeisterte Generalvikar der Diözese Freising, ein Freund Louis Alemans, war ein natürlicher Bruder des bayerischen Herzogs; und Dunois, einer der prominenten Feldherrn des Hundertjährigen Krieges, war ein natürlicher Sohn des 1407 ermordeten Louis von Orléans.

Dennoch – quod licet Iovi non licet bovi. Ob der päpstliche Dispens als Formalie oder als unumgänglich notwendig betrachtet wurde, entschied sich jeweils am Ort; daß die unter der Soutane schlecht verborgenen illegitimen Erbmonarchien, wie bei der Familie Ciconia, bis in den Musikerstand hineinreichen konnten oder, daß wir anläßlich der Auseinandersetzungen um den lebenslustigen Gilles Joye, der seine Liebste nach einer damals berühmten Chanson *»Rosa bella«* nannte, Einiges über die lockeren Sitten der geistlichen Herren in Brügge erfah-

1 Thomas Mann 1955, Band 9, S. 916
2 Planchart 1993
3 S. Kap. XIX, S. 261 ff.
4 Ginzburg 1988
5 VI/15, im Notenanhang Nr. 3

ren und insgesamt eher eine diskret verständnisvolle Tolerierung ihrer Bedrängnisse vermuten dürfen[6], reicht nicht aus, um eine üblicherweise großzügige Handhabung zu unterstellen. Zumindest müßte zuvor untersucht werden, wie man generell mit der für viele schwer erträglichen Spannung zwischen zölibatärem Anschein und niederer Minne umging und wieviel hiervon gegebenenfalls halböffentlich eingestanden werden durfte. Spätestens, wenn die Autorität der Institution ins Wanken geriet, schlug die Stunde der Rigoristen. Der große Anteil der »unordentlich« Geborenen unter den bedeutenden Köpfen jener Jahrhunderte spricht einerseits für »Normalität« und Toleranz, andererseits aber auch dafür, daß sie beträchtlichem Legitimationsdruck standhalten und ihn beantworten mußten. Als einem bedeutenden unter vielen Schicksalsgenossen wurde Du Fay in Florenz mit Leon Battista Alberti[7] bekannt.

Die stimulierenden Wirkungen eines angeborenen Makels und der Anstrengungen, ihn, wenn schon nicht zu verbergen, so doch durch Leistung zu kompensieren, der Zwang, besser zu sein als die, die nichts zu verheimlichen haben – diese Konstellation muß wohl auch bei dem ersten Musiker seiner Zeit zugrundegelegt werden. Schon am Beginn seines Lebensweges hilft sie Etliches besser zu erklären, z.B., daß es kein legitimes Zuhause gab, in dem er aufwuchs und das dem Knaben als Alternative zu den strengen Reglements der Kathedralschule zu Cambrai zur Verfügung stand; daß schon bei den frühesten Kompositionen, u.a. den ersten Meßsätzen oder der Ballade *Resvellies vous*[8], Momente des Vergleichs und Wettbewerbs mit Vorlagen und Vorbildern auch in Details dingfest gemacht werden können; nicht zu reden von einer durchaus »unternehmerischen« Komponente in seinem Komponieren und von der perennierenden Unruhe im Lebensgang, vielen Ortswechseln, der zäh-konsequenten Verfolgung des Weges nach oben, Hartnäckigkeit beim Erwerb geistlicher Würden und weltlicher Güter. Sein Testament läßt einen wohlhabenden, u.a. ein Haus und Grundstücke (mindestens als Pächter) sein eigen nennenden Mann ohne näheren familiären Umkreis erkennen, der mit seinem Besitz, wie aus den letztwilligen Verfügungen ersichtlich, bedachtsam bis knauserig umgeht.

Du Fay könnte am 5. August 1397 in Wodeque im Hennegau geboren sein. Der Konjunktiv muß stehenbleiben, weil kein zeitgenössisches Dokument Datum und Ort direkt mit seiner Geburt in Verbindung bringt. So eng in dieser hinsichtlich der Präzisierung am weitesten gehenden und plausibelsten Hypothese[9] der Ring der Vermutungen um die Daten gezogen, so bedachtsam flankierende Umstände berücksichtigt sind – die Möglichkeit kann nicht ausgeschlossen werden, daß neue Dokumentenfunde ein neues Bild ergeben. Schwerlich jedoch ein ganz anderes: Die breit gefächerten Absicherungen der Daten lassen allzu viel Schwankungsbreite nicht zu und würden der Hypothese Gewicht und Wahrheitsgehalt selbst dann noch sichern, wenn sie sich als falsch erweisen sollte – wenig Chancen also für Anwürfe gegen das »Berufslaster des Geschichtsforschers ..., der sich bei jeglichem Geschichtszeugnis ... vor Allem fragt: ›Wann?‹«[10].

Zunächst das Jahr. Werke wie die im August 1420 für die am Malatesta-Hof bevorstehende Hochzeit geschriebene Motette *Vasilissa ergo gaude* und die zeitlich anschließenden lassen in ihren Qualitäten und Differenzierungen drei im Vergleich zum bisher vermuteten Datum 1400 zugegebene Jahre plausibel erscheinen. Dennoch wöge das allein als Argument nicht

---

6 Strohm 1985, S. 27 ff.

7 Zu dessen hieraus entspringenden Problemen vgl. Grafton 2002, u.a. S. 30 ff., 51 ff.

8 S. Kap. IV, S. 39 ff.

9 Planchart, a.a.O.; Haggh 1997

10 Ginzburg, a.a.O., S.22

schwer – wer könnte sich der hierbei geltend gemachten Maßstäbe sicher sein? –, käme nicht hinzu, daß Du Fays Ordination als Priester zeitlich eng eingegrenzt werden kann. Sie weist auf 1397 als Geburtsjahr, wenn man unterstellt, daß entsprechend dem vermuteten Sterbealter Jesu das 30. Lebensjahr des Anwärters abgewartet wurde – die Gepflogenheit war soeben durch einen prominenten Kirchenmann, Pierre d'Ailly, u.a. von 1397 bis 1411 Bischof in Cambrai und später Kardinal, ausdrücklich bestätigt worden. Nun tituliert ein auf den 27. April 1427 datiertes Schreiben Du Fay als Diakon und ein auf den 24. März 1428 datiertes als Priester – in beiden geht es um Fürsprachen wegen der Abwesenheit von seiner Pfründe in St. Géry, welche offenbar von der Ordination nicht abgehangen hatte. Auch alle späteren Dokumente bezeichnen Du Fay als Priester. Mit großer Wahrscheinlichkeit also liegen sein 30. Geburtstag und die Ordination zwischen den Daten der beiden Briefe – April 1427 und März 1428.

Nicht weniger verschlungen die zum 5. August führenden Wege. Auf ihn weisen die eigensinnigen Datierungen seines Testaments bzw. seines testamentarisch fixierten Vermächtnisses hin. Normalerweise verband man diese mit einem der Jungfrau gewidmeten Kirchenfest, und zwar jeweils mit dem darauffolgenden Tag. Du Fay hingegen wich hiervon gleich zweifach ab – er ignorierte den Tag danach und wählte ein zwar vielerorts im Norden gefeiertes, nur ausgerechnet im Kalender der Cambraier Kathedrale nicht enthaltenes Fest, die auf den 5. August fallende Feier der »Maria vom Schnee«, der Erinnerung an den Schneefall in Rom gewidmet, durch den die Jungfrau signalisiert haben soll, wo die Basilika di Santa Maria Maggiore zu bauen sei. »*Die quinta Augusti, in quaquidem solemnitas agitur sancte Marie ad Nives, fiet de eadem beata Maria missa celebris pro Magistro Guillermo Du Fay, canonico sacerdote, quamdiu vivet, et post decessum eius obitus de XII. 1 b turonensium, distribuendis prout in missa domini decani continetur*« lautet der diesbezügliche Aktenvermerk[11]. Andere marianische Feste hätten für die Dedikation nähergelegen, besonders dasjenige der *Recollectio omnium festorum Beatae Mariae Virginis*, für das Du Fay in den fünfziger Jahren liturgische Gesänge komponiert hatte, und dasjenige der *Notre Dame de Grace*, dessen Name immerhin zugleich derjenige der Kathedrale war. Dagegen wiegt als Argument nicht schwer genug, daß Santa Maria Maggiore in Rom die Mutterkirche des Florentiner Domes Santa Maria del Fiore war, für dessen Weihe im Jahre 1436 Du Fay eines seiner meistbeachteten Werke geschrieben hatte[12]; das Ereignis war wohl geeignet, von ihm als Höhepunkt seiner öffentlichen Wirksamkeit erinnert zu werden.

Daß Du Fay naheliegende Datierungen vermied, die u.a. auch im Hinblick auf die mit der Testamentsvollstreckung betrauten Geistlichen nicht gleichgültig waren, muß persönliche Gründe gehabt haben und mag einen Parallelfall darstellen zu der Selbstverständlichkeit, mit der er innerhalb eines liturgischen Textes, der Antiphon *Ave regina coelorum*[13], anläßlich deren letzter Komposition im Jahre 1464 sich selbst bei Namen nennt. Unter solchen Gründen mochte der Geburtstag zuallererst in Frage kommen, wenn er mit einem der wundertätigen Maria gewidmeten Fest zusammengefallen und weil die Gebärende, Marie Du Fay(t), eine Namensschwester der Gottesmutter war – diese hatte auch nicht im Normalsinne »ordentlich« geboren: genug Anlaß, es als Fügung anzusehen bzw. als Baustein einer Privatmythologie des schon bald über sein Herkommen hinausgewachsenen Musikers. Den päpstlichen Dispens von Auskunftspflichten über Eltern und Geburtsumstände hat er sicherlich auch im Gedan-

11 Wright 1975; Planchart, a.a.O., S. 112

12 S. Kap. XV, S. 194 ff.

13 S. die Kap. XXVI und XXVII

ken an seine Mutter erwirkt und nach ihrem Tode dem einstmals »gefallenen Mädchen« das Privileg einer Grabstelle in der Kathedrale.

Die Privatmythologie könnte auch in sein Komponieren eingeflossen sein. Selbst in einem Zeitalter intensiver und vielfältiger Marienverehrung ist der Anteil marianischer Themen unverhältnismäßig groß, beginnend vermutlich nicht erst mit dem Petrarca-Text *Vergene bella*[14], fortgesetzt u.a. in zwei Vertonungen der Antiphon *Alma redemptoris mater*, in dreien von *Ave regina coelorum*, sechsen des *Magnificat*-Textes und hinreichend bis zu den zwei letzten Meßordinarien. Und mancher besondere, persönliche Ton – nicht erst, wenn er die Gottesmutter um Erbarmen für »*Deinen hinfälligen Du Fay = tui labentis Dufay*« bittet – lädt, obwohl einer bestätigenden Analyse kaum zugänglich, zu der Frage ein, ob hie und da im Untertext zur Gottesmutter nicht eine andere Maria, die eigene Mutter, mitgemeint sei. Wer dies für blasphemisch hält, möge sich vergegenwärtigen, in wie hohem Maße der Marienkult sich im Übergangsfeld zwischen Gottesminne und hoher Minne bewegt und eine Unterscheidung geistlicher und weltlicher Momente nicht erlaubt hat bzw. gerade aus dieser Ununterscheidbarkeit wichtige Impulse bezog – deshalb u.a. die eigentümliche Zwischenstellung von *Vergene bella* oder die häufig mit Marientexten kontrafazierten Chansonsätze: *Or me veult* wird zu *Ave tota casta virgo, Mille bons jours* zu *Imperatrix celestis militie*, ein textlos überliefertes Rondeau zu *O flos florum virginum, Je donne a tous les amoureux* zu *O Maria maris stella, Pour l'amour* zu *O virgo pia, Craindre vous veuil*[15] zu *Regina celi letare* usw.

Was den Geburtsort anlangt, so lag besonders nahe, »*du Fay*« oder »*du Fayt*« als »aus Fay bzw. Fayt stammend« zu deuten. Freilich gibt es in dem in Frage kommenden Umkreis etliche Ortschaften dieses Namens, und selbst, wenn auf diese Weise entstanden, könnte der Name sich, ähnlich den niederländischen Verbindungen mit »van«, als solcher zuvor schon verselbständigt haben. Edmond Dartus hat das südöstlich von Cambrai gelegene le Fayt de Troisvilles wahrscheinlich zu machen versucht[16], und lange vor ihm hat François Fétis in seiner Beantwortung der Frage nach den musikalischen Verdiensten der Niederländer[17] einen – heute nicht mehr nachweisbaren – Traktat *secundum Wilhelmi du Fay Cimacensis Hannonia* erwähnt, wobei er »*Cimacensis Hannonia*« als Hinweis auf die Stadt Chimay im Hennegau (=Hainaut) verstand, wahrscheinlich aber – er will den Traktat selbst vor Augen gehabt haben – »*Cimacensis*« falsch gelesen hat statt »*Cameracensis*« (= Cambrai).

Verläßlichere Anhalte verspricht wie beim Datum der Weg über Du Fays Testament – und er verspricht zugleich Anhalte in Bezug auf die Umstände seiner frühen Jugend[18]. Im Bericht der Testamentsvollstrecker ist von »*Erwerbungen in seiner Heimat*« (=«*toutes acquistes faites en son pays*«) die Rede. Schwerlich hätten die drei namentlich bekannten Kanoniker aus Cambrai, gewiß Vertraute Du Fays, von »*son pays*« gesprochen, wäre es um Besitztümer in der Stadt gegangen. Nun läßt sich aus den Regelungen nach seinem Tode ersehen, daß er zusammen mit einem anderen Kanoniker in Wodeque im Hennegau und in »*Bersele*« (heute »Berseel«) Land gekauft hatte; in einem der beiden Orte darf man also am ehesten »*son pays*« vermuten. Daß die beiden im Testament genannten Verwandten in Tournai bzw. Brügge, also im französischen Sprachgebiet, ansässig waren, müßte nicht viel besagen, sprächen nicht weitere Argumente gegen das im niederländischen Sprachgebiet gelegene Berseel le Bruxelles – beide

---

14 Kap. IX

15 Kap. V, S. 66 ff.

16 Dartus 1976, S. 12

17 Fétis 1836, S.12; insgesamt hierüber auch Wright 1975, S. 175 ff.

18 Planchart 1988

Orte übrigens liegen nahe beidseits der – bis heute nahezu unveränderten – Sprachgrenze. Dieser Nähe und einer zumeist laxen Handhabung wegen (am ehesten machen die Listen der päpstlichen Kapelle eine Ausnahme) läßt sich mit der Namensform kaum argumentieren. Zwar nennen bis in die zwanziger Jahre hinein alle Dokumente den Komponisten dem Namen der Mutter entsprechend *»Du Fayt«*, mit Vornamen *»Willermus«*, der latinisierten Form von »Willem« oder »Wilhelm«, zwar hat er sich offensichtlich zu Beginn der zwanziger Jahre zu der Namensform *»Guillaume Du Fay«* entschlossen; aber noch vor und nach 1450 begegnet er in den Akten von St. Waudru in Mons, einer seiner Pfründen, als *»du Fayet«* oder *»du fayt«*[19], und »Willermus«, »Willermet« und »Willerme« waren als Diminutivformen ebensowohl von »Guillaume« wie von »Willem« gebräuchlich; als »Willem« taucht Du Fay nirgends auf.

Angesichts der zahlreichen Pfründen, die er innehatte[20], scheint nicht schwer ins Gewicht zu fallen, daß die heilige Waldetrud, Namenspatronin von St. Waudru, ihm besonders viel bedeutete; mehr schon, daß zwei Verwandte seiner Mutter, beide Je(h)an Hubert mit Namen, dort Pfründen besaßen; zumindest dem älteren von ihnen, der die Mutter später nach Cambrai holte, war er auch persönlich verbunden. Wodeque nun liegt nahe bei Mons und näher auch zu Brügge und Tournai als Berseel, und nicht weit von Wodeque liegt Ghoy, von wo Du Fay ebenfalls, wie sein Testament ausweist, Einkünfte aus einer Pfründe bezog. Die Zeugnisse der Verbundenheit mit dieser Gegend indessen summieren sich nicht zu einem eindeutigen Beweis und finden ex negativo am ehesten eine Stütze in dem, was gegen Berseel spricht. Daß der Pfarrer einer winzigen Kirche und Gemeinde, eines Ortes also, wohin man nicht die bedeutendsten zu schicken pflegte, eine Frau unterhält, die mit sehr viel höher gestellten Klerikern in Mons verwandt ist, paßt nicht gut zusammen; und daß Du Fay Land pachtet, welches unmittelbar neben der Kirche liegt, die mit seiner »unordentlichen« Geburt verbunden ist, will auch nicht einleuchten; auch taucht kein Name eines präsumptiven Vaters (welcher damals längst gestorben gewesen sein müßte) im Zusammenhang mit dem erst vier Jahre vor Du Fays Tode geschlossenen Pachtvertrag auf. Überdies ging es um Land im Besitz der Prämonstratenserabtei Dielegem in Jette, welches sich lange in der Obhut eines in der Nachbarschaft, in Ruysbroek ansässigen Herrn, Jehan Taye, befunden hatte und von ihm zum größeren Teil, vermittelt durch einen gewissen Paul Briquet, an das Kapitel der Kathedrale von Cambrai, zum kleineren Teil direkt an Du Fay weitergegeben wurde, beides offenbar Teil eines einzigen Handels. Du Fay mag die Gelegenheit vor Allem als Kapitalanlage im Zusammenhang mit testamentarischen Regelungen wahrgenommen haben.

Bei der penibel durchgehaltenen Namensschreibung in den Regesten der päpstlichen Kapelle gibt es eine Ausnahme: Ein dortiger Kollege, Iacobus de Werp, bewirbt sich im Jahre 1431 um eine Pfründe an St. Peter in Tournai, welche derzeit *»Willermus dou Fayt«* innehabe; der wolle bekanntlich auf eine Pfründe an der Kathedrale von Tournai überwechseln. De Werp glaubt seine Chancen verbessern zu können mithilfe eines indezenten Hinweises, für den wir ihm, anders als der Betroffene, dankbar sein müssen – denjenigen, daß es sich bei Du Fay *»de presbytero genitus et soluta«*, um das Kind *»eines Priesters und einer alleinstehenden Frau«* handele[21].

Standessolidarität angesichts des klerikalen Fehltritts und verwandtschaftliche Fürsorge mögen gleicherweise daran beteiligt gewesen sein, daß der Knabe im Jahre 1409 in der Kathe-

19 Haggh, a.a.O.
20 Kap. VI
21 Planchart 1993, S. 348

dralschule von Cambrai unterkam: Ein Vetter der Mutter, der schon genannte ältere Jehan Hubert, Baccaleureus des kanonischen Rechts, Inhaber von Pfründen in Lille und Mons mit zeitweise engen Beziehungen zu dem kaum achtzehnjährig als Kardinal verstorbenen Peter von Luxemburg und zum König von Navarra, hatte sich schon 1403 mit Vorauszahlungen um eine Pfründe in Cambrai beworben und diese fünf Jahre später erhalten. Kurz darauf wird der ebenfalls in Cambrai tätige Jehan Rogier de Hesdin vom Domkapitel *»pro gubernacione cuiusdam Willelmi«* bezahlt, ziemlich sicher ein Vorbereitungskurs für den ein paar Wochen später zugelassenen Chorknaben; der Kurs wäre wohl nicht erforderlich gewesen bei einem in Cambrai Aufgewachsenen. Für die Mithilfe des Onkels spricht darüberhinaus, daß auch die Chorschulen in Brüssel, Brügge, Lille oder Tournai in Frage gekommen wären, welche Cambrai damals noch nicht überflügelt hatte. Irgendwann ist Marie Du Fayt nachgekommen und hat dem Vetter das Haus geführt; sein Testament erwähnt sie als *»cousine et servante«*.

Der offenbar absehbare Tod von Jehan Hubert könnte auch Du Fays erste Rückreise aus Italien veranlaßt haben; der etwa Siebzigjährige starb am Ende des Jahres 1424. Weil er die wichtigste, möglicherweise einzige Stütze der Familie war, mag man die Reise auch als Ausdruck der Sorge um die Mutter betrachten und insofern als einen der spärlichen Hinweise auf persönliche Dinge. Zu ihnen zählen außerdem ein zehn Jahre später vom savoyardischen Herzog ausdrücklich *»für den Besuch seiner Mutter«* gewährter, vielleicht auch der Erkundung von Pfründen dienlicher Urlaub und abermals zehn Jahre später das an das Domkapitel gerichtete Ersuchen um eine Grabstelle für die Mutter in der Kirche. Mittelbar mag man diesen Hinweisen auch zurechnen, daß Du Fay, als er etwa fünf Jahre nach dem Tod der Mutter einen großangelegten Zyklus einstimmiger Proprien für die *»commune sanctorum«* komponierte, das üblicherweise hierbei eingeschlossene Fest des heiligen Felix unberücksichtigt ließ, dafür aber, durchaus unüblich, ein Proprium für den heiligen Georg schrieb. Dessen Festtag, der 23. März, war der Todestag seiner Mutter.

II. Cambrai – Konstanz und zurück: Klausur und große Welt

»*En beaux chants, en riche luminaire et en tres doulce sonnerie*« übertreffe sie alles andere in der Christenheit, hat ein prominenter Bewunderer der Kathedrale von Cambrai im Jahre 1428 gesagt[1]. Die »*schönen Gesänge*« sind verklungen, die Pracht der Glasfenster und das Glockenspiel – wie berichtet wird, bestand es aus 39 Glocken – gingen im Jahre 1796 zu Bruch, als die Kirche demoliert wurde; der Turm stürzte zwölf Jahre später ein. Nicht nur, weil der Muttergottes geweiht, sondern auch in Dimension und Ausstattung stand sie neben den Kathedralen von Paris und Chartres. Mehr als tausend Gemeinden in dem von hier aus verwalteten Gebiet – es umfaßte das Herzstück des heutigen Belgien, darin Antwerpen, und Teile des heutigen Nordfrankreich – konnten für Pracht und Ansehen der geistlichen Kapitale um so besser sorgen, als die ökonomische Entwicklung weit fortgeschritten war. Mit Pierre d'Ailly residierte von 1397 bis 1411 der führende französische Theologe jener Zeit als Bischof in Cambrai, zeitweilig, da er gemeinsam mit seinem Schüler Johannes Gerson das Konzil von Konstanz dominierte, der mächtigste Mann der Kirche – und möglicherweise nur deshalb nicht im Jahre 1417 zum Papst gewählt. Der Stadt Cambrai und der Kathedrale, in der er 1422 seine Grabstätte fand, blieb er auch nach der Ernennung zum Kardinal verbunden.

Zu Beginn des 15. Jahrhunderts ragte Cambrai als Pflegestätte und Pflanzschule der Kirchenmusik noch nicht so eindeutig hervor wie späterhin; hätten nicht private Konstellationen den Ausschlag gegeben[2], wäre der junge Du Fay auch in Brügge, Brüssel, Lille oder Tournai gut aufgehoben gewesen. Zur Zeit seines Eintritts als *altarista* bzw. *chorialis* im August 1409 war er einer von insgesamt sechs Sängerknaben, denen ein eigener Magister, von 1392 bis 1412 Nicolas Malin, vorstand. Täglich mußten sie in den Gottesdiensten singen, wurden in Musik und Grammatik, zwei seinerzeit weitgefaßten Disziplinen, unterrichtet und unterlagen Reglements, deren Rigorosität den Vergleich mit späteren Elite- oder Kadettenschulen nicht zu scheuen braucht. Zwar wissen wir von ihnen nur durch eine auf 1739 datierte Niederschrift, welche jedoch großenteils als Kopie von damals drei- bis vierhundert Jahre alten Anweisungen kenntlich, gar ausdrücklich kenntlich gemacht ist[3]. Sie gibt genug Anlaß, die Blüte und lang dominierende Rolle franko-flämischer Musik und Musiker auch, wenn nicht gar vornehmlich, als Resultat von Leistungsdruck anzusehen. Das betrifft das Arbeits- und Lernpensum ebenso wie die drakonischen Maßnahmen, welche die Konzentration auf dieses absichern sollten. Kindheit – in einem damals freilich unbekannten Verständnis – fand für den bei seinem Eintritt knapp zwölfjährigen Knaben kaum mehr statt, weitgehend versperrt durch jene mönchische Disziplinierung, die Privatem kaum Platz zugestand und es als Ablenkung vom eigentlichen, einzigen Anliegen brandmarkte. Nur, weil wir uns von den mentalen Wirkungen der religiösen Durchdringung aller Lebensbereiche kein Bild machen, also schlecht mitreden können, verbietet sich der Vergleich mit Gehirnwäsche-Methoden oder allzu laute

1 Philipp von Luxemburg, Graf von St. Pol, zitiert bei Houdoy 1880, S. 58; ein aus dem 18. Jahrhundert stammender Stich, der die Kathedrale zeigt, auf dem Umschlag dieses Buches, eine andere Darstellung bei Fallows 1982 gegenüber S. 68

2 Kap. I

3 Planchart 1993, S. 350

Verwunderung darob, daß in der Musik eines Mannes, der in seinen bildsamsten Jahren solch rigorosen Ausrichtungen unterworfen war, soviel Leben und Lebenslust artikuliert ist. Interessanterweise überwiegt in der Überlieferung der im zeitlich und geographisch näheren Umkreis komponierten Musik die weltliche, und auch die eben beginnende internationale Fluktuation der Kapellsänger widerstreitet aller klosterhaften Eingezogenheit.

Im Übrigen wissen wir zu wenig über Freiräume und Schlupflöcher, i.e. von den Grenzen, die in einer vergleichsweise großen Stadt dem Hermetismus einer – zudem in vielen praktischen Dingen bewährten – nicht explizit mönchisch verfaßten Lebensorganisation gezogen waren, und wir besitzen manches Zeugnis eines permissiven Nebeneinanders von strenger Regel und abweichend ausgelebtem Leben. Die Vermutung, Jehan Hubert der Ältere sei Du Fays Vater[4], ist sicher unangebracht, nicht aber prinzipiell abwegig. Daß Hubert zu den Klerikern von Notre-Dame de Grâce gehörte und seine Cousine, Du Fays Mutter, in der Stadt war, hat gewiß geholfen, die dem Chorknaben auferlegten Reglements zu entspannen.

Mindestens in gleichem Maße waren sie dadurch kompensiert, daß das Unterkommen als Glücksfall empfunden werden mußte; die strenge Schule war zugleich eine der besten und hocherwünscht als Grundlage einer zunächst durch die Herkunft erschwerten Entwicklung – wer weiß, ob ohne Nachhilfe des Onkels die Begabung des Knaben ausgereicht hätte, die Türen der Kathedralschule zu öffnen und den von einem Freund der Familie, Jehan Rogier de Hesdin, besorgten Vorbereitungskurs zu veranlassen. Sehr bald nach dem offiziellen Eintritt wird der Knabe bei anspruchsvollen polyphonen Aufgaben oder im Wechselgesang auch mit den zwölf *petits vicaires*, den hauptamtlich für die Kirchenmusik Zuständigen, zusammengewirkt haben. Ihnen rückte er schon reichlich drei Jahre später, zum *clericus altaris* ernannt, näher, zumal damit die Zuerkennung einer Kaplanei verbunden war.

Doch schon zuvor findet sich ein Vorgang dokumentiert, bei dem neben etlichen nur vermutbaren Details sicher erscheint, daß es sich um eine außergewöhnliche Geste der Anerkennung handelt: Der Vierzehnjährige erhält ein *Doctrinale* zum Geschenk[5]. Als solches pflegte man die *Doctrina* des Alexandre de Villa-Dei[6] zu bezeichnen, ein vielbenutztes Lehrbuch der Rhetorik und Grammatik mit einem umfangreichen, der *ars versificatoria* gewidmeten Sonderkapitel. Daß man die Übereignung für aktenwürdig befand und ihr damit ein offizielles Ansehen gab, wiegt ebenso schwer wie die Kostbarkeit eines Buches, welches immerhin abgeschrieben werden mußte; und genauso schwer wiegt, daß der offenbar hochgestellte Initiator dieses Dokument eines weitgreifenden, nicht primär musikalischen Bildungsanspruchs zu schenken für angebracht hielt. War es vielleicht Pierre d'Ailly, der auf den *chorialis* aufmerksam geworden war und im selben Jahr, zum Kardinal ernannt, das Bischofsamt einem Jüngeren, Jean de Lens, übergab? Drei Jahre später hat er Du Fay zum Konzil nach Konstanz mitgenommen und dort möglicherweise die Weichen für seine weitere Karriere gestellt.

Cambrai war ein Glücksfall auch durch die Bekanntschaft mit bedeutenden Musikern. Nicolas Grenon, der bis 1409 die Chorknaben in Grammatik unterrichtete und zugleich *petit vicaire* war, hat der Knabe Du Fay zunächst knapp verpaßt, gewiß jedoch von den Nachwirkungen seiner Tätigkeit profitiert; Grenon wechselte zum burgundischen Hof und später zwischen Cambrai und Rom, amtierte nacheinander als Magister der Chorknaben und der *petits vicaires*, vertrat den abwesenden Du Fay mehrmals bei dessen Benefizien und

4 Kap. I

5 Planchart a.a.O., S. 351

6 Reichling (Hrsg.) 1893

wohnte später in der Rue de l'Ecu d'Or im Nachbarhaus[7]. Das freundschaftliche Verhältnis der beiden mag bekräftigt worden sein, als Du Fays Vetter Jehan Hubert der Jüngere Grenon juristisch vertrat, und es wurde belastet, als das Domkapitel den fast Siebzigjährigen zwang, eine übel beleumundete, offiziell als Köchin geführte Dame aus dem Haus zu weisen[8]. Musikalisch interessanter mag für Du Fay die Bekanntschaft mit Gillet Velut gewesen sein, der im Dezember 1409 als *petit vicaire* in die Dienste des Domkapitels trat, nur knapp zwei Jahre blieb und, soweit wir von den Kompositionen[9] auf den Urheber rückschließen dürfen, ein Unruhegeist gewesen sein muß. Ähnliches mag für Franchois Lebertoul gelten, den der junge Du Fay gerade noch erlebt haben könnte; 1409 bereits hinfällig[10], nahm er im Folgejahr seinen Abschied – ein ebenfalls experimentierfreudiger Musiker, bei dem wie bei Velut die Unterschiedlichkeit der wenigen erhaltenen Werke[11] mit Zufälligkeiten der Überlieferung ebenso zu tun haben mag wie mit den geschwächten kompositorischen Verbindlichkeiten einer Übergangszeit; Heinrich Besselers Vergleich seiner Ballade *Au pain faitich* mit Du Fays *Helas, madame par amours*[12] läßt ihm gar zu wenig Chancen.

Obenan unter den musikalischen Autoritäten der frühen Jahre steht Richard Loqueville, obwohl er und Du Fay nur je ein knappes Jahr vor und nach der Reise nach Konstanz nebeneinander in Cambrai gelebt haben – Loqueville amtierte dort seit 1413 als Magister der Chorknaben und starb im Jahre 1418. Die Konstellation legt nahe, in ihm Du Fays Kompositionslehrer zu sehen. Als späte hommage könnte man die 1433 für Eugen IV. geschriebene *Balsamus et munda*-Motette betrachten, worin Du Fay den *color* im Tenor hin- und danach krebsgängig zurücklaufen läßt wie Loqueville den seinen in der Motette *O flos in divo / Sacris pignoribus*[13]. Näher beieinander befinden sich Lehrer und Schüler in einer von der Handschrift Bologna Q 15 überlieferten Messe, zu der Sätze aus der Feder dreier Komponisten zusammengestellt sind – *Kyrie, Sanctus* und *Agnus Dei*[14] von Du Fay, ein zweites *Sanctus* von Loqueville[15], *Gloria* und *Credo* von Antonio gen. Zacharias de Teramo, welcher der Kapelle Papst Johannes' XXIII. von März 1413 bis November 1414 vorstand[16]. Sowohl dessen beide Sätze wie die drei von Du Fay stammenden, für sich genommen eine Kurzmesse, hängen jeweils in sich eng zusammen, Du Fays *Sanctus* und *Agnus*[17] – das letztere in der Quelle nur teilweise lesbar – benutzen denselben Tenor wie das zusätzlich hineingenommene *Sanctus vineus secundum loqueville* (so der Eintrag des Schreibers), einen *vineux* oder *vineus* genannten *cantus fractus*, d.h. eine mensurierte, auch einstimmig als *Sanctus* singbare Melodie. Sie findet sich in einer fragmentarischen Handschrift aus Cambrai im Zusammenhang mit einer *Missa votiva ad tollendum schismam*, was ihre Benutzung nur sinnvoll erscheinen läßt zu einer Zeit, da

---

7 Wright 1975, S. 211

8 Wright a.a.O., S. 226

9 NA in: *Early Fifteenth Century Music*, hrsg. von Gilbert Reaney, Band 2, *Corpus Mensurabilis Musicae* 11, Rom 1959, S. 118 – 148

10 »*4 solidi pro infirmitate sua*« gewährte ihm das Domkapitel eben damals, vgl. Pirro 1940, S. 55

11 NA in: *Early Fifteenth Century Music*, a.a.O., S. 41 – 48

12 Besseler 1950/1974, S. 38 ff.

13 NA *Early Fifteenth Century Music*, a.a.O.,, Band 3, Rom 1966, S. 21; daselbst alle überlieferten Werke von Loqueville S. 1-24; zu *Balsamus et munda* vgl. Kap.XIII

14 IV/1, 2 und 3

15 *Early Fifteenth Century Music*, Band 3, *Corpus Mensurabilis Musicae* 11, hrsg. von Gilbert Reaney, Rom 1966, Nr. 11

16 Zu ihm vgl. u. a. Kurt von Fischer, *Bemerkungen zur Überlieferung und zum Stil der geistlichen Werke des Antonius dictus Zacharias de Teramo*, in: *Musica Disciplina* XLI, 1987, S. 161 – 182

17 IV/2 und 3

das Schisma noch nicht beendet war[18]. Damit ergäbe sich ein Datum vor dem 11. November 1417, der Wahl des neuen Papstes, mindestens vier Jahre vor der frühesten eindeutig datierten Komposition, der *Vasilissa*-Motette[19]. Als Ort und Anlaß für das Mixtum compositum aus Beiträgen unterschiedlicher Provenienz erscheint am ehesten das Konzil denkbar, wohin Du Fay das *Sanctus* seines Lehrers mitgenommen haben könnte. Indessen bleibt die Indizienkette brüchig – auch ein anderer könnte die Messe zusammengeschrieben haben, die überliefernde Quelle ist späteren Datums, aller hohen Wahrscheinlichkeit zum Trotz fehlen für Du Fays Aufenthalt in Konstanz die positiven Belege, das Datum läge außerordentlich früh, und der Name der *Vineux*-Melodie deutet auf Nouvion-le-Vineux in der Nähe von Laon hin, wo Du Fay sich höchstwahrscheinlich in den Jahren 1425/26 aufgehalten hat und Ende der zwanziger Jahre eine Pfründe besaß[20]. So erscheint mindestens ebenso gut denkbar, daß die auf das Konzil bezogene Kompilation erst etliche Jahre danach zustandekam, vielleicht gar, daß der Schreiber dabei ein Meßordinarium plünderte, d.h. das *Gloria de Quaremiaulx*[21] ignorierte, welches sehr wohl in diesen Zusammenhang hineinpaßt und stilistisch dem auf 1426 datierten Rondeau *Adieu ces bons vins de Lannoys* auffällig ähnelt[22].

Die von der *Vineux*-Melodie gewährten Spielräume sind eng genug, um Unterschiede der Behandlung deutlich erkennen zu lassen. Sie besteht aus acht, wenn man das wiederholte *Osanna* hinzuzählt neun Abschnitten, welche allesamt auf *d* ansetzen und fünfmal, zudem jedesmal mit einem Quart- oder Quintabgang, dort enden, dreimal auf *a* und einmal auf *g*; jener Abgang findet sich innerhalb der Melodie außerdem noch zehnmal! Beide Komponisten geben den ersten Abschnitt dem Soliloquenten, Du Fay außerdem, mehr Abwechslung schaffend, das »*Benedictus qui venit*«, wonach die anderen Stimmen mit »*in nomine domini*« wieder einsetzen. Jedoch auch anderswo läßt sich erkennen, daß er die rituelle Gleichförmigkeit des *cantus fractus* kompensierend auffangen will – u.a. in Imitationen (Takte 30 ff., 40 ff., 73 ff.), die den Oberstimmen aus der Satellitenrolle ein wenig heraushelfen, und einem nahezu getanzten *Osanna*, als welches er eine komplementärrhythmisch verhakte Struktur dreimal nebeneinandersetzt, wonach dem Auslauf »*in excelsis*« besonderer Nachdruck gegeben wird. Kommt hinzu, daß Du Fay hier, offenkundig resümierend, alle 15 Abgänge der *Vineux*-Melodie in einem von *a'* bis *a* reichenden Sekundabgang überbietet. Nicht nur das »getanzte« *Osanna* läßt auf ein beschwingtes Tempo schließen, dem bei Loqueville kleine Triolierungen im Wege stünden. Insgesamt tritt Du Fay der Vorgabe freier, unbefangener gegenüber. Bestenfalls in einem Punkte ist ihm der Meister überlegen: Am Ende des *Osanna*-Abschnittes komponiert er ein nahezu hoquetierendes, alle – bei ihm drei – Oberstimmen beschäftigendes Imbroglio, das der Dreischlägigkeit des Taktes entgegenarbeitet und seine finalisierenden Wirkungen dadurch verstärkt, daß es schon zweimal zuvor erscheint, bei insgesamt neun Abschnitten im fünften, siebten, achten und neunten, sich also gegen Ende hin ballt.

Innerhalb einer Messe haben zwei *Sanctus*, ganz und gar mit demselben Cantus und das eine drei-, das andere vierstimmig, keinen Platz. Die unpraktische Zusammenstellung spricht also eher für als gegen eine Verbundenheit, welche wenigstens einmal durch das Wort *magister* dokumentarisch besiegelt ist. »*Item pro relevio feodi facto per dictum Willermum capellanum dicte capellania tam pro homagio quam prandio dato de mandato sociorum dicto Willermo magistro suo et*

---

18 Planchart a. a. O., S. 357 ff.; dieser Arbeit ist das Vorstehende in vielen Einzelheiten verpflichtet

19 Kap. III, S. 20 ff.

20 Fallows 1976; Strohm 1993, S. 153

21 IV/2

22 Bockholdt 1960, Band 1, S. 79 ff.; Fallows 1982, S. 88; Strohm 1993, S. 152/153

aliquorum sociorum ut patet per cedulam, 16 s 8 d ob t.«[23] lautet eine so seltsame wie aufschlußreiche Notiz aus den Akten zwischen Juni 1414 und Juni 1415. Da es um die Du Fay zugesprochene Salve-Kapelle an St. Géry in Cambrai geht, eine derjenigen, über die unter dem Namen des Inhabers separat Buch geführt wurde, weil sie nicht unmittelbar zur Kathedrale gehörten, ist nicht zweifelhaft, um welchen »*Willermus*« es sich handelt; und der Zeitpunkt der Eintragung läßt als *magistrum suum* keinen anderen zu als Loqueville. Schwerer erklärbar der Vorgang selbst: Du Fay hat ein »*relievum feodi*« erlegt, d.h. eine Vorauszahlung geleistet auf das im Zusammenhang mit dem Salve-Alter in St. Géry in Aussicht stehende Benefiz; dies wird ihm – wenn die Abkürzung richtig gelesen ist – mit 16 Sous und außerdem zwei Denier Seide aus Tours von den Kollegen an St. Géry wie eine Kaution zurückerstattet und festlich (»*pro homagio*«) durch ein Mahl begangen, zu dem die Kollegen ihn und seinen Lehrer einladen. Außergewöhnlich erscheinen die Zurückzahlung und die Veranstaltung ebenso wie die vergleichsweise ausführliche Kommentierung der, freilich aktenpflichtigen, Auslagen – gewiß nicht ausreichend erklärt allein mithilfe des an prominenter Stelle in der Kathedrale amtierenden Onkels Jehan Hubert und seines wie Du Fay mit St. Géry verbundenen jüngeren Namensvetters. Spielte die bevorstehende Abreise nach Konstanz eine Rolle, vielleicht auch ein Ansehen, das der Siebzehnjährige sich bereits erworben hatte?

Die verallgemeinernde Bezeichnung *magister* für Loquevilles Rolle und Funktion erscheint angemessener als die spezifizierend moderne Bezeichnung »Kompositionslehrer«. Schwerlich dürfte Loqueville dem Knaben im Einzelunterricht, schon gar nicht in partiturartigen Manuskripten, mangelhafte Stimmführungen etc. angestrichen haben. Daß Partituren nicht vonnöten waren, deutet nicht zuletzt auf »learning by doing« in einer heute schwer vorstellbaren Weise hin; nicht nur registrierte man beim Singen Gelungenes bzw. Fehler eindringlicher – ein schlecht gefügter Stimmverband funktionierte schlecht oder gar nicht –, man hielt damit auch generell die Nähe zur in jeder Hinsicht zunächst prozessual, als Herstellungsvorgang und erst danach als klingende Architektur wahrgenommenen Musik[24]. Das Arbeitspensum eines *chorialis* versorgte einen Hochbegabten, dem Aufmerksamkeit und Ratschlag des Meisters sicher waren, reichlich mit Stoff. Das Schwergewicht der Unterweisung mag um so mehr im praktischen Bereich gelegen haben, als die aktuellen Entwicklungen des Komponierens der Verfestigung einer propädeutischen Methodik, die über althergebrachte Regeln hinausging, nicht günstig waren. Bezeichnenderweise lassen sich kaum je Kontinuitäten zwischen einer Vorlage und einem Du Fay'schen Frühwerk, viel eher, gerade anhand von Vergleichswerken wie dem genannten *Sanctus* von Loqueville oder später einzelner Stücke von Hugo de Lantins, Abweichungen und Sprünge beobachten. Daß wir keine Wege erkennen können, welche unmittelbar an die in Rimini gefundenen kompositorischen Lösungen heranführen[25], sagt über den Stand des Komponierens nicht weniger als über Du Fays Begabung.

Die Werke des Lehrmeisters – insgesamt zwölf überlieferte[26] lassen eine gerechte Wertung kaum zu – zeigen einen Musiker, der sich nach der Verabschiedung der Ars subtilior und ihrer jetzt offenbar als verschroben empfundenen Möglichkeiten in den engeren Margen einer »neuen Einfachheit« erst zurechtfinden, neue Spielräume der Gestaltung erst auffinden muß. Alle fünf Rondeaux z.B. haben je fünftaktige Vorspiele, riskieren harmonisch ebenso wenig wie in ihrer kleinschrittigen Melodik und verraten zugleich etliches Problembewußtsein beim

23 Zitiert nach Planchart, a.a.O., S. 352
24 Vgl. u. a. das Vorwort und Kap. XIV
25 Vgl. die Kap. III und IV
26 S. Anm. 15, Nrr. 1-12

sensiblen, genau kalkulierten Einsatz rhythmischer Finessen wie der im Tempus imperfectum cum prolatione maiori widerständigen Hemiolierungen, mindestens ebenso viel im ökonomischen Umgang mit einfachen Prägungen, ganz und gar mit auffallenden wie dem hemiolisch-dreiklängigen Aufstieg mit anschließender Sekund im Rondeau *Puisque je suy amoureux*. In der auf schlagende Originalität nicht angewiesenen Kunst, unbedeutend Erscheinendes durch die jeweilige Konstellation bedeutend zu machen – sie gehört zu dem am ehesten Lehrbaren – konnte Du Fay hier viel lernen

Wenn den Oberen in Cambrai seine Begabung, wie kaum bezweifelt werden kann, längst aufgefallen war, darf man auch unterstellen, daß sie den Schritt in die Welt für angezeigt hielten, als welcher sich die Teilnahme am Konzil von Konstanz anbot – zumal sich mit ihm Staat machen ließ. In den St. Géry betreffenden Akten wird er nach dem Juni 1414 nicht mehr als anwesend registriert; nimmt man eine Reisezeit von vier bis sechs Wochen an und berücksichtigt die Erwähnung eines Vertreters in den Akten unter dem 11. November, so liegt der Schluß nahe, daß Du Fay bereits mit Pierre d'Ailly und nicht erst einige Monate später mit dessen Nachfolger im Bischofsamt, Jean de Gavre, nach Konstanz aufgebrochen sei[27]. Die Launen der Überlieferung haben gewollt, daß wir zwar die Kapell-Listen des 1415 abgewählten und des 1417 neugewählten Papstes besitzen[28], wenigstens pauschal von Kapellen wissen, die die französischen und englischen Bischöfe mitbrachten[29], und von dem Chronisten Ulrich Richenthal, von den Verhandlungen des Konzils abgesehen, unterrichtet sind über zeitweise nahezu 20 000 Besucher und 700 gut beschäftigte Dirnen, daß außer Oswald von Wolkenstein aber kein Name eines Komponisten und nichts Näheres bekannt ist über die konzilseigene Kapelle, welche es gegeben hat und gewiß aus zugereisten Musikern gebildet worden ist. Nicht nur die einzigartigen Möglichkeit wechselseitigen Vergleichs und Austauschs muß einem vorandrängenden, bisher ausschließlich einem Ort, einer Kirche, einer Institution verpflichteten jungen Musiker wie ein Tor zur großen Welt erschienen sein. Tatsächlich tritt er nun – die zwischen Konstanz und Rimini liegenden Jahre 1418/1419 mögen vornehmlich durch notwendige Vorkehrungen bestimmt gewesen sein – in die Internationale der weit und viel reisenden Kleriker und Musiker ein, deren produktive Wirkungen nachmals durch sein Werk in helles Licht gestellt werden sollten.

»Große Welt« jedoch nicht nur deshalb: Das Bistum Konstanz, erst 1802 aufgelöst, war seinerzeit das größte in Deutschland; es reichte von Cannstatt bis zum St. Gotthard, von Straßburg bis nach Bayern hinein, es lag in einer reichen, fruchtbaren Landschaft und mitten in Europa; einer der wichtigsten Reisewege zwischen dem Norden und Italien führte vorbei, Kaiser Friedrich I. (Barbarossa) schloß 1153 hier den Schutzvertrag mit Papst Eugen III., dreißig Jahre später den Frieden mit den lombardischen Städten, sein Enkel Friedrich II. hielt 1212 in Konstanz Hof. Die Wahl der Stadt als Gastgeberin eines Konzils, das dem Großen Schisma ein Ende machen, religiöse Dissidenten zur Ordnung rufen und die Kirche reformieren sollte, hatte guten Sinn.

Sofern die Apanage dem Kardinal nicht voraus war, der Mitte November 1414 in Konstanz eintraf, hat Du Fay die ersten spektakulären Ereignisse verpaßt – am 28. Oktober den prunkvollen Einzug Papst Johannes' XXIII., der sich von König Sigismund zum Konzil in der

---

27 Trumble 1988, S. 39, bezweifelt, bezugnehmend auf sein Alter und den von daher zu vermutenden Stimmbruch, Du Fays Teilnahme, geht aber vom Geburtsdatum ca. 1400 aus; als im Jahre 1397 geboren, wie jetzt sicher angenommen werden kann, wäre er beim Aufbruch nach Konstanz 17 Jahre und 5 Monate alt gewesen

28 Planchart a.a.O., S. 355 und 356

29 Schuler 1964

Hoffnung hatte bereden lassen, die Flurbereinigung werde zu seinen Gunsten ausgehen; am 3. November das mit Spannung erwartete Eintreffen des tschechischen Reformators Jan Hus, der gewiß auch gekommen wäre, hätte er den Schutzbrief des Königs genau gelesen und festgestellt, daß freies Geleit nach Konstanz, nicht aber von Konstanz zurück in die Heimat zugesichert war; gegen den Protest des böhmischen, mährischen und polnischen Adels veranlaßte Johannes, von den Konzilsoberen gedrängt, alsbald seine Überstellung an eine Untersuchungskommission. Dieser stand Du Fays Dienstherr Pierre d'Ailly vor, welcher in der Verhandlungsführung, allen liberaleren Orientierungen der Pariser Schule Wilhelm von Ockhams untreu, die Distanz der hohen Theologie zum Volksprediger kräftig mitsprechen ließ.

Nur zu gern wüßte man, wie der junge Musiker den Sturz von Ereignissen erlebte und empfand, die niemanden gleichgültig lassen konnten, und wie er sich zu ihnen verhielt: die Zerrissenheit einer gleichzeitig von drei Päpsten regierten bzw. nicht regierten *»una sancta et apostolica ecclesia«*; die offenliegenden Winkelzüge des erpreßbaren, übel beleumundeten, obendrein in delikaten Dingen großmäuligen Johannes, der u.a. im Verdacht stand, einen seiner Vorgänger aus dem Wege geräumt zu haben; seine Flucht aus Konstanz in der Nacht vom 20. auf den 21. März 1415 und ein Vierteljahr danach die offizielle Absetzung; den Rücktritt des genau genommen legaleren Papstes Gregor XII.; den vergeblichen Versuch des Königs, den letztverbliebenen der drei Päpste, Benedikt XIII., zum Rücktritt zu bewegen – er erreichte ihn erst im Sommer 1417, indem er Aragon, Kastilien und Navarra aus Benedikts Obödienz herausbrach; zuvor schon, am 6. April 1415, die offizielle Erklärung, daß das Konzil über dem Papst rangiere, und bald danach – Benedikt zählte kaum noch – zwei papstlose Jahre; die Verurteilung der *Errores Iohanni Wyclif* am 4. Mai 1415 und anschließend der *Errores Iohanni Hus*, unter ihnen der »Irrtum«, der den Konzilsvätern beim Verfahren gegen Hus kaum eine Wahl ließ: *»der sei kein wahrer Papst, welcher nach Sitten lebe, die dem Petrus widersprächen; fröne er gar der Habgier, sei er Stellvertreter des Judas Ischariot; und ebenso sei es mit den Kardinälen«* (würde die Heiligkeit eines Amtes von der Lebensführung des Inhabers abhängen, hätte die Kirche zusammenbrechen müssen); endlich am 6. Juli 1415 das Ereignis, mit dem das Konzil sich am tiefsten und schlimmsten ins Gedächtnis eingegraben hat, die Hinrichtung des Ketzers: *»do nam in der henker und band in'... und legte Holz und Stroh um in und schüttete ein wenig Pech darüber ..., und was bald verbrunnen«*. Läßt sich vorstellen, daß diese allerchristlichste, auch auf Signalwirkungen abgestellte Haupt- und Staatsaktion auf einer Festwiese vor dem Geltinger Tor ohne die *cantores*, die meisten von ihnen Kleriker der niederen Weihegrade, stattfand? Immerhin hatte Du Fays Dienstherr sie, wie ein knappes Jahr später auch den Feuertod des Hieronymus von Prag, tatkräftig herbeizuführen geholfen, und bei der hochfeierlichen Verurteilung des Ketzers am Vormittag des 6. Juli im Dom, u.a. in Gegenwart König Sigismunds, hatten die Sänger sicherlich »Dienst«.

Du Fay hat das Konzil vor dessen Beendigung verlassen; just am 11. November 1417, da man in Konstanz nicht Pierre d'Ailly, sondern Oddo Colonna zum neuen Papst kürte, erhielt er in St. Géry die am Martinstag übliche Zuwendung an Wein; im Juni des folgenden Jahres rückte er zum *subdiaconus* auf und reduzierte irgendwann in diesen Monaten – immerhin stand das in seinem Belieben – die üblicherweise drei pro Woche gesungenen Messen auf zwei, *»una que dicitur alta voce et alia submissa voce«*[30] i.e. eine gesungene und eine gesprochene. Wahrscheinlich war die erste Italienfahrt damals bereits verabredet. In Konstanz mag Pierre

30 Planchart a.a.O., S. 361

d'Ailly den ihm befreundeten Carlo Malatesta da Rimini auf Du Fay aufmerksam gemacht haben, einen Onkel der nachmals als Widmungsträger auftretenden Geschwister Cleofe, Carlo und Pandolfo Malatesta[31], der den 1415 demissionierten Papst Gregor XII. vertrat; auch der junge Pandolfo war in Konstanz gewesen. Vor oder kurz nach Ostern 1420 verließ Du Fay Cambrai – so blieb in Rimini genug Zeit zur Komposition von *Vasilissa, ergo gaude* für Cleofes Abreise im August. Nicht zuletzt die hierin benutzte, in Cambrai ungebräuchliche Fassung des Cantus firmus *Concupivit rex decorum tuum* spricht für eine Entstehung in Italien[32].

31 S. Kap. III und IV
32 Planchart, a.a.O.

III. Zwischen Ländern und Epochen? – Drei Malatesta-Motetten

»Südliches Licht« ist das Italien-Kapitel in einer neuen Darstellung des mit Du Fay gleichaltrigen Nikolaus von Kues überschrieben[1]; hat der Musiker, da er nach Italien kam, es ähnlich erlebt und empfunden? Auf alle Fälle muß ihm schnell klar geworden sein, daß er sich im »grand atelier d'Italie«[2] als einer Werkstatt befand, in der, vielfältig und zunehmend bewußt, am Grundbau eines neuen Zeitalters gearbeitet wurde. Nähmen wir übliche Epochenfixierungen – *Herbst des Mittelalters* im Norden, frühe Renaissance im Süden – beim Wort, so müßte er, Savoyen nicht gerechnet, mindestens viermal nicht nur Länder und Klimazonen, sondern auch Zeitalter gewechselt haben. Daß seine Musik hier wie dort geschätzt und er dort schwerlich sich verspätet, weil aus dem nördlichen »Mittelalter« kommend, und hier sich verfrüht empfunden haben kann, weil möglicherweise ohne Echo für das, was er aus dem Süden mitbrachte; daß er eine über die vermeintliche Epochengrenze hinweg gespannte Identität entfalten und komponierend wahrnehmen konnte, bietet sich, obenhin betrachtet, als Argument gegen jene Benennungen an. Im Übrigen halfen die strapaziösen Umstände einer Alpenüberquerung, die jeweils neu betretene Region als das »ganz Andere« wahrzunehmen, mithin die Vergleichbarkeit von Nord und Süd in Grenzen zu halten, und Unterschiede, die wir heute vornehmlich geschichtlich-epochal begreifen, vornehmlich als geographisch bedingt zu empfinden.

Dennoch – obwohl wir ihre Mängel kennen, werden wir jene Benennungen nicht los, wir dürfen sie nicht einmal wegwünschen[3]: »Mittelalter«, seit Petrarca suggestiv als Zeit der »*tenebrae*«, der Finsternisse, gebrandmarkt[4], wurde erfunden, »um ein Jahrtausend unterzubringen, von dem niemand recht wußte, wie es einzuordnen sei angesichts der Tatsache, daß es zwischen zwei »hervorragenden« Epochen lag, auf deren eine man bereits sehr stolz war, während man der anderen mit großer Nostalgie gedachte«[5]. Nach Maßgabe der historiographischen Gerechtigkeit müßte man den Gebrauch des Begriffs »unter Strafe stellen, ... denn fast immer handelt es sich dabei um Irreführung der Öffentlichkeit«[6], und in Bezug auf »rinascità« ließe sich unschwer zeigen, daß, was da »wiedergeboren« wurde, sehr anders war als das, worauf man Sehnsüchte, Orientierungsbedürfnisse und Maßstäbe bezog, daß das Präfix »re-« also eine Selbsttäuschung bezeichnet – freilich eine als Arbeitshypothese unerhört produktive.

Diese Argumentation erscheint fast ebenso stark auf Worte fixiert wie das, was sie anficht. Zur Legitimierung einer Begriffsbildung, und einer so prätentiösen erst recht, tragen auch die Konstellationen und Zwänge bei, denen sie entsprang; und im Hinblick auf sie wiegt schwer, daß die Epoche, der auch Du Fay angehört, sich selbst den Namen gegeben und daß dieser, anders als andere begriffgewordene Selbstverständigungen, suggestiv gewirkt und

---

1 Flasch 1998, S. 251 ff.
2 Chastel 1999, S. 407
3 Zur Problematik eingehend Strohm, 2001
4 Theodor E. Mommsen 1969
5 Eco 1991, S. 12
6 Flasch 2000, S. 9; zu der Fragestellung neuerdings Anthony Levi, »*Renaissance and Reformation*«. *The Intellectual Genesis*, London – New Haven 2002

den Übergang von der polemischen zur historisch-objektiven Kategorie überstanden hat. Wie immer die Konnotationen verändert, angereichert und verschoben worden sein mögen, die ursprünglichen Motivationen und zugrundeliegenden Sichtweisen wirken dennoch fort, auch leicht durchschaubare Tendenzen, Übertreibungen oder Verengungen sind ein Teil ihrer Wahrheit. Daß »Mittelalter«, zunächst nur Benennung einer «identitätslosen Epoche ..., deren einzige Identität darin bestand, in der Mitte zu sein«[7], pauschal bezeichnete, was man nicht mehr sein und haben wollte, erhöht u.a. den Auskunftswert im Hinblick auf die historischen Spannungen, unter die jene Zeit gesetzt war. In besonderer Weise hatten diejenigen sie auszutragen, die, in welcher Richtung auch immer, über die Alpen zogen. Erwin Panofsky milderte die Kontrastformel zu »rinascimento dell'antichità« im Süden gegen »nascimento senz'antichità« im Norden[8], womit in Bezug auf Musik allerdings, vom beiseitegelassenen Mittelalter abgesehen, wenig anzufangen ist.

Freilich hätte es nicht unbedingt einer Italienfahrt bedurft, um solche historischen Ambivalenzen zu erfahren; wenn irgendein Staatsgebilde jener Zeit, dann war das Herzogtum Burgund eine solche insgesamt und in großem Stil, ganz und gar in dem knappen Halbjahrhundert der Herrschaft Philipps des Guten, der unvermutet im Jahre 1419 zur Regierung kam. Offensichtlich im Auftrag des Dauphin, des späteren französischen Königs Karl VII., war Philipps Vater, Herzog Johann Ohnefurcht, am 10. September 1419 ermordet worden – u.a. auch in der Konsequenz eines Mordes an Karls Onkel Herzog Ludwig von Orléans, den er seinerseits zwölf Jahre zuvor angestiftet hatte. Die persönlichen Konsequenzen freilich waren nur der Überbau eines nicht immer geschickt, immer jedoch brutal ausgetragenen Machtpokers; daß der erst dreiundzwanzigjährige neue Herzog von Burgund mit einer Schwester des Mörders seines Vaters verheiratet war, mußte er ebenso ertragen wie später, mit ihm am Verhandlungstisch zu sitzen. Denn dieser, seit 1422 König, war wie zuvor sein schwachsinniger Vater Karl VI. Philipps Lehensherr. Zwar standen die hiermit verbundenen Verpflichtungen, obendrein in abgeschwächter Form und durch die Realität erbitterter Fehden widerlegt, lange Zeit nur auf dem Papier; dennoch machen sie einen Teil der überaus glanzvollen, schon in den Augen der Zeitgenossen faszinierenden burgundischen Paradoxie aus: daß ein Staatswesen und sein Fürst als *Grand Duc de l'Occident* machtpolitisch zeitweise und kulturell für lange Zeit die erste Geige spielen konnten, ohne – nur ein Herzogtum, nur ein ad personam von Vasallentreue entpflichteter Herzog – über volle Autonomie zu verfügen. Die noch ins nächste Jahrhundert, u.a. ins spanische Hofzeremoniell hineinwirkenden *Splendeurs de la Cour de Bourgogne*[9] dürfen nicht zuletzt als Kompensationen dieses Defizits verstanden werden, um so mehr, als sie mit politischen Ambitionen in unverwechselbarer Weise zusammengeführt erscheinen in der Figur des in seinem Machtkalkül keineswegs in erster Linie »guten« Philipp, eines – so die Zeitgenossen – »*Fürsten mit großem, verletzlichem Stolz und heftigen Wutausbrüchen ..., allein schon dem Aussehen nach ein Kaiser, der wegen seiner natürlichen Gaben verdiente, eine Krone zu tragen*«[10].

Zu den geringeren Ambivalenzen, die er und sein Kanzler Nicolas Rolin machtpolitisch auszubeuten verstanden, gehört, daß Vasallentreue, wie immer seit 1435 durch den Vertrag von Arras für Philipp gelockert, auf Ausschließlichkeit gründet, er sie jedoch, weil mehr als die

7 Eco, a.a.O.

8 Panofsky 1960, S. 206

9 Régnier-Bohler 1995

10 Zitiert nach Calmette 1963, S. 155; auch bei Laetitia Boehm, *Geschichte Burgunds. Politik – Staatsbildungen – Kultur*, Stuttgart-Berlin-Köln-Mainz 1971, S. 173

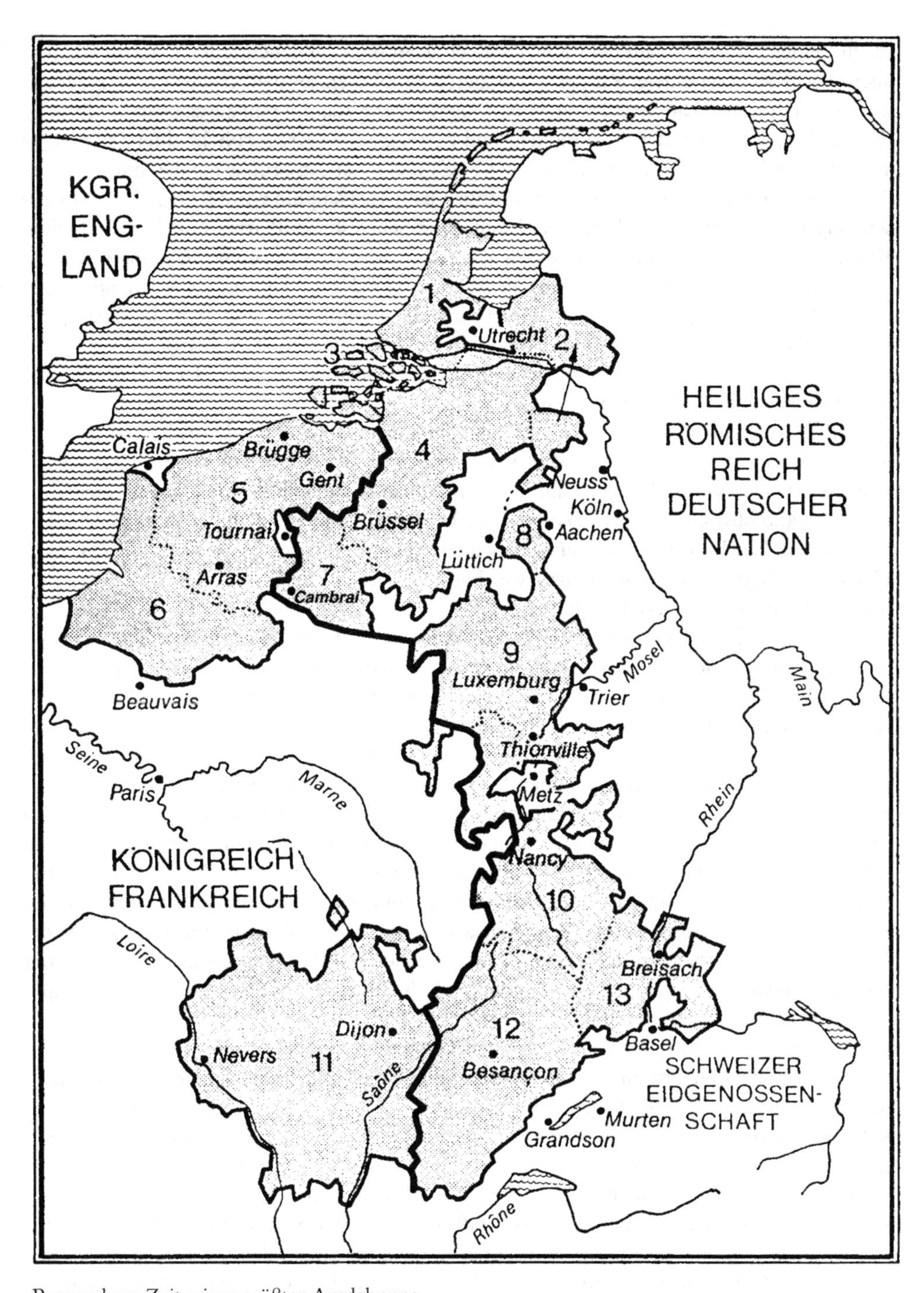

Burgund zur Zeit seiner größten Ausdehnung
1 – Holland; 2 – Geldern; 3 – Seeland; 4 –Brabant; 5 – Flandern; 6 – Boulogne, Picardie, Ponthieu, Eu, Vermandois; 7 – Hennegau; 8 – Limburg; 10 – Lothringen; 11 – Herzogtum Burgund; 12 – Freigrafschaft Burgund; 13 – Oberrheinische Pfandlande; fett gezeichnet: Grenze des Heiligen Römischen Reiches deutscher Nation und des Königreichs Frankreich

Hälfte seiner Ländereien auf dem Reichsgebiet lagen (vgl. die nebenstehende Karte), de jure auch dem Kaiser schuldete. Zu den wichtigeren Ambivalenzen gehört die »Gratwanderung zwischen Valois und Lancaster«[11], die je nach gegebener Situation neu austarierende Nutzung des Konflikts zwischen der französischen und der englischen Krone. Nicht zuletzt der Mord von 1419 trieb den Burgunder auf die Seite Englands, dessen Ansprüche auf den französischen Thron er 1420 im Vertrag von Troyes bekräftigen half; der Dauphin wurde offiziell des Mordes schuldig und für enterbt erklärt, kurz darauf seine Schwester Katharina mit dem englischen König Heinrich V. vermählt, dieser damit zugleich – Karl VI. war längst regierungsunfähig – zum französischen *rex designatus* gemacht. Zeitlich vor der Lockerung der Vasallenpflichten von 1435 stand als gleichrangige Genugtuung für Philipp der demütigende Einzug des nahezu schwachsinnigen Karl an der Seite beider Schwiegersöhne, des englischen und des burgundischen, in Paris im Dezember 1420 – zeremonielle Besiegelung der bevorstehenden französisch-englischen Doppelmonarchie.

Daß es zu ihr nicht kam, hat obenhin betrachtet zwei Jahre später der frühe Tod des englischen Heinrich verursacht; weil Karl noch im selben Jahr folgte, ruhten die Herrschaftsansprüche beider Monarchien nun auf regierungsunfähigen Prätendenten – für Frankreich auf dem seit 1420 offiziell enterbten Dauphin, für England auf einem Säugling, dem aus der 1420 vereinbarten Ehe hervorgegangenen nachmaligen Heinrich VI.; für ihn übernahm sein Onkel, Herzog von Bedford die Regentschaft, welchen nun wieder Philipp sich durch die Heirat mit seiner Schwester Anne verpflichtete.

Auf tiefer gelegene Ursachen indessen verweist ein Rechenfehler in der burgundischen Strategie, welcher sich noch mehrmals wiederholen sollte: Zur feudalistischen Hypertrophie des »*Großen Herzogs*« gehörte, daß er die Kompetenz der Unteren nicht wahrhaben konnte, daß er diese noch weiter unter sich stehen sah, als seiner Angewiesenheit auf sie entsprach. Spätere, blutige Auseinandersetzungen mit den flandrischen Städten, insbesondere Gent, bezeugen ein Unverständnis gegenüber Ansprüchen und Rechten ökonomisch längst staatstragender Schichten, welchen er erstmals begegnete, als er kurz nach den Vereinbarungen von Troyes in Dijon den Untertaneneid für den englischen Prätendenten einforderte und ihm dies verweigert wurde. Da sah er sich einer, gewiß ihrer selbst noch kaum bewußten, Legierung von frühbürgerlicher und nationaler Identität gegenüber, welche wenig später, wie immer inspiriert vom Charisma der Jeanne d'Arc, den hierfür wenig disponierten Dauphin in die Rolle einer Symbolfigur zu drängen und seiner Krönung in Reims Glanz und Gewicht einer historischen Wende zu geben imstande war. Auch die Jungfrau kam »von unten«; bei Philipps schnödem Verhalten ihr gegenüber spielt gewiß mit, daß sein abgehobener Aristokratismus ihm zu begreifen verbot, was sie war und wirkte. Wenn die im herzoglichen Auftrag blumenreich beschreibenden Chronisten bei ihr ankommen, werden sie auffällig wortkarg. Nachdem Johanna in burgundische Gefangenschaft geraten war, waren die verfeindeten großen Herren sich wenigstens darin einig, sie fallen zu lassen; Karl VII., den sie kurz zuvor nach Reims getragen hatte, unternahm nichts zur ihrer Rettung; Philipp verhökerte sie für schweres Geld an die Engländer und schickte sie damit in den sicheren Tod – eine der makabren Voraussetzungen des 1435 im Vertrag von Arras raffiniert austarierten Gleichgewichts der Kräfte, welches der burgundischen Seite mehr Distanz zu den fortdauernden französisch-englischen Zwistigkeiten und die Konzentration auf den schon vordem betriebenen Ausbau eigener

11 Boehm, a.a.O.

Machtpositionen erlaubte[12]. Dieses Ergebnis und die aktenkundig gemachte Reue rechtfertigten für Philipp allemal, mit dem Mörder seines Vaters zusammenzutreffen. Später übrigens – ein Rückspiel mit moralischen oder pragmatischen Hintergründen? – hat er sich für die Freilassung von Charles d'Orléans aus englischer Gefangenschaft eingesetzt, des Sohnes des im Auftrag seines Vaters ermordeten Herzogs Ludwig. Mit dem Befreiten, dem bedeutendsten Dichter jener Zeit[13], auch das illustriert die paradoxe Nachbarschaft von Familiarität und offenstehender Racheverpflichtung, hatte Philipp in dem französischen König Johann dem Guten (gest. 1364) nicht nur einen gemeinsamen Urgroßvater; Charles heiratete Maria, die Schwester des Herzogs Adolf von Kleve, welcher seinerseits eine andere Maria, eine Schwester Philipps des Guten, zur Frau hatte.

Als staatgewordene Ambivalenz bzw. Gleichzeitigkeit des Ungleichzeitigen stellt Burgund in erster Linie sich dar im Nebeneinander der südlichen, vornehmlich feudal geprägten Kernlande um Dijon und Beaune und der durch frühbürgerliche Produktionsverhältnisse geprägten nördlichen Provinzen, welche Philipp der Kühne durch die Heirat mit Margarete von Flandern hinzuerworben und seine Nachfolger durch Krieg, Kauf und eine weitere Heirat abgerundet hatten. Mit vielfach gewundenen, unkontrollierbar langen und komplizierten Grenzverläufen war und blieb das burgundische Herrschaftsgebiet geopolitisch und militärstrategisch ein Alptraum. Die löcherige Landbrücke zwischen beiden steht symbolisch für die fragile Verbindung unterschiedlicher Ethnien – romanisch hier, germanisch dominiert dort – und, schwerer wiegend, unterschiedlicher Lebens- und Gesellschaftsformen. Deren Differenz einseitig herauszustellen könnte die überscharfe Dichotomie von Mittelalter und Neuzeit Anlaß geben, hätte die Entwicklung des Handels, der Manufakturen, der Wollproduktion etc. ähnlich wie der französische Merkantilismus des späten 17. Jahrhunderts nicht des Schutzes durch einen bürgerlich beratenen – hier Rolin, dort Colbert – absoluten Herrscher bedurft. Selbst, wenn er die Produzierenden als Menschen zweiter oder dritter Klasse betrachtete, kam er bei der Wahrnehmung ihrer Interessen u.a. mit seinen Vettern oder Schwägern in England besser überein als irgendeine patrizisch legitimierte Stadtobrigkeit.

Im Zeichen dieser – temporären – Symbiose stellt Burgund sich ebensowohl als Gleichzeitigkeit des Ungleichzeitigen wie als deren Widerlegung dar bzw. erscheint wenig erstaunlich, wie sehr die grau-nüchterne Geschäftigkeit des Nordens von der buntscheckig- artifiziellen Selbstdarstellung der Herrschenden absticht, worin realpolitische von inszenatorischen Momenten sich nicht scheiden lassen; wenig erstaunlich, daß die toskanischen Handelshäuser bei ihren Filialgründungen den Norden bevorzugten; daß alle bedeutenden, für burgundische Kultur einstehenden Maler und Musiker dorther kamen, wo der Abstand zwischen merkantilem Kalkül und der preziös formbewußten Abschiedsvorstellung des Mittelalters genauer reflektiert werden mußte. Als in den südlichen Kernlanden Aufgewachsene hätten sie, in Italien angekommen, den gesellschaftlichen Klimawechsel stärker empfunden.

* * *

Vasilissa, ergo gaude mit dem Tenor *Concupivit rex decorum tuum*, Du Fays früheste bekannte Motette, war Cleofe, der Tochter des in Pesaro herrschenden Malatesta di Pandolfo zugedacht,

12 Hierzu und zu weiterer Lit. vgl. Ludwig Finscher, Artikel *Burgund* in: MGG, 2. Ausgabe, Sachteil, Band 2, Sp. 267 ff.

13 S. unten Kap. XVIII, u.a. S. 245 ff. und 253

welche den Zuspruch »*ergo gaude*« nötig haben mochte[14]: Im Rahmen eines prinzipiell allgemein üblichen, diesmal dennoch ungewöhnlichen politischen Tauschgeschäftes war sie einem ihr unbekannten Mann in einem ihr unbekannten Land zugesprochen worden, Theodoros II., dem Despoten von Morea. Dessen Vater, der byzantinische Kaiser Manuel II., hatte 1418 das päpstliche Einverständnis zur Verheiratung seiner sechs Söhne mit Frauen römisch-katholischen Glaubens erhalten – in beiderseitigem Interesse: Byzanz gewann weströmische Fürstenhäuser als mögliche Verbündete gegen die türkische Bedrohung, und Rom erhoffte neue Anstöße für eine Annäherung der getrennten Kirchen. Vier Kaisersöhne gingen die erwünschte Verbindung ein, keines der Paare indessen sorgte für den erhofften Nachwuchs. Cleofe gebar – im damaligen Verständnis: nur – eine Tochter, konvertierte zum Glauben ihres Mannes und starb nach neunjähriger Ehe. Immerhin erschien für kurze Zeit – später, 1439 auf dem Konzil in Florenz sogar beschlossen – die Vereinigung der Kirchen erreichbar. Im Jahre 1453 jedoch machte die Eroberung von Konstantinopel[15] nicht nur den mit dem Handel von 1418 verbundenen Hoffnungen ein Ende, sondern auch der Machtkonstellation, der sie entsprungen waren. Daß der Text an die Braut und nicht an das Paar gerichtet ist, spricht für eine Aufführung noch in Pesaro, entweder anläßlich ihrer Abreise nach Griechenland – gemeinsam mit einer Leidensgenossin – oder anläßlich einer noch zu Hause vollzogenen, bei Abwesenheit des Bräutigams üblichen symbolischen Eheschließung; die an den Textbeginn gesetzte Anrede »*Vasilissa = Kaiserin*« macht das Letztere wahrscheinlicher.

Anrede erst recht in der Musik: Der junge Musiker vermeidet jede in seiner Situation naheliegende Demonstration dessen, was er über motettisches Komponieren gelernt hat, gleichgültig, ob ihm als – eher allgemeine – Orientierungspunkte Ciconias *Ut te per omnes / Ingens alumnus*[16] oder *Argi vices Polyphemus* des Nicolaus (Zachariae?)[17] oder beide und noch andere Stücke gedient haben. Dem in der Motette frisch eingebürgerten Brauch eines Einleitungsduos[18] folgend riskiert er einen geradehin persönlichen Zuspruch, angeregt gewiß durch den Text »*Kaiserin, freue dich, die du allen Lobes wert bist*« trägt er diesen kanonisch in so leicht faßlichen Perioden vor, daß die Imitation viel weniger artifiziellen Wesens erscheint denn als eindringliche Klangrede – auch, weil der ungeduldig einfallende Motetus, während das Triplum instrumental weiterläuft, genau die Worte ungestört vortragen kann, deren Wahrnehmung in der ersten Stimme durch jene Ungeduld gestört wurde. Der Kanon verläuft in sechsmal drei Takten; weil die zweite Stimme nach drei Takten einsetzt, ergibt sich für die erste ein siebenter Dreitakter, dazu eine gemeinsame zweitaktige Kadenzierung auf *a*, welches das Tor zum *d*-dorisch auftut. Ein Quintabgang in Sekunden exponiert die im Stück wichtigste melodische Prägung, er wird dreimal, wenn dann auch in gebrochener Linie, zur Unterquart weitergeführt, mißt also, zweimal nach oben hin bis zu *c''* erweitert, die plagale Oktav *a – a'* aus, sechsmal (= Takte 4, 7, 10, 13, 16, 19) steht *d* am Beginn der Dreitakter. Die liedhaft-unmittelbare Anrede verbindet Du Fay dergestalt mit einem drei- bzw. viermaligen Durchmessen des Tonraums in kanonischen Varianten (vgl. Beispiel 1).

---

14 detailliert zu der Konstellation Lütteken 1993, S. 267 ff. Vgl. Notenanhang Nr. 1
15 Kap. XIX, S. 270 ff.
16 Fallows 1982, S. 108
17 Strohm 1993, S. 161
18 A.a.O.

Beispiel 1 (Triplum)

Unterstrichen wird die Anrede auch dadurch, daß die Namensnennung »*Cleofe*« mit dem Eintritt des Tenors, zugleich dem ersten vierstimmigen Einsatz, zusammenfällt und das im einleitenden Kanon Exponierte in den neuen Kontext herübergezogen wird, liedhafte Gruppierungen ebenso wie der – von der zweiten Stimme sogleich diminuierend nachvollzogene – Abgang vom Beginn (Beispiel 2). Als Kennmarke kehrt er zu Beginn des zweiten Großabschnittes an analoger Stelle (Takte 62) versetzt wieder, außerdem jeweils in der ersten musikalischen Zeile nach der beide Male nach dem 18. Takt eintretenden Zäsur. Auch harmonisch hebt Du Fay diese Zäsuren hervor; bei der ersten folgt einer Kadenzierung auf *g* ein Zeilenbeginn auf *a*, bei der zweiten auf *a* ein ebensolcher auf *h*; damit bedient er das Ortsbewußtsein des Hörenden in einer am Kantilenensatz orientierten Weise – fast, als solle jeder der beiden Großabschnitte sich als augmentiertes, sechs- oder siebenzeiliges Rondeau darstellen.

Beispiel 2

Diesem Eindruck entspräche auch die offenliegende Rhetorik der Zeilenfolge. Die beiden je viertaktigen ersten Zeilen (Takte 23 ff. und 28 ff. bzw. 62 ff. und 67 ff.) trennt Du Fay durch einen zusätzlichen Takt, in dem der Contratenor hervortritt. Der zweiten Zeile folgt ein lebhafter bewegtes instrumentales Nachspiel, dem der vierte Takt durch »vorzeitigen« Einsatz der zweiten Stimme halb entzogen wird – Niederschlag auch einer deklamativen Ungeduld, welche sich noch direkter in der frei imitierenden Überschichtung der beiden texttragenden Stimmen und im zunehmend gesteigerten Tempo des Textvortrags äußert: Für die ersten beiden Zeilen waren 4 + 1 + 4 Takte vonnöten, für die dritte und vierte Zeile nur insgesamt sechs Takte. Die angesprochene harmonische Zäsur erscheint auch vonnöten, um nach der kleinen Eskalation neu ansetzen zu können. Daher schließt diese fünfte musikalische Zeile (= Takte 41 ff. bzw. 80 ff.) mit dem Rhythmus 𝅗𝅥 ♩ | 𝅗𝅥 ♩ | ♩ ♩ ♩ | zugleich an die erste an, markiert also einen zweiten Beginn, jedoch mit deutlichen Unterschieden: Die im Einleitungsduo exponierte, soeben neu ins Spiel gebrachte Imitation läßt sich nicht »vergessen« – erst nach zwei Takten setzt die zweite Stimme ein –, und nun gehen zwei Zeilen, die fünfte und sechste, anders als die abgesetzten ersten beiden, nahezu ineinander über; gleich diesen jedoch umfassen sie neun Takte und münden in ein lebhafter bewegtes Nachspiel, welches nun jedoch »seinen« vierten Takt erhält. Wie dort (Takte 35 ff. bzw. 74 ff.) werden die folgenden = letzten zwei Zeilen bei lebhafter Deklamation zusammengezogen, deutlich gesteigert durch Imitationen des im Dreiertakt querständig hoquetierenden Motivs und durch eine neuartige Aktivität von Unterstimmen, welche den Charakter eines Satzfundaments verlieren, nicht aber dessen Funktion. Im ersten Großabschnitt fällt auf diese Kulmination das Lobpreis des Bräutigams – *»er ist Herr (= despotus) der Romeer (= Oströmer), den die ganze Welt verehrt«* –, im zweiten, das Stück beendigend, das Lobpreis der Braut – *»du bist ausgezeichnet durch Tugenden vor allen anderen«* –, als deren Anrede die Motette begann. Dieses fand eine weitere Entsprechung bei der dritten und vierten Zeile der jeweils ersten Teilabschnitte (Takte 35 ff. bzw. 74 ff.) im Lobpreis der Malatesta-Familie – *»in Italien den Vornehmsten, großen und edlen«* – und ebenfalls der Braut – *»durch jugendliches Alter zeichnest du dich aus und durch Schönheit«*.

War es, von der Nötigung durch drei *c's* im Tenor abgesehen, der letztzitierte Text, der Du Fay zu einem »Fest in *C*« anstiftete? Mindestens fällt auf, daß sich nur an diesen beiden Stellen Zielklänge in »Dur« befinden, daß Du Fay im ersten Fall diesen (in *A*) rasch verläßt, im zweiten (in *C*) hingegen von ihm, nun auf der Qualität als Gegenklang bestehend, sich garnicht scheint lösen zu können. Möglicherweise wollte er auch die Parallelität zur Aussage des liturgischen Tenors hervorheben – oder kompensieren, daß diese (*»der Herr begehrte deine Schönheit, weil er selbst dein Herr ist«*) weder logisch noch im vorliegenden Fall glaubhaft ist: Theodoros hatte Cleofe noch garnicht gesehen.

Noch eine dritte mögliche Begründung muß bedacht werden. Auf das »Fest in *C*« – nicht also auf den Anfang eines Teilabschnittes! – fällt der Beginn der dritten Textstrophe. Damit stößt die Betrachtung auf eine motettenübliche Finesse: In ihren formalen Gliederungen passen Musik und Text nicht aufeinander. Einem »Vorspiel« und zwei gleich langen Großabschnitten mit jeweils 3 + 3 (oder 4) musikalischen Zeilen stehen drei sechszeilige Textstrophen gegenüber, und die strukturelle Identität der Großabschnitte verschärft die Disparität, weil sie zur Suche nach Analogien einlädt. Diese Feststellung wiederum erscheint einseitig formbezogen, weil Du Fay in den ersten beiden Textzeilen die Möglichkeit der unformell-direkten Anrede und in Bezug auf das Werkganze diejenige einer »Intrada« wahrnimmt, damit zugleich für die erste Nennung der Cleofe den ersten Einsatz des Tenors, für den Beginn der zweiten Textstrophe den Neuansatz des zweiten Teils im ersten Großabschnitt (= Takt 41) reserviert und, weiterhin in der Konsequenz der gegeneinander verschobenen Gliederungen, den *»mundus totus«* mithilfe der Imitation aller Stimmen, die feierliche Gewichtung des *»in Purpur Geborenen«* als Eröffnung des zweiten Großabschnittes verdeutlichen kann und, wie erwähnt, Cleofes Jugend und Schönheit durch den taktelang leuchtenden *C*-Klang. Es steht dahin, ob man von den formalen Disparitäten zwischen Musik und Worten aus auf einen oktroyierten Text und weitergehend schließen darf, Du Fay hätte diesen, wäre es sei eigener gewesen, »passender« gemacht[19].

Die angesprochenen Koinzidenzen sprächen den aufmerksam Hörenden kaum so eindringlich an, wären sie nicht einer Disposition abgewonnen, deren wohlkalkulierte Widerständigkeit man sehr wohl wahrnimmt – dies nicht zuletzt eine Entgegnung auf die vielfach fortgeschriebene und ungenau generalisierte Auskunft Friedrich Ludwigs, in der Motettenkunst des 14. Jahrhunderts habe »ein rein rhythmisches Prinzip über Versmetrum und Wortbetonung den Sieg davongetragen«[20]. Dieses »Prinzip« prägt Du Fays *Vasilissa*-Motette gewiß in rigoroser Weise – als »Pan-Isorhythmie« bzw. »Isoperiodik«[21]: In den beiden je 39 Takte

19 Holford-Strevens 1997, S. 105
20 Ludwig 1902/03, S. 187
21 Apel 1955/1959, S. 231

umfassenden Großabschnitten (im zweiten kommen zwei Kadenztakte hinzu) gleichen sich die rhythmischen Verläufe aller vier Stimmen. Hätte Du Fay den ersten komponiert, ohne die Konsequenzen für den zweiten vorausbedacht oder überhaupt von diesem aus rückwärts geplant zu haben (in diesem Fall wäre nur die Verteilung der Schwierigkeiten eine andere gewesen), so mußte er in diesem – die Diastematie des Tenors lag fest – die in Beispiel 3 angedeutete Vorgabe akzeptieren.

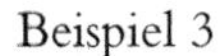

Beispiel 3

Einerseits hatte er damit eine subtil ausgewogene Polyphonie der Rhythmen, plausible Gliederungen und Entwicklungen, u.a. zur lebhafteren Deklamation in der zweiten Zeile des Beispiels hin, von vornherein zur Hand; andererseits mußte der weitreichenden Vorfestlegung ein andersartiger Harmoniegang eingepaßt werden, dem andere rhythmische Verläufe vielleicht besser entsprochen hätten; die jedoch verbietet das isoperiodische Konzept. Am stärksten divergierten die Harmoniegänge in den »Dur«-Klängen der Takte 35 bzw. 74:

Takte	23/62	27/66	31/70	35/74	40/79	41/80	49/88	53/92	62/102
	d	*a*	*g*	*A*	*g*	*a*	*g*	*g*	(*d*)
	d	*d*	*A*	*C*	*a*	*h*	*a*	*g*	*d*

Das im einleitenden Duo nachdrücklich festgenagelte *d* meidet Du Fay, Anfang und Schluß ausgenommen, in beiden Verläufen konsequent, steigert im zweiten Beweglichkeit und Ambitus der Melodie und verschafft dem dreitaktigen *C* besondere Leuchtkraft als Kontrast zum zuvor (Takt 70) kadenzierend angesteuerten *A* – außerhalb der Takte 35 bzw. 74 der einzige Dur-Klang.

Nicht aber nur dadurch. Im ersten Durchlauf war auf die entsprechende Passage (Takte 35 ff.) das im vorgegebenen Rahmen obligatorische Fürstenlob gefallen (»*in Italia principus magnis et nobilibus...*«) und der innerhalb der isoperiodischen Abschnitte einzige imitierende

Zeilenbeginn, fraglos als durch kleinere Notenwerte zusätzlich gestützte deklamative Steigerung; die jedoch bringt Du Fay erst im zweiten Durchlauf (Takte 74 ff.) voll zur Erscheinung – musikalisch mit einer prägnanteren Formulierung zum Lobpreis von Cleofes Jugend und Schönheit. Bis hierher war, außer im Einleitungs-Duo, von ihrer Familie und dem Bräutigam die Rede gewesen; nun lenkt der Text, an die eröffnende Anrede anknüpfend, direkt auf sie zurück, ein Scheitelpunkt indes nicht nur in der rhetorischen Kurve: Rechnet man die drei das *C* anschlagenden Semibreven als fünfte den vorangehenden vier Longen zu, so ergibt sich im Verhältnis zu den acht folgenden (die zwei additiv-formelhaften, in gleicher Form in etlichen anderen Motetten begegnenden Kadenztakte zählen nicht) mit 5:8 ein recht genau den Goldenen Schnitt markierendes Segment aus der Fibonacci-Reihe[22]. Das müßte als Zufall ohne konzeptuellen Hintergrund angesehen werden, würde die Reihe nicht fortgesetzt im Verhältnis von Einleitungs-Duo und erstem isoperiodischem Großabschnitt (8 zu 13 Longen) und in der diese nebeneinanderliegenden Teilungen übergreifenden Proportion: Die 13 Longen des zweiten Großabschnittes stehen zu den aus der Addition des ersten und der Einleitung sich ergebenden 21 Longen ebenfalls nahezu im Verhältnis des Goldenen Schnittes, und zu diesen die insgesamt 34 Takte der Motette (die beiden Kadenztakte wieder ausgenommen) abermals. Innerhalb der Zahlenreihe 5-8-13-21-34 markiert das Lob der Braut die kleinste Zelle; hier hat die *numerositas*[23] der Motette, die Schachtelung der identischen Proportionen, ihren Fokus.

Die Musiker jener Jahrhunderte wären vermutlich erstaunt gewesen darüber, daß solche Sachverhalte heute eher wie kryptische Geheimnisse gehandelt werden bzw. für Skeptiker erst bei einer mehrere Stellen hinter dem Komma erfassenden Stimmigkeit als erwiesen gelten. Eine kaum mehr nachvollziehbare Substanzialität des Numerus als Quellpunkt der Weltordnung, lange danach erst als abstrakt quantifizierender Nennwert, integrierte die Kategorien Raum und Zeit auf eine Weise, welche diese als Emanationen ein und derselben Qualität erscheinen lassen konnte und die *sectio aurea* keineswegs als esoterische Übertragung oder werkstatteigene Verschlüsselung. »Zum Raum wird hier die Zeit« – des Gurnemanz vielzitierte Formulierung hätte damals kaum als enigmatisch raunende Verknüpfung einer allererst statischen und einer allererst unstetigen Kategorie bzw. Qualität gegolten, tendenziell erscheinen diese – z.B. in der bewegten Räumlichkeit eines gotischen Kirchenschiffes oder als in sich ruhende, numerologisch festgezurrte Zeitlichkeit musikalischer Formen – auf Konvergenz hin angelegt. Mag diese Konvergenz auch in die Unendlichkeit hinausverlegt sein – es ist Gottes, eine in der obersten Bürgschaft aufgehobene Unendlichkeit. Angesichts solcher Beglaubigungen sollten weniger die bisher nachgewiesenen Anwendungen, u.a. bei Machaut und Du Fay, erstaunlich anmuten[24] als ein Ausbleiben weiterer Belege.

Schon das frühe Stück hilft das vermeintliche Paradoxon auflösen, daß dieser allerwärts über Normative hinausdrängende, unaufhörlich neuartige Legitimierungen komponierende Musiker der isorhythmischen Motette gemeinsam mit seinem – älteren – Zeitgenossen Dunstaple eine Nachblüte bescherte, welche nach Ausweis der Quellen viel Interesse gefunden hat und die allein mithilfe der Anlässe zu erklären ihren ästhetischen Anspruch reduzieren hieße; selbst wenn man sie ausschließlich historisch verstünde, erscheint die Bezeichnung »Nachblüte« im Blick auf solche Leistungen fragwürdig. Den für die Malatesta oder für

---

22 Sandresky 1981
23 Beierwaltes 1975
24 Powell 1979

den Papst komponierenden Du Fay frustrieren die überkommenen Reglements nicht, sie inspirieren; er benutzt und überschreitet sie, als ginge es um eine Meta-Ebene, welche seine Motette prinzipiell von der des vorangegangenen Jahrhunderts abhebt. Noch und gerade die preziöseste Verkünstelung des isorhythmischen Getriebes bei Vitry und seinen Zeitgenossen mutet im Vertrauen auf die transzendenten Bürgschaften der *numerositas* naiver an als die, wo immer möglich, »naive« Zugänge öffnenden Strukturen Du Fays, so daß man bei ihm mit der anachronistischen Unterscheidung von »was es ist« und »wie es gemacht ist« zu operieren verführt wird. Eine Betrachtung ausschließlich der isorhythmischen oder isoperiodischen Verfahrensweisen erbringt hier nicht viel mehr als 500 Jahre später die Schönberg verhaßten dodekaphonischen Abzählverse bei dessen Musik.

Allerdings setzen weitergreifende Betrachtungen sich dem Verdacht aus, sie unterstellten Du Fay ein erst später, zu Beginn des 16. Jahrhunderts formuliertes Mißtrauen gegen Isorhythmie als einer vornehmlich »mathematischen Kompositionsart«[25] wo nicht einer »exercice spectaculaire de gymnastique mentale, vide de tout contenu musical«[26], oder, noch schlimmer, ihm sei die Bürgschaft im *XI. Buch der Weisheit* – »*Sed omnia in mensura, et numero, et pondere disposuisti*« – nicht mehr ausreichend erschienen. Mindestens ebenso schwer wiegt die Besorgnis, die Betrachtung könnte Anhalte und Wertungen in erster Linie von einem supponierten Widerstand gegen überkommene Reglements abziehen. Doppelte Negationen indessen sind selten ein Nährgrund künstlerischer Phantasie, und nie sollten Substanz und Wesen einer Gattung schlichtweg mit einer kompositorischen Verfahrensweise gleichgesetzt oder von prononcierten Zuspitzungen ästhetische Normative abgeleitet werden. Zu den erstwichtigen Charakteristiken der isorhythmischen Motette gehört, daß sie dem Musiker die Wahl der Regel, welcher er dann freilich folgen muß, freistellt, und daß eben die Konsequenz der strikten Befolgung die Spielräume, die Verantwortung, das Wesen dieser »Freiheit zur Unfreiheit« eindringlich fühlbar macht. Im Übrigen wußte man die »perhaps the most interesting, and certainly the most esoteric formal structure of any period«[27] damals sicherlich noch durchschienen und getragen von ihrer Herkunft: Fortstrebende Veränderung über einem in Wiederholungen Sicherheiten schaffenden Fundament gehört zu den Grundordnungen des Musizierens, schon und gerade des improvisierenden. Von hier kommt die Handhabung in Clauseln her, aus der ihrerseits die Motette herstammt; schon dort begegnen, vor der definitorischen Unterscheidung von Color und Talea, Verschiebungen zwischen melodischen und rhythmischen Reihen. Das kann auch in hochkomplizierten Überschichtungen nicht ganz vergessen gewesen sein – als integrierender Hintergrund ähnlich demjenigen, den ein durch den Cantus repräsentiertes Sinnzentrum der kaum nachvollziehbaren Gleichzeitigkeit mehrerer Texte verschafft. Diese immerhin hat Du Fay dem prominent verkuppelten Fürstenkind erspart.

* * *

Die *Vasilissa*-Motette, das läßt sich gegen die durch nahezu 600 Jahre Abstand gebotene Vorsicht sagen, ist kein Gesellen-, sondern ein Meisterstück. Das macht die Frage besonders dringlich, auf welche Weise auch dieser Meister nicht vom Himmel gefallen sei, an wen oder welche Werke er mittelbar oder unmittelbar angeschlossen hat; konkrete Anhalte für ihre

25 Eggebrecht 1961, S. 84
26 Bridgman 1964, S. 115
27 Hughes 1963, Bd. 1, S. 270

Beantwortung fehlen. Gewiß wird Du Fay die in Italien in den vorangegangenen Jahrzehnten komponierten Motetten – allein um die 25 sind mit Komponistennamen überliefert – gekannt haben, insbesondere diejenigen von Johannes Ciconia, dessen wichtigste Wirkungs- oder Bezugsorte Venedig und Padua nicht weit entfernt lagen; seine zu Ehren des Heiligen Franziskus für den Kardinal Francesco Zabarella (einen der wenigen, die in Konstanz das Schlimmste für Jan Hus zu verhindern suchten) komponierte Motette *Ut te per omnes celitus / Ingens alumnus Padue*[28] könnte in ihrer isorhythmisch regulierten Zweiteiligkeit wohl als Vorlage vermutet werden – die Satzanlage mit je zwei in gleicher Lage bewegten Stimmpaaren ist ohnehin die bei Ciconia häufigste –, unterscheidet sich andererseits jedoch von üblichen Lösungen nicht so sehr, um als spezielle Anregung vonnöten zu erscheinen, zumal Du Fays Disposition, für sich genommen, innerhalb der überkommenen motettischen Reglements nicht ungewöhnlich ist. Ungewöhnlich indessen mutet die Strenge der selbstverordneten Maßgaben an, im Verhältnis zu den seinerzeit in Italien komponierten Motetten noch mehr als gerade im Verhältnis zu *Ut te per omnes*. Wenn man, wie dort üblich, auf einen Cantus prius factus verzichtet, verzichtet man zugleich auf bestimmte, nicht nur theologische Ansprüche, und man hat es, selbst wenn dies zu differenzierten Bezugnahmen zwischen entsprechenden Passagen genutzt wird, schlichtweg leichter. Konsequenterweise bekennt man sich zu einer Disposition mit reduzierten transmusikalischen Kontexten offener und verhält sich bei deren Befolgung freier; anders als bei Du Fays genau kalkulierten Inkongruenzen von Musik und Text, seinen Verdekkungen und mancher auf Kontinuität angelegten »Kunst des Übergangs« liegt bei Ciconia und dessen Generationsgenossen die Struktur meist offen zutage, werden Zäsuren betont, stimmen die Gliederungen von Text und Musik überein. Angesichts der hieraus ersichtlichen Ausrichtung auf Transparenz und Faßlichkeit erscheint der phantasievolle Umgang mit dem Problem der Mehrtextigkeit, wo die Komponierenden zu ihr gezwungen waren, kaum erstaunlich; hier konnte Du Fay viel lernen.

Auf den ersten Blick mutet der Verzicht auf den Cantus prius factus wie ein emanzipatorischer, die Motette von theologischen Verbindlichkeiten weg zu größerer ästhetischer Autonomie transportierender Akt, »eine Wendung, die so kühn war, daß die Dufay-Generation ihr nicht folgte«[29], wogegen sich der junge Du Fay im Festhalten an überkommenen Reglements traditionsfromm, cum grano salis mittelalterlich ausnimmt; auf den zweiten Blick freilich zeigt sich, daß Ambitionen, die den norditalienischen nicht fern liegen, wenn gegen strengere Maßgaben durchgesetzt, ästhetisch und historisch besser fundiert und beglaubigt sind, daß die Potentiale des bezugnehmenden Komponierens längst noch nicht ausgeschöpft waren (wie wäre die spätere Blüte der Cantus firmus-Messe ohne die zwischen ihr und Ciconia liegenden Motetten vorstellbar?) und man der Motette ihre implizite Theologie nicht austreiben konnte, ohne mit dem Grundansatz des tropierenden Kommentars ihr Existenzrecht insgesamt zu gefährden und sie kompositionstechnisch in Frage zu stellen: »The French motet is normally built from the tenor up; the English, often, from the middle out; the Italian, from the top down«[30]. Wohl indiziert die »kühne Wendung« eine historische Tendenz, jedoch unterschätzte sie das »kulturelle Gedächtnis«, die Geschichtlichkeit der Musik. Wenn man schon die – stets differenzierungsbedürftige – Kategorie benutzen will: Indem Du Fay den Anprall der Tradition in ihrer vollen Breite annahm, war er, verglichen mit jener zwar mit bedeutender Musik

28 Hierüber Finscher, in: Finscher (Hrsg.) 1990, S. 295 ff.

29 Finscher, a.a.O.

30 Bent, in: Knighton, Tess/Fallows, David (Hrsg.) 1992, S. 118

verbundenen, dennoch im historischen Verständnis billig erkauften »Kühnheit«, fortschrittlicher. Im Übrigen trugen prominente Veranlassungen das ihrige zur konzentrierten Beschäftigung mit einer Gattung bei, die sich inmitten der unsicher gewordenen Konventionen einer Übergangszeit am ehesten als stabilisierender Anhalt anbot.

⋆ ⋆ ⋆

Zwei dem heiligen Nikolaus, dem Schutzpatron der Schiffbrüchigen, gewidmete Motetten mit auffälligen Parallelitäten im Text[31] aus der Feder zweier gleichzeitig bei den Malatesta in Dienst stehender Musiker – Du Fay und Hugo de Lantins –, zudem nebeneinander in derselben Handschrift überliefert (Oxford, Canonici misc. 213)[32], laden zu Spekulationen über Hintergründe und mögliche Aufführungsumstände[33] umso mehr ein, als Bari, wohin die Gebeine des Heiligen gegen Ende des 11. Jahrhunderts überführt worden waren und welches seither als Zentrum des Nikolaus-Kultes galt, in beiden Texten genannt wird und als Station von Reisen zwischen Oberitalien und Patras, der erzbischöflichen Residenz des Bruders bzw. Vettern der Fürsten Malatesta, gut denkbar erscheint. Dasselbe aus Pesaro oder Rimini kommende Ensemble, welches möglicherweise zur Festaufführung der Motette *Apostolo glorioso* nach Griechenland gereist war, hätte bei Zwischenaufenthalten in Bari dem Nikolaus huldigen können. Über vage Vermutungen indessen kommen wir nicht hinaus; am deutlichsten steht ihnen ein – zwar nirgends positiv bezeugter, jedoch durch indirekte Indizien wahrscheinlich gemachter – Aufenthalt Du Fays in oder bei Laon (1424 – 1426) entgegen, außerdem, daß Motetten eher als Fremdauftrag vorstellbar erscheinen als ein biographisch bezogenes, überdies datiertes Stück wie das Rondeau *Adieu ces bons vins de Lannois*[34]; vielleicht auch, daß eine Reise wie die vermutete selbst dann einen unverhältnismäßig großen Aufwand bedeutete, wenn man bei repräsentativen Anlässen weniger pragmatische Maßstäbe unterstellt als die heute üblichen. Kommt hinzu, daß wir über Musik und Musiker in der weströmischen Enklave nichts wissen und allgemein recht wenig über Kenntnisnahme und Aufführungsmöglichkeiten bedeutender Musik außerhalb der bekannten Zentren und der Orte, mit deren Namen Aufträge oder die Anfertigung von Manuskripten verbunden sind.

Wie immer die Texte der Oberstimmen Fragen aufwerfen – Du Fay komponiert sie so, daß sie halfen, die Mündung in den dritten Großabschnitt (= Takte 91 ff.) zu verdeutlichen, wo die Bewegungsformen von Cantus und Oberstimmen sich annähern. Dort wird die Feier des Heiligen, das »*überschwängliche Ausrufen (= Singen)*« sich selbst zum Thema: »*Exaltatis clamoribus...*« (= Takte 91 ff.). Die Schlüsse beider vorangehenden, isoperiodisch bezogenen Großabschnitte nehmen das vorweg, deutlich korrespondieren die lebhaftere Bewegung der Nachspiele und die zu ihr einladenden Texte »*Ut hiscant tue laudi = damit sie dich ständig loben*« (Takte 50 ff. im Motetus) und »*Populus en jubilat*« (Takte 84 ff. im Triplum).

Als Mündung und Zielpunkt ließ der dritte Großabschnitt sich vergleichsweise frei gestalten, weil Du Fay keine isoperiodischen Rücksichten nahm; vorgegeben bleibt hier lediglich die erste Talea des isorhythmischen Cantus in verkürzter Mensur. Weil die Verkürzung gering ist – von Є auf O, in der Umschrift werden aus dreizeitigen, punktierten Semibreven zwei-

31 Lütteken, a.a.O., S. 275 ff

32 Schoop 1971; Lantins: *Celsa sublimatur / Sabine, presul dignissime / Beatus Nicolaus*

33 Lütteken, a.a.O.; Lütteken 2001; dagegen Holford-Strevens 1997, S. 106 und 125 ff.

34 Hierzu Kap. V

zeitige – und Du Fay nur den ersten der beiden je 18-tönigen Teile des Cantus wiederholt, gewinnt er zweierlei: Die Wiederholung verschafft dem Tenor eine ABA'-Struktur, und der kleine Schritt von C zu O verhindert einen jähen Wechsel, sichert also die Kontinuität des Gesamtverlaufs; die drei je 33 Takte umfassenden isorhythmischen Abschnitte unterscheiden sich in Zeitmaß, Gangart und realer Zeitlänge nicht allzu stark, jedoch genug, um das Hinlaufen auf die »Mündung« erlebbar zu machen.

Im Gegenzug zu dieser übergreifenden Kontinuität segmentiert Du Fay in den beiden ersten Abschnitten vierfach und deutlich; von der girlandenhaft-melismatischen Prolatio-Bewegung der zwei ersten Zeilen (Takte 25 ff. bzw. 58 ff.) wechselt er in der dritten (Takte 35 ff. bzw. 68 ff.) zu syllabischem Deklamieren bei anfangs strenger Imitation und in der vierten (Takte 41 ff. bzw. 74 ff.) zu einem auch dank synkopischer Bildungen sperrig wirkenden Tempus imperfectum. Umso deutlicher und lösender hebt sich in der sechsten Zeile die Rückkehr zu Gangart und melodischem Habitus des Beginns ab, welche er freilich bald wieder fahren läßt zugunsten der kleingliedrigen Bewegung einer Passage, in der der Eigencharakter der Stimmen deutlicher hervortritt als zuvor. Damit macht er eine neuerliche Zusammenführung beim nächsten Abschnittsbeginn (Takte 58 ff. bzw. 91 ff.) dringlich. Die geschilderten Umschläge erfolgen rasch, beinahe zu rasch; dem dergestalt erzeugten Bedürfnis nach einer auf längerer Strecke verläßlichen, homogenen Bewegung leistet, fast in der Rolle eines Abgesangs, der dritte Abschnitt Genüge. So könnte man cum grano salis von einer auf die Motette projizierten Balladenstruktur sprechen.

Sie beträfe in erster Linie die isorhythmisch strukturierte Musik, nicht jedoch das Vorspiel und eher indirekt den Text[35]. Dieser, ohnehin nur in problematischen Lesarten überliefert, eine in sechseinhalb sechszeiligen Strophen nahezu gleichmäßig durchlaufende, in der Verteilung auf beide Oberstimmen vom Nacheinander ins Übereinander zusammengezogene Erzählung, hat in der inneren oder äußeren Gliederung von einer Ballade wenig; das freilich fällt schon deshalb nicht auf, weil Du Fay die ersten drei Zeilen des Triplum-Textes auf das Einleitungs-Duo vorzieht und also inmitten der Großabschnitte zur jeweils nächsten Strophe überwechseln muß, eben dort – da scheint aus der Not eine Tugend gemacht –, wo er das sperrige Tempus imperfectum vorschreibt. Nicht so im Motetus; sein Text folgt dem des Triplum wegen dessen in der Einleitung gewonnenen Vorsprungs im Abstand von drei Zeilen, jeweils auf die vierte Zeile der Triplum-Strophe fällt der Beginn der Motetus-Strophe, welche also mit den isorhythmischen Untergliederungen übereingeht. Dies gelingt im dritten Großabschnitt auch im Triplum, weil die den Dreizeilen-Vorsprung kompensierende Halbstrophe »*Pro expulsis langoribus* ...« vor der letzten sechszeiligen eingeschaltet und damit Parallelität der Textverläufe erreicht ist; auf diese Weise wirken also auch diese bei der Mündung in den »Stollen« = dritten Großabschnitt mit; die Triplum-Strophe »*Exaltatis clamoribus* ...« erscheint als Schlußstrophe gar geeigneter als die entsprechende, freilich korrupt überlieferte des Motetus (»*In marisque naufragio* ...«). Zwei Hälften einer fortlaufenden Erzählung – mit der kleinen Abweichung von drei Zeilen – übereinandergelegt, also zu einer angesichts des Ganges der Erzählung absurden Gleichzeitigkeit gezwungen, und eben dadurch in einer A-A'-B Struktur konvergierend – das mahnt zur Vorsicht bei Urteilen über unangemessene, oktroyierte Texte und unempfindliche Handhabungen!

Zum Bilde der konzentrisch den Cantus umschließenden Kreise, Schalen bzw. Stimmen würde im vorliegenden Fall passen, daß das Triplum als zuoberst gelegene äußerste in der Disposition des Textes am stärksten abweicht, und nicht weniger, daß »*Sacer pastor Barensium*, ...

35 Zu diesem ausführlich Holford-Strevens 1997, S. 125 ff.

Nicolae presul« am Motetus-Beginn direkter auf den Cantus *Beatus Nicolaus* bezogen ist als »*O gemma, lux et speculum, Totum perlustrans seculum*« etc., die hochgreifenden Metaphern am Triplum-Beginn. Dem widerspricht nicht, daß der Motetus im Einleitungs-Duo an deren Vortrag teilnimmt; strukturell verstanden handelt es sich dort nicht eigentlich um den Motetus, sondern ein per Kanon abgespaltenes zweites Triplum.

Den angesprochenen vorschnellen Be- oder Verurteilungen von Texten müßte hier überdies entgegengehalten werden, daß die parataktisch reihende Beschreibung der Taten und Wirkungen des heiligen Nikolaus die Stringenz der Aufeinanderfolge ohnehin relativiert und Du Fay die Überlagerungen in einer Weise disponiert, welche nichts weniger bezeugt als Indifferenz. Außer bei den deutlich gegeneinander versetzten melodischen Aktivitäten der Oberstimmen jeweils zu Beginn (Takte 25 ff. bzw. 58 ff.) läßt er von den je sechs Zeilen der isoperiodischen Abschnitte nur zwei gleichzeitig einsetzen, die vierte der Motetus-Strophe ausgerechnet mit der ersten der Triplum-Strophe sowie die fünfte des Motetus mit der zweiten des Triplum. Deren dritte bzw. sechste hebt er durch Imitation fast fanfarenhaft heraus und sorgt auch durch syllabische Deklamation dafür, daß man die Texte beider Stimmen nacheinander fast ungestört verfolgen kann. Dieses »Fenster« in der Wand einander in der Gleichzeitigkeit versperrender Texte jedoch ist nicht das einzige; mehrmals, besonders bei den letzten Zeilen (Takte 50/51 bzw. 83/84), macht Du Fay durch Imitationen oder freiere Bezugnahmen auf das Nacheinander der Einsätze nachdrücklich aufmerksam.

Triplum[36]	Motetus	Musik
O gemma, lux et speculum		Duo
Totum perlustrans seculum,		
Vas almum Italie,		
Modo presens oraculum	***Sacer pastor Barensium***	1. Abschnitt
Tuum trahat spectaculum	*Regula pontificium*	(Takte 25 ff.)
Nostro in levamine.	*Nicolae presul, audi*	
Sponte relinquens Greciam	*Has voces supplicantium*	
Duceris in Apuliam	*Conferendo presidium,*	
Barinam gubernando.	*Ut hiscant tue laudi.*	
Ab hoste tuens patriam	***Abstulisti opprobia***	2. Abschnitt
Celestem tu per gloriam	*Talenti fulvi gratia*	(Takte 58 ff.)
Inhabitas letando.	*Deo celi serviens*	
Pro expulsis langoribus	*Et populo subveniens*	
Fugatisque demonibus	*Cereres impartiens*	
Populus en iubilat.	*Reddisti duplicatas.*	
Exaltatis clamoribus	***In marisque naufragio***	3. Abschnitt
Manat liquor marmoribus:	*Te plebes cum devocio*	(Takte 91 ff.)
Liniti gradiuntur,	*Succrescit, et collatas*	
Priscis dantur fervoribus;	*Habet vires oracio,*	
Qui carebant iam motibus	*Ac per te fraudis actio*	
Salutem sorciuntur.	*Discedit inse datas.*	

36 Die jeweils ersten Zeilen der Strophen fett; die Position der zusätzlichen drei Zeilen im Triplum ergibt sich aus den Satzeinheiten ebenso wie aus der Konvergenz von »*Exaltatis clamoribus*« mit dem Beginn des dritten Großabschnittes.

Ob nun der Text in der beschriebenen Weise manipuliert oder von vornherein auf diese Manipulation hin entworfen wurde – der Abstand zwischen ihm und der überstreng strukturierten Musik läßt eine simple Gegenübersetzung von Disziplin hier und Beliebigkeit dort nicht zu, auch die Manipulation, der Weg der sechseinhalb Strophen zum Übereinander in einer balladenähnlichen Konstellation, muß als Moment der motettischen Verknüpfung von Wort und Ton begriffen werden. Im Übrigen könnte man, das Bild der konzentrisch gelagerten Schalen für deren Verhältnis übernehmend, Musik in ihrer metaphysischen Abbildlichkeit als näher zum Mittelpunkt liegend betrachten und die allemal durch ganz andere Benutzungen belastete Sprache als weiter außen liegende Schale.

Überdies finden sich »Verfehlungen«, i.e. Verschiebungen, welche der übereindeutigen Markierung einzelner Abschnitte entgegenwirken, auch in der musikalischen Struktur; die Zeilengliederung der Oberstimme z.B. richtet sich keineswegs nach Gruppierungen oder auch nur dem Eintritt einzelner Töne im Cantus; dessen Funktion als Fundamentum relationis berücksichtigt Du Fay genau so weit, daß der Eindruck eines seine symbolische Würde auch durch Unabhängigkeit hervorkehrenden Verlaufs und die Distanz zur Umkleidung durch die anderen Stimmen keinen Schaden leiden – nicht zufällig treten die zweite und dritte Strophe im Triplum über einem bereits klingenden Cantus-Ton ein. Zur Weisheit des motettischen Konzeptes gehört auch, mit dem Bilde der konzentrischen Schalen verbunden, das von innen nach außen, vom Cantus zum Triplum, von der Musik zum Text hin zunehmende Ordnungsgefälle; weil die Definition von Disziplin auch eine Bestimmung ihrer Einbettung und ihrer Grenzen einschließt, manifestiert sich die Ordnung des Ganzen noch in der vermeintlichen Unordnung an der Peripherie.

Die musikalisch erstwichtige Einbettung – als Ordnungsrahmen, der jede variativ auf Neues ausgehende Gestaltung als Tropierung erscheinen läßt –, schafft die durch den Cantus festgelegte und melodisch konkretisierte Tonart; sie gibt vor, auf welche Weise, in welchen je vorherrschenden Prägungen die Tonräume ausgemessen werden – im vorliegenden Fall insbesondere durch Abstiege wie das dort dreimal begegnende *f'-e'-d'* und den Quartabstieg am Beginn des zweiten Color (Takte 58 ff.), daselbst anschließend durch die wechselnötige Überschreitung (*a'-b'-a'*) der Obergrenze der plagalen Konstellation *a-d'-a'*. Mehrfach wiederkehrend (Triplum: Takte 31/32, 42/43, 52, 82, 89, 96/97, 104/105; Motetus: Takte 26, 43, 83, 92/93) stabilisiert sie die Obergrenze, so daß noch weiter gehende Überschreitungen sehr auffallen, u.a. der fast durch eine Oktave reichende Aufstieg bis *c''* bei der Erwähnung jenes Ereignisses, durch das der Heilige allererst bekannt war (Motetus: Takte 63 ff.), oder die dort folgende Extremposition mit *h'* im Motetus – auch in den Takten 50/51. Die Wechselnote *a'-b'-a'* im zweiten bzw. sechsten Takt kompensiert zudem, daß der zweite Color des Cantus, von dem sie herkommt, nur einmal erscheint. Im Wesen der Tropierung liegen immer auch Freiheiten der Verzierung, Umschreibung, Interpolation, Verkürzung oder Erweiterung; demgemäß müssen Quint- oder Sextabstiege und die ihnen antwortenden Aufgänge nicht als schlechtweg andere, sondern als im selben Bezugsfeld liegende Prägungen gelten.

Die Suggestion der Abstiege arbeitet bei der Prägung der Zeilenanfänge im ersten isorhythmischen Abschnitt (Takte 25 ff.) unverkennbar mit: Durch Motetus und Contratenor vorbereitet und durch einen unmittelbar vorausgegangenen Abstieg notwendig gemacht, hat der Aufstieg der zweiten Zeilen (Takte 29 ff.) einigen Neuigkeitswert und gewinnt in der dritten Zeile (Takte 35 ff.), wieder durch Abstiege vorbereitet (Triplum *f'-e'-d'*, Contratenor *c'-h-a*), besonders dank syllabischer Deklamation neue Eindringlichkeit. Syllabisch und wechselnötig deklamiert Du Fay auch am Beginn der vierten Triplum-Zeile (Takte 41 ff.), aus wird nun . Mit der sechsten Zeile (Takte 51 ff.), der letzten der musikalischen »Strophe« (und des Triplum-Textes), kommt Du Fay nicht nur in der Mensur, sondern auch motivisch auf den Anfang zurück und behandelt nun, wie als Ergebnis, Auf- und Abstieg gleichberechtigt.

Im zweiten Großabschnitt (Takte 58 ff.) auf denselben rhythmischen Verlauf, zugleich durch den zweiten Color im Cantus auf andere Harmoniegänge verpflichtet, nutzt er die im ersten erworbene Semantisierung, nicht zufällig hält er in der neuen ersten Zeile größtmögliche Nähe zu derjenigen im ersten Teil: Der Faden der Entwicklung des neu Eintretenden aus dem soeben Erklungenen darf nicht reißen, weil jede Wendung auch in ganz anderen Zusammenhängen begegnen könnte; die normativen, anonymisierenden Momente zwingen den Komponierenden, den gängigen Formeln oder Wendungen durch Plausibilität der Aufeinanderfolge, durch den Anschein der unmittelbaren Verursachung eine nur hier und jetzt geltende Notwendigkeit und Funktion, einen »Namen« zu verschaffen. Weil im ersten Teil hierfür schon Einiges getan ist, hat Du Fay im zweiten vergleichsweise freie Hand – und er bedarf ihrer dringlich angesichts der erwähnten, im musikalischen Idiom enthaltenen Vorfestlegungen. Beim Beginn der dritten Triplum-Strophe, dem Übertritt ins Tempus imperfectum (Takte 74 ff.), bezieht er sich mit einer deutlich markanteren Formulierung auf die entsprechende Prägung der Takte 41 ff. und überbietet beim einzigen unzweideutig imitativen Zeilenbeginn zuvor (Takte 68 ff., Beispiel 4 a) denjenigen im ersten Teil (Takte 35 ff.) im größer ausgezogenen Bogen deutlich – offenbar auch, um mit dem letzten Zeilenbeginn (Takte 83 ff., Beispiel 4 b) hier anknüpfen zu können. Dies erscheint wie ein Vorgriff auf die Mündung in die homogenere Bewegung und die größeren Linienzüge des dritten Großabschnittes und zugleich als Ankunft bei neuartigen Bezugnahmen: Die zweite musikalische Zeile des Triplums (Takte 96 – 99) zieht die Linie der ersten des Motetus nach (Takte 92 – 95), und nicht nur hier, sondern auch anderswo (z.B. Takte 103 – 106, 107 – 110) begegnen viertaktige Inseln.

Beispiel 4 a und b

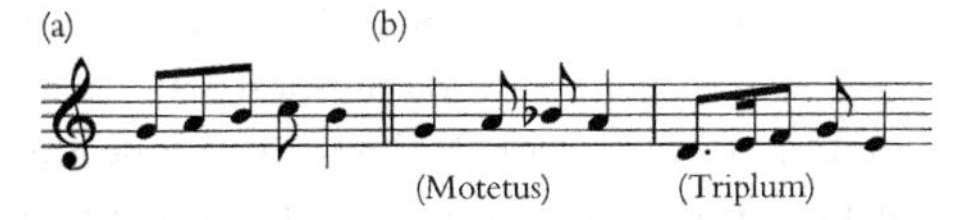

Mehr noch als der zweite Großabschnitt lebt der dritte von der vollzogenen »Namensgebung«. Angesichts des anonymisierenden Gegendrucks der musiksprachlich bedingten Normative hängt von ihr wesentlich ab, inwieweit es gelingt, in deren größeren Regelkreis den kleineren, nur dieser Komposition gehörigen, einzufügen – zu Zeiten übrigens, da *compositio* in der Kunsttheorie zu den meistdiskutierten Begriffen gehörte[37]. Dies berücksichtigend sollte man allerdings, gegen spätere, mit dem Werkbegriff verbundene Abgrenzungen und Einmaligkeitsansprüche, *compositio* = *Zusammenstellung* beim Wort nehmen: Der kleinere Regelkreis grenzt nicht aus und ab, er konkretisiert vielmehr, um nicht zu sagen: er kanalisiert. Der polyphonen Komposition jener Zeit muß, heute schwer nachvollziehbar, ein evokatives Moment eigen gewesen sein; Polyphonie solchen Anspruchs war noch jung und bildete in der Gesamtmenge des Musizierten vermutlich eine winzige Enklave; so mußte jede Komposition, schon per Konstellation und weit entfernt von uns geläufigen Selbstverständlichkeiten, das Wunder artifiziell geordneter Mehrstimmigkeit erneuern. Nicht anders als z.B. in der Malerei betraf das auch die Materialität der Kunstmittel - das Geflecht der musikalischen Linien oder

37 Baxandall 1970

davor schon das pure Faktum des harmonischen Zusammenklangs ähnlich kostbar wie das Indigoblau der Maler oder die Stofflichkeit und der penibel ausgeführte Faltenwurf der Gewänder. *Daß* Musik erklingt, kann nicht weniger Gegenstand des Komponierens und ein Wert per se gewesen sein als, *wie* sie erklingt.

Beim Eintritt in den dritten Großabschnitt bezieht Du Fay sich nicht zufällig auf den Stückbeginn – in den auf *a'* bzw. *b'* ansetzenden großen Abgängen ebenso wie in deren imitierender oder kanonischer Weitergabe an andere Stimmen. Zur Ausmündung in den »Abgesang« nach zwei kleingliedrigen, Gangarten und Prägungen rasch wechselnden »Stollen« tritt dergestalt der übergreifende Rückbezug auf das Einleitungs-Duo, welches sich weniger präludierend darstellt denn als wichtigste Instanz der Namensgebung. Offen zeigt die abgehobene Autonomie des Cantus sich auch darin, daß er nicht schlechtweg als Fokus musikalischer Bezüge installiert und also für diesen einen Zusammenhang beschlagnahmt werden darf – woraus auch eine Relativierung der Vorstellung konzentrischer Kreise bzw. Schalen folgt: Zu deren im Sinne des Cusaners »*mutmaßendem*« Tropieren[38] gehört auch, daß sie nicht genau übereinander passen. Der Cantus wird eher als Stichwortgeber benutzt, für den diese Funktion weder die wichtigste noch einzige ist; demgemäß müssen die angesprochenen Prägungen – das wechselnötig erreichte *b*, die Abgänge über Terzen, Quarten etc. – vom Komponierenden erst entdeckt, hervorgezogen und für den tropierenden Überbau angeeignet werden.

Eben dies besorgt Du Fay in der Einleitung; fast möchte man im Hinblick auf den Stichwortgeber von einem Ideal-Cantus sprechen – auch, weil im Kanon mitenthalten ist, daß es sich eigentlich nur um eine einzige – gesplittete – Stimme handelt. Die 24 Takte taugen exemplarisch zum Argument gegen die Neigung, den Grad der Kunstfertigkeit mit der Dimension des materialen Aufwands zu verknüpfen, sie z.B. erst in drei- oder vierstimmigen Konstellationen zu suchen – angefangen bei den ersten fünf Takten, einem girlandenhaft schwingenden, ohne exponierenden Gestus wichtige Prägungen exponierenden, metrische und harmonische Fixierungen in der Plausibilität der Linie auflösenden Abstieg. Er mißt die plagale Oktav *a'(-d'-)a* aus, markiert die Obergrenze durch die Wechselnote und gibt den Grundton *d'* nur als Ausgangspunkt zum zweiten Quartabstieg (*d' – c' – h – a*) und fundamentierend erst zu Beginn der dritten Zeile (Takt 14), nahe bei einer Unterteilung der 24 Takte im Sinne des Goldenen Schnitts; erst hier, als »Gegenstimme zur Gegenstimme« wird *d* wichtig. Wichtiger machte sich zuvor der Ton *c*, mithilfe der dreiklängigen, den Abgang auffangenden Hemiole einerseits rasch neutralisiert durch die nachfolgende Kadenz auf *a* (Takt 5), andererseits stark genug, um den eindeutigen *c*-Aufstieg der zweiten Zeile (Triplum, Takt 6 ff.) zu ermöglichen. Freilich gibt das Zusammentreffen der Stimmen auf *e'* der Quinte in der Oktav *a – a'* mehr Gewicht als der Terz über *c*. Der steigenden zweiten Zeile antwortet eine wie die erste von *a'* nach *a* absteigende, wieder mit dreiklängigen Hemiolen. Diese, nun in Sekundschritten, bestimmen die Beantwortung der dritten, sechs- bzw. siebentaktigen Zeile (Takte 21/22) noch viel stärker, wie als Bekräftigung ihres in der Einleitung auffallenden Übergewichts: In den zweimal 33 isoperiodischen Takten spielt die Hemiole kaum eine Rolle, am ehesten in der stark aufgefächerten Rhythmik des »Nachspiels« (Takte 55 bzw. 88). Möglicherweise ging es Du Fay um den Eindruck, der Cantus sorge, eine in der Einleitung angelegte Ambivalenz auflösend, für Homogenität und einheitliche Gangart: Zur ungezwungenen »Natürlichkeit« des Beginns gehört auch, daß man die fünftaktige Phrase nahezu als gedehnten (freilich ohne Dehnung nicht kanontauglichen) Viertakter wahrnimmt:

---

38 Nicolai de Cusa 1971/1988

Beispiel 5

Alle angesprochenen bzw. vermuteten Stimmigkeiten indessen beschwichtigen nicht das Bedenken, daß bei ihnen vornehmlich eine uns geläufige ästhetische Stimmigkeit supponiert sei, welche nicht dechiffrierte Momente integriert wo nicht aufsaugt, seinerzeit aber nicht obenan stand. Für wen und welche Art der Wahrnehmung hat Du Fay komponiert, für wen und wofür haben Jan van Eyck die *Madonna des Kanzlers Rolin* oder Rogier van der Weyden den *Colomba-Altar* gemalt? – sicher nicht für schnellfälligen Beifall, auch nicht der Auftraggeber. Denjenigen, der eingestimmt, überredet, für eine Botschaft gewonnen zu werden gewohnt ist, meint und braucht diese Kunst nicht – und gibt zu fragen auf, wie sehr und wie selbstverständlich wir der uns vertrauten Plausibilität von Kunstwerken ein Moment des Appellatorischen zurechnen und also die Verpflichtung auf Rezeptivität zunächst auf Seiten des Werkes sehen. Wie immer Rhetorik teilhat, so doch keinesfalls im Sinne von Überredungskunst; deren bedarf die zentrale Botschaft nicht. Immer neu jedoch bedarf sie der Ausdeutung, Auslegung und Spezifikation im Hinblick auf jeweilige Konstellationen oder Anlässe. Andachtsbildern ähnlich wollen die Motetten nicht in erster Linie in ihrer baren Unmittelbarkeit erlebt, sondern eher aufgeblättert und gelesen werden[39]. Die Paradoxie mehrerer, bei gleichzeitigem Vortrag einander im Wege stehender Texte zeigt auch, daß sie, weil die allerwichtigste Mitteilung im Vorhinein gesichert und keine ästhetische Überredung vonnöten ist, es sich leisten können, halb verstanden zu bleiben. Die Art und Weise, in der die verschiedenen, polyphon verschränkten Gestaltungsebenen – die isorhythmische bzw. -periodische, die Maßgaben des Cantus, die einen eigenen Regelkreis aufbauende »entwickelnde Variation«, die balladenhafte Disposition der 33-taktigen isorhythmischen Abschnitte, der übergreifende Bezug zwischen deren drittem und dem »Exordium« etc. – zu einem cum grano salis werkhaften Ganzen zusammentreten, läßt sich nicht trennen von dessen Bezug und dem von ihm gewährten Durchblick auf die letzte, der Faßlichkeit entzogene Wahrheit. Also muß – gerade und auch beim Anhören – aufgeblättert und gelesen werden. Um nochmals den Cusaner zu bemühen: Unsere Wahrnehmung der motettischen Struktur bleibt nicht weniger *»coniectura = Mutmaßung«* als deren Verhältnis zur letzten Wahrheit. Weil das eine mit dem anderen substanziell verbunden ist, hilft Ungeduld, die sich vorgreifend ein – ästhetisches – Bild machen will, dem Verständnis wenig[40].

* * *

»Glockenschall, Glockenschwall supra urbem, über der ganzen Stadt, in ihren von Klang erfüllten Lüften! Glocken, Glocken, die schwingen und schaukeln, wogen und wiegen ausholend an ihren Balken, in ihren Stühlen, hundertstimmig, in babylonischem Durcheinander. Schwer und geschwind, brummend und bimmelnd, - da ist nicht Zeitmal noch Einklang, sie reden auf einmal und alle durcheinander ins Wort, ins Wort auch sich selber: an dröhnen die

39 Thürlemann 1997, S. 35
40 Vgl. auch Kap. XXVII

Klöppel und lassen nicht Zeit dem erregten Metall, daß es ausdröhne, da dröhnen sie pendelnd an am anderen Rande, ins eigene Gedröhne ...«[41]- Du Fay veranstaltet für den Apostel Andreas keine geringere Glockenorgie als Thomas Mann für seinen Gregorius, als wolle er die Vermutung rechtfertigen, daß Erinnerung an die »primäre Klangform«[42] der Organa von Notre-Dame mitspiele. Wie immer man sie mit gleichem Recht z.B. auf den Beginn von Ciconias Motette *Doctorum principem / Melodia suavissima* beziehen könnte, die metaphorische Stellvertretung schwingender Melodielinien für schwingende Glocken trägt weit – gleich zu Beginn im ersten Color schwingt der Cantus firmus in wechselnötigen Girlanden (Beispiel 6, 2. Zeile), im zweiten (3. Zeile) begegnen zwei identische, ausschwingende Quartabstiege, und mit der hemiolischen Anordnung der jeweils letzten fünf Töne der Talea (11 Töne in 6 bzw. 7 Takten, dann 5 Töne in 3 Takten) wird gegen die etablierte Dreizeitigkeit das Moment des Anschlagens neu betont, nahezu, als solle ein zwischen beiden dreizeitigen Mensuren eine imperfekte, zweizeitige untergebracht werden.

Beispiel 6

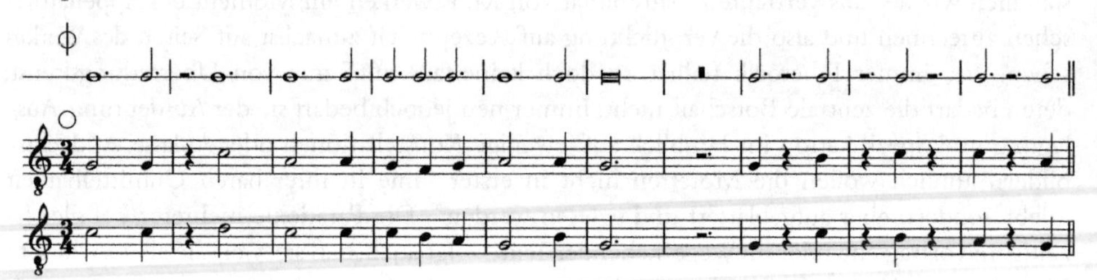

Daß sie, anders als in den meisten vergleichbaren Motetten, übersprungen wird – in der Übertragung ergibt sich dadurch die große Differenz zwischen den 30 bzw. 10 Takten umfassenden isorhythmischen Abschnitten –, könnte auch mit dem »Glockenschwall supra urbem« zu tun haben: In der Langmensur der ersten beiden Großabschnitte ergeben sich stehende Klänge – beim ersten (Takte 14 – 43) u.a. insgesamt 13 über *C*, sieben über *F*, sechs über *G*, beim zweiten (Takte 44 – 73) u.a. 13 über *G* und elf über *C* –, innerhalb deren der große, schwere, langsame Anschlag der tiefen »Glocken« sich plastisch von der lebhaften Prolatio-Bewegung der helleren, höheren abhebt; wohingegen die Gangarten der Stimmen in den Tempus-Abschnitten (Takte 74 – 83, 84 – 93) schlagartig, als in einem nunmehr homogenen »Geläute«, identisch werden. Auf eine übergreifende Bezugsebene läßt auch schließen, daß es – sehr ungewöhnlich – keinen habituellen Unterschied zwischen gesungenen und vermutlich instrumentalen, kleingliedrig bewegten Passagen gibt, und daß die Formalität der angehängten Kadenz (vgl. die nahezu identischen Schlußtakte u.a. der *Vasilissa*-Motette) besonders formalistisch anmutet, weil das Stück zuvor überhaupt nur zwischen fünf Harmonien – *G, C, F, d, a* –, mithin weitab von dem Doppelleitton-Klang, hin- und hergeschwungen ist: Als könne das zuständlich-zeitlose Glockenläuten nur von außen angehalten werden.

Wenn Melodie in stehenden Harmonien nicht nur in Dreiklangsbrechungen als »Magd des Zusammenklangs« erscheinen, sondern möglichst autonom sich entfalten soll, muß es zwangsläufig auf kleinschrittige Durchgänge zwischen harmonietragenden Tönen hinauslaufen; dies

41 Thomas Mann, *Der Erwählte*, in: ders., Gesammelte Werke, Berlin 1955, Band 5, S. 7

42 Ficker 1929

konvergiert ungezwungen, obwohl es sich bei jeder Verbindung lebhafterer Bewegung mit Liegetönen, besonders in Cantus firmus-Strukturen, ergibt, mit dem Zuschnitt organaler Stimmen und der Glocken-Metaphorik. Die *Apostolo*-Motette prononciert es in besonderer Weise; kaum je hält das Auf und Ab der überwiegend kleinschrittigen Bewegung inne und gewinnt fast thematische, mindestens mottoartige Qualität in den eng verflochtenen Quint-auf- und -abgängen am Beginn des ersten isorhythmischen Großabschnittes (Takte 14 ff.), Motto insofern, als sie nachdrücklich eine melodische Verhaltensweise exponieren, welche nicht im Sinne irgendeiner motivischen Qualität auf bestimmte Intervalle fixiert ist. Wenn gegen Ende der beiden groß mensurierten Abschnitte kleiner gruppiert kleinere Intervalle überwiegen (Takte 39 ff., 69 ff.), so erscheint das nach den größeren Skalen zuvor wie die rhetorische Steigerung ein und desselben Grundhabitus. Auf diese Weise tropiert und entfaltet Du Fay, was im Cantus angelegt ist, und gibt parallel zu den Worten eine musikalische *explicatio* des der dritten Antiphon der *II. Vesperis Festa Novembris 30* entnommenen Cantus »*Andreas Christi famulus*«.

Schon die »Intrada«, ein Doppelkanon in zweimal zwei Stimmen, tropiert; zugleich mit dem üblichen Ausmessen der Tonräume »üben« Triplum und Motetus melodische Girlanden, und die Contratenores geben in dem eröffnenden Quartschritt ein Vor-Echo des Cantus-Beginns. Zudem nimmt das Ineinanderschwingen der viertaktigen Perioden – die jeweils folgende tritt bereits im vierten Takt der vorangehenden ein, viermal vier Takte werden zu 13 Takten zusammengeschoben – ein wichtiges Charakteristikum des »Hauptsatzes« vorweg: Als stünden in diesem auch melodische Gruppen für Glocken, wimmelt es von auffällig geschlossenen Perioden oder Wendungen, die sich unregelmäßig überlagern und in ihrer Komplexität oft durch Viertaktigkeit bestätigt werden, so u.a. zu Beginn im Triplum (Takte 14-17 bzw. 44-47) oder, querstehend zu anderen Gruppierungen, im Contratenor I in den Takten 28-31 bzw. 58-61, ganz und gar in den beiden, unschwer in 4 + 2 + 4 Takte zu gliedernden Tempus-Abschnitten (Takte 74 ff. bzw. 84 ff.), worin wiederum im Contratenor I ein Viertakter (Takt 75-78 bzw. 85-88) quersteht. Ähnlich der *varietas* der Melodiebildung[43] kommt die rhythmische auch dadurch zur Geltung, daß von einzelnen Prägungen und Verläufen mehr Regelmäßigkeit versprochen als nachfolgend eingelöst wird – eine fortwährend neu aktivierte Dialektik von Chaos und Ordnung.

Dies vollzieht sich innerhalb der strengstmöglichen strukturellen Disziplin. Ähnlich wie in den beiden zuvor besprochenen Motetten projiziert Du Fay die Isorhythmie des Tenors – hier hälften zwei 16-tönige Taleae einen 32-tönigen Color (s. Beispiel 6) – auf den vierstimmigen Überbau; innerhalb der je zwei in derselben Mensur verlaufenden Abschnitte wiederholt der zweite den ersten rhythmisch genau. Einiges von den Schwierigkeiten, dies gegen andersartige, von der erstkomponierten Version abweichende melodische bzw. harmonische Erfordernisse durchzusetzen, zeigt sich dort, wo eine korrespondierende Passage hinter der Plausibilität einer am erstfälligen Text inspirierten Lösung zurückbleibt, z.B. die Takte 44-47 hinter dem Beginn des ersten Großabschnittes, der Prägung »*Apostolo glorioso*«:

Beispiel 7

43 Vgl. Kap. XXVII

Andererseits findet Du Fay im zweiten Durchlauf des Großabschnittes zu den im ersten wichtigen, syllabisch und zum Prolatio-Takt querstehend deklamierten Worten »*A evangelegiare al populo greco*« (Takte 28 ff.) eine gute Entsprechung in den Worten «*Et eligisti Patrasso per tuo lecto*« (Takte 58 ff.), ähnlich in »*Et per sepulchro*« (Takte 62 ff., entgegen der Gesamtausgabe ist gleichzeitige Deklamation anzunehmen) zu »*(La sua) incarnacion.*«

Diese markanten Prägungen erscheinen wie Strohhalme in der Textflut, in die Du Fay den Hörer stürzt: Vier Stimmen deklamieren zwei verschiedene Texte nebeneinander und fast nie Gleiches gleichzeitig. Er bekäme schlechte Zensuren, wollte man die Verknüpfung von Wort und Ton vor Allem durch formale Kriterien, Übereinstimmungen von Zeileneinheiten, Versmaßen etc. garantiert sehen, und noch schlechtere, würde man zugrundelegen, daß beim Zusammentreffen zweier streng organisierter Strukturen wie eines Sonetts[44] und isoperiodisch geordneter Musik die Spuren ihrer vermutlich schwierigen Zusammenführung besonders gut verfolgbar sein müßten[45].

Nichts jedoch scheint Du Fay weniger interessiert zu haben als eine Parallelisierung der Formen. Indem er, die Situation in der zuvor besprochenen Motette verschärfend, die beiden Quartette bzw. Terzette des Sonetts – jene von Triplum und Contratenor I, diese von Motetus und Contratenor II – gleichzeitig vortragen läßt, versperrt er die Möglichkeit, den dem Sonett schon per Struktur vorgezeichneten diskursiven Verlauf zu benutzen und zu verdeutlichen. Daß dieser nicht allzu stark ausgeprägt ist – rhetorisch verstanden folgt dem Exordium »*Apostolo glorioso, da dio electo*« eine Narratio und dieser, mitten im zweiten Quartett beginnend, die Propositio »*Prego te, preghi me retrove teco / Per li tuoi merci, nel devin conspecto*« –, kann kaum den Ausschlag bei der Entscheidung für eine so ungewöhnliche Lösung gegeben haben; eher schon, daß sich in den beiden Terzetten andeutungsweise ebenfalls ein Übergang von Narratio zu Propositio findet – »*Si che rempetraglie gracia si forte / Che recognoscano dio vero et vivo*« = »*wenn es (das griechische Land) die Gnade in solchem Maße wiedererlangt, / daß sie (die Menschen) den wahren, lebendigen Gott wiedererkennen*« – und daß Du Fay beide Übergänge übereinander legen und mit dem Wechsel zum zweiten isorhythmischen Großabschnitt parallelisieren konnte. Wie im Text darum gebeten wird, »*daß ich mich mit dir wieder zusammenfinde*«, finden in der Musik die Mensuren bzw. Bewegungsformen von Cantus und Oberstimmen zusammen.

Diese Übergänge in der dritten Zeile des zweiten Quartetts bzw. in der zweiten des zweiten Terzetts ziehen, von differierenden Textmengen abgesehen – acht Quartettzeilen stehen gegen sechs Terzettzeilen –, eine seltsam unstimmige Konstellation nach sich: Die erste Zeileneinheit der zweiten Hälfte des langmensurierten Großabschnittes (Takte 44 – 54) wird noch für die letzten Zeilen des ersten Quartetts (Triplum und Contratenor I) bzw. des ersten Terzetts (Motetus und Contratenor II) gebraucht, die Beginne der jeweils zweiten geraten in der Musik an eine Stelle, welche dank der isoperiodischen Entsprechung mit einer keineswegs für einen Neuansatz disponierten Passage verbunden ist.

Als einzige Erklärung dieser Verfehlung und darüberhinaus der fast alle Verstehbarkeit hindernden Textflut reicht der Hinweis auf die halbwegs koordinierten Wendungen zur Propositio nicht hin – schließlich wäre damit der Koordinierung von Musik und Text und dessen Vermittlung ein Gewicht gegeben, welches zu erklären zwänge, weshalb Du Fay angesichts des anvisierten Über- und Durcheinanders von vier Textverläufen das zitierte Exordium – dann als einzigen leicht verstehbaren, zudem den Gegenstand der Motette exponierenden Text – nicht ins Vorspiel vorgezogen hat. Daß er es nicht tat und also auf eine so leicht erreich-

44 Pirrotta 1967

45 Zur Frage dieser Korrespondenzen vgl. auch Lütteken, a.a.O., S. 400 ff.

bare semantische Verdeutlichung verzichtete, zeigt nur, wie wichtig bzw. unwichtig sie ihm war, wie sehr ihm an einer anderen Art von Verdeutlichung lag, der die Rücksichtnahmen auf Diskurs und Wortsinn untergeordnet werden mußten: Die Worte sind, nicht nur phonetisch, ein Teil des »Geläuts«. Weil ihre diskursive Logik ein prozessual vorangehendes Nacheinander erfordert, erzwingt dessen Verhinderung, die Absurdität mehrerer, bei simultanem Vortrag unverständlicher Texte, als einzig verbleibende Erklärungsmöglichkeit den Durchblick auf eine in der Vorstellung »Glockenschwall« mitenthaltene Gleichzeitigkeit von Allem mit Allem. Der hergebrachten, anscheinend nicht mehr unbefragt als formbedingt hinnehmbaren Mehrtextigkeit der Motette verschafft die Zuspitzung in *Apostolo glorioso* einen zusätzlichen, nur für dieses Stück gültigen Rechtstitel.

Der Traditionshintergrund der Mehrtextigkeit, das beweisen die Entwicklungen des 15. Jahrhunderts zur Genüge, ist allerdings viel zu virulent und lebendig, als daß die hier unterstellte Konzeption »Glockenschwall« ihn aufsaugen und, die Worte auf Phoneme reduzierend, den vom Nichtverstehbaren ausgehenden Verstehensdruck neutralisieren könnte. Dieser Druck gehört zu jeder mehrtextigen Musik, er hilft dem Zuhörenden zu begreifen, daß sie nicht in erster Linie für ihn und für volle Wahrnehmung im Moment des Erklingens konzipiert ist. Du Fays Handhabung des Sonetts könnte durch die durchaus traditionelle Überlegung mitveranlaßt sein, daß die Differenz zwischen den gesprächigeren Quartetten und den konzentrierteren Terzetten auch unterschiedliche Abstände zu bezeichnen geeignet ist, in denen die kommentierenden Stimmen den Cantus umkreisen. Dem entsprechend freilich hätte er den längeren Text den beiden Oberstimmen, den kürzeren den beiden Contratenores geben müssen, welche in Stimmlage und etwas ruhigerer Gangart sich näher beim Cantus befinden. Doch eben das tut er nicht; außer in den jeweils acht Schlußtakten der beiden Großabschnitte (Takte 36 – 43, 66 – 73) hält er den Unterschied der Gangarten vergleichsweise gering – als Teil einer Durchmischung des Satzes, bei der im Interesse des homogenen »Geläutes« die Wahrnehmung verschiedener Ebenen bzw. Schalen in den Hintergrund tritt. Auch eine praktische Überlegung muß mitgespielt haben: Wenn man das Stück dreistimmig musiziert, d.h. den Tenor und beide Contratenores durch den *Solus Tenor* ersetzt, würde der Text der Terzette entfallen.

Die prachtvolle Fünfstimmigkeit und der »Glockenschwall« passen nur zu gut zum Anlaß der Komposition, der Weihe der über dem Apostelgrab wiedererbauten Andreas-Kathedrale in Patras vermutlich am 10. November 1426[46]. Zweifellos hat Pandolfo Malatesta, Cleofes Bruder, die Motette bestellt, welcher zwei Jahre zuvor als Bischof in Patras eingesetzt worden war, die Stadt jedoch bereits 1428 verlassen mußte – u.a. wurde er zum Opfer der Rivalitäten zwischen Papst Martin V. und den Malatesta einerseits und Venedig andererseits, auch hatten sich die Hoffnungen, die man in gute Verbindungen zu seinem Schwager Theodoros II. gesetzt hatte, nicht erfüllt. Dieser scheint bei einer desaströsen Belagerung von Patras im Jahre 1418, die Kathedrale zerstörend, den Anlaß zum Wiederaufbau erst besorgt zu haben. Interessenlinien, Machtkonstellationen und Gegnerschaften veränderten sich dort und damals besonders schnell, als müsse noch der letzte Rest des in Du Fays »Glockenschwall« enthaltenen Anspruchs auf zeitenthobene Dauer widerlegt werden.

46 Besseler 1952; Lütteken, a.a.O., S. 274 ff.

IV. Rimini: Zwei Balladen und die erste Messe

Galeotto Malatesta da Rimini, der Stammvater eines Teiles jener weitverzweigten Sippe, von der zwei Generationen im Leben Du Fays eine wichtige Rolle spielen sollten, hinterließ bei seinem Tode im Jahre 1385 vier Söhne, unter die das Erbe aufgeteilt wurde. Carlo, der älteste (1368 – 1429) erhielt Rimini, Pandolfo (1370 – 1427) erhielt Fano, Andrea erhielt Cesena und Fossombrone, Galeotto Belfiore erhielt Cervio und Borgo San Sepolcro; als die beiden jüngeren 1400 bzw. 1417 starben, übernahmen die älteren deren Besitzungen.

Carlo, ein Freund von Humanisten und der Musen und zugleich als Militär hochgeachtet, vertrat den Papst, seinerzeit Gregor XII., auf den Konzilen von Pisa und Konstanz und hat offenbar auf dem letzteren, vielleicht gemeinsam mit seinem ebenfalls dort weilenden Neffen Pandolfo (IV, da Pesaro), die Weichen für Du Fays erste italienische Verpflichtung und die folgenden Aufträge gestellt. Dieser Neffe und zwei seiner Geschwister sind als Widmungsträger bekannt – Cleofe als Adressatin der Motette *Vasilissa ergo gaude*, Carlo und seine Braut Vittoria Colonna als Adressaten der Hochzeitsballade *Resvellies vous,* er selbst als derjenige der Motette *Apostolo glorioso*[1]. Ihr Vater Malatesta di Pandolfo, Bruder von Galeotto Malatesta da Rimini, war im Jahre 1391 vom Papst Bonifaz IX. mit Pesaro belehnt worden.

Die zur Rimini-Linie gehörigen Brüder Carlo und Pandolfo (III) sind ebensowohl als Soldaten wie als – sogar geistliche – Würdenträger bekannt geworden; Pandolfo stand, auch er Freund etlicher Humanisten, der Universität Bologna vor. Aus drei Ehen hatte er keinen rechtmäßigen Erben, hingegen hatte er drei »natürliche« Söhne (der Sprachgebrauch brandmarkt die ehelichen als weniger natürlich), den vom Onkel Carlo adoptierten Galeotto Roberto, außerdem Sigismondo Pandolfo und Domenico.

Legitimitätsprobleme gab es nicht nur mit diesen. Daß Sigismondo späterhin als Condottiere den Namen der Malatesta in Verruf brachte, hat nicht zuletzt mit der mangelhaft legitimierten Herrschaftsform der Signorie zu tun, dem prekären Kompromiß zwischen ansatzweise demokratisch verfaßter Munizipalität und der feudalen Tradition starker Familien bzw. Männer, mit der Notwendigkeit, entweder für Legitimität zu sorgen oder die Frage nach ihr zu unterdrücken. Pesaro und Rimini, auch das von den Este beherrschte Mantua lagen im Kirchenstaat, demgemäß waren die dort residierenden Malatesta-Brüder, ähnlich wie der in Bologna amtierende Legat, de jure päpstliche Regierungsbeauftragte, im mittelalterlich-feudalen Verständnis Vasallen, welche um die nur gewohnheitsrechtlich gesicherte familiäre Erbfolge bei lediglich »natürlicher« Nachkommenschaft besorgt sein mußten. De facto waren sie mehr – Mini-Monarchen ohne Krone und Salbung, die je nach machtpolitischen Konstellationen ihr Verhältnis zum Oberherren definierten, welcher im 14. Jahrhundert nicht einmal Rom als Sitz halten konnte und auch im 15. nochmals auf der Flucht sein würde, vom Schisma nicht zu reden; oft brauchte er sie mehr als sie ihn. Pauschalierend von »norditalienischen Höfen« zu reden erscheint problematisch angesichts ungeklärter Legitimitätsverhältnisse und unterschiedlicher dynastischer Sicherungen, berechtigt hingegen angesichts ihres Erscheinungsbildes: Der Mangel an Legitimation stimulierte, zudem in Konkurrenz mit anderen, oft nahebei gelegenen Signorien, das Repräsentationsbedürfnis. »Die Adelsgesell-

1 Zu dieser und *Vasilissa* vgl. Kap. III, S. 20 ff. bzw. 33 ff.

schaft ... ist auf die öffentliche Anerkennung des sozialen Status viel mehr angewiesen als die bürokratisch organisierte Gesellschaft der Neuzeit ... Die Selbstdarstellung wird ... primär ... durch die gemeinsame Inszenierung des höfischen Lebens gewährleistet«[2].

Den Nutzen hatten die Künstler. Du Fay scheint sich Stellungen und Tätigkeiten sehr bald nach eigenem Ermessen ausgesucht zu haben – gewiß innerhalb der einem Musiker gesetzten Grenzen: Weil dieser auf Sänger, Spieler, Instrumente angewiesen und in vielerlei rituelle Anlässe eingebunden ist, hat ihn die »Folgewirkung der besonderen Formen höfischen Umgangs mit Kunst und Künstlern« wohl am wenigsten betroffen, »daß wir von Kunst als einem höheren geistigen Vermögen sprechen und den Kunstwerken eine besondere Dignität zubilligen«[3]. Offenbar hat Du Fay die größeren Sicherheiten des Kanonikus gegen die größeren Spielräume des bei Hofe beschäftigten *maestro di capella* mehrmals genau abgewogen und wird zu schätzen gewußt haben, daß er zumeist das eine tun konnte, ohne das andere lassen zu müssen.

* * *

Spektakulärer läßt sich der Einstieg kaum denken: Nachdem die erste datierbare Motette einer Malatesta-Tochter zugedacht war, gilt der erste datierbare Kantilenensatz einer Nichte des regierenden Papstes[4]. Nicht weniger spektakulär erscheint, daß der junge Musiker in einer Ballade – »a plethora of musical ideas«[5], »one of the most dazzling of ... Dufay's early works«[6] – mit höchstem Einsatz spielt, welche dem Hörer ebenso viel abverlangt wie dem Spieler: Schon im dritten Takt landet er jäh auf einer auch für ein an Doppelleittonklänge gewohntes Ohr weitab liegenden Harmonie (Beispiel 1 a), was sich spätestens als bewußt disponiert erweist, wenn die Wendung im Schlußteil des Stückes »diatonisiert« wieder eintritt (Beispiel 1 b); dreimal mag ein in kleinen Werten rasch bewegter Nachsatz selbst für den aus der Textur des Ganzen herausfallend erscheinen, der von der Trecento-Musik an rasche Figuration gewohnt ist; nach der kunstreichen Polyphonie der den A-Teil beschließenden acht Takte (= 15 bis 22) erscheint der Beginn des B-Teils mit dem Eintritt des Tempus perfectum nahezu wie ein Rückfall in eine simple Satzweise; und den innehaltenden Gleichschritt der vier Fermaten bei »*Charle gentil*« (Beispiel 1 c) kennt man wohl aus Messen und Motetten, kaum jedoch aus weltlicher Musik, schon garnicht mit einer so jäh angehobenen Tonlage und einer beim Contratenor geforderten übermäßigen Oktav (*g* – *gis'*) – hiermit bezieht sich Du Fay auf die Überraschung vom Stückbeginn (Beispiel 1a, 3. Takt) unmittelbar, bevor er sie »diatonisch« zurücknimmt (Beispiel 1 b, 3. Takt). Sollte, was wir nur vermuten können, zutreffen, daß Hugo de Lantins, welcher wohl gleichzeitig mit Du Fay bei den Malatesta in Diensten stand und schon bei Cleofes Abreise mit ihm konkurrierte[7], zum selben Anlaß sein Rondeau *Je suy exent*[8] komponiert hat, so müßten wir auf einen Wettbewerb in kompositorischem Raffinement schließen, den der ältere Kollege durch einen Rückzug in die mittlerweile altmodischen, nunmehr gesucht wirkenden Subtilitäten der Ars subtilior zu bestehen hoffte.

---

2 Horst Wenzel, in: Assmann, Aleida, Harth, Dietrich, *Mnemosyne. Formen und Funktionen der kulturellen Erinnerung*, Frankfurt am Main 1991, S. 57

3 Warnke 1985, S. 9; vgl. Kap. XX

4 Besseler 1952

5 Fallows 1982, S. 22

6 Atlas 1987, S.111

7 S. das vorangehende Kapitel

8 *Pièces Polyphoniques Profanes de Provenance liégeoise (XVe siècle)*, hrsg. von Charles van den Borren, Brüssel 1950, Nr. 25; Faks. bei Apel 1962, S. 192

Beispiel 1 a bis c

Anders der jüngere: Die Fremdheit des »*cis*-Moll« im dritten Takt (Beispiel 1 a) erscheint gesteigert, weil dieses eine knappe, unmittelbar faßliche Wendung beendigt – nur zu gern wüßte man, ob Du Fay bewußt auf eine ähnliche Wendung am Beginn von Ciconias Ballade *Una panthera* anspielte, welcher wiederum als auf Landinos *Per l'influenza di Saturne et di Marte* Bezug zu nehmen scheint[9]; der Umschlag in das nach der »jubelnden« Polyphonie zuvor pedantisch buchstabierende Tempus perfectum entspricht dem Text, der nach der Aufforderung zum Frohsinn nun deren Begründung liefert (»*Car au jour d'ui li espousés* ...«); die davonlaufenden Rouladen bedienen eine sehr italienische Freude an der Virtuosität; und »*Charle gentil*« (Beispiel 1 c) spannt als auffällige »dominantische« Öffnung die Erwartungen hoch in Bezug auf das Kommende und gibt der Rückläufigkeit dieser Rücklaufballade (mit den gleichen acht Takten am Ende des A- und des C-Teils) besondere Eindringlichkeit – ein Repriseneffekt, an dem Du Fay angesichts der kraß unterschiedlichen Passagen des Stückes besonders gelegen sein mußte.

Zugleich weist er hier den Weg zu den Vermittlungen und Bezügen, die derlei Unmittelbarkeit unterfüttern. Die aufsteigende Viertonfolge *a'–h'–cis"–d"* antwortet der absteigenden Folge *c"-h'-a'-gis'*, welche in der Anfangswendung Beispiel 1a harmonisch so auffällig gehöht wurde. Nun ist die Antwort durch das Noema der vier Fermaten zur Frage geworden, welche, ein Enigma, das so nicht stehenbleiben kann, ihrerseits auf Antwort drängt; und die erhält sie bei der Vervollständigung des Namens »*de Maleteste*« mit der absteigenden Tonfolge *c"-b'-a'-(g')*, deren letzte Stufe bis zum Stückschluß aufgespart erscheint; die gesamte Passage ab Takt 57 stellt sich wie eine wuchernde Tropierung dieser viertönigen Antwort dar.

Beispiel 2 a bis c

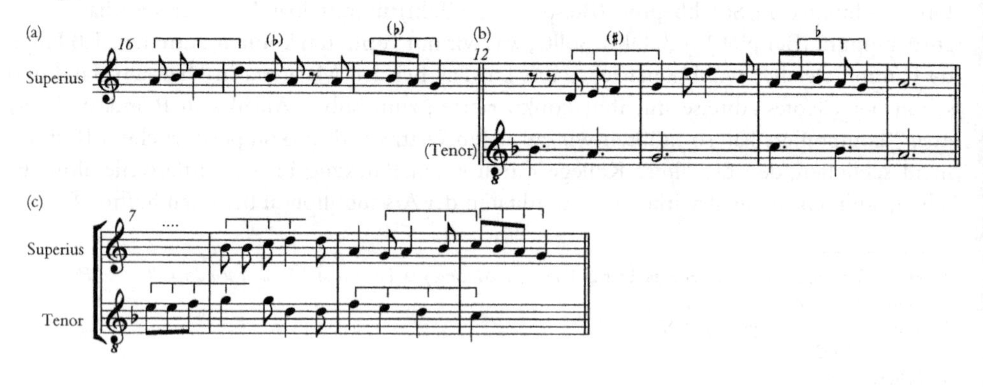

9 Suzanne Clerx, *Johannes Ciconia. Un musicien liégois et son temps*, Brüssel 1960, Band 1, S. 84

Du Fay erntet hier, was er in vielfältigen Formen gesät hat, in der die Allerweltsfloskel wichtig wurde. Im Nachspiel (Takte 15 ff. bzw. 60 ff., Beispiel 2 a), zugleich der längsten strikt durchgezogenen Imitation – 21 Töne –, stellt er ihr Auf und Ab unmittelbar nebeneinander, wie als verdichtende Fortführung des vorangegangenen Zeilenbeginns (Takt 12 ff.), welcher zwei Terzabgängen im Tenor überbaut ist (Beispiel 2 b); und dies wiederum mutet wie eine Variante der Disposition der ersten Zeile an (Beispiel 2 c), welche dem eröffnenden Terzaufgang ebenfalls das viertönige Auf-Ab folgen läßt, hervorgehoben durch die Augmentation im Tenor. Auch der Contratenor, soweit er nicht bassieren muß, beteiligt sich (Takte 15 ff., Beispiel 3 a), auch in verschiedenen Längen, und nimmt mit der Figur der Takte 19/20 diejenige des Superius vom Beginn des B-Teils vorweg (Beispiel 3 b), welche, vom Tenor durch nahezu dieselbe Figur in Langmensur sekundiert, sehr ähnlich disponiert ist wie die erste Textzeile (Beispiel 2 c). Von hier aus entwickelt sich eine Kontinuität der Abgänge: Der Tenor, unmittelbar anschließend seine Augmentation Beispiel 3 b verkürzend, präludiert den nahezu sequenzierend gefügten zweimal zwei Takten der zweiten Zeile des B-Teils, deren Schlußwendung wiederum in beiden Tenores nachklingt (Beispiel 3 c), und er rahmt die komplementärrhythmisch verhakte Passage der Takte 39 ff., in der wohl das *»ung chascun faire feste«* bejubelt werden soll und jede Stimme mit einem Quartabgang beginnt, durch eben jene Wendung (Beispiel 3 b) ein, mit der der Superius den B-Teil eröffnet hatte (Beispiel 3 d). Über der zweiten deklamiert der Superius den ersten der beiden Quartaufgänge, in denen sich, wohl syllabisch, die Deklamation der dem Noema vorangehenden Zeile – *»Pour bien grignier la belle compagny(e)* – konzentriert. Sie führen zu der Höhenlage, von der ausgehend ein dem durchbrochenen Satz hinterlegter Fauxbourdon-Abgang sich supponieren läßt, welcher die Entsprechung zu dem Noema Beispiel 1 c bildet, dem er unmittelbar vorausgeht (Beispiel 3 e) – übrigens der längste einmütige Abgang der beiden Unterstimmen im gesamten Stück. Mehr Zusammenhalt innerhalb divergierender Satzweisen und Bewegungsformen ließ sich schwerlich herstellen.

Beispiel 3 a bis e

Gerade jene Stellen, welche das Hören nicht sogleich plausibel einzuordnen vermag, bieten Einstiege in die Katakomben von Maßgaben, welche wir viel eher nichtmusikalisch nennen würden als die Zeitgenossen Du Fays und als abgehoben spekulativ abtun könnten, weil sie uns zwingen, das Kriterium der Beweisbarkeit zugunsten eines anagogischen Welt- und Wahrheitsverständnisses zu relativieren, demgemäß jeder auf irgendeine Weise einleuchtenden Analogiebildung ein Moment von Wahrheit innewohnt: »One does not ask ... ›What does it mean?‹ Rather one asks ›What can it mean«[10]. *Resvellies vous* indessen bedarf dieser Einräumung nicht; gleich auf mehreren Ebenen scheinen numerologische Meßlatten an der Disposition beteiligt gewesen zu sein.

Legt man einen Gesamtumfang von 73 Breven zugrunde – sechs mehr als in der Gesamtausgabe, weil die Longen der Takte 22, 50 – 53 und 67 (in der dortigen Zählung) als zwei Breven gezählt werden müssen – mit 23 Breven im A-Teil, 27 in dem vor dem Noema endenden B-Teil und 23 Breven in dem mit *»Charle gentil«* beginnenden C-Teil, so fällt der Goldene Schnitt des Ganzen (oberste Ebene) auf den melodischen Höhepunkt der letzten Zeile des B-Teils (*»(grig-)-ner,* Takt 46 der »neuen« Zählung), in der die hochzeitsbezogene Zahlensymbolik sich verdichtet (s.u.); das Ende der dritten Roulade (Takt 65) markiert den Goldenen Schnitt des C-Teils (mittlere Ebene), dasjenige der zweiten (Takt 36) die genaue Mitte des Stückes und ihr Beginn den Goldenen Schnitt des B-Teils (mittlere Ebene), allerdings mit nach vorn geklappter kleinerer Einheit; der Beginn der ersten Roulade (Takt 5) markiert den Goldenen Schnitt innerhalb der ersten Zeile (untere Ebene), was am ehesten als Zufall gelten könnte, wiederholte sich dies nicht bei der ersten Zeile des B-Teils – auch dort (untere Ebene, Takt 28) setzen die Minimen, die von der künstlich anmutenden Verbreiterung »erlösen«, im Goldenen Schnitt der ersten Zeile ein[11]; den Goldenen Schnitt des A-Teils (mittlere Ebene) markiert der Eintritt des am Stückschluß wiederholten Nachspiels, zugleich die polyphon am stärksten verdichtete Passage.

73 Breven umfaßt das Stück insgesamt, 73 Noten umfaßt auch das Vorspiel (Takte 1 bis 7, ohne die zur folgenden ersten Zeilen gehörigen drei Achtel des Tenors), gematrisch ergäbe sich bei der Auflösung in die Buchstabenzahlen 3 + 14 + 11 + 14 + 13 + 13 + 5 *COLONNE,*

10 R. A. Peck, *Public Dreams and Private Myths: Perspectives in Middle English Literature,* in: *Publications of the Modern Language Association* 90, 1975, S. 466, hier zitiert nach Atlas, a.a.O., S. 114, einer Untersuchung, der das Folgende verpflichtet ist

11 Schema bei Atlas, a.a.O., S. 124

der Familienname der Braut. Auf gleiche Weise läßt sich aus den 71 Noten des zweiten, die beiden ersten Textzeilen umfassenden Komplexes (Takt 8 mit Dreiachtelauftakt im Tenor bis Takt 15 ohne die Auftakte in Tenor und Contratenor) *MARTIN* herauslesen, der Name des Papstes und Onkels der Braut, als Untertext besonders plausibel zu den in der zweiten Strophe dort fälligen Worten »*Car elle vient de tres noble lignie / Et de barons qui sont mult renommés*«; die 70 Töne des Nachspiels des A-Teils ergäben *ARIMINI*, was, vom lateinischen *Ariminum* herkommend, als Name neben »Rimini« üblich war, die 54 Töne des Superius vom Textbeginn bis zum Ende des A-Teils ergäben *DUFAY*, womit dieser sich selbst gewissermaßen als Zeuge eingetragen hätte, und die 87 Töne beider Tenores auf derselben Strecke würden *MALATESTA* herauszulesen erlauben. Auf 87 summieren sich außerdem die Töne aller drei Rouladen, wenn man bei der letzten die vier Töne »*de Maletes-*« hinzuzählt, wozu die Einheit der Phrase ebenso berechtigt wie der Umstand, daß die erste Rouladen zum instrumentalen Vorspiel gehört und die zweite von der gesungenen Zeile abgetrennt ist.

Rührt die sperrig anmutende, durch die Langmensur des Tenors – nur hier! – unterstrichene Verlangsamung zu Beginn des B-Teils möglicherweise daher, daß Du Fay die Sieben unterbringen wollte? Sie enthält mehrere Konnotationen – die der Jungfräulichkeit, weil sie sich mit der Zehnerordnung nicht berührt[12], und die der Vereinigung von Mann und Frau, weil sie sich als Summe aus der ersten männlichen Elementarzahl, 3, und der ersten weiblichen, 4, ergibt. Dreimal hintereinander (Takte 24 bis 44) schreibt Du Fay je siebentaktige Zeilen, deren erste in der Oberstimme 21, die zweite 42 Töne enthält, beides Vielfache der Sieben. Daß die dritte mit 22 Tönen in dem System nicht unterkommt, hängt wohl auch mit einer Steigerung zusammen, welche zuerst die Notenwerte, zunehmend – in der dritten Zeile ganz und gar – das Stimmgefüge betrifft und auf den Höhepunkt »*Pour bien grignier la belle compagnye*« (Takt 45 ff.) hinführt, auf den sowohl der Goldene Schnitt des Ganzen fällt (s.o.) als auch eine neue zahlensymbolische Verknotung: Diese letzte Zeile des B-Teils umfaßt nur sechs Breven, ihre Oberstimme 33 Töne und die beiden Unterstimmen zusammen 30. Fünf und sechs führen hochzeitliche Konnotationen bei sich, die Fünf als Summe und die Sechs als bei Multiplikation sich ergebendes Produkt der ersten weiblichen Zahl 2 und der ersten männlichen Elementarzahl 3; sechs ergibt sich als Quersumme der 33 Superiustöne, fünf und sechs ergeben sich als Multiplikanden der 30 Töne in Tenor und Contratenor. Dieses Beieinander paßt nicht schlecht zur oben beschriebenen, fauxbourdonartigen Hinführung zu »*Charle gentil*«. Weil sechs und fünf als Bruch 6:5 zum Intervall der kleinen Terz gehören, mögen die Eigentümlichkeiten des Stückbeginns (Beispiel 1 a) auch emblematisch veranlaßt sein – der Tenor steigt die kleine Terz *g'-f'-e'* ab, der Superius hangelt sich über zwei kleine Terzen (*d''-h'-gis'*) nach unten; wo es in den ersten drei Takten zu Terzdurchschreitungen kommt, handelt es sich um kleine Terzen.

* * *

Die zahlensymbolischen Implikationen, deren seriöse Anwälte immer auch zu skeptischer Kenntnisnahme einluden[13], mögen einem besonderen Interesse bei den Malatesta zu verdanken sein – dafür spricht nicht zuletzt, daß sie auch in der genauso konkret adressierten Ballade *Mon chier amy* (s.u.) eine wichtige Rolle spielen. Doch selbst ohne die möglicherweise

12 Nachweise bei Atlas, a.a.O., S.119; vgl. auch Kap. XV
13 Vgl. die Arbeiten von Allan W. Atlas und Rolf W. Stoll

spezielle Konstellation bezeugen sie eine weitreichende Verankerung und Semantisierung, welche das Pendant zur virtuosen Außenseite darstellen und schon vom Anspruch her die Vernetzung mit der *Missa Resvelliés vous* plausibel erscheinen lassen. Diese Messe, vor der Entdeckung des Zusammenhangs durch David Fallows[14] als *Missa sine nomine* bezeichnet[15], könnte sehr wohl zum selben Anlaß geschrieben worden[16], als besondere Pointe könnte beabsichtigt gewesen sein, daß die Brautleute bei der kirchlichen Zeremonie und beim weltlichen Teil der »*sontuosissima nozze*« ähnliche, passagenweise identische Musik vernahmen.

Dennoch scheint dem Anspruch und Ansehen der »größten kompositionsgeschichtlichen Errungenschaft des 15. Jahrhunderts, ... der Entwicklung des Meßordinariums zu einer autonom musikalischen ... Form«[17], deren mindestens zwei Jahrhunderte lang führende Stellung mit derjenigen der Sinfonie im 19. Jahrhundert verglichen worden ist, nicht zu entsprechen, daß der erste Beitrag eines ihrer wichtigsten Architekten in einem zunächst biographisch bedingten Kontext abgehandelt wird. Doch eben dieser hilft, sie als eher von konkreten Veranlassungen als von einem freischwebend ästhetischen Apriori inspirierte Formkonzeption aus zu verstehen, gegen eine fast zur communis opinio verfestigte Betrachtungsweise, welche die nach 1450 zur obersten Verbindlichkeit nobilitierte Cantus firmus-Messe als ein seit den zwanziger Jahren anvisiertes Fernziel suggeriert; der energischste, kompetenteste Protest kam von Reinhard Strohm[18]. Die verlockend simple Plausibilität eines historiographischen Anhaltspunktes und das enorme kompositorische Niveau spielten dabei ebenso mit wie die reichhaltige und rasche Produktion – und der Umstand, daß sich hier erstmals modernere ästhetische Maßgaben zu bestätigen schienen: »In der zyklischen Anlage der Meßkomposition, in der ästhetischen Idee des »Zyklus«, tritt die Musik aus ihrer liturgisch-funktionalen Bindung heraus und folgt autonom begründeten und innermusikalisch verwirklichten Maximen. Hinter den Erscheinungen musikalischer Autonomie aber steht immer der autonome Mensch, der nicht aus Bindungen an von außen gesetzte Zwecke, sondern aus sich selbst, und das heißt hier: aus ästhetischen Maximen heraus, die Kunst zur Verwirklichung ihrer selbst gelangen läßt«[19]. Gegen derlei aus Halbwahrheiten geschnürte Pakete und die mit ihnen verbundene Gefahr, daß die »Mühen der Ebene«, die Erschwerungen des konkreten Hier und Jetzt beiseitegedrängt werden von der Vorstellung, die Protagonisten hätten die historischen Marschbefehle im Tornister gehabt, hilft nur Kleinarbeit am Detail, verbunden mit Fragen, die von vorn zu beginnen einladen – u.a. nach Gründen, derentwegen Du Fay und seine Kollegen »von außen gesetzte Zwecke« und »ästhetische Maximen« nicht als polare Gegensätze zu betrachten brauchten; ob wir nicht, da die Bezeichnung *Fragmenta missarum* für einzelne Meßsätze oder Satzpaare[20] deren Unvollständigkeit signalisiert und als unfragmentiertes Ganzes offenbar das fünfsätzige *Ordinarium missae* supponiert, von der Liturgie bzw. der Plenarmesse aus urteilend, auch das Ordinarium als fragmentarisch ansehen müßten; inwiefern die auf die einheitsstiftenden Momente konzentrierte Aufmerksamkeit, selbst, wenn sie sie zugleich als Ermöglichungen von Vielfalt begreift, zur Vernachlässigung anderer, nicht weniger wichtiger Kriterien verführt; oder auch, gegen die Parallelisierung musikalischer und humaner »Auto-

---

14 und Anthony Pryer, s. Fallows 1982, S. 165 ff.

15 II/1

16 Fallows, a.a.O., S. 23

17 Ludwig Finscher in: Finscher (Hrsg.) 1989/1990, Band 1, S. 193

18 Strohm 1990

19 Hans Heinrich Eggebrecht, *Musik im Abendland. Prozesse und Stationen vom Mittelalter bis zur Gegenwart*, München 1991, S. 307

20 Gesamtausgabe, Band IV

nomie« gewendet, ob wir die Menschen, mindestens die Musiker vor dem Erreichen der Cantus firmus-Messe nun als un-autonome Halbwesen bedauern müßten.

Was die *Missa Resvelliés vous* angeht, so stehen als satzverbindende Momente die Parallelitäten zur gleichnamigen Ballade obenan[21], erscheinen aber auch geeignet, die begrenzten Zuständigkeiten dieses Gesichtspunktes zu demonstrieren. Nicht nur hält Du Fay die Bezugnahme fließend – der *Kyrie*-Beginn (Beispiel 4 a) z.B. ähnelt der ersten Textzeile des Rondeaus *Belle, vueillies vostre mercy donner*[22] (Beispiel 4 b) stärker als demjenigen von *Resvelliés vous* (Beispiel 1 a), befindet sich aber trotzdem, wie der Vergleich mit Beispiel 1 b zeigt, im selben Bezugsfeld –, er gibt z.B. mit dem *Credo*-Beginn (Beispiel 4 c) die Frage auf, ob man diesen im Anschluß an den fast wie ein Motto für sich gestellten, komplexhaft geschlossenen des *Gloria* (Beispiel 4 d) als noch ins selbe Bezugsfeld gehörig, wenn auch an der Peripherie liegend, betrachten könne – nicht zuletzt, weil das *Credo* aus der Satzfolge herausfällt und, auch aus qualitativen Gründen, zu vermuten einlädt, Du Fay habe es früher komponiert. Möglicherweise ließ die Konstellation wenig Zeit für das außergewöhnliche Unternehmen – vermutlich sein erster Meßzyklus und vermutlich »der älteste überlieferte ... des 15. Jahrhunderts«[23] –, so daß er auf Vorhandenes zurückgreifen, vielleicht es notdürftig einpassen mußte; immerhin begegnen in dem *Credo* Wendungen (u.a. die Beispiele 5 a und b), welche, im stilistischen Regelkreis dieser Musik an sich keiner speziellen Herleitung bedürftig, ohne Not als zum Umkreis der Prägung Beispiel 1 a gehörig wahrgenommen werden könnten.

Beispiel 4 a bis d

Wenn Du Fay tatsächlich früher Komponiertes einbaute, bliebe immer noch zu fragen, ob er den Abstand für erklärungsbedürftig gehalten hat; dagegen sprechen die Gepflogenheiten bei der Zusammenstellung von Meßsätzen, gar unterschiedlicher Autoren ebenso wie, daß er angesichts des prominenten Anlasses einen Makel – im Sinne der manifesten zyklischen Vereinheitlichung wäre es einer gewesen – kaum dulden konnte. So erscheint es angemessener, bei

21 Fallows a.a.O., S. 165 ff.
22 VI/47
23 Besseler 1950/1974, S. 148; ähnlich Mila 1972/73, Band 2, S. 61

der Erklärung stehenzubleiben, der privat-anekdotische Anstoß, in der Kirche wie beim Fest eine ähnliche wo nicht identische Musik zu Gehör zu bringen und die Brautleute zu ehren, indem eine ihnen persönlich zugedachte Huldigung zum musikalischen Hochamt erweitert wird, habe sich mit der besonderen Herausforderung verbunden, die die Behandlung und Zweckbestimmung des der Messe und der Ballade gemeinsamen »Motivs« mit sich brachte. Nach der zeitlichen Priorität zu fragen – parodiert die Messe die Ballade oder umgekehrt?[24] – erscheint angesichts dieser Konstellation kaum sinnvoll. Jener Herausforderung könnte gerade eine gleichzeitige Beschäftigung mit beiden gerecht geworden sein, weil Rechenschaften über divergierende Möglichkeiten eines ähnlichen Tonstoffs in unterschiedlichen Genres – was hier nicht geht, geht dort vielleicht um so besser – beidseits hilfreich sein konnten.

Angesichts der zumeist – mehr noch später – je durch ähnliche Lösungen beantworteten Parallelität der beiden textreichen, am schwersten komponierbaren Sätze *Gloria* und *Credo* erscheint der Abstand der beiden tatsächlich riesengroß, spricht also für eine Kompilation ebenso wie der Umstand, daß sich in der Messe gematrische Substrukturen wie in der Ballade nicht finden lassen: Standen dem die größeren Dimensionen im Wege, ließ sich das mit den hier andersartigen Verbindlichkeiten des Textes nicht vereinbaren, blieb schlichtweg keine Zeit, sie einzubauen?

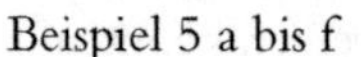
Beispiel 5 a bis f

24 Fallows, a.a.O., plädiert für das letztere

Im Vergleich zu der souveränen Disposition des *Gloria*, worin Du Fay u.a. an die gemeinsame Prägung (für die Ballade Beispiel 1 a) planvoll heranzukomponieren scheint (»*Qui sedes* ...«, vgl. Beispiel 5 c), läßt sich im – überraschenderweise nur halb so langen – *Credo* die Diskrepanz zwischen originellen Lösungen und mühsamen bis indifferenten Bewältigungen der Textmasse nicht übersehen. Zu jenen gehören die gegen Ende bei »*qui locutus est*...« (Beispiel 5 d) wieder aufgenommenen getreppten Terzabgänge vom Beginn (Beispiel 4 c), das jäh Imitationen generierende »*Genitum, non factum*« (Beispiel 5 e), das nach rascher Deklamation in Minimen andächtig breitgezogene »*ex Maria virgine*« (Beispiel 5 f), worin Du Fay den zuvor bei »*et descendit*« versäumten Abstieg nachholt, oder der Anstieg bei »*Et resurrexit tertia die* ...«; zu diesen gehören eilig durchhaspelnde Deklamationen, denen selbst Sinnschwerpunkte wie »*Et incarnatus est*«, »*Crucifixus etiam pro nobis*« oder »*Et vitam venturi seculi*« zum Opfer fallen, die unpassend aufgenähten Worte »*et ascendit in celum*« in einer, für sich genommen, interessanten Passage, in der Du Fay möglicherweise an die getreppten Terzen des Satzbeginns (Beispiel 4 c) anschließen wollte (Beispiel 6 a), und das knapp und konventionell den Satz abschneidende *Amen*, dessen Schlußwendung Du Fay möglicherweise den Takten 20-22 der Ballade angeglichen hat oder diese ihm. Die Schwankungsbreite der Satzgestaltung bleibt gering und mit ihr der Unterschied mehr oder weniger profilierter Prägungen, divergierender Geschwindigkeiten des Vortrags, aufbauend-hinführender und auslaufender Passagen etc., nicht zuletzt derjenige zwischen einer kontinuierlich tragenden musikalischen Bewegung und einer mit ihr oder gegen sie sich profilierenden Deklamation – kein Zufall, daß die Herausgeber[25] mit einer adäquaten Taktstrichsetzung hier besondere Schwierigkeiten hatten.

Wie anders das *Gloria*! Du Fay gliedert es in vier jeweils auf imitierend figurierende Schlußpassagen und in Doppelleittonkadenzen auf *G* hinauslaufende Abschnitte (»*Et in terra pax* ...«, »*Domine deus* ...«, »*Qui sedes* ...« und *Amen*), die Parallelkadenzen gewiß im Hinblick auf die Nähe des Penultima-Klanges *a/cis'/fis'* zum »*cis*-Moll«, dem die Musik von *C* (am Beginn, vgl. Beispiel 4 d) bzw. *G* (»*Qui sedes* ...«, hier dem Balladen-Beginn entsprechend) her zusteuert. Immer neu auf deren Quartdurchschreitung Bezug nehmend, entwickelt jeder der Abschnitte eine eigene Plausibilität: Zu Beginn des ersten löst die »diatonische« Kadenz am Ende der ersten Phrase, abermals nach einem Quartabgang, die Irritation durch den alterierten Klang des zweiten Taktes auf (Beispiel 4 d). Diesem Abgang antwortet der Aufstieg »*Laudamus te* ...« und eröffnet ein zweimaliges Auf/Ab, welches die Dynamik und Höhe gewinnt zum großen Bogen des »*Gratias agimus tibi* ...«; danach amorphisiert Du Fay den Satz in einer hoquetierenden, von bloß rhythmischer zu melodisch genauer Imitation übergehenden Passage. Ähnlich den mit »*Laudamus te* ...« beginnenden Takten im ersten Teil steigert der zweite das Auf/Ab, um mit »... *peccata mundi* ...« bei besonders eindringlich formulierten Abstiegen anzukommen (Beispiel 6 c). An den Beginn des »*Qui sedes*«-Abschnittes setzt Du Fay die »originale« Wendung und verdichtet sie in fast liedhafter Stimmigkeit zu einer Kurzfassung des Stückbeginns (Beispiel 5 c).

Erst jetzt, so scheint es, erlaubt er sich neue Bildungen, die liedhafte, nun genau imitierte Phrase »*Quoniam tu solus sanctus*« (Beispiel 7 a) und die das Noema »*Ie-su Chri-ste*« ankündigenden Anstiege »*Tu solus altissimus*« (Beispiel 7 b). Nach diesem in Prägungen und Satzweisen am stärksten divergierenden Abschnitt faßt das ausgedehnte *Amen* zusammen – mit dem das »*Domine Deus* ...« aufnehmenden Anstieg ebenso wie mit breit ausgezogenen Abstiegen, in einer nun 30 Töne einbegreifenden Imitation zwischen Tenor und Superius ebenso wie

25 Innerhalb der GA Guillaume de Van, später Heinrich Besseler

Beispiel 6 a bis c

vornehmlich akkordisch strukturierten, auf das Noema zurückbezogenen, nahezu gebethaften Schlußtakten. Insgesamt eine Lösung, die die vom Text ausgehenden Zwänge vergessen macht, indem sie sie einordnet und einen rhythmischen Wechsel unterschiedlicher Prioritäten i.e. Maßgaben organisiert, dank dessen die Verläufe der vier Abschnitte in sich und als Ganzes »atmen« und textliche wie musikalische Komponenten einander zuarbeiten können: Wo der Satz nach »*... gloriam tuam*« den Worten in scheinbar ganz musikeigene Verflechtungen zu entlaufen scheint, klingt das Wort »*gloria*«, an der deklamativen Struktur der ersten Prägung haftend, zugleich in einem vielfach gebrochenen Echo wie in einem Hallraum nach; bei der expressiven Vertiefung »*Qui tollis peccata mundi*« (Beispiel 6 c) lenkt Du Fay mit dem Doppelleittonklang in die Nähe der *Resvelliés vous*-Prägung[26]; die Einkehr bei ihr und die Feierlichkeit der Aussage »*Qui sedes ad dexteram patris*« stützen einander wechselseitig; mit zwei parallelen Terzdurchgängen stellt das Noema auch eine musikalische Verdichtung dar etc.

Beispiel 7 a und b

26 »Eine Hauptrolle spielt die altertümliche Parallelkadenz mit doppeltem Leitton, der oft ausdrücklich vorgeschrieben wird«, Besseler 1950/1974, S. 147

Viel fehlt nicht zu der Vermutung, im *Gloria* seien Sensibilisierungen vorausgesetzt, welche zuvor das *Kyrie* bewirkt hat – ebenso hinsichtlich des nahe beim Auslauf der Kernformel liegenden Doppelleittonklanges wie des zu ihm hinführenden Sekundabgangs. Dieser begegnet in den 23 Takten des ersten *Kyrie*-Abschnitts – nur die vier- und fünfstufigen Abgänge gezählt – 13mal, zugleich, schon der Häufigkeit wegen, die einzige imitativ hervorgehobene Wendung – dies schon zu Beginn (Beispiel 4 a), verdichtet sodann am Ende (Beispiel 8 a) in einer Kombination mit dem im drittletzten Takt ungewöhnlich gedehnten Penultimaklang; hier könnte Du Fay schneller zum Schluß kommen, wäre ihm nicht an jener Sensibilisierung gelegen, die dem einzigen Erscheinen der *Resveilliés*-Wendung bei der zweiten »*Christe*«-Anrufung in der Mitte des Satzes (Beispiel 8 b) vorarbeitet. Wie im *Gloria* bleibt es bei diesem einen, in die Satzmitte gestellten »Zitat«, und wie dort läßt es sich als Legitimation einer betont eigenständigen Entfaltung deuten: Jede der drei *Kyrie*-Anrufungen des letzten Abschnittes (Beispiel 8 c) beginnt als viertaktige Periode, jede beschreibt einen Bogen. Nach diesem »Ausflug« erinnert Du Fay am Ende, als sähe er die Identität der Musik in Gefahr, nachdrücklich an die Abgänge (Beispiel 8 d) und führt zugleich zum *Gloria*-Beginn (Beispiel 4 d) hin als der der *Resveilliés vous*-Formel zunächst liegenden Prägung.

Beispiel 8 a bis d

Daß jene Identität ihm in *Sanctus* und *Agnus Dei* von vornherein sichergestellt erscheint, zeigen die Vermeidung jener Formel und allgemein die Zurückhaltung bei ostentativen Markierungen. Am ehesten machen die Satzanfänge (Beispiele 9 a und b) hiervon eine Ausnahme, der des *Sanctus* nach dem exterritorialen *Credo* mit besonderem Recht als Rückkehr in den übergreifenden Zusammenhang. Daselbst kurz vor der »*Sabaoth*«-Kadenz demonstriert Du Fay in einer knapp vor dem Zitat stehenden Passage (Beispiel 9 c) noch einmal die Nähe der Formel zum Doppelleittonklang, nimmt die Demonstration jedoch durch die Fortführung im neu einsetzenden Contratenor gleich wieder halb zurück; dieser durchschreitet genau jene kleine Terz, welche die Formel wesentlich konfiguriert.

Beispiel 9 a bis c

So unzweideutig die Satzanfänge einem gemeinsamen *Caput* angenähert erscheinen, die Takte 12 ff. im *Sanctus* an den Beginn des *Christe* anschließen und die Takte 19 ff. noch direkter an die letzten drei im ersten *Kyrie*-Abschnitt (21-23) – um notengetreue Wiederholungen handelt es sich in keinem Falle. Du Fay hält die Textur in Bewegung, meidet unverrückbare Fixierungen, kombiniert neu, er betreibt »entwickelnde Variation« u.a., wenn er am *Sanctus*-Beginn in einem neuen hemiolischen Quartabgang des Tenors den sodann in breiteren Werten folgenden Abgang vorwegnimmt (Beispiel 9 a) oder, als noch auffälligere Vorwegnahme, wenn er im zweimal erklingenden *Osanna* die unmittelbar faßliche Beinahe-Sequenz Beispiel 10a formuliert, welche den Hörer heranführt an das, was ihn im *Agnus Dei* erwartet: In beiden polyphonen Beantwortungen des Anrufs vom Soliloquenten (Beispiele 10 b und c) findet sich die periodische Regelmäßigkeit des Auf/Ab vom *Osanna* wieder, in der ersten wiederholt Du Fay bei »*miserere*« überdies die im *Gloria* mit demselben Wort verbundene Tonfolge (Beispiel 6c) – und dieselbe letztmals bei »*peccata mundi*« kurz vor dem Satzende.

Beispiel 10 a bis d

Je weiter er in dem Stück vordringt, desto mehr ist schon dagewesen, desto weniger braucht die Identität des Stoffes vorgewiesen zu werden. Dem entspräche der Eindruck, daß Du Fay gegen Ende die Ab- und Aufgänge in die Anonymität zurückzuführen bestrebt ist, von der herkommend er sie, besonders prononciert in der Wendung des *Resvelliés*-Beginns, mit einer speziellen Semantisierung beladen hatte. Nach dem letzten *»peccata mundi«* ergeht die Musik sich in einem verschiedenste Größen und Geschwindigkeiten integrierenden Gewoge (Beispiel 10 d), als strebe sie einer Zuständlichkeit zu, deren Einzelheiten nicht mehr nach Provenienz und speziellen Bedeutungen befragt werden sollen; und kaum zufällig ähnelt, nach kleingliedriger Gruppierung und »nervösen« imitativen Verflechtungen, der Duktus der letzten Takte, eines resümierenden Auf-Ab, dem gebethaften *Amen*-Schluß des *Gloria*.

* * *

Pandolfo Malatesta da Rimini, u.a. Träger geistlicher und weltlicher Würden in Bologna, war am 3. Oktober 1427 gestorben. Weil er keinen regulären Erben hinterließ, sondern nur die drei »natürlichen«, erst nach seinem Tod vom Papst legitimierten Söhne, welche ihre Legitimität vermutlich immer neu würden betonen und verteidigen müssen, standen Schwierigkeiten ins Haus. Auf den römischen Gnadenakt spielt der Text der Ballade *Mon chier amy* an (*»Ces trois chapiaux en don de charitte«*)[27], eines Trostgesanges für Pandolfos Bruder Carlo, welcher möglicherweise vom Papst in Auftrag gegeben[28] und, weil er den Akt als vollzogen voraussetzt, erst danach, im Frühjahr 1428 komponiert worden sein kann. Für einen Auftrag des Papstes spricht die vertrauliche Anrede, die das Stück eröffnet; indessen erscheint sie auch als von Du Fay an den *signore* gerichtet vorstellbar, einen hochgebildeten Humanistenfreund und Musik-

27 Atlas 1997, der Fallows' (1982, S. 30) Vermutung dieses Anlasses stützt; das Stück im Notenanhang, Nr. 3
28 Vermutung von Graeme M. Boone, zitiert bei Atlas, a.a.O.

liebhaber[29], der ihn u.a. Festmusiken für seine Nichte Cleofe und die Neffen Pandolfo[30] und Carlo zu komponieren veranlaßt hatte. Seinem Bruder folgte er zwei Jahre später ins Grab, wonach die Tage familiärer Eintracht in der weitverzweigten Sippe gezählt waren.

Besondere Vertraulichkeit scheint, wie der Text, auch die Komposition zu artikulieren: Du Fay schreibt eine Ballade und keine Motette, keine feierliche, schon gar keine im Ton offizielle Trauermusik, obwohl tiefe Lagen und fallende Linien das Stück wesentlich prägen. Er verschafft der im Text ausgebreiteten, stoisch angehauchten Lebensphilosophie einen Hintergrund lyrischer Gelassenheit, welche dessen didaktisch-betuliche Simplizität mildernd zurücknimmt und positive Lichter setzt, u.a. durch die dehnende Betonung von Worten wie »*vie*« und »*chiere lie*« (Takte 19 ff.). Noch viel deutlicher für einen Eingeweihten wie den Adressaten geschieht dies in Bezugnahmen auf *Resvelliés vous* als einer Musik, welche einem so viel erfreulicheren Anlaß zugedacht war. Beide Stücke ähneln einander – über den Gegensatz einer brillant-virtuosen und einer tröstenwollenden Musik hinweg – in einer nirgends sonst in den Balladen begegnenden Weise, nicht nur in strukturellen Details wie dem in die Prolatio der Rahmenteile als B-Teil eingeblendeten Tempus perfectum, sondern auch in vorsichtigen Anspielungen wie bewegten Rouladen und einer triolierend beschwingten, zum Abgesang »*Car une fois nous fault ce pas passer*« hinleitenden Passage. Derlei, so meint man zunächst, sollte der traurige Anlaß verbieten; doch gerade auf diese Weise macht Du Fay sich zum Dolmetsch einer Philosophie, der die Freuden und Leiden des Lebens nicht gar so weit auseinanderliegen, er konzipiert die Trauer- und Trostmusik als verschattetes, gebrochenes Echo des virtuos überbordenden Hochzeitsständchens von 1423. Fast meint man in den sparsamen Rouladen die behutsame Vorsicht dessen zu spüren, der nicht genau weiß, wie weit er bei helleren Tönen und Erinnerungen an bessere Zeiten gehen dürfe.

Die längst vermutete Zweckbestimmung der Ballade[31] ist jüngst von zwei voneinander unabhängigen Untersuchungen[32] mit Hilfe zahlensymbolischer Befunde auf eine Weise bestätigt worden, welche die meisten Bedenken hinsichtlich deren Beweiskraft zerstreut und auch die Triftigkeit der oben behandelten, *Revelliés vous* betreffenden Feststellungen stützt. Die dort wichtige Malatesta-Zahl 87 begegnet auch hier – als diejenige der Töne des Tenors, und die beiden mittelbar oder direkt adressierten Malatesta, der Verstorbene und sein Bruder, finden sich gematrisch verschlüsselt im ersten Teil: 78 (= *PANDOLFO*) beträgt im A-Teil die Zahl der Töne aller drei Stimmen bis zum *signum congruentiae*, 46 (= *CARLO*) die entsprechende Zahl danach. Dieselben Zahlen ergeben sich als Summe der im ersten Teil texttragenden (78) bzw. untextierten (46) Töne, und die Summe der in der Ballade insgesamt im Superius texttragenden Töne beläuft sich auf 69 (= *RIMINI*). Auch das eigene Signet vergißt Du Fay nicht: 96 (= *GUILLAUME*) beträgt die Gesamtzahl aller Töne des C-Teils, woselbst der Komponist sich als in das »*nous*« bei »*Car une fois nous fault ce pas passer = denn einmal müssen auch wir diesen Weg gehen*« eingeschlossen bekennt.

Wie in *Reveilliés vous* verschafft Du Fay auch hier der rückläufigen Struktur eine über die Tradition der Form hinausgehende Legitimation. Beide Nachspiele (Takte 10 ff. und 35 ff.) müssen nachholen und zurechtrücken: Die zweite Zeile konnte – der in der ersten Strophe

---

29 Allan W. Atlas, *Pandolfo III Malatesta mecenate musicale: Musica e musicisti presso una signoria del primo Quattrocento*, in: *Rivista musicale di musicologia* 23, 1988, S. 38 – 92; ders, *On the Identity of Some Musicians at the Brescian Court of Pandolfo III Malatesta*, in: *Current Musicology* 36, 1983, S. 11 – 20

30 Kap.III

31 Fallows, a.a.O., S. 30

32 Atlas 1996; Stoll 2001; an die letztere schließen die nachfolgenden numerologischen Erörterungen an

angesprochenen *»merancolie«* wegen? – zu einer vollgültigen Kadenz nicht gelangen und bleibt auf einem A-Klang stehen, welcher seinerzeit eher als imperfekte Konsonanz denn als, gar fälliges, dominantisches Dur empfunden worden ist; deshalb muß das Nachspiel den Rückweg zur Haupttonart, *d* im ersten Modus, antreten, so ebenfalls am Ende des Stückes. Diese Aktion erhält zusätzlich Nachdruck, weil hier am auffälligsten der Tenor den Superius übersteigt (Takte 11/12 und 36/37) und das Nachspiel als Echo der vorangegangenen Kadenzierung begonnen hatte: Der Harmoniewechsel der genannten Takte wiederholt den unmittelbar vorangegangenen, und das ornamentierende Melisma verhindert eine hiervon ablenkende, eigenwertige melodische Prägung. Aufwand und Prägnanz des Nachspiels lassen freilich befürchten, daß es, beim Vortrag jeder Balladenstrophe zweimal erklingend, zur Formalie gefriert. Wohl, um dem zu begegnen, zitiert Du Fay in einem Nachsatz zur letzten Textzeile (Takte 33/34) den Auslauf der zweiten (Takte 8/9), eben jene Konstellation also, als deren Echo das Nachspiel beginnt, erniedrigt also die Schwelle für den Neueintritt und macht ihn zugleich abermals notwendig, wofür die letzte Textzeile gute Gründe liefert: Deren melodische Formulierung (Takte 29 – 32) augmentiert, zudem in komplexer Viertaktigkeit, die Schlußwendung des Nachspiels und würde mindestens ebenso gut als resümierende Beendigung taugen.

Beispiel 11

Mit diesem Nachspiel muß wohl mehr ins Lot gebracht werden, als ein oberflächlicher Höreindruck nachzuvollziehen erlaubt. Mußte die zweite Zeile so kadenzieren, wie es geschieht, gehört ihre Verbiegung möglicherweise zur Intention des Ganzen? Immerhin erscheint die »natürlichere« Form Beispiel 11 als hinterlegt vorstellbar – ein viertaktiger Nachsatz als Beantwortung eines viertaktigen Vordersatzes und die wechselnötige Drehung in Sekunden bei *»vous merancolie«* als Antwort und Ergänzung zur Wendung *»chier amy«*. Angesichts solcher Erwartungen muß die Musik gegenhalten und verschafft damit der Verlängerung besonderes Gewicht – dem angehängten fünften Takt ebenso wie dem großen Abgang, welcher unschwer als Pendant zu demjenigen der ersten Zeile kenntlich, insgesamt aber im achten Takt bereits der sechste mindestens über eine Quart reichende Abgang ist, zudem von einem siebenten im Contratenor sekundiert.

Du Fay muß viel daran gelegen haben, das Monomanische der immerfort herabziehenden Linien herauszustellen, und kompensierend eben so viel daran – schon jene Verlängerung zeigt das –, die redundant-geradlinige Erfüllung vorgeformter Erwartungen zu verhindern. Der Abgang z. B. schützt ihn vor der Formalität gehäufter Unterterzklauseln, sie begegnen überhaupt nur zweimal (Takte 20/21 und 25/26), beim zweiten Mal abgefedert durch einen besonders interessanten Zeilenauslauf – nur hier, die Schlüsse der drei Abschnitte nicht gerechnet, verzichtet Du Fay auf eine den Fortgang sichernde, weiterführende Aktivität des Contratenors; mehr konventionelle Segmentierung würde die melodische Monomanie ungebührlich hervorkehren. Unkonventionell mutet nicht nur die Verlängerung der zweiten Zeile an, sondern auch die in einem Halbschluß, wieder einer unvollkommenen Dissonanz, stehenbleibende Verkürzung am Schluß des B-Teils, ein jähes Innehalten, mit dessen Hilfe Du Fay die Klageformel der verminderten Quart hervorkehrt (*b'-a'-g'-fis'*, Takte 27/28), die er am Ende des Nachspiels (Takte 13/14 und 38/39) in der Vertikale anklingen läßt. Sehr hintergründig trägt er der Ambivalenz der vorangegangenen Texte Rechnung (»... *laissies ce deuil aller«; »Il n'y a nul qui en puist eschaper«; »Ne penses plus a celuy recouvrer«),* indem er den tänzerischen Impuls des kleinen Nachspiels in die Klageformel münden und von ihr abbremsen läßt. Zugleich spart er das *a'* für die – an die beiden ersten Zeilen anschließend: wechselnötige – Prägung am Beginn des C-Teils auf, als nur ein Moment einer zum Fortgang treibenden Unvollständigkeit.

Würden wir, zahlensymbolischen Zusammenhängen weiter nachgehend, den »verweigerten« Schlußton hinzuzählen, so kämen wir im Superius des B-Teils beim Nachspiel auf elf Töne nach 33 Tönen der vorangegangenen beiden Zeilen, eingeladen zu der hypothetischen Ergänzung vor Allem dadurch, daß die Unterstimmen im Nachspiel zusammengenommen ebenfalls auf elf Töne kommen und in den ersten beiden Zeilen mit 66 auf genau doppelt so viel wie der Superius. Das ergäbe für den Superius des B-Teils insgesamt 44, für die Unterstimmen 77 Töne, zusammen 121, die Quadratzahl der Elf. Bezieht man 99 als Summe aller Töne der ersten beiden Zeilen und 22 als Summe aller Töne des Nachspiels ein, so ergibt sich mit 11, 22, 33, 44, 66, 77, 99 und 121 eine Reihung der Vielfachen von elf, deren Makellosigkeit fragen läßt, ob man den im Superius – immerhin nachvollziehbar – verweigerten Ton als Schönheitsfehler oder gar als die numerische Stimmigkeit insgesamt in Frage stellend ansehen muß.

Möglicherweise hat Du Fay die drei Abschnitte des Stückes auch in ein Verhältnis zu den drei Strophen gesetzt, unbeschadet der Tatsache, daß bei jeder Strophe alle drei erklingen. In der ersten werden – mittelbar – Pandolfo und Carlo gemeint bzw. angesprochen, in der zweiten »*la verge Marie*« und »*Ihesucrist*«, in der dritten wieder Carlo und die Trauernden (u.a. »*Ces trois chapiaux*«) insgesamt. Auffälligerweise entsprechen *PANDOLFO* und *CARLO* (erste Strophe) gematrisch 78 und 46, als die Summen aller Töne vor bzw. nach dem *signum congruentiae* im ersten Abschnitt, und im dritten mindestens *CARLO* mit 46 als der Summe der Töne des Nachspiels und *GUILLAUME* mit 96 als Summe der Töne aller drei Stimmen – genug Anlaß zur Frage, ob sich nicht auch zwischen dem mittleren Abschnitt und der mittleren Strophe eine Parallelität finden läßt. Dort entspräche der »*MARIE*« die Summe der Superius-Töne (= 44); eine Zuordnung der zweiten genannten Person indessen läßt sich nur auf metaphorischen, wenngleich üblichen Umwegen festmachen: Für »*Ihesuchrist*« ergäbe sich die anhand dieser Musik nicht errechenbare Zahl 126, für zwei seinerzeit sehr gebräuchliche Jesus-Chiffren, *AGNUS DEI* und das Kürzel *ICQUS,* jedoch jeweils 77 – als die Summe aller Töne der Unterstimmen im B-Teil. Berücksichtigt man überdies, daß die Töne des Superius bzw. der Unterstimmen in den beiden Textzeilen des B-Teils Spiegelzahlen ergeben (21 + 12, 42 + 24), so scheinen genug Kriterien beieinander, die »zahlhaft perfekte Gliederung« des Mittelabschnitts als »Ausdruck der Sphäre einer durch Jesus Christus und die Jungfrau Maria repräsentierten höchsten Ordnung« anzusehen. »Spiegelzahlenpaare, Elferzahlen und eine Spiegelzahlen-Summe 121 lassen den weltlich-religiösen Doppelcharakter der Chanson erkennen.«[33]

Die Ausnahmestellung des Mittelabschnitts ergab sich auch durch den Hinblick auf einen Text, der sehr genau zwischen der abschließenden Verallgemeinerung (»*Car une fois nous fault ce pas passer = denn eines Tages müssen auch wir diesen Weg gehen*«) und den – eben in diesem Abschnitt fälligen – spezielleren Folgerungen, zwei abgestuften Refrainqualitäten – unterscheidet (erste

33 Stoll, a.a.O., S. 46/47

Strophe: »*Verachtet das Leben nicht, / Betet für ihn, laßt diesen Schmerz vergehen*«; zweite Strophe: »*Alles wird enden, versichere ich Euch, / Es gibt niemanden, der dem entfliehen kann*«; dritte Strophe: »*Um Eurem Herzen den Frohsinn zurückzubringen, / Versucht nicht, ihn wiederzufinden*«). Dem entsprechend resümiert auch die Musik – in einem cum grano salis choralhaften Zuschnitt mit je neun gemeinsamen Fortschreitungen von Superius und Tenor in jeder der beiden Zeilen (Takte 15 ff. und 22 ff.), zudem nur in Semibreven und imperfizierten Breven, darüber hinaus mit dem kontrapunktisch differenziertesten Abgang (Takte 19 bis 21) und der anfangs (Takte 15 ff.) recht genau nachgezogenen Lineatur des Stückbeginns. Sie zitiert die ersten drei Takte des Contratenors, die entsprechende Passage in *Resvelliés vous* und die oben als Beispiele 10 b und c aufgeführten Prägungen der Messe – Bekenntnis zu einem Jahre überspannenden, ebensowohl familiären wie musikalischen Zusammenhang.

V. Chanson I: *»Fröhliche Wissenschaft«*

»Quant ilz eubrent longuement dansé aux menestrez ilz danserent aux chanchons. Sy commencha Cleriadus que Meliadice auoit faicte. Ung escuier de sa compaignie luy tenoit la teneur, et pensez qu'il estoit bon a oyr, car il chantoit le mieux que on auoit jamais ouy. Et quant il (l')eubt fait il (la) bailla par escript en la main de Melyadice[1] = *Nachdem sie lange (zur Musik) der Spielleute getanzt hatten, tanzten sie zu Chansons. So begann Cleriadus (zu singen), was Meliadice gemacht (geschrieben) hatte. Ein Adliger aus seinem Gefolge übernahm den Tenor, und ihr könnt mir glauben, daß es gut anzuhören war, denn er sang besser, als man je (singen) gehört hatte. Und als er es beendet hatte, legte er eine Abschrift in die Hände von Melyadice».* Diese Schilderung aus der um die Mitte des 15. Jahrhunderts entstandenen Erzählung *Cleriadus et Meliadice* ähnelt einschlägigen Berichten von Chronisten so sehr, daß wir sie, obgleich »Dichtung«, den Durchblicken auf Landschaften und Städte oder den Gesichtern und Gewändern auf Bildern Jan van Eycks oder Rogier van der Weydens vergleichbar, ebenso als protokollierte Wirklichkeit ansehen dürfen wie die Beschreibung eines *»le premier jour de ce doulx moys de may«* veranstalteten *puy d'amour* in einer Ballade des jungen Du Fay: « *Ce jour le doibt, aussi fait la saison, / Et le prince d'amour l'a comandé: / Que tout home voillant acquerir non / De vray amant, viegne par amiste, / Pour reciter balade gracieuse / Qui soit plaisante a sa dame amoureuse = An diesem Tage muß es sein, wie auch die Jahreszeit verlangt, / Und wie der Liebesgott(-fürst) angeordnet hat: / Daß jeder Mann, der den Titel (Namen) erwerben will / Eines wirklichen Liebhabers, in Freundschaft komme, / Um eine anmutige Ballade zu singen, / Welche seiner Liebsten gefallen möge«*[2].

»Reciter balade gracieuse« – wer konnte das? Daß die Kultur der Chanson so gut zu den Ritualen im burgundischen *Herbst des Mittelalters*[3] zu passen scheint, so gut sich u.a. zu den Bildzeugnissen der farbenreich-manieristischen Inszenierungen höfischen Lebens assoziieren läßt, macht sie als elitäre, von anderen Wirklichkeiten des Lebens abgehobene Kunstübung verdächtig. Abgesehen davon, daß jegliche Kunst, um Leben reflektieren zu können, jener Abhebung bedarf; daß sie mit höhergesteckten Ansprüchen allemal sich elitäre Verdächte einhandelt; daß die Betrachtung, bevor sie mit diesen die Möglichkeit suggeriert, es hätte auch anders sein können, zunächst zu ergründen versuchen sollte, weshalb es so gewesen ist, wie es war – im Zugleich von Leben-Reflektieren und Leben-Sein stellt die Chansonkunst tatsächlich besondere Fragen, die zitierte Selbstdarstellung des Balladensingens in einer Ballade hat ihren eigenen Stellenwert. Die Wunschbilder der *Sehnsucht nach schönerem Leben*, des *Traums von Heldentum und Liebe*[4] werden nie per se hingestellt, das Sehnen und Träumen und seine Hintergründe arbeiten in ihnen mit, und dem Paradigma des überkommenen Liebesdiskurses, der »hohen Frau«, ist schon im Versagtsein ein kritisch-negatives, cum grano salis realistisches Moment mitgegeben.

Im Übrigen sollte das Verhältnis von Bild und Rahmen als erster Maßstab dienen: Angesichts der vorgegebenen Reglements und dessen, was sie inhaltlich und gesellschaftlich-funktionell ein- und abgrenzen, erscheinen die Breite dessen, was zur Gestaltung andrängte

---

1 Zitiert nach: Page, a.a.O., S. 171
2 VI/18
3 Huizinga 1919/1924 ; hierüber mehr in Kap. XVIII
4 Kapitelüberschriften bei Huizinga, a.a.O.

und kam, und die hieraus resultierenden Verletzungen des Formenkanons fast ungeheuerlich, erst recht im Hinblick auf das, was wir kaum mehr nachvollziehen können: Diese Formen waren nicht nur ästhetischer Natur und schon garnicht zu beliebiger Füllung bereitstehende Gefäße, es waren semantisch vorprägende Rituale[5]. Insofern stellte eine Palette, die von Korrespondenzen mit Meßsätzen und depressiv verdunkelter Liebesklage bis zu Mai- und Neujahrsliedern, von halb verdeckten Geständnissen bis zu Hochzeitsliedern und persiflierten Disputationen, von blasphemischen Musikantenspäßen, Volksliedimitationen oder -zitaten bis zu hochsublimierten, bis in die letzte Nuance ausgehörten Klang-Kleinoden reicht, eine enorme Herausforderung dar, einen für jene Reglements strapaziösen Anprall von Lebenswirklichkeit. Vielfältiger als jeder andere Musiker seiner Zeit hat Du Fay ihn zur Sprache gebracht und seine Kollegen mehr noch als in der Zahl der namentlich überlieferten Stücke in der Streubreite der kompositorischen Lösungen übertroffen.

Insofern taugt seine Chanson ebenso gut als Vollzugsorgan wie als Kontrapunkt zum Gleichklang von *Herbst des Mittelalters*, Minne- und Melancholie-Diskurs und den von ihm ausgehenden Verführungen einer Pauschalierung des »mal du siècle«. Die Chanson versieht gesellige Funktionen und kann schon deshalb nur begrenzt mit Themen und Affektlagen befaßt sein, die sich der Kommunikation zu verweigern suchen. Geselligkeitsfähige Melancholie wäre heilbare Melancholie und insofern ein Widerspruch in sich, als der Melancholische das Recht beansprucht, untröstlich zu sein und die jeweilige Depression für die schlimmste zu halten. Zum befreienden Realismus der Chanson gehört wesentlich, daß sie mit dem delikaten Thema auf sehr unterschiedliche Weise zu spielen und also Abstand zu gewinnen versteht.

Es gibt ausgemacht heitere Klagen und Abschiede. *»1425 a di 12. lujo«* lamentiert Du Fay – hier Dichter und Musiker zugleich? – *»piteusement = erbarmenswürdig«* über *»griesté, paine e tourment, / Que je souffre plus que ne di = Kummer, Schmerz und Qual / Unter dem ich mehr leide, als ich sagen kann«*[6]; auch den Grobheiten von *Dangier*, der allegoriegewordenen Bedrängnis, kann er nicht entgehen, und *Fortune*, eine andere seit dem *Roman de la Rose* als Allegorie akkreditierte Schicksalsmacht, will es auch so. Aber er ironisiert sich selbst, denn *»par ma foy, ce fait Jonesse – das, meiner Treu, macht wohl die Jugend«*. Von deren Standpunkt aus besingt den Übelstand eine heiter-transparente Polyphonie von drei gleichen Stimmen, deren Verbund sich zwischen strengerer und freierer Imitation und Ballungen mit gleichzeitigem Textvortrag bewegt. Das vollzieht sich in einer beschwingten Leichtigkeit, welche das zuweilen Gezwungene des Tempus imperfectum cum prolatione maiori, den »Engschrittgang«[7] so sehr entspannt, daß alles kurzatmig Kleingliedrige souverän überspielt erscheint. Über Geist und Befindlichkeit des geselligen Kreises, dem es als Musizierfutter zugedacht ist, geben das Stück und sein Ton besser Auskunft als über den *»piteusement«* Klagenden.

Nicht viel anders in Ton und Bewegungsduktus, wenngleich raffinierter, die miniaturhafte, wohl neun Jahre später komponierte, im moderneren Tempus perfectum notierte Ballade *Se la face ay pale*[8], eines der seinerzeit berühmtesten Stücke. Nicht nur das Widerspiel zwischen dem älteren »Engschrittgang« und der modernen, getrageneren Gangart gehört zu den Finessen des Stückes, sondern auch die zwischen Superius und Tenor ausgetragene Konkurrenz um den

5 Vgl. Kap. XII
6 *Je me complains piteusement*, VI/14
7 Besseler 1950/1974, S. 136 ff.
8 VI/19 bzw. 76; zu den Normwidrigkeiten des Stückes vgl. Fallows 1982, S. 194 ff., Boone 1987, S. 206 ff; vgl. auch Kap. XXIV; im Notenanhang Nr. 4

funktionell ersten Platz – bezeichnenderweise hat Du Fay der 20 Jahre später komponierten Messe gleichen Namens als Cantus firmus nicht den Superius, sondern den Tenor der Ballade zugrundegelegt.

Doch gibt es da noch einen anderen Wettstreit – den zwischen Musik und Text ausgefochtenen um Kleinteiligkeit, vom Text vorgegeben im nur dreihebigen Vers und der *rime equivoquée*, welche »*ay pale*« auf »*-cipale*« reimt, »*est amer*« auf »*est amer*« und »*voir*« auf »*voir*« oder »*avoir*,« das Netz der Übereinstimmungen also bis zu simplen Identitäten eng zieht. Das kann, wie das Beispiel zeigt, auch Versanfänge betreffen: »*Se la*« – »*C'est la*«. Als wolle er das musikalisch noch übertreffen, gliedert Du Fay die ersten vier Zeilen bei nahezu übereinstimmendem Rhythmus in zweimal 4 + 2 Takte:

Beispiel 1

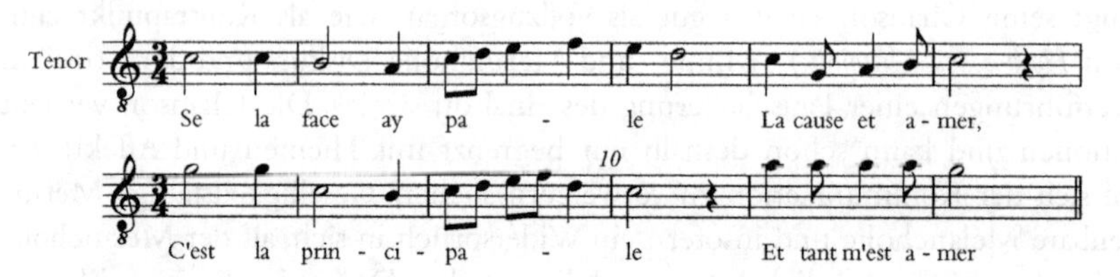

Nach einer derart engen Koordinierung mutet das imitative Nacheinander der Stimmen bei »*amer, qu'en la mer / me voudroye voir*« fast wie eine Miniaturcharakteristik des Ertrinkens im Meer an – die durcheinandergeratenen Stimmen »ertrinken«. Anschließend wiederholt Du Fay die Folge von breiterer und rascherer Deklamation, obwohl er für die rasche der zweiten Doppelzeile keinen Text mehr hat:

Beispiel 2

Dies nutzt er für die Ausweitung zu einem Nachspiel, worin er nicht nur die Dimension steigert, sondern, verglichen mit der korrespondierenden fünften und sechsten Zeile, auch das Spiel der außer in der Kadenzierung kleinen, imitativ dicht verhakten Figuren. Vom *C*-Klang läßt er sich besonders gern zu dreiklängigen Mini-Fanfaren verleiten[9]. Mehr Esprit und distanzierende Finesse im Spiel mit dem Selbstmitleid eines blaßgesichtigen, aussichtslos Verliebten läßt sich in 30 Tempus-Takten schwerlich unterbringen.

Beim Abschied vom Laonnais[10] könnte »*celle que tant amoye*« wohl beanstanden, daß sie unter gute Weine, andere Damen, Bürgersleute und »*compaignons galois*« nicht einmal an erster Stelle eingereiht wird; so sollte ein Kavalier die, »*die er so sehr liebt*«, nicht behandeln – wenn es nicht eben ein gesungener Abschied und dieser nicht insofern auf sie fokussiert wäre, als ihr nach zwei Viertaktern ein gedehnter Fünftakter und nach dem eröffnenden Abgang und dem hemiolisch verstärkten letzten ihrer Erwähnung der nächstwichtige Abgang zufällt:

---

9 Vgl. *Navré je suis*, VI/34, und *Donnes l'assault*, VI/70

10 *Adieu ces bons vins de Lannoys*, VI/27; vgl. die eindringliche Betrachtung bei Fallows 1982, S. 26 ff. und 86 ff.

Beispiel 3

Kommt hinzu, daß dieser letzte, ihr Abgang (»... *que tant amoye*«) zum Signum congruentiae, der Rondeauteilung, hinführt, wonach beim ersten Erklingen die Worte »*Adieu toute playssante joye*«, beim zweiten das Vorspiel – nun wie ein Nachhall – und beim vorletzten[11] der Kommentar »*De moy serés par plusieurs fois / Regretés par dedans les bois / Ou il n'y a sentier ne voye = von mir werdet Ihr viele Male / betrauert sein dort in den Wäldern, / wo kein Weg und Steg zu finden ist*« vor allem auf sie bezogen werden. Der Befangenheit des Textes im »*Adieu*«-Sagen – in der fünfzeiligen ersten Strophe begegnet das Wort sechsmal, zu einem vollständigen Satz kommt es nicht – entspricht diejenige der Musik in einem dominierenden Grundhabitus, der kleinschrittigen, meist abwärtsgehenden Bewegung, nicht selten kontrapunktiert durch einen gleichen – hier öfter aufwärts gehenden – in den Unterstimmen. Derlei Ähnlichkeit legt imitierende Bezugnahmen nahe, und eben diese meidet Du Fay konsequent. Das unterscheidet *Adieu ces bons vins* von den meisten Kantilenensätzen im näheren Umkreis und verschafft der ins Auf und Ab der großlinigen Wellenzüge gebetteten, jedoch nie direkt bezogenen[12] Oberstimme besondere deklamative Eindringlichkeit. Daß es sich bei dem vermutlich bald danach in Italien entstandenen, seiner harmonischen Disposition wegen kontrovers diskutierten Rondeau *Hélas, madame, par amours*[13] genauso verhält und hier ebenfalls – wie immer das Thema Nr. 1 – ein einsamer Verliebter um eine ferne Geliebte klagt, könnte Anlaß geben, hinter den beiden einen Privatroman zu vermuten.

Der *subdiaconus* Du Fay versteht sich auch aufs blasphemisch Anzügliche: Die Klage von einem, der »*nicht mehr kann, was er konnte, ... nicht mehr der ist, der er war*«[14], verpackt er in eine Collagierung von Mini-Motette und Mini-Rondeau, entnimmt den Tenor der Liturgie, einer Antiphon der Terz *in Feria IV*[15], einem ernst zu nehmenden Kontext also, und behandelt ihn ostentativ motettisch, indem er per Kanonvorschrift anweist, daß die zwölf Töne in der üblichen, zunehmenden Verkürzung erst als perfekte Breven, dann als imperfekte und dann als Semibreven zu musizieren seien. Weil die Langmensur der perfekten Breven nicht lang und der Tenor syllabisch textiert ist, tritt er überdeutlich hervor, nicht weniger penetrant im zweiten Durchgang, weil die Oberstimmen an der Dreischlägigkeit des Tempus perfectum festhalten, auf wieder andere Weise im dritten, weil sich der simple Semibreven-Gleichschritt im Tenor von den mehrmals synkopisch bewegten anderen Stimmen abhebt. Dort hat der Sänger des Superius bereits aufgegeben, sehr eindeutig die wiederholte Nachfrage »*woher kommt Hilfe für mich*« beantwortend (diesmal ist an den Pünktchen keine Überlieferungslücke schuld) mit

11 Zur Rondeauform vgl. Fallows, Artikel *Rondeau* in *MGG*, 2. Ausgabe, Sachteil, bzw. Kap. XII

12 Die sechs letzten, nicht überlieferten Takte des Contratenors lassen sich nahezu eindeutig rekonstruieren

13 VI/45; Besseler 1950/1974, S. 40 ff.; Dahlhaus 1967, S. 74 ff.; Brothers 1997, S. 187 ff.; Bent 1998, S. 40 ff. sowie Kap. XVI

14 *Je ne puis plus ce que y'ai peu / Unde venit auxilium mihi*, VI/29

15 *Paléographie musicale* 9, Tournai 1906

»*Je suy tout passé puis ung* ...«. Beim selben Gegenstand verlegt Du Fay die Karikatur in die Deklamation der Oberstimme, wenn er im Rondeau *Je ne suy tel que souloye = Ich bin nicht mehr der, der ich war*[16], vom gleichfalls eindeutigen Schlußvers (»*Et m'ont les dames refusé, / Car plus servir ne les porroye = Und die Damen haben mich abgewiesen, / weil ich ihnen nicht mehr dienen* ›bzw.: *sie nicht mehr bedienen*‹ *kann*«) veranlaßt, sie nach viel kleinschrittig kriechender Bewegung aufgeregt springen läßt – Villon ist nicht fern.

Über gesellschaftlichen Wirkungsraum und Kunstanspruch der Chanson gibt der Ambitus der kompositorischen Wahrnehmungen schlüssigere und differenziertere Auskunft als die poetischen Themen. Übrigens liegen bei dem – arg schematisierenden – Versuch, innerhalb der etwa 85 unter Du Fays Namen überlieferten Kantilenensätze die mit erfüllter, zumindest aussichtsreicher Liebe befaßten von den unten[17] behandelten, um Abschied und Verzicht kreisenden zu scheiden, die letzteren, knapp unter 30, zahlenmäßig zurück. Die Herrschaft von *Dame Merencolye* hat Grenzen, hinter dem artifiziell veranstalteten *Herbst des Mittelalters* – Huizinga war bei der Suggestivität seines Titels selbst nicht wohl[18] – gärte viel Frohsinn und Frühling.

Wichtiger noch als die Scheidung von Liebesglück und -unglück erscheint, die Stellvertretung von Liebe für Leben bestätigend, daß die Preislieder der Liebe und der Geliebten häufig real veranlaßt und verankert sind. Einer der frühesten Kantilenensätze wurde als Hochzeitsständchen für Carlo Malatesta und Vittoria Lorenzo di Colonna, eine Nichte des Papstes Martin V., 1423 in Rimini komponiert[19], ein wenig später entstandenes spielt[20] mit dem Akrostichon *ISABETA* offenbar auf Elisabetta an, eine Schwester des Carlo Malatesta. In eben diesen Jahren besingt Du Fay immer wieder »*Le premier jour de ce doulx moys de may = Den ersten Tag dieses schönen Monats Mai*«[21] und bekennt sich »*bien gueredoné ... par amours de dame de renom, / Qui me donne toute joyeuseté = gut belohnt ... durch die Liebe einer angesehenen Dame*«. Die Feier des Jahres- oder Frühlingsanfangs bzw. des ersten Maitages und neuer Liebe fällt, nicht nur alten Mai-Ritualen und Minnesangstraditionen zufolge, oft ineins und erscheint im Zeichen froher Geselligkeit austauschbar – »*Ce jour de l'an soyes songneus / De bien servir chascun s'amie / Et de fuir merancholie, / Se vous volez estre joieux = An diesem Neujahrstage sorgt dafür, / Ein jeder seiner Freundin wohl zu Diensten zu sein / Und Melancholie zu fliehen, / Wenn ihr fröhlich sein wollt*«[22] –, und diese Geselligkeit kann sich auch in der Satzweise konkret niederschlagen, z.B., wenn Du Fay die Aufforderung an die Liebesleute »*Resvelons nous, resvelons ...: Alons au bois tantost en cilir le may / Et chantons chascuns un virelay / Pour sa dame, / s'en serons plus joieux = Laßt uns aufwachen, wacht auf, Verliebte, / Laßt uns in den Wald gehen und den Mai begrüßen, / Und jeder singe ein Virelai / Für seine Dame, wobei wir noch fröhlicher sein werden*«[23] auf einen fünfmal erklingenden Pes setzt, den er aus zwei kanonisch versetzten Viertaktern zusammenbaut, als wolle er verdeutlichen, daß es nicht schwer sei, seiner Dame ein Virelai zu singen; genauso übrigens tut er es in der Motette *O sancte Sebastiane* ausgerechnet in einer Passage, in der von Märtyrern des Glaubens die Rede ist.

---

16 VI/36
17 Kap. XVIII
18 Huizinga 1919/1924, S.XIV
19 *Resveilliés vous*, s. Kap. IV, S. 39 ff.
20 *J'ay mis mon cuer*, VI/13
21 *Ce jour le doibt*, VI/18
22 *Entre vous, gentils amoureux*, VI/26
23 VI/28

Ce jour de l'an[24], oben als zweite Zeile des Rondeaus *Entre vous, gentils amoureux* zitiert, wird häufig, Jahresbeginn, auch Maienzeit und Liebeszeit ineinssetzend, als allseits akzeptierter Freudentag angesprochen, so von Baude Cordier (*Ce jour de l'an qui mant doist estriner*), Arnold de Lantins (*Ce jour de l'an je vous supply*), von Du Fay u.a. im Rondeau *Belle, veuilliés moy retenir*[25] (»*Ce jour de l' an vous veul offrir / Ce mon cuer que vous povés garir / De toute douleur et tristesse = An diesem Neujahrstag biete ich Euch / dies mein Herz, das Euch heilen möge / Von allem Schmerz und Trübsinn*«). Garnicht zufällig eröffnet dieselbe Wendung einen den Versagungen hoher Minne meilenfern liegenden, in den Beschwörungen von Lebenslust überschwänglich tautologischen Text: »*Ce jour de l'an voudray joye mener, / Chanter, danser, et mener chiere lie, / Pour maintenir la coutume jolye / Que tous amants sont tenus de garder. / Et pour certain me voudray poier / Que je puisse choisir nouvelle amie, / ... A laquelle je puisse presenter / Cuer, corps et biens, sans faire despartie = An diesem Neujahrstag will ich fröhlich sein, / Singen, Tanzen und der Freude pflegen, / Um (und) all den Frohsinn (zu) bewahren, / Den zu bewahren Liebende gehalten sind. / Und für eine gewisse Zeit möchte ich so großen Ruf erwerben, / Daß ich eine neue Freundin wählen kann ...*«

In beschwingter Leichtigkeit nahe bei der des Rondeaus *Je me complains* läßt Du Fay sich in *Ce jour de l'an* auf das Kunststück ein, die drei Stimmen in Charakter und Habitus einander weitestmöglich anzunähern, zugleich aber hergebrachte Zuständigkeiten aufrechtzuerhalten – Superius und Tenor mithin als perfektes Duo, welches der Ergänzung durch eine dritte Stimme nicht unbedingt bedürfte. Diese muß um so mehr versuchen, sich in dem durch jenes Kunststück verengten Spielraum, im selben Revier wie der Tenor diesem den Vortritt lassend, wichtig zu machen, mehrmals mit Imitationen, mit der ersten gleiche Bedeutung anmeldend wie die anderen Stimmen und zweimal (Takte 6 und 20) ihnen voraus.

Ein Stück wie dieses bezieht Reiz und Lebendigkeit wesentlich aus der verspielten Subtilität, mit der es die Hierarchie der Stimmen ebensowohl zu unterlaufen sucht wie respektiert – was als Betriebsgeheimnis des Komponierenden anzusehen den Konnex zwischen Satzstruktur und Musizierweise gründlich verkennen hieße: Zur essentiellen Gesellschaftlichkeit dieser Kunst – dazu hilft das Miniaturhafte ebenso wie das Ritual der Wiederholungen – gehört auch, daß Unterscheidungen wie die spätere zwischen »Was es ist« und »Wie es gemacht ist« nicht verfangen; sie würden an dem unangestrengten Esprit, der virtuos-souveränen Selbstverständlichkeit der Fügung vorbeizielen, in deren Zeichen das imitative Imbroglio, ein Ping-Pong mit schnell parierten Bällen, identisch wird mit Gesellschaftsspiel. »*Ce jour de l'an*« erklingt als viertöniger Anstieg fast nur in Sekunden, »*Chanter, danser*«, der Beginn der zweiten Zeile, antwortet als viertöniger Abstieg in Sekunden, doch wird die Imitation nun auf die ganze Zeile ausgedehnt (Beispiel 4, »*et mener chiere lie*«), welche auf die Rondeauteilung zuläuft und den Abgang »*Chanter, danser*« vor diesem nochmals nachzeichnet. Wie dessen verbreitertes Echo mutet danach »*Pour maintenir*« an, der Beginn des zweiten Teils bzw. der dritten Zeile; ganz und gar wieder beim Abstieg angekommen sind wir am Beginn der vierten: Dem Beginn der ersten entsprechend, nur vertauscht, stehen An- und Abstieg nebeneinander, nun aber nicht mehr durch ein Zwischenglied getrennt. Im Nachspiel wiederholt der letzte Abstieg denjenigen der »*coutume jolye*« aus der dritten Zeile.

Auf der Rückseite desselben Folio (= 17) in der Handschrift Oxford, Bodleian Library Canonici misc. 213, welches *Ce jour de l'an* überliefert, ist *Ce moy de may* notiert[26], ein Rondeau

---

24 VI/38

25 VI/30; die textlichen Korrespondenzen im Umkreis von *Ce jour de l'an* und *Ce moys de may* bei Boone 1987, S. 174 ff.

26 VI/39

Beispiel 4

mit ähnlichen Empfehlungen (»*... soyons lies et joyeux / Et de nos cuers ostons merancolie; / Chantons, dansons et menons chiere lye = seien wir heiter und fröhlich / Und verbannen wir Melancholie aus unseren Herzen; / Laßt uns singen, tanzen und fröhlich sein*«), entsprechend von ähnlichem Ton und doch von anderer Machart: Die überwiegend gemeinsamen Sängereinsätze und -kadenzen – nur bei »*chantons, dansons*« zu Beginn des zweiten Teils gibt es Imitationen – betonen die Kongruenz textlicher und musikalischer Zeilen und mit ihnen die tanzgemäß klaren Gruppierungen; diesen entgegen stellen sich innerhalb der reigenmäßigen Schwingung des Ganzen Hemiolen quer. Die hieraus entstehenden Spannungen empfindet man besonders stark, weil Du Fay am Anfang periodische Erwartungen kräftig nährt: Sowohl im Vorspiel als auch in der ersten Zeile kadenziert die kleingliedrige Figuration nach einem hemiolisch-widerständigen Einsatz periodisch gehorsam im vierten Takt; beim zweiten Mal, von den Sängern, wird sie verfehlt und mithilfe einer melodischen Schleife zwei Takte weiter geschoben. Die letzte Zeile erreicht die für den vierten Takt versprochene Kadenz (= Takt 24) wieder, versprochen auch dadurch, daß die rhythmische Struktur derjenigen der ersten Zeile ähnelt:

Beispiel 5

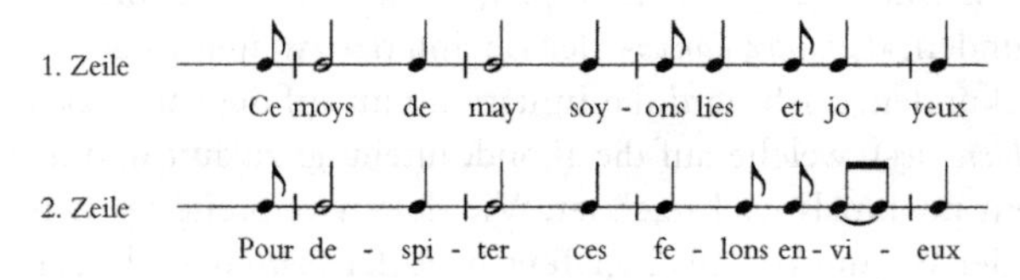

Nicht nur die Parallelität der Zeilen erinnert an das zuvor besprochene Stück (als ob das Rondeau-Reglement nicht schon genug Binnenbezüge vorgäbe, scheint Du Fay es fallweise noch überbieten zu wollen, er entspannt die vorgegebenen Zwänge, indem er sie neu und anders verinnerlicht), sondern auch, daß Du Fay ein unauffälliges Motiv auffällig semantisiert, jener »*coutume jolye*« vergleichbar hier am Ende der zweiten Zeile den Abgang »*ostons merancolye*« (Beispiel 6 a), welcher im Vorspiel (Beispiel 6 b) und am Ende der ersten Zeile (Beispiel 6 c) schon vorbereitet war und im Nachspiel zur zweiten Zeile, soeben frisch mit den Worten verbunden, zweimal vom Contratenor wiederholt, nachgesprochen wird (Beispiel 6 d); zum Schluß hinführend erscheint er abermals (Beispiel 6 e) – im Tenor genau so, wie dieser dem Superius bei »*ostons merancolye*« sekundierte, zugleich eine diminuierte Erinnerung an seine

Stützung des ersten Sängereinsatzes (Beispiel 6 f). Das Protokollieren solcher Bezüge müßte u.a. gegen den Verdacht einer überzogen motivhaften Wertung verteidigt werden, sorgten in dem engen Spielraum der mehrfach verschachtelten Abläufe und der hiermit erzwungenen intensiven Vergegenwärtigung nicht präzise kalkulierte Korrespondenzen für jene Auffälligkeit, die die Details von sich aus nicht mitbringen sollen, den Maßgaben der Miniaturform entsprechend nicht mitbringen dürfen. So nahe die griffigen Mini-Gestalten innerhalb des kleingliedrig disponierten Tempus imperfectum cum prolatione maiori den Vergleich mit motivischer Arbeit immer legen mögen, ohne Relativierung von »Motiven« zu sprechen wäre falsch.

Beispiel 6 a bis f

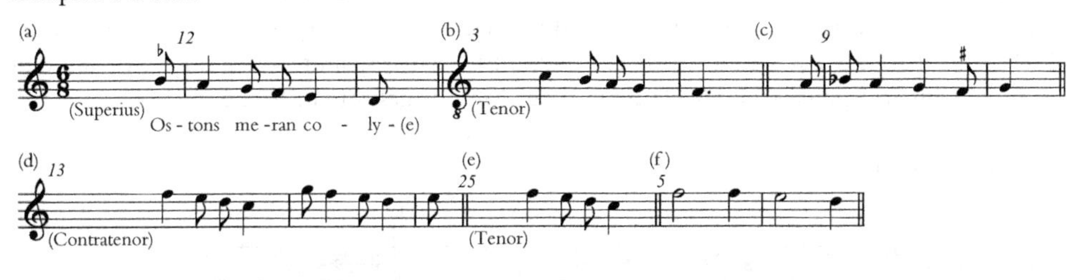

* * *

Mit Ausnahme von *Se la face ay pale* hätte alle bisher erwähnten Kantilenensätze das Tinctoris-Verdikt als nicht *»hörenswerte«* Musik[27] getroffen. Dies könnten wir als polemische Ungerechtigkeit ignorieren, befänden sich die Stücke nicht im Vorhof der *»hörenswerten«* Musik und forderten sie nicht zu spezifizieren auf, weshalb sie gerade noch nicht oder in welchen Details doch schon hörenswert seien – abgesehen davon, daß Tinctoris, wenn ihm z.B. *Adieu ces bons vins de Lannoys* oder *Hélas, ma dame, par amours* bekannt gewesen wären, diese ans Ufer der neuen Musik hätte ziehen müssen. Wir unterliegen keinem von seiner Apologie ausgehenden Beweiszwang, wenn wir deren Kriterien zu sammeln versuchen, um einen Umschwung zu verstehen, welcher ex posteriori so sehr als Wende und fällige Synthese erscheinen konnte, daß man die Fokussierung aufzulösen bestrebt sein muß. Nur zu leicht stülpen wir die subjektive Dramatik unserer Erkenntnisse den Fakten über. Das Neue kommt meist in einzelnen Schüben, auf getrennten Wegen und leisen Sohlen.

So auch hier. *Adieu ces bons vins* z.B. ist bereits im *»hörenswerten«* Tempus perfectum notiert und zeigt so differenzierten Umgang mit der bis etwa 1426 selten benutzten Gangart, daß man einen längeren, jedoch nicht belegbaren Erfahrungshintergrund vermuten möchte; bei *Hélas, ma dame*, wohl wenig später komponiert, schreibt Du Fay das seinerzeit nahezu noch übliche Tempus imperfectum cum prolatione maiori vor. Beide Stücke stehen sich so nahe (s.o.), daß man einen ähnlichen Bewegungsduktus vermuten möchte, was beim letzteren auf ein mehr der melodischen Deklamation als der rhythmischen Motorik dienliches Tempo hinausliefe, ein langsameres als das der Mai- und Neujahrslieder. Weil man allemal elastische Temponahme unterstellen darf, fiele das kaum auf, stünden die beiden Stücke einander nicht so nahe, daß man fragen muß, warum Du Fay verschiedene Mensuren vorschrieb – umso mehr, als die harmonische Disposition des altmodisch notierten *Hélas, madame* moderner erscheint als die

27 im *Liber de arte contrapuncti*, 1477

von *Adieu, ces bons vins*. Hier zeigt sich, wie vorsichtig wir mit diesen Kategorien umgehen, wie genau wir – da ist eingehende Prüfung des Einzelfalls unerläßlich – untersuchen müssen, ob der Komponist nicht z.B. mit »alten« Mitteln »modern« verfahre und mithilfe dieser Diskrepanz ästhetische Brechungen beabsichtige. Die harmonische Disposition von *Adieu ces bons vins* könnte in ihrer Strenge und Logik nicht schlüssiger sein und dem Thema nicht angemessener, insofern sie den Verlauf genau so unnachsichtig auf *d* fixiert wie das sechsmalige »*Adieu*« der ersten Strophe den Text auf die Abschiedssituation – die Ansprüche dessen, der demnächst das Wagstück *Hélas, madame* unternehmen wird, komponieren unüberhörbar mit; und in *Hélas* wiederum hebt sich das Wagnis gerade vom Hintergrund der Prolatio-Notierung deutlich ab, sie erscheint wie belagert von nichtkonformen Ausdrucksbedürfnissen, besonders, wenn Du Fay den Klagetopos der abwärts durchschrittenen verminderten Quart ihr hemiolisch, als »3/4-Takt« aufzwingt (Beispiel 7 a und b) – das gespannte Verhältnis zwischen dem widerständigen Espressivo der Melodie und der Mensur gehört zur Sache.

Beispiel 7 a und b

Wie hier in der passagenweise nach dem Tempus perfectum rufenden Melodie nach vorn griff Du Fay in *Adieu ces bons vins* zurück, wo er den Contratenor in den »Stromrhythmus«[28] mit Prolatio-Relikten hineinstören läßt (Takte 11, 18, 21, 27). In beiden Fällen komponiert er nicht nur dieses auf je eigene Weise einmalige Stück, sondern zugleich die kompositionsgeschichtliche Situation, er bringt Ungleichzeitiges zu einer ästhetischen Gleichzeitigkeit, welche für den Umgang mit den Kriterien der Ungleichzeitigkeit Vorsicht empfiehlt. Kreativität solchen Ranges, welche immer auch verstanden werden muß als Versuch, Vergangenes und Zukünftiges in ein Jetzt zusammenzuzwingen, hängt nicht primär von historischen Kursbüchern ab.

Dennoch geben sie in jenen Jahren etliche Anhalte. In dem als Auskunftgeber erstwichtigen Manuskript Oxford, Bodleian Library, Canonici misc. 213, dessen zehn Faszikel in Venedig zwischen 1426 und 1436 geschrieben worden sind[29], überwiegt in den früheren die Prolatio-Notierung bei Weitem, wohingegen die Tempus-Notierung gegen Ende hin auffällig zunimmt. Daneben begegnen einige Stücke im Tempus imperfectum cum prolatione minori (»¢«), zudem, nahezu gleichmäßig verteilt, Stücke mit mehreren Vorzeichnungen – nacheinander oder in verschiedenen Stimmen gleichzeitig –, worin der stilistische Übergang sich häufig überaus interessant widerspiegelt (bei Du Fay z.B. im Rondeau *Belle, que vous ay ie mesfait*[30]); überdies erscheinen etliche Stücke im Tempus perfectum diminutum (⦶), welches, zumeist im 6/4-Takt wiedergegeben, als mittlere Position zwischen C und O, als verlangsamte Prolatio zu einseitig verstanden wäre; dennoch könnte ein Rondeau wie *Bon jour, bon mois, bon an*[31] ebenso gut in Prolatio notiert und in deren Tempo gespielt durchgehen; andererseits ist bei aus-

28 Besseler 1950/1974, S. 121 ff. (Kap. VII)

29 Schoop 1973; Boone 1987, dort S. 138 eine Übersicht

30 VI/46

31 VI/59

druckshaft gesättigten Stücken wie *Je n'ay doubté, Mon cuer me fait* oder *Vo regart et douce maniere*[32] die Grenze zum getrageneren Tempus perfectum fließend sofern nicht gar überschritten. Unterstellt man einen gewissen, nicht großen Zeitabstand zwischen Komposition und Eintrag in der venezianischen Quelle, so landet man, bestätigt durch andere Quellenbefunde, bei 1430 als Scheidelinie, jenseits derer die Waage sich endgültig zugunsten des Tempus perfectum und der mit ihm verknüpften Bewegungsform neigt.

Schreibweisen sind auch Denkweisen. Das Tempus imperfectum cum prolatione maiori, verkürzt »Prolatio« genannt, welches sich nach den Komplizierungen der Ars subtilior als beherrschende Mensur bzw. Bewegungsnorm herauskristallisierte, begünstigte kleine Prägungen und übersehbare, unmittelbar faßliche Zusammenhänge – hierin, wie im reigenhaften Schwingen, auch auf hochkomplizierte Subtilitäten reagierend, die der Ars subtilior den Namen gaben. Jene Schwingung implizierte ein Grundtempo, welches die Minima – in der Umschrift zum 6/8-Takt die Achtelnote – bei syllabischem Textvortrag eben noch als wichtigsten Wert zu halten (MM etwa 210 – 240[33]) und den Verlauf unschwer auf die perfekte Semibrevis (= punktierte Viertelnote, MM zwischen 70 und 80) als Grundschlag zu beziehen erlaubte, d.h. es wird rasch deklamiert. Damit verbindet sich eine Vorentscheidung über die Gegenstände, mindestens über die Art ihrer Darstellung; wollen diese auf ihrer Schwere bestehen, so müssen sie sich, wie anhand von *Hélas, ma dame* angedeutet, gegen die heitere Beschwingtheit der Prolatio sperren. Zu deren Bild gehört auch, daß sie – Liegetöne und vereinzelte hochvirtuose Passagen wie in der Ballade *Resvelliés vous*[34] nicht gerechnet – mit vier Längenwerten auskommt und in der Deklamation zumeist auf den zweitkürzesten, die Minima, fixiert ist.

Nicht so das Tempus perfectum cum prolatione minori. Hier begegnet eine solche Fixierung am ehesten in dem von der Prolatio geerbten Dreischlag von Semibreven bei Zeilenanfängen, die Längenwerte werden gleichmäßiger ausgenutzt, sei es der Deklamation, sei es differenzierten melodischen Führungen zuliebe – vgl. u.a. *Craindre vous veuil* (s. u.), dessen Umschrift im 6/4-Takt (statt 3/4) in der Gesamtausgabe[35] nicht einleuchtet –, in denen bisher selten vernommene Ausdruckslagen zu Worte kommen. Diese ebenso wie frühere Kombinationen mit Prolatio-Strukturen und die kantablere Beanspruchung der kleinen Werte machen eine neuartige Getragenheit wahrscheinlich, welche selbst fühlbar wird, wenn man etwa gleiches Tempo für die Minimen (= Achtel) unterstellt, von denen nun nur zwei auf je eine der drei imperfekten Semibreven (= Viertel) kommen. Abstrakt gerechnet ergibt dies keine Verlangsamung, dennoch den Eindruck einer solchen, weil die Viertel als deklamative Einheiten überwiegen, der Wortvortrag sich also sehr wohl verlangsamt – um so mehr, als die Zeilenlängen wachsen –, und ebenso sehr, weil die Musik mit Vierteln (= MM ca. 105 bis 120) bzw. ganzen Takten (= MM ca. 35 bis 40) in einen Tempobereich hineingerät, bei dem der Gesamtzusammenhang darüber entscheidet, ob man in Ganzen oder in Drei denkt und empfindet. Diesen Schwebezustand bestätigt und stärkt das auch rhythmisch zunehmend polyphonisierte Gegen- und Miteinander der Stimmen, deren individueller Gestaltung die neue Mensur größere Spielräume eröffnet. Dies nicht zuletzt verhilft der Musik zu mehr Unabhängigkeit von den durch die Mensur reglementierten Schweren und weist, über die Einebnung liedgemäßer Zäsurierungen hinaus, auf die von Tinctoris u.a. mithilfe der Kategorie *varietas* charakterisierte

---

32 VI/51, 54 und 55

33 Gullo 1964, S. 68 und 85; bei Besseler, a.a.O., andere Tempovorstellungen

34 VI/11, s. Kap. IV, S. 39 ff.

35 VI/ 61 bzw. 7 (=*Quel fronte signorille*)

flutende, nur widerwillig sich kadenzierend bündelnde Polyphonie des späten Du Fay und Ockeghems[36].

Dieser Ausblick besorgt nicht nur der hochmütigen Unterscheidung hörenswerter und -unwerter Musik eine halbe Legitimation, er sagt zugleich etwas über die universalitätstiftenden Möglichkeiten dieser »Ars nova«: Mehr als vordem wird eine, auch durch Kontrafakturen und geistlich-weltliche Zwischenformen bestätigte, gattungsübergreifende Stilistik greifbar, welche sich an veränderten Ansprüchen im Verhältnis von Wort und Ton und in zunehmend individuierten Genres bewähren mußte. Gerechterweise muß man anfügen, daß auch die oben für weltliche Funktionen und Ausdruckslagen beanspruchte Prolatio-Musik die Gattungen übergriffen hatte, also auch, wie immer auf andere Weise, als für geistliche Gegenstände tauglich empfunden wurde[37]. Wiederum gehen der weltlichen Musik die nervig-gespannte, oft hemiolisch geschärfte Rhythmik und der unverwechselbare Tonfall z.B. der Mai- und Neujahrslieder verloren, damit wohl auch die Nähe zu – fast nur vermutbaren – volkstümlichen Prägungen, wie sie, Ausdruck neugewonnener Bodenhaftung, in der Musik manches Vorgängers und Kollegen von Du Fay, etwa Jacques Vides, auftauchen. Sofern das, freilich lückenhafte, Bild der Überlieferung nicht trügt, scheinen im Verhältnis zur Musik der »Unteren« die distanzierenden Brechungen, u.a. in Quodlibets, zuzunehmen: Eine Wende wie diese hat ihren Preis.

* * *

Irgendwann in den musikgeschichtlich dramatischen Jahren, höchstwahrscheinlich in Rom zwischen 1428 und 1433, komponierte Du Fay zwei in Diktion und Gegenstand zwischen hoher Minne und Marienverehrung gelegene Texte, welche ihn vielleicht auch der ungleichen Zeilenlängen wegen herausgefordert haben mögen – *Dona i ardenti rai* und *Quel fronte signorille*[38]. In der Handschrift Oxford stehen sie – beide Unica – nebeneinander, *Quel fronte* mit dem Vermerk »*Rome composuit*«. Auf dieses Stück greift Du Fay wenig später in seiner ersten Zeit in Savoyen zurück, versieht es mit einem vermutlich selbstverfaßten französischen Text und verlängert es um acht Takte – *Quel fronte* hat drei Strophen mit je vier Zeilen unterschiedlicher Länge, *Craindre vous veuil* (Beispiel 8) vier Strophen mit je fünf Zeilen von nahezu gleicher Länge. Das paßte schlecht übereinander.

Bei der Erweiterung mögen musikalische Gründe mitgespielt haben: *Quel fronte signorille* kommt »übereilt« zu einem Ende, welches trotz der bassierenden Führung im Tenor (Takte 24/25: *g'-d'- g*) besser als Halbschluß taugen würde, sofern es nicht gar den Eindruck erweckt, ein Nachspiel sei verlorengegangen; diesen Eindruck stärkt der auf einer letzten Textsilbe und in einem Schlußtakt unübliche Vorhalt im Contratenor. Daß das in *C* beginnende Stück auf *G* schließt, wöge hingegen, als in Kantilenensätzen häufig begegnend, nicht schwer. Immerhin hat Du Fay bei der Ergänzung nach *C* zurückgelenkt, wie immer die als Schlußklang stärkste Konstellation *c'/g'/c"* weit absteht von dem das Stück eröffnenden Einklang auf *c'*. Gegen die Vermutung, die acht Takte seien nur verlorengegangenen und nicht nachträglich ergänzt,

---

36 S. Kap. XXVII

37 S. Kap. IV und VII

38 VI/6 und 7; vgl. Randel 1983, S. 72 – 75, Boone 1987, S. 229 – 232, und Boone 1996, S. 84 – 90. Für eine Priorität der französischen Fassung plädieren Pirrotta 1966 und Bent 1980, für diejenige der italienischen Boone 1987 und Planchart 1990 (an diese Arbeit schließt die vorstehende Betrachtung in einigen Punkten an) und Fallows in seiner Revision des Bandes VI der Gesamtausgabe

spricht freilich nicht nur der Quellenbefund, sondern auch, daß der Gesang erst am Ende hätte schließen dürfen, sofern wir nicht ein nach dichter Textlegung überraschend langes Nachspiel für denkbar halten.

Vordergründig war die Ergänzung durch die fünfte Zeile der französischen Strophe veranlaßt; darüberhinaus benutzte Du Fay sie zur Fortführung struktureller Konsequenzen, welche den hergebrachten Revierhoheiten der Stimmen abgewonnen waren. Diese Anbindung macht Unterschiede in der Prägnanz musikalischer Gestalten im Dienst von Markierungen überflüssig, welche u.a. bei der Betrachtung von *Ce moys de may* (s.o.) zur so verfänglichen wie unvermeidlichen Kategorie »Motiv« eingeladen hatten; im Beispiel 8 sind die im Superius fallenden Melodiegänge eingerückt, so daß Entsprechungen übereinanderstehen.

Vom Einklang *c'* ausgehend messen der Superius die Quinte *c'/g'* nach oben und der Tenor die Quart *g/c'* nach unten aus und kehren, beide eine Welle beschreibend, zum Ausgangspunkt zurück. Der Erschließung der Reviere entspricht die des Satzes – auf der ersten Semibrevis klingt ein einziger Ton, auf der zweiten klingen zwei Töne, auf der dritten drei. Dem kleinstmöglichen Einsatzpunkt schaffen die Viertaktigkeit und syllabische Textierung der ersten Zeile ein rhetorisches Analogon – nun mit einem Besorgnis und Ängstlichkeit formulierenden Begriff als Eröffnung eines Liebesbekenntnisses! »Anfangender« läßt sich ein Stückbeginn kaum vorstellen.

Die erste bleibt die einzige viertaktige Zeile; im Vortrag insgesamt fünfmal erklingend, kann sie dennoch als Norm wirken, von der die anderen Zeilen sich abweichend abheben – ein Gesichtspunkt, mit dem man ähnlich vorsichtig hantieren sollte wie mit der vermeintlichen Natürlichkeit dominantischer Tonalität. Immerhin haben innerhalb der engen Spielräume eines Rondeaus auch Längenunterschiede bei den Zeilen viel Gewicht, ganz und gar, da der Bezugspunkt so prägnant formuliert ist wie hier – die rhythmische Parallelität des zweiten und dritten Taktes hat Du Fay erst in der Überarbeitung hergestellt. Beim nachfolgenden Dreitakter mag die Suggestion der eingangs gesetzten Periodizität insofern nachwirken, als man, bestärkt auch durch die gegen *b* im Tenor stehenden *h*'s im Superius, den fünften/sechsten Takt hemiolisch wahrnehmen könnte, mithin die Zeile als gepreßten Viertakter. Kam es Du Fay zupaß, daß auf diese erste »Störung« das Wort »*doubter*« fiel?

Einerseits Störung, andererseits Fortsetzung: Superius ebenso wie Tenor messen in den Takten 4 bis 7 das noch nicht benutzte Segment ihres Reviers aus, jener die Quart *g'/c''*, dieser die Quint *c'/g'*, wobei er wie beim ersten Mal eine Welle beschreibt, nach dem anfänglichen Ab/Auf ein – einmal gebrochenes – Auf/Ab. Der Superius hingegen setzt den Aufstieg fort, und die Oktav *c'/c''* auf Takt 7 besiegelt, daß die Tonräume nunmehr geöffnet sind. Dem vorsichtigen, zweiteilig vollzogenen Aufstieg des Superius folgt ein rascher Abgang, nahezu ein Absturz; nach drei Takten erreicht die Oberstimme den unteren Grenzton *h* und läßt sich ihr *precipitando* vom Tenor bestätigen, indem dessen ruhige Aufwärtsbewegung, vom Contratenor sekundiert, nachdrücklich als satztragend in Erscheinung tritt und den Superius übersteigt.

Zu den Überraschungen der abstürzenden Halbzeile gehört neben dem Tempo auch ein gesteigertes Gegeneinander alterierter und nichtalterierter Stufen, angeführt durch das vom Contratenor (Takt 8) signalhaft präsentierte *es'*, dem der Superius im selben Takt mit *as'* oder *es'* sich wohl ebensowenig anbequemen sollte wie im nächsten Takt der Tenor mit einem zu *h* alterierten *b* dem im zehnten Takt im Superius fälligen *h*. In der italienischen Fassung ohne b-Vorzeichnung in den Unterstimmen hebt sich das, ganz und gar für moderne Ohren, nach dem vorangegangenen, nahezu »diatonischen« *C*-Dur stärker ab als in der französischen (s. Beispiel 8), in der die Teilvorzeichnung von vornherein für Umfärbungen (*b* im ersten Takt) und Querstände (*b* gegen *h'* im fünften Takt) sorgt. Möglicherweise hat auch das vom

Beispiel 8

Contratenor
Tenor
1. 4. 7. Crain - dre vous vueil, doul ce da - me de pris, A - mer, doub - ter,
3. Ja - mais ne suy an - nui - eux ne pen - sis Ne dou - leu - - reux,
5. De vous a - mer cel m'est un pa - ra - dis, Ve u les biens
Craindre vous
Craindre vous
lou - er en fais, en dis,
quant je voy vo clair vis
qui sont en vous com - pris;
Tout mon vi - vant, en quel - que lieu que soy - e,
Et vo main - tieng en a - lant par la voi - e.
Fai - re le doy quoy qu'a ve - nir en doy - e.
S.
Et vous don - ne m'a - mour ma seu - le joy -
A vous me rens, ly es mieux que de soy -
e,
e,
Le cuer de moy tant que je se - ray vis.
Joi - eu - se - ment en bon es - poir tou - dis.

Negativwort *»craindre«* überschattete Bekenntnis Du Fay angeregt, durch die Vorzeichnung für mehr Hell-Dunkel in der *C*-Tonart zu sorgen; allzu sehr indessen wird man es nicht an einem einzelnen Wort festmachen dürfen: Im italienischen Text trifft das auffällig präsentierte *es'* mit dem Text *»scorge (in paradiso) = versetzt (mein Herz ins Paradies)«* zusammen!

Am nächsten, dem dritten Zeilenbeginn (Takt 10/11) schließt der Superius an den im Tenor vorangegangenen Anstieg an, eine siebentaktige (bzw. zwei- plus fünftaktige) Einheit eröffnend, welche dank der Entsprechung zu den sieben Takten am Stückbeginn diesen ersten Rondeauteil wie eine miniaturistische ABA'-Disposition erscheinen läßt: Wieder für Superius und Tenor ein Start aus dem Einklang *c'*, wieder ein – nun nach *G* gelenkter – Aufstieg, wieder Sekundschritte in Gegenbewegung, welche Du Fay als übliche, zur Rondeauteilung hinführende Komplizierung auffächert bzw. multipliziert; den Abgang des Tenors bei *»Tout mon vivant«* beantwortet der Superius mit einem Aufgang zu Beginn der zweiten Halbzeile (*»en quelque«*), und diesen imitiert der Tenor zwei Takte später (= Takte 15/16); wogegen der Superius nun wieder, rückläufig den Beginn der Halbzeile erinnernd, den Abgang *(c''-)h'-a'-g'* setzt. Die Kolorierung bzw. Hemiole in den Takten 14/15 stärkt die Dringlichkeit, mit der der Liebende beteuert, *»an welchem Ort er auch sei«*, seine *»doulce dame«* zu *»lieben«*, zu *»preisen«*, aber auch an ihr bzw. ihrer Liebe zu *»zweifeln (= craindre«*). Dem italienischen Text fehlt die zweiflerische Hinterlegung des französischen.

Solche Koinzidenzen von Wort und Ton wiegen schwer, weil entgegen den Gepflogenheiten in Kantilenensätzen poetische und musikalische Zeilen hier nicht aufeinander passen, und nicht nur das: In der zweiten und der dritten Zeile sind die Binnenkadenzen (*»(doub-)ter«* (Takt 7) und *»(vi-)vant«* (Takt 12) stärker als die der Zeilenschlüsse (Takte 9/10 und 16/17) – hier endeten die erste bzw. zweite Zeile der italienischen Fassung; stünde die Binnenkadenz der dritten Zeile nicht zu früh, könnte man hier, wäre kein Text überliefert, das *signum congruentiae* vermuten.

Weil es Du Fay nicht schwergefallen wäre, zur Musik von *Quel fronte signorille* einen neuen, prosodisch besser passenden Text zu erfinden oder zu dem möglicherweise schon vorhandenen französischen Text eine neue Musik, muß es Gründe gegeben haben, derentwegen ihn die widerständige Verbindung reizte. Fraglos hat eine Rolle gespielt, daß er die bei textlich-musikalisch kongruierenden Zeilen scharf einkerbenden Gliederungspunkte entlasten, abmildern, Schweren und Zäsurierungen vielfältiger verteilen, Möglichkeiten und Freiheiten jenseits der üblichen Reglements des weltlichen Liedsatzes erkunden wollte. Als Experiment dieser Art steht *Craindre vous veuil* einzig da. Zugunsten einer neuartigen Kontinuität im Gesamtverlauf setzte Du Fay die Formalitäten der transparenten Liedstruktur aufs Spiel, welche die Verbindung von Wort und Ton zwar normativ garantierten, neuartige, an je einmalige Konstellationen gebundene Lösungen hingegen versperren konnten. Zur gleichmäßigeren Lastenverteilung bei Gravitationspunkten könnte auch die Merkwürdigkeit eingeladen haben, daß die erste Strophe des Rondeaus aus einem einzigen Satz besteht und nach der Rondeauteilung, bei der wegen unterschiedlicher Anschlüsse – Fortsetzung oder Rücksprung auf den Anfang – eine intermittierende Halbkadenz am Platze ist, das inhaltlose Anschlußwort *»et«* fällig wird, als textliches Äquivalent der gegen liedgemäße Zäsurierungen arbeitenden »Kunst des Übergangs« ebenso sprechend wie ungewöhnlich. In der italienischen Fassung, dort zwischen der vorletzten und letzten Zeile, tauchte das Problem nicht auf.

Nach der ABA'-Miniatur des ersten Rondeauteils, worin der Absturz als Mittelglied zwischen zwei je zweiteilige, breit ausgezogene Aufstiege eingepfercht war, folgen als Beginn des zweiten Rondeau-Teils zwei Abgänge aufeinander. Der erste wiederholt im Ambitus nahezu jenes Mittelglied und bezieht sich grammatisch und in der syllabischen Deklamation der Worte »*Et vous donne m'amour, ma seule joye = Und ich biete Euch meine Liebe, meine einzige Freude*« auf den Stückbeginn zurück, der zweite malt die »*Freude (joye)*« in Melismen aus, lenkt nach *g* und antizipiert mit nur zwei Silben anstelle der sechs italienischen – (»*miran-)do il suo bel viso = bewundernd ihr schönes Antlitz*« – auf dieselbe Musik den nachkomponierten Auslauf, auch mit den hier wie dort begegnenden, als Verdeutlichung von »*joye*« plausiblen Dreiklangspielen. Interessanterweise tilgt Du Fay in der zweiten Fassung im Schlußtakt der Zeile (= 25) den Vorhalt im Contratenor, der hier weniger stören würde als im Schlußtakt von *Quel fronte signorille*! Anscheinend lag ihm so sehr an einem Absatz vor den neukomponierten Takten, daß er die problematische Stimmführung, auch die damals freilich nicht verbotene verdeckte Oktav, in Kauf nahm – eine solche gab es schon bei der Rondeauteilung (Takte 16/17).

Wohl vollzieht sich der nahezu verdoppelte Abgang der vierten Zeile in geordneter, jedoch in radikaler Form – das Stimmgefüge wird umgestülpt. Weil der Tenor die Abwärtsbewegung mitvollzieht, übernimmt der Contratenor die Rolle des Gegenläufers und meldet sich mit eigenen Formulierungen (Takte 18 bis 22), am Ende einer aus dem Bewegungsduktus herausfallenden Diminution des Abgangs, nachdrücklich zu Wort. Eingesetzt hat er (Takt 18) mit dem überhaupt tiefsten Ton im Stück (= *f*) und erreicht – einmalig – den Hochton *a'* eben dort, wo beide Tenores über dem Superius liegen, eine Konstellation vom Ende der ersten Zeile steigernd, in der Superius und Tenor kurzzeitig Rolle und Funktion tauschten.

Unter den Beweggründen für die Ergänzung wiegt nicht allzu schwer, daß die Musik nach *C* zurückgebracht werden müßte – sie muß nicht unbedingt; auch wäre beim Vortrag aller drei Strophen von *Quel fronte signorille* der Schluß zweimal als plausibel, weil für den Wiederbeginn auf *C* »dominantisch« offenhaltend, empfunden worden, erst beim dritten Mal als vorschnelle, wo nicht defizitäre Beendigung. Hier anschließend ließe sich, nun zugunsten der italienischen Fassung, argumentieren, dieses kleine Defizit könnte, weil durch die Plausibilität der vorangegangenen Rücksprünge aufgewogen, hinnehmbar erschienen sein. Die spätere Fassung wiederum bediente die Finalität des Stückschlusses, minderte hingegen die harmonische Notwendigkeit der Wiederholungen. Gewiß könnte man das eine mit dem anderen vereinbaren, wenn man in der französischen Fassung zweimal nach der *Eins* des Taktes 30 zurückspränge und die Takte danach für den endgültigen Schluß aufsparte, doch findet sich hierfür kein zeitgenössischer Anhalt. Überdies schnitte man genau die Takte weg, welche die Entsprechung zu dem in den ersten sieben Takten vollzogenen Aufstieg von *c'* nach *c''* besiegeln[39].

Derlei spekulative Erwägungen scheinen am ehesten berechtigt, weil sie zur Unterscheidung klingend vollzogener und aufgeschriebener Musik hinführen. Bei einer Aufführung der vorgeschlagenen Version könnte sich als Zugewinn von Finalität darstellen, daß die schließende Kulmination zweimal verweigert und der Aufstieg zum *c''* an die neu beginnende Strophe abgetreten wird, wonach beim dritten und als einziges Mal die letzten Takte als lang erwartete und anvisierte Ausmündung besonderes Gewicht erhalten würden. Dies beleuchtet die Situation eines Komponisten, der möglicherweise, die Treue zu den Regularien des Rondeau-Vortrages bezweifelnd, mit der Ergänzung in erster Linie die Stimmigkeit der geschriebenen *res facta* sicherstellt: Schon, wie sie notiert ist, nicht erst, wenn sie klingt, soll die Musik plausibel sein. Dies könnte schwerer gewogen haben als der mit dem Rücksprung verbundene, durch die Unterschiedlichkeit des Einklangs *c'* und der starken Affirmation *c'/g'/c''* nicht völlig beseitigte Schatten von Tautologie.

---

39 Boone 1996

Die mit dem Rücklenken nach *C* und dem Anstieg von *c'* bis *c''* vollzogene Abrundung ergänzt und unterfüttert Du Fay durch ein Moment verdichtender Überlagerung, welches das neue Schlußglied fast wie einen aufs Äußerste verknappten Nachvollzug des Ganzen erscheinen läßt. Zur offenliegenden Korrespondenz mit dem Anstieg der ersten sieben Takte tritt eine diskretere mit der Konfiguration des »Absturzes« in der zweiten Hälfte der zweiten Zeile: Länger als vordem liegen die Unterstimmen in den Takten 26 bis 28 über der Oberstimme, zweimal erscheint die *es*-Vorzeichnung, nun von vornherein mit dem Rollen- und Lagentausch verbunden, die dem Superius den Ausgangspunkt zum Anstieg sichert und wohl auch mit der Verhaltenheit zu tun hat, mit der der Singende, als wolle er nicht laut reden, »*le cuer de moy*« behandelt. Freilich schneidet er sie jäh ab zugunsten eines Anstiegs und des lebhaften Dreiklangspiels in *C*, welches ebenso als Wahrnehmung von »*joieusement*« und »*bon espoir*« am Ende der dritten Strophe plausibel erscheint wie in der ersten bzw. letzten als Steigerung der schon in der vorletzten Zeile breit ausgemalten »*joye*«. Zur Finalität gehört auch das resümierend wiederholte Ausmessen der Reviere; komplementär zum dreiklängig gebrochenen Anstieg des Superius steigt der Tenor in nur einmal unterbrochener Lineatur so geradlinig wie vordem nie von *g'* nach *g* ab und bedient abschließend, sauber getrennt, die Quart *g/c'* und die Quinte *c'/g'*.

Wenn man sich der Reihenfolge der Entstehung so weitgehend sicher ist wie bei *Quel fronte signorille* und *Craindre vous veuil,* besteht wohl Gefahr, daß die Chronologie die ästhetische Bewertung ins Schlepptau nimmt und die Aufmerksamkeit vornehmlich den Momenten gilt, in denen das spätere Stück über das frühere hinausgeht, das frühere Stück also prinzipiell geringere Chancen hat. *Quel fronte signorille* erweist sich beim ersten Hinsehen mit vier Zeilen zu sieben, fünf, fünf und acht Takten (der Schlußtakt mit lediglich weiterklingenden Tönen nicht gerechnet) als symmetrisch, bei näherer Prüfung hingegen als entwickelnd disponiert – schon das offenhaltende *G* am Schluß, durch den Vorhalt im Contratenor noch offener gemacht, bezeugt eine über den Schluß hinaustreibende Dynamik. In der Folge der Zeilen steigert sich deren innerer Zusammenhalt: Die beiden Teile der ersten (Takte 1 bis 7) sind durch eine Vollkadenz getrennt; bei der zweiten (Takte 8 bis 12) lassen sich Vorder-und Nachsatz deutlich unterscheiden, also – in Takt 10 – auch ein Absatz erkennen; die dritte (Takte 13 bis 17) stellt sich als ein fünftaktiges Ganzes dar und verdeutlicht nach der vorangegangenen Kleinteiligkeit in der – vordem nicht verwendeten – Hemiolierung die Besonderheit wonicht »Anstrengung« des durchgehaltenen melodischen Bogens; die vierte und letzte (ab Takt 18) droht in 3 + 2 + 3 Takte zu zerfallen, mobilisiert jedoch im Gegenzug bisher nicht benutzte Mittel wie in Takt 20 beim überbrückenden, die Tonfolge des vorangegangenen Taktes wiederholenden Contratenor und zwei Takte weiter die gleicherweise überbrückenden dreiklängigen Figurationen beider Tenores. In dieser Zeile fahren die anfangs im homogenen Verbund angetretenen Stimmen in eine Diversität auseinander, welcher u.a. mithilfe der Insistenz eines viermal auf der Takteins in den Tenores erklingenden *g'* entgegengewirkt wird (Takte 21 bis 24). Nachdem die vorangegangenen Zeilen sich harmonisch nur zwischen *C* und *G* bewegten, muten der Ansatz der vierten auf *F* und zwei Takte danach die plagale Kadenzierung auf *e* harmonisch fast wie ein »Paukenschlag« an, wie eine jähe Öffnung, die nach der engen Kanalisierung zuvor angestaute Erwartungen beantwortet und mit deren Hilfe der Musiker das Hinlaufen der ersten bzw. dritten Strophe auf die jeweiligen Schlußzeilen – »*Streto mi tien mirando il suo bel viso = Fühle ich mich gebannt in der Bewunderung ihres schönen Antlitzes*« bzw. »*Pian pian in suso vanno in paradiso = Sachte, sachte hinauf ins Paradies*« reflektiert.

Wie schon bei den aufführungsbezogenen Überlegungen erweist sich die italienische Fassung als stärker entwicklungshaft, die französische als stärker architektonisch konzipiert.

Nicht zufällig rückt die letztere die – beidseits von Fünftaktern flankierte – Rondeauteilung präzise in die Mitte des Stückes, womit überdies mehr Raum geschaffen ist, den »Einbruch« auf *F* aufzuarbeiten, und sie plaziert das wie auf ein Podest gestellte *es'* der Tenores, ebenfalls zentralsymmetrisch, jeweils im achten Takt nach dem Beginn bzw. vor dem Schluß des Stückes. Angesichts derart vielfältiger Korrespondenzen bedarf es exorbitanter harmonischer Ausschläge ebenso wenig wie besonders prägnanter, bezugsfähiger Formulierungen. In einer schwer nachvollziehbaren Ästhetik des Einverstandenseins (mit Abweichungen tut sich das äethetische Denken allemal leichter) verinnerlicht und aktiviert das Stück vorgegebene Reglements und definiert Art, Dichte und Gewicht tektonischer Bezüge aus der Wechselseitigkeit von Intention und verfügbaren Spielräumen. Du Fays mehrmalige Beschäftigung mit dem Satz spricht für ein sehr spezielles Interesse an dieser Lösung.

Dabei spielen offenbar auch persönliche Veranlassungen eine Rolle: *CATELINE DUFAY* lautet das Akrostichon, das der Verfasser des Textes, für jeden einsehbar, der die Anfangsbuchstaben der Zeilen vertikal liest, in dem Stück untergebracht hat. Sicherlich handelt es sich nicht um einen, sondern, wie bei *MARIA ANDREAS* (s.u.) oder bei *VILLON MARTE* um zwei Namen. Eine Verwandte erscheint im vorliegenden Kontext weniger gut vorstellbar als, daß Du Fay sich mit einer *CATELINE* verbunden und verewigt sehen wollte, welche ihm Anlaß gewesen sein könnte, Huldigungen wie die des italienischen Textes – »*I ochi trapassa tutti dei altri e'l viso / Con sì dolce armonia, / Che i cor nostri se'n via / Pian pian in suso vanno in paradiso = Die Augen übertreffen die aller anderen, und das Antlitz / Spiegelt so süße Harmonie, / Daß unsere Herzen sich / Sachte, sachte hinauf ins Paradies getragen fühlen*« – musikalisch nachzuschreiben; welche vielleicht ihn veranlaßt hat, eine Vierzeilenstruktur zu einer fünfzeiligen umzukomponieren?

Derlei Spekulationen erscheinen legitim, weil es nicht irgendjemand gewesen sein kann, mit dem Du Fay sich da präsentierte und dessentwegen er jenes Moment nahezu rechtskräftiger Bestätigung in Anspruch nahm, welches seinerzeit solchen Verewigungen – in Dichtung, Musik, Malerei – innewohnte; das Akrostichon war die üblichste poetische Kundgabe halböffentlicher Geheimnisse[40]. Deren diskrete Indiskretion, dazu der blaß-hypothetische Schatten einer Frau, die Du Fay mit den Weihen des *grand chant courtois* versah, geben über derlei Angelegenheiten auf ihre Weise genauere Auskunft – z.B. über das schwierige Abwägen von humaner Toleranz und klerikaler Disziplin – als sogenannte »positive«, die investigative Neugier abfütternde Fakten. Das gälte selbst dann noch, wenn eine Cateline Du Fay identifiziert werden könnte und wir sie für die vorgeschlagene Erklärung nicht mehr zur Verfügung hätten.

Dieses Akrostichon ist nur eines von etlichen, die sich bei Du Fay, auch in Motetten, finden und reale Bezüge auf Personen, Umstände, musizierende Gesellschaften etc. bezeugen. Wie bei *CATELINE* wissen wir nicht, wer *FRANCHOISE* ist, die wir aus *Franc cuer gentil* herauslesen, wer *JEHAN DE DINANT* in *Je veuil chanter*, *MARIA* und *ANDREAS(Q)* in *Mon cuer me fait* oder *PERINET*, mit dem gemeinsam Du Fay sich in *Ce moys de may* nennt[41] – bei ihm handelt es sich vermutlich um den Verfasser des Textes. Wenigstens in einem Falle wissen wir dank der Jagd auf Pfründen mehr: In der dritten Strophe des Rondeaus *He, compaignons, resvelons nous*[42] nennt Du Fay gleich neun »*compaignons*«, auf deren Wohl er trinkt – »*Huchon, Ernoul, Humblot,*

40 Vgl. u. a.. bei Robert Morton *MARIE M(O)RELET* im Rondeau *Mon bien ma joyeux,* bei Antoine Busnoys *JAQUELINE DAQUEVILLE* im Rondeau *Je ne ouis vivre ainsy, A IAQVELINE* im Rondeau *A vous sans autre,* oder im Schedel-Liederbuch (Nr. 143) *MAGDALEN* in *Man singt vund sagt von frauen vil*

41 In der Reihenfolge der Nennung VI/74, 37, 54 und 39; nicht ausgeschlossen, daß *PERINET* identisch ist mit dem Komponisten Pierre Fontaine

42 VI/49

Henry, / Jehan, Francois, Hugues, Thierry, / Et Godefrin« –, und fünf von ihnen tauchen in einem auf den 8. Juni 1423 datierten Schreiben auf, in dem der in Pesaro herrschende Malatesta de Malatestis, Vater der früher erwähnten Cleofe, den Papst um Pfründen für Mitglieder seines Hofes bittet[43], Arnold und Hugo de Lantins, vermutlich Brüder (= »*Ernoul*« und »*Hughes*«), Johannes Humblot (»*Hunblot*«), Didier Thierry (»*Thierry*«) und möglicherweise – der Vorname begegnet allzu häufig – Johannes Radulphus (»*Jehan*«); vielleicht kommt als sechster François Lebertoul (»*Francois*«) hinzu[44], dessen Werküberlieferung in diesen Rahmen passen würde. Daß Du Fay in dem Gesuch aus Pesaro nicht genannt wird, spricht für eine Tätigkeit im nahebei liegenden, vom Malatesta-Bruder regierten Rimini; die Höfe waren klein und teilten sich in die Musiker, solange die Familienzweige noch nicht im Streit lagen.

Zu den oben angesprochenen fünf Mailiedern kommen zehn Neujahrslieder[45], deren Reihe irgendwelche feste Gepflogenheiten – wo? – vermuten läßt; in dem vermutlich dem gerade eben verstorbenen Binchois gewidmeten Rondeau *En triumphant de crudel deuil*«[46] zitieren Text und Musik, weil »*Et ne scaroy mon mal descripre / Ne dire a nul dont je me deuil = Und ich weiß nicht, wie ich mein Leid beschreiben soll / Noch zu sagen, worum ich trauere*«, den toten Kollegen – womit möglicherweise Du Fay die bis heute fortgeführte Reihe von Epitaphen von Musikern für Musiker eröffnet hat, in denen der Tote selbst noch einmal spricht[47]. Ebenfalls in die späte Zeit gehört das Rondeau *Vostre bruit et vostre grant fame*[48], bei dem Du Fay sich durch die *rimes equivoquées* (»... *d'ame / ... dame*) der ersten zwei Zeilen und durch die Formulierung »*je vous tiens et tendray = Meine Dame, ich halte Euch und werde Euch halten*« zu einer Beschwörung des Immergleichen anregen ließ – immerfort geht es, als solle das »Halten« der Dame musikalisch zu einer Umschlingung gemacht werden, in engschrittigen, imitativ verschränkten Linien auf und ab. Zu den mit Allegorien des Rosenromans bestückten Texten gehört u.a. *Donnés l'assault*[49]: »*Jalousie*« hat um die Rose eine »*forteresse – Festung*« errichtet, der Liebende muß »*Pitié, Mercy et Courtoisie = Mitleid, Erbarmen und Höflichkeit*« bitten, zu Hilfe zu eilen – und dies tut auch die Musik: Wo immer der Satz es erlaubt, wird zum Sturm geblasen, tönt es dreiklängig-signalhaft, im Tenor zu Beginn gleich zwölf Takte lang. *Dona gentile*[50], wohl die späteste Chanson mit italienischem Text, reflektiert die Entwicklungen des Komponierens nicht nur darin, daß sie von anfangs betonter Zeilengliederung zu Fluß und Kontinuität fortstrebt (das geschieht in etlichen Rondeaus), sondern auch, indem sie die strengen Verpflichtungen auf die *forme fixe* des Textes kündigt und die erste Hälfte der schließenden vierten Zeile wiederholt: Mit dem eindringlich-syllabisch deklamierten »*Datime secorso = Gewährt mir Hilfe*«, dank der Imitation von Tenor und Superius viermal erscheinend, bricht es, ähnlich wie *Adieu m'amour*[51], zu einer deklamativen Unmittelbarkeit durch, welche das folgende Jahrhundert sich polemisierend gutgeschrieben hat. Meinte Du Fay sprengenden Momenten zuvorkommen zu müssen, indem er den Hilferuf »*Datime secorso*« als Verkürzung und rhythmische Aktivierung der eröffnenden Wendung »*Dona gentile*« melodisch einband?

---

43 Planchart 1988, S. 124 ff.; Lütteken 1993, S. 218 ff.

44 VI/26, 30, 32, 33, 38, 52, 53, 58, 59 und 63

45 Fallows 1982, S. 54

46 VI/72, in der Ausgabe 1964 unter den falschen Anfangsworten »*je triomphe de* ...«, vgl. Fallows 1990

47 Vgl. u .a. die *Déplorations* der Generationen nach Du Fay, jedoch auch Haydns Sinfonie Nr. 98 mit dem Zitat aus Mozarts KV 551 oder, allgemeiner gefaßt, Bruckners Requiem für Wagner im Adagio der Siebenten Sinfonie

48 VI/83

49 VI/70

50 VI/8

51 Vgl. Kap. XVIII, S. 256 ff.

Weitere, nicht weniger gegensätzliche Beispiele ließen sich anführen als Zeugnisse des Bestrebens, Anlässe und Konstellationen, wo und wie immer möglich, in die Musik hereinzuholen. Allen hermetischen Verdächtigungen entgegen, zu denen die nachstilisierte hohe Minne und die Orthodoxie der *formes fixes* wohl Anlaß geben, ist Du Fays Chanson durchlässig. Wie wenig dem beizukommen ist mit der Alternative Konvention versus Realismus – eines ebenso schwer entbehrlichen wie vernutzten Begriffs –, illustriert u.a. die scheinhafte Paradoxie, daß der vorandrängende, experimentell beunruhigte Du Fay der traditionellen isorhythmischen Motette eine wunderbare Spätblüte bescherte und der von einem Zeitgenossen als *»père de joyeseté«* gefeierte Binchois viel stärker auf überkommene Normative verpflichtet blieb.

Es kann nicht nur mit Lebensgang und Ansehen zusammenhängen, daß wir bei Du Fay mehr Veranlassungen zu Kompositionen kennen als bei allen anderen Zeitgenossen zusammen, nicht zu reden von etlichen recht genau eingrenzbaren Konstellationen und Umständen. Daß er Verpflichtungen hatte (die hatten andere auch), innerhalb derer Aufträge nahelagen; daß er möglicherweise den Ruf genoß, es gern, gut und gegebenenfalls rasch zu machen; daß das Geflecht der prominenten Bekanntschaften und Freundschaften – der Dreißigjährige redet einen Fürsten als *»Mon chier amy«* an[52], Amadeus von Savoyen nennt ihn seinen *»dilectus filius«* – hilfreich war oder, daß man große Anlässe durch einen großen Musiker wahrgenommen wünschte, sind Teilantworten, welche den privateren Bereich der Chanson fast nur bei Balladen betreffen. Doch gerade hier, wo überkommene Reglements des Kleinformates wegen stärker spürbar bleiben, übt Du Fay jene Durchlässigkeit ständig; viel weniger als bei Binchois lassen seine Kantilenensätze sich in Gruppen zusammenfassen und konzentrisch um einige Prototypen herumordnen, Bestimmungen und Begrenzungen der Genres bzw. der *formes fixes* geraten ins Schwimmen – insofern erscheint die mit *CATELINE* verbundene Kontrafazierung paradigmatisch.

Craindre vous veuil, *Or pleust a Dieu*[53], *Resvelons nous*, *Navré je suis*, *Entre vous*, *Las que feray*[54], *Je veul chanter*, *Adieu ces bons vins*, auch manche anlaßbedingt teilweise aus der Norm fallende Chanson – die Auswahl ist zufällig, jedes genannte Stück gegen ein ähnliches austauschbar – stecken in ihrer Vielfalt und Gegensätzlichkeit einen Ambitus der Gestaltungs- und Wirkungsweisen ab, den, aller Gravitation zu idealtypischen Mustern entgegen, nur der Pauschalbegriff *cantiones* = Kantilenensätze abzudecken imstande ist. Trotzdem scheint *Vergene bella* nicht nur des geistlichen Textes wegen im sechsten Band der Gesamtausgabe fehl am Platz[55], ebenso die auf den Fall von Konstantinopel geschriebene *Lamentatio Sanctae Matris Ecclesiae*[56]- wo aber gehören sie hin? Bei den Balladen überwiegen individuelle, abweichende Lösungen ganz und gar, die einstmals so wirkungsstarke Norm bindet die unter dieser Kategorie vereinten Stücke kaum mehr zusammen. Welche Gemeinsamkeiten mit Ausnahme der äußerlichsten gäbe es zwischen den für die Malatesta komponierten Stücken, dem Preislied für den Frieden schließenden Niccolò III. d'Este[57] oder der mindestens textlich auf ein Volkslied zurückgreifenden Ballade *La belle se siet*[58]? Anderswo baut Du Fay in einem vierstimmigen Satz drei Texte übereinander, die sich wechselseitig persiflieren[59]; ungleich schärfer

52 VI/15, möglicherweise im Namen des Papstes, s. Kap. IV
53 S. unten Kap. XXI, S. 293 ff.
54 a.a.O.
55 VI/5; vgl. Kap. IX, S. 105 ff.
56 VI/10, vgl Kap. XIX, S. 270 ff.
57 *C'est bien raison*, VI/16, vgl. Kap. XIX, S. 261 ff.
58 VI/12
59 VI/25

noch die Persiflage, wo er[60] – in der Motettenchanson oder Chansonmotette (?) *Iuvenis qui puellam* – die umständlichen Dispute des Basler Konzils verspottet. Fast scheint es, als könne er garnicht genug Wirklichkeit, Wirklichkeit jeder Art, in den vermeintlich hermetischen Bezirk hereinholen und habe eine Mozart vergleichbare Freude daran gehabt, Erlebtes und Erfahrenes möglichst direkt zu Musik zu machen.

Wer vermöchte zu sagen, ob und inwiefern die Nötigung, eine derart bunte Fülle des Lebens in derart strenge Maßgaben hineinzuspiegeln und mit ihrer Hilfe festzuhalten, nicht durch Endzeiterwartungen verstärkt worden sei, welche, im Jahrhundert vor Du Fay üppig bedient und wuchernd, das Hier und Jetzt in die Perspektive einer Gnadenfrist rückten und der Musik, gerade auch der fröhlichen, als einer *meditatio mortis* besonderen Stellenwert verschafften? Die Paradoxie einer Bewahrung im vergänglichsten Medium mag angesichts des bevorstehenden Endes der Zeiten besondere Leuchtkraft besessen und auch alltäglichen Gegenständen den Schimmer der Transzendenz geliehen haben. Hierüber zu befinden ist uns nicht nur verwehrt, weil unsere Endzeitgefühle, wenn überhaupt, von sehr anderer Art sind, sondern auch, weil wir bei den Hintergründen der Eindringlichkeit, mit der alte Musik Glanz und Elend, Höhen und Tiefen des damaligen Lebens zur Sprache zu bringen vermag, nicht unterscheiden können zwischen den von jener Gnadenfrist herkommmenden Verschärfungen und den Wirkungen eines allemal mitklingenden, durch mehr als 500 Jahre Abstand geschaffenen, jede vernehmbare Stimme mit Zeugnisrechten beschwerenden Hallraumes.

60 *Iuvenis qui puellam*, VI/9, vgl. Kap. XIX, S. 265

VI. Pfründen

Benefizien, Präbenden, Pfründen – nahezu bedeutungsgleich – sind innerhalb einer geistlichen Institution ein weltliches Kapitel, in einer christlich definierten ein recht unchristliches. Nicht zufällig blieb an der Eindeutschung des Wortes »Präbende« als nahezu einzige Bestimmung hängen – das bestätigen Begriffe wie »Pfründenpool«[1] und »Pfründenmarkt«[2] –, daß man da etwas herausholen könne. Ein pragmatisch dosiertes schlechtes Gewissen mag inbegriffen gewesen sein: »*Wurzel aller Sünde ist die Habgier*«[3] – das kannten die Beteiligten ebenso wie die von beiden Testamenten[4] bis hin zum Konzil von Nikäa (325) und Papst Leo I. festgeschriebenen Verdammungen von Wucherei und Zinsenwirtschaft.

Nicht nur, weil der Pfründenmarkt formaliter hiervon Abstand zu halten suchte, muß die Diagnose »unchristlich« dennoch relativiert werden: »Wenn wir von Pfründenmarkt sprechen, geschieht das im volkswirtschaftlichen, nicht in einem moralisierenden oder polemisierenden Sinn. Das späte Mittelalter hat nun einmal nichts Verwerfliches in der Veräußerung von Pfründen gesehen, die man ähnlich wie Lehen auffaßte und in denen man vor allem die standesgemäße Versorgung suchte, während man das zugehörige Amt als Annex betrachtete, das oft subdelegiert wurde. In einem wesentlichen Punkt unterscheiden sich Pfründen von Lehen: sie sind nicht vererbbar«[5]. Andere Formen halbwegs regelmäßiger Bezüge gab es seinerzeit nicht – deshalb waren Pfründen für den mittleren und niederen Klerus (der hohe war nicht betroffen) »als marktgängige Güter ... begehrt ... wegen des gesicherten Besitzrechtes der Inhaber ... und der gesicherten Verbindung eines bestimmten Einkommens ... mit dem Amt«, darüber hinaus »wegen der damit verbundenen nichtmateriellen Güter wie Beziehungen, politische Macht und Rang«[6]. Die Sonderregelung der *in absentia* innegehabten Pfründe – Du Fay oder Nikolaus von Kues[7] z.B. haben sie ausgiebig in Anspruch genommen – zeigt, wie klein die seelsorgerlichen Pflichten geschrieben werden konnten, nicht zu reden von anderen Verantwortungen des für eine Gemeinde, eine Kirche, einen Sprengel, mindestens eine bestimmte Funktion zuständigen Inhabers. Die klerikale Moral war robust genug, um nach oder gar vor dem erwarteten Hinscheiden eines Pfründenbesitzers makabre Wettläufe um seine Nachfolge zuzulassen – wer zuerst kommt, mahlt zuerst –, gegebenenfalls gefährliche Konkurrenten aus der Welt zu schaffen oder zum Krüppel, d.h. amtsuntauglich zu schlagen[8], mindestens aber, um den Vorwurf auszuhalten, die Maßgaben eines Machtkartells resp. einer Versorgungsanstalt hätten die geistlichen weitgehend verdrängt. Wenn viele dasselbe machen, sinken die Hemmschwellen; denen, die nicht mitmachen und für schlechtes Gewissen sorgen, das erfuhr z.B. der heilige Franziskus, sind Ranküne wo nicht Verketzerung sicher.

Andererseits darf man nicht übersehen, daß die Kirche in hohem Maße weltlich verankert und verpflichtet war, es also Anlässe und Vorwände genug gab, die Verwaltung der transzen-

1 Meyer 1991, S. 271
2 Schwarz 1991 und 1993
3 1 Tim 6, 10
4 U. a. Psalm 5; Dtn 23, 19 ff.; Lk 6, 34 ff.
5 Schwarz 1991, S. 249 ff.
6 Schwarz 1993, S. 138 ff.
7 A.a.O., S. 141 ff.
8 A.a.O., S. 149

denten Wahrheiten in erster Linie diesseitig i.e. machtpolitisch zu verstehen – auch daher der Wildwuchs der Privilegien, eines extrem bürokratisierten Systems der Verfilzungen und zweideutigen Gefälligkeiten, das fast jeden Kleriker zum Komplizen machte. Es wäre realitätsfremd, nach Entlastungen zu suchen für den mitunter tief ins Rangeln und Feilschen um Benefizien verstrickten Du Fay. Möglicherweise spielte dabei – auch, da er längst zu Ruhm und Ehren gelangt war – ähnlich wie beim bürgerlich geborenen Nikolaus von Kues das Legitimierungsbedürfnis dessen mit, der trotz päpstlichen Dispenses den Makel des illegitim Geborenen mit sich herumtrug. In seinem Freunde Robert Auclou[9] hatte er zudem ein Vorbild und einen einflußreichen Fürsprecher[10].

Eines solchen, möglichst vor Ort, bedurfte es angesichts des komplizierten Mechanismus der Zuerkennung, bei dem »die Päpste streng genommen keine Pfründe verliehen, wenn sie einer eingereichten Supplik stattgaben, sondern nur einen Rechtsanspruch auf das betreffende Benefiz«[11]. Wenngleich das Wort des Papstes großes Gewicht hatte – und deshalb manche aufwendige, oft vergebliche Romreise eines Antragstellers veranlaßt hat –, war die Zahl der Kandidaten meist viel zu groß, als daß man eine prompte Einlösung der allerhöchsten Fürsprache erwarten durfte. Diese wiederum konnte ohne Gesichtsverlust für den Stuhl Petri schwerlich zu oft erfolglos bleiben; so wurde der Filter einer hochpeniblen Handhabung vorgeschaltet, welche eine genaue Darlegung der persönlichen Situation, der Gründe etc. vorschrieb und heute, soweit Dokumente erhalten sind, sozialgeschichtlich hochinteressante Einblicke eröffnet; nicht zufällig verdanken wir die Auskunft über Du Fays »unordentliche Geburt«[12] einem denunzierenden Petenten.

Im Streit zwischen Rom und ortsansässigen »Kollatoren«, Bischöfen, Stiftskapiteln und weltlichen Herrschern um die Verfügungs- oder Vorschlagsrechte wurde eine salomonische Lösung – die nur zeitweise gültige des Konstanzer Konzils (1418), die ein zwischen diesen und Rom wechselndes Vergaberecht vorsah – späterhin (1448) durch die nicht weniger salomonische ersetzt, nach der die eine Seite in geraden Monaten, die andere in den ungeraden zuständig war. Jeweils nach der Wahl eines neuen Papstes oder Landesfürsten pflegten diese mit einschlägigen Gesuchen überschüttet zu werden und entschieden oft jeweils unter personalpolitischen Gesichtspunkten, welche eher ausnahmsweise kongruierten. Daß die am Ort zuständigen Bischöfe, Domkapitel etc. sich mit Bewerbern oder Inhabern über Einzelheiten, insbesondere Höhe und Besteuerung der Bezüge, selbständig einigen durften, erwies sich oft als wirksame Korrektur einer Handhabung, die abwechselnd von alten Vorrechten, persönlichen Beziehungen, durchsichtigen Nobilitierungen oder Kungeleien, zudem von Bevormundungen durch den Papst oder weltliche Herrscher korrumpiert wurde. Den Widerstand der geistlichen Herren in Brügge gegen die herzoglichen Anordnungen hinsichtlich der Pfründe des nahezu konsequent abwesenden Herrn Du Fay kann man gut verstehen.

Die vermutlich erste von insgesamt mindestens zehn, wenngleich nicht gleichzeitig innegehabten, Pfründen[13] befand sich, im April 1429 verliehen, in Laon, die zweite, zur selben Zeit

9 S. Kap. X

10 Auclou besaß, teilweise neben= und teilweise nacheinander, Pfründen in Amiens, Brügge (wie Du Fay an St. Donatien), Beaune, Bayeux, Lille, Paris (St. Germain Auxerrois und St. Jaques-de-la-Boucherie) und Troyes, war Kanonikus in Besançon, Pisa und an Notre Dame in Paris und hatte weitere Benefizien in den Diözesen von Auxerre, Beauvais, Chartres und Mâcon inne, vgl. Trumble 1988, S. 49

11 Meyer, a.a.O., S. 271

12 Kap. I

13 Übersichten bei Baix und bei Trumble 1988, S. 81

zugesprochene an St. Géry in Cambrai[14]. Dies läßt sich aus Dokumenten vom Ende der zwanziger Jahre ersehen, welche Du Fay überwiegend in Italien verbracht hat; häufig besorgten die Päpste Pfründen für ihre Kapellsänger in deren jeweiliger Heimat. Im April 1430 bereits kommt ein weiteres Kanonikat hinzu – in Nouvion-le-Vineux nicht weit von Laon. Ein viertes, das erste unter dem neugewählten Papst Eugen IV. im April 1431 erworbene an St. Peter in Tournai, scheint Du Fay aus unbekannten Gründen nicht wahrgenommen zu haben. So verbleibt er weiterhin unter den Petenten; die Akten belegen juristische Hakeleien, welche auch der Papst nicht verhindern konnte, am Ende für Du Fay erfolgreiche: Im August desselben Jahres werden ihm gleich drei Kanonikate zugesprochen, ein von vornherein mit einer Pfründe verbundenes in Lausanne, die beiden anderen in Tournai bzw. Brügge mit der Aussicht auf Pfründen. Im Jahre 1434 hat Du Fay die päpstlichen Dienste vorübergehend quittiert; das könnte außer mit politischen Schwierigkeiten Eugens IV. auch damit zusammengehangen haben, daß er dennoch sich nicht ausreichend versorgt empfand. Sein neuer Dienstherr, Herzog Amadeus VIII. von Savoyen, hat alsbald versucht, für ihn eine Pfründe in Versoye nahe bei Thonon am Genfer See zu erlangen; hier aber fehlte die zur Bedingung gemachte akademische Graduierung. Wenig später, im Jahre 1436 – offenbar dank einer päpstlichen Intervention, denn er kann in der Zwischenzeit einem Studium nicht obgelegen haben – taucht Du Fay in den Akten als *baccaleureus iuris* auf. Er hatte also Anlaß, auf den Titel Wert zu legen, auch späterhin; noch auf dem von ihm selbst in Auftrag gegebenen Grabstein ist er zu finden.

Den kaum einjährigen Aufenthalt in Savoyen – im Juni 1435 kehrte er in die päpstliche Kapelle zurück – unterbrach Du Fay für eine Reise in die Heimat. Der dokumentierte Grund hierfür war ein Besuch der Mutter, der nicht dokumentierte mögen Erkundigungen nach einer Pfründe in Cambrai gewesen sein; tatsächlich wurde dort ein Kanonikat frei, weil der Inhaber als Bischof nach Nevers berufen worden war. Der durch *motu proprio* des Papstes vom 3. September 1436 installierte Du Fay muß Anlaß zu Mißtrauen gehabt haben – er war mit der subalternen Ausfertigung der Berufung nicht zufrieden und erbat eine Bestätigung von höchster Stelle, vielleicht auch, weil sein Vorgänger nach Cambrai zurückstrebte. Erst, als ihm das Kanonikat sicher war, verzichtete Du Fay auf die seit 1429 ihm gehörige Pfründe an St. Géry in Cambrai.

Wenig später bemüht er sich um eine an St. Donatien in Brügge, welche ihm allerdings nur geringe Einkünfte und den Beteiligten wenig Freude bringen sollte. Die Reihe der Mißhelligkeiten eröffnet ein Mitbewerber, der sich zu spät meldete und schnell aus dem Rennen war, vielleicht aber der Geistlichkeit in Brügge willkommener gewesen wäre: Denn der neue Inhaber dachte nicht daran, sich hier anzusiedeln, was allerdings angesichts anderweitiger Verpflichtungen und angesichts seines Rufs ohnehin kaum zu erwarten war; lediglich drei Tage im Januar 1442, vier Tage im September desselben Jahres und vier Tage im Oktober 1443 hielt er sich in der Stadt auf, offenbar vor Allem, um fällige Zahlungen einzutreiben. Das mag ihm auch deshalb dringlich erschienen sein, weil sein früherer Dienstherr in Savoyen sich zum Gegenpapst hatte wählen lassen und er den Verlust der dortigen Pfründen fürchten mußte. In Brügge indessen war man nicht gesonnen, seine Abwesenheit mit seinem Ansehen zu entschuldigen, und hatte die Einkünfte, im Widerspruch zu einem vom Herzog erteilten Privileg, kräftig besteuert – daher wohl die drei, vermutlich eher peinlichen Besuche. Du Fay machte, recht formaljuristisch, geltend, daß er von Juni 1439 bis Februar 1440 direkt in Diensten des

---

14 Planchart 1988, S. 129; dieser Untersuchung ist der vorstehende Abschnitt so sehr verpflichtet, daß auf detaillierte Nachweise verzichtet wird

Herzogs gestanden hätte, welcher dies ausdrücklich bescheinigte. Demgegenüber konnte das Domkapitel sich darauf berufen – und versäumte nicht, es zu tun –, daß auch bei einer mit Sonderrechten verbundenen Pfründe gewisse Präsenzpflichten zu erfüllen seien, und verweigerte die Zahlungen mehrmals. Einer späteren Intervention des Herzogs im Jahre 1445 trug es unter der Bedingung Rechnung, in der Angelegenheit nicht weiter behelligt zu werden. Im Oktober 1446 gab Du Fay St. Donatien auf. Die Nachwelt sollte das vor Allem bedauern, weil, hätte er sich späterhin in Brügge aufgehalten, er vielleicht vom demnächst dort ansässigen Hans Memling so wunderbar porträtiert worden wäre wie sein lebenslustiger Kollege Gilles Joye[15].

Nicht nur Streitmüdigkeit, sondern auch ein im Einzelnen nicht durchschaubares Tauschgeschäft scheint bei dem Abschied von Brügge mitgespielt zu haben. Dort wurde der Leiter der burgundischen Hofkapelle, Nicaise du Puis, sein Nachfolger, jedoch kaum für ein Jahr und unter der Bedingung, dem berühmten Kollegen bei der Erlangung der Pfründe an St. Waudru in Mons behilflich zu sein; Du Fay erhielt sie am 17. Oktober 1446, nur zwei Wochen nach Rückgabe derjenigen in Brügge, und muß wohl auf den Eindruck Wert gelegt haben, aus vorausgegangenen Ärgereien gelernt zu haben: Begleitet von seinem prominentesten Kollegen Gilles Binchois reiste er eigens nach Mons und nahm in der Folgezeit mehrmals an den Sitzungen des Kapitels teil. Vielleicht spielte hierbei auch eine Rolle, daß das fortdauernde Schisma ihn zum Verzicht auf die savoyischen Pfründen zwang; immerhin stand er zum römischen Papst in einem persönlichen, vermutlich sogar freundschaftlichen Verhältnis – wie auch zu dessen Gegenspieler, dem einstmaligen Herzog von Savoyen. Dieser zögerte trotz der fatalen Situation nicht, ihn seinen *»dilectus filius Guillermus Du Fay«* zu nennen. Vor allem dem aufgezwungenen Spagat mag zuzuschreiben sein, daß Du Fay im Juni 1446 Eugen IV. ersuchte, die Stundengebete nach römischem Ritus sprechen zu dürfen – da wog die Beschwichtigung ob der wohlbekannten Kontakte mit Savoyen mindestens ebenso schwer wie die liturgische Frage.

Daß Du Fay gleich nach der Abdankung des Gegenpapstes Cambrai in Richtung Süden verläßt, spricht für sich selbst, da das in Rom ausgerufene Jubeljahr und der Termin der Einweihung von Donatellos Antonius-Altar in Padua drängten[16]. Ob es in Savoyen zu einer neuerlichen festen Anstellung gekommen ist, wissen wir nicht – der im Jahre 1457 an Piero de Medici gerichtete Brief, der einzige von Du Fays Hand erhaltene[17], erweckt den Eindruck, als halte er nach einer solchen Ausschau. Drei Jahre zuvor hatte Herzog Louis in Rom um eine Pfründe für Du Fay nachgesucht und eine Zusage erhalten für eine, welche allerdings in Savoyen erst noch gefunden werden müßte. Das scheint nicht gelungen zu sein. So könnte Du Fays Heimreise im Jahre 1458 weniger durch den altersbedingten Entschluß zum endgültigen Rückzug in den vertrauten Wirkungs- und Lebenskreis in Cambrai veranlaßt worden sein als durch Unsicherheiten hinsichtlich eines solide gegründeten Auskommens im Süden – vielleicht außerdem durch Besorgnisse hinsichtlich vernachlässigter Pflichten: Ähnliches wie in Brügge durfte zuhause nicht passieren, gerade, weil man sich dort durch seine Zugehörigkeit geehrt fühlte und in Rücksichtnahme geübt war. Bezeichnenderweise hat Du Fay sich nach 1458 vielfältig in die Pflicht nehmen lassen. Sechzehn Jahre später bezeugt sein Testament einen Mann, der gut ausgesorgt hat[18].

---

15 Dirk de Vos, *Hans Memling. Das Gesamtwerk*, Antwerpen-Gent-Stuttgart-Zürich 1994, S. 124/125

16 Kap. XXIII

17 S. XXIII/XXIV

18 Ein instruktiver Vergleich der von den Testamentsvollstreckern Du Fays und Binchois' vorgenommenen Aufstellungen bei Fallows 1982, S. 216: die Vermögenswerte liegen bei Du Fay knapp zweieinhalbfach über denen von bei Binchois (1822 zu 749), die Einkünfte aus Pfründen mehr als anderthalbfach darüber (2341 zu 1414)

VII. Komponieren ohne Netz: Meßsätze und Satzpaare

Das Terrain ist unübersichtlich. Selbst, wenn ex posteriori als Flucht- und Sammelpunkt unterschiedlichster Lösungen nicht die spektakulärste formengeschichtliche Leistung des 15. Jahrhunderts, die Cantus firmus-Messe, zur Verfügung stünde, müßte die Betrachtung nach Koordinierungen und Grundlinien Ausschau halten – allemal, und schon chronologischer Unsicherheiten wegen, mit dem Risiko, sie suggerierten sauberere Karthographien, als dem Terrain entspricht. Vorsichtig pauschalierend von »frühen Messenkompositionen«[1] zu reden erscheint angemessener als die von vornherein einen defizitären Status anzeigende Benennung »Fragmenta Missarum«[2].

Je umfassender die Darstellung jenen Fluchtpunkt in Anspruch nimmt, desto mehr läuft sie Gefahr, eine Zwangsläufigkeit und Einsträhnigkeit der Entwicklung zu suggerieren, welche die meisten – und sehr gewichtige – Kompositionen im ersten Drittel des 15. Jahrhunderts, darunter von Du Fay etwa neun Satzpaare und knapp 20 Einzelsätze, als Präliminarien mit dem Stigma des Noch-nicht versieht und zyklusbegünstigende Momente generell höher bewertet als zyklushemmende. Solche werden bei den originellen und individuell zugeschnittenen besonders häufig begegnen, eben denen, die neue Gestaltungsmöglichkeiten im Umgang mit den Meßtexten erkunden und erweitern; nach Maßgabe jener Zwangsläufigkeit wären sie bestenfalls als Seitenwege approbiert. Wohl auch solcher Erkundigungen wegen verhielten kontinentale Musiker sich zunächst gegenüber den aus England kommenden Anregungen im Hinblick auf zyklische Verklammerungen schwerhörig und gaben das Komponieren einzelner Sätze oder Satzpaare keineswegs sofort auf, nachdem der Königsweg der Cantus firmus-Bindung gewiesen war.

Überhaupt bliebe bei einer einseitig auf die Zyklusbildung orientierten Betrachtung rätselhaft, weshalb man diesen Weg vergleichsweise spät ging, weshalb nach den Meßzyklen des 14. Jahrhunderts (Tournai, Barcelona, Besançon, Toulouse), vor Allem nach der *Messe de Nostre Dame* von Machaut (1364) eine »zweite Genese der Gattung«[3] , fast sogar eine dritte – »the experiments of the 1420s apparently led nowhere«[4] – vonnöten war, rätselhaft um so mehr, als jeder Kleriker die wichtigste Vorlage im Bereich des einstimmigen Chorals kannte, das franziskanische Graduale von 1251[5]. Auf die Idee, die Sätze des *Ordinarium missae*, abgehoben zwar von der liturgischen Ordnung, nicht jedoch im Widerspruch zu ihr, zu einem Ganzen zusammenzufassen, mußten die Musiker nicht neu gebracht werden; offenbar waren sie an ihr zunächst nur partiell oder gar nicht interessiert.

Im Übrigen hätte ein innerästhetisches Interesse allein den Ausschlag nicht geben können – allzu weit über die Grenzen des Machbaren schießt es generell selten hinaus. Im kirchlichen Ritus z.B. begegneten von den Ordinariums-Sätzen *Kyrie, Sanctus* und *Agnus* schon deshalb häufiger, weil das *Gloria* zur Fastenzeit nicht gesungen wurde, das *Credo* Sonntagen

1 Bockholdt 1960; entsprechend bei Fallows 1982 Kapitel XIII (S. 165 ff) *The early Mass music*

2 So der Titel des Bandes IV der GA; auch van den Borren 1926, u.a. S. 153 ff., spricht von *»fragments de messe«*

3 Körndle, S. 154, in: Leuchtmann/Mauser (Hrsg.) 1993

4 Fallows, a.a.O., S. 173

5 Chew 1972

und Festtagen und vielerorts mehrstimmige Musik generell festlichen Gelegenheiten vorbehalten war. Nicht zufällig zeigt sich der für die Nobilitierung der Cantus firmus-Messe zuständige *locus classicus* darauf angewiesen, den Abstand zur Liturgie übermäßig zu betonen: »It takes a very bold and independent mind to conceive the idea that the invariable parts of the Mass should be composed not as separate liturgical items, but as a set of five musically coherent compositions ... This idea, which is the historical premise of the cyclic Ordinary, betrays the weakening of purely liturgical consideration(s) and the strenghthening of essentially aesthetic concepts ... We discover here the typical Renaissance attitude ... The beginnings of the Mass cycle coincide with the beginning of the musical Renaissance«[6].

Freilich läßt sich die Frage nach anderen als ästhetischen Prioritäten oft schwer beantworten, setzt dies doch Kenntnisse der jeweils näheren Umstände voraus, über die wir nur ausnahmsweise verfügen[7]. Daß Musiker zunächst Anlässe bedienen und erst danach kompositorische Tendenzen, ist ein Allgemeinplatz, dessen man sich, sicher Gewußtes allemal wichtiger nehmend, gerade dann neu versichern muß, wenn man vom einen viel und vom anderen wenig weiß. Wer vermag zu beurteilen, ob für Du Fay, als er (nicht der einzige[8]) in ein *Gloria-Credo*-Satzpaar[9] durchaus unheilige Liedchen einbaute, als er, genauso unheilig, den *Gloria*-Text zwei simplen, über einem fanfarenhaft dreiklängigen *pes* in einer »*Fuga duorum temporum*« verlaufenden Stimmen gab[10] oder beim *Sanctus papale* (s.u.) antiphonisch disponierte, überhaupt eine Rolle spielte, daß derlei sich schwerlich auf alle fünf Sätze des Meßordinariums übertragen ließ; ob er eigene Intentionen veruntreut empfand, wenn in einer Handschrift ein von ihm stammender Satz, sofern es bei Stimmdisposition und -lagen, Tonart und Mensurordnung nur einigermaßen paßte, mit Sätzen anderer Komponisten zu einem Zyklus zusammengestellt und in einer anderen ein Satzpaar der systematischen Reihung von *Kyrie, Gloria, Credo, Sanctus* und *Agnus Dei* zuliebe auseinandergerissen wurde! – in den Chorbüchern *Cambrai 6* und *11* könnte das gar unter seinen Augen geschehen sein. Kommt hinzu, daß die kompositorischen Lösungen beim *Kyrie* bzw. bei den oft paarig konzipierten *Gloria/Credo* und *Sanctus/Agnus* weit auseinander lagen – das, ohnehin am häufigsten gebrauchte, *Kyrie* in seiner liedhaften Dreiteiligkeit in einer irreführend als »Gebrauchsmusik« charakterisierten Richtung, wohingegen *Gloria* und *Credo* dank der Gemeinsamkeit umfangreicher parataktischer Texte und *Sanctus* und *Agnus* dank der mehrmaligen Anrufungen allemal unter weitgreifende Ansprüche gestellt waren.

Dergestalt von der Liturgie nur halb, von der Textstruktur nicht nahegelegt, mußte der Zusammenschluß, ehe das kompositorische Interesse sich entzündete, von außen angeregt und befördert werden – durch besondere, auf einen Schutzpatron, Heiligen oder auf die Jungfrau bezogene, weitgehend von der Liturgie unabhängige Anlässe, vielleicht auch durch Fürstenhochzeiten[11]. Die dadurch zumeist eröffnete Möglichkeit mehrmaliger, weil nicht an die Station im Kirchenjahr gebundener Aufführungen kam den hochgesteckten Ambitionen ebenso zustatten, wie diese sie beantworteten und rechtfertigten.

* * *

6 Bukofzer 1950, S. 218

7 Wichtige Aspekte bei Chew, a.a.O.

8 Strohm 1993, S. 172/73

9 GA Band IV, Nr. 4

10 *Gloria »ad modum tubae«*, GA Band IV, Nr.22, ein Stück, welches wohl auch seinerzeit nur bei instrumentalem Vortrag dem Verdacht derbster Persiflage entgehen konnte, vgl. Kap. XIV, S. 175 ff.

11 Kap. IV und XXIV

Herausgehobene Anlässe mögen auch mit zwei von Du Fay stammenden, vierstimmigen *Gloria-Credo*-Paaren[12] verbunden gewesen sein, »großangelegten motettischen Stücken von höchstem Anspruch«[13], welche ebensowohl als Stellvertretung einer Festmotette vorstellbar erscheinen (wenngleich diese den Anlaß allemal präziser treffen kann), wie sie Beispiele eines musikalischen Procedere liefern, das ohne Stützung durch altbewährte kompositorische Maßgaben den Texten ungeschützt gegenübertritt – insofern Zeugnisse einer mit großen Risiken verbundenen musikalischen Situation; nicht zuletzt in deren Zeichen sollten derlei Stücke gesehen und verstanden werden. Beim zweiten der Paare könnte Du Fay sich eines Anhaltes versichert haben – die ersten vier, in *Gloria* und *Credo* gleich lautenden Takte (Beispiel 1 a) ähneln auffällig denjenigen der *Missa Verbum incarnatus* von Arnold de Lantins, welcher wahrscheinlich, wie sein Bruder (?) Hugo, bei den Malatesta Du Fays Kollege war und über den Jahreswechsel 1431/32 hinweg sechs Monate gemeinsam mit ihm in päpstlichen Diensten stand. Freilich gibt Du Fays Gebrauch solcher »Versatzstücke« – man ist an die Wiederholung mancher Figurenkonstellationen und -haltungen in der Malerei jener Zeit erinnert – auch zu verstehen, daß man mit ihrer Bewertung vorsichtig sein sollte.

Beispiel 1 a bis c

Wenn er die vier Takte Beispiel 1 a zu Beginn des *Credo* genau wiederholt, ähnlich in beiden Sätzen die zwei letzten Takte der jeweils ersten Abschnitte (Takte 53 ff. bzw. 50 ff.), und wenn er bei beiden die unmittelbar anschließenden Anfänge der im Tempus perfectum stehenden

12 GA, Bd. IV, Nr. 4 und 5, das zweite Satzpaar bei Bockholdt 1960 im Editionsteil *Gloria 10* und *Credo 3*
13 Finscher in: Finscher (Hrsg.) 1989, S. 205

Abschnitte (Takte 56 ff. bzw. 53 ff.) weitestmöglich anähnelt (Beispiele 1 b und c), signalisiert er die Zusammengehörigkeit unzweideutig; nicht weniger, wenn er das ungewöhnliche Verfahren, eine Scharnierstelle beidseits durch Entsprechungen zu umschließen, auch beim Übergang vom *Gloria* ins *Credo* anwendet: In diesem ist der »Nachsatz« zu den vier Takten Beispiel 1 a deutlich bezogen auf die soeben verklungenen letzten *Amen*-Takte im *Gloria* (vgl. die Beispiele 2 a und b), ein Anklang, dem das selten zu *as* alterierte *a* besonderen Nachdruck verleiht[14]. Das am Ende des *Credo* in einer ähnlichen Textur wiederkehrende *as* (Beispiel 2 c) zeigt wohl einen bewußten Rückgriff an – plausibel um so mehr, als im *Credo* den zwei mit dem *Gloria* korrespondierenden Großabschnitten ein eigener dritter im Tempus imperfectum folgt (»*Et in spiritum* ...«, Takte 123 ff.) –, läßt sich hingegen als solcher kaum wahrnehmen. Daß ihn das nicht sonderlich interessiert, scheint Du Fay am Verhältnis der Takte 13 bis 20 des *Gloria* zu den Takten 19 bis 28 im *Credo* zeigen zu wollen – in deren fast punktgenaue Kongruenz läuft er weich, wie unversehens hinein und löst sie auf gleiche Weise auf. Das könnte man »elegant« nennen, wäre damit nicht an der tief gelegten Schwelle zwischen einer allgemein stilistisch bedingten und der einer nur diesem Satzpaar gehörigen Sprachlichkeit vorbeigesehen, bestätigt noch dadurch, daß die beiden Textverläufe (»... *Adoramus te. Glorificamus te*«; »... *Et ex patre natum ante omnia saecula*«) keineswegs zu parallelen Gestaltungen einladen: die zwei melodischen Abgänge des ersten Cantus sind offensichtlich vom ersten inspiriert.

Beispiel 2 a bis c

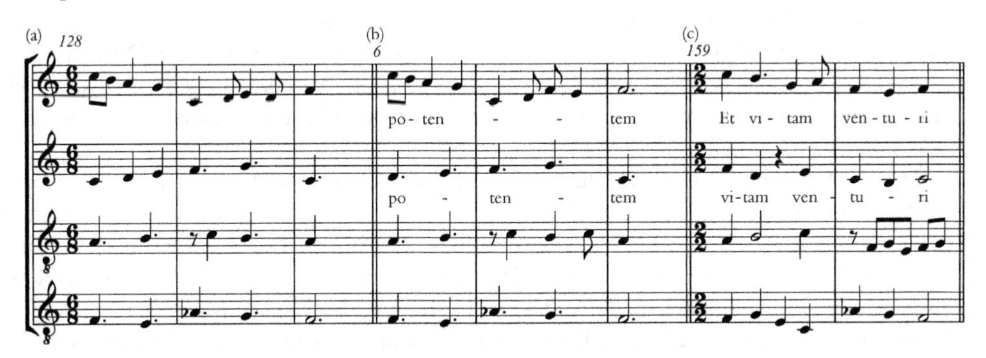

Als sei es Du Fay um ein besonders spannungsreiches Verhältnis von Rückbezug und Fortgang zu tun gewesen, laufen die beiden Sätze, anders als bei vergleichbaren Satzpaaren, in der Großgliederung auseinander. Nach zwei ihnen gemeinsamen, ähnlich dimensionierten und (s.o.) identisch beginnenden Abschnitten in Prolatio- bzw. Tempus-Bewegung kehrt das *Gloria* in einem weit ausgesponnenen, die Stimmen habituell einander annähernden *Amen* zur Prolatio zurück und endet, gewiß nicht zufällig, genau bei der Konstellation der Töne (*f-c'-f'-c''*), mit der es begann. Dies geschieht auch im *Credo*, jedoch nicht, wie man erwarten könnte, am Schluß eines mit dem *Gloria* vergleichbaren *Amen*-Teils, sondern eines Noemas mit vier, im zweiten Cantus fünf Fermaten, einem Innehalten entsprechend dem im *Gloria* zweimal (Takte 42 bis 45, 91 bis 94) mit den Worten »*Jesu Christe*« und dem im *Credo* mit »*ex Maria virgine*« verbundenen – als eine Entsprechung, deren Nachdruck auch daher rührt, daß durchaus nicht immer diese Texte mit einem Noema verbunden waren und die hiermit gesetzten Punkte der

14 Strohm, a.a.O., S. 175

Einkehr, unregelmäßig verteilt, angesichts frei flottierender Stimmcharaktere und -funktionen auch im musikalischen Verlauf als Bündelungen besonderes Gewicht haben. Nicht nur, weil es abschließt, muß das *Amen*-Noema abfangen, sondern auch als Flucht-und Endpunkt einer strukturellen Dynamik, kraft deren das *Credo*, bei »*Et in spiritum sanctum* ...« ins Tempus imperfectum diminutum übergehend, aus der Parallelität zum *Gloria* ausschert und zu den Worten »*Et vitam venturi saeculi*« eine musikalische Entsprechung auszuspinnen beginnt, welche an das ausbordende *Amen* im *Gloria* erinnert. Als einer knapp bewältigten Schlußkurve eignet dem innehaltenden *Amen*-Noema einige formbezogen »dramatische« Stimmigkeit.

Der Kleinarbeit indes wird durch solche übergreifenden Dispositionen wenig abgenommen, wenn diese wie hier kaum in die Konfiguration des Satzes hineinwirken und dessen Formalitäten, Untergliederungen etc., in denen sich die Hierarchie der Stimmen bzw. ihrer Wichtigkeiten niederschlägt, zurückgenommen bzw. geschwächt erscheinen. Zwei Cantus wetteifern im Textvortrag und bleiben wenigstens in hergebrachter Weise auf den Tenor als das Fundamentum relationis bezogen, welcher mitunter selbst am Textvortrag teilnimmt – nicht jedoch, obwohl lebhafter bewegt, der Contratenor. Dieser sorgt für Überbrückungen, welche besonders wichtig erscheinen, weil Du Fay das Ganze einerseits in liedhafte Einheiten auflöst, andererseits aber den damit verbundenen Zäsurierungen im Interesse einer übergreifenden Kontinuität entgegenwirken muß. Immer wieder schließen sich liedhaften, oftmals viertaktigen Gruppen (z.B. in den Prolatio-Teilen im *Gloria* die Takte 1 ff., 12 ff., 21 ff., 29 ff., 46 ff., im *Credo* die Takte 1 ff., 14 ff., 29 ff., 37 ff., 43 ff.) weiter ausgesponnene Beantwortungen an, was auf mehrzeilige, halbwegs in sich geschlossene Unterabschnitte hinausläuft (im *Gloria* z.B. die Takte 1 bis 20, 21 bis 41, und nach dem Noema »*Jesu Christe*« fast in der Qualität eines resümierenden Abgesangs die Takte 44 bis 55, im *Credo* z.B. die Takte 1 bis 28, 29 bis 52), als einer vermittelnden Instanz zwischen dem progredierenden Text und musikbedingten Korrespondenzverhältnissen.

Dergestalt nutzt Du Fay die Erfahrungen des Kantilenensatzes und relativiert sie zugleich – in der Vermeidung allzu prägnanter Wendungen ebenso wie allzu eindeutiger Imitationen; diese begegnen am ehesten bei Neuansätzen (im *Gloria* in den Takten 21 ff. und 84 ff., im *Credo* in den Takten 80 ff. und 115 ff.), viel häufiger hält er es mit diskreten, »ungenauen«, anspielenden. Noch deutlicher und auffallend häufig unterläuft er die Maßgaben des Kantilenensatzes in vielen Verfehlungen, kleinen Verschiebungen im Textvortrag der Cantus; nicht nur sorgen sie, ein Elementarmittel des rhetorischen Wettbewerbs, für eine immerfort deklamativ beunruhigte Kontinuität des Verlaufs, nicht nur halten sie, bequeme Gleichzeitigkeit meidend, die Aufmerksamkeit bei den Worten fest – mithilfe synkopierender und hemiolischer Bildungen mindern sie überdies den Gangunterschied der drei Taktarten, so daß (s.o.) auch einmal eine zunächst im Prolatio-Abschnitt begegnende Passage (*Credo* Takt 6 ff.) im Tempus imperfectum (Takte 159 ff.) zitiert werden bzw. anklingen kann. Du Fay exponiert das in der konsequenten Anwendung auffällige Verfahren gleich zu Beginn (Beispiele 3 a und b, *Gloria*, Takte 5/6 und 12/13), verschiebt mitunter auch Betonungen (Beispiel 3 c, *Credo*, Takte 136/137) oder gebraucht es im Zusammenhang mit »*et resurrexit*« und »*et ascendit*« (Beispiel 3 d, *Credo*, Takte 101 ff.) als Steigerung, nachdem beide Tenores (Beispiel 3 e, Takte 96 ff.) im Gleichschritt einen Quintaufstieg vorformuliert haben.

Wie Du Fay anschließend bis »*ad dexteram patris*«, immer neu ansetzend, am Aufwärts der Stimmen festhält, danach in einem kleingliedrig verzahnten Abstieg (Beispiel 3 f, Takte 109 ff.) eine desintegrierende Zerfaserung des Satzes zuläßt, wie er diese sodann kadenzierend und in der Imitation »*vivos et mortuos*« abfängt und, zum Abschnittsende hinführend, die Verdeutlichung von »*cuius regni non erit finis*« mit einer musikalisch befestigenden Kadenzierung

Beispiel 3 a bis e

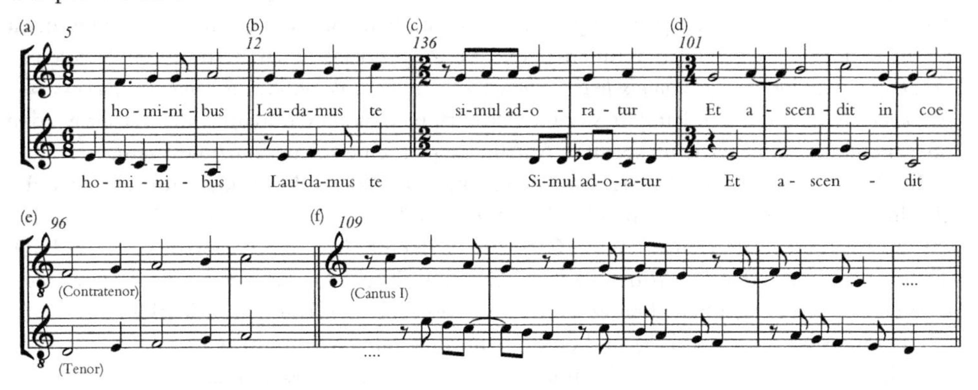

verbindet – das gehört zu den überaus sinnfälligen, im kleinen Rahmen großen Lösungen eines Komponierens, welches die stabilisierenden Verbindlichkeiten eines tenorbezogenen, zeilenhaft geordneten Satzes ebensowohl benutzen wie im Hintergrund halten, mit vielfältigen Wahrnehmungen des Textes versöhnen muß und, ohne Netz operierend, in höherem Maße als ein motettisch regulierter Satz auf je individuelle Lösungen angewiesen ist.

* * *

Im Gegensatz zur genuinen Textlichkeit von *Gloria* und *Credo*, welche aller musikhaften Ordnung fernzustehen scheint, stellen die dreimal drei Anrufungen des *Kyrie* sich nahezu wie ein tropierender Überbau zu etwas ursprünglich Musikalischem dar wo nicht als einer Intention entspringend, an der die Unterscheidung musik- bzw. texteigener Komponenten abprallt. Das potenzierte Dreizahl-Gefüge wirkt als ordnender Rahmen so stark, daß in ihm, ohne seine Identität zu gefährden, unterschiedlichste Gliederungen, Stilistiken und Dimensionen ohne Not unterkommen[15] und, wie weit die kunstreiche Überformung immer gehen mag – etwa in den *Kyrie*-Wundern von Du Fays späteren Messen –, der Abstand zur liturgischen Gebräuchlichkeit allemal geringer bleibt als bei den anderen Sätzen des Ordinariums. Zu dessen vielbeschworener ästhetischer Autonomie gehört nicht zuletzt, daß es einen Bogen beschreibt, indem es mit dem *Kyrie* nahe beim liturgischen Usus einsetzt i. e. sich der rituellen Beglaubigung versichert und nach einer emanzipatorischen Kurve am Ende, mithilfe der strukturellen Ähnlichkeiten zwischen *Kyrie* und *Agnus Dei,* jene Nähe wieder sucht.

Innerhalb der Dreigliederung können einstimmige Intonationen, nicht nur als Echo des liturgieüblichen alternierenden Vortrags, ebenso am Anfang der Abschnitte gesungen werden (»***Kyrie*** – *Kyrie –Kyrie;* ***Christe*** – *Christe* – *Christe*« etc.) wie in der Mitte, sie können die jeweils in der Mitte stehende, polyphon gesetzte Anrufung einrahmen oder auch wegbleiben, wobei die drei Abschnitte zumeist gleichartig behandelt werden, zuweilen[16] die Symmetrie auch weitergehend differenziert wird zur Anordnung »***Kyrie*** – *Kyrie* – ***Kyrie;*** *Christe* – ***Christe***– *Christe;* ***Kyrie*** – *Kyrie* – ***Kyrie***«; die Zeilen können zu großen, subtil differenzierten Bögen ausgezogen oder, wie im *Kyrie* I der Gesamtausgabe[17], mit Ausnahme der letzten auf

15 Eine Kategorisierung der *Kyrie* nach satztechnischen Maßgaben bei Bockholdt, a.a.O., S. 60

16 z.B. »*Kyrie* 7« bei Bockholdt, a.a.O.

17 S. 3, Bockholdt, a.a.O., »*Kyrie 11*«

liedhafte Viertaktigkeit festgelegt sein, womit zumeist in der Konfiguration der Stimmen eine exemplarische Beschränkung auf enge Spielräume einhergeht – das genannte *Kyrie* erscheint hierin kanonisch wie viele Hymnensätze[18]; die Zugehörigkeit zu bestimmten Meßfeiern (*»…fons bonitatis«, »… in summis festivitatibus«, »… de martiribus«, »… in domenicis diebus«, »… paschale«* etc.) kann durch Paraphrasierung der entsprechenden Choralmelodie betont werden oder nicht, und der Satz kann sogar als Annäherung an eine solche konzipiert sein.

Im *Kyrie Fons bonitatis 16* der Gesamtausgabe[19] liegt der Oberstimme zunächst der der gleichnamigen Messe entstammende Cantus zugrunde; im dritten Teil jedoch wechselt Du Fay zur neunten, letzten Anrufung im Graduale über, einer Melodie, welche sich schon durch die höhere Tonlage deutlich von der zuvor benutzten abhebt. Du Fay betont den Unterschied, indem er bei jener sich paraphrasierend eng im vorgegebenen Rahmen hält (Beispiel 4 a, die Choraltöne sind dort markiert) und den Hochton *d"* nur zweimal, im *Christe*-Teil gar nicht, erreicht, welcher in der letzten Anrufung kurz hintereinander sechsmal erscheint (Beispiel 4 b) – angesichts der Empfindlichkeit in Bezug auf Tonreviere nahezu eine andere Tessitura.

Beispiel 4 a und b

Daß alle drei Abschnitte phrygisch-plagal auf *e* enden, benutzt Du Fay ebenfalls, um dem neuen Cantus ein eigenes Podest zu schaffen. Am Ende des ersten *Kyrie*-Abschnittes steigert er die mit der *e*-Kadenz verbundene Überraschung mithilfe einer nur drei Takte zuvor (= 16/17) auffällig herausgestellten Kadenz auf *f* (eine solche auf *e* hat es zuvor ohnehin nicht gegeben, wobei es in allen drei Abschnitten bleibt) und gebraucht den *e*-Klang als »dominantischen« Doppelpunkt vor dem den *Christe*-Abschnitt eröffnenden *a,* einer hier neuen und nirgends sonst an einem Zeilenbeginn oder -ende eintretenden Harmonie. Die Folge *e/a* signalisiert eine weiter reichende harmonische Verlagerung: Über das durch den Cantus vorgegebene Maß hinaus verschiebt Du Fay die Musik dieses Abschnitts in »subdominantische« Richtung, *f*-Klänge treten nun mehrmals und an exponierter Stelle ein (Takte 23, 29, 38, 41), und eine konzise, tonartfixierende Prägung wie die des Tenors in den Takten 38 bis 41 (Beispiel 5 a), Gegenstück zu der wenig später *d* befestigenden (Takte 58 – 61, Beispiel 5 b), war, obendrein deutlich von der Oberstimme sekundiert, zuvor noch nicht begegnet – der intermittierende Charakter der den Abschnitt schließenden phrygischen Kadenz tritt danach stärker in Erscheinung als am Ende des ersten Abschnittes. Wie um vorzuweisen, daß sie einer in Gegenrichtung zerrenden Gravitation abgewonnen wurde, setzt der dritte (Takt 46) wieder auf *f* an, allerdings, um danach im Sinne einer Rückkorrektur resolut *g*, bald auch *d* anzusteuern.

18 Vgl. Kap. XVII

19 Band IV; Bockholdt, a.a.O., »*Kyrie 1*"

Beispiel 5 a und b

Wie viel Vorsicht immer angebracht erscheint, wenn sich Erfahrungen mit späterer Musik allzu stark aufdrängen – diesesfalls mit subdominantischen Bereichen als harmonischen »Intimräumen« und mit der im Vergleich zum *Kyrie* persönlicher intonierten Ansprache des Gottessohnes im *Christe eleison*–, hier mögen sie mindestens als Raster dienen bei der Wahrnehmung von Nuancierungen einer Musik, deren ambitionierte Verinnerlichung des liturgischen Bittrufs tatsächlich für »the strengthening of essentially aesthetic concepts« (s.o.) einstehen könnte. Gewiß begünstigte der melodische Ausgriff der Vorlage, daß man zu Beginn des *Christe* die Paraphrasierung eher vergißt als zu Beginn des Satzes, und daß man hier die Musik noch stärker dem Kantilenensatz angenähert empfindet als zuvor. Diesem Eindruck arbeitet Du Fay überdies zu, indem er die Zeilenordnung auf neue Weise zur Geltung bringt – mit drei Viertaktern im *Christe* (Takte 22 bis 25, 38 bis 41, 42 bis 45) gegenüber je einem in den *Kyrie*-Abschnitten (Takte 4 bis 7, 58 bis 61, vgl. Beispiel 5 b) und einer von dem Motiv 𝄾 ♩ ♪| ♩ ausgehenden kleingliedrigen Zerfaserung, welche anschließend eine komplexhafte Verfestigung nötig macht; dergestalt schwingt das *Christe* zwischen unterschiedlichen Konfigurationen des Satzes deutlicher als die beiden, wie immer gleichfalls in Zeilen gegliederten, *Kyrie*-Abschnitte. Der Rufcharakter des synkopischen Motivs und jene Zerfaserung stützen die Direktheit der im *Christe* dem Gottessohn persönlich zugewendeten Ansprache und helfen der tektonischen Verdeutlichung: Dreimal, jedesmal auf *d'* beginnend, freilich in einer fortgehenden Linie integriert, ist es im Tenor des ersten *Kyrie*-Teils bereits erklungen (Takte 2, 4 und 9), und erscheint auch im dritten Abschnitt, d.h. dem zweiten *Kyrie*-Teil (Contratenor: Takte 51, 56 und 58; Tenor: Takt 55), nun sogar (Takte 54/55) in der Oberstimme. Rückbezug auf den ersten Abschnitt schaffen im dritten überdies vier Dreitaktgruppen an dessen Beginn. Die Wahrnehmung solcher Momente läßt das – neben den meisten anderen *Kyrie*-Sätzen wohl in die Mitte der dreißiger Jahre gehörige[20] – Stück bei je dreimaligem Erklingen der einzelnen Abschnitte und gemäßigtem Tempo dem Hörer genug Zeit.

* * *

»Eins und doppelt« – man wird in der Geschichte der Musik, auch unter den großen antiphonischen Konzeptionen, lange nach einem Stück suchen müssen, bei dem in einer dem *Sanctus papale*[21] vergleichbaren Weise das Werkganze der Doppelung abgewonnen und die Doppelung ins Werkganze integriert ist. Segmentweise schneidet Du Fay das *Sanctus* und das *Ave verum corpus* ineinander[22] und macht sich zunutze, daß man jeden der beiden Texte, obwohl manchmal auch syntaktische Einheiten zerschnitten sind, als Tropierung des anderen verstehen kann.

Zugleich mit der Methode erschließt und exponiert Du Fay stufenweise den Apparat – offenbar zwei *alternatim* singende Chöre[23]: Den Anfang macht als einstimmige Choral-Into-

20 Fallows, a.a.O., S. 178
21 IV/7
22 Schematisierte Übersichten auch bei van den Borren, a.a.O., S. 154/55, und Fallows, a.a.O., S.181
23 Fallows, a.a.O.

nation das erste »*Sanctus*«; ihm folgen zweistimmig die ersten zwei Zeilen des *Ave verum*, diesen dreistimmig das zweite »*Sanctus*«, sodann, ebenfalls dreistimmig, die vierte und fünfte Zeile des *Ave verum* und anschließend vierstimmig das dritte »*Sanctus*«. Mit dieser systematischen Steigerung – das erste *Sanctus* einstimmig, das zweite drei-, das dritte vierstimmig (der *Contratenor secundus* der Takte 52 bis 63 mag additiv erscheinen, muß aber nicht als unauthentisch gelten) – ist Du Fay über das Ziel hinausgeschossen: »Eigentlich« ist das Stück, von unten mit einer Stimme, von oben mit zwei sechsstimmigen Akkorden (Takte 121/122) durch Überschreitungen eingefaßt, dreistimmig, eine Norm, an der die dem dritten *Sanctus* folgenden vier Abschnitte E bis H (s. u.) festhalten. In ihnen setzt sich der Wechsel der segmentierten Texte fort – mit einer Ausnahme: Der siebenten und achten Zeile des *Ave verum* (»*Esto nobis* ...«) folgen sogleich dessen Schlußworte »*O clemens* ...«. Diese Unregelmäßigkeit hebt Du Fay in einer übergeordneten Regelmäßigkeit auf, derjenigen der »verdickten« Beendigungen; wie das *Ave verum* mit zwei aufeinanderfolgenden Abschnitten schließt das *Sanctus* mit drei, wenn man die Intonation und die zweistimmige Passage »*in nomine* ...« als selbständig zählt, mit fünf.

Takte	*Stimmen*	*Mensurierung*			*Gesamtausgabe*
–	1	–	»*Sanctus*«		
1-20	2	O		»*Ave verum* ...«	»A«
21-36	3	O	»*Sanctus*«		»B«
37-51	3	O		»*Vere passum* ...«	»C«
52-63	4	O	»*Sanctus*«		»D«
64-74	3	O		»*Cuius latus* ...«	»E«
75-93	3	C	»*Dominus Deus* ...»		»F»
94-105	3	C		»*Esto nobis* ...«	»G«
106-120	3	O		»*O clemens* ...«	»H«
121-129	4	O	»*Osanna* ...«		»J«
–	1	–	»*Benedictus*»		
130-145	3	C	»*qui venit*»		»K»
146-160	2	C	»*in nomine*«		
161-188	3	O	»*Osanna*«		»L«

Nicht nur, weil die Texte bekannt sind und Sätze unterbrochen werden, tritt die Segmentierung deutlich in Erscheinung, sondern auch musikalisch. Die harmonischen Anschlüsse (*c* an *f*, *f* an *c*, einmal *c* an *g*), scheinen gar, wenn man die *Sanctus*- bzw. *Ave verum*-Abschnitte je für sich musiziert, besser zu passen, so daß man vermuten könnte, Du Fay habe auch diese Möglichkeit offenhalten wollen.

Andererseits erscheint sie praktizistisch, weil er die beiden Bestandteile motivisch verklammert: Die charakteristische Tonfolge am Beginn der *Sanctus*-Intonation (Beispiel 6 a), nicht nur liturgisch, sondern im vorliegenden Zusammenhang auch mottohaft mit »*Sanctus*« verbunden, erklingt nicht, wie man erwarten könnte, in den fortführenden Abschnitten B, D, F oder J, sondern dreimal als Initium der *Ave verum*-Abschnitte A, E und G (Beispiele 6 b, c und d); erst, nachdem das *Ave verum* verabschiedet ist, erscheint es in gleicher Stellung in den *Sanctus*-Abschnitten K und L (Beispiele 6 e und f). Deutlicher läßt sich die Zusammengehörigkeit der beiden Bestandteile kaum demonstrieren, deutlicher die mit dem Austausch des Motivs verbundene Verstörung nicht aufwiegen: Indem das *Sanctus* das Motiv zurückholt, schlägt es im Sinne einer A/B/A'-Form den korrespondierenden Bogen zum Beginn; nicht zufällig

Beispiel 6 a bis f

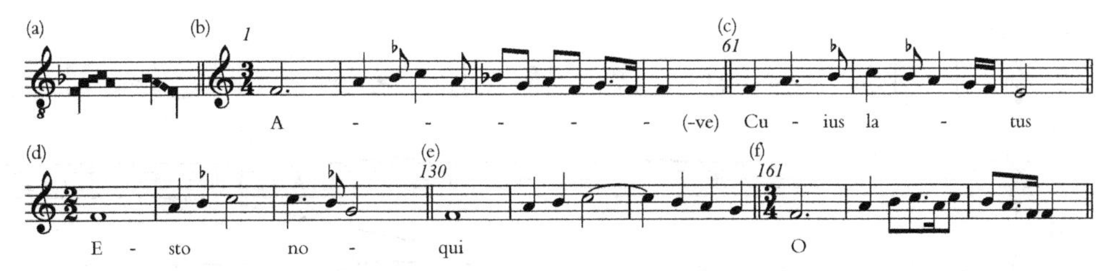

wimmelt es am Ende des Stückes, beginnend mit dem Contratenor-Auftakt zu »*excelsis*« (Takte 179 ff.), von Aufstiegen in Sekundschritten, und nicht zufällig überwiegen Terzaufstiege.

Damit nicht genug. Im Hintergrund des Satzes treibt in verschiedenartigen Kristallisationen ein Cantus sein Wesen – ist Beispiel 7 a das Original? –, welcher melodisch so nahe bei der eröffnenden Intonation liegt, daß die ungelöste Frage der Provenienz[24] viel von ihrem Gewicht verliert. Auffälligerweise fehlt er bei zwei *Ave verum*-Abschnitten (E und H) und einem *Sanctus*-Abschnitt (D) und scheint in den verbleibenden *Ave verum*-Abschnitten (C, F, G, vgl. die Beispiele 7 b, c und d) generell schwächer wo nicht so schemenhaft auf, daß man die Tonfolge kaum noch auf den Cantus beziehen mag. Genau dies könnte zur Konzeption gehören – als diskreter Hinweises auf den additiven, um nicht zu sagen: peripheren Charakter des *Ave verum*-Tropus; wenn es so war, hat Du Fay ihn gut versteckt.

Immerhin verträgt die Disposition sich gut mit dem Großrhythmus im Wechsel der Abschnitte: Der Cantus fehlt außer im letzten *Ave verum*-Abschnitt (H) gerade in den beiden (D und E), welche sich am ehesten als Nachsätze zum jeweils vorletzten Abschnitt darstellen und als direkt an diese anschließend vorstellbar erscheinen, wohingegen der Cantus, schon in den Pfundnoten, sich in den nachfolgenden Abschnitten F und G kompensierend wieder zu Worte meldet, welche aus dem bisher geltenden Tempus perfectum zum Tempus imperfectum ausscheren; die Folge von perfektem Tempus ohne Cantus und imperfektem mit Cantus wiederholt sich bei den Abschnitten J und K; und der weitergeführte Rückbezug mit perfektem Tempus und Cantus (Beispiel 7 g) im Abschnitt L – das Initium Beispiel 6 f einbezogen – bestätigt die mit dem ersten *Osanna* (= J) beginnende Passage als zweiten Großabschnitt der Komposition ebenso wie der Umstand, daß die Beendigung des *Ave verum* bzw. der Beginn des ersten *Osanna* das Ganze annähernd in den Proportionen des Goldenen Schnittes teilen.

Kommt hinzu, daß Du Fay nur hier den Satz in zwei Akkorden zur Sechsstimmigkeit erweitert und die Bezüglichkeit der Stelle zu sichern bestrebt ist, indem er dem *Contratenor secundus* den aufsteigenden Dreiklang des Cantus-Beginns zuteilt. Nachdem der erste Großabschnitt mit dem vergleichsweise bezugsarmen »*O clemens, pie, o Jesu*« (H), zugleich dem einzigen einem ebensolchen (= G) unmittelbar folgenden *Ave verum*-Abschnitt, aus dem Gesamtzusammenhang hinauszulaufen und diesen, i.e. die Einheit in der Doppelung, zu gefährden schien, zieht er dergestalt die Zügel straff und organisiert mit dem verbleibenden *Sanctus*-Text allein nach dem breit aufgefächerten ersten Großabschnitt einen zweiten, welcher als summierende Verdichtung sich ebenso im Nebeneinander von ein- bis sechsstimmigen Passagen und im Festhalten am Cantus (vgl. die Beispiele 7 e, f und g) darstellt wie in der abschließenden

24 Borren 1926, a.a.O.; Reese 1954, S. 62; Bockholdt, a.a.O., S. 96

Beispiel 7 a bis h

Kumulierung des Terzanstiegs und der durch Einschaltung des C-Abschnittes (*Qui venit*, K) herausgestellten ABA'-Form.

Daß bei einem angesichts der außergewöhnlichen Struktur vermutbaren außergewöhnlichen Anlaß die Florentiner Domweihe von 1436 ins Spiel gekommen ist[25], erscheint um so plausibler, als Quellenlage, Notierungsweise und Stilistik auf diesen oder einen nahebei liegenden Zeitpunkt weisen[26]. Auch speziellere musikalische Indizien sprechen für die Domweihe: Ähnlich wie das immer neu zweistimmig ansetzende *Nuper rosarum flores*[27] läßt sich die noch in den Zusatznoten[28] kenntliche Auffächerung der Klangmittel im *Sanctus papale* als musikalische Erschließung des Raumes verstehen, in der gegenchörigen Konzeption es hierin gar übertreffend; und diese Auffächerung, noch spezieller, geht von demselben »englischen Motiv« (Beispiele 6 a bis d) aus wie die Motette (vgl. im Kapitel XV die Beispiele 8 b und 9 a). Weil es in der gregorianischen Intonation Beispiel 6 a vorgegeben war, könnte hier gar der Ausgangspunkt für die Planung beider Stücke vermutet werden, womit das von Gianozzo Manetti panegyrisch gefeierte »Gesamtkunstwerk« des Festgottesdienstes[29] als in besonderer Weise musikalisch konzipiert dastünde.

---

25 Fallows, a.a.O., S. 46; Besseler 1958, S. 6 ff., vermutet als Entstehungsdatum die Jahre in Rom

26 Hamm 1964, S. 89

27 S. Kap.XV, S. 194 ff.

28 außer in den sechsstimmigen Akkorden auch in den Takten 16/17, 49 bis 51

29 Kap. XV, S. 194

Das in der Gesamtausgabe und in einer zeitgenössischen Quelle dem *Sanctus papale* folgende *Agnus Custos et Pastor Ovium* hat bei den Kommentatoren schlechte Karten, seitdem die Zweifel an Du Fays Autorschaft sich fast zur Gewißheit verdichtet haben[30]. Wie u.a. bei einem ähnlich ambitionierten *Kyrie* vermutlich englischer Herkunft[31] muß die Betrachtung einem der Anonymität wegen reduzierten Interesse gegensteuern – auch, weil es sich um eine Komposition handelt, deren Autor die Nähe und den Vergleich mit dem *Sanctus papale* sucht, mittelbar also auch über den Bezugspunkt Auskunft gibt. Daß der Tropus auf die Person des Papstes bezogen ist, daß die Disposition der Stimmen derjenigen der dreistimmigen *Sanctus*-Passagen ebenso gleicht wie die Tonart, und daß beide Cantus einander ähneln (vgl. Beispiel 7 h), läßt eine Bestimmung für denselben Anlaß vermuten. Damit freilich wäre, da die Nähe des *Sanctus papale* zur Festmotette auf ein nicht weit vor den Feierlichkeiten liegendes Entstehungsdatum hindeutet, ein enger Kontakt der Komponierenden, vielleicht gar während der Arbeit, vorausgesetzt – sofern es sich um zwei verschiedene handelte, oder falls nicht – dies die andere, mit der Quellenlage[32] gut vereinbare Möglichkeit –, daß das *Agnus Dei* erst später zum schon vorliegenden *Sanctus* hinzukomponiert worden ist.

Die Verflechtung von Bezugnahme und Gegenentwurf verrät einen konzeptionell ambitionierten Urheber, der im Rahmen der angesprochenen Ähnlichkeiten die Parallelaufgabe – beidemale ein tropierter Meßtext – wo irgend möglich anders zu lösen bestrebt ist. Dafür entleiht er, bei einem Messensatz ungewöhnlich genug, der Motette das isorhythmische Modell und geht mit ihm freizügig um, indem er den – bekannten – Cantus dreiteilt und den ersten Abschnitt einmal durch- und anschließend krebsgängig zurücklaufen läßt, den zweiten zweimal durch, den dritten dreimal. Weil mit den drei Abschnitten die syntaktischen Glieder »*Agnus Dei – qui tollis peccata mundi – miserere nobis*« koordiniert sind, wird der Unterschied der Geschwindigkeiten bei der Vergegenwärtigung des Textes besonders beim Übergang in den zweiten und dritten Abschnitt (Takte 57 bzw. 115) deutlich, welche die beiden anderen Stimmen jeweils mit »*Agnus Dei*« eröffnen, und erst recht am Ende, wo sie mit »*dona nobis pacem*« den Cantus überholen. Da am Anfang »*Agnus Dei*« der Intonation vorbehalten ist, setzen sie hier mit dem tropierenden Text ein, jedoch mit dem der Choralmelodie (vgl. oben Beispiel 7 h) gehörigen aufsteigenden, zudem durch Kolorierung herausgestellten Dreiklang (Beispiel 8 a), welcher anschließend in Langmensur erklingt. Das wiederholt sich zu Beginn des zweiten Abschnitts (Takte 57 ff. = Beispiel 8 b, Takte 65 ff. = Beispiel 8 c), nicht aber im dritten (Takte 115 ff. = Beispiel 8 d), wo dem Komponisten offenbar am Rückbezug auf den Anfang gelegen war, er die damit vermiedene Vorwegnahme des »fälligen« Terzaufganges (Beispiel 8 e) hingegen wettmacht durch Terzaufgänge oder noch weiter geführte Aufgänge bei den meisten Neuansätzen im dritten Teil (u.a. Takte 123/124, 129, 133/134, 150/151, 159, 167, 171, 178/179, 193/194, 197/198 usw.). Dergestalt bringt er gegen Ende hin eine motivische Verdichtung zuwege und hält die anderen Stimmen im Bannkreis des Cantus fest.

Dieser machte freilich auch, gesteigert durch die Langmensur, Probleme. Weil es schwerfiel, ihn als Fundamentum relationis eines Gerüstsatzes zu etablieren, besonders der häufig vertretenen dritten Stufe (= *a*) wegen, verzichtete der Komponist hierauf zugunsten einer Kombination zweier Tenorstimmen, von denen nur eine den Cantus trägt, beide sich jedoch

30 Ausführlich hierzu Bockholdt, a.a.O., S. 98

31 GA, Band IV, Nr. 19

32 Zu dieser Bockholdt, a.a.O.

Beispiel 8 a bis e

die Rolle der Fundamentstimme teilen – »Verstoß« (durch die irreführende Bezeichnung »*Contratenor*« bestärkt), »Defizit« (etliche Cantus-Einsätze auf der fünften Stufe, vgl. die Takte 15, 21, 65, 89 usw.) und Experiment zugleich.

Fast genauso schwer wiegt, daß der Cantus die Musik stark auf den *F*-Bereich fixierte – sofern der Komponist nicht alles daran setzte, die Töne *a* und *d* zum Ausbau von Gegenklang-Bereichen zu nutzen. Daß er dazu kaum Anstalten machte – vorsichtig in der Passage der Takte 33 bis 39 –, könnte man am ehesten ankreiden, wenn hier nicht die Konzeption des Gegenentwurfs zum *Sanctus papale* mitspielte: So ostentativ, wie dort die Collage von Meßtext und Tropus vorgeführt und durch Segmentierung verdeutlicht wird, soll sie hier verborgen und in einem möglichst kontinuierlichen Fortgang aufgehoben werden. Selbst der Unterschied der Mensuren bzw. Gangarten – immerhin werden genau wie im *Sanctus* zwei imperfekte Abschnitte durch drei perfekte eingerahmt – tritt außer bei den Übergängen in den jeweils nächsten Großabschnitt wenig in Erscheinung. In diesem Sinne vorsätzlich verschleiern der Beginn (Beispiel 8 a) das dreischlägige Tempus perfectum und die Kolorierung im Takt 193 die neue Mensur, der Übergang in die Prolatio im Takt 43 wird ebensowenig als Wechsel zu einer neuen Bewegungsform fühlbar wie später (Takte 99 und 11) in der Oberstimme die Übergänge ins Tempus perfectum diminutum, und die übliche Differenz zwischen den motivtragenden, zumeist zweistimmigen Neuansätzen (Takte 57 ff., 115 ff., 139 ff., 166 ff. und 193 ff.) und lebhafter bewegten Zeilenenden erscheint, soweit es sich mit der notwendigen Kompensierung drohender Gleichförmigkeit verträgt, abgemildert.

Diese Tendenz prägt auch die immerfort auf große, variativ bewegte Bögen ausgehende Melodiebildung, Etüden im Nicht-enden-Wollen, in denen sich eine fortspinnende Phantasie von beträchtlichem Vermögen ergeht und anhand der je einzelnen melodischen Prägung, Gruppe oder Zeileneinheit eine Dimensionierung anpeilt, welche man eher mit der Polyphonie der fünfziger Jahre in Verbindung zu sehen gewohnt ist, wenn nicht eben mit *Nuper rosarum flores*. Es gibt keinen Grund, ein Stück wie dieses für Du Fay retten zu müssen und in umgekehrter Richtung wie seine strengeren Anwälte das Glatteis der mit Beweisinteressen vermengten Argumentationen zu riskieren; immerhin bezeugt es Risiken und Möglichkeiten im vergleichsweise ungesicherten, unübersichtlichen Terrain der Meßkomposition auf so repräsentative Weise, daß jene hier sich für ihn nicht zu schämen brauchten.

VIII. *Contenance angloise*

Weil die Geschichtsschreibung, wie jede Wissenschaft, auf Begründungen und nachvollziehbare Erklärungszusammenhänge ausgehen muß, schätzt sie Gegenstände nicht, die dem sich entziehen. Was »nur« in der Luft liegt und z.B. »Zeitgeist« genannt wird, hat bei ihr schlechte Karten[1]. Daß wichtige Sachverhalte deshalb unter Wert gehandelt bleiben, versucht sie u.a. mithilfe offenhaltender Darstellungsweisen zu verhindern, welche die Osmose zwischen tatsächlich Gewesenem und möglich Gewesenem betonen und aus dem Zweifel daran, daß alles so kommen mußte, wie es gekommen ist, auch schwerer faßbaren Momenten eine Chance geben. In der falschen Richtung kompensiert sie diese Gefahr, wenn sie, erleichtert darüber, daß selbstverständlich gewordene Benennungen für Objektivierung sorgen, das schwer Faßbare kleinschreibt oder gar wegretuschiert, weil ein Glied in einer Kausalitätskette gebraucht wird.

In diesem Sinne objektivierend scheint die *contenance angloise* gewirkt zu haben. Erstmals ist bei Martin le Franc von ihr die Rede – in seinem zwischen 1438 und 1442 während des Konzils in Basel begonnenen und in Savoyen zuendegeschriebenen Vers-Poem *Le champion des dames*. Johannes Tinctoris mußte die Passage[2] nicht kennen, um 30 Jahre später im *Prologus* seines *Proportionale Musices »novae artis fons et origo apud Anglicos«* zu lokalisieren und in die Nähe von deren Schulhaupt Dunstaple Binchois und Du Fay zu rücken[3]. Du Fay selbst könnte beide Auskünfte inspiriert haben[4], was bei der jüngeren allerdings kaum nötig war – das als *contenance angloise* Bezeichnete befand sich bereits in den Rang eines unbezweifelten Sachverhalts erhoben, ohne daß noch gefragt werden mußte, worum genau es sich handele[5]. Kommt hinzu, daß der Seltenheitswert zeitgenössischer Auskünfte ihnen unverhältnismäßig viel Autorität verschaffte und jüngere Theoretiker die ältere Musik kaum noch kannten, also darauf angewiesen waren, den Vorgängern zu vertrauen und sie nachzuschreiben[6]. Der Nachruhm der Musiker des 15. Jahrhunderts – bei den Engländern besonders, weil man hier bei namentlichen Zuweisungen noch nachlässiger verfuhr als auf dem Kontinent – ist großenteils Ruhm aus zweiter Hand. Das begünstigte die panegyrisch-wolkigen Legenden, welche im Falle der *contenance angloise* schon zu Lebzeiten ihres wichtigsten Protagonisten, des 1453 gestorbenen Dunstaple, umliefen und späterhin, u.a. in einer Proklamation von Wales zum Heimatland tonaler Mehrstimmigkeit[7], törichte Übertreibungen nach sich zogen.

Überdies tat die Plausibilität des durch scheinbar solide Anhalte gesicherten Bildes einer klar definierten Synthese das Ihre: Aus franko-flämischen Landen kamen die anspruchsvollen Traditionen des polyphonen Komponierens, »die dominantische Tonalität stammt aus Italien,

1 Hugo Friedrich z.B. (*Montaigne*, 3. Aufl. Tübingen/Basel 1993, S. 30) nennt Zeitgeist die »verworrenste und spekulativste aller historischen Kategorien«

2 Alle überlieferten Lesarten bei Fallows 1996, Essay V, S. 205 – 207

3 NA u.a. Tinctoris 1978, Band II a, S. 10

4 Fallows, a.a.O., vgl. auch Wathey 1986

5 Hamm 1968

6 Hierzu im Falle Dunstaple u.a. M. Bent, Artikel *Dunstable* in: *The New Grove Dictionary of Music and Musicians*, London 1980, Bd. 5, S. 720; bei der Entscheidung für die Schreibung *Dunstaple* folge ich der Argumentation von Margaret Bent 1981, S. IV

7 V. Lederer, *Über Heimat und Ursprung der mehrstimmigen Tonkunst*, Leipzig 1906

der terzen- und sextenbedingte Vollklang aus England«[8]. Dem entspricht, als hätte der Weltgeist vorgesorgt, das Itinerar des jungen Du Fay: In Cambrai eignet er sich die polyphonen Maßgaben an, beim Konzil in Konstanz, als einer Drehscheibe internationaler Kommunikation, lernt er englische Musik und Musiker kennen und kurz darauf an den Höfen der Malatesta italienische. Nimmt man hinzu, daß sich ab 1420 die Schleusen seiner sogleich hochambitionierten Produktivität ohne erkennbaren propädeutischen Anlauf auftun, so scheint zur perfekten Dramaturgie der »Eröffnung der Möglichkeit eines Du Fay«[9] nichts zu fehlen.

Diese Schematisierung in toto anzuzweifeln wäre nicht weniger töricht, als ihrer Simplizität aufzusitzen. Gewiß muß man gegenfragen, ob von »dominantischer Tonalität«, selbst wenn man spätere Konnotationen ausschließt, gesprochen und sie zunächst für Italien reklamiert werden darf; ob nicht auch dort und in England mehrstimmige Musik höchsten Anspruchs komponiert wurde; ob ästhetische Bedürfnisse, welchen der euphonische »Vollklang« antwortet, nicht auch im *dolce stil nuovo* der Dichtung und Musik des italienischen Trecento mitsprechen und auch vor 1420 schon von den *cantores* der Kathedrale von Cambrai nicht verachtet wurden; und ob die eher pauschalen Auskünfte über Musik und Musiker beim Konzil in Konstanz[10] das Bild dieser Kontaktnahme als eines jahrzehntelang nachhallenden *big bang* rechtfertigen. Wenn andererseits ein Erklärungsmodell viele triftige Relativierungen übersteht, muß es über mehr verfügen als Plausibilität auf niedrigem Niveau; demgemäß gehört zur kritischen Überprüfung auch die Prüfung der Gründe seiner Resistenz. Da als ausgemacht galt und durch den wichtigsten Theoretiker des Jahrhunderts bestätigt war, daß »*Quelle und Ursprung der neuen Musik*« bei den Engländern zu suchen seien, konnten die mit ihr verbundenen Kriterien besonderer Aufmerksamkeit und Wertschätzung sicher sein, mußte diese Musik aber auch einem erheblichen Erwartungsdruck standhalten; *contenance angloise* mag bald nicht nur eine Diagnose gewesen, sondern eine *self-fulfilling prophecy* geworden sein.

Le champion des dames, ein über 24000 Zeilen umfassendes, bisher nur teilweise neugedrucktes Riesenpoem[11], führt den im Jahrhundert zuvor insbesondere durch den *Roman de la Rose* geprägten höfischen Liebesdiskurs auf einem dichterisch kaum unter Charles d'Orléans und François Villon liegenden Niveau fort. Im vierten der insgesamt fünf Bücher begründet *Franc Vouloir*, der emblematische Titelheld, gegenüber einer anderen, nicht weniger emblematischen Figur, *Lourd Entendement*, das bevorstehende Weltende auf seltsame Weise: Die Künste, – welch enorme Kompetenz wird ihnen da zuteil! – hätten eine Vollkommenheit erreicht, welche kein Darüberhinaus erlaube, und bewiesen damit, daß die Zeiten ihr Ziel und Ende erreicht hätten. Dabei steht die Musik vornan; sie sei höher gestiegen als je vordem, wie sich schon im Unterschied der Pariser Komponisten Carmen, Cesaris und Tapissier zu den gegenwärtig tätigen Du Fay und Binchois zeige, auch darin, daß heutige Harfenspieler Orpheus in den Schatten stellten. Das letztere belegt Martin le Franc durch eine Beschreibung zweier blinder Harfenisten, deren Spiel Du Fay und Binchois voller Bewunderung gelauscht hätten. Anschließend präzisiert er deren Qualitäten und Verdienste:

Car ilz ont nouvelle pratique	*Denn sie haben eine neue Art,*
De faire frisque concordance	*Angenehme Konsonanzen herzustellen in*
En haulte et en basse musique,	*hoher (lauter) und niederer (leiser) Musik*

8 Besseler 1950/1974, S. 229 (= These 1)

9 Frei nach Hans Blumenberg, *Die Genesis der kopernikanischen Welt*, Frankfurt am Main 1975, S. 147 ff.

10 Schuler 1966

11 Angaben hierüber bei Fallows 1987/1996, S. 195, dessen brillant-kritischer Lektüre der vielzitierten Strophen das Weitere verpflichtet ist

En fainte, en pause et en muance;	*mit ihrem Gebrauch der musica ficta,*
	Phrasierungsweise und Melodiegestaltung;
Et ont pris de la contenance	*Und haben die englische Art übernommen,*
Angloise, et ensuy Dompstable;	*Sind Dunstaple gefolgt,*
Pour, quoy merveilleuse plaisance	*Weshalb wunderbare Gefälligkeit ihre Musik*
Rend leur chant joieux et notable.	*Fröhlich und bedeutend macht.*[12]

Beim Dichter Martin le Franc fallen angesichts des romanhaften Zusammenhangs die sachkundige Detaillierung und Wirklichkeitsnähe auf – u.a. lassen sich die Namen der blinden Harfenisten identifizieren und ihr Vortrag ziemlich sicher mit der Heirat des savoyischen Prinzen Louis mit Anne de Lusignan im Februar 1434 in Verbindung bringen[13], und sein Lob hat besonderes Gewicht, weil er sonst nirgends als Freund der Engländer redet. Beim Musiker Tinctoris fällt im Gegensatz hierzu die pauschalierend hochgreifende Formulierung auf, welche weniger erklärt als ein kurrentes Erklärungsmodell befestigt. »*Quo fit ut hac tempestate*«, schreibt er im *Prologus* seines *Proportionale musices*, »*facultas nostrae musices tam mirabile susceperit incrementum quod ars nova esse videatur, cuius, ut ita dicam, novae artis fons et origo apud Anglicos quorum caput Dunstaple exstitit fuisse perhibetur; et huic contamporanei fuerunt in Gallia Dufay et Binchois = Seit jener Zeit sind die Möglichkeiten unserer Musik in so bewundernswerter Weise bereichert worden, daß, wenn ich so sagen darf, eine Neue Kunst erschienen ist, deren Quelle und Ursprung bei den Engländern angenommen wird, an deren Spitze Dunstaple steht; dessen Zeitgenossen in Frankreich waren Du Fay und Binchois*«[14].

Einig sind sich die beiden Auskünfte in der Charakterisierung englischer Einwirkungen weniger als punktuelle Auslösung denn als langwirkendes Ferment; die dramatisierende Vorstellung eines »Urknalls« bei der Begegnung englischer und kontinentaler Musiker in Konstanz findet hier keine Stütze. Martin le Franc stellt die »*nouvelle pratique de faire frisque concordance*« samt den Spezifikationen »*en fainte, en pause et en muance*« neben die »*contenance angloise*«, und auch Tinctoris, u.a. vorsichtig »*... exstitit fuisse perhibetur*« formulierend, redet keiner einsinnigen Verursachung das Wort. Weder konnte das, was die Engländer nach Konstanz mitbrachten oder was später in norditalienischen Handschriften von ihnen aufgezeichnet wurde, vollkommen neuartig sein, noch läßt sich bei ihren Kollegen auf dem Kontinent eine jähe Neuorientierung ausmachen, welche den Eindruck erweckt, es sei ihnen plötzlich wie Schuppen von den Augen gefallen – am wenigsten bei Du Fay, dessen Schaffensweg sich eher als Reihung vieler anlaß- oder werkbedingter Neuorientierungen darstellt denn als durch wenige, längerfristig fortwirkende Wendestellen geprägt.

Das Ansehen der *contenance angloise* zu erklären wird dadurch nicht leichter, abgesehen davon, daß dem ohnehin erhebliche Hindernisse im Wege stehen: Biographisch wissen wir über die in den ersten Jahrzehnten in England führenden Musiker, vorab Leonel Power und John Dunstaple, wenig – vom Letzteren immerhin, daß er zeitweise im Dienste des Herzogs von Bedford stand, in der Normandie Land besaß[15] und »*astrorum conscius*«[16], ein Sternkundiger

12 Die Übersetzung folgt den bei Reese 1954/1959, S. 12/13, Sanders 1972, S. 298 und Fallows 1987/1996, S. 196 ff. erörterten Bedeutungen; darüberhinaus ist »*pratique*« auch »*Gewohnheit*«, »*concordance*« mehr als »*Konsonanz*«, »*bas*« als »*nieder*« übermäßig wertend verstanden, »*contenance*« mehr als »*Art*«, »*plaisance*« mehr als »*Gefälligkeit*«, und »*joieux*« wohl auch im Sinne von »*Heiterkeit, Transparenz*« zu verstehen

13 Jehan de Cordeval und Jehan Ferrandes; vgl. Marix 1939, S. 117

14 Tinctoris 1975, Bd. 2a, S. 10

15 Wathey 1986, S. 16 ff.

16 so bezeichnet auf dem Epitaph, vgl. u.a. Bent 1981, S. 2

war – zwei möglicherweise autographe, mit Astronomie befaßte Traktate haben sich erhalten; anonyme Überlieferung und Doppelzuweisungen erschweren die Abgrenzung des Werkbestandes, obendrein läßt der Umstand, daß Dunstaples Musik sich überwiegend in norditalienischen, in Bezug auf seinen Wirkungskreis offenbar peripheren Handschriften erhalten hat[17], große Verluste vermuten, direkte Berichte über Musikerbegegnungen fehlen ganz.

Wenigstens können wir auf solche sicher schließen: Schon, als die Engländer rheinaufwärts zum Konzil zogen, erregte ihre Musik unterwegs, u.a. in Köln, Aufsehen; dieses mag in Konstanz durch die kirchenpolitisch starke Stellung ihres obersten Repräsentanten Henry Beaufort zusätzlich gesteigert worden sein – vermutlich haben sie dort mit einer Musik kurz vor Dunstaple, etwa dem Repertoire des Old Hall-Codex, aufgewartet. Vergleichbare Gelegenheiten der Begegnung boten die Englandreise der Gesandten, welche im Sommer 1415 die Heirat Heinrichs V. mit der französischen Königstochter Cathérine vorbereiteten – sie wurden von 28 Kapellsängern begrüßt[18] –, fünf Jahre später die in Troyes mit großem Pomp als Demütigung der Franzosen gefeierte Hochzeit[19]; zwei Jahre zuvor schon waren 18 Sänger von London nach Frankreich beordert worden[20], und die Krönung Heinrichs VI. in Paris im Dezember 1431 mag Musiker in ähnlich großem Umfang zusammengeführt haben wie zuvor sein anderthalbjähriger Aufenthalt in Rouen, wo sich ein Großteil des englischen Hochadels samt Gefolge drängelte[21] – u.a. um den Scheiterhaufen der Jeanne d'Arc. Auch Dunstaple könnte sich dort befunden haben, sein Dienstherr vertrat von 1422 bis zu seinem Tode im Jahre den englischen König als Regent in Frankreich[22]; wann Dunstaple nach Frankreich gekommen, wissen wir ebenso wenig wie, wann er nach England zurückgekehrt ist; als die Franzosen 1440 die Normandie besetzten, ging ihm sein Landbesitz verloren. Möglicherweise – dafür könnte auch die seltsame Quellenlage sprechen – war er in späteren Jahren vornehmlich mit Astronomie beschäftigt. Unter den Hinterlassenschaften seines einstmaligen Dienstherren hat sich u. a. ein *»livre de motetz en la maniere de France«* befunden[23]; als eines von wenigen Dokumenten widerlegt dies den mit der *contenance angloise* oft verbundenen Eindruck, es habe sich um eine Einbahnstraße gehandelt – gleichgültig, ob die Motetten von franko-flämischen oder *»en la maniere de France«* von englischen Musikern komponiert waren. In den zwanziger Jahren hat zudem Gilles Binchois in Frankreich dem Gefolge des Herzogs von Suffolk angehört, und seit den fünfziger Jahren taten englische Musiker in der burgundischen Hofkapelle Dienst, eine in Brügge angelegte Handschrift enthält viel englische Musik[24] – all das spricht für regen Kontakt und Austausch und dafür, daß es angesichts der solchermaßen hergestellten Selbstverständlichkeit bei der Kennmarke *contenance angloise* keiner Detaillierungen bedurfte, also mit der Rede von »Vollklang«, sirenenhafter Euphonie, sanft gleitenden Harmonien etc. mehr angesprochen war als nur diese.

Musikalische Beschreibungen pflegen oft empirisch anzusetzen, von Eindrücken der klingenden Außenseite auszugehen – mit guten Gründen, solange sie reflektieren und ein-

---

17 Hierüber u.a. Kenney 1964, S. 9 ff.

18 Marix, a.a.O., S. 148

19 Vgl. oben Kap. III

20 Pirro 1958, S. 31

21 Wathey 1986, S. 4, dort zahlreiche Quellenverweise

22 *»Iste liber pertinebat Johanni Dunstaple cum duci Bedfordie musico«* findet sich in einem astronomischen Buch vermerkt, welches im St. John's College in Cambridge verwahrt wird (= MS 162, F. 25, folio 74); Wathey, a.a.O., S. 5

23 A.a.O., S. 12

24 Lucca, Archivio di Stato, Biblioteca Manoscritti 238 (*Las 238*); hierüber Strohm 1985, S. 120 ff., ein Katalog S. 192 ff.

lösen, inwiefern Innen und Außen bei Musik sich nur in abstracto trennen lassen. Für die englische des 15. Jahrhunderts darf man das besonders in Anspruch nehmen und von hier aus das scheinbare Paradoxon zu erklären versuchen, daß nahezu alle einschlägigen Verfahrensweisen auf dem Kontinent auch unabhängig von englischen Anregungen begegnen und die Bezugnahme auf *contenance angloise* trotzdem berechtigt ist. Blockhaft akkordische Satzweisen z.B. finden sich ebenso wie terzen- und sextenreiche Passagen, melodisch ziselierte Melismen über ruhenden Klängen ebenso wie Handhabungen der Zusammenklänge, welche das Gefälle zwischen konsonanten und dissonanten verringern oder mithilfe von Durchgangsnoten vermitteln. Dennoch bleibt, über den quantitativen hinausgehend, ein qualitativer Unterschied: Die Vernetzung ist in England stärker, das stilistische Verbundsystem umgreift die Gattungen und relativiert deren Eigenprägung in höherem Maße als auf dem Kontinent. Die dort beobachtete Autonomie der Genres und Satzweisen mutet zuweilen scholastisch an im Vergleich mit der unorthodoxen Osmose, welche konträr gelagerten Stücken wie dem Carol *There is no rose* (Beispiel 1 a[25]), einer von Leonel Power stammenden Bearbeitung der Antiphon *Beata progenies* (Beispiel 1 b[26]) mit dem Cantus in der Mittelstimme und Dunstaples mathematisch-isorhythmisch hochambitionierter Motette *Veni Sancte Spiritus / Veni Creator* (Beispiel 1 c[27]) nicht gar zu weit auseinanderzurücken erlaubt – nicht nur im Klangeindruck. Allen Unterschieden in Funktion, Anspruch und Zuschnitt zum Trotz sichert eine empirisch-frische, anti-systematische Unbefangenheit den Primat des unmittelbar Klingenden gegen abstrakte Maßgaben; davon, daß die höchste Musik die nicht mehr hörbare wäre[28] und die hörbare von hierher ihre obersten Legitimationen bezieht, scheint diese nichts zu wissen – das mag in den Augen und Ohren der stärker transzendental verpflichteten Kollegen auf dem Kontinent zu ihrer tabubrechenden Unwiderstehlichkeit nicht wenig beigetragen haben.

Beispiel 1 a bis c

25 *Medieval Carols*, hrsg. v. John Stevens, *Musica Britannica* IV, London 1958

26 *Leonel Power. Complete Works*, hrsg. v. Charles Hamm, Corpus Mensurabilis Musicae 50, Bd. 1, Rom 1969, Nr. 1

27 *John Dunstable. Complete Works*, 2., revidierte Ausgabe, hrsg. von Manfred F. Bukofzer, Margaret Bent, Ian Bent und Brian Trowell, *Musica Britannica* VIII, London 1970, Nr. 32; zu dieser einzigen im Old Hall-Codex nachgetragenen Komposition von Dunstaple vgl. Klaus Hortschansky, *Dunstables »Veni sancte spiritus – Veni creator«. Zur Frage der Konstruktionsprinzipien*, in: *Festschrift für Arno Forchert*, hrsg. von Gerhard Allroggen und Detlef Altenburg, Kassel usw. 1986, S. 9 – 26

28 *»Ascende hic quomodo praecisissima maxima harmonia est proportio in aequalitate, quam vivus homo audire non potest in carne«*, Nicolai de Cusa, *De docta ignorantia / Die belehrte Unwissenheit*, Buch II, 3. Aufl. Hamburg 1999, Kap. I 93 = S. 6

Daß Terzen und Sexten der Makel dissonierender Intervalle anhaftete, hat der exzessiven, in der mehrstimmigen Improvisation[29] nahezu unabdingbaren Verwendung bei den Engländern ebensowenig im Wege gestanden wie die theologisch regulierte Hierarchie der Stimmfunktionen einem von dieser zu jener Stimme weitergereichten liturgischen Cantus – u.a. in der als Beispiel 1c zitierten Motette oder in der *Quam pulchra*-Bearbeitung von Leonel Power[30]; bei isorhythmischen Handhabungen bleiben die starr auf die Proportionen fixierten gegenüber den asymptotisch umkreisenden in der Minderzahl; ähnlich freizügig changieren dialogisierende Stimmen zwischen strengen, freieren und kaum noch als solche wahrnehmbaren Imitationen – dies hat auf dem Kontinent rasch Wirkungen gezeitigt –, werden Satzdispositionen zugunsten deklamativer Unmittelbarkeit umgestülpt wie in einem der populärsten Stücke des Jahrhunderts, der Liedmotette *Quam pulchra es,* welche weniger in einer spezifischen Satzweise als in deren rhetorisch inspirierter Wandlungsfähigkeit typisch erscheint. Die spezifische Nähe der primär von den Stimmverläufen her entworfenen Strukturen zu den primär von Harmoniefolgen aus gedachten Verläufen zeigt sich im Nebeneinander der Notation entweder als *cantus collateralis*, d.h. der Stimmen je für sich in nebeneinander gesetzten Lesefeldern (vgl. die Abbildung auf den Seiten 254/55) oder in Partitur; diese, in kontinentalen Quellen kaum noch begegnend, lohnte nur in gleichbleibend vollstimmigen Sätzen, weil bei geringstimmigen Passagen Systeme unbeschrieben geblieben, Pergament oder Papier also verschwendet worden wären. Wiederum durfte der eine Satz nicht nur so und der andere nur anders notiert werden.

Der fluktuierenden Zuordnung von Satz- und Notierungsweisen entspricht eine Fluktuation innerhalb der Gattungen, welche stärker auf ein u.a. in den Beispielen 1 a bis c durch-

29 Kap. XI

30 Margaret Bent, *Power, Leonel*, Artikel in: *The New Dictionary of Music and Musicians*, London 1980, Band 15, S. 178

scheinendes gemeinschaftliches Vielfaches, die aus guten Gründen halbdefiniert bleibende *contenance angloise*, bezogen bleiben. Auf dem Kontinent war der in der Summe aller Möglichkeiten vorgegebene Spielraum größer, die gattungsüberschreitende Beweglichkeit geringer, in England umgekehrt. Dies hilft nicht zuletzt erklären, weshalb Lösungen wie identische Satzanfänge oder Fremdtenores, d.h. woandersher genommene Cantus, worin die Engländer den kontinentalen Musikern voraus waren, bei diesen zunächst nicht »ankamen«. Angesichts der in England größeren Freiheit bei der Wahl der Mittel und durchlässiger Gattungsgrenzen hatten Neuerungen, weil sie weniger gegen den Widerstand verfestigter Komponiertraditionen und die hierin akkumulierte Historizität durchgesetzt werden mußten, geringeres Gewicht, fehlte ihnen Relevanz jener Art, die aus solchen Bewältigungen erwächst. Wäre es nicht so, müßte – ganz und gar, wenn man eine zur Cantus firmus-Messe geradlinig hintreibende Teleologie meint unterstellen zu müssen[31] – paradox anmuten, daß »Pioniere des vereinheitlichten Meßzyklus«[32] wie der 1445 gestorbene Leonel Power mit der *Missa Alma redemptoris mater*, einer hochambitionierten Reihung isorhythmischer Motetten, und Dunstaple mit seiner wohl schon 1420 anläßlich der Hochzeit Heinrichs V. mit Cathérine, der Tochter des französischen Königs, komponierten Cantus firmus-Messe *Da gaudium praemia*[33] zunächst allein auf weiter Flur blieben. Wohingegen die am ehesten vergleichbare Komposition, Du Fays *Missa se la face ay pale,* in den fünfziger Jahren mit donnerschlaghaftem Widerhall allen Ruhm eines erstmaligen Durchbruchs auf sich ziehen konnte: Sie fand sich in kompositorisch aufgearbeitete Kontexte bzw. in einen »Materialstand« eingebettet, von denen rückblickend die englischen Vorgriffe sich fast wie Zufallslösungen ausnahmen, die gelungen waren, ohne daß man schon wußte, auf welche Weise man sich, ohne traditionelle Rückhalte zu verlieren, zu ihnen durcharbeiten könne.

Die englische Beweglichkeit wurde nicht nur befördert, weil das Terrain, worin das Komponieren sich bewegte, weniger genau rastriert, sondern auch, weil es enger bemessen war. Damit kehrt die Betrachtung zu dem zurück, was vordergründig und in erster Linie unter *contenance angloise* verstanden wurde – abgesehen davon, daß offenbar auch eine bestimmte Vortragsweise mitgemeint war[34]. Die melodische Führung und »pankonsonante« Klanglichkeit der Engländer suchte die weichen Vermittlungen, geschmeidigen Kurven, niedrigen Schwellen und mied scharfe Kontraste, jähe Umschläge, unvorbereitete Dissonanzen und solche auf Taktschweren etc. Zur Attraktivität dieser Musik muß gehört haben, daß sie sich von dem je anfangs durch Bewegungsform, Tonart, melodischen Habitus usw. definierten Kontinuum selten löste, daß der Hörer ihr sich überlassen, in ihrer wohltemperierten *dulcedo* baden konnte, ohne befürchten zu müssen, jäh sich herausgerissen, mit anderen die Musik prägenden Aspekten konfrontiert und zur Rechenschaft hierüber gezwungen zu sehen. Inspirierende und einschränkende Momente lagen nah beieinander: Über stehenden Klängen war von der Gestaltung bewegter, großbogig ausholender Oberstimmen-Melodien ein Äußerstes gefordert (hier konnte man auf dem Kontinent viel lernen), zugleich mußte die Linie sich, zunächst der modalen Konstellation genügend, gewissen Typisierungen fügen – wie anders beispielsweise sollte

---

31 Hierzu vgl. die Kap. VIII und XXV; gewichtige Gegenargumente bei Strohm 1990

32 Bent a.a.O., S. 175; hier auch Argumente zugunsten Powers als Komponist der in einer anderen Quelle Dunstaple zugeschriebenen Messe

33 Hierzu und über weitere Anläufe zum zyklisch organisierten Ordinarium vgl. u.a. Ludwig Finscher in: ders. 1989/1990, Bd. 1, S. 193 ff., und Ludwig Finscher/Laurenz Lütteken, *Messe*, Artikel in: *Die Musik in Geschichte und Gegenwart*, 2. Ausgabe, Sachteil, Band 6, Kassel usw. – Stuttgart-Weimar 1997, Sp. 186 ff.

34 Fallows a.a.O., S. 201

vom Grundton aus unter Vermeidung purer Dreiklängigkeit oder zu vieler Sekundschritte das Pentachord einer Tonart aufsteigend ausgemessen werden als mit dem »englischen Motto«[35]? Gehaltene Töne, welche über Harmoniewechsel hinweg für Kontinuität sorgen, erzwingen phantasievoll elegante Stimmführungen, die manchen ungefüge-formalen Handhabungen auf dem Kontinent überlegen sind, und setzen harmonischen Expansionen Grenzen. Die inferiore Einstufung der Terz und Sext von seiten der Theorie kümmert die in England Komponierenden wenig, ungern verzichten sie auf den wesentlich durch sie geprägten »Vollklang«, nehmen damit jedoch eine gewisse Normierung in Kauf und eine Gewichtung des Harmonischen, die den Weg zu entfernten Gegenklängen erschwert.

Auch die historische Stabilität der *contenance angloise* erscheint ambivalent: Einerseits erlaubte sie den Komponierenden, eine spezifische Unmittelbarkeit der Musik und des Musizierens von der usuellen Sphäre in die anspruchsvollen Formen herüberzuholen, eine Verbindung von Unten und Oben aufrechtzuerhalten, welche u.a. englische isorhythmische Motetten weniger »gelehrt« klingen läßt als anderswo komponierte und Stücke wie Dunstaples *O rosa bella* und *Quam pulchra es*, Bedinghams *Mon seul plaisir* und andere zu den weitestverbreiteten ihrer Zeit machte; andererseits sperrten die mit ihr verbundenen stilistischen Übereinkünfte sie gegen manche Anstöße ab, die die Entwicklungen auf dem Kontinent in Atem hielten und zu immer neuen Synthesen trieben. Grosso modo blieb englische Musik für lange Zeit ein und dieselbe und leicht erkennbar. Dies änderte sich erst, als bedeutende, in der zweiten Hälfte des Jahrhunderts tätige Musiker wie Walter Frye und Robert Morton in den franko-flämischen mainstream einbogen. Daß man Unterschiede zwischen dem durch die Old Hall-Handschrift repräsentierten Repertoire und Dunstaple sicher genug erkennen kann, um z.B. die *Missa Alma redemptoris mater* Leonel Power zuweisen zu können, relativiert bestenfalls jenes stilistische Beharrungsvermögen oder die Feststellung, es sei »easier to recognize ›Englishness‹ than individual style at this time«[36]. Nahezu der gleichen Gründe wegen war die *contenance angloise* in der ersten Jahrhunderthälfte aktuell und in der zweiten, zur historischen Größe geworden, weitgehend außer Kurs.

Daß selten bewußt Wahl getroffen werden muß, schafft einen direkten Zusammenhang von engem Regelkreis bzw. begrenztem Vokabular und unbefangener Klangrede. Diese fand ihren eigensten Ort damals in einem Bereich, welcher mehr durch sie als durch Gattungskriterien definiert war – der Liedmotette. Der gängige Gebrauch des Terminus läßt leicht vergessen, daß es sich, genau verstanden, um eine contradictio in adiecto handelt, um eine Zwischen- oder besser: Antigattung bzw. kompromißhafte Überdachung jenes zwischen Kantilenensatz und Motette gelegenen Terrains, in dem vieles, um nicht zu sagen: alles möglich ist; »im Einzelfall ... mag man ... von Madrigal-, Cantilenen- oder Carolmotette reden«[37]. Satztechniken fließen ebenso ungezwungen ineinander wie Themen, geistlich und weltlich u.a. im erotisch-mystisch hinterlegten Marienkult, der hier seine angemessene Heimstatt fand. Besser als die institutionalisierten Gattungen paßte die Liedmotette in die Ausübungen jener, vom Klerus oft argwöhnisch beobachteten, privaten Frömmigkeit, der Gert Groote (gest. 1384) den Namen »*Devotio moderna*« und die Gründung der »Brüder und Schwestern vom gemeinsamen Leben« eine unzeremonielle Organisationsform gegeben hatte, sie paßte zur gemeinsamen Lektüre und Meditation von Klerikern, Mönchen und Laien, »Jungfrauen,

35 Vgl. u.a. Kap. VII, S. 89 ff., und Kap. XV, S. 205

36 Margaret Bent, *Introduction*, S. IX, in: *Fifteenth-Century Liturgical Music: II. Four Anonymous Masses*, hrsg. v. M. Bent, *Early English Church Music* 22, London 1979

37 Besseler 1950/1974, S. 30

die in gegenseitiger Erbauung ein geistliches Leben führten, aber ohne Habit, Gelübde und Klausur«[38], zur Beschäftigung mit Meister Eckart, Heinrich Seuse, Johannes Tauler oder den über 500 Erbauungsschriften von Johannes Gerson, auch zum Interesse an volkssprachlichen Übersetzungen der Bibel, zu einer gewissenhaft persönlich, viel weniger institutionell verantworteten Frömmigkeit[39], welche Gott und Welt in größtmöglicher Breite zueinanderbringen will.

Aus guten Gründen differieren die Meinungen darüber, was schon oder nicht mehr Liedmotette sei. *Magnificat*-Bearbeitungen z.B. lassen eine Unterscheidung zwischen Nähe zur strophischen Hymne oder, vorsichtiger, zur Liedmotette kaum zu; motettisch erscheint der Bezug auf den liturgischen Cantus, unmotettisch dessen Hin und Her zwischen mehreren Stimmen, nicht selten innerhalb eines der in der Gesamtausgabe mit *A* bis *L*, *M* etc. bezeichneten Kleinabschnitte; liedhaft, eher den Hymnen[40] vergleichbar erscheinen die Reihung dieser Abschnitte und deren mit Wechseln von Kadenzharmonien, Mensuren und Satzweisen vermittelte Großgliederung – das *Magnificat sexti toni*[41] z.B. gliedert Du Fay nach dem einstimmig intonierten »*Magnificat* …« und dem für sich stehenden *A* (»… *anima mea dominum*«) in die drei Vierergruppen *BCDE / FGHI / KLM()*, innerhalb deren *B*, *F* und *K*; *C*, *G* und *L*; *E* und *J* einander entsprechen, das *Magnificat octavi toni*[42] in vier Dreiergruppen *BCD / EFG / HIK / LM()* mit der Entsprechung von *B*, *E*, *H* und *L*; *C*, *F*, *I* und *M*; *D*, *G* und *K* – eine Gestaltungsweise, die das liturgisch Vorgegebene so direkt und plausibel in Polyphonie auflöst, daß jegliche Gattungsbezeichnung nur von außen kommen kann.

Es liegt in der Natur des qua Liedmotette halbwegs abgedeckten Zwischenfeldes, daß die Distanzierung von etablierten Formen mit Verzicht auf Stützung durch sie einherging und, da derlei »Komponieren ohne Netz«[43] die Ausbildung eigenständiger Konventionen verbot, daß jede kompositorische Lösung mehr oder minder als Einzellösung dastand. Weil jene Formen und das auf sie fixierte Bewußtsein des Entweder-Oder bei den Engländern offenbar geringer wogen, fiel es ihnen leicht, den Kollegen auf dem Kontinent hier voraus zu sein. Abseits von hohen, leicht als heteronom wahrgenommenen Ambitionen, in Bearbeitungen von Hymnen, Magnificat, Antiphonen, in Marien- oder anderen Heiligenmotetten[44] und ähnlich gelagerten Stücken trafen Gegenstand, kompositorische Möglichkeiten, landeseigene Traditionen und wohl auch Begabungsstrukturen am glücklichsten zusammen; die Wirkungen der *contenance angloise* haben nicht wenig mit Entlastung zu tun.

Sicher vermutbare Lücken der Überlieferung – wann hat Du Fay welche englische Kompositionen kennengelernt?, wieviel in jenes Zwischenfeld gehörige Musik von ihm ist verlorengegangen? – hindern uns weitgehend, die Spur der kompositorischen Aneignung detailliert zu verfolgen. Immerhin präsentieren sich in *Ave virgo, quae de caelis*[45] und *Anima mea liquefacta est*[46] einerseits, *Flos florum*[47] und *O beate Sebastiane*[48] andererseits deutlich auseinander

---

38 Angenendt 2000, S. 77 ff.
39 Hierzu vgl. die Kap. XIII und XIV in: Huizinga 1919/1924
40 Vgl. Kap. XVII
41 V/33
42 V/34
43 zur – auch zeitlich – parallelgehenden Problematik im Bereich der Meßkomposition Kap. VII
44 bei Dunstaple in den Nrr. 35 bis 53 der Gesamtausgabe
45 I/3
46 V/46
47 I/2
48 I/4

liegende Stationen. Die beiden erstgenannten Stücke gehören zu den wenigen, welche eine bei Lernenden typische Differenz zwischen Gewolltem und Erreichtem erkennen lassen; Du Fay experimentiert[49] in dem noch schwarz-rot notierten *Ave virgo*[50] u.a. mit einem ungewöhnlich großen Abstand der Stimmen und mit satztechnischen Freiheiten, welche mehrmals bei ungewöhnlichen Harmoniefolgen, parallelen Quinten oder dissonant frei einsetzenden Stimmen nicht zu entscheiden erlauben, ob sie beabsichtigt oder unterlaufen sind; bei *Anima mea*[51] als dem Versuch, den melodischen Verlauf der gleichnamigen Antiphon[52] möglichst lückenlos in drei kontrapunktisch definierten Stimmen unterzubringen, deren unterste ihr in längeren Werten nahezu getreu folgt. Das Wagnis, einer Melodie, die hierfür nicht geschaffen ist, eine anfangs gar kanonische Entfaltung und permanente Präsenz in drei Stimmen abzuzwingen, hat seinen Preis – der Satz bleibt eigentümlich ungefüge[53] und kommt selten von habituell ähnlichen Deklamationen los, bei denen z. B. unterschiedlich gestufte Imitationen, welche Sinnschwerpunkte, Gruppierungen etc. herausheben könnten, von der Fesselung an den Cantus blockiert werden.

Wie anders *O beate Sebastiane* und besonders »das geniale Frühwerk«[54] *Flos florum*! Nicht nur zeitlich, sondern auch in der Sicherheit, mit der Unterschiede der Bewegungsformen, der Melodieführung, satztechnischer Prioritäten etc. einem in Grundton und Sprechweise identischen Ganzen dienstbar gemacht werden, steht es der Petrarca-Vertonung *Vergene bella*[55] nahe. Wenn irgendein Stück die prekäre Mitte zwischen Liedcharakter und motettischer Dimension unangestrengt hält und die Ankunft der *contenance angloise* als Musizierform und -haltung im festländischen Komponieren meldet, dann dieses.

Du Fay gliedert die fünf dreizeiligen, die Silbenzahl in jeder Zeile steigernden Strophen (deren erste: »*Flos florum, / Fons hortorum, / Regina polorum ... = Blume aller Blumen, / Quell der Gärten, / Königin des Himmels ...*«) in zwei je zwei Textstrophen umfassende Gruppen (Takte 1 bis 26, 27 bis 59) und setzt die fünfte, letzte (»*Pasce tuos, / Succure tuis, / Miserere tuorum = Weide die Deinen, / hilf den Deinen, / Erbarme Dich der Deinen*«) durch ein vorangehendes Zwischenspiel und als Noema mit Coronen auf jeder der im akkordischen Gleichschritt, möglicherweise im *cantus coronatus*, d.h. verziert vorgetragenen Silben (Beispiel 2 b) deutlich ab – die Nähe zum Schema Stollen-Stollen-Abgesang ist auffällig. Innerhalb der beiden Gruppen und zusätzlich in deren Verhältnis zueinander reflektiert er die Vermehrung der Silbenzahlen – die erste Gruppe gliedert sich in elf und 15 Takte (= erste bzw. zweite Strophe), die zweite in elf und 22 Takte, wobei er die Gemeinsamkeit der beidemale vornanstehenden elf Takte durch identisch gruppierte Verslängen (4 + 3 + 4 Takte) zusätzlich unterstreicht; überdies ist der dreitaktige zweite Vers beidemale einem Quartabstieg im Tenor überbaut (Takte 7 bis 7, 31 bis 33, vgl. Beispiel 2 a). Dieser tritt im Verlauf des Stückes, oft verlängert zum Quintabstieg, immer deutlicher hervor (Tenor: Takte 38 bis 40, 42 bis 44; Superius: Takte 36, 39/40, 48, 54, 55 bis 57, 58; Contratenor: Takte 32/33, 49, 52/53, 57/58), um im abschließenden Noema bei den Bitten »*Succure tuis, Miserere ...*« ganz und gar zu dominieren (Beispiel 2 b); vorbereitet in der zweiten und dritten, häufen sich die Abstiege in der vierten Strophe, in der der Text von Anrufungen

49 zu dem in den gleichen Zusammenhang gehörigen *Inclita stella maris* vgl. Kap. XIV, S. 170 ff.
50 v.d. Borren 1926, S. 190 ff.; Fallows 1982, S. 125 ff
51 nahebei liegt die erste Bearbeitung von *Alma redemptoris mater*, V/47
52 *Antiphona de Beata Maria Virgine per annum; Processionale monasticum*, Solesmes 1893, S. 275
53 v. d. Borren, 1926, S. 193, nennt ihn »âpre et rocailleuse«
54 Besseler, a.a.O., S. 136
55 Vgl. das folgende Kapitel

Beispiel 2 a und b

zu Bitten übergeht (»*Parce eis / Et opem fer eis ... = Vergib den Sündern / Und bringe ihnen Hilfe ...*«); dergestalt laufen Worte und Töne in je eigener Weise auf das schließende »*miserere*« zu.

Dem leistet Du Fay auch harmonisch Vorschub: Beide Stollen enden in jeweils imitierend eingeführten Instrumental-Duos, und beide Duos hieven den Satz nach Kadenzen auf *F* (Takt 20) bzw. *C* (Takt 47) zu den Gegenklängen *a* (Takt 26) bzw. *G* (Takt 59) »hinauf«; nach dem ersten Gegenklang bewegt sich der zweite »Stollen« (ohne das zweite Duo: Takte 27 bis 47) über die Stationen *a*, *d*, *F*, *a*, *F* nach *C*, und nach dem zweiten Gegenklang *G* verkürzt und vereindeutigt das Noema den harmonischen Weg über *c* nach *F*; finalen Nachdruck bezieht es aus der Fallhöhe vom »doppeldominantischen« *G* zum schließenden *F*.

Strukturen wie diese stehen auf andere Weise für sich, erscheinen prinzipiell eigenständiger als jede in der Differenzierung sie übertreffende isorhythmische Motette – weil sie die transzendental beglaubigten Reglements nicht so nahe an sich heran- bzw. in sich hereinlassen. Nicht, daß diese aufgekündigt wären: Ähnlich wie bei der Aneignung des Fauxbourdon[56]

56 Vgl. Kap. XI

befinden sich die neu gewonnenen Freiheitsräume dank der Originalität vieler Lösungen oberhalb der gestern noch gültigen Definitionen von Alt und Neu. Gegen die der Motette mitgegebenen Momente der Vorläufigkeit, des tropierenden Überbaus zu etwas, was der obersten Wahrheit näher steht als das Komponierte[57], pochen solche Kompositionen auf das Recht der Singularität, der »*haecceitas*«, auf das unverwechselbare So-Sein des jeweiligen Stükkes. Gleichgültig, ob mitgesetzt oder nicht – die Rückbindung an eine oberhalb gelegene, unhörbare *musica mundana*, welche dem Komponierten ein Moment von Selbstzurücknahme einpflanzt und es zum Vorposten einer größeren, der Faßbarkeit entzogenen Wahrheit zurückstuft, scheint in der *contenance angloise*, der emphatisch klangseligen Hingabe an das Wunder der Mehrstimmigkeit, keinen oder wenig Platz zu haben. Die tönenden Zahlengebäude des Astronomen Dunstaple relativieren bestenfalls den Eindruck, daß diese Musik der zur Transzendenz hin offenen Hintertüren kaum bedarf, selbst, wenn – zumeist frei – benutzte Cantus als Wegweiser postiert sind. Das nahezu fugenlos entrollte Klangband hält die Aufmerksamkeit bei sich fest und duldet Unterbrechungen i.e. Durchblicke nur selten – auch ein Engländer jener Zeit hätte, wie Rudolf Carnap, abschätzig formulieren können, Metaphysik sei »Musik für Unmusikalische«[58]. Befreiend und verführerisch muß neben der schmeichlerischen Vordergründigkeit des *english sound* die Opposition gegen herrschsüchtige Oberbegriffe, das Bekenntnis zu einer kaum rückversicherungsbedürftigen Diesseitigkeit gewesen sein, zum je singulären Hier und Jetzt klingender Musik, die Feier einer vom anonymen Goldgrund der Universalien abgelösten Kontingenz. »*Est autem tenendum indubitanter, quod quaelibet res imaginabilis existens est de se sine omni addito res singularis et una numero*«[59] – der dies formulierte, Wilhelm von Ockham, der konsequenteste Prophet der Kontingenz, war ebenfalls aus England gekommen.

57 Vgl. Kap. XXVII

58 *Überwindung der Metaphysik durch logische Analyse der Sprache*, 1932

59 Zitiert nach: Wilhelm von Ockham, *Texte zur Theorie der Erkenntnis und der Wissenschaft*, hrsg., übs. u. kommentiert von Ruedi Imbach, Stuttgart 1984, S. 169

IX. Im Lande Petrarcas

Nachdem Petrarca zu Lebzeiten anscheinend nur ein einziges Mal komponiert worden ist – im Sonett *Non al suo amante*[1] durch Jacopo da Bologna –, mußten nach seinem Tode mehr als 50 Jahre vergehen, ehe ein zugereister Wallone ihn zum zweiten Mal komponiert. Das ist der Stoff, aus dem sich Pointen gewinnen lassen: Der Fremde muß den Einheimischen zeigen, welche Schätze es in ihrer Literatur zu heben gibt. Und er zeigt es zunächst vergeblich; nochmals ein dreiviertel Jahrhundert – einzige Ausnahme ein anonymes *Pace non trovo* im Manuskript Pixérécourt[2] – sollte vergehen, ehe Petrarca Einzug in die Musik hielt[3], dann allerdings triumphal: Von ihm wird z.B. bei den Madrigaltexten des 120 Jahre jüngeren Cyprian de Rore ein reichliches Viertel stammen.

So isoliert indessen, wie die Pointe verlangt, kann ein Stück solchen Ranges auch bei einem hochbegabten Musiker nicht stehen. Zu den naheliegenden Einschränkungen, daß Petrarca-Kompositionen verlorengegangen sein können, daß der *Canzionere* erst gegen Ende des Quattrocento gedruckt wurde und die hier dominierenden Formen Sonett und Kanzone als dezidiert nur-literarische nicht, wie Ballata, Ballade, Madrigal, Rondeau und Virelai, zu den poetisch-musikalischen *formes fixes* gehörten, es also weder vom Genre noch von Musizier-Umständen her einen Ort für sie gab, tritt als wohl wichtigste Einschränkung, daß wir mehr als anderswo mit einer ungeschriebenen Vorgeschichte rechnen und Du Fays *Vergene bella*[4] auch als Auffangbecken von Musizierweisen betrachten müssen, zu deren Wesen gehört, daß sie auf schriftliche Fixierung nicht angewiesen sind[5]. Andererseits wird man den Abstand des *Canzioniere* zur fast noch zeitgenössischen Musik nicht übertreiben dürfen – immerhin stand hinter der Kanzone das Erbe des provenzalischen Minnesangs[6], überdies enthält er vier Madrigale und sieben Ballaten –, und selbst, wenn der Textbeginn zweier Sonette (Nr. 172: *O invidia nimica di vertute* und Nr. 313: *Passato è'l tempo omai, lasso, che tanto*) nur zufällig demjenigen zweier Ballaten von Du Fay (*Invidia nimica* und *Passato è il tempo omaj di queri pensieri*[7]) ähneln sollte, erscheint dies, wenngleich nicht weit reichend, mindestens angesichts der Gemeinsamkeit poetischer Redeweisen und Themen unzufällig.

Nicht irgendeinen Petrarca komponiert Du Fay, sondern die erste von zehn Stanzen der den *Canzionere*, das »sorgfältigst geordnete Gedichtwerk der italienischen Lyrik«[8], krönenden Marienkanzone (= Nr. 366). Jede Stanze bzw. Strophe – als Nachstrophe kommt das siebenzeilige sogenannte »Geleit« hinzu, worin der Autor anderwärts häufig aus der Identität mit den Stanzen, diese erläuternd, heraustritt – umfaßt dreizehn Zeilen, und in jeder beginnen die

1 *Canzionere*, Nr. LII

2 Bibliothèque Nationale, Paris: F-Pn, Département des Manuscrits, Fonds Français MS 15123

3 Osthoff 1954

4 »*Vergene*« hier in der Schreibung der musikalischen Quellen gegenüber »*Vergine*« im *Canzionere*

5 Rubsamen 1957; Prizer 1986; Arlt 1993

6 Dante (*De vulgari eloquentia* II,VIII, 7) stellt ihn als »*vulgarium poematum supremum*« unter den lyrischen Gattungen obenan

7 GA VI, Nrr. 2 und 3, *Vergene bella* VI/5 bzw. 9. Dufay 1932, Nr. 2, s. Ausgaben, S. 474

8 Hugo Friedrich, zitiert nach: Georg Rabuse, *Petrarcas Marienkanzone im Lichte der »Sacra Orazione« Dantes*, in: *Petrarca (1304–1374). Beiträge zu Werk und Wirkung*, hrsg. von Fritz Schalk, Frankfurt am Main 1975, S. 243–254, das Zitat S. 274; dagegen Dreyer, Anm. 21, S. 1065, der *Canzionere* sei »von formal und inhaltlich so gegenstücklos krauser Anlage, daß ihn Herausgeber und Übersetzer immer wieder glättend in Komponenten auseinandernahmen ...«

erste und neunte Zeile mit der Anrufung der »*Vergene*«. Schon die numerische Stimmigkeit garantierte ein pars pro toto, sofern nicht an einen Vortrag aller Textstrophen auf dieselbe Musik gedacht war- auffällig gut z.B. paßt das der *sîrima* (s.u.) entsprechende abschließende Geleit (»*Il dì s'appressa ...*«) auf den bei Du Fay mit dem Übergang ins Tempus perfectum (Takt 40 ff.) beginnenden zweiten Abschnitt. Cyprian de Rore und Palestrina werden später die gesamte Kanzone zyklisch gestalten und auf ihre Weise den obersten Anspruch beantworten, der sich mit ihr, dem – offensichtlich früh als solchen ins Auge gefaßten[9] – Ziel- und Schlußpunkt des *Canzionere* verbindet.

Gleichgültig, ob Du Fay die Stanze 1424[10] aus Anlaß des fünfzigsten Todestages von Petrarca komponiert hat oder erst zwei bis vier Jahre später in Bologna, dort möglicherweise angeregt durch den Kreis um Louis Aleman, zu dem auch der 1428 in Bologna promovierte Leon Battista Alberti gehört haben könnte[11] – auch die spezielleren Hintergründe jenes Anspruchs müssen ihm klar gewesen sein: Petrarcas Anschluß an Dantes damals längst kanonische *Divina Commedia*. Er reicht, über die Gemeinsamkeit der Regularien einer *santa orazione* – Anrufung, Lobpreis, Bitte – und den mühelos steigernden Übergang vom Lobpreis der entrückt-erhöhten Geliebten zu dem der Gottesmutter hinausgehend (u.a. »*levarsi a l'alta cagion prima*« in der zehnten Stanze der Kanzone 360), bis zu wörtlichen Entsprechungen insbesondere zwischen dem 31. Gesang des *Paradiso* und der achten und neunten Strophe der Marienkanzone[12] und weiter bis zur Bezeichnung der Maria als »*vera beatrice*« (Vers 52). Diese Parallelitäten stehen vor dem Hintergrund radikal unterschiedlicher Anliegen; gemessen an Dantes Weltgedicht, seiner »Entschlossenheit ..., mit Beatrice die Ausfahrt in die höchsten Wasser zu wagen,« erscheint Petrarca geradehin privat, seine »Bitte ... um den glücklichen Heimgang in den Hafen des Friedens ... bescheiden.«[13]

Dennoch sucht er, ohnehin in jedem Sonett mit der Identität von Zahlen- und Sinnstruktur befaßt, auch bei den mit weittragender Symbolik verbundenen numerischen Stimmigkeiten die Nähe zu Dante. Im *Canzionere* folgen 266 Gedichten *in vita di madonna Laura* hundert *in morte di madonna Laura* (welche am 6. April 1348 gestorben ist), als letztes, hundertstes, die Marienkanzone; bei Dante bittet der heilige Bernhard um die Gnade der Himmelsschau im letzten, hundertsten Gesang – in 13 Terzinen; 13 Verse umfaßt jede der zehn (= 100 : 10) Strophen bei Petrarca, zehn Kanzonen haben 15-versige Strophen, fünf haben 13-versige. Dreizehn, als Summe der zwölf Jünger Jesu und seiner selbst, steht zugleich für seinen Opfertod[14], Zehn setzt sich zusammen aus der Drei als dem Symbol des Schöpfers und der Sieben als dem Symbol des erschaffenen Universums und steht zugleich für »die Fülle der Weisheit, weil die Weisheit dort vollkommen ist, wo die Kreatur dem Creator untergeordnet, der Begründer vom Gegründeten unterschieden wird, wie dies durch das Zusammengesetztsein der Zahl 10 zum Ausdruck kommt.«[15] Bei der Aufteilung der dreizehnzeiligen Kanzonenstrophe bzw. -stanze in *fronte* und *sîrima* kommen auf jene

9 Rabuse, a.a.O.

10 Zufällig, in einem weiteren Sinne jedoch nicht zufällig ist für dasselbe Jahr erstmals die Musik als Gegenstand humanistischen Interesses dokumentiert – im Curriculum der von Vittorino da Feltre am Hofe der Gonzaga in Mantua gegründeten Schule, vgl. Palisca 1975, S. 7

11 Bent 1987; Arlt 1993, S. 9; Planchart 1988; zu dem Kreis in Bologna vgl. Kap. X; zu Alberti Grafton 2002, S. 55

12 Rabuse, a.a.O., S. 246/247

13 A.a.O., S. 249

14 Georg Rabuse, *Der kosmische Aufbau der Jenseitsreiche Dantes*, Graz-Köln 1958, Stichwort *Dreizehn*

15 Ursula Großmann, *Studien zur Zahlensymbolik des Frühmittelalters*, in: *Zeitschrift für katholische Theologie*, Band 76, 1954, S. 36

sechs Verse mit der Reimfolge a-b-c-b-a-c, auf diese sieben mit der Reimfolge c-d-d-c-e-f-e. Sieben Zeilen umfaßt auch das Geleit, siebenzeilig begegnet es im *Canzionere* insgesamt siebenmal, viermal nach fünfzehnzeiligen Strophen (Nrr. 119, 135, 324, 360) und dreimal nach dreizehnzeiligen (Nrr. 129, 207, 366), zumeist in der Vers- und Reimordnung der vorausgegangenen *sîrima*.

Sieben symbolisiert neben dem Universum, als von der Zehnerordnung nicht erreichbar, die unberührte Jungfrau bzw. Jungfräulichkeit[16], Sechs deutet auf die sechs Schöpfungstage hin sowie auf die Erschaffung des Menschen und die Geburt Christi an einem sechsten Tage; auch die Kreuzigung soll an einem 6. April stattgefunden haben. Dem fügt Petrarca private Inspirationsmythen nahtlos an: An einem Karfreitag, dem 6. April 1327, will er Laura am frühen Morgen in der Kirche Sainte-Claire in Avignon zum ersten Mal begegnet sein und damit die sein Leben und Dichten bestimmende Prägung erfahren haben, genau 21 (=dreimal sieben) Jahre später, am 6. April 1348, ist Laura gestorben; daß solche Stimmigkeiten ihm wahrer erscheinen konnten als banale Fakten – der 6. April 1327 war kein Freitag, sondern der Montag der Karwoche –, hat schon zu seinen Lebzeiten, von ihm heftig bestritten, Laura in Verdacht gebracht, eher eine dichterische Arbeitshypothese zu sein als eine reale Frau. Dabei schrieb er lediglich für sich die jedem Gebildeten geläufige Privatmythologie um, die Dante in der *Vita Nuova* aus den Konnotationen der Neun entfaltet hatte[17].

»Canzone insieme e lauda, inno ed elegia«[18] – in Du Fays Musik begegnet der Versuch der Festlegung auf ein Genre nicht geringeren Schwierigkeiten als in der Dichtung[19], so daß man, um den Verlegenheitsterminus »Liedmotette« zu umgehen, bei der zeitgenössischen Pauschalbestimmung *cantilena* stehenbleiben möchte. Schon die Unterscheidung geistlich/weltlich verfängt, als Alternative verstanden, bei der Kanzone nicht: Als an die Muttergottes gerichtet handelt es sich um geistliche Poesie, um weltliche hingegen, insofern sie Ausmündung, Zielpunkt und Auffangbecken einer gewaltigen Liebesdichtung bildet und, im Aufblick zur »*vergene*« aus dem bisherigen Zusammenhang zugleich heraustretend und die letzte Konsequenz ziehend, zur Gesamtheit der 365 vorausgegangenen Stücke sich ähnlich verhält wie die nachgesetzten Geleite der Kanzonen zu deren Strophen; kaum zufällig steht bei den Epitheta der *»vergene« – »bella«, »saggia«, »pura«, »benedetta«, »santa«, »gloriosa«, »sola al mondo«, »dolce et pia«, »chiara et stabile in eterno«, »sacra et alma«, »d'alti sensi«, »humana et nemica d'orgoglio«, »unica et sola«* – die weltlichste vornan. Näherhin zur Gattung könnte man, der üblichen Unterteilung in *fronte* und *sîrima* entgegen, fragen, ob diese durch die in jedem neunten Vers genannte »*vergene*« nicht unterlaufen werde oder ob nicht gar hier erst die *sîrima* begänne, die siebente und achte Zeile mithin als *chiave* anzusehen seien; das freilich geht syntaktisch nicht in allen Strophen so gut auf wie in der ersten. Überdies entspannt Petrarca die Alternative durch eine Reimordnung, welche weder für die eine noch die andere Lösung spricht: Weil die sechste und siebente bzw. achte und neunte Zeile je ein Reimpaar bilden, greift der Gleichklang, wie immer man einteilt, in jedem Fall über die Zäsur hinüber:

16 Zu weiteren Konnotationen vgl. unten Kap. XV

17 *Vita Nuova*, XXIX, s. u. a. *Dantis Alagherii Opera Omnia*, Leipzig 1921, Band II, S. 48

18 G. Carducci/S. Ferrari in: Francesco Petrarca, *Le Rime*, Nuova Presentazione di G. Contini, Florenz 1960, Kommentar zu Nr. 366

19 Planchart, a.a.O.

Vergene bella, che di sol vestita, (»fronte«)
Choronata di stelle al somo Sole
Piacesti sì, che'n te Sua luce ascose;
Amor me spigne a dir di te parole:
Ma non so cominzar senza tu'aita,
E di Colui ch'amando in te si pose.

Invoco lei che ben sempre rispose (»sîrima«)
Chi la chiamò con fede.
Vergene, s'a mercede
Miseria estrema de l'humane chose
Già mai ti volse, al mio prego t'inchina.
Soccori alla mia guerra,
Bench'i' sia terra, e tu del ciel regina.[20]

(»*Schöne Jungfrau, die du, gekrönt mit Sternen, / in Sonn gekleidet so der höchsten Sonne / gefielst, daß sie in dich ihr Licht verschränkte, / von dir zu reden drängt mich Liebeswonne: // doch wie ohn deine Hilfe es erlernen / und des, der liebend sich dir einversenkte? / Sie ruf ich an, die Antwort jedem schenkte, / der bat auf rechtem Pfade: / Jungfrau, wenn je zur Gnade/ die tiefste Not, die Menschending durchtränkte, / dich trieb: wolle dich meiner Bitte neigen; / hilf mir in der Beschwerde, / bin ich gleich Erd und du dem Himmel eigen.*«[21])

Wie immer man zuordnet – eine Ambivalenz bleibt bestehen, und Du Fay verstärkt sie: Bei der siebenten Zeile (»*Invoco lei che ben sempre rispose*«) wechselt er zum Tempus perfectum über, betont also den Übergang zur *sîrima* ohne zwischengeschaltete *chiave*[22]; die zweite Anrufung der *vergene* fällt dabei auf den dritten Vers der *sîrima*, einen »unwichtigen«, im Reim abhängigen Siebensilbler – jedoch genau auf die Stelle, die die 13 Verse der Stanze im Sinne der Fibonacci-Zahlenreihe (... 5 – 8 – 13 ...) und annähernd des Goldenen Schnittes teilt. Du Fay sorgt für eine weitere Ambivalenz, indem er bei der letzten Zeile (Takt 75) zum Tempus perfectum diminutum zurückkehrt und über das substanziell zweiteilige Ganze den Schatten der Dreiteiligkeit (ABA') wirft, obwohl der Text in der ersten und allen anderen Strophen weiterläuft[23] – von ihm aus gesehen stünde eine Zäsurierung in den meisten Strophen eine Zeile zuvor besser, besonders in der ersten, weil die *santa orazione* hier (»*Soccori alla mia guerra* ...«) zur direkten Bitte übergeht. Du Fay reagiert freilich auch auf einen von Petrarca in jeder Strophe neu equilibrierten Schwebezustand: Wohl sind die letzten Zeilen syntaktisch nie selbständig, besitzen jedoch dank resümierender Formulierungen besonderes Gewicht, wozu auch Vers- und Reimordnung beitragen: Nach den gleichmäßigen Elfsilblern der *fronte* war die Kanzone über den Reim »*pose*«/»*rispose*« weich in die *sîrima* hineingeglitten, danach jedoch in zwei Siebensilblern mit einem neuen Reimklang (»*fede*«/»*mercede*«) aufgelaufen als einem Hindernis, welches durch den in Länge und Reimklang an den Beginn der *sîrima* anschließenden Vers »*Miseria extrema de l'humane chose*« überwunden scheint. Doch folgt eine weitere Irritation: Wohl bewahrt die folgende Zeile (»*Già mai ti volse, al mio prego t'inchina*«) als Zwölf-

20 In der Schreibung der musikalischen Quellen vgl. *GA* VI, 2. Auflage, hrsg. von David Fallows

21 Francesco Petrarca, *Canzionere*. Zweisprachige Gesamtausgabe. Nach einer Interlinearübersetzung von Geraldine Gabor in deutsche Verse gebracht von Ernst-Jürgen Dreyer, Basel und Frankfurt 1989 bzw. München 1993, S. 994

22 Lisio 1893

23 Hierüber, auch kritisch zu den vorliegenden Ausgaben, Planchart, a.a.O.

silbler die größere Länge, bringt aber einen neuen Reim, den die folgende, vorletzte, zudem kürzere Zeile unbeantwortet läßt, deren Reimwort »*guerra*« seinerseits als Versende unbeantwortet bleibt, jedoch bei »*terra*« in der Mitte des folgenden Verses ein Echo findet. Petrarca stellt dergestalt eine Ambivalenz her – einerseits lädt er dazu ein, die letzte Zeile als zwei je verkürzte, als eine 13. bzw. 14. zu lesen (»*bench'i' sia terra / e tu del ciel regina*«), andererseits gehören beide als ein fünffüßiger Jambus bzw. Elfsilbler zusammen. Du Fay überhört diese Ambivalenz keineswegs; fast ließe sich sagen, er komponiere eine neue Zeile – deutlich anders als an korrespondierenden Stellen wie »*... di stelle al sommo ...*« (Takt 7), »*... sua luce ascose ...*« (Takt 15) und entsprechend in den Takten 20, 25, 30, 56 und 71[24]. Nach dem irritierenden, die Erwartung einer Auflösung steigernden Einschub wird diese sowohl im Silbenmaß wie dem schließenden Reim »*regina*« von der letzten Zeile gewährt; sie dankt ihre besondere Eindringlichkeit jedoch nicht nur der bündigen Formulierung und jener Einlösung, sondern auch dem Umstand, daß zuvor etwas offen, daß die vorletzte Zeile ohne Echo und Antwort blieb – als ein noch in der abrundenden Schlußkurve fühlbarer Stachel, welcher den Text auf Fortsetzung angewiesen macht. Zuviel Abschluß darf nicht sein – nicht zuletzt darauf reagieren die Geleite, die »Nachstrophen« der Kanzonen.

In einem Schwebezustand zwischen Vorangang und Rückbezug wie diesem – hier spielt auch die Ungewißheit mit, ob noch weitere Strophen folgen oder das Geleit dem Schluß zusteuert – nimmt der Musiker, kraft Amtes den forttreibenden Diskurs des Textes bremsend, um so klarer die Partei des sichernden Rückbezugs, als dieser sich für ihn allemal mit Vorangang verschränkt: Wiederholung gibt es nur auf dem Papier, nicht aber in der Zeitlichkeit des klingenden Vollzugs. Demgemäß benutzt Du Fay die Schwebe einerseits, um in einem Nachspiel ein Pendant zu demjenigen der *fronte* und damit einen Anschein von Bogenform herzustellen, und setzt mit der den Textvortrag bremsenden Kadenzierung der vorletzten Zeile (Takte 73/74)[25] einen übergroßen musikalischen Doppelpunkt; andererseits bindet er den gesamten Schluß an das Ganze an; zweimal zuvor (Takte 68/69 und 73/74) schon sind Zeilenendnoten oder Halbschlüsse im Superius in ungewöhnlicher Weise nach unten abgekippt (Beispiele 1 a und b), und ebenso geschieht es vor dem Auslauf in die letzte Zeile (Takte 78/79, Beispiel 1 c), so daß das Nachspiel auch vonnöten erscheint, um die dreimalige Abweichung zu kompensieren; zudem schließt Du Fay mit dem Beginn des dritten Teils (Beispiel 1 d) an den kleinen Nachsatz innerhalb der zweiten Zeile (Takte 7/8, Beispiel 1 e) an, in der Folge von melodischem An- und Abstieg ebenso wie im Charakter eines nach einer zuvor ruhenden Harmonie antwortenden Nachsatzes. Er tut also viel, um den Anschein eines Neubeginns zu vermeiden und antizipiert Lösungen in viel späterer Musik, bei denen am Ende eines Liedes eine fragmentierte Strophe für die ganze, in Coden von Sonaten oder Sinfonien ein thematischer Nachsatz für das ganze Thema stehen kann; und endlich steigert er die in den Schlußteil hineindrängende Ungeduld, indem er der ruhig deklamierenden Anfangszeile des zweiten Teils (»*Invoco lei ...*«) zwei imitierend lebhaft bewegte Zeilen folgen läßt, der wiederum ruhiger deklamierten elften Zeile »*Già mai si volse ...*« jedoch nur eine lebhafte, die jäh innehält. Alles scheint getan, damit der dritte Teil sich als Nachsatz zu allem Vorangegangenen und als dessen notwendige Fortsetzung darstelle.

24 ... ein Hinweis von Ernst-Jürgen Dreyer, dessen Konsequenzen weiter zu verfolgen Veränderungen in der Textunterlegung nach sich zöge, welche einerseits den Quellen widerspräche, andererseits aber noch innerhalb eines seinerzeit tolerierten Spielraums liegen könnten.

25 Zu deren Bewertung Planchart, a.a.O.

Beispiel 1 a bis e

Der Eindruck, Du Fay habe »en rêvetant de musique ce poème de treize vers ... renoncé à tout schéma comportant la répétition de certains fragments. Il en résulte une oeuvre d'un développement inhabituel«[26], bzw. einer »iterativen«[27], immerfort zu Neuem fortgehenden Strukturierung mag vom Dichter wie vom Musiker beabsichtigt gewesen sein, ist jedoch ein schlechter Ratgeber beim Blick auf die Mittel seiner Herstellung; beim Text mag er der regelmäßigen Rastrierung durch die Anrufung der Jungfrau zu danken sein, bei der Musik am ehesten dem Umstand, daß Du Fay auf die ebenso charakteristische wie topische Anfangswendung (Beispiel 2 a) nie zurückkommt. Möglicherweise verboten dies »formbildende Tendenzen«, welche wohl iterativ weitertreiben, jedoch, indem sie aus der je gegenwärtigen Situation das unmittelbar Nachfolgende entwickeln, eine Akkumulation von Bezügen bewirken, dank deren, trotz auffälliger Neuansätze u.a. zu Beginn der *sîrima*, am Ende alles mit allem zusammenzuhängen scheint. Als Einsatzpunkt dieser Akkumulation käme sehr wohl ein fast bezugslos-anonymes »Exordium« in Betracht, ein Eingangstor, um nicht zu sagen: eine Ortsbestimmung. Denn selbst, wenn beide aus einem venezianischen Manuskript der 40er Jahre stammenden Lauden (Beispiele 2 b und c[28]) der *Vergene bella* nachgebildet sein sollten, könnte Du Fays Beginn dennoch zitieren, vielleicht nicht ein einzelnes Stück, jedoch eine Musizierweise, einen bestimmten, oft am Sprechtonfall orientierten Umgang mit dem Text – wir finden ihn und die nahezu obligatorischen Imitationen in etlichen gesellig intonierten Chansons der 20er Jahre[29], Etüden in beredter Polyphonie, deren verspielt mühelos erscheinende Faktur ohne nord-südliche Osmose undenkbar wäre und nicht ohne den fast bei jedem Zeilenbeginn erneuerten Versuch, mit der Unbefangenheit einer quasi improvisatorischen Handhabung den Verbindlichkeiten des wohlregulierten Satzes gegenüberzutreten und standzuhalten.

Beispiel 2 a bis c

26 van den Borrren 1926, S. 304

27 Rabuse, s. Anmerkung 5

28 Neugedruckt bei Giulio Cattin (Hrsg.), *Laudi quattrocentesche del Cod. Veneto Marc. It. IX. 145*, Bologna 1958, Nrr. 1 und 8; vgl. auch Strohm 1993, S. 156 ff., Arlt 1981, S. 56 ff.; hier auch ein Abdruck des Stückes

29 U.a. *Je ne suy plus tel que souloye*, VI/36; *Je veuil chanter de cuer joyeux*, VI/37; *Ce jour de l'an*, VI/38; *Ce moys de may*, VI/39; *Belle plaissant et gracieuse*, VI/4; *Pour ce que veoir je ne puis*, VI/41; *J'atendray tant*, VI/42; *Par droit je puis bien complaindre et gemir*, VI/43; *Ma belle dame souveraine*, VI/44

Gehörte dies bei *Vergene bella* zum kompositorischen Programm? In den ersten vier Zeilen erscheinen auf sehr unterschiedliche Weise wortbezogene Prägungen (Beispiele 3 a bis d) abgetrennt von den jeweiligen Fortführungen; bei der ersten geben der Sprachtonfall und der Gestus des Aufblicks den Ausschlag, bei der zweiten die Hervorhebung der »*choronata*« durch die erste hemiolisch widerständige Prägung und die symbolischen Kontexte der Kolorierung[30], bei der dritten diejenigen der »demütig« tiefen, vom Contratenor überstiegenen Lage, bei der vierten die – über stehenden Harmonien wie schon in den Takten 6 und 11 – verweilerische Auszierung des Zentralwortes »*Amor*«. Erst die fünfte und sechste Zeile, angeführt durch die gleichzeitige Deklamation der drei Stimmen in Takt 23, stellen sich als jeweils fünftaktige melodische Ganzheiten dar, gemeinsam mit dem Nachspiel innerhalb des ersten Abschnittes, der Reimordnung in Terzetten entgegen, einen eigenen zweiten Teil bildend, dem aufgrund schwächerer oder unterlaufener Kadenzen (Takte 27 und 32) segmentierende Einschnitte weitgehend fehlen, der sich von der homogensten Struktur (Takt 23) zu einer kleingliedrig zerfahrenen (Takte 34 ff.) hin entwickelt und auch von daher die neue Bündelung zu Beginn der *sîrima* (»*Invoco lei …*«) notwendig macht.

Beispiel 3 a bis d

Die krasse Unterschiedlichkeit der vier Zeilenanfänge (Beispiele 3 a bis d) erscheint wesentlich getragen durch einen Kontext, der die Prägungen sich zueigen, zu einem zuweilen nur vorübergehend speziell semantisierten Sprachmaterial macht. Der dem eröffnenden Quintaufschlag folgende Abgang geht sogleich vergrößert in die Führung der Unterstimmen ein (vgl. Beispiel 2 a), der die »*choronata*«-Hemiole (Beispiel 3 b) kontrapunktierende Aufstieg des Tenors nimmt den des Superius im Nachsatz der zweiten Zeile (Beispiel 1 e) vorweg, und die ebendort fünfmal begegnende, in der folgenden Zeile noch dreimal nachklingende Terzgirlande bereitet offenkundig den ungewöhnlichen Zeilenschluß (Beispiel 4 a) vor. Dieser wie-

30 Hierzu, wie zu etlichen Aspekten des Wort-Ton-Verhältnisses Arlt, a.a.O.

derum gibt der kleinen Sekund jene Eindringlichkeit, welcher die Wechselnote am dritten Zeilenbeginn (Beispiel 3 c) sich bedient, auf die nun wieder die fünfte Zeile, nicht nur mit ihrem Beginn, bezogen ist (Beispiel 4 b), nachdem zuvor (Takte 19 bis 22) ein die Oktav *a'/a* überspannender Abstieg, seinerseits durch einen ebenso großen im Contratenor vorbereitet, den ersten Teilabschnitt beendet hatte – in einer Textur, welche, mit dem einer »drängenden« Figuration zuliebe aus seiner Funktion geworfenen Tenor, unverkennbar das »*spingere*« reflektiert. Noch ein zweites Mal, in der zehnten Zeile (»*Miseria estrema dell' humane chose*«, Beispiel 4 c), erscheint die Wechselnote in »demütiger« Tieflage, und zu den wichtigen, die Rückkehr zum Tempus perfectum diminutum überbrückenden Subtexten gehört der den deklamativ eindringlichen Quartanstieg (Beispiel 4 d) viermal beantwortende Quartabstieg (Beispiel 4 e), eine Überbrückung auch äußerst unterschiedlicher Satzstrukturen.

Beispiel 4 a bis e

Selbst, da wir angesichts des außerordentlichen Unternehmens höchstes kompositorisches Aufgebot unterstellen können, bleibt die Frage, ob Befunde wie die letztgenannten vom klingenden Erscheinungsbild, der rhetorischen Unmittelbarkeit dieser Musik nicht zu weitab lägen, um etwas über sie aussagen zu können. Je weiter freilich die Herausforderung, je tiefer die

Versenkung ins andere, das Medium der Sprache ging, desto notwendiger wurden tektonische Rückhalte – in diesem Sinne ließe sich die Frage nur beantworten, wenn wir die Herausforderung genau ermessen könnten, die Du Fay in der individuellen Wahrnehmung des Textes annahm. Nach deren Maßgaben wäre es z.B. bei dem oben angesprochenen strophischen »Mißbrauch«, der in einem literarisch gebildeten Kreis mindestens erwogen worden sein könnte, nicht ohne Beschädigungen abgegangen, welche die in der ersten Stanze angemeldeten Ansprüche desavouieren müßten. Weder lassen sich in den ersten vier Zeilen der anderen Strophen devisenhafte Worte oder Wendungen wie die in Beispiel 3 versammelten finden noch jeweils fünfte Zeilen, welche auch textlich (»*'ncominciar*«) dem Neuansatz und der halben Autonomie und Komplexität der Takte 23 bis 39 entsprächen, weder beim Übergang in die *sîrima* eine so deutlich wie durch »*Invoco lei ...*« markierte Trittstufe noch ein Pendant zu »*Chi la chiamò con fede*« als der Veranlassung der kleinen, lebhaft deklamierenden Gruppen der Takte 46 ff. – anhand der hier in der zweiten Zeile wie zu Beginn regelmäßig stehenden »*Vergene*« würde der Kontrast nur noch stärker in Erscheinung treten.

Immerhin erscheint auch ein solcher Hinblick geeignet, die besonderen Qualitäten und den formalen Atem von Du Fays Klangrede zu erkennen – die Stimmigkeit der erst in der vorletzten Zeile wiederaufgenommenen, in der *sîrima* (Takte 45 ff.) vorübergehend anvisierten Imitation aller drei Stimmen vom Beginn; der sinnfällige Kontrast zwischen der Komplexität des zweiten Teils der *fronte* (Takte 24 ff.), welcher resolut und einmütig ansetzt, und am Ende die Ratlosigkeit dessen, der »*senza tu'aita*« das Lobpreis sich nicht zutraut, in der Dimension des siebentaktigen Nachspiels reflektiert, und der durch die innehaltenden Takte 6, 11 und 17/18 geschaffenen Untergliederung; ebendort die Eindringlichkeit der Anfangsworte bzw. -wendungen (Beispiel 3), bei »*Vergene bella*« durch die Funktion der Eröffnung gesichert und, über den vor »*Piacesti, si ...*« interpunktierenden Verweiltakt 11 hinaus gesteigert bis zu den über den Gegenklang *e* eingeführten Takten 17/18 mit dem nun der Himmelsjungfrau zugewendeten »*Amor*«; danach der große Abgang »*mi spigne ...*«, der den ersten Teil in der bisher homogensten Satzweise beendet und zugleich in der simultanen Deklamation von »*Ma non so ...*« Ziel und Mündung hat; die Wiederholung des nach »*Ma non so ...*« nahezu ins Leere verlaufenen Impulses mit »*Invoco lei*«, wieder auf *e'* ansetzend, nun aber mit dem neuen Rückenwind des Tempus perfectum und von diesem zur syllabischen Deklamation der achten und neunten Zeile und zur zweiten Nennung der »*Vergene*« getrieben, weiter zur kraß abstechenden Wahrnehmung der »*Miseria estrema*« (Takte 56 ff., Beispiel 4 c) und derjenigen der »*humane chose*« erst mit gleichartigem, durch tiefe Lage deren Niedrigkeit reflektierendem Fortgang der Stimmen, dann mit den wie von außen einfallenden, möglicherweise die Eitelkeit, Vergeblichkeit menschlichen Bemühens meinenden[31] Rouladen; endlich die mit größtmöglicher Eindringlichkeit von allen drei Stimmen heftig deklamierte Bitte »*Soccorri alla mia guerra*« (Takte 69 ff.), Ziel- und Endpunkt wohl einer *santa orazione*, schwerlich jedoch, weil in der Ausdruckslage nahezu extrem, derjenige einer ausgedehnten Komposition – Petrarcas 13. Zeile, als Zwölfsilbler und gesteigerte Reimerwartungen erfüllend, artikuliert Rückkehr in den Zusammenhang des Ganzen, welche der Musiker vergrößert: Die Quartabgänge (Beispiel 4 e), die tiefe Lage und die im Stück einmalige Klangfolge der Takte 3 und 4 im Beispiel 4 e mögen die Erde als den Ort des bittenden »*uom sí basso*« meinen, sein melismierendes »Schweigen« danach und das ausgedehnte, auffällig mit kleinen Partikeln besetzte Nachspiel (in den Takten 82 bis 85 dreizehn Terzfälle[32]) die unartikulierbare Endlosigkeit des Himmels.

---

31 Arlt, a.a.O.

32 Strohm 1993, S. 158, verweist auf die Nähe zu den Takten 52 bis 65 in Hugo de Lantins' *Tra quante regione*, welches

Hat die Rückkehr – man bleibt bei der positiven Auskunft, Du Fay habe nur die erste Stanze komponiert, ungern stehen – noch andere Dimensionen? Ist es Zufall, daß die letzten Stanzen und das Geleit sich Du Fays Musik besser fügen würden? Könnte Petrarca über das Grundmuster dieser Kanzone hinaus so etwas wie einen Rücklauf beabsichtigt haben? Bei allen Stanzen passen, nicht nur prosodisch, die Sieben- bzw. Achtsilbler, bei keiner hingegen, auch nur halbwegs unter dem mit »*Amor*« gesetzten Anspruch, der Beginn der vierten Zeile. Einem Musiker, der u.a. mit dem Rondeau als einer Form umgeht, welche sich auch mithilfe unterschiedlicher Grade konstituiert, in denen Musik und Text zusammenstimmen[33], konnte schwerlich gleichgültig sein, daß im Geleit der Marienkanzone die Minimen der Takte 46 ff. so gut zu »*sí corre il tempo et vola*«, die tiefe Lage der Takte 55 ff. gut zu »*e'l cor or conscientia or morte punge*« passen würden oder in der letzten Stanze genau entsprechend, wenngleich mit anderen Bedeutungsrichtungen, »*per le tue man resurgo*« (zu Takt 46 ff.) und »*al tuo nome et penseri* ...« (zu Takt 55 ff.), nicht zu reden in der *fronte* von »*miserere d'un cor*« (Vers 3) für den Beginn der dritten musikalischen Zeile entsprechend zu »*Piacesti, sì*« (Takte 11/12, vgl. Beispiel 3 c) oder von »*amar con sí mirabil fede* ...« (Vers 5) für den Beginn der fünften musikalischen Zeile (Beispiel 4 b). Wie sehr immer Petrarcas erste Stanze sich anbot, als pars pro toto genommen zu werden, und eine durchkomponierte Marienkanzone damals außerhalb aller Denkbarkeit lag – das ambitionierte Unternehmen bzw. die für Du Fay ante portas stehenden anderen Stanzen gaben genug Anlaß, alles Für und Wider eines Komponierens zu erwägen, welches der Dichtung in so viele, deklamatorische wie semantische, Verästelungen hinein zu folgen, ihr so sehr sich anzuschmiegen bestrebt ist, daß anderweitige Verwendungen, selbst bei prosodischer Übereinstimmung, sich ausschließen.

Das wiegt bei aufgeschrieben festgelegter, auskomponierter Musik schwerer als bei improvisierter, nur dem Hier und Jetzt gehöriger – und mit solcher haben wir es im frühen Quattrocento, wie etliche Sekundärzeugnisse, literarische Dokumente etc., belegen, in besonderer Weise zu tun. Weil es zu jener Zeit um kompositionstechnische Kontinuitäten mit Ausnahme der Motette schlecht bestellt war, wäre besonders wichtig zu wissen, ob Du Fay ungefähr die uns überlieferte Musik seiner unmittelbaren Vorgänger kannte, ob viel mehr oder viel weniger – die hochoriginelle des kurz vor seiner Ankunft in Italien verstorbenen Matteo di Perugia z.B. müßte ihm besonders gefallen haben; weshalb wir, außer durch kompositorische Bezugnahmen, über die Rezeption des einen durch den anderen Musiker so gut wie nichts wissen und, hiervon ausgehend, Quellenverluste eines Umfangs vermuten müssen, der alle Sicherheiten in Bezug auf den repräsentativen Rang des Erhaltenen erschüttert; wie sehr das Inseldasein der polyphonen Pflegestätten in Oberitalien – immerhin dämmert der *Rise of European Music*[34] herauf – den Austausch zwischen ihnen behindert oder stimuliert hat oder auch, ob einstimmiges Singen, z.B. der Laudesi, nur über die Dichtungsformen auf das mehrstimmige eingewirkt hat, wenn aber anders, dann in welcher Weise usw. Beim Versuch, die Lücke zu füllen oder zu kompensieren, hilft der Allgemeinplatz, daß Kompositionen als Wirkungsgefüge ein bestimmtes musikalisches Klima voraussetzen und dieses sich teilweise spiegelbildhaft aus ihnen erschließen lassen müsse, ohne solide Anhalte wenig.

Gewiß wehte der Wind des geselligen Improvisierens damals in die *res facta*, selbst in die italienische Motette, hinein, jedoch hat sie ihn umgelenkt; Niederschrift ist allemal mehr als

---

Du Fay schon deshalb gut gekannt haben dürfte, weil es offenbar zum selben Anlaß komponiert wurde wie seine Motette *Vasilissa, ergo gaude*

33 Vgl. Kap. XII

34 Strohm 1993

Abklatsch und Protokoll, sie läßt sich nicht trennen von verändernder Rechenschaft über das Niedergeschriebene, von der Nutzung der durch die optische Veranschaulichung gewährten Übersicht, von verknüpfendem Zusammendenken und konstruktivem Weiterdenken. Wohingegen der Improvisierende auf die Sicherung durch einen klar definierten, nicht allzu weiten Rahmen angewiesen bleibt, um sich ohne Furcht vor Unvorhersehbarem frei bewegen zu können[35], auf ein einfaches Fundament wo nicht einen *pes* – dies einer der Hintergründe des von Heinrich Besseler funktionsharmonisch überzogen bewerteten »Harmonieträgers«[36]. Zudem haben beim Improvisieren deklamatorische Momente stets Vorrang vor semantischen; von diesen aber wird der Komponierende, der dem Improvisierenden nacheifern will, in besonderer Weise verlockt sein und damit – dies eines der Probleme bei *Vergene bella* (s.o.) – seine Musik genau zu dem machen, was die improvisierte nicht sein will – unverwechselbar, unveränderbar und eben deshalb wiederholbar.

Die Wiederholungen in *Mercè, o morte*, einem Stück, das Du Fay in Italien kennengelernt haben mag und welches gewiß dort geübte Praktiken widerspiegelt, erlauben unterschiedliche Texte (im Beispiel 5 a der eine oben, der andere unten), weil sie den einzelnen, zudem kurzen Worten nur deklamativ, nicht semantisch Rechnung tragen; und in Johannes Ciconias so viel Spontaneität aufbewahrender Komposition des Giustiniani-Textes *O rosa bella* (welcher später mit der Musik Dunstaples eine im 15. Jahrhundert kaum übertroffene Verbreitung erfahren sollte) werden die Wiederholungen (Beispiele 5 b bis d) selbst semantisch, weil der Singende beim einmal Formulierten kein Genüge findet: *daß* er wiederholt, sagt mindestens eben so viel wie, *was* er wiederholt.

Beispiel 5 a bis d

35 Georg Knepler, *Improvisation – Komposition. Überlegungen zu einem ungeklärten Problem der Musikgeschichte,* in: *Bence Szabolcsi Septuagenario*, Budapest 1969, S. 241-252

36 Besseler 1950/1974, bes. S. 74 ff., 85 ff., 89 ff.

Nicht anders verfährt Du Fay in der Ballata *La dolce vista* (Beispiel 6 a)[37], einem Virtuosenstück der besonderen Art, welches in der gewaltigen Spanne zwischen den Herausforderungen der Petrarca-Kanzone und gesellig geprägter Improvisation eine nach beiden Seiten hin offene Mitte markiert. Improvisationsnah erscheinen im Tenor, soweit er nicht imitierenden Verpflichtungen folgt, die Bevorzugung der konsolidierenden Gerüsttöne, Wortwiederholungen in allen Zeilen außer der letzten, das eng begrenzte melodische Material und der verspielte Wechsel in der Führung der Imitationen. Als unter besonderen Ansprüchen komponiert erweist das Stück sich im hochbewußten Umgang mit eben diesen Komponenten: Im Superius der *ripresa* gibt es mit Ausnahme der Kadenzierung und zweier Terzen nur Sekundschritte, wogegen in der *volta*, dem instrumentalen Nachspiel der *stanza*, große Intervalle in sperrigen Rhythmen gesetzt sind (Beispiel 6 b) wie ähnlich in der wohl zur selben Zeit entstandenen Ballata *L'alta bellezza tua*[38] (Beispiel 6 c); die ersten beiden Zeilen der *ripresa* und diejenigen des ersten *piede* (»*O lieta faccia* ...«) liegen in *La dolce vista* transponiert nahe beieinander – auch dies eine Beengung des Spielraums, den Du Fay einerseits durch die intervallisch ausfahrende *volta* (Beispiel 6 b), andererseits durch ein Vorspiel einrahmt, welches mehr Expansion verspricht als danach stattfindet.

Beispiel 6 a bis c

Auf diese Weise stellt er, wie auch in den – bei ihm seltenen – drängenden Wortwiederholungen das nahezu miniaturistische Gepräge des zentralen Blocks vor eine kontrastierende Folie, er komponiert das Ungenügen am beengten Spielraum, holt so viel Improvisatorisches herein, wie das kleine Stück eben zuläßt, so daß man als geheimes Programm der von virtuoser Musizierlaune sprühenden Ballata die Begegnung von frei herausfahrender Spontaneität und kompositorischer Besonnenheit, ein musikalisches Lehrstück zur Differenz von Mündlichkeit und Schriftlichkeit vermuten könnte (auch ungeplant stellt es sich als ein solches dar) – Huldigung und Antwort an Italien nicht weniger als die Komposition von Petrarcas Kanzone.

---

37 VI/5
38 VI/1

X. Im Zeichen des Heiligen Jakob: Bologna 1425-28

»Iam mori vi non metuat viator / At suos sospes repetat penates. / Corporis custos animeque fortis, / Omnibus prosis, baculoque sancto. / Bella tu nostris moveas ab oris, / Ipse sed tutum tege iam Robertum = Möge der Wanderer gewaltsamen Tod nicht fürchten, / Möge er seine Heimat sicher wieder erreichen. / Starker Beschützer von Leib und Seele, / Hilf allem Volk mit deinem starken Stab, / Halte Kriege von unseren Küsten fern, / Und schütze du selbst ganz und gar Robert« – so lauten die letzten sechs von insgesamt zweimal 16 Versen der Jacobus-Motette *Rite maiorem Jacobum canamus / Artibus summis miseri reclusi*, deren Tenor – über dessen Herkunft nichts bekannt ist – den Heiligen ausdrücklich nennt: *»Ora pro nobis ominum, Qui te vocavit Jacobum = Bitte für uns den Herrn, der dich Jakob genannt hat«*. Da finden sich Vorzüge und Mittlerfunktion der Heiligen paradigmatisch angesprochen und benutzt, welche kleiner, näher, menschlicher sind als der, den man bittend letztenendes meinen muß und den direkt zu bitten man sich nicht traut – dies wohl die wichtigste Veranlassung für den Umweg über den diskreten Polytheismus der Heiligenverehrung.

Die Anfangsbuchstaben der 32 Verse (im neunten zwei Buchstaben: *Au*) fügen sich zu dem Akrostichon *ROBERTVS AuCLOV CVRATVS SANCTJ IACOBI*. Auclou war Rektor (= Pfarrer) der Kirche St. Jacques-de-la-Boucherie in Paris und mußte im Jahre 1425 von Bologna nach Paris reisen. Motetten solchen Umfangs und Anspruchs pflegen öffentlichere und prominentere Anlässe zu haben; umso schwerer wiegt als wahrscheinlicher Erklärungsgrund die persönliche Beziehung.

Auclou hatte das Pfarramt in Paris seit 1420 inne, konnte es jedoch nicht wahrnehmen, weil er als *camere apostolice notarius* im Sekretariat Louis Alemans arbeitete, eines der seinerzeit führenden Kirchenmänner[1], welcher sich auch mehrmals für Du Fay verwendete und seit Mai 1424 als päpstlicher Legat i.e. Regierungsvertreter in Bologna amtierte. Zuvor hatte er auf der Rückreise vom Konzil von Konstanz nach Rom anderthalb Jahre in Florenz verweilt, während sein *notarius* zur selben Zeit als Sekretär der Herzogin von Savoyen, Maria von Burgund, nachgewiesen ist, einer Tante Philipps des Guten. Der mit Du Fay gleichaltrige, aus dem Artois und offenbar aus wohlsituierten Verhältnissen stammende Auclou hatte 1419 in Paris den Grad eines *baccalareus in decretis* erworben und sich von dort aus um Pfründen in burgundischen und savoyischen Ländern bemüht. Trotz der Pfarrstelle an St. Jacques-de-la-Boucherie und des auf halber Strecke abgebrochenen Studiums mag ihm die Möglichkeit, Paris zu verlassen, zupaß gekommen sein. Eben damals erlebte die Stadt schlimme Zeiten, seit Herbst 1417 von den Burgundern belagert, wenig später von den Engländern ins Visier genommen, worauf der Burgunderherzog Johann ohne Furcht, von Auseinandersetzungen mit den Armagnacs festgehalten, zunächst kaum reagierte. Dennoch konnte er Paris im Mai 1418 nehmen, erlebte im August einen Aufstand seiner in der Stadt verbliebenen Gegner und wurde wenig später von den Mannen des Dauphin niedergemacht. Damit war auch die letzte Chance eines politischen Ausgleichs zwischen der französischen Krone und ihrem mächtigen Vasallen verspielt. Dieser, nun der blutjunge Philipp, nachmals *»der Gute«*, verband sich mit den Engländern und zwang gemeinsam mit ihnen den französischen König im Mai 1420 zu dem

1 Zu Auclou und Aleman vgl. Fallows 1982, S. 29 – 31, 48 – 50, 243 – 244 und Trumble 1988, dem das Nachstehende verpflichtet ist; bei diesem weitere Literatur

demütigenden Frieden von Troyes; wenig später demütigte er ihn noch viel mehr, indem er an seiner Seite und der des englischen Königs in Paris einzog, eine mehrmals geplünderte, verwüstete Stadt, welche die Hauptstadt eines von seinem gekrönten König regierten Frankreich nun nicht mehr war.

Robert Auclou hatte damals bereits das Weite gesucht; als er fünf Jahre später in Bologna zur Rückkehr nach Paris aufbrach, hatte er genug Grund, den Namenspatron seiner verwaisten Pfarrei um Beistand zu bitten. Indessen war der Anlaß zwingend – die Fortsetzung eines mit dem *baccalareus in decretis* vorzeitig abgebrochenen Studiums mit dem Ziel, den höheren Grad des *licentiatus in decretis* zu erwerben, welcher die Voraussetzung für eine Beförderung im Sekretariat des damaligen Erzbischofs Louis Aleman war.

Wann genau Du Fay nach Bologna kam – kurz vor oder um 1423/24 –, wie er sein Studium an der Universität, einer der angesehensten in Europa, mit den Verpflichtungen bei den Malatesta vereinbarte und wie es sich mit den Beziehungen zu dem päpstlichen Legaten, möglicherweise einer lockeren Anstellung, verhielt, ist unklar. Die Legaten wechselten rasch, der letzte vor Aleman war – von August 1423 bis Juni 1424 – Gabriele Condulmer gewesen, nachmals Papst Eugen IV. Du Fays intensive, vermutlich freundschaftliche Beziehung zu ihm[2] mag in Bologna begründet worden sein. Mit den selbstbewußten Einwohnern kam der eine Statthalter so wenig zurecht wie der andere; Alemans fast ausschließlich savoyischer Mitarbeiterstab verstärkte den Eindruck der Fremdherrschaft, so daß er nach einem Aufbegehren der Bürgerschaft Ende August 1428 die Stadt fluchtartig verlassen mußte – samt Gefolge, zu dem offenbar auch Du Fay gehörte. Diesem war zum Erwerb eines ersten akademischen Grades noch Zeit geblieben[3], nicht jedoch für den *baccalareus in decretis*, der ihm acht Jahre später zugesprochen wurde.

Bereits zwei Monate später wird er als Mitglied der päpstlichen Kapelle geführt. Daß er dort, vom Erwerb einiger Pfründen abgesehen[4] , nicht sofort reüssierte (was sich nach der Wahl Eugens IV. änderte), mag mit dem überstürzten Eintritt ebenso wie mit persönlichen Konstellationen zusammengehangen haben, welche sich besonders gut anhand späterer Konsequenzen erkennen lassen: Condulmer, obzwar als Neffe eines früheren Papstes selbst privilegiert – 25jährig bereits Bischof, 26jährig Kardinal –, hielt schon damals zur Vetternwirtschaft der Familien Colonna und Malatesta unter dem Pontifikat Martins V. kritische Distanz; mit den Malatesta wiederum war Du Fay verbunden. Aleman und Auclou ihrerseits befanden sich als entschiedene Konziliaristen oftmals und zunehmend in Widerspruch zu Eugen IV., dessen politisch glückloses Pontifikat vom Versuch überschattet war, den Einfluß des Konzils zurückzudrängen. Aleman verließ Rom, nachdem er sich nach Eugens Amtsantritt geweigert hatte, die Bulle zur Auflösung des Basler Konzils zu unterschreiben; im Frühjahr 1434 reiste er nach Basel, übernahm vier Jahre später, damit auch offiziell der wichtigste Gegenspieler Eugens IV., den Vorsitz des Konzils und initiierte die Entscheidungen, die im Januar 1440 zur Inthronisierung des Gegenpastes Felix V. führten, des früheren savoyischen Herzogs Amadeus VIII. Der aber war inzwischen Du Fays Dienstherr gewesen, im Übrigen der im Süden wichtigste Verbündete und zudem Verwandter des zum römischen Papst haltenden Burgunderherzogs. Eugen reagierte mit der Aberkennung von Alemans Kardinalswürde ähnlich moderat wie Philipp der Gute in der kirchenpolitischen Konfrontation mit seinem savoyischen Onkel. Dieser trat im April 1449, zwei Monate nach dem Tod seines römischen

2 Kap. XIII
3 Kap. I
4 Kap. VI

Kontrahenten, als Gegenpapst zurück und starb zwei Jahre später. Aleman erhielt von Eugens Nachfolger Nikolaus V. die Kardinalswürde zurück, starb aber bereits 1450; im Jahre 1527 ist er von dem Medici-Papst Clemens VII. seliggesprochen worden.

Zu den eingreifenden Veränderungen der Szenerie um Du Fay zu Beginn der fünfziger Jahre gehört auch der Tod des Freundes Auclou im August 1452. Schon in frühen Jahren ein Vertrauter Philipps des Guten, hatte er nach der Flucht aus Bologna den burgundischen Hof an der Kurie vertreten, seit 1433 beim Basler Konzil – bis zum Frühjahr 1438, als der papsttreue Herzog seine Vertreter wegen der aggressiv antirömischen Haltung des Konzils zurückrief, möglicherweise nicht freiwillig: Denn, um präsent zu bleiben, schob er im April 1438 das Domkapitel von Cambrai als entsendende Institution vor, indem er den der konziliaren Seite anhängenden Auclou und Du Fay zu unabhängigen Delegierten auf dem Konzil ernannte; Du Fay mag damals ähnliche Standpunkte vertreten haben – dafür sprechen die savoyischen Kontakte im Jahre 1438, u.a. die Komposition der Motette *Magnanime gentis* für einen von Amadeus garantierten Friedensschluß ebenso wie die Situation eines Konzils, auf dem der römische Papst kaum oder nur schwach repräsentiert war. Dort übrigens müssen der erste Musiker und der erste Philosoph der Zeit sich begegnet sein, Du Fay und Nikolaus von Kues, welcher 1437 zur päpstlichen Seite, d.h. zu den Fürsprechern einer monarchisch-nationalstaatlichen Verfestigung übergetreten war. Du Fay ist ihm offenbar gefolgt und tauschte dabei einen Zwiespalt gegen den anderen, hatte er doch, angefangen bei ertragreichen Pfründen, beiden Päpsten viel zu danken. Die späteren Pontifikate der ehemaligen Konziliaren Nikolaus V. und Pius II., des Humanisten Enea Piccolomini, haben, machtpolitisch betrachtet, dem Stellungswechsel nachträglich Recht gegeben. Robert Auclou, der bei den Anklagen gegen Eugen IV. tatkräftig mitgewirkt hatte, lebte nach dem Basler Aufenthalt – das war immerhin möglich – bis zu seinem Tode im romtreuen Cambrai.

* * *

Homo viator – der vorgreifende Blick auf den weiteren Lebensweg der beiden für Du Fay wichtigen Männer erscheint nicht unpassend im Kontext einer hochambionierten, auf die Reise eines keineswegs Hochgestellten bezogenen Motette: Nicht erst der Bezug auf den Heiligen von Santiago de Compostela, dem die größten Pilgerzüge in Westeuropa galten[5], legte ein metaphorisch ausweitendes Verständnis dieser Reise (von der Auclou bereits ein Jahr später zurückgekehrt war) als Lebensreise, als Wander- und Pilgerschaft nahe, und nicht nur der Sorge wegen möglicher Gefahren wurde Sprache und Rahmen geschaffen, auch wurden beim Komponisten die geleitgebenden, wegbereitenden Möglichkeiten der Musik angesprochen, welche sich schon lange zuvor im Conductus zu einer eigenen Gattung kristallisiert hatten.

Entgegen allen Zweifeln, inwieweit man diese Möglichkeiten mitsamt der ihnen verbundenen Symbolik für eine Deutung beanspruchen dürfe, fällt sofort ins Auge, in welch ungewöhnlicher Weise Du Fay die Aufgabenstellung und Funktionsweise der beiden Stimmpaare – Triplum und Motetus, Tenor und Contratenor – konkretisiert. Beide konkurrieren jeweils im selben Tonraum, jene zwischen *a* und *c"*, diese zwischen *d* und *e'*, und sie nutzen

5 Yves Bottineau, *Der Weg der Jakobspilger. Geschichte, Kunst und Kultur der Wallfahrt nach Santiago de Compostela*, Bergisch Gladbach 1987, dort weitere Literatur; Pierre Baret/Jean Noel Gurgand, *Auf dem Wege nach Santiago*, Freiburg 2000

nur selten, etwa, um sich aus dem Wege zu gehen, den gesamten Ambitus, sondern verknoten sich zumeist innerhalb der tonartprägenden Intervallräume; beide Stimmpaare streiten nahezu Takt für Takt um den ersten Rang, jene um den der dominierenden Oberstimme, diese um Würde und Aufgaben eines Tenors; und beide opfern dabei individuelle Charakteristiken und Funktionen. Bei den Oberstimmen erscheint das nicht ungewöhnlich, umso mehr bei den Unterstimmen: Du Fay verletzt die heiligste aller satztechnischen Maßgaben, er nimmt der als *Tenor* bezeichneten Stimme die Funktion des Fundamentum relationis. Wenn die Mehrzahl der mit dem Triplum zur perfekten Zweistimmigkeit sich fügenden Töne sich im Contratenor findet und der Tenor am Schluß des ersten und des dritten Color (Takte 33 und 96) auf der dem Contratenor gehörigen Quint endet, liegt es wohl nahe, erklärend bzw. das Sakrileg verteidigend die Metaphorik einer Wanderung in unsicherem Gelände zu bemühen. Zur Herabwürdigung des Tenors würde gut passen, daß es sich nicht um einen liturgischen Cantus handelt – einem solchen wäre das kaum zuzumuten; Du Fay betont sie, indem er die Unterstimmen als *Tenor* und *Contratenor* bezeichnet und nicht, was nähergelegen hätte, als *Tenor I* und *Tenor II,* oder gar *Contratenor I* und *II*; damit wäre verdeutlicht, daß keine Stimme den Ehrentitel »Tenor« verdient, jedoch verschwiegen, daß – in verteilten Rollen – die Funktion des Tenors dennoch wahrgenommen wird. Müßte man nicht in erster Linie praktische Gründe vermuten, welche bei diesem *Solus Tenor* weniger deutlich zu erkennen sind[6] als bei der kurz zuvor komponierten *Apostolo glorioso*-Motette[7], so könnte man ihn fast als Offenbarungseid der hintersinnigen Tenor-Kalamität lesen[8].

Wie immer am richtigsten bezeichnet – beide Stimmen unterliegen derselben isorhythmischen Disposition in einem zweimal durchlaufenden, je 22 Großtakte (= 66 Takte der Oberstimmen) umfassenden Color, welcher jeweils durch zwei elftaktige Taleae gehälftet wird. Eingerechnet sind hierbei je zwei »leere« Großtakte zu Beginn jedes Color (vgl. Beispiel 1 mit dem ersten, also nur mit der ersten Hälfte der Talea, wobei die die Tenorfunktion versehenden Töne gekennzeichnet sind), weil hier erstmals[9] die – dergestalt viermal je sechs Takte lang duettierenden – Oberstimmen ebenfalls isorhythmisch organisiert sind. Erstmals auch verzichtet Du Fay auf das motettenübliche, durch zunehmend kleinere Mensuren bewirkte Accelerando des Verlaufs – die Schwelle zwischen dem 6/8-Rhythmus der Prolatio und dem ¾-Takt des Tempus perfectum diminutum ist niedrig und wird durch weiche Übergänge weiter erniedrigt –, wofür er angesichts des Gesamtumfanges, welcher eher eine dynamische Entwicklung erwarten läßt, gewichtige Gründe gehabt haben muß; steht der glatte, homogene Verlauf für die erhoffte störungsfreie Reise des Freundes?

Sieht man vom Einleitungsduo bei *Vassilissa, ergo gaude* ab, so ließe sich fast sagen, Du Fay habe die Anlage dieser früheren Motette mit Zwei multipliziert[10]. Offenbar gaben die 32 Buchstaben des Akrostichons den Umfang vor – und in diesem Falle auch die Struktur: Denn anders als sonst[11] verschiebt Du Fay die textlichen und musikalischen Komplexe nicht gegeneinander und halst sich, ein Maximum fixierender Statik beschwörend, mit je vier vierzeiligen, überdies mit den vier Color-Abschnitten korrespondierenden Strophen für Triplum

6 Fallows, a.a.O., S. 110 ff.

7 Kap. III

8 In der GA steht als zweite Note in Takt 50 fälschlich *d* statt *f*, außerdem im Triplum Takt 52 als zweite Note fälschlich *g'* statt *a'*

9 Vgl. die späteren Motetten *Fulgens iubar, Nuper rosarum* und *Moribus et genere*

10 Fallows, a.a.O., S. 108 ff.

11 Kap. III und XV

Beispiel 1

bzw. Motetus eine geradehin gefährliche, zudem symmetrische Stimmigkeit auf. Sie mag besonders aufgefallen sein, weil der sapphische Elfsilbler in einer Motette nicht nur als klassisches Versmaß, sondern auch als solches eine spezielle Wahl darstellte; gewöhnlichere wie Hexameter oder Distichen kommen späterhin bei Du Fay mehrmals vor, dieses jedoch nicht wieder – genug Grund, über Auclou hinaus als Adressaten des Stückes humanistisch engagierte und gebildete Menschen im Umkreis der Universität von Bologna zu vermuten.

Zu ihnen würde eine Darbietungsweise gut passen, welche, auf die Plausibilität eines unmittelbar sich mitteilenden Gesamteindrucks nicht angewiesen[12], eher einer kritisch-kennerischen Lektüre gleicht – vielleicht, daß man, um den ähnlich wie in *Apostolo glorioso* in zwei Hälften in den Oberstimmen übereinandergeklappten Text verfolgen zu können, das Stück gleich zweimal spielt, dabei das erste Mal den Motetus auf einem Instrument, das zweite Mal das Triplum[13]. Zwar verlangt die an ein knappes Exordium angeschlossene *narratio* von den, seinerzeit überdies wohlbekannten, Wundertaten des Heiligen keine bestimmte Reihenfolge, jedoch würde die am Kapitelanfang zitierte, auf Auclou zurückgewendete und in eine Verallgemeinerung ausmündende *conclusio* dann besser wahrgenommen (*»Iam mori vi non metuat viator = nicht länger soll der Pilger sich davor fürchten, umzukommen«*, Takte 87 ff.), welche Du Fay der rigoros symmetrischen Disposition zuliebe nicht berücksichtigt hat (aber in einer anderen gewiß berücksichtigt hätte); und in der dialogischen Konstellation der beiden Oberstimmen würde, wenn die instrumental gespielte Stimme der gesungenen zuarbeitete und nicht, eigenen Text präsentierend, im Wege stünde, als versetztes Echo oder Vor-Echo das – kompositorisch immer mitgemeinte – Moment der rhetorisch-deklamativen Verstärkung auf andere, eindringliche Weise zur Geltung kommen.

Freilich dürfte man einen solchen Versuch nicht als Reaktion auf ein Defizit verstehen, sondern als eine von mehreren Arten, den »vollplastischen« Qualitäten dieser Musik, d.h. dem Umstand Genüge zu tun, daß man sich ihr von verschiedenen Seiten her nähern sollte, welche sich nicht in einer Gesamtschau vereinigen lassen. Nicht nur erhält die Mehrtextigkeit besonderen Sinn dadurch, daß sie überstürzt, mit einander voller Überschwang ins Wort fallenden Stimmen von den Wundertaten des heiligen Jacobus zu berichten erlaubt, sondern auch in speziellen Dispositionen, welche der Verdeutlichung von Sinnschwerpunkten oder erhellenden Parallelitäten in den Texten dienen. Die einzige in den beiden Prolatio-Abschnitten begegnende, gegen den 6/8-Fluß gestellte Kolorierung im Triplum (Takte 16–18

12 Vgl. u.a. das Vorwort, Kap. III und XXVII
13 Fallows, a.a.O., S.111

bzw. 49–51) unterstreicht beim ersten Mal die superlativische Preisung des *»ordinis summi decus = der Zierde des höchsten Standes«*, beim zweiten Mal die erste Nennung Christi, dessen *»verklärte Erscheinung«* Jacobus und Petrus geschaut haben (*»Tam novas Christi facies uterque (visit)«*, und der Motetus arbeitet der Hervorhebung durch eine verschoben kontrapunktierende Kolorierung zu (vgl. Beispiel 2 a) sowie textlich beim ersten Mal durch den Hinweis auf festen Glauben an Jacobus (*»... tanta qui fidunt Jacobo merenti«*), beim zweiten Mal durch den Bericht von dem von seiner Lähmung befreiten Leibwächter Josias (*»... accitu sancti posuit rigorem = hat die Starre nach der Aufforderung des Heiligen abgelegt«*). Rhythmische Komplizierungen wie hier, zusätzlich unterstrichen durch erstmals in den Unterstimmen begegnende, nahezu hoquetierende Semibreven, hat es in den vorangegangenen Takten nicht gegeben.

Diesem Gravitationspunkt läßt Du Fay über den ebenfalls singulären gemeinsamen Fortschreitungen von Tenor und Contratenor in den Takten 22/23 bzw. 55/56 (= achter der Großtakte des Beispiels 1) sogleich einen zweiten, wiederum zugleich rhetorisch bedingten folgen (Beispiel 2 b): *»Blanda sit semper tibi sors, viator = sei dir, Pilger, das Schicksal immer freundlich gesonnen«* deklamiert das Triplum beim ersten Mal im Gleichschritt mit den Unterstimmen; daß mit diesem jeglicher *»viator«* gemeint ist, bestätigt beim zweiten Mal der Text *»... ut Petrus sequitur magistrum = wie Petrus dem Meister folgte«*. Dem gewichtigen Gleichschritt der drei Stimmen stellt Du Fay in der am deutlichsten kontrastierenden Struktur des Abschnittes, zugleich als Gegenbewegung zum Ab-Auf der Unterstimmen, einen lebhaft deklamierenden Motetus entgegen, beim ersten Mal, nicht weit vom *»viator«*, mit dem Hinweis auf die *»Elenden,... die ... mit zerbrochenen Fesseln die Erde betreten = ... (vinculis ruptis) peciere terram«*, beim zweiten Mal, zwar Jacobus meinend, aber auch den im Triplum genannten Petrus betreffend, mit dem Hinweis auf einen, *»der den treuen Diener Christi erkannt hat = nouit ut (et?) Christi famulum satelles«*. Ähnlich verhält es sich in den entsprechenden Passagen der beiden Tempus- Abschnitte (Takte 82 – 84 bzw. 112 – 114 und 88 – 90 bzw. 118 – 120, Beispiel 2 c und d), bei denen nicht zuletzt vertauschte Rollen eine bewußte Wahrnehmung bezeugen; nun steht beim ersten Mal (Beispiel 2 c) synkopierende Deklamation im Triplum gegen einen sanglichen Melodiezug im Motetus, und beim zweiten (Beispiel 2 d) wiederum ein lebhaft deklamierendes Triplum gegen jenen Gleichschritt, den nun der Motetus übernommen hat.

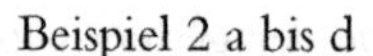
Beispiel 2 a bis d

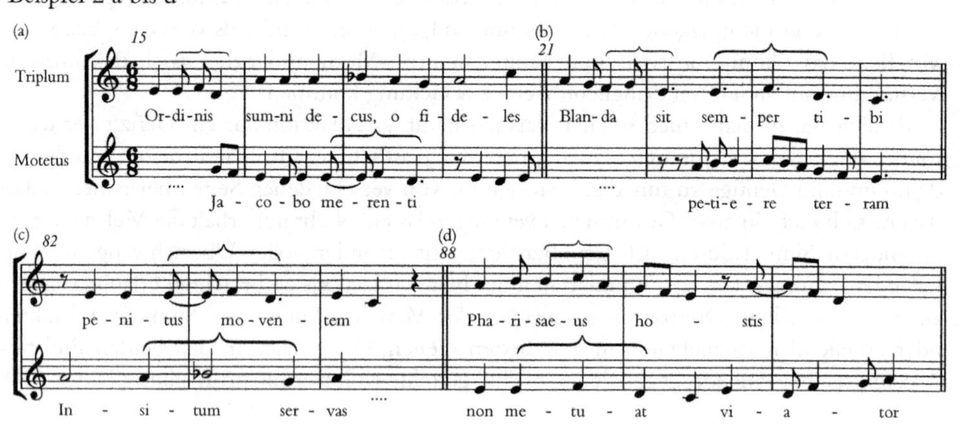

Nicht nur dank außergewöhnlicher Satzweise erscheinen die beiden rhetorischen Knotenpunkte aus dem Verlauf der vier isorhythmischen Abschnitte herausgehoben, sondern auch, weil sie diesen gliedern und bündeln. Den ersten, mit der jeweils zweiten Zeile der Strophen verbundenen schiebt Du Fay mithilfe des vorangestellten Duos ziemlich genau in die Mitte und hat damit einen vergleichsweise entspannten Anlauf; auf der kurzen Strecke zwischen den beiden so unterschiedlich disponierten Verdichtungen läßt er, hierin auch von den Textaussagen unterstützt, nicht locker, und die lebhaftere Motetus-Bewegung im zweiten gibt das Startsignal für eine insgesamt beschleunigte Deklamation, welche kleingliedrig auseinanderzulaufen droht und also einer konzentrierenden Mündung bedarf – eine Dynamik im Großverlauf, welche nicht zuletzt die konzentrierende Verengung im jeweils folgenden Duo notwendig macht.

Über das unsichere Gelände des löcherigen Unterbaus hin wandern Triplum und Motetus wie ineinander verklammert in einem nahezu lückenlos enggeführten Gespräch. Dessen suggestive Lebhaftigkeit gehört zu den Momenten, welche jene quadrige Symmetrie vergessen machen, wie immer die lebhaftere Deklamation am Ende der ersten beiden Color-Abschnitte (Takte 26 ff., entsprechend 56 ff.) und die imitativen Dreiklangspiele gegen Ende der beiden anderen (Takte 90 ff. und 122 ff.) die Großgliederung betonen mögen. Noch viel mehr tun dies die vier genau genommen siebentaktigen Duo-Passagen, Unterbrechungen vor Allem, um zu zeigen, daß die Kontinuität des Ganzen Störungen und einschneidende Zäsuren nicht leidet – hierin wie auch in anderen Details die Domweihmotette antizipierend. Du Fay demonstriert an ihnen »Kunst des Übergangs«, führt weich in Sekundbewegung zu ihnen hin, hält in den ersten Takten (34, 67, 97) jeweils am *d*-Klang der vorangegangenen fest, so daß die Reduktion auf zwei Stimmen vor allem als konzentrierende Fortführung wahrgenommen wird, und verschränkt ihren Schluß – jeweils die siebenten Takte (7, 40, 73, 103) – mit dem ersten Eintritt einer Unterstimme, hier des Contratenors.

Doch nicht nur dies. In dem enggeführten Gespräch der beiden Stimmen wechseln die Vorgaben, und diese formuliert Du Fay in den Duo-Passagen (Beispiel 3 a bis d) nahezu in verdichtenden Mini-Expositionen. Deren erste exponiert am allgemeinsten – die Tonart, deren Reviere und einen melodischen Gestus; die zweite konkretisiert und verengt ihn, die dritte nimmt diese Konkretisierung in sich hinein und schließt bei vertauschten Rollen zugleich an die erste an, die vierte wiederum deutlich an die dritte. Du Fay führt dergestalt in nuce eine Disposition vor, mit der er, Entsprechung und Entwicklung verbindend, auf die selbstverordnete rigorose Symmetrie des isorhythmischen Grundrisses reagiert.

Beispiel 3 a bis d

Nahezu graphisch abstrakt der Beginn: In den ersten vier Takten (vgl. Beispiel 3 a) hat der »bassierende« Motetus nur die Gerüsttöne *d'*, *e'* und *a*, und das Triplum hat viermal hintereinander auf der Takteins, vom Motetus zweimal im Oktavklang unterstrichen und im fünften Takt übernommen, den Ton *a'*, »which remains throughout the motet a kind of foundation note«[14] – von den insgesamt 66 Semibreven des ersten Abschnitts z.B. besetzt *a* in wechselnden Funktionen 53. Das ließe sich einer Symbolik der glatten Bahn ebenso zuordnen wie die Vermeidung je neuer Harmonien bei den Übergängen von einem in den nächsten Abschnitt oder auch die weiche Ankunft im *a*-Klang in Takt 10, welcher zwei Takte später erst die kadenzierende Bestätigung folgt; erst sie sichert *a* als intermittierenden Grundton für die zweite Zeile (Takte 13 – 18) – je niedriger die Schwellen, desto stärker der Eindruck, *a* sei immer dabei. Daß die erste Nennung des Namens *Jacobus* in Takt 10 nicht nur auf den ersten real vierstimmigen Klang, sondern auch auf die erste Harmonie fällt, in der *a* keinen Platz hat, gibt ihr besonderen Nachdruck. Neben der ersten Überschreitung der Obergrenze verhilft auch das fünfmalige Erscheinen des *a'*, verstärkt durch die Kolorierung, der Wechselnote *a'-b'a'* (Takt 3/4) zu »exponierenden« Qualitäten, welche sich beim Motetus am Beginn der ersten, dritten und vierten Zeile (Beispiel 4 a, b und c) ebenso bestätigen wie im Triplum bei dem prononciert herausgehobenen »*summi decus, o fideles*« (Beispiel 2 a), und im Contratenor eben dort begegnet, wo die »hoquetierende« Führung der Unterstimme die Aufmerksamkeit auf sich zieht (Beispiel 1, Großtakte 6/7). Nicht weniger Nachdruck verschafft das anfangs festgehaltene *a'* dem im vierten Takt des Beispiels 3 a »endlich« möglichen, vom Motetus im fünften und sechsten erweitert nachvollzogenen Abstieg zu *d'*, wobei die komplementärrhythmisch sequenzierende Disposition der Takte 5/6 metaphorisch als »geleitgebende«, anderswo zur Verdeutlichung von Nachfolgeschaft (*successor*) bemühte Prägung begriffen werden mag. Schon hier exponiert Du Fay, daß es bei dieser, auch in der Unterstimmenführung präsenten Wendung (vgl. im Beispiel 1 Großtakte 2/3, 6/7, 10) nur um variierende Wahrnehmungen gehen kann, u.a. im Triplum in den Takten 18 – 20, 21 – 23, 31 – 33 = Beispiel 4 d – f) und im Motetus in den Takten 9 – 10, 15 – 17, 23 – 25, 33 – 34 = Beispiel 4 g – k). Die Sensibilisierung der Obergrenze durch das anfangs wiederholte *a'* zeigt sich auch, wo Du Fay es um eine Terz überschreitet – das erste Mal (»*Jacobum canamus*«, Takte 10 – 11) unmittelbar mit der ersten Nennung des Heiligen verbunden, die beiden nächsten Male

14 A.a.O., S. 110

(Motetus Takt 15, Triplum Takt 18) mittelbar; danach erst, so scheint es, steht *c''* zu freier Verfügung, so in der exponierten Gegenführung des Motetus in den Takten 22/23 (Beispiel 2 b) sowie in der lebhaften Bewegung des Taktes 29.

Beispiel 4 a bis k

Die melodische Erschließung der Unterquart *a/d'* – im ersten Abschnitt haben die Oberstimmen *a* stets nur in Sprüngen erreicht (= Takte 3, 4, 7 und 19) – und enger geflochtene, nicht jedoch notengetreue Bezugnahmen kündigt das zweite Duo an (Beispiel 3 b), an dessen Beginn das Triplum mit dem strukturell verordneten Rhythmus einen Anklang an die erste Textzeile »*Rite maiorem*« verbindet. Dem Quartaufstieg im Motetus antwortet der Quartabstieg im Triplum, an den wiederum der Motetus frei anschließt, wonach in beiden Stimmen Quartabstiege (von *f'* bzw. *a'* ausgehend) übereinanderstehen. Ähnlich setzt es sich in der ersten Zeile der zweiten Strophe (Takte 41 ff.) fort, nahezu, als suchten die Stimmen engstmögliche Bezüge, verfehlten jedoch, immer knapp, die notengetreue Imitation. Im dritten Abschnitt kommen sie bei ihr an – und gleichzeitig in der neuen Mensur. Fast ließe sich sagen, Du Fay habe so etwas wie einen Druckzustand geschaffen, um über die die »statische« Architektur vertretende Symmetrieachse des Stückes plausibel hinwegzugelangen, er habe bei der Führung der Stimmen Erwartungen inbezug auf Neues akkumuliert, weil der Neuigkeitsgrad des eintretenden anderen Tempos gering ist. Nun wird sogleich und gar unter Einbezug des funktional undurchsichtigen *Solus Tenor* ausgiebig imitiert (Beispiel 3 c) – bis hin zum letzten Duo (Beispiel 3 d), wonach Du Fay, auf eine wohl erwartbare finale Verdichtung verzichtend, zur vage anspielenden, teilweise isorhythmisch vorgegebenen Imitation zurückkehrt. Damit betont er auch ihren Textbezug, tritt sie doch aus der Latenz zur Hörbarkeit im Umkreis eben jener Passage heraus, welche davon handelt, daß nun auch »*der pharisäische Feind ... die klingende Stimme des Jacobus hörte*«: »*Audivit vocem iacobi sonoram ... phariseus hostis*«.

Im Vergleich des dritten und des vierten Duos (Beispiele 3 c und d) zeigt sich besonders deutlich, daß und wie Du Fay die Herausforderung annahm, innerhalb enger und strikter

15 Zu *varietas* s. Kap. XXVII

Vorgaben größtmögliche *varietas* zu erreichen[15]. Vorgegeben hat er sich nun nicht nur die rhythmischen, sondern annähernd auch die melodischen Verläufe: Triplum und Motetus, nun imitativ eng verhakt, tauschen im dritten und vierten Abschnitt die Rollen, die sie im ersten und zweiten innehatten[16]. Wegen geringfügig veränderter Konstellationen kann das und soll auch nicht auf seitenverkehrten Abklatsch hinauslaufen, welcher dann als billiges Täuschungsmanöver verdächtig wäre, sondern auf eine asymptotische Lösung im Sinne jener Herausforderung: Grundstrukturen, Schwerpunkttöne etc. – Rhythmus sowieso – vorgegeben als Anreiz für die musikalische Phantasie, gegen enge Grenzen ihre Freiheitsrechte zu behaupten, innerhalb rigoros organisierter Identität ein Maximum von Unidentischem zum Blühen zu bringen. Im Übrigen mag wiederum die Symbolik des schützenden Geleits mitgesprochen haben, vielleicht auch die Vorstellung der »*Heimat*«, in die der »*Wanderer … wohlbehalten zurückkehren*« möge (»*… at suos sospes repetat penates*«): In Tönen war die Wegstrecke vorgebahnt.

* * *

Nicht nur der Sekretär stand – in Paris – einer dem heiligen Jacobus geweihten und als Sammelpunkt der Pilger bekannten Kirche vor, sondern auch – in Bologna – sein Dienstherr Louis Aleman. Schon des Ranges wegen ist er als Auftraggeber von Du Fays bisher ambitioniertester Komposition ein plausiblerer Kandidat als Auclou; zudem erwartete er eben damals, wie sein u.a. durch Jan van Eycks Porträt[17] bekannterer Bologneser Kollege Nicolas Albergati, die Erhebung in den Kardinalsstand und konnte für den demnächst fälligen Anlaß – die kritische Situation des päpstlichen Legaten verbot eine Reise nach Rom – Musik vom Zuschnitt der *Missa Sancti Iacobi* gut brauchen.

In Bezug auf die näheren Umstände jener Jahre tappen wir im Dunklen; hier wie sonst nirgends überkreuzen sich im Hinblick auf Du Fay unvereinbare biographische Vermutungen. So gut wie sicher hat er insgesamt etwa vier Jahre in Bologna verbracht und dort studiert[18], wahrscheinlich mit Unterbrechungen. Nicht nur lagen die Malatesta-Residenzen Rimini und Pesaro nahebei und war Pandolfo Malatesta zugleich Kanzler der Universität in Bologna, so daß Du Fay auch vor der wichtigen Hochzeit von 1423[19] schon hier gewesen sein könnte. Auch deuten mehrere, wenngleich indirekte Indizien darauf hin, daß er, möglicherweise im Zusammenhang mit der schweren Erkrankung von Jehan Hubert[20], im Jahre 1424 heimgereist ist und anschließend zwei Jahre in Laon verbrachte; hierfür spricht ebenso, daß er später in der Nähe von Laon zwei Pfründen unterhielt, welche ohne an Ort und Stelle geknüpfte Beziehungen ebenso schwer vorstellbar erscheinen wie der kaum fingiert biographische Bezug auf Laon oder das Laonnais in zwei Kantilenensätzen[21]. Freilich könnte Du Fay auch – und damit schlösse sich Laon aus – mit dem Malatesta-Hof der Pest nach Patras zur Aufführung der Motette *Apostolo glorioso* entwichen[22] oder überhaupt in Bologna verblieben

---

16 Brown 1957; Fallows, a.a.O., S.109 ff

17 Zu Zweifeln an der Identität vgl. John Hunter, *Who is Jan van Eyck's »Nicolo Albergati«?*, in: *Art Bulletin* 85, 1993

18 Wright 1975, S. 186 ff.; Planchart 1976, S. 27 ff.

19 Kap. IV

20 Kap. I

21 *..Adieu ces bons vins de Lannois*, VI/27, Kap. V; vgl. auch die Zeilen *»Je suy fermé comme a la plus joyeuse / Qui soit jusques a Meuse ny a l'Euse»* im Rondeau *Ce jour le doibt*, VI/18; die Flüsse Meuse und Oise begrenzen die Diözese Laon; zu weiteren Anhalten dieser Vermutung Fallows, 1982, S. 20 ff., und Fallows 1976

22 Lütteken 1982; ders., 2001, Sp. 1511/1512; Kap. III

sein[23]: Im Juni 1425 machten, aus Cambrai kommend, vier für die päpstliche Kapelle, möglicherweise auch für die Aufführung der Festmesse angeheuerte Chorknaben in Bologna Station – Erzbischof Aleman selbst hatte den Werber entsandt –, und einer von zwei auffälligerweise für drei gleiche Stimmen geschriebenen Kantilenensätze Du Fays, *Je me complains piteusement*[24], ist »*1425 a di 12. Luio*« datiert.

Die Vermutungen differieren lediglich im Grad der Wahrscheinlichkeit; weder die beiden letztgenannten Stücke noch die mit Laon verbundenen – diese noch eher – machten eine persönliche Anwesenheit hier bzw. dort unbedingt erforderlich und würden als Indizien kaum herangezogen, wenn es um andere nicht schlecht bestellt wäre. Sicheren Boden betreten wir erst wieder mit zwei auf den 12. April 1427 und den 24. März 1428 datierten Briefen Louis Alemans nach Cambrai, welche Du Fays Pfründen an St. Géry bzw. seine Abwesenheit betreffen und unnötig gewesen wären, hätte er sich damals nicht in Bologna aufgehalten. Höchstwahrscheinlich im Jahre 1427 oder 1428, am Namenstag des Heiligen, dem 25. Juli, ist die wohl vom nunmehrigen Kardinal Aleman initiierte *Missa Sancti Iacobi* in San Giacomo Maggiore zu Bologna aufgeführt worden[25].

Zu ihrer Charakteristik gehört wesentlich, daß Heinrich Besselers Beschreibung als »Epochenwerk ..., mit dem sich die Erneuerung der Kultmusik ankündigt«[26], und seine Reserven hinsichtlich eines »musikalischen Wertes, der dem späterer Dufayscher Meisterwerke noch nicht gleichkommt«[27], einander weniger einschränken als ergänzen – ganz und gar, da die Meßlatte offenkundig von der nachmaligen Cantus firmus-Messe entliehen ist. Hätte diese bereits gegolten – immerhin gab es solche Messen schon[28] –, müßte man geradehin von einem Gegenentwurf sprechen, vom Versuch, im Zeichen einer repräsentativen Totalität alle derzeitigen kompositorischen Möglichkeiten, »alle Klangmittel der Zeit«[29] zu versammeln und, den Anschein einer kaum zu bändigenden Vielfalt nicht scheuend, die riskante Summation als Wertkriterium eigenen Rechts zu etablieren.

Proprium	*Ordinarium*		*Mensur*	*Stimmenzahl*
Introitus			⌽	4
(*Versus*)				(1)
Repeticio			C Ͼ	3
	Kyrie	(»*Kyrie*«)	Ͼ O C	3 – 2 – 3
		(»*Christe*«)	Ͼ O C	3 – 2 – 3
		(»*Kyrie*«)	Ͼ O C	3 – 2 – 3
	Gloria	(»*Et in terra*«)	Ͼ O C	3 – 2 – 3
		(»*Qui sedes*«)	Ͼ O C	3 – 2 – 3
Alleluia			⌽ O ⌽ O	4 – 4 –2 – 4
	Credo	(»*Patrem*«)	Ͼ O C	3 – 2 – 3
		(»*Qui propter*«)	Ͼ O C	3 – 2 – 3
		(»*Et in*«)	Ͼ O C	3 –2 – 3
		(»*Amen*«)	Ͼ O Noema	3 – 2 – 3

23 Trumble 1988, S. 52 ff.

24 VI/24; bei dem anderen, *Ma belle dame souveraine,* kommt eine stützende Stimme in tieferer Lage hinzu

25 Planchart, a.a.O.

26 hierzu einschränkend Finscher, a.a.O., S. 212

27 Besseler 1950/1974, S. 150 bzw. 149

28 Kap. VIII

29 Besseler, a.a.O.

Proprium	*Ordinarium*		*Mensur*	*Stimmenzahl*
Offertorium		(»*In omnem*«)	Ͼ	3 – 4
		(»*Et in fines*«)	O	4 – 3
		(»*Eorum*«)	⌽	4
	Sanctus		Ͼ Ͼ	4 – 2
		(»*Pleni sunt*«)...	Ͼ	4
		(»*Osanna*«)	O	4
		(»*Benedictus*«)	O Ͼ	4 – 2
		(»*Osanna*») ut supra		
	Agnus	(»*Qui tollis*»)	C	4
		(»*Agnus*»)	⌽	2
		(»*Qui tollis*»)	⌽	4
Communio			⌽	3 (Fauxbourdon)

Der Hinblick auf spätere Normen, im Sinne historischer Gerechtigkeit allemal riskant, läßt sich hier kaum abweisen, weil – unbeschadet andersartiger Prämissen, welche den Begriff eines »Werkganzen« nahezu anachronistisch erscheinen lassen – eine historische Wegstrecke mitkomponiert erscheint. Ziemlich eindeutig lassen sich in der fünf Ordinariums- und vier Propriumssätze umfassenden Plenarmesse (vgl. das Schema[30]) vier stilistische Schichten unterscheiden, deren früheste (*Kyrie, Gloria* und *Credo*) der *Missa Resvelliés vous* und deren beide jüngeren (*Introitus, Alleluia, Offertorium*, als jüngste die *Postcommunio* und die *Repeticio* im *Introitus*) den Papstmotetten der frühen dreißiger Jahre[31] nahestehen; dazwischen lägen *Sanctus* und *Agnus*.

Dieser etwa acht musikalisch ereignisreiche Jahre übergreifende Spagat hat Anlaß gegeben, unterschiedliche Entstehungsdaten zu vermuten und die Messe als ein mehr durch »Willen zur Großform«[32] als innere Kohärenz charakterisiertes Kompilat zu betrachten. Weil naheliegende Sachzwänge die Beschäftigung mit Du Fay zur Datierungssucht verurteilt haben, blieb die Frage beiseitegeschoben, ob ein Komponierender, erst recht einer vom Range Du Fays, so starr auf den jeweiligen kompositorischen Stand fixiert, ob ihm nicht erlaubt sei, mit älteren Mitteln und Stilistiken zu spielen und den Abstand zu ihnen im Interesse einer spezifischen Überlegenheit des Umgangs zu nutzen. Für den mit damaligen Entwicklungen intim Vertrauten, von den Zeitgenossen nicht zu reden, rauscht in der *Missa Sancti Iacobi* der Mantel der Geschichte – es braucht nicht die in auseinanderliegenden Daten dokumentierte, es könnte auch eine kompositorisch reflektierte Geschichte sein oder ein Mixtum von beidem. Daß wir hier kaum säuberlich trennen, d.h. die mit der Frage verbundene Beweislast tragen können, darf nicht hindern, sie zu stellen und für möglich zu halten, daß Du Fay historisch Ungleichzeitiges in die Gleichzeitigkeit einer Komposition zusammengezogen oder aus ihr entfaltet hat.

In der Bindung an einen Anlaß, eine Örtlichkeit, weil ganz und gar am Platze und ihre Bestimmung erfüllend nur hier und dies eine Mal, stellt die Komposition sich als Opfer ihrer eigenen Geschichtlichkeit dar – das kann nicht einmal der, seinerzeit ohnehin nahezu als Urheber verstandene, auf den Anlaß fixierte Auftraggeber wollen. Von der Disposition der liturgischen Cantus hingehend bis zur Quellenüberlieferung lockert sich diese Bindung, ohne

30 Ein ähnliches bei Finscher, a.a.O., S. 213

31 Kap. XIII

32 Besseler, a.a.O.

daß man gleich von einem aus liturgischer Bevormundung heraus zu größerer ästhetischer Autonomie führenden Weg sprechen dürfte. Nur eine der mindestens sieben eingearbeiteten, liturgischen Vorgaben, der – bisher nicht identifizierte, gereimte, besonders innig in den Satz verwobene – Tropus des *Alleluia* (»... *Hispanorum clarens stella, carismatum Iacob, stella* ...«) bezieht sich explizit auf den Heiligen; die Cantus der anderen drei zum Proprium gehörigen Teile sind nicht ausschließlich ihm vorbehalten, so daß der Schreiber der für das Stück zweitwichtigsten Quelle Aosta[33] die Messe zu Recht als »*De Apostolis*« – auf mehrere Apostel bzw. Heilige beziehbar – titulieren konnte Er hat, jene Lockerung fortführend, nur die fünf Teile des Ordinariums notiert, jedoch mit der Betitelung darauf hingewiesen, daß sie einem größeren Ganzen entstammen und dessen spezielle Bezogenheit, obwohl die fünf unabhängig von ihr einsetzbar wären, weiter an ihm haftet.

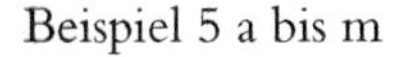
Beispiel 5 a bis m

Nicht nur um mindestens sieben verschiedene Cantus handelt es sich, sondern auch um verschiedenartig verarbeitete. Derjenige des *Introitus* erklingt zunächst am angestammten Platz im Tenor, ein wenig ruhiger bewegt als die homogen-melodisch geführten übrigen Stimmen und damit gerade genug abgehoben, um als Fundamentum relationis erahnbar zu sein; in der *Repeticio* tritt er als Superius und vor dem Hintergrund kompliziert andersartiger rhythmi-

33 Biblioteca del Seminario Maggiore, Ms. 15, RISM B IV 5: I-Aos 15 (= AO)

scher Verläufe, nur wenig verziert, zutage. Falls dieser Teil, wie schon früh vermutet[34], später hinzukomponiert worden ist, dann im Bezug aufs *Kyrie*, welches seinen Cantus (Beispiel 5 a) gar auf raffiniertere Weise zutage bringt; im jeweils dritten, zweizeitig rhythmisierten Abschnitt der drei Teile erklingt er wie in der *Repeticio* im Superius, jedoch nicht unvorbereitet, sondern diskret angekündigt: In verschiedenen Zusammensetzungen, freieren oder strenger bezogenen Varianten, besonders häufig in umgekehrter Bewegungsrichtung erscheinen die beiden bestimmenden Elemente, Wechselnote und Skala, bei fast allen übrigen Anfängen und Neuansätzen (vgl. u.a. im Beispiel 6 in der ersten Kolumne die Zeilen 1, 2, 4, 5, 7 und 8). De jure gibt es im *Gloria* und *Credo* keinen Cantus, indessen bewegen beide Sätze sich ähnlich den ersten beiden Abschnitten der *Kyrie*-Teile im Bannkreis des im je dritten zutage kommenden (= Beispiel 5 a, vgl. die zweite und dritte Kolumne im Beispiel 6), daß man fast sagen könnte, er gelte – mit eingeschränkter Kompetenz, die ihnen viel Spielraum läßt – für sie mit. Dies betrifft dank der Ähnlichkeit der Cantus fast auch das *Alleluia*, an dessen Beginn (Beispiel 5 b, dort nur Superius und Tenor) beide einander anzunähern bzw. zu verknoten scheinen, wonach es wie eine fällige Konsequenz anmutet, daß die Namensnennung des Heiligen im Superius bzw. Tenor durch die imitierte Wechselnote auf ein Podest gehoben scheint (Beispiel 5 c, dort nur Superius und Tenor) – bezeichnenderweise wiederholt Du Fay das im *Credo* bei »*passus et sepultus est*«: auch Jacobus hat gelitten (Beispiel 6, 3. Kolumne, 5. Zeile). Die ersten Takte des *Credo* (Beispiel 6, 3. Kolumne, 1. Zeile) und der Beginn des »*Qui propter*« (daselbst, 4. Zeile) wiederum befinden sich nahe beim Cantus des *Alleluia* (Beispiel 5 b, untere Zeile), die Wendung »*Et ascendit*« (Beispiel 6, 3. Kolumne, 6. Zeile) nahe beim Cantus des *Kyrie* (Beispiel 5 a). Das gilt auch für drei Passagen im *Offertorium* (Beispiele 5 d, e und f) und den Beginn des *Sanctus* (Beispiel 6, 2. Kolumne, 7. Zeile), dessen Choral-Intonation, zugleich diejenige des *Benedictus*, mit derselben, zu Beginn des ersten Duos, bei »*Pleni sunt*« und im *Osanna* wiederholten dreitönigen Konstellation (Beispiel 5 g bis l) beginnt wie der dem *Offertorium* zugrundegelegte Tenor (Beispiel 5 m)

Diese *partes pro toto* einer die Messe insgesamt kennzeichnenden Vernetzung, welche den Vorrang des je zuständigen Cantus relativiert, geben zu fragen Anlaß, ob man die einzelnen Cantus u.a. angesichts ihrer Ähnlichkeit nicht besser nur als Gravitationspunkte oder Einrahmungen eines bestimmten Vokabulars betrachten sollte. Wie dessen summativ hergestellte Identität, weil sie Unschärfen, Varianten, Umkehrungen, unterschiedliche Satzweisen etc. integriert, wichtiger erscheint als je einzelne Herleitungen, so tritt bei den – tonartlich wohlgeordneten – Cantus die Wichtigkeit des einzelnen hinter derjenigen des Gesamtarrangements zurück; und in diesem hat Du Fay dem Choral-Repertoire Maßgaben hinsichtlich des Ganzen abgewonnen, deren Installierung vornehmlich dessen polyphoner Überformung gilt.

Zugleich sichert das der Pluralität der Sätze, Stilistiken etc. übergeworfenen Netz vielfältiger Korrespondenzen den Rückhalt im Ritus: Ungleich deutlicher als vergleichbare Stücke stellt die *Missa Sancti Jacobi* sich als Tropus dar; hieraus ergaben sich gestalterische Möglichkeiten, welche die Richtung zu ästhetischer Autonomie im späteren Verständnis weisen, ohne sich von liturgischen Verbindlichkeiten zu entfernen. Im *Offertorium* z.B. überkreuzen sich nicht nur vielerlei motivische Bezüge, die starke *d*-Fixierung des Tenors schafft zugleich einen groß dimensionierten Hallraum – ebensowohl als symbolischem Rahmen für weithin tönende Klänge und Worte (»*In omnem terram exivit sonus eorum. Et in fines orbis terre verba eorum*«) wie, enger gefaßt, für zuweilen deklamative, zuweilen ausladende Imitationen, und als Podest für

34 Ficker 1924

einen Satz, in dem, über das Lobpreis in *Gloria* und *Credo* hinausgehend, das verkündigende Singen und Sagen sich selbst zum Thema macht. Dieser Exkurs, die ambitionierteste Ausbuchtung der zuvor durch *Introitus* und *Alleluia* markierten Linie, macht die schlußchoralhafte – Heimkehr zur »neuen Einfachheit« der *Postcommunio* notwendig – fast, als hätte der Fauxbourdon, würde es ihn nicht schon gegeben haben, hierfür erfunden werden müssen[35].

Weil *Sanctus* und *Agnus Dei* die zweitfrüheste Schicht bilden, erscheint die Frage besonders wichtig, ob sie im Hinblick auf die nachfolgende *Communio* konzipiert worden sind. Neben dem – durch den Cantus mitbedingten – gegen die zuvor übermächtige *d*-Fixierung geführten »Befreiungsschlag« im »*Pleni sunt*« und im »*Osanna*« (*e – a – d – C; C – e – a*) spricht[36] die Verknappung beider Sätze dafür, welche die gegen Ende eines Werkes üblicherweise zunehmende Kumulierung der Korrespondenzen verstärkt – nur die beiden letztgenannten Abschnitte fallen hier als vor den Schlußlauf plaziertes retardierendes Moment heraus.

Wie immer die, zudem durch Kombination bekannter Motive mit neuen Cantus akzentuierte, Verknappung durch den Sog zur Ausmündung in die *Postcommunio* zusätzlich legitimiert wäre – konsequent erscheint sie auch im Hinblick auf die der Messe insgesamt eigene kleinteilige Disposition. Nach Maßgaben einer zusammenfassenden Ganzheit könnte befremdlich erscheinen, daß Du Fay die durch neun Teile vorgegebene Stückelung in die Sätze hinein verlängert und bei den angesichts der Textmenge übergreifender Momente besonders bedürftigen *Gloria* und *Credo* die im *Kyrie* exponierte Aufeinanderfolge dreier Mensuren zwei- bzw. dreimal wiederholt (vgl. das Schema und Beispiel 6), also zusätzlich in Zusammenhängen segmentiert, welche textlich gerade genug Segmentierung vorgeben. Die in der deklamativen Verdeutlichung wie in der kontrapunktischen Plausibilität gleichermaßen herausragende Verdichtung bei »*Qui tollis*« und die meisterhafte Verbindung weit ausgezogener melodischer Bögen und unterschiedlicher Bewegungsformen im *Amen*-Abschnitt des *Gloria*, die deutlich – nicht zuletzt in kleinen Fauxbourdon-Vorwegnahmen – an jenes »*Qui tollis* ...« anschließende »*Genitum non factum*«-Passage, das gleicherweise, zugleich aber auch auf das *Amen* bezogene »*Et ascendit*« und das durch motivische Verklammerung vorbereitete, sodann sie hervorhebende »*Et unam sanctam*« im *Credo* (vgl. in der zweiten und dritten Kolumne des Beispiels 6 die Zeilen 3 und 6, in der dritten auch Zeile 9) scheinen zu belegen, daß Du Fay in beiden Sätzen, ähnlich wie im *Kyrie* mit dem Eintritt des Cantus, jeweils im dritten Abschnitt im Tempus imperfectum auf eine besondere Verdichtung hinkomponierte und deshalb auf jene multiplizierende Segmentierung ausging.

Je weniger in texttragender Musik musikeigene Kontinuität spürbar ist, desto stärker bezieht der Hörer das, was er hört, auf die Worte – diese allgemeine Regel geht von einer Unterscheidung aus, welche am ehesten von liednahen Kategorien der Prosodie außer Kraft gesetzt wird. Genau die spielen in der Jakobsmesse, aller fluktuierenden Beweglichkeit im Zusammenspiel von Stimmen und motivischen Prägungen zum Trotz, eine wichtige Rolle. So beginnen z.B. vier der neun *Kyrie*-Abschnitte mit Viertaktern, zwei weitere mit verdoppelten Drei- bzw. Fünftaktern, ebenfalls vier der sechs *Gloria*-Abschnitte mit Viertaktern, von den zehn Abschnitten des *Credo* fünf; die im *Sanctus* – es beginnt mit zwei Viertaktern – aufeinander folgenden »*Pleni sunt*«- und »*Osanna*«-Abschnitte eröffnet Du Fay übereinstimmend mit zwei je von mehreren Viertaktern gefolgten Dreitaktern, das motettisch disponierte *Offertorium* mit fünf Viertaktern usw.: Immer neu und allenthalben versichert er sich liedhafter Einsatzpunkte

35 S. das folgende Kapitel
36 ohne, daß dies als Beweis taugen würde

Beispiel 6

Offertorium

und damit einer Unmittelbarkeit, welche wesentlich daher rührt, daß bei ihnen prosodische und musikalische Maßgaben übereingehen. So ergeben sich zwanglos Querverbindungen zum weltlichen Kantilenensatz – das in mehreren Sätzen aufscheinende Motiv *»Et in spiritum sanctum«* z.B. (Beispiel 6, 3. Kolumne, 7. Zeile) findet sich auch am Anfang des Rondeaus *»Ma belle dame souveraine«*[37], und an mehreren Stellen im *Gloria* und *Credo* zeigen sich, über die Häufigkeit der auf die Gangart des Tempus perfectum hinweisenden Hemiolierungen

37 VI/44

Credo

hinaus, Parallelitäten mit »*Hélas, ma dame, par amours*«[38]. Das breite kompositorische Aufgebot leidet orthodoxe Unterscheidungen von geistlich und weltlich ebenso wenig wie orthodoxe stilistische Abgrenzungen, weil Du Fay sie, die riskante Totalität der Messe auseinanderfaltend und bündelnd, gleichzeitig profiliert und unterläuft.

38 VI/45; hierüber Boone 1987, S. 190

XI. Fauxbourdon

»*Beatus vir qui in sapientia morabitur. / Cibabit illum pane intellectus, / et aqua sapientiae potabit illum*«[1] – diese Bibelworte (Sirach 14.22, 15.3) finden sich in einer der prächtigsten Handschriften des 15. Jahrhunderts, dem ungarischen Corvinus-Graduale[2], in der Initialminiatur zum Introitus am Osterdienstag (»*Aqua sapientiae potavit eos*«) auf bemerkenswerte Weise illustriert: Über einer subtil ausgemalten Landschaft schwebt Gottvater, von Engeln umgeben, sein Thron umkränzt von Wolken, aus denen Regen fällt, welcher die unten in der Bildmitte sprudelnde Quelle speist. Sie wird von einer buntscheckigen, mit Papst, Kardinal, König, einem jungen Adligen und orientalisch gewandeten Gelehrten repräsentativ besetzten Gruppe umstanden; alle halten kostbare, mit Wasser gefüllte Gefäße in den Händen. Näher zur Quelle, knieend bzw. aus dem Mittelgrund des Bildes zu ihr hinkriechend, befinden sich zwei Männer aus dem Volk; der eine hebt einen schlichten Krug an den Mund, der andere schöpft aus dem Bassin. Selbst, wenn man jene Nähe nicht metaphorisch bemüht (auch der Adlige kniet) – das Wasser der Weisheit kommt zu den einfachen Menschen nicht weniger direkt als zu den anderen, und die Haltung, in der sie die Gabe entgegennehmen, scheint ihr angemessener; die Erniedrigten und Beleidigten sind mindestens so »unmittelbar zu Gott« wie die großen oder gelehrten Herren. »Gott ist nicht nur ein Gott der Kleriker, sondern auch der Laien« – dieser Kampfruf eines mutigen, hochgescheiten, alsbald exkommunizierten Franziskaners[3] erscholl schon in der ersten Hälfte des 14. Jahrhunderts.

Die Botschaft hatte seinerzeit eine zu weit reichende Aktualität, als daß, aller christlichen Beglaubigung entgegen, jeder sie gern gehört hätte. Da die Kirche als Institution nahezu alles Recht verwirkt hatte, als Anwältin eines wahren Christenglaubens aufzutreten, mußte schon den Ansprüchen der zur Massenbewegung gewordenen Laienfrömmigkeit Sprengkraft eignen, welche ins Soziale übergriff, so weit sie nicht von dorther kam. Die drei prominentesten Feuertode des 15. Jahrhunderts wurden letztenendes für das Volk gestorben – 1415 Jan Hus in Konstanz, 1431 Jeanne d'Arc in Rouen, 1498 Girolamo Savonarola in Florenz. Sofern man ihre Verketzerung nicht als taktischen Rekurs auf einen unfehlbar tödlichen Vorwurf ausreichend erklärt sieht, bleibt sie noch immer das nächstliegende Deutungsmuster in Anbetracht von Ereignissen, deren wahre Natur und Tragweite, vor Allem in der Legierung religiöser, nationaler und sozialer Momente, den Beteiligten verborgen war; die offizielle Ehrenrettung für das Mädchen aus Domrémy nach 25 Jahren und die Heiligsprechung nach fast 500 Jahren verdecken diese Dimension nicht weniger als der Scheiterhaufen von 1431.

Der Sprung von hier in eine kompositionstechnische Detailfrage müßte gezwungen anmuten, wäre nicht das eine wie das andere von jener Mixtur aus Verunklärung, Tabuisierung und mangelnder Dokumentierung betroffen, welche jede Behandlung dem Verdacht des ungesichert Hypothetischen aussetzt. Letztenendes sind es ähnliche Gründe bzw. Blockierungen eines eo ipso inferior verstandenen Unten, derentwegen es den sonst auskunftsfreudigen Chronisten in Bezug auf Philipps des Guten Unterredung mit Johanna die Rede verschlägt,

---

1 »*Wohl dem, der stets mit Weisheit umgeht. / Sie wird ihn speisen mit dem Brot des Verstandes / und sie wird ihn tränken mit Wasser der Weisheit.*«

2 *A Matyás-Graduale*, Magyar Helicon/Corvina, Budapest 1980; stark verkleinerte Abbildung in: Nicolai de Cusa 1988

3 Wilhelm von Ockham (*Dial.* I,VI c. 100), zitiert nach Flasch 1994, S. 460

und derentwegen die Nachwelt über Sinn und Herkunft des Begriffs *Fauxbourdon* rätselt, welcher immerhin eine der wichtigen musikalischen Aktualitäten des 15. Jahrhunderts bezeichnet. Daß, wie immer man ihn liest, ein Defizit gemeint ist, steht außer Frage. Noch in Jean Molinets nach Karls des Kühnen Tod geschriebenem *Naufrage de la Pucelle*, einer Gedichte und Prosa mischenden, mit emblematischen Figuren bevölkerten Dichtung, welche unverblümt für die habsburgische Heirat der Tochter des Herzogs plädiert[4], scheint eine allgemeine Schätzung in der Formulierung mitzuklingen, daß »*Coeur loyal ... savait bien tenir le contre, sans user de fauxbourdon*«, frei übersetzt: daß *Coeur loyal*, weil er den Contratenor gut halten konnte, es nicht nötig hatte, *a fauxbourdon* zu verfahren. Mit welchem Recht auch immer – das Odium einer Polyphonie der Minderbemittelten haftet.

Auch, weil das Rezept beschämend simpel anmutet. Man nehme eine Melodie, z.B. den Cantus der *Postcommunio* aus Du Fays Jacobsmesse, lasse eine zweite Stimme im Abstand einer Quarte unter ihm parallel laufen und ergänze dies mithilfe einer dritten, der tiefsten Stimme zum vollständigen Satz. Weil bei der dritten die Wahl nur zwischen zwei Intervallabständen zur oberen – Sext oder Oktav – bleibt, liegt die Lösung der Aufgabe nahe bei den Ansprüchen des kleinen Einmaleins (Beispiel 1 a; vgl. auch in Kap. XVII die Beispiele 1 und 2).

Beispiel 1 a bis c

Daß die Rezeptur in den strengeren Fassungen der Beispiele im Kapitel XVII und in den englischen, vom Fauxbourdon unabhängigen Beispielen 1 b[5] und 1 c[6] genauer eingehalten scheint als im Schlußstück der *Missa Sancti Jacobi*, spiegelt die Problematik einer Verfahrensweise wider, welche einerseits simpel-schematisch, andererseits als Angel- und Ausgangspunkt für ein genaueres Verständnis der Entwicklungen des 15. Jahrhunderts verstanden werden

4 Hierüber Claude Thiry in: Régnier-Bohler 1995, S. 955; dortselbst S. 985 – 988 Exzerpte aus dem *Naufrage*

5 Zitiert nach: Artikel *Faburden* in: Riemann Musiklexikon, Sachteil, Mainz 1967, S. 270; vgl. auch Kap. VIII

6 Anfang des Conductus *Beata viscera Mariae virginis* aus den Worcester Fragmenten (XIX, f.a2), zitiert nach: Artikel *Discantus* in: Riemann Lexikon, a.a.O., S. 230

konnte: »Der faszinierende Eindruck von Dufays Musik, ihre Lebenskraft und beispiellose Wandlungsfähigkeit waren ein einziges Rätsel. Man mußte den Stier bei den Hörnern packen und am rätselhaftesten Punkt ansetzen: beim Fauxbourdon«[7]. Art und Zuschnitt eines kompositorisch hochrelevanten Procedere, welches in seinem Kern weniger kompositorischen Wesens denn als Anweisung für mechanischem Nachvollzug erscheint, können am ehesten deutlich werden, wo der Musiker dem Schematismus zu entkommen sucht – eingeschlossen die Frage, weshalb er zunächst sich seiner bedienen wollte. Immerhin gehörte der Fauxbourdon knapp 20 Jahre lang zu den wichtigen Aktualitäten des Komponierens, um dann, wie einer, der seine Pflicht getan hat, jäh in den Ruhestand spezialistischer Sonderformen verabschiedet zu werden. Nach dem vermutbaren Durchbruch in Du Fays *Postcommunio* um 1427/28 verbreitet der Fauxbourdon sich nach 1430 in Norditalien, greift bald auch nach Deutschland aus; vielleicht als Übernahme taucht gleichzeitig in England der Terminus *faburden* auf; spätestens kurz vor 1440 vergrößert sich der Anteil des schematisierenden »parallelen« Fauxbourdon auffällig, im letzten Viertel des Jahrhunderts besonders in Psalmkompositionen; erst jetzt befassen sich die Theoretiker mit ihm; und an der Schwelle des neuen Jahrhunderts wird das Moment des zitierenden Rückgriffs unübersehbar, bei etlichen in Rom neu hergerichteten Hymnen ebenso wie im voll ausnotierten *Falsobordone*.

Verständlich wird diese Wirkungskurve am ehesten, wenn man Fragen nach zeitlichen Prioritäten, die die Diskussion des »Rätsels« ungebührlich belastet haben, vorerst zugunsten derjenigen nach den Ursachen jener am Anfang stehenden Aktualität beiseiteläßt. Wenn die klanglichen Ergebnisse so nahe beieinander liegen, ob nun *a(u) fau(l)xbourdon* erzielt (Beispiel 1 a und 2 a), oder, indem man nach den Regeln des englischen *discant* (Beispiel 1 c) den in der Mitte des dreistimmigen Satzes gelegenen Cantus beidseits einfaßt, erscheinen Abhängigkeiten und Erstgeburtsrechte nahezu unwichtig. Daß Ähnliches oder Gleiches gleichzeitig und unabhängig voneinander ge- oder erfunden wird, ist eher Regel als Ausnahme, und von »Erfinden« kann ohnehin kaum die Rede sein: Kein Musizierender muß auf mitklingende Töne bzw. parallelgehende Stimmen eigens aufmerksam gemacht werden, er kennt sie von einzeln hervortretenden Obertönen ebenso wie von falsch einsetzenden, an der Melodie dennoch festhaltenden Sängern. Hatten diese zufällig die Unterquart erwischt, das bei Parallelführungen diskreteste Intervall, so lag die Entdeckung nicht fern, daß man aus der Not eine Tugend machen, von der Fehlleistung ausgehend ein satztechnisch halbwegs plausibles, klanglich reizvolles mehrstimmiges Ganzes gewinnen könne. Weil die Sache früh da war, bedurfte es vor Allem einer qua Methode und Namensgebung definierten Identität und Legitimation.

Offenbar war die nahezu anrüchige, halblegitime Abkunft in der enigmatischen Wortbildung *fauxbourdon* mitgemeint. Nicht nur fällt diese, als offenbar erstmals in Italien mit dem Verfahren verbundene französische, aus der Reihe der lateinischen, die Musik betreffenden Termini heraus und scheint bald auf eine Stimme, bald auf die Satzweise insgesamt bezogen. Zudem hat *bourdon* zu viele Bedeutungen, als daß man sicher rückschließen könnte, was da *falsch* = *faux* sein soll – nicht gerechnet die Möglichkeit, die Wortbedeutung sei schon so verfestigt gewesen, daß die Unterteilung in Negierung (*faux*) und Negiertes (*bourdon*) kaum noch wahrgenommen wurde; dann wäre sie älter als die durch sie bezeichnete Methode, vielleicht aber noch nicht auf sie bezogen gewesen. Hierfür spricht, daß die Suche nach dem als *faux* Bezeichneten schon bei den Theoretikern des 15. Jahrhunderts beginnt[8], welche übrigens erst lange nach

7 Besseler 1950/1974, S. VII

8 Korth 1995, Sp. 382 ff.

der Aktualitätsphase des Fauxbourdon von ihm handeln und es bei der vielleicht gerade in ihrer Vagheit angemessenen Begriffsbestimmung belassen. Heinrich Besselers alsbald in Zweifel gezogene[9] Vermutung, mit *bourdon* sei der neue, bassierend tiefliegende Contratenor gemeint gewesen[10], *faux* könne dementsprechend nur der als Schatten in die Satzmitte verbannte, von Baßfunktionen abgedrängte, um seine Identität gebrachte Contratenor sein, fügt sich als self-fulfilling prophecy verdächtig nahtlos in sein Konzept, ignoriert die möglicherweise weiter zurückliegenden Hintergründe der Wortbildung und unterstellt ihr eine »purely nominalistic«[11] Logizität. Immerhin schließt sie andere Konnotationen nicht aus – *Stimme der Sackpfeife* bzw. *Eselsstimme*[12] oder *Drohne*[13], welche metaphorisch das Moment des Inferioren bzw. Parasitären ansprechen, oder, u.a. von Michael Praetorius erwogen[14], *Jakobsstab* – womit der Bezug zu jenem Stück (Beispiel 1 a) hergestellt wäre, welches von Besseler mit guten Gründen zum Einfallstor des Fauxbourdon in die musikalische Hochsprache proklamiert worden war[15]. Allerdings reflektierten er und seine ersten Kontrahenten die Möglichkeit chronologischer Differenzen von Sache und Namen kaum; dessen aber hätte es in besonderem Maße bedurft, weil bei dieser »Polyphonie der Minderbemittelten« (s.o.) Benennung fast gleichbedeutend war mit der Eintrittskarte in die oberen Ränge des Komponierens.

In der Jacobsmesse arbeitet diesem Eintritt auch die von einer wuchernden Breite kompositorischer Lösungen herkommende, zum schlichtestmöglichen Abschluß in der *Postcommunio* hin verengende Konsequenz zu. Um die zeitliche Priorität konkurrieren mit ihr u.a. die Antiphon *Regina celi laetare* (Beispiel 2 a) und die Hymne *Ad cenam agni providi* von Johannes de Lymburgia[16] sowie die Hymne *Ut queant laxis* von Binchois[17], und das Jahrzehnte ältere, in den Grottaferrata-Fragmenten überlieferte *Gloria* Beispiel 2 b[18] entwertet die Konkurrenz: Längst bevor der Fauxbourdon gegen Ende der zwanziger Jahre Namen und Hausrecht in der Polyphonie erhält, war er schon da, nicht als normatives, seine Zuständigkeit abgrenzendes Regelwerk, sondern als Satzweise – im Beispiel 2 b durch Kästen angezeigt –, in die die drei Stimmen ebenso unvermittelt hineingleiten, wie sie sie verlassen; solch ungezwungenes Hin und Her bedarf, ähnlich wie die frühen Handhabungen des englischen Diskant, offenbar keines spezifischen Methodenbewußtseins. Ohne ein solches wiederum läßt sich jedoch kaum erklären, was die *Postcommunio* und die genannten Konkurrenten als Schwellen der kompositorischen Entwicklung ausweist: Daß ihnen, als sei ein lang erwartetes Losungswort endlich gefunden, innerhalb der nächsten zwanzig Jahre annähernd 170 nachgewiesene Fauxbourdonstücke nachfolgen[19]. Weil sie einen Grenzbereich zwischen auskomponierter Res facta und Extempore *alla mente* besetzen, dürfte die Zahl der verlorengegangenen oder von vornherein ungeschrieben gebliebenen Stücke weit darüber liegen.

---

9 Bukofzer 1952, S. 26

10 A.a.O., S. 24 ff. u. ö., besonders S. 89 ff.

11 Bukofzer, a.a.O.

12 Vogel 1967

13 Korth, a.a.O.

14 *Syntagma musicum* III, S. 11

15 A.a.O., S. 14 u. ö.

16 Die letztere übertragen bei Trumble 1959, S. 25/26, vgl. S. 143, Beispiel 5 a und b

17 Übertragen bei Marix 1937, S. 229, und A. Parris, *The sacred Works of Gilles Binchois*, Diss. Bryn Mawr 1965, S. 59

18 Strunk 1970; Günther 1970; dortselbst S. 134 ff. eine Übertragung. Im siebten Takt des Beispiels nebeneinander die Versionen der Quellen Grottaferrata und Foligno

19 Außer Trumble 1959 vgl. hierzu die Artikel *Fauxbourdon* in: *Riemann Musiklexikon*, a.a. O. (Reinhold Brinkmann), *The New Grove* 1980 (Brian Trowell) und *MGG*, 2. Ausgabe (Hans-Otto Korth)

Jenes Bewußtsein verbindet sich mit der Wahrnehmung zunehmend ausdifferenzierter Eigendefinitionen der Bereiche, der usuellen Nähe hier, polyphoner Ansprüche dort – als eines Gegenübers, welches einerseits den Fauxbourdon fast ausschließlich auf kleine liturgische Formen beschränken half, andererseits vielerlei Versuche der Vermittlung insbesondere im Wechsel *alternatim* gesungener Hymnenstrophen[20] veranlaßt. Grosso modo kann man eine regelfromm mechanische Wahrnehmung, im Extremfall im Satz Note gegen Note, i.e. den »parallelen« Fauxbourdon (Beispiel 1 b im Kapitel XVII, nahe daran Beispiel 2 a im vorliegenden), vom »kontrapunktischen« unterscheiden[21], welcher den vorgegebenen Fixierungen möglichst eigenständige Stimmverläufe abzugewinnen sucht.

Beispiel 2 a und b

Zu Beginn, um und nach 1430, überwog der kontrapunktische, später der parallele Fauxbourdon. Das spricht ebenso dafür, daß man um die Mitte des Jahrhunderts, nachdem die beweglichen Momente, besonders die den Klang, musikalischen Fluß und Gangart betreffenden, polyphon angeeignet waren, die nicht assimilierbaren unbeweglichen als Sonderform marginalisierte, wie auch dafür, daß von Anfang an die zu Auseinandersetzung einladende Andersartigkeit des Fauxbourdon empfunden wurde, daß man ihn nicht jetzt erst kennenlernte, jedoch – im biblischen Verständnis – jetzt erst »erkannte«. Dies bezeugt noch die überzogene Feierlichkeit der Hexameter – zugleich einer Kurz-Erläuterung des Fauxbourdon-Verfah-

20 Vgl. Kap. XVII

21 Trumble a.a.O., S. 34

rens –, mit denen Du Fay die Parallelführung der zweiten Stimme in der *Postcommunio* anweist: »*Si trinum queras / a summo tolle figuras // Et simul incipito / dyatessaron insubeundo = Wenn du die dritte Stimme (die Mittelstimme) suchst / orientiere dich an den Noten der oberen // und fange gleichzeitig mit ihr an, / in der Quart unter ihr entlanggehend*«. Das, so scheint es, hätte er auch einfacher haben können. Zur Simplizität des Angewiesenen steht die zeremoniöse Umständlichkeit der Anweisung, der einzigen einem Fauxbourdon beigegebenen, eigentümlich quer; man könnte eine ironisch-vergnügliche Verschlüsselung in der Art etlicher Kanonvorschriften[22] – »es kreißen Berge, und eine Maus wird geboren« – als Erklärung für ausreichend halten, antworteten die Hexameter nicht einem beträchtlichen, vom überkommenen polyphonen Regelwerk ausgeübten Legitimationsdruck.

Nicht selten haben Neuerungen, welche am Rande der kompositorischen Legalität lagen – auch, um Gewöhnungsfristen abzusichern –, zunächst außermusikalischer Legitimationen bedurft; das gilt für kühne, textbezogene Madrigalismen u.a. bei Monteverdi und Gesualdo oder Introduktionen bei Haydn oder Mozart, die als Darstellung des Chaos vor der Schöpfung bzw. eines vor dem Eintritt in die Loge im Weltgetriebe Herumirrenden konzipiert sind, für den *Tristan*-Akkord oder auch für die sujetbedingten Eruptionen des *Sacre du printemps*. Möglicherweise gilt es auch für den Fauxbourdon. In liedhaft einfachen Formen, insbesondere Hymnen, divergierten die Ansprüche des Genres und der Verfahrensweise nicht allzu sehr, auf ihnen lastet ein vergleichsweise geringer Legitimationsdruck. Anders jedoch in ambitionierten Zusammenhängen, in Messe und Motette: Wenn nicht alles täuscht – die Zahl der Belege ist gering –, beantwortet Du Fay ihn hier mit semantischen Deckungen des Verfahrens, welche ebensowohl für dessen Stellung wie auf den Bedeutungsumkreis des Terminus *Fauxbourdon* Hinweise geben[23]. Ob in der *Missa Sancti Jacobi*, in der Motette *Supremum est mortalibus* oder in der nur fragmentarisch erhaltenen, vergnüglich ironisierenden Disputation *Iuvenis qui puellam*[24] – stets fallen die Passagen *a fauxbourdon* durch besonders konkrete Textbezüge auf. In der Motette stehen sie für den Gleichklang der erhofften Freundschaft von Papst und Kaiser und markieren die wichtigen Scharniere in der rhetorischen Gliederung des Ganzen[25], die zweite Fauxbourdon-Passage der Motette (Beispiel 3 a) bildet das im Text angesprochene Psalmodieren nach (»*Pace rivi psallentes et aves = im Frieden singen die Ströme und die Vögel*«); in der *Postcommunio* der Messe (Beispiel 1 a) reflektiert die Parallelität der Oberstimmen das Moment der Nachfolge auf der gleichen oder einer koordinierten Spur (»*Vos qui secuti estis me = ihr, die ihr mir gefolgt seid*«) und bündelt die vorausgegangene Vielfalt der Satzweisen in der allereinfachsten; in der Disputation veranschaulicht sie die Abhängigkeit der Frau vom Mann, in der Rede des Anklägers (»*Quia ipsa coniux ipsius fuisse dicitur = weil das Mädchen als Eheweib dieses jungen Mannes betrachtet wird*«, »C« = Takte 39 bis 52, Beispiel 3 b) wie in der Gegenrede des Verteidigers (»*Nam in fine vos dicitis, quod dividatur ab eo, et contrarium videtis in capitulo unico = Denn letztenendes sagt Ihr, daß sie von ihm getrennt werden sollte*«, »G« = Takt 114 bis 131). Zudem begegnet in zwei der vier *a fauxbourdon* gesetzten Antiphonen ein direktes Nebeneinander zweier Begriffe bzw. Namen, »*ore, manu = durch Wort und Tat*« in der einen, »*Petrus Apostolus et Paulus Doctor gentium*« in der anderen[26]. Um Parallelisierungen – im weitesten Sinne – handelt es sich in allen Fällen; in ihnen übernimmt der Text die Verantwortung für das ungewöhnliche,

---

22 Vgl. Kap. XIV
23 Die Argumentation folgt Elders 1994
24 VI/9; vgl. Kap. XIX
25 Elders 1981; vgl. Kap. XIII
26 *Hic vir*, V/4 und *Petrus Apostolus*, V/41

in den Vorhof anspruchsvollen Komponierens gehörige Verfahren. Zu seiner Legitimation, ganz und gar innerhalb weniger ambitionierter Gattungen, bedurfte es solcher programmatischer Stützungen schon bald nicht mehr. Im Übrigen sprechen jene Parallelisierungen für die mit »Drohne« verbundene Metaphorik[27]: Die Drohne fliegt beim Hochzeitsflug parallel zur Königin, sie ist ein parasitäres Geschöpf, sie »brummt« – und mehrmals im Mittelalter begegnet der Vergleich der Apostel mit ausschwärmenden Bienen. Im damaligen Verständnis stand ein symbolischer Bezug einem anderen nicht im Wege.

Satztechnisch gesehen fehlt dem Fauxbourdon nicht viel zur Charakteristik eines Gegenentwurfs zu Motette und *cantilena*: Der Dualität von Tenor und Oberstimme als des Wichtigsten bzw. Hörbarsten steht die dem Satzganzen vom Superius her oktroyierte Tyrannei gegenüber; der Fundamentfunktion des Tenors dessen Fixierung auf nur zwei mögliche Intervallabstände zum Superius; der Selbständigkeit der Stimmverläufe bei dogmatischer Anwendung ein Gleichschritt Note gegen Note und nahezu verhinderte Gegenbewegung; den vagierenden Freiheiten und multiplen Verpflichtungen des Contratenors dessen Reduktion auf einen vom Superius in die Mitte des Satzgefüges geworfenen, »brummenden« Schatten; dem Verbot einer unbeschränkten Folge imperfekter Konsonanzen lange Reihungen von – bei Du Fay bis zu acht – Sextakkorden; der Sensibilität in Bezug auf die unsichere Wertung der Quart – Konsonanz oder Dissonanz? – deren penetrante Betonung durch den gleichbleibenden Abstand zwischen der Oberstimme und ihrem »Schatten«; der je zur Situation des Satzes hin vermittelten Flexibilität im Wechsel von Konsonanzen und Dissonanzen die Beschränkung auf zwei Formen des Zusammenklangs – Terz/Quint/Oktav oder Grundton/Quint/Oktav. Angesichts solcher Einschränkung nimmt es nicht wunder, daß der Fauxbourdon sich der Autorität überlieferter Cantus versichern muß; frei erfundene Fauxbourdonsätze begegnen nur ausnahmsweise.

Die vorstehende Aufzählung ignorierte die spezifische Attraktivität jener Einschränkungen und legte dogmatisch gehandhabten Fauxbourdon zugrunde, um einen Abstand zu verdeutlichen, den auch die Aufweichung mancher überkommener Regeln kaum entscheidend verringert hat; sie waren vom, allerdings konservativen, Prosdocimus de Beldemandis im Jahre 1412 nochmals festgeschrieben worden[28]. Gewiß hat sich die Rolle der imperfekten Konsonanzen Terz und Sext verändert und das Privileg der Quart verfestigt, weitläufig parallelgeführt werden zu dürfen, dennoch zeigt der gerade innerhalb eng begrenzender Regularien phantasiereiche Umgang der Musiker, daß Diskrepanzen abzuarbeiten, theoretisch nicht gedeckte Freiräume zu besetzen waren, nicht zu reden von anderen Verlockungen.

In diesem Sinne gehört zur Ironie der Kanonanweisung bei Du Fays *Postcommunio* auch, daß sie sich auf das Paradoxon einer mit nicht-kontrapunktischen Sachverhalten befaßten kontrapunktischen Ernsthaftigkeit einläßt, mithin als fauler Trick, als an der Mehrdeutigkeit des Wortes »Kanon« aufgehängter Selbstbetrug durchschaut sein will, der dem Fauxbourdon ein – allemal fadenscheiniges – polyphones Mäntelchen umhängt. Kanon *sine pausis = ohne zeitlichen Abstand* bleibt, trotz aller Einräumungen gegenüber »kontinentaler Denkart, die nur auf diesem sonderbaren Umwege zur Parallelführung vordringen konnte«[29], eine Contradictio in adiecto; alles spricht dafür, daß der Urheber diese Einsicht nicht ignoriert, sondern mit ihr gespielt und auf seine Weise demonstriert hat, wie wenig ihm gegebenenfalls theoretische Approbationen bedeuten. »Kanon« im engeren Sinne benennt eine zeitversetzt identische

---

27 Elders 1995

28 *Tractatus de contrapuncto*, in: *Coussemaker Scriptores* Band III, 1869, neu hrsg. von Jan Herlinger, London 1984

29 Besseler 1950/1974, S. 195

Stimme, mithin im Verhältnis zur verlaufsgleich vorangehenden ein Non plus ultra an gleichberechtigter Selbständigkeit; der Annahme, dieser Anspruch ließe sich aufrechterhalten, wenn an die Stelle der zeitlichen eine intervallische Versetzung tritt, liegt ein Denkfehler, eine Abstraktion zugrunde, welche die geschriebenen Noten mit klingender Musik verwechselt, die Zeitlichkeit der Musik annullieren und daran vorbeihören will, daß von jenem Non plus ultra nur ein Schatten bleibt. Um die Illusion realer Dreistimmigkeit und eines polyphonen Procedere aufrechtzuerhalten, müßte einerseits auf der Identität einer vollwertigen Stimme bestanden werden; weil diese, nicht einmal als Echo wahrnehmbar neben dem Superius herschleichend, die Vorwürfe kontrapunktwidriger Unselbständigkeit und der Reihung unvollkommener Konsonanzen auf sich zieht, müßte ihre Identität andererseits zurückgeschnitten gedacht werden auf die Halbwirklichkeit des abgesprengten Teils nur einer einzigen, gesplitteten Stimme. Dergestalt in argumentativen Schlingen verfangen, hilft der geistvolle Etikettenschwindel des *Canon sine pausis*, Du Fay weniger an theoretischen Krämpfen teilnehmend als in heiterer Distanz zu ihnen vorzustellen.

Wann und wo immer die Sache zu dem Namen kam (Du Fays *Postcommunio* steht weiterhin vornan) und der Startschuß ertönte – daß er trotz und wegen der relativierenden Vorgeschichte vonnöten war, beweist das unverzüglich und vielfältig zurücktönende Echo; daß er zum richtigen Zeitpunkt ertönt sein muß, hilft seine Wirkungen indessen nur teilweise erklären – eine Erklärung, welche zudem schwieriger wird, wenn man nicht nur auf den Coup des den gordischen Knoten durchschlagenden *Canon sine pausis* blicken will. Die Vielfalt der Aneignungen, der Integrationen bzw. Vermeidungen simpler Schematismen und die Konzentration auf Hymnen, Antiphonen, liedhaft zugeschnittene Kyrie-Sätze o.ä. widersprechen einander nicht. Man wußte, womit man zu tun hatte, und wird so oder ähnlich schon lange extemporiert haben, ohne zu fragen, wie dies an die auskomponierte Res facta heran- oder in sie hereingezogen werden könnte. Die jäh sich öffnenden Schleusen beweisen ebenso, daß zuvor beidseits Druck ausgeübt worden war, wie auch, daß man der oben aufgezählten Unvereinbarkeiten wegen zunächst nicht wußte, wie sie zu öffnen wären.

Freiräume, wie winzig auch immer, ließ der Fauxbourdon in der Frage, ob der Sänger der parasitären Stimme der oberen tatsächlich in allen Details zu folgen habe – am Ende des vierten Taktes im Beispiel 1a würde er, über dem aufsteigenden Tenor von *a* zu *h* wechselnd[30], eine Dissonanz umgehen, welche am Ende des Beispiels 4b schon stärker auffiele. Zwar sind sich die Gewährsleute in der Zuordnung zur Oberstimme einig, hätten vermutlich aber die Entscheidung zwischen den im oberen bzw. unteren System der Takte 1 bis 5 des Beispiels 3 c gegebenen Versionen als zweitrangig abgetan, weniger schon diejenige, ob der Sänger in den anschließenden Takten[31] nicht auch gemeinsam mit dem Tenor den Ton wechseln und die Vermeidung der verpönten Parallelsprünge unterstreichen könne; im Sinne des Fauxbourdon wäre, wie im Beispiel angedeutet, auch akkordischer Gleichschritt möglich – insgesamt also, bei denkbar simpler Vorgabe, drei Fassungen. Deren Unterschiede erscheinen minimal, doch spielen bei der Entscheidung über sie Differenzierungsbedürfnisse und Prioritäten u.a. im Hinblick auf Dissonanzen mit, welche in größeren Spielräumen größere Wirkungen tun und allemal an der Brücke mitbauen, die vom Fauxbourdon zu den überkommenen polyphonen Reglements geschlagen werden muß. Der leise Anschein von Langmensur beim Tenor der *Postcommunio* (Beispiel 1 a) gehört ebenso zu den Vergegenwärtigungen jener Brücke wie der

30 Vgl. auch im Beispiel 1 des Kap. XVII das dritte Viertel des zweiten und dritten Taktes

31 Beide aus Du Fays Fassung des Hymnus *Conditor alme siderum*, V/11 bzw. Ausgabe Gerber, Nr.1; vgl. auch das Beispiel 1 im Kap. XVII

im Kapitel XVII diskutierte Wechsel strengerer und freierer – bis freistimmiger – Fassungen beim Vortrag der Hymnenstrophen.

Beispiel 3 a bis c

Den am ehesten legalen der kleinen Spielräume benutzt die Wahl zwischen Oktav und Sext zwischen Superius und Tenor. Neben kleinen Durchgängen gehört der hier mögliche Terzwechsel zwischen beiden zu den ersten Mitteln der Belebung, wohl klein dimensioniert und, gewiß nicht ausschließlich von hierher geprägt, mit weitreichenden idiomatischen Konsequenzen: Weil bei Sekundbewegungen der Oberstimme, besonders an Zeilenanfängen und in Kadenzierungen, die Simplizität paralleler Verläufe besonders penetrant in Erscheinung treten würde, wechseln die Musiker dort besonders gern die Abstände, wodurch, wenn der Cantus in Sekunden aufsteigt, im Tenor beim Wechsel von der Sext zur Oktav absteigende Sekunden (Beispiel 4 a[32], Übergang vom ersten in den zweiten Takt), beim Wechsel von der Oktav in die Sext Quartaufschläge entstehen (Beispiel 4 a, Takt 2), wenn der Cantus in Sekunden absteigt, im Tenor beim Wechsel von der Sext zur Oktav Quartabschläge (Beispiel 1 a, Übergang vom dritten zum vierten Takt sowie Takt 5), beim Wechsel von der Oktav zur Sext Sekundanstiege (Beispiel 4 a Takt 4; Beispiel 4 b[33], erster und zweiter Takt). In den meisten Fällen ergeben sich beidseits des Terzwechsels zwischen Sext und Oktav Sekundschritte, mit ihnen zusammengenommen jene in den Beispielen markierten, unten[34] mehrmals diskutierten Viertonkonstella-

32 Du Fay, Hymne *Exsultet caelum*, V/28 bzw. Ausgabe Gerber, Nr. 18
33 Schluß von Du Fays Hymnus *Conditor alme*, s.o.
34 Kapitel XXIII, XXIV und XXVI

tionen, welche, zwischen anonymer Sprachlichkeit und Motiv gelegen, wenngleich nicht neu, in aktuellen Kontexten nunmehr neu eingeschliffen werden.

Beispiel 4 a und b

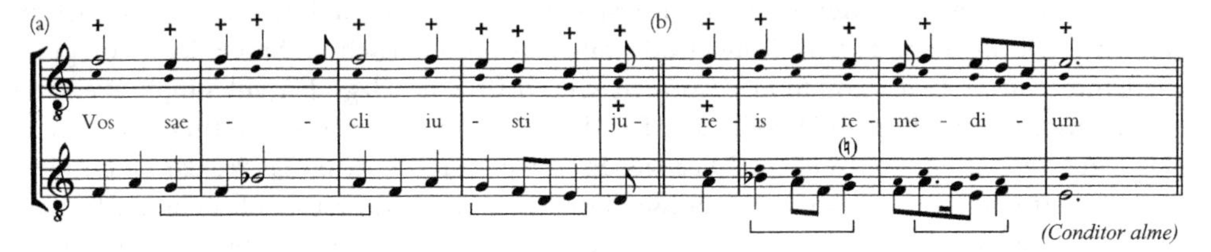

Im Strophenwechsel der Hymnen hatten Du Fay und seine Zeitgenossen eine Versuchsanordnung zur Verfügung, welche in wechselnden Konstellationen und engen Margen die Bandbreite zwischen »parallelem« und »kontrapunktischem« Fauxbourdon (s. o.) bis hin zum freistimmigen Satz zu erkunden, zugleich die angesprochene Brücke zu fundamentieren und zu erproben erlaubte, inwieweit der tendenziell akkordische Fauxbourdon sich polyphon aneignen ließ. Je schematischer gehandhabt, desto mehr bedürfen die Sätze der Deckung durch den Cantus; bei freistimmigen kann er auch in der Mittel- oder in der Unterstimme erscheinen[35], bei Fauxbourdonsätzen nur in der oberen; Mehrfachfassungen und freie bzw. fauxbourdongebundene Tenores können weiter auseinander- oder enger zusammenliegen, Oberstimmen weniger oder stärker ausgeziert und dem Superius von Kantilenensätzen angenähert sein, Johannes de Lymburgia verändert gar die Zeilenlängen (vgl. Beispiel 5 b[36]) – insgesamt eine Auseinandersetzung, deren Akribie und Vielfalt ahnen läßt, wie man sich durch die Andersartigkeit des Fauxbourdon gefordert empfand.

Beispiel 5 a und b

35 Du Fay, *Christe redemptor* und *Pange lingua*; Johannes de Lymburgia, *Ad cenam agni providi*, vgl. Beispiel 5
36 Hymnus *Ad cenam agni providi*, hier zitiert nach Bukofzer 1952, S. 43

Dies wenigstens andeutungsweise nachzuvollziehen – die schon durch die Beispiele 1 belegte Nachbarschaft zur *contenance angloise*[37] liegt auf der Hand – scheint eher möglich, wenn man nicht, die Kenntnis der Folgewirkungen mißbrauchend, von vornherein dorthin blickt, wo althergebrachte Reglements sich am ehesten im Hinblick auf das neuartige Faszinosum aufweichen ließen. Die Mehrstimmigkeit war noch jung genug und mag vielerorts noch in einem Maße als Besonderheit, Wunder oder auch als verführerisch im Sinne der theologisch verfemten *concupiscentia* empfunden worden sein, daß es nahelag, den auf simple Weise in »pankonsonanter«[38] Euphonie badenden Fauxbourdon im Kontrast zur bislang gewohnten, klanglich spröderen, transzendental bezogenen Polyphonie als *modus lascivus* zu empfinden. Welche Art und Dimension von Erlebnissen hinter der Theoretikerauskunft steht, die frühere Musik sei dissonanter gewesen als die heutige, läßt sich kaum erahnen, um so weniger, als dieser Wandel in einen breiten, von Heinrich Besseler[39] eindringlich-teleologisch beschriebenen Kontext gebettet war. Die satztechnische Integration, im *Canon sine pausis* eher vorgegaukelt als vollzogen, war das eine, die komponierte, nur in einer längeren Entwicklung erreichbare, das andere.

Befördert und erleichtert wurde sie durch eine in mehrere Richtungen zielende Vergewisserung: Die assimilativen Möglichkeiten des mehrstimmigen Satzes kamen hier, insbesondere anhand der Hymnen erkennbar, ebenso auf den Prüfstand wie das Verhältnis von schriftlich fixierter Res facta und *alla mente* vollzogenem Extempore – und beides vor dem Hintergrund einer drängenden, über Musik hinausreichenden »Kompetenz von unten«. Im – allemal osmotischen – Verhältnis von Extempore und Schriftlichkeit, das sich mit der Stabilisierung stilistisch-kompositorischer Übereinkünfte je neu einzupendeln pflegt, sorgt der Fauxbourdon für eine Beunruhigung, der die simpel bipolare Reduktion auf frei-spielerische Improvisation hier, reglementiert-gebundene Komposition dort nicht beikommt. Wenn das eine nur sein darf, was das andere nicht ist, geraten zudem die je andersartigen Unabhängigkeiten von Regeln und von geschriebenen Vorlagen durch- und übereinander. »Selbst bei seinen kühnsten Flügen stößt der Improvisator in seinem prä-kompositorischen Unschuldsstand von vertrautem Boden ab und landet auf ihm ... Der schlechteste Komponist hat dem besten Improvisator voraus, daß seine Möglichkeiten zu überraschen«, überkommene Reglements zu unterlaufen, Auseinanderliegendes neu zu kombinieren, »weit größer sind«[40]. Näherhin zum Fauxbourdon wurde das Verständnis der insbesondere von Tinctoris erläuterten Kategorien *res facta* und *cantare supra librum* ein Opfer der falschen Dichotomie – weder das eine ausschließlich schriftlich fixierte Komposition noch das andere ausschließlich etwas *alla mente* zu einer vorgegebenen Stimme Hinzuerfundenes bzw. -gesungenes: »The important difference between *resfacta* and *cantare super librum* is that the parts of *resfacta* are »mutually obliged« with respect to the law and ordering of consonances, while the minimum requirement for *cantare supra librum* is that each voice be consonant with the tenor, not needing to be subject to other voices«[41]. Die in beiden Richtungen begehbare Kontinuität[42],

---

37 S. oben Kap. VIII

38 Die Prägung geht auf Manfred F. Bukofzer zurück

39 1950/1974

40 Georg Knepler, *Improvisation – Komposition. Überlegungen zu einem ungeklärten Problem der Musikgeschichte*, in: *Bence Szabolsi Septuagenario*, Budapest 1969, S. 241 – 252, das Zitat S. 251 bzw. 250

41 Bent 1983, S. 390, in einer brillant-präzisen Tinctoris-Lektüre

42 Bent a.a.O., S. 378: »to present unwritten and written composition or counterpoint as stages in a continuous line of endeavor, based on the same training, rather than as to separate elements implied by our written-versus-improvised antithesis.«

welche schriftlich fixierte und schriftlos extemporierte Musik verbindet, entzieht sich jeder polarisierenden Kategorisierung.

Diese Kontinuität stellt sich exemplarisch in der unterschiedlichen Determination der Stimmen des Fauxbourdon-Satzes dar – zugrundegelegt das simple Rezept. Beim Cantus erleichtert der liedhafte Zuschnitt der bevorzugten Melodien die mensurale Aneignung, ähnlich rhythmisiert wie die mehrstimmig bearbeiteten mögen, gar schon vor der Bearbeitung, auch die einstimmigen gesungen worden sein; wenn es sich nicht um kompliziertere oder prosaisierte Gebilde wie z.B. in der *Postcommunio* handelte, brauchte der Sänger keine mensural ausnotierte Vorlage. Schon garnicht bedurfte einer solchen der Sänger des quartparallelen Contratenor *au fauxbourdon*, der von der Anpassung an den Cantus bestenfalls für einige Töne zu der an den Tenor wechseln mußte[43]; immerhin teilte er seine Aufmerksamkeit zwischen beiden Stimmen. Als am stärksten gefordert mußte der Sänger des Tenor zwischen Oktav- und Sextabstand zum Cantus, möglicherweise zudem über kleine Durchgänge entscheiden, bewegte sich also ständig zwischen der Orientierung auf jenen und den Maßgaben einer der eigenen Stimme gehörigen melodischen Plausibilität. Für alle drei minderte die Voraus-Kenntnis der Hauptmelodie gewiß die Risiken, beseitigte sie aber nicht, der Vollzug blieb ein Unternehmen mit ungewissem Ausgang und sollte es bleiben. Übrigens hätten auch ausgeschriebene Stimmen, weil ihre Interpretation – besonders von Tonlängen und Alterationen – auf den Mitvollzug des Ganzen angewiesen ist, keine Eindeutigkeit im Sinne der uns geläufigen Notierungsweise herstellen können, die uns von der Beachtung des Zusammenhangs weitgehend dispensiert. In der Gemeinsamkeit der Herstellung bleiben Komponieren und Musizieren nahe beieinander und überschneiden sich teilweise[44].

Daß die einfache Strukturierung dieses Beieinander eindringlicher zu erfahren erlaubte als eine komplizierte, die die Musizierenden stärker in den Vollzug von Vorgegebenem abdrängt, daß die »Grammatik der Schöpfung«[45] in vergleichsweise urtümlichen Formen nachvollzogen werden konnte, mag außer der spezifischen Klanglichkeit zur Attraktivität des Fauxbourdon beigetragen haben. Neben pragmatischen Begründungen solistischer Ausführung fiel als deren substanziell-ästhetische sicher ins Gewicht, daß bei chorischem Vortrag zugunsten notwendiger Koordinierungen, von der möglicherweise penetranten Materialität satt klingender Sextakkorde abgesehen, zuviel Offenheit, zuviel in den Risiken des Fortgangs aufbewahrte, aufblitzende Anfänglichkeit verlorengehen würde.

Im satztechnischen Bereich hat die auf Bodenhaftung gerichtete Intention eine Parallele in der Orientierung auf den kleinsten, Mehrstimmigkeit ermöglichenden Einsatz – wobei, weil erst drei Stimmen auch harmonische Fortgänge artikulieren können, die Berufung auf das mittelalterliche Zahlenverständnis nicht abwegig ist – zwei ist noch keine Mehrzahl, ein Duo noch nicht mehrstimmig. Zwar befindet sich die Simplizität der Fauxbourdon-Rezeptur deutlich unter dem simpelsten Kantilenensatz, jedoch auf eine Weise, welche einerseits zu Annäherungen insbesondere in mehrfach bearbeiteten Hymnenstrophen einladen konnte, andererseits zur Prüfung der Frage, inwieweit dem Kantilenensatz, parallel zur Unterschei-

---

43 Carl Dahlhaus' (1970) Einwand gegen diese erstmals von Jaques Handschin angesprochene fakultative Handhabung (ders., *Eine umstrittene Stelle bei Guilelmus Monachus*, in: Kongreßbericht Basel 1949, S. 231 ff.) erscheint arg theoriefixiert; vgl. hierzu auch die Verfahrensweise von Rudolf Gerber in seiner Neuausgabe von Du Fays Hymnen, in: *Das Chorwerk*, Bd. 49

44 »To sing music from written notation required knowledge of the same rules of measure and consonance that would have governed music devised in the singer's own head. In both cases, he had to listen to what was going on and to use his knowledge of counterpoint in order to respond and adjust to what he heard«, Bent a.a.O., S. 377

45 George Steiner, *Grammatik der Schöpfung*, München 2001

dung von *contrapunctus simplex* und *contrapunctus diminutus*[46], nicht ein »pan-konsonantes« Note-gegen-Note-Gerüst zugrundeliege, welches durch Auszierungen, Durchgänge etc. polyphon belebt werde, letztenendes aber vom Fauxbourdon nicht weit entfernt liege[47]. Am deutlichsten widerspräche dem im Fauxbourdon allbeherrschenden Cantus die von der Motette herkommende Nobilitierung des Tenors als Fundamentum relationis; indessen war im Kantilenensatz die Schwebe zwischen dem Wichtigsten, dem Tenor, und dem Hörbarsten, dem Superius, ohnehin aufrechterhalten geblieben, und wann immer der Brückenschlag vom Fauxbourdon zur überkommenen Polyphonie versucht wurde, dann zuerst in Annäherungen des Tenors an Zuschnitt und Funktion der Fundamentstimme. Mindestens ebensosehr wie als belebende Abwechslung müssen die multiplen Hymnenstrophen bei Du Fay, Johannes de Lymburgia und anderen als Wiederholungen, jeweils erneuerte Brückenschläge verstanden werden, als offenhaltende Heimwege und Rückversicherungen, mithin auch Widerlager zu eskalierenden Subtilitäten der kompositorischen Entwicklung.

Darüberhinaus artikulieren sich in der »in erster Linie zweckhaften, mit bescheidenen und handlichen Mitteln arbeitenden Gebrauchskunst«[48] diejenigen, deren Sprache sie spricht. »Pathos der Unmittelbarkeit«[49] widerstreitet ihrem Zuschnitt nicht, weil fast deckungsgleich mit dem Pathos einer – auch und gerade theologisch-mystisch begriffenen – Armut, dem die spätmittelalterliche Laienfrömmigkeit einen gewaltigen Hallraum und eine Miniatur wie die eingangs beschriebene eine unwiderlegliche Nobilitierung verschafft. Zunächst wohl nahm man die anheimelnde Direktheit des Fauxbourdon als Gegenentwurf wahr zum »Latein«, der hochvermittelten Scholastik der ambitionierten Polyphonie. Mystisch begriffen geht das Bewußtsein der Unaussprechbarkeit des Letzten, Höchsten auf eine Einfachheit aus, die die Möglichkeit angemessenen Sprechenkönnens als vermessen in der Gewißheit abwehrt, daß »*selig sind, die da geistlich arm sind; denn ihrer ist das Himmelreich*« (Matth. V, 3) – jener Seligpreisung, von der aus Meister Eckhart die wohl avancierteste Definition von *unio mystica* ans Paradoxon herantrieb: Nur »das *ist Armut im Geiste, wenn der Mensch* so *ledig Gottes und aller seiner Werke steht, daß Gott, dafern er in der Seele wirken wolle, jeweils* selbst *die Stätte sei, darin er wirken will*«[50]. Die im 15. Jahrhundert am weitesten verbreiteten Bücher, die *Imitatio Christi* des Thomas a Kempis und das *Büchlein über das dem Armen im Geiste Zugehörige* des Jan van Leuven, stehen ebenso in der Nachfolge der solchermaßen gesuchten »Unmittelbarkeit zu Gott« wie die Umkehr des einstmaligen Pariser Universitätskanzlers Johannes Gerson, Verfasser der *Ars moriendi*[51], den der junge Du Fay auf dem Konzil in Konstanz erlebt haben dürfte, und der u.a. »*Contra curiositatem studentium*« zu Felde zieht. Ein betont säkulares Gegenstück hat dieses – religiös übersetzt – Husserlsche »Zu den Sachen selbst« in dem radikalen Großputz, den Lorenzo Valla im scholastischen Begriffsrepertoire veranstaltet[52].

Der gegen hierarchische und dogmatische Verfestigungen und umwegige Bücherweisheit gerichtete Unterstrom kristallisiert sich in der Figur des *pauper idiota*. Zunächst eine Beschimpfung derer, die in der Miniatur näher an der Quelle sitzen und »ohne gelehrte, literarische Bildung sich anmaßten, in Fragen des Glaubens und der Kirche besser Bescheid zu

46 Johannes Tinctoris, *Liber de arte contrapuncti* (1477), Buch 2, XIX; vgl. Tinctoris 1975, Band II, S. 105 ff.
47 Korth 1988, S. 75
48 Besseler 1931, S. 201
49 Renate Steiger, *Einleitung*, in: Nicolai de Cusa 1988, S. XII
50 Meister Eckhart, *Deutsche Predigten und Traktate*, hrsg. und übers. von Josef Quint, München 1955, S. 306
51 Vgl. Kap. XXVII
52 Hierzu u.a. Flasch 1986, S. 537 ff.

wissen als der theologisch geschulte Klerus«[53], war der *idiota*, der *Laie* alsbald nobilitiert zum »Sprecher der Weisheit, die nicht nur das Pathos der größeren Tiefe gegenüber der Wissenschaft vom scholastischen Typus angenommen hat, sondern ... sich einen skeptischen, sogar polemischen Ton gegenüber allem zulegt, was Wissenschaft heißen will. Das hat immer zwei Seiten: Es moniert die Erfahrungsdistanz der scholastischen Begriffsspekulation, und es rekurriert auf den theologischen Hintergrund in den Formen einer schlicht gewordenen Mystik, für deren Typus die *Devotio moderna* steht«[54]. Franz von Assisi und seine Getreuen nannten sich *idiotae*, Nikolaus von Kues beehrt den *idiota* in drei Dialogen als Gesprächspartner und als Lehrer von nahezu sokratischem Gepräge und Rang[55]; eine *au fauxbourdon* gesungene Hymne wäre eher seine Musik als eine isorhythmische Motette, und die ans Ende einer Messe gesetzte *Postcommunio* u.a. eine ihm erwiesene Reverenz.

Der Wirkungsgeschichte des Fauxbourdon vergleichbar signalisieren die Cusanischen Dialoge andererseits Annäherungen, wie sie schon in Meister Eckharts mystischer Koinzidenz von Wissen und Nichtwissen angelegt sind: Aus dem Wissen ins Nichtwissen gelangend »*werden wir wissend werden mit dem göttlichen Wissen, und dann wird unser Nichtwissen mit dem übernatürlichen Wissen geadelt und verziert werden*«[56]; hochvermittelte Kompositionstechniken fahrenlassend werden wir sie – und noch etwas dazu – über eine Unmittelbarkeit wiedergewinnen, in deren Handhabung alle einstweilen verschmähten Vermittlungen aufgehoben bleiben. In dieser Coincidentia oppositorum wirkt der Fauxbourdon weniger in festgehaltener Materialität fort, etwa der des alsbald antiquiert anmutenden Falsobordone, als, wo er, fast unkenntlich geworden, die *sapientia* des *idiota* in die große Polyphonie einschleust.

---

53 Herbert Grundmann, *Religiöse Bewegungen im Mittelalter*, 2. Aufl. Darmstadt 1970, S. 30

54 Hans Blumenberg, *Die Lesbarkeit der Welt*, 2. Aufl. Frankfurt am Main 1963, S. 63

55 *Idiota De Sapientia* I-II (Nicolai de Cusa 1988), *Idiota De Mente* (Nicolai de Cusa 1995), *Idiota De staticis experimentis* (in: ders., Opera omnia V, hrsg. von Renate Steiger und L. Baur, Hamburg 1983), alle 1450; hierzu vgl. Flasch 1998, S. 251 – 329; zu Geschichte und Figur des *idiota* Renate Steiger, *Einleitung*, in: Nicolai de Cusa 1988

56 Zitiert nach Norbert Winkler, Nikolaus von Kues, Hamburg 2001, S. 36

XII. Chanson II: »*Qui veult faire rondeau ...*«

Miniatur, Schneckenhaus und Labyrinth zugleich – als mehrfach eingerollte Struktur bereitet die seinerzeit meistbenutzte weltliche Form dem Verständnis nicht geringe Schwierigkeiten. »*Qui veult faire rondeau, il le doibt faire rond*«[1] – die freche Tautologie ist durchaus vom Geiste dessen, was sie beschreibt: seinem Namen getreu rundet das Rondeau sich und läuft in sich zurück, und weil musikalisch häufiger als textlich, stellt es sich in Überblendungen und kaleidoskophaften Drehungen fast als Verwirrspiel dar. Am leichtesten läßt sich, weil Worte und Töne hier beieinander bleiben, der größtdimensionierte Rücklauf verfolgen: Beim insgesamt 16 Zeilen umfassenden Gesamtvortrag, zugrundegelegt das *rondeau quatrain* mit vierzeiligen Strophen, neben dem das *rondeau cinquain* mit fünfzeiligen Strophen gleichberechtigt stand, gleichen sich deren erste und letzte. Daß die letzte, Ton für Ton und Wort für Wort mit der ersten deckungsgleich, wohl die gleiche, nicht aber dieselbe ist, gehört zu den besonderen Pointen der kleinen Form; deren enge Margen geben dem Umstand besonderes Gewicht, daß wiederholte Musik, weil auf früheres Erklingen bezogen und im Zeichen des Rückbezuges wahrgenommen, nicht dieselbe sein kann wie bei jenem. Weil die materielle Identität der letzten mit der ersten Strophe sich aus einer Funktion ergibt, die die erste nicht haben kann, wird der Terminus »Refrain« aus den vorstehenden Erörterungen zunächst herausgehalten: Gewiß gehört das Rondeau zu den Refrainformen, jedoch als diejenige, die schon als Struktur die Kompetenzen und Begrenzungen des Refrain- bzw. Wiederholungsprinzips zu reflektieren zwingt. Die Feststellung, am Anfang und am Schluß stehe der Refrain, verdeckt mehr, als sie erklärt; die Qualität eines Rondeaus hängt wesentlich davon ab, daß die Rückkehr zum Beginn auf eine Weise notwendig gemacht wird, welche diesen neu zu hören zwingt, also keine Rückkehr ist.

Die Verschränkung verschiedener Kombinationsmöglichkeiten und unruhig die Anhalte wechselnder Erwartungen lassen das Verwirrspiel als zur Sache gehörig erscheinen: Nach der »originalen« Verbindung der musikalischen Doppelzeilen A und B mit den Textdoppelzeilen a und b in der ersten Strophe erwartet man zu Beginn der zweiten, der Mechanik gereihter Strophen gemäß, neuen Text zur eben gehörten Musik. Dies erfüllt sich jedoch nur für zwei Zeilen; danach springen Musik und Text auf den Anfang zurück. Gäbe es eine »eigene« zweite Hälfte der zweiten Textstrophe, könnte man sagen, sie sei unterbrochen worden – ein (falscher) Eindruck, den die Musik zu bestätigen scheint, da ihre Doppelzeile A nun schon zum dritten Mal, und zum zweiten Mal mit dem ursprünglichen Text, erklingt, durchs Wiedererkennen also besonderes Gewicht erhält. So kommt es, der Schreibung in Strophen entgegen (siehe unten), nach sechs Zeilen (musikalisch: A B A; textlich: a b c) zu einem zweiten Anfang. In der ersten Doppelzeile (A a) mit dem Stückbeginn identisch, geht der Vortrag sodann zu neuem Text fort, allerdings bei veränderter Stellung der musikalischen Doppelzeilen. Als Kombination A/a, A/d, B/e ergibt sich eine zweite Sechszeileneinheit, welche der musikalischen Doppelzeile B mehr Gewicht zumißt bzw. abverlangt: Im ersten Sechszeiler stand sie in der Mitte und beantwortete nur eine Doppelzeile, nun steht sie am Ende, wo sie zwei Doppelzeilen aufwiegen und hinter das Auseinanderlaufen von Musik und Text (A/a, A/d)

1 Pierre Fabri, *Le Grant et Vray Art de Pleine Rhetorique*, Rouen 1522, hier zitiert nach Fallows 1997, Sp. 542. Das vorliegende Kapitel wenig verändert übernommen aus: Gülke 2001, S. 21 – 27

einen Schlußpunkt setzen muß. Dieser Schlußpunkt gehört andererseits – mit dem neuen Text e zu der nach zweimaligem A halbwegs neuen Musik B – zu der Aufspreizung des Gesamtverlaufs, welcher seinerseits die Erwartung eines starken, die divergierenden Strebungen auffangenden Rückbezuges steigert; diesen schafft die als letzte Strophe wiederholte erste.

Weder die Niederschrift des insgesamt fünf Doppelzeilen umfassenden Textes in vier vierzeiligen Strophen bzw. acht Doppelzeilen, von denen drei wiederholt werden, noch die Niederschrift der Musik in zwei Doppelzeilen spiegelt wider, was sich beim vollständigen Vortrag des Rondeaus tatsächlich ergibt: eine Folge von zwei Sechszeilen-Einheiten und einer vierzeiligen Strophe. Die Nähe zum Balladengrundriß Stollen-Stollen-Abgesang ist augenfällig, wird freilich dadurch relativiert, daß die Musik des »Abgesangs« mit der der »Stollen« in unterschiedlicher Verteilung identisch ist, und daß er textlich den ersten »Stollen« zu zwei Dritteln besetzt, den zweiten zu einem Drittel. Nicht weniger augenfällig aber, daß der Refrain wie im Virelai auch am Anfang steht. Daß das Rondeau den dem Virelai eigenen Einsatz mit dem Refrain mit dem der Ballade eigenen Hinauslaufen auf ihn verbindet, mag einer der Gründe für das Zurückweichen der beiden Formen seit Beginn des 15. Jahrhunderts sein: Halbwegs waren sie im Rondeau aufgehoben. Kam hinzu, daß es, obwohl in der Struktur raffinierter, sich dennoch einfacher darstellte, zugleich aber die Eingeweihten zur Wahrnehmung der doppelbödigen Vexierspiele verlockte – hiermit verglichen erschienen Ballade und Virelai eher geheimnislos.

Übrigens wird die balladenhafte Dreigliederung im *rondeau cinquain* dadurch zusätzlich unterstrichen, daß die Dreizeiligkeit der Glieder A bzw. a die Notierung in vier gleich langen Strophen stört: Die zweite hat, weil der Vortrag auf den Beginn des zweiten »Stollens«, d. h. auf A zurückspringt, nicht fünf, sondern sechs Zeilen.

Das in den engstmöglichen Rahmen hineingepreßte Spiel mit der Unvereinbarkeit des forttreibenden Diskurses im Text und der auf Rückbezüge angewiesenen Musik stellt an den Dichter wie an den Musiker – sie mögen oft identisch gewesen sein – spezielle Anforderungen. Die erste Strophe eines Rondeaus muß sowohl als voraussetzungslos postulierender Anfang wie als resümierender Schluß taugen. Verallgemeinerungen bieten sich da besonders an. Die musikalische Doppelzeile A muß ebensowohl die Ergänzung durch B notwendig machen wie auch den ersten »Stollen« abschließen können, sie muß interessant und als Prägung stark genug sein, um bei insgesamt fünfmaligem Erklingen sich nicht abzubrauchen, andererseits typisiert und »anonym« genug, um außer dem Text a (dreimal) auch c und d plausibel tragen zu können; die Doppelzeile B/b muß sowohl als einlösende Antwort auf A/a taugen wie im ersten Stollen die Fortsetzung durch A /c ermöglichen, B muß zweimal denselben (b), einmal einen anderen Text (e) tragen und in drei verschiedenen Dosierungen schließen können – am wenigsten innerhalb des ersten Stollens, stärker am Ende des zweiten, am stärksten am Ende des Ganzen; und es muß imstande sein, dreimal erklingend dem fünfmal erklingenden A standzuhalten und als letztes Wort zu gelten.

A/a	*Ma belle dame souveraine, / Faites cesser ma grief doulour*	»Stollen«
B/b	*Que j'endure pour vostre amour / Nuit et jour, dont j'ay tres grant painne.*	
A/c	*Ou autrement, soies certainne, / Je finniray dedens brief jour.*	
A/a	*Ma belle dame souveraine, / Faites cesser ma grief doulour.*	»Stollen«
A/d	*Il n'i a jour de la sepmainne / Que je ne soye en grant tristour;*	
B/e	*Se me veuillies par vo doulcour / Secourir, de volonte plaine.*	
A/a	*Ma belle dame souveraine, / Faites cesser ma grief doulour*	»Abgesang«
B/b	*Que j'endure pour vostre amour / Nuit et jour, dont j'ay tres grant painne.*	

Die von der Rondeauform geforderten Ambivalenzen begegnen in der Sprache ungleich stärker funktionalisierenden, diskursiv fixierenden Strukturen – in der Musik sind die syntaktischen Schwellen niedriger, die Kompatibilitäten größer. Wenigstens steht im Text mit fünf Zeilenpaaren gegenüber nur zweien in der Musik mehr Spielraum zur Verfügung. So erscheinen das Zeilenpaar c und die gesamte dritte Strophe (d und e) nur einmal, brauchen also nicht im Hinblick auf Mehrfachbezüge entworfen zu werden. Der Text »*Outrement, soies certainne / Je finniray dedens brief jour*« im Rondeau *Ma belle dame souveraine*[2] kann als Androhung eines frühen Verscheidens am Ende des ersten Stollens eine Finalität formulieren, die der Musiker wegen der anderwärts geforderten Beantwortbarkeit von A sich versagen muß. Noch stärker dürfen Text und Musik in der dritten Strophe differieren, in der der Dichter ungehindert auf einen End- und Höhepunkt zulaufen kann, ist nur die übergreifende Verallgemeinerung der danach als vierte wiederholten ersten Strophe gesichert. Im Rondeau *Ma belle dame souveraine* schließt die dritte Strophe als Appell an die Dame, welcher nach Maßgabe des in der Kleinform Abhandelbaren schon ein Äußerstes an Zielpunkt darstellt, ähnlich u. a. im Rondeau *Par le regart*[3] die Zeilen »*... por vostre amy entierement, / Et le seray en tous lieux*« und entsprechend in vielen anderen. Freilich betrifft der Rücklauf den Text auch insofern, als die Erzählung oder der Gedankenweg zwischen den Eckstrophen keine Dimension erreichen dürfen, die deren Spagat verhindert, anderenfalls die Rekapitulation – schwächere Texte zeigen das deutlich – als purer Formalismus dastünde. Nicht zufällig also werden Namen, sofern nicht als Akrostichon, nur in der dritten Rondeaustrophe genannt, so u. a. Du Fay und »*Perinet*«, vermutlich der Verfasser des Textes oder der Komponist Pierre Fontaine[4] oder beide zugleich, im Rondeau *Ce moys de may*[5], oder in *He compaignons*[6] neun Gesellen, denen der Verfasser in Vorfreude auf »*le temps joli*« zutrinken will .

Ganz und gar ereilen musikalische Zwänge den Dichter bei den Endreimen: Weil die verschieden auslautenden Verse der Doppelzeile a mit den Verspaaren b und c jeweils zu einer Strophe zusammentreten, sind diese auf die beiden durch a vorgegebenen Endreime festgelegt – damit aber bereits drei von vier Strophen, zwölf von sechzehn Zeilen! Bleibt die dritte Strophe mit den jeweils nur auf das andere angewiesenen Verspaaren d und e, welche wohl anders auslauten könnten, dann aber ungebührlich aus dem Ganzen herausfallen würden, um so mehr, weil die feste Verknüpfung von musikalischer Kadenz und Reimklang unterbrochen wäre, eine angesichts der engen Margen sprengende Störung. Auch in der Handhabung der Reimklänge also – mit nur zwei in sechzehn Zeilen – erweist das Rondeau sich als eingerollte Struktur, schwerlich und selten ohne einige Penetranz – welche andererseits geeignet ist, die Überlagerung der vier vierzeiligen Strophen durch die balladenhafte Disposition 6 + 6 + 4 fühlbar zu machen: In der »unterbrochenen« zweiten Strophe verändert der Neuansatz des zweiten »Stollens« die übliche Reimordnung a–b–b–a zu a–b–a–b.

Der Beschränkung auf zwei Reimklänge im Text entspricht in der Musik diejenige auf zwei wohl differierende und dennoch, um für unterschiedliche Anschlüsse zu taugen, nicht weit auseinanderliegende Doppelzeilenendungen, die Corona in der Mitte des Rondeaus und die Schlußkadenz. Harmonischen Ausschlägen sind damit Grenzen gesetzt, doch bedarf es ihrer innerhalb so enger Margen auch nicht – wie ebensowenig am Ende unbedingt einer Rückkehr

2 VI/44.
3 VI/73.
4 Holfort-Stevens 1997, S. 110
5 VI/39
6 VI/49

zur Haupttonart und am Beginn als Startpunkt. Allzuviel finale Bekräftigung in der Kadenz der musikalischen Doppelzeile B verschafft zwar der Beendigung des Gesamtvortrages den erwünschten Nachdruck, läßt aber den Mechanismus der Wiederholungen kraß hervortreten: Immerhin wird zuvor von diesem »endgültigen« Schluß auf A zurückgesprungen. Solche Rücksichtnahmen kompensierend stehen im Verhältnis der Stimmen, Deklamationsweisen, Gangarten und Geschwindigkeiten etc. vielerlei Gestaltungsmittel zur Verfügung – genug Anlaß zur Frage, ob der enge Spielraum überhaupt als eng empfunden wurde, und wenn, dann eher im Sinne eines Anreizes: Große Wirkung geringer Aufwände garantiert er allemal. Dem leistete der Text insofern Vorschub, als Reime in romanischen Sprachen dank stärkerer Endsilben-Normierungen sich viel häufiger und ungezwungener ergeben als im Deutschen (daher die exorbitanten Schwierigkeiten angemessener Übersetzungen z. B. der Sonette Petrarcas, Ronsards, der Louise Labé u. a.) und selbst gleichlautende Reimsilben wie im Abschiedslied für Laon (*Adieu ces bons vins de Lannoys*[7]) oder den *rimes equivoquées* der nicht als Ballade komponierten Ballade *Se la face ay pale* trotz nur fünfsilbiger Zeilen (»*...pale / ...amer / ...(princi)pale / ...amer / ...la mer / ...voir / ...suis / ...avoir« / ...(puis)«*) ohne artifizielle Verrenkung zustandekommen.

Auch in bezug auf das Verhältnis von Wort und Ton stellt das Rondeau als Formkonzeption eine weise Lösung dar, vorausgesetzt, die Bewertung löse sich von den – allerdings suggestiven – Einseitigkeiten der seit Beginn des 16. Jahrhunderts dominierenden Maßgaben von musikalischer Rhetorik. Unter deren Eindruck und bestärkt durch Kontrafakturen, Beliebigkeiten der Textlegung, Unklarheiten hinsichtlich vokaler oder instrumentaler Ausführung etc. ist lange genug davon die Rede gewesen, daß es sich im 15. Jahrhundert um ein »eher formalistisches,... kein besonders intimes«[8] Verhältnis gehandelt habe. Gerade ein Blick auf das Rondeau mag zeigen, inwiefern dem eine verengte, auf die Möglichkeit völliger Kongruenz fixierte Sichtweise zugrundeliegt und vergessen wurde, daß es vor allem daran gemessen werden müsse, wie man mit den prinzipiellen Differenzen zurechtkommt. Die Vorstellung, Wort und Ton könnten ganz und gar eins werden, ließ sich an überwiegend syllabisch deklamierenden, den Sprachtonfall rhetorisch nachbildenden Prägungen so leicht festmachen, daß der Kontext aus dem Blick geriet, der Blick auf ein Ganzes, aus dem derlei Prägungen wohl als Markierungen herausragen, dessen sie aber auch bedürfen u. a. als eines kontrastierenden Hintergrundes. Der Verlauf einer typischen Chansonzeile des 15. Jahrhunderts mit zumeist syllabischer Deklamation am Beginn und einer melismatischen Beendigung, innerhalb deren, die letzte ausgenommen, die Silben oft beliebig zu schwimmen scheinen, zeigt dies ebenso wie, aufs Ganze des Rondeau-Vortrags bezogen, ein Umstand, mit dem jede strophische Konzeption zu tun hat: Je besser und detaillierter Text und Musik in der einen Strophe zusammenpassen, desto schlechter in den anderen; allemal muß ein Kompromiß gefunden werden zwischen einer übergreifend normativen, mehrere Texte deckenden »Anonymität« und einer Spezifikation, welche nur diesem Text, dieser Aussage, diesem Tonfall angemessen scheint.

Im Rondeau ist per Formverlauf festgelegt, daß Musik und Wort im Refrain am besten zusammenpassen und also das zwischen erster und vierter Strophe Liegende als Kommentar, als Tropus erscheint, notwendigerweise mit größeren Divergenzen. Doch eben diese helfen ebenso wie die deklamatorischen Beliebigkeiten in den Zeilenausläufen, die Momente stärkerer Kongruenz hervorzuheben, und sie bleiben dank der komplizierten Überlagerungen von

---

7 VI/27

8 Jeppesen 1927

»Refrain« und »Kommentar« und der Verschiebungen zwischen Musik und Text immerfort fühlbar. Deren besondere und einzigartige Angemessenheit wird man in der Chanson des 15. Jahrhunderts nur wahrnehmen können, wenn man sich von jenen Verengungen löst, welche dem Humanismus des 16. Jahrhunderts erlaubten, sich auf seine deklamatorische Kultur gar zu viel zugute zu tun.

Wenn Konvention weniger als starre Behauptung überkommener Positionen verstanden wird denn als Respektierung bewährter Üblichkeiten i. e. bemessener Freiheiten, und insoweit sie dazu auffordert, die Achtung der Freiheitsräume anderer Maßgaben als Ausübung eigener Freiheit zu begreifen, ist das Rondeau seinem Wesen nach konventionell. Sprengend originelle Gegenstände und Handhabungen verbieten sich, weil sie sich schlecht vertrügen mit der Beschränkung auf zwei Endreime, wenige Kadenzklänge, mit der Kleinform allgemein und dem mehrfachen Zurückschnellen auf die zwei bzw. vier ersten Verse, am schlechtesten mit der Verallgemeinerung einer als Einstieg und Quintessenz gleichermaßen tauglichen Strophe, des Refrains. Denn die Struktur muß zwangsläufig auf die Gegenstände zurückschlagen: Die Androhung frühen Verscheidens (siehe oben) ist miniaturistischen Wesens wie die Form, deren sie sich bedient, und die Wehmut beim Abschied von den guten Weinen, Bürgersleuten, Frauen und Zechgenossen im Laonnais wird durch die Wiederholungsrituale gemildert bzw. freundlich in ihnen aufgehoben: Ein Abschied, den man singen kann, ist nicht der schlimmste. Angesichts der subtilen Equilibristik der kleinen Form wäre Originalität per se taktlos; drängt sich ein Detail zu sehr in den Vordergrund, so gefährdet es die Wahrnehmung des Widerspiels von Vorangang und Rückbezug in der wechselnden Überlagerung unterschiedlicher Strukturen, derjenigen von Musik und Text ebenso wie die Gliederung in viermal 4 bzw. 6 + 6 + 4 Zeilen. Daß die letzteren in der Schlußstrophe konvergieren, begünstigt eine vereinfachende Rezeption, die hier nach dem Imbroglio der Binnenstrophen Anhalt findet. Im übrigen verweist der Tadel der »taktlosen« Originalität auf eine andere, diskrete Originalität, der der Hörer oder Betrachter nur gerecht wird, wenn er die Ereignisse im Bezug auf den Rahmen erlebt und wertet, innerhalb dessen sie stattfinden. Dann allerdings könnte nachvollziehbar werden, daß und inwiefern nur rücksichtnehmende Sensibilität die in der kleinen Form enthaltenen Freiheitsräume der Gestaltung erschließen kann – dies die *conditio sine qua non* jeder Miniatur, die mehr ist als ein punktuell treffender Aphorismus.

XIII. Drei Papstmotetten

Sehr bald nach dem erzwungenen Exodus aus Bologna[1] müssen Louis Aleman und sein Gefolge in Rom eingetroffen sein. Wenn wir uns auf die Auskunft einer im April 1429 an die Kapitel von Laon und St.Géry im Namen Du Fays gesandten *littera de fructibus* verlassen können, daß er »*seit ungefähr sechs Monaten*« Mitglied der päpstlichen Kapelle sei[2], wäre er im November, vielleicht schon im Oktober eingetreten. Das erste Gehalt, für Januar, wurde am 20. Dezember ausgezahlt.

Die Glanzzeit, die mit Du Fays Namen verbunden ist – fast zehn durch eine anderthalbjährige Abwesenheit unterbrochene Jahre –, läßt leicht vergessen, daß der Zufall seine Hand im Spiele hatte und von keiner Zwangsläufigkeit die Rede sein kann, die den schon damals hochgeschätzten Musiker in die Kapitale der westlichen Christenheit brachte. So wenig wie um eine von langer Hand vorbereitete Verpflichtung handelte es sich bei den damals zwischen 7 und 12 Mitgliedern um eine Elitetruppe[3]. Dies hing nicht nur mit den machtpolitischen Kalamitäten der Kurie zusammen; Martin V., unter dem Du Fay nun Dienst tat, war der erste allein regierende Papst nach dem großen Schisma, dessen Beendigung der junge Musiker reichlich zehn Jahre zuvor in Konstanz miterlebt hatte. Nun traf und arbeitete er mit etlichen Landsleuten und mit nicht wenigen komponierenden Kollegen zusammen: Sein Freund und Lehrer Nicolas Grenon, auch hier für den Unterricht der Knaben zuständig gewesen, hatte Rom im November 1425 verlassen; Pierre Fontaine könnte er im Herbst 1428 gerade noch erlebt haben; vom August 1430 an war für ein Jahr Johannes Brassart sein Kollege, ab September 1431 für ein halbes Jahr Arnold de Lantins, daneben Georgius Martini und für jeweils kürzere Fristen Gautier Liebert und Guillaume Malbecque[4]. Der erste Aufenthalt in Savoyen – unter dem 8. Juli 1432 vermerken die römischen Akten die letzte Gehaltszahlung, in Savoyen wird er seit dem 1. Februar 1434 als *maestro di capella* geführt – war offenbar einvernehmlich als Dienstunterbrechung geregelt, die mit der kurialen Anstellung verbundenen Privilegien gingen nicht verloren.

Seltener als an Höfen in Burgund, Neapel oder Savoyen ergab sich in Rom Gelegenheit, kirchliche Feste und Begängnisse mit großer höfischer Repräsentation zu verbinden und sich in entsprechenden Aufgabenstellungen zu bewähren, ein liturgischer Alltag muß überwogen haben, welcher praktikable Musik erforderte wie die vermutlich in Rom oder bald danach entstandenen Hymnensätze, oftmals verwendbare Meßsätze etc[5]. Jene Kompositionen, welche für die Nachwelt die großen Markierungspunkte darstellen, die wohl im Auftrage Martins V. entstandene *O beate Sebastiane*-Motette und die sechs oder sieben für Eugen IV. geschriebenen Motetten, waren eher Ausnahmen von dieser Regel.

* * *

---

1 Kap. X

2 Planchart 1998, S. 97; eine Übersicht über die Du Fay betreffenden Vermerke in den vatikanischen Akten bei Lütteken 1993, S. 245 – 256

3 Lütteken a.a.O., besonders S. 225 ff.; Bacco/Nádas 1998, auch Planchart 1998

4 Schuler 1968

5 Kap. VII

In der ersten für Eugen IV. komponierten – genau genommen mit fünf Textanfängen zu benennenden: *Ecclesie militantis / Sanctorum arbitrio / Bella canunt gentes / Ecce nomen Domini / Gabriel* – spielt Du Fay, als ginge es um eine Meta-Motette, eine Quintessenz des Motettischen durch – mit höchstem Einsatz: Er montiert zwei isorhythmische Grundgerüste übereinander, deren jedes allein eine Motette tragen könnte. Das im Stimmverband zentral gelegene, der Contratenor »*Bella canunt*« (Beispiel 1 a), läuft dreimal durch, das untere, von Tenor I und II (»*Ecce nomen*« bzw. »*Gabriel*«, Beispiel 1 b) gebildet, sechsmal; bei beiden wechselt mit jedem neuen Durchlauf die Mensur, so daß im ersten Durchlauf des ersten Großabschnittes A (Beispiel 1 c) drei Takte des »*Bella canunt*«-Cantus in einen Takt der beiden Tenores passen, im zweiten Durchlauf (Beispiel 1 d) drei »*Bella canunt*«-Takte in zwei Takte der Tenores; so geschieht es, bei jeweils verkürzten Werten, auch in den folgenden Großabschnitten B und C. Weil »*Bella canunt*« und die Tenores ihr 1 : 2-Verhältnis beibehalten, beginnt der zweite Durchlauf von jenem gemeinsam mit dem dritten Durchlauf von diesem (= B) bzw. der dritte dort mit dem fünften hier (= C). Dank der dreimal halbierenden Proportionenfolge der Tenores (6 : 3 / 4 : 2 / 6 : 3) ergibt sich, mit modernen Taktvorzeichnungen, dieser Aufriß:

	A		B		C	
	I		II		III	
Bella canunt	6/8		2/4		6/8	
Gabriel, Ecce nomen	3 mal 6/8	9/8	3 mal 2/4	¾	3 mal ¾	9/8
	I	II	III	IV	V	VI

Beispiel 1 a bis d

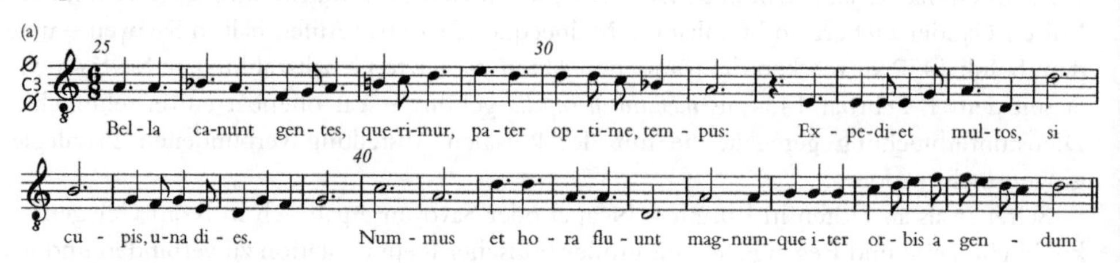

(d)

Dem entspricht weitgehend auch die Gliederung beider Oberstimmen-Texte – mit zwei Ausnahmen: Deren jeweils erste Strophe wird in der vorangestellten Duo-Einleitung absolviert, so daß der Text einen Abschnitt voraus ist; und im kürzesten isorhythmischen Abschnitt (Takte 85 – 96) kommen die fünften Strophen trotz syllabischer Deklamation nicht ganz unter und hängen einige Takte in den nächsten Abschnitt hinein. Weil dort der dritte, letzte Einsatz des »*Bella canunt*«-Cantus mit dem fünften, vorletzten des Tenor-Gerüsts zusammenfällt, kann Du Fay leicht aus der Not eine Tugend machen – eine auslaufende Strophe kann nicht so viel Aufmerksamkeit erwarten wie eine neu beginnende, und an einer dem »*Bella canunt*« zugewendeten Aufmerksamkeit liegt Du Fay offenbar sehr: Anders als bei dem der Wahrnehmung weitgehend entzogenen, zudem in den Längenwerten durch die Mensurwechsel mehrmals veränderten Doppel-Cantus der Tenores behindern die Mensurwechsel der überwiegend liedhaft zugeschnittenen »*Bella canunt*«-Melodie deren Wahrnehmung nicht; als Mitte zwischen den lebhaft figurierenden Oberstimmen und der Langmensur der Tenores läßt sie sich leicht verfolgen und erscheint im Umfeld der dem isorhythmischen Procedere stärker ausgelieferten anderen Stimmen als Cantus firmus in einem speziellen, unformalen Sinn – als an den Pontifex gerichtete Handlungsempfehlung: »*Von Kriegen singen die Völker, wir, bester Vater, klagen über die Zeit. Ein einziger Tag wird, wenn du es willst, viele bereit machen. Geld und Stunden fließen dahin und der große Gang der Welt, aber nirgends auf der Welt kennt man seinen Gott*«[6]. Nicht zufällig ragt sie, nachdem die anderen Stimmen ausgesungen haben, ins schließende *Amen* hinein.

Der unterschiedliche Zuschnitt der Cantus hat nicht wenig damit zu tun, daß, wer mit hohem Einsatz spielt, auch viel verlieren kann. Je vielfältiger und strenger eine Struktur determiniert ist, desto dringlicher stellt sich die Frage, welche Maßgaben die Determinanten determinieren; die an ein Maximum herangetriebene Ordnung dieser multiplizierten Motette – am leichtesten erkennbar am Nebeneinander von fünf Textebenen (wenn schon nicht realiter vorgetragenen Texten) – macht sich konstruktivistischen Selbstgenüges verdächtig, sie läuft Gefahr, in Chaos umzuschlagen. Schon fürs Ohr, selbst wenn dieses nicht der erste Adressat ist, bedarf es wahrnehmbarer Abstufungen und funktioneller Differenzierungen. Die Funktion des Fundamentum relationis hat die »*Bella canunt*«-Melodie an die Tenores abgegeben, mit den Oberstimmen – die Benennung Contratenor weist darauf hin – kommt sie zu keiner perfekten Zweistimmigkeit; dennoch stellt sie sich im Höreindruck als Rückgrat des Ganzen, als wichtigstes, Kontinuität stiftendes Moment dar. Demgegenüber erscheinen die Tenores in den Hintergrund bassierender Funktionen und auf ihre transmusikalischen Beglaubigungen zurückgezogen. Dergestalt spreizt Du Fay die üblicherweise in einer Mitte zwischen Symbolwert und musikalischer Gestalt zusammengeführten Tenorfunktionen auseinander: hier eine

6 Die lateinische Fassung oben im Beispiel 1 a

sang- und wahrnehmbare Melodie, dort Symbolik pur, ganz und gar im Tenor I, bei dessen vier Noten auf zwei Tonhöhen die Bezugnahme aufs gregorianische Repertoire[7] überzogen wo nicht blasphemisch erscheint, obwohl Du Fay den Vornamen des Papstes hier liturgisch verankern und sich auf ihn berufen konnte.

Auf diesen Spagat muß er es angelegt haben. Gerade, weil der Doppeltenor »simple to the point of absurdity, indeed probably the shortest in the entire later history of the motet«[8] ist und musikalisch per se fast nichts darstellt, gewinnt die ihm aufgebürdete Semantik enormes Gewicht. Sie nachzuvollziehen würde ein einseitiges Verständnis als nur in den ästhetischen Bereich gehöriger, festlich ausschmückender Kommentar erschweren: Durch die *Ecclesie militantis*-Motette wird der Venezianer Gabriele Condulmer noch mehr zum Papst Eugen IV., als er es vordem schon war. Wie des Malers Vermerk »*Johannes de Eyck fuit hic*« auf dem Bild des Arnolfini-Verlöbnisses, hinausgehend über die Nennung des Urhebers, die juristische Kompetenz eines Zeugen prätendiert, so hilft die anagogische Rückbindung der zu den Tenores gehörenden Texte die Tiara auf dem Haupte des soeben Gekrönten befestigen, so unzufällig wie hier ist sein Name bisher noch nicht erschienen. »Zwei ... Tenores ergänzen sich ... zu einer Aussage: *Ecce nomen domini*: Gabriel. Doch damit nicht genug. Die eine Antiphon (*Ecce*) entstammt der Vesper zum ersten Advent, also dem Vorabend eines neuen Kirchenjahres. Sie verweist ... auf die Ankunft des Herrn. Der damit bezeichnete Beginn einer neuen Zeit steht in Beziehung zum Text des Contratenors, der genau diesen Beginn beschwört und sogar unmittelbar auf den weiteren Text des Chorals anspielt: *et claritas ejus replet orbem terrarum (Responsorium) – nec suus in toto noscitur orbe deus* (Contratenor). Der zitierte Ausschnitt ist also ein benennender Verweis«[9].

Die Diskrepanz zwischen dem Deutungsanspruch und den gerade einmal 9 plus 4 Tönen, die ihn vertreten (Beispiel 1 b), schiebt den Doppeltenor im gleichen Maße der symbolischen Befrachtung zu wie der Text der Oberstimmen diese der »Außenseite« panegyrischer Geschwätzigkeit – die angesprochene Spreizung der Tenorfunktionen wiederholt sich hier in anderer Dimension. Daß die Stimmen bzw. »Schalen« der Motette[10] zugleich unterschiedliche ästhetische Ebenen verkörpern, der Spagat zwischen dem der Transzendenz zugewendeten Innen und dem materiell-vergänglichen Außen tritt in keiner anderen Motette Du Fays so deutlich in Erscheinung wie hier. Dazu trugen auch die minderen Qualitäten der vielleicht nicht zufällig korrumpiert überlieferten[11] Texte bei, möglicherweise hat der konstruktive Aufwand gar mit der Absicht zu tun, die Worte beiseitezukomponieren. Herrscherlob ist allemal ein undankbares Geschäft, erst recht, wenn die Verfertigung unter Zeitdruck steht, der dem Text offenbar böse mitgespielt hat. Parallelitäten zwischen den Stimmen – der vierten Strophen beim Lobpreis der edlen Herkunft und der Bezugnahme auf das Wappen der Familie, der letzten beim Thema Trinität – wiegen die Defizite der Reihung von Anrufungen, aktuellen Hinweisen u.a. auf das Konklave, Lobsprüchen auf Eugens Abstinenz und kompensatorischen Betonungen der streitbaren *ecclesia triumphans* schwerlich auf.

Dem angesprochenen Spagat gemäß betont Du Fay das Außen der »Schale« und gewährt, auf isorhythmische Einbindung verzichtend, freien Auslauf; der Gefahr, daß sie damit zu stark auf die Texte bezogen erscheinen könnten, begegnet er durch eine Betonung der in den

---

7 *Antiphon ad Magn. in II. Vesperis Festa Martii. 25 in Annuntiatione Beatae Mariae Virginis, Liber Usualis* S. 1417
8 Fallows 1982, S. 112
9 Lütteken, a a O., S. 377
10 Vgl. die Kap. XV und XXVII
11 Holford-Strevens 1997, S. 131 ff.

Unterstimmen vorgegebenen Dreiteiligkeit der Großabschnitte A, B und C – der mittlere (= Takte 61 – 96) verläuft im Tempus imperfectum. Dies unterstreichend nutzt er die Möglichkeiten der im gleichen Tonraum bewegten Oberstimmen ähnlich wie in *Rite maiorem*[12] und tauscht die Grundlinien der melodischen Führung aus: Im Mittelteil übernimmt der Motetus im Wesentlichen die zuvor (ab Takt 25) dem Triplum gehörige und gibt sie im Schlußteil zurück, mit dem Motetus verfährt Du Fay entsprechend[13]. Dieser Stimmigkeit fügt er entwicklungshafte Momente hinzu – er eröffnet das Stück als Kanon, geht jedoch rasch zur freien Imitation über, welche im Mittelteil gänzlich fehlt; hier wiederum begegnen eigentümlich simpel intonierte periodische Inseln (Beispiel 2 a); im Schlußteil nähert er sich der Imitation wieder, am deutlichsten in der Kombination »*Gaudium Eugenio – Argentea castitas*« (Beispiel 2 b) und in kleingliedrigen Dreiklangsbrechungen (Takte 129 ff.), wo der Sänger der »*Bella canunt*«-Melodie zu »*Amen*« überwechselt – nicht ohne verspielte Beliebigkeit, welche zum Anschein eines vorgeplanten Vollzugs Abstand hält. Die nie wieder erreichte Strenge des kanonischen Beginns fungiert vor Allem als Richtpunkt in Bezug auf Entfernungen und Wiederannäherungen und als Gegenpol zur virtuos lebhaften Bewegung des jubelnden *Amen*, zu der das Stück hinläuft.

Beispiel 2 a und b

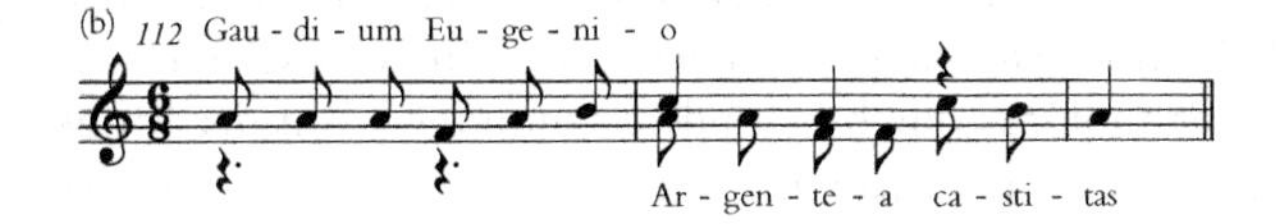

Nicht nur in seiner Gangart besetzt der Contratenor »*Bella canunt*« eine mittlere Position, sondern auch zwischen dem vielsagend beschweigenden Doppel-Tenor und den wenigsagend schwätzenden Oberstimmen. So zielstrebig er immer plädiert[14], so eindeutig ist er, ein echtes Humanistenprodukt, durch Anspielungen u.a. mit Seneca, Prudentius, Martial und Venantius Fortunatus verbunden[15], macht also als beziehungsreiches Sinngefüge durchaus der Konstellation *Ecce nomen Domini: Gabriel* Konkurrenz. In der Diskussion um Anlaß und Kompositionsdatum der Motette hat er bisher keine Rolle gespielt: Die insistierende Hartnäckigkeit, mit der der Contratenor, der musikalischen Veränderungen um sich herum wenig achtend, sein Plädoyer vorträgt – man ist an das »*ceteroque Carthaginem delendam esse puto*« des älteren Cato erinnert –, paßt schlecht in eine hochfeierliche Zeremonie; ausgerechnet die Auskunft, daß man »*nirgends auf der Welt seinen Gott … kenne*«, stünde am Ende der Festmotette. So drastisch sollte ein soeben Gekrönter vielleicht doch nicht erinnert werden an das, was man von ihm erwartet – in diesem Fall einen Kreuzzug gegen die Türken, die Konstantinopel und Venedigs

12 Kap. X

13 Fallows, a.a.O., S. 113

14 *Bella canunt gentes, querimur, pater optime, tempus: / Expediet multos, si cupis, una dies // Nummus et hora, fluunt mahnumque iter orbis agendum / Nec suus in toto noscitur orbe deus*

15 Lütteken, a.a.O., S. 365

levantinische Besitzungen bedrohen. Vielleicht gehört zu den Hintersinnigkeiten von Du Fays Virtuosenstück auch – er selbst deutet es mit der nur partiell treffenden Benennung *Contratenor* an –, daß man den im Höreindruck nach vorn drängenden Part gegebenenfalls weglassen kann; die Klangpracht der – wie immer sparsam genutzten – Fünfstimmigkeit wäre dahin, satztechnisch funktioniert die Motette jedoch auch ohne »*Bella canunt*«.

Die Bezugnahme auf den Familiennamen des Papstes deutet auf die Krönung am 11. März 1431 oder einen Zeitpunkt kurz danach hin, der Imperfekt »*deliberavit*« in der dritten Triplum-Strophe (»*die gut beratene Versammlung – o welche heilige Weisheit* – hat *so beschlossen* ...«) spricht gegen die Krönung, das Kreuzzugsplädoyer für 1433 als das Jahr, in dem Eugen das Basler Konzil, welches er zunächst – vergeblich – aufzulösen versucht hatte, akzeptierte und um Unterstützung für seine Pläne bat. Für das spätere Datum – ein *terminus ante quem*, weil Du Fay danach die päpstliche Kapelle verließ – sprechen die Überlieferung[16] und vielleicht auch die mit *Ecce nomen Domini: Gabriel* hochgreifend formulierte Autorisation des Pontifex; den aufsässigen Konziliaren mag sie, wie diskret immer untergebracht, schrill in die Ohren geklungen sein.

* * *

Ob nun bei der Krönung oder bald danach – der Anlaß bedarf so wenig einer Erläuterung wie ein Friedensschluß, eine Fürstenhochzeit oder die Einweihung einer Kathedrale. Viel eher bedarf ihrer die – denkbar strenge – liturgische Einbindung des Nachbarwerkes *Balsamus et munda*, für den Nachlebenden umso mehr, als die Zeremonie der Wachstäfelchen samt ihren Kontexten ihn eigentümlich fremd anschaut und die Historizität von Du Fays Lebensumfeld drastisch vor Augen stellt. Nimmt man den kompositorischen Anspruch zum Maßstab, so wog dieser Anlaß kaum geringer als der von *Ecclesie militantis*. Andererseits könnte es scheinen, als habe Du Fay die Seltsamkeit des Zeremoniells durch besondere Unmittelbarkeit der Musik kompensieren wollen; »the two upper voices luxuriate in a freely imitative melodic style that has all the surge of the most passionate of his songs. Perhaps for the first time among his motets, Dufay produced a work with a melodic power that justifies itself and can be enjoyed quite independently of any admiration one may have for his technical or formal skill«[17]. Doch der Schein trügt, die Vermutung verdeutlicht lediglich die vor ein angemessenes Verständnis gelegten Barrieren, sofern sie nicht einlädt, sie listig zu umgehen. Für Du Fay gab es hier nichts zu kompensieren, er trug das seine bei zu einer mystischen Versinnlichung von Glaubensdingen im damals jungen Zeremoniell – übrigens war auch das Emporheben der Hostie ein vergleichsweise noch junger Brauch. Daß es ihm viel bedeutet hat, bezeugt im Testament die sorgsam erwogene Verteilung mehrerer von dorther stammender, *Agnus Dei* genannter Wachstäfelchen – er spricht von »*meis Agnus Dei*«[18]; u.a. geht eines, »*de puro auro*«, an seine Gevatterin, ein anderes, »*de argente deaurato*«, als Stiftung für den Marienaltar an die Kathedrale; bei dem in der Urkunde »*son grant Agnus Dei*« genannten handelt es sich wohl um dasjenige, das er am 7. April 1431 aus der Hand des Papstes entgegennahm.

Die Wachstäfelchen rühren von dem Brauch her, die Osterkerze kleinteilig zu zerschneiden und die hierbei entstehenden Plättchen unter das versammelte Glaubensvolk zu verteilen.

---

16 Cumming 1987, Kap.10; Bent 1997, S. 37

17 Fallows, a.a.O., S. 114

18 Lütteken, a.a.O., S. 289, dort S. 287 ff. und S. 312 ff. eine detaillierte Darstellung, der die vorliegende sich anschließt, und Quellenverweise

Spätestens zur Zeit Urbans V., der von 1362 bis 1370 regierte und vergebens versucht hat, den Sitz des Papstes von Avignon nach Rom zurückzuverlegen, waren aus den Plättchen ovale Wachstafeln geworden, erst Benedikt XIII. jedoch legte im Jahre 1395 das Ritual fest. Auf der Vorderseite trug das Täfelchen ein Bild des Lammes Gottes, den Namen des regierenden Papstes und die Jahreszahl der Austeilung, auf der Rückseite das Bild eines Heiligen. Die Zeremonie – vor der Austeilung wurden die *Agnus Dei* in ein mit Balsam und Chrisam vermischtes Weihwasser getaucht – fand am Samstag nach Ostern statt. Daß sie innerhalb eines jeweiligen Pontifikats nur alle sieben Jahre und bald nur noch vom Papst selbst vollzogen wurde, spricht für die Bedeutung, die man ihr beimaß.

Die Mitwirkung bedeutender Künstler bei der kurialen Selbstdarstellung war allemal zugleich Politik – nur so läßt sich, gerade bei Eugen IV., der zuweilen groteske Abstand zwischen realpolitischer Misere und der Opulenz festlicher Begängnisse verstehen. Für den neugewählten Papst hatte die Zeremonie schon vier Wochen nach der Krönung angestanden und war darüberhinaus willkommen, weil seine Autorität angesichts der konziliaren Auseinandersetzungen besonderer Betonung bedurfte, und weil er vor neuen Verhandlungen über die Beendigung der Kirchenteilung den oströmischen Basileus daran erinnern konnte, daß sein Vorgänger Urban V. dem damaligen Basileus drei Wachstäfelchen übersandt und damit als Gebender, Übergeordneter ausgewiesen war. Wenig später, im Jahre 1439, beschloß man die Vereinigung der Kirchen tatsächlich – allerdings in einer Konstellation[19], welche die vorangegangenen Anstrengungen fast schon zur eitlen Mühe machte; mit der Eroberung Konstantinopels im Jahre 1453 war der oströmische Traum endgültig ausgeträumt.

Der dem Ritual eigenen zeremoniösen Umständlichkeit, welche noch die Herstellung der Täfelchen minutiös regelt, entspricht Du Fay motettengemäß in einer strikten, gar auf zusätzliche Maßgaben verpflichteten Disposition – mit zweimal zwei isorhythmisch bezogenen Abschnitten der Oberstimmen über einem Tenor, dessen Color zwei Taleae umfaßt und in zwei verschiedenen Mensuren je einmal durchläuft. Spezieller noch entspricht er ihr im Gehorsam gegenüber den liturgischen Vorgaben. Mit *Isti sunt agni novelli* wählt er als Cantus den Beginn jenes Responsoriums, welches für den Augenblick vorgesehen ist, da der Papst ein Wachstäfelchen, stellvertretend für alle, emporhebt[20], und in den Oberstimmen komponiert er wenig verändert einen mit den Regularien für die Agnus Dei überlieferten poetischen Text, welcher Urban V. zugeschrieben, während der Zeremonie zwar nicht vorgetragen wird, jedoch mit ihr obligatorisch verbunden erscheint. Enger und genauer läßt sich eine Motette nicht einpassen, diskreter mit einer Zutat solchen Anspruchs nicht verfahren.

Du Fay hat das Gedicht vorsichtig umgeordnet und ergänzt und es ebensowohl poetisch wie in der Logik der Bilder- und Gedankenfolge verbessert. Diese stellt sich durch Umstellung von zwei Zeilen – die in der Vorlage fünfte bzw. siebente werden in der Motette zur siebenten und achten[21], die achte der Vorlage entfällt – als an einem Lebenslauf aufgefädelt dar, welchen Du Fay in der ersten von zwei ergänzten Versen (»*... morte repentina / servat sathaneque ruina ...*«) fast bis zum Tode hinführt: »*es rettet vor plötzlichem Tod / und vor dem Verderben durch Satan*«. Der zweite ergänzte Vers formuliert eine, in der Vorlage nicht angelegte, triumphierende *conclusio* (»*si quis honoret eum, / retinet ab hoste triumphum = wer es ehrt, wird über den Feind triumphieren*«) und arbeitet einer musikalischen Finalität zu, welche schon im Gesamtplan vorgegeben ist: Die »originalen« acht Verse fallen in den ersten isorhythmischen Großabschnitt, den beiden ergänz-

19 Beschreibung bei Lütteken, a.a.O., S. 314

20 *Responsorium ad Matutinum Sabbato in Albis, Liber Usualis*, S. 169

21 Die Fassung der Vorlage u.a.bei Lütteken, a.a.O., S. 315

ten allein gehört der zweite. Einem möglichen Ungleichgewicht begegnen die verkürzende Mensur dieses zweiten ebenso wie das an beide Verse angeschlossene *Alleluya*, welches gegenüber je vier den Versen gehörigen Takten zweimal neun beansprucht. Dennoch beschleunigt die Deklamation sich eher, als daß Du Fay sie strecken müßte; der Übergang in den zweiten Großabschnitt samt der bei Tenor und Contratenor verkürzten Mensur soll gerade nicht auf den Habitus von Motetus und Triplum durchschlagen, obwohl auch sie an dieser Paßstelle des panisorhythmisch organisierten Ganzen (Takt 79) in den zweiten Großabschnitt übergehen; daß sie »verspätet« und nur kurzzeitig zur anderen Mensur wechseln – beim »*Alleluya*« (Takte 85 bzw. 104) –, gehört zu den besonderen Finessen.

Du Fay verbindet dieses nur acht Takte währende Tempus imperfectum nicht nur mit dem »*Alleluya*«-Text, sondern mit einer kleingliedrigen Zerstäubung der Oberstimmendeklamation, was umso mehr auffällt, als sich die Bewegungsformen der beiden Stimmpaare so angenähert haben, daß ein sieben Noten umfassender rhythmischer Verlauf vom Motetus (Takte 79/80, Beispiel 3 a) nun in den Contratenor übergehen kann (Takte 82 ff. bzw. 92 ff. in der Zählung der Oberstimmen). Dies zu verdeutlichen war Du Fay so wichtig, daß er von der im Color vorgegebenen Identität der Töne abwich – im Beispiel 4 a sind die veränderten Töne durch Fähnchen angezeigt. Dem Versprechen einer alles Vorangegangene übertreffenden Homogenisierung der Stimmverläufe folgt eine wiederum alles übertreffende Dissoziation auf dem Fuße, innerhalb deren die hoquetierende Passage im Unterbau (vgl. in Beispiel 4 a die Takte 6 bis 8) das ihrige zur Desorientierung des Ohres beiträgt. Danach wischt jene rhythmische Folge, die der Dissoziation voranging (Beispiel 3 a), sie beiseite und schafft der Mündung ins Abschnittsende bzw. in den Schluß der Motette (Takte 92 ff. bzw. 111 ff.) freie Bahn.

Beispiel 3 a und b

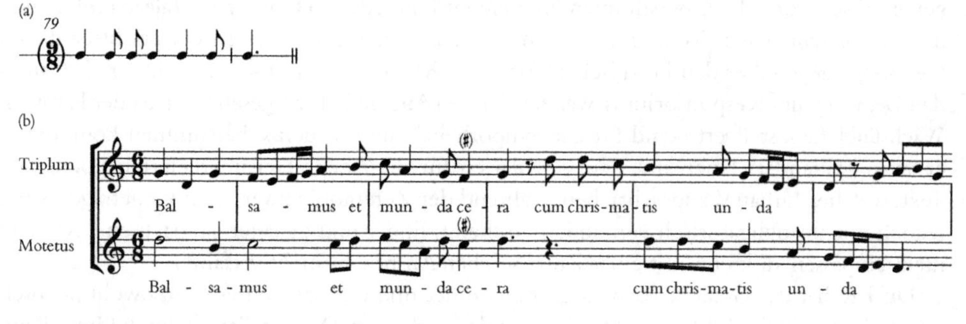

Breiter ausgezogen und sanfter konturiert begegnet die im zweiten Großabschnitt geschärfte Dreiteiligkeit auch in den beiden Teilen des ersten. Zunächst exponiert Du Fay ein melodisches Verhaltensmuster: Einem durch hemiolische Querständigkeit gewichtig gemachten Einstieg antwortet fast in der Art eines klassischen Nachsatzes ein melodisch weicher, im antwortenden Gestus imitativ unterstützter Abgang, an den die dritte Zeile direkt anschließt (Beispiel 3 b). Damit entsteht zugleich eine Divergenz der textlichen und musikalischen Zeilen: Textlich gehört die vierte (Takte 10 ff) zur dritten, musikalisch hat sie die Schwere einer ersten, setzt auch deshalb wieder hemiolisch an und zieht ein Nachspiel mit sich, welches den ersten Unterabschnitt zugleich zuende- und dem zweiten zuführt. Als diesen schafft Du Fay zwei Zeilen genau das Podest (das erste Mal – Takt 16 – auch durch den Gegenklang *F*), dessen die gewichtigen Aussagen bedürfen: »*fonte velut natum / per mistica sanctificatum = wie aus dem Taufbecken geboren, / durch geheimnisvolle Riten geheiligt*« bzw. »*peccatum frangit / ut Christi sanguis et angit = die Sünde zerbricht es / wie Christi Blut und macht sie klein*«. Melodisch schließen sie an das eingangs Exponierte an und verschaffen den Worten durch je siebentaktige, imitierende Nachspiele einen weiten Hallraum. Dem appositionellen Charakter der nächstfälligen Zeilen entsprechend (Takte 30 ff.: »*fulgura desursum*«, Takte 68 ff.: »*dona confert dignis*«) führt Du Fay sie und damit auch den dritten Unterabschnitt weich ein, greift auf die widerständige Hemiole erst innerhalb der letzten Zeile zurück (Takte 33 f.: »*et omne malignum*«, Takte 72 ff.: »*destruit ignis*«) , fährt nach den Dreiklangsbrechungen kleinschrittig melodisch fort und gibt mit vier textierten und zwei – gewiß instrumentalen – Takten eine resümierend geraffte Version der Entfaltung, die die Musik zuvor ganz auf andere Weise durchlaufen hatte.

Mehr noch als bei Musik ohnehin nimmt dieses Stück sich in der Beschreibung »gebauter«, »unterschiedener« aus als beim Hören. Du Fay mußte wohl nach Florenz kommen und u.a. die Schönheit der Stadt und ihrer Frauen besingen, um mit einer so strengen Disposition so liebliche Musik, soviel deklamative Ungezwungenheit verbinden zu können; in weichen, verspielt imitativen, oft in stehenden Klängen sich wiegenden Führungen veranstaltet er einen Sinnenzauber, dem der Hörer sich entspannt überlassen kann, weil seine Aufmerksamkeit nicht zwischen mehreren Texten hin- und hergerissen wird, er vielmehr einen Wettbewerb zweier Stimmen um die Verdeutlichung eines einzigen erlebt – nicht nur, wo sie einander nachsingen oder ins Wort fallen, sondern auch, wo sie, wie bei »*dona confert dignis*« kurz vor dem Übergang in den zweiten Großabschnitt, einander frei sequenzierend ergänzen.

»*Balsam und reines Wachs, zusammen mit Chrisam-Öl*« haben hier unverkennbar mitgesprochen, darüberhinaus eine mystisch hinterlegte Unbefangenheit in der Verbindung geistlicher Inhalte mit emotiv-sinnenhafter Unmittelbarkeit, auch und gerade in der Zuspitzung auf den Augenblick, da der Papst das Wachstäfelchen emporhebt und die bannenden Wirkungen des Lammes durch den Zauber des Weihrauchs und der Musik verdolmetscht erscheinen. Daß diese sich nicht, wie Motetten oft, mit einem Duo einführt, sondern den Hörer sogleich in einen vollen Klang einhüllt, auch, daß Triplum und Motetus den ihnen gehörigen Tonraum, die plagale Oktav *d-(g)-d'* nicht allmählich erschließen, sondern von vornherein besitzen, spricht für jene Zuspitzung und eine Strategie der Überwältigung. Die strukturell verankerte, zeitaufhebende »Augenblicklichkeit« der Musik überbrückt auch den eher scheinhaften Gegensatz zwischen zauberischen, wie von aller Disziplin befreiten Klängen, welche in den erwähnten dissoziierenden Passagen dem nach oben hin verschwebenden Weihrauch nacheifern mögen, und der rigorosen Disziplin des Unterbaus.

Nicht nur wiederholen die Unterstimmen melodisch getreu den vorgegebenen Color[22] und innerhalb seiner je zweimal eine vorgegebene Talea (Beispiel 4 a), nicht nur ist in den durch Drei teilbaren Längen der Töne bzw. Pausen des Tenors die Trinität mitenthalten, auf die auch in etlichen dreitönigen Gruppierungen, nahezu einer melodischen Kernzelle, Bezug genommen sein mag – darüber hinaus organisiert Du Fay den Tenor in doppelter Weise rückläufig: Bei den durch die Talea in zwei 18-tönige Reihen geteilten 36 Tönen

---

22 im Contratenor mit wenigen kleinen, aus dem Beispiel nur teilweise ersichtlichen Abweichungen

Beispiel 4 a und b

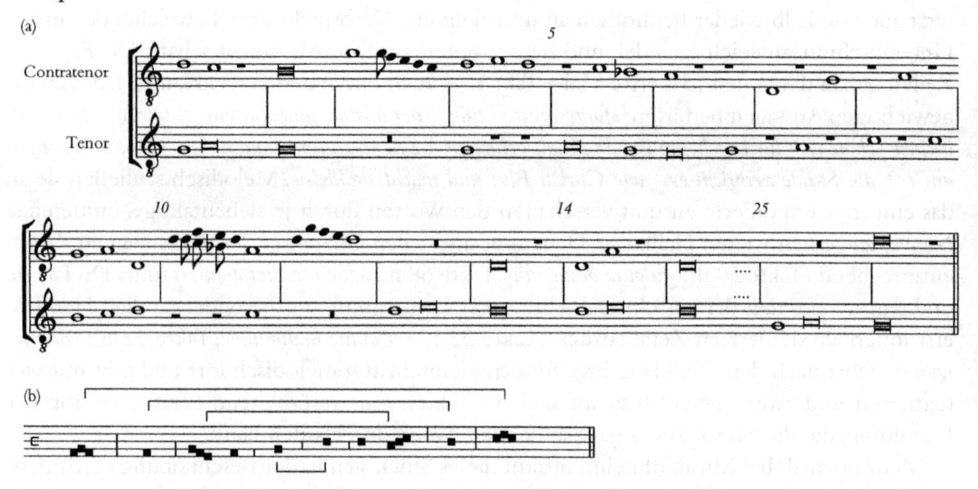

des Color wiederholt die zweite Reihe krebsgängig die erste, kommt also – zweimal – am Ende bei ihrem Anfang wieder an. Das Verfahren, bekannt u.a. durch Machauts Rondeau »*Ma fin est mon commencement*«, war Dufay am ehesten von der Motette *O flos in divo / Sacris pignoribus* seines Chormeisters und vermutlich Lehrers Richard Loqueville[23] her geläufig und stellt sich zunächst als kompositorisches Bravourstück dar, als – hörend nicht nachvollziehbarer – Versuch, der einsinnigen Ausrichtung des Zeitverlaufs, dem Zeitpfeil, wenn man ihn schon nicht umlenken kann, wenigstens in abstracto ein Schnippchen zu schlagen.

Du Fay muß es in der *Balsamus*-Motette im Sinne der angesprochenen Augenblicklichkeit um mehr gegangen sein. Er beläßt es nicht bei diesem einen Rücklauf, sondern schachtelt, die Talea des Tenors zentralsymmetrisch notierend (Beispiel 4 b), einen zweiten ein. Das ergibt zwar keine Symmetrie der Tondauern (am auffälligsten die Differenz der innen gelegenen Ligaturen), ist aber auch nicht bloß »Augenmusik« – ein Gesichtspunkt, der ohnehin unangebracht spezialistisch erscheint u.a. im Sinne eines der Grundworte des mittelalterlichen Weltverständnisses: »*Nihil enim visibilium rerum corporaliumque est, ut arbitror, quod non incorporale quid et intelligibile significet*«[24]. Wie um derlei Verengungen dennoch abzuwehren, legt er die Symmetrieachse in die hoquetierenden Takte (im Beispiel 4 a Takt 7), markiert sie also durch eine löchrige Stelle im Fundament und kombiniert mit dieser im ersten Großabschnitt den Übergang in die am ausführlichsten imitierende Passage, im zweiten mit der Zerstäubung im Tempus imperfectum. So sehr irgend möglich, verdeutlicht Du Fay die Intention, die Feierlichkeit des emporgehobenen *Agnus Dei* als Gesamtkunstwerk festzuhalten und als perpetuiertes Jetzt, als reversible Zeitlichkeit auf der Horizontale der irreversiblen senkrecht zu stellen.

* * *

---

23 Neuausgabe in: *Early Fifteenth Century Music*, hrsg. von Gilbert Reaney, Band 3, *Corpus Mensurabilis Musicae* 11, Rom 1966, Nr. 11

24 *»Ich glaube, daß es nichts Sichtbares und Körperliches gibt, das nicht etwas Unkörperliches und Intelligibles bedeutet«*, Johannes Scotus Eriugena, *De divisione naturae* V, 3, PL 122, c. 865-866, zitiert nach Eco 1991, S. 90

»*Pro duobus magnis luminaribus mundi*« vermerkt eine der sechs Quellen, welche Du Fays Motette Supremum est mortalibus überliefern.[25] Die beiden Lichtgestalten, Papst Eugen IV. und der deutsche König Sigismund, hatten sich lange genug in den Haaren gelegen, zäh gefeilscht – der Text spricht von der »*diu expectata ... pax*« – und im April 1433 den Frieden von Viterbo geschlossen, ohne sich persönlich zu begegnen[26]. Das geschah erst am 21. Mai, als der Papst den Widersacher von gestern auf den Stufen von St. Peter empfing und ihm Füße, Hände und Wangen zu küssen erlaubte. Antonio Filarete hielt das Ereignis auf einem Relief der Domtüren von St. Peter fest, Poggio Brancolini hat den »*höchst denkwürdigen Tag*« später beschrieben und dabei auch Musik erwähnt.[27]

Die Frage, ob hierzu Du Fays Motette gehört habe oder ob sie erst zehn Tage später erklang, da die beiden »*lumina*« zum Krönungsakt zusammentrafen, ist keineswegs müßig[28], hängt mit ihr doch zusammen, was als ihr erstwichtiger Anlaß und Gegenstand zu betrachten wäre – das Zusammentreffen, der geschlossene Friede oder die Krönung. Beim Einzug von Fürsten pflegte es laut herzugehen, Pauken und Trompeten etc. gehörten unabdingbar zum herrscherlichen Imponiergehabe; da war, zudem vor einer großen Volksmenge, kaum der rechte Ort für Du Fays filigrane Musik; der Einwand beträfe eine der Krönung unmittelbar vorangehende Aufführung freilich kaum weniger. Daß Sigismund bei einer Ausrichtung auf die Krönung nicht mehr, wie im Text der Motette, als »*rex*« hätte bezeichnet werden dürfen, trifft angesichts eines in solchen Fragen sensiblen Protokolls nicht zu: In dem Augenblick, da die beiden vor dem Akt der Krönung sich begegneten, war Sigismund noch nicht Kaiser. Berücksichtigt man überdies den Pfingstbezug des liturgischen Tenors »*Isti sunt due olive*« und die zwischen dem 21. und 31. Mai weitergeführten Friedensverhandlungen, so spricht fast alles für den Krönungstag, und schon von der Konstellation her – die Verhandlungen konnten scheitern, die Krönung konnte verschoben oder ausgesetzt werden – erscheint plausibel, daß Du Fay und der Verfasser des Textes thematisch das Hauptgewicht auf das *tertium comparationis* zwischen erstem Zusammentreffen und Kaiserkrönung legten – den Frieden. Damit hielten sie außerdem anderweitige Verwendungen der Komposition besser offen, als es bei einer präzisen Einpassung in Konstellation und Protokoll der Fall gewesen wäre; die Namensnennung der beiden Protagonisten band das Stück eben stark genug an den Anlaß – kein Wunder, daß »*Eugenius*« und »*Sigismundus*« in einer der sechs Quellen ausradiert und in einer anderen durch andere Namen ersetzt worden sind.

Bei solchen Erwägungen sind wir in Gefahr, die Rechnung ohne den Wirt zu machen, den Auftraggeber. Nicht zufällig und nicht nur aus sozialen Gründen stufen zeitgenössische Kommentatoren bildender Kunst dessen Anteil am Kunstwerk als den des Inspirierenden wo nicht gar Konzepte Befehlenden höher ein als den des Künstlers, des handwerklich Ausführenden. Der Text der *Supremum*-Motette war Du Fay gewiß vorgegeben; wie aber stand es um die kompositionstechnische Behandlung? Daß der Auftraggeber, diesesfalls der Papst, hiervon wenig verstand, wäre eine billige Unterstellung, übrigens auch, weil analog im Bereich der bildenden Kunst sehr detaillierte Anweisungen, bis hin zum Farbengebrauch, üblich waren[29]. Einen gegen offizielle Anordnungen subversiv Komponierenden zu vermuten ist schon deshalb unangebracht, weil es nicht schwer gewesen sein kann, sich zur Feier einer »*diu expectata*

25 Das Folgende verändert übernommen aus Gülke 2001; die Motette im Notenanhang, Nr. 2

26 Hoensch 1996, S. 371 ff.

27 Aschbach 1845, Bd. IV, S. 107-114; Pirro 1940, S. 70; Fallows a.a.O., S. 34; Lütteken 1993; Hoensch, a.a.O.

28 Lütteken, a. a. O., bes. S. 289 ff. u. 320 ff.

29 Baxandall 1999

... *pax*« zu verabreden. »*Lang erwartet*« war der Friede seit Jahrhunderten, als immer neu ersehnter, nie längerfristig gültiger Schlußpunkt unter notorische Zwistigkeiten zwischen Papst und Kaiser, die verheerenden Gestehungskosten der wahnwitzig-großartigen Fehlkonstruktion des »Heiligen Römischen Reiches Deutscher Nation« – es war die erste Krönung in Rom seit derjenigen von Sigismunds Vater Karls IV. (1355) und die vorletzte vor der seines Nachfolgers, »des Reiches Erzschlafmütze« Friedrichs III.

Die Öffentlichkeit des Ereignisses, welche den prekären Kompromiß der getroffenen Vereinbarungen übertönen und deren Verbindlichkeit stärken mochte – es gehört zum Realitätsverständnis jener Zeit, daß Kunstwerken fast der Rang juristischer Dokumente zukommen konnte –, ist von Du Fay offenbar einkalkuliert worden. Kein motettenüblicher zweiter Text stört die Verstehbarkeit des einzig verbleibenden, für dessen eindringliche Vermittlung der Wettbewerb der beiden Oberstimmen alles Erdenkliche tut. Mit nur drei Stimmen ist schon von der Satzdisposition her für Transparenz gesorgt, und die Diskretion des isorhythmischen Procedere erspart dem Hörer strukturbezogene Ablenkungen: Von insgesamt 127 Takten verlaufen nur sechsmal zwölf Takte – in zwei Großabschnitten mit Ͼ- bzw. ɸ-Vorzeichnung mit je dreimal 12 plus 3 Takten – über dem isorhythmischen Tenor; die Oberstimmen bleiben, während er erklingt, von seinen Maßgaben verschont, ihre Neigung zu liedhaften Gruppierungen erscheint wie eine Antwort auf Passagen *a fauxbourdon*, welche in Motetten selten begegnen, hier jedoch die Faßlichkeit des Ganzen wesentlich befördern[30]. Ohnehin wird dessen Gliederung »hörbar, indem an den Abschnittsgrenzen stets auch das Satzprinzip und die Stimmgruppierung wechseln«; zugleich bleibt der Fauxbourdon »jenen Textstellen« vorbehalten, »deren sakrale Bedeutung sie aus dem übrigen, durchweg mundanen Zusammenhang heraushebt«[31]. Hörerfreundlicher läßt isorhythmische Struktur sich kaum aufbereiten, nicht zufällig wurde die rhetorische Verdeutlichung mit der seinerzeit in Florenz aktuellen Beschäftigung mit antiker Philosophie, insbesondere Plutarch, in Verbindung gesehen; auf dessen *De Musica* könnte Du Fay durch Leonardo Bruni aufmerksam gemacht worden sein.[32]

Höchstwahrscheinlich haben humanistische Maßgaben mitgewirkt. Zu den Gründen, derentwegen nicht lange zuvor die Entdeckung von Quintilians *Institutio oratoria* die gebildete Welt in Aufregung versetzen konnte, paßt nur zu gut, wie ungezwungen der Text von Du Fays Motette sich Kategorien fügt, welche die antike Rhetorik dem Gang einer Rede bzw. Argumentation zudiktiert hatte: Im Text durch unterschiedliche Versmaße, in der Musik durch unterschiedliche Satzweisen werden fünf Stationen gegeneinander abgesetzt – als mottohafte Eröffnung das zweizeilige Exordium »*Supremum est mortalibus bonum / Pax, optimum summi Deo donum*«, anschließend eine zehnzeilige, poetische Bilder reihende narratio – zugleich der erste isorhythmische Abschnitt; als zweiter folgt die sechszeilige, von der metaphorischen Ausmalung zur konkreten Situation übergehende propositio »*O sancta pax* ...« und dieser, wo der Text sich den Protagonisten zuwendet und der »offizielle« Cantus eintritt, die confirmatio »*Sit noster hic pontifex aeternus / EUGENIUS ET REX SIGISMUNDUS*«. Als fünfte Station, *peroratio*, beschließt das *Amen* die Motette.

Zu den humanistisch inspirierten Verdeutlichungen der Klangrede mag auch gehören, daß kein bekannter Cantus firmus den Hörer zur Verfolgung einlädt und seine Aufmerksamkeit von den texttragenden Stimmen abzuziehen droht; vermutlich handelt es sich um einen

30 Kap. XI

31 Klaus Jürgen Sachs in: Finscher (Hrsg.) 1989/1990, S. 163; vgl. auch Kap. XI

32 Elders 1977, S. 883 ff. u. 890 f. (= Anmerkungen v. Thomas J. Mathiesen)

frei erfundenen. Hierfür spricht die kaum unabsichtliche Paradoxie, daß unmittelbar nach Abschluß des isorhythmischen Procedere, eben bei der *confirmatio*, mit »*Isti sunt due olive*«, der Antiphon zum Magnificat der zweiten Vesper für die Feste der Heiligen Johann und Paul, tatsächlich ein *cantus prius factus* eintritt, zu spät also und zudem, weil nur einmal erklingend, ohne isorhythmische Kompetenz.

Ist es anachronistisch, in der auffälligen Pointe auch den Hinweis enthalten zu sehen, daß Friede, wie er zuvor besungen worden ist, von den beiden »*luminaribus*« erst noch hergestellt werden müsse? Der Vereinbarung allein konnte man nicht trauen, deshalb mahnt der Text eine »*pax ... sine fraude*« an. Der von Du Fay in pastoralen Tönen besungene Friede, das formuliert der schöne, gewiß hergebrachten Topoi folgende Text der narratio unzweideutig, ist zunächst derjenige der Bäche und Vögel, der lockenflechtenden Mädchen, des Wanderers und des Bauern. Von hohen Herren, welche allerdings erwartet werden wollen, ehe sie eintreten, ist zunächst nicht die Rede; sie werden erst genannt, wenn die nach isorhythmischen Maßgaben »eigentliche« Motette vorbei ist und es mit dem Erklingen des *cantus prius factus* offiziell wird. Wenngleich nichts weniger als unüblich, steht das Noema »*EUGENIUS ET SIGISMUNDUS*« in zehn Fermaten in einem Kontext, der dem Umstand, daß die topische Andachtsformel die Musik zum Stehen bringt, ungebührlich großes Gewicht gibt. Erschiene sie nicht auch als plausibler Ruhepunkt zwischen zwei kleingliedrig bewegten Passagen und schüfen diese nicht, auf *D* hinauslaufend, ein »dominantisches« Sprungbrett für das schließende *Amen*, könnte man mutmaßen, Du Fay habe für spätere Verwendungen des Stückes die Möglichkeit ihrer Streichung offenhalten wollen. Gegebenenfalls behalf man sich, die Namen ersetzend, auf eine Weise, bei der Respekt vor dem Komponisten ebenso mitgesprochen haben mag wie die Sinnfälligkeit einer Finalwirkung, als welche in den zehn Fermaten die ruhigere Gangart eines Cantus, wenn schon nicht dieser selbst, sich über den gesamten Satz ausbreitet und den musikalischen Fluß vor der »Stretta« des *Amen* aufstaut.

Den Zeitgenossen wären die Besorgnisse hinsichtlich des Noema vermutlich überflüssig oder durch Quintilians Maßgaben widerlegt erschienen; dokumentarische und ästhetische Qualität fielen nahezu ineins, im Tauschgeschäft Auftrag gegen künstlerische Verewigung wurden die peinlichen Erdenreste eher als quantité negligeable verbucht. So geht unsere Neugier in Bezug auf die Gründe, derentwegen eine auf die Ereignisse im Mai 1433 zugeschnittene Motette häufiger als alle vergleichbaren kopiert (mindestens zweimal in Gebieten, in denen man dem Gegenpapst Felix V. anhing) und gewiß aufgeführt wurde, ins Leere, angeschlossen die Neugier in Bezug auf die Art und Weise, in der man sie wahrnahm und schätzte – Paradigma einer Neuen Musik? Respekt vor dem Komponisten? Herausforderung für die Mitwirkenden? historisches Dokument einer Prüfung, die die beiden Protagonisten erwartungsgemäß schlecht bestanden?

Die angesprochene Finalität weiterverfolgend muß man fragen, inwiefern der Stillstand des Noema und dessen Integration in den Verlauf einander bedingen und steigern. Deutlich summierend schreitet das Triplum mit »*EU-GE-NI-US*« die Obergrenze des Tonbereichs ab (*d''/e''/d''/cis''*), und der Quartabgang »*SI-GIS-MUN-DUS*« (*b'/a'/g'/fis'*) erinnert die durch dieselbe verminderte Quart und langsame Deklamation mahnend hervorgehobene Passage »*mortalibus tam dulcis, tam grata*« (Takte 64 bis 68). Genau dort, angekündigt durch das erwartungsvoll zu Beginn des Ͼ-Abschnittes innehaltende *g* (Takte 56/57, »*sancta pax*«), nähert die Musik sich in größeren Werten und größeren melodischen Bögen einer hier neuen, durch den Kontrast der lebhafteren Zwischenspiele gesteigerten Inständigkeit der Bitte um Frieden (»*sis eterna, firma, sine fraude*«), der beim Mensurwechsel von Ͼ zu ⌽ erwarteten Beschleunigung entgegen. Nun kommen auf die 45 Takte des zweiten Großabschnittes, im Unterschied zu den

10 Textzeilen im ebenfalls 45taktigen ersten, nur sechs, zudem in der rascheren Deklamation von »*sit noster hic pontifex eternus*« effektvoll gebrochene Textzeilen.

In Anbetracht einer vielfältig und weitreichend verbindlichen *numerositas*[33] können das Vorspiel und die Nennung der Protagonisten, von der akkordischen Strukturierung abgesehen, nicht zufällig im Umfang von je zehn Takten übereinstimmen. Das Mottohafte des Exordiums wiegt kaum auf, daß normalerweise ein vor dem Eintritt des Cantus gelegener Vorspann nicht als Gegenpart eines Gravitationspunktes, d. h. halbwegs selbst als ein solcher taugt. Überdies erscheint der Vorspann außer durch den Fauxbourdon nur vorsichtig abgehoben; deutlicher als der Tenor zeigen die Oberstimmen an, wo der isorhythmische Tenor eintritt bzw. die narratio beginnt, und sie ähneln habituell der Figuration der nachfolgenden Zeilenenden und den je dreitaktigen Zwischenabschnitten auffällig, nahezu in der Qualität eines wie im Virelai voranstehenden Refrains: Auffällig kadenziert das Vorspiel innerhalb seiner zehn Takte viermal (auf *g*, *d*, *a* und *g*) und muß den entsprechenden Formalitäten so viel Platz einräumen, daß es zu einer einem Exordium angemessenen melodischen Formulierung nicht kommen kann – wohl auch nicht kommen soll: weil auf diese Weise die zu »*pace vero*« gehörige Prägung, verstärkt durch den Eintritt des Cantus, besonderes Gewicht erhält. Angesichts des frei vagierenden Triplums wirken die gliedernden Enklaven *a fauxbourdon* besonders stark als Bündelungen und Einbrüche einer andersartigen Musizierweise – freilich ist im Vorspann ein Tenor erklungen, der sie habituell vorbereitete und dessen markante Führung das gestaltarme Vagieren seines Überbaus ermöglicht und trägt (Beispiel 5 a).

Beispiel 5 a und b

Weil er außerhalb des isorhythmischen Reglements steht, fehlt dem Tenor des Vorspiels der Rechtstitel. Demjenigen mit Rechtstitel i. e. mit isorhythmischer Kompetenz (Beispiel 5 b) wiederum fehlen konzise Gestalt und Prägnanz. Angesichts ihrer Ähnlichkeiten[34] stellt sich deshalb die Frage, ob der offizielle Tenor melodisch nicht eher vom inoffiziellen herkomme als umgekehrt – womit er wichtige Zuständigkeiten des Fundamentum relationis, des Bezugs-

33 Am angemessensten übersetzt als »*Zahlhaftigkeit*«; vgl. Beierwaltes 1975

34 Vgl. Fallows a.a.O., S. 118

punktes und Stichwortgebers abgetreten hätte; das wöge selbst dann noch schwer, wenn er als Cantus prius factus erkannt würde. Im Gegensatz zu seinem pastoral entspannten Überbau mutet er eigentümlich gezwungen und gekünstelt an, wohingegen im inoffiziellen Tenor (Beispiel 5 a) etliche Charakteristiken dieses Überbaus vorformuliert scheinen, substanziell also eher bei ihm das Fundamentum zu suchen wäre. Er gliedert sich in zwei fünftaktige Gruppen; deren zweite verschafft dem (Quart-)abgang, der zuvor zweimal Tonraum und Tonart bestimmt hat, eine motivähnliche Wichtigkeit. Hingegen nimmt der isorhythmische Tenor sich nahezu ungestalt bzw. artifiziell zugerichtet aus, als müsse er in seiner Widerständigkeit die Funktion betonen. Dem stünde nicht entgegen, daß Du Fay sich offenbar durch die Oberstimme vom fünften (= 15.) Takt an (»*viget atque recti constancia*«) zu einem gepreßten Verlauf zwingen ließ, dem er im zweiten und dritten Color über die Analogie von Quartauf- und -abgang mit anschließendem Sextauf- und -abgang zu mehr melodischer Sinnfälligkeit verhalf. Damit näherte er überdies den »offiziellen« dem »inoffiziellen« Tenor an, beschreibt also so etwas wie eine Rückkehr.

Als melodische Gestalt kann der isorhythmische Tenor sich kaum zur Geltung bringen, um so weniger, als die Oberstimmen seine Gliederung zumeist überdecken und darüber hinaus die Hälfte seiner sechs Eintritte ignorieren – in den Takten 26, 56 und 71 könnten diese dank der vorausgegangenen Zwischentakte gar besonderen Nachdruck erhalten; daran jedoch liegt Du Fay nicht, offenbar im Interesse des Eindrucks, daß oberhalb des in seine Künstlichkeit eingesperrten Cantus immerfort und in wechselnden Formen, dabei der Zeilengliederung des Textes entsprechend, »Lieder« gesungen werden. Die 45 = 3 x (12 + 3) Takte des ersten Großabschnittes (wegen der Überlappung in Takt 56 genau genommen einer mehr: 46) lassen sich unschwer gliedern in 3 x 4, 3 + 5; 3 + 4, 3, 5 + 3, 4 + 4; der zusätzliche Takt 101 ergibt sich, weil der Eintritt des »*Iste sunt due olive*«-Cantus auf einen, von der Oberstimme her gesehen, schwachen Takt fällt – auch dies ein unstimmig anmutendes, dennoch kaum zufälliges Understatement.

Auf eigene Weise stimmig hingegen erscheint es, wenn man es im Kontext der drei vorausgegangenen »Verfehlungen« (= Takte 26, 56 und 71), darüberhinaus im Kontext einer Kunst der Schwebe sieht, des knappen Aneinandervorbei, einer breiten Streuung gliedernder oder schwerpunktsetzender Momente, welche Du Fay in unterschiedlichen Richtungen und Dimensionen übt: Ins Große projiziert erscheint sie in den gesplitteten Tenorfunktionen – der erste der melodisch-substanzielle, der zweite der strukturelle Bezugspunkt, der dritte die liturgische Beglaubigung; ins Kleine projiziert erscheint sie, hinausgehend über die vier in den Stimmen geringfügig gegeneinander verschobenen Abschnittsgrenzen, in vielerlei zu immer neuen Bildungen treibenden, oft nur vage, dennoch unzweideutig anspielenden Korrespondenzen innerhalb der Oberstimmen – sie gehen einerseits über die Vorprägung durch Tonraum und Tonart hinaus, meiden andererseits aber eine Evidenz, welche von Varianten, Ableitungen o. ä. zu sprechen erlaubt. Daß auf dieser Ebene, schon außerhalb der Verursachungen durch Text, Cantus oder durch die anhand der Fermatenkette beschriebene Entwicklung, fast alles mit allem zusammenhängt, läßt sich mit dem Höreindruck unschwer vereinbaren, entzieht sich jedoch eindeutigen Kategorisierungen.

Noch im Kleinen und Kleinsten sorgt diese Kunst für knappe Verfehlungen, etwa wenn innerhalb des »Liedes« im ersten isorhythmischen Abschnitt (Takte 11 ff. = Beispiel 6 a) ein geschlossener Viertakter als Nachsatz einem Vordersatz von zweimal zwei Takten antwortet und dies leicht im Sinne einer Sequenzierung angeglichen werden könnte (Beispiel 6 b). Dabei müßten freilich die Hemiolen der zweiten Stimme ignoriert werden (im Beispiel 6 a nach unten gestielt), welche der dritte Takt der Oberstimme textbetont beantwortet.

Beispiel 6 a und b

Abgänge führen diejenigen vom Nachsatz im Beispiel 6 a fort, auch die im inoffiziellen Tenor (Beispiel 5 a) exponierten, und rhythmische Modifikationen helfen – nicht eo ipso verbotene – Quinten zu vermeiden. Die Sext bei *»solutus«*, die die Jungfrau *»belehrende«* halbe Imitation bei *»pax docuit virginem«* (Takte 26 ff.), die florificatio bei *»ornare«* (Takte 31/32), die die unterschiedliche Deklamation von *»auro comam crinisque nodarum«* abfangenden, gelöst hinabgehenden Dezimenparallelen (Takt 34), die *»sanft gewellten«* Linien bei den *»colles suaves«* und die den Frieden *a fauxbourdon* prononciert einfach singenden Bäche und Vögel[35] bezeugen eine so rhetorische wie diskrete Genauigkeit der Textwahrnehmung, welche vielerorts das Auf und Ab der kontrapunktierenden Linien zusammenbindet, so auch bei *»patent leti«* (Beispiel 7 a, Takte 41 ff.) oder *»tutus arva«* (Beispiel 7 b, Takte 49/50), erst recht bei *»sis eterna«*, wo zudem die *»ewige«* Dehnung zu großen Werten genutzt wird, nicht weniger, wenn im letzten isorhythmischen Durchlauf (Takte 86 ff.) die nunmehr großen Linienzüge der texttragenden Stimmen mit dem Quartabgang des Tenors zusammentreffen und am ehesten von einer Annäherung der Stimmen gesprochen werden kann, die Passagen *a fauxbourdon* nicht gerechnet.

Beispiel 7 a und b

Diese konvergierende Mündung, welche den Cantus aus der Paradoxie eines kaum wahrgenommenen Fundamentum relationis erlöst, gehört zu den die Zielstrebigkeit bündelnden Momenten des Gesamtverlaufs. Erst die neue Mensur des zweiten Großabschnittes ermöglichte dies – als musikalische Akzentuierung des Übergangs von der bilderreichen Beschreibung des Friedens zu dessen gebetshafter Beschwörung, von der narratio zur propositio. Daß die *»sancta pax ... diu expectata«* war, scheint im wartenden Oktav-*g* der Takte 56/57 mitenthalten als – nach einer geschäftigen Kadenzierung – Signal einer neu konzentrierenden Inständigkeit. Und mit dem Rückbezug auf den Beginn der Motette signalisiert Du Fay wohl auch, daß ein zweiter Anfang nötig sei, oder, in einem über alle formale Verdeutlichung hinausweisenden Verständnis: daß die Bitte um Frieden immer eine erste, erstwichtige Bitte bleibt. Ihr gibt der durch die Akzidentiensetzung mehrerer Quellen bestätigte, fremd einfallende *fis*-Klang samt dem nur hier begegnenden Schritt zur verminderten Quart *es*, verstärkt durch die sperrig hemiolische Deklamation von *»mortalibus tam dulcis, tam grata«*, Nachdruck und Schwere.

35 Vgl. Kap. XI

Der letzte isorhythmische Durchgang (Takte 86 ff.) gewinnt demgegenüber einige entspannte, an den ersten Großabschnitt anknüpfende Beweglichkeit zurück. Diesem kleiner dimensionierten Rückgriff folgt, als die Stimmen einander nähernde, in die Fauxbourdon-Konstellation zurückführende Summe, der größere, weitergreifende, eindeutige Rückgriff des »*Amen*« auf den Beginn der Motette; nicht zufällig setzt das Triplum vor dem Auslauf in abwärtsgehenden Skalen mit der durch den Tenor (Beispiel 5 b) semantisch beschwerten Wechselnote *g-a-g* an. Nicht jedoch nimmt Du Fay die kurzatmige Stückelung des Anfangs auf, groß ausgezogene Linien überwiegen, welche sich insgesamt immer mehr durchgesetzt hatten. Dergestalt treffen im *Amen* Quintessenz und Rückgriff, Prozeß und tektonische Stimmigkeit zusammen.

Von dem Zerebralmonster und Rechenkunstwerk, als welches die isorhythmische Motette lange durch die Musikgeschichtsschreibung geisterte, bleibt bei dieser kaum etwas, ohne daß hergebrachte Ansprüche vernachlässigt wären. Wo die Musik besonders direkt redet, erweist sie sich – nahe bei dem, was später »zweite Naivität« heißen wird – als hintergründig vermittelt.

XIV. Kanonkünste

»Wie lange wird das gut gehen?« – so mögen die Sänger empfunden haben, die aus ein und derselben Stimme in einem Kanon mit fortwährend vergrößertem Abstand die beiden Cantus der Marienmotette *Inclita stella maris*[1] sangen, und auf eine solche Reaktion, mithin auf besondere Weise die Mitwirkenden adressierend, muß Du Fay es in dem Mixtum compositum von Erkundungsfahrt und hintergründigem *Musikalischem Spaß* – mindestens auch – angelegt haben. Liest man eine in Breven, Semibreven, Minimen und gelegentlich Fusen (in moderner Notation in Halben und kleineren Werten) notierte Stimme im Tempus perfectum (cum prolatione minori) bzw. im Tempus imperfectum, so differiert – ausgenommen der Fall, daß der Brevis innerhalb eines dreizeitigen Mensurtaktes eine Semibrevis oder zwei Minimen folgen – die Bewertung lediglich bei den größten Noten, den Breven: Punktierte Halbe (= perfekte Brevis) oder unpunktierte Halbe (= imperfekte Brevis). Dies benutzt Du Fay in den beiden Cantus, welche in gleicher Lage gleichzeitig einsetzen und, weil mit Breven, sofort Abstand gewinnen, mit drei Breven zunächst den Abstand eines dreizeitigen Mensurtaktes (Beispiel 1, in dem die dreizeitigen Takte von Cantus II und Contratenor I gezählt werden). Dies währt jedoch nicht lange, denn bald vergrößern drei weitere Breven (Takte 8/9 im Cantus I, Takte 9/11 im Cantus II) den Abstand um einen weiteren Takt; dasselbe geschieht abermals in den Takten 20/21 bzw. 22/25, nun mit dem Ergebnis von drei Takten Abstand.

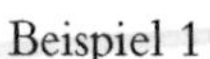
Beispiel 1

Bis hierhin garantieren die jeweils drei Breven, weil dreimal eine Differenz von einer Semibrevis sich zu einer perfekten Brevis addiert, Abstände jeweils in Takteinheiten, was Du Fay durch die markanten Prägungen »*alteriusque paris*« und »*per Gabrielis ave*« zusätzlich betont; sie helfen gegen die zunehmenden Verschiebungen die Zeilenstruktur aufrechterhalten, so daß es bis zum Takt 33 zu Kadenzierungen jeweils auf Takteinsen kommt, zuvor schon in den Takten 7, 14, 20, 27. Danach jedoch nicht mehr, weil sich im Takt 34 der Abstand auf drei perfekte Takte plus eine Semibrevis vergrößert, in Takt 43 auf vier perfekte Takte und eine Semibrevis, so daß nun,

1 I/1. Die dritte Note des Cantus I in Takt 114 bzw. die erste des Cantus II in Takt 121 muß wohl »*a*« heißen, trotz der im ersten Fall mit dem Contratenor II entstehenden verdeckten Oktave und der im zweiten Fall mit dem Contratenor I entstehenden verdeckten Quint – diese galten zumal in kanonischen Fügungen nicht als Verstöße

was im Cantus I auf einer Takteins steht, im Cantus II auf eine Zwei kommt. Dies erschwert die Orientierung, zudem ändern sich in den Kanonstimmen die Schwereverhältnisse – gewiß nicht so drastisch, wie der uns geläufige »Aktzentstufentakt«[2] suggerieren könnte, dennoch mit Folgen für die kompositorische Struktur: Zeilenähnliche Konturen verschwimmen und taktkonform typische Prägungen verlieren sich immer mehr, Kadenzierungen fallen notwendigerweise (Takte 36, 42) auf schwache Zeiten, und die Plausibilität etlicher melodischer Verläufe (u.a. Takte 52 ff. bzw. 56 ff.) bewahrt den Singenden nicht vor dem Eindruck, daß der Komponierende fast nur noch aufs Funktionieren des Kanons habe achtgeben können, daß er sich immer weiter abstrahierend versteige und demnächst im selbstgestrickten Netz verfangen werde.

Wenn nicht alles täuscht, hat Du Fay es hierauf abgesehen, vielleicht gar die Schadenfreude ob des erwarteten Scheiterns von Musizierenden mitkalkuliert, denen er bei der Aufmerksamkeit auf den musikalischen Zusammenhang viel abverlangt – dem Sänger (oder den Sängern: eine Beischrift spricht von »*pueri*«) des zweiten Cantus z.B. in Bezug auf je aus der Situation sich ergebende Alterationen oder zwei- bzw. dreizeitige Bewertungen von Breven. Für eine solche Strategie spricht auch der Coup, mit dem er alle Gewißheit über die Regularität des Fortgangs jäh wiederherstellt, ohne das Strickmuster jenes Netzes anzutasten: »*Est fuga de se canendo de tempo perfecto / Et simul incipiendo / Et est concordans si placet absque contratenores*«, hatte er zu Beginn des Cantus I angewiesen. Eine einzeln stehende Brevis (Cantus I: Takt 57, Cantus II: Takt 62) und unterschiedlich bewertete Pausen (Takte 60 bzw. 64/65) sorgen dafür, daß die Taktschwerpunkte, nun im Abstand von fünf Breven, wieder übereinstimmen, und Du Fay markiert dies, zugleich einen auch textlich auffallenden Neuansatz benutzend (»*Praecipiens superis / Atque sedens superis*«), durch einen syllabisch in Minimen deklamierenden Zeilenbeginn, wie er seit der zweiten Zeile (Takte 7 ff.) nicht mehr begegnet war. Im liedhaften Zuschnitt mit zweimal zwei Takten, Vorder- und Nachsatz hält er in diesem, was jener verspricht (Beispiel 2 a), und zieht zu Beginn der folgenden Zeile weitere syllabische Deklamation nach sich – und einen andersartigen Nachsatz, welcher als Kontrasubjekt dem hier im Cantus II fälligen »*Praecipiens …*« den Vortritt läßt. Nahezu schlagartig und gegen alle Erwartung stellt Du Fay die Transparenz der Struktur dergestalt wieder her und unterstreicht dies durch Markierung eines Treffpunktes, ein in Takt 69 in allen Stimmen erscheinendes *signum congruentiae.*

Beispiel 2 a bis c

2 Besseler 1959

Dabei jedoch bleibt er nicht lange. Nachdem der taktkonforme Beginn der vierten, letzten Textstrophe (»*Quique throno parent, / Hinc vota parent* ...«) – ziemlich genau erst in der Mitte des Stückes (Takt 70) – sichergestellt und mit dem Oktavabgang »*Quique*« ...« der entsprechende am Stückbeginn (Takte 16 ff.) erinnert ist, wirft eine Folge von sechs Breven die taktkonforme Ordnung erneut über den Haufen; ab Takt 84 trennt die Kanonstimmen ein Abstand von sechs Breven und einer Semibrevis, nun für vierzig Takte. Schon bevor dieses im Vergleich zum ersten gesteigerte Imbroglio eintritt, kündigt Du Fay es an, indem er die Kanonstimme in kleine, oft nur drei- oder viertönige Gruppen auflöst und erstmalig auch den Contratenor I, später in Andeutungen auch Contratenor II, imitativ beteiligt – daß die beiden Unterstimmen bisher eine eigene, funktional bestimmte Spur zogen und eine gewisse Autonomie wahrten (der erste mehr als der zweite), trug nicht wenig zur Durchhörbarkeit des Ganzen bei. Nun reduziert Du Fay auch hier und veranstaltet, wie immer am Kanon und den funktionellen Verpflichtungen der Stimmen festhaltend, einen Wettbewerb, innerhalb dessen diese habituell einander sich annähern und wohl auch die Erlösungsbedürftigkeit symbolisieren, welche hinter den Worten »*Ferre mihi veniam / Desuper, ut veniam* ...« steht.

Daß diese Worte im Cantus II infolge der kanonischen Fügung in den »*Amen*«-Teil hineinragen – und sehr nachdrücklich dank des hier zum dritten und letzten Mal erscheinenden Oktavabgangs –, mag Du Fay als hintersinnig willkommen gewesen sein: Das strukturell kaum mehr durchschaubare Geschehen wirft sich dem *Amen* in die Arme, das Über- und Durcheinander rufender, antwortender, schwer unterscheidbarer Stimmen wird in der nicht endenwollenden »*Amen*«-Huldigung (sie umfaßt mehr Takte als jede der vorangegangenen Strophen) einer neuen Sinngebung unterstellt i. e. seine Lösung dem eigentlichen Adressaten anheimgegeben – sofern es überhaupt noch lösungsbedürftig erscheint: Denn die Bezugsgrößen, an denen das Maß der strukturellen Ver-Rückung, des kanontechnischen Abenteuers abgelesen werden kann, haben fast alle Verbindlichkeit verloren; zeilenartige Gruppierungen spielen kaum noch eine Rolle, die habituellen Unterschiede der beiden Stimmpaare sind gemindert, und die vergrößerte Phasenverschiebung zwischen den Kanonstimmen (am Ende wird sie sieben Takte betragen) erschwert oder verhindert gar die Wahrnehmung ihrer Bezüglichkeit, insbesondere, da kleinteilige Stückelungen die Zahl der Neuansätze vermehrten. Nicht zuletzt mit deren Hilfe treibt Du Fay, als ginge es um ein musikalisches Vanitas-Symbol, das von ihm selbst etablierte Procedere einem dialektischen Umschlag zu. Der Übermut des kontrapunktischen Wagstücks, anachronistisch gesprochen: die Hypertrophie der »Machbarkeit der Sachen«[3], überführt sich selbst, weil es sich der Wahrnehmbarkeit entzieht und im *Amen* einer anderen Beglaubigung anheimfällt, obwohl die Kanonregel weiter gilt. Das Stück – in seiner Nachfolge ragen als prominente Beispiele Ockeghems *Ma maistresse* und seine *Missa prolationum* heraus – kommt anderswo an, als die Prozedur vermuten ließ, die überanstrengte Ordnung schlägt um in Chaos, ziemlich genau ab Takt 81 bestimmen kleine Gruppen wie die Beispiele 2 b und c fast wie ein seltsamer Attraktor den Verlauf, ehe die Musik in einer neuen, übergreifenden Be-Deutung Zuflucht und Halt findet – eine tief in die Technologie des Komponierens hineingezogene Exemplifikation des Lutherschen »*Mit uns're Macht ist nichts getan*«.

Zugleich handelt es sich bei *Inclita stella* um ein dezidiert praktikables Stück, das in den unterschiedlichen Arten, auf die es musiziert werden kann, seine Strukturierung vorführt. »*Secundus Contratenor concordans cum omnibus / Non potest cantari nisi pueri dicant fugam*« vermerkt

---

3 Hans Freyer, *Theorie des gegenwärtigen Zeitalters*, Stuttgart 1955, S. 15 ff.

Du Fay beim zweiten Contratenor; wenn der Cantus II gegebenenfalls weggelassen werden kann und mit ihm auch der Contratenor II entfällt, bleiben nur zwei Stimmen, Cantus I und Contratenor I, übrig; tatsächlich bilden sie einen perfekten Duo-Satz und also das Grundgerüst des Ganzen[4]. Aber auch die beiden Kanonstimmen bilden einen solchen und könnten für sich musiziert, es könnte aber auch der Contratenor I hinzugenommen werden – bei der Wertung des kanonischen Virtuosenstücks käme also noch diejenige der schwierigen Vereinbarkeit von zwei perfekten Duo-Sätzen hinzu. Die Hierarchie der vier Aufführungsoptionen – 1) alle vier Stimmen; 2) beide Cantus und Contratenor I; 3) Cantus I und Contratenor I; 4) beide Cantus allein – läßt deutlich die Maßgaben des dreistimmigen Kantilenensatzes durchschimmern: Der Contratenor I übernimmt als Fundamentum relationis weitgehend die Rolle eines Tenors, Cantus I diejenige des Superius; beiden sind der Cantus II als Kanonstimme bzw. der Contratenor II weitgehend in der Funktion eines Contratenors zugeordnet.

Daß *Inclita stella* an der Bürde der kanonischen Verbindlichkeiten zu tragen hat – u.a. erzwingen diese die dreiklängige Disposition der großen Werte zu Beginn oder in den Takten 8 ff. und allgemein eine starke Fixierung auf den *d*-Grundklang, auch verbietet sich ein Wechsel der Gangart; Du Fay hat der Gottesmutter oftmals weniger vermittelt, lyrisch-eindringlicher gehuldigt –, dürfte kritisch nur vermerkt werden, hätte damals eine das Wie und Was der Musik scheidende Ästhetik der Verbergung gegolten. Eben das war nicht der Fall, bei solchen Strukturen am allerwenigsten. *Inclita stella* taugt durchaus als Paradebeispiel der kanontypischen Verflechtung wo nicht Kongruenz des Wie und Was, im weiteren Sinne auch: der artifiziellen, symbolfähigen und geselligen Momente – eine Kongruenz, kraft deren jene Bürde sich selbst widerlegt. Sinnhaft sind Kanons, weit über das technische Procedere hinaus, zuvörderst als Exemplifikationen der »*aequalitas numerosa*«[5] – und wiederum nicht so weit, als daß nicht, zumal in großräumigen Dispositionen, dem Anschein begegnet werden müßte, die kanonische Maschinerie, einmal ersonnen und in Gang gesetzt, bemächtige sich aller Gestaltungskompetenz und degradiere den Urheber zum Vollzugsbeamten. Ein adäquates Verständnis der Kanonkünste dürfte nicht außer Acht lassen, was, von Ferrucio Busoni an Bachschen Fugen paradigmatisch vorgeführt, kontrapunktisch unverwirklicht geblieben ist, die knapp außerhalb der Res facta als solche liegengebliebene Potenzialität. Allemal gehört zum Geschaffenen, Gewordenen auch der dahinterliegende »Horizont des Mehrseinkönnens«[6], zum wahren Vermögen auch die Fähigkeit, der eigenen Ausübung Grenzen zu ziehen.

Solche Verallgemeinerungen indessen muten hoch gehängt an im Hinblick auf eine Historizität, welche schon in der Mitte des folgenden Jahrhunderts Adam Petit Coclico, gewiß einem dezidierten Lobredner Josquins, dessen Vorgänger als »*mathematici*« abzutun erlaubte[7]. Da scheinen jene Verflechtung von Struktur und Sinn, das spezifische Was dieser Musik schon so ferngerückt, daß der Betrachter ein Defizit meint einklagen bzw. durch einseitigen Hinblick auf die Machart glaubt rechtfertigen zu müssen; da beginnt, jahrhundertelang fortgeschrieben[8], die Tradition einer technologisch fixierten Verkennung, welche die Bewunderung der »Künste der Niederländer« und wachsenden historischen Abstand durch den Verdacht esoterisch-selbstbezogener Handwerklichkeit zu relativieren versucht, der Musik der Du Fay, Busnoys, Ockeghem, Pierre de la Rue, Josquin etc. die Arcana verwickelter Kontrapunkte,

---

4 Hierüber auch Fallows 1982, S. 131/132

5 Beierwaltes 1975

6 Lothar und Renate Steiger, *Einführung*, in: Nicolai de Cusa 1991, S. XIII

7 *Compendium musices*, 1552

8 Vgl. u.a. im Vorwort S. XIII

Imitationen, Kanons usw. als erstwichtige Assoziation zuweist und hinter das Lob unvergleichlicher Könnerschaft allemal das Fragezeichen eines ratlosen »Wozu?« meint setzen zu müssen. »Auf Dufay fallen insgesamt 29 Kanons«[9]; indessen taugen sie beim Zugang zu seiner Musik, solange man an den Kontexten bis hin zu der einkomponierten Selbstkritik des Verfahrens vorbeisieht, schwerlich als Königsweg.

Der – nicht neue, dennoch nicht überflüssige – Versuch, die Wahrnehmung der Kanonkünste vom Kopf auf die Füße zu stellen, sie als Spitze eines Eisberges d.h. ihre weitläufige Verwurzelung in Struktur, Wesen und der Gesellschaftlichkeit dieser Musik zu erkennen, stößt zunächst auf eine Mitschuld der Betroffenen: Für die Aura enigmatischer Verschlüsselung haben sie – auch, um die Freude an der Auflösung des Rätsels zu stimulieren – selbst fleißig gesorgt, mithin auch für die Aufmerksamkeit, die dem theoretisch schon bei Jacobus von Lüttich[10] aufscheinenden Verfahren, in besonderer Weise seit einem eigenen Kapitel in der *Musica practica* des Bartolomeus Ramos de Pareja (1482) u.a. über Heinrich Glarean (1547) und Coclico bis hin zu bedeutenden Untersuchungen der jüngeren Zeit zugewendet war[11]. Nicht zufällig fanden die Kommentatoren des 15. und 16. Jahrhunderts es nicht nötig, drei Bedeutungen von *Canon* genau zu unterscheiden – die eine Stimme, welche zu mehreren Stimmen entfaltet werden soll; die Anweisung, wie dies zu geschehen habe; die hierbei entstehende Struktur.

Bei der Charakterisierung der Anweisung sprechen die beiden Du Fay zeitlich nächststehenden Theoretiker Tinctoris und Ramos de Pareja – bezeichnend auch dann, wenn der jüngere den älteren gekannt und weitergeschrieben haben sollte – übereinstimmend von *obscuritas*[12]. Dies setzen, wörtlich oder sinngemäß, etliche Nachfolger fort, gewiß nicht allein im Sinne einer Koketterie mit Werkstattgeheimnissen, welche eine besondere Komplizenschaft zwischen Komponist und Ausführenden verheißt. Als Konkretisierung und jeweils neu ermöglichtes ab ovo, je neu gefundene Formel der Entfaltung von Mehrstimmigkeit ex uno bleibt der Kanon, auch in einfachen Prägungen, ein Wunder, dem keine allein auf die Technologie der Herstellung blickende Beschreibung beikommt, nicht erst im Fall von *Inclita stella* oder noch weiter ausgreifender Konzeptionen, welche den Gang der musikalischen Erfindung auch nur ahnungsweise nachzuvollziehen verwehren. Daran würde sich auch dann wenig ändern, wenn bislang unbekannte (allerdings kaum vermutbare) Belege zur Überprüfung der Vertikale, Entwurfspartituren o.ä. zutage kämen[13]; schon in den späteren Passagen von *Inclita stella* muß weit auseinander Liegendes im Sinne eines musikalischen Ganzen auf eine Weise zusammengedacht werden, welche der hypothetischen Partitur fast nur die Funktion der nachträglichen Überprüfung übrigließe. Eher sollten wir die Erfindung kanonischer Struktu-

---

9 Walter Blankenburg, Artikel *Kanon*, in: MGG, Band 7, Kassel usw. 1957, Sp. 521; die Summierung unterscheidet nicht zwischen kanonischen Fügungen und Kanonvorschriften, z.B. für nacheinander in unterschiedlichen Mensuren auszuführende Tenores

10 *Speculum musicae* (1321/25), danach auch beim Anonymus Staehelin (1437) und mehrmals bei Johannes Tinctoris (*Terminorum Musicae Diffinitorium*, 1472/73, s. u.; *Liber de arte contrapuncti*, 1477)

11 Übersichten u.a. bei Blankenburg, a.a.O., Peter Cahn, Artikel *Kanon* in: MGG, Zweite, neubearbeitete Ausgabe, Sachteil, Band 4, Kassel usw./Stuttgart 1996

12 Tinctoris, *Terminorum musicae diffinitorium* (ca. 1471/73, gedruckt 1493): *»Canon est regula voluntatem compositoris sub obscuritate quadam ostendens = Canon ist eine Vorschrift, die das, was der Componist will, auf eine versteckte Weise anzeigt«* (Übersetzung von Heinrich Bellermann), Neuausgabe Leipzig 1983, S.a.iii verso bzw. 41; Ramos de Pareja 1482 (s.o.): *»... quaedam regula voluntatem componentis sub quadam ambiguitate obscure et in enigmate insinuans = eine Vorschrift, die den Willen des Komponisten mit einer gewissen Doppeldeutigkeit, dunkel und in einem Rätselspruch offenbart«* (Übersetzung von Peter Cahn, a.a.O., Sp. 1679), Buch III, Kap. 4, Neuausgabe Leipzig 1901, S. 90

13 Insgesamt zu diesem Themenbereich Lowinsky 1948

ren auf der Konsequenzlinie einer so strengen wie beharrlich geschulten, großer Quantitäten und Dimensionen mächtigen Vorstellungskraft sehen[14], deren Kapazitäten uns ähnlich unerreichbar scheinen wie diejenigen mittelalterlicher Epensänger oder von Mönchen, welche mithilfe von Neumen riesenhafte liturgische Repertoires erinnern, oder wie das große Einmaleins einem langjährigen Benutzer von Taschenrechnern. Zur Position zwischen strenger Konsequenz und je erneuertem Wunder würde auch passen, daß man bei der Kanonvorschrift auf ein – oft bibelbezogenes – Analogon in Worten ausging und es ungern bei der technischen Anweisung beließ; kokette Geheimtuerei dürfte, sofern es nicht um den ironischen Kontrast zu simplen Strukturen geht, eher eine marginale Rolle gespielt haben.

Einerseits ließe sich von einem anagogischen Verständnis des Ex uno her unschwer eine kleine Theologie des Kanons aufbauen, andererseits gründet er im usuellen Bereich. Der Pes des launig-doppeltextigen *Resvelons nous, resvelons, amoureux / Alons ent bien tos au may*[15] (Beispiel 3 a) könnte ebenso als Schrumpfform eines Kanons angesprochen und als solcher notiert werden wie, jedenfalls bis zum Takt 86, der im *Gloria ad modum tubae*[16] den Oberstimmenkanon stützende. Zu dem formalen Witz des eigentümlichen Stückes, dessen Ehrenrettung Charles van den Borren einige Anstrengung kostet[17], gehört wesentlich, daß der Unterstimmen-»Kanon« eben in den Takten 86-90 strauchelt, anschließend unter dem »*Amen*« (Takte 91 ff.) der Oberstimmen fortschreitend die Abstände von vier, drei, zwei Fusen bis auf eine Fusa verkürzt (Beispiel 3 b), sodann zu zwei Fusen zurückkehrt (Takt 101) und am Ende den kanonischen Verbindlichkeiten davonläuft. Man muß das Stück wohl insgesamt als nicht ernst gemeinten, gegen eigenen Anspruch in die Überlieferung geratenen Musikantenspaß betrachten, um in der kurzatmig-syllabisch daherplappernden, durch den Pes arg im *c*-Bereich festgehaltenen »*Fuga duorum temporum*« nicht noch das Minimum an Ernst veruntreut zu sehen, auf das der Text des *Gloria* Anspruch haben sollte – und hat Anlaß, darüber nachzudenken, was Musiker sich leisten konnten.

Auf derselben Seite wie *Resvelons nous* befinden sich im zweiten Faszikel der Handschrift Oxford (Bodleian Library, Canonici misc. 213) das vierzeilige Rondeau *Bien veignes vous, amoureuse liesse*[18] mit einem als Kanon in der Unterquint und doppelten Werten aus dem Superius hergeleiteten Tenor (» *Hunc discas morem / si vis cantare tenorem: / Ut iacet attente / cantetur suo diapente*«), welcher Du Fay zwingt, das Stück genau zu hälften und die dritte und vierte Zeile des Superius als Kontrasubjekt zu der im Tenor vergrößerten dritten hinzuzukomponieren, und das fünfzeilige Rondeau *Entre vous, gentils amoureux*[19], ebenfalls mit einem, diesmal nicht augmentierten, Unterquintkanon im Tenor. Offenkundig reagiert Du Fay hier auf den Umstand, daß die Wiederholungszwänge von Rondeau und Kanonfügung, einander überlagernd, eine permanente, entwicklungs- und kontrastarme Rückläufigkeit bewirken könnten; dem begegnet er u.a. in einer fein equilibrierten, durch simple melodische Verläufe verdeutlichten Differenzierung der Zeilenlängen, deren wechselnde Gruppierungen (7, 2 mal 4, 2 mal 4; 6 + 4, 2 mal 5 Takte) die Regularität der im Zweibrevenabstand folgenden Kanonstimme

---

14 Eine andere Akzentuierung bei Lowinsky, 1981

15 VI/28; von hier aus ist es nicht weit zu dem – allerdings viel später komponierten – Quodlibet *Je vous pri / Ma tres doulce amie / Tant que mon argent dura* (VI/25), weit allerdings bis zu dessen virtuosem Spiel mit unregelmäßig zusammengefügten, unterschiedlich dimensionierten Liedperioden; vgl. Gülke 1962

16 IV/22; ausführlich über »ce curieux morceau« v.d. Borren 1926, S. 142 ff.

17 A.a.O.; Fallows 1982, S. 179: »a tiresome work«

18 VI/50

19 VI/26; in der ersten Ausgabe des VI. Bandes steht die Corona zwei Takte zu früh (recte Takt 23); die letzte Note in Takt 7 muß im Superius *c'* (nicht *d'*) lauten, die letzte im Takt 9 im Tenor entsprechend *f*, nicht *g*.

Beispiel 3 a bis c

(a)

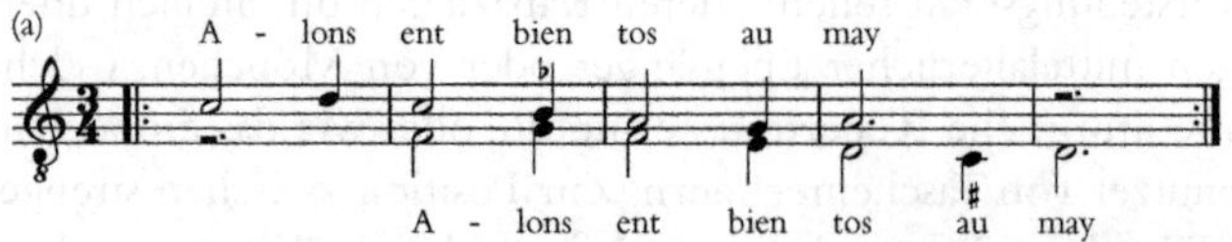

(b)

(c)

kompensieren, welche die Zweischlägigkeit des Tempus imperfectum gefährlich verstärkt, und dem Stück so gegen jene Regularität etliche metrische Schwebe bescheren.

Sehr ähnlich – nun folgt der Superius dem Tenor – verfährt Du Fay in dem Rondeau *Puisque vous estez campieur*[20], einer der wenigen gesellig-vergnüglich, nahezu villonesk intonierten unter den späten Chansons. Allerdings schärft er im Vergleich zu *Entre vous* in mehrfacher Weise: Dem simpel soldatischen Gleichschritt der Kanonstimmen verschaffen die eckigen Synkopierungen des unruhig bewegten Contratenors eine parodistische Kontrastierung, ehe sie sich vor der Corona dessen Gangart annähern, was sich am Ende des Stückes im Zeichen gemeinsamer Beschleunigung gesteigert wiederholt; als opponiere die Musik der landsknechtshaften Großmäuligkeit der Worte, bleibt hier vom anfangs hervorgekehrten Marschcharakter nichts. Schon zuvor, zu Beginn des zweiten Rondeau-Teils, war er synkopisch aufgeweicht worden, die dritte Zeile beginnt mit einer synkopischen Prägung; in sequenzartig aneinandergesetzten Abgängen, mit denen die dritte in die vierte Zeile hinüberläuft, setzt Du Fay eine Synkopierung gar in drei verschiedenen Größen an (Beispiel 3 c, Takte 14 ff.), welche die zum Schluß treibende Beschleunigung des Ganzen einleitet – gerade die kleinste Mensur übernehmen am Ende die Kanonstimmen vom Contratenor. Nicht nur in jenen Abgängen läßt Du Fay »primitive« Wiederholungszwänge zu Worte kommen, denen die Rondeau-Wiederholungen Momente karikierender Übertreibung verschaffen mögen: Die charakteristische Tonfolge des Beginns (*d'*-*f'*-*g'*-*b'*) kehrt in kadenzierenden Wendungen der Takte 9 und 17 wieder, der »zu spät« einsetzende Beginn der zweiten Zeile schließt an die *g'*-*f'*-*g'*-Konstellation vom dritten Takt der ersten an, und daselbst ist die zu *d''* hinaufschaukelnde Bewegung abermals sequenzierend strukturiert; wiederum läuft die resultierende Tonfolge anschließend in der dritten Zeile mit nur einer Abweichung zurück. Was irgend gegen die gleichmacherischen Wirkungen der Doppelherrschaft von Rondeauform und Kanon aufgeboten werden konnte, hat Du Fay aufgeboten.

Genau umgekehrt war ihm die Doppelherrschaft als Beschwörung des Immergleichen willkommen gewesen – lange zuvor im Rondeau *Par droit je puis bien complaindre et gemir*[21]: Dessen Musik dreht nahezu ausweglos in sich wie der Text in der Melancholie des aus dem Paradies seiner Liebe *Verjagten* (= »*Dechassiés suy*«), jede der vier syllabisch deklamierenden Zeilen, dazu beide der Corona bzw. dem Schluß vorangehenden Nachspiele enthalten je zwei Abgänge – ein Bild von Gefangenschaft in einem ausweglosen Zirkel, welchem die Sonorität des *d*-Modus und der nahe beieinander liegenden, ständig sich kreuzenden Stimmen verstärkend dunkle Tönungen verschaffen. Die charakteristische Konstellation war Du Fay wichtig genug, expressis verbis auf das übliche Fundamentum relationis zu verzichten: Die Unterstimmen bezeichnet er als »*Contratenor (I) concordans cum omnibus*« bzw. »*Contratenor (II) concordans cum fuga*«, womit er nahezu verbirgt, daß der zweite weitestgehend als Fundamentum funktioniert, und zwar im Bezug auf beide Kanonstimmen – kaum zufällig kommt es mehrmals bei den Einstiegen in die expressiven Abgänge (Takte 7, 9, 11, 17) zu kleinen Störungen der perfekten Zweistimmigkeit und nur bei der Mündung zur Corona zu einer »ungehörigen« Konstellation (Beispiel 4 a), weil dort die zweite Kanonstimme die Rolle des Tenors übernimmt. Wie wichtig immer die von beiden Contratenores arbeitsteilig besorgte harmonische Fundierung war[22] (mit

20 VI/81

21 VI/43

22 Zu diesem »Harmonieträgerduo« vgl. Besseler 1950/1974, S. 84, dem der Unterschied der beiden Contratenores nicht wichtig ist (Du Fays Beischriften »*concordans cum fuga*« beim zweiten Contratenor und »*concordans cum omnibus*« beim ersten stufen ausdrücklich ab) – wohl, auch, weil er die vom Kanon der Oberstimmen herkommenden Verbindlichkeiten übersieht; er spricht lediglich von einem »schlichten Einleitungskanon«

Ausnahme der Takte 10/11 erklingt die Finalis *d* in jedem zweiten Takt; eine die fundierenden Töne der Contratenores zusammenziehende Stimme dürfte kaum noch als solche gelten), nicht geringer muß der Gesichtspunkt möglichst dichter Besetzung des Tonraums, möglichst vielfältiger Verflechtungen der Linien gewogen haben, woraus der Kanon in viel stärkerem Maße als – gewiß spezifische – Konsequenz zu erwachsen scheint, als daß der Unterbau lediglich begleitende Funktionen versähe. Wo immer einer der Contratenores von der Fundierung freigestellt ist, redet er nahe bei der Diktion der Kanonstimmen mit, als gelte es, den habituellen Abstand so gering zu halten wie irgend möglich.

Dem satztechnischen Schönheitsfehler bei der Corona (Beispiel 4 a) kommt auch in der Dynamik des Gesamtablaufs ein spezifischer Stellenwert zu. Erstmals unterschreitet die zweite Kanonstimme die Contratenores, erstmals steigt der Cantus I vom Hochton *c"* ab. Dieser exponierten Konstellation indes fehlt der angemessene satztechnische Rückhalt; eben den liefert Du Fay in der vierten, letzten Zeile nach – mit charakteristischen Veränderungen (Beispiel 4b): Der gleichen Wendung des Cantus I sekundiert abermals ein hemiolischer Quartabstieg, nun jedoch im Contratenor II in anderer Lage, und sie führte zum erstmals erscheinenden *fis'* hin (das Akzidens eigens vorgeschrieben), damit zu einem nur hier bzw. kanongemäß zwei Takte später nochmals erscheinenden Klang. Ihm, so scheint es, strebte das Stück von Anfang an zu (bei der Mündung in die Corona stellt er sich rückblickend als knapp vermieden dar) wie der Text den hierher fallenden Schwerpunktaussagen *»Ne scay comment me puisse maintenir = ich weiß nicht, wie ich weiterleben soll«* bzw. *»Et ce porter me convient et souffrir = und dies zu ertragen und zu leiden bin ich gezwungen«*. Nach diesem Kulminationspunkt eignen dem die Abstiege vergrößert resümierenden Nachspiel epilogisch-codahafte Züge. Auch in dieser hochgradig zentripetalen Beschwörung des Immergleichen also versteht Du Fay das Moment einer zielstrebigen formalen Dynamik unterzubringen, auch hier scheint alles getan, um eigenwertiges Herausragen des kanonischen Procedere zu verhindern.

Beispiel 4 a und b

Wie immer die postume Betrachtung bei der »chose faite«, der Positivität fixierter musikalischer Strukturen einzusetzen hat, sollte sie doch allemal jene Widersprüchlichkeit im Auge behalten, welche sich zwischen ihrer Neigung ergibt, die Kanonkünste als Einstiegsluke wenn nicht gar Schlüssel zur Musik jener Zeit anzusehen, und der Bemühung großer Komponisten, sie – aller Verführung zu hochprofessionellen Turnierspielen entgegen – von »unten«, aus der Nährlösung einer je spezifischen Sprachlichkeit und Konstellation neu sich kristallisieren zu lassen, sie nicht als apriorisch gesetzten Einsatzpunkt, sondern als Konsequenz von etwas zu definieren, was nicht von vornherein mit Kontrapunkt etc. zu tun hat. Mehr noch und umfassender als von der Machart her, deren besondere Faszination man verständlicherweise gern hervorkehrt, definieren Kanonkünste sich als Fluchtpunkt vielfältiger Momente und Intentionen, an denen der improvisatorische Umgang mit simpel gefügten Pedes ebenso teilhat wie die Symbolik der beiden in verschiedenen Modi sich abstützenden Tenores bei *Nuper rosarum flores*[23], die habituelle Nähe von Stimmen, welche in Duo-Passagen eher vor zuviel Kongruenz bewahrt als zu ihr hingeführt werden müssen[24] – genaue, dennoch wie beiläufig sich ergebende Imitationen zeigen das deutlich genug –, oder die in kanonischen Einleitungsduos anvisierte Schwebe zwischen Identität der Gestalt und Pluralität der Erscheinung, angesichts deren die Auskunft hoffnungslos technizistisch anmutet, es handele sich um zwei Stimmen, welche nacheinander o.ä. die gleiche Melodie sängen, anstatt um ein und dieselbe, zur Ungleichzeitigkeit aufgesplittete[25]. Unterschlagen wäre bei dieser Auskunft (welche auch das mehrseitige Verständnis von »Stimme« als satztechnische Funktion bzw. Vollzugsorgan ignoriert) das zum Kanon gehörige, nicht zuletzt in seiner Unauflösbarkeit bedeutungsträchtige Paradoxon des »Eins und doppelt«, der im Dialog mit sich selbst zu sich selbst entfalteten Identität, oder, zu philosophisch-theologischen Analogien einladend, das Exempel einer cusanischen *explicatio*, bei der dem in seine *alteritas* »Ausgefalteten« der Rückbezug auf die *implicatio*, aus der es herkommt, ins Gesicht geschrieben bleibt, wo nicht die Identität von Existieren und Reflektieren im Sinne der causa sui.

Nicht nur als kompositionstechnische Herausforderung also bedurfte der Kanon »tiefen Nachdenkens«, sondern auch im Hinblick auf sein ästhetisches Wesen, Hintergrund und Einbettung. Demonstrative und integrative Momente stehen in umgekehrt proportionalen Verhältnissen zueinander, und offenbar treten jene, ohnehin in einer spezifischen Musizierlust aufgehoben, beim späteren Du Fay zugunsten dieser zurück; zunehmend wird die Strategie einer Verwurzelung kanonischer Fügungen erkennbar, welche je nach den Gegebenheiten des Genres möglichst tief in Werk- und Formabläufe und idiomatische Momente hin aufgefächert werden soll.

Die Margen für den durch die Überlagerung von Kanon und Rondeau erzwungenen Kreisgang, den Du Fay in *Par droit je puis complaindre* erprobte, verengt er abermals in einem seiner späten Kantilenensätze, *Les douleurs, dont me sens tel somme*[26] (s. im Notenanhang Nr. 8). Für eine direkte Bezugnahme, eine Wiederholung des Spiels unter noch schärfer gefaßten Spielregeln könnte sprechen, daß es wie dort und bei *Inclita stella* explicite keinen Tenor, sondern ein aus *Concordans I* und *Concordans II* gebildetes Unterstimmenpaar gibt und der – hier noch tiefer gelagerte, noch enger bemessene – Tonraum (die Kanonstimmen bewegen sich zwischen *c* und *f'*, *Concordans I* zwischen *E* und *a*, *Concordans II* zwischen *C* und *g*) noch mehr Überkreuzungen erzwingt; eine »dunkle Grundfarbe von eigentümlicher Beharrungskraft«[27] gibt dem besondere Eindringlichkeit – zumal harmonisch: Die knappe Hälfte des Stückes steht auf *F*, in einem so stark diatonisch flankierten *F*-ionisch, daß man, ergäbe das sich nicht aus der gewählten Spielregel, es einseitig für die Vorgeschichte der harmonischen Tonalität reklamieren könnte. Wie der Text des zum Umkreis von Charles d'Orléans gehörigen Anthoine de Cuise zu der ihm gemäßen Musik ist die Musik zum ihr gemäßen Text gekommen; die engen, der Musik gesetzten Margen finden sich in den *rimes equivoquées* der

23 Vgl. Kap. XV, S. 194 ff.

24 Vgl. Kapitel XXIV

25 ... bestätigt noch durch den *Et in unum*-Kanon in Bachs h-Moll-Messe; zu den Einleitungsduos vgl. Kap. XXIV

26 VI/84; in der ersten Ausgabe des Bandes (1964) war der Kanon, obwohl im Revisionsbericht, S. LXIII, erläutert, unerkannt geblieben

27 Besseler 1950/1974, S. 54, über Pierre Fontaines Doppelrondeau *Pour vous tenir / Mon doulx amy* mit »Tiefschlüssel-Kontratenor«

Zeilenenden wieder (»*Les douleurs, dont me sens tel* ***somme***, */ Font mon penser tout* ***assommer***, */ Et si ne m'en puis* ***dessommer***, */ Dont j'ay souvent mau jour et* ***somme …*** *= die Schmerzen, deren Last ich so sehr fühle, / lasten auf meinen Gedanken, / und da ich sie nicht loswerden kann, / machen sie mir oft schlechte Tage und Nächte …*«), der abgeblendete Klang des Tonsatzes in vorwiegend dunklen Vokalen und Nasalierungen, bezeichneterweise am ehesten aufgehellt in der dritten, vom Tode als willkommenem Retter redenden Strophe.

Mit *Inclita stella* verbindet *Les douleurs* über die beiden abwechselnd auf Tenor- bzw. Contratenorfunktionen verpflichteten Unterstimmen hinaus die Kanonvorschrift – erste Stimme im Tempus imperfectum, zweite im Tempus perfectum. Allerdings wird sie nur einmal, am Ende der ersten Zeile (Takte 10 ff.) wirksam, nur hier folgen einer – oben zweizeitigen, unten dreizeitigen – Brevis zwei wiederum zweizeitige bzw. dreizeitige Brevispausen, welche den anfangs drei Semibreven (= Viertel) betragenden Abstand der Kanonstimmen auf sechs vergrößern, bei denen es im Weiteren bleibt; an die Stelle einer engen Verflechtung, dank deren die zweite Stimme der ersten ins Wort fällt, bevor diese eine Phrase oder Halbphrase abgeschlossen hat, tritt dank nunmehr größerem Abstand ein echohaft antwortendes Verhalten, wodurch die Wiederholungen sich noch stärker aufdrängen. Kommt hinzu, daß Du Fay den nah beieinanderliegenden Endreimen im Text ein Pendant in musikalischen »Anfangsreimen« schafft – die erste und zweite Zeile (Takte 1, 13 bzw. 16) beginnen mit dem »englischen« Motiv, die dritte und vierte (Takte 23 bzw. 26, 35/36 bzw. 38/39) mit einem, zudem die dritte Zeile beendenden, Quartaufstieg. Weil beide Wendungen auch in den Unterstimmen auftauchen und Du Fay in der von der zweiten Kanonstimme nicht mehr beantworteten Schlußphrase (Takte 40 ff.) eine Kurzfassung des den Kanon eröffnenden Aufstiegs von *f'* nach *f''* wiederum mit dem englischen Motiv beginnt, entsteht motivisch gewissermaßen ein potenziertes Rondeau nahezu mit Dauerpräsenz der wichtigen Prägungen. Als sei das Netz der Bezüge damit noch immer nicht eng genug geflochten, spielen überdies unterschiedliche Konstellationen der vier einen Quartraum besetzenden Tonstufen (im Notenbeispiel Anhang Nr. 8 markiert)[28] mit, wichtig nicht zuletzt, weil sie sich auf der Grenze zwischen motivischer Qualität und »anonymer«, sprach- bzw. satzbedingter Wendung bewegen und nicht eindeutig der einen oder anderen Seite zugeordnet werden können. Die Häufung in bestimmten Passagen und dabei entstehende Beantwortungen zwischen den Stimmen oder innerhalb derselben – immer mitgerechnet die eindringliche Wahrnehmung beim vollständigen Vortrag der »mehrfach eingerollten« Rondeauform[29] – widerstreiten der Zufälligkeit ihres Erscheinens.

»*Longa fugat bino, terno brevis in diapason*« lautet die Beischrift beim mittleren der drei, in der neunteiligen Disposition des Satzes mithin zentral stehenden *Christe*-Abschnitte im *Kyrie* der *Ave regina*-Messe[30] (Beispiel 5 a). Nur hier setzt der Cantus firmus aus, nur hier sind die vier Stimmen auf drei (bzw. in der unfugierten Version auf zwei) reduziert; weil in der Messe Cantus firmus und ein für alle Sätze verbindliches Motto kombiniert und motivisch aufeinander bezogen begegnen[31], könnte man wohl irgendeine kontrastierende Aussparung, einen Dispens von der auf Dauerpräsenz drängenden Doppelverpflichtung erwarten. Genau das Gegenteil ist der Fall: Nicht nur in Gestalt des Kanons komponiert Du Fay eine die anderen

---

28 Vgl. u.a. Kap. XI und XXIII

29 Kap. XII

30 Zu dieser Kap. XXVI; die Art der Ausführung ist freigestellt, alternativ steht ein unfugierter zweistimmiger Abschnitt mit gleichem Cantus, also auch gleicher Länge, zur Verfügung

31 Sparks 1963, S. 121; Lucas Bennett, *Aspekte motivischer Gestaltung im Kyrie von Dufays Missa Ave Regina Caelorum*, Hauptseminar-Arbeit Basel 2001, Manuskript

Satzabschnitte übertreffende Verdichtung, sondern auch insofern, als diese nur teilweise auf der Linie der durch jene Doppelverpflichtung vorgegebenen Konsequenzen liegt. Am ehesten gälte das noch für die drei Zeilenanfänge der Takte 53, 61 und 67: Mit dem Aufstieg des ersten, den der zweite in gleichschrittigen Breven wiederholt, schließt Du Fay einerseits direkt an den zuletzt erklungenen Cantus-Abschnitt »... *lux est orta*«[32] an, andererseits an das fünfstufige Aufwärts, welches als Kontrapunkt zum Abstieg im Motto der Sätze wie zu Beginn des Cantus[33] sich von vornherein so dringlich angeboten hatte wo nicht erwartet werden konnte, daß die Aufsparung bis zum Ende des zweiten *Kyrie*-Abschnitts ihm durchaus motivhaften Nachdruck verschafft – um so mehr, als es nun (Takte 25, 26 und 27) gleich in drei Stimmen jeweils in gleicher Rhythmisierung und auf *c'* bzw. *c* ansetzend erklingt.

Beispiele 5 a bis c

32 Vgl. die zugrundeliegende Antiphon im Kap. XXVI, S. 394

33 Vgl. die Beispiele 10 a bis d im Kap. XXVI, S. 402/403

Die Intention der Fokussierung ist überdeutlich. Stünde die Passage als mittlere der drei, ihrerseits zwischen je drei »*Kyrie*«-Rufe gestellten, »*Christe*«-Anrufungen nicht exakt in der Mitte des Satzes, wäre man von einer aufs Äußerste verdichteten Exposition zu sprechen versucht, welche eine von den eher parataktischen Verbindlichkeiten des Übereinanders von Messe und Motette[34] unabhängige Strukturebene anzeigt. Nirgendwo sonst in der Messe kommt es, obwohl sie sich in weitläufigen Imitationen mehrmals im Vorhof befindet, zu einem erklärten Kanon, und dieser vereinigt überdies wie nirgends sonst auf engstem Raum vier verschiedene Gangarten – den Semibreven-Aufstieg »*Christe* ...« (Takt 53 ff.), den die Unterstimme »*concordans cum fuga*« rhythmisch mitvollzieht und als erste der drei Stimmen (Takt 57, die anderen folgen in den Takten 58 und 59) als »vierte« Gangart diminuiert; als zweite den quintversetzten Breven-Aufstieg der Takte 61 ff., dessen Gleichschritt die getreppten Semibrevis-Terzen des *Concordans* eher akzentuieren als zurücknehmen, abgesehen davon, daß der Aufstieg mit *e-f-g* einerseits mitvollzogen, penetrante Quintparallelen zum Cantus I andererseits durch die Terzaufschläge vermieden werden; endlich als dritte das fast schon altertümelnde, mehrmals in der Messe als finale Verdichtung begegnende Tempus imperfectum cum prolatione maiori des »*eleison* ...« (Takte 67 ff.), welches als Überraschung verstärkt erscheint durch den fast in den Kanon eintretenden *Concordans* (nur das satztechnisch bedingte *d'* steht im Wege) und die Verkürzung des Abstandes der Kanonstimmen auf eine Brevis – innerhalb des ohnehin verdichtenden Kanons eine weitere Verdichtung[35]. Diese wird durch das den Tenor diminuiert zitierende, doppelt wechselnötige Motiv *g-a-g-c-h-c* (im Beispiel 5 a markiert) bestätigt, welches, jeweils wenig verändert, nach seinem ersten Erklingen vom Contratenor sogleich aufgenommen (Takt 8/9), im Tenor den zweiten *Kyrie*-Abschnitt beendete (Takte 26/27).

Wie in vergleichbaren Messen üblich, begegnen ähnliche Passagen mit reduzierter Stimmenzahl und ohne Cantus firmus mehrmals, fast durchweg mit – oft weitläufigen – Imitationen, in denen die Stimmen, als seien sie zuvor vom Cantus firmus gegen ihre Intention in ihrer *alteritas* festgehalten worden, einer nun nur noch durch den Zeitunterschied verhinderten *implicatio* zustreben. Das gilt mit zwei 16 bzw. 15 Töne umfassenden Passagen schon für die vorletzte *Kyrie*-Anrufung (Takte 92 ff.)[36], welche als erstes Echo des zweiten *Christe* auch durch die Dreiteiligkeit, den zweimal begegnenden Aufstieg und die Wechselnoten-Wendung (Takt 99/100) ausgewiesen ist, im *Gloria* u.a. für die Takte 21 bis 41, für die mit einer 20-tönigen Imitation einsetzenden, nach kurzer Unterbrechung mit einer 13-tönigen fortsetzenden

34 Vgl. Kap. XXVI

35 Zu dem Abschnitt vgl. auch Wegman 1997, S. 29 ff., 46 ff.

36 In der GA statt mit »F« irrtümlich mit »E« bezeichnet

Takte 61 bis 76 (»*Domine deus* ...«), und für die Takte 77 bis 83; es gilt im *Credo* für die Takte 25 bis 37, bei deren 40 Töne umfassender, wieder von einem Quintanstieg eingeleiteter Imitation im Einklang, Bachs »*Et in unum deum* ...« vergleichbar[37], die Symbolik auf der Hand liegt: »*Et ex patre natum* ...«, und dortselbst wenig später (Takte 54 bis 73), abermals mit einem Anstieg beginnend und mit dem komplementären, nahe beim Motto-Anfang der Meßsätze liegenden Abstieg »*et propter* ...« eine 39 Töne umfassende Imitation eröffnend, für die Passage »*Qui propter nos homines* ...«; im *Sanctus* gilt es für die Takte 38 bis 53 (»*Pleni sunt* ...«) mit zwei 24 bzw. 15 Töne umfassenden Imitationen und das »*Benedictus*«-Duo (Takte 97 bis 126) u.a. mit zwei 31 bzw. 25 Töne umfassenden; endlich für das *Agnus Dei* mit den Takten 38 bis 83, als der bei Weitem umfangreichsten dieser Zwischenpassagen, in der an die Stelle weitläufiger Imitationen in auffälliger Weise kleingliedrige motivische Entsprechungen treten und an deren Ende das Zitat aus der *Ave regina*-Motette mit dem vielsagend beschwiegenen Tropus »... *tui labentis Du Fay*« steht.

Hatte Du Fay es – abgesehen von den scheinbar ungeregelt wuchernden Imitationen, die im Kanon-Reglement der zweiten »*Christe*«-Anrufung ihre sichtbare Spitze haben – auf die Korrespondenz der beiden jeweils in den Ecksätzen zentral stehenden Passagen angelegt, sollte das Meßordinarium insgesamt in der hierdurch flankierten Bezugsebene auf die Bitte »*deines hinfälligen Du Fay*« zulaufen? – die Vermutung findet etliche Handhabe. Gleichschritt imperfekter Breven mit imitierenden Einsätzen im Abstand einer Longa begegnet überhaupt nur in den Takten 61 ff. des *Kyrie* und den Takten 72 ff. – der zitierten »*miserere*«-Bitte – des *Agnus Dei,* Gleichschritt längerer Notenwerte (von den »*Amen*«-Schlüssen des *Gloria* und *Credo* abgesehen) im *Kyrie* nirgendwo sonst, im *Gloria* bei »*Cum sancto spiritu*« (Takte 131 ff.), im *Credo* bei »*Et ascendit*...« (Takte 109 ff., Beispiel 5 b), hier gar über drei Breven die *Kyrie*-Passage zitierend; und im *Agnus Dei* begegnet solcher Gleichschritt, als solle dem Wort vor dem Eintritt des persönlich bezogenen »*miserere*« alles erdenkliche Gewicht gegeben werden, beim nahezu als – gegen den dreizeitigen Takt gestelltes – Noema geformten »*Miserere nobis*« der Takte 33 bis 37 (Beispiel 5 c). Dieser Gewichtung hatte überdies im *Gloria* der auffällig abgehobene akkordische Gleichschritt zweier »*miserere*«-Passagen (Takte 88 ff. und 110 ff.), vorgearbeitet, wenn hier auch in Semibreven.

Vom Kanon des zweiten *Christe* ausgehend erscheint dergestalt um »*miserere*« ein Netz von Akzentuierungen geflochten, eine Fächerung von Bedeutungen hinterlegt, welche u.a. auch die Himmelfahrt Jesu mit dem erwarteten eigenen Hinscheiden in Parallele zu setzen erlauben. Daß im letzten, persönlich bezogenen »*miserere*« den aufsteigenden Breven des Kanons der Abstieg gegenübersteht – die Komplementarität von Auf- und Abstieg wird schon durch das Motto und dessen Behandlung formbildend exponiert –, daß die vier Breven des Kanons auf acht verdoppelt werden und Du Fay die in gleichen Werten vorgetragene threnodische Tonfolge *es''-d''-c''-h'* bzw. *b'-a'-g'-fis'*[38] für diese Stelle aufspart, kann in diesem Zusammenhang kaum Zufall sein, möglicherweise auch nicht, daß die oben angesprochene, aus zwei Wechselnoten zusammengesetzte Kadenzfloskel *g-a-g/c'-h'-c'*, die Gruppen ausgetauscht und *a* zu *as* alteriert, den threnodischen Abgang begleiten. Mag im *Kyrie* die Kanonkunst des zweiten *Christe* noch eigenwertig herausstechen – dem, was später »Exposition« genannt werden wird, erscheint sie darin vergleichbar, daß jene voreilig angemeldete Autonomie im Verlauf des Ganzen in ihre fundierenden Kontexte zurückgeholt, mithin ex posteriori gerechtfertigt wird.

---

37 S. Fußnote 25

38 Die Benennung der Tonstufen postuliert Alterationen, welche durch die Überlieferung nur teilweise gedeckt, jedoch wahrscheinlich sind

XV. Drei Motetten für Florenz

Ein Jahr nach den Feierlichkeiten, zu denen Du Fay die Motette *Supremum est*[1] beigetragen hatte, mußte Papst Eugen IV. – am 4. Juni 1434 – aus Rom fliehen; am 23. Juni traf er mit seinem Hofstaat in Florenz ein, welches er erst im Frühjahr 1436, kurz nach der Einweihung des Doms, in Richtung Bologna verließ. Du Fay, am 18. April 1435 bezeugtermaßen noch in Savoyen[2], kehrte im Juni desselben Jahres in die päpstliche Kapelle, nun also nach Florenz, zurück, zunächst als zweiter, im Oktober als erster Sänger[3], gewiß mit – alsbald erfüllten – Hoffnungen auf eine vom Papst bestätigte Pfründe in Cambrai[4] und wohl auch auf die Bestätigung als *licentiatus in decretis.* Zurückgerufen hatte man ihn gewiß auch im Blick auf die in greifbare Nähe gerückten Feierlichkeiten; derzeit war nicht auszuschließen, daß Santa Maria del Fiore als Papstkirche St. Peter in Rom ablösen würde. Das Kanonikat und die Pfründe an der Kathedrale in Cambrai, am 3. September 1436 zugesprochen[5], mögen nicht zuletzt als Lohn für außergewöhnliche Leistungen gedacht gewesen sein – auch, weil von vornherein nicht an Präsenzpflichten gebunden; Du Fay wurde dort von seinem älteren Kollegen, früheren Lehrer und vermutlich auch Freund Nicolas Grenon vertreten. Ein reichliches Jahr nach den großen Ereignissen, welches wohl durch einen Zwischenaufenthalt bei den Este in Ferrara unterbrochen war[6], hat Du Fay im Mai 1437 die päpstliche Kapelle in Richtung Savoyen wieder verlassen, nun für immer.

Insgesamt läßt die Konstellation dieser Jahre auf einen Mann schließen, dem sein Ansehen erlaubt, Beschäftigungen und Dienstherren nunmehr nach eigenem Ermessen zu wählen und klerikale Rückversicherungen, Präbenden etc. mit den Privilegien eines Hofkünstlers zu verbinden. Dieser bei einem Musiker vordem unbekannten Souveränität der Lebensgestaltung und den mit ihr verbundenen Ergebnissen fehlt auch das historiographische Siegel nicht: Wenn Johannes Tinctoris, da er im Jahre 1477 von der erst seit 40 Jahren *»hörenswerten«* Musik sprach[7], genau gerechnet hat, muß er als Startpunkte der neuen Zeitrechnung Kompositionen im Auge gehabt haben, welche unmittelbar oder mittelbar mit Du Fays Aufenthalt in der Hauptstadt der Frührenaissance verbunden sind.

* * *

Mit deren Geist hat er sich in *Mirandas parit*[8], so sehr das irgend möglich scheint, zu identifizieren versucht, vielleicht auch den Text verfaßt – das gute Latein des gebildeten Klerikers kann man ihm sicher unterstellen[9]. Ob das Stück ohne abgehobenen Cantus eine Motette genannt werden kann, steht dahin – nicht zufällig wird es mitunter euphemistisch als *cantilena*

---

1 S. oben S. 162 ff.

2 Turin, Archivio di stato, Conti dei tesorieri generali di Savoia (inv. 16), f. 161v.

3 Rom, Archivio di stato, Fondo camerale I, f. 41v., 51v. und 59; vgl. auch Haberl 1885 – 1888, Band I, S. 68

4 Trumble 1988, S. 45; vgl. auch S. 77 ff.

5 Cambrai, Bibliothèque municipale, Ms. 1057 ; Wright 1975, S. 181

6 Modena, Archivio di stato, Camera marchionale estense 4986/99, f. 158v.; Besseler 1952, S. 166; Lockwood 1976; vgl. Kap. XIX, S. 261

7 Kap. VIII; vgl. u.a. Blackburn 1987, S. 269, Lütteken 1993, S. 4, Wegmann 2003

8 I/5; Nosow 1997

9 Fallows 1982, S. 47; Holford-Strevens 1997

bezeichnet; mediterrane »Leichtigkeit des Seins« bestimmt den Abstand zu gattungsmäßigen Bindungen ebenso wie die Selbstverständlichkeit, mit der die zwei vierzeiligen Strophen in einer Kurve das Lobpreis und den Ursprungsmythos der Stadt mit schönen Mädchen zusammenbringen und die *»clarissima virgo«*, die Himmelsjungfrau mit andersartig qualifizierten Damen der Antike, Diana und Helena:

> *Mirandas parit haec urbs florentina puellas,*
> *In quibus est species et summo forma nitore,*
> *Quale Helenam decus olim nos habuisse putamus*
> *Virginibus patris talis florescit imago.*
>
> *At te praecipuam genuit, clarissima virgo;*
> *Nam reliquas superas et luce et corpore nymphas,*
> *Ut socias splendore suas dea pulchra Diana*
> *Vincit et integrior quacumque in parte videtur.*[10]

Die Zweizahl der Strophen setzt sich in der Binnengliederung fort – jede von ihnen besteht aus zwei Couplets und jedes Couplet aus zwei Zeilen. Das wäre nicht erwähnenswert, wenn deren Verfasser mit diesen Bausteinen bzw. ihrer Autonomie nicht eigens gearbeitet, d.h. in der ersten Strophe relativ autonome syntaktische Einheiten als Zeilen nebeneinandergestellt und in der zweiten für mehr Verbindung gesorgt hätte; nur die beiden letzten Zeilen bilden einen einzigen, durchlaufenden Satz – da hebt sich, klein bemessen, ein entwicklungshaftes Moment dadurch ab, daß es vor den Hintergrund einer mehrfach gestaffelten Zweiteilung gestellt ist. In der Musik entspräche dem das Übereinander der beiden mit den Textstrophen parallelgehenden Abschnitte im Tempus imperfectum cum prolatione maiori (Ͼ) bzw. Tempus imperfectum cum prolatione minori (C), welche in Semibreven gezählt nahezu gleich lang erscheinen, in Mensurtakten gezählt längenmäßig hingegen so differieren, daß das Verhältnis des zweiten größeren Teilabschnittes zum Ganzen – 54 zu 91 – dem Goldenen Schnitt nahekommt.

Hinausgehend über den Anschein, sie ergäbe sich aus der Konstellation von acht = zweimal vier Zeilen, vier = zweimal zwei Couplets resp. zwei Strophen von selbst, nietet der Verfasser die Dualität der Strophen auch in Wortbedeutungen fest[11]: Dem *»parit«* in der ersten Zeile der ersten Strophe entspricht in der ersten Zeile der zweiten *»genuit«*, analog in den zweiten Zeilen *»forma nitore« »luce et corpore«*, in den dritten entspricht *»helenam« »diana«* und in den vierten *»florescit ymago« »integrior … videtur«*. Das sind keine Formalien. Wenn auseinanderliegende Gegenstände wie die zitierten einem in sich stimmigen Beziehungsgeflecht eingefügt werden können, liegen sie schon nicht mehr weit auseinander – nicht nur, weil in der Konsequenz der nach mittelalterlichem Verständnis von Gottes Licht durchschienenen Dinge dieser Welt, wenn man sie anagogisch aufeinander beziehen oder vergleichen konnte, sie von Substanzgemeinschaft schon nicht mehr weit entfernt waren. Im Text der *Mirandas*-Motette bildet *virgo* den Fokus – formal, weil in der letzten Zeile der ersten Strophe und in der ersten Zeile

10 *»Wunderbare Mädchen bringt die Stadt Florenz hervor, / derenSchönheit und Wohlgestalt von höchstem Glanze ist. / Solche Anmut, wie sie einst Helena besessen haben soll, / blüht in der Erscheinung der Jungfrauen dieser Stadt auf. // Aber du, erlauchteste Jungfrau, zeichnest dich vor allen anderen aus, / denn du übertriffst an Glanz und Gestalt die übrigen Mädchen, / so wie die schöne Göttin Diana ihre Gespielinnen / weit überstrahlt und in allem vollkommener erscheint«;* Übersetzung nach Helga Weber im booklet zur Gesamtaufnahme der isorhythmischen Motetten von Machaut und Du Fay, Hamburg 1993, S. 108

11 Nosow, a.a.O., S. 108

der zweiten Strophe stehend, substanziell, weil die Stadt Florenz einer kommunalen Mythe gemäß als Jungfrau, zugleich als von der Himmelsjungfrau hervorgebracht und als ihrerseits die »*mirandas … puellas*« hervorbringend dargestellt wird; deren Schönheit wiederum ruft die Vergleiche mit Helena und Diana herbei. Dieses Tertium comparationis übergreift im Text den Wechsel von – rhetorisch gesprochen – *narratio* zu *apostrophe*, in der Musik denjenigen vom entspannt schwingenden 6/4-Takt zum gemesseneren, dem hochgreifenden Vergleich eher genügenden 2/2-Takt; am ehesten im Rahmen dieses Vergleichs konnte ein Kleriker so unverstelltes Lob der florentiner Mädchen intonieren.

Ein schöneres, bei aller subtilen Ausarbeitung entspannteres, im Zugleich von kompositorischem Aufgebot und Ungezwungenheit huldigenderes hätten sie kaum hören können, Huldigung auch darin, daß sie es offenbar sofort und ganz verstehen sollten. Diese Musik beginnt als Lied und will es bleiben, und motettische Vermittlungen helfen die Form zu bestimmen, in der sie es bleiben und ihre spezifische Unmittelbarkeit bewahren kann. Nicht nur per negationem ist diese *cantilena* eine Motette wie nur irgendeine, sondern in vielen altbewährten Details – plausibel unterschiedlichen Zeilenanfängen, zu einem harmonischen Rundlauf sich addierenden Zwischenkadenzen, diskreten kanonischen Führungen besonders im Nachspiel, kleingliedrig imitierenden rascheren Bewegungen jeweils zu den Zeilenendungen hin, hintergründigen Subtilitäten der Wortdeutung oder auch im einleitenden Kanon, welcher nahe bei den Eröffnungen von *Vasilissa ergo gaude* oder *O gemma, lux* liegt[12]. Mit den in gleicher Lage sich bewegenden *Cantus I* und *II*, deren erster meist oben liegt, erscheint diese »equal-discantus motet«[13] deutlich abgehoben vom dreistimmigen Kantilenensatz mit zwei in gleicher Lage bewegten Unterstimmen; wie immer die perfekte Zweistimmigkeit zwischen Cantus I und Tenor derjenigen zwischen Tenor und Cantus II gegebenenfalls übergeordnet wird, so erscheint dieser doch nie in eine satzbedingte Lückenbüßer-Rolle abgedrängt wie nicht selten die Contratenores in Kantilenensätzen. Ohne die Maßgaben streng organisierter Polyphonie aus den Augen zu lassen, fängt Du Fay Geist, Machart und die legerezza der improvisierten oder improvisationsnahen Musik Italiens ein, namentlich im rhetorischen Wettbewerb der Stimmen. Daß der Tenor, weitab von aller Beschränkung auf harmonietragende Funktionen, an diesem Wettbewerb teilnimmt – wenn er bei der Nennung der »*puellae*« emphatisch in die Höhe schießt (Takt 8), gerät der Cantus II gar unter ihn –, stellt das Stück auch satztechnisch unter die im historischen Rahmen synthetischen Leistungen: Südlicher Geist aus nördlichen Händen. Der schimpflich aus Rom verjagten Klerisei müßte das Stück, wenn sie es gehört hat, als Begrüßung überaus freundlich in die Ohren geklungen sein.

Die Teilnahme des Tenors am rhetorisch-polyphonen Wettbewerb der Stimmen bindet Du Fay in hintergründiger Weise an die hergebrachte Funktion des Stichwortgebers. Wenn am Beginn die zweite Stimme ihr erstes kanonisches »Lied« zuendegebracht hat (Takt 5, Beispiel 1 a), bedarf es des in der dreiklängig gebundenen Melodie supponierten Grundtons *f*. Nachdem der Tenor mit diesem eingetreten ist – er wiederholt ihn unter dem zweiten Zeilenbeginn (Takt 10) –, singt er sechs Töne lang die Melodie der kanonischen Eröffnung nach (im Beispiel gestrichelt). Der Stellung des Tenors angemessener freilich wäre zu formulieren, daß die Cantus ihn antizipiert haben; dafür spricht nicht nur, daß er ebendort jene Passage trägt, in der der Text bei den »*puellae*« ankommt, und daß dies (Beispiel 1 b) in der dritten Zeile, textlich dem Beginn des zweiten Couplets, sich eintaktig wiederholt.

---

12 S. oben S. 20 ff.; hierüber auch Fallows, a.a.O., S. 109

13 Nosow 1992

Beispiel 1 a und b

Damit nicht genug: Zu Beginn der vierten Zeile stellt Du Fay den Zweitaktabstand wieder her, schafft in breiter Deklamation Nachdruck für die »*virginibus patris*« und einen sprechenden Kontrast zum syllabisch-rasch deklamierten »*talis florescit* ...« bzw. zu dem bewegten Nachspiel des ersten Teils. Insgesamt dreimal also erscheint, wenngleich variiert, die mit dem Stückbeginn exponierte Konstellation, einer Gravitation vergleichbar, die den Verlauf immer neu an sich heranzieht. Das mag man noch bestätigt finden anhand der in den Beispielen durch Kästchen markierten Folge von fallender Sekund und Terz, welche häufig wiederkehrt, besonders gewichtig im zweiten Teil beim Übergang der zweiten Zeile ins Nachspiel (Takte 59 ff.). In den enggeführten dreiklängigen Aufstiegen danach, zu Beginn der dritten Zeile (»*Ut socias splendore* ...«, Takte 67 ff.), schafft Du Fay, abermals syllabisch deklamierend, eine Entsprechung zur zweiten Zeile des ersten Teils und anschließend in der breiten Deklamation der letzten Zeile (»*Vincit et integrior* ...«) eine solche zu den »*virginibus*« der letzten Zeile im ersten Teil.

Derlei Merkpunkte erscheinen notwendig, weil dem Hörer mit dem Eintritt des zweiten Teils, zugleich der Wendung zum Tempus imperfectum cum prolatione minori und textlich zur anredenden (»*Ad te* ...«) Apostrophe, die mehrmals wiederholten, auch in der Plausibilität der Imitation sprechenden Anhalte weggezogen werden; auch kommen vom Tenor keine »Stichworte« mehr – musikalische Analogie zu dem Umstand, daß das Lob der Mädchen nunmehr

Beispiel 2

zum Vergleichspunkt herabgestuft und die Unmittelbarkeit einer beziehungsfrei hingestellten Aussage verlassen wird. Die Verstörung erreicht ihren Höhepunkt bei »*quacumque in parte*« mit dem wie fremd einfallenden, durch Zusatznote verstärkten *h*-Klang (Takt 80), fast Endpunkt eines Irrwegs, den man als solchen auch empfindet, weil die letzten zwei Textzeilen als einzige durch Enjambement verbunden sind und als Konklusion wahrgenommen werden wollen. In diskret dramatischer Weise reißt Du Fay im letzten Augenblick das Steuer herum, d.h. kehrt zur Konstellation des ersten Teils mit engen Verflechtungen der Stimmen zurück und geht in imitierenden Führungen (Beispiel 2) gar über alles Frühere hinaus, bezeichnenderweise mit einer Kombination des Terzanstiegs (*e'-f'-g'* bzw. *a –b –c*) und des Sekund-Terz-Falls einsetzend. Indem er dergestalt den der »statischen« Zweigliederung des Textes entgegenwirkenden, forttreibenden Prozeß auffängt und auf den Anfang zurücklenkt, erreicht er nahezu einen Repriseneffekt.

* * *

»*Salue flos tusce gentis florencia salue*« / »*Vos nunc etrusce iubar saluete puelle*« / »*Viri me(a)ndaces*«[14] greift im Lobpreis der Stadt und ihrer Bewohner noch höher – ein Humanistentext par excellence in der Beschwörung von Nymphen, Najaden, Amazonen, der »*proca diues uenus*« und verlockender Liebesfreuden wie im freimütigen Bekenntnis zu diesen (»*si semel has viderit captus amore cadet* = *jeder, der sie gesehen hat, wird, gefangen von der Liebe, fallen*«), in der Koketterie mit dem Adressaten (»*fessus ego haud cantu uos (= vox) est defessa canendo*« = »*ich bin müde, doch die Stimme ist des Singens nicht müde*«) wie in einer künstlerstolzen Textkombination am Schluß: Das Triplum sagt der Stadt, sie werde »*durch meine gesungenen Lieder leben*« (»*Sed tu carminibus uiue canenda meis*«), und der Motetus nennt den, der da singt: »*Guillaume, der ein geborener Fay ist*« (»*Guillermus cecini natus est ipse fay*«)[15] – das geht in Ton und Nachdruck über die Selbstnennungen bei dem jüngeren Ciconia hinaus, einem der ersten prominenten »Italiener« unter den franko-flämischen Musikern. Sollte Du Fay den Text nicht selbst verfaßt haben, so wöge das nicht allzu schwer – inspiriert und zueigen gemacht hat er ihn in jedem Falle, und »*Guillermus cecini* ...« beglaubigt nicht nur den Autor, sondern den Text insgesamt: Florenz mag ihm, nach etlichen im Süden verbrachten Jahren, als Höhepunkt seiner Italienzeit erschienen sein schon, bevor er dies mit der Komposition einer für Johannes Tinctoris erst »*hörenswerten*« Musik besiegelte; er muß genau gewußt haben, was und wer ihn hier erwartete, und der Text erscheint unformell genug, um auch als Ausdruck der mit dieser Begegnung verbundenen Gefühle und Erwartungen gelesen zu werden.

---

14 »*Sei gegrüßt, Blüte des tuskischen Geschlechts, sei gegrüßt, / o sei gegrüßt, großer Ruhm Italiens* ...«; I/15; die Textschreibung differiert bei Lütteken, a.a.O., S. 476; anders als in der einzigen verfügbaren Quelle muß es im Tenor »*mendaces*« statt »*mandaces*« heißen

15 Nicht »*natus et ipse Fay*« wie in der GA, Bd. I, S. 69

Du Fay kam in eine große, dennoch nicht die größte Stadt in Italien– das bis zum Meer reichende Umland eingerechnet zählte man seinerzeit knapp 60 000 steuerpflichtige Herdstellen bzw. 246 000, im engeren Stadtgebiet etwa 90 000 Einwohner. Er kam in ein Gemeinwesen, in dessen Produktions- und Gesellschaftsformen, nicht weniger in der Reflexion führender Köpfe, Sinn und Anspruch kommunalen Zusammenlebens in einer Genauigkeit und Totalität definiert wurden wie seit der griechischen Polis nicht mehr[16]. Und er traf auf eine durch eingreifende politische und künstlerische Ereignisse aufgewühlte Bürgerschaft. Sechs Jahre zuvor war Giovanni di Averardo de' Medici gestorben und sein Sohn Cosimo, später *»der Alte«* genannt, ihm als Führer der Volkspartei nachgefolgt; 1433 war Cosimo von seinen politischen Gegnern verbannt, ein Jahr später zurückgeholt worden, und dem schlossen sich Gründerjahre einer zugleich diskreten, unnachsichtigen wie segensreichen Herrschaft an, denen der zweijährige Aufenthalt des Papstes zusätzlichen Glanz verlieh – dieser hatte Cosimo bei den innerstädtischen Auseinandersetzungen unterstützt. Im Jahre 1421 hatte Brunelleschi die Leitung des Baues von San Lorenzo übernommen, vier Jahre später wurde er mit einem auf der Piazza vor dem Dom angestellten Experiment zum »Geburtshelfer, wenn nicht ...Vater der Linearperspektive«[17]; gleichzeitig malt Masaccio in der Brancacci-Kapelle; 1433 vollendet Donatello den bronzenen David, ein Jahr später Filippo Lippi das Tafelbild der das Kind anbetenden Madonna; Leon Battista Alberti arbeitet an dem Traktat über die Malerei, und im Jahr der Domweihe malt Fra Angelico die Fresken im Kloster San Marco, vollendet Luca Della Robbia die Sängerkanzel im Dom – dies einige Markierungen der auf eine Örtlichkeit mit dem Radius von 15 Gehminuten fokussierten Verdichtung des Geschichtsverlaufs, welche in dem Jahrhundertereignis der Domweihe ihren äußeren Höhepunkt erlebte. Daß Du Fay 15 Jahre später die Festmesse zur Einweihung von Donatellos Antonius-Altar in Padua komponierte und aufführte[18] und 20 Jahre später mit den Medici-Brüdern Giovanni und Piero korrespondierte, hat sicherlich mit eben jetzt entstandenen und befestigten Verbindungen zu tun.

Dennoch zieht die Feststellung, der Text der *Salve*-Motette könne als Ausdruck der für Du Fay mit Florenz verbundenen Gefühle und Erwartungen verstanden werden, den Verdacht auf sich, allzu direkt biographischen Niederschlag zu unterstellen und den ästhetischen Spielraum zu unterschätzen, der dem angesehenen *familiaris* eines kunstsinnigen Papstes zur Verfügung stand. Er muß beträchtlich gewesen sein, wenn in den *»viri mendaces«* des Tenors auf die römischen Feinde Eugens IV., mithin auf eine aktuelle Situation, direkt Bezug genommen und zugleich wohl an eine Aufführung am Palmsonntag als dem liturgischen Ort des Responsoriums *Circumdederunt me viri mendaces* gedacht war – er fiel im Jahre 1436 auf den 1. April, eine Woche nach der Einweihung der Kathedrale. Ob nun für die Ohren des Oberhirten bestimmt oder nicht – die Verbindung eines ausgesprochen säkularen, zudem mehrfach persönlich bezogenen Textes mit einem liturgischen Cantus erscheint selbst dann bemerkenswert, wenn wir dem Verhältnis geistlich-weltlich beträchtliche Toleranzen und Schnittmengen unterstellen.

Unter den Merkwürdigkeiten des groß gewollten Stückes erscheint diese noch am ehesten verständlich, zumal es in besonderer Weise durch Spannweite gekennzeichnet ist – zwischen weltlich und geistlich ebenso wie zwischen modernen Texten und altbewährten Traditionen des Komponierens, darüber hinaus zwischen diesen und einem Habitus zumal der Oberstim-

---

16 Grafton 2002, u.a. S. 411 ff., 416 ff., 423 ff. Zur Relativierung solcher Ausschließlichkeit vgl. Klaus Humpert, Martin Schenk, *»Entdeckung der mittelalterlichen Stadtplanung«. Das Ende vom Mythos der gewachsenen Stadt*, Stuttgart 2001

17 Edgerton 2001, S. 9

18 S. unten Kap. XXIII

men, welcher auch zwanzig Jahre später nicht überrascht hätte. Vor allem die streng beobachteten hergebrachten Maßgaben mögen Du Fay zu ungewöhnlichen Lösungen inspiriert haben, dieselben, welche nötig schienen, um einen keck emanzipierten Text innerhalb der Motette zu legitimieren. In keinem anderen vergleichbaren Werk stoßen die Epochen so schroff aufeinander, nirgends sonst ist Du Fay einem Gegenstand wie den »*puellibus ... nimphis ... naiades ... aut ... amazonides*« mit einem solchen Großaufgebot von *numerositas* zu Leibe gerückt. Das ergab eine überwiegend zeremoniös-schwergängige, unheitere Musik in tiefer Lage, in der von der Emphase des immer neu der Stadt entgegengerufenen »*Salve*« ebenso wenig zu verspüren ist wie von einem durch schöne Florentinerinnen mitbestimmten Lebensklima. Die dürften sich hier, gar im Vergleich mit der teilweise sirenenhaft tönenden *Mirandas*-Motette, veruntreut vorgekommen sein.

Der Verdächtigung, Musik und Text paßten nicht zueinander, müßte allererst entgegengehalten werden, daß Du Fay im groß gesetzten Rahmen dieser Motette schwerlich so ausführlich an einem Text vorbeikomponiert, schwerlich ohne Grund sich Konventionen und einem musikalischen Idiom verweigert haben könne, das er anderwärts längst nachgesprochen und fortgebildet hat. Könnte er nicht sehr bewußt wahrgenommen haben, daß der spezifische Mitteilungsmodus der Motette in Text bzw. Musik divergierende, einander kontrapunktierende Ebenen erlaubte, weil sie nicht auf die unmittelbare Plausibilität eines in sich stimmigen Gesamteindrucks[19] angewiesen war, könnte er nicht darauf ausgegangen sein, die emphatische Begrüßung des »neuen Athen« zu formulieren und zugleich sich als Anwalt der hochgeachteten Traditionen des Nordens darzustellen?

Sieben Couplets = Doppelzeilen umfaßt der Text des Triplum, aus vier Couplets besteht derjenige des Motetus, und vier Großabschnitte in vier verschiedenen Mensuren umfaßt die Motette insgesamt. Sieben und Vier und ihre Vielfachen bilden die Konstituentien dieses musikalischen Zahlengefüges, halb autonom und halb aufeinander bezogen, wie schon anhand des Textes deutlich wird: Wohl gibt dieser eine durchlaufende Erzählung, jedoch nicht so zwingend in der Logik der Aufeinanderfolge, daß die sieben bzw. vier Couplets nicht auch übereinandergeklappt werden könnten; zudem kommt es, wenn irgendwo, dann an der Scharnierstelle im sechsten und siebenten Couplet, wo der Sänger sich selbst kommentiert (»*nunc cecini*« – »*nun habe ich gesungen*«), zu einem Zwischenhalt, bevor er die »*puelle*« begrüßt; und dieser Selbstkommentar wird im letzten Couplet zugespitzt als Auskunft, daß »*Guillermus*« gesungen habe – wenn zwei Auskünfte zusammenpassen, dann diese am Ende von Triplum und Motetus stehenden. Die Mündung in ihre Konvergenz fällt umso mehr auf, als die Verteilung von sieben bzw. vier Couplets auf eine gleiche Strecke Koordinationen zwischen ihnen weitgehend verbietet; die vier müssen gegenüber den sieben gestreckt werden, zu einem gemeinsamen Couplet-Einsatz kommt es nur am Stückbeginn, zu gemeinsamen Zeilen-Einsätzen nur dreimal (Takte 57, 71 und 85).

Nicht aber nur die Texte liegen quer zueinander, sondern diese ihrerseits quer zur Musik: Außer am Stückbeginn fällt nicht ein einziger Couplet-Anfang mit demjenigen eines der vier Großabschnitte zusammen. Das freizügige Lob der Florentinerinnen, dem tief liegenden, zuweilen gar Baßfunktionen übernehmenden Motetus gegeben, hat wenig Chancen, wahrgenommen zu werden, unbeschadet der Tatsache, daß die beiden texttragenden Stimmen in einem fein equilibrierten Dialog einander ergänzen und bei prägnanten Wendungen, soweit möglich, aus dem Wege gehen.

---

19 Vgl. Vorwort, Kap. III und XXVII

Der oben angesprochenen Spannweite wegen tritt das der Motette eigene Ordnungsgefälle[20] im Abstand der scheinbar frei flottierenden Texte zu der strengstmöglich, d.h. in drei Großabschnitten isoperiodisch organisierten Musik besonders kraß in Erscheinung. Jeder Großabschnitt umfaßt bei den Tenores 28 Takte, bei den texttragenden Stimmen im ersten und dritten wegen kleinerer Mensur doppelt so viel[21]. Im Bereich der ersten hundert Zahlen ist die aus der Multiplikation der konstituierenden Vier und Sieben hervorgehende 28 außer der Sechs der einzige *numerus perfectus*, der sich aus der Summe aller Zahlen ergibt, durch die er geteilt werden kann (hier 1 + 2 + 4 + 7 + 14)[22]. Jedem der vier Großabschnitte liegt ein durch zwei Taleae gehälfteter Color zugrunde; so entstehen acht Talea-Abschnitte zu jeweils 14 Mensurtakten, mithin das Verhältnis 4 : 7. In jedem Abschnitt summieren sich die Töne der Tenores – 12 Töne im Tenor I, 16 Töne im Tenor II, vgl. Beispiel 3 (mit verkürzten Werten) – wiederum zu 28. Die Tenores kommen insgesamt auf vier mal vier mal sieben = 112 Takte. Ob es sich beim Tenor II um einen lediglich bis jetzt nicht identifizierten *cantus prius factus* handelt, steht dahin – er stellt sich so sehr als notwendige Ergänzung des *Viri mendaces*-Cantus dar, daß man ihn sich auch als aus strukturellen Zwängen hervorgegangen vorstellen kann.

Beispiel 3

Anders als in anderen Motetten verbirgt Du Fay diese Zwänge nicht. Die tiefen Stimmlagen sind gewissermaßen ihr äußeres Gewand; im Übrigen hält er die Variationsbreite bzw. Ausschläge in den Bewegungsformen ebenso gering wie in den Harmonien: Von den 14 Mensurtakten der ersten Talea stehen mindestens fünfeinhalb in *d*, mindestens zwei in *a* (der Motetus verändert das zuweilen geringfügig), bei denen der zweiten Talea stehen wieder mindestens fünfeinhalb in *d* und gar viereinhalb in *a* – die Gravitation der Grundklänge wirkt also stark. Bei den Bewegungsformen wirken die Oberstimmen in den Übergängen von einer Mensur in die andere eher einebnend, und an den aus einem Wechsel zwischen Drei- und Vierstimmigkeit sich ergebenden Möglichkeiten zeigt Du Fay sich uninteressiert, er behandelt die beiden Tenores eher wie einen passagenweise gesplitteten *Solus Tenor* und gestattet nicht einmal am Ende einen vierstimmigen Auslauf.

Das fällt besonders auf, weil er der geschilderten Konvergenz der Texte am Schluß durch eine ähnliche in der Musik zuarbeitet, nicht nur in der motettenüblich angenäherten Bewe-

---

20 Kap. III, XIII und XXVII

21 Die folgende Passage ist Lütteken, a.a.O., S.402, verpflichtet; in der Bewertung der Mensur des zweiten Großabschnittes weicht er von der GA ab; vgl. auch Ryschawy/Stoll 1988, S. 33 ff.

22 Hierzu und zu weiteren Zusammenhängen L. Lütteken, Artikel *Zahlensymbolik* in: *MGG*, 2. Ausgabe, Sachteil, Band 9, Kassel usw./Stuttgart – Weimar 1998, Sp. 2127 bis 2136

gungsform von Ober- und Unterstimmen, welche das nun für alle Stimmen verbindliche Tempus perfectum diminutum mit sich bringt. Unüberhörbar stellt er im Motetus in einer konzisen Formulierung »*Guillermus*« heraus (Beispiel 4 a) und präsentiert wenig später eine unmittelbar plausible Bezugnahme zwischen Triplum und den Tenores (Beispiel 4 b) – die erste und letzte offenliegende nach vielen diskreten.

Beispiel 4 a und b

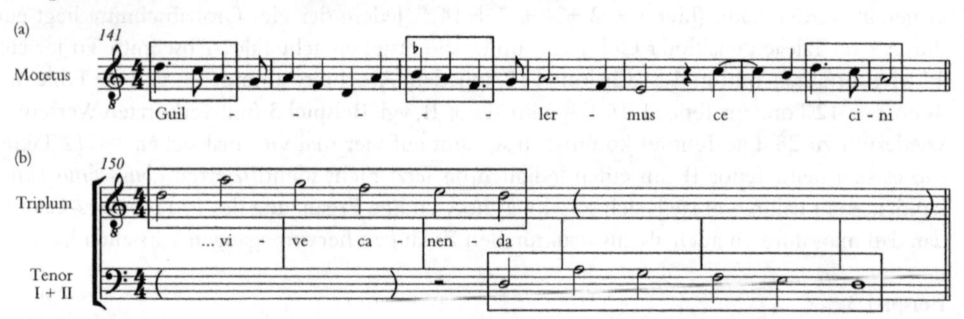

Nicht nur hierin profitiert der Schlußteil als »Mündung« von früheren Zuflüssen, welche als solche nicht kenntlich waren. Im Dialog der Oberstimmen spielen u.a. der im vierten Takt der ersten Talea im Tenor I begegnende Terzanstieg und die mehrmals in den Tenores erscheinende Wechselnote (Beispiel 3) immer wieder eine Rolle, in einer Weise freilich, welche weiter reichende Bezüglichkeiten gerade nicht ahnen läßt; Du Fay tut alles, um gegen die beharrenden Momente der Substruktur die lebendige Unmittelbarkeit eines wechselseitig inspirierenden, in schnellen Beantwortungen mit kleinen Wendungen spielenden Gesprächs herzustellen. In dieser vielfältig gekräuselten Oberflächenstruktur wimmelt es von kleinen, ephemeren Bezugnahmen, zu deren Unmittelbarkeit auch gehört, daß die Motive passagenweise wechseln; zu Beginn (Beispiel 5 a) spielen der Terzanstieg und die Folge von fallender Sekund und Terz eine Rolle, bei dessen Wiederholung auch dieselbe Stimme sich bei sich selbst inspirieren kann (Beispiel 5 b, Takte 25 ff., auch 53 ff.), später tritt die Wechselnote ein (Beispiel 5 c, Takte 30 ff.), und anschließend ergibt sich eine enge, sieben Töne lang durchgehaltene Imitation; kurz bevor der Verfasser sich als »*captus amore*« bekennt (Takte 85 ff., Beispiel 5 d), »fängt« er sich in einem prägnanten, aus der Wechselnote gewonnenen Gestus, und wenig später spielt er im Triplum auf den Cantus an, vage andeutend wie bei der ausschmückenden Tropierung in der Kadenz vor dem Schlußabschnitt (Beispiel 5 e, Takte 137 ff.) – insgesamt ein reiches, auf detaillierte Wahrnehmung nicht angewiesenes Innenleben, dessen aleatorisch anmutende Beliebigkeiten ein Gegenbild zur zeremoniösen Disziplin der Tenores geben und auf phantasiereiche Weise vergessen machen, daß auch sie isoperiodisch diszipliniert sind: Die Takte 29 bis 56 rekapitulieren den Rhythmus der ersten 28, die Takte 71 bis 84 denjenigen der Takte 57 bis 70, die Takte 113 bis 140 denjenigen der Takte 85 bis 112.

Mit dem am Beginn des vierten Abschnittes auffällig präsentierten »*Guillermus*« komponiert Du Fay sich als in Florenz angekommen – und genau hier kommt auch die Musik dieser Motette an d.h. mündet in eine vordem gemiedene Konvergenz von Text und Musik: Du Fay reserviert für diesen vierten Abschnitt die je letzten Sätze von Triplum und Motetus, quantifizierend gesprochen: ein, wie immer durch Diminution verkürztes, Viertel der Musik für ein Vierzehntel des Triplum-Textes und ein Achtel desjenigen im Motetus. Dieser Lösung wegen muß er auf eine, äußerlich gesehen naheliegende, Koordinierung der isorhythmischen

Beispiel 5 a bis e

Abschnitte mit den vier Motetus-Strophen verzichten, verstärkt jedoch, eindeutige Zwischenaufenthalte und Ruhepunkte verweigernd, den Charakter des Hinblicks, des Zulaufens auf die Mündung. Die genannten Divergenzen halten eine gewisse Unruhe aufrecht, umso mehr, als sie auch zwischen den beiden Textverläufen fühlbar bleiben – auf der gleichen Strecke muß Du Fay in der einen Stimme dreizehn, in der anderen sieben Zeilen unterbringen. Fast ließe sich von drei verschiedenen Zeitverläufen sprechen – demjenigen des Unterbaus, dem rascheren des Motetus und dem abermals rascheren im Triplum. Während die Zeilenlängen im Motetus, instrumentale bzw. melismatische Nachspiele nicht gerechnet, sich schon früh bei den im letzten Abschnitt zur Verfügung stehenden 28 Longen stabilisieren, schwanken die Zeilenlängen im Triplum – auch hierin die äußerste, vom ordnenden Zentrum am weitesten entfernte »Schale« – bis zuletzt[23].

Triplum	I[24]	1 a	b	2 a	b	3 a	I b	4 a	b	5 a	I
Motetus	I	1 a	b	2 a			I b		3 a		I
Großtakte	I						I I				
	I b		6 a	b		7 a	I b				I
	I b			4 a			I b				I
	I						I I				

Die Betonung des Hinlaufens auf den letzten Abschnitt macht sich verdächtig, eine werkhafte Ganzheit retten zu wollen, welche, mindestens im modernen Verständnis, nicht intendiert war. Weil Motetten dieser Art mit ihrer Veranlassung auf eine Weise verknüpft wo nicht gar identifiziert waren, welche jede hiervon abgelöste Betrachtung problematisch erscheinen läßt, liegt die auf das Zeremoniell vom 25. März 1436 zurücklenkende Frage nahe, ob jene in dem Stück anvisierte Mündung nicht nur innerhalb desselben zu suchen wäre, sondern, weitergeblickt, im nachfolgenden *Nuper rosarum flores* insgesamt – womit die *Salve*-Motette fast als Vorspiel dastünde. Beide sind vierstimmig, beide haben einen Doppel-Tenor, in beiden spielen die symbolträchtigen Zahlen 4, 7 und 28 eine wichtige Rolle[25], und *Nuper rosarum* beantwortet manche Frage, welche die quadrige Verschlossenheit der *Salve*-Motette stellt: Nach zwei kaum verstehbaren Texten ein einziger, weitestgehend verstehbarer; nach einer blockhaften, nur flache Einkerbungen erlaubenden Kontinuität klare Gliederung; nach dem fixierenden, lastenden *d*-Klang ein zwischen melodisch schwerelos schwingenden Auflichtungen und volltönender Euphonie wechselndes *g*-dorisch. Fast ließe das Verhältnis der beiden Stücke sich in Parallele setzen zu dem späteren von Introduktion und Hauptsatz. Ob Du Fays Selbstnennung dagegen spricht, daß *Salve flos Tuscae* am 25. März 1436 als das gegenüber *Nuper rosarum flores* weltlichere Stück während des feierlichen Einzugs[26] vor der Kirche erklang, ist schwer zu entscheiden; aber auch unabhängig davon könnte das nahezu opushafte Verhältnis der beiden Stücke von Du Fay als motivierende Konstellation wahrgenommen worden sein.

★ ★ ★

Die Frage nach der Einordnung der Motette oder der Motetten in das Zeremoniell ist nicht die einzige, die der Humanist Giannozzo Manetti in seiner *Oratio*[27], einem Bericht über den großen Tag, unbeantwortet läßt, allzu stark verpflichtet auf hergebrachte Prioritäten u.a. der *chroniqueurs* des 14. und 15. Jahrhunderts, in deren Augen die Wahrheit keinen Schaden litt,

---

23 Triplum: 1 a: 15 Breven, b: 10; 2 a: 10, b: 12; 3 a: 10, b: 11; 4 a: 17, b: 11; 5 a: 17, b: 11; 6 a: 17, b:11; 7 a: 16, b: 28. Motetus: 1 a: 20, b: 15; 2 a: 20, b: 28; 3 a: 27, b: 28; 4 a: 28, b: 28

24 Couplets mit arabischen Ziffern, Zeilen mit a und b bezeichnet

25 Hierüber auch Fallows, a.a.O.,S. 117 ff., Lütteken, a.a.O., S. 328 ff.

26 Lütteken, a.a.O., S. 329

27 Neudruck bei Battisti 1960; zur Problematik des Berichts Zak 1987

wenn Tatsachen zum höheren Ruhm des Auftraggebers, hier des Papstes, verbogen oder verschwiegen wurden; dessen Feier galt als übergeordnete Wahrheit. »Möglicherweise hat Manetti für die Niederschrift...ein Ceremoniale oder Pontifikale zu Rate gezogen, eine häufig geübte Praxis«[28]. »*Facemo consacrare a papa Eugenio 4 la chiesa di Santa Maria del Fiore = wir ließen vom Papst ... die Kirche ... weihen*« – diese Formulierung eines anderen Berichterstatters[29] – wir dürfen einen selbstbewußten Florentiner vermuten – wäre Manetti ebenso arrogant und unangemessen erschienen wie ein an den Fakten klebender Bericht über den Festzug, welcher die protokollarischen Unstimmigkeiten nicht stillschweigend korrigiert. »So hingebungsvoll er auch Gold, Edelsteine und Perlen an der päpstlichen Kleidung aufzählt – daß die Florentiner dem Papst diese Gewänder geschenkt hatten, ... sagt er nicht.«[30]

Man muß das vergegenwärtigen, um nicht enttäuscht zu sein darüber, daß die seltene Gelegenheit der detaillierten Beschreibung eines Jahrhundertereignisses, welches – wie die zugehörige Musik – schon damals als ein solches empfunden worden ist, in Bezug auf genauere Auskünfte über die Aufführung etc. versäumt worden und der Besatz des Papstgewandes wichtiger ist als die Plazierung von Du Fays Motette, möglicherweise auch seines *Sanctus papale*[31], als die Anzahl und Art der Mitwirkenden usw. – obwohl man dem Chronisten nicht nachsagen kann, die Musik habe ihm wenig bedeutet. »*Zunächst war da eine große Reihe von Trompetern, Lautenisten und Flötisten, deren jeder sein Instrument ... in der Hand trug und rot gekleidet war. Dabei gab es überall ein Singen mit so vielen und verschiedenen Stimmen, und so viel Wohlklang stieg zum Himmel, daß es dem Hörer wahrhaftig wie ein Konzert göttlicher und von Engeln gesungener Melodien erschien. Die Stimmen erfüllten die Ohren der Zuhörer mit so wunderbarer Süße*[32], *daß sie betäubt zu werden schienen fast wie Menschen, die ihrer nicht mehr mächtig sind, weil sie Sirenen singen hören ... Und dann, wenn sie beim Singen die gewöhnlichen Pausen machten, war der Widerhall so freudig und süß, daß das beim Aufhören der süßen Klänge beruhigte Entzücken sich am wundervollen Nachhall neu zu stärken schien. Ganz und gar, als die heilige Hostie erhoben wurde, war der gesamte Kirchenraum so sehr mit harmonischen Chören und einem solchen Einklang verschiedener Instrumente erfüllt, daß die Musik der Engel und des himmlischen Paradieses vom Himmel herabgesandt schien, um unseren Ohren eine unfaßliche Himmelssüße zuzuflüstern. Weshalb ich in diesem Augenblick so sehr von Ekstase überkommen war, daß es mir schien, als genösse ich das Leben der Himmlischen schon auf der Erde. Ob es anderen Anwesenden ebenso erging, weiß ich nicht, aber was mich selbst betrifft, so kann ich es bezeugen.*«

In Schilderungen wie dieser entladen sich – mit wieviel Recht! – auch Triumphgefühle nach mehr als zwanzig Jahren, in denen Brunelleschis Projekte und bautechnische Wagnisse die Stadt in Atem gehalten hatten. Im Jahre 1346 war die Hagia Sofia in Konstantinopel eingestürzt, im Jahre 1400 hatte man den Baukörper des Baptisteriums verstärken müssen, weil er nachzugeben drohte – eine nicht eben einladende Vorgeschichte für das, was man vorhatte. Seit dem unter Kaiser Hadrian in Rom vollendeten Pantheon, einem »Weltwunder im präzisen Wortsinn, dessen Kuppel mit einer lichten Weite von über 43 ein Weltalter lang die erste authentische und zugleich größte sphärische Konstruktion auf der Erde darstellte«[33], war kein Kuppelbau solchen Ausmaßes gewagt worden, und auch St. Peter in Rom, 1592 vollendet,

28 Zak, a.a.O., S. 11

29 A.a.O.

30 A.a.O., S. 11

31 S. oben S. 87 ff.; zu zeitgenössischen Beschreibungen vgl. auch diejenige des Fasanenbanketts, S. 274 ff.

32 »*Dulcedo*« bzw. »*suavitas*«, von Manetti häufig gebraucht, bezeichnet die der Sinneswahrnehmung zugewandte Seite der Schönheit, schließt also viel stärker als »Süße« ästhetische und philosophische Konnotationen ein.

33 Sloterdijk 1999, S. 435

sollte hinter Santa Maria del Fiore zurückbleiben. Im Jahre 1404 war Brunelleschi in eine Kommission berufen worden, welche über die Errichtung von Strebemauern an den Chorkapellen des Doms beriet[34], hatte sich 1418 an einem Wettbewerb um die Gestaltung der Kuppel beteiligt, bei dem nicht weniger als 13 Modelle eingereicht wurden – seines und dasjenige seines Kollegen und Konkurrenten Lorenzo Ghiberti waren sogar gemauert. Vorangegangen war ein Ausbau des achteckigen Tambour, welcher drei Meter höher hinaufgeführt wurde, als die dem Baubeginn im Jahre 1294 zugrundegelegte und 1367 nochmals für bindend erklärte Planung vorsah – bei dieser auch die technologischen Risiken erhöhenden Veränderung hat Brunelleschi seine Hand offenbar im Spiele gehabt. Er als einziger unter den Wettbewerbern von 1418 hat, nach genauer Prüfung der Bauweise des Pantheons, in nach oben sich verjüngenden Ringen mit vertikal dazwischengesetzten Verbundteilen eine selbsttragende Struktur aufzumauern vorgeschlagen, was die Errichtung eines sichernden Holzgerüsts bzw. von Rüstbögen überflüssig machte, nur eben seit 1300 Jahren nicht mehr versucht worden war.

Nachdem Brunelleschi sich bei einem zweiten Romaufenthalt abermals vergewissert hat, kehrt er 1419 nach Florenz zurück, wird zur Mitarbeit aufgefordert und begegnet abermals Zweifeln bis hin zu Verdächtigungen, er sei nicht ganz bei Troste, baut als Beweisstück seiner Hypothese die Cappella Ridolfi in San Jacopo Sopr'Arno, entwirft eine genaue Baukonstruktion und läßt sich zu einer niedrigeren Bauhöhe und einem niedrigen Gehalt bereden; erst dann ist der Weg frei zur Ernennung zum Baumeister. Schwierige Auseinandersetzungen mit der Bauhütte, der »*Opera del Duomo*« und den Handwerkern bleiben nicht aus, vor Allem mit Ghiberti, den Brunelleschi – Rache für dessen Sieg im Wettbewerb um die Bronzetüren des Baptisteriums? – zielsicher blamiert und aus dem Rennen wirft; nicht zuletzt belegen sie, daß das neue Konzept auch neue Organisationsformen bedingte. Am Ende regiert Brunelleschi auf dem Bau nahezu als absoluter Herrscher und übernimmt die Verantwortung für alles und jedes; trifft Sicherheitsvorkehrungen im Hinblick auf mögliche statische Probleme; baut Modelle, um den Arbeitern sein Projekt zu veranschaulichen, denen die Gänge zwischen den beiden Schalen der Kuppel auch als Aufenthaltsräume dienen; beredet streikende Handwerker zur Fortsetzung der Arbeit; prüft alle Materialien selbst; nimmt, um ständig am Bau sein zu können, in dessen unmittelbarer Nähe Wohnung; beklagt sich über Schaulustige, die die Arbeit behindern, und wird zwei Jahre vor der Vollendung der Kuppel, veranlaßt durch die Zunft der Zimmerer- und Maurermeister, der er die Immatrikulation zu bezahlen sich geweigert hatte, zeitweilig arretiert. »Daß sich das größte Werk vollende, / genügt ein Geist für tausend Hände« – wenn irgendwo, dann hat sich das hier bestätigt. »*Wer vermöchte je so hochmütig und neidisch zu sein, daß er nicht den Architekten Pippo* (Brunelleschi) *rühmt, wenn er dessen Bau hier sieht, so gewaltig, himmelragend, groß genug, um mit seinem Schatten alle Völker Toskanas decken zu können und aufgerichtet ohne jede Hilfe von Holzstützwerk; ein Kunstwerk meinem Dafürhalten nach, das vielleicht von den Alten ebensowenig gewußt und bekannt war, als dessen Ausführung der Gegenwart unglaublich erschien*«, schrieb Leon Battista Alberti im Jahr der Domweihe in der Widmung von *Della pittura*[35] an den Baumeister.

Nicht nur, um die historische Dimension dieses 25. März im Jahre 1436[36] zu ermessen, gehört die Vorgeschichte zu den Kontexten von Du Fays Motette und sie zu den Kontexten des Dombaus, sondern auch, weil dieser, und die krönende Kuppel besonders, sehr bewußt in weitgreifende Zusammenhänge, in die Landschaft und – im allerweitesten Sinne – in die

34 Das Folgende ist der Darstellung bei Fanelli 1980, S. 10 ff., verpflichtet

35 Leone Battista Alberti, *Kleinere kunsttheoretische Schriften*, hrsg. von Hubert Janitschek, Wien 1877, Neudruck Osnabrück 1970, S. 46 ff.

36 Vgl. auch Grafton 2002, S. 403 ff.

Die Kuppel des Domes von Florenz

Stadt hineingestellt ist. »*Erta sopra e cieli, ampla da coprire chon sua ombra tutti il popoli toscani*« – Albertis Formulierung (s.o.) korrespondiert zu genau mit eben beginnenden Diskussionen um die *città ideale,* mit deren – späteren – bildlichen Vergegenwärtigungen und mit der präzisen Einpassung in das Höhenrelief und die Sichtachsen der Stadt, als daß es lediglich als blumiger Lobspruch passieren dürfte. Hier kommt eine spätestens durch Leonardo Brunis *Laudatio Florentinae Urbis* initiierte, sodann in Albertis zwischen 1444 und 1450 geschriebenem Traktat *De Re Aedificatoria* systematisch ausgearbeitete »Theorie der Stadt« zu Worte, welche Lebensformen und -verhältnisse, gesellschaftliche und bauliche Aspekte, soziale und geometrische Ordnungen genauer verknüpfte, als je vordem geschehen, und, weil immer neu von der Kongruenz zwischen einer *Laudatio ... Urbis* und der emphatisch bejahten Gesellschaftlichkeit des *zoon politikon* ausgehend, die Balance hielt zwischen Bürgerstolz und utopischem Entwurf. Die Gewißheit, an einer neuen Welt zu bauen, liegt etlichen seinerzeit ins Auge gefaßten Stadtentwürfen[37] ebenso zugrunde wie u.a. der Nötigung, selbst Fragen der perspektivischen Gestaltung als soziale zu verstehen, aber auch den Initiativen von Bürgern oder Bürgergruppen, von sich aus zur kommunalen Selbstdarstellung beizutragen.

Dieser z.B. dient die Domkuppel in gleichem Maße wie ihrer geistlichen Bestimmung – in einem überreichen Kontext: Die *Calimala*, die Gilde der Textilkaufleute, übernahm 1403 die Halbreliefs auf den Bronzetüren zweier Eingänge zum Baptisterium; allen Gilden zusammen übertrug die Signoria die Kosten der Skulpturen in den Nischen von Or San Michele im Jahre 1406; 1421 übernahm die Seidengilde den Bau des Ospedale degli Innocenti, der Kaufmann Pippo Scolari, unterstützt wieder von der *Calimala*, 1434 den Wiederaufbau von Santa Maria degli Angeli; wenig später initiierte die zugehörige Gemeinde die Erneuerung von San Spirito, der Kirche des Augustinerklosters; 1435 übernahm Cosimo de'Medici die vollständige Erneuerung des Klosters San Marco. Konkurrenzverhältnisse mindern nicht, sondern verdeutlichen die Einmütigkeit, in der eine fieberhaft aktive, mitunter auch noch in militärische Auseinandersetzungen verwickelte Stadt den Leistungsdruck und die besonderen Verantwortungen akzeptiert, welche mit dem Bewußtsein des historischen Vortrupps verbunden waren[38]. So sollte es eher wundernehmen, wenn die Musik abseits bliebe und nicht in Entsprechungen zu den Maßgaben des Dombaus größtmögliche Integration in die durch den Anlaß vorgegebenen Zusammenhänge suchte. Im Hinblick auf Albertis genannten Traktat und die dort supponierte Priorität der musikalischen vor den hiervon abzuleitenden architektonischen Proportionen[39] könnte man gar sagen, daß Du Fay wohl die biblischen Zahlenvorgaben kompositorisch angeeignet, zugleich aber das Prinzip *numerositas* in die Musik als den für seine Repräsentation allererst zuständigen Bereich zurückgeholt habe. »Alle mittelalterlichen Abhandlungen über bildende Kunst, von den byzantinischen der Mönche vom Berg Athos bis zum Traktat des Cennini, offenbaren das Bestreben dieser Kunst, sich auf dasselbe mathematische Niveau wie die Musik zu stellen«[40].

Der Emphase des über die Musik des Zeremoniells berichtenden Florentiners wird nichts von ihrer Glaubwürdigkeit genommen, wenn wir in ihr die Hochstimmung des Tages sich widerspiegeln sehen und manche seit *De caelesti Hierarchia* des Dionysius Areopagita[41] kano-

---

37 Argan/Fagiolo 1980, S. 115 ff.

38 Vgl. u.a. Grafton 2002, S. 403 ff.

39 Hierzu auch Holmes 1969, S. 195 und Grafton 2002, u.a. S. 458

40 Eco 1991, S. 65; vgl. auch Panofsky 1955

41 *Dionysiaca*, ed. P. Chevallier (et alii), Paris 1937 und 1950; vgl. Hammerstein 1962 und Charles de Tolnay, *The Music of the Universe: Notes on a Painting by Bicci di Lorenzo*, in: *Walters Art Gallery*, Journal VI, 1943, S. 83 – 104

nische Topoi der Rede von himmlischer Musik wiederfinden: In »*eine unbekannte Gegend des Erdkreises, die sich nicht ganz in der irdischen Unreinheit und nicht ganz in der Reinheit des Himmels befindet*«, glaubte sich auch Abt Suger von St. Denis beim Betrachten der Schönheiten seiner Kirche versetzt und meinte in seiner Verzückung, sich »*mit Gottes Hilfe in anagogischer Weise aus dem unteren in den oberen Bereich begeben zu können.*«[42] Von Manetti freilich erführen wir gern genauer, inwieweit *Nuper rosarum flores*, vermutlich nicht die einzige bei dieser Gelegenheit dargebotene mehrstimmige Musik, hier eher als Katalysator einer literarisch ausphantasierten *musica de caelis* herhalten mußte, inwiefern in der Art und Weise, in der des Verfassers Darstellung über das real Gehörte hinausschoß, bestimmte Erwartungen hinsichtlich musikalischer Erlebnisse zum Ausdruck kommen oder diese Erwartungen mit dem Erlebten identisch wurden, inwiefern Manetti also, weil die Bereitschaft zu einem bestimmten Erlebnis dieses zur Hälfte schon ist, tatsächlich so präzise berichtet hat, wie es ihm möglich war. Das sollten wir im Kontext eines so groß beschworenen Wunders harmonischer Mehrstimmigkeit keinesfalls ausschließen, umso weniger, als Du Fay zu ungewöhnlichen Mitteln griff: Im viermaligen Wechsel zwischen zwei= und vollstimmigen Passagen führte er das »Wunder« immer neu vor und vergrößerte es durch Klangzusatznoten – im Übrigen ein Beleg für chorische Besetzung der Stimmen (zur Kirche gehörten damals 10 Sänger). Nicht zufällig verstärkt er erstmals bei »*Grandis templum*« (Takte 30 ff.) und dann, nach der Nennung des Papstes, bei »*Hoc idem amplissimum Sacris templum*«(Takte 49 ff.), als wolle er die Dimension des Gebäudes durch musikalischen Aufwand veranschaulichen und durch die Mächtigkeit des Klanges zum Sprechen bringen. Im letzten Duo verdeutlicht er, ab Takt 148 zur Dreistimmigkeit verstärkend, die Untergliederung in zweimal sieben Takte und fügt so, offenbar als Hinführung zum »Finale«, eine in dieser Form neue Trittstufe ein – Heinrich Besseler hat diese Passage »einen der schönsten Einfälle des Meisters«[43] genannt. Selbstzweckhafte Steigerung des Klanglichen liegt Du Fay fern, er achtet den durch die vierstimmige Grunddisposition auferlegten Rahmen, indem er – außer im erwähnten Duo – nur an Stellen verstärkt, wo der Kanon der Tenores Lücken läßt; mit Ausnahme einer einzigen Stelle (Takte 91/92) bleibt das Stück vierstimmig.

Keine Komposition zwischen dem *Sommerkanon* und Monteverdis *Orfeo* ist häufiger kommentiert worden als *Nuper rosarum*[44]. Das erscheint im Hinblick auf andere Meisterwerke – nicht nur Du Fays – ungerecht und zugleich auf eine Weise verständlich, welche auch unsere und frühere Erklärungsnöte bei dieser in ferner Vergangenheit liegenden Musik widerspiegelt. Da ist zunächst der Rang des Ereignisses, welcher den Rang der zugehörigen Musik selbsttätig einbegreift, so daß der Betrachter schon in dieser Hinsicht sich von bestimmten Nachweispflichten entbunden weiß – selbst Johannes Tinctoris, der seine Wertung der seit Mitte der dreißiger Jahre »*hörenswerten*« Musik solide begründete und wegen zeitlicher Nähe in vieler Hinsicht kompetenter urteilen kann als wir, mag davon beeindruckt gewesen sein; den Nachlebenden gab er hiermit in Wertungsfragen besondere Sicherheit. Außerdem bot der Anlaß konkrete Bezugsmöglichkeiten auf Lebens- und Gesellschaftsformen jener Zeit und entriß das Stück der für die Nachwelt gleichmacherischen Anonymität, mit der so viele

42 »*Unde, cum ex dilectione decoris domus Dei aliquando multicolor, gemmarum speciositas ab exintrinsecis me curis devocaret, sanctarum etiam derversitatem virttum, de materialibus ad immateriaia transferendo, onesta meditatio insistere persuaderet ... videor videre me quasi sub aliqua extranea orbis terrarum plaga, quae nec tota sit in terrarum faece nec tota in coeli puritate, demorari, ab hac etiam inferiori ad illam superiorem anagogico more Deo donante posse transferri*«, zitiert nach: Eco 1993, S. 31

43 Besseler 1950/1974, S. 167

44 Fallows, a. a. O., S. 117; eine Übersicht über die einschlägige Literatur bei Wright 1994, S. 395

Musik der Du Fay-Zeit geschlagen ist. Einer anderen Anonymität, derjenigen eines mit seinen Ämtern und Aufgaben identifizierten und seinerzeit als Person und Individualität kaum interessierenden Musikers[45], erschien der Komponist entrissen und fand sich an der Seite führender Köpfe und höchster Würdenträger im Rampenlicht einer sogleich als historisch begriffenen Szenerie wieder, freilich im Schlepptau der Architektur als – im öffentlichen Bewußtsein vor Literatur und Musik – einer der Leitkünste des Zeitalters. Insofern schienen die Kontexte von *Nuper rosarum* auch die fatale These vom historischen Nachtrab der Musik zu bestätigen und halfen die Frage nach den Maßgaben des vermeintlichen Nachtrabs wegzuschieben[46]. Und nicht zuletzt hat zur Diskussion eingeladen, daß sie Parallelitäten zwischen Architektur und Musik zu erhellen versprach, mit deren Hilfe man genauer und besser abgesichert als irgendwo sonst in Du Fays Werkstatt blicken konnte.

Das spitzte sich, auf seine Weise folgerichtig, in der seinerzeit als sensationell empfundenen These zu, die Proportionen der Motette, vor Allem diejenigen der Mensuren (O = 6; C = 4; ¢ = 2; ⏀ = 3), seien direkt von denen des Kirchenbaus abgezogen (Längsschiff 6, Querschiff 4, Apsis 2, Kuppelhöhe 3)[47]. Wohl verfolgte sie die richtige Spur und erschien plausibel, weil die Abweichung von der motettenüblichen Verkleinerung der Proportionen (6 : 4 : 2 : 3 statt etwa 6 : 4 : 3 : 2) eine spezielle Veranlassung und der in ungewöhnlicher Weise verdoppelte Cantus eine Bezugnahme auf das seinerzeit mit besonderer Aufmerksamkeit verfolgte Wagstück von Brunelleschis doppelschaliger Kuppel vermuten ließ. Indessen spannte sie den Rahmen nicht weit genug – er hätte bis zu einer für Musik und Architektur gleich verbindlichen, symbolträchtigen *numerositas* reichen müssen – und setzte sich an der falschen Stelle, einer direkten Kausalität zwischen Kirchen- und Motettenstruktur, unter Beweiszwang. Das veranlaßte etliche schöngerechnete Befunde bei den Maßverhältnissen – in einem Kirchenbau[48], bei dessen anderthalb Jahrhunderte währender Errichtung überdies eine spätere Planung der Vierung bzw. Kuppel eine frühere abgelöst hatte und schon deshalb von einer einzigen, fugenlos schlüssigen Disposition nicht gesprochen werden kann – insgesamt eine an vergleichsweise banalen Details weit unter dem eigenen Anspruch scheiternde, als Blickrichtung dennoch nicht widerlegte Hypothese. Zur Verdeutlichung des zahlensymbolischen Anteils und der Parallelitäten zur Architektur war die unvermittelte Bezugnahme auf Santa Maria del Fiore schlicht unnötig.

»*Terribilis est locus iste*«, der Text des verdoppelten Cantus entstammt dem Bericht Jakobs über seinen Traum von der Himmelsleiter (*Liber Genesis, 1. Mos.* 28, 16 ff.), die zugehörige liturgische Melodie dem *Introitus ad Missam in Dedicatione Ecclesiae*, also dem für Kircheneinweihungen vorgesehenen Ritual. Im Wort »*terribilis*« schwingt der Schauder angesichts etwas unfaßbar Großem mit, den auch der Doppelsinn von »*sacer*« – heilig, verflucht – zu erfassen versucht; Luther übersetzte »*Wie heilig ist diese Stet, Hier ist nichts anders denn Gotteshause, Und hie thor zum hymel*«. Du Fay wählt als Ausschnitt die vier ersten Worte und die zugehörigen zweimal sieben ersten Töne (vgl. Beispiel 6 a) und projiziert die Verdoppelung ins Untereinander, indem er – melodisch genau, rhythmisch ungenau – einen Unterquint-Kanon daraus macht (Beispiel 6 b) . Der Unterbau der *Salve*-Motette (Beispiel 3) läßt sich umso eher als Vorübung hierfür betrachten, als der Unterquint-Kanon in *Nuper rosarum* eine harmonische Ambivalenz etabliert; im zweiten Modus auf *d* bzw. *g* stehend, streben die

45 Vgl. Kap. XX

46 Hierzu das Vorwort

47 Warren 1973; die Proportionenfolge 6 : 4 : 2 : 3 kommt in keiner anderen aus jener Zeit bekannten Motette vor

48 Wright a.a.O., S. 401 ff.

beiden Tenores in verschiedene Richtungen[49] und sind doch zugleich in die Disziplin des Kanons eingebunden. Du Fays sorgsame Akzidentiensetzung verrät, wie sehr ihm an der Verdeutlichung dieser Ambivalenz gelegen war, welche als musikalische Parallelität zu der Spannung der zwei divergierenden, Brunelleschis Kuppel stabilisierenden Schalen einleuchtet. Du Fay hebt in diesem Kanon zugleich die gängige Differenz von Talea und Color auf: Zwar gibt es für dieselbe Tonreihe (Color, vgl. Beispiel 6 a) zwei verschiedene rhythmische Verläufe (Talea) – in der Ober- bzw. Unterstimme von Beispiel 6 b –, doch laufen diese, weil er das Nacheinander ins Miteinander zusammengezogen hat, nunmehr parallel, so daß innerhalb der gleichen Strecke zwei Durchläufe desselben Color und je ein Durchlauf zweier Taleae unterkommen. Dergestalt vermehrt er die zur isorhythmischen Motette gehörigen Momente der Disziplinierung um ein vergleichsweise neues, jedoch im Interesse einer Lösung, welche das altbekannte Procedere eher verbirgt als vorzeigt – Musterfall eines bis an den dialektischen Umschlag heranführenden Zuendedenkens hergebrachter Konsequenzlinien.

Beispiel 6 a und b

Ernst und Anspruch der musikalischen Konstruktion dokumentieren sich in der der Cantus-Disposition eingeprägten *numerositas* mindestens ebenso deutlich wie in ihren Ausstrahlungen auf Oberstimmen und Text – insofern, als zur Würde des heiligen Zitats, nicht im Widerspruch zur Rolle des Fundamentum relationis, auch der Charakter der entliehenen Spolie, ein gewisser Abstand zum tropierenden Überbau gehört; eben diesen verringert Du Fay in fast bedenklicher Weise, indem er die für die gesamte Struktur verbindlichen Maßgaben ostentativ im Cantus verankert und diesen somit als nahezu hierfür vereinnahmt vorführt. Kommt hinzu, daß von der Transparenz der musikalischen Gliederung her alles getan scheint, um die Aufmerksamkeit hierauf zu lenken, bis hin zu dem Umstand, daß die Duo-Passagen wie die vollstimmigen je zweimal sieben Breven umfassen, als wären auch sie dem Cantus-Gerüst überbaut; im übertragenen Sinne sind sie es tatsächlich.

Die Zwei findet sich in der symmetrischen Unterteilung der Motette in zwei je ein perfektes und ein imperfektes Metrum umfassenden Teilen (Takte 1 – 112, 113 – 168) ebenso wieder wie in der ebenfalls symmetrischen Unterteilung der einzelnen Abschnitte in einen zwei- und einen vierstimmigen, im Gesamtanteil der zweistimmigen Passagen (die erwähnte dreistimmige, Takte 148 bis 154 nicht gerechnet viermal 14 bzw. 28 Breven) ebenso wie in der Zweiteilung des Textes durch die am Beginn der dritten Strophe vollzogene Hinwendung zur Muttergottes (»*Igitur, alma parens / Nati tui et filia*«). Die Vier – wir würden uns vom substan-

49 Strohm 1993, S. 169 ff.; Carpenter 1973

ziell-integrativen Zahlenverständnis jener Zeit schon entfernen, wenn wir die im cusanischen Verständnis letzte der vier »wurzelhaften« Zahlen[50] als zweimal Zwei in die Nähe der Zwei rückten – findet sich als Anzahl der Strophen im Text ebenso wieder wie in derjenigen der Großabschnitte, die Sieben in den 28 (= 4 mal 7) Breven jedes der zwei- bzw. vierstimmigen Halbabschnitte und in der zwar nicht konsequent durchgehaltenen, jedoch dominierenden Anzahl von sieben Silben pro Zeile[51].

Die Vier steht nach hergebrachtem Verständnis vor Allem für die irdische Welt – vier Elemente, Temperamente, Windrichtungen, Mondphasen, Jahreszeiten –, ist aber auch die Zahl der Kardinaltugenden, der Buchstaben des Namens Adam, der Evangelien, sie konstituiert in Platons *Timaios* den Feuertetraeder und ist für Vitruv die Zahl des Menschen, weil dieser mit ausgestreckten Armen so breit wie hoch ist und also ein Quadrat bildet; die Sieben steht symbolisch für die Jungfrau – sieben Sorgen, Freuden, jungfräuliche Gefährtinnen, sieben Akte des Erbarmens, sieben Jahre in Ägypten, zu jener Zeit zudem sieben mit ihr direkt verbundene Feste[52]. Nicht nur war der Florentiner Dom der Maria geweiht, die Motette mithin auch eine Marienmusik; Maria selbst wurde anagogisch als Tempel des Herren begriffen bzw. die Kathedrale als ihr Leib. *»In mundo nullus locus dignior fuit virginali templo in quo dei filium Maria suscepit*[53] *= auf Erden war kein Ort würdiger als der jungfräuliche Tempel, in dem Maria den Gottessohn empfing«* – diesen neugedichteten Text hat Du Fay zwanzig Jahre später zusammen mit einem Cambraier Kollegen, Gilles Carlier, einstimmig komponiert[54].

Weitere Bedeutungen weisen in die neben der marianischen gleich wichtige zahlensymbolische Fundierung der Motette: Im vierten Regierungsjahr des Königs Salomo wurde mit dem Bau des nach ihm benannten Tempels begonnen, der Bau dauerte sieben Jahre, im siebenten Monat des Jahres (966 vor Chr.?) wurde er geweiht, und die Einweihungszeremonie dauerte zweimal sieben Tage. Über die Maßverhältnisse sagt das 1. *Buch der Könige*, 6 : 1 – 20: *»Das Haus aber, das der König Salomo dem Herrn baute, war sechzig Ellen lang, zwanzig Ellen breit und dreißig Ellen hoch. Und er baute eine Vorhalle vor der Tempelhalle des Hauses, zwanzig Ellen lang nach der Breite des Hauses und zehn Ellen breit vor dem Hause her.«* An diese Zahlen heftete sich alsbald eine weiterführende, offenbar weitverbreitete Exegese: Die Länge des Tempels – 60 Ellen – symbolisiert den Glauben des exilierten Volkes, seine Breite – 20 Ellen – Nächstenliebe gegenüber Freund und Feind, seine Höhe – 30 Ellen – Hoffnung auf Gottes Erbarmen[55]; später werden die vier Ecksteine, Wände, Ecken des Altars, die vier Balkenenden des Kreuzes und, von ihnen abgezogen, die vier Eckpunkte des Grundrisses der Kathedrale als symboltragend genannt, daneben die sieben Säulen des salomonischen Tempels als für die sieben Säulen der Weisheit und die sieben Gaben des Heiligen Geistes stehend – wobei der Kommentator sogleich ergänzt, daß in der Kirche viel mehr als sieben Säulen vonnöten gewesen seien, was die symbolischen Verbindlichkeiten jedoch nicht minderte. Daß das Weihrauchfaß bei der Einweihung siebenmal über dem Hochaltar geschwenkt wurde, berichtet u.a. auch das populärste Buch des Mittelalters, die *Legenda aurea* des Jacobus de Voragine – es befand sich übrigens in Du Fays Bibliothek.

---

50 Nicolai de Cusa, *De coniecturis / Mutmaßungen*, 2. Aufl. Hamburg 1988, S. 13 u. ö.

51 Bei Wright a.a.O., S. 389ff. die wichtigste Darstellung dieser Sachverhalte, der die vorliegende verpflichtet ist; in der numerologischen Auflösung weiter gehend Ryschawy/Stoll, a.a.O.

52 Wright, a.a.O., S. 438

53 Zitiert nach Wright, a.a.O., S. 434; weitere Konnotationen der Sieben bei Benary 2001, S. 64 ff.

54 Haggh 1988, s. auch Kap. XXV.

55 Wright a.a.O., S. 408 ff.; dort auch weitere Nachweise

Alles das fließt in eine Motette ein, welche in ihrer Strukturierung die 6 : 4 : 2 : 3-Proportionen des salomonischen Tempels genauer nachbilden kann, als dies im Dom möglich war. Das erscheint wenig erstaunlich nicht nur im Hinblick auf pragmatische Gesichtspunkte beim Bauen und die komplizierte Baugeschichte, sondern mehr noch, weil die von grob materiellen Rücksichtnahmen dispensierte Musik dem die *numerositas* des Ganzen stiftenden *ordo* nähersteht – das bezeugen die neuplatonisch inspirierte Symbolik von *musica mundana, humana et instrumentalis* ebenso wie 15 Jahre nach der Domweihe der Du Fay gewiß bestens bekannte Leon Battista Alberti in seinem Buch *De re aedificatoria*«[56]: »*Die Zahlen aber, welche bewirken, daß jenes Ebenmaß der Stimmen erreicht wird, das den Ohren so angenehm ist, sind dieselben, welche es zustande bringen, daß unsere Augen und unser Inneres mit wunderbarem Wohlgefühle erfüllt werden. Von den Musikern also, welche diese Zahlen am besten kennen und außerdem daraus, worin die Natur uns einen besonders geeigneten und wertvollen Anhaltspunkt gewährt, wollen wir das ganze Gesetz der Beziehung ableiten ... Die musikalischen Zahlen selbst schließlich, um sie summarisch zu nennen, sind folgende: eins, zwei, drei, vier ... All dieser Zahlen bedienen sich die Architekten aufs allergeeignetste (= commodissime)*«. Nicht zufällig hat Alberti seine musikalische Zuständigkeit ausdrücklich betont[57], im Übrigen schreibt er eine von Pythagoras und Platons *Timaios* herkommende, über Augustinus, Boethius und Abälard führende Traditionslinie fort[58].

Überlieferungszusammenhänge wie die bis zu den *Legenda aurea* und darüber hinaus reichenden spielen eine wichtige Rolle auch bei der in den Domkapiteln von Cambrai und Florenz befindlichen Predigt *In dedicatione templi* des Beda Venerabilis, welcher zu den angesprochenen zahlensymbolischen Anreicherungen viel beigetragen und sie weitergeschrieben hat. Die ersten Verse der Motette – »*Nuper rosarum flores / ex dono pontificis / hyeme licet horrida / tibi virgo celica ...*« – klingen unverkennbar an die Eröffnung von Bedas Predigt an, wo er den »*Winter*« (= »*hiems*«) als Gleichnis für die Rauheit der Christusleugner beschreibt, und auf ebensolche Weise erscheint der Winter als der des Alten Bundes in der erwähnten, 1457 komponierten *Recollectio Festorum Beatae Mariae Virginis* begriffen: »*Iam hyems sub lege et prophetis abierat quando flores virtutum apparuerunt in terra nostra virginea, de qua orta est veritas*«[59].

Heute irritiert das dichte Netz von Bedeutungen eher, in das Du Fays Motette eingeflochten ist, als daß es Zugänge öffnen hülfe. Daß »*überhaupt ... die Zahl nichts anderes*« ist »*als ausgefaltete Vernunft*«[60]; daß Zahlen als »das große Bindemittel, das auch die ungleichartigsten Inhalte zu umfassen vermag, um sie zur Einheit des Begriffs umzubilden«[61], nicht nur Ordnung schaffen oder markieren, nicht nur deren Funktionäre und Instrumente, sondern Fleisch von ihrem Fleische sind; daß Bedeutungsinhalte von Zahlen nicht unter Beachtung einer je andersartigen Qualität denotiert – so das gängige Verständnis von Symbolisierung –, sondern von ihnen in substanzieller Teilhabe mit einer Kompetenz repräsentiert werden, welche dem im Sinne der *numerositas* nur halbwegs Einleuchtenden eo ipso ein Stück Wahrheit zuspricht[62];

---

56 IX/5, 1450/52, Florenz 1485; zitiert nach: Jäger 1990, S. 143 ff.; vgl. auch Burke 1988, S. 161 ff.

57 Grafton 2002, S. 35

58 Hierüber u.a. Otto von Simson, *Das Mittelalter II*, in: *Propyläen Kunstgeschichte*, Band 6, Berlin o.J., S. 42; *Musique et architecture*, hrsg. von H. Laurenti, Paris 1987; Strohmayer 2001

59 Zitiert nach Wright, a.a.O., S. 412; Haggh 1988

60 Nicolai de Cusa, *De coniecturis/ Mutmaßungen*, 2. Aufl. Hamburg 1988, S. 10/11: »*Nec est aliud numerus quam ratio explicata*«

61 Ernst Cassirer, *Philosophie der symbolischen Formen. Zweiter Teil: Das mythische Denken*, 9. Aufl. Darmstadt 1964, Band 2, S. 169

62 Das gilt auch für moderne Deutungen wie die von Ryschawy/Stoll, a.a.O.

daß der im künstlerischen Material Arbeitende nicht primär Neues schafft, sondern einordnet, zuordnet, das Unzufällige, Verallgemeinerbare in der Zufälligkeit eines Ereignisses, Anlasses oder Textes aufdeckt; daß die »gewisse ontologische Demut«[63] der Kunst deren ästhetisches Eigenwesen in übergeordneten Maßgaben aufzugehen anhält – die Barriere solcher Voraussetzungen eines adäquaten Verständnisses läßt sich wohl reflektieren, kaum aber überwinden. Das nimmt der Leser u.a. wahr, wenn ihm mißfällt, daß bei der Betrachtung einer Motette viel von Zahlen und anscheinend zu wenig von musikalischen Vorgängen die Rede ist, weil er nur auf Umwegen nachvollziehen kann, daß beides einstmals weitergehend kongruieren konnte als heute.

Dennoch – finden sich Elemente, welche derlei Barrieren begünstigen, wenn auch in anderen Dosen und Qualitäten, nicht auch in dieser Musik? Schon die mit *Nuper rosarum* verbundene historische Situation erlaubt schwerlich, ausschließlich anagogische, also substanziell teilhabende Beziehungen zwischen Zahlen und Bedeutungen, ästhetischen Prägungen und Gehalten etc., mithin rückbezogene Beglaubigungen zu unterstellen. Denn neben allen theologischen Rückbindungen und zunächst nicht im Widerspruch zu ihnen meldet die Philosophie, ebenso umsichtig argumentierend wie nachdrücklich den Menschen als »*deus secundus*« an[64] und vermittelt zwischen den qualitativ teilhabenden und quantitativ messenden Kompetenzen der Zahl: »*Wenn du es genau überdenkst, wirst du finden, daß die Vielheit der Dinge nichts anderes ist als eine Erkenntnisweise des göttlichen Geistes. So mutmaße ich, daß … das erste Urbild der Dinge im Geiste des Schöpfers die Zahl ist. Das zeigt … die Schönheit, die allen Dingen innewohnt, die auf der Proportion beruht, die Proportion aber auf der Zahl. Darum ist die Zahl die vorzügliche Spur (praecipuum vestigium), die zur Weisheit führt.*«[65] Irgendwann freilich wird die Unteilbarkeit der Vier als integraler Bedeutungsträger doch Schaden nehmen, wenn sie in einen Zusammenhang gestellt ist, der sie auch als zweimal Zwei zu funktionieren und angeschaut zu werden zwingt. Das geschieht beim isorhythmischen Komponieren häufig genug – und stärker in dem Maße, in dem die Proportionsfolgen länger und komplizierter werden. Wie immer sie bei den transzendenten Beglaubigungen der *numerositas* einsetzen und die »*vorzügliche Spur … zur Weisheit*« weiterziehen – die isorhythmischen Strukturen, ob gewollt oder nicht, sind auch Entdeckungsreisen, ganz und gar bei einer so oft auf neue Lösungen drängenden, fast im Sinne eines *esprit observateur* operierenden Kreativität wie derjenigen Du Fays. »The artist works like a scientist. His works exist not only for their own sake but also to demonstrate certain problem-solutions«[66].

Das demonstrative Moment läßt sich in Du Fays Festmotette nicht übersehen, um so weniger, als es übereingeht mit all dem, was das Stück dem unmittelbaren Verständnis zu öffnen sucht – Unterteilungen und Zäsurierungen, Wiederholungen, offenliegende Korrespondenzen etc., welche zugleich in die Tiefe eines tragenden, nicht sogleich auslotbaren, dennoch virtuell ebenfalls transparenten Hintergrundes weisen. Du Fay will seine Musik, so scheint es, möglichst als ein der Brunelleschi-Kuppel vergleichbares Wagstück kenntlich machen. »Die Ausführung schwieriger Dinge wurde an sich schon als Beweis für technisches Können und Talent geschätzt. Zu Zeiten Landinos[67] pries Lorenzo de'Medici zum Beispiel die Form des Sonetts »ausgehend von ihrer Schwierigkeit – da edle Vollendung (virtù) nach Meinung der

---

63 Eco 1993, S. 154

64 Nikolaus von Kues, *De beryllo*, n. 7, Hamburg 1997, vgl. Flasch 2001, S. 77 ff.; Winkler 2002, S. 119

65 Ders., *Idiota de mente*, H. 21, Hamburg 1995, c. 6, n. 94, S. 49

66 Ernest H. Gombrich, zit. in: Buck (Hrsg.) 1969, S. 26

67 Gemeint ist Cristoforo Landino

Philosophen im Schwierigen sich erweist«. Das galt auch für die Malerei[68] – und gewiß nicht weniger für die Musik, ganz und gar angesichts eines gesellschaftlichen Klimas, welches die enorme künstlerische Produktivität kaum zu trennen erlaubt von Konkurrenzdruck und Rivalitäten. Nicht jedem mag gefallen haben, daß die Einweihungsmusik für einen Bau, an dessen Risiken die ganze Stadt teilgenommen hatte, von einem als Flüchtling in die Stadt gekommenen Papst einem frisch zugereisten Musiker zugesprochen wurde. Vielleicht verraten die differierenden Tonlagen der Berichterstatter auch das Mißbehagen der Einheimischen darob, daß allzu viel vom Glanz und Ruhm der kommunalen Großtat auf fremde Häupter fiel; da konnte mit dem Papst, dessen Anwesenheit die Stadt nicht nur ehrte, sondern auch viel kostete, sein Lieblingsmusiker[69] gleich mitgemeint sein; dessen prätentiöse Selbstnennung in der »*Salve*«-Motette möglicherweise vor der Kirche als Präludium zu dem anschließend in der Kirche vorgeführten Non plus ultra an Kunstfertigkeit erscheint in dieser Szenerie zumindest vorstellbar. Retorte und Moloch: Als duldete die rigorose Distanzierung von den »finsteren Zeiten« auch in Bezug auf sich selbst keine Toleranz, werden die humanistischen Debatten zu Beginn des Jahrhunderts mit nicht eben humaner, unnachsichtiger Schärfe geführt[70], desgleichen die Diskussionen bei den Wettbewerben um den Auftrag für die Türen des Baptisteriums oder die die Domkuppel krönende Laterne; den Florentiner Alberti hat es nicht in Florenz gehalten, und noch sehr viel später ergänzt Vasari, nachdem er das Klima immerwährender Kritikbereitschaft, intellektueller Herausforderung und eines unersättlichen Appetits auf Größe und Erfolg gepriesen hat, dies mit einem drohenden Hinweis auf die Schattenseiten: »*Bisogna partirsi di quivi e vender fuora la bontà dell'opere sue e la reputazione di essa città, come fanno i dottori quelle del loro studio. Perché Firenze fa degli artifici suoi quel che il tempo delle sue cose, che, fatte, se le disfà e se le consuma a poco.*«[71]

Beispiel 7 a und b

68 Baxandall 1999, S. 167

69 »*Nuper rosarum* ... ist eine von fünf, vielleicht sechs oder sieben für Eugen IV. komponierten Motetten: *Ecclesie militantis, Balsamus et munda, Supremum est mortalibus, Salve flos tusce* ..., höchstwahrscheinlich *Mirandas parit* und *O beate Sebastiane*

70 Holmes 1969, S. 1 ff.

71 Vite, hrsg. V. Milanesi, III, S. 567

Als hätte sie den Auftrag, sich vorsichtig in den Kirchenraum hineinzutasten, beginnt die Musik mit kleinstmöglichem Einsatz, ihre Zweistimmigkeit aus dem oktavierten Einklang *g/g'* entfaltend mit einer alles andere als originell gewollten Wendung. Man kennt oder kannte sie von mehreren Marienantiphonen, aus dem Marienhymnus *Plaudet chorus fidelium*[72], aus der Antiphon »*Quomodo fiet istud*« zum *Canticum Zachariae*[73] und als »Kennmarke der englischen Schule«[74] – allein bei Dunstaple begegnet sie in acht Stückanfängen, die zweifelhaften Werke hinzugerechnet gar in dreizehn[75]; und man hörte sie viermal umschrieben innerhalb desselben Zeremoniells in einer auch textlich nahe bei *Nuper rosarum* liegenden, vermutlich ebenfalls von Du Fay stammenden Sequenz[76] (Beispiel 7 a). Auch melodisch fängt Du Fay klein an; beide Stimmen beschränken sich in der ersten, sechstaktigen Phrase (Beispiel 7 b), das Triplum zusätzlich die Unterterzklausel beanspruchend, auf die authentische Quint *g/d*. Der Motetus, in den Duo-Teilen die Rolle eines Tenors übernehmend, in den vollstimmigen oftmals in die eines Contratenors abgedrängt, zieht eine liedhaft einfache Linie, worüber das bewegtere Triplum sich wie eine *florificatio* ausnimmt. Zugleich exponiert Du Fay – nicht nur das »englische« Motto, bei dem ihn vor allem der Terzanstieg interessiert, mit dem er auch das zweite und vierte Duo (Takte 57 ff. bzw. 141 ff.) eröffnen und schon im ersten (Takte 15 ff.) ein intrikates Kanon-Spiel treiben wird (Beispiel 8 a), sondern auch die Folge von fallender Sekund und Terz, welche, per se betrachtet zum anonym-gängigen Vokabular gehörig, wie bei früher besprochenen Motetten als Bestandteil des inneren Regelkreises ausgewiesen werden muß: Außer dem Quartabgang am Ende stellt sie innerhalb des Cantus die prägnanteste Wendung dar.

Beispiel 8 a und b

72 Berger 1998, S. 699

73 Ryschawy/Stoll, a.a.O., S. 43 ff.

74 Bukofzer 1954, Sp. 954; vgl. auch Kap. VIII

75 *Complete Works*. Second, revised edition, London 1970, Nr. 5, 8, 11, 40, 42, 48, 49, 51, bei den Opera dubia Nr. 56, 58, 59, 68 und 69

76 Wright, a.a.O., S. 434 – 437, die Übertragung S. 440 – 441

Anfangs durch Unterschiede der Mensur getrennt, kommen beide Wendungen im dritten Großabschnitt in den Takten 127 ff. (Beispiel 8 b) direkt ins Gespräch, wohingegen in der eröffnenden Phrase Beispiel 7 b alles getan scheint, um ihr dreimaliges Erklingen unabsichtlich und als Teil des unprätentiösen Beginns erscheinen zu lassen. Im Folgenden erschließen die beiden Stimmen, bei nun stärker gegeneinander versetzten Aktivitäten, weitere Höhe – der Motetus die Quart *d' /g'* – und kadenzieren folgerichtig (Takt 14) eine Quint höher auf *d*. Von dort sequenzieren sie in der nachfolgenden Phrase kanonisch abwärts und enden auf *a*, nach der abermals folgenden auf *g*. Dergestalt steckt Du Fay die harmonischen Eckpunkte ab, jedoch auch Satzweisen: Die zweite Phrase (Takte 7 ff.) war schon »polyphoner«, die dritte steigert sich hierin abermals (Beispiel 8 a), der 12 Töne hindurch strenge Kanon reflektiert die Eindringlichkeit, mit der die »*virgo coelica*« angesprochen wird; und die vierte artikuliert in der langsameren Bewegung – zumal nach der lebhaft bewegten dritten – das durch »*pie et sancte deditum*« geforderte andächtige Innehalten und präsentiert mehrmals den Sekund-Terz-Fall, am Ende (Takte 27/28) in gedehnten Werten nahe denen des demnächst mit eben dieser Wendung eintretenden Tenors. Auch in dieser Hinsicht führt Du Fay an den Eintritt der beiden Cantus heran und verrät zugleich etwas von seinem Umgang mit ihr; geschah es ihr – nun aufwärtsgehend – zuliebe, daß er die nachmals von Tinctoris getadelte mangelhafte Auflösung der Dissonanz in Takt 39 (Beispiel 9 a) in Kauf nahm?[77] Immerhin ist sie soeben zweimal in den Tenores erklungen und wird sogleich in strenger Imitation erscheinen (Takte 44/45, Beispiel 9 b), um den »*successor = Nachfolger*« zu kennzeichnen.

Beispiel 9 a bis e

Sinnfällig mit »*Grandis templum*« setzt das große Ensemble ein – auf eine Weise, welche den von Klangwundern überwältigten Manetti am ehesten als einen an konkret Erlebtem orientierten Berichterstatter erkennen läßt. Viermal geschieht das, nachdem jeweils die Oberstimmen, gestützt durch die wechselnden Mensuren, in vier verschiedene Dimensionen bzw. Richtungen gerufen haben, und Du Fay markiert drei der vier Male (Takte 30/31, 86/87, 156/157, Beispiele 9 c, d und e) durch verschiedene Melodisierungen der verminderten Quart *b' /fis*. Wo er es versäumt, zu Beginn des dritten Großabschnittes, des kleinsten, holt er es an dessen Ende mit besonderer Eindringlichkeit nach (Beispiel 10 c) – zugleich in einem neuen Kontext: Denn die Formen, in denen das Triplum auf die Schlußkadenzen der vollstimmigen Partien zuläuft (Beispiele 10 a bis d), erscheinen wie gewaltige Umspielungen oder

77 Diskussion bei Blackburn, a.a.O., S. 270 ff., ohne Berücksichtigung des »motivischen« Aspekts

Auswucherungen des beim ersten Eintritt der Cantus in der gerafftesten Form exponierten Abstiegs Beispiel 9c. Grad und Qualität ihrer Bezogenheit liegen so knapp über der immerwährenden, modal determinierten und gegebenenfalls anonym-sprachbedingten Prägung der Melodiebildung, daß die mehrmals hierfür bemühte Kategorie »isomelisch« mehr Abstand zu einer normativen Sprachlichkeit voraussetzt, welcher isomelische Neigungen von vornherein mitgegeben sind.

Beispiel 10 a bis d

Die unterschiedliche Funktion von Triplum und Motetus – in den Duo-Passagen sind sie das Ganze, in den anderen ein Überbau – zieht unterschiedliche Qualitäten der Textwahrnehmung nach sich; in jenen überwiegen strukturbezogene wie der Kanon bei der Hinwendung zur »*virgo coelica*«, in diesen die direkt allegorisierenden wie die breit gelagerte Deklamation »*Grandis templum* …«, eindringliche Tonwiederholungen bei »*Jesu Christi*«, die imitative »Nachfolge« bei »*successor*«, der »niederbeugende« Abgang bei »*Devotus*« (Takte 90) etc. Als exponierend erweist sich das erste Duo insbesondere in den Wirkungen auf das zweite und dritte: Die Wendung im Triplum zu Beginn des zweiten paraphrasiert diejenige des ersten unverkennbar (vgl. Beispiel 7 b), und die dichte Kanonführung zu Beginn des dritten (Takte 113 ff.) augmentiert diejenige der dritten Phrase im ersten Duo (Beispiel 8 a) und gelangt zu der am weitesten von den vollstimmigen Passagen entfernten Satzstruktur.

Dem musikalischen Rückbezug entspricht ein textlicher. Beim ersten Kanon wurde die Jungfrau zum ersten Mal angesprochen, beim zweiten, ungleich größeren, kommen die Bittenden nach einer die ganze Strophe einnehmenden syntaktischen Vorschaltung zur Sache: »*Oratione tua = durch deine Fürbitte*«. Hier befindet sich der Bewährungspunkt für eine wiederum bewußt herbeigeführte Disparität zwischen Musik und Text. Du Fay fängt in der kontrapunktischen Verdichtung des Kanons auf bzw. rechtfertigt, daß er nicht vier je siebenzeilige Textstrophen mit je siebensilbigen Zeilen mit vier Großabschnitten zu je viermal sieben Takten koordiniert, sondern in den ersten beiden drei Strophen unterbringt und also für die letzte Strophe die verbleibenden zwei Großabschnitte, wie immer mensuraliter verkürzte, zur Verfügung hat. Er verschmäht die schematische Entsprechung zugunsten einer in der Verschränkung mit anderen, außerhalb des Schemas gelegenen Maßgaben schlechtweg genialen Lösung: In Mensureinheiten gerechnet teilt der Eintritt der dritten Strophe mit der zweiten Phrase des zweiten Duos (Takt 65) das Stück nahezu in den Proportionen des Goldenen Schnittes; asymptotisch, auf nicht im Einzelnen berechenbare Weise tut dies auch, bezogen auf die Zeitdauern der in unterschiedlichem Tempo musizierten vier Abschnitte, der Eintritt der vierten Textstrophe am Beginn des dritten musikalischen Abschnittes.

Nicht nur huldigt Du Fay damit der Architektur auch unabhängig von der Sieben und der 6 : 4 : 2 : 3-Proportion, er öffnet zugleich Freiheitsräume für eine die quadrige Statik des isorhythmischen Schemas kontrapunktierende Entwicklung, d.h. er musiziert sich aus der Abhängigkeit von einem dicht gesetzten Text heraus in eine größere Unabhängigkeit, welche in erster Linie dazu dient, den Worten der vierten Strophe, auf die der Text hinausläuft, Gewicht und Raum zu verschaffen. Nicht zufällig befinden sich am Ende des letzten Duos das längste, wohl instrumentaliter zu denkende Zwischenspiel und die längste Passage mit Klangzusatznoten; offenkundig soll die damit eingezogene Zwischenstufe den Schematismus des viermaligen Wechsels von der Zwei- zur Vierstimmigkeit aufheben, umso nachdrücklicher, weil nach zwei imperfekten, zweizeitigen Abschnitten mit dem Übergang zu einem dreizeitigen zugleich ein Rückbezug auf den Beginn verbunden ist, unterstrichen auch durch die zu Beginn (Takt 141) imitativ herausgehobenen Terzanstiege, eben jene, mit denen das Stück begann.

Die Transparenz und Faßlichkeit von *Nuper rosarum* ist nicht in erster Linie eine solche des isorhythmischen Procedere; die Nachbarschaft der *Salve*-Motette, bei der es sich anders verhält, bezeugt eine nahezu historische Bewußtheit, mit der Du Fay in der Aufeinanderfolge der beiden Stücke die Lösung aus der Vormundschaft des altehrwürdigen Verfahrens komponiert, ohne dieses zu veruntreuen. Nicht zufällig zitierte Heinrich Besseler das Stück als Kronzeugen eines neuen, u.a. als »Stromrhythmus« charakterisierten musikalischen Habitus[78]: Die Bewegungsformen der vier unterschiedlich mensurierten Abschnitte werden bei den jeweiligen Übergängen nicht schroff gegeneinander abgesetzt, sondern eher benutzt, um nach den Kadenzierungen und über den Wechsel von der Zwei= zur Vierstimmigkeit hinweg den Fortgang ein und derselben Musik zu verdeutlichen und eine Identität sicherzustellen, deren Gefährdungen durch die verschiedenen Mensuren Du Fay ohnehin gering hält. Neuer Wein in alten Schläuchen: Daß von hier aus der Schritt zu der in Tinctoris' Zeiten fest inthronisierten Großform des durch einen Cantus verbundenen *Ordinarium Missae* nicht weit war, mag für ihn nicht der geringste Grund gewesen sein, diese Musik als endlich »*hörenswert*« zu begrüßen.

78 A.a.O., S. 129

XVI. Modus, Tonalität und Perspektive

Zweimal innerhalb kurzer Zeit, um die Jahre 1423 bzw. 1430, hat Du Fay die Antiphon *Alma redemptoris mater* komponiert, zuerst in *f* mit dem Cantus im Tenor in einer zwischen Prolatio und Tempus perfectum wechselnden ABA'-Gliederung, später in *c* durchlaufend im Tempus perfectum diminutum mit Cantus in der Oberstimme; beide Bearbeitungen[1] enden in einem Noema zu den Worten »*Sumens illud ave peccatorum miserere.*« In der früheren begegnen sehr unterschiedliche Kadenzierungen auf *f*, *c* und *a*, in der späteren hingegen allein neun »dominantische« mit Quintabsprung im Contratenor, alle nach *c* führend und drei mit zwar nicht verbotenen, doch auffälligen verdeckten Oktaven. Ergab sich die Differenz als Folge der veränderten Satzkonstellation selbsttätig? Wollte Du Fay den dem nachmaligen diatonischen Dur nahestehenden ionischen Modus des Cantus zur Erkundung und Demonstration neuartiger harmonischer Konzeptionen nutzen? Hat man, wenn es so war, die affirmierenden Wirkungen der Aufeinanderfolge der später »Dominante« und »Tonika« genannten Funktionen damals auf gleiche oder ähnliche Weise wahrgenommen wie wir?

Fragen wie diese gehören zu den schwierigsten und kontrovers diskutierten der einschlägigen Forschung, in ein Problemfeld zielend, welches zu weitläufig erscheint, um halbwegs umfassend abgehandelt, und zu wichtig, um ignoriert zu werden[2], und sie verflechten sich zu sehr mit Grundsatzfragen, als daß man ein Ende der Unstimmigkeiten herbeiwünschen dürfte. Andererseits ist ein u.a. bequemer Rückzug auf eine Meta-Ebene oberhalb der Fronten kaum möglich, weil »die Ansätze, welche letztlich zum überstrukturierten tonalen System geführt haben, ... sich erst von einer Position aus erkennen« lassen, »die sich aus eben diesen Ansätzen herleitet.« Nicht nur aufgrund dialektischer Defizite stehen sich »die weit zurückgreifende Deutung, welche der rein melodischen Konzeption und dem Modussystem bis ins späte 16. Jahrhundert ... maßgebliche ... Gültigkeit« zuspricht, und »eine auf die spätere Entwicklung vorausschauende« gegenüber, die »in gewissen Regelüberschreitungen und überhaupt in den Klangexperimenten des 15. und 16. Jahrhunderts kühne Vorgriffe auf zum Teil sehr viel spätere Satztechniken«[3] wofern nicht Teilmomente der fortschreitenden Offenlegung eines musikimmanenten »natürlichen« Systems erblickt. Dieses wäre dann in letzter, dogmatisch verengender Konsequenz das auf die Grundpositionen Tonika, Dominante und Subdominante gegründete von Hugo Riemann[4], und dementsprechend müßte den Komponierenden als besonderes Verdienst gutgeschrieben werden, die hierauf zielende Teleologie erspürt und ihr zugearbeitet zu haben. In Bezug auf Du Fay läßt sich das Für und Wider besonders gut anhand von Heinrich Besselers prononcierter Interpretation des Rondeaus *Hélas, madame par amours*[5] (Beispiel 1 a, dort auch seine funktionsharmonische Auflösung) und der hieran geübten Kritik[6] erkennen.

1 V/47 und 48; über die zweite Novack 1992

2 Vgl. u.a. Besseler 1950; Reichert 1951; Meier 1953; Apfel 1962; Treitler 1965; Dahlhaus 1968; Randal 1971; Powers 1981; Bent 1998; Günther/Finscher/Dean (Hrsg.) 1996; Herlinger und Blackburn in: Strohm/Blackburn (Hrsg.) 2001, die Artikel *Modus* und *Tonalität* in: *MGG*, 2. Ausgabe, und *Mode* in: *The New Grove* usw.

3 Annegrit Laubenthal und Klaus-Jürgen Sachs, in: Finscher (Hrsg.) 1989/1990, S. 168

4 Vgl. von demselben u.a. *Über Tonalität* (1872), in: *Präludien und Studien*, 3 Bände, Leipzig 1901, S. 23 – 30; *Folkloristische Tonalitätsstudien*, Leipzig 1916; *Ideen zu einer »Lehre von den Tonvorstellungen«*, in: *Jahrbuch Peters* 1914/15, S. 1 – 26

5 VI/45; Besseler 1950/1974, S. 40 ff.

6 insbesondere Dahlhaus 1968, S. 74 ff.; Bent 1998, S. 40 ff.

Das Wider ist, angefangen bei Einwänden gegen anachronistisch rückprojizierte Maßstäbe, so detailliert und großenteils schlüssig begründet worden, daß man die Diskussion ad acta legen könnte, stünde das Für nicht in sehr ernst zu nehmenden Zusammenhängen. Zeitgenössische Kategorien sind nicht eo ipso authentisch – immer hat es neben dreist vorgreifender pedantisch nacharbeitende Theorie gegeben –, und jüngere Kategorien, als die uns näher stehenden, können wir allemal besser nachvollziehen, gerade dort, wo nüchtern abgrenzende Definitionen ins emotional-Erlebnishafte hinüberreichen. Die scheinbar plausibel begründbare Beschränkung auf die zeitgenössische Terminologie, bei der einzusetzen und die zunächst auszuholen man allerdings verpflichtet bleibt, wird also mit einem Verzicht auf Nähe erkauft, nicht selten auch mit dem Verzicht darauf, den Abstand zwischen der Musik von ehedem und dem Betrachter von heute zu reflektieren. Das letztere freilich läßt sich mit gleichem Recht oft auch denen anlasten, die, verlockt durch eine scheinbar in Griffweite liegende Unmittelbarkeit, vorschnell spätere, anachronistische Kategorien bemühen, u. a., wenn sie Strukturen funktionsharmonisch vereinnahmen, die sich von den Reglements der Stimmführung aus nahezu erschöpfend erklären lassen[7]. Im Übrigen hat die Differenz zwischen beiden Ausrichtungen nicht nur mit unterschiedlichen Interessen, Kenntnissen, methodischen Vorsätzen oder Forschungsideologien zu tun, sondern auch mit – keine contradictio in adiecto – wissenschaftlichem Temperament. Zur Wechselwirkung von trial and error gehört allemal, daß die Erkenntnis von nachträglichen Relativierungen riskanter Vorgriffe ebensoviel profitiert wie von einer auf Abrechenbarkeit abgestellten Detailarbeit. Diese Behauptung kann sich nicht zuletzt auf Temperaturunterschiede einschlägiger Untersuchungen berufen – in ihrer spezifischen Nähe zum Gegenstand ist die Suggestivität mancher einseitig parteinehmender Autoren durchaus auch wissenschaftlich: »*In dilectione coincidit cognitio*«[8] – und auf die Zuständigkeit nichtrationaler Erkenntnismöglichkeiten in der mit Kunst befaßten Theorie[9].

Derlei Zuständigkeit wird durch das gewaltige Einzugsgebiet einer Problematik begünstigt, die schon in den oben an die Verbindlichkeit harmonischer Tonalität gerichteten Fragen aufscheint und in der Nachfolge von Jacob Burckhardts »Entdeckung der Welt und des Menschen«[10] zu pauschalierenden Formeln wie »Blickrichtung auf den Menschen«[11] o. ä. eingeladen hat. Die Schwierigkeiten des Versuchs, den Dimensionen des damals Neuen gerecht zu werden, wiegen nur knapp das Risiko auf, daß die Rede von »Vermenschlichung der Musik«[12] u.a. als Gegenfragen einfordert, ob damit ausgegrenzte Musik – weniger »menschlich«? – nicht in unzulässiger Weise als defizitär gebrandmarkt und moralische Kategorien als ästhetische mißbraucht würden, oder, was seinerzeit mit Begriffen wie »Mensch«, »Menschlichkeit« etc. angesprochen war – vermutlich mehr ein intellektuelles Vermögen als empirische Individualität im späteren Verständnis. Noch viel weniger taugen jene Schwierigkeiten als Alibi, wo die

7 Dies der wichtigste Einwand bei Dahlhaus 1968 gegen Besseler 1950/1974

8 Nikolaus von Kues in einem Brief an Kaspar Aindörffer, zitiert nach Werner Beierwaltes, *Mystische Elemente im Denken des Cusanus*, in: *Deutsche Mystik im abendländischen Zusammenhang*. Kolloquium Kloster Fischingen 1998, Kolloquiumsbericht, hrsg. von Walter Haug und Wolfram Schneider-Lastin, Tübingen 2000, S. 425 ff., das Zitat S. 446

9 Theo Kobusch, Artikel *Intuition*, in: Historisches Wörterbuch der Philosophie, Bd. 4, S. 524 – 540; Wolfram Hogrebe, *Ahnung und Erkenntnis. Brouillon zu einer Theorie des natürlichen Erkennens*, Frankfurt am Main 1996

10 *Die Kultur der Renaissance in Italien. Ein Versuch*, 1. Auflage 1860, Vierter Abschnitt; u.a. in: ders., *Gesammelte Werke*, Band III, Berlin o.J., S. 190 ff.; vgl. u.a. auch Christoph Hubig, *Die Entdeckung des individuellen Ichs …*, in: *Propyläen Geschichte der Literatur*, Berlin 1981-1984, Band 3, S. 31 ff.

11 Hans Heinrich Eggebrecht, *Musik im Abendland. Prozesse und Stationen vom Mittelalter bis zur Gegenwart*, München 1991, S. 275

12 Besseler, a.a.O., S. 225 und 239 (= These 83); Osthoff 1962

»Blickrichtung auf den Menschen« eine Hypostase der entwicklungshaften Momente nach sich zieht: »In der Entwicklung der Musik, ... in der das »Mittelalter« in die »Neuzeit« übergeht, finden sich durch etwa fünf Komponistengenerationen hindurch keine Halte-, auch keine Höhepunkte, sondern hier gibt es nach dem Aufbruch nur immer ein Fortschreiten, den dynamischen Trend in die Richtung einer neuen Zeit, eines neuen Menschen, einer neuen Art von Musik«[13]. Träfe dies zu, so sollte der Leser die Lektüre des vorliegenden Buches spätestens an dieser Stelle abbrechen.

An den Motivationen der bemängelten Verallgemeinerungen indes darf keine Darstellung der Musik jener Zeit vorbeisehen, jene »Blickrichtung«[14] und die mit der Kategorie des »Neuen« verbundene Problematik darf sie schon deshalb nicht auslassen, weil sie mit dem Selbstverständnis der damaligen Zeit konvergiert – freilich auch mit den Risiken einer pauschalierenden Gleichsetzung von Neu und Besser, die zu jeder emphatischen Bejahung der eigenen Gegenwart und einer zuversichtlich erwarteten Zukunft gehören: *»Ich ... bin stolz darauf, in einer Zeit geboren worden zu sein, die schier unzählige Männer hervorbrachte, die durch hervorragende Leistungen in den verschiedensten Künsten und Unternehmungen den Vergleich mit den großen Männern der Antike nicht zu scheuen brauchen«*[15]. Im Hinblick auf solche Risiken erscheint die Parallelisierung in der Kapitelüberschrift gleicherweise verführerisch und hilfreich – verführerisch in Bezug auf schlagende, möglicherweise kurzschlüssige Analogien und dank der zeitlichen Konstellation – Brunelleschis perspektivische Demonstration anhand des florentiner Baptisteriums und die Ausführung von Masaccios »*Trinität*« z.B. fallen zeitlich zwischen die beiden Bearbeitungen von *Alma redemptoris mater* –, hilfreich in dem durch den Vergleich ausgeübten Zwang, das Schlaglichthafte im Bilde eines jähen, sensationellen Durchbruchs, einer »kognitiven Revolution«[16] zur breiten Streuung der Kriterien differenzierend zu vermitteln, und in dem nicht minder starken Zwang, das mit Tonalität und Perspektive verbundene Bedingungs- und Wirkungsgefüge auch von deren Analogien her unter die Lupe zu nehmen, u.a. in der Frage, ob sie *er*funden oder, weil objektiv oder transzendental vorgegeben, nur *ge*funden werden mußten.

Max Weber[17] sah die Analogie vornehmlich im Kontext der großen Rationalisierungsprozesse innerhalb der westlichen Zivilisation; wenige Jahre später erweiterte Erwin Panofsky[18], von Ernst Cassirers Konzept der »symbolischen Formen«[19] herkommend, den Diskussionsrahmen im Hinblick auch auf musikalische Analogien; Dagobert Frey richtete sein Augenmerk auf Entsprechungen von Zusammensehen und Zusammenhören und der mathematischen Fixierung des Raumes bzw. im Tonsystem[20], Heinrich Besseler auf Entsprechungen einer den »Gesamtverlauf der Polyphonie auf den Hörer« beziehenden »Gesamt-Audition« zu dem erstmals bei Leon Battista Alberti definierten »Augenpunkt, in dem der Sehraum eines jeden Betrachters konvergiert«[21]; Konkretisierungen eines zunächst eher metaphorisch verstandenen »Tonraums« finden sich in Besselers Beschreibung eines die Trecentomusik speziell kennzeich-

13 Eggebrecht, a.a.O.

14 Besseler, a.a.O., S. 236 (These 56) spricht von »Ausrichtung der Musik auf den Menschen«

15 *Alamanno Rinuccini, Lettere ed orazioni*, hrsg. von Vito R. Giustiniani, Florenz 1953, S. 104 ff., zitiert nach der Übersetzung in: Pfisterer (Hrsg.) 2002, S. 225 ff.

16 Denis Lepan, *The Cognitive Revolution in Western Culture*, London 1989

17 Max Weber, *Die rationalen und soziologischen Grundlagen der Musik*, Neudruck Tübingen 1972

18 Panofsky 1924/25

19 Ernst Cassirer, *Philosophie der symbolischen Formen*, Hamburg 1923 ff.

20 Dagobert Frey, *Gotik und Renaissance als Grundlagen der modernen Weltanschauung*, Augsburg 1929, S. 227 ff.

21 Besseler, a.a.O., S. 215

nenden »Tonraumgefühls«[22] und erscheinen in übergreifende Zusammenhänge gestellt in Edward E. Lowinskys Untersuchung »*The Concept of Physical and Musical Space in the Renaissance*«[23]. Diese wiederum hat Bonnie J. Blackburn[24], nicht eigens auf die Analogien hinzielend, durch penible Lektüre der Theoretiker ebensowohl unterbaut wie kritisch differenziert.

»*Entia non sunt multiplicanda sine necessitate = Seiendes darf nicht ohne Not vervielfacht werden*« – Wilhelm von Ockhams »Rasiermesser« zu beherzigen, i.e. das Gebot, »überflüssige Entitäten wegzurasieren«[25], erscheint besonders dringlich bei einem Thema, welches dazu einlädt, ausgreifende Vergleiche und Querbezüge zu bemühen, bevor zu klären versucht worden ist, was ohne ihre Hilfe geklärt werden kann. Das begänne u.a. bei den oben angesprochenen Kadenzierungen von Du Fays zweiter *Alma redemptoris*-Bearbeitung: Nennen wir sie, wenn auch in Anführungsstriche setzend, »dominantisch«, so erscheinen ein anderer Kontext, eine andere Art von Funktionalität supponiert, als den traditionell hier zuständigen Modi, den Kirchentonarten, eigen ist, innerhalb derer sie jedoch gleicherweise begegnen können – auch und gerade *Hélas, ma dame* (s.u.) gibt dafür ein Beispiel. Genau auf diese Kontexte aber, teilweise auf ihre eigenen Voraussetzungen und also in einem Zirkelschluß gefangen, zielen die an die »dominantischen« Kadenzen anknüpfenden Fragen! Dur und Moll nämlich und das mit ihnen verbundene harmonische Regelwerk sind nicht einfach, wie man später meinte[26], von den Modi übriggeblieben – damals »ionisch« bzw. »aeolisch« genannt –, sie sind von anderer Qualität und funktionieren anders als jene; in Fétis' Begriff von Tonalität (»se forme de la collection des rapports nécessaires, successifs ou simultanés, des sons de la gamme«[27]) kommen die Modi knapp noch unter, in demjenigen von Hugo Riemann[28] nicht mehr. Überdies läßt sich aus den Notentexten nur bedingt herauslesen, in welchem Maße jener Funktionswandel untergründig bereits am Werk ist; wo sich hierfür Anhaltspunkte bieten – z.B. im Anteil der in dieser Reihenfolge zunehmend »dominantischen« Parallel-, Oktavsprung- und Doppeloktavkadenzen (Beispiele 1 b bis d)[29] –, bleibt immer noch zu fragen, wie sehr wir sie heute, jahrhundertelang diatonisch eingeschworen, anders hören als die Zeitgenossen Du Fays. Hiervon läßt sich am ehesten im Umkehrschluß eine Ahnung gewinnen – anhand der Art und Weise, in der wir modale Musik, wie immer sie einen eigenen Reiz besitzen mag, als abweichend, ungenau schwebend, harmonisch wenig definiert, im Hinblick auf klare Fixierungen als defizitär empfinden.

Hinter dieser Unsicherheit lauert eine weitere: Inwieweit und auf welche Weise die – auch vom einstimmigen Repertoire eher deduzierten als ihm vorgeordneten – Modi für mehrstimmige Musik verbindlich seien, wird seit Johannes de Grocheo kontrovers diskutiert; wenn man irgendwo einig war, dann in der Vorsicht bei klaren Festlegungen. Schon dieser um 1300 schreibende Autor übt sie, da er vom *cantus civilis* bzw. *mensuratus* sagt: »*... autem iste per toni regulas forte non vadit*«, d.h. er folge wohl nicht den modalen Regeln[30]. Einen Freibrief, sie im

---

22 Besseler 1931, S. 158 ff.

23 Lowinsky 1941

24 1987

25 Zitiert nach: Jan P. Beckmann, *Wilhelm von Ockham*, München 1995, S. 42

26 U.a. Heinrich Christoph Koch, vgl. dessen *Musikalisches Lexikon*, Frankfurt am Main 1802 (Faksimile- Ausgabe Kassel usw. 2001), Artikel *aeolisch* und *ionisch*

27 Zitiert nach MGG, 2. Ausgabe, Artikel *Tonalität*

28 Hierüber u.a. Dahlhaus, a.a.O., insbesondere S. 11 ff. und 40 ff.

29 Besseler 1950/1974, u.a. S. 36 ff., 63 ff.; Marggraf 1966

30 Johannes de Grocheo, *De musica*, vgl. Ernst Rohloff, *Die Quellenhandschriften zum Musiktraktat des Johannes de Grocheio*, Leipzig 1972; zum Weiteren vgl. die Artikel *Mode* bzw. *Modus* in: *The New Grove*, 1980, bzw. *MGG*, 2. Ausgabe; zu ähnlichen Auskünften anhand späterer Musik vgl. Peter Bergquist, *Mode and Polyphony around 1500*, in: *The Music Forum* I, New York/London 1967, S. 99 – 161

Beispiel 1 a bis d

polyphonen Satz generell für unzuständig zu halten, hat er damit freilich nicht ausgestellt; fast alle einschlägigen Traktate des 15. Jahrhunderts sind sich darin einig, daß der Tenor einen *tonus* haben bzw. definieren müsse, daß mit den *toni* spezielle Charakteristiken verbunden seien – der zweite, sechste und vierte »*ernst*«, der erste, dritte oder achte »*gemäßigt*«, der fünfte und siebente »*herausstechend; … in den gemäßigten toni stehen die ergötzenden Gesänge, weil sie weder allzu »laut« auftreten noch zu ernst sind und so die Ohren nicht verwirren*«[31] –, und daß mit der Unterscheidung authentischer bzw. plagaler Leitern auch unterschiedliche melodische Strebungen verbunden seien, in plagalen »*kräftig absteigend*« und »*mäßig ansteigend*«, in authentischen »*kräftig aufsteigend*« und »*mäßig absteigend*«[32]; daß Du Fay im Jahre 1458 bei einer Disputation über den Modus einer – ein- oder mehrstimmigen? – Antiphon zu Rate gezogen wurde, hat der Berichtende möglicherweise nicht nur des Komponisten wegen erwähnenswert gefunden. Johannes Tinctoris handelt ausführlich von der Möglichkeit, in verschiedenen Stimmen ein und desselben Stückes verschiedene »*toni*« zu vereinigen[33], und gibt offenbar eine communis opinio wieder

---

31 »*Verbi gracia : De re tristi fiat gravis tonus, videlicet secundus, sextus vel quartus; de re mediocri eciam mediocris, scilicet primus, tercius vel octavus; de excellenti quintus vel septimus tonus … In mediocribus tonis sunt delectabiles cantilene, quia nec nimium clamant nec sunt nimis graves et sic non conturbant aures*«, so im »Traktat **A**« der Handschrift *Th 98*, Regensburg, Bischöfliche Zentralbibliothek, Proske-Musikbibliothek, s. Sachs 2002, S. 116/117

32 »*… an sit tonus regalis, et secundum hoc fortiter ascendat et mediovriter descendat, vel sit tonus plagalis, et secundum hoc fortiter descendat et mediocriter ascendat …*«, a.a.O., S. 140/141

33 Johannes Tinctoris, *Liber de natura et proprietate tonorum* (1476), in: ders., *Opera omnia*, hrsg. Von Albert Seay, *Corpus Scriptorum de Musica* 22, 1975, Band I, S. 78 ff.

mit der sodann mehrmals nachgeschriebenen Empfehlung, in diesem Falle dem Tenor Vorrang zu geben: »*Unde quando missa aliqua vel cantilena vel quaevis alia compositio fuerit ex diversis partibus diversorum tonorum effecta, siquis peteret absolute cuius toni talis compositio esset, interrogatus debet absolute respondere secundum qualitatem tenoris, et quod omnis compositionis sit pars principalis ut fundamentum totius relationis*«[34]. Bei Du Fay finden sich etliche bis ins Rhetorisch-Affektive hineinreichende Anhalte für modale Prägungen[35], welche den wie eine halbe Ausrede anmutenden Schluß nahelegen, von Modi sei im Zusammenhang mit dem Cantus planus so ausführlich die Rede gewesen, daß dies anhand der Mehrstimmigkeit zu wiederholen nicht nötig sei[36]; und im Jahrhundert nach Du Fay befindet sich die entschiedene Leugnung modaler Zuständigkeiten für die Polyphonie durch Sebald Heyden[37] paradox in der Nachbarschaft etlicher nach Kirchentonarten geordneter Zyklen u.a. bei Cyprian de Rore, Palestrina und Lasso[38]. Im Sinne eines die je andere Möglichkeit ausschließenden Entweder-Oder läßt sich die Frage nicht beantworten, auch nicht die durch Tinctoris nahegelegte, wie es, unbeschadet der Priorität des Tenors, um modale Prägekraft im Hinblick auf das Satzganze bestellt sei, wenn jede der beteiligten Stimmen ihren eigenen Modus hat[39]. Hier bei der Auskunft über osmotische Verhältnisse, einander ungenau überlappende Bestimmungen stehenzubleiben erscheint weniger als Ausflucht denn als Respektierung einer ästhetischen Stimmigkeit, die sich zu theoretischer Stimmigkeit hin nicht auflösen läßt: Superius und Tenor von *Hélas, madame* (Beispiel 1 a) funktionieren autonom als perfektes, u.a. modal beziehbares Duo, insofern bedürfen sie des energisch dominantisierenden Contratenors, welcher nur teilweise einer dort implizierten Harmonik Relief gibt, nicht unbedingt – was nicht hindert, daß dessen Hinzutritt ihnen eine Dimension und Eindringlichkeit verschafft, die sie ohne ihn nicht besäßen.

Zum nicht auflösbaren Junktim von theoretischer Mehrdeutigkeit und ästhetischer Stimmigkeit, zur Koexistenz von Modus und funktionsharmonischen Vorgriffen nicht nur in diesem Rondeau gehören die eklatanten, bis zum Prinzipiellen hin sich ausweitenden Unterschiede. So zeigen die üblicherweise unterschiedlichen Vorzeichnungen in mehrstimmigen Sätzen – es geht überwiegend um *b*'s- nur ausnahmsweise unterschiedliche Modi bzw. Tonarten an, sie tragen vor Allem dem Umstand Rechnung, daß durch *b* alterierte Töne in den unteren Stimmen öfter begegnen als in den oberen und die Sänger der oberen, die unteren, leichter voraussehbaren mithörend, schneller entscheiden können, ob sie mit einer Alteration reagieren müssen. Insgesamt mißt der Modus den Tonraum bzw. -vorrat in erster Linie aus, die harmonische Tonalität strukturiert vornehmlich. In Bezug auf eine zwischen *c* und *c'* verlaufende »ionische« Skala (= 11. Modus, hier und im Folgenden die erst später, bei Heinrich Glarean fixierten Benennungen) z. B. wird *d'* zunächst als Überschreitung des obengelegenen Tetrachords *g/c'* wahrgenommen, in Bezug auf das als Tonleiter identische *C*-Dur im Verständnis der harmonischen Tonalität zunächst als oktavierte, dieselben Kontexte einer

34 A.a.O., S. 85 ff.

35 Meier 1953

36 Reinhard Strohm, *Modal sounds as a Stylistic Tendency of the Mid-Fifteenth Century: E-, A-, and C-Finals in Polyphonic Song*, in: Ursula Günther, Ludwig Finscher, Jeffrey Dean (Hrsg.), *Modality in the Music of the Fourteenth and Fifteenth Centuries, Musicological Studies and Documents* 49, Stuttgart 1996, S. 149–175

37 *De arte canendi, ac vero signorum in cantibus usu*, Nürnberg 1540, Neuausgabe, hrsg. von Clement A. Miller, in: *Musicological Studies and Documents*, Band XXVI, Rom 1972, S. 113

38 MGG, 2. Ausgabe, a.a.O., Sp. 428

39 In den *Musices Practicae Erotematum Libri II* (1553) druckt Gregor Faber ein von Antoine Brumel komponiertes *Exemplum octo modorum*, bei dem jede Stimme einen eigenen Modus hat

zweiten Stufe bei sich führende Wiederholung von *d;* im Modus bleibt die Tuchfühlung der Melodiebildung mit der vorgegebenen Skala enger, weil zwölf, zudem in Tetra- und Pentachorde segmentierte Modi mehr Nähe zur jeweiligen Prägung der Linie halten, und weil das Moment der Oktavlage nicht, wie bei der diatonisch funktionalisierenden Tonalität, durch die Stellung in der Hierarchie der sieben Tonleiterstufen weitgehend neutralisiert ist; die Höhenlage eines hohen Tons, die Tiefenlage eines tiefen sind im Modus, weil weniger durch Funktion und Stellung im System vereinnahmt, in höherem Maße melodische Ereignisse. Vermöge der größeren Nähe der vorgegebenen Skala zur melodischen Einlösung und auch, weil zwölf modale Leitern bewußteren Nachvollzug erheischen als rasch automatisierte zwei – eine in Dur, eine in Moll –, scheint eine modale Melodie ihren Modus in höherem Maße jeweils neu hervorzubringen als z.B. eine Dur-Melodie das Dur, stellt sich das diatonische System, verglichen mit den auch charakterologisch geprägten Modi, standardisiert und im Hinblick auf das, was sich innerhalb seiner ereignet, neutraler dar. Die Analogie zur Unterscheidung einer substanzbezogenen Ereigniszeit und einer im Verständnis der klassischen Physik absoluten Zeit scheint ebenso unübersehbar wie, näherhin zur Betitelung dieses Kapitels, die zur kunstgeschichtlichen Unterscheidung des durch seine Besetzung definierten »Aggregatraums« und des von der Sichtachse aus rastrierten »Systemraums«[40]. »Der Raum wird durch die Erfüllung mit dem Funktionsgedanken zum System: er bedeutet den gedachten einheitlichen Inbegriff möglicher Lagebestimmungen überhaupt«[41].

Auf der Seite von harmonischer Tonalität, absoluter Zeit und Zentralperspektive betrifft die Parallelisierung darüber hinaus die auf Berechenbarkeit abgestellte Instrumentalisierung der Kategorien einerseits und den Einbezug des die Kategorien auf sich hin organisierenden Betrachters andererseits – hier das Subjekt, welches im Umgang mit abstrakteren, leichter zu handhabenden Maßgaben mehr Autonomie gegenüber den Gegenständen gewinnt, dort der Chronometer, die genau lokalisierenden Fluchtlinien, das verläßlich-normative Getriebe der harmonischen Funktionen. Dementsprechend sollte von »Blickrichtung auf den Menschen« (s.o.) nie gesprochen werden, ohne deren auf rationalisierende Objektivität angelegte Organisationsweise zu berücksichtigen, nicht außerhalb der Dialektik von substanzieller Zuordnung und instrumentell pragmatisierender Abstandnahme. Auch in alten Tonarten und aus den scheinbar raumlosen Goldgründen früher Tafelbilder – bis ins 15. Jahrhundert u. a. in Florenz gemalt – wird, »auf den Menschen geblickt«. In Bezug auf die distanzierende Technizität der neuen Mittel erscheinen Brunelleschis Guckkasten, der Blick durchs Fenster[42] und Leon Battista Albertis rastrierter Schleier ebenso instruktiv wie verräterisch. »*Das Erst ist das Aug, das do sieht, das Ander ist der Gegenwürf, der gesehen wird, das Dritt ist die Weiten dozwischen*«, befand schon Dürer[43]. Die Perspektive, nicht zufällig am konsequentesten durchgesetzt in der Darstellung »idealer« Städte und Architekturen, »ist eine zweischneidige Waffe: sie schafft den Körpern Platz, sich plastisch zu entfalten und mimisch zu bewegen – aber ... sie schafft Distanz zwischen dem Menschen und den Dingen ... sie hebt diese Distanz doch wiederum

40 Panofsky 1924/25; J. White, *The Birth and Rebirth of Pictorial Space*, 2. Aufl. New York 1973; P. Francastel, *Le figure et le lieu*, Paris 1980; H. Damisch, *L'origine de la perspective*, Paris 1989; Kemp 1996; Edgerton, a.a.O., S. 146, spricht vom »Übergang vom leichtfaßlichen und hedonistischen psychophysiologischen Raum zum kalt geometrischen Systemraum«.

41 Ernst Cassirer, *Leibniz' System in seinen wissenschaftlichen Grundlagen*, Marburg 1902, S. 156

42 Leon Battista Alberti, *Kleinere kunsttheoretische Schriften*, Halle 1877, S. 79: »*scrivo uno quadrangulo ... el quale reputo essere una fenestra aperta per donde io miri quello que quivi sara dipinto*«

43 Zitiert nach Panofsky 1924/25, Ausgabe 1980, S. 123

auf, indem sie die dem Menschen in selbständigem Dasein gegenüberstehende Ding-Welt gewissermaßen in sein Auge hineinzieht; sie bringt die künstlerische Erscheinung auf feste, ja mathematisch-exakte Regeln, aber sie macht sie auf der anderen Seite vom Menschen, ja vom Individuum abhängig, indem diese Regeln auf die psychophysischen Bedingungen des Seheindrucks Bezug nehmen«[44].

Weil perspektivisch gesehen, »blickt« in einem um 1480 entstandenen Holzschnitt – *Der Kettenplan* – Florenz »auf den Menschen«; das 100 Jahre ältere, aperspektivische Fresko *Civitas Florentiae*[45] mutet beim oberflächlichen Hinblick naiv wo nicht dilettantisch an, dennoch ist diese »Wiedergabe der Stadt Florenz nicht weniger »treu« als die des *Kettenplans*. Der Maler ... faßte seinen Gegenstand nicht im Sinne räumlicher Homogenität auf. Statt dessen glaubte er, er könne, was er vor Augen hatte, überzeugend wiedergeben, wenn er jenes Gefühl darstellte, das man hat, wenn man im Umhergehen auf geradezu taktile Weise die Gebäude von vielen verschiedenen Seiten erlebt. Im *Kettenplan* ist der Blickpunkt erhoben und distanziert, liegt also ganz und gar außerhalb der plastischen oder sensorischen Reichweite der dargestellten Stadt. In dem Fresko dagegen drängt ein Durcheinander von vorspringenden Ecken, Balkonen und Dächern von beiden Seiten auf den Betrachter ein. Wir gewinnen zwar keine klare Vorstellung von der Anlage von Florenz, aber fühlen etwas von der skulpturalen Wucht einer uns von allen Seiten umgebenden mittelalterlichen Stadt«[46]. Besitzen die »Ecken, Balkone und Dächer« eines musikalischen Gefüges nicht auch eine andere, bedrängendere, materiellere Präsenz und Wirklichkeit, wenn sie nicht in einem funktionalharmonisch vorregulierten Flußlauf an uns vorbeigeführt werden, wird nicht auch in der Musik der Gewinn an Ordnung und Fernsicht mit einem Verlust an Nähe und Unmittelbarkeit erkauft?

Als »Blickrichtung auf den Menschen« nehmen wir wahr bzw. kommt zu uns zurück, daß die Werke den vom Menschen ausgehenden Blick enthalten und strukturell realisieren, Blickrichtung auf den Menschen impliziert allemal Blick vom Menschen aus – die zwischen Sehpunkt und Fluchtpunkt aufgespannte Rastrierung zentralperspektivischer Bilder führt das modellhaft vor. Allerdings erscheint sie so sehr als spezifische Kompetenz des Abstände bestimmenden, auf den Betrachter hin ordnenden Sehsinnes, daß bei Analogien in Bezug aufs Hören, auf das »erleidende«, dem Ein-druck schutzlos ausgelieferte Ohr Vorsicht geboten ist; Ohren können wir nicht, wie Augen, schließen, die palpatorische Unmittelbarkeit des Gehörten kennt keine »*Weiten dozwischen*« (s.o.). Dennoch bewirken genauer definierte Gravitationen von Grundton und Grundtonart, indem sie den jeweiligen melodischen bzw. harmonischen Ort bewußt zu machen helfen, eine »Optisierung« der musikalischen Vorstellung, sie erleichtern den Brückenschlag vom jetzt Klingenden zu einer von dessen transitorischer Unmittelbarkeit unabhängigen Meta-Ebene, sie legen eine »Hörachse«. Einerseits ermöglicht dies eine schärfere Wahrnehmung jener deutlich vor einen Hintergrund gestellten Unmittelbarkeit, andererseits begünstigen sie – lokalisierend, Kategorien beistellend, zuordnend – ihre Neutralisierung.

Was dem darstellenden Künstler Sehachse und Fluchtlinien, die dem Betrachter des *Kettenplans* die Häuserfluchten rastrieren und die Stadt vedutenhaft zu Füßen legen, sind dem Musiker die mit Stellung und Wirkung der Tonstufen verbundenen harmonischen Gravitationen. Sie prägen die Wahrnehmung um so stärker, desto klarer die Hierarchie der Wichtigkeiten definiert ist – und eben hierin ist die diatonische der modalen Disposition voraus, besonders

---

44 A.a.O.

45 Beide gegenübergestellt bei Edgerton 2001, S. 12/13

46 Edgerton, a.a.O., S. 14

in Bezug auf deren harmonisch schwächer determinierte Nebenstufen. Ganz und gar die dominantische gibt eine genaue Rangordnung von erster, fünfter, vierter, zweiter, sechster, dritter und siebenter Stufe vor, welche zwischen den Gegenpolen Verfestigung und Strebigkeit verläuft – jene abnehmend, diese zunehmend bis hin zur dritten bzw. siebenten, halbtönig zur nächsten hinführenden Stufe. Mit jedem Hören dominantisch disponierter Musik – das affektive Gewicht des Moll verdankt sich auch der Ausnahmestellung der einzigen gewichtigen Abweichung – gräbt sich diese Hierarchie der Rezeption neu ein, stärker schon deshalb, weil die Halb- und Ganztonschritte bei den Modi überwiegend je anders verteilt sind, ein und dieselbe Disposition also seltener begegnet. Das mit dominantischer Harmonik häufig verbundene Epitheton »natürlich« hat mit jener Einübung und den genau gestuften Wichtigkeiten mehr zu tun als mit den aus der Obertonstruktur hergeleiteten Rechtfertigungen.

Neben den ergiebigen Analogien hätte auch die sorgsam abwägende Argumentation, welche Erwin Panofsky bei der Betrachtung der in seinem Verständnis gleicherweise *er*fundenen wie *ge*fundenen Perspektive auf Ernst Cassirers »symbolische Formen« verwies[47], mancher reduktionistischen Apologie des Dur-Moll-Systems gut angestanden – als Relativierung eines im befreienden Durchbruch gegen krude Vorformen durchgesetzten »eigentlichen« wo nicht gar eigentlich gemeinten Systems, welches diese essentiell überflüssig macht, mindestens zu marginalen herabstuft. »Die Homogenität des geometrischen Raumes beruht letztenendes darauf, daß alle seine Elemente, daß die »Punkte«, die sich in ihm zusammenschließen, nichts als einfache Lagebestimmungen sind, die aber außerhalb dieser Relation, dieser »Lage«, in welcher sie sich zueinander befinden, nicht noch einen eigenen selbständigen Inhalt besitzen. Ihr Sein geht in ihrem wechselseitigen Verhältnis auf: es ist ein rein funktionales, kein substanzielles Sein ... Der homogene Raum ist daher niemals der gegebene, sondern der konstruktiv-erzeugte Raum ... Im Raum der unmittelbaren Wahrnehmung ... gibt es keine strenge Gleichartigkeit der Orte und Richtungen, sondern jeder Ort hat seine Eigenart und seinen eigenen Wert«[48] – das mutet u.a. wie eine detaillierende Ausarbeitung zu Nietzsches Empfehlung an: »Du solltest das Perspektivische in jeder Werthschätzung begreifen lernen – die Verschiebung, Verzerrung und scheinbare Teleologie der Horizonte und was Alles zum Perspektivischen gehört«[49]. »Teleologie der Horizonte« hat Fétis' anthropologische Verankerung der Tonsysteme[50] rasch zugunsten eines vermeintlich »Urgesetzlichen«[51] verdrängt, und dieses beförderte die pauschalierende Rede von »Vermenschlichung« und dominantische Erfolgsmeldungen ebenso wie jenen Sieg abstrahierender Systematisierungssucht über die Realität kompositorischer Vorgehensweisen, der einerseits Natürlichkeit, Tonraumgefühl, harmonische Tonalität, Akkordsatz, Baßbezug und simultane Konzeption, andererseits horizontale Konzeption, Tenorbezug und Intervallsatz je zu konträren Paketen verschnüren hieß[52].

Weniger mit dem Trampelschritt derlei griffiger Alternativen als auf leisen Sohlen pflegt das geschichtlich Neue zu kommen, und zu den leisen Sohlen gehört, daß es seiner selbst als Neues nicht oder nur partiell bewußt ist, ihm also, durch die jeweiligen Aktualitäten geblen-

---

47 A.a.O.; Ernst Cassirer, *Philosophie der symbolischen Formen*, 1923 ff., Nachdrucke Darmstadt 1973 ff. und 1994

48 A.a.O., Ausgabe 1994, Band 2, S. 104 ff.

49 Friedrich Nietzsche, *Menschliches, Allzumenschliches*, Band 1, Vorrede 6, in: ders: *Sämtliche Werke*, Kritische Studienausgabe, hrsg. von Giorgio Colli und Mazzino Montinari, Berlin/New York 1967 bis 1977, Band 2, S. 20

50 »... toute gamme ou échelle musicale est le produit d'une loi métaphysique, né de certains besoins ou de certaines circonstances relatives à l'homme«, in: Fétis, *Biographie universelle des musiciens*, 2. Auflage Paris 1862, Band III, Artikel *Tonalité*

51 Zitiert nach Dahlhaus 1967, S. 51

52 Hierzu eingehend Blackburn 1987; vorzüglich die kritische Betrachtung bei Sachs 2002, S. 26 – 35

det, der – soweit überhaupt möglich, eher belastende – Ausblick auf weitere Konsequenzen erspart bleibt. Du Fays Zeitgenosse Nikolaus von Kues z.B. hat bereits die Erde aus dem Weltmittelpunkt verwiesen – »die kosmologische Neutralität der Erde als Stern unter Sternen ermöglicht es, daß nun der Mensch diesem einen Stern die metaphysische Auszeichnung seiner Anwesenheit gibt«[53] –, doch konnte diese vorkopernikanische Kränkung der Eigenliebe des Menschen unbemerkt bleiben, weil weitergehende kosmologische Folgerungen den Cusaner nicht interessierten; wohl werden in Du Fays harmonischen Dispositionen u.a. Fundamente künftiger musikalischer Großarchitekturen verlegt, wohl machen sich untergründig die Totengräber des modalen Systems an die Arbeit, doch integriert dessen Regelkreis derlei später sprengende Dynamik so sehr, daß viel Behutsamkeit geboten erscheint bei Bezugnahmen auf das, was damals noch Zukunft war.

Den sogenannten Wegbereitern würden wir in besonderer Weise gerecht, wenn wir zunächst beiseite zu lassen versuchten, inwiefern sie Wege bereiteten, wenn wir das ex posteriori als entwicklungsträchtig Erkennbare zeitgenössisch determiniert verstünden, als in Zusammenhängen stehend, aus denen es nicht von vornherein herausragt. Der Eigenwert ästhetischer Leistungen, gerade solcher, die im Vorfeld historischer Paukenschläge wie der Konstruktion der Zentralperspektive oder der kompositorischen Synthesen um 1430 liegen, läßt sich schwer erkennen, begreift man deren Strukturen nicht auch und zuerst als »gebremste, in sich zurücklaufende Zeit«[54], als in sich schlüssige Zwischenaufenthalte im Strom der Entwicklung; ebensowenig lassen sich ohne diesen Hinblick die spezifischen Erschwerungen erkennen bzw. nachmessen, die mit der Überführung zukunftsträchtiger Einzelmomente aus früheren in neue Zusammenhänge verbunden sind. Je stärker die ästhetische Integration, desto stärker leugnet sie Geschichte, desto weniger sollten die von dorther kommenden, allemal zwischen Nichtmehr und Noch-nicht situierenden Gesichtspunkte zunächst bei der Betrachtung mitspielen. Der Verzicht hierauf fällt um so schwerer, als etliche unabdingbare Kriterien und Kategorien schon in der Benennung historisch funktionalisiert erscheinen und von vornherein eine bestimmte Betrachtungsweise suggerieren. Nicht nur haben sich für »Raum« – insbesondere als Bildraum – oder »Harmonie« Konnotation und assoziativer Umkreis zwischen der Mitte des 14. und 15. Jahrhunderts grundlegend verändert, auch steht u.a. zur Frage, ob und inwieweit es seinerzeit zu der mit einem »Harmonieträger«[55] verbundenen Intention gehört hat, Harmonie zu tragen, ob diese Intention nicht z.B. so sehr in andere Kontexte eingebunden war, daß sie als eigene Dimension nicht wahrgenommen wurde und auch nicht wahrgenommen zu werden brauchte. Damit soll weniger die Notwendigkeit und Schlüssigkeit derartiger Begriffe in Zweifel gezogen als auf die Grenze hingewiesen werden, jenseits derer der Wissensvorsprung des Historikers gegenüber seinen Gegenständen bzw. Helden – er kennt deren für ihn »vergangene Zukunft«[56], er weiß, was danach kam – mißbraucht zu werden droht; diesseits jener Grenze gilt die Prämisse, daß »der Geschichtsschreiber, der dieses Namens würdig ist ..., jede Begebenheit als Teil eines Ganzen oder, was dasselbe ist, an jeder die Form der Geschichte überhaupt darstellen« müsse[57]; knapp jenseits der Grenze jedoch amtiert der Ehrgeiz, irritierende Möglichkeitshorizonte auszublenden, billige Bündnisse mit den vollendeten

53 Hans Blumenberg, *Paradigmen zu einer Metaphorologie*, Frankfurt am Main 1998, S. 156

54 Friedrich Cramer, *Der Zeitbaum. Grundlegung einer allgemeinen Zeittheorie*, Frankfurt am Main 1993, S.103 und 139

55 Besseler 1950/1974, S. 75 ff., 230

56 S. die gleichnamige Aufsatzsammlung von Reinhart Koselleck, Frankfurt am Main 1989

57 Wilhelm von Humboldt, *Aufgaben des Geschichtsschreibers*, (1821), in: ders., Werke, Band 1, Darmstadt 1960, S. 560

Tatsachen zu schließen, zu beweisen, daß es so kommen mußte, wie es gekommen ist – und zu unterschätzen, was es bedeutet, in einer je konkreten Situation jenen Horizonten gegenüber zu stehen und wählen zu müssen[58].

Zur voreilig tendenzkundigen Fokussierung auf die Leuchtpunkte gehört mithin notwendig deren nachfolgende Relativierung wie zu den jeweils vorangegangenen Verdichtungen, oft zu Hochgefühlen auflaufenden Wahrnehmungen der eigenen Zeitgenossenschaft die Abschwünge. Mit ihnen tut sich eine auf Vorangang orientierte Geschichtsschreibung schwer und notiert als Zurücknahme[59], was bei näherem Hinblick eher sich als »Mühe der Ebene«, als langwierige Arbeit an der Integration des Neuen darstellt, nicht gerechnet der mit Neuerungen und Entdeckungen oft verbundene Schock angesichts der – zumeist erst allmählich in Erscheinung tretenden – Konsequenzen[60]. Er findet sich noch in dem Erschrecken angesichts jener oft langwierige Akkumulationen beendenden Umschlagspunkte wieder, welche altvertraute Kategorien und Erklärungsmodi endgültig durch neue zu ersetzen zwingen.

Möglicherweise läßt sich die schwierige Frage nach dem Ausmaß, in dem Neuerungen wie die Zentralperspektive oder harmonische Tonalität sich der Wahrnehmung eingegraben und eine gewisse Selbstverständlichkeit erworben haben, eher anhand von Auslassungen beantworten, deren Disposition jene Neuerungen als erwartet voraussetzt – des in Masaccios *Trinität* bei der trompe-l'oeil-Perspektive ausgesparten Gottvater, später des archaisierenden Zuges in Botticellis dezidiert aperspektivischer *Primavera*[61] etc. Musikalisch entsprächen dem so unterschiedliche Sachverhalte wie die in den *Se la face ay pale-*, *L'homme armé-* und *Ecce ancilla Domini*-Messen modal querliegenden Cantus[62], deren Funktionsweise mit Tinctoris' Orientierung am Tenor nicht beizukommen ist; in der *Missa Ave regina coelorum* die schockierend simple I-V-I-Formalisierung der *Amen*-Schlüsse des *Gloria* und *Credo*; in etlichen Chansons – u.a. beginnen sechs der unter Du Fays Namen überlieferten[63] in *c* und enden in *g*, fünf[64] beginnen in *d* und enden in *g* – die Benutzung der festlegenden V-I-Kadenzen besonders auf Binnenpositionen, um das Unfestgelegte, das harmonische Unterwegs hervorzukehren[65]. Solche Lösungen mögen des »dominantischen« Anstoßes bedurft haben, weil harmonische Verläufe vordem innerhalb der engen Spielräume der fixen Formen oder dank des Anhalts bei den Cantus sich vorwiegend selbsttätig ergaben, mindestens als eigene gestalterische Dimension wenig in Erscheinung traten. Insofern beförderte eine »modern« orientierte Harmonik mittelbar auch die Differenzierung von Strukturen, insbesondere weitläufigen, in denen sie selbst kaum eine Rolle spielt; wohingegen simple, scheinbar einem dominantisch regulierten Dur nahestehende Stücke wie *Se la face ay pale*[66] oder signalhaft geprägte wie das *Gloria ad modum tubae*[67] oder *Donnes l'assault*[68] garnicht ursächlich mit ihm zusammenzuhängen brau-

---

58 »Geschichtswissenschaft« sei »eigentlich unausweichlich Legitimationswissenschaft«, hat Wolfgang Reinhard jüngst formuliert – am 23. November 2001 anläßlich der Entgegennahme des Preises des Historischen Kollegs in München

59 Vgl. etwa die »These 83« bei Besseler, a.a.O., S. 239: »In der zweiten Hälfte des 15. Jahrhunderts erreichte die Reaktion gegen die Vermenschlichung der Musik ihren Gipfel.«

60 Vermutungen hierzu anhand der Cantus firmus-Messen in den Kapiteln XXIV und XXVI

61 Horst Bredekamp, *Botticelli, Primavera. Florenz als Garten der Venus*, Frankfurt am Main 1988, bes. S. 8 und 80

62 Kap. XXIV und XXVI

63 V/7, 26, 35, 56, 60, 62

64 V/23, 36, 53, 67, 81

65 Vgl. u.a. *Or pleust a Dieu*, im Notenanhang Nr. 7 und Kapitel XXI

66 Notenanhang Nr. 4

67 IV/22, vgl. Kap. XIV

68 V/70, vgl. Kap. V

chen. Die Nahwirkungen der harmonischen Tonalität, detailliert abrechenbar u.a. im wachsenden Anteil der V-I-Kadenzen, sind bald übertroffen gewesen durch Fernwirkungen (und teilweise in deren Interesse beschnitten worden) – Sensibilisierung in Bezug auf Kadenzqualitäten, harmonische Gewichtungen und Vorgänge insgesamt, unterschiedliche Verwandtschaftsgrade und Bezugsqualitäten der Klänge, »Fernsicht« auf größere Zusammenhänge.

Für Fernsicht als Moment eines allmählich vollzogenen Paradigmenwechsels, eines neuartigen Blicks besonders auf die großen musikalischen Formen – mit »*Durchsehung*« übersetzte Albrecht Dürer »*Perspectiva*« sehr wörtlich ins Deutsche[69] –, sprechen auch die Mühen der Aneignung. Jener Wechsel wäre, wenn schematisch begriffen als der von einer »horizontalen«, nacheinander Stimmen addierenden Komponierweise zu einer von den harmonischen Bewegungen, von der Vertikale ausgehenden, mißverstanden, und noch viel mehr, wenn man ihn auf eine Polarität von polyphoner und homophoner Disposition reduziert. Verhielte es sich so, müßte man sich wundern, daß wir uns, um eine ehrwürdige Nomenklatur zu benutzen, mit Du Fay in der »ersten niederländischen Schule« von dreien, also am Anfang des großen Zeitalters der Polyphonie befinden, und daß ein kompetenter Gewährsmann mit etlichem zeitlichen Abstand die Auskunft geben konnte, die frühere Art zu komponieren sei »leichter« gewesen[70]. Um einen Wechsel nämlich, um Ersetzung der einen durch die andere Art handelt es sich keineswegs, vielmehr um Aneignung und Einarbeitung, um eine zunächst ohne sichernde Normative anhand konkreter Details und Aufgabenstellungen wiederholte Prüfung auf Kompatibilität des Neuen mit dem Alten. Weder hatte der Komponierende früher die einzelne Linie gänzlich ohne harmonische Implikationen denken können, noch konnte er später harmonische Verläufe konzipieren, ohne die Verbindlichkeiten des polyphonen Satzes mitzubedenken. Pietro Aaron mag in Bezug auf die frühere Musik, immerhin in geringerem Maße als z. B. Tinctoris, polemisch vereinfacht haben, in Bezug auf seine Gegenwart tat er es gewiß nicht – schon deshalb nicht, weil der Auskunft Kontexte anhängen, welche über ihre kompositionstechnische Spezifizierung hinausreichen, Aaron sie also schwerlich geben konnte, ohne auch den Problemumkreis im Auge zu haben.

Vornehmlich auf Details zu blicken, welche einer funktional-harmonischen Deutung offenstehen, verbietet sich aus einem Grund, welcher seinerzeit die »Mühen der Ebene« wesentlich mitbestimmt haben muß: In der puren Materialität war alles schon da; ähnlich wie bei den Malern, die erst *im* Raum, später *mit* dem Raum erzählten, ehe sie beim zentralperspektivischen »Systemraum« ankamen[71], lagen die Bausteine parat bzw. befanden sich integriert in Strukturen, deren Maßgaben nicht nur älter, sondern überdies transzendental beglaubigt waren; die produktive Respektlosigkeit, mit der man seinerzeit z.B. ältere Kirchenbauten als Steinbrüche für neu zu errichtende benutzte, wird man in der Musik vergebens suchen. Überdies wirkten satztechnische Zwänge: Parallelgeführte perfekte Intervalle, wie sie in vierstimmigen Parallelkadenzen bei Machaut und noch in Du Fays frühen isorhythmischen Motetten

69 Albrecht Dürer, *Schriften und Briefe*, hrsg. von Ernst Ullmann, Leipzig 1970, S. 231

70 Pietro Aaron, *Toscanello in musica*, Venedig 1529

71 »Nicht nur die raumlose Malerei des Mittelalters, sondern auch die raumvortäuschende der neuen niederländischen Malerei besitzt ein Bildmuster, das auf der Fläche liegt, jetzt aber einer Fläche, die essentiell Projektionsfläche ist ... Wir haben es mit einer Bildwelt zu tun, die zwei heteronomen Ordnungsprinzipien unterstellt ist, und Komponieren heißt ..., die beiden Postulate der Flächenordnung und der Raumillusion aufeinander abzustellen und miteinander in Einklang zu bringen« (Pächt 1989, S. 57). Dergestalt kann z.B. die Tiefenperspektive in Jan van Eycks *Dresdner Altärchen* nahe an die Zentralperpektive heranrücken, in seinem *Genter Altar* andererseits der »fließende Übergang von einer Normalansicht in der Ferne zu einer Draufsicht im Mittel- und Vordergrund« unterstellt sein (Pächt 1989, S. 136); vgl. auch Kemp 1996

begegnen, waren zunehmend verpönt – u.a., weil parallele Quinten die Unterscheidung von Modi erschweren, welche in der Strukturierung der Penta- oder Tetrachorde übereinstimmen (der *G*- und *C*-Modus im Pentachord, der *C*- und *F*-Modus im Tetrachord)[72]. Dieser Kalamität ließ sich am ehesten mit Hilfe von, demgemäß keineswegs primär harmonisch geschweige denn dominantisch intendierten, Doppeloktavkadenzen ausweichen.

Doch waren die Präformierungen weit davor schon im einstimmigen Gesang angelegt. In den authentischen Modi ist wie in Dur- und Mollskalen die erste Stufe – Finalis bzw. Grundton – die wichtigste, und die fünfte – Rezitationston bzw. Dominante – die zweitwichtigste, eine Konstellation, in deren Folge sich auch »tonale Beantwortungen« ergeben können[73]. Nicht zufällig lassen sich harmonisch einsträhnige Stücke wie die drei letztgenannten von Du Fay oder auch, als das populärste, der englische *Sommerkanon* ebensowohl modal als auch funktionsharmonisch erklären – ihre Simplizität erübrigt Differenzierungen, anhand derer der Unterschied der Sichtweisen problematisch würde. Und wiederum kann es kein Zufall sein, daß sie nicht weitab liegen von Prägungen, welche wir am ehesten als usuell bedingt, volksliedhaft oder -nah vermuten dürfen – die vorsichtige Formulierung trägt der Fatalität Rechnung, daß derlei Musik ihrem Wesen gemäß schriftlos tradiert wird, und wenn doch, dann in Zusammenhängen, Quodlibets etc., bei denen Zurichtungen im Sinne z.B. ironischen Zitierens wahrscheinlich sind[74]. Allerdings wäre dann immer noch nach der Intention der Verformung zu fragen, i.e. danach, ob sie nicht gerade auf die abweichende Eigenart dieser Musik ziele, und weshalb periodische Metrik und funktional interpretierbare Harmonik simplen Zuschnitts bei den vermutbaren Zitaten eine so große Rolle spielen.

Mit aller gebotenen Vorsicht läßt sich eine Unterschicht vermuten, von der die modal regulierte Musik sich als »Hochsprache« abhob; so daß Stücke wie *Se la face ay pale*, *Donnez l'assault* oder das *Gloria ad modum tubae* ihren besonderen Reiz aus koketter Herablassung und unziemlichem Liebäugeln mit primitiven Musizierformen bezogen haben dürften. Insgesamt hatten Humor und vergnügt-gesellige Arglosigkeit in der Musik des 15. Jahrhunderts genug Heimatrecht, um in Bezug auf sozialkritische Kontexte Zurückhaltung zu empfehlen – u.a. kamen so gut wie alle bedeutenden Musiker von »unten«. Wenn man mit einem liturgischen Text so umspringen kann wie im *Gloria ad modum tubae* und mit Josephs Hahnreischaft spaßen kann, kann man es mit simplen Musikformen noch lange. Andererseits war das Moment der auf Abstand haltenden Hochsprache in den nördlichen Traditionen des Komponierens so selbstverständlich zuhause, daß es bei dem jüngeren Ciconia oder Du Fay, von der Satzweise abgesehen, des Erlebnisses italienischer Unbefangenheit in der Kommunikation der musikalischen Schichten, von »unten« und »oben«, bedurft zu haben scheint, um ihnen die Zunge zu lösen. Zu den besonderen, zugleich musikalischen und geselligen Pointen eines frühen Meisterwerkes wie *Ma belle dame souveraine*[75] gehört wesentlich die dreimalige Landung auf der »Dominante« *A* im ersten Teil (= Takte 9, 11, 14) erst nach zwei, dann gegen die erwartete Regelmäßigkeit – eine Pointe innerhalb der Pointe – nach drei Takten auf der Corona, dreimal in der dichten Konstellation *a/cis'/e'/a'* in je anderer Verteilung auf die Stimmen, dreimal als Ergebnis eines Abgangs in je anderer Form, und dies in einer Satzdisposition, welche für sich genommen bereits eine Pointe darstellt: Die drei über dem harmonietragenden *Contra-*

---

72 Randel 1971, S. 84 ff.

73 Treitler 1967, S. 139, vgl. u.a. das dort S. 141 zitierte *Christum tenens per amorem*

74 Gülke 1962

75 VI/44; hierüber auch Besseler 1950/1974, S. 74 ff., 84 ff.; Fallows 1982, S. 94 ff.

tenor »ineinandergeflochtenen Diskante«[76], sämtlich in gleicher Lage (*a – d'*) bewegt, sind – in den Quellen nicht einheitlich – als *Triplum, Cantus* resp. *Tenor* ausgewiesen, als sollten die mit den Benennungen verbundenen Funktionen vorgetäuscht werden; soweit die Konstellation es zuläßt, tragen sie ihnen tatsächlich Rechnung.

Zum Charakter des so ingeniös wie knapp Geglückten gehört auch, daß Du Fay aus der Not eine Tugend gemacht hat: Mit Wechseln zwischen I und V, wie unvermeidlich auch immer, muß man innerhalb der kleinen Form haushalten; sie affirmieren bzw. segmentieren stärker, als der auf Schwebe und Mehrdeutigkeit der Anschlüsse angelegten Miniatur zuträglich ist[77]. Einerseits mag das als Einschränkung empfunden worden sein, weil harmonischen Erkundungen genau dort enge Grenzen gesetzt waren, wo ein freies Feld winkte, d.h. wo ihnen nicht, wie in Motette und Messe zumeist, Verpflichtungen auf einen Cantus firmus und die hiermit verbundenen Reglements entgegenstanden. Andererseits sensibilisierte der enge Rahmen die Wahrnehmung der unterschiedlichen Gewichtungen von Kadenzformen (s. oben die Beispiele 1 b bis d) und Harmoniefolgen und offenbar auch – in der Folgezeit besonders wichtig – die Wahrnehmung des Zusammenhangs zwischen diesen und dem Gesamtverlauf. Das Rondeau *Las, que feray* (Nr. 6 im Notenanhang[78]) beginnt und endet auf *f* und hält in ungewöhnlicher Form in der Corona auf *c* inne; an Zeilenanfängen bzw. -enden begegnet außer diesen beiden Klängen nur einmal – in Takt 17 – *d*. Du Fay betont den harmonischen Rundlauf durch die an den Schluß gesetzte Oktavsprungkadenz, meidet sie hingegen an anderen markanten Punkten; einmal begegnet sie, mehr Konstellation als Kadenz, innerhalb der ersten Zeile (Takte 3/4), ein zweites Mal auf gleiche Weise im – überdies vom Tenor melodisch vermittelten – Übergang von der dritten in die vierte Zeile (Takte 21/22); offenbar will er verhindern, daß die Abstufung der erstwichtigen Kadenz am Schluß zur zweitwichtigsten bei der Corona durch ähnlich gewichtete Kadenzierungen relativiert und damit im Gesamtablauf die Dialektik zwischen dem um *f* zentrierten Ganzen und seiner zeitweiligen Zerlegung gestört wird.

Anders und fast konträr das wie ins gleiche Material hineingearbeitete, viel weniger »diatonische«[79] Rondeau *Or pleust a Dieu* (im Notenanhang Nr. 7). Es beginnt auf *c* und endet in *g* und nimmt den damit vorgegebenen Abstand in bemerkenswerter Weise wahr: Die erste Zeile beginnt nicht nur, sondern schließt auch auf *c*, die melodische Kadenzierung der zweiten (Takte 9/10) drängt nach g, wird daran jedoch – in einer Konstellation, die den Oktavsprung *d/d'* im Contratenor erwarten läßt – trugschlüssig gehindert; bei der Corona »siegt« *c* in einer auffälligen Kombination von intermittierender Terz im Cantus und »dominantischem« Quintabsprung im Contratenor. Anschließend führt ein energischer Gleichschritt der Stimmen kurz zum »subdominantischen« *f*, und gleich danach (Takte 24/25) geht es in einer Oktavsprung-Konstellation nach *g*, welches aber, ähnlich dem am zweiten Zeilenende (Takt 9/10) anvisierten, sofort, abermals zugunsten von *c*, verlassen wird. Danach läuft ein die Stimmverläufe stärker als vordem individualisierendes Nachspiel in eine vergleichsweise »schwache«, möglicherweise gar plagale Schlußkadenz auf *g* zu. In auffälliger Weise erscheint das Rondeau in der Mitte »dominantischer« gefügt als zu Beginn und am Ende und an diesem wie in eine ältere Stilistik

76 Besseler, a.a.O., S. 74

77 Kap. XII

78 Vgl. auch Kapitel XXI

79 In Bezug auf Akzidentiensetzung nicht zufällig eine der schwierigsten Chansons, vgl. u.a. die Differenzen zwischen den beiden Ausgaben des VI. Bandes der GA und die in der zweiten gegebene Rechenschaft von David Fallows

und Satzweise zurückgenommen – offenbar Teil einer Konzeption, bei der das Bewußtsein des »zweischneidigen Schwertes«, der überscharfen Segmentierungen mitspielt: Die letzteren werden in der Stückmitte benutzt, um die Dynamik des Abstandes zwischen *c* und *g* hervorzukehren und, wenn von der Corona auf den Beginn zurückgesprungen wird, um weich im selben Klang ansetzen zu können (nur der Superius wechselt den Ton). Dergestalt gewinnt die zweite Rondeauhälfte, den ebenso mottohaften wie resümierenden Zeilen »*Mon bien, m'amour et ma richesse, / Par qui ie puis vivre et mourir*« korrespondierend, als endlich die Tendenz nach *g* einlösend, besonderes Gewicht. Parallel zu den unterschiedlichen Verfahrensweisen in *Las, que feray* und *Or pleust a Dieu* erweist sich die kleine Form als hohe Schule der Sensibilisierung in dem statistischen Ergebnis, daß Wechsel zwischen I und V bei zwischen verschiedenen Klängen aufgespannten Kantilenensätzen häufig sich in der Stückmitte konzentrieren, wohingegen sie bei den im gleichen Klang ansetzenden wie schließenden Stücken gleichmäßiger verteilt sind, am Schluß selten fehlen oder weitgehend, wie in *Las, que feray*, für ihn aufgespart werden.

Mit der auf diese Weise im engen Rahmen und unter dem Diktat rückläufiger Strukturen trainierten panoramischen Sicht auf das Ganze des musikalischen Verlaufs verknüpft sich, der Kongruenz des Blicks auf den Menschen und desjenigen vom Menschen her entsprechend, die Erwartung, daß er von der Strukturierung dieses Ganzen zurückgeworfen werde – Vergleiche mit dem erstmalig in der Geschichte den Betrachter anschauenden Selbstporträt, dem des Jan van Eyck[80], oder der *Virgo annunciata* des Antonello da Messina[81], die dem Betrachter die Position des Verkündigungsengels zuweist, liegen auf der Hand. Schon die dem Contratenor in der Oktavsprungkadenz am deutlichsten abgezwungene Abweichung von einer melodisch-stimmlichen Prägung läßt sich, über den knapp bewältigten Kompromiß zwischen strukturellen und harmonischen Erfordernissen hinaus, als Anprall derartiger Erwartungen an Struktur und Wesen eines Tonsatzes interpretieren, der sukzessiv zusammengefügt ist und die Konsequenzen solchen Zustandekommens in sich aufbewahrt. Hierzu steht die prominenteste zeitgenössische Formulierung des neuen, werkhaften Ganzheitsanspruchs deutlich quer, Leon Battista Albertis auf Vitruv zurückgehende Bestimmung des Schönen als »*Harmonie und Übereinstimmung aller Teile, die dort erreicht wird, wo nichts verändert, nichts hinzugefügt oder weggelassen werden kann, ohne daß die Vollkommenheit des Ganzen gemindert wird*«[82]. Gegen die damit postulierte Interdependenz »*aller Teile*« verstößt die Autonomie des einer dritten Stimme nicht unbedingt bedürftigen Tenor-Superius-Duos ebenso ihrem Wesen nach wie im Procedere der Herstellung, unabhängig davon, wie sehr der Contratenor von vornherein mitgedacht ist. Am ehesten kommt die Dichotomie in der auf ihre Weise realistischeren cusanischen Auskunft unter, daß »*die immaterielle und geistige Form in keiner Materie wahrhaftig, so wie sie ist, gestaltet werden*« kann; »*aber alle sichtbare Form wird ein Gleichnis und ein Bild der wahren und unsichtbaren Form bleiben, die im Geist als der Geist selbst existiert.*«[83]

Die in jeder Komposition neu anstehende Auseinandersetzung hiermit mag bei Pietro Aarons neidisch-polemischer Auskunft, früher sei das Komponieren »*leichter*« gewesen, ebenso mitgespielt haben wie Vorahnungen eines anstehenden Exodus in neuartige Freiheitsräume

80 *Der Mann mit dem Turban*, vermutlich 1433, London, National Gallery

81 Um 1475, Palermo, Galleria Regionale della Sicilia

82 Hier zitiert nach: Peter J. Gärtner, *Filippo Brunelleschi (1377 – 1446)*, Köln 1998, S. 54

83 »*Et quia una materia est aptior alia, nulla possibilitas perfectissima esse potest. Ideo in nulla materia immaterialis et mentalis forma potest veraciter fingi uti est. Sed similitudo et imago manebit omnis visibilis forma verae et invisibilis formae, quae in mente mens ipsa exsistit*«; Nicolai de Cusa, *Dialogus de ludo globi / Gespräch über das Globusspiel*, Hamburg 2000, S. 48/49; vgl. Kap. XXVII

und, mit ihnen verbunden, neuartige Verantwortlichkeiten, negativ gesprochen: Vorahnungen einer – wenngleich jahrhundertelang hingezogenen – Verabschiedung hergebrachter Bürgschaften und Anhalte. »Tonart« im späteren Verständnis ist eine viel stärker technologisch determinierte Kategorie als »Modus«. Zu diesem gehören charakterologische Kontexte ebenso wie Beglaubigungen durch das sakrosankte Repertoire, mit dem sie verbunden sind und aus dem sie herausgefiltert, von dem sie jedoch nicht im Sinne einer neutralen, anonym verfügbaren Instrumentalität abstrahiert wurden. Wer modal musiziert, ist weniger frei, befindet sich jedoch immer unter dem, gewiß allmählich löcherig werdenden, Schutzdach verschiedenartiger Bestimmungen und Bürgschaften; wer dieses Schutzdach, harmonisch-funktionaler Tonalität sich nähernd, verläßt, hat dank der vergleichsweise anonymen Normative von deren Regelwerk größere Gestaltungsräume vor sich, verfügt über mehr Freiheit, jedoch geringere Bürgschaften. Insoweit stellt der Übergang von der transzendental verbürgten, wiewohl zunehmend verblassenden Substanzialität des Modus zur neutralen Instrumentalität der harmonischen Tonalität sich als Säkularisierung dar[84]. Solchen Diagnosen indes erweisen zeitübergreifende Pauschalierungen schlechte Dienste, wenn sie, unterstützt durch das Wissen um eine damals noch nicht »vergangene Zukunft« (s.o.), von dieser ihre Maßstäbe meinen entleihen zu dürfen.

Aktueller und leichter nachvollziehbar als die säkularisierenden Momente waren seinerzeit die theologischen. Harmonische Tonalität ebenso wie Zentralperspektive mußten zunächst sich darstellen als Erschließung von Dimensionen, welche in der puren Materialität der modalen Linie bzw. der Bildfläche nicht enthalten waren. Hier die zunehmend zu einem Regelwerk verdichtete Substruktur einer bislang auch im Bezug auf Finalis, Rezitationston etc. vornehmlich als Linie begriffenen Melodie, dort die ins zweidimensional plane Bild hineinprojizierte dritte Dimension – theologisch gesehen stellen beide Latenzen sich als *ge*funden und entdeckt, weltlich gesehen eher als *er*funden und konstruiert dar, ohne eine alternative Entscheidung zu erlauben, und beide, weil von der Gegenständlichkeit des Materiellen partiell sich lösend, als zur Transzendenz hin geöffnete Schneisen. Wohl nicht zufällig spielt die Metaphorik von Gottes auf allen Dingen ruhendem und alles durchdringendem Blick bei dem Cusaner eine wichtige Rolle[85], ebenso wie unterschiedliche Qualitäten des Sehens – eines, das *»das Entgegenstehende ... sozusagen in einem Klumpen und ungeordnet«* wahrnimmt, und eines, bei dem *»die Unterscheidungskraft«* hinzutritt[86]. Ähnlich mag jene Schneise, der zu einer überweltlichen, über-räumlichen Räumlichkeit gewährte Durchblick für Masaccio bei der Ausmalung der Brancacci-Kapelle das trickreiche Trompe-l'oeil aufgesogen und die Frage nach einer unangemessen mathematisierten, allzu direkt auf den Betrachter bzw. dessen Auge bezogenen Sicht[87] auf die heilige Trinität verdrängt haben – auch, weil der Gegensatz der perspektivischen Fluchtlinien zur aperspektivisch-raumlosen Abgehobenheit von Gottvater und damit der Anprall menschlich-beschränkten Begreifenwollens an der Unbegreiflichkeit Gottes eindringlich und neuartig verbildlicht waren.

Auf vergleichbare Weise eingeschachtelt in die Erschließung einer so realen wie fast immateriellen Dimension und deren anagogische Stellvertretung für die Raum- und Zeitlosigkeit

84 als Teilmoment einer Entwicklung, welche insbesondere bei Kaden 1992 schlüssig in weitgreifende Zusammenhänge gestellt ist, vgl. Kap. XXVII

85 Werner Beierwaltes, *VISIO FACIALIS – Sehen ins Angesicht. Zur Coincidenz des endlichen und unendlichen Blicks bei Cusanus*, Bayerische Akademie der Wissenschaften, Philosophisch-historische Klasse, Sitzungsberichte, Jahrgang 1988, Heft 1; Flasch 1998, S. 383 ff.

86 Nicolai de Cusa, *Idiota de mente / Der Laie über den Geist*, Hamburg 1995, S. 36/37

87 Die Perspektive des Bildes erschließt sich nur von einem genau definierten Punkt aus

des »unbewegten Bewegers« half die harmonische Tonalität neue gestalterische Möglichkeiten erschließen, schärfte nicht nur Sensibilitäten in Bezug auf die unterschiedliche Gewichtung von Kadenzen, für das Verhältnis harmonischer Räume zueinander – mehr und mehr hinausgehend über die von Tonstufen aus definierende Unterscheidung von »Gegenklängen« –, sie half auch die Spielräume für den Gebrauch unterschiedlicher Idiome zu erweitern und Zwischenpositionen zu bestimmen zwischen einer modalen »hohen« Sprachebene und einer liedhaft-usuell affizierten, oft nahezu dominantisch-tonalen »niederen«. Dergestalt ließen sich u.a. das *genus subtile* (= *der schlichte Stil*), das *genus grande* oder *sublime* (= *der erhabene Stil*) und das *genus medium, mediocre* oder *mixtum* (= *der mittlere* oder *gemischte Stil*) im Sinne des eben damals neu erschlossenen Quintilian[88] konkret auf musikalische Kriterien beziehen. Formalisierungen wurden dabei schon durch die zunehmende kompositorische Differenzierung jener Zwischenpositionen verhindert (wie schon Quintilians *genus mixtum* eine terminologische Verlegenheit darstellt) – immerhin ließen sich Fauxbourdonsätze mühelos dem schlichten Stil zuordnen[89], das »Glockengeläut« etlicher das Wunder der Menschwerdung reflektierender »*Et incarnatus*«-Passagen in dessen Nähe lokalisieren[90]; dem wiederum standen orgelpunkthafte Grundierungen nicht fern, welche nun, oft als finale Einfahrten in bergende, Ruhelagen versprechende Harmonieräume, eine neuartig funktionalisierte Eindringlichkeit erhielten im Vergleich mit mindestens vage erinnerten organalen Partien.

Der weit herholenden Bezugnahme wiederum bedarf es nicht, um zu verdeutlichen, daß altvertraute Details, obenan V-I-Kadenzierungen, umgewidmet zu werden verlangten, weil hinter ihnen mit zunehmender Sogwirkung neuartige Koordinaten auftauchten, neue Kategorien und Erklärungsmuster. Anfangs vermutlich nur partiell wahrgenommen, müssen sie bei Kompositionen obersten Anspruchs die Bewußtheit im Umgang mit divergierenden Schichten alsbald gesteigert haben. Weniger eine bestimmte Parteinahme im ohnehin nicht simpel bipolaren Gemenge von Altem und Neuem, traditionell beglaubigten und zunächst unsichere Anhalte ansteuernden Definitionen – wie lange blieb die nachmals dominantische Tonalität undefiniert, wie lange war es unnötig, sie zu definieren! – entschied dabei über musikalische Qualitäten als das Niveau, auf dem ein Komponierender die Gleichzeitigkeit des Ungleichzeitigen aushalten und integrieren, d.h. in eine je werkimmanente Zeitlichkeit zusammenzuzwingen vermochte. Demgemäß wären die modal differierenden Cantus der Domweihmotette[91], die tonartlich quer liegenden Cantus der *Se la face ay pale*- und der *L'homme armé*-Messe[92], Dispositionen wie in *Or pleust*[93], welche das perpetuum mobilehafte Rotieren des Rondeaus unterstreichen, oder die wohlkalkuliert ineinandergeschachtelten, harmonisch identischen Verläufe der Zeilen, Zeilenpaare und des Ganzen im späten Rondeau *Par le regard*[94] ebenso der Nachbarschaft von musikalischem Anspruch und implizit wahrgenommener Historizität zu danken wie die Legierung von zitatenschwerem Auffangbecken und kritischem Altersavantgardismus in der *Missa Ave regina coelorum* oder daselbst die diskret persönlich intonierte, vom Kontext vorsichtig abgesetzte Position der untergründig die Bitte »*tui labentis Dufay*« bei sich führenden Passage.

88 *M. Fabii Quintiliani Institutionis oratoria libri XII*, hrsg. von H. Rahn, 2 Bände Darmstadt 1972/75, Buch XII; Holmes 1992

89 S. oben Kapitel XI

90 Gülke 1984

91 Kap. XV, S. 201

92 Kap. XXIV

93 Kap. XXI

94 VI/73; vgl. die eindringliche Betrachtung bei Fallows 1982, S. 162 ff.

Du Fays wohl letzte eigenständige[95] isorhythmische Motetten *Fulgens iubar / Puerpera, pura parens / Virgo post partum* und *Moribus et genere / Virgo, virga, virens / Virgo est electus*[96] erscheinen unter diesem Blickwinkel wie – gattungsbezogen – testamentarische Vergewisserungen und bewußt getroffene Versuchsanordnungen. Daß er am Ende der ersteren den *Amen*-Schluß seiner berühmtesten, der *Nuper rosarum*-Motette, zitiert, läßt sich als Bestätigung solcher Intentionen ebenso verstehen wie die strikte Parallelität der Dispositionen und das über die jüngste Vergangenheit der Gattung zurückgreifende Maximalaufgebot traditioneller Reglements. Man dürfte von vorsätzlichem Anachronismus sprechen, klaffte in Du Fays Konzept nicht, wie um diesen dialektisch zu reflektieren, eine das Grundverständnis der Gattung betreffende Lücke: Durch die harmonische Disposition behindert er den liturgischen Cantus im Funktionieren als Fundamentum relationis; daß beide Unterstimmen als Tenores bezeichnet, nominell also gemeinsam auf die Funktion verpflichtet sind, erscheint eher wie ein formaljuristischer Notbehelf. Beide Motetten stehen in *g*; als Ton kommt *g* in *Fulgens uibar* in der 38 Töne umfassenden Melodie des Tenors siebenmal, in deren erster Hälfte (vgl. Beispiel 2 b) nur einmal vor, in der 40 Töne umfassenden von *Moribus et genere* insgesamt nur zweimal; elf Töne des Tenors von *Fulgens iubar* haben ganz oder teilweise »unerlaubten« Quartabstand zum Triplum (im Beispiel 2 a durch Pfeile angezeigt), bei *Moribus et genere* acht. Bei diesem verteilen sich die »Verfehlungen« gleichmäßig, bei jenem stehen neun in der ersten Hälfte nur drei in der zweiten gegenüber, fast programmatisch setzt der Cantus mit dem ersten Ton *a* in einem *d*-Klang sogleich »falsch« ein; der Tenor *Virgo post partem quem genuit adoravit* verhält sich also im überkommenen Verständnis zunehmend folgsamer.

Längst zuvor schon war der Anspruch des Fundamentum mit den Zwängen des vierstimmigen Satzes schwer zu vereinbaren gewesen, was zu etlichen Lizenzen Anlaß gab; demgemäß sollte man mit Begriffen wie »Verfehlung«, »unerlaubt« etc. vorsichtig umgehen – ganz und gar angesichts einer Dynamik der kompositorischen Entwicklung, welche die Conditio sine qua non unabdingbarer Regeln zunehmend unterminierte. Beispielsweise sichert der »falsche« Einsatzton *a* in *Fulgens iubar* dem Tenorbeginn etliche Auffälligkeit und schafft ihm ein, gewiß satztechnisch bedenkliches, Podest; genau darauf jedoch könnte es Du Fay bei derlei Grenzgängen am Rande der satztechnischen Legalität angekommen sein, als welche er die Historizität, das Gerade-noch-möglich der überkommenen Struktur mitkomponiert, ebenso zu ihr sich bekennt wie Abstand nimmt. Ein in ähnlicher Weise positiv gewendetes Eingeständnis betrifft in der Mitte der zweiten Color-Hälfte derselben Motette (Takt 69/70) den eigens durch Vorzeichnung herausgestellten *D*-Klang, eine Stelle, welche satztechnisch durch die Paradoxie einer Oktavsprungkonstellation ohne Kadenzierung herausgehoben erscheint, was sich, von dem nacheinander in drei Mensuren arbeitenden Unterstimmengerüst aus gesehen, noch zweimal (Takte 130/131, 179[97]) wiederholen ließe; daran jedoch ist Du Fay nicht interessiert, er nimmt die Auffälligkeit zurück – möglicherweise im Hinblick auf das der Motette von 1436 entliehene, »dominantische« *Amen*?

Noch viel stärker leuchtet an entsprechender Stelle in *Moribus et genere* (Takt 80) ein durch das *gis'* im Triplum ausdrücklich geforderter *E*-Gegenklang hervor, wie um ein Signal zu setzen nach dem Einstieg des Triplum in die dritte Textstrophe, mit der der Motetus gleichzeitig zur ersten im Triplum das Stück eröffnet hatte – eine Pointe, der eine Verdeutlichung gut anstand, weil damit auf die Aufholjagd des anfangs um zwei von sechs Strophen im Rückstand

95 Vgl. allerdings das *Gloria* und *Credo* der *Missa Se la face ay pale*, Kap. XXIV
96 I/18 und 19
97 Hier fehlt in der GA im Tenor das *g*

befindlichen Triplum hingewiesen war, zugleich auf die damit anvisierte, erst in den letzten Takten[98] erreichte Gleichzeitigkeit der Texte. Auch diesmal versagt sich Du Fay die in den Takten 175 bzw. 232 möglichen Wiederholungen, es bleibt bei einem einzigen *E*-Klang.

Sprach hierbei eine »perspektivische« Wahrnehmung von dessen Randstellung mit, welche durch den Umgang mit einer funktionsnahen Harmonik geschärft worden war? So zu fragen legt Du Fay nahe, weil er dem damit implizierten, prozessual ausgerichteten Hinblick auf das Stückganze die Statik der isorhythmischen Entsprechungen und Segmentierungen in massiver Dosierung entgegenstellt, obendrein beide Male in ähnlicher Weise. Beide Motetten gliedert er in drei proportional sich verkleinernde, jeweils 32 (Tenores) bzw. 96 Takte (Triplum und Motetus) umfassende Großabschnitte (*Fulgens*: dreimal 3/2, dreimal 4/4, dreimal 3/4; *Moribus*: dreimal 3/2, dreimal 4/4, dreimal 2/4); in jedem dieser Abschnitte läuft ein Color einmal durch, präzise gehälftet in zweimal 16 bzw. 48 Takte durch eine Talea, deren Verbindlichkeit »pan-isorhythmisch« in beiden Hälften der Großabschnitte alle Stimmen betrifft – je zweimal also gleichen sich die rhythmischen Verläufe (vgl. im Beispiel 2 a der dritte Durchlauf der *Fulgens iubar*-Motette). Zusätzlich wird die Unterteilung in beiden Stücken akzentuiert durch proportional gleich lange, zu Beginn jeder Abschnittshälfte, insgesamt also je sechsmal erscheinende Duos; in *Moribus et genere* verstärkt Du Fay die Verkleinerung der Mensur durch Triolierungen gegen Ende des zweiten und dritten Großabschnitts. Fast in jeder Hinsicht verdrängen die Ostensionen der Machart die u.a. in *Nuper rosarum flores* so offenkundig geübten »Künste des Übergangs«. Ähnliche oder gleiche Dispositionen kann man auch zwanzig Jahre früher finden, pan-isorhythmische, welche die fortgehende Schmeidigung der Verläufe behindern, in den vorangegangenen Jahren indessen kaum noch.

Beispiel 2 a und b

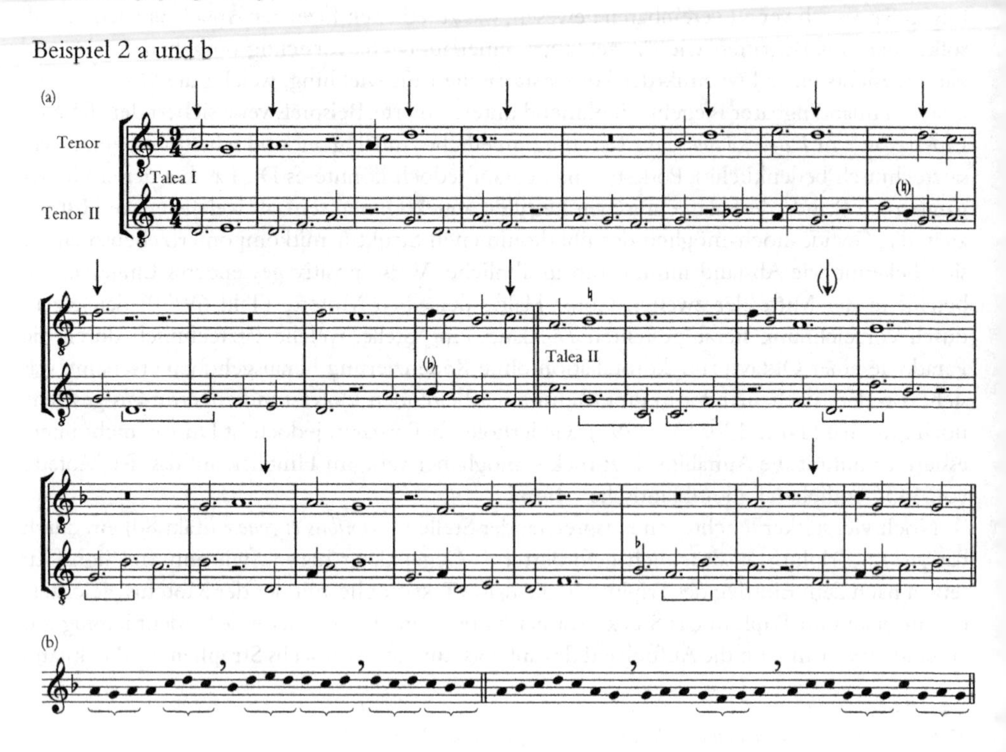

98 In Takt 233 (= 12 in der Zählung der Großtakte der beiden Tenores) steht in der GA fälschlich *g* statt *a*

Die zunehmende Folgsamkeit (s. o.) des Tenors der *Fulgens iubar*-Motette erscheint im Hinblick auf die vermutete Versuchsanordnung auch dank ihrer Kontexte aufschlußreich. Nicht nur verfehlt der Cantus die Pflichten eines Fundamentum relationis in der zweiten Hälfte nur dreimal (in der ersten neunmal), auch kommt es nun zu zahlreichen Stimmkreuzungen beider Tenores (in der ersten nicht eine einzige) und – in Beispiel 2a durch Klammern angezeigt – fünfmal zu Quintab- bzw. Quartaufschlägen, welche funktionsharmonisch als V-I-Folgen deutbar wären (in der ersten Hälfte ein einziges Mal ohne Beteiligung des Cantus). Wie als letzte Bestätigung der Rückkehr zum hergebrachten Regelkanon endet der Cantus als Fundamentstimme einer »altmodischen«, alle drei Male (Takte 95/96, 120, 192) vom Triplum geschickt überdeckten Parallelkadenz. Von hier aus gesehen erscheint kaum noch zufällig, daß die erste Hälfte des von Du Fay als Cantus gewählten Melodieabschnittes (Beispiel 2 b) sich geradehin fundamentwidrig ausnimmt – 18 der insgesamt 20 Töne sind in Wechselnotenkonstellationen eingebunden, die zwei verbleibenden immerhin auf gleiche Weise an die je folgende Wechselnote angebunden, zu größeren Melodiezügen, Sekund-Anstiegen oder -abstiegen kann es nicht kommen. Obendrein versprechen die vorangehenden Duos (das erste besonders deutlich, jedoch auch das dritte und fünfte) eine durch zeilenhafte Segmentierung unterstützte harmonische Transparenz, welche dem Satz mit dem Eintritt des Cantus entzogen wird – als solle eine Reise in die musikalische Vergangenheit angetreten werden, an deren Ende die Motette mit dem Zitat aus der Domweihmotette symbolisch fast in die Gegenwart zurückkehrt. Am deutlichsten in der Dosierung der anfangs häufig, später seltener verfehlten Fundament-Verpflichtungen scheint komponiert, daß und aus welchen Gründen unreflektierte Ankunft in der Vergangenheit verwehrt ist; und mit dem möglicherweise bewußt aufgekündigten Gleichstand zwischen den Strukturen und aktuellen Positionen des Komponierens scheint in beiden Motetten etliche musikalische Unmittelbarkeit gekündigt, welche Du Fay zuvor allemal auch gegen hochvermittelte motettische Dispositionen zu retten wußte. Das bei der vorstehenden Betrachtung supponierte historische Bewußtsein findet Rechtfertigung überall dort, wo das Selbstverständnis jener sich als neu bzw. neugeboren begreifenden Zeit Definitionen erzwang, die des Vergangenen als einer Negativfolie notwendig bedurften – nach Ursprüngen, Herkommen und geschichtlichen Verläufen wurde mehr gefragt als je vordem.

Mit den Entwicklungen im Problemfeld von Modus, Tonalität und Perspektive haben die zuletzt diskutierten Sachverhalte scheinbar nur mittelbar, dennoch ursächlich zu tun; diese Entwicklungen sind ins kommunizierende System mit anderen Dimensionen musikalischer Gestaltung in so spezifischer Weise integriert, daß jeder einseitige Hinblick auf funktionsharmonisch interpretierbare Sachverhalte, Kadenzformen etc. als Rückzug aus einer verwirrenden Vernetzung der Motivationen, Herleitungen etc. auf monokausale Konsequenzlinien und leicht verfolgbare Filiationen verdächtig wird. Diese Vernetzung – von Seh- und Fluchtpunkt, Subjekt und Objekt, Zugewinn und Verlust, »Vermenschlichung« der Musik und Pragmatisierung der Mittel usw. – gibt genug Anlaß, nach der Historizität des vermeintlich »Natürlichen« bzw. einer »menschlichen Natur« zu fragen, gerade, wenn man im Auge zu behalten versucht, daß »die Vollkommenheit der Dinge« zunächst »nach deren Art und Vermögen allein geschätzt« werden sollte, also auch, inwiefern »die Dinge ... nicht deshalb mehr oder minder vollkommen« sind, »weil sie den Sinn der Menschen ergötzen oder verletzen, weil sie der menschlichen Natur zusagen oder ihr entgegen sind«[99]: Welche Menschen, welche Natur?

99 Baruch de Spinoza, *Opera/Werke*, Darmstadt 1967, Band 2: *Ethik*, Teil I, Anhang, S. 159

XVII. Liturgischer Alltag? – Hymnen, Antiphonen, Sequenzen

»On ne peut pas dire que ces hymnes appartiennent à ce que Dufay a composé de meilleur au point de vue de la technique et de l'expression. Ce sont, en somme, des oeuvres assez ternes et d'une relative indigence musicale«[1]. Dieses Urteil eines um Du Fay hochverdienten Autoren zeigt, wie leicht der Anspruch des Rahmens, innerhalb dessen einer komponiert, mit dem Anspruch des Komponierten verwechselt werden kann. Es gibt eine Meisterschaft in mittleren Bereichen, welche schwer zu erkennen und eo ipso der Selbstbeschränkung aufs Mittelmäßige verdächtig ist, und es gibt dementgegen gute Gründe für die Annahme, daß der bei der *»hörenswerten«* Musik angekommene Du Fay interessiert war, seine in spektakulären Werken ausgewiesene Meisterschaft auch unspektakulär innerhalb enger Grenzen zu bewähren. Damit trug er wohl – in einem fast neuen Genre! -Repertoirewünschen der savoyischen, ferraresischen oder der päpstlichen Kapelle bzw. denen aller drei Rechnung und konnte zugleich ein Anliegen verfolgen, welches dem vom 23jährigen Johann Sebastian Bach formulierten »Endzweck«[2] vergleichbar erscheint: Wie dieser mit Kantaten bestückt er das Kirchenjahr mit Hymnen, und wie dieser in den Chorälen führt er die Möglichkeiten des harmonischen bzw. polyphonen Satzes anhand bekannter Melodien exemplarisch vor. Die vorangegangene dichte Folge großer, ausgreifender Konzeptionen sollte uns anhalten, große einmal auch als Voraussetzungen der kleineren in Betracht zu ziehen und nicht nur umgekehrt die kleineren als eher usuell denn ästhetisch beglaubigte Notopfer.

In der Überlieferung der Hymnen lassen sich drei Schichten unterscheiden, eine frühere in der Handschrift Bologna Q 15, eine vollständigere, vermutlich wenig spätere in der aus Ferrara stammenden Handschrift Modena α X.1.11 und eine abermals spätere, welche der Systematik der beiden früheren schwer zugeordnet werden kann[3]. Daß in den 20 Bologna-Stücken vom ersten Fastensonntag bis zum Osterfest eine Lücke klafft und diese durch die acht Modena-Hymnen gefüllt wird, belegt die planvolle Besetzung des Kirchenjahrs und gibt zugleich einen Hinweis auf die Entstehungszeit. Vieles spricht dafür, daß Du Fay die erste Serie frühestens in Savoyen zwischen 1433 und vor der Rückkehr nach Rom im Sommer 1435, spätestens 1437 während des Besuchs in Ferrara[4] komponiert hat – die Lücke in der Fasten- und Osterzeit ließe sich mithilfe der besonderen Umstände und Belastungen durch die bevorstehende Domweihe in Florenz gut erklären. Wie streng über das in Rom franziskanisch geprägte, wohl auch in Ferrara verbindliche Repertoire der einstimmigen Hymnen gewacht wurde, wissen wir nicht gut genug, um erklären zu können, weshalb Du Fay sich bei den Vorlagen nicht durchweg an dieses hielt[5]; auf Savoyen oder Cambrai freilich verweisen sie ebensowenig.

---

1 van den Borren 1926, S. 213; eine leicht zugängliche, nicht vollständige, korrekturbedürftige Ausgabe veröffentlichte Rudolf Gerber als Heft 49 der von Friedrich Blume herausgegebenen Reihe *Das Chorwerk:* Guillaume Dufay, *Sämtliche Hymnen,* Wolfenbüttel 1937, mehrere Neuauflagen; außerdem in Band V der GA

2 Martin Geck, *Bachs künstlerischer Endzweck,* in: *Festschrift für Walter Wiora,* hrsg. von Christoph-Hellmut Mahling und Ludwig Finscher, Kassel 1967, S. 319 – 328; Nachdruck in: Martin Geck, *»Denn alles findet bei Bach statt«. Erforschtes und Erfahrenes,* Stuttgart – Weimar 2000, S. 46 – 55.

3 Planchart 1997, S. 144 ff.

4 Lockwood 1976; ders. 1984, S. 34 – 40

5 Ward 1980

So sicher ein Zyklus beabsichtigt war – die Ambition »Endzweck« scheint die lückenhafte Überlieferung zu überfordern. Einen ersten Anlauf zu einem Zyklus mehrstimmig bearbeiteter Hymnen hatte es, wohl vom seinerzeit in Avignon residierenden Papst veranlaßt, schon ein reichliches Halbjahrhundert zuvor gegeben[6], dennoch waren mehrstimmige Hymnen erst seit den zwanziger Jahren in größerem Umfang ins Offizium aufgenommen, bislang also zu wenig Tradition gebildet worden, um die Idee einer übergreifenden Summierung nahezulegen. Dies um so weniger, als der damalige Bestand im simplen Zuschnitt und etlichen Unregelmäßigkeiten usuelle, vermutlich auch lokal bedingte Zwänge verrät, welche normierenden Maßgaben einer Summierung entgegenstünden; der Weg zur nicht viel später durch numerisches Übergewicht bestätigten Standardlösung des im Tempus perfectum laufenden dreistimmigen Satzes mit der überlieferten Melodie im Cantus scheint noch weit.

So noch bei Du Fay: Eine der unter seinem Namen überlieferten Hymnen, *Aurea luce*[7], steht im Tempus perfectum diminutum, zwei – *Aures ad nostras* und *Proles de celo*[8] – im Tempus imperfectum; *Audi benigne Conditor*[9] und eine der beiden für *Christe redemptor* überlieferten Fassungen[10] haben die Melodie in der Mittelstimme, *Audi benigne* gar in auffallend wenig verzierter Form; einmal begegnet dieselbe Musik bei zwei verschiedenen Texten – *Hostis Herodes impie* bzw. *A solis ortus cardine*[11]; bei dreien – *Aures ad nostras, Festum nunc celebre, Pange lingua*[12] – ist Du Fays Autorschaft nicht sicher; zwei von ihm komponierte kennen wir nur dem Namen nach: *Magnis salutis gaudio* wird in seinem Testament genannt[13] und *O quam glorifica* anderswo[14] als »*nouvellement faite*« und als 1463/64 in Cambrai abgeschrieben. Wenn eine Bachs »Endzweck« vergleichbare Intention mitspielte, war ihr in den dreißiger Jahren zumindest nicht endgültig Genüge getan.

Dem zu ihr gehörigen Anspruch auf verbindliche Fixierung scheint darüberhinaus die jeglicher usuellen Prägung mitgegebene Offenheit und Vorläufigkeit entgegenzustehen, welche Du Fay an früheren Fassungen einer jeweiligen Melodie ebenso weiterzukomponieren veranlaßt wie Jüngere an seinen Fassungen – ein Umstand übrigens, dank dessen er als Komponist, abgesehen von Sonderfällen wie dem verlorenen Requiem, der *Recollectio Festorum Beatae Mariae Virginis*[15] und den für Cambrai testamentarisch verordneten Werken, in den Hymnen, wenn oft auch revidiert, am längsten überlebte. Innerhalb der 70 Hymnen des zwanzig Jahre nach seinem Tode geschriebenen vatikanischen Kodex Capella Sistina 15 bilden die seinen, obwohl kaum ein Drittel, dank ihres Niveaus und mancher in jüngeren Stücken fortwirkender Verbindlichkeiten den Kernbestand, freilich kaum je unverändert, zuweilen archaisierend auf Fauxbourdonsätze simplen Zuschnitts reduziert, anderswo »mit neukomponierten Strophen desselben Hymnus zu mehrteiligen Formen verbunden«[16], mehrmals auch durch Hinzufügen einer vierten Stimme modernen Vorstellungen angenä-

6 Tom R. Ward, *Mehrstimmige Hymnen*, Artikel in: MGG, 2. Ausgabe, Band 4, Sp. 492

7 V/27

8 V/15 bzw. 32

9 V/14

10 V/12 bzw. 24a

11 V/13, zum letzteren s.u.

12 V/53, 55 und 56; nicht gerechnet zwei von Rudolf Bockholdt (1979, S. 85/86) für Du Fay reklamierte Stücke, *O quam glorifica* und *Iam ter quaternis*; hierzu kritisch Fallows 1982, S. 288, Anmerkung 10

13 Houdoy 1880, S. 410

14 Wright 1975, Dokument 20

15 Kap. XXV

16 Ludwig Finscher, in: Finscher (Hrsg.) 1989/1990, S. 388

hert[17]; die Feststellung, dies sei kaum zu ihrem Vorteil gewesen und habe zu einem stilistischen Charivari geführt, setzt Maßgaben voraus, die bei der – auf eigene Weise durchaus folgerichtigen – Kompilation keine Rolle spielten; auf derlei unhistorische Weise braucht Du Fay nicht in Schutz genommen zu werden.

Schon deshalb nicht, weil hier in – gewiß erstaunliche – Disparitäten auseinandergespreizt erscheint, was schon bei ihm selbst angelegt ist und zu überlegen aufgibt, ob jene Momente von Offenheit, Vorläufigkeit etc. bei der mehrstimmigen Bearbeitung von Hymnen nicht in einer Weise impliziert seien, welche einem Bachs »Endzweck« vergleichbaren Anliegen weniger entgegensteht als zuarbeitet; gerade sie könnten sehr wohl einen Teil des Modellcharakters darstellen, gehört doch zum exemplarischen Komponieren allemal die Intention, gegebene Spielräume mit einer repräsentativen Totalität verschiedenartiger, gegebenenfalls auch elastischer Lösungen zu besetzen. »Überhaupt scheint es, als wenn Bach ... alles habe versuchen wollen, was sich mit vielen und wenigen Stimmen ausrichten lasse«, hatte Johann Nikolaus Forkel geschrieben[18]; Du Fay, dem entsprechend, hat in seinen Hymnen »alles ... versuchen wollen, was sich« bei der Bearbeitung einer vorgegebenen, bekannten Melodie in einem dreistimmigen Satz »ausrichten lasse«. Dank des engeren Rahmens der Aufgabenstellung nimmt sich »alles« entsprechend kleiner aus, doch bemißt sich seine Dimensionierung nach dem Größenverhältnis zu jenem; innerhalb eines liedartigen, vier- oder sechszeiligen Ganzen hat z.B. die Veränderung eines Grundtons bei einer Zwischenkadenz, wie sie häufig beim Nebeneinander einer freistimmigen und einer Fauxbourdon-Version desselben Cantus begegnet, viel Gewicht.

In solchen Mehrfachfassungen projiziert Du Fay den üblichen Wechsel von einstimmig vorgetragener erster, dritter, fünfter usw. Strophe und mehrstimmig vorgetragener zweiter, vierter, sechster usw. auf die polyphone Faktur und hat damit für die jeweilige Hymne drei alternierende Versionen zur Verfügung, man könnte auch sagen: in der Bearbeitung der je einzelnen Hymne versucht er eine Spannweite unterzubringen, an der ihm bei der Behandlung des Repertoires insgesamt gelegen ist. Denn nicht geringer als z.B. ein oder zwei veränderte Kadenzen in Bezug auf ein vierzeiliges, 20- bis 30- taktiges Ganzes wiegen innerhalb der Margen des Gesamtrepertoires die Differenzen zwischen einem eng auf den Cantus-Verlauf fixierten Fauxbourdon-Satz und einer chansonartigen, subtil polyphonen Dreistimmigkeit. Weil die Hymnen, auch vermöge der poetischen Qualitäten der Texte, zum populärsten, prägnantesten, am leichtesten erinnerbaren Teil der Liturgie gehören, vollzieht sich dies vor einem Röntgenschirm – man kennt die Melodien und kann fast alle Aufmerksamkeit ihrer Behandlung zuwenden.

Neben früher angeführten Argumenten spricht dies für die Intention eines exemplarischen Komponierens, darüberhinaus aber auch, daß Du Fay, der Enge des zur Verfügung stehenden Spielraums gemäß, die repräsentative Totalität der Lösungen weniger in auffälligen Divergenzen als fein abstufenden Differenzierungen, die Schwellen zwischen den genannten drei Vortragsarten also niedrig zu halten sucht; dank der von ihm verfolgten Kontinuität in der Entfaltung polyphoner Möglichkeiten unterscheiden sich manche freistimmigen Sätze untereinander stärker als deren am einfachsten gefügte von den differenzierter ausgearbeiteten Dispositionen *au fau(l)xbourdon*. Beim Übergang von der Einstimmigkeit zu diesen mag es sich entsprechend verhalten haben. Hier jedoch sind wir auf – wenngleich plausible – Vermutun-

---

17 Zu weiteren Fortschreibungen vgl. Ward, a.a.O., Sp. 493

18 *Über Johann Sebastian Bachs Leben, Kunst und Kunstwerke*, Leipzig 1802, S. 73

gen angewiesen: Vom rhythmisch regulierten Vortrag der Hymnenmelodien etwa der im Beispiel 1 a vorgeschlagenen Art, welcher den Abstand zum polyphonen Satz verkleinert, hatte 1000 Jahre vor Du Fay bereits Augustinus gehandelt[19], und gleich jenseits der Grenze zwischen Ein- und Mehrstimmigkeit stünde eine schematisierende Disposition *au fauxbourdon*, die, im Beispiel 1 b angedeutet, so leicht *alla mente* auszuführen ist, daß sie nicht erst aufgeschrieben werden mußte. Im Sinne der angesprochenen kontinuierlichen Entfaltung der Darstellungsformen läßt sich gut vorstellen, daß Du Fay diese Vortragsweise als möglich mitbedacht hat, wo nicht gar, daß seine mit eigenständigeren Baßführungen durchweg »höher« ansetzenden Fauxbourdon-Fassungen (vgl. Beispiel 1 c) von vornherein als zweite Trittstufe nach jener untersten, beinahe als klanglich aufgefächerte Einstimmigkeit verstehbaren, gedacht waren.

Beispiel 1 a bis c

Bei *Conditor alme siderum* befinden sich die beiden nahe beieinander. Die kleinen Emanzipationen der Unterstimme wirken mechanischer Monotonie entgegen und arbeiten der lebhafteren Bewegung an den Zeilenenden vor, bei denen Du Fay fast regelmäßig mit der Kalamität zu tun hat, daß die vorgegebenen Melodien von oben auf den Endton zuzukommen pflegen, die Oberstimmen des seinerzeit gängigen Satzes hingegen zumeist von unten. Im Übrigen verhindern sie schematisch auf den Cantus bezogene Verdoppelungen im Quartabstand – selbst in einem einfachen Satz wie dem von *Conditor alme* muß der Sänger, wie das Beispiel 1 c zeigt, immerfort zwischen der Orientierung auf die Ober- bzw. Unterstimme abwägen.

In den Doppelfassungen benutzt Du Fay die Verselbständigung der Mittelstimme nicht nur zur polyphonen und rhythmischen Belebung, sondern, wo immer möglich, zu harmonischen Differenzierungen, welche beim Vortrag dank unmittelbaren Nacheinanders der Fassungen genau wahrgenommen werden. So haben der Beginn und die Zeilenendungen z. B. bei

19 *De musica* VI, 2 (Neuausgabe u.a. in: *Patrologiae cursus completus* I: *Series latina*, Band XXXII, hrsg. von P. Migne, Paris 1841, S. 1081 – 1194 ; vgl. u.a. *Hymnus*, Artikel in: *Riemann Musiklexikon*, Sachteil, Mainz 1967

Christe redemptor[20] in der Fauxbourdon-Fassung die Grundtöne *c, d, a, e* und *d*, in der anderen *c, d, f, e* und *d*; bei *Ave maris stella*[21] *d, c, d, c* und *d* bzw. *d*, ***a***, *d, c* und *d*; bei *Ad cenam agni*[22] (mit geringfügig veränderter Oberstimme) *f/g* (ein Auftakt), *a, a, g* und f bzw. *f /g*, ***d***, ***d***, *g* und *f* – fast immer, weichere Fügungen innerhalb der Zeilen bestätigend und kontinuitätschaffenden Überleitungen entsprechend, erweitert Du Fay die harmonische Palette und arbeitet der durch den Fauxbourdon vorgegebenen Identität von End- und Grundton entgegen; so lange die Mittelstimme auf die Quarte unter der Oberstimme festgelegt ist, bleibt in Schlußklängen für die dritte Stimme nur die untere Oktave.

Nun beginnt die Aneignung der überlieferten Melodie schon vor der Entscheidung für die eine oder die andere Satzweise – mit der Zurichtung zur Oberstimme eines nach den Maßgaben von Jetzt und Hier gefügten polyphonen Satzes. Wieviel Vorsicht immer geboten scheint bei der Rückprojektion heutiger Begriffe von Historizität[23], wie leicht diese immer sich zum kompositorischen Problem ummünzen, zu ihm hin konkretisieren läßt – an der Bewußtheit der zur Aneignung gehörigen Überbrückung stilistischer, mithin auch zeitlicher Distanzen lassen Du Fays Hymnen wenig Zweifel. Deren Melodien müssen nicht verbessert, jedoch herangeholt, neuen Kontexten und Vorstellungen einer geschmeidigen Kantabilität angepaßt, also verändert werden[24]; diese Vorstellungen erheischen u.a. mehr und differenziertere Melismen, als die vornehmlich syllabisch deklamierenden Originale vorgeben, nicht selten größere melodische Ausschläge und mindestens vier Längenwerte anstelle von, soweit im Hymnen-Vortrag faßbar, zwei oder drei. Als Mittelstimme, das zeigen *Audi benigne* und eine der *Christe redemptor*-Fassungen, ließen die überlieferten Melodien sich leichter einarbeiten; insbesondere die Überschreitungen vorgegebener Umfänge nach oben oder unten – wo der Schwung der Linie in die Höhe treibt, die für eine resümierende Kadenzierung erforderliche Fallhöhe gewonnen, der Kadenzton von unten her angesteuert werden muß etc. – helfen den Abstand verdeutlichen. Diesen konnte jeder Hörende im strophenweise vollzogenen Wechsel der originalen und der bearbeiteten Form unmittelbar nachvollziehen – die Vergegenwärtigung der Historizität, in kaum zufälliger Parallelität mit stürmischen Wandlungen von Geschichtsbewußtsein und Zeitgefühl, gehört zu den Konstituentien der Hymnenbearbeitung.

In der Melodie der Marienhymne *Ave maris stella* (Beispiel 2) hatte der aneignende Du Fay einen starken, prägnanten Widerpart. Deutlich in zweimal zwei Zeilen gegliedert – die beiden ersten eröffnen mit einem Quintauf- bzw. -abschlag und gelangen über lange Abstiege in Sekunden zu ihren Endtönen –, beschreibt sie ein nahezu kontinuierliches Abschmelzen der melodischen Aktivität; am weitesten holt die erste Zeile aus, der die zweite fast wie eine komplettierende zweite Halbzeile anschließt, in der dritten klingen der Quintabschlag *a/d* und der Sekundabstieg, nun nach *c* führend, nach, und die vierte erscheint fast nur wie ein sanftes, zur Finalis zurückpendelndes Nachschwappen; die Anfangs- bzw. Endtöne der vier Zeilen – *d/g, a/d, f/c, e/d* – spiegeln die zum *d*-Modus gehörige Hierarchie der Tonstufen präzise wider. Dem dergestalt geschaffenen Ausgleich von Korrespondenz und Vorangang eignet eine Stimmigkeit, über die schwer hinauszugelangen ist. Das Decrescendo der melodischen Aktivität reflektiert

20 V/24 a und b

21 V/23

22 V/17

23 Reinhart Koselleck, *Vergangene Zukunft der frühen Neuzeit*, in; ders., *Vergangene Zukunft. Zur Semantik geschichtlicher Zeiten*, Frankfurt am Main 1989, S. 17 – 37

24 Vgl. die Erörterung solcher Aneignungen (*Ut queant laxis, Veni creator spiritus, Ave maris stella*) bei Fallows 1982, S. 136 ff.

Du Fay u.a. in der Verkleinerung der dritten und vierten Zeile (6 + 4 Takte gegenüber den 8 + 5 Takten der ersten und zweiten) sowie beim freistimmigen Satz in der zunehmenden Nähe zur Disposition *au fauxbourdon*. Lineare Entfaltung empfindet er als zu innig mit der allmählichen Erschließung der Tonräume verbunden, als daß er seiner Melodie erlauben könnte,die Höhe *d"* so rasch und selbstverständlich zu erklimmen wie die Vorlage. Dem zuliebe opfert er den prägnanten – allzu prägnanten? – Quintaufschlag des Beginns zugunsten eines im Satz von den Unterstimmen gestützten Terzaufgangs, dessen gestufte, im vierten Takt modifizierte Wiederholungen allmählich zum Hochton hinführen. Dem schließt sich eine originell die üblichen Formalien meidende Zeilenbeendigung an, kaum ein Halbschluß, dem die zweite Zeile, noch deutlicher als in der Vorlage, wie eine ergänzende Halbzeile nachfolgt. Du Fay stärkt durch die Zwischennote *f* im zehnten Takt die Entsprechung des Quartauf- und –abstiegs *d' – g' – d'* und den Nachdruck der den ersten Teil schließenden *d*-Kadenz, einen Nachdruck, dem ein prägnanter Anschluß standhalten muß – daher wohl das in Takt 15 eingeschaltete, motivische Qualifikation besorgende *a'*, mit dessen Hilfe dieser Zeilenanfang zugleich an die, wie immer kadenzübliche, Viertonkonstellation der vorangegangenen Beendigung anknüpft. Der folgende Quintabschlag *a'/d'* erscheint in dieser dritten Zeile auf ähnliche Weise integriert wie derjenige vom Beginn der zweiten Zeile in den Komplex der beiden ersten – eine Entsprechung, der die wie ein versetztes Echo der vorangegangenen anmutende Kadenzierung auf *c* (Takt 19) einen besonderen Akzent gibt. Nach dieser »Abirrung« fällt der oben als Endstation nachlassender melodischer Aktivität beschriebenen Schlußzeile die Aufgabe der Rückführung zur Finalis *d* zu; ihr genügt sie nicht zuletzt dank der befestigenden Viertaktigkeit und der Parallelität der auf *g'* ansetzenden kadenzierenden Abgänge zur dritten Zeile (Takte 11 bis 14).

Die Mithilfe der Unterstimmen – beider Fassungen – erscheint bei dieser Umformung von vornherein mitkalkuliert, wie immer Du Fay, u.a. aus Differenzen wie der andersartigen harmonischen Führung der Takte 3 bis 5 oder 14 bis 16 zu ersehen, an dem Eindruck gelegen scheint, erst in der freistimmigen Version sei das polyphone Gespräch voll entfaltet; um so interessanter, daß sie sich in den letzten sieben Takten der anderen, fast im Sinne einer Rückkehr, wieder annähert. Nicht nur den ersten, von der Vorlage abweichenden Terzanstieg (dieser und die weiteren im Beispiel in gestrichelten Kästchen) stützen die Unterstimmen, sondern – nacheinander in den Takten 4 bis 6 – den letzten, zur Höhe *d"* führenden; daß im Cantus der Anstieg *a'/h'/c"* (Takt 4) aus der Sequenz der Terzanstiege herausfiel, gibt der dort erstmals begegnenden, aus Sekund- und Terzschritten gebildeten Viertonkonstellation[25] (im Beispiel rechteckig gekennzeichnet) etliches Gewicht – der Abgang vom Hochton und die rhetorisch offenhaltende Beendigung der ersten Zeile bestätigen dies, was indessen als Überinterpretation erscheinen würde, begegnete die Konstellation nicht zweimal auch im Tenor (Takte 6 bis 8). In ähnlicher Weise helfen die absteigenden Skalen der Unterstimmen in den Takten 9 bis 11 der Integration des Aufstiegs und (halb versteckten) Abstiegs im Cantus (*d'-g'-d'*) und, im Hinblick auf die leicht als Formalität herausfallenden Kadenzierungen noch wichtiger, die in deren Umkreis (Takte 11/12, 21/21) sich häufenden Vierton-Konstellationen.

Weil die Prosodie der Vorlagen viel Regelmäßigkeit vorgibt, gehört, wie schon bei den unterschiedlichen Zeilenlängen bei *Ave maris stella* beobachtet, zur Dynamisierung im mehrstimmigen Satz häufig eine gegen andere Komponenten abgewogene Verunregelmäßigung – vgl. etwa den oben besprochenen melodisch schwachen, dennoch gewichtig schließenden

25 Vgl. auch die Kap. XI und XXIV

Beispiel 2

I
5
A - ve, ma - ris stel - la,
Sol - ve vin - cla re - is,
Contra au fauxbourdon
Contra sine fauxbourdon
II
10
III
15
De - i ma - ter al - ma. At - que sem - per vir-
pro - fer lu - men cae - cis, ma - la - no - stra pel-
IV
20
go, Fe - lix ce - li por - tis.
le, bo - na cun - cta po - sce.

Viertakter. Vier sechstaktige Zeilen wie in *Christe redemptor* sind die Ausnahme, die sperrigen zweimal 7 + 6 Takte in *Hostis Herodes impie*[26] passen so gut zur widerständigen Satzweise mit Kolorierungen, Synkopierungen etc. in einer nahezu hoquetusartigen Disposition, daß man *Hostis Herodes* für den ursprünglichen Text halten möchte und *Ad solus ortus cardine* für einen nachträglich und ohne Sinn für die außergewöhnliche Setzweise aufmontierten – der mitunter choralpartitahaft deutende, im Verein mit dem Contratenor in mehrfachem Sinn kontrapunktierende, mit dem Cantus ein perfektes Duo bildende Tenor markiert auf der Linie zunehmender gestalterischer Freiheiten nahezu einen Endpunkt. Die sechs Zeilen des für Du Fay nicht eindeutig gesicherten *Pange lingua*[27] gliedern sich, fortschreitend verkürzt, in je zweimal 6, 5, 4 und zwei zusätzliche Takte, ähnlich treibt *Ut queant laxis*[28] in der Aufgliederung von 7 + 7 + 6 + 4 Takten einer vom Satz mächtig unterstützten Verdichtung zu – insgesamt Sachverhalte, bei denen u.a. harmonische Verläufe gegengerechnet werden müßten: Bei *Deus tuorum militum*[29] verstärkt die Untergliederung 6 + 4 + 4 + 5 die Beirrung des auf *e* ansetzenden und schließenden Stückes durch zwei, cum grano salis gar vier zu den Viertaktern gehörige Kadenzierungen auf *g* (Takte 8, 10, 12, 14), bei *Iste confessor*[30] entspricht der die Gliederung 6, 3 + 4, 4 + 3, 4 beschließende Viertakter nicht nur der verkürzten letzten Zeile der Vorlage, korrespondiert nicht nur mit zwei vorangehenden viertaktigen Halbzeilen, sondern befestigt auch den bislang ungesicherten, zuvor nur einmal angesteuerten Zielpunkt *e*.

Wenngleich die Vorlagen sich im Vergleich mit der zuweilen schmiegsam-eleganten, plausibel gliedernden Dynamik von Du Fays Fortbildungen oft quadrig und erdenschwer ausnehmen und manche Umformung, falls weltlich umtextiert und ohne Bezug auf die Hymne angehört, als Kantilenensatz vorstellbar erscheint, würde die Differenz dennoch keine grundsätzliche Unterscheidung einer umspielenden, paraphrasierenden und einer wenigstens der Intention nach frei erfundenen Musik rechtfertigen. Frei erfunden im späteren, nicht selten mit Beliebigkeit verwechselnden Verständnis ist die Musik der Du Fay-Zeit nie und nirgends; jene Unterscheidung, nicht zuletzt einer falschen Dichotomie von geistlich und weltlich geschuldet, erscheint eher zu verhindern geeignet, was allerdings schwerfällt: in Bezug auf ein und dasselbe Stück die Möglichkeiten zusammenzudenken, daß der eine es als Entfaltung bzw. Ausdeutung einer mühelos kenntlichen Hymne wahrnimmt, und der andere, der die Hymne nicht kennt, nahezu als Kantilenensatz. Auf der Linie eines ästhetischen Bewußtseins, dem noch im hochoriginell Neukomponierten das Moment des Weiterkomponierens und die Beglaubigung durch Anschluß und Rückbezug wichtig sind, und das die für die Kunst jener Zeit wichtige Kategorie des Neuen weniger desavouiert als dialektisch schärft[31], wären Dunstaples, Binchois' und Du Fays Hymnen eher als fokussierender Spezialfall einer allemal Bezug nehmenden Kunstübung zu betrachten; zu deren lockereren, dennoch nicht qualitativ andersartigen Verbindlichkeiten gehören u.a. die Orientierung an einem Cantus firmus, an fixen Formen oder an die einen Modus zur Sprache bringende Melodik. Demgemäß mag die Bearbeitung von Hymnen in der kompositorischen Situation der dreißiger Jahre die Aktualität eines Testfalls gehabt haben.

---

26 V/13
27 V/56
28 V/26, besonders hierzu vgl. Fallows, a.a.O.
29 V/29
30 V/31
31 Vgl. Kap. XXVII

Hierfür spricht nicht zuletzt der hohe Anteil der Hymnen bei den frühen Fauxbourdonstücken[32]: Präziser und besser nachprüfbar ließen die Möglichkeiten des neuen Verfahrens sich schwerlich erkunden als innerhalb von Spielräumen, welche einerseits eng waren und andererseits nahezu kontinuierliche Durchgänge vom einstimmigen Original über schematisierend simple, *alla mente* realisierbare Fauxbourdons und freieren Umgang mit diesen bis zu autonom durchgebildeter Polyphonie erlaubten. Den hier besonders starken Eindruck methodischen Vorbedachts könnte auch die spätere, mit Savoyen und Ferrara verbundene Datierung bestätigen: Wenn gegen Ende der zwanziger Jahre u.a. in der *Postcommunio* der *Missa Sancti Jacobi* weniger die Verfahrensweise neu war als ihr Einzug in die oberen Regionen des Komponierens[33], und weil im weltlichen Komponieren einschlägige Versuche zunächst ausblieben, mag es mit einem zugleich strengen und speziellen Test wie anhand der Hymnen – gewiß hat auch ein Auftrag von außen dazugehört – keine Eile gehabt haben. Heinrich Besseler war wegen seiner Inszenierung des Fauxbourdon als »Urknall« einer Neuen Musik an einer kurzen Vor- und Nachgeschichte interessiert, mithin u. a. an der Datierung der Hymnen in Du Fays erste römische Periode[34]. Die durch neuere Quellenarbeiten nahegelegte spätere verschafft jenem Test eher noch mehr Gewicht: Vor dem Erfahrungshintergrund der nunmehr knapp davor liegenden Großwerke bzw. von Jahren, welche dank der Dynamik der künstlerischen Entwicklung und deren überreichem Ertrag mindestens doppelt zählen, steht die bedachtsam Schritt für Schritt vorangehende Integration des Fauxbourdon in einem anderen Licht. Gerade die kleine Form, als präzise vorausbestimmende, kein Ausweichen gestattende Versuchsanordnung, bot sich für eine Quintessenz nach knapp zehnjähriger kompositorischer Auseinandersetzung an, gerade sie, dem oberflächlichen Hinblick allemal der »indigence musicale« verdächtig und dank krasser Unterschiede zu Motette und Messe zu Charakterisierungen wie im Titel dieses Kapitels einladend – insofern immer Feier, ist Liturgie nie Alltag –, hilft diese als contradictio in adiecto zu überführen.

* * *

Bei Antiphonen, Sequenzen und *Magnificat*[35] sah Du Fay sich ähnlichen Aufgabenstellungen gegenüber, auch hier ging es, von möglichen Anfragen abgesehen, um niedrige Trittstufen zwischen einstimmig gesungenem Cantus und mehrstimmiger Bearbeitung, um Versuchsanordnungen, um Praktikabilität, und zugleich um Übersetzung in dem Sinne, daß der neue Kontext auf das Übersetzte zurückwirken, es also nicht mit bloßer Hinzufügung weiterer Stimmen getan sein sollte.

Am größten waren die Spielräume bei den Antiphonen, liturgisch gesehen Refrains, welche vor und nach Psalmen oder Cantica oder auch zwischen deren Versen gesungen wurden. Nicht zufällig bei marianischen Texten hat Du Fay sich weit in einen frei motettischen Satz hinein bewegt, um besonders in der zweiten Bearbeitung von *Alma redemptoris mater*[36] und der dritten von *Ave regina coelorum*[37] bei Resultaten anzukommen, welche über das liturgisch

---

32 Tabellarische Übersichten auf dem Stand von 1950 bei Besseler 1950/1974, S. 12 und 21
33 Vgl. die Kap. X und XI
34 Besseler 1958, S. 19: »In Rom trieb Dufay die Entwicklung innerhalb der Einzelgebiete mit größter Kraft voran.«
35 Zu diesen vgl. Kap. VIII
36 V/S. 115 und 117; vgl. Kap. XVI
37 V/S. 120, 121 und 124; vgl. Kap. XXVI

Mögliche hinausgewachsen sind – schon in dem frühen Experiment *Anima mea liquefacta est*[38] deutet sich das an. Diesen hochambitionierten, in der *Ave regina*-Bearbeitung von 1464 an letztwillige Verfügungen heranreichenden Lösungen stehen bescheidenere gegenüber, deren einfacher Zuschnitt besonders deutlich erkennen läßt, wie und wo Du Fay das Moment der Übersetzung wahrnimmt. Legt er sich auf einen Fauxbourdon-Satz fest (Beispiel 3 a[39]), so bewegt er den Tenor so selbständig, wie das Verfahren irgend erlaubt, sorgt für querständige Konstellationen (u.a. Takt 11) und tut alles, um den Satz gegen dessen Neigung zu zeilenhaften Unterteilungen – auch, wenn es sich um einen Prosatext handelt – metrisch im Schweben zu halten; inbezug auf das Letztere sorgt er in taktaufhebenden Rhythmisierungen des liturgischen Cantus zusätzlich vor (Beispiel 3 b[40]).

Beispiel 3 a und b

Für Ausgleich zwischen vorgegebenen Normativen und belebenden Irregularitäten sorgt er auch in den wie die Hymnen *alternatim*, wechselnd ein- und mehrstimmig vorgetragenen Sequenzen. Die bei Prosatexten sichergestellte Prozessualität, u.a. in den Sequenzen *Epiphaniam Domino* und *Victimae paschali laudes*[41], interpunktiert er kräftig in gleichartigen Schlußkadenzen der polyphonen Teile, wohingegen er in der *Laetabundus*-Sequenz[42], in der fast alle Verse auf die gleiche, im »*Alleluya*« des ersten Verses vorgegebene Wendung hinauslaufen, dieser vier verschiedene Fassungen schreibt, im letzten Vers gar zu einer anderen Satzweise übergeht[43] und mit der Gruppierung in viermal drei Takte für befestigende Finalität sorgt;

---

38 V/S. 113; vgl. Kap. VIII, S. 101 ff.
39 *Hic vir despiciens mundum*, V/40
40 *Salva nos, Domine*, V/39
41 V/3 und 4
42 V/2
43 Fallows, a.a.O., S. 147 – 149

gegen die stark ausgeprägte Rückbezüglichkeit – im *alternatim*-Wechsel ebenso wie in der Wiederkehr der *Alleluya*-Wendung – aktiviert er die vorandrängenden, auf Neues ausgehenden Momente.

Derlei Lösungen befinden sich ebenso in der Nachbarschaft der Hymnen wie die mit der »Versuchsanordnung« verbundene Aufgabenstellung. Daß die Quellenlage und Notationsweise zudem in beiden Fällen sicher auf eine Entstehung um die Mitte der dreißiger Jahre schließen lassen, legt die Vermutung nahe, Du Fay könne neben oder gemeinsam mit dem Hymnenzyklus einen entsprechenden von – vielleicht gar entsprechend zugeordneten – Sequenzen geplant haben[44]. Damit freilich läßt sich nicht in Einklang bringen, daß sie offenbar für verschieden zusammengesetzte Ensembles konzipiert sind: Die Unterstimmen der Hymnen bewegen sich insgesamt eine Oktav unter dem Superius, diejenigen der Sequenzen meist nur eine Quint; diese dürften mithin einem Chor zugedacht gewesen sein, der über Knaben verfügte, jene Erwachsenen, deren Stimmlagen nicht so stark differieren. Weil Knaben in den fraglichen Jahren nicht in der päpstlichen Kapelle, jedoch in Savoyen nachgewiesen sind, mag Du Fay die Hymnen in den Jahren 1434 hier und die Sequenzen danach zwischen 1435 und 1437 in Rom bzw. Florenz komponiert haben[45]. Selbst wenn wir Stücke einbeziehen, die möglicherweise von ihm stammen, reicht der überlieferte Bestand nicht aus, um die Hypothese eines parallel zu den Hymnen ins Auge gefaßten Zyklus zu stützen.

Eine Sequenz indessen, zweifellos die interessanteste, entzieht sich dieser Datierung: *Gaude virgo, mater Christi*[46] ist offenkundig in einem »Planspiel« mit dem Rondeau *Hé, compaignons, resvelons nous*[47] verbunden, welches mit der Nennung von neun »*compaignons*« ins Jahr 1423 verweist. Beide Stücke, vierstimmig mit jeweils zwei in gleicher Lage bewegten Stimmpaaren, fallen auf ähnliche Weise aus der Norm und verweisen auf italienische Vorbilder – das gilt für die im duettierenden Wettbewerb stehenden Oberstimmen in hoher Männerlage ebenso wie für das »Harmonieträgerduo« der beiden Unterstimmen, deren jeweils tiefere ausgesprochen bläserisch geprägt ist[48]. So wenig wir immer ausschließen können, daß ein Komponierender sich zu einem späteren Zeitpunkt einer früheren Stilistik erinnert und daran interessiert ist, ein Moment überlegener Distanzierung einzuarbeiten – hier spricht alles dafür, daß beide Stücke ein und derselben Musizier-Konstellation zugehören. Kommt hinzu, daß *Gaude virgo* sich weitab befindet von der pragmatischen, mit Hymnen und Sequenzen um die Mitte der dreißiger Jahre verbundenen Interessenlage und, noch wichtiger: daß beide aus einem nahezu identischen Material herausentwickelt scheinen – das Rondeau könnte, muß aber nicht vorangegangen sein.

Der Beginn des Cantus I von *Hé, compaignons* (Beispiel 4 a) und derjenige des Cantus II von *Gaude virgo* (Beispiel 4 b) sind nahezu identisch, beide exponieren die in beiden Stücken wichtigsten Prägungen – die im Beispiel durch Klammern von unten angezeigte Wechselnote und einen Sekundabgang über eine Quart, Quinte oder Oktav (Pfeile oben) –, die Du Fay im Satz allgegenwärtig zu machen sucht. Notwendigerweise ist das kleine weltliche Stück – 25 gegen 77 Takte bei *Gaude virgo* – kleingliedrig segmentiert bzw. stellt die Sequenz sich u.a. als polyphone Einlösung von Möglichkeiten dar, welche im Rondeau angelegt, jedoch nicht realisierbar waren. Dennoch übernimmt Du Fay in die breit auskomponierte Sequenz zur Ver-

44 Hamm 1962, S. 68 ff.; ders 1964, S. 79

45 Fallows, a.a.O., 146/147

46 V/I; zum Weiteren vgl. auch Fallows, a.a.O., S. 102

47 VI/49; vgl. S. 73

48 Heinrich Besseler, *Die Entstehung der Posaune*, in: *Acta musicologica* XXII, 1950, S. 17 ff.; ders., 1950/1974, S. 85 ff.

Beispiel 4 a bis c

deutlichung ihrer sechs je dreizeiligen Halbstrophen die zäsurierenden Ruhepunkte (vgl. in den Beispielen 4 a bzw. b. die Takte 8 und 14) und mit ihnen die charakteristischen Vorhalte. Das Rondeau beginnt und endet in *g* und kadenziert zuallermeist (Takte 4, 8, 13, 17 und 20) auf *d*, was durch die komplizierte Konstellation gleich beim ersten Mal (Takt 4) auffällig akzentuiert erscheint. Die Sequenz hingegen, auf *d* beginnend und in *g* schließend, beschreibt einen Weg; Du Fay exponiert ihn im harmonischen Gang der ersten Halbstrophe (= Beispiel 4 b), ein Programm für den Ablauf des Ganzen insofern, als beide Halbstrophen der ersten Großstrophe auf *d* beginnen (Takte 1 bzw. 16) und auf *g* enden (Takte 14 bzw. 29) und dies sich in der dritten Großstrophe wiederholt (Takte 54 und 65 auf *d* ansetzend, Takte 64 und 73 auf *g* endend); in der mittleren Großstrophe verhält es sich genau umgekehrt.

Dieser auf Symmetrie gegründeten Disposition schafft Du Fay ein Widerlager in progredierenden Momenten, musikalischen Wahrnehmungen auch des Umstandes, daß in der Gliederung des Textes das Hinauslaufen jeder Halbstrophe auf eine kürzere dritte = letzte Zeile (im Beispiel 4 b: »*Gaude virgo, mater Christi, / Quae per aurem concepisti. / Gabriele nuntio*«) ins Große projiziert erscheint – als Hinauslaufen des Ganzen auf das schließende *Amen*. Überdies beschleunigt Du Fay den Ablauf – die erste Großstrophe hat 16 plus 16 Takte, die zweite 13 plus 11, die dritte 11 plus 10 – und verstärkt den Sog aufs Ende durch eine Verschiebung des hier wichtigsten Gravitationspunktes: Fast kommt es zu einer »Reprise« (Beispiel 4 c) – nicht jedoch am Beginn der dritten Großstrophe (Takt 54), sondern »zu spät«, erst zu Beginn von deren zweiter Halbstrophe (Takt 65). Dort hingegen, wo sie eher zu erwarten war, sorgt er für mehr Kontinuität und Entwicklung als bei der am ehesten vergleichbaren Stelle, dem Beginn der zweiten Großstrophe (Takt 30). Diese beendigt er mit einem resümierenden Oktavabgang und einer satztechnisch fragwürdigen Kadenz (Beispiel 5 a, Takt 52/53); die Harmonie des letzten Taktes der zweiten Großstrophe (= 53) und des ersten der dritten sind gleich, doch wechseln alle Stimmen die Lage; Cantus II beantwortet echohaft den im Cantus I vorangegangenen Abstieg, und der Contratenor setzt das Echo fort. So wenig Neuanfang, so viel Nachhall wie möglich: Tiefer ließ sich die Schwelle zum Übertritt in die dritte Großstrophe nicht legen, deutlicher der Nachdruck einer »Reprise« nicht aufschieben d. h. für die letzte Halbstrophe (Beispiel 4 c) reservieren.

Beispiel 5 a und b

Die letzte Halbstrophe schließt wie die zweite Großstrophe (Beispiel 5 a) mit einem großen, nun durch diminuierende Wiederholungen im Contratenor unterstützten Abgang (»*In perenni gaudio*«, Beispiel 5 b). Du Fay unterstreicht die »*Ewigkeit*« der »*Freude*«, indem er im Tenor denselben Abgang, nach mehreren melodischen Anstiegen neu profiliert und durch die motivische Wechselnote eingeleitet, den Auslauf des *Amen* tragen läßt. Die Frage, ob oder weshalb derart ähnliche Musik einmal fröhlichen Trinkkumpanen in den Mund gelegt werden, das andere Mal innig-mystisch gestimmte Marienlyrik heben durfte, ist längst vergessen.

XVIII. Chanson III: *Douce Melancholie*

»Qu'il semble que morir doye« = *»daß ich wohl sterben muß«* – die hier höflich zur Möglichkeit zurückgenommene, an die Schicksalsgöttin *Fortune* oder direkt an die *maistresse* gerichtete Drohung begegnet in der Dichtung des 15. Jahrhunderts so häufig und so oft als Schlußpointe, daß es naheliegt, sie als Formalie und Spielmarke eines festliegenden Rituals anzusehen. Je heftiger die Drohung, desto sparsamer müßte man, um ihre Glaubwürdigkeit zu erhalten, mit ihr umgehen – die Regel kann nur ignorieren, wer nicht darauf angewiesen ist, daß man ihm glaubt; dies eines der Privilege des *homo ludens*, dessen Glaubwürdigkeit – zunächst – nicht über die Grenzen seines Spielfeldes hinausreichen muß.

Daß man diese Grenze dennoch nicht abdichten und die Kunst so wenig vor der Wirklichkeit schützen kann wie die Wirklichkeit vor der Kunst, sollte keiner besonderen Betonung bedürfen im Blick auf eine Epoche, in der Zeremonien einen heute unnachvollziehbar gewordenen Realitätsgrad besaßen i.e. strictu sensu Wirklichkeit waren – wenn die Kunstübung, von der hier die Rede ist, nicht so suggestiv als Agentin der »Sehnsucht nach schönerem Leben«, des »Traums von Heldentum und Liebe« wo nicht einer gesellschaftlich verabredeten Realitätsflucht eingeschworen worden wäre. Unter den zitierten Kapitelüberschriften aus Johan Huizingas *Herbst des Mittelalters*[1] haben im Zeichen der Antwort auf ein in düsteren Farben gemaltes Zeitbild (»Es ist eine böse Welt. Das Feuer des Hasses und der Gewalt lodert hoch empor, das Unrecht ist mächtig, der Teufel bedeckt mit seinen schwarzen Fittichen eine düstere Erde«) die zukunft- und frühlingschaffenden, weltbejahenden Möglichkeiten der Kunst wenig Chancen[2]. Auch der Versuch, Kunst vor der Wirklichkeit zu schützen, prägt ihr, in welchen Brechungen auch immer, Wirklichkeit ein; davon hat u.a. Charles d'Orléans, neben François Villon der bedeutendste Dichter jener Zeit, der 25 Jahre in England gefangengehalten wurde, manches Lied gesungen. Das geschah u.a. im Rahmen poetischer Wettbewerbe, welche in unseren Augen verspielt-formalistisch erscheinen mögen, beispielsweise, wenn für eine Ballade die Anfangszeile *»Je meurs de soif auprès de la fontaine«*[3] oder ein Rondeau-Refrain vorgegeben und die Aufgabe gestellt war, in den anderen Strophen eine Exemplifizierung hinzuzuerfinden – Sängerwettstreite auf provenzalischen Burgen haben hierbei ebenso Pate gestanden wie Dialoge in Sonettenform im Umkreis Dantes, Cavalcantis, Petrarcas etc. Du Fay hat drei aus dem Kreis um Charles d'Orléans kommende Texte komponiert[4], nach jetziger Kenntnis jedoch keinen von ihm selbst; daß er in den fünfziger Jahren irgendwann nach Blois gereist ist, vertrüge sich gut mit der großzügig-freundschaftlichen Handhabung seiner Verpflichtungen in Savoyen. Sollte dies im Jahre 1457 geschehen sein, so müßte er dort den outlaw unter den Dichtern, den um eine Generation jüngeren François Villon getroffen haben.

---

1 Huizinga 1919/1924

2 Huizinga a.a.O., Ausgabe 1961, S. 35. Zur Kritik an Huizinga und seinen Wirkungen Page 1993, S. 140–188

3 So in Blois im Jahre 1457; vgl. die mit dieser Zeile beginnenden Balladen von Villon und Charles d'Orléans, die des letzteren u.a. in Charles d'Orléans, *En la forêt de longue attente et autres poèmes*, hrsg. von Gérard Gros, Paris 2001, S. 165

4 *Mon bien m'amour* (VI/71) von Cadet d'Albret, *Malheureux cuer* (VI/24) von Le Rousselet und *Les douleurs* (VI/84) von Anthoine de Cuise; vgl. Fallows 1990

Wer von der eingegrenzten Glaubwürdigkeit des *homo ludens* spricht, ist weiterzufragen verpflichtet, auf welche Weise z.B. ein poetischer Text etwas ernst meinen könne, warum gerade dieses Spiel gespielt werde und nicht irgendein anderes. Melancholie ist ohne Zweifel eines der großen Themen der Zeit[5] und, absolut genommen, zu nichts weniger tauglich als zu verspieltem Umgang, eher schon dazu, den Betroffenen ihr Anderssein oder Andersseinwollen zu verdeutlichen und sie zu nötigen, dies zu artikulieren. Umso dringlicher die Frage nach den spezielleren Gründen ihrer Karriere als poetisches Thema und nach der Problematik einer hiermit notwendig verbundenen Ambivalenz, wie sie sich schon am Beginn eines berühmten, von Binchois komponierten Gedichts von Alain Chartier, Verfasser der bedeutendsten saturnischen Dichtung jener Jahrzehnte[6], in den widerständigen Verknüpfungen *Tristre plaisir et douloureuse joie* formuliert findet[7]. Nirgends kann Melancholie, soweit sie äußerer Veranlassungen bedarf, sich besser bestätigen oder entzünden als an der Trauer um unwiederbringlich Verlorenes – so sehr, daß sie, als selbstreferenzielle »Trauer ohne Ursache«, das Verlorengegebene notfalls erzeugen, jedenfalls verklären muß.

Das gilt auch für historische Dimensionen und Qualitäten: Ideales Rittertum, wie es in den Stilisierungen des 15. Jahrhunderts supponiert erscheint, hat es nie gegeben, die Zeugnisse der hierfür in Anspruch genommenen Jahrhunderte, des elften und zwölften, reden eine andere, ernüchternde Sprache. So daß man, entgegen der durch *Herbst des Mittelalters*[8] suggerierten Sichtweise, Ritterspiele, Minnekult und das feudale Gepränge des 15. Jahrhunderts zunächst aus deren eigener Gegenwart und deren Bedingungen zu deuten versuchen sollte anstatt vornehmlich aus dem Bezug auf Vergangenes. Allzu heftig beschworene »Gleichzeitigkeit des Ungleichzeitigen« macht sich verdächtig, den Historiker von Fragen nach der Zeitgenossenschaft gleichzeitig Lebender, nach der – möglicherweise verwirrend aufgefächerten – Identität einer Epoche zu dispensieren. Die frühkapitalistische Prosperität der flandrischen Wollproduktion und das Raffinement der feudalistischen Rituale am Hofe Philipps des Guten gehören enger zusammen, als die bei ihrer Beschreibung dominierenden Begriffe verraten.

Inbezug auf Du Fay gibt uns die Gleichzeitigkeit viel auf, ebenso im Hinblick auf den »Herbst« wie im Hinblick auf die Benennung des Zeitalters, eines »terminologischen Lückenbüßers für das Niemandsland zwischen zwei relevanten Epochen«[9]: Der im Jahre 1436 in Florenz die Einweihungsmusik für Brunelleschis Kuppelbau Komponierende befand sich, sofern wir an der hergebrachten Scheidung von Mittelalter und Renaissance bzw. Neuzeit festhalten, schlichtweg in einem anderen. Wer nun die Epochengrenze[10] über die Alpen verlaufen sehen und schematisch den Herbst der absterbenden Epoche im Norden und den Frühling der neuen im Süden ansiedeln möchte, muß sich u.a. verstören lassen durch die renaissancegemäße, kurz nach Du Fays Tod gegebene, vielleicht nicht nur mittelbar von ihm inspirierte Auskunft des Johannes Tinctoris, daß es erst seit 40 Jahren Musik gebe, »*quod auditu dignum ab erudicis existimetur = die von den Eingeweihten für hörenswert gehalten wird*«[11]: Die fortschrittsbe-

5 Klibansky/Panofsky/Saxl 1990, S. 319 ff.

6 *Espérance ou Consolation des Trois Vertus*, 1428

7 Neuausgabe der Chanson von Binchois u.a.in: Gilles Binchois, *Chansons*, hrsg. von Wolfgang Rehm, *Musikalische Denkmäler* II, Mainz 1957, S. 40

8 Huizinga 1919/1924

9 Peter von Moos, s. die folgende Anmerkung, und S. 15 ff.

10 Vgl. als jüngere Darstellung der vieldiskutierten Problematik Peter von Moos, *Gefahren des Mittelalterbegriffs. Diagnostische und präventive Aspekte*, in: *Modernes Mittelalter. Neue Bilder einer populärenEpoche*, hrsg. von Joachim Heinze, Frankfurt am Main und Leipzig 1994, S. 33 – 63

11 Im Prolog zur *Ars contrapuncti, vgl.* Tinctoris 1975, Band II, S. 12; vgl. auch Kap. XV

wußte Arroganz der Formulierung, die durch ähnlich lautende ergänzt werden könnte und u.a. noch in Guillaume Crétins *Déploration* auf den Tod Ockeghems nachhallt, verträgt sich mit Herbst und Melancholie schlecht. Diese wiederum ausschließlich auf die retrospektiven Momente im anachronistisch anmutenden Spätest-Mittelalter der burgundischen Hofkultur zu beziehen, wäre auf andere Weise kurzschlüssig – nicht nur stellt sich dann die Frage nach deren erstaunlicher Ausstrahlung und Nachwirkung, sondern auch die nach modernen Brechungen, Beunruhigungen, Differenzierungen und psychologischen Vertiefungen, die der Melancholie-Diskurs nach sich zog. Für »Melancholie als gesteigerte Selbsterfahrung« – dies eine Kapitelüberschrift im prominentesten der Problematik gewidmeten Buch[12] – bringt ein durch historischen Aufbruch beflügelter, mit ihm sich identifizierender, durch breite Resonanz auch in seinen Blindheiten bestätigter Zeitgeist gemeinhin wenig Verständnis auf. Daß einer der Säulenheiligen der frühen Renaissance, Petrarca, seine Melancholien zelebrierte, taugt als Einwand nicht nur deshalb nicht, weil er zunächst »vor allem als ein Erasmus avant la lettre«[13] rezipiert wurde.

Macht man sich allzu sehr an dem Wort oder an Begriffen in seinem Umkreis – *tristesse, ennui, longue attente* etc. – fest, stößt man alsbald auf einen Wandel der Konnotationen und Wertungen, in summa eine Nobilitierung der umdüsterten Gemütsverfassung und, noch schwieriger, auf das Nebeneinander differierender Konnotationen. *Adieu*, das in Kantilenensätzen des 15. Jahrhunderts nach dem Wehruf *Hélas* am häufigsten begegnende Anfangswort – David Fallows' Katalog[14] nennt 21 verschiedene Stücke – stellt sich als Eingangstor dar zu melancholieträchtigen Situationen im weiten Spielraum zwischen Abschied von erfüllter Liebe und dem durch unerfüllte oder unerfüllbare Liebe aufgenötigten Verzicht als eines ad infinitum perpetuierten Abschieds. Wo Du Fay – in der Ballade *Mon chier amy*[15] – Carlo Malatesta nach dem Tode des Bruders tröstlichen Zuspruch komponiert[16], erscheint Melancholie als überwindbarer Übelstand (»*Mon chier amy, qu'avés vous empensé / De rettenir en vous merancolie = Mein lieber Freund, warum haben Sie sich darauf versteift, / Melancholie für sich festzuhalten* ...«), in anderer Stimmungslage auch, wo er in einem munteren, fugierten Rondeau die »*gentils amoureux*« auffordert, ihren Freundinnen zu Diensten zu sein »*et de fuir merancolie, / Se vous voles estre joieux*«[17]. Alain Chartiers *Tristre plaisir* fordert ein differenzierteres, positiveres Verständnis ein, in der ostentativen Verbindung von scheinbar Gegensätzlichem ein Vorläufer zu Michelangelos »*La mia allegrezza è la malinconia*« oder Giordano Brunos »*in hilaritate tristis; in tristitia hilaris*«[18], später nahezu redensartlich geworden als »*douce melancholie*«, »*voluptas dolendi*«, »*joy of grief*« oder in Goethes »*Wonne der Wehmut*«. Von hier gelingt der moralisierende Brückenschlag zu Castigliones Feststellung »*ubi inetabilitas ibi virtus*«[19] leicht – eine emanzipierte, cum grano salis demokratisch-humane Auskunft: Denn in allen Entwürfen besserer Welten, dies einer der triftigeren Gründe überwiegend untriftiger Verdikte über Utopien, »herrscht ein rigoroses Melancholieverbot«[20]; der Ehrgeiz, äußere Veranlassungen für Melancholie zu beseitigen, blockiert die Einsicht, daß Gegenbestätigungen ihr willkommen sind, sie deren aber nicht unbedingt bedarf.

---

12 S. Fußnote 5; vgl. auch Lutz Walther (Hrsg.), *Melancholie*, Leipzig 1999

13 Huizinga, a.a.O., S. 465

14 Fallows 1999

15 VI/15, vgl Fallows 1982, S. 30, Atlas 1996 und Kap IV, S. 52 ff.

16 A.a.O.

17 VI/26

18 »*Komm, heilige Melancholie*«, hrsg. von Ludwig Völker, Stuttgart 1983, S. 512 bzw. 513

19 A.a.O., S. 511

20 Wolf Lepenies, *Melancholie und Gesellschaft*. Mit einer neuen Einleitung, Frankfurt am Main 1998, S. XXI

Wenn irgendwo, dann zeigt dies sich in den Verlegenheiten, mit der Nachbarschaft der Kardinalssünde *acedia* zu *tristitia* zurechtzukommen, jene zu verdammen, ohne dieser alles Verständnis zu verweigern, mithin an der Differenz der *acedia* als einer *anxietas sive taedium cordis*[21] zur notfalls verzeihlichen *tristitia* gegen dogmatische Härten festzuhalten, welche die Entschuldigung der einen mithilfe der anderen verhindern, keinem *taedium cordis* Pardon geben: Als »*tristitia de bono spirituali divino*« verdammt Thomas von Aquin, hinter Paulus (s.u.) zurückfallend, die *acedia*, worin Dante ihm weitgehend folgt, nicht jedoch Petrarca[22].

Insoweit Melancholie mit unerfüllten Glücksansprüchen zu tun hat, gibt sie auch über diese Auskunft, in einer Schwellenzeit artikuliert sie auch das Unvermögen, den Ausgang aus einer nun stärker empfundenen »selbstverschuldeten Unmündigkeit« zu finden. Wenn es dämmert, weiß man über zurückliegende Finsternisse besser Bescheid. Für ein »mehr oder minder manifest melancholisches Jahrtausend, in dem sich die menschliche Vernunft von dem Trauma ihrer einseitigen Trennung vom Besten«[23] nicht erholen konnte, war jene Unmündigkeit augustinisch definiert, geprägt von seiner »Logik des Schreckens«[24], dergemäß »die Liebe Gottes ... nicht mehr den Charakter einer allgemein und bedingungslos Teilhabe gewährenden Zuneigung« hat, »sondern den einer stark selektiven, herablassenden Begnadigung«. So führt »der augustinische Mensch ein verlorenes und verschwendetes Leben, weil er durch das Mal der Ursünde prinzipiell aus der Geborgenheit in Gott herausgenommen ist und bis zum Äußersten in der Heilsungewißheit aushalten muß«[25]. Etliche Protuberanzen mittelalterlicher Lebensfreude widersprechen dem weniger, als daß sie vorwegnehmend bezeugen, was nunmehr deutlich wird: Die von der »Logik des Schreckens« befohlene »Fundamentalopposition gegen die menschliche Eigenliebe«[26], welche am ehesten im Mißfallen an sich selbst die Chance sieht, Gott zu gefallen, nimmt man nicht mehr nur als Überforderung, sondern als Zumutung wahr, als lebensfeindlich wo nicht sittenwidrig. So kann sich in Melancholie der Anprall neuer Glückserwartungen an alten, theologisch zementierten Glücksversagungen ebenso artikulieren wie das Ungenüge an der – gewiß nicht heuchlerischen, dennoch seltsam amoralischen – Selbstverständlichkeit, mit der das Mittelalter, für diesseitige Schönheit mindestens so empfänglich wie andere Epochen, die »Logik des Schreckens« samt ihren Verbindlichkeiten zugleich ehrt und ignoriert, mit der man »nach einem frommen Ritual lebt, fest an Gott, seine Belohnungen und Strafen glaubt und den moralischen Idealen, denen man zuwiderhandelt, ohne die geringsten Bedenken und in aller Unschuld anhängt«[27].

Je mehr religiöse und staatliche Gemeinschaften um die Bindekraft und innere Stimmigkeit ihrer gründenden Gewißheiten bangen müssen, desto lieber distanzieren sie den Traurigen als Miesmacher und Außenseiter. Das reicht von der als Kardinalssünde gebrandmarkten *acedia* und Luthers Tischrede über den »*schwermütigen Kopf*« als »*des Teufels Bad*« bis zu Caesar/Shakespeares

---

21 Cassianus, *De institutis coenobiorum et de octo principalium vitiorum remediis libri XII*, das Zitat X, 1, hier wiedergegeben nach: Erich Loos, *Die Hauptsünde der acedia in Dantes Commedia und in Petrarcas Secretum*, in: *Petrarca. Beiträge zu Werk und Wirkung*, hrsg. von Fritz Schalk, Frankfurt am Main 1975, S. 156 – 183, das Zitat S. 160; vgl. auch Michael Theunissen, *Vorentwürfe der Moderne. Antike Melancholie und die Acedia des Mittelalters*, Berlin/New York 1996

22 Loos, a.a.O., S. 161/62; vgl. auch Siegfried Wenzel, *The Sin of Sloth. Acedia in Medieval Thought and Literature*, Chapel Hill 1967

23 Sloterdijk 1997, S. 8

24 Augustinus von Hippo 1990

25 Sloterdijk, a.a.O.

26 A.a.O., S. 10

27 Eco 1991, S. 189; vgl. zum Problemkreis besonders Anthony Levi, »*Renaissance and Reformation*«*. The Intellectual Genesis*, London/New Haven 2002

Wunsch nach »*wohlbeleibten Männern, die nachts gut schlafen*« und Schillers vom Terrorismus der Glücklichen eingegebener Empfehlung, »*wer's nie gekonnt*«, solle sich »*weinend aus unserm Bund*« stehlen. Sensiblere Sachwalter des Gemeinsinns indessen haben früh gewußt, daß das Recht auf Traurigkeit und Abseits substanziell mit dem Recht auf Individualität zusammenhängt. »Die Trauer wegen der Unvollendetheit der Erlösung, die einen Christen nötigt, in sündigem Leid und Elend zu leben, darf nicht über das Ziel hinausschießen und umkippen in eine ... trübsinnige Verzweiflung an der Erlösungsvollendung, an der Güte der Erlösungstat selbst«[28]. Dementsprechend unterscheidet Paulus im zweiten Korintherbrief[29] nicht ohne List – denn es gilt auch, dem Menschenrecht auf Traurigkeit den emanzipatorischen Wind aus den Segeln zu nehmen – eine nützliche, dem Seelenheil dienliche, deshalb maßvolle »*tristitia utilis*« und eine sündige, der Verzweiflung an der Schöpfung und dem Schöpfer verdächtige »*tristitia mortifera*«. Diese Relativierung hat die negativen, seit der Antike vornehmlich humoralpathologisch begründeten Bewertungen, welche zudem im platonischen Bilde der in der Kerkerhaft des Körpers schmachtenden Seele eine Stütze fanden, ebensowenig außer Kraft gesetzt wie die üblicherweise Aristoteles zugeschriebene, vermutlich jedoch von seinem Schwiegersohn Theophrast stammende Auskunft, »*alle hervorragenden Männer, ob Philosophen, Staatsmänner, Dichter oder Künstler,*« seien »*offenbar Melancholiker gewesen*«[30], auch nicht das – im 15. Jahrhundert wohl noch wenig wahrgenommene – Bild Petrarcas als eines Melancholikers, dessen Anspruch, ein Erwählter zu sein, nahezu identisch scheint mit dem Bewußtsein, »*ché tanti affani uom mai sotto luna / non sofferse quant'io – denn soviel Kümmernis litt unterm Monde / kein Mensch wie ich*«[31]. Und die legendäre, hochrespektierte Trostbedürftigkeit des 800 Jahre zuvor auf seine Hinrichtung wartenden Boethius hatte zu spezielle und zu leicht erklärbare Gründe, als daß man sie im Plädoyer gegen das Verdikt über Melancholie hätte beanspruchen können.

Auch deshalb nicht, weil der Diskurs den Ambitus des Problems damit beschnitten und auf konkret veranlaßte Traurigkeiten eingeschränkt hätte – so geschehen u.a. in dem in Gedichtform ausgetragenen Wettbewerb zweier Fürsten, Charles d'Orléans und René d'Anjou, um das größte denkbare Unglück[32]. Das half, den über alle Veranlassung und Erklärbarkeit hinausragenden, in preziösen Formspielen ohnehin halb neutralisierten melancholischen Überschuß zu ignorieren – wie in Eustache Deschamps' vergnüglicher Bezugnahme auf die antike Temperamentenlehre (»*Je doy estre chancellier des Fumeux*«)[33] oder bei der – gegebenenfalls metaphorischen – Identifizierung der unerreichbaren *maistresse* mit der Frau des Lehnsherrn, welche den Minnedienst zu einer transponierten Form von Vasallität macht und die auf Hoffnungen nicht angewiesene, unbeirrbare Treue des Verliebten zur privaten Übersetzung der feudal bedingten Treue, darüberhinaus zur »Vorstufe einer gewaltfreien, auf den Prinzipien von Freiwilligkeit und Selbstbeherrschung basierenden adligen Gesellschaft. Dabei ist allererst der Mann mit seinem Aggressionspotential gefordert. Doch der Frau obliegt die Aufgabe, durch Zurückhaltung und Prüfung den Mann zur Selbstdisziplinierung zu bringen«[34].

---

28 Roland Lambrecht, *Melancholie. Vom Leiden an der Welt und den Schmerzen der Reflexion*, Reinbek 1994, S. 37

29 7/10 – 11a

30 Pseudo-Aristoteles, Problem XXX, 1, s. *Melancholie oder: Vom Glück, unglücklich zu sein*, hrsg. von Peter Sillem, München 1997, S. 21

31 *Canzionere* CCXXXVII, s. Francesco Petrarca, *Canzionere*. Zweisprachige Gesamtausgabe, übersetzt von Geraldine Gabor und Ernst-Jürgen Dreyer, München 1993, S. 626/627

32 *Dialogue poétique entre deux princes, in: Le Cœur d'Amour épris*, hrsg.von Marie Thérèse Gousset, Daniel Poiron und Franz Unterkircher, Paris (Philippe Lebaud), 1981, S. 145

33 Wolfzettel 1983, S. 527 ff.

34 Schnell, S. 117

Die Plausibilität solcher weitgreifenden Bezugnahmen half wohl übersehen, daß Melancholie auch eine natürliche Antwort überanstrengter Gemüter war: In der dünnen Luft der hohen Minne, beim ausschließlich platonischen Eros hält es keiner lange aus. Umso weniger, da die gesellschaftlichen Realitäten die Analogie nicht mehr stützten wie in den zunehmend idealtypisch erinnerten Zeiten der Troubadoure. Immerhin spricht die Zählebigkeit der überkommenen Themen und Formen dafür, daß der – ständisch gebunden – humanisierende Anspruch der Minnethematik nicht unter deren Konventionen verschüttet war, und daß man »das Eindringen einer neuen subjektiven Gespanntheit, die nicht mehr systemimmanent ist«[35], nicht als sprengend empfand.

Oder manchmal doch? Vor François Villon war es vor Allem eine Frau, welche zu verstehen gibt, daß sie die verabredeten Rituale am liebsten aufkündigen würde. Christine de Pizan bekennt sich in der nach dem frühen Tode ihres Gatten gedichteten, von Binchois komponierten Ballade »*Deul angoisseux*«[36] ohne Wenn und Aber zur unstandesgemäßen »*rage demesurée*« und gibt in einem Virelai Bescheid über aufgenötigte Heuchelei: »*Je chante par couverture = ich singe und verstelle mich dabei*«, »*mais mieulx plourassent mi oeil, / e nul ne scet le traveil / que mon pouvre cuer endure*«, denn »*plus a l'en cause de plour / mains treuve l'en d'amistié = je mehr man Grund hat zum Weinen, / desto weniger Zuneigung findet man*«[37]. Ähnlich liest man es in Villons auf die Vorgabe »*Je meurs de soif auprès de la fontaine*« in Blois gedichteter Ballade[38] – wie mag man dort auf sie reagiert haben? Den Melancholie-Kult widerlegt es dennoch nicht, wie immer der personalisierte, zuweilen auch wie eine Spielmarke anmutende, u. a. in Chartiers *Consolation des Trois Vertus* oder in der Erzählung *Le Coeur d'Amour Epris* des Königs René von Anjou allegorisierte Trübsinn als ärgster Feind des authentischen, durch hier und heute Erlebtes verursachten erscheinen muß. Christine kennt nicht nur den Terrorismus der Glücklichen und deren Indolenz gegenüber fremdem Unglück – »*Petit porte de valour / de soy monstrer deshaitié, / ne le tiennent qu' a folour / ceux qui ont le cuer haitié = es bringt wenig Ehre (Wert), / sich unfroh zu zeigen, / denn (dies) halten nur für Torheit / diejenigen, die frohen Sinnes (Herzens) sind*« –, sie lacht, wenn ihr zum Weinen zumute ist – »*ancois ris quant plourer vueil*«; ähnlich Villon in seiner Ballade – »*Je ris en pleurs et attens sans espoir; / Confort reprens en triste desespoir*« – oder das später von Ockeghem komponierte Gedicht »*Ma bouche rit et ma pensée pleure*«. Und sie will »*et sans rime et sans mesure*» singen. Daß sie dabei nicht bleiben kann, desavouiert die Distanz zu den Konventionen von Reim und Maß nicht, ebensowenig die Absicht, sich in ihrer »*rage demesurée*« an der (mittelhochdeutsch) *masze* als der Grundregel ritterlich-ständischen Wohlverhaltens zu vergehen.

Der vornehme, gemäß den Vorstellungen seiner Zeit ritterlich gekleidete Herr auf einer Miniatur einer französischen Boccaccio-Handschrift (s. die gegenüberliegende Seite), der sieben ebenfalls vornehme junge Damen um sein Lager versammelt hat – eine die Harfe, eine andere Psalterium spielend[39] –, ist von »*rage demesurée*« nicht bedroht. Den biblischen Topos des vor Saul spielenden David in jeder Hinsicht verkleinernd, demonstriert er Melancholie als Privileg:

Weil »Schwarzgalligkeit« und grüblerisches Nachsinnen über sie ineinsfallen, muß man müßiggehen können; um sich in die Tiefen des verdunkelten Gemüts zu versenken, bedarf es eines Spielraums; der fehlt den »Unteren«, die mit Hunger, Kälte, Krankheiten, Kriegsnöten

---

35 Wolfzettel, a.a.O., S. 547

36 Gilles Binchois, *Chansons*, a.a.O., S. 45/46

37 Wolfzettel, a.a.O., S. 536/537

38 S. Anmerkung 3

39 Auf einer sehr ähnlichen Miniatur in einer Handschrift des *Champion des dames* von Martin le Franc sind es neun, vgl. *Le Coeur d'Amour Epris*, a.a.O., S. 31

» ... *pour le oster hors de la merencolie*«, Miniatur aus: Paris, Bibl. nationale, ms. Français 25.528, folio 85'

und anderen Bedrängnissen kämpfen, sie haben keine Zeit, sich zu bedauern oder bedauern zu lassen, *douce melancholie* ist ihre Sache nicht. Der lässig hingestreckte, von solchen Nöten ebenso wie von ritterlichen Ansprüchen dispensierte élegant hingegen – eher ein aristokratisch drapierter Bürger? welcher stolze Rittersmann hätte sich auf dem Faulbett liegend präsentieren wollen? – genügt mit der den gedankenschweren Kopf stützenden Hand der einschlägigen Ikonographie perfekt – wir kennen sie am ehesten von Albrecht Dürers *Melencolia I*[40]. Er läßt sich von der schwarzen Galle nur so weit überschwemmen, daß er denen immer noch interessiert zuschauen kann, die ihm aufwarten »*pour le oster hors de la merencolie*« oder ihn bei den *Wonnen der Wehmut* festzuhalten, oder, wie u.a. bei Chaucer und Shakespeare[41], beides zugleich. Sie scheinen ihrem Tun und der Aufmerksamkeit für den Kranken stärker hingegeben zu sein als er seinem Trübsinn. Wie immer man das Bild, angefangen bei der Siebenzahl der Damen, emblematisch lesen muß, man kann es auch als Bekräftigung lesen, daß nicht jeder sich Melancholie leisten kann.

Genau dem opponiert, getrieben und beauftragt durch eigenes, keiner schönen Stilisierung zugängliches Unglück, die unverwandt am Glück des Schreibens festhaltende Christine de Pizan. Ihren moralischen Impetus freilich mußte ein tief in melancholische Stimmungen eingelagertes Moment von Selbstgenuß irritieren, welches in modischer Ritualisierung, u.a. im oben beschriebenen Bild, nach oben dringt und die hierüber Schreibende gegen ihren Willen zur Komplizin macht: Authentische und zelebrierte Melancholie lassen sich nicht trennen. Darüber mag die hochgebildete Frau schon bei Petrarca gelesen haben, wo dieser sich in einem erdachten Gespräch vom heiligen Augustinus »*quedam pestis animi*« attestieren läßt; »*die Modernen nennen sie Weltschmerz, die Alten hießen sie üble Laune*«. Eben um diese handle es sich, bestätigt der Dichter, »*und dazu kommt, daß ich eine falsche Süßigkeit verspüre in allem, worunter ich leide. Dieser traurige Seelenzustand ist für mich eine Fülle von Schmerzen, Elend und Jammer, ein offener Weg zur Verzweiflung … Und der Gipfel allen Jammers ist, daß ich mit einer gewissen stillen Wollust* (= quadam voluptate) *mich an den Tränen und Schmerzen weide und nur ungern mich ihnen entreiße*«[42]. Hier konnte Hegel gleich anschließen: »Es ist nicht der wirkliche Besitz ihres Gegenstandes, nach welchem die Sehnsucht des Herzens ringt, es ist keine Betrachtung und Empfindung, der es um den wirklichen Inhalt und die Sache selbst zu tun ist, und die sich darin als Bedürfnis ausspricht; sondern das Aussprechen selbst macht die Befriedigung; es ist der Selbstgenuß der Liebe, die in ihrer Trauer, in ihren Klagen, Schilderungen, Erinnerungen und Einfällen ihre Glückseligkeit sucht, eine Sehnsucht, die sich als Sehnsucht befriedigt.«[43] Diese bedienend – nur scheinbar paradox – lindert Musik Melancholie, indem sie sie artikuliert und nährt. Fröhliche Lieder hat der Miniator den sieben Damen gewiß nicht unterstellt.

Angesichts der u.a. bei Petrarca dank der Versenkung in den Trübsinn gesteigerten Selbsterfahrung (s.o.) und der emanzipatorischen Distanz zur Orthodoxie heiler Welten, in denen aller Melancholie der Boden entzogen sein soll, und angesichts des Beharrungsvermögens der Themen und Formen des *grand chant courtois* – das lebensfreundliche Nebeneinander von hoher und niederer Minne versprach einen zwar nicht explizit moralischen, jedoch sozial beruhigenden Kompromiß – sollte man mit zeitgeschichtlichen und biographischen Erklärungen vorsichtig sein. Vollends überflüssig erscheinen sie im Hinblick auf den oben

---

40 Weitere Belege bei Klibansky/Panofsky/Saxl, a.a.O

41 *Canterbury Tales*, The Knightes Tale, A 1367; *As you like it*, II/5

42 *»Komm, heilige Melancholie«*, a.a.O., S. 522/523

43 Georg Wilhelm Friedrich Hegel, *Vorlesungen über die Ästhetik*, in: *Sämtliche Werke in 20 Bänden*, 14. Band, Stuttgart 1928, S. 107

angesprochenen melancholischen »Überschuß«, das keiner Veranlassung bedürftige *taedium vitae*, und sie könnten übersehen helfen, daß die unerreichbare hohe Frau allemal auch eine von feudalen Lebensverhältnissen unabhängige, in jene unreale Unendlichkeit hinausverlegte Metapher ist, deren jegliche Sehnsucht bedarf – auch der weniger prätentiös Liebende kann sich in den ihr zugedachten Preisliedern oder Abschiedsklagen wiederfinden.

Andererseits liefern Biographien und Zeitgeschichte einen Resonanzraum, welcher jeder Verzagtheit, Traurigkeit, Verzweiflung etc. dröhnenden Widerhall versprach und schon deshalb ins Bild gehört – der soziale Absturz der mit 25 Jahren verwitweten, mit einer unversorgten Mutter, zwei unmündigen Brüdern und drei Kindern allein stehenden Christine de Pizan; die 25jährige Gefangenschaft des Charles d'Orléans oder die – wie immer ständisch abgefederten – Katastrophen des René d'Anjou; die schlimmen Erfahrungen von Alain Chartier im Gefolge des französischen Königs Charles VII. (Musiker fehlen in dieser Liste, weil wir mit Ausnahme Du Fays von ihnen biographisch kaum etwas wissen); im größeren Maßstab die institutionelle und moralische Verwahrlosung der zuweilen von zwei oder drei Päpsten eher geschändeten als regierten Kirche; die amoralische Rücksichtslosigkeit der dynastischen Auseinandersetzungen, bei denen auch Philipp der Gute seinem Namen wenig Ehre erwies, reinster Macchiavellismus avant la lettre ohne Scheu auch vor prominenten Morden wie denen an Richard II. in England, an Louis d'Orléans (von Philipps Vater eingefädelt) und dann an diesem, Herzog Jean sans Peur selbst (vom französischen König eingefädelt); die entsetzlichen Folgen für Bürger und Landvolk – Dijon, die Hauptstadt Burgunds, zählte im Jahre 1376 2353 steuerpflichtige Herdstellen, im Jahre 1431 noch 771; und dahinter die traumatische, weit bis ins 15. Jahrhundert hinein durch neue Ausbrüche der Epidemie virulent gehaltene Erinnerung an die Spur, die der schwarze Tod seit 1347 durch Europa gezogen hatte[44] samt den Folgen – jeder dritte der damals in Europa Lebenden zum Opfer geworden, Judenprogrome, beginnende Hexenverfolgungen und allerwärts auflodernde Scheiterhaufen, Geißlerzüge und tief ins religiöse Leben hineinwuchernder Aberglaube, die durch Todesangst erzwungene Tilgung auch der letzten Reste von Anstand und Solidarität. Von der Fortdauer der sowohl sozialen wie moralischen Verwüstungen erzählen Du Fays Segenswünsche für die offenbar für gefährlich erachtete Reise seines Freundes Robert Auclou von Bologna nach Paris[45] ebenso wie die Biographie François Villons. »*Mais entre nous curiaulx sommes serfz a fortune, vivons desordonnement et vieillissons par plus de force de cures que par nombre d'ans, et par faulte de bien vivre sommes frustrez de la soueveté de nostre vie que tant desirons et nous hatons d'aller a la mort que tant redoubtons*«[46].

Dieser notwendigen Grundierung eines Bildes, dessen Vordergrund allzu sehr von der pittoresken Szenerie, der artifiziell ausgedünnten Wirklichkeit der Höfe bestimmt erscheint, steht nicht entgegen, daß die ambitionierteste, Saturn zum höchsten der Planeten berufende und seinen Kindern herausragende Befähigungen zusprechende Nobilitierung der Melancholie von Marsilio Ficino in Florenz geschrieben wurde, das sich inmitten wilder Zeitläufte jahrzehntelang fast als Insel der Seligen – und der gut Verdienenden – darstellte[47]: Gerade, weil gesteigerte Glückserwartungen indizierend, war »die Renaissance ... die goldene Zeit der Melancholie«[48].

---

44 Vgl. u.a. Bergdolt 1994

45 Kap. X, S. 119 ff.

46 Alain Chartier, *Le Cirial*, Halle 1899, S. 27

47 Marsilio Ficino, *De vita libri tres. Three books on life*, Lateinisch/Englisch, Binghamton/New York 1989; deutsche Teilübersetzung in: *Melancholie oder Vom Glück, unglücklich zu sein*, hrsg. Von Peter Sillem, München 1997, S. 39–53; vgl. auch Klibansky/Panofsky/Saxl 1990, S. 367 ff.

48 Jean Starobinski, in: Lutz Walther (Hrsg.), a.a.O. (Anmerkung 13), S. 107

»La plus mignonne de mon cuer«, Rondeau
Niederschrift im: Chansonnier Nivelle de la Chaussée (= F-Pn Rés.Vmc. 57, folio 64'-65), typisches Beispiel der Aufzeichnung als *cantus collateralis* in Lesefeldern auf zwei gegenüber-

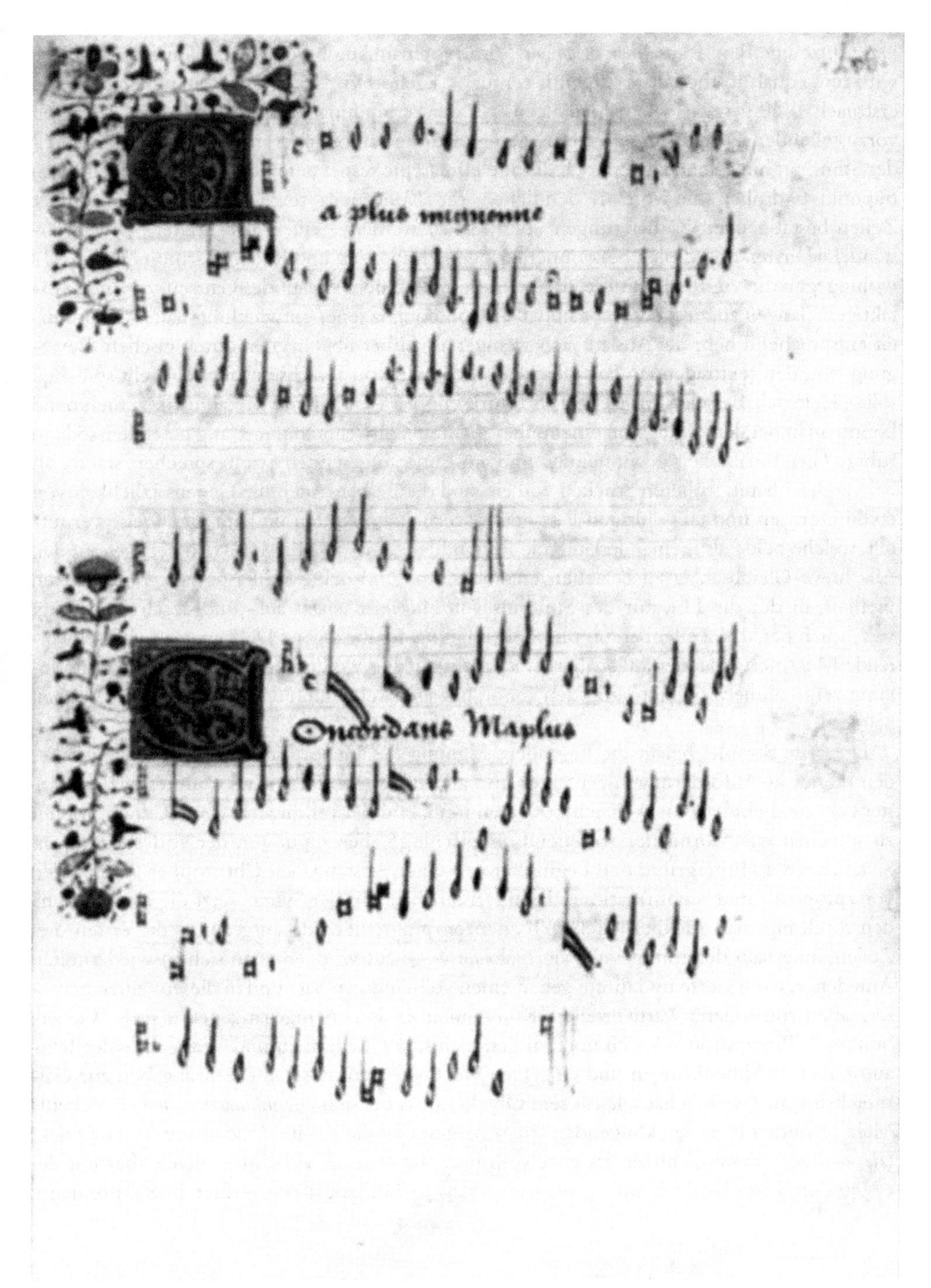

stehenden Seiten, wie sie in Chansonniers und Chorbüchern des 15. Jahrhunderts üblich war – links der Superius und weitere Textstrophen, rechts oben der Tenor, darunter (hier »Concordans« genannt) der Contatenor.

Das fünfzeilige Rondeau *Adieu m'amour*[49] (im Notenanhang Nr. 9), »a miniature masterpiece with few equals in the entire fifteenth century«[50], gehört zu Du Fays späten, möglicherweise erst nach 1460 geschriebenen Liedsätzen[51]. In der Verbindung vom zweischlägigen, getragen vorzustellenden Tempus imperfectum cum prolatione minori und einem auf Gleichartigkeit der Stimmen hinzielenden, dennoch die alte Hierarchie respektierenden »euphonischen Kontrapunkt«[52] drohen die vordem deutlichen, die Kongruenz textlicher und musikalischer Zeilen bestätigenden Zäsurierungen überspült zu werden – ein beabsichtigter Schwebezustand: Die ersten drei Zeilen bekommen je eigene Kadenzen und Kadenzharmonien (*F, d, C*), wohingegen die vierte und fünfte, dazu der melismierende Auslauf des Ganzen, zu einem 13-taktigen Ganzen zusammengefaßt sind. Der Konsequenz jener entwicklungshaften Kontinuität entsprechend hebt der Auslauf sich weniger als früher üblich, etwa durch raschere Bewegung, von den texttragenden Passagen ab, so daß man von »Nachspiel« besser nicht sprechen sollte. Heinrich Besselers im Begriff »Stromrhythmus«[53] enthaltene Metaphorik aufnehmend könnte man bei dem Stück von einem über mehrere Schwellen hin in Gang gesetzten, sodann ruhige Gleichmäßigkeit gewinnenden und am Ende aufgestauten Strom sprechen, stärker als bei vergleichbaren früheren Stücken von ein und demselben. Auch die Gegensätzlichkeit von taktkonformen und taktwidrigen Passagen ist zurückgenommen und auf eine Weise vermittelt, welche beide als ineinanderlaufende Bestandteile eines je einzigen Melodiezuges auf den Alla breve-Gleichschlag zu beziehen erlaubt. Zum Eindruck der meisterhaft equilibrierten Freiheit, in der die Lineatur des Superius von *Adieu, m'amour* auf- und abschwingt, trägt wesentlich bei, daß Zeilenbeginn und –beendigung, textbezogene Deklamation und schweifende Melismen einander angenähert sind; nicht zufällig wollte Du Fay, wie die Textunterlegung zeigt, die letzten Takte und den Tenor, passagenweise auch den Contratenor gesungen haben.

Die erste Strophe belegt die besondere Eignung des Liebesabschieds als Thema, welches den Rondeau-Anforderungen gemäß ebenso als Ausgangspunkt wie als Quintessenz, mindestens als sammelnder Rückkehrpunkt taugen muß. Hierbei verkürzend von »Refrainstrophe« zu sprechen wäre formaliter zutreffend, unterschlüge aber zugunsten der Vorfestlegung im Schema deren Hintergrund und Legitimation – einen Abstand, den Christopher Page als den von »proposal« und »confirmation« charakterisiert hat.[54] In der Syntax setzt die erste Strophe den rondeaugemäß rückbezüglichen Tendenzen progredierende entgegen – die ersten drei Zeilen, innerhalb deren insgesamt viermal »*adieu*« gesagt wird, ergehen sich in wiederholten Anreden, erst die vierte und fünfte geben einen vollständigen Satz und in diesem einen gewissermaßen von anderer Warte erteilten Kommentar zu den vorangegangenen »*adieu*«-Wiederholungen. Progression läßt sich noch in den kleinsten Gliedern auffinden, als wolle der Textautor auch in Silbenklängen und einzelnen Wortfügungen musikalische Maßgaben zur Geltung bringen: Zweimal hat »*Adieu*« sein Objekt direkt bei sich (»*... m'amour ... ma joye*«), beide Male vermittelt über den klingenden Konsonanten »*m*«; die zweite Zeile erweitert das Objekt (»*le solas que j'avoye*«), enthält das erste Verb und sagt erstmals »*ich*«, ist zugleich aber mit der ersten durch den Doppelreim »*... ma joye ... j'avoye*« besonders eng verfugt. Die dritte nennt

49 VI/76; vgl. hierzu auch Randal 1983

50 Brown 1976, S. 34

51 Fallows 1982, S. 157 ; Fallows 1982/II

52 Besseler 1950/1974, S. 224 ff.

53 A.a.O., S. 129 ff., 137 ff., vgl. auch »Klangstrom«, S. 222 und S. 227 ff.

54 A.a.O., S. 165

nach den vorangegangenen Beschreibungen die »*leale mastresse*« bei Namen und hat zudem zweimal das in der ersten Zeile dreimal erklungene »*m*« wieder, nun kombiniert mit dem in der zweiten Zeile wichtigen »*l*« (»*... le solas ... leale*«). Im Rahmen solcher subtil ausgehörten »alchemie du verbe« wirken die für das letzte Zeilenpaar aufgesparten Nasalierungen »*tant*« und »*semble*« und die dunklen Vokalklänge »*fort*« und »*morir doye*« wie sonore Glockenschläge[55]. Aus der Not, daß diese Progression in der zweiten und dritten Textstrophe nicht wiederholt werden kann, hat der Verfasser eine Tugend gemacht, indem er die Zahl der syntaktischen Glieder vermindert und zugleich diese selbst vergrößert. Daß dies auf die eskalierenden Epitheta »*mon bien, m'amour et ma deesse*« hinausläuft – Progression auch im metaphorischen Ausgriff –, läßt einen Textautor vermuten, der mitkalkuliert hat, daß der Musiker sich an der parataktisch beginnenden ersten Textstrophe orientieren werde – Du Fay selbst? Möglicherweise wollte er an das – viel früher komponierte –, anfangs textlich gleichlautende, ebenfalls in *F* stehende Rondeau *Adieu m'amour et ma maistresse*[56] von Binchois Bezug nehmen: Alle vier Zeilen von dessen erster Strophe stellen Anrufungen dar, erst die zweite Strophe erreicht einen vollständigen Satz – »*J'ay grant desir de prendre adresse / Pour quoy, vous puisse reveir*« –, die dritte besteht aus einem einzigen, vier Zeilen umfassenden Satz, und dieser steigert wie Du Fays Text die »*maistresse*« zur »*deesse*«. Im Jahre 1460, wohl knapp vor dem vermuteten Kompositionsdatum, war Binchois gestorben.

Du Fays Musik reflektiert die Steigerung der Adressierungen in denkbar plausibler Weise: Die erste Halbzeile mißt im Superius die untere Quart *c'/f'* der dieser Stimme gehörigen plagalen Oktav *c'/c''* aus und bleibt auf *e'* als einem Zwischenhalt stehen, die zweite (»*adieu ma joye*«) schwingt sich, wie die erste auf *c'* ansetzend, zur Terz *a'* hinauf und kadenziert eine Terz tiefer, die anschließende zweite Zeile (»*Adieu le solas que j'avoye*«) setzt auf dem zuvor schon einmal erreichten *a'* an, spannt einen einzigen großen Bogen und erreicht zweimal *b'*; die erste schweift melismatisch, die zweite deklamiert anfangs syllabisch. Die dritte (»*Adieu ma leale mastresse*«) übernimmt die Wendung »*adieu*« aus dem dritten/vierten Takt des Tenors, erreicht den – nirgendwo im Stück überschrittenen – Hochton *c''* und durchmißt in Sekundschritten abwärts die gesamte Oktav nochmals – und zwei für die *c*-Kadenz nötige Töne mehr. Die Erschließung der der Oberstimme gehörigen Oktav *c'/c''* brauchte nicht so pedantisch verfolgt zu werden, wäre nicht ein heute schwer nachvollziehbares Tonraum- und Tonstufen-Bewußtsein im Spiel – als die Stimmumfänge betreffende Spezifikation des Umstandes, daß die Dimension der Ereignisse in Relation steht zu derjenigen des Rahmens, innerhalb dessen sie eintreten. Schon, daß das Stück nur 28 Takte umfaßt, macht den Vorangang von *f'* über *a'* und *b'* nach *c''* bedeutend; wieviel mehr noch, daß man ihn bei vollständigem Vortrag fünfmal erlebt und die im Verlauf der Wiederholungen sich kumulierende Erinnerung – eine wiederholte Phrase wird dank des Bezuges auf ihr erstes Erklingen anders angehört als dieses, einer zum zweiten Mal wiederholten ist noch mehr Erinnerung aufgepackt usw. – die Eindringlichkeit der Wahrnehmung, zumal in je neuen, auffrischenden Konstellationen, gewissermaßen exponentiell steigert!

Der Entwicklung der Oberstimme entspricht eine ähnliche im Satz. Der Oktavklang am Beginn läßt für einen Moment offen, wohin es harmonisch geht, und die Unterstimmen bewegen sich rollenkonform. Allerdings nicht lange: Im Übergang vom dritten zum vierten Takt nimmt der Tenor den Superius vorweg und folgt ihm in der zweiten Zeile in der Dezime

55 Diese Betrachtung schließt u.a. an Don Michael Randel, a.a.O., an, vgl. auch Randel 1990

56 Gilles Binchois, *Chansons*, a.a.O., S. 3

acht Töne lang nahezu getreu, die syllabische Deklamation »hebend« wie zugleich von ihr gehoben; am Beginn der dritten Zeile folgt er ihm abermals, nun in der Oktav und mit einer prägnanteren Wendung, welche von der Vorimitation der Takte 3/4 herkommt. Nach dem *signum congruentiae* gibt es eine neue Konstellation – in einer prägnanten Formulierung antwortet ein absteigender Dreiklang dem melodischer aufsteigenden des dritten Zeilenbeginns, und überraschend übernimmt mit *»le dire adieu«* der – mindestens hier gesungen vorzustellende – Contratenor die Führung. Erst- und einmalig sind alle drei Stimmen imitativ aufeinander bezogen – in einer wohl chansonüblichen, hier indessen bewußt gewählten Form: Rückwärts gesehen von diesem Umschlag in eine neue Satzweise stellt sich der bisherige Verlauf als zunehmende Offenlegung des imitativen Verhaltens dar.

Dem folgt Zurücknahme, jedoch keine Reduktion. Der Contratenor schert aus den imitativen Verbindlichkeiten rasch aus (Superius und Tenor imitieren sieben Töne, er nur vier), und in der letzten Zeile (*»Qu'il me semble que morir doye«*) kommt es, wenn auch analog zur zweiten durch syllabische Deklamation hervorgehoben, fast nur noch zu rhythmischer Imitation. Das Ausbiegen des Tenors aus der melodischen (Takte 22/23) gibt der charakteristischen viertönigen Wendung *b-a-f-g* Gewicht, die schon zweimal zuvor syllabisch deklamierenden Imitationen angeschlossen war, in den Takten 8/9 (Superius) und 17/18 (Contratenor, transponiert). In den letzten Takten nähern die Stimmverläufe sich ihr mehrmals, am deutlichsten der Contratenor in den Takten 24/25 und im Superius und Tenor am Ende der 13 Töne lang Note für Note imitierenden Passage (Takte 25 – 27). Einerseits Vermehrung der imitierenden Töne, andererseits Zurücknahme, insofern der melismatisch ausgezogenen Passage außer am Beginn eine Evidenz wie die der syllabisch deklamierten Zeilenanfänge abgeht – und wohl abgehen soll: Hier wird Kontur verwischt und ein Hallraum geschaffen für die Worte *»que morir doy(e)«*, welche, in dem Stück einmalig, auf drei Breven deklamiert werden, und deren Töne *a'-b'* den melodischen Drehpunkt des Nachspiels bilden. »Hallraum« entsteht auch, indem die drei Stimmen nochmals ihre Reviere ausmessen, der Tenor die plagale Oktav *c/c'* besetzend, der Contratenor die authentische Oktav *f/f'*, wobei jede Stimme den oberen und den unteren Grenzton nur einmal und, den späteren Schlußton umkreisend, diesen am häufigsten berührt – vor dem Schlußklang der Superius *f'* viermal, der Tenor *f* fünfmal, der Contratenor *c'* ebenfalls fünfmal. Dergestalt gibt es viel Ordnung in diesem Imbroglio lebhaft durcheinanderrufender, dem *»morir«* nachrufender Stimmen – nicht hergeholt erscheint die Bezugnahme auf ausgedehnte Nachspiele romantischer Lieder, auf das Weiterreden der Musik, wo Worte nicht mehr reden bzw. zu reden vermögen, auf Wagners »tönendes Schweigen« oder Rilkes »... Sprache, wo Sprachen / Enden«.

Die verschlungene Polyphonie der Schlußtakte nimmt sich wie ein Gegenpol aus zu dem Beginn, welcher, vom Oktavklang ausgehend, den Satz jäh nach oben hebt – im zweiten Takt bereits befindet der Superius sich eine Quart, der Contratenor eine Oktav über dem jeweiligen Anfangston, d.h. halb aus dem Gleichgewicht gebracht, so daß es zur Befestigung einer verfrühten, durch Fauxbourdonsatz betonten Halbkadenz bedarf, welche das anfangs ungesicherte *c* gemeinsam mit *»amour«* harmonisch fundiert. Die jähe Verlagerung des Stimmverbandes hilft zugleich die gegenläufige Führung des Tenors und damit den absteigenden Dreiklang *c'/a/f* freizulegen, welchen der Beginn des zweiten Teils mit *»le dire adieu«* semantisieren wird. Fast ließe sich von einem zunächst verschwiegenen, im Rondeau-Vortrag sodann zunehmend deutlich erkannten Zitat sprechen, welches als identische Hinterlegung das Unidentische der Anfänge des ersten bzw. zweiten Teils verdeutlicht: Dort stehen, mehrmals wiederholt, die Abschiedsrufe, hier die Reflexion auf das, was sie zu bedeuten haben, dort sind Komponist und Dichter der Rufende selbst, hier zitieren sie ihn: »Whereas the first three lines speak the »adieu«, lines 4 and 5 speak about the speaking«[57]. Wobei die lyrisch-musikalische Nachbarschaft wonicht Kongruenz von Darstellung und Dargestelltem sich in dem Paradoxon zeigt, daß die Stimmen – alle drei! – bei diesem Umschlag in Zitat und Reflexion so direkt reden wie nirgendwo sonst.

Hätte Du Fay im ersten Teil den Hinweg zu diesem Umschlag nicht so deutlich komponiert, müßte die Aussage überzogen erscheinen, er habe von der Wendung »*Le dire adieu*« in der verwischenden Polyphonie der letzten Takte ebenso Abschied genommen wie der Text insgesamt von der »*leale mastresse*«. Freilich gehört zur Diagnose der allmählich herausgearbeiteten, sodann zurückgenommenen Evidenz auch, daß, wenn der Vortrag von der Rondeauteilung auf den Beginn zurückspringt, die Herausarbeitung unmittelbar vor der Offenlegung abbricht. Möglicherweise, damit dies nicht zu sehr als den Reglements geschuldeter Bruch in Erscheinung trete, steuert Du Fay mit einer – bemessenen – Kohärenz des ersten Teils als Liedform en miniature gegen: Die dritte Zeile »*Adieu ma leale mastresse*« stellt sich nahezu als Augmentation der ersten Halbzeile dar, sie steigert deren »*Adieu*« imitativ und in der Tonhöhe und kadenziert wie sie nahezu *a fauxbourdon* nach *C*, und dieses *C* erscheint nach zwei Kadenzierungen auf *d* (einer halben in Takt 9, einer vollen in Takt 11) einerseits wie ein Rückschwung des harmonischen Pendels, ganz und gar im Zeichen des am Anfang »dominantisch« definierten *F*-lydisch, andererseits genau dank dieser Definition als offenhaltende Harmonie[58]; sowohl beim Rücksprung als auch bei der Fortsetzung folgt ein vorsichtig über isolierte *c'* s eingeführter *F*-Klang.

Natürlich läßt der Rücksprung innerhalb der zweiten Strophe sich auch verstehen als über den Formvollzug hinausgehende Maßnahme, die Erwartungen auf Erfüllung dadurch zu stimulieren, daß diese zunächst gewährt, danach jedoch vorenthalten wird; das steigert den Erwartungsdruck in der dritten Strophe, unterstützt durch die Eskalation von »*mon bien*« über »*m'amour*« zu »*ma deesse*«, derartig, daß er über die geringere Kongruenz zu den Worten »*Car m'adquis est ...*« hinwegtragen mag, mit der Konsequenz einer besonderen, für die letzte = erste Strophe aufgesparten Finalität – dank der Befriedigung darob, daß die volle Kongruenz nun wiederhergestellt ist.

»He ... kept on cutting out his diamonds, his dazzling diamonds, the mines of which he had such a perfect knowledge«, hat Strawinsky über Webern gesagt[59]. Ganz im Sinne dieser Formulierung stellt das Komponieren von Kantilenensätzen sich als Diamantenschleiferei dar, vorab einer konzentrierenden Verdichtung wegen, welche beispielsweise das in sich drehende Rondeau als Nachvollzug jener vergrübelt-aussichtslosen Kreisgänge hinstellen kann, denen der depressiv Gelähmte, freundlicherenfalls der seiner *douce mélancholie* Hingegebene gern verfallen. Auf den historischen Horizont bezogen erscheint die langwährende Befangenheit der Dichtung im Regelkreis des *grand chant courtois* in der Form des Rondeaus symbolisch zur poetisch-musikalischen Struktur kristallisiert – eine wenn schon nicht positiv begründbare, so doch überaus plausible Entsprechung. Dargestelltes und Darstellungsweise bestätigen einander wechselseitig – nicht ohne Vermischungen, bei denen das an »*Dame Merencolye*« festgemachte »unglückliche Bewußtsein« oft sich als Spielmarke hergeben muß.

Die Frage nach den Faktoren, die eine jahrhundertealte Thematik am Veralten hindern, erscheint falsch gestellt. *Adieu m'amour*, in der musikalischen Stilistik nicht weniger »modern«

---

57 Randal, a.a.O., S. 51

58 Vgl. auch Atlas 1998, S. 67/68

59 Cit. u.a. bei Walter Kolneder, *Anton Webern*, Rodenkirchen 1961, S. 6

als das, was zur selben Zeit Jüngere komponierten, ist gerade auch deshalb ein spätes Werk, spät ganz und gar im Hinblick auf Du Fays Jahre und im Hinblick auf das Thema. In der Überlegenheit der kompositorischen Lösung erscheint, wie vermittelt auch immer, aufgehoben, daß er nicht mehr einfach einen Liebesabschied singen darf, sondern alle zuvor in dieser Tradition gesungenen Liebesabschiede mitsingen lassen, d.h. sein Stück zu einem Resonanzboden machen und die dem späteren ästhetischen Denken fremd gewordene Kongruenz von Normal- und Idealfall immer neu erproben muß. Eindimensionalen historischen Erwartungen entgegen kehrt Du Fay nach vielfältigen antikonventionellen Ausflügen in früheren Jahren in den späteren zur konventionellen Thematik zurück, allerdings auf der Linie einer »zweiten Naivität«, mithin mehrfach vermittelt, zu einer »zweiten Melancholie«[60]. Im hochliegenden Anspruch seines Komponierens beantwortet er den eingangs angesprochenen Problemdruck einer durch Tradition verbürgten, immer noch vielerlei Gestaltungsmöglichkeiten offenhaltenden, ebensowohl prekär gewordenen wie unabgegoltenen Thematik.

Anders als festhaltend konnten, von gesellschaftlichen Verbindlichkeiten abgesehen, Dichter und Musiker bei »hohen« Gegenständen kaum reagieren in einer Zeit, da nichts zu halten schien – »the muses are the guardians of the social memory«[61]. Sie mußten festhalten angesichts unschlichtbarer Widersprüche einer Konstellation, in der Dantes Beatrice und Petrarcas Laura einseitig als Paradigmen der Osmose von hoher Geliebter und Himmelsbraut, als in ihrer personalen Körperlichkeit verdampfte *donne angelicate* und nur qua Unerreichbarkeit ästhetisch erreichbar rezipiert werden und Boccaccios Novellen, genauso einseitig, als Lesefutter für Voyeure; in der der auf hohe Minne Eingeschworene Erfüllung garnicht wünschen darf (wenn Petrarca sich in dem Madrigal *Non al suo amante*[62] angesichts eines gebückt seinen Schleier spülenden Mädchens als heimlicher Beobachter bekennt, darf es sich nur um eine Schäferin handeln); angesichts einer Situation, in der Villons Dichtung wie ein Einbruch vordem draußengehaltener Wirklichkeit in das Säuseln der verspäteten Troubadoure erscheinen und Christine de Pizan die *douce mélancholie* als heuchlerisch-hypochondrischen Luxus, die Preisgabe der fraulich-humanen Mitte zwischen Heiliger und Hure, Himmelskönigin und Hexe als – modern gesprochen – »Männerphantasie« verklagen muß. In dieser Mitte könnte dem modisch-melancholischen Lamento der Anlaß abhanden kommen, müßte der Lamentierende die Erkenntnis gewärtigen, daß er, sein Thema allzu geschickt eingrenzend, Täter und Opfer zugleich sei. *Adieu m'amour* besingt den Abschied von der »*mastresse*«, aber auch den Abschied von dieser Art Abschied.

---

60 Hierzu vgl. auch die Diskussion des Rondeaus *Les douleurs*, S. 179 ff.

61 E. A. Havelock, *The Muse Learns to Write: Reflections on Orality and Literacy from the Antique to the Present*, New Haven 1986, S. 79

62 *Canzionere*, a.a.O., S. 150/151

XIX. Balladen, Dispute, Lamenti: Gelegenheitsmusik

»De ses vertus ne me puis apaisier, / Tant est il plain de grant perfecion, / Sage, discret, eloquent et entier, / Large cortois, gracieux, bel et bon = Angesichts seiner Tugenden kann ich mich nicht beruhigen, / So sehr ist ihm höchste Vollkommenheit eigen, / Weise, besonnen, beredt und ein ganzer Mann, / großzügig, ritterlich, schön und gut« – darf man so vollmundig Lob ausschütten über einen, der nicht lange zuvor eine jüngst ihm angetraute Frau und einen eigenen Sohn zu Tode gebracht und auch sonst wenig getan hat, ein Musterbild an Tugend abzugeben? Wer so fragt, fragt falsch und moralisiert an der Sache vorbei. Die allemal legitimierende, zeremoniös bedingte Moralität des Fürstenlobs erscheint kaum auf jene personenbezogene Glaubwürdigkeit angewiesen, deren Maßgaben jeden, der es singt, diskreditieren würden; »wes' Brot ich eß', des' Lied ich sing« ist nur die halbe Wahrheit.

Immerhin hält der – unbekannte – Textdichter deren andere Hälfte für erklärungsbedürftig, er eröffnet die offenbar einem festlichen Anlaß zugedachte Ballade[1] mit einer *captatio benevolentiae*, fast einer verkappten Entschuldigung und benutzt sie rhetorisch geschickt, um die Berechtigung genau dieses Lobliedes hervorzukehren: »*C'est bien raison de devoir essaucier / Et honnourer tous princes de renom / Especial ceux qui font apprecier / Par leur vertus, sens et discretion. / Pour ce voldray faire relation / D'un tres noble, digne de tout honneur, / D'origine si bien que de raison, / Bien est doté peuple d'un tel seigneur = Es gibt gute Gründe, derentwegen man / Alle angesehenen Fürsten bejubeln und ehren muß, / Besonders die, die wegen ihrer Tugend, / Besonnenheit und Vernunft zu schätzen sind. / Deshalb möchte ich berichten / Von einem sehr edlen, jeder Ehrung Würdigen, / Der Herkunft ebenso wie der Verständigkeit wegen. / Glücklich das Volk, dem ein solcher Herr gegeben ist.*« Auf die Schlußfolgerung der letzten Zeile als dem Refrain (= *R*) laufen die vier Strophen samt dem *envoi*, der den Adressaten bei Namen nennt, in fünfmal anderer Weise zu, und die musikalische Form betont die Ausmündung als »Rücklaufballade«[2], indem sie der Schlußzeile als Nachspiel (= *x*) die gleichen sechs Takte folgen läßt, die schon dem Abgesang (=*B*) folgten. Dem Ablaufschema *A'A" + x // B / R + x* entsprechend hört man »*Bien est doté peuple d'un tel seigneur*« (= *B*) fünfmal, die ihm angeschlossenen Takte (= *x*) zehnmal – effektiver und subtiler ließ sich Nachhilfe-Unterricht kaum organisieren.

Mit dem Stück befinden wir uns höchstwahrscheinlich im Jahre 1433[3] und mit dem eben von Rom nach Savoyen reisenden Du Fay auf der Zwischenstation Ferrara. Dort regiert seit 1393 (bis 1402 unter Vormundschaft) Niccolò III. d'Este, ein abwägender Pragmatiker[4], der mithilfe verläßlicher Administration und vorausschauender Neutralitätspolitik die spätere glanzvolle Entwicklung Ferraras begründete und hierbei, mehrmals Friedensverträge vermittelnd, besonnener agierte als im Jahre 1425 mit der Hinrichtung seiner Frau, übrigens einer Malatesta, und seines Sohnes Ugo, nachdem er die beiden miteinander ertappt hatte. Durch Kunstsinn ist er so wenig aufgefallen wie durch Kunstfeindschaft; im Jahre 1429 hat er immerhin Guarino von Verona als Erzieher des designierten Nachfolgers Leonello nach Ferrara

1 VI/16

2 Heinrich Besseler, *Ballade = mehrst. Ballade des MA*, Artikel in: *Die Musik in Geschichte und Gegenwart*, Band 1, Kassel 1949/1951, Sp. 1120 – 1127

3 Fallows 1982, S. 40; Lockwood 1984, S. 36

4 Lockwood, a.a.O., S. 11 ff.

gezogen[5]. Du Fay dürfte Guarino dort ebenso kennengelernt haben wie den Musiktheoretiker Ugolino von Orvieto – Hinweise aus zweiter Hand lassen darauf schließen, daß dessen *Declaratio Musicae Disciplinae* in Du Fays verlorenem Traktat Widerhall gefunden hatte[6].

»Italie soiant en grant dangier / Con de guerre et de division / Par son moyen a faitte pacefier = Italien, das in große Gefahr gebracht war / durch Kriege und Zwietracht, / hat er durch seine Vermittlung befrieden können« – von den durch Niccolò zustandegebrachten Friedensverträgen der Jahre 1428, 1433 und 1441 kommt als Bezugspunkt der dritten Balladenstrophe am ehesten der von 1433 in Frage. Als er am 26. April von Vertretern der mailändischen Visconti und der florentinisch-venezianischen Liga in Ferrara unterzeichnet wurde, befand Du Fay sich, u.a. wegen seiner Verpflichtungen anläßlich des bevorstehenden Friedensschlusses zwischen Eugen IV. und dem deutschen König Sigismund[7], noch in Rom. Dort nahm er im August seinen Abschied und mußte im folgenden Winter nur rechtzeitig in Savoyen eintreffen, um die für Anfang Februar vorgesehene Hochzeit des Thronfolgers mit Anne de Lusignan musikalisch vorzubereiten[8] – genug Zeit also für einen Zwischenaufenthalt in Ferrara, dem frühere Kontakte vorausgegangen sein mögen. Man würde die repräsentative Aufgabe schwerlich einem als Person unbekannten, wenngleich prominenten Musiker übertragen haben; im übrigen ist es von Du Fays früheren Aufenthaltsorten, den Malatesta-Residenzen Pesaro und Rimini oder auch von Bologna nach Ferrara nicht weit.

Daß ein italienischer Grande sich französisch huldigen läßt, war nicht ungewöhnlich; Französisch gehörte selbstverständlich zu der aus dem Norden importierten Polyphonie, die die einheimische an den Rand gedrängt hatte; norditalienische Zwistigkeiten verschafften den Franzosen erheblichen Einfluß, wozu auch die Rückversicherungen gehörten, zu denen der von Mailand, Venedig und Florenz ausgeübte Druck Niccolò zwang; seit seinen Reisen im Norden blieben die Kontakte dorthin gute Tradition. Sein jüngster Sohn Francesco, von Rogier van der Weyden porträtiert, wuchs gemeinsam mit dem gleichaltrigen Karl dem Kühnen am burgundischen Hof auf.

Du Fay weiß, was er einem ausgedehnten, bei vollständigem Vortrag zehn Minuten beanspruchenden und zugleich rückläufigen Stück schuldig ist: Die griffigsten Prägungen setzt er vornan, beginnt mit einem fanfarenhaften, hemiolisch gespannten Aufstieg im Dreiklang (Beispiel 1 a), dessen bekanntestes Gegenstück sich in der »*Deuil angoisseux*«-Ballade von Gilles Binchois findet[9], und gibt dem Sänger bei dessen Eintritt (Takt 6, Beispiel 1 b) ein ähnlich prägnantes Motiv, welches rhetorisch an den schweren vierten Silben zu Beginn der ersten, zweiten und vierten Strophe (»*C'est bien rai**son** ...; Du sanc re**iaul** ...; De ses ver**tus***«) inspiriert scheint. Erst wenn diesen großschrittigen Wendungen kleinschrittige Melodiezüge antworten (Beispiel 1 b: »*.... de devoir essaucier*«), tritt das Wechsel- und Zusammenspiel der Stimmen in seine Rechte, u.a. in dem die Kurve *»de devoir esssaucier«* frei imitierenden Tenor und in der Gemeinsamkeit der diesen Anstieg kompensierenden, zur Corona hinführenden Abstiege. Die kleine Überdosis an Abstieg und das überraschende Innehalten auf der dritten Stufe *a* verstärken den Charakter der Barriere, des Zwischenhalts und betonen die Notwendigkeit des Fortgangs *x* nach dem

5 Eugenio Garin, *Die Kultur der Renaissance*, in: *Propyläen Weltgeschichte*, Berlin/Frankfurt am Main 1960/1964, Band 6, S. 429 – 534, über Guarino S. 475 ff.

6 Gallo 1966, S. 149 – 152

7 Vgl. Kap. XIII, S. 162 ff.

8 Kap. XXIV, S. 344

9 Neuausgabe u.a. Gilles Binchois, *Chansons*, hrsg. von Wolfgang Rehm, *Musikalische Denkmäler* II, Mainz 1957, Nr. 50

zweiten Stollen, verschaffen also gerade jenen Takten besonderen Nachdruck, welche am Ende des Stückes wiederkehren und sich zudem durch kleingliedrige Bewegtheit und knifflige Rhythmen abheben – am nächsten steht ihnen hierin die sechstaktige Einleitung.

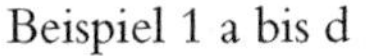
Beispiel 1 a bis d

Von dieser gewiß Instrumenten zugedachten Komplizierung hebt sich die melodische, homogene Satzweise des Abgesangs (*B* = »*Pour ce voldray* ...«, Beispiel 1 c) deutlich ab, auch durch den Wechsel zum freier strömenden Tempus perfectum (O), zudem in den ersten beiden Strophen mit Neuansätzen im Text (»*Pour ce voldray* ...« bzw. »*Car il la tient* ...«) korrespondierend, und dank des Eindrucks, hier gewönne der Redefluß freie Bahn. Wieder schließt sich – in den Takten 35 bis 39 – eine Komplizierung an, jedoch nicht als virtuoses Verwirrspiel wie bei *x*, sondern in komplementären Rhythmen eher die mit dem Tempus perfectum verbundene Bewegungsform herausstellend, bevor mit dem Refrain »*Bien est doté ...*«, verstärkt durch die Hemiole des Contratenors, das schwere, vergleichsweise sperrige Tempus perfectum diminutum (Φ) zurückkehrt (Beispiel 1 d).

Als Honorar für »*C'est bien raison*« wären die unter dem 6. Mai 1437 dokumentierten 20 Dukaten »*Guielmo de fait, cantadore nella capella del Papa*« reichlich spät gezahlt worden[10]. Außer mit Leistungen, die wir nicht kennen, könnten sie auch zusammenhängen mit der Vermittlung franko-flämischer Sänger nach Italien oder mit dem auffällig großen Anteil von Du Fay-Kompositionen in den in Ferrara angelegten Handschriften Porto 714 und Modena α X.1.11[11]. Der alternde Niccolò hatte Leonello in den dreißiger Jahren mehr und mehr mit Herrscherpflichten vertraut gemacht, der Prätendent[12], der selbst musizierte, lenkte Ferrara, ohne von der Verfolgung weitreichender politischer Projekte abzulassen, immer mehr zu dem Musenhof hin, als welcher es andere Signorien generationenlang in den Schatten stellen sollte; während seiner Regierungszeit (1441 – 1450) war die ferraresische die einzige Hofkapelle, die es mit der burgundischen und der savoyischen aufnehmen konnte[13].

Im Oktober 1443 erhielt der seit vier Jahren in Cambrai ansässige Du Fay über eine Bank in Brügge abermals 20 Dukaten aus Ferrara, möglicherweise als – abermals fürstliche – Honorierung einer für Leonello anläßlich dessen Erhebung in den Stand eines Marquese angefertigten Komposition. Auch hier mag – Leonello war wie sein Stiefbruder und Nachfolger Borso ein illegitimer Sohn – der Gesichtspunkt der Nobilitierung mitgespielt haben, im Text ersichtlich aus der Betonung des Ritters, der im Namen Gottes den Degen führt[14] – die Komposition dokumentierte die Verbindung des Namens mit der neuen Würde.

Beispiel 2

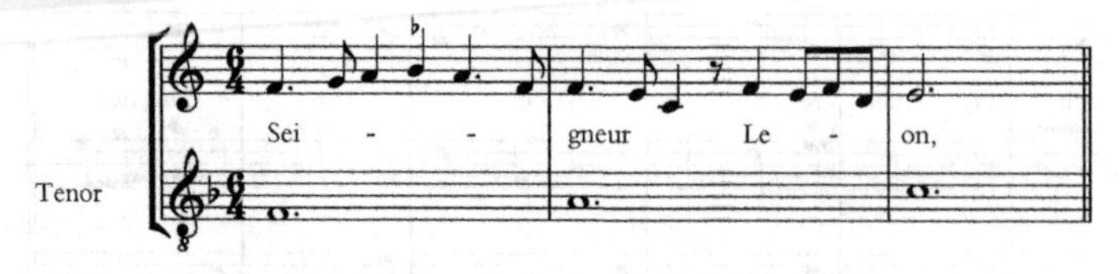

»*Seigneur Leon, vous soyez bienvenus*«[15] läßt sich keiner Gattung zuordnen, ist möglicherweise unvollständig und, wie im ehesten am Tenor zu erkennen, nicht original erhalten[16]. Immerhin zitiert der Tenor am Beginn die am Anfang von *C'est bien raison* stehende Fanfare Beispiel 1 a, und dieser überbaut Du Fay die Wendung Beispiel 1 d, welche dort den Refrain »*Bien est doté*« eröffnete (vgl. Beispiel 2). Hat er es auf einen ähnlichen, nahezu kassiberhaften Bezug angelegt wie bei den Malatesta-Balladen[17] oder den auf zwei savoyische Hochzeiten bezogenen *Se la face ay pale*-Kompositionen[18]? Nicht zuletzt wäre es eine Form privater Verständigung, die auf

10 Besseler 1952, S. 166; Fallows, a.a.O., S. 40, 221 bzw. 303; Lockwood, a.a.O., S. 38

11 Hamm/Scott 1972; Lockwood 1976, S. 6 ff.; Lockwood 1984, S. 51 ff.

12 sein von Pisanello gemaltes Porträt, eines von mehreren, reproduziert u.a. bei Lockwood 1984 gegenüber S. 170

13 Lockwood, a.a.O., S. 41 ff.

14 eine andere kaum mehr haltbare Zuordnung (Fallows, a.a.O., S. 62/63) bei Dragan Plamenac, *An Unknown Composition by Dufay?*, in: *The Musical Quarterly* XL, 1954, S. 190 – 200, auch in: *Revue belge de Musicologie* VIII, 1954, S. 75 – 83; und bei Besseler in Band VI der GA, S. LXIII

15 VI/85

16 davon nicht berührt: im Schlußtakt des Contratenor hat *f* zu stehen statt *a*

17 Kap. IV, S. 39 ff. bzw. 52 ff.

18 Kap. XXIV

direkten persönlichen Kontakt nicht angewiesen ist – »Dufay may well be the first major composer in the history of music who is able to maintain an active and continuing relationship with patrons over continental distances«[19].

⋆ ⋆ ⋆

Der in der Kapitelüberschrift offerierte Begriff »Gelegenheitsmusik« macht sich einer Ästhetik verdächtig, welche weniger mit der hier behandelten Musik zu tun hat als mit der nicht selten grobschlächtig gehandhabten, dennoch heuristisch unverzichtbaren Polarität von funktionaler bzw. autonomer, programmatischer bzw. absoluter, Darbietungs- bzw. Umgangsmusik[20]. Allemal ist Musik, und zwar Musik jeder Art, beides zugleich, freilich in unterschiedlicher Verteilung. Am Paradigma Motette, als dem Indifferenzpunkt von genau definierter, häufig auf ein Datum fixierter Funktionalität und transzendierendem ästhetischen Anspruch[21], scheitern jene Polaritäten besonders deutlich, »Gelegenheitsmusik« im engeren wie weiteren Verständnis ist alles zu Du Fays Zeiten Komponierte. Diese Auskunft wiederum macht sich der Nähe zu einem Relativismus verdächtig, der ästhetische Defizite mithilfe funktionaler Qualitäten, funktionale Defizite mithilfe ästhetischer Qualitäten entschuldigt und die Vermeidung von Werturteilen gut kaschiert.

»Esthétiquement parlant, *Juvenis qui puellam* n'a aucune valeur réelle« – dieser Auskunft Charles van den Borrens[22] über den Disput, den Du Fay, den Abstand zwischen juristischer Formalität und fiktiver Fragestellung grotesk überziehend, in Musik gesetzt hat, läßt sich leicht entgegenhalten, hier gehöre zur Sache, daß sie keinen ästhetischen Eigenwert prätendiere. Damit wäre weniger das Urteil als solches als ein falscher Geltungsanspruch widerlegt. Zur Verhandlung steht die Gültigkeit der zweiten Eheschließung eines jungen Mannes, welcher zuvor die noch nicht siebenjährige Cousine der neu Angetrauten geheiratet hatte, diese Ehe aber nicht vollziehen konnte. Über diesen Casus fallen vier Disputanten mit ciceronischer *ars oratoria* her – derjenige, der den Fall darlegt, der Richter und zwei gemäß römischem bzw. kanonischem Recht argumentierende Anwälte. Dürfen sie mit »guter« Musik beehrt werden? Bemißt sich die Qualität der Musik hier nicht nach der Genauigkeit, mit der gängige Qualitätsansprüche gemieden und die Gründe der Vermeidung mitkomponiert sind? – der Vergleich mit Mozarts *Musikalischem Spaß* liegt nahe.

Zunächst legt der Berichterstatter in der *pars historica* (in der Gesamtausgabe[23] Abschnitt *A*) die *species facti* dar: »*Iuvenis qui puellam nondum septennem duxit, quamvis aetas repugnaret, ex humana tamen fragilitate forsan temptavit quod complere non potuit*«. Dann übernimmt der Richter (*B*, *C* und *D*): »*Quia igitur in his quae dubia sunt, quod tutius est tenere debemus, tum propter honestatem ecclesiae* (*B*). *Quia ipsa coniux ipsius fuisse dicitur, tum propter dictam dubitationem:* (*C*) *Mandamus quatinus consobrinam ipsius puellae quam postea duxit, dividas ab eodem* (*D*) = *Ein junger Mann, welcher ein noch nicht sieben Jahre altes Mädchen zu sich nahm, versuchte offenbar dennoch, obwohl es ihrem Alter nicht zukam, aus menschlicher Schwäche zu vollziehen, was nicht gelang. / Weil wir uns in Zweifelsfällen um der Ehre der Kirche willen an sichere Spuren halten müssen / und weil man*

---

19 Lockwood 1976, S. 12

20 Heinrich Besseler, *Umgangsmusik und Darbietungsmusik im 16. Jahrhundert*, in: *Archiv für Musikwissenschaft*, 1959, S. 21 – 43

21 Kap. XXVII

22 1926, S. 182

23 VI/9

von ihr selbst sagt, sie sei sein Eheweib und wegen der angesprochenen Zweifelhaftigkeit / Ordnen wir an, daß das Mädchen, das er danach heiratete, von ihm getrennt werde«. Danach tritt die Verhandlung in die *pars dispositiva*, den Austausch der Argumente ein (*E* bis *G*), zunächst mit dem *PRIMUM ARGUMENTUM* des ersten Anwalts und von nun an in Versen: »*Contra vos argitur: / Ubi per vos innuitur / affectum velle puniri / et effectum non sortiri, / quod clare probaretur, / sed brevitas non patitur* (E) = *Dem ist zu entgegnen: / Wenn Sie betonen, / daß die Lust bestraft werden muß, / aber keine Folgen gehabt hat, / so wird sich das, wäre die Zeit nicht so kurz, klar erweisen«.* Dem hält der zweite Anwalt als *SOLUTIO* (= Auflösung, Aufhebung) *PRIMI ARGUMENTI* entgegen: »*Ad hoc sic diso breviter / non recitando fontem / quae contra me dixistis: / Quod publicae honestatis / justitia non patitur / id quod per vos innuitur* (F) = *Dagegen sage ich kurz, / ohne mich bei der Quelle aufzuhalten, / was Sie gegen mich gesagt haben: / Daß wegen öffentlicher Ehrbarkeit / die Justiz nicht gestatten kann, / wofür Sie plädieren«.* Hierauf das SECUNDUM ARGUMENTUM des ersten: »*Quamvis bene dixeritis, / tamen contra vos arguo. / Nam in fine vos dicitis, / quod dividatur ab eo, / et contrarium videtis / in capitulo unico / quod alias allegastis / sexto eodem titulo* (G) = *Obwohl Sie gut gesprochen haben, / argumentiere ich gegen Sie. / Denn am Ende sagen Sie, / daß sie von ihm getrennt werden müsse, / und nun sehen Sie den Widerspruch / zu demjenigen Punkt (Kapitel), / den Sie anderswo geltend gemacht haben / unter dem Titel Sechs«.*

Wir wissen nicht, was mit »*anderswo*« gemeint ist, weil hier in der Debatte etwas vorangegangen sein müßte; »*Titel Sechs*« mag sich auf einen von Bonifaz VIII. autorisierten *Sextus Liber Decretalium* beziehen, der sich im Besitz von Du Fays Freund Robert Auclou befand[24], als *tituli* waren die Unterabschnitte innerhalb der *libri* im kanonischen Recht benannt[25], von dem aus der erste Anwalt gegen den zweiten, den Vertreter des römischen Rechts, argumentiert. Beide Rechtssysteme übrigens – im Hintergrund nimmt man die heute durch Gesinnungs- bzw. Verantwortungsethik bezeichnete Unterscheidung wahr – wurden in Bologna gelehrt.

Leider wurde in der einzigen Quelle, die das Stück überliefert, ein Blatt herausgerissen; daß wir den Ausgang des Disputes nicht kennen, ist eher zu verschmerzen als der Verlust einer musikalischen, das Strickmuster des Ganzen ex posteriori erklärenden Schlußpointe; auch bleiben Unklarheiten hinsichtlich der Stimmfunktionen[26], deren Handhabung offenbar auch zu den Pointen gehört hat. Unverkennbar steht das Stück in der alten Tradition von Musikermotetten, mit denen die Musikanten ihren Privatspaß trieben; dazu mag schon gehören, daß der Urheber in der Quelle als »*decretalis Guill( )mus du fay*«, d.h. als für Rechtsfragen Zuständiger bezeichnet ist[27].

Er tut alles, um das formalistische *Much ado abouth nothing* mit eigenen Mitteln zu befördern. Dem »*juvenis*« gilt im zweiten Takt eine andächtig innehaltende Fermate (Beispiel 3 a), die delikate Sachlage wird im akkordischen Gleichschritt vorgetragen, welcher der komplizierten Syntax liedhafte Gruppen, zugleich eine trügerische Simplizität überstülpt und in melismatischen Verzweigungen die wichtigen Worte »*duxit, repugnaret, temptavit*« und »*non potuit*« hervorzuheben erlaubt. »*Propter honestatem ecclesiae*« am Ende des zweiten Abschnittes

24 Kap. X, S. 117 ff.

25 Trumble 1988, S. 80

26 In der ersten Ausgabe des Bandes VI der GA verdeckt die durch die Quelle nicht verbürgte Benennung »Contratenor« das Problem (hierüber Trumble, a.a.O.); übrigens findet sich dort, gewissermaßen in der Verlängerung des Musikantenspaßes, eine mutwillige Verletzung der ersten Pflicht eines Herausgebers – derjenigen, den überlieferten Textstand zu achten: Heinrich Besseler hat, ohne im Kritischen Bericht hierüber etwas zu sagen, zum Fauxbourdonsatz des ZWEITEN ARGUMENTS (Takte 114 bis 131) die dritte Stimme hinzukomponiert und obendrein an der irreführenden Benennung »Contratenor« festgehalten..

27 GA VI, S. XXVII

(*B*) inspiriert psalmodierenden Weiheton, dem die Korrespondenz mit der Tenorführung am Stückbeginn und der Wechsel ins Tempus imperfectum besonderen Nachruck verleihen (Beispiel 3 b). Wieder erhalten wichtige Worte – hier »*debemus*« und »*ecclesia*« – ihre rhetorikgemäße Auszierung; daß bei »*tum propter honestatem ecclesiae*« der Tenor aussetzt und seine Funktion der zweiten, bis hierhin nahezu als Fauxbourdon geführten Stimme abtritt, gibt als erstes (und als wohl einziges beabsichtigtes) Duo den Worten ebenso Gewicht wie im Sinne klanglicher Kontrastierung dem nachfolgenden Fauxbourdon (*C*, Beispiel 3 c), welcher als auf strikte Gefolgschaft verpflichtete Stimme die »*coniux*« symbolisiert[28] und motivisch wie *B* nahe beim Stückbeginn ansetzt. Diese Bezugsebene scheint am ehesten ignoriert, wenn mit »*Mandamus*« und drei Fermaten (*D*, Beispiel 3 d) der Richter sich Gehör verschafft, um anschließend sich in der im gesamten Stück kompliziertesten Dreistimmigkeit zu ergehen. Deren Verflechtungen weichen beim Schwerpunktwort »*dividas*« nahezu einem Noema, dessen akkordische Simplizität Du Fay durch parallele Quinten unterstreicht, um danach den Worten »*ab eodem*« durch polyphone Verzweigungen um so stärkeren Nachdruck zu verschaffen (Beispiel 3 e) wie zuvor am ehesten »*ipsius puellae*« (Takte 56 ff.) – nun über Melismen hinaus mithilfe der im Beispiel eingekastelten Imitation und der im Terzaufgang *a/b/c* abermals rückbezüglichen Wendung des Tenors.

Beispiel 3 a bis i

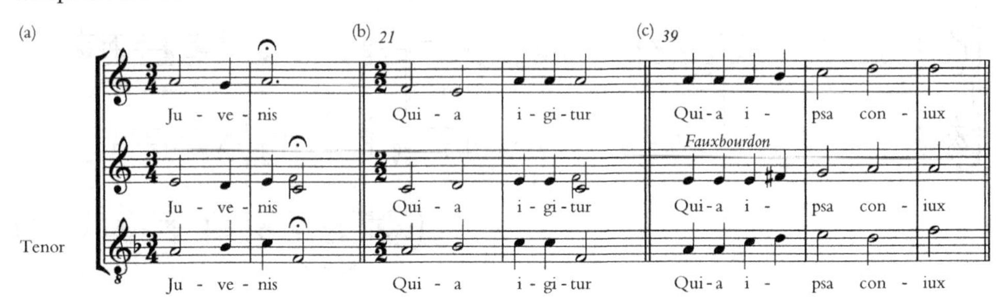

28 Elders 1981; Elders 1994; vgl. auch Kap. XI, S. 139 und Beispiel 3 b, S. 142

Die halb verdeckte Imitation bei *»et eodem«* führt zum *PRIMO ARGUMENTO* hin (Beispiel 3 f), dessen offene Imitation den Übergang zur Reimstrophe ebenso unterstreicht wie die Betulichkeit des Argumentierens, bei der die Schwerpunktworte *»innuitur, non sortiri«* und *»non patitur«* breit ausgezogen hervorgehoben sind; für den von Besseler ins *SECUNDUM ARGUMENTUM* eingeschmuggelten »Contratenor« (*G*, Beispiel h) spricht, obzwar durch die Regeln vorgegeben, daß er sich mit dem Beginn *f/a/b/c'* motivisch einreiht. Zuvor hatte am Beginn der SOLUTIO PRIMI ARGUMENTI (F, Beispiel 3 g) eine verkürzte Wiederholung des zunächst außerhalb liegenden Melodieverlaufs Beispiel 3 d gestanden, war dieser dadurch also, zudem mit dem Nachdruck der neuen Mensur, in einen Zusammenhang hereingeholt worden, welcher, soweit er vorliegt, vermuten läßt, daß seine verlorengegangene Fortführung van den Borrens Urteil widerlegt hätte. Daß das *SECUNDUM ARGUMENTUM* des Kirchenrechtlers im altmodischen Tempus imperfectum cum prolatione maiori vorgetragen wird oder die Eröffnung die Wendung *»ex humana tamen fragilitate«* (Takte 11 ff.) aus dem ersten Abschnitt zitiert, könnte die Musikanten ebenso delektiert haben wie der dem

Anstieg bei »*quod dividatur ab eo*« (Takte 120 ff., Beispiel 3 i) »konträr« prompt folgende Abstieg »*et contrarium videtis*« – auch das gehört zur Legierung von kleinem Einmaleins der Satztechnik und rhetorisch-musikalischem Privatissimum, bei dem, wie in »methodischen Sonaten« des 18. Jahrhunderts, keine Möglichkeit der Exemplifikation ausgelassen, pädagogisch gemeinte Überdosis zum Prinzip erhoben wird.

Vermutlich hat der Spaß gegen Ende des Basler Konzils im Jahre 1438 stattgefunden[29], wohl kurz vor der von Louis Aleman inspirierten Rebellion gegen Eugen IV. bzw. vor der vom burgundischen Herzog verfügten Abreise der Cambraier Delegierten. Nicht nur Philipp, sondern auch sein Kanonikus sah sich durch die Wahl Amadeus' VIII. zum Gegenpapst im November 1438 in Verlegenheit gebracht – ein neues Schisma war genau die Konsequenz, welche, bei aller hartnäckigen Verteidigung der Konzilsrechte, vermieden werden sollte; für Philipp erschienen die Verbindungen mit Savoyen wegen politisch-strategischer, für Du Fay wegen persönlicher Interessen wichtig. Ziemlich sicher hat die mit den Verfehlungen des Jünglings befaßte *disputatio* mit jenen Verlegenheiten zu tun, unsicher nur, ob primär auf Du Fays Verpflichtungen in Savoyen oder aufs Konzil bezogen. Die knapp sieben Jahre des emblematisch ent- oder verführten Mädchens passen ebenso zu der in der päpstlichen Kapelle absolvierten Dienstzeit wie zur Dauer des 1431 einberufenen Konzils.

Im ersten Fall[30] wären die Kirche, die Kurie bzw. der vom Konzil im Juni 1439 für abgesetzt erklärte Eugen IV., Du Fays langjähriger Dienstherr, die »*puella*«, der sich der »*juvenis*« (= Du Fay) spontan verbunden hat, und das Haus Savoyen deren »*consobrina*« insofern, als Eugen IV. der Neffe von Papst Gregor XII. und Nachfolger des vom Konstanzer Konzil gewählten Martin V. war; die Argumentation zugunsten der »*sicheren Spuren*« wäre dann diejenige für Rom und Eugen IV., wobei sich Pflicht und Neigung kaum auseinanderdividieren lassen: Den Winter 1438/1439 noch hatte Du Fay mit der herzoglichen Familie in Pinerolo verbracht, und er sollte nach Beendigung des Schismas nochmals sieben Jahre in Savoyen zubringen, vielleicht, um endlich »*zu vollziehen*«, was zunächst »*nicht gelungen war*«[31].

Im anderen Fall – beide Zuordnungen bleiben schon deshalb hypothetisch, weil wir den Ausgang des Disputes nicht kennen – wären Eugen IV. der »*juvenis*« und das Basler Konzil die »*puella*«, von der er sich, nach Ferrara ein Gegenkonzil einberufend, zugunsten dieser »*consobrina*« getrennt hätte – von der er jedoch »*propter honestatem ecclesiae*« wieder geschieden werden müsse, um zur ersten zurückzukehren, d.h. in Basel zu Kreuze zu kriechen. Du Fay würde hier also noch vor seiner pro-römischen Wendung im Sinne des aufsässigen Konzils argumentiert haben – vergeblich: Eugen hat sich den Konziliaren verweigert, und der weitere Gang der Ereignisse gab ihm Recht.

Gegenüber dem ersten, privateren Bezug hat der zweite[32] den Vorzug, mit mehr und spontanerem Echo im Kreise der Mitwirkenden rechnen zu können – nicht zuletzt, weil sich die Karikatur formalistischer Wichtigtuerei zur Verspottung der konziliaren, vielerlei Papier und Leerlauf produzierenden[33] »Quatschbude« vortrefflich eignete.

* * *

29 Besseler 1959, S. 170 – 173

30 Trumble 1988

31 Trumble, a.a.O.

32 Strohm 1993, S. 250/251

33 Don Harrán, *In Defense of Music: The Case for Music as Argued by a Singer and Scholar of the Late Fifteenth Century*, Loncoln/Nebraska – London 1989

Als *Lamentatio Sanctae Matris Ecclesiae Constantinopolitanae* ist die einzige überlieferte von vier Lamentationen[34] bezeichnet, die Du Fay in dem aus Genf an die Medici-Brüder gerichteten Brief[35] erwähnt. Geschrieben hat er ihn am 22. Februar höchstwahrscheinlich im Jahre 1454 – nur fünf Tage, nachdem Philipp der Gute auf dem Fasanenbankett in Lille seine Notablen auf einen Kreuzzug gegen die Ungläubigen einzuschwören versuchte. Bei diesem penibel inszenierten Mammutspektakel war die *Ecclesia Constantinopolitana* in persona aufgetreten, dargestellt übrigens von dem Chronisten Olivier de la Marche, der hierüber am ausführlichsten berichtet hat[36]. Die Vermutung liegt nahe, der bedeutendste Komponist der Zeit, zugleich Untertan des burgundischen Herzogs, sei eingeladen worden, zu dieser Haupt- und Staatsaktion beizutragen, und seine Lamentationen seien für die personifizierte *Ecclesia* vorgesehen gewesen. Daß er sich zu dieser Zeit in Savoyen aufhielt und die Texte in Neapel verfaßt worden sind, muß dem nicht widersprechen. Schwerer wiegt, daß die detailliert berichtenden Chronikschreiber ihn nicht erwähnen, weder im Zusammenhang mit dem eigens angeführten Rondeau *Je ne vis oncques la pareille*[37] noch bei den Auftritten der *Ecclesia*, und daß die von ihnen zitierten Texte[38] mit dem von Du Fays *Lamentatio* nichts zu tun haben; allerdings sind sie so lang, daß sie kaum einer mehrstimmigen Komposition entnommen sein können. Die Vermutung, er sei nach Beiträgen für das Bankett gefragt worden, hat viel für sich, hingegen diejenige, er sei dort aufgeführt worden, wenig. Darauf allerdings waren die vier Lamentationen nicht angewiesen – der Schock über die Eroberung Konstantinopels durch Mohammed II.[39] saß tief genug, um ihnen überall in der westlichen Christenheit Widerhall zu verschaffen. Daß sie am 17. Februar 1454 in Lille nicht erklangen, erscheint insofern zufälliger, als wenn sie erklungen wären. Wenn sie irgendwo einen angemessenen Ort und Anlaß hatten, dann hier.

Wie immer einer, wofern nicht *der* Höhepunkt der burgundischen »théâtralisation du pouvoir«[40] – hier zog der »Magnifico des Nordens« eine Initiative an sich, bei der er dem Papst, dem Kaiser oder den Königen in Frankreich oder England den Vortritt hätte lassen müssen. Der von vornherein mitkalkulierte europäische Widerhall kompensierte allemal, daß keiner der feierlichen, leidenschaftlichen, wortreichen, auf den Fasan geschworenen Eide[41] eingelöst worden und die Veranstaltung nach Maßgabe der erklärten Absicht wie das Hornberger Schießen ausgegangen ist. Die kostspielige, ausführlich dokumentierte Prachtentfaltung[42], bei der seinerzeit kein anderer mithalten konnte, eine Mixtur aus machtpolitisch instrumentalisiertem Christenglauben und propagandistisch kalkulierter Mythenbildung, wuchs über das Mittel zum Zweck hinaus und befestigte Burgunds Führungsanspruch.

---

34 VI/10

35 Vgl. S. XXIII ff.

36 *Mémoires d'Olivier de la Marche*, hrsg. v.H. Beaune und J. Arbaumont, 4 Bände, Paris 1873 – 1878; die das Fasanenbankett betreffenden Passagen auch in: Régnier-Bohler 1995, S. 1135 – 1163, daselbst S. 1044 – 1061 der Bericht von Mathieu d'Escouchy; deutsche Teilübersetzung von Olivier de la Marche in: Dericum (Hrsg.) 1966, S. 189 – 191 bzw. im vorliegenden Kapitel S. 274 ff.

37 welches auch Binchois zugeschrieben wird, im Notenanhang Nr. 10, vgl. auch S. 303 – 307

38 Die zwei teilweise voneinander abweichenden Versionen von Mathieu d'Escouchy und Olivier de la Marche bei Régnier-Bohler, a.a.O., S. 1056 ff. bzw. 1145 ff., in der unten folgenden Übersetzung (S. 278) nur der Anfang

39 Vgl. u.a. Steven Runciman, *Die Eroberung von Konstantinopel 1453*, München 1966

40 Schnerb 1999, S. 319

41 Régnier-Bohler a.a.O., S. 1157 ff. Der Brauch, auf einen Fasan oder einen anderen Vogel Eide zu schwören, ging nach damaliger Meinung auf Alexander den Großen zurück

42 Die Chronisten waren ihrem Auftraggeber nicht so hörig, als daß sie nicht auch von den exzessiven Kosten gesprochen hätten, vgl. u.a. Régnier-Bohler, a.a.O., S. 1149

Nicht anders war es im Januar 1430 bei der Gründung des Ordens vom Goldenen Vlies gewesen, als dessen Oberhaupt der Herzog beim Bankett auftrat – auch damals eine Gegengründung, um Aufforderungen zur Mitgliedschaft in französischen und englischen Orden zuvorzukommen, in denen Philipp nur Mitglied, mithin als Vasall ausgewiesen hätte sein können; auch damals »théâtralisation« und gut dosierte Anmaßung einer zugleich christlich und ritterlich definierten Bruderschaft, deren Ambitionen unter der Führung des *»défenseur de la sainte foi«*[43] einerseits für jedermann verpflichtend, deren Reglements andererseits als elitäre Selbstbestätigung des burgundischen Hochadels ausgelegt waren. Bei ursprünglich nur 24 Ordensmitgliedern und beim 30. November, dem Tag des Märtyrers Andreas, als alljährlichem Versammlungsdatum blieb es so wenig wie bei dem Heiden Jason als alleiniger Leitfigur; ihm trat alsbald Gideon zur Seite, dem Gott sich mithilfe der vom Tau verschonten, leicht mit Jasons Vlies identifizierbaren Wolle offenbart und der das erwählte Volk erfolgreich gegen die Midianiter geführt hatte[44]. Kampf für den wahren Glauben, bei dem eine von Philipps Halbbruder Guy geführte Expedition auf Zypern 1425/26 eine Niederlage hatte einstecken müssen, war in den Statuten des Ordens ausdrücklich festgeschrieben; Erkundungsreisen burgundischer Emissäre in den Orient, etliche halbherzige Expeditionen, nicht zuletzt türkenfeindliche Abenteuer-Romane[45] nährten das Kreuzzugsfieber ebenso wie der unaufhaltsame Vormarsch der »Ungläubigen«. Es gehört zu den segensreichen Listen der Geschichte, daß ausgerechnet Konkurrenzen im Kreuzzugseifer und eigensüchtiges Taktieren in Bezug auf den geplanten Feldzug diesen verhinderten – u.a. war bei den Verhandlungen um eine Wiedervereinigung der Kirchen der weströmischen Seite, um Zugeständnisse zu erpressen, nicht unwillkommen gewesen, daß die oströmische unter Druck stand –, und daß die Ereignisse am Ende alle einschlägigen Aktivitäten überholten. Der verstörende, weltverändernde Schock des 29. Mai 1453[46], vergleichbar bestenfalls der Pestkatastrophe des vorangegangenen Jahrhunderts und der Plünderung Roms zu Beginn des folgenden, rührt weniger daher, daß man mit dieser Konsequenz der osmanischen Expansion nicht rechnen, als daher, daß man es buchstäblich nicht fassen konnte und das eigene Unvermögen, den eigenen Schuldanteil bescheinigt bekam.

Im Übrigen war nun ein vielschichtiges, schon mehrmals unorthodox reflektiertes Problem[47], die Koexistenz der Religionen, jäh auf ein machtpolitisches reduziert. Im harschen, durch antagonistische Vereinfachungen bestimmten Vorkriegsklima war für Differenzierungen kein Platz; daß der so umsichtige wie machtbewußte, ganz und garnicht eifernde Sultan als zähnefletschender Antichrist gesehen wurde und Enea Piccolomini, der feinsinnige Humanist, als Papst in der unpassenden Rolle als Kreuzzugsdemagoge scheiterte, erscheint ebenso wenig zufällig wie, daß sein Freund Nikolaus von Kues mit der humanen Toleranz seiner Predigten und des Traktats *De pace fidei*[48] ein Rufer in der Wüste blieb; die Ecclesia militans hatte Konjunktur, in der Musik die Feier des Bewaffneten, des *homme armé*[49]. Regelmäßig, wenn es

43 so der Chronist Georges Chastelain, zitiert nach: Schnerb 1999, S. 296

44 *Buch der Richter*, VI; zu diesem Zusammenhang insgesamt vgl. die Kapitel IV bis VII bei Huizinga 1919/1924

45 u.a. *La belle Hélène de Constantinople*, vgl. Régnier-Bohler, a.a.O., S. 116 – 249, *Le Roman de Gillion de Trazegnies*, a.a.O., S. 256 -370

46 Hierüber u.a. Flasch 1998, S. 330 ff.

47 Ramon Lull, *Liber del gentil e dels tres savis*, um oder nach 1276; vgl. ders., *Das Buch vom Heiden und den drei Weisen*, übs. u. hrsg. v. Theodor Pindel, Stuttgart 1998; darüberhinaus allgemein Charles Lohr (Hrsg.), *Anstöße zu einem Dialog der Religionen: Thomas von Aquin – Ramon Llull – Nikolaus von Kues*, Freiburg 1997

48 *Vom Frieden zwischen den Religionen*, Lateinisch-deutsch, hrsg. u. übs. v. Klaus Berger und Christiane Nord, Frankfurt am Main 2002; ausführlich hierzu Flasch a.a.O., S. 330 ff.

49 Vgl. Kap. XXIV; Roth 1991

zum Verstehen einer veränderten Welt der Anstrengung des Begriffs, neuer Kategorien bedarf, verbarrikadiert man sich zunächst in alten – genau das war in Lille zu besichtigen: Die Ritterwelt, durch den 29. Mai 1453 noch etwas älter geworden, feiert sich selbst in der Illusion, das schlimme Datum rückgängig machen zu können, und sie feiert so, treibt die theatralische Vermischung von Fiktion und Realität so weit, daß der Nachruhm des großen Festes noch, als die Illusion endgültig als Illusion überführt war, allen Aschermittwoch überstrahlen sollte.

Der Herzog, nachdem er einen Teil des skurril-verschrobenen, gigantomanischen Spektakels erlebt hat, begibt sich – der Weg vom Hauptadressaten zum Hauptdarsteller ist kurz – wie später *le roi soleil* in dieses hinein, sein Schwur, Höhepunkt des Ganzen, ist Veranstaltung und harte Wirklichkeit zugleich, hart mindestens für einen, der nach dem Herzog ritualgemäß auf den Fasan schwört und gewärtigen muß, den Schwur mit dem Tode zu bezahlen. Als vertrügen sie sie nicht, drücken diese Lebensformen die Unterscheidung von Fiktion und Realität, Spiel und Ernst herzlos beiseite – wie bei den Ritualen der Ordensbrüder vom Goldenen Vlies u.a. von verschiedenfarbigen Roben ist bei Turnieren in Chroniken und Romanen vom Zaumzeug der Pferde, von Details der Rüstungen, von der Art des Einzugs in die Arena, von Fahnen, Wimpeln und Fanfaren hundertmal mehr die Rede als z.B. von den Ängsten und Entsetzensschreien zuschauender Ritterfrauen, wenn ihre Kavaliere in den Sand rollen oder aus den Harnischen Blut rinnt – noch über 100 Jahre später erlitt ein französischer König, Heinrich II., beim Turnier tödliche Verletzungen. Angesichts des erdrückenden Übergewichts der zeremoniellen Äußerlichkeiten in den Schilderungen erscheint kaum noch erstaunlich, daß von Musik oft, jedoch selten konkret und detailliert die Rede ist und wir deshalb z.B. auf den Anteil des Ordens vom Goldenen Vlies an der Frühentwicklung der cantus firmus-Messe, besonders im Zusammenhang mit *L'homme armé*, zwar einigermaßen sicher, doch fast nur auf Umwegen rückschließen können[50]. Mußte Herzog Philipp verdrängen, daß er sich am 17. Februar 1454 einem aktualisierten Drehbuch des *Alexander*-Romans von Walter von Châtillon unterwarf und nicht weitab war vom Shakespeareschen »*all the world's a stage* ...«? – er mußte nicht, weil dieses und das Drehbuch seiner Machtausübung, demselben mythischen Muster folgend, einander so sehr glichen, daß sie, als ein und dasselbe, hier und jetzt wie neu geschrieben erschienen. Dabei konnte die tagespolitische Opportunität sehr wohl verdecken, daß der Hauptdarsteller sich in einem Extremfall von »animal symbolicum«[51] verstieg und das Bankett zu einer jener Festungen wurde, in denen man sich gegen Einsichten in die eigene Verspätung verschanzt. »Die ... Realität scheint in dem Maße zurückzutreten, wie die Symboltätigkeit des Menschen an Raum gewinnt«[52]. Müßten wir nicht annehmen, daß der unnachvollziehbar gewordene Realitätsgrad von Symbolen auf Verständnisgrenzen hinweist und Auswege in andere Deutungen begünstigt, fiele es nicht schwer, in dem opulenten Spektakel eine andere, mühsam draußengehaltene Wirklichkeit übertönt zu finden, wenn schon nicht Angst, so doch mindestens Schwindelgefühle angesichts des Abstandes zu ihr. Die fleißigen Bürger von Lille mögen den Troß ihres von Residenz zu Residenz ziehenden Herzogs – knapp hundert Wagen, jeder mit vier bis sechs Pferden bespannt[53] – mit ähnlichen Augen betrachtet haben wie zweihundert Jahre zuvor die Deutschen den südländisch exotischen Prunk, den ihr sizilischer Kaiser bei seinen seltenen Besuchen zelebrierte.

---

50 Prizer 1985; Roth, a.a.O.

51 Ernst Cassirer, *Versuch über den Menschen*, Frankfurt am Main 1990, S. 85

52 A.a.O., S. 52; zu weiteren Zusammenhängen vgl. Althoff 2003

53 Schnerb 1990, S. 275

Wohlkalkulierte propagandistische Effekte hindern nicht, daß das Fasanenbankett im weiteren historischen und gesellschaftspolitischen Umfeld wie ein gespenstisch überzogener Anachronismus erscheint.

Das mythisch beglaubigte Bewußtsein, im Gleichnis zu leben, übertönt dabei die spielverderberische Unterscheidung von Erhabenem und Lächerlichem ebenso wie die aus unerlaubt kritischer Distanz herkommende Frage, ob die von Olivier de la Marche vorgetragene *Lamentatio* oder das von einem Hirsch herunter zweistimmig gesungene Rondeau *Je ne vis oncques la pareille* mehr Geschmack und Niveau verrieten als eine Pastete, in der 28 Musikanten Platz finden, oder ein Rosenwasser pinkelnder Knabe, ob Beiträge von Binchois, Du Fay oder von beteiligten Malern anders eingestuft wären als die der Köche, Lakaien, Handwerker, Maschinisten, die das Spektakel in Gang halten. Wie weit auseinanderliegend dürfen wir den äußeren vom inneren Ort, die Ansprüche der Gelegenheit von den ästhetischen der zugehörigen »Gelegenheitsmusik« denken? Das eine vom anderen trennen zu wollen, um ihre uns wichtige Spiritualität zu retten, wäre die falsche Reaktion auf den Eindruck, daß sie sich im zeremoniösen Mummenschatz schwerlich behaupten konnte.

Beispiel 4

In der einzigen erhaltenen der vier im Medici-Brief erwähnten Lamentationen ist das Alfresco der Gestaltung ohrenfällig. Der Cantus mit einem Text aus den Klageliedern Jeremiae[54] trägt, zweimal durchlaufend, die zwei im Tempus perfectum bzw. Tempus imperfectum stehenden Großabschnitte; beide beginnen mit Duos, deren Oberstimmen (Beispiel 4, erstes und zweites System) sich so dicht an der ersten und dritten Phrase des Cantus (Beispiel 4, unteres System) entlanghangeln, daß ihnen zur Identität mit ihm wenig mehr als die Worte zu fehlen scheinen.

54 *Feria V in Cena Domini, Ad Matutinum*, Lectio I; Officium Majoris Hebdomadae, Regensburg 1923 = *Liber Usualis*, S. 631

Dies erhält besondere Eindringlichkeit, weil die Kongruenz gegen den Zuschnitt einer Oberstimme mit anderem Text nicht vollständig durchgesetzt werden kann, indessen immerfort gegenwärtig ist, was durchgesetzt werden soll. So dicht wie möglich wird der Satz im Ausstrahlungsbereich des Cantus festgehalten, schon isorhythmische Stimmigkeiten, so scheint es, könnten die erforderliche Schmiegsamkeit und also den Hinblick auf den Cantus stören. Damit projiziert Du Fay auf das Satzganze, was im Cantus angelegt ist – eine, obwohl auf *F* bezogen, geradehin monomanische Drehung um den Ton *a* , deren Insistenz Repetitionen und kleine Schritte zusätzlich betonen; innerhalb der insgesamt 42 Töne begegnen nur drei Terzschritte und eine Quart. Gegenklänge fehlen im Satz ebenso wie stärkere Kontraste der Bewegungsformen, harmonisch bleibt er ähnlich beengt wie die Cantus-Melodie im Raum der nur einmal unterschrittenen Quart *f/b*. Dem unterliegt auch die selten weiter ausgreifende Oberstimme, deren Text dieselbe Affektlage wie die des Jeremias hält. Du Fay tut in dem ungefälligen Stück alles zur Verdeutlichung einer trostabweisenden, ausweglos in sich kreisenden Klage. Wie hätte sie sich vor dem mit Aug und Ohr vielbeschäftigten Publikum in Lille ausgenommen?

»Über das Lanzenstechen werde ich übrigens nichts sagen«, eröffnet Olivier de la Marche, der verläßlichste Berichterstatter, jenen Passus seiner Chronik, der insbesondere der Augen- und Ohrenlust der beim Bankett Versammelten gewidmet ist[55]. *»Jeder gab sein Bestes; als es beendet war, ging man nachhause. Später traf man sich zur vereinbarten Stunde in einem Saal, in dem der Herzog ein äußerst reichhaltiges Bankett hatte herrichten lassen. Der Herzog kam dorthin in Begleitung von Fürstlichkeiten und Rittern, Damen und Edelfräulein. Sie fanden das Bankett fertig vorbereitet und begannen, alles zu betrachten, was man im Saal aufgebaut hatte. Dieser war groß und mit einem Wandteppich ausgehängt, auf dem die Geschichte des Herkules dargestellt war*[56]. *In den Saal führten fünf Türen, von Bogenschützen bewacht, welche in graues und schwarzes Tuch gekleidet waren. Im Saal befanden sich mehrere Ritter und Knappen, die beauftragt waren, beim Bankett für Ordnung zu sorgen; sie waren in dieselben Farben*[57] *gekleidet, die Ritter in Damast, die Knappen in Seide.*

In dem Saale standen drei gedeckte Tafeln, eine mittlere, eine große und eine kleine. Auf der mittleren sah man eine Kirche mit Glasfenstern in Form eines Kreuzes, sehr hübsch anzusehen, mit vier Sängern und einer Glocke darin, welche geläutet wurde. Daneben ein zweiter Aufbau – ein kleines, nacktes Kind, welches, auf einem Felsen stehend, unausgesetzt Rosenwasser pinkelte. Ferner gab es ein großes, vor Anker liegendes, mit Waren beladenes Schiff, versehen auch mit Matrosen, Segeln und Tauen wie das größte Schiff der Welt. Dann sah man noch einen wunderschönen Springbrunnen von sehr neuartiger Machart aus in Blei gefaßtem Glase mit wunderbar gearbeiteten Blüten und Blättern. Um diesen kunstvollen Automaten herum breitete sich eine von Felsen aus Saphiren und anderen seltenen Steinen umschlossene Wiese; in ihrer Mitte stand ein kleiner Sankt Andreas, vor sich das Kreuz[58]. *Aus einem seiner Balken sprudelte eine Quelle einen Fuß abwärts hinab auf die Wiese, so geschickt arrangiert, daß man nicht erkennen konnte, wohin das Wasser lief.*

Am Ende der zweiten, längsten Tafel befand sich eine Pastete, aus der 28 Musiker heraustraten, die, jeder auf seine Weise, auf verschiedenen Instrumenten spielten. Der nächste Aufbau stellte das Schloß

---

55 Übersetzt nach: Régnier-Bohler 1995, S. 1139 ff.; der Abschnitt ist überschrieben *»Des entremets du banquet«*. *»Entremet«* ist im Folgenden ebenso als *»Aufbauten«* wie als *»Zwischenspiele«* zu verstehen. Die weiteren Zwischenüberschriften bleiben in der Übersetzung fort

56 … wohl eine Anspielung auf die einem neuen Kreuzzug geltenden Aktivitäten. (Die folgenden Anmerkungen meist in Anlehnung an diejenigen bei Régnier-Bohler, a.a.O.)

57 Trauerfarben, zugleich die Farben des Herzogs in dessen späteren Jahren

58 Das Andreaskreuz ist das burgundische Wappenzeichen

Lusignan dar, auf dessen höchster Turmspitze man Melusine mit dem Schwanz einer Schlange erblickte[59]. *Von der Spitze der zwei kleineren Türme des Schlosses floß nach Orangen duftendes Wasser in einen Graben. Der dritte Aufbau stellte eine Windmühle auf einem Hügel vor; am Ende eines ihrer Flügel befand sich eine Stange und auf dieser eine Elster, die dort ihr Nest gebaut hatte, überall herum Menschen aller Stände mit Pfeil und Bogen, die auf die Elster zielten. Elsternschießen ist allgemeiner Brauch*[60]. *Der vierte Aufbau stellte ein Faß inmitten eines Weinberges dar, aus dem zwei Arten von Getränken flossen, das eine süß und wohlschmeckend, das andere bitter und widerlich. Auf dem Faß saß ein reich gekleideter Mann, der in seiner Hand einen Zettel hielt mit der Aufschrift »wer davon will, der nehme«.*

Der fünfte Aufbau stellte eine Wüste vor, unbewohnte Erde, wo ein wunderbar nachgemachter Tiger mit einer großen Schlange kämpfte. Der sechste war ein Wilder auf einem Kamel, der von Land zu Land zu wandern schien, der siebente ein Mann, der mit einem Stock auf Büsche voller kleiner Vögel schlug. Daneben saßen in einem von Rosenhecken umschlossenen Garten ein Ritter und eine Dame an einem Tisch und aßen kleine Vögel. Die Dame wies mit dem Finger auf einen anderen Mann, der sich mit irgendetwas vergeblich abmühte und seine Zeit vergeudete. Der achte Aufbau zeigte einen Narren auf einem Bären in einer seltsamen Bergwelt mit etlichen reifbedeckten Felsen, von denen Eiszapfen herabhingen; der neunte war ein von mehreren Ortschaften und Schlössern umgebener See, auf dem mit aufgespannten Segeln ein Schiff herumschaukelte, wunderhübsch geformt und bestens ausgestattet mit allem, was man auf einem Schiff braucht.

Der dritte, kleinste Tisch war mit einem Zauberwald bedeckt, wie aus Indien und voll fremdländischer Tiere, die sich bewegten, als seien sie lebendig. Der zweite Aufbau stellte einen mitten in einer Wiese an einen Baum gebundenen Löwen dar und vor ihm stehend einen Mann, der einen Hund schlug. Der dritte und letzte zeigte einen Kaufmann, der ein Dorf durchquerte und auf seinem Rücken eine mit Waren vollbeladene Kiepe trug.

Die Beschreibung der Bewirtung und Speisen würde jeden Leser in Erstaunen setzen; von diesen im Einzelnen zu sprechen vermag ich nicht, weil so viele andere Dinge zu bewundern waren. Immerhin erinnere ich mich, daß jede Schüssel 48 verschiedene Speisen enthielt und daß die Wagen mit den Bratenplatten mit blauen und goldenen Stoffen ausgelegt waren. Auch befand sich in dem Saal ein großes Buffet mit goldenen und silbernen Schüsseln und Kristallschalen, welche mit Gold und Edelsteinen garniert waren. Niemand durfte sich diesem mit kleinen Holzbarrieren eingezäunten Buffet nähern außer denen, die den Wein ausschenkten.

In der Mitte des Saales stand nahe an der Wand und dem Haupttisch gegenüber eine hohe Säule, auf der sich die Statue einer nackten Frau erhob. Ihre langen Haare fielen bis auf die Hüften. Sie war, um bedeckt zu halten, was zu bedecken nötig ist, in einen mit griechischen Lettern bestickten Schleier gehüllt. Solange das Festmahl währte, ließ diese Statue aus der rechten Brust gewürzten Wein hervorsprudeln. Dicht neben ihr war auf einer hohen Säule mit einer Balustrade ein lebendiger Löwe festgekettet, der Hüter und Verteidiger der Statue. Gegen den Pfeiler gelehnt stand ein Schild, auf dem mit goldenen Lettern geschrieben war: »Rührt meine Herrin nicht an.«

Der Herzog, die Herzogin und ihr Gefolge brauchten lange Zeit, um alles Aufgebaute zu besichtigen. Der Saal war angefüllt hauptsächlich von Edelleuten. Es gab fünf Podien, die für das Publikum hergerichtet waren, das sich nicht zu Tische setzen wollte oder sollte. Sie waren alsbald von Männern

---

59 Nach einer alten, mit den Kreuzzügen verbundenen Sage war Melusine die Ahnherrin der Lusignan; keiner sollte sehen, wie sie sich in eine Schlange verwandelte; die Lusignan waren längere Zeit Herrscher auf Zypern, die Du Fay wohlbekannte Herzogin von Savoyen kam dorther, vgl. Kap. XXIV; eine *Histoire des Lusignan* war im Auftrag von Jean de Berry in den Jahren 1387 bis 1394 von Jean d'Arras geschrieben worden

60 Hier und im Folgenden handelt es sich, ähnlich wie später u.a. auf Bildern von Breughel, um die Darstellung von Sprichwörtern und Redensarten

und Frauen besetzt, die zumeist verkleidet waren. Ich weiß aber sicher, daß es sich um Edelleute aus berühmten Familien handelte, die zu Lande oder Wasser von weither gekommen waren, um das hoch renommierte Fest mitzuerleben.

Um es kurz zu machen: Nachdem jedermann das Aufgebaute lange genug betrachtet hatte, traten die Haushofmeister auf, um die Sitzordnung zu arrangieren. Der Herzog setzte sich auf den Mittelplatz des mittleren Tisches, zu seiner Rechten die Tochter des Herzogs von Bourbon[61]*, dann Herr von Clèves, Madame von Ravestein, die Nichte der Herzogin und Ehefrau des Herrn Adolphe. Die Herzogin nahm zur Linken des Herzogs Platz, neben ihr Madame de Charny*[62]*, sodann Mademoiselle d'Étampes, Herr de Saint-Pol, Madame de Beures – die Frau des Bastards Antoine, Monseigneur de Pons und die Ehefrau des Kanzlers Rolin. Am zweiten Tisch saßen Monseigneur de Charolais*[63]*, die Herren d'Étampes, Adolphe, de Fiennes, der Bastard Antoine und Monseigneur de Horn zwischen vielen Damen, Fräulein*[64] *und anderen Edelleuten, so viele, daß der Tisch auf beiden Seiten voll besetzt war. Am dritten Tisch saßen die Edelfräulein und die Rittmeister.*

Nachdem alle sich gesetzt hatten, ertönte aus der Kirche des ersten Aufbaus sehr laut eine Glocke, und danach sangen drei kleine Kinder und ein Baß ein liebliches Lied; als dies zuende war, trat ein Hirte aus der oben beschriebenen Pastete und spielte auf dem Dudelsack. Unmittelbar anschließend trabte durch das Hauptportal ein prächtig mit purpurner Seide bedecktes Pferd herein; auf seinem ungesattelten Rücken saßen gegeneinander gelehnt, maskiert und mit Hüten auf den Köpfen drei Trompeter in grau- und schwarzseidenen Jacken. Das Pferd umrundete rückwärtsgehend den Saal mehrmals, während sie auf ihren Trompeten eine Fanfare schmetterten. Sechzehn Ritter in herzoglichen Livreen führten diese Darbietung an.

Als sie beendet war, spielte die Orgel in der Kirche, und im Inneren der Pastete spielte ein Musiker auf sehr verblüffende Weise auf einem Stierhorn[65]*. Danach betrat ein Kobold den Saal, besser: ein Fabelwesen, das bis zum Gürtel den Körper eines Menschen hatte, jedoch Haare an den Beinen und Krallen an den gekrümmten Füßen. Es trug eine eng sitzende, grün-weiß gestreifte Seidenjacke und einen ebensolchen Hut. Ein Mann balancierte verkehrt herum auf dem Kopf, die Hände auf die Schultern des Zwitterwesens gestützt, welches überdies auf einem mit grüner Seide bedeckten Keiler ritt. Er machte eine Runde durch den Saal und kehrte zurück, woher er gekommen.*

Nachdem der Kobold verschwunden war, sang der Chor in der Kirche, und im Inneren der Pastete spielte ein Musiker, begleitet von einem zweiten Instrument, sehr lieblich die Flöte. Dann bliesen vier Trompeter laut eine fröhliche Fanfare, verborgen hinter einem grünen, über eine große Bühne gespannten Vorhang, die den hinteren Teil des Saales ausfüllte. Er wurde beiseite gezogen, als die Fanfare beendet war. Nun sah man, versehen mit all seinen Waffen, Jason, welcher auf und ab marschierte und um sich sah, als befände er sich in einem fremden Land. Er kniete nieder, hob die Augen gen Himmel und las eine Botschaft, die Medea ihm gegeben, als er sich von ihr getrennt hatte, um das Goldene Vlies zu erringen. Als er danach sich erhob, sah er zwei gewaltige, schreckenerregende Stiere auf sich zukommen, die ihn angreifen wollten. Jason brachte seine Lanze in Position und näherte sich kampfbereit den Bestien, die ihn rasch und heftig attackierten, was fürchterlich anzusehen war. Aus den Nüstern und Schlünden spieen sie Feuer und Flammen; Jason aber verteidigte sich und kämpfte so gut, daß alle der Meinung waren, er

61 Isabelle, welche ein halbes Jahr später die Frau des Thronerben, Karls des Kühnen, wurde

62 Marie von Burgund, eine uneheliche Tochter des Herzogs

63 der Thronfolger Karl

64 »*dame*« und »*demoiselle*« wurden seinerzeit weniger nach dem Familienstand als sozial unterschieden: »Damen« entstammten, verheiratet oder nicht, den großen Familien, »Edelfräulein«, verheiratet oder nicht, dem niederen Adel

65 Die neufranzösische Übertragung, der die vorliegende Übersetzung folgt (Régnier-Bohler, a.a.O.), spricht von »*cor d'Allemagne*«

habe glänzende Figur gemacht. Der Kampf währte lange. Endlich schleuderte Jason die Lanze nach den Stieren und griff zum Schwert. Während des Kampfes erinnerte er sich plötzlich daran, daß Medea ihm eine Fläschchen mit einem Zaubertrank gegeben hatte, der geeignet war, die Stiere zu betäuben und das peinigende Feuer zu löschen. Er ergriff das Fläschchen und spritzte die Flüssigkeit auf die Nüstern der Stiere, die sich sogleich, besiegt und kleinlaut, zurückzogen. Daraufhin wurde der Vorhang zugezogen, das Spiel war beendet.

*Anschließend spielte die Orgel in der Kirche eine Motette; aus dem Inneren der Pastete sangen drei liebliche Stimmen alle Strophen der Chanson »*Sauvegarde de ma vie*«*[66]*. Nachdem man viermal abwechselnd etwas aus der Kirche und aus der Pastete gehört hatte, betrat ein großer, schöner Hirsch den Saal. Er war völlig weiß und trug ein goldenes Geweih sowie eine Schabracke aus purpurner Seide. Auf dem Hirsch ritt, in ein kurzes, dunkelrotes Samtgewand gekleidet, ein zwölfjähriges Kind; auf dem Kopf trug es eine kleine, schwarze, geschlitzte Kappe und an den Füßen niedliche Schuhe, es hielt sich mit beiden Händen am Geweih des Hirschen fest. Im Saal angekommen, begann es mit hoher, klarer Stimme ein Lied zu singen, und der Hirsch sang den Baß dazu. Kein anderer musizierte als nur das Kind und der künstliche Hirsch, und ihr Lied hieß »*Je ne vis oncques la pareille*«*[67]*. Während sie sangen, machten sie die Runde vor den Tischen und zogen sich dann zurück. Diese Darbietung schien mir sehr gelungen, ich sah sie mit Vergnügen.*

Nach dem schönen Zwischenspiel mit dem Kind und dem Hirschen sangen die Sänger der Kirche eine Motette, und in der Pastete spielte man, von zwei Singstimmen begleitet, die Laute – tatsächlich spielte zwischen den Darbietungen ständig irgendwer aus der Kirche oder der Pastete. Als dies beendet war, bliesen die vier Trompeten, die man schon zuvor gehört hatte, eine Fanfare von der Bühne herab, auf der die Geschichte Jasons vorgeführt worden war. Danach wurde der Vorhang wieder aufgezogen, und man sah wieder Jason, nun mit einer Keule herumlaufend. Urplötzlich griff ihn eine gräßliche, furchterregende Schlange an. Ihr Rachen war weit geöffnet, sie hatte große, rote Augen und aufgeblasene Nüstern und stieß aus Rachen, Nüstern und Augen stinkendes Gift, Feuer und unheimlichen Qualm aus. Als Jason die Schlange auf sich zukommen sah, ging er in Verteidigungsposition. Sie lieferten sich einen heftigen, tödlichen Kampf. Ganz seiner Rolle bewußt, schleuderte Jason seine Lanze nach der Schlange und kämpfte sodann mit dem Schwert. Nun erinnerte er sich an einen Ring, den Medea ihm für einen solchen Fall gegeben hatte. Er hielt ihn der Schlange entgegen, die daraufhin sofort besiegt war. Jason hieb mit seinem Schwert geschickt zu, schlug ihr vor allen Leuten den Kopf ab, riß ihr die Zähne heraus und tat diese in die umgehängte Jagdtasche. Danach wurde der Vorhang zugezogen.

Wieder ertönte die Orgel aus der Kirche, und in der Pastete spielten vier Musiker auf ihren Flöten. Oben an der Decke des Saales tauchte nun ein feuriger Drache auf, der die gesamte Länge des Raumes durchflog und dann verschwand – man erfuhr nicht, was aus ihm wurde. Abermals hörte man die Sänger in der Kirche, und in der Pastete spielten Blinde die Drehleier. Sodann flog am Ende des Saales ein Reiher auf und Falkner schrien ihm nach. Am anderen Ende des Saales tauchte ein Falke auf, um sich in die Lüfte zu erheben und seine Kreise zu ziehen. Von der Seite her stieg ein weiterer Falke auf, um den Reiher geradenwegs zu schlagen. Dieser stürzte mitten in den Saal, und nach altem Jägerbrauch überreichte man die Beute dem Herzog. Nochmals sang man in der Kirche, und in der Pastete spielten drei Tambourins.

Nachdem die Trompeter erneut hinter der Bühne geblasen und ihre Fanfare beendet hatten, wurde der Vorhang aufgezogen. Wieder sah man den mit seiner Keule bewaffneten Jason. Er hatte die Stiere vor einen Pflug gespannt, den er führte, und ließ sie vorn ziehen wie ein Ackersmann. Nachdem er die Erde

66 »*Schutz meines Lebens*«; das Stück ist nicht überliefert

67 VI/91, sowohl Binchois als auch Du Fay zugeschrieben; vgl. S. 303 ff. und Nr. 10 im Notenanhang

gepflügt hatte, nahm er die Zähne, die er der Schlange ausgerissen hatte, und säte sie in die Erde. Kaum hatte er sie ausgesät, da wuchsen aus ihnen mit Stöcken bewaffnete Männer hervor, die sich hinter ihm gruppierten. Sie faßten einander ins Auge und kämpften dann so heftig miteinander, daß Blut floß. Am Ende töteten sie sich unter den Augen von Jason gegenseitig. Sobald sie tot dalagen, wurde der Vorhang wieder zugezogen. Da die Darbietung beendet war, spielte wieder die Orgel in der Kirche, und in der Pastete hörte man Geräusche, als ob dort eine Jagd stattfände; kleine Hunde kläfften, Jäger pfiffen und Jagdhörner schmetterten wie in einem Wald. Damit endete die Darbietung.

Dies waren die weltlichen Veranstaltungen des Festes. Von ihnen zu berichten höre ich nun auf, um von einer sehr bewegenden Darbietung zu erzählen, welche mir als die wichtigste und von ganz besonderer Art erschien. Hier ist sie: Durch die Tür, die alle Darsteller zuvor passiert hatten, trat ein Riese, welcher ohne künstliche Hilfsmittel zu einer Höhe emporragte, die alles, was ich jemals gesehen habe, überstieg. Er war in ein langes Gewand aus beidseits gestreifter Seide gehüllt. Auf dem Kopf ragte in der Manier der Sarazenen von Granada ein Zopf. In der Linken hielt er ein großes, breites, zweischneidiges Beil von antiker Art, mit der Rechten führte er einen mit Seide bedeckten Elefanten; auf diesem saß unter einem Baldachin eine Dame, die wie eine Nonne in ein Gewand aus weißer Seide und in einen schwarzen Mantel gehüllt war. Auf dem Kopf trug sie, einer Begine oder Einsiedlerin ähnlich, einen weißen Schleier. In dem Augenblick, da sie im Saal erschien und der vornehmen Gesellschaft ansichtig wurde, sagte sie zu dem Riesen in einem Ton, als ob sie unter einem starken Zwang spräche:

»Riese, ich möchte hier halten,
weil ich eine edle Gesellschaft sehe,
der ich etwas sagen muß.
Riese, ich möchte hier halten,
möchte ihr sagen und zeigen,
was sie unbedingt wissen muß.
Riese, ich möchte hier halten,
weil ich eine edle Gesellschaft sehe.«

Als der Riese die Dame so reden hörte, sah er sie tief erschrocken an; jedoch blieb er nicht stehen, sondern trat an den Tisch des Herzogs. Viele Leute sammelten sich und fragten, wer die Dame wohl sei. Deshalb begann sie, sobald der Elefant stehengeblieben war, ihren Klagegesang:

Ach, wie bin ich gramgebeugt,
traurig, leidend und voller Kummer,
gepeinigt, ach, und unglücklich;
niemand kann es mehr sein als ich.
Jeder sieht und schaut mich an,
aber keiner erkennt mich,
und man läßt mich allein an diesem Ort,
in einer Verzweiflung, einem Schmerz,
wie nie zuvor ein Mensch gefühlt.
Mein Herz ist eingeschnürt in Bitterkeit und Härte,
meine Augen sind feucht, meine Wangen bleich
für den, der mich ansieht.
Hört meine Klagen, ihr alle, zu denen ich spreche,
helft mir in aller Aufrichtigkeit,
beweint mein Unglück, denn ich bin die Heilige Kirche,
Eure Mutter.«

So beginnt der Text dieser *Lamentatio Sanctae Matris Ecclesiae Constantinopolitanae*, der viel zu lang ist, um komponiert werden zu können, und in seinem Umfang übrigens von einem zweiten Berichterstatter bestätigt worden ist[68]. Und dies insgesamt ist nur der Anfang der Schilderung des Fasanenbanketts, welches sich so lange hinzieht, daß selbst dieser betulich-gewissenhafte Chronist nicht immer bei der Sache ist und u.a. sich Gedanken über den exzessiven Aufwand und die Kosten macht[69]. Nach dem Klagegesang betritt das personifizierte Goldene Vlies den Saal und trägt einen lebenden, reich geschmückten Fasan in Händen. Auf ihn schwört nach altem Ritterbrauch zunächst der Herzog, die Christenheit zu retten, wonach die Heilige Kirche – es war übrigens keine Frau, sondern der Berichterstatter selbst, der sie darstellte – in einen Jubelgesang ausbricht. Dem schließt sich ein weiteres allegorisches Spiel an: die – wiederum personifizierte – *Grâce de Dieu* = *Gnade Gottes* präsentiert den Fürsten der Christenheit die zwölf Tugenden *Foi, Charité, Justice, Raison, Prudence, Mesure, Force, Vérité, Largesse, Diligence, Espérance* und *Vaillance*, welche alle ihre jeweils achtzeilige Strophe aufsagen. Danach schlägt die Stunde der feierlichen, vom Herzog und seinem Sohn eröffneten, übrigens sehr individuell formulierten Eide.

---

68 Mathieu d'Escouchy, dessen Beschreibung des Fasanenbanketts bei Régnier-Bohler, a.a.O., S. 1044, die *Lamentatio* S. 1056 ff.

69 Régnier-Bohler, a.a.O., S. 1149

XX. Galt ein Musiker überhaupt als Künstler?

»*O vana gloria dell'umane posse*« – so der Klageruf im elften Gesang des *Purgatorio* der *Divina commedia*[1], zu dem Dante u.a. zwei bildende Künstler Anlaß gaben, Cimabue und Giotto. Noch mehr Anlaß hätten Musiker ihm geben können, auch später lebende wie Du Fay. Für dessen Vorgänger machte Johannes Tinctoris die »*vana gloria*« mit der Auskunft über deren nicht »*hörenswerte*« Musik aktenkundig[2], für ihn selbst besorgte es ein Dreivierteljahrhundert nach seinem Tod, summarisch von »*mathematici*« redend, Adam Petit Coclico in einer Laudatio auf Josquin des Prés[3]. Beidemale – Dante: »*... ed hora ha Giotto il grido / Sí che la fama di colui oscura*« – hat der Jüngere den Ruhm des Älteren »*verdunkelt*«.

Dies normal zu finden und dabei zugleich den gewaltigen Unterschied zwischen den »Verdunkelungen« zu übersehen, welche Musikern einerseits und Literaten, Malern und Bildhauern andererseits drohten, hieße an den für das Verständnis damaliger künstlerischer Tätigkeit entscheidenden Problemen vorbeisehen, welche die als Überschrift gestellte Frage anvisiert. Sie ist falsch gestellt, insofern vor dem Versuch einer Beantwortung u.a. geklärt sein müßte, inwieweit ein bildender Künstler in unserem Verständnis als »Künstler« angesehen wurde – nicht umsonst diskutieren Kunsthistoriker die Unterscheidung einer »Ära des Bildes« und einer »Ära der Kunst«[4] – und inwieweit, in welcher Weise ein Musiker selbst sich als berufsausübender *musicus* begreifen konnte[5]. Der bildende Künstler, erst nach und durch Petrarca zu einiger Wertschätzung durch die Literaten aufgestiegen[6], hat sich einerseits im 15. Jahrhundert zunehmend im Selbstporträt und fallweise autobiographisch zu verewigen gesucht[7], dennoch mitunter die Art, Qualität und den Anteil von Farben, Vergoldungen etc. noch vorschreiben lassen und im Werk den Auftraggeber als Inspirator vermerkt[8] – gewiß nicht im späteren Sinne als Urheber, sondern als Treuhänder eines letztenendes transzendental verbürgten Auftrags; gerade deshalb konnten seine Produkte, wie u.a. 1410 beim Streit der Kapitel von St. Denis und Notre-Dame in Paris um die Reliquien des hl. Dionysius[9], sogar als Dokumente von nahezu juristischer Relevanz herangezogen werden. Der Musiker wiederum unterstand, z.B. wenn er in der päpstlichen Kapelle sang, fast immer einem Nicht-Musiker als Leiter und war sich, auch wenn er Du Fay hieß, nicht zu schade, für die Weinvorräte des Domkapitels in Cambrai oder für Kanalarbeiten Sorge zu tragen. Musik war, trotz ihres Ansehens als Disziplin

---

1 Verse 91 ff.

2 Vgl. u.a. S. 184, 209, 246

3 Vgl. S. XIII

4 Hans Belting, *Bild und Kunst. Eine Geschichte des Bildes vor dem Zeitalter der Kunst*, München 1985

5 Zu dem Problemkreis vgl. auch Klaus Hortschansky, in: Finscher (Hrsg.) 1989/1990, S. 104 ff.

6 Ein Kommentator der *Divina Commedia* war verwundert, daß Dante den *artes mechanicae* soviel Aufmerksamkeit zugewendet hatte, vgl. *L'Ottimo Commento della Divina Commedia*, hrsg. von Alessandro Torri, Pisa 1827-1829, Band 2, S. 186

7 U.a. Lorenzo Ghiberti, *I Commentarii* (um 1450); deutsche Übersetzung *Lorenzo Ghibertis Denkwürdigkeiten*, hrsg. von Julius Schlosser Berlin 1912; vgl. auch Pfisterer 2002, S. 79 ff.

8 U.a. Filippo Lippi auf der *Marienkrönung* in den Uffizien, Ghiberti auf der im Auftrag der Wechslerzunft geschaffenen Skulptur des heiligen Matthäus für Orsanmichele, vgl. Conti 1987, bes. S. 33 ff., 48 ff., 61 ff. Immerhin ist auch mancher Widerspruch gegen Bevormundungen bezeugt, so z.B. Benozzo Gozzolis Verteidigung einer eigenen Lösung gegen Lorenzo de' Medici, vgl. Pfisterer (Hrsg.) 2002, S. 153

9 Belting, a.a.O., S. 483

und der durch sie ermöglichten verschiedenartigen Verpflichtungen in vieler Herren Ländern, eher ein »Nebenberuf«- sofern diese Kategorie überhaupt angemessen erscheint: Allem stupenden Vermögen, allen zunftmäßigen Bindungen, Anstellungen und Aufträgen entgegen waren weder Giotto noch Jan van Eyck »von Beruf« Maler, Brunelleschi oder Ghiberti Goldschmiede, Leon Battista Alberti Kunsttheoretiker, Thomas von Aquin, Wilhelm von Ockham oder Nikolaus von Kues Philosophen, von Leonardo und Michelangelo nicht zu reden. »We marvel at their accomplishments in other fields – that Binchois had been a valiant soldier; that Dufay may have had a degree *»in decretis«*; that Gilles Joye was possibly a distinguished theologian, certainly an effective church administrator ... But this is precisely what they were in their own lifetimes: a soldier, a counselor, an influential and affluent canon – high court or church officers who added the refinement of musical skills to the cultural training that enabled them to be employed in administrative, political, or diplomatic tasks«[10].

Alle diese, noch so triftigen Erklärungen indessen sollten das Erstaunen darob nicht mindern, daß ein Musiker, der bis zuletzt die Entwicklungen mitbestimmt hat und von dem so kunstsinnigen wie einflußreichen Piero de' Medici *»die größte Zierde unseres Zeitalters«* genannt worden war[11], in den voluminösen Chroniken jener Zeit nur beiläufig erwähnt, nach seinem Tode offenbar kaum noch aufgeführt, in neu angefertigten Manuskripten immer seltener berücksichtigt und rasch zu einer fast nur noch in Traktaten, vornehmlich über notations- oder kompositionstechnische Details erinnerten Autorität wird. Wenn er außerhalb von Cambrai – dort waren das verlorene Requiem und die testamentarisch verordnete *Missa Sancti Antonii* die Ausnahmen[12] – überhaupt in klingender Musik überlebte, dann nicht in repräsentativen Stücken, sondern in Gebrauchswerken wie den Hymnensätzen[13] oder der einstimmigen *Recollectio Festorum Beatae Mariae Virginis*[14]. Immerhin hatte ein mantuanischer Gesandter in Rom 1501 noch Gelegenheit, Du Fays – heute verschollenes – Requiem *»flebile, mesta e suave molto«* zu finden[15], und mindestens bis 1517 scheint man es in Cambrai regelmäßig aufgeführt zu haben. Bilder, Skulpturen und Architektur – vermutlich schockierend wenige[16] – können in ihrer materialen Gegenständlichkeit erhalten bleiben; Musik aber – Leonardo notiert das wie bei der Poesie als Mangel – *»erstirbt ... unmittelbar nach ihrer Hervorbringung«*[17] und muß, um vorhanden zu sein, jeweils neu hergestellt, und diese Herstellung muß als notwendig empfunden werden. Überdies schleppt sie, als der hörbare Außenposten eines kosmologischen Prinzips, ein traditionsbeschwertes, mit grundsätzlichen Positionen des Weltverständnisses

---

10 Pirrotta 1966, S. 131

11 Nicht allzu sehr relativiert durch den Umstand, daß Piero ein eigenes Gedicht von Du Fay komponiert wünschte und dies durch Antonio Squarcialupi mitteilen ließ; NA bei Emilio Biggi, *Scritti scelti di Lorenzo de' Medici*, Turin 1955, S. 211

12 Kap. XXIII

13 Kap. XVII

14 Haggh 1995, Kap. XXV

15 Fallows 1982, S. 85; Wegman 1996

16 Der englische Kunsthistoriker Edward B. Garrison äußerte 1971 die Vermutung, siebzig bis achtzig Prozent der italienischen Gemälde des 12. und 13. Jahrhunderts müßten verlorengegangen sein, und kam, durch Proteste zu Präzisierungen angeregt, später auf 98 Prozent Verlust, schon wenn man eine extrem niedrige Produktion von 400 Bildern pro Jahr ansetzt; inbezug auf literarische Handschriften des Mittelalters aus dem mitteleuropäischen Raum unterstellte der Buchhistoriker Gerhard Eis 1961 eine Verlustquote von 99,4 Prozent, der Kunsthistoriker Gert von der Osten 1971 für Altarschnitzereien und Altarbilder 98 Prozent

17 Leonardo da Vinci, *Das Buch von der Malerei*, übs. von Heinrich Ludwig, 3 Bände Wien 1982, Band 1, S. 59, an den Dichter gerichtet: *»Non vedi, che nulla tua scientia non è proportionalità in instante, anzi l'una parte nasce dell'alters successivamente, e non nasce la succedente, se l'antecedente non muore?«*

verflochtenes Deutungsmuster mit sich, das sie im Dunstkreis eigener Prämissen festhält – wer möchte schon bei der Erörterung kompositionstechnischer Details gleich mit der Autorität der *musica mundana* zu tun bekommen?

Bei solchen Fragen müßte eine Erklärung ansetzen, welche sodann sich in eine soziologische und eine ästhetische Richtung verzweigt – jene, insofern Musik stärker als Dichtung und bildende Kunst in jeweiligen Funktionen aufgeht, also anonym werden kann; diese, insofern sie ihre Geschichte auf besondere Weise bewahrt bzw. in sich aufhebt, mithin auch weiteren Aufhebungen offensteht – ganz und gar, wenn ihren anspruchsvollen Strukturen, den auf einen Cantus firmus bezogenen, mit dem Moment der Bezugnahme auf ein »Eigentliches« zugleich dasjenige der Vorläufigkeit mitgegeben und Komponieren in erster Linie als Weiterkomponieren definiert[18] wird und, anders als in der Theorie der bildenden Künste[19], für die Kategorie des substanziell Neuen kaum Platz ist. Ockeghem oder Josquin haben Du Fay viel weniger überflüssig gemacht als aufgesogen; es widerspräche der wesentlich von ihm bestimmten Dynamik der Entwicklung ebenso, wenn sie genau dort innehielte, wo er aufhören mußte, wie auch, wenn sie auf Markierungspunkte bzw. Denkmale fixiert wäre – sie hält es mit der Kraft des Vergessens und zögert nicht bei der Wahl zwischen Nutzen und Nachteil der Historie für das Leben.

Jedoch ist auch damit die Differenz des Nachruhms der Musiker zu demjenigen von Literaten, Malern oder Bildhauern nicht vollständig erklärt – schon deshalb nicht, weil die Emanzipation des ästhetischen Bewußtseins, spätestens im Jahrhundert vor Du Fay in Gang gekommen[20] und zu seinen Lebzeiten allenthalben sichtbar werdend[21], die angesprochenen Unterschiede zu übergreifen und verringern begann. Du Fay kann in Florenz nicht mit Leuten wie Alberti, Brunelleschi, Donatello, Ghiberti oder Humanisten wie Bruni und Valla umgegangen sein, bei denen Selbstbewußtsein und Bewußtsein ihrer Mission nahezu ein und dasselbe waren, ohne sich, sofern das nötig war, von ihnen anstecken zu lassen – in seiner Musik begegnen genug Gegenbeweise[22], und Martin le Franc bzw. Johannes Tinctoris sind ihm als Propagatoren mindestens nicht unwillkommen gewesen, vielleicht sogar eigens instruiert worden[23].

Dennoch läuft eine sich tendenzkundig dünkende Argumentation hier Gefahr, über reale geschichtliche Erschwerungen hinwegzugehen. Zunächst dauerten die Unterschiede zwischen den Künsten fort. Gewiß ist Du Fay »the first composer of Western polyphonic music for whom it is possible to form a substantive biography. Not in the time before him and, indeed, not for a century to follow does a musician of comparable statue appear for whom we have equally copious biographical information«[24]. Dennoch wird er anders wahrgenommen

18 Kap. XXVII

19 Vgl. u.a. Pfisterer (Hrsg.) 2002, S. 201

20 Schon zu Beginn des 13. Jahrhunderts z.B. demonstriert eine beim Kirchenneubau von San Lorenzo fuori le mura in Rom beschäftigte Künstlergruppe, der Honorius III. jede epigraphische Dokumentierung ihres Wirkens untersagt hatte, ihren beleidigten Stolz durch ein raffiniert in einem Säulenkapitell angebrachtes Kryptogramm: Es gleicht demjenigen, das laut Plinius die griechischen Bildhauer Sauras und Batrachos in einer gleichen Situation benutzt hatten

21 Conti, a.a.O.; Jan van Eycks *Verkündigungsdyptichon* (u. a. in: Elisabeth Dhanens, *Van Eyck*, Antwerpen 1980, S. 339 ff.) prätendiert, mit nur vier Farben bis zur Spiegelung der Figuren im gemalten schwarzen Stein hin die Illusion zweier Skulpturen evozierend, unzweideutig gleiche Augenhöhe mit dem legendären Appelles

22 S. u.a. S. 188 ff.

23 Fallows 1996, Essay V, S. 195 ff.

24 Wright 1975, S. 199

als die Kollegen der anderen Künste; die aus antiker Überlieferung bezogene, seit dem Trecento neu beschworene Legendarisierung des Künstlers, Niederschlag eines emanzipierteren ästhetischen Bewußtseins[25], geht an den Musikern vorbei. Das fällt um so mehr auf, als man sich Erlebnisse wie die von Giannozzo Manetti bei der Florentiner Domweihe geschilderten[26] kaum vorstellen kann ohne ein begleitendes Interesse an denen, die sie ermöglichen, und weil Musiker, angefangen bei der früh erkennbaren Begabung, genug legendentaugliche Anhalte bieten, Du Fay u.a. in der »kleinen«, auf Umwegen vielleicht doch erzählbaren Herkunft, welche einen – möglicherweise nur durch Zufall aufmerksam gewordenen – »zweiten Vater« als Entdecker bzw. Förderer seines Talents notwendig macht, oder in dem raschen Aufstieg zu früher Meisterschaft und frühem Ruhm. Eine Geschichte ähnlich der des zufällig durch Cimabue entdeckten Hirtenknaben Giotto (Du Fay mag sie durch Ghiberti gekannt haben[27]) hätte sich leicht herstellen lassen, und von dem antiken, 1442 in der *Physionomia* des Michele Savonarola, Großvater des Girolamo, reaktivierten und ausdrücklich mit Musik in Verbindung gebrachten Topos des schwierigen, saturnischen Künstlers[28] eine Brücke zu schlagen z.B. zu einem als Charakter zwar kaum dokumentierten, dennoch nicht gerade als umgänglich bekanntgewordenen Du Fay wäre nicht schwer gewesen. Nicht nur der Unterschied der künstlerischen Medien (u.a. bringt die Linearperspektive eine »implizite Anwesenheit des Betrachters« mit sich[29]) begründet den Abstand zwischen der Diskretion, mit der Du Fay die persönliche Bitte an die Gottesmutter, i.e. sich selbst, in seiner letzten Messe unterbringt[30], und der Art und Weise, in der die Maler sich, vermittelt oder direkt, in ihre Bilder hineinmalen[31] – bis hin zu der nur zu leicht als Blasphemie deutbaren und dergestalt mißverstandenen[32] Annäherung an den Typus der *vera effigies* des Heilands in dem, freilich ein Vierteljahrhundert nach Du Fays Tod entstandenen, Selbstporträt Albrecht Dürers.

Beim nächstliegenden Vergleichsfall, dem mehr als eine Generation jüngeren Josquin des Prés, verhält es sich bereits anders[33] – da schließt sich um die Person ein ganzer Kreis von Anekdoten, kann jedoch gegen Verdächtigungen als »jüngste Schwestern der Sage«[34] nur schwer verteidigt werden, weil es um biographische Anhalte schlechter bestellt ist als bei Du Fay. Die auffällige Betonung des unverbindlichen, schwierigen Josquin, der sich rar macht, teuer bezahlen läßt, der seine Werkstatt hütet und nur komponiert, wenn er will, und nicht, wenn es verlangt wird, liegt so genau auf der Interessenlinie einer Legendarisierung, die den Künstler vom Odium simpler Handwerklichkeit zu distanzieren bestrebt ist, daß, zumal Unge-

25 Kris/Kurz 1980

26 S. 195

27 welcher die vermutlich erste Autobiographie eines bildenden Künstlers verfaßt hat, vgl. Pfisterer (Hrsg.) 2002, S. 79; Kris/Kurz, a.a.O., S. 51; zu Giotto und zu dem hier behandelten Problemkreis vgl. auch Otto von Simson, *Der Künstler im Hohen Mittelalter*, in, ders: *Das Mittelalter II, Propyläen Kunstgeschichte*, Band 6, Berlin o.J., S. 39 ff.

28 Wegman 1999, S. 338 ff.

29 Kemp 1996, S. 44; vgl. Kap. XVI

30 Kap. XXVI

31 Du Fays Zeitgenosse Jan van Eyck u.a., jeweils in der Bildmitte, im Spiegel des Arnolfini-Verlöbnisses und in der Darstellung der *Madonna des Kanzlers Rolin*, vgl. u.a. Kemp 1996, S. 137

32 »Die extreme »Wahrheit« eines Bildes, in dem ein Künstler sich darstellt, *ist* also, von Cusanus her gedacht, das Angesicht Christi, *in* dem oder *als* das das Angesicht des Menschen erscheint – Christus *einmal* »Fleisch geworden«, aber unendliche Male, konkret unterschieden und individuell durch Künstler darstellbar, die im Bild ... die göttliche »veritas facialis« des eigenen Angesichts realisieren ... Derartige Darstellbarkeit gründet ... in der »Tatsache«, daß der Eine Christus in vielen Individualitäten lebt«; Beierwaltes 1988, S. 53

33 Wegman, a.a.O.

34 Kris/Kurz, a.a.O., S. 61

wöhnliches sich allemal besser erzählt als Gewöhnliches, jenes Interesse sehr wohl bei der Auswahl und Überlieferung der Berichte mitbeteiligt gewesen sein könnte.

Trotzdem scheint sich im Unterschied der Dokumentierung der beiden, wie lückenhaft und unzuverlässig sie immer sein möge, ein geschichtlicher Wandel anzudeuten: Jenes verächtliche Odium, ein Erbe aus Zeiten, da gemeine Arbeit die Sache von Dienenden bzw. Sklaven war, spielte für denjenigen eine geringere Rolle, dessen gesellschaftliche Stellung nicht in erster Linie auf musikalischen Qualifikationen und Tätigkeiten gründete – und dies war in früheren Zeiten häufiger der Fall als, angesichts zunehmend arbeitsteiliger Organisationsformen, in späteren. Mancher anti-intellektuelle Beiklang in den über Josquin kursierenden Anekdoten mag von der typischen Empfindlichkeit des Nicht-Studierten, des Nur-Musikers gegenüber den Gebildeten herrühren, die er gern verdächtigt, sich für klüger und für etwas Besseres zu halten.

Zu Du Fays Zeit, nur wenige Jahrzehnte früher, gab es hierfür weniger Anlaß. Er und seine meisten Musikerkollegen waren »Studierte«, der *magister capellae* war kein Kapellmeister im modernen Verständnis, sondern ein für die *capella* insgesamt Verantwortlicher, fallweise gar ein nicht mit Präsenzpflichten verbundener Ehrentitel. Bezeichnenderweise hat Binchois, obwohl unter den dauerhaft am burgundischen Hof Angestellten der bedeutendste Musiker und in späteren Jahren vom Herzog mit viel persönlicher Aufmerksamkeit bedacht, nie dessen Kapelle vorgestanden. Daß Louis von Savoyen Du Fay als »*conseiller et maestre de la chapelle*« bezeichnet[35], war kein Zufall. »Les chantres ou chapelains sont presque tous de grands personnages, chanoines, prévôts, doyens, pourvus de nombreuses et grasses prébendes. A la cour, ils sont familiers du prince et cumulent leur office avec ceux de valet de chambre, sécretaire, aumônier, enfin conseiller lorsqu'ils deviennent premier chapelain«[36]. »*Familier*«, lateinisch »*familiaris*« – mit dem »Titel, der eine persönliche, durch Eid bekräftigte Bindung ... begründete, waren eine Reihe von Privilegien verbunden«[37] – benennt treffend eine spezifische, außer an kleinen Höfen nicht mehr lang haltbare »Familiarität« dessen, was später »Hofstaat« heißt. Der Begriff taucht sogar in den Dokumenten der Kurie und der burgundischen Hofhaltung auf, wo die Spezialisierung aufgrund der Größe der Institution und verzweigter Aufgaben am weitesten fortgeschritten und die *capella* am weitesten entfernt war vom Zuschnitt eines halboffiziellen Küchenkabinetts mit besonderen musikalischen Qualifikationen.

Nicht zuletzt auch mit pädagogischen Aufgaben: Aus Ersatzverpflichtungen während Du Fays Urlaubszeiten in Cambrai oder Savoyen läßt sich erschließen, daß er nicht nur musikalische Fächer unterrichtet hat. Schwerlich in erster Linie als Musiker ist er zum Basler Konzil entsandt worden, eher im Zuge einer Tradition, welche seine beiden bedeutendsten Vorgänger im 14. Jahrhundert und den Wichtigsten unter den Nächstjüngeren auf hohe nichtmusikalische Posten gestellt hat, Philippe de Vitry als bedeutenden Militär und später Bischof, Guillaume de Machaut als königlichen Privatsekretär und später Kanonikus, Johannes Ockeghem als Schatzmeister der Abtei von St. Martin, seinerzeit in Frankreich eine politische Schlüsselposition. Und sein erster Dienstherr, Pierre d'Ailly, wäre kaum vom Stuhl des Kanzlers der Pariser Universität, wenn auch auf ungute Weise verdrängt, auf den des Bischofs von Cambrai übergewechselt, hätte er nicht gewußt, daß ihn im dortigen Domkapitel ein für anspruchsvollen Austausch disponiertes Kollegium erwartete.

35 in einem Brief vom 22. Oktober 1451, s. u.a. Pirrotta a.a.O., S. 133
36 Marix 1939, S. 125
37 Warnke 1895, S. 22

In der Wertehierarchie dieses Umfeldes war auch ein prominenter Komponist durch andere Qualitäten genauer ausgewiesen und eingeordnet als durch musikalische – dies muß bedacht werden vor Allem, wenn man die Läßlichkeit bei der Zuschreibung der überlieferten Werke oder das Zurücktreten personalstilistischer Prägungen und Aspekte zu erklären versucht. Von 622 zwischen 1415 und 1480 mit Komponistennamen überlieferten Chansonsätzen[38] findet sich bei drei Vierteln die Zuschreibung nur in einer Quelle, und bei den verbleibenden 163 Stücken mit Zuschreibung in mehreren Quellen finden sich bei einem Drittel jeweils mehrere Namen; rechnet man diesen Anteil auf die 84 in der Gesamtausgabe gedruckten Chansonsätze Du Fays um, so muß man bei rund 20 von ihnen annehmen, daß sie in verlorengegangenen Quellen anderen Komponisten zugeschrieben waren. Indessen wäre die Vermutung kurzschlüssig, der kompositorische Stand hätte personengebundenen Prägungen noch keine Anhalte und Spielräume geboten; dabei wäre übersehen, daß Theorie und Praxis der Musik an diesen kaum interessiert, auf sie nicht angewiesen waren. Die Nennung einzelner Musiker in zeitgenössischen Berichten, manchmal in ganzen Reihen, gewissenhafte Zuschreibungen in einigen oberitalienischen Quellen, u.a. im Manuskript Oxford, Bodleian Library, *Canonici misc. 213*[39] und etliche Selbstnennungen erscheinen in diesem Zusammenhang wie erste Ankündigungen eines Wandels; noch von dem neben Du Fay und Binchois bedeutendsten Musiker, John Dunstaple, wissen wir biographisch fast nichts.

Trotzdem – die Möglichkeit, »Kunst als *Kunst* zu sehen, als selbständiges Gebiet schöpferischer Leistung ... kündigt sich an, wenn der Wunsch laut wird, den Namen des Meisters mit seinem Werk zu verbinden«; nur in dieser Verbindung kann »eine Leben und Schicksal des bildenden Künstlers betreffende Überlieferung ... entstehen«[40]. Diese vermochte im Trecento ein so gebildeter wie konservativer Dante-Kommentator, Benvenuto da Imola, nur als Ausdruck von Ruhmsucht zu begreifen[41], welche seinerzeit freilich weniger negativ bewertet war. In Bezug auf Musik hätte er dabei – abgesehen davon, daß der Komponierende sich mit den Musizierenden in die Urheberschaft teilen muß und in musikalischen Handschriften kaum je Komponisten selbst für Zuschreibungen sorgen – auch hundert Jahre später noch mit Zustimmung rechnen können; noch Leonardo da Vinci ordnet die Musik als »*der Malerei ... kleinere Schwester*«[42] ein. Keiner hat Du Fays Leben zu beschreiben unternommen – ob er in den von Hermann Finck 1556 angekündigten[43], entweder verschollenen oder nie zustandegekommenen *Vitae* vertreten gewesen wäre und welche halbwegs authentischen Auskünfte Finck mehr als 80 Jahre nach Du Fays Tode noch hätte benutzen können, steht dahin; ganze zwei eigenhändige Schriftstücke von seiner Hand sind erhalten und nicht eine einzige nachweisbar autographe Notenzeile; von den zwei auf die Nachwelt gekommenen bildlichen Darstellungen kann nur eine, die auf dem Grabstein[44], Anspruch auf Porträtähnlichkeit erheben; von keiner seiner Wirkungsstätten – daran sind gewiß nicht nur Zufälligkeiten der Überlieferung oder die Zerstörung der Kathedrale von Cambrai schuld – hat sich eine repräsentative, eindeutig von ihm mitverantwortete Niederschrift seiner Musik erhalten; die Grauzone der *opera dubia,* fälschlich ihm zugeschriebener oder vermutlich von ihm stammender, jedoch anonym

38 Fallows 1994, nachgedruckt in: Fallows 1996, S. 281 – 305

39 Boone 1987

40 Kris/Kurz, S. 24/25

41 Conti, a.a.O., S. 78

42 A.a.O., S. 58

43 *Practica musica,* fol. Aij V, Wegman, a.a.O., S. 329

44 Abbildung auf S. 415

überlieferter, ist breit[45], etliche Werke, u.a. ein Requiem, kennen wir nur vom Hörensagen. Ähnlich wie von den angesprochenen Zuschreibungen aus ließe sich auf erschreckende Überlieferungslücken von dem Umstand her schließen, daß von den zahlreichen Rondeaux des seinerzeit prominentesten Dichters, Charles d'Orléans, nur wenige als Texte von Kantilenensätzen auftauchen[46] – und das, obwohl sein Interesse an musikalischer Darstellung (er spielte Harfe und besaß etliche Instrumente[47]) auch dadurch bekundet ist, daß er den Schreiber des ihm gehörigen Manuskriptes seiner Gedichte anwies, jeweils die oberen Hälften der Seiten für Noten freizulassen. Nicht zuletzt angesichts der freundlichen Beziehungen zwischen ihm und dem savoyischen Hof war eine persönliche Begegnung des Dichter-Fürsten mit dem ersten Musiker der Zeit, möglicherweise im Jahre 1457, fast unvermeidlich; niemand indessen hat für nötig gehalten, hierüber zu berichten – erstaunlich mindestens in Anbetracht der bunten, detailfreudigen, personenreichen Szenerien, welche die Chronisten des 15. Jahrhunderts ausgemalt haben[48].

Andererseits mußte es Du Fays Selbstverständnis als Komponist widersprechen, sich mit der einem Musiker herkömmlicherweise auferlegten Anonymität abzufinden. In der letzten Dekade seines Lebens mit der Formulierung und Bewahrung seines Vermächtnisses befaßt, will er offensichtlich nicht nur ein geordnetes Haus hinterlassen. Die Sorge um ein den Nachlebenden in repräsentativer Form überreichtes Erbe liegt auf der Linie eines moderneren, mit Anonymität, Dienstschaft und Nebenberuf schwer vereinbaren Selbstbewußtseins und impliziert, für die Musik gewiß noch vorwegnehmend, eine neue Ästhetik. Wie immer Du Fay, im Sinne des »motettischen Bewußtseins«[49], »vorläufige«, essentiell anlaßbezogene Musik komponiert – deren Anspruch weist in die Richtung einer Unverwechselbarkeit wo nicht Einmaligkeit, mit der jene Vorläufigkeit sich kaum zu vertragen scheint, er zeitigt Lösungen, aus denen autonom ästhetische, übergeordneten Maßgaben kaum noch botmäßige Momente mindestens hervorleuchten. Unabhängig davon, ob Du Fay sie der Nachwelt oder sich selbst schuldig glaubte – die Konsequenzen des seinerzeit einzig dastehenden Lebenswerkes (bei dem am ehesten vergleichbaren Vorgänger, Guillaume de Machaut, war die kompositorische Leistung stärker in die poetische integriert) treiben über die Umstände hinaus, innerhalb deren er gelebt und gewirkt hat. Insofern erscheint nur folgerichtig, daß er seine Funeralien und die Formen des postumen Gedenkens im Vorhinein, über das bei prominenten Klerikern Übliche hinausgehend, festlegt wie diejenigen eines großen Herrn, und daß auf dem rechtzeitig in Auftrag gegebenen Grabstein neben dem oft gebrauchten Notenrebus des eigenen Namens[50] an erster Stelle der Titel *musicus* steht. In der Folge der Erwähnungen freilich – sie beginnen mit Martin le Francs *Le Champion des Dames,* den theoretischen Schriften des Johannes Tinctoris und Loyset Compères Sängergebet *Omniorum bonorum plena*[51] – spielen biographische Erinnerungen keine Rolle, und auch anderweitige, halbwegs konkrete Auskünfte verschwinden rasch; daß die nach Du Fays Tod komponierten Lamentationen verlorengingen, müßten wir, genau genommen, ebenso selbstverständlich finden wie, daß sie komponiert worden sind.

45 S. Kap. XXII

46 Fallows 1999

47 Charles d'Orléans, *En la forêt de longue attente et autres poèmes*, hrsg. von Gérard Gros, Paris 2001, S. 13

48 Régnier-Bohler (Hrsg.) 1995

49 Kap. XXVII

50 U.a. auch auf beiden von seiner Hand erhaltenen Schriftstücken, vgl. u.a. *MGG*, Band 3, Kassel und Basel 1954, Sp. 889/90, oder Fallows 1982, Abb. 18 und 19

51 »*Et primo pro G. Dufay / pro quo me, mater, exaudi, /luna totius musicae / atque cantorum lumine*«, cit. u.a. in: *MGG*, a.a.O., Sp. 898

Allenthalben in der mit ihm verbundenen Konstellation verquickt sich das Nicht-mehr in Bezug auf mittelalterliche Maßgaben mit dem Noch-nicht in Bezug auf neuzeitliche – und verbietet zugleich, deren Polarität als Meßlatte oder Wertskala zu gebrauchen.

In welcher Weise seine Musik auch auf das zunächst theoretische, sodann allgemeine Selbstverständnis der Komponierenden und Musizierenden gewirkt hat, zeigt sich schon bei Tinctoris, u.a., wenn er mit ungewöhnlichen Kategorien die Besonderheit der Werke – außer Du Fays derjenigen von Ockeghem, Regis, Busnoys, Caron, Faugues, Dunstaple und Binchois – zu beschreiben sucht: »*Quorum omnium omnia fere opera tantam suavitudinem redolent ut, mea quidem sententia, non modo hominibus heroibusque verum etiam Diis immortalibus dignissima censenda sunt.*«[52] Daß die Musik »*von Süße duftet*«, wiegt als eine über die Bannmeile der musikalischen Terminologie hinausgreifende Metapher, entgegen ihrem üblichen Gebrauch insbesondere im Gefolge des Augustinus, schwer, weil nun als Kontext die renaissancehafte Betonung der *furore dell'arte* gegenüber der *diligenza e fatica delle cose pulite* mitspricht[53]; nicht weniger schwer wiegt, daß Tinctoris diese neue Musik für würdig hält, nicht nur von Menschen und Halbgöttern (»*heroibus*«), sondern auch von den »unsterblichen Göttern« vernommen zu werden – wobei der unchristliche Plural den allerletzten Anspruch, den auf das Ohr des einen, einzigen Gottes, klug ausspart. Derselbe Tinctoris hat in dem anscheinend noch zu Du Fays Lebzeiten geschriebenen *Complexus effectum musices*[54] »neben dem *musicus* und dem *cantor* dem *compositor* eine ganz selbständige Rolle eingeräumt«[55] und wenig später das zitierte Lob der »*von Süße duftenden ... Werke*« durch die Auskunft ergänzt, wie Vergil als Vorbild bei der *Aeneis* Homer stünden ihm als Vorbilder im »*stilus componendi*« die oben genannten Meister vor Augen. Höher konnte er bei der Kennzeichnung ihres kanonischen Ranges und desjenigen ihrer Werke nicht greifen[56].

In Formulierungen wie dieser meldet nun auch die Musik Autonomieansprüche des schaffenden Künstlers an, welche schon mitgeredet hatten, wo Dante im ersten Gesang des *Paradiso* die göttliche Eingebung anruft und im *Purgatorio*[57] den Dichter als Protokollanten dessen charakterisiert, was Liebe ihm diktiert, wenn Petrarca sich zum *poeta laureatus* krönen läßt, und denen Du Fay bei Malern, Bildhauern, Architekten spätestens in Florenz begegnet ist. Wenig später wird Nikolaus von Kues menschliche Kreativität als Epizentrum der göttlichen beschreiben: »*Sicut deus est creator entium realium formarum, ita homo rationalum entium et formarum artificialium, quae non sunt nisi sui intellectus similitudines sicut creaturae die divini intellectus similitudines. Ideo homo habet intellectum, qui est similitudo divini intellectus in creando. Hinc creat similitudines similitudinum divini intellectus*«[58]- dies sein Kommentar zu der von Hermes Trismegistos herkommenden Charakterisierung des Menschen als »*secundus deus*«[59], nicht zuletzt, um dem Anschein der Selbstüberhebung vorzubeugen: »Erstens erkennt der Mensch, da er sich

52 Tinctoris 1975, Bd. II, S. 12

53 Eco.a.a.O., S. 73

54 A.a.O., Bd.II, S. 176 f.

55 Zenck 1930, S. 560

56 Vgl. auch Cahn 1996

57 XXIV. Gesang, 52 – 54

58 »*Wie Gott Schöpfer der real Seienden und der natürlichen Formen ist, so ist der Mensch Schöpfer der Verstandesseienden und der künstlerischen Formen, die lediglich Ähnlichkeiten seiner Vernunft sind so wie die Geschöpfe Ähnlichkeiten sind. Also hat der Mensch die Vernunft, die im Erschaffen Ähnlichkeit der göttlichen Vernunft ist. Daher erschafft er Ähnlichkeiten von Ähnlichkeiten der göttlichen Vernunft.*« Nicolai de Cusa 1987, S. 8/9; insgesamt zu dieser Frage vgl. auch Klaus Michael Meyer-Abich, *Praktische Naturphilosophie. Erinnerung an einen vergessenen Traum*, München 1997, S. 134 ff.

59 Hierzu Blumenberg 1988, S. 618 ff.

in den Grenzen seiner Erkenntnis bewegt ..., daß er sich Gott nur im Sinne einer »negativen Theologie« zu nähern vermag und daß sich ihm die Kenntnis göttlicher Unendlichkeit ... nur im meditativen Überschreiten seiner Begrenztheit erfahrbar macht. Zweitens erfährt er die Möglichkeit dieser Überschreitung jedoch dadurch, daß er selbst in der Lage ist, nach eigenen Ideen etwas herzustellen, das in der endlichen Natur nicht vorhanden ist, er sozusagen Anteil hat an Gott nicht als Gewußtem, sondern an seiner Möglichkeit als Kraft«[60]. Die Wechselseitigkeit von Sehendem und Gesehenem, Erkennendem und Erkanntem freilich – das gebietet Vorsicht beim Gebrauch der Formel *Mensch = zweiter Gott* – setzt einerseits einen Begriff von Gott voraus, der sich weitgehend mit den Konnotationen des »Einen« in der Nachfolge Plotins deckt[61], andererseits ein deutlich auf das intellektuelle Vermögen eingeschränktes Verständnis von »Mensch«. Nur innerhalb dieses Rahmens erscheint der cusanisch-dialektische Freudenruf »*O unausforschliche Güte, die sich dem, der dich sieht, darbietet, als empfingest du von ihm das Sein*«[62] aus dem Zugleich von Frömmigkeit und humaner Selbstvergewisserung verständlich, als »Wechselwirkung von wahrem Bild-Sein und Sein. Wir bestimmen den Anblick mit, den Gott uns bietet. Insofern sind wir das Maß Gottes. Aber wir sind es als sein Bild«[63]. Entsprechend müßte man die zeitgenössischen Bedeutungsnuancen des Wortes *artifex* genauer prüfen, um den vor 1350 in Canterbury amtierenden Erzbischof Bradwardine als Vorläufer in der Formulierung zu erkennen, Gott habe das Universum »*wie ein Künstler*« geschaffen[64]. Eine Zwischenstation auf dem Wege zu einem emanzipierten Selbstverständnis des Komponierenden stellt die Kategorie des »*Machers*« dar, wie sie im Zusammenhang mit Du Fay anläßlich eines Disputes über Antiphonen in Besançon begegnet, wo von dem »*venerabilis vir magister Guillelmus du Fay, in arte musica peritus et scientificus factor*« die Rede ist[65].

Die Kategorie *factor* eignet sich gut, Erwartungen und Konnotationen fernzuhalten, welche der Standortbestimmung eines im 15. Jahrhundert Komponierenden den Spagat zwischen weit auseinander liegenden Koordinaten, zwischen anonym dienender Handwerklichkeit und modernem, individualitätsbezogenem Künstlerverständnis, aufnötigen würden. Jenes mit dem »*deus secundus*« verbundene Epizentrum nämlich mußte, schon im Selbstverständnis der Schaffenden, gegen den Verdacht einer angemaßten Parallelschöpfung etwa auf der Linie der Alfons dem Weisen zugeschriebenen Auskunft verteidigt werden, daß, wenn Gott ihn bei der Erschaffung der Welt konsultiert hätte, Etliches besser gelaufen wäre[66] – ein Verdacht, der bei Nikolaus von Kues in dessen infinitesimaler Konzeption menschlicher Erfahrungs- und Wissensmöglichkeiten halbwegs beschwichtigt war.

Dennoch bleibt das ästhetische Bedürfnis, »jeden Spalt der gegebenen Wirklichkeit mit ... darstellerischen Mitteln der Neu-Schöpfung und Re-Repräsentation vollzustopfen«[67], auf die – mindestens im scholastischen Verständnis gotteslästerliche – Prämisse angewiesen, daß

---

60 Christoph Hubig, *Humanismus – die Entdeckung des individuellen Ichs und die Reform der Erziehung*, in: *Propyläen Geschichte der Literatur*, Berlin 1981 – 1984, Band 3, S. 35

61 Werner Beierwaltes, *Proklos, Grundzüge seiner Metaphysik*, Frankfurt am Main 1965; ders., *Denken des Einen. Studien zum Neuplatonismus und dessen Wirkungsgeschichte*, Frankfurt am Main 1985

62 *De visione dei* 15, 70, hier zitiert nach Flasch 2001, S. 79

63 Flasch, a.a.O.

64 »*... quomodo artifex regens quod fecit*«, hier zitiert nach Edgerton 2002, S. 24

65 Haberl 1885, S. 443; sehr eingehend zu dieser Kategorie und ihrem Umkreis Blackburn 1987, S. 262 ff.; Wegman 1996

66 »*Si a principio creationis humanae Dei altissimi consilio interfuisset, nonnulla melius ordinatiusque condita fuisse*«, (nach Roderic Sanctius)

67 George Steiner, *Grammatik der Schöpfung*, München 2001, S. 33

Gott solche Spalten stehengelassen und also Anlaß habe, jegliches ihm nacheifernde Menschenwerk als Mängelrüge zu verstehen. *Curiositas*, ohne die keine schöpferische Arbeit auskommt, besetzte spätestens seit Augustin eine prominente Position im Lasterkatalog, unter profanen Vorzeichen noch durch Petrarca bestätigt (»*Was wir mit eifriger Mühe gesucht haben, ungestraft bleibt es uns unbekannt. Mag Thule im Norden verborgen bleiben, mag im Süden verborgen bleiben die Quelle des Nils, wenn nur mitten zwischen ihnen die Tugend festen Fuß faßt und nicht verborgen bleibt*«[68]), und Dante verweist Odysseus – allerdings mit neidvollem Respekt – nicht als Heiden oder der Betrügereien wegen in die Hölle, sondern der *curiositas* wegen, die ihn auf bislang unbefahrene Meere trieb. Bei allem Neuaufbruch und Wissensdrang im 14. und 15. Jahrhundert verlautet lange Zeit wenig über Ungeduld u.a. angesichts der Tatsache, daß man jenseits der Säulen des Herkules eine unentdeckte Welt wußte, Kolumbus machte sich erst knapp 30 Jahre nach dem Tode des Cusaners, knapp 20 nach dem Tode Du Fays auf die Reise. Im Cantus firmus-Bezug der anspruchsvollen musikalischen Formen und deren Verständnis als Tropierung legitimiert sich die kreative Ausfahrt der Komponierenden allemal als rückgebunden, als »Re-Repräsentation« (s. oben), als »Küstenschiffahrt«, welche die eigenen Risiken sich selbst zu verhehlen sucht, nicht anders als hundert Jahre später Kopernikus die Konsequenzen seiner Entdeckung.

Dies mag den scheinbaren Widerspruch auflösen helfen, daß einerseits Du Fay wie nur irgendeiner, wenngleich nicht erschöpfend, als »Wegbereiter« beschrieben werden könnte nahezu auf der Linie der Beethovenschen Formulierung, »Weitergehen« sei » in der Kunstwelt ... Zweck« – »he was an eclectic, constantly drawing on ideas from other music, scarcely ever writing two works in the same style«[69], andererseits aber auch die nachfolgende Formulierung einiges Recht hat, wenngleich sie den »innovator« allzu nahe an modern begriffene »originality« heranrückt: »Important new techniques emerge only in his later masses and a few of his last motets; otherwise he was content to create works within the frameworks of style and form that dominated the period. He cannot be thought of as one of the great innovators in the history of music; ›originality‹ in the Romantic and modern sense of the word was foreign to him.«[70]

Die relativierungsbedürftige Auskunft verweist auf die Notwendigkeit, den Bewahrer und den »innovator« – wer, wenn nicht Du Fay? – zusammenzudenken und darüber hinaus zu fragen, inwieweit eine andere historische Wirklichkeit und eine andere Art und Weise, sie zu erleben, auch den nachmals »ästhetisch« genannten Bereich anders definiere, in welchem Maße dieser z.B. als stabilisierendes, im ursprünglichen Verständnis konservatives Widerlager, als kulturelles Gedächtnis vonnöten sei, wenn die Zeitläufte die Menschen die brutale Macht des Faktischen jenseits aller Maßgaben und Ansprüche von Recht und Ordnung spüren ließen wie damals. War dem Faktum z.B. der von Tausenden miterlebten Feuertode wie derjenigen von Johan Hus oder der Jeanne d'Arc mit der Frage beizukommen, ob sie diese Strafe verdient hätten, wo waren Maßstäbe und Rechtsverbindlichkeiten, nach denen man Kriegs- oder Hungersnöte, Mord oder Plünderung usw. als zu Unrecht erlitten hätte einklagen oder dem Zynismus hätte begegnen können, mit dem ein vom Kriegshandwerk lebender Condottiere den Wunsch »*Gott gebe Euch Frieden*« beantwortete[71]? Da blieb nur das von der Religion

---

68 Zitiert nach Hans Blumenberg, *Die Legitimität der Neuzeit. Erneuerte Ausgabe*, Frankfurt am Main 1996, S. 402

69 Fallows 1996, Kap. V, S. 200

70 Charles Hamm, *Dufay, Guillaume*, Artikel in: *The New Grove Dictionary of Music*, hrsg. von Stanley Sadie, London – New York – Hong Kong 1980, Band 5, S. 676

71 Franco Sacchetti, *Die wandernden Leuchtkäfer. Renaissancenovellen aus der Toscana*, Berlin 1988/91, Teil 2, S. 80

wie vom Kunstschönen je andersartig genährte Bewußtsein, im Gleichnis zu leben, da war »einiges Haltbare« mehr gefragt als Beunruhigung, da konnte frei ausfahrendes Neuerertum leicht verdächtig werden, unnötigerweise und eigensüchtig aus unbedrohten Sicherheiten hinauszudrängen.

Im Übrigen hätte es eines Zukunftsraumes bedurft; den freilich versperrten die immerfort erneuerten Erwartungen des Weltendes. So wenig wir nachvollziehen können, was es für das Lebensgefühl und Selbstverständnis jener Zeit bedeutete, daß man möglicherweise erreichbare Weltgegenden unentdeckt ließ, so wenig gelingt es – wenn man sich nicht billig auf religionspolitische Taktik herausredet –, die Bezogenheit auf ein unentrinnbar, vermutlich nahe bevorstehendes Weltende bzw. Jüngstes Gericht ernstzunehmen, eine Situation nachzuvollziehen, welche dem »Gast auf Erden« wenig Zeit läßt und die Zukunft, deren jegliches schöpferische Tun mindestens als Raum offener Möglichkeiten bedarf, nach oben, in die Transzendenz umzulenken zwingt. Kathedralen sind nicht für die Kirchgänger von übermorgen gebaut, sondern als Wohnstatt Gottes hier und jetzt – »*Non nobis Domine, non nobis, sed nomini tuo da gloriam*«[72] –, Messen werden nicht für spätere Gemeinden oder als Wegbereitung späterer Musik komponiert, sondern *ad maiorem gloriam Dei* und für Anlässe hier und heute. Systematisch kompilierte Vermächtnisse wie diejenigen Machauts oder Du Fays widersprechen dem kaum, sie sollten Anlaß geben, das je Einmalige und die Vorläufigkeit jener Kunst als einander wechselseitig bedingend zu erkennen; ein »dur désir de durer« (Paul Éluard) wäre Gotteslästerung.

Schon die hierbei implizierte Zeitlichkeit setzt dem Eigenwillen des Ästhetischen Grenzen – nicht zuletzt deshalb erübrigte es sich, ästhetische Produktion und Reflexion als je eigene Bereiche auseinanderzudefinieren. Wie Du Fay als »*in arte musica peritus et scientificus factor*« (s. oben) Komponist und Theoretiker[73] zugleich ist Dantes *Vita Nuova* ebenso Poesie wie poetologische Unterweisung, Kommentiertes wie Kommentar, ist die unter dem Eindruck von Brunelleschis Experiment von 1425 stehende Malerei insbesondere Masaccios und Piero della Francescas[74] ebensosehr »Kunst« wie wissenschaftliches Experiment, ist van Eycks Genter Altar mit Dürer »*ein...hochverständig gemäl*«[75] und ein theologisches Programm, der Maler ein »*sehr gelehrter Mann*«[76]. Künstlerische Praxis und ästhetischer Diskurs lassen sich, besonders seit Beginn des 15. Jahrhunderts und mindestens hin bis zu Leonardo da Vinci, nicht trennen[77]. Einerseits erschwert oder behindert der gemeinsame transzendentale Bezug die arbeitsteilige Autonomie der Bereiche, andererseits stimuliert deren Beieinander die dem Wunder schöpferischer Tätigkeit zugewendeten Sensibilitäten.

Die Wertschätzung einzelner Musiker und die Defizite ihrer Wahrnehmung als kreativer Persönlichkeiten klaffen so sehr auseinander, daß zu fragen naheliegt, ob wir nicht die falsche Meßlatte benutzen, wenn wir sie mit den großen Figuren der bildenden Künste und Dichtung vergleichen. Fallen Musiker möglicherweise durch das Raster der entsprechenden Aufmerksamkeit, weil sie in einem näher bei der Transzendenz gelegenen Stoff arbeiten und deshalb der *differentia specifica* »Künstler« nicht bedürfen? Das traditionelle aristotelische Verständnis der Kunst als des Versuchs, »*einerseits zu vollenden, was die Natur nicht zu Ende zu bringen vermag,*

---

72 Eingemeißelt über dem rechten Portal der Marienkirche von Pont-Hubert bei Troyes, zitiert nach Simson 1992, S. 331

73 in zwei verlorengegangenen Traktaten, vgl. Gallo 1966

74 Carlo Ginzburg, *Erkundungen über Piero. Piero della Francesca, ein Maler der Frührenaissance*, Berlin 1981

75 H.W. von Löhneysen, *Die ältere niederländische Malerei*, S. 228

76 Bartolomeo Facio, *De viris illustribus* (1456), zit. nach Pfisterer (Hrsg.), S. 319

77 Hierzu vgl. u.a. Pfisterer 2002, S. 65 ff.

andererseits (das Naturgegebene) nachzuahmen«[78], welches um so stärker nachwirken konnte, als es in ein definitorisch nur ungenau erschlossenes Terrain traf, bot der Musik keinen Platz – auch deshalb erschien eine ihr gewidmete Ästhetik nicht vonnöten. Je stärker ästhetisches Material transzendenten Zuständigkeiten unterlag, desto stärker war es präformiert – in der Musik beginnt das bei der Bewertung der Intervalle –, desto mehr machte es den in ihm Arbeitenden zum Handlanger dieser Präformationen, desto weniger Platz bot sich einer autonomen *creatio ex nihilo.* Daß diese von Nikolaus von Kues an »banalen« Gegenständen demonstriert wird, u.a. an einem Kochlöffel (*»Coclear extra mentis nostrae ideam non habet exemplar ... non enim in hoc imitor figuram cuiscunque rei naturalis«*[79]), hat, durch die bei der Exemplifizierung mitspielende Ironie nicht gemindert, eine eigene Folgerichtigkeit: An der griffig-unmittelbaren Materialität findet kreatives Selbstbewußtsein zuerst Halt; bei der vom *ordo mundi* durchtränkten Materialität der Musik muß (streng genommen: darf) man nicht Künstler sein. Kein Wunder, daß eine werkhafte Kategorie wie die für die Architektur von Alberti beanspruchte *concinnitas* – *»... die Einzelteile so harmonisch und einander so gut ergänzend, daß man weder etwas wegnehmen noch hinzufügen könnte, ohne das Ganze zu verderben«*[80] – bei Musik zunächst kaum griff. Die Suggestivität des von der Josquin-Generation selbstherrlich für sich reklamierten *imitar le parole* rührt nicht zuletzt daher, daß nun eines der aristotelischen Kriterien an der Musik festgemacht, sie jetzt auf neue Weise als Kunst ausgewiesen werden konnte.

Nicht nur hierin wird im Jahrhundert nach Du Fay der Sprung in Kategorien augenfällig, die eine neue Ästhetik antizipieren, sondern ebenso anhand der Relativierung des Handwerklichen im Sinne des auf Horaz bezogenen *»poeta nascitur non fit«*[81]: Im April 1529 betont Giovanni Spataro in einem Brief, daß *»geschriebene Regeln wohl die ersten Rudimente des Kontrapunkts vermitteln, nicht aber einen guten Komponisten machen können, da gute Komponisten ebenso geboren sein müssen wie Dichter. Deshalb bedarf man der Hilfe von oben mehr als der geschriebenen Regel«*[82]. Etwas später bestätigt sein Freund Pietro Aaron in seinem *Lucidario*[83], daß es, wenn man *»gute und süße Harmonie komponieren wolle, mehr bedürfe als bloß eines Verständnisses und der Kenntnis der konsonanten Intervalle«*, bringt also die zugleich biblische[84], ciceronische[85] und mystische Kategorie *»süß«* gegen die vordem obenan stehende *scientia* in Stellung und nähert sie jener *»honesta voluptas«* an, welche in der Poetik[86] und in der Theorie der bildenden Künste längst Hausrecht hatte[87]. Im Jahre 1547 stellt Heinrich Glarean in seinem *Dodekachordon* die Frage,

---

78 Aristoteles, *Physik* II, 8; 199 a 15 – 17, hier zitiert nach: Hans Blumenberg, *»Nachahmung der Natur«. Zur Vorgeschichte der Idee des schöpferischen Menschen*, in: ders., *Ästhetische und metaphorologische Schriften*, Frankfurt am Main 2001, S. 9

79 *Idiota de mente*, in: Nikolaus von Cues, *Die Kunst der Vermutung. Auswahl aus den Schriften*, Bremen 1957, S. 231 ff., das Zitat S. 272

80 Grafton 2002, S. 410, dort Einzelnachweise

81 William Ringler, *»Poeta nascitur non fit«: Some Notes on the History of an Aphorism*, in: *Journal of the History of Ideas*, 1941, S. 497 – 504

82 *»... le regole sripte possono bene insignare li primi rudimenti del contrapunto, ma non farano el bono compositore, imperò che li compositori boni nascono così come nascono li poeti. Pertanto quasi più ci bisogna lo aiuto del celo che la regula scripta ...«*, zitiert nach Lowinsky 1964 bzw. 1989, in der Ausgabe 1989 S. 51

83 1545, *Oppenione* XV, 2. Buch: *»... per laqual cosa apparare, che volendo bene, & soavemente comporre l'harmonia, altro ci vuole, che la semplice intelligenza & cognitione de consoni intervalli«*; zitiert nach Lowinsky, a.a.O. (1989), S. 52

84 *»Et es eis quasi carmen musicum, quod suavi dilcique sono canitur = und du bist für sie wie ein Lied, das in lockendem, süßem Ton erklingt«*, Ez. 33, 32

85 *Part. Or.* 9, 31 ff.

86 *Lyrik des Mittelalters*, hrsg. von Heinz Bergner, Paul Klopsch, Ulrich Müller, Dietmar Rieger und Friedrich Wolfzettel, Band I, Stuttgart 1983, S. 92 ff.

87 Vgl. u. a. Pfisterer (Hrsg.) 2002, S. 128 ff. und 140 ff.

ob »*wir den, der die Melodie des* Te Deum *oder des* Pange lingua *erfand, nicht ein größeres Genie nennen sollten als den, der später darauf eine ganze Messe komponierte*«, und beantwortet sie ebenso diplomatisch im Hinblick auf das Tridentinische Konzil wie aufschlußreich in dieser die Alternative entkräftenden Bezugnahme: »*Bei beiden muß es mehr dem genialen Vermögen zugeschrieben werden und einer natürlichen, angeborenen Begabung als der Kunstfertigkeit*«[88]. Freilich wird damit der Zusammenhang von »*genialem Vermögen*« und ingenieurhaft begriffener »*Kunstfertigkeit*« nicht aufgelöst; »ein *ingeniator* oder *engignour* bezog seine Berufsbezeichnung nicht aus seiner Tätigkeit, wie ein Bäcker oder Schuhmacher, sondern von seinem herausragenden Intellekt, seinem *ingenium*, und der Raffiniertheit der Waffen oder Geräte (der *ingenia*), die er damit herstellen konnte«[89]. Zu Du Fays Lebenszeit vorweggenommen war das u.a. in dem durch »*Geistesschärfe = acumine mentis*« und »*göttliche Inspiration = divino spiritu*« definierten »*Wagemut*«, den Leonardo Giustiani Dichtern und Malern zuspricht[90]. Solche Charakterisierungen lassen nahezu rätselhaft erscheinen, daß der jäh in höhere Erkenntnisebenen springende, schon von Paulus (2 Kor. 12, 2 – 4) beschriebene, inspirativen Erlebnissen benachbarte *raptus* fast ausschließlich religiös-mystischen Erfahrungen vorbehalten war[91] – rätselhaft um so mehr, als die Nähe der beiden auch in einem kanonischen Text des 12. Jahrhunderts dokumentiert ist, Abt Sugers Entrückung bei der Betrachtung der in St. Denis auf dem Hochaltar und dem Kreuz des hl. Egidius glühenden Ornamente und Edelsteine: »*Wenn mich in meinem Entzücken über die Schönheit des Hauses Gottes die Herrlichkeit der vielfarbigen Steine weggerufen hat von äußerlichen Sorgen, und angemessene Meditation mich dazu geführt hat, in der Übertragung des Materiellen auf das Immaterielle die Verschiedenheit der heiligen Kräfte zu bedenken, dann scheint mir, ich sähe mich selbst in einer Region außerhalb des Erdkreises weilen, die weder ganz dem Schlamm der Erde noch ganz der Reinheit des Himmels angehört, und daß ich durch die Gnade Gottes in der Weise des Überstieges (anagogico more) aus dieser unteren Welt zu jener höheren entrückt werden könne*«[92].

Zehn Jahre vor Glarean, mit einer ex posteriori u.a. Du Fay ins rechte Licht setzenden Verspätung, fällt auch der seit Boethius kanonische Primat der Theorie, der für die Musik wohl manche Selbstverständigung einer emanzipierteren Kreativität blockiert hat – im schulmeisterlich unoriginellen, gerade deshalb eine allgemeine Bewußtseinslage glaubhaft widerspiegelnden Traktat des Nikolaus Listenius von 1537[93]. In der hier postulierten Hierarchie von *musica theoretica, musica practica* und *musica poetica* – postume Genugtuung auch für den gegen spekulative Besserwisserei allergischen Josquin – rangiert der mit *contemplatio* und *cognitio* befaßte Theoretiker hinter dem Praktiker.

So etwa mögen die Phasen der praktischen und theoretischen Selbstwahrnehmung der Musiker gegeneinander verschoben gewesen sein, Verschiebungen, welche Du Fay ebensowohl sichtbar gemacht wie zu verringern geholfen hat. Musiker versus Künstler: Letztenendes konnte das in Stein gemeißelte Bekenntnis zum *musicus* die Berufung nicht meinen, ohne auch den Beruf zu betreffen.

---

88 Buch 2, Kap. 38, S. 174: »*... utrique id viribus ingenii accidere, et naturali quadam ac ingenuit virtute, magis quam arte,*« zitiert nach Lowinsky, a.a.O. (1989), S. 50

89 Grafton 2002, S. 117

90 *Laus picturae*, zit. nach Pfisterer (Hrsg.) 2002, S. 226

91 Hierüber u.a. Hans Gerhard Senger in: Nicolai de Cusa, *De apice theoriae / Die höchste Stufe der Betrachtung*, Hamburg 1986, S. 51 ff.

92 Zitiert nach: Erwin Panofsky, *Zur Philosophie des Abtes Suger*, in: *Platonismus im Christentum*, hrsg. von Werner Beierwaltes, Darmstadt 1969, S. 109 – 120, das Zitat S. 114/115

93 Cahn, a.a.O.; Loesch 2001

XXI. Chanson IV: *Or pleust a dieu* intertextuell

Einerseits kennzeichnet die Chanson des 15. Jahrhunderts große Spannweite der Gestaltungsformen, andererseits läßt sie sich um wenige verbindliche Normative gruppieren[1], – ein Verhältnis weniger des Widerspruchs als wechselseitiger Bekräftigung. Man dürfte, um einen einschlägigen Buchtitel zu zitieren, eine *Eloge de la variante*[2] nicht anstimmen, ohne die Anhalte, das Identische ins Auge gefaßt zu haben, welches der Vielfalt unidentischer Lösungen Elastizität und gemeinsame Bezugspunkte sichert.

Grosso modo ergeben sich im stabilen Rahmen einer normalerweise dreistimmigen Satzstruktur mit funktionell eindeutig definierten, allmählich einer Homogenisierung zustrebenden Stimmen drei vornehmlich durch Tempo bzw. Gangart unterschiedene Grundprägungen[3]. In den ersten 20 Jahren des 15. Jahrhunderts überwiegt der »Engschrittgang«[4] des Tempus imperfectum cum prolatione maiori (kurz: »Prolatio«, in heutige Notation in der Regel als 6/8-Takt übertragen), zwischen 1430 und etwa 1455 das Tempus perfectum cum prolatione minori (kurz: »Tempus perfectum«, meist als ¾-Takt übertragen), danach das Tempus imperfectum cum prolatione minori (kurz: »Tempus imperfectum«, übertragen zumeist als 2/2-Takt). Indessen handelt es sich dabei nicht nur um Taktvorschriften und Tempoangaben, sondern um Bewegungscharaktere, Gangarten, kompositorische Grundeinstellungen und Verhaltensmuster. Daß sie deutlich unterscheidbar und annäherungsweise datierbar sind – weitere Differenzierungen nicht gerechnet –, hat vor vierzig Jahren eine detaillierte, seither nur marginal korrigierte Chronologie der Werke Du Fays ermöglicht[5]. Den »Engschrittgang«, überwiegend mit kleinen Werten und melodischen Einheiten umgehend, kennzeichnet, nicht nur als schnelle Gangart, eine spezifische rhythmische Aktivität und nervige Gespanntheit; der »Stromrhythmus«[6] des Tempus perfectum bringt einen in sich ruhigeren Verlauf mit sich, unabhängig von einer vermutbaren geringen Verlangsamung – ungefähr mögen drei Minimen des alten Tempos zwei Minimen des neuen entsprochen haben; im Tempus imperfectum scheint die Gangart abermals langsamer und, neuartigen kontrapunktischen Ansprüchen antwortend, ein schweres, getragenes Pathos prägend geworden zu sein[7].

Innerhalb der drei Positionen bildet das Tempus perfectum nicht nur zeitlich die Mitte, sondern u.a. auch im Verhältnis von liedgemäßer Segmentierung und Kontinuität des Ablaufs und im Ausgleich zwischen Eigencharakter und Anähnelung der Stimmen. Der Übergang zu ihm scheint wie ein erlösender Durchbruch empfunden worden zu sein – Tinctoris' vielzitierte Auskunft über die nun erst »*hörenswerte*« Musik[8] spricht ebenso dafür wie das rasche Überwechseln zu den neuen Ufern und eine Stabilität der neuen Norm, welche das üblicherweise rasche Veralten des Komponierten abbremsen hilft – Charles Hamms »Group VII«[9], die die meisten einschlägigen Werke Du Fays erfaßt, umgreift einen großen, ungefähr durch

1 Vgl. Kap. XII
2 Bernard Cerquiglini, *Èloge de la Variante*, Paris 1989
3 Vgl. auch Kap. V und XVIII
4 Besseler 1950/1974, S. 136 ff.
5 Hamm 1964
6 Besseler a.a.O., Kap. VII
7 Vgl. S. 256 ff. die Betrachtung zu *Adieu m'amour*
8 Tinctoris 1975, Band 2, S. 12
9 A.a.O., S. 117 – 121

die Daten 1433 und 1455 eingrenzbaren, immer noch beidseits offenzuhaltenden Zeitraum. Wenn irgendwo beim Kantilenensatz von »klassischer« Prägung gesprochen werden kann, dann – dank der Equilibrierung der Komponenten in einer bemerkenswerten Deckung von Norm und Ideal – hier. Bei deren nachfolgend versuchter Erläuterung fiel die Wahl auf drei Stücke anstatt eines einzelnen nicht, weil Meisterwerke gemeinhin sich weniger als Erfüllungen von Normativen darstellen denn als Abweichungen, sondern weil die gravitierenden Möglichkeiten eines Paradigmas sich weniger in der Kontraktion des Einzelfalls bewähren und zeigen als auf einer Strecke, im Durchgang.

Die Rondeaus *Or pleust a Dieu*[10] und *Las que feray*[11] sind je in zwei zentralen Quellen, den Handschriften Escorial, Biblioteca del Monasterio, Cod. IV. a. 24., und Oxford, Bodleian Library, Cod. Canonici misc. 213, überliefert, *Las que feray* außerdem in der Quelle Strasbourg, Bibliothèque de la ville, Ms. 222. C. 22, die von Edmond de Coussemaker kopiert worden war, bevor sie im Krieg 1870/71 verbrannte. In ihr findet sich auch das Rondeau *Las coment poraye avoir joye* des Nicolas Merques[12], eines Musikers, von dem wir nur wissen, daß er sich während des Konzils in Basel aufhielt. Als Delegierter des Domkapitels von Cambrai kam im Jahre 1438 auch Du Fay dorthin. Das Schlußdatum 1436 in der Handschrift Oxford[13] widerlegt Spekulationen über einen möglichen Zusammenhang zwischen der Nachbarschaft der Quellen, dem gemeinsamen Aufenthalt in Basel und den Ähnlichkeiten der drei Stücke von vornherein, womit sich die kaum beantwortbare, jedoch ans Bezugsgeflecht der Stücke heranführende Frage nicht erledigt, ob Merques sich auf Du Fay bezogen habe oder umgekehrt. Am ehesten leuchtet eine Aufeinanderfolge *Las coment poraye – Las que feray – Or pleust a Dieu* ein, doch spricht Einiges auch für eine Mittelstellung des Rondeaus von Merques zwischen den beiden von Du Fay.

Die Nähe von Norm und Ideal zeigt sich schon darin, daß der Unterschied im Format und Ansehen der Komponisten sich nicht in drastisch differierenden Qualitäten der Stücke wiederfindet und Du Fay, wie man vermuten könnte, eine mindere Musik erst auf das Niveau seiner eigenen gehoben habe. Die Stücke stehen nebeneinander; von *work in progress* zu sprechen verbietet sich erstens, weil nicht von vornherein eine Linie supponiert werden kann, auf der die musikalische Intention differenzierend und anreichernd verfolgbar fortschreitet, und zweitens, weil die abgrenzende Kategorie »Werk« der Osmose von Strukturen und Prägungen nicht gerecht wird.

Damit scheint die Betrachtung also doch auf eine *Eloge de la variante* verwiesen – Varianten solcher Art indes lassen, nun wieder dank der werkhaften Autonomie der Resultate, eine Unterscheidung von Ausgangs- oder Zielpunkt oder Durchgangsstation kaum zu, wie immer *Or pleust* sich als Summe anbietet. Biographisch-personale Anhalte, welche helfen könnten, sind von der Musik her allein nicht zu gewinnen, die anonym-strukturelle Stringenz, auf die sie angelegt ist[14], schiebt die seinerzeit ohnehin periphere Frage nach dem Urheber in den Hintergrund. So wäre besser von verschiedenen Kristallisationen innerhalb ein und derselben Nährlösung zu sprechen, wobei Prägungen und Strukturen sowohl der – relativ – einmaligen Kristallisation bzw. Struktur zugehören wie der – relativ – anonymen Nährlösung, welche

10 VI/60, im Notenanhang Nr. 7

11 VI/69, im Notenanhang Nr. 6

12 Im Notenanhang Nr. 5; zu der durch verschiedene Vornamen – *»Nicholas, »C.«, »K.«* – entstandenen Verwirrung vgl. Tom R. Ward, Artikel *Merques* in: *The New Grove* 1980; das Rondeau ist außerdem überliefert in der Handschrift Escorial V.III. 24

13 Schoop 1971; Boone 1987

14 Kap. XXVII

man als einen zwischen die allgemein verbindliche Stilistik und die unverwechselbare Individualität der einzelnen Komposition eingeschalteten Regelkreis betrachten mag. Er hilft der Betrachtung, den Übergang zwischen beiden als fließend zu behandeln, die Alternative Werk/Variante zu entspannen und die Einmaligkeit eines Stückes oder besondere Qualitäten einer Begabung zunächst aus dem Niveau des Umgangs mit einem jedermann verfügbaren, nicht von vornherein durch Eigentumsrechte, suggestive Benutzungen o.ä. definierten Material zu beziehen.

Zur Klassizität der Rondeauform und der Reglements des Chansonsatzes gehört auch, daß, damit sie überhaupt funktionieren, ein bestimmtes Niveau der Handhabung nicht unterschritten werden darf. Unsere Schwierigkeiten mit Wertkriterien rühren u.a. daher, daß die genrebedingte Mindestanforderung die Differenz zwischen besseren und schwächeren Stücken von unten her einengt; mittelgut müssen sie auf alle Fälle sein, sonst funktionieren sie nicht. Daß sie dann bereits funktionieren, begünstigt allerdings, wie bei allen etablierten Normen, den Durchschnitt – wie der Generalbaß des 17./18. Jahrhunderts erlauben die Reglements des Kantilenensatzes der Du Fay-Zeit, Musik auch ohne eine spezifische Intention respektabel über die Runden zu bringen. Aller Unterschiede unerachtet ließe sich für das Rondeau von Merques nicht schlüssig begründen, weshalb es keinesfalls von Du Fay stammen kann.

Bei der Erfüllung der Mindestanforderungen helfen dem Komponierenden jene Verbindlichkeiten inbezug auf poetisch-musikalische Gliederung, Satz und Stimmführung, welche zur hörerfreundlichen Transparenz des Chansonsatzes wesentlich beitragen. Zwei parallel laufende Melodielinien kann man mühelos verfolgen, eine dritte hingegen nicht mehr, ohne daß die Aufmerksamkeit hin- und herspringen und bald die eine, bald die andere bevorzugen bzw. vernachlässigen muß. Eben die dritte – von den überall zu beobachtenden Versuchen ihrer Nobilitierung sei zunächst abgesehen – bleibt qualitativ hinzugekommen, als Akzidens kann sie wohl wahrgenommen, gegebenenfalls weggelassen[15] werden und nicht gleiche Aufmerksamkeit für sich beanspruchen wie die beiden anderen. Die Aufmerksamkeit des Historikers verdient sie umso mehr, weil gerade die Wahrnehmung ihres fakultativen Charakters wichtige Aufschlüsse gibt.

In der Struktur und im Herstellungsprozeß[16] sedimentiert sich deren Geschichte. Als Fundamentum relationis[17], als satztechnischem Bezugspunkt – hieran haftet auch die spirituelle Qualität des Cantus firmus – gebührt dem Tenor Vorrang, er ist »früher«, selbst, wenn im Kantilenensatz gleichzeitig mit der Oberstimme entworfen; nur er bildet mit beiden anderen Stimmen je einen perfekten, notfalls für sich spielbaren Duo-Satz. Nicht so diese beiden anderen, welche jede für sich nur in der Zuordnung zum Tenor satztauglich werden. Bei ihnen hat der Superius Vorrang ebenso als texttragende Oberstimme wie, weil er einen eigenen Tonraum, ein eigenes Revier besetzt, wohingegen der Contratenor als Contra-Tenor das seine mit dem Tenor teilen und ihm aus dem Wege gehen muß. Die hierarchische Regelung hilft dem Komponierenden ebenso wie dem Hörer – diesem, weil sie der Art und Ausrichtung seiner Aufmerksamkeit Stetigkeit verspricht und die Grenzen des Rezeptionsvermögens als Struktur verinnerlicht, jenem, indem sie Anhalte vorgibt für die Equilibrierung im Zusammenspiel der Stimmen. Sie muß der ständig wechselnden Grade von Prägnanz wegen – besonders sug-

---

15 Zum zweistimmigen Vortrag von *Je ne vis oncques la pareille* auf dem Fasanenbankett 1454 vgl. S. 277 ff. und S. 303 ff.

16 Blackburn 1987

17 Tinctoris, *Terminorum musicae diffinitorium*, NA u.a. Leipzig 1983, S. 56

18 Kap. XII

gestive Wendungen beanspruchen zu viel Aufmerksamkeit, melodisch ungestalte Verläufe zu wenig etc. – nahezu taktweise neu justiert werden. Nicht zufällig z.B. meldet sich der häufig auf Lückenbüßerdienste eingeschränkte Contratenor zu Wort, sobald Zeilenenden, Halbkadenzen o.ä. die beiden anderen Stimmen innehalten lassen – die Handhabung der ihm auferlegten Marginalität ist ein wichtiges Indiz der Phantasie und Aktivität, mit der ein Musiker den vorgegebenen Reglements entgegentritt.

Nicolas Merques z.B. scheint in seinem Stück zunächst mit der Zeilengliederung einverstanden – vgl. die Ruhelage der Takte 6/7 und 15/15; bei diesen legitimiert ihn die Corona, bei jenen die sinnfällige Führung beider Tenores in den ersten sieben Takten, welche nach dem »Fund« der ersten drei Takte die zweite Halbzeile des Superius wie eine bläßliche Tropierung aussehen läßt. Mit der zweiten Zeile gewinnt er die Führung zurück; motivisch scheint in deren zweitem und drittem (= 9./10.) Takt der Contratenor wichtiger als der Tenor, und beim nächsten Halbschluß, innerhalb der dritten Zeile (Takt 17), setzt er einen rhythmischen Kontrapunkt, um beim letzten Halbschluß (Takt 23), um eine Quint den Superius überspringend, abermals die Aktivität zu steigern, bezeichnenderweise vor dem einzigen »Selbstzitat«: In den Takten 24/25 wiederholt sich die Konstellation der Takte 4/5, der dort wenig profilierte Verlauf des Superius wird erweitert und zur Kadenzierung des Ganzen gemacht.

Mehr Innenleben bei Du Fay – in *Las que feray* beginnend mit der Hemiole des Contratenors, welche dessen Fixierung auf *c* betont. Deren melodische Nutzung profitiert auf sehr rhetorische Weise davon, daß der nur engschrittig bewegte Tenor mit der Fundamentierung des Satzes beschäftigt ist – wiederum nicht so sehr, als daß er nicht auch an dem durch beide Tenores hindurchlaufenden Echo der Folge *c'-a-g* vom Ende der ersten Halbzeile (Superius Takte 2/3, Contratenor Takt 4, Tenor Takte 5/6) beteiligt werden könnte. »Klassisch« erscheint diese Handhabung u.a. darin, daß sie die vorgegebenen Reglements zugleich achtet und strapaziert und die Fluktuation der Wichtigkeiten, Prägungsgrade etc. bezogen bleibt auf die durchsichtige, durchhörbare Hierarchie der Stimmen.

Im Untereinander der Zeilenanfänge (s. Beispiel 1 a bis d) zeigt sich, daß die im Sinne einer nahezu tonalen Beantwortung gar identische Anfangswendung das Signal gibt für weitere Ähnlichkeiten, inwiefern in diesen Rechenschaft über den suggestiven Beginn und seine Wirkungsmöglichkeiten gegeben wird: Unterschiedlich deutlich knüpfen die der Corona folgenden Zeilen (Beispiel 1 c) an den Beginn an, nicht weniger deutlich beantworten sie ihn in den zweiten Zeilen (das fünfzeilige *Or pleust* in der dritten, Beispiel 1 b) in ähnlicher, durch Dreischritt und Quartaufschlag geprägter Form. In der Schlußzeile (Beispiel 1 d) gehen alle drei von der tiefstmöglichen Lage aus, wobei *Or pleust* und Merques besonders nahe beieinander sind, während Du Fay in *Las que feray* eben dort die Anfangswendung gar zweimal rekapituliert – dies wiederum Teil oder Quintessenz einer motivhaften Benutzung des Anfangs, welche sich in allen drei Stücken findet; alle drei auch halten bei der Rondeauteilung auf der Terz *e* bzw. *h* inne. Die weibliche, durch Ligatur eigens hervorgehobene Endung im dritten Takt findet in allen drei Stücken ein Echo – bei Merques im 17. Takt (Beispiel 1 c, erste Zeile), bei *Las que feray* in den Takten 10 und 11 (wo eine Ligatur durch die nachfolgende Brevis bzw. Minima verhindert wird, Beispiel 1 b, zweite Zeile), 23, 25 und 26, in *Or pleust* gar dreimal wie am Beginn als Halbzeilenendung (Takte 8 – hier in allen drei Stimmen –, 15, 22, die letzte Beispiel 1 c, untere Zeile).

Noch viel häufiger begegnet in den Sätzen die charakteristische, mit jener ligierten Wendung verbundene Folge von fallender Sekund und Terz (und Sekund), gewiß Allerweltsfloskel, jedoch von deren »anonymen« Regelkreis über den mittleren der »Nährlösung« in den klei-

Beispiel 1 a bis d

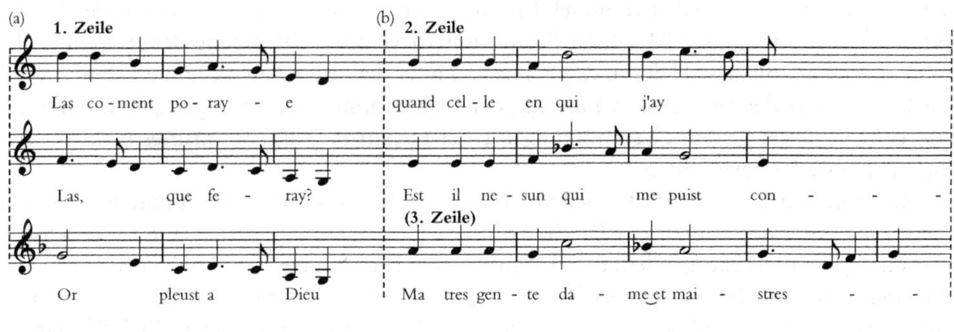

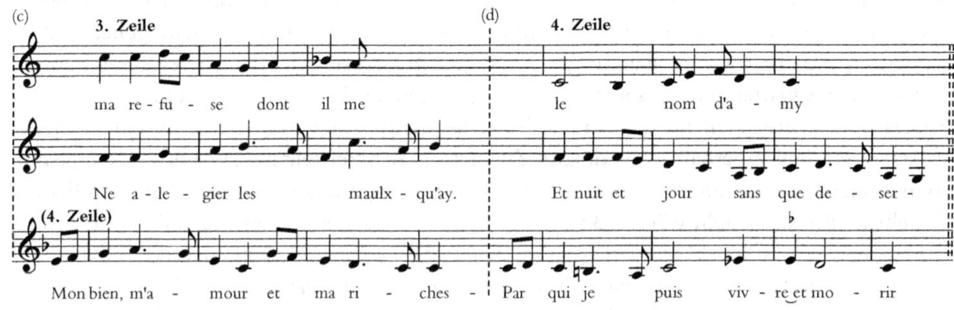

nen des je einzelnen Stückes hereingeholt und hier von identitätsstiftender Wirkung – bei Merques im Übergang von Takt 4 zu 5 (Tenor), in den Takten 16/17 (Superius und Contratenor), im Takt 21 (Tenor), in den Takten 24/25 (Tenor und Contratenor) und Takt 26 (Tenor); bei *Las que feray* in Takt 4 (Contratenor), Takt 5/6 (Tenor), Takt 8/9 (Contratenor), in den Takten 10 bis 12 dreimal hintereinander im Superius, in Takt 12 außerdem im Tenor, in den Takten 17 bis 19 in allen drei Stimmen, in den Takten 21 und 22/23 im Tenor, und im Superius in den Takten 24/25 sowie 27/28; bei *Or pleust* außer den genannten Takten 2/3 und 21/22 im Tenor in den Takten 7/8, 17, 29, 31 und 33 – die durch den Superius in Takt 32/33 vermehrte Häufung im Nachspiel läßt einige Bewußtheit im Umgang mit der Wendung vermuten, umso mehr, als das Nachspiel aus der *c*-Fixierung des vorangegangenen Satzes herausführt –, im Contratenor in den Takten 25 und 28.

Beispiel 2 a bis d

Verböte der Zusammenhang nicht den Begriff der Permutation – als einer Kategorie, welche angesichts der Osmose der angesprochenen Regelkreise nicht erforderlich war –, könnte man die Figur Beispiel 2 a als zu Beispiel 2 b permutiert bezeichnen. Angesichts der unmittelbaren Verknüpfung der beiden Hälften der ersten Zeilen bei Merques und in *Or pleust* (Beispiele 2 c und d) – Merques gibt dem wenig später im einheitlich und rasch bewegten Fauxbourdonsatz seines elften Taktes besonderen Nachdruck – erscheint dies als unnötig abstrahierender Umweg. Nicht nur die Konstellation der genannten ersten Zeilen weist die Figur Beispiel 2 b als wichtigste Gegenprägung und Beantwortung der Anfangswendung aus, sondern auch die Anfänge der zweiten Zeilen (Beispiel 1 b), bei Merques außerdem der Beginn des letzten Viertaktabschnittes (Takte 23/24). Vielleicht »unterlief« ihm die Wendung der zweiten Halbzeile (Beispiel 2 b); diese bleibt in der Prägnanz hinter der ersten zurück und ergab sich wohl als Konsequenz der zwingenden Führung der Unterstimmen; der Nötigungen des inneren, am ehesten durch bewußte Verknüpfungen geschaffenen Regelkreises mag es nicht bedurft haben, um sie herbeizuführen.

Am Beginn der zweiten Zeile wiederholt Merques die Wendung und holt nun die Prägnanz der ersten ein. Hier könnte Du Fay in *Or pleust* angeschlossen haben – eine hypothetische Chronologie unterstellt –, indem er die Konstellation bei Merques auseinanderlegt: Nach dem Halbzeilenanschluß Beispiel 2 d erscheint der Quartaufschlag in der zweiten Zeile, jedoch nach einem Aufstieg in Sekunden; erst in der dritten, nun die Aufwärtsbewegung ins Ziel *c"* bringend, rekapituliert er die Konstellation von Merques' zweiter Zeile – und zieht weitergehende Konsequenzen, indem er unmittelbar vor der Corona dem dort in tiefen Lagen bewegten Superius wieder einen Quartaufschlag gibt (*c'/f'*, Takt 17), insgesamt den vierten. Daß er das *a'- g'- c"* des Superius am dritten Zeilenbeginn durch die krebsgängige Folge *c'- g- a* im Contratenor beantwortet, liegt wohl außerhalb satzbedingter Zufälligkeiten; unterstellt man bewußte Bezugnahme, so muß man konsequenterweise weiterfragen, wie es wenige Takte zuvor mit derselben Figur in derselben Stimme bestellt wäre (Takte 9/10, *g'- d'- e'*) – immerhin verursacht ihr dritter Ton in der Kadenz der zweiten Zeile den Trugschluß, mit dessen Hilfe Du Fay, auch dem Text zuliebe (»*... puisse servir / ma tres gente dame ...*«), die zweite Zeile in die dritte hinüberlaufen läßt.

Wie bei der Folge von Sekund und Terz (*d'- c'- a, a – g – e* etc.) von einer Allerweltsfloskel gesprochen und gefragt werden muß, inwiefern ihre Häufigkeit im großen Regelkreis der allgemeinen Stilistik eine spezielle Relevanz innerhalb des kleinen, dem Stück gehörigen relativiere, so auch bei der gemeinsam mit ihr exponierten rhythmischen Formel (♩)♩. ♪|♩. Deren Exposition an den Stückanfängen eignet so viel Nachdruck, und er wird so oft bekräftigt, daß genug getan scheint, um auch dieses Allgemeine zum Besonderen zu machen. Wie Du Fay von Merques aus fortgedacht haben könnte, zeigt nicht zuletzt die Weise, in der er die dort nur dreimal begegnende Formel (Superius Takte 2/3, 10/11, Contratenor Takte 24/25) unzufällig zu machen versucht: Im Rondeau *Las que feray* erscheint sie insgesamt 14mal, zuletzt in zwei Stimmen gleichzeitig (Tenor und Contratenor Takte 27/28), davor im Superius in den Takten 2/3, 9/10, 18 bis 20, 24 bis 27 – in den beiden letzten Fällen die Steigerung durch unmittelbar anschließende Wiederholung nutzend –, im Tenor außer in den Takten 27/28 in den Takten 14/15 und 18/19, im Contratenor außer Takt 27/28 in den Takten 5 bis 7. Daß es sich nicht nur um einen, freilich schon als solchen aufschlußreichen, statistischen Befund handelt, ließe sich an vielen Details, besonders deklamatorischen, zeigen, noch besser anhand von *Or pleust*, wo die Formel insgesamt zwölfmal begegnet, zweimal gleichzeitig wiederum an exponierter Stelle – im zweiten und im zweitletzten Takt des ersten Rondeauteils; Du Fay betont und benutzt ihre Gängigkeit als Penultima-Formulierung, indem er sie, mit der einen Ausnahme der Takte 4/5, vor Halb- oder Vollkadenzen plaziert und, indem er sie im Nachspiel, obwohl die oft zu ihr gehörige melodische Sekund/Terz-Formel sich häuft (Takte 29, 31, 32/33, 33, 34), konsequent meidet.

In diesem Nachspiel vergrößert er den Abstand des fünfzeiligen Rondeaus zu den beiden vierzeiligen, 27 bzw. 31 Takte umfassenden, weniger quantitativ – er kommt insgesamt auf 35 Takte und bliebe ohne das Nachspiel unter dem Umfang von *Las que feray* – als qualitativ: Die Kumulierung der Sekund/Terz-Formel und das nicht weniger dramatische, kurzatmig-hastige Ineinandergreifen der unruhig bewegten Stimmen beendigt das Stück weniger, als daß sie aus ihm, wie schon aus dem Verzicht auf die rhythmische Formel ersichtlich, herausführt. Unter harmonischen Maßgaben scheint Du Fay im Gegensatz zu Merques' Fixierungen – bei diesem enden alle Zeilen und zwei von ihnen beginnen auf *g* – , gar die Einheit des Stückes zu riskieren; zumindest begünstigt er, so weit die Form es zuläßt, die progredierenden Momente. Innerhalb des ersten Teils, wo er kaum weniger stark auf *c* fixiert erscheint als Merques auf *g*, artikuliert er Unruhe auf jederlei andere Weise – harmonisch, wenn am zweiten Zeilenende (Takt 10) der Trugschluß nur knapp das anvisierte *g* verhindert; satztechnisch, indem er den raschen Abstieg der ersten Zeile in Superius (von *g'* nach *g*, dann Aufstieg nach *c'*) und Tenor (von *c'* nach *c*) durch einen gleicherweise ungewöhnlichen Aufstieg im Contratenor kontrapunktiert, der diesen schon im dritten Takt die anderen Stimmen übersteigen und als Spitze der melodisch konstitutiven Quartenfolge *c – f – b – es'* den gewichtigen Quartaufschlag *b – es'* des Superius vorwegnehmen läßt; motivisch, indem er im Unterschied zur perennierenden Abtaktigkeit der Zeilenanfänge bei Merques (nur die zweiten Hälften der ersten und der letzten Zeile setzen auftaktig an) die die beiden letzten Zeilen bestimmende Auftaktigkeit vorbereitet – beginnend bei Zweiachtel-Auftakten der Unterstimmen (Takte 3, 6 und 7), und mit dem auftaktigen Beginn des zweiten Rondeauteils das »Ergebnis« präsentierend. Auf der Linie dieser Entwicklung liegt auch, daß in Takt 15 die den Superius antizipierende Vorimitation des Tenors vollständiger sein könnte, wenn das auf dem zweiten Viertel fällige *g* nicht durch die anderen Stimmen verhindert würde – immerhin repliziert und steigert Du Fay im Superius hier den *g'*-*g*-Absturz vom Beginn. Vielleicht reagierte er mit dieser Handhabung auch auf sein eigenes, wie Merques bei allen Zeilenanfängen abtaktiges Rondeau *Las que feray*, wie in der provozierend ungewöhnlichen Stimmdisposition der ersten Zeile auf die ebendort überstarke Ton- bzw. Tonraumfixierung der Unterstimmen. Solche Vermutungen setzen nicht unabdingbar voraus, daß *Las que feray* eine Zwischenstation gebildet habe; andere Details – schon der Anfang – sprechen eher dafür, daß Du Fay, sofern Merques überhaupt voranging, von der vermuteten Vorlage aus in verschiedene Richtungen fortdachte.

Insofern die eingangs supponierte Gleichrangigkeit der drei Stücke in erster Linie Qualität und Niveau betraf, steht sie nicht in Widerspruch zur hier dem Merques-Rondeau heuristisch unterstellten Funktion einer Vorlage. Selbst, wenn er es zu gleicher Zeit komponiert hätte wie Du Fay die seinigen, oder gar später, verträte es in einer Ideal-Chronologie eine frühere Position. Er schreibt ein Stück wohl in der Tempus-Notierung, jedoch teilweise im Geist und Habitus und in den engeren Margen der Prolatio – und unterläuft in seiner soliden Durchschnittlichkeit die oben konstatierte Verknüpfung von Notierungs- und Denkweisen. Daß *Las coment poraye* schon nach der ersten Zeile stehenbleibt, wie es besser erst bei der Rondeauteilung geschähe (und tatsächlich geschieht); daß die zweite und dritte Zeile allzu gleichartig beginnen, daß die Antwort der zweiten Halbzeile auf die eröffnende erste schwach erscheint und die auf »moderne« Weise ausgeweitete zweite Zeile dies, weil auf einen engen Ambitus fixiert, in einem größeren melodischen Ausgriff wahrzunehmen versäumt; daß die Minimen-Bewegung des elften Taktes unvermittelt einbricht – diese und andere Details darf man mit kompositorischem Vermögen erst in Verbindung bringen, wenn man vergegenwärtigt hat, was im Rahmen der noch kurz zuvor dominierenden Prolatio-Notierung kompositorisch erreichbar war. Auch Du Fay spielte hier vorzugsweise mit kurzatmigen Effekten und konnte nur ausnahmsweise Prozesse, Kontinuitäten und ausgreifende Bögen herstellen wie nun in *Or pleust* – abgesehen davon, daß er neue Maßgaben in diesem Stück mit einer Konsequenz verfolgt und erkundet, die dem Rundlauf des Rondeaus[18] durchaus gefährlich werden.

18 Kap. XII

Dazu hat er sich einen geigneten Text besorgt – oder selbst geschrieben: In *Or pleust a Dieu*, nachvollziehbar schon anhand der über den Stückzusammenhang hinausweisenden Schlußtakte[19], scheint er eine Meta-Ebene oberhalb der Rondeau-Vorgaben ins Auge zu fassen, in gleichem Maße wie als Rondeau selbst stellt es sich als Versuch über Möglichkeiten und Grenzen der Rondeaustruktur dar. Die beiden anderen Stücke, mit dem Wehruf »*Las!*« beginnend, einer Kurzform des in der Chanson des 15. Jahrhunderts häufig begegnenden Anfangswortes »*hélas*«, sind mit der klassischen Situation des hoffnungslos Liebenden befaßt; der abgewiesene bei Merques endet verzweifelt mit »*morir me fault a grant doulour = am großen Schmerz muß ich sterben*«, der »*Las, que feray*« Singende sieht dem Abschied entgegen (»*... mon amy me veult abandoner = meine Freundin will mich verlassen*«) und kann sich von seiner Situation wenigstens per Galgenhumor distanzieren: »*J'ay bien cause se je crye hahay = ich habe allen Grund, ach und weh zu schreien*«. Die Refrainstrophe von *Or pleust* hingegen beteuert wohl, wie üblich, daß der Liebende, solange er lebt, »*ma tres gente dame et maistresse*« dienen werde und daß sie über sein Wohl und Wehe, über »*vivre et morir*« entscheide, definiert die Situation jedoch nicht genauer, in der er sich befindet. Weil auch die verbleibenden Verse daran nichts ändern, fehlt die Differenz zwischen Refrain und Strophe, zwischen Verallgemeinerung und Exemplifikation, fehlt also die Fallhöhe, welche der Wiederkehr des vollständigen Refrains am Schluß neue Notwendigkeit gäbe – poetische Einebnung parallel zu jener, welche die kompositorische Verfolgung einer entwickelnden, Segmentierungen unterspülenden Kontinuität mit sich bringt. Diese macht Du Fay als besondere Intention drastisch kenntlich, indem er seiner dritten und vierten Zeile stärkere Kadenzen gibt als dem nahezu neuen Ufern zusteuernden Nachspiel. Mit einer Schlußkadenz, welche die Entscheidung über eine plagale Lesung den Ausführenden zuschiebt (s. u.), auf einem offenhaltenden, im Stück ohne Hinterland gebliebenen *g*, scheint ihm am Eindruck einer Musik gelegen, welche, weil sie nicht schließen kann, verurteilt ist, perpetuum-mobilehaft in sich zu kreisen.

Hat er dem auf der abstrakteren Ebene proportionaler Stimmigkeiten ein Widerlager schaffen wollen? Einerseits korrigiert das Nachspiel, bei nunmehr je drei Gliedern beidseits der Rondeauteilung, die ungerade Fünfzahl der Zeilen im Sinne einer Symmetrie, andererseits wirken dem andere Dispositionen entgegen: Durch die Viertaktigkeit der zweiten (Takte 7 bis 10) und fünften Zeile (Takte 26 bis 29), deren fixierende Wirkungen wiederum durch unterspülende Kadenzierungen abgefangen werden, betont Du Fay eine Paarigkeit der ersten/zweiten und vierten/fünften Zeile, womit das Nachspiel als Entsprechung zur dritten Zeile dastünde, bekräftigt dadurch, daß die dritte Zeile die längste und am deutlichsten zweigeteilte ist und ihre zweite Hälfte als Entsprechung zum Nachspiel angesehen werden könnte. Dies wäre zugleich ein Kompromiß mit den progredierenden Momenten und hülfe der Schieflage kaum auf – die gewichtige erste Hälfte der dritten Zeile fände keinen angemessenen Platz. Eben diesem Gewicht trüge eine andere, eher durch die Autorität der *numerositas* als durch die Unmittelbarkeit des Vollzuges gestützte Systematik Rechnung: Nimmt man die zweite Hälfte der dritten Zeile als Mittelachse, so gruppiert das Übrige sich makellos symmetrisch:

Zeile I: 6 Takte; II: 4; III a: 5 // III b: 4 + 1 // IV: 5; V: 4; Nachspiel: 6

= 15 Takte = 5 Takte = 15 Takte

19 Nicht nur dieses Charakters wegen erscheint die von David Fallows in der zweiten Auflage des Bandes VI der Gesamtausgabe veränderte Akzidentiensetzung einleuchtend.

Bei den Außengliedern überwiegen naturgemäß komplementäre Verhältnisse – der ruhigen Melodieführung der ersten Zeile steht die zerpflückte, eigentümlich zerfaserte des Nachspiels gegenüber, harmonisch von *c* ausgehend zielt jene wieder auf *c*, dieses auf *g;* der Abstieg von *es'* nach *g*, dort vom Fauxbourdon-Satz unterstrichen, geht vom Contratenor der Takte 3 bis 6 in den Takten 33 bis 35, nun zum Fundamentum relationis erhoben, an den Tenor über. Die zweite bzw. fünfte Zeile wirken dank der Viertaktigkeit als befestigende Beantwortungen der je vorangehenden Zeilen, die beiden fünftaktigen Glieder setzen auf den Nebenpositionen *d* bzw. *a* an und kadenzieren auf *g* (Takte 15 bzw. 25), melodisch steht der vollen Ausprägung der »Gegenfigur« Beispiel 2 b am Beginn der dritten Zeile der Bezug auf die erste in der vierten gegenüber. Über den Stellenwert solcher Symmetrien läßt sich schwer befinden, da uns das zugleich substanzielle und transzendentale Verständnis der Zahl, mithin Art und Vermögen der von ihr ausgehenden Autorisation, weitgehend unnachvollziehbar geworden sind; bei *Or pleust* erscheint mindestens plausibel, daß den zentrifugalen Momenten der Disposition zentripetale entgegengesetzt werden.

Soweit die Ästhetik der Chanson gestattet, die Kriterien von Praktikabilität und Idealität auseinanderzulegen, wären jene eher bei *Las coment poraye* und *Las que feray*, diese eher bei *Or pleust* zu suchen. Die ersten beiden sind als Musiziervorlagen durchschaubar und praktikabel, erscheinen eindeutig in einem Sinne, welcher sich mit den vielfältig equilibrierten Differenzierungen in *Or pleust* schlecht verträgt. Ohne schon mit dem Ganzen sich vertraut gemacht zu haben, erfährt der Ausführende das anhand der Unterschiede der beiden Redaktionen des Bandes VI der Gesamtausgabe[20] – drastischer kann nicht vorgeführt werden, wieviel Du Fay offenläßt. Die ältere Redaktion traut dieser Offenheit nicht, sie erweckt den Eindruck, als hätten Du Fay oder die Kopisten die *es*-Vorzeichnung im Superius vergessen, und trimmt das Stück funktionalharmonisch auf ein *c*-Moll hin, aus dem die zweite Zeile und der Beginn der dritten fremd herausragen. Mit den hier vorgeschlagenen Akzidentien gespielt, entsteht eine verschattet-zurückgenommene, ungefällige Musik, worin von den gesellig kommunikativen Momenten der Chanson wenig übrigbleibt. Allerdings bleibt zu fragen,ob dieser Eindruck durch die anhand späterer Musik eingeübte Dur-Moll-Parallelität nicht unangemessen verstärkt wird, ob Du Fays Zeitgenossen u.a. den Halbschluß bei der Rondeau-Teilung – abgesehen von der Frage, ob sie ihn so gespielt hätten – mit der Moll-Terz als so »traurig« empfunden hätten wie wir.

Vermutlich nicht. In unserem Eindruck addieren sich zwei Verfehlungen – das Bedürfnis nach diatonischer Eindeutigkeit, welcher der Intention dieser Musik, den ihr eigentümlichen Schwebezuständen und beweglichen Nuancierungen zuwiderläuft, und unsere auf andere Gravitationspunkte fixierte Hörweise. Weil wir diese nicht umprogrammieren, sondern bestenfalls durch eine bewußt in bestimmte Richtungen gelenkte Aufmerksamkeit sensibilisieren können, kommt uns in *Or pleust* zunächst befremdlich, erst später als nuancierende Bereicherung entgegen, daß im dritten Takt das *a'* des Superius und die beiden *es* der Tenores im unmittelbaren Nebeneinander den Tritonus, den *diabolus in musica*, nicht vermeiden, im folgenden Takt gleicherweise das *es'* im Superius und das *a* im Contratenor; daß im fünften Takt in den Tenores *es* und *e* eng beieinander sind und abermals der *diabolus* mitredet, wenn man das *b'* zu *h'* alteriert, nicht aber das *f* im Contratenor zu *fis*; daß im Übergang vom neunten in den zehnten Takt *e'* im Superius und *es* im Contratenor nacheinander erklingen, im elften Takt *a'* im Superius und *es* im Contratenor gleichzeitig usw.; und die plagale, »phrygische«

20 durch Heinrich Besseler bzw. David Fallows

Kadenzierung am Schluß besitzt für uns noch weniger Finalität als für die Zeitgenossen, so daß man zu überlegen geneigt ist, ob man, um mehr Affirmation zu erreichen, nach dem im drittletzten Takt im Tenor eigens vorgeschriebenen *es'*, welches in der Oberstimme die im Druck angezeigten Alterationen erzwingt, im vorletzten Takt das Steuer nicht herumreißen, alle *b*-Alterationen streichen und mit *fis'/e'* im Superius und *cis/h* im Contratenor wenigstens eine Doppelleittonkadenz herbeiführen solle[21]. Die Gewaltsamkeit der Prozedur zerstört indessen mehr, als an Finalität gewonnen würde.

Soweit die zwingenden Verbindlichkeiten der *musica ficta*[22]. Die fakultativen, von Herausgebern oft durch Klammern angezeigt, lassen auch bei genauester Kentnnis einschlägiger Regeln oft nur die Maßgabe »sounds better«[23] zu: Von der Logik der Linienführung her wäre im zweiten, dritten, vierten und neunten Takt nacheinander im Tenor, Superius, Contratenor und Tenor statt *a* auch *as* möglich, wofür man im ersten und letzten Fall das im gleichen Quartabgang liegende, unvermeidliche *as* des Tenors im vorletzten Takt als Argument benutzen könnte und im dritten Fall den Tritonusabstand zum Superius hinnehmen müßte; im 14. Takt böte sich im Tenor in der Wechselnoten-Konstellation *h* an, freilich unmittelbar dem *f* im Contratenor folgend, im 16. Takt beim Quartaufgang des Superius ebenfalls *h* und im 26. Takt im Contratenor *fis*, u. a. zur Vermeidung des Tritonusabstandes zum Superius – und *fis* ebenfalls in der Oberstimme im Takt 31; am Ende von Takt 27 hülfe *as* im Contratenor den Tritonusabstand zum *es'* der Oberstimme vermeiden, doch meldet sich mit *a* die Imitation zum Zeilenbeginn des Superius (Takt 25/26) vernehmlicher zu Wort.

Die Nachbarschaft von *Las coment poraye* und *Las, que feray* spricht für die Vermutung, Du Fay habe von diesen aus zu einer gesteigerten Ambivalenz der Maßgaben in *Or pleust* fortgedacht zu einem mit Liedcharakter eben noch vereinbaren Schwebezustand, welcher in den geschilderten Mehrdeutigkeiten eher nur eine Außenseite vorweist. Wenn es so war, dann verlängerte er Konsequenzen, welche in dieser Musik von vornherein angelegt sind und verkannt wären, wollte man z. B. bei den Akzidentien auf eine beste, einzige Lösung ausgehen. Diese gibt es nicht; sie stünde einem potenziellen Reichtum im Wege, welchen Ausführende nutzen, wenn sie unterschiedlich, etwa dem Text entsprechend nuancieren oder gemäß der Station im Ablauf des Ganzen stärker oder schwächer kadenzierende Versionen bevorzugen; sie widerspräche dem Charakter des schwebenden, den Weg zur realen, klingenden Musik weisenden Angebotes, als welches der aufgeschriebene Notentext verstanden sein will.

Die Wechselseitigkeit von Ordnung und Freiheit zeigt sich nicht zuletzt in der scheinbaren Paradoxie, daß, je weiter die *res facta* die Differenzierungen, je höher sie die Ansprüche der festlegenden Struktur treibt, sie desto genauer und detaillierter Spielräume öffnet und auf Handhabungen hinweist, die nicht ihres Amtes sind.

---

21 Zu der schwierigen Passage Fallows 1964, S. 167-168, und Brothers 1997, S. 198

22 Berger 1987; Boone 1998; Jehoash Hirshberg, Peter W. Urquhart, Artikel *Musica ficta* in: *Die Musik in Geschichte und Gegenwart.* Zweite Ausgabe, Sachteil, Band 6, Kassel und Stuttgart 1997

23 Boone, a.a. O., S. 98

XXII. Anonymitäten, Grauzonen und ein »zweiter Stil«

Binchois oder Du Fay? – sofern nicht unvermutet ein Zeugnis zutagekommt, dessen Glaubwürdigkeit diejenige zweier einander widersprechender Quellen in den Schatten stellt, wird im Dunkel bleiben, wer von beiden und ob überhaupt einer von ihnen das Rondeau *Je ne vis onques la pareille*[1] komponiert hat. Ein spätes Werk, von der Stilistik wie der Quellenlage her, wäre es bei dem einen wie dem anderen, und eines, dessen meisterhaft verdichtete Struktur geeignet ist, noch die bestbegründeten Zweifel an der Kompetenz unserer Werturteile beiseitezuschieben. Wüßten wir genauer, ob im engeren Sinne ästhetische Wertungen hier eine Rolle spielten, erschiene es kaum zufällig, daß es, am 17. Februar 1454 beim Fasanenbankett in Lille dargeboten[2], zu den wenigen identifizierbaren Kompositionen zählt, die in den Chroniken jener Zeit Erwähnung finden.

Sowohl der engbegrenzten Ökonomie der Mittel als auch dem Ausgleich zwischen Vorangang und Rückbezug, liedhaftem Zuschnitt und polyphoner Auffächerung[3] genügt das knappgefaßte Stück in musterhafter Weise. Daß es beim Bankett zum zweistimmigen Vortrag bestimmt war[4], könnte man im ungewöhnlich distanzierten Verhältnis des Contratenors zum Duo von Superius und Tenor niedergeschlagen finden: Einerseits rollengemäß additiv, mithin notfalls entbehrlich, übt er andererseits in tieferer Lage als der Tenor[5] mit 13 Quint- und sieben Quartschritten des Basses Grundgewalt und fundamentiert das Oberstimmen-Duo funktionsharmonisch – bis hin zu Umdeutungen wie im vierten Takt, wo er der plagalen *a*-Kadenz der Oberstimmen ein *d* unterschiebt; er stellt das Duo, welches ihrer von sich aus nicht unbedingt bedarf, ostentativ auf dominantische Füße – die Parallelführungen von der Quint *d/a* in die Oktav *G/g* in den Takten 8/9 und 26/27 hätten sich durch eine Oktavsprungkadenz leicht vermeiden lassen. Eine gewisse Gewaltsamkeit der Fundamentierung auf *g* und *d* läßt sich auch bei der Umdeutung im vierten Takt erkennen, hätte der Komponist doch – eine elegantere Lösung – die Minima *d* auf der Takteins weglassen und den Contratenor trugschlüssig erst auf *f* einsetzen lassen können; er tut es nicht, verhindert die im Stück einzige gemeinsame Ausmündung auf *a* und besteht auf *d*, obwohl dieses im Takt zuvor durch den Quintschritt *a/d* bereits fixiert worden ist.

Neben dem einerseits additiven, andererseits umwertenden Contratenor könnte für eine ad hoc-Verfertigung von *Je ne vis* auch ins Feld geführt werden, daß der Singende in der zweiten Strophe fragt, ob die »*gracieuse dame*« nicht gar »*nostre dame*« sei, möglicherweise eine Vorbereitung auf den alsbald anschließenden Auftritt der als *sancta mater* personifizierten *ecclesia constantinopolitana.* Indessen begegnen Kompromisse zwischen Contratenor- und Baßfunktionen, wenn auch selten in so prononcierter Form, ebenso häufig wie schwärmerisch-

1 VI/91; im Notenanhang Nr. 10; vgl. David Fallows' Erläuterungen in der zweiten Ausgabe des VI. Bandes der Gesamtausgabe, S. 253 – 259

2 S. 270 und 277

3 Kap. XII

4 S. 277

5 In der, allerdings außergewöhnlichen, Konstellation des Taktes 15 sind die beiden Stimmen zwei Oktaven auseinander

mystische Kontaminationen der unerreichbaren Geliebten und der Himmelsjungfrau; hätten bei der Auswahl für Lille diese Kriterien im Vordergrund gestanden, wäre man nicht auf dieses Rondeau angewiesen gewesen. Daß weder Binchois noch Du Fay in persona zur Verfügung standen – Binchois hatte sich aus der burgundischen Hofkapelle zurückgezogen, Du Fay befand sich in Savoyen –, spricht auch nicht für ein Ad hoc, freilich, ohne es auszuschließen.

Man muß nicht unbedingt in eine Zeit zurückgehen, in der wichtige Musik eher Zeitpunkten als Personen zugeordnet werden kann, um der Problematik der Begriffe Personal- oder Individualstil zu begegnen: Je höher der Anspruch, desto stärker geht individuell Bedingtes in objektiv Verbindliches über bzw. in eine der oben im Plural genannten Anonymitäten[6], die aus den transzendentalen Beglaubigungen des klingenden Materials herrührende. Sie zwingt zu Diskretion und Marginalisierung bei persönlichen Signets, handle es sich nun um kokette Akrosticha oder um letzte Bitten wie in Du Fays letzter *Ave regina*-Bearbeitung – das komponierende, zur ästhetischen Selbstaufhebung gerufene Ich, das »autre moi« im Sinne Prousts befindet sich im Widerstreit mit dem empirischen. Es gibt genug Gründe, dies als einstweilen noch schlummernde Dialektik zu betrachten; sie im Auge zu behalten erscheint indes wichtig u.a. im Hinblick auf pauschalierende stilistische Begründungen, wo es um die Zuweisung oder Aberkennung anonym oder unter mehreren Namen überlieferter Musik geht. Ohne flankierende Mithilfe biographischer, quellenkundlicher etc. Auskünfte ist mit ihnen wenig auszurichten.

Beispielsweise ließen sich die Argumente, welche Heinrich Besseler bewogen, inbezug auf *Le serviteur hault guerdonné*[7], ein bedeutendes Stück und eines der weitestverbreiteten, Du Fays Autorschaft zu bestreiten, mit nahezu gleichem Recht auch auf benachbarte, besser beglaubigte Stücke wie *Adieu m'amour, Dona gentile* oder *Par le regard*[8] beziehen – und sowieso auf *Je ne vis onques la pareille*[9]. Zweifellos handelt es sich um die späteste in Du Fays Chansons anzutreffende Stilistik und eine stärker mit Jüngeren verbundene – ein wichtiger Gesichtspunkt der einschlägigen Diskussionen[10]; »any decision on *Je ne vis onques* would have a fundamental impact on one's view of musical history and stylistic development during those years«[11]. Ohne uns auf die Entschuldigungsformel »Gleichzeitigkeit des Ungleichzeitigen« zurückziehen zu wollen – ein Älterer kann mitunter moderner komponieren als ein Jüngerer, »stylistic development« ist keine Einbahnstraße[12] –, sehen wir uns hier an einer Stelle, an der sich verschiedenartige Anonymitäten, eine strukturimmanente und eine durch die Läßlichkeit der Kopisten geschaffene, überschneiden und zu reflektieren anstünde, weshalb Zuweisungen uns wichtiger sein müssen als den Zeitgenossen – die unten besprochenen Entdeckungen zeigen das überdeutlich. Jederlei Zuordnung hilft ein Stück besser verstehen, nur zu oft interessieren

6 Hierüber vgl. auch Kap. XX und XXVII

7 VI/92; Besseler auf S. XIV desselben Bandes; dagegen Fallows 1982, S. 159 und in der zweiten Ausgabe des VI. Bandes der Gesamtausgabe; nur in der Quelle Montecassino, Archivio della Badia, Cod. 871 N., ist das Stück Du Fay zugeschrieben

8 VI/76, 8 und 73; zu *Adieu m'amour* vgl. S. 256 ff.

9 Besseler, a.a.O., schließt es ohnehin für Du Fay aus

10 Besseler, a.a.O., in Bezug auf *Le serviteur*: »The composer was probably younger than Dufay«; Fallows, s. Fußnote 1, würde *Je ne vis onques la pareille* »on present stylistic evidence« eher bei Busnoys sehen als bei Binchois oder Du Fay, »were it not that his composing career is unlikely to have begun much before 1460.«

11 Fallows, a.a.O., S. 256

12 Vgl. u.a. S. 359 ff. die Diskussion um die Daten der *Missae super l'homme armé* von Du Fay, Ockeghem und Busnoys

mittelgute Stücke bekannter Autoren mehr als meisterhafte unbekannter; die Diskussion um Zuweisungen[13] hilft nicht zuletzt, diese Ungerechtigkeit abzubauen.

Bei *Je ne vis onques* läßt sich – am ehesten mit Ausnahme dicht geflochtener struktureller Bezüge, die man bei dem seiner Stilistik sicherer aufgehobenen Binchois seltener antrifft – nichts ausmachen, was man, nach dem Autor fragend, nicht auch beim jeweils anderen antreffen oder ihm zutrauen würde. Melodische Ähnlichkeiten lassen sich bei Binchois in einigen schlecht beglaubigten oder kaum ihm gehörigen Stücken finden[14], eine gewisse Vorsätzlichkeit im Umgang mit Auf- und Abgängen in den Rondeaux *Adieu, adieu* und *Amours et souvenir*[15], bei Du Fay in dem auch zeitlich nahebei liegenden Virelai *De ma haute et bonne aventure*[16]. Unter den Erkundungen der Kombinierfähigkeit von Contratenor und Baß erscheint das Rondeau *Du tout m'estoie abandonné*[17], zudem mit zweimal denselben verdeckten Oktaven[18] wie *Je ne vis,* nun zusätzlich mit einem allenthalben zu Imitationen drängenden Tenor/Superius-Duo, wie ein Vergleichsfall unter erschwerten Bedingungen. Nimmt man hinzu, daß die einzige Zuweisung an Binchois sich in einer peripheren Quelle findet[19], so ergibt sich ein Übergewicht der Argumente zugunsten Du Fays, nicht jedoch in einem Maße, welches uns z. B. bei den drei im vorangehenden Kapitel besprochenen Rondeaux veranlassen könnte, *Las coment poraye* für ihn zu reklamieren, wäre es nicht als von Nicolas Merques stammend ausgewiesen.

Harmonisch ist *Je ne vis onques*, in *d* beginnend und in g endend, als Durchgang angelegt – dies weniger ungewöhnlich als, *Par le regard* ähnlich, die Konsequenz der Realisierung innerhalb des engen Rahmens. Drei der vier Zeilen enden und zwei beginnen auf *d*; *g* erscheint lediglich am Beginn des zweiten Teils (Takt 13) und am Schluß – und innerhalb der zweiten und dritten Zeile (Takte 9 bzw. 15), wo ihm die mit verdeckten Oktaven überstarke, am Stückschluß wiederholte Kadenz Gewicht gibt, in der zweiten der Umstand, daß es einen die fünftaktige erste Zeile beantwortenden Viertakter, in der dritten, daß es drei fokussierende Takte (Beispiel 1 a) beendigt. Als Zäsurierung innerhalb einer Zeile müßte das überdosiert erscheinen, unterläge es nicht weitergreifenden Zusammenhängen: Gegen die starke Gravitation zu *d* wird die Zielrichtung *g* gewiesen und, wenn der Vortrag in der ersten, dritten und vierten Strophe in die zweite Stückhälfte fortgeht, durch deren ungewöhnlichen Beginn auch eingelöst. Das steigert den Erwartungsdruck, wenn der Rondeauvortrag von der Corona auf den Stückbeginn zurückspringt – die Erwartung gilt dem dann vorenthaltenen *g* ebenso wie der Fokussierung der Takte 13 bis 15, als welche das überschwängliche Lob der Frauenschönheit (»*car vo beaulte* ...«) den Tenor eine Oktav über den Superius hinaustreibt und mit der Lage auch die Rollen zu tauschen veranlaßt; unter dem Druck der superlativischen Aussage überschlägt sich der Satz (Beispiel 1 a).

---

13 Zu Binchois vgl. die Zuschreibung von zwölf anonym im Codex Escorial, *Biblioteca del Monasterio,* Ms. IV.a. 24 überlieferten Chansons bei Kemp 1980. Nicht zuletzt die im Vergleich zur Musik größere »Gegenständlichkeit« der bildenden Künste mag der Grund dafür sein, daß Diskussionen um Zuweisungen dort mit größerer Härte geführt werden – vgl. u.a. die zwischen Robert Campin und Rogier van der Weyden strittige *Madrider Kreuzabnahme*; Felix Thürlemann, *Robert Campin,* München usw. 2002

14 *Comme femme desconfortée* und *Tout a par moy*, letzteres gewiß von Walter Frye stammend, Gilles Binchois, *Chansons,* hrsg. von Wolfgang Rehm, *Musikalische Denkmäler,* Bd. II, Akademie der Wissenschaften und der Literatur in Mainz, Mainz 1957, Nrr. 56 und 58; außerdem ein im Schedelschen Liederbuch (Nr. 62) textlos mit der Zuschreibung »*Biuzois*« überliefertes Rondeau

15 Gilles Binchois, a.a.O., Nrr. 1 und 8

16 VI/22

17 VI/82

18 Takte 5/6 und 26/27

19 Fallows in der zweiten Ausgabe des VI. Bandes der Gesamtausgabe, S. 255

Beispiel 1 a bis c

Auch die motivische Disposition hat in den Takten 13 bis 15 einen Fokus: Drei der vier Zeilen beginnen mit dem punktierten Quartaufgang, nur hier jedoch, in der dritten, ist er mit Gegenbewegung – im Contratenor – verknüpft, auffällig um so mehr, als der im gesamten Rondeau einzige Gleichschritt aller drei Stimmen nachfolgt (Takt 16) und die Exposition des Quartaufgangs am Beginn gegen einen Tenor gesetzt war, der melodisch enthaltsam von einer Wechselnoten-Konstellation in die nächste übergeht (Beispiel 1 b). Dergestalt anfangs auf eigenes Profil weitgehend verzichtend, gibt er gemeinsam mit dem auf Baßfunktionen reduzierten Contratenor überdies den Blick frei auf die Formulierung der beiden wichtigsten Wendungen im Superius (Beispiel 1 c), des Quartaufgangs und der Viertonformel, welche, zunächst in antwortender Position, am zweiten Zeilenbeginn permutiert als eigene Prägung hervortritt, auffällig sodann im zweiten der fokussierenden Takte (= 14) und in Überlagerungen, zudem imitativ eingebunden, fünfmal kurz vor Schluß (Beispiel 1 d).

Neben dieser Imitation – der einzigen im Stück – und dem Umstand, daß die hier eingeschlossene Viertonwendung nahe bei derjenigen der zweiten Zeile liegt, hilft die Handhabung der zweiten Zeilenhälften dem Zulauf aufs Ende. Die erste (»*pareille*«) bleibt in den fünftaktigen melodischen Bogen eingebunden; die zweite, dreitaktige, hebt sich als Melisma auf »*da-me*« und als Anhängsel eines gewichtig kadenzierenden Viertakters deutlich ab; noch deutlicher tut dies die dritte, dem fokussierenden Dreitakter folgende (»*... est, par mon ame*«)

dank des Gleichschritts am Beginn (Takt 16), der nahezu konsequent in Sekunden fortschreitenden Linearität und der Viertaktigkeit; deren Gewicht kann die vierte, nun einem viertaktigen Vordersatz angeschlossene, ihrerseits viertaktige Zeilenhälfte (»*pareille*«) nur durch stärker aufgefächerte Polyphonie und die im Beispiel 1 d angezeigte Verdichtung übertreffen, zudem dadurch, daß sich in den zwei Hälften dieser letzten Zeile, jeweils über mehr als eine Oktav gespannt, der größte melodische Ab- und Anstieg gegenüberstehen. Die rondeaueigene Rückläufigkeit, die harmonische Fixierung – drei Zeilen und ein Halbschluß (Takt 23) kadenzieren auf *d*, die letzte und zuvor zwei Halbzeilen (Takte 9 bzw. 15) auf *g* – und andere statische Momente müssen sich gegen die Dynamik eines konsequent gesteigerten Zuwachses behaupten.

Derlei dicht vernetzte Bezüge bilden das Pendant zu ebensolchen im Text; zweimal kommt es dort, als sollten auseinanderliegende Bedeutungen im Gleichklang zusammengebunden werden, zu *rimes equivoquées*; in der ersten und zweiten Zeile meint »*pareille*« die nie gesehene »*Euch Gleiche*«, in der vierten die über allen anderen stehende »*Unvergleichliche*«; in der zweiten Zeile meint »*dame*« die angebetete »*gracieuse dame*«, in der sechsten als »*nostre dame*« die Muttergottes. Für Du Fay als Komponisten läßt sich schwerlich von der Art der kompositorischen Mittel aus plädieren, eher schon – und doch kaum zureichend – unter Berufung auf deren hochgetriebene Verdichtung und ein hieraus ersichtliches Reflexionsniveau, welches in der kompositorischen Lösung die Dimension des kompositorischen Problems wo nicht ein Moment von Legitimation vergegenwärtigt.

Möglicherweise laufen wir bei der alternativ gestellten Frage nach dem Komponisten von *Je ne vis oncques* Gefahr, dem entdeckerisch gesonnenen Du Fay zuviel Abstand zu traditionellen Selbstverständlichkeiten zu unterstellen, oder gar, verführt durch die Alternative des »*père de joyeuseté*« Binchois, im Schatten der Dichotomie naiv-sentimentalisch zu operieren. Das bliebe dennoch die geringere Gefahr im Vergleich mit derjenigen, aufgrund einer Zuschreibung, die uns aller Zweifel enthebt, eine Komposition, weil zugeordnet, fast schon für verstanden zu halten, gesicherte Daten und Namen als Etikett einer Musik aufzukleben, welche als Musik dennoch anonym bleibt – »das Bekannte überhaupt ist darum, weil es bekannt ist, nicht erkannt«[20].

Wiederum darf weder das eine noch andere Anlaß geben, bei einem bequemen, wie immer argumentativ verbrämten Ignorabimus stehen zu bleiben, u.a. auf die Läßlichkeit der Zeitgenossen sich berufen und die Fahndungserfolge der Musikforschung kleinschreiben zu wollen. Auf den Wegen zu ihnen ist stilkritische Sensibilität in besonderer Weise herausgefordert und geschärft worden, und dank ihrer, siehe unten, zeichnen sich für Du Fays Schaffen Umrisse eines halbversunkenen Kontinents ab, dessen Art und Dimension die emphatische Rede von einem »zweiten Stil«[21] durchaus rechtfertigen.

* * *

»There can be no doubt that much of Dufay's music survives under the cloak of anonymity«[22] – das muß uns beim Versuch, ein Gesamtbild zu gewinnen, ebenso beunruhigen wie sekundäre Auskünfte über Kompositionen, die nicht auf uns gekommen sind. Zu ihnen gehören, von ihm selbst genannt, drei vierstimmige der vier aus Anlaß der Eroberung Konstanti-

---

20 Georg Wilhelm Friedrich Hegel, *Phänomenologie des Geistes*, Stuttgart 1988, S. 31
21 Planchart 1993
22 Hamm 1980, S. 680

nopels geschriebenen, zunächst wohl für das Fasanenbankett bestimmt gewesenen Lamentationen[23] und, im Testament und auch später noch erwähnt, eine dreistimmige *Missa da Requiem*, vermutlich die erste ihrer Art[24]; darüberhinaus nennen das Testament eine derzeit nicht sicher identifizierbare *Missa Sancti Antonii Viennensis*[25] und Cambraier Dokumente ein *Magnificat VII toni* (1462), eine Hymne *O quam glorifica* (1463) und eine *Séquence de la Magdalaine* (1464). In abgemilderter Anonymität teilt sich Du Fay mit Binchois nicht nur das Rondeau *Je ne vis onques*, sondern auch ein *Magnificat primi toni*[26], mit John Dunstaple die Ballade *Je languis en piteux martire*[27], mit John Bedyngham das Rondeau *Mon seul plaisir*[28]. Zuweilen übergreifen Zuweisungen die Generationsgrenzen – zwei frühe Stücke teilt Du Fay sich mit den mindestens 20 Jahr älteren Hugo de Lantins[29] und Johannes de Lymburgia[30]; ein spätes mit dem jüngeren Ockeghem[31].

Zum Thema Anonymität gehört auch das bezugnehmende, aneignende Komponieren[32]; kollektive Eigentumsrechte überschatten individuelle, da neukomponierte Musik substanziell allemal weiterkomponierte Musik ist. Wie Du Fay bei dem Rondeau *J'ayme bien* seines älteren Kollegen Pierre Fontaine einen »*Contratenor trompette*« und einen Contratenor bei der anonymen Ballata *Invidia nimica* hinzugefügt hat[33], änderten Jüngere an seinen Hymnensätzen. Daß *Invidia nimica* in der ersten Ausgabe des VI. Bandes der Gesamtausgabe voreilig unter die mit Sicherheit Du Fay gehörigen Stücke eingeordnet ist, verweist auf einen weiteren Unsicherheitsfaktor: Nicht nur, wenn man Namen wegließ, wurden individuelle Rechte durch kollektive nach hinten geschoben, sondern auch, wenn man im Verlaß aufs Hörensagen oder, um sich für das Abgeschriebene eines großen Namens zu versichern, diesen ohne sichere Gewähr hinzusetzte – je prominenter der Name, desto größer das Risiko des Mißbrauchs; betrifft das z.B. das unvollständig überlieferte Virelai *S'il est plaisir*[34]?

Das Delikt, sofern man von einem solchen überhaupt sprechen darf, wog bei kleinen Stücken und usuell geprägten wie den Hymnen geringer, begegnet hier also häufiger[35]. Bei Motetten, ebenso ihrer Dimension und des kompositorischen Anspruchs wie der Zuordnung zu Anlässen wegen, begegnen derlei Unsicherheiten seltener, u.a. bei der anonym überlieferten, von Charles Hamm[36] für Du Fay (etwa 1430) reklamierten Motette *Elizabet Zacharie – Inter vates / Lingua pectus* und bei *O gloriose tiro / Divine pastus / Iste sanctus*, einem Stück, über dessen Zuordnung nicht nur die Spezialisten uneins waren, sondern Heinrich Besseler mit sich selbst[37].

---

23 Vgl. den Brief an Piero und Giovanni de' Medici, S. XXIII/XXIV

24 neuerdings gar in einem Romantitel begegnend: Wolfgang Schlüter, *Dufays Requiem*, Berlin 2000

25 Hierzu unten; bei der in der Gesamtausgabe unter diesem Titel veröffentlichten handelt es sich um die ebenfalls im Testament erwähnte *Missa Sancti Antonii de Padua*, vgl. Kap. XXIII

26 Neudruck bei Marix, 1937, S. 131 – 137

27 VI/33

28 VI/108

29 *Gloria*, IV/15

30 *Veni dilecte*, I/29 (hrsg. von G. de Van)

31 *Departes vous, Malebouche*, VI/111

32 Vgl. u.a. Kap. XXI

33 VI/86 und VI/2, der Nachweis zum letzteren bei Hamm 1964, S. 8; zu weiteren Zweifelsfällen vgl. Fallows 1982, S. 290

34 VI/21; vgl. Fallows, a.a.O.

35 die jüngsten Übersichten über Werke ohne gesicherte Autorschaft bei Lütteken 1998 (bzw. hier im Anhang) und Planchart 2001

36 Hamm 1964, S. 70

37 I/103; hierzu Fallows, a.a.O., S. 291; ein ausführlich begründetes Votum für Du Fay bei Lütteken 1993, S. 270 ff.

Wenige Jahre nach dessen Tod hat Alejandro Enrique Planchart als »particularly ironic« bezeichnet, daß der Werkbestand während der Publikation der Gesamtausgabe (bis 1966) im Wesentlichen unangefochten festzuliegen schien – immerhin standen Laurence Feiningers sensationelle Zuweisungen (s. u.) seit 1947 zur Diskussion – , bald danach jedoch kritischen Fragen ausgesetzt wurde[38]. Alsbald fällige Revisionen betrafen in erster Linie den Bereich der Messe, sie begannen mit einer knapp vor Abschluß der Ausgabe für Du Fay reklamierten *Missa sine nomine*[39] und setzten sich dramatisch fort bei der zuerst nur bezweifelten[40], später Du Fay einhellig abgesprochenen *Missa Caput*[41], ein zunächst widerwillig akzeptierter Verlust für das Bild des »Wegbereiters« ebenso der herausragenden Qualitäten als des Umstandes wegen, daß das Stück auf den Ehrenplatz des ersten Ordinarium missae Anspruch erheben kann, welches mit einem den Sätzen gemeinsamen Tenor und identischen Satzanfängen einen großen Schritt in Richtung auf Vereinheitlichung tut; nicht zufällig gehört die *Missa Caput,* mit und ohne Behandlung der Autorschaft, zu den meistdiskutierten Kompositionen jener Zeit[42].

Dies war nur der, wie immer paukenschlaghafte Anfang. Du Fays frühe *Missa sine nomine*[43] wurde von David Fallows als eine *Missa Resvelliés vous* erkannt, die in der Gesamtausgabe als *Missa Sancti Antonii Viennensis* publizierte als *Missa Sancti Antonii de Padua*[44]; als Verfasser der in der Gesamtausgabe vertretenen *Missa La Mort de Saint Gothard* hat Johannes Martini weit größere Chancen[45], und unter den von Laurence Feininger für Du Fay reklamierten Ordinariumszyklen, deren Diskussion keineswegs beendet ist, steht die *Missa Puisque je vis*[46] als interessanter Kandidat obenan. Über die Gründe, derentwegen die auf ästhetische Autonomie hinzielende Nobilitierung des Meßordinariums nie von der Liturgie abgelöst betrachtet werden dürfte, wird uns durch die neuerliche Auseinandersetzung mit den im Jahre 1947 für Du Fay reklamierten Propriumszyklen in einer Weise Bescheid gegeben, welche das Gesamtbild seines Schaffens eingreifend verändert.

* * *

Johannes Wiser, seit März 1456 Rektor der Domschule in Trient, war ein gebildeter, fleißiger und gewissenhafter Mann[47]. Gemeinsam mit dem Domorganisten Johannes Lupi, später in dessen Nachfolge, hat er eine riesige Sammlung von Musik seiner Zeit – 1864 Einzelstücke minus 300 zweimal kopierte – angelegt, hat selbst fast 2000 Seiten Noten geschrieben und auf weiteren ca. 700 Seiten, dies mit einer Kontrolle der Arbeit der Assistierenden verbindend, den Text eingetragen, zuweilen revidiert, falsche Schlüssel korrigiert[48], bei englischen Messen feh-

38 Planchart 1972, S. 1

39 Hamm 1964, S. 137 ff., ergänzend hierzu Fallows, a.a.O., S. 300

40 Walker 1969; die wichtigsten Argumente gegen Du Fay bei Planchart 1972

41 II/75

42 Vgl. u.a. v.d. Borren 1926, S. 129 – 138; Bukofzer 1950, S. 217 – 310; Mila 1972/73, Bd. II, S. 78 – 98; Nitschke 1968, S. 11 – 84; Fallows, a.a.O., S. 192/193

43 II/1, vgl. Kap. IV

44 II/3, vgl. das nachfolgende Kap.; für die *Missa Santi Antonii Viennensis* gibt es als Kandidaten eine anonym überlieferte Messe

45 II/6

46 Neuausgabe *Monumenta polyphoniae liturgicae sanctae ecclesiae Romanae* I, II/4, Rom 1952

47 Zum Folgenden vgl. Gerber 1986 und Reinhard Strohm, Artikel *Trienter Codices* in: *Die Musik in Geschichte und Gegenwart,* Zweite Ausgabe, Sachteil Band 9, Kassel usw. 1998, Sp. 801 – 811, dort weitere Lit.

48 Beispiele bei Gerber, a.a.O., S. 73 ff.; nicht zuletzt das riesige Quantum hat verschuldet, daß die Trienter Codices – etwas pauschal – zu dem Ruf einer wenig verläßlichen Quelle gekommen sind

lende *Kyrie* ergänzt und anscheinend auch – für eindeutige Belege fehlen die Konkordanzen – bei Hymnen weitere Strophen. Den Ernst und Anspruch des Unternehmens befestigt er noch in Privatritualen, so, wenn er unten auf der letzten Seite eines der Folianten (Trient 89) eine Zeile aus dem *Agnus Dei* der Messe *Sig, säld und heil* von Johannes Touront notiert, also die Wunschworte des Cantus mit der *miserere*-Bitte verbindet, und an gleicher Stelle auf der ersten Seite des nächsten (Trient 90) wieder eine Zeile mit dem Text »*Qui tollis peccata mundi miserere nobis*« einträgt. Nachdem Johannes Lupi die älteren Teile, die Codices 93 und 90, offenbar von Aufenthalten in Tirol und in der Steiermark mitgebracht und in Trient die Codices 87 und 92 hatte schreiben lassen bzw. selber schrieb, stieg Wiser, wohl seit 1455, in die Arbeit ein und schrieb den Codex 90 fast allein, den textlich besonders zuverlässigen Codex 88 zu drei Vierteln. Nur eine moderne Interessenlage suggeriert einen Widerspruch zwischen dem kompilatorischen Eifer, der bei dieser größten Sammlung von Musik des 15. Jahrhunderts, in erster Linie einer »Vorrats- oder Studiensammlung«[49], am Werke war, und dem Umstand, daß Komponistennamen eher zufällig vermerkt sind, prominente häufiger als weniger prominente. Dies, allgemein üblich, erlaubt indessen nicht den Umkehrschluß, bei den anonym überlieferten Stücken handle es sich mehrheitlich um solche zweitrangiger Autoren, und bescherte der Nachwelt zugleich mit der Kostbarkeit eines anderwärts nicht überlieferten Repertoires viele Fragezeichen.

Deren größtes betraf und betrifft ein im Codex 88 überwiegend anonym überliefertes Corpus von 16 meist dreistimmigen Proprienmessen, d.h. aus fünf bis sieben Teilen bestehenden Zyklen, welche, anders als die gleichbleibenden Sätze des Ordinariums, auf bestimmte Feste, Heilige bzw. Liturgien fixiert sind, also je nur einmal im Kirchenjahr gesungen werden können – einige Mehrfachverwendungen nicht gerechnet. Die Vermutung, Du Fay sei beteiligt oder sogar der Hauptbeteiligte gewesen, wurde durch mehrere Indizien befördert – am stärksten dadurch, daß Konkordanzen in anderen Quellen, ein *Alleluia Veni Sancte Spiritus*[50] und, wenn zunächst auch stark bezweifelt, die *Missa Sancti Antonii* betreffend[51], auf ihn hinwiesen; indirekt dadurch, daß die zwischen 1440 und 1450 in seinem Schaffen klaffende Lücke von vornherein eher durch Ausfälle der Überlieferung erklärbar erschien als durch ihn selbst – kreative Ermüdung ausgerechnet eines hochberühmten reichlich Vierzigjährigen?; nicht zuletzt dadurch, daß ein vergleichbares Corpus nirgendwo sonst zu jener Zeit begegnet, mithin hinter ihm ein prätentiöses Programm und ein Auftraggeber vermutet werden mußten, welcher sich schwerlich mit einem Komponisten der zweiten Garnitur zufriedengab. Immerhin handelte es sich nahezu um die Neugründung eines Genres.

Noch ehe diese Vermutungen schlüssig zu einem argumentativen Netz verflochten werden konnten, wagte der jeglicher Leichtfertigkeit unverdächtige Laurence Feininger[52] im Jahre 1947 im Zusammenhang mit seiner Ausgabe der Zyklen[53] einen kühnen Vorgriff, indem er elf von ihnen Du Fay zuschrieb, die *Missae de Spiritu Sancto, de Sanctissima Trinitate, de Sancto Andrea apostolo, de Sancta Cruce, de Sancto Joanne baptista, de Angelis, de Sancto Georgii, de Sancto Mauritii et Sociorum, de Sancto Anthonii de Padua, de Sancto Francisci* und *de Sancto Sebastiano*. Er

49 Strohm, a.a.O., Sp. 806

50 II/4, in Trient 90 Du Fay zugeschrieben

51 Vgl. das anschließende Kap.

52 Ein eindringliches Porträt gab Edward. E. Lowinsky in seinem Nachruf *Laurence Feininger (1909 – 1976). Life, Wirk, Legacy*, in: *The Musical Quarterly* LXIII, 1977, S. 327 – 366

53 *Auctorum anonymorum missarum propria XVI quorum XI Gulielmo Dufay auctori adscribenda sunt,* in: *Monumenta poyphoniae liturgicae sanctae ecclesiae romanae*, 2. Serie, Band I

begründete er dies im Vorwort mit dem für Du Fay gesicherten, zur *Missa de Spiritu Sancto* gehörigen *Alleluia Veni Sancte Spiritus* (s.o.), mit Ähnlichkeiten zwischen den Zyklen, welche deutlich hinausgingen über stilistische und Gemeinsamkeiten in der paraphrasierenden Behandlung der vorgegebenen Cantus, und mit dem Abstand zu den wenigen vergleichbaren Stücken. Mit der versprochenen Detaillierung der Argumente ist er nicht zu Ende gekommen; offenbar spielte hier eine zweiflerische Gewissenhaftigkeit mit, welche ihn u.a. unmittelbar vor der Drucklegung der Ausgabe bewog, die Zuweisung der Stephanus-Messe an Du Fay zurückzunehmen[54].

Die Herausforderung einer seinerzeit kaum positiv verifizierbaren Zuschreibung von insgesamt 65 Sätzen war zu groß, als daß sie, angefangen bei Feiningers Lehrer Heinrich Besseler[55] bis hin u.a. zu den ihrerseits umstrittenen Einwänden von Charles Hamm[56], nicht massiver Skepsis begegnet wäre. Daß diese auch mit der Scheu zu tun hatte, sich auf das Glatteis stilkritischer Argumentationen zu begeben, welches Feininger nicht gescheut hatte, taugt als Vorwurf nicht, weil man fast dreißig Jahre – bis zu seinem Tode – auf die angekündigte Detaillierung wartete. Erstaunlich erscheint eher, daß die Dimension und Dringlichkeit des Problems kaum jemanden veranlaßte, die Wartezeit abzukürzen.

Dies geschah vier Jahre vor Feiningers Tod mit dem, seine Zuschreibungen in zwei Fällen stützenden, von Alejandro Enrique Planchart[57] geführten Nachweis, daß es sich bei dem zur *Missa de Spiritu Sancto* gehörigen Offertorium *Confirma hoc* und bei dem zur *Missa Sancti Francisci* gehörigen Introitus *Os iusti* um Stücke handelt, welche in einem Brief des Theoretikers Giovanni Spataro an seinen Kollegen Pietro Aron[58] als von Du Fay komponiert erwähnt werden, wovon mit einiger Sicherheit auf ihn als Komponisten jeweils der gesamten Messen geschlossen werden könne. Wenig später vermutete Craig Wright anläßlich einer Prüfung der Cambraier Dokumente – welche entscheidend zur Revision auch der Biographica beitrug[59] –, daß es sich bei dem 1473/74 neben der *Ave regina*-Messe als neu abgeschrieben erwähnten Tractus *Desiderium animae* um den anonym in Trient 88 überlieferten handele, anderenfalls Du Fay kaum die Kopiatur gemeinsam mit derjenigen der Messe angeordnet hätte. Dem schlossen sich David Fallows' Nachweise zur *Missa Sancti Antonii* und dem darin enthaltenen Graduale *Os iusti* an[60] und William Prizers[61] Entdeckung, daß Philipp der Gute für die Sitzungswoche des Ordens vom Goldenen Vlies tägliche Gottesdienste mit Votivmessen angeordnet hatte – montags ein Requiem, dienstags eine *Missa de Angelis*, mittwochs *de Sancto Andrea*, donnerstags *de Spiritu Sancto*, freitags *de Sancta Cruce*, samstags *de Beata Virgine* und sonntags *de Sanctissima Trinitate*; mit Ausnahme des Requiems gehören sie durchweg zu den in Trient 88 überlieferten Proprienmessen. Alejandro Enrique Planchart[62] konnte belegen, daß es sich bei den in den Proprien bearbeiteten Melodien nicht um die zur Liturgie in Cambrai gehörigen handelt, sondern um die in St. Etienne zu Dijon gepflegten; sie dürften sich nicht unterschieden haben

54 Fallows 1986, S. 51

55 der einer definitiven Stellungnahme ausgewichen ist

56 Hamm 1964, S. 112, 131 – 135; kritisch hierzu Fallows 1982, S. 189, und. Gerber 1996, S. 107

57 Planchart 1972, S. 13 ff.

58 Bonnie J. Blackburn/Edward E. Lowinsky/Clement A. Miller (Hrsg.), *A Correspondence of Renaissance Musicians*, Oxford 1991, SS. 588 ff. und 605 ff.

59 Wright 1975; bis dahin galt Besselers Artikel *Dufay* in der Enzyklopädie *Die Musik in Geschichte und Gegenwart* (erste Ausgabe), Band 3, Kassel usw. 1954, als wichtigste Referenz

60 Vgl. das folgende Kap.

61 Prizer 1985

62 Planchart 1988

von den nicht überlieferten der Sainte Chapelle, die dem Herzog direkt zugeordnet war. Inbezug auf die verbleibenden Proprien steuerte Barbara Haggh[63] die Überlegung bei, daß es sich bei Georg, Mauritius, Sebastian und Stephan, als den Adressaten weiterer Votivmessen, um insbesondere für Kriegsleute zuständige Heilige handele, naheliegend bei einem Orden, der sich zuvörderst als Instanz der wehrhaften Kirche verstand; Franziskus und Antonius von Padua wurden in der Sainte Chapelle von Dijon verehrt, und deren Patron, Herzog Philipp, hatte als seinen Patron Antonius den Großen[64] erwählt.

In die Beweiskette zugunsten Du Fays passen die zwischen 1439 und 1450 in Cambrai verbrachten Jahre und die mehrmalige Berufung darauf, daß er von 1439 bis 1447 zur *familia* des Herzogs gehört habe[65], ebenso gut wie seine Anwesenheit bei der Versammlung des Ordens 1451 in Mons, die Vorauszahlung eines Jahressalärs für besondere musikalische Verdienste im Jahre 1452 und die Auskunft, daß Simon Mellet für die Abschrift von vier großen Chorbüchern in den Jahren 1449/50 entlohnt worden sei, davon zwei, welche nur Proprien enthielten. Dergestalt scheint wenig zu fehlen für den Sprung von der Vermutung zum Nachweis, daß Du Fay tatsächlich der Komponist der elf von Feininger ohne diesen Beweishintergrund genannten Proprien ist[66], ohne daß die von David Fallows 1982[67] formulierten Vorbehalte als ausgeräumt gelten dürften. »The entire topic is frighteningly large and liable to the kinds of subjectice judgment that always arouse suspicion. Moreover there are plenty of anomalies within the individual cycles which must be explained before the pieces are admitted, even tentatively, to a Dufay edition. The matter is a solemn reminder of how little we still know about the nature and styles of music in the fifteenth century and how little we understand about the range of style and techniques within Dufay's work.«

Vorderhand sollten wir allerdings bei abgestuften Wahrscheinlichkeiten stehenbleiben. Zuinnerst, als am besten gesichert stünden die Antonius-Messe und der Introitus *Os iusti meditabitur*, nahebei die *Missa de Spiritu Sancto* mit dem für Du Fay gesicherten Alleluia *Veni sancte spiritus*; demgegenüber geminderte, dennoch immer noch hohe Wahrscheinlichkeit käme einem mittleren Kreis zu, den Messen *de Sancto Francisco* (welche zwei Stücke mit der Antonius-Messe gemeinsam hat[68]), *de Sanctissima Trinitate*, *de Sancto Andrea*, *de Sancta Cruce*, *de Angelis* und *de Uno Martyre*; einen äußeren, vielen Zweifeln ausgesetzten Kreis würden die verbleibenden, von Laurence Feininger für Du Fay reklamierten Messen für Johannes den Täufer, für die Heiligen Georg, Sebastian und Mauritius bilden.

Auch dieses Schema hat Schönheitsfehler – die Wahrscheinlichkeit innerhalb der drei Kategorien ist nicht einheitlich dosiert. In der am besten gesicherten bleibt die Communio *Domine quinque* der Antonius-Messe hinter dem Anspruch der anderen Teile deutlich zurück[69] und läßt sich, zumal nach dem Höhepunkt des *Agnus Dei*[70], nur vom liturgischen Vollzug her rechtfertigen. Ähnlich verhält es sich, möglicherweise nicht zufällig, mit der Communio der in den mittleren Kreis gehörigen *Missa de Spiritu Sancto* – sind diese Sätze, u.a. auch die Communio der *Missa de Sancto Stephano*, später hinzugekommen? Immerhin fällt auf, daß die sieben für

63 Haggh 1995

64 bzw. »den Einsiedler«, auch *Antonius Abbas*

65 Planchart 1988, S. 135 – 137

66 Fallows 1986

67 S. 189

68 den Introitus *Os uisti*, das Graduale *Os iusti* und das Offertorium *Veritas mea;* dieser »mittlere Kreis« identisch mit der Tabelle 19.2 bei Planchart 1993, S. 311/12

69 Gerber 1996, S. 113/114

70 Hierzu S. 342 ff.

den Orden, also für die Liturgie in Dijon komponierten Messen durchweg dreistimmig sind, daß Beschreibungen der Liturgie von deren Fortsetzung »*jusques a loffertoire*«, nicht also bis zur Communio, sprechen[71] , diese andererseits aber in die Cambraier Liturgie paßt. So scheint weder ausgeschlossen, daß man die zunächst auf die Ordensrituale zugeschnittenen Messen, um sie anderweitig verwenden zu können, späterhin vervollständigt hat, wie auch, daß Johannes Wiser oder ein für seine Vorlagen Zuständiger, einem alten Usus folgend[72], mehr unter dem Titel der jeweiligen Messe zusammengeschrieben hat, als ursprünglich zu ihr gehörte.

Beides würde mit einer Praktikabilität zusammenstimmen, welche bei der Konzeption des Corpus geboten war, weil dieselben Sänger eine Woche lang täglich eine andere, mindestens fünfteilige Messe parat haben mußten, man ihnen also in diesem Rahmen exorbitante Schwierigkeiten wie in manchen isorhythmischen Motetten oder Du Fays späteren Cantus-firmus-Messen[73] nicht zumuten konnte – daher wohl die Beschränkung auf drei Stimmen in den für den Orden bestimmten Messen. Kommt hinzu, daß man in Notfällen nicht auf vorhandenes Repertoire zurückgreifen konnte – als Genre und Programm war der Zyklus neu, genau genommen hat er erst in Heinrich Isaacs *Choralis Constantinus* Fortsetzung gefunden.

Weil er neu war, weil die Ordensrituale eine Aufführung nur als siebenteiliges Ganzes zuließen, handelte es sich um eine Riesenaufgabe, deren – außerdem vielleicht unter Zeitdruck stehende – Erfüllung, sofern man sie überhaupt von einem einzigen erwartete, auch Du Fays Möglichkeiten überstiegen haben könnte. Weil das Zusammenwirken mehrerer Komponisten auch bei kleineren Projekten, ähnlich wie Veränderungen vorhandener Tonsätze, gang und gäbe war – die Zeiten, da Kopisten Meßsätze verschiedener Herkunft zu Satzpaaren zusammenstellen, lag nicht weit zurück –, mag die Mitarbeit anderer Musiker an dem großen Vorhaben von vornherein als selbstverständlich angesehen worden sein. Das darf beim einseitigen Hinblick auf Du Fays Verfasserschaft um so weniger außer Acht bleiben, als die Vermutungen sich auf nur wenige positive Sachverhalte stützen können und also auf allemal heikle Wertkriterien bzw. personalstilistische angewiesen sind. Der Unterschied Du Fays zu anderen Musikern[74] stellt sich allzu selbstverständlich als qualitativer dar – das Beispiel der hochbedeutenden anonymen, einstmals Du Fay zugewiesenen *Missa Caput*[75] indessen muß dem Betrachter eine Lehre sein. Damit soll ein Rangunterschied nicht weggeredet werden, der den Mitkomponierenden gewiß vor Augen gestanden hat und zu fragen Anlaß gibt, ob sich aus ihm für die oberste musikalische Autorität nicht von selbst eine Verantwortung fürs Ganze ergab[76], welche nicht auf die Alternative reduziert werden sollte, ob Du Fay dies oder jenes Stück komponiert habe oder nicht. Die Annahme liegt nahe genug, daß der erste Musiker des Landes dem Herzog für das u. a. hochpolitische Projekt insgesamt haftete, gegebenenfalls also auch für weniger Gelungenes.

Im Übrigen lag das Projekt auf der Interessenlinie eines »exemplarischen«, auf eine repräsentative Totalität der Lösungen angelegten Komponierens, das Du Fay im bescheideneren Rahmen der Hymnen[77], vielleicht auch bei Sequenzen, bereits erprobt hatte – ein Interesse freilich, welches mit demjenigen von Auftraggebern und mit stabilen Konstellationen zusam-

71 Haggh 1995, S. 5/6
72 Vgl. die Kap. II und VII
73 ein Höhepunkt hierin Du Fays *Missa L'homme armé*, vgl. S. 359 ff.
74 zumal eine Mitwirkung von Binchois nicht wahrscheinlich ist, vgl. Gerber, a.a.O., S. 116
75 II/75
76 auch das erwähnte Salär spricht dafür
77 Vgl. Kap. XVII

mentreffen mußte, bei Du Fays Hymnen mit den durch die savoyardische und päpstliche Kapelle vorgegebenen Sicherheiten, bei den am ehesten vergleichbaren acht Introiten seines jüngeren Kollegen Johannes Brassart mit denen in der kaiserlichen Hofkapelle vor und nach 1440.

Gerade, wenn ein mehrstimmiger Satz sich mit einer vorgegebenen Melodie »innigst identisch« machen soll, wird deutlich, inwiefern und wo dies nicht möglich ist. Mag die Melodie auch modalen Zuordnungen unterliegen, also implizit Harmonie bei sich führen (seinerzeit dennoch auf andere Weise als die uns geläufige) – sie kann dennoch besser, weniger beschwert im Unentschieden schweben als ein Stimmbündel. Für dieses fällt z. B. mehr ins Gewicht als für den Cantus, wenn er, wie im folgenden Beispiel, auf *e* als Finalton hinausläuft, von dem als solchem er zuvor kaum Gebrauch gemacht hat. Weil mehr bewegt wird, läßt sich das Stimmbündel schwerer bewegen, seine Organisation setzt harmonische Verläufe voraus und diese ihrerseits Ausgangs- und Zielpunkte. Die hohe Kunst ihrer Verschleierung in einer über niedrig gehaltene Schwellen dahinflutenden Polyphonie, insbesondere mit dem Namen Ockeghem verbunden, stellt sich nicht zuletzt als Versuch dar, die pneumatische Freiheit und zeichnerische Eindeutigkeit des Cantus planus mehrstimmig zu transzendieren, mit polyphonen Mitteln im übertragenen Sinne einstimmiger zu erscheinen als die Einstimmigkeit. Problematik und Grenzen dieser Intention zeigen sich besonders deutlich, wo der mehrstimmige Satz möglichst umfassend auf eine einstimmige Vorlage bezogen werden soll, keine poetische Form, z. B. eine strophische, als Vorleistung von seiten des Textes die Gliederungsbedürftigkeit der mehrstimmigen Struktur eo ipso bedient und der Komponierende diesem Gliederungsbedürfnis gegen textlich und melodisch vorgegebene Prosa im Interesse semantischer wie syntaktischer Transparenz Geltung verschaffen muß.

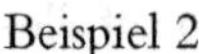
Beispiel 2

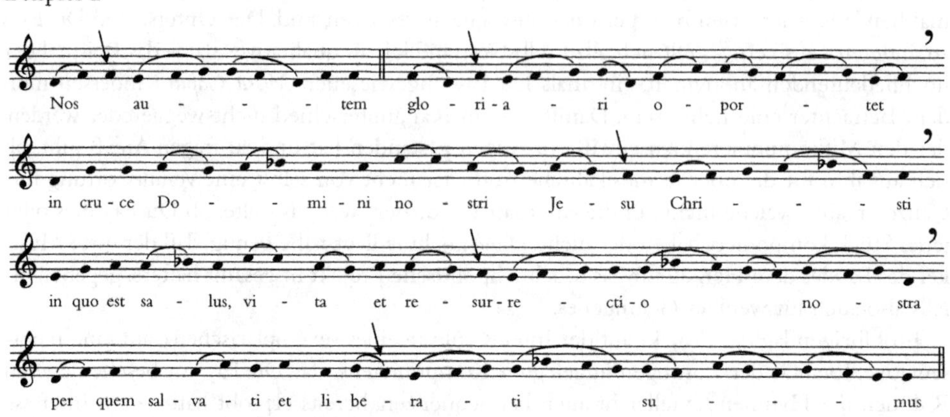

Die polyphone Bearbeitung des Introitus zur *Missa Sanctae Crucis*, »*Nos autem gloriari oportet* ...« (Beispiel 2) sorgt in mehrfacher Weise für die Profilierung von Momenten, die im Cantus angelegt sind – u.a. inbezug auf Modalität bzw. Harmonie, bei der Unterteilung in zeilenähnliche Einheiten und bei der – oft deklamativen – Wahrnehmung des Melodieverlaufs. Harmonisch verstärkt der Satz[78] die beim Cantus in ungewöhnlicher Weise durch *b*-Vorzeichen

78 Zum Weiteren vgl. Beispiel 3; Planchart 1993, S. 322; dort auch eine Transkription mit überschriebenem Cantus

gestützte Ambivalenz einer zunächst eher auf *d*, *F* oder *g* beziehbaren Linie und der plagalen Ausmündung nach *e*. Jenes *b* zieht den einzigen Zeilenbeginn auf *e* (Beispiel 3, Takt 20) nach *F* bzw. *d* herüber, die großen Zeileneinheiten kadenzieren nach *F*, *g* und *d* (Takte 8, 19, 33); nur eine Zwischenkadenz (Takt 23), welche allerdings einen markanten Viertakter und zugleich das erste Duo beendet, führt nach *a*. Immerhin erscheint *e* mit Ausnahme des erwähnten Zeilenbeginns fünfmal ligiert in der Konstellation *f-e-f-g* (vgl. Beispiel 2). Die letzte Gruppe (ab Takt 34) spiegelt die Ambivalenz nochmals in konzentrierter Form wider; erst der schließende Viertakter, nochmals auf *d* ansetzend, führt überraschend, nun mit dem besonderen Nachdruck eines Fauxbourdonsatzes, nach *e*; weil wenig vorbereitet, bleibt es beim Charakter eines Halbschlusses. Spielte hierbei mit, daß es sich um einen zum Nachfolgenden hin geöffneten, keine Selbständigkeit prätendierenden Introitus handelt?

Beispiel 3[79]

79 Die über das System gesetzten Kreuze bezeichnen die vom Cantus vorgegebenen Töne, Bindebögen deren Ligierung

Der harmonische Verlauf arbeitet der vershaften Aufgliederung der aus einem Hauptsatz und zwei Relativsätzen bestehenden Prosa zu – nur bei den Anschlüssen »*in quo est ...*« und »*per quem ...*« (Takte 19 und 33) ruht je für einen Takt alle Bewegung. Überdies wird jeder Zeilenanfang auf eigene Weise markiert – der erste als Beginn des polyphonen Satzes; der zweite (Takte 9/10) durch syllabische Deklamation und, nachdem zuvor Sekundschritte überwogen hatten, durch den prägnanten Quartaufschlag; der dritte abermals durch syllabische Deklamation, dank der Wiederholung des durch »*Christe*« zuvor mit Nachdruck versehenen *e*, durch Viertaktigkeit und die Reduktion auf zwei Stimmen; der vierte (Takte 34/35), schon in der Vorlage als Wiederholung des Terzaufschlags vom Beginn herausgehoben, durch imitative Auffächerung – der Contratenor antizipiert den Terzaufschlag des Cantus, der Tenor die in den anderen Stimmen im Takt 37 erscheinende Folge von zwei Sekundschritten aufwärts und einem abwärts.

Bei der vierten Zeile »*per quem salvati et liberati sumus*«, das signalisiert schon der hier ungewöhnliche Beginn, handelt es sich um mehr als eine solche, fast um einen zweiten Teil[80], um nicht zu sagen: um eine verkürzte Reprise des aus den vorangehenden drei Zeilen gebildeten ersten Teils, ziemlich genau der ersten zwei Drittel des Ganzen. Dem auf die Cantus-Eröffnung (»*Nos autem* ....«) bezogenen Einstieg geht die ausgedehnteste vom Cantus unabhängige Passage voraus, mit acht freien Tönen eine Kadenzierung, welche für einen Abschluß besser zu taugen scheint als die plagale Kadenz am Ende; dieser verschafft der deutlich abgesetzte Viertakter einigen Nachdruck.

Dies umso mehr, als er sich in vershaft-periodische Kristallisationen einreiht, von denen unmittelbar zuvor der Komplex der Takte 34 bis 43 am weitesten entfernt war – auch hier also ein Rückgriff. Er bezieht sich in erster Linie auf das die zweite Zeile (Takte 20 ff.) eröffnende Duo, dessen Stimmen je für sich und zusammen so liedhaft erscheinen, daß man den Stückverlauf insgesamt beinahe als Hinweg zu und Entfernung von ihm beschreiben könnte. Dem entspräche die Hervorhebung als Duo und des Textes »*in quo est salus*«, beides bestätigt durch die Korrespondenz mit dem in die vierte Zeile eingelassenen Duo (Takte 36 ff.), auch durch die Nähe der Worte »*salus*« und »*salvati*« – beide Duos übrigens sollen offenbar behutsam in die Dreistimmigkeit zurückgeführt werden, beidemale legt ihre Beendigung, wie im Beispiel 3 angedeutet, eine Ergänzung *a fauxbourdon* nahe. Zu melodischer Gestalt kristallisiert sich die Viertaktigkeit innerhalb der achttaktigen ersten Zeile am ehesten in deren zweiter Hälfte im Tenor (Takte 5 bis 8), herausgehoben auch durch den Beginn mit der Tonfolge *d'-c'-a* als – transponiert – derjenigen (= *g'-f'-d'*), die der Cantus bei »(*gloria-*)*-ri*« gegenüber dem nahebei liegenden Beginn (»*autem*«) zu *g'-d'* verkürzt hatte. Allerdings verhindert der Verlauf der Oberstimme – außer zwei Terzen werden alle im Cantus vorgegebenen Intervallsprünge mithilfe von Durchgangsnoten zu Sekundgängen – eine Unterteilung der acht Takte in zweimal vier. Die zweite Zeile (Takte 9 bis 20) gliedert sich in fünf plus sechs Takte, dergestalt per Kontrast das viertaktige Duo am Beginn der dritten heraushebend; dessen Kadenzierung (auf *a*) folgt nur zwei Takte später eine weitere (auf *d*) und dieser, nun wieder abstandnehmend von der quadratischen Metrik, ein in fünf und drei Takte gegliederter Achttakter. Die hiermit verbundene Enttäuschung periodischer Erwartungen vergrößern die zehn Takte der rekapitulierenden vierten Zeile (Takte 33 bis 43), bevor jene mit den letzten vier Takten noch einmal erfüllt werden.

Daß in der ersten Zeile fast alle Intervallsprünge des Cantus durch Sekunden ausgefüllt sind, das konsequent kleinschrittige Auf und Ab der Linie verschafft den Abweichungen besonderen Nachdruck – nicht erst den, zudem syllabisch textierten, Anfängen der zweiten und dritten Zeile. Der Contratenor macht gleich zu Beginn wett, daß der im Cantus bei »*gloria*« vorgegebene Terzwechsel verlorenging; der Tenor zitiert im zweiten Takt den im vierten der Bearbeitung veruntreuten Quartschritt *g-d*, welcher angesichts der melodischen Ökonomie auch auf seine Umkehrung am Beginn der zweiten Zeile bezogen werden könnte; überdies restituiert er in den Takten 5 bis 7 zweimal die Folge von Sekund- und Terzfall, die dem Cantus (*a'-g'-f'-e'* statt *a'-g'-e'*) durch Ausfüllung verlorenging, und bewahrt die Wendung in Wiederholungen (Beispiel 4 a bis c) in auffälliger Weise auf.

Den Beginn der zweiten Zeile prägt die Folge von Quartaufschlag und Sekundabgang, welche durch Ergänzung des Zwischentons *f* entstand (*d'-g'-f'* in der Oberstimme), sogleich umgekehrt im Contratenor (Takte 9/10: *g-d-e*) und permutiert im Tenor (Takt 10: *a-g-c'*);

80 Planchart, a.a.O., S. 325, spricht von »a real sense of a new beginning«

Beispiel 4 a bis c

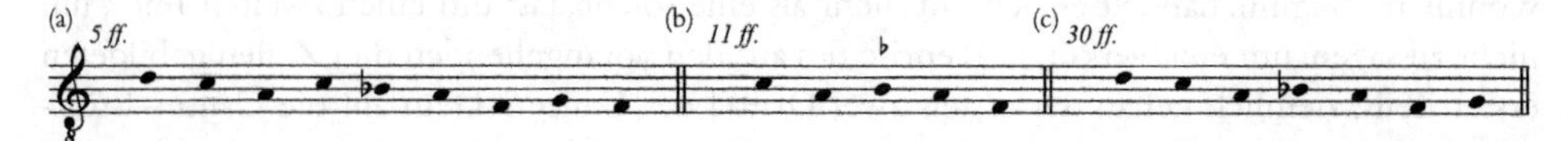

den Beginn der dritten Zeile prägt die in gleicher Richtung gehende Folge von Terz- und Sekundschritt bzw. umgekehrt – in der Oberstimme *e'-g'-a'*, gleich dreimal im Contratenor (Takte 19 bis 22: *d'-c'-a*; *b-a-f*; *g-a-c'*). Hiermit verglichen fast üblich erscheinen im zweiten Duo fünf terzparallele Schritte (Takte 36 bis 38) und die imitativ versetzte Folge von Terz und Sekund (Superius *a'-f'-g'*; Contratenor *e'-c'-d'*; *d'-h-c'*), wären nicht auch sie von dem Bestreben in Dienst genommen, den Cantus, wie und wo immer die Gesetze der Polyphonie es erlauben, in ihr unterzubringen, ihn mit sich selbst ins Gespräch zu bringen. Deshalb u.a. macht die Bearbeitung die vom Cantus im Terzgang *e'-f'-g'* vorgegebene Bewegung in Sekunden über alle stilbedingte Normalität hinaus zu einem diesem Zusammenhang speziell zugehörigen Habitus; in der zweiten Zeile (Takte 15 ff.) überbietet der Tenor einen fünfstufigen Aufgang im Cantus vorwegnehmend durch einen sechsstufigen.

Die anfangs nahezu konsequente Reduktion der Linie auf Sekundbewegungen erscheint nicht zuletzt mitbestimmt von einer deklamativ inspirierten Dramaturgie melodischen Raumgewinns. Zunächst schaukelt die Linie in kleinen Wellenzügen und erreicht, von *f'* ausgehend, vorerst nur *a'* (Takte 5 ff.), um auch von hier wieder zurückzuweichen. Der Quartaufschlag *d'-g'* zu Beginn der zweiten Zeile signalisiert neue, alsbald zu *b'* und danach zu *a'* als intermittierendem Kadenzton drängende Dynamik, welche indes im Takt 13 nicht innehalten kann, im Contratenor weitertreibt, deutlicher noch im Superius, welcher nach einer rhetorischen Pause in den Hochton *c"* springt und die Worte »*nostri Jesu Christi*« emphatisch hebt. Zu dieser Kulmination tragen auch die beiden sequenzierend aneinandergesetzten Quartabstiege bei, die durch Ergänzung einer Note (*h* im Takt 14) zustandekommen – insgesamt der größte im Stück begegnende Abstieg, dem sich der größte Anstieg anschließt. Für den Reprisencharakter der vierten Zeile spricht auch, daß das breit ausgezogene Ab-Auf sich dort im Tenor (Takte 41 ff.) wiederfindet.

Dieser erscheint als Fundamentum relationis durch den Verlust der an die Oberstimme abgetretenen liturgischen Beglaubigung kaum beeinträchtigt, den Schönheitsfehler der im Takt 30 von der Oktav zur Quint führenden Parallelbewegungen fängt der gegenläufige Contratenor halbwegs ab, und beim letzten Einsatz zum resümierenden Ab-Auf (Takt 41) mit der heiklen Quart unter dem Superius endet die im Duo dem Contratenor zugefallene Tenorfunktion, wäre dessen *g* also noch ihr zuzurechnen. Dennoch verblassen die hier insgesamt am ehesten zuständigen Verbindlichkeiten des Kantilenensatzes; der Habitus der Stimmen, besonders der zuvor leicht unterscheidbaren Tenores, ähnelt sich zusehends, und selbst, wenn man die Unterstimme der Duo-Passagen dem Tenor zuschlagen würde, kann der Contratenor nicht mehr, wie etwa beim zeitlich nahe liegenden *Je ne vis onques* (S. 305 ff.), notfalls wegbleiben. Die Intention, mehrstimmig einstimmiger sein zu wollen als die Einstimmigkeit, drängt das Komponieren in die Richtung einer in neuer Weise integrativen, weiterhin genuin kontrapunktischen, jedoch nicht mehr primär additiv aufgefaßten Polyphonie gleichartiger Stimmen. Da dem fundamentierenden Anspruch des Tenors die theologische Deckung verlorengegangen ist, bleibt nur die satztechnische – wie lange wird sie sich, entgegen aller hier unbezweifelten Selbstverständlichkeit, ohne jene halten lassen? Die Proprien erscheinen als kompromißhafte Lösungen besonders geeignet, den Schematismus einer dichotomischen Unterscheidung von horizontaler und vertikaler Konzeption[81] zu überführen.

Darüberhinaus arbeitet eine anders gelagerte Dialektik von Mit- und Nacheinander mindestens gleichwertig mit: Zur Polyphonie ungleichartiger Stimmen gehörten übersichtliche Dimensionen, sie war auf Wiederholungen gestellt und arbeitete u.a. mit wechselnden Verknüpfungen von bereits Gehörtem[82]. Ein auf die Gesamtform bezogenes, übergreifendes Wiedererkennen, unabdingbar bei der Rezeption besonders der weltlichen Formen, doch zumeist auch von *Kyrie*, *Sanctus* und *Agnus*, kann in den Proprien kaum eine Rolle spielen, und wenn, dann vornehmlich auf den Cantus bezogen oder von ihm ausgehend. In dieser Hinsicht bot der überschaubare, syntaktisch klar gegliederte Introitus der *Missa Sanctae Crucis* erleichterte Bedingungen, weshalb der Rückhalt im Kantilenensatz deutlich durchscheint; unschwer ließe die Bearbeitung sich als aufgeblähtes fünfzeiliges Rondeau interpretieren mit der Corona im Takt 33 und einer im Takt 43 beginnenden fünften Zeile[83].

Beispiel 5[84]

81 Vgl. Kap. XVI

82 Vgl. u.a. Kap. XII

83 Vgl. das *Agnus Dei* der Antonius-Messe, S. 342 ff.

84 Nicht vermerkt sind hier die in den verschiedenen Liturgien differierenden Töne des Cantus; zu diesen vgl. Planchart, a.a.O.

Solche Erleichterungen boten Alleluia, Offertorium und Graduale nicht – und darüberhinaus breit ausgezogene Melismen. Am Beginn des Graduale der Trinitatis-Messe (Beispiel 5) entscheidet Du Fay sich für eine radikale Lösung: Angeregt wohl durch die Entsprechung der bei *»Dominus«* zweimal vier Cantus-Töne (Beispiel 6 a) gruppiert er das großbogige Melisma kleingliedrig in zweimal zwei plus vier Takte; nach dem Gleichschritt der beiden Zweitakter (1/2, 7/8) komponiert er eine lebhafter bewegte Polyphonie, deren deklamative Intensität gegen die Wortlosigkeit des Cantus anzurennen scheint, am Ende mit Erfolg: Sie bringt ihn zum Reden (*»qui intueris …«*), indem sie seine Linie verkürzt vorwegnimmt (Contratenor, Takt 11/12), welche die melodische Wendung vom Beginn versetzt wiederholt (Beispiele 6 a und b). Die rufende Terz vom Ende der Wendung, im Beispiel eingekastelt, vergegenwärtigt der Satz bis zum Eintritt der nächsten musikalischen Zeile (Takte 26 bis 28) immer wieder und verdeutlicht damit Kontinuitäten, welche im Cantus nur angedeutet sein können.

Beispiel 6 a bis c[85]

Sie gelten jeweils innerhalb überschaubarer, detailliert erinnerbarer Dimensionen, anderenfalls sie tautologisch erschienen und notwendigen Kontrastierungen im Wege stünden. Dies war wohl eine der wichtigen, mit den nichtmotettischen Proprien verbundenen Erfahrungen: Je größer die Dimension, desto mehr Verantwortung fürs Ganze blieb dem Cantus, der Liturgie wo nicht der Transzendenz überlassen. Das mußte um so deutlicher wahrgenommen werden, desto weiter die ästhetischen Ehrgeize gingen. Weil die Frage in den wortreichen Sätzen des Ordinariums ähnlich stand, durch traditionelle Übereinkünfte hinsichtlich kompositorischer Lösungen jedoch entschärft war, lag die Meßlatte für jene Ehrgeize in den Proprien hoch bzw. konnten diese nur zu leicht als Aufforderung zu überwunden geglaubten Verzichten empfunden werden, bejahendenfalls als strenge Prüfstände.

Dem Komponierenden verdichtete sich das zur Frage, wie bei einem ausgedehnten Stück für Kontrastierungen gesorgt werden könne, deren Widerspiel zur Konstituierung eines Ganzen vonnöten ist, und zusammenschließende, jene Kontrastierungen übergreifende Momente dennoch mit erwünschter Deutlichkeit zur Wirkung kämen. In einzelnen, eher seltenen Fällen besorgte das der Cantus; damit war der Bearbeitende die Verantwortung zwar los, jedoch schwerlich beruhigt im Bewußtsein, sie »nach oben« abgetreten zu haben. In anderen, zahlrei-

85 Der diastematischen Verdeutlichung wegen arhythmisch notiert

chen Fällen blieb die Frage offen – im Vertrauen darauf, daß dies im liturgischen Vollzug nicht als Defizit empfunden werde. In den interessantesten Fällen sucht der Musiker Wechsel und Kontinuität so zu verknüpfen, daß auch neuartige Konstellationen oder Prägungen als durch das Vorangegangene notwendig gemacht erscheinen, in ihrer Eigenart jedoch zugleich über größere Distanzen hinweg erinnerbar bleiben.

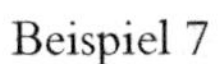
Beispiel 7

Im Graduale der *Missa de Sanctissima Trinitate* wechselt Du Fay, nachdem er am Ende des ersten Abschnittes einem Melisma genau jene zäsurlos flutende Polyphonie beschert, die er dem Anfang verweigert hat (s. oben Beispiel 5), in einem zweiten Abschnitt ins Tempus imperfectum[86] und innerhalb dessen zu einer radikal veränderten Satzweise (Beispiel 7): Der Contratenor – nicht der

86 welches sicherlich bewegt zu denken ist, vgl. Planchart, a.a.O., S. 324

Tenor! – übernimmt in einem 14 Takte langen Duo den Cantus zunächst in gleichmäßig skandierten Pfundnoten, wogegen der Superius lebhafte Bewegung setzt. Weil der Abstand zum bisherigen Zuschnitt groß ist, muß er auf anderen Ebenen verringert werden: Schon vorher verdünnt Du Fay den Satz auf zwei Stimmen und führt (Beginn des Beispiels 7) eine Wendung ein, die zuvor als Überleitung begegnete (Takt 58/59), nun aber vorausweist auf eine demnächst im Cantus – wie die vom Beginn gleich zweimal – erscheinende (Beispiel 6 c). Beidemale ergänzt er im Superius nach dem Hochton *f'* ein *e'* (Takte 83 und 86) und gewinnt so neben der Wechselnote *c'-d'-c'* und dem Quartaufschlag die Wendung *f'-e'-(d')-c'* hinzu, einprägsam besonders ohne *d'* als Folge von fallender Sekund und Terz. In dieser Form begegnet sie[87] ankündigend am Beginn des Beispiels 7 und zweimal innerhalb der ersten, die Pfundnoten begleitenden Phrase des Superius, in der zweiten abermals, und wird in die nächste Gruppe (Takte 90 ff.) hineingezogen, in der der Cantus zum Superius zurückgekehrt ist. Dergestalt komponiert Du Fay eine Ausstrahlung der in den geschmeidigen Satz grobschlächtig archaisch einbrechenden Pfundnoten, schafft ihnen Vor- und Nachklänge, welche erwartend bzw. erinnernd zu integrieren helfen.

Die Spannweite der mit den Propriumsmessen verbundenen Herausforderungen erfaßt kompositionstechnische Details ebenso wie Fragen nach einer ästhetischen Ganzheit und die einer Selbstverständigung der Schaffenden – und keinen dieser Aspekte unabhängig vom anderen. Nachdem der Cantus in der Motette strukturell verinnerlicht und die Wahl des jeweiligen Ausschnittes dem Komponierenden anheimgegeben war, konnte dieser durch die Verpflichtung auf einen offenliegenden, unverkürzten Cantus sich auch in eine überwundene Botmäßigkeit zurückgeworfen empfinden. Durch Du Fays Teilhabe und die Ergebnisse widerlegt, erscheint diese einseitig emanzipatorische Sichtweise wenigstens geeignet, die Dialektik einer »Wendung zur Kultmusik«[88] zu beleuchten, welche nicht simpel gegenläufig als vorweggenommene Gegenreformation und Abwendung von zuvor erarbeiteten, eigenwüchsig ästhetischen Ansprüchen verstanden werden darf. Deren Erfüllung hat sie überhaupt erst möglich gemacht. In der historischen und kompositorischen Situation der vierziger Jahre konnte das große Projekt nicht nur ein Auftrag sein, es mußte zum Bekenntnis werden – ganz und gar bei einem, der sich seine Aufgaben aussuchen konnte. Dies und ein dicht gewobener Wirkungszusammenhang, der übergreifende Aspekte allenthalben mit musikalischen Details vernetzt, rechtfertigen die Rede vom »zweiten Stil«[89], welche hoch greift, insofern sie, alles bei Du Fay Vorangegangene als »ersten Stil« supponierend, eine mächtige und vielfach differenzierte Vergleichsgröße ins Spiel bringt.

Die für den Orden vom Goldenen Vlies bestimmten Proprienmessen und die übrigen im Trienter Codex 88 überlieferten ähneln einander so sehr, daß jene, auch wenn der Ruf des Herzogs das Projekt erst in Gang gebracht hat, wohl eingeschachtelt waren oder wurden in ein noch weiter gespanntes, vermutlich alle hohen Kirchenfeste betreffendes, das man in Cambrai verfolgte. Nicht zuletzt die Honorare für Du Fay und Simon Mellet sprechen dafür. Insgesamt würde damit aus der einstmaligen Grauzone der Jahre zwischen 1439 und 1450 ein Knotenpunkt, dessen genauere Kenntnis das Verständnis späterer Entwicklungen, angefangen bei den Cantus firmus-Messen der fünfziger Jahre, zu vertiefen verspricht. Und Du Fay steht nicht mehr nur als durch äußere Nötigungen nach Cambrai heimgetrieben da, wo lästige Nachfragen unwichtig sind, wie er es mit zwei verfeindeten, ihm befreundeten Päpsten hielte, sondern als einer, der äußere Veranlassungen zu inneren und eine zunächst erzwungene Heimkehr zur frei gewählten, komponierend bejahten Einkehr macht.

---

87 im Beispiel 7 eingekastelt

88 Besseler 1950/1974, S. 139 ff.

89 Planchart, a.a.O.

XXIII. Antonius von Padua – Patron offener Formen

Könnten wir bei der Wundergläubigkeit mithalten, die die Heiligen des Mittelalters ebensowohl hervorbrachte wie an ihnen sich nährte, so bestünden keine Zweifel, daß der heilige Antonius von Padua[1] bei der Identifizierung von Du Fays ihm gewidmeter Messe seine Hand im Spiele gehabt hat; denn nicht nur für Liebende, für Ehe, Frauen, Kinder, Reisende, Pferde, Esel, Bergleute, Fayencefabrikanten und als Helfer gegen Unfruchtbarkeit, Fieber, Pest, Dämonen, bei Schiffbruch und Kriegsnöten war und ist er zuständig, sondern auch für das Wiederauffinden von Verlorengegangenem.

Im genauen Sinne verloren war die Messe, angesichts des derzeitigen Kenntnisstandes ein Kernstück der im vorigen Kapitel diskutierten Werkgruppe, allerdings nicht; indessen verhinderte die falsche, auf den anderen Antonius bezogene Benennung *Missa Sancti Antonii Viennensis*[2], sie für die dem Antonius von Padua gewidmete zu halten, welche in Du Fays Testament und bei mehreren Theoretikern erwähnt wird[3]. Jedoch ist auch nicht sicher, ob sie uns so vorliegt, wie Du Fay sie gewollt, sofern er überhaupt an eine definitive Form gedacht hat. Welche von den schon in zeitgenössischen Quellen vom Ordinarium missae abgetrennten Proprium-Sätzen hinzugehört haben, läßt sich zwar sicher vermuten – mindestens für das Offertorium *Confirma hoc Deus*, den Introitus *Os iusti*[4], den Tractus *Desiderium*[5] und das Graduale *Os iusti*[6], doch aller hohen Wahrscheinlichkeit entgegen ist Du Fays Autorschaft nicht eindeutig belegt. Dem wären die Fragen anzuschließen, ob jene Zugehörigkeit ein und denselben Urheber bedinge – die Quellensituation etlicher früherer Messen oder Teilmessen spricht nicht dafür[7] – und ob von vornherein oder erst später an mehrfache Verwendbarkeit als Plenar- oder Proprienmesse oder Meßordinarium gedacht gewesen sei. Die kärgliche Überlieferung hilft bei einer Beantwortung nicht; bei keinem anderen Werk Du Fays klafft ein so großer Abstand zwischen ihr und der Bedeutung, die er selbst und die Nachwelt ihr als »his most important work«[8] zugemessen haben.

Außer in musikalischen Qualitäten gründet diese Bedeutung in der mit den Proprienmessen der vierziger Jahre verbundenen kompositorischen Situation. Deren Problematik erscheint arg formalisiert, wenn uns nur interessiert, ob Du Fay eine Votivmesse durch Hinzunahme von *Kyrie*, *Gloria*, *Credo*, *Sanctus* und *Agnus Dei* zu einer Plenarmesse erweitert habe oder ein Meßordinarium durch die Hinzunahme von Proprien. Was eine polyphone Messe

1 Nicht zu verwechseln mit dem ägyptischen Einsiedler Antonius Abbas (dem Großen), vgl. u. a. *Lexikon der christlichen Ikonographie*, hrsg. von Wolfgang Braunfels, Rom-Freiburg-Basel-Wien 1973, Band 5, S. 206 ff., oder Erhard Gorys, *Lexikon der Heiligen*, München 1997, S. 48 ff.

2 So auch, auf den anderen Antonius bezogen (s.o.) in der GA, Band II/3; in dieser finden sich, abgesehen von der versäumten Problematik der Textunterlegung, etliche Fehler (hierüber u.a. Fallows 1982, S. 298, Anm. 10); die bessere, allerdings schwer lesbare Fassung bei Bockholdt 1968, Band 2, S. 68 – 86; trotz der angedeuteten Einwände folgt die Schreibung der Notenbeispiele meist der GA

3 Houdoy 1880, S. 408 – 414; zu den nachfolgend erörterten Zusammenhängen vgl. Fallows 1982 und 1982/II. Fallows ist die Identifizierung der Messe zu danken.

4 Planchart 1972, S. 14 – 18

5 Wright 1975, S. 198 ff.

6 Fallows 1982, S. 182 – 185

7 Vgl. Kap. VII

8 Fallows 1982/III

sei oder sein könne – diese Frage samt ihren Verzweigungen und Konsequenzen scheint sich damals grundsätzlich und neu gestellt zu haben. Anderenfalls ließe sich kaum begründen, weshalb man auf dem Kontinent den von den Engländern gewiesenen Weg[9] zum einheitlichen, alle Sätze auf einen gemeinsamen Cantus beziehenden Ordinarium nur zögernd beschritt; die Ursachen hierfür – Scheu vor der unverstellten Okkupation des Meßordinariums durch die Motette? – konnten nicht weit entfernt liegen von denen, die wenig später hinter der explosionshaften Konjunktur der Cantus firmus-Messe standen. Die Cantus firmus-lose Antoniusmesse könnte Du Fay als neue, umfassende Antwort auf jene große Frage konzipiert haben; jedenfalls betrifft die Vermutung, daß er dem Dilemma der auf je ein Datum im Kirchenjahr beschränkten Proprien mit einer »Mehrzweckmesse« habe abhelfen wollen, nur die pragmatische Seite des Problems. Ein besonderes, wonicht persönliches Verhältnis eines Autoren zu eigenen Werken pflegt eher bei den Sorgenkindern zu entstehen als bei denen, welche in sicheren Normen geborgen sind – genau das könnte die Antonius-Messe betroffen haben, welche sich in ihrer Offenheit eher als Startpunkt zu einem »zweiten Stil« denn als Gründungsurkunde darstellt. Sie als einzige, hingegen keine der später komponierten vierstimmigen Messen wird im Testament genannt, und bei den Theoretikern ergibt sich ein ähnliches Bild – nicht zu vergessen, daß sie sich mehrmals gegenseitig kommentieren.

Antonius von Padua stand nach Maria neben Waldetrud, dicht gefolgt von Nikolaus und Sebastian, in Du Fays Heiligenkalender weit oben, ein in der Kathedrale von Cambrai befindliches Bild des Heiligen wird in den testamentarischen Regelungen für die eigenen Obsequien eigens erwähnt; in Cambrai genoß er besondere Verehrung. Du Fay hat im Testament Aufführungen der Antonius-Messe jeweils am Festtag des Heiligen einschließlich genauer Angaben zur Honorierung der Sänger verordnet[10], woher man auf je drei Sänger für jede der drei Stimmen der Messe rückschließen kann – möglicherweise auch auf einen Bezug auf die bei Dionysius Areopagita zu dreimal drei Chören geordneten, noch bei Nikolaus von Kues ihre Stellung behauptenden himmlischen Heerscharen[11]; tatsächlich ist die Messe, mindestens teilweise, bis 1553, vielleicht gar bis 1579/80 in Cambrai aufgeführt worden[12]. Auch die Theoretiker der nächsten zwei Generationen haben Du Fays Bevorzugung übernommen und weitergetragen – bis hin zu einem Brief Giovanni Spataros an Pietro Aaron vom November 1532 lassen sich 23 Erwähnungen nachweisen[13], was umso mehr auffällt, als die vier Cantus firmus-Messen wiederum zurückstehen. Hängt das auch damit zusammen, daß sie möglicherweise in Cambrai nicht mehr vorhanden waren, nachdem man sieben Chorbücher nach Du Fays Tod dem burgundischen Herzog überbracht hatte? Schwer vorstellbar erscheint andererseits, daß man sie nicht mehrfach abgeschrieben hat. Übrigens weist die späte Identifikation der *Missa Sancti Antonii de Padua* ebenfalls auf verlorene Abschriften hin: In der Quelle, auf die Spataro sich bezieht – nicht leicht zu erkennen –, waren mehr Töne in Ligaturen zusammengefaßt als in der uns vorliegenden[14].

---

9 Kap. VIII

10 Houdoy, a.a.O., Fallows, a.a.O.

11 Vgl. u.a. *Geschichte der Philosophie in Text und Darstellung*, Band 2: *Mittelalter*, hrsg. von Kurt Flasch, Stuttgart 1982, S. 138; Nicolai de Cusa, *De coniecturis / Mutmaßungen*, 2. Aufl. Hamburg 1988, S. 74/75, dort Figur U; ders, *Idiota de mente / Der Laie über den Geist*, Hamburg 1995, S. 118/119

12 Planchart 1995, S. 71

13 Fallows, a.a.O.

14 Fallows 1982, S. 183 ff.

Neun Sänger bzw. Mönche – dies eine andere Spur – waren es auch, mit denen Du Fay vom 26. Mai bis zum ersten Juni des Jahres 1450 auf Kosten des savoyischen Herzogs in der Osteria del Capello in Turin logierte[15]. Die Konstellation ist aufschlußreich: Seit der Abdankung des Gegenpapstes, des früheren savoyischen Herzogs Amadeus VIII. im April 1449 konnte Du Fay sich wieder ungescheut zu den alten freundschaftlichen Beziehungen bekennen, und kurze Zeit nach dem Logis in Turin wurde in Padua der dem heiligen Antonius gewidmete Altar eingeweiht, an dem Donatello seit 1447 gearbeitet hatte. Dies fiel zeitlich mit der Ausrufung des Jubeljahres 1450 durch Papst Nikolaus V. zusammen, welcher die Beendigung des Schismas und die jüngst erreichte Einheit der Christenheit ebenso feiern wollte wie den Sieg über den Konziliarismus und das mit dem Kaiser vereinbarte Konkordat – mit der Folge einer Völkerwanderung in Richtung Rom, wo für ausführliche Besuche der Apostelkirche und der Laterankirche Generalablaß versprochen war. Was den u.a. mit Brunelleschi befreundeten Donatello betrifft, so muß Du Fay ihm mindestens bei zwei spektakulären Gelegenheiten begegnet sein, 1433 in Rom bei der Kaiserkrönung des deutschen Königs Sigismund[16] und 1436 bei der Domweihe in Florenz[17] – dies die greifbaren Daten einer möglicherweise weiter reichenden Bekanntschaft. Zur Altarweihe in Padua paßte die wohl erst kurz zuvor komponierte Messe vorzüglich; im Übrigen könnte Du Fay den Anlaß knapp nach der Beendigung des Schismas gern zu einer – nur vermutbaren – Pilgerfahrt im Jubeljahr und als Gelegenheit wahrgenommen haben, der mehr als zehnjährigen Klausur in Cambrai, wenn auch zunächst nur für kurze Zeit, zu entkommen; »the coincidence of dates and of the number of singers is difficult to resist«[18].

»Antoni, compar inclite / nostri quondam itineris, / tu nobis adhuc miseris, / in patria iam predite, / te glorioso comite / nos ora frui superis«[19], heißt es in einem tropierten *Alleluia*, einem von fünf separat, geschlossen und anonym überlieferten Sätzen[20], welche neben den genannten als zur Antonius-Messe gehörig und von Du Fay stammend vermutet werden können. Vielleicht hat er diese erst im Hinblick auf Padua zur Plenarmesse vervollständigt. Antonius, der wortgewaltige Volksprediger[21], mag seine Popularität ebenso der Nähe zu Franz von Assisi wie dem Umstand zu danken haben, daß er, 1231 verstorben und bereits ein Jahr später heiliggesprochen, zu den jüngsten, fast noch historisch greifbaren, nicht legendär entrückten Heiligen zählte – darauf deuten auch die Zuständigkeiten hin. Diese sind allerdings erst lange nach seinem Tode zusammengekommen. Legendentauglich war die Lebenskurve des hochadelig geborenen Portugiesen durchaus, der sich in der Nachfolge des Paulus sah, bei der Missionierung Marokkos nicht nur krankheitshalber scheiterte, an der Universität Bologna, von Franz von Assisi gerufen, die augustinische Theologie vertrat, gegen die Katharer predigend sich in simplen Unterscheidungen von gut und böse, gottgefällig und teuflisch erging und als auf

---

15 v.d. Borren 1926, S. 361

16 Vgl. S. 162 ff.

17 Vgl. Kap. XV

18 Fallows, a.a.O., S. 68

19 *»Antonius, bedeutender Gefährte / unserer Reise hienieden, / bitte für uns Armen, / da du schon in deiner Heimat bist, / daß als ruhmreichen Begleiter / wir dort oben dich erkennen«*, vgl. das Notenbeispiel 7 b, übertragen nach Trient *88*, vgl. die folgende Anmerkung, fol. 185'-186. Daß hier die Brevis als Halbe, in den Beispielen aus der Messe jedoch als Ganze wiedergegeben ist, rührt daher, daß die Beispiele im allgemeinen der Gesamtausgabe folgen; es bedeutet also kein im Vergleich zum dort häufigen 3/2-Takt schnelleres Tempo

20 Introitus *In medio ecclesiae*; Graduale *Os iusti*, Allelulia *Antoni, compar inclite*, Offertorium *Veritas mea* und Communio *Domine, quinque talenta*, in: Trient, Museo Provinciale d'Arte, Castello del Buon Consiglio, *MS 1375* (früher 88), fol. 182'-189

21 Régine Pernoud, *Die Heiligen im Mittelalter. Frauen und Männer, die ein Jahrtausend prägten*, Bergisch Gladbach 1991, S. 355 ff.; Erhard Gorys, a.a.O.

einem Nußbaum lebender Einsiedler endete – zunächst, keineswegs franziskanischen Gepräges, eher furchtsam bewundert und respektiert als geliebt und ausnahmsweise nicht durch erlittenes Martyrium als in der Nachfolge Christi stehend ausgewiesen. Der Wandel seines Bildes erscheint historisch mindestens ebenso interessant wie er selbst.

An diesem Wandel haben auch die ihm gewidmeten Kompositionen Du Fays teil; außer der Messe gehören zu ihnen die Motette *O proles Hispanie / O sidus Hispanie*[22], das Responsorium *Si queris miracula*[23], die Antiphon *Sapiente filio*[24] und in denselben Umkreis die Franziskus-Antiphon *Salve, sancte pater*[25] – die Texte und Melodien entstammen fast alle einem schon bald nach dem Tode des Heiligen nachweisbaren Reimoffizium[26]. Den Abstand zwischen der Figur des Antonius und dieser intimsten, lieblichsten, auf mystisch verinnerlichte Gottesminne einstimmenden Messe zu erklären helfen sie nicht. Wäre Antonius nicht von Bologna aus als Statthalter der asketisch-mystischen Theologie des Augustinus bekanntgeworden, würde Maria als Widmungsträgerin besser passen.

Bei dem Versuch, über Vermutungen hinauszukommen, helfen auch die mit ästhetischen und Wertfragen selten befaßten Theoretiker nicht. Ihre überwiegend notationstechnischen Diskussionen – darüber z. B., ob im Takt 204 von Du Fays *Credo* statt »*O3*« nicht besser »*O6/4*« vorzuschreiben wäre[27] – könnten den Eindruck einer recht beliebigen Exemplifizierung erwecken oder auch den, einseitig auf handwerkliche Fragestellungen fixiert zu sein; indessen waren künstlerisch-substanzielle mit diesen auf eine Weise verbunden, welche heutzutage schwer einleuchtet, da ein autonom gewordenes Ressort »Ästhetik« sie an sich heran zu ziehen und von technologischen abzutrennen bestrebt ist. Nach damaligen Maßgaben erscheint weniger erstaunlich als nach heutigen, daß die Theoretiker den großen Wegemarken der Meßkomposition, welche sich als kanonische Muster eher anbieten, ein dreistimmiges Stück vorziehen, das offenbar nicht auf einen Cantus firmus komponiert ist und die Option zwischen Plenarmesse, Proprien und Ordinarium offenhält. Weil sie von Johannes Tinctoris als authentischem Auskunftgeber über Du Fay abhängen[28], hat dessen Wertschätzung des eigenen Werkes bei ihnen nachgewirkt.

Abseits von verfestigten Normen, insbesondere motettischen, erscheint das Komponieren, weil weniger auf vorgefaßte Reglements ausgerichtet, stärker zur eigenen Prozessualität hin geöffnet, können Kompositionsvorgang und Komponiertes näher beieinander bleiben und auch von hierher eine besondere Beziehung des Urhebers zu seiner Musik begründen. Wenn nicht alles täuscht, ist dies bei Du Fays Antonius-Messe der Fall: In ihrer Dreistimmigkeit vollgesogen mit den Erfahrungen des weltlichen Kantilenensatzes, hält sie Abstand zu der zeremoniösen Feierlichkeit der, meist vierstimmigen, isorhythmischen Dispositionen und wagt den Spagat zwischen oberstem liturgischen Anspruch und einer persönlich beglaubigten Frömmigkeit ebenso wie den zwischen den Dimensionen der vermutbaren Plenarmesse und den durch die Dreistimmigkeit bedingten Beschränkungen einer Vielfalt, die einem Unternehmen

22 I/6

23 V/45

24 V/44

25 V/43

26 Planchart, a.a.O., S. 34 ff.

27 So Tinctoris in Buch I, Kap. 3: i/3 seines *Proportionale musices*, in: ders., *Opera theoretica*, hrsg. von Albert Seay, *Corpus Scriptorum de Musica* 22, Band 2 a, Stuttgart 1978, S. 14; eine Übersicht der der Antonius-Messe gewidmeten Diskussionen bei Fallows 1982/II

28 Bonnie J. Blackburn, *A Lost Guide to Tinctoris' Teachings Recovered*, in: *Early Music History* I, 1981, S. 26 – 116, insbesondere Seiten 31 ff.

solchen Umfangs gut anstünde. Jene Frömmigkeit scheint in ihr – wie bezeichnenderweise oft in kleineren, mit Marienkult verbundenen Zwischenformen – klingend auf den Begriff gebracht, sie definiert sie durch einen eigenen Ton und Tonfall, welche in den späten *Ave regina*-Bearbeitungen wiederaufgenommen scheinen – die threnodische Prägung bei »*suscipe deprecationem*« (*Gloria*, Takte 150 ff., Beispiel 2 a[29]) gibt hierfür nur den auffälligsten Beleg.

Daß Du Fay sich bei der Antonius-Motette *O proles Hispanie / O sidus Hispanie*[30] in ähnlicher Weise in offenem Gelände bewegt – nicht-isorhythmische Motetten dieses Umfangs sind auf dem Kontinent vor 1450 noch Raritäten –, würde als Indiz für Nähe zur Antonius-Messe nicht ausreichen, befänden sich nicht auch Text und Melodie *O proles Hispanie* in dem erwähnten Reimoffizium und sprächen zudem satztechnische Ähnlichkeiten mit *Iuvenis qui puellam*[31] und dem offenbar für Ferrara komponierten *Seigneur Leon*[32] nicht für eine Entstehung kurz vor oder nach 1440; der Zuschnitt des Satzes mit einem Superius, der sich von drei in gleicher Lage verlaufenden Unterstimmen abhebt, und einer volltönenden, häufig »dominantisch« geführten Sonorität (im Schlußakkord des im 8. Modus stehenden Stückes die Terz *h* als Zusatznote) bietet sich als Argument für eine spätere Datierung, die Tempusfolge ⏀ O ⏀ für eine frühere an. Zwischen die bewegteren, melismenreichen Außenteile setzt Du Fay einen langsameren, stärker auf Gleichlauf der Stimmen gestellten Mittelabschnitt, welcher als tropierende Erweiterung des Noemas der Takte 40 ff. (»*Fer, Antoni*« / »*Tu lumen*«, Beispiel 1 a) sinnfällig anschließt, in das der erste Abschnitt nach lebhafter Deklamation kurz zuvor gemündet war. Die Funktion des Mittelgliedes erscheint insofern in ihn hineingespiegelt, als dort zwei Fauxbourdon-Passagen (Takte 57-59, 66-68) eine Dreigliederung schaffen, hervorgekehrt durch eine Fermate, die die zentral stehenden Takte 60-65 abschließt.

Nicht nur, weil er sie durch die Fermaten der musikalischen Bewegung entzieht, stellt Du Fay die im Noema zusammengeführten Worte heraus (beide Texte reden den Heiligen an und lassen sich gut verbinden), sondern auch durch einen im Stück einmaligen Harmoniewechsel – aus dem Bann des von ihm umkreisten *d* kann sich auch die unmittelbar folgende Beendigung dieses ersten Großabschnittes, eher ein innehaltender Halbschluß, nicht lösen. Damit nicht genug: In der im Beispiel 1 a durch Klammern verdeutlichten Wechselnotenstruktur des Noemas, aus der lediglich der Terzanstieg »*Antoni*« der Oberstimme herausfällt, scheint Du Fay zur Gleichzeitigkeit zusammenziehen zu wollen, was zu Beginn im Cantus (Beispiel 1 b) melodisch auseinandergelegt erscheint und mehrmals im Verlauf des Stückes (Takte 34 ff., 83 ff., Beispiele 1 c und d) wiederaufgenommen, im Mittelteil indessen vermieden wird. Als Schlußtakte komponiert er eine polyphone Verdichtung (Takte 94 ff., Beispiel 1 e), welche wie ein entferntes, in fließende Bewegung aufgelöstes Echo des Noemas anmutet. Kaum zufällig leitet er dies durch den Gegenklang *A* ein, welcher zuvor nur einmal begegnete – im ersten Großabschnitt (Takt 17), wo er die »*gemma paupertatis = Zierde der Armut*« herauszustellen half. Nicht nur das im Contratenor II frei einsetzende *cis* gibt ihm Nachdruck und Leuchtkraft, sondern auch der harmonische Abstand zum wenige Takte zuvor die Nachbarschaft von »*proles*« und »*sidus*« befestigenden *g*.

Bei dieser Befestigung hilft, imitierend durch die drei Unterstimmen hindurchgehend, ein die Wechselnote mithilfe des folgenden Quartaufschlages fast zum Signal qualifizierendes Motiv (Beispiel 1 f), erster Hinweis auf ein durch sorgsam gestuftes Heraufkommen formschaf-

---

29 Vgl. die Beispiele 7 a/b und 9 im Kapitel XXVI

30 I/6

31 VI/9, vgl. S. 265 ff.

32 VI/85; Plamenac 1954, Fallows 1982, S. 62 ff., im vorliegenden Buch S. 264

Beispiel 1 a bis g

fendes Element: Erst mit dem Beginn des dritten Großabschnittes (»*Amen*«, Beispiel 1 g) tritt mit dem »englischen« Motiv Imitation aus einer Latenz heraus, welche zuvor bereits, beginnend in den Takten 4/5, 7, 12/13 etc. und deutlich verdichtet im Mittelteil, durch die Häufung von Terzanstiegen, vorab auf den Stufen *h - c' - d'*, als solche verdächtig war – fast ließe sich der dreiklängige Stückbeginn als knappe Vermeidung des »englischen« Motivs ansehen. Auf der Linie solch allmählich fortschreitender Offenlegung stellt sich der imitierende »*Amen*«-Eintritt als Zielpunkt einer Entwicklung dar, welche am Ende, komplexhaft verdichtet, zu den anfangs exponierten Prägungen (vgl. die Beispiele 1 a bis g) zurückkehrt – insgesamt eine sehr individuelle Lösung, welche in der Bindung an isorhythmische Maßgaben so wenig zu haben gewesen wäre wie diejenige der Antonius-Messe in der, gar noch isorhythmisch regulierten, Bindung an einen Cantus firmus.

Beispiel 2 a bis f

Weil nicht auf solche Reglements verpflichtet, tritt Du Fay in der Messe »schutzlos« an die Aufgabe heran und, weitab von der Betonung irgendeiner werkhaften Autonomie, in eine Kontinuität des Komponierens ein, zu der er sich mit dem das *Kyrie* und *Gloria* eröffnenden »englischen Motiv«[33] ausdrücklich bekennt (Beispiele 2 b und c). Gewiß ergab dieses sich

33 Vgl. u.a. Kap. XV, Beispiel 7 b

fast von selbst in der typischen Konstellation eines Initiums mit langgehaltenen Tönen der Tenores und einer aus der unteren Finalis melodisch aufwärtsstrebenden Oberstimme, war also nicht allein durch die englische Zuordnung determiniert – auch in den Kantilenensätzen begegnet es mehrmals[34]. Immerhin tut Du Fay im *Kyrie* und am Beginn des *Gloria* alles, um es als bewußt wahrgenommen auszuweisen – innerhalb der 18 Takte des ersten *Kyrie*-Abschnittes erscheint die Tonfolge *f-a-b-c'* (bzw. oktaviert) viermal (außer den in den Beispielen 2 c und f durch Schleifenklammer markierten Stellen im Tenor, Takte 14/15), der von ihr herkommende Terzaufstieg 15mal, innerhalb der ersten 34 Takte des *Gloria* das vollständige Motiv fünfmal etc. Danach tritt es zurück bzw. erscheint an den Satzanfängen von *Credo* und *Sanctus* jeweils beiläufig (Beispiele 2 d und e) – Du Fay nimmt offenbar bewußt von einem gemeinsamen Kopfmotiv Abstand – und kehrt im dritten Abschnitt des *Agnus Dei*, durch den imitierenden Tenor mit viel Nachdruck versehen, wieder zurück (Takte 61 ff., Beispiel 2 f). Wie immer die Wendung aus der typischen Konstellation eines Satzbeginns hervorgetrieben und nicht von vornherein auf eine bestimmte semantische Befrachtung bezogen sein mag, diese Handhabung macht sie in mehrfacher Weise zum Bedeutungsträger – die Häufung des abgespaltenen Terzaufgangs sorgt für deklamative Eindringlichkeit, die Wiederkehr am Ende des *Agnus Dei* betont im Rückbezug auf *Kyrie* und *Gloria* die Zusammengehörigkeit der fünf Teile des Ordinariums, und auch der englische Bezug könnte hintergründig mitspielen: Nicht immer mögen die Komponisten des Kontinents die notorische Rede vom spezifischen Wohllaut der Musik Dunstaples und seiner Landsleute gern gehört haben; in Du Fays Antonius-Messe wurde diesen im eigensten Felde begegnet, hier fanden sie ihren Meister.

Ihre spezifische, durch »englischen« Wohllaut bestenfalls gefilterte deklamative Eindringlichkeit dankt die Messe wesentlich einer immer neu aus der Unmittelbarkeit des Erklingenden inspirierten, in unterstreichenden Redikten sich ergehenden Erfindung, welche innerhalb umgrenzter Bereiche bestimmte Wendungen umkreist, wiederholt, permutiert und ihnen in derlei Akkumulationen zum Umschlag in motivische Qualität verhilft. Der Sequenz der *a-b-c*-Aufgänge aller drei Stimmen in den ersten drei Takten (Beispiel 2 c, gestrichelte Kästchen) des *Kyrie* folgt im dritten und vierten die *a-g-e-d*-Figur im Superius und Contratenor, als *d-c-a-h* im Tenor zugleich transponiert und verändert zu einer Viertonfolge (im Beispiel durch Rechtecke markiert), welche zwei Takte später in einer abermals transponierten Wiederholung verfestigt und wenig später in den Takten 10/11, 14 und 17 im Superius dreimal in Umkehrungen beantwortet wird. In anderen Permutationen erscheint sie in den Takten 13/14 (Contratenor), 14/15 (Tenor) und 15/16 (Superius). Von Umkehrungen, Permutationen etc. zu reden mag unangemessen erscheinen angesichts einer bestenfalls als »Zelle« ansprechbaren Wendung, welche zu klein, zu anonym und als Gestalt zu wenig profiliert erscheint, um als Gegenstand derartiger Manipulationen zu taugen. Dem steht u.a. entgegen, daß Du Fay sie mit der ersten »*Christe*«-Anrufung auf ruhigem Klanghintergrund nahezu als Motiv präsentiert (Beispiel 3 a), zudem innerhalb einer Phrase, deren melodische Schlüssigkeit durch rhythmische Entsprechung ebenso befördert wird wie durch eine weitere Permutation der Viertonfolge, und daß er die Umkehrung der Figur des ersten »*Christe*« im zweiten gleich dreimal übereinandersetzt (Takte 27/28) und im dritten »*Christe*« (Takte 31 bis 33) zweimal eine Permutation, welche er erstmals im Nachsatz zum ersten »*Christe*« (Takte 24/25) präsentiert hatte. Von der Verfestigung profitieren die sieben Takte des der dritten »*Christe*«-Anrufung folgenden Auslaufs, in denen die Figur insgesamt zehnmal erscheint, und sie klingt im zweiten

34 Im Band VI der GA bei den Nummern 24, 33, 62, 84

Kyrie-Abschnitt im melodischen Bogen der vierten Anrufung (Takt 44) und als Kopfmotiv der fünften (Takt 48) nach, um danach den vom »englischen« Motiv herkommenden Terzaufstiegen Platz zu machen, welche im Mittelteil kaum eine Rolle gespielt hatten – »Kunst des Übergangs« in passagenweise einander überlagernden Schichten, welche die Disposition der dreimal drei Anrufungen musikalisch reproduziert und sich zunutze macht, daß die vorbedacht profilarmen Wendungen ebenso diskret über die Horizontlinie anonymer Sprachlichkeit hinausgeschoben wie hinter sie zurückgezogen werden können; immerhin eignet den Wendungen genug Gravitation, um wie Magnetpole wirken zu können, zwischen denen die flüssig gehaltene, eindeutigen Zuordnungen entzogene Tonmaterie hin- und herschwappt.

Nach Maßgabe jener Diskretion wären die in den Beispielen markierenden Schleifenklammern, Rundklammern, Rechtecke etc. als Abgrenzungen zwischen motivischen und unmotivischen Passagen bzw. als Hinweise auf motivische Arbeit im späteren Verständnis mißverstanden, sie nehmen das jeweils Markierte nicht jeweils für eine bestimmte Determinante in Beschlag, wie auch daraus ersichtlich, daß sich mehrere Zuordnungen überschneiden können und die Wendungen davor und danach in Du Fays Musik[35] immer wieder erscheinen. Im Übrigen sind die Abgrenzungen offen, nicht nur im Hinblick auf Erweiterungen, Abspaltungen, Modifikationen – im näheren Umkreis einer deutlich herausgestellten Prägung können in ihr enthaltene Details wie die Folge von fallender Sekund und Terz oder ein Terzaufstieg in Sekundschritten Bezugsqualitäten haben, die sie bei wachsender Entfernung verlieren –, sondern auch im Hinblick auf motivhafte Kristallisationen. In der im Beispiel 2 d durch Bögen bezeichneten Prägung bewirkt der der Viertonfolge vorangesetzte Ton eine wechselnötige Befestigung, welche dem Quartaufschlag danach besonderen Nachdruck verleiht – als einem signalhaften Aufschlag, den Du Fay im Verlauf des *Gloria* allmählich »entdeckt«[36], um ihn dort im *Amen* (Takte 209 ff.) mithilfe von Imitationen als nunmehr definiert herauszustellen (Beispiel 3 b)[37]; für den Beginn des *Credo* (Beispiel 2 d) steht er damit als hinreichend legitimiertes Motiv zur Verfügung[38] und prägt, in der Gegensätzlichkeit der Anwendungen hintergründig theologisch, sowohl das *Crucifixus* (Beispiel 3 c) wie im *Sanctus* das *Osanna* (Beispiel 3 d). Als bezugsfähige Gestalt[39] besetzt er im Ensemble der nahebei liegenden Wendungen einen vorderen Platz, ordnet diese sich zu und benutzt sie als semantische, durch Ähnlichkeiten hinweisende Stützen. Dieser Unterbau hält zugleich den Rückweg offen in eine kaum noch gestalthaft determinierte, diffus-allgemeine Sprachlichkeit, er weist das Motiv als aus ihr hervorgewachsen und zugleich als in sie zurücknehmbar aus. Demgemäß wäre bei den engen Verknotungen vieler Ausläufe, u.a. am Ende des *Christe* im *Kyrie* (Takte 36-41, Beispiel 4 a), am Ende des *Gloria*, des ersten *Sanctus* (Takte 37 ff., Beispiel 4 b) und bei imitativ verschlungenen Duos wie u.a. im *Benedictus* (Takte 128 ff., Beispiel 4 c) dem Anschein motivischer Verdichtung entgegen zu fragen, ob es sich, befördert durch komplementärrhythmische, keine Zäsurierung duldende Kleingliedrigkeit, nicht eher um Zurücknahmen in jene allgemeine Sprachlichkeit handele; die dichte, schwer durchhörbare Verflechtung mindert den Anspruch der Details auf Identität. Als bündige Formulierung wird die

35 Vgl. u.a. die Kapitel XXIV und XXVI

36 Vgl. u.a. die Takte 29/30, 47, 54, 71/72, 102, 106/107, 122/123, 136/138, 150/152, 180/181, 182/183, 192

37 Im Beispiel sind die 2. und 3. Note im Takt 210 emendiert zu f/g; insgesamt gehört die Antonius-Messe, ganz und gar im Hinblick auf die Problematik der Textlegung, zu den Stiefkindern der Gesamtausgabe

38 Vgl. dort auch die Takte 58/59, 66, 186/188, 204/205, 214/216, 233/235, 266/267, 279

39 Vgl. u.a. auch seine Rolle in der *Missa Ecce ancilla domini*, Kap. XXVI, Beispiel 4 b

Beispiel 3 a bis d

Wendung zwar übertroffen von »*Et iterum venturus est*« (*Credo*, Takte 157 ff., Beispiel 4 d)[40], welche zudem durch regelmäßige Imitation aller drei Stimmen auffällig präsentiert wird; bezeichnenderweise wiederholt Du Fay weder das Motiv noch die Form der Präsentation (am ehesten nähert er sich ihr in den Takten 195 ff. bei »*qui ex patre filioque*«), als rechtfertige nur die Symbolik des »*Und er wird wiederkommen in Herrlichkeit*« den Vorstoß zu soviel griffiger, invarianter Eindeutigkeit.

Beispiel 4 a bis d

---

40 Im Tenor Takt 159 hat die GA statt *e'/c'* fälschlich *c'/a*

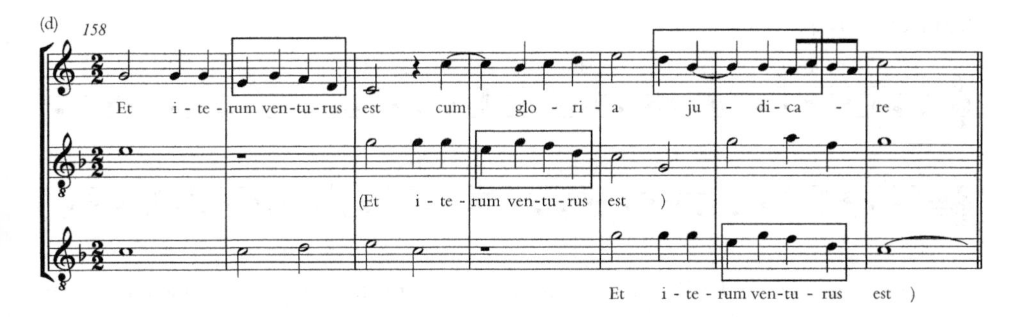

Hierin erscheint eine Ambivalenz benutzt, welche die Schwebe zwischen purem Idiom und profilierter Prägung, gleichgültig, wo das Schwergewicht gerade liege, immerfort verspüren läßt und erklären hilft, was den Zugang zu dieser Musik substanziell erschwert: daß sie auf eine an thematischen, motivischen o.ä. Prägungen ablesbare und auf sie hin organisierte Originalität nicht angewiesen ist. Im Sinne jener Schwebe stellt sich die hier und in folgenden Kapiteln mehrfach angesprochene Folge von vier verschiedenen Tönen im Rahmen einer Quarte einen Schwellenwert dar – die Quart der engstmögliche Rahmen für vier verschiedene Töne, vier verschiedene Töne andererseits das Maximum einer in diesem Rahmen erreichbaren *varietas*. Innerhalb der 16 möglichen Konstellationen (Beispiel 5 a bis q) differiert die Gestaltqualität erheblich; sie tendiert gegen Null bei reinen Skalen (Beispiele 5 a und b, sie bleiben außer Betracht), wird bei den die Quart außen benutzenden Formen (Beispiele 5 c bis f) durch den Kontrast des energischen großen Schrittes und der zurücklaufenden Sekundbewegung bestimmt und bei den beiden Formen mit innen liegender Quarte (Beispiele 5 g und h) durch die schroffe Unterteilung in je zwei nebeneinander liegende Töne; dies gilt in geringerem Maße für die verschachtelten, in je gleiche Richtung schlagenden Terzen der Beispiele 5 i und k, und in noch geringerem Maße, weil die unterschiedlichen Bewegungsrichtungen sich komplementär ergänzen, für die Beispiele 5 l und m; weil bei innen liegender Terz die komplementäre Ergänzung den außen liegenden Sekundschritten zufällt, zeigen die vier Konstellationen 5 n bis q sich als die melodisch schlüssigsten und stärksten, einerseits mit je 2 + 2 Tönen zweigliedrig, andererseits beide Glieder als Vorder- und Nachsatz in Miniformat aufeinander beziehend – wobei wiederum 5 p und q die anderen beiden übertreffen kraft der Integration von nicht nur zwei, sondern drei Tönen in einen gleichgerichteten melodischen Impuls. Daß die Figur 5 q zum musikalischen Archetypus werden konnte[41], dankt sie dem Minimalkonsens von formelhafter Verknappung und melodischer Plausibilität ebenso wie dem Charakter der beidseits offenen Durchgangsstation zwischen indifferenter Vokabel und motivhafter Tauglichkeit, dem die 16 Konstellationen in unterschiedlicher Gewichtung entsprechen. In Bezug auf damalige Maßgaben der Melodiebildung stellt sie sich, flankiert von ähnlichen, als aufs Äußerste konzentrierter, formelgewordener Kompromiß von melodischer Aktivität und pedantisch genauer Besetzung eines vorgegebenen Tonraums dar – nach dem Ausgriff muß der übersprungenen Tonstufe Genüge getan werden. An der Häufigkeit ihres Erscheinens nähren sich Erwartungen hinsichtlich rückversichernd nachkorrigierender Melodieverläufe, gegen die sich andersartige, in einer Richtung ausgreifende wie schon das »englische Motiv«, weil aus jener Bezogenheit heraustretend, umso leichter profilieren können.

---

41 Eine Übersicht u.a. bei Peter Gülke, *»Triumph der neuen Tonkunst«. Mozarts späte Sinfonien und ihr Umfeld*, Kassel usw., Stuttgart – Weimar 1998, S. 209 ff., im vorliegenden Buch vgl. auch S. 142 ff.

Beispiel 5 a bis q

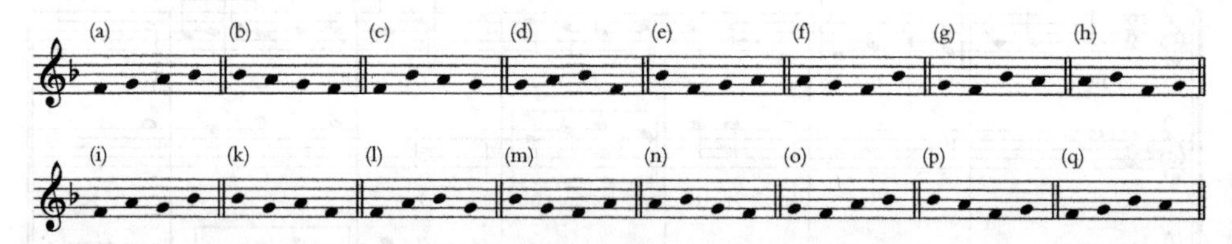

Wie ein Kommentar zu der Equilibrierung der nie völlig vom anonym-ungeprägten Sprachuntergrund abgelösten Prägung hört und liest sich Du Fays musikalische Wahrnehmung von »*visibilium omnium et invisibilium*« (*Credo*, Takte 18 ff., Beispiel 6 b). Genau entsprechend dem »*Laudamus*« im *Gloria* (Takte 18 ff, Beispiel 6 a) und der Konstellation bei »*Gratias*« (Takte 47 ff.) hebt sich der rhetorische Dreischlag nicht nur dank syllabischer Deklamation, der Repetitionen oder der Nähe zur Anfangswendung des *Credo* (Beispiel 2 d) »*sichtbar*« ab, sondern auch, weil kontrastierend aufgetragen auf einen durch die Viertonfigur konkretisierten Hintergrund. Dem steht »*et invisibilium*« gegenüber mit insgesamt sieben in einer melismatischen Passage ineinander verschlungenen Viertonfiguren – insgesamt eine Kontrastierung, der zweimal vier Takte, um einen überleitenden erweitert, einen zwingenden Rahmen geben; daß eine siebentaktig ausladende Gruppe vorangeht (s. oben Beipiel 2 d) und beide Viertakter im Superius auf *c* kadenzieren, gibt der Periodizität besonderen Nachdruck.

Der nach zwei Viertaktern »zusätzliche« Takt 26 (vgl. Beispiel 6 b) staut auf und unterstreicht den Übergang in den Attraktionspunkt »*Et in unum dominum* ...«, welcher, das Einssein betonend, mit einem – oktavierten – Ton, dann einem Klang und nahezu einem Motiv in allen drei Stimmen, dem absteigenden Dreiklang, beginnt und wiederum mit einer, der Viertonfigur in einer Weise fortsetzt, welche deren Identität demonstrativ hervorkehrt – zunächst vom Contratenor in stehenden Klang hineingesungen, dann vom Superius in gewichtigem Gleichschritt übernommen und in demselben vom Tenor kontrapunktiert, endlich in drei verbleibenden, auf die Kadenzierung zulaufenden Takten dreimal erscheinend. Als Kumulierung und Quintessenz, zu der auch die von »*visibilium*« herkommende syllabische, nun zu hemiolischer Sperrigkeit gesteigerte Deklamation »*Et – in – u – num*« gehört, wird die Passage ex posteriori auch dadurch ausgewiesen, daß Du Fay danach mit »*filium deum*«, den Neuansatz betonend, zu dem seit der Mitte des *Gloria* verlorengegangenen englischen Motiv zurückkehrt.

Der Umgang mit verschiedenen Sinnschichten und -qualitäten war dem mittelalterlichen Denken zu selbstverständlich – vgl. u.a. die Erläuterung der jeweils vier, gewiß differierenden Auslegungsweisen bei Dante[42] und Durandus[43] –, als daß im Anschluß an die Verknüpfung mit »*unum*« nicht auch nach einer anderen gefragt werden dürfte: Bei »*Crucifixus*« (*Credo*, Takte 110, Beispiel 3 c) scheint Du Fay den Tonsatz auf fixierte Prägungen »festnageln« zu wollen, er kehrt die charakteristische Folge von Wechselnote und Quartaufschlag im Contratenor um und geht, in den drei Stimmen zugleich, zu verschiedenen Versionen der Viertonfigur über, welche er in den weiteren Takten mehrfach über- und ineinanderschachtelt. Derlei Behandlung des »*Crucifixus*« begegnet häufiger – die Tradition »festnagelnder« Prägungen wirkt noch

42 *Convivio II*, Cap. I/3 f., ausschnittweise zitiert bei Kurt Leonhard, *Dante Alighieri*, Reinbek 1970, S. 79

43 Joseph Sauer, *Symbolik des Kirchengebäudes und seiner Ausstattung in der Auffassung des Mittelalters*, Freiburg 1902, S. 52

Beispiele 6 a und b

in Haydns *Sieben letzten Worten des Erlösers am Kreuz* nach – und erlaubt, der Pluralität der Sinnschichten eine Toleranz auch gegenüber Prägungen zu unterstellen, deren nahezu programmatische Direktheit man mit dieser Musik, möglicherweise in falscher Befangenheit wie in Bezug auf die originaliter prunkende Farbigkeit gotischer Kathedralen, widerwillig in Zusammenhang sieht.

Wie wäre hier die Symbolik des Nieder- bzw. Aufsteigens (»... *descendit de caelis*«, »... *sepultus est*« bzw. »... *et resurrexit*«) einzuordnen? – zu den Himmeln im *Pleni sunt celi* des *Sanctus* z.B. führt eine Leiter hinauf, so deutlich das ein Duo-Satz irgend vermag (Beispiel 7 a, Takte 53 ff.). Als wolle Du Fay jener Befangenheit wiederum Anhalte liefern, versammelt er in der Passage »*Qui propter nos homines* ...« (*Credo*, Takte 78 ff., Beispiel 7 b) mehrere großbogig absteigende Linien, spart sie jedoch gerade bei »*descendit*« aus. Im gesamten Abschnitt begegnet die Viertonfigur wieder besonders häufig, in kontrapunktischer Konstellation jedoch erst bei »*descendit*« und bei »*Et incarnatus est*«, hier wohl eine äußerste Konzentration auf das Gesagte anzeigend; wohingegen am Ende der Passage die Symbolik wieder realistische Züge hat – die offen liegenden, das Gefügtsein des musikalischen Satzes betonenden Imitationen bei »*et homo factus est*« dürften das *facere* verdeutlichen.

Beispiel 7 a und b

Vollgesogen mit Erfahrungen des Kantilenensatzes, wie oben für die Messe insgesamt behauptet wurde, erweisen die 27 Takte des *Pleni sunt celi*-Duos (Beispiel 7 a) sich in der Segmentierung durch insgesamt acht Kadenzen (im Beispiel durch Pfeile angezeigt) ebenso wie darin, daß dennoch kein Schatten kurzatmiger Kleinteiligkeit auf den Verlauf fällt. Fraglos gehört zu den Besonderheiten dieser Messe – und zu den Gründen ihrer Bedeutung für den Komponisten – eine spezifische »Kultur der Kadenz«, das Beieinander klar kenntlicher Zäsurierungen und diskreter Sicherungen des Fortgangs. Nur drei der acht Kadenzierungen (Takte 51/52, 57/58 und 72/73) bleiben auf der Spur des Üblichen; im Takt 49 drängt die Musik in der Hemiole des Contratenors ebenso weiter wie in dem das erreichte *c* relativierenden Terzabschlag *c''/a'* des Superius, welcher zum *f'* des nachfolgenden Halbzeilenbeginns hintreibt und damit auf eine Entsprechung zum dreiklängigen Duo-Beginn; die Schwelle der Kadenz im Takt 56 wird überbrückt durch die korrespondierenden Wendungen in beiden Stimmen, diejenige in Takt 62 in der Zielrichtung jäh durch den Wechsel zum *f* im Contratenor abgeschnitten ähnlich wie die in den Takten 66 und 68[44].

Nicht nur diskret unterlaufende Strukturen wirken den Einkerbungen des Verlaufs entgegen, sondern auch der über sie hinweg tragende Rhythmus der Gruppierungen. Im *Pleni sunt celi*-Duo verhalten sich die vier bzw. drei Takte umfassenden Glieder der ersten Sieben-Takte-Einheit wie Vorder- und Nachsatz, aus deren Kadenz »*celi et terre*« wie eine notwendige Ergänzung herauswächst und sie in der polyphonen Vernetzung übertrifft, auch diese »Zeile« aus sieben in sich vier plus drei gegliederten Takten bestehend und diesen ersten »Stollen« des Duos auf *c* schließend. Den Beginn des zweiten markiert die breitgezogen gleichmäßige »*gloria*«-Deklamation, der sich, wiederum wie ein Nachsatz, eine komplementärrhythmisch bewegte Gruppe anschließt; ihr plagaler Halbschluß hat am ehesten Gewicht, weil eine viertaktige Gruppe abteilend; jedoch drängt die Musik, vom Contratenor und dessen Zitat der vom Superius (Takte 54/56) exponierten Wendung getragen, weiter zur zwei Takte später (= 68) folgenden Kadenzierung auf *f*, welche nur wenig kräftiger erscheint als die vorausgegangene, sodaß auch hier die Musik zu einer Ergänzung weitertreibt, welche sich als gesteigertes Gegenstück zu der entsprechenden im ersten Abschnitt (Takte 53 bis 59) darstellt. Der Entwicklung von einfachen, gestalthaft sinnfälligen Anfangsformulierungen zu komplizierte-

44 Die in der gesamten Messe merkwürdigste Endung, viel eher Innehalten als eine Kadenz und vor der ersten Duo-Passage stehend, befindet sich am Ende des »*Domine deus*«-Abschnittes im *Gloria* (Takte 103/105)

ren, kleingliedrig zerfahrenen Verläufen innerhalb der beiden Abschnitte (Takte 46 bis 59, 60 bis 73) entspricht deren Verhältnis im Großen: Der zweite beginnt gar einfacher als der erste, geht aber rasch, über eine kompliziertere Disposition der ersten Hälfte (drei plus vier plus drei Takte), zu polyphonen bzw. motivischen Verwicklungen fort, die diejenigen der korrespondierenden Takte 53 bis 59 im ersten übertrifft – an einen Umschlagpunkt herantreibend, als welcher das anschließende *Osanna* wie als Zielgerade jene (im Beispiel 7 a durch Bögen markierte) Wendung präsentiert, die, nahe bei der Viertonfigur liegend, im Duo bald regulierend, bald weitertragend viermal hervortrat. Dessen Disposition liegt nahe bei der eines vierzeiligen Rondeaus.

Allenthalben in der Messe versichert Du Fay sich der Tragfähigkeit und Transparenz liedhafter Strukturen, ohne sich Normativen zu verschreiben, komponiert unregelmäßige Gruppen, die die Selbstverständlichkeit von regelmäßigen haben, gleicht Komplizierungen des Satzes durch befestigende Viertakter aus etc. – insgesamt eine Handhabung, welche kaum noch zufällig erscheinen läßt, daß *Credo* und *Sanctus* übereinstimmend mit zehn plus sieben Takten beginnen und sorgsam equilibrierte Gruppierungen der Üblichkeit besonderes Gewicht geben, daß fast alle Abschnitte zu Komplizierungen hintreiben, in denen metrische Orientierungen verlorengehen – mit der bezeichnenden Ausnahme des letzten. Wüßten wir genauer, wie Du Fays Beschäftigung mit der Messe in den vierziger Jahren ausgesehen hat, ließen sich Art und Ausmaß der Erkundungsreise zwischen liturgischer Großform und Kantilenensatz genauer bestimmen, welche er im Zeichen des Paduaner Heiligen unternahm.

Den Charakter der Erkundung mag die Beschäftigung nicht zuletzt im Hinblick auf das Verhältnis von Ordinarium und Proprium de tempore gehabt haben, für deren kompositorische Zusammenführung Vorgaben nicht erwartet werden konnten in Zeiten, da man selbst für das Ordinarium anderswo übliche Praktiken nicht als generell verbindlich empfand. Es fällt nicht schwer, bei den die Ordinariums-Sätze der Antonius-Messe verknüpfenden Momenten eine allmählich vorangetriebene Akkumulation wahrzunehmen, was, die Kenntnis englischer Messen vorausgesetzt, eher als Distanzierung von der Signalwirkung identischer Satzanfänge verstanden werden müßte. Quellenlage und Disposition der Stimmen, vielleicht auch die im *Alleluia*, dem einzigen Antonius bei Namen nennenden Satz, von der gregorianischen Intonation vorgegebenen, mehrmals auffällig hervortretenden Terzaufgänge – das englische Motiv eingeschlossen (Beispiel 8 a) –, machen die oben erörterte Zusammengehörigkeit der Ordinariums- bzw. Propriensätze unter sich wahrscheinlich, taugen jedoch als Beweise kaum, weil keine die Zusammengehörigkeit organisierenden Normen bekannt sind, man also mögliche Indizien schwer zuordnen könnte. Ein über Cantus firmi hergestellter Zusammenhang hat sich bisher nicht finden lassen, zudem spricht der Zuschnitt der Tenores in den Ordinariums-Sätzen nicht dafür, daß es sich um solche handelt. Insgesamt macht die Suche nach Kriterien eines Gesamtentwurfs sich hier verdächtig, allzu ästhetisch-werkhaft orientiert zu sein.

Sehr viel plausibler stellt die Antonius-Messe sich als Versuch dar – auch hierin Erkundung –, das Ordinarium »osmotisch«, d.h. als ein halbautonomes Ganzes zu konstituieren, welches sowohl ins Proprium de tempore musikalisch schlüssig integriert als auch von ihm abgehoben werden kann. Weil Ordinariumszyklen im liturgischen Vollzug ohnehin ins Proprium eingeordnet waren – das abgehobene Ordinarium ist, wenngleich durch manche Überlieferung halb beglaubigt, aufführungspraktisch nahezu eine Utopie –, mochten die Musiker ein selbstkomponiertes Proprium auch als Schutzmaßnahme begreifen, welche wenigstens zu festliegenden Daten das Ordinarium gegen die Zerstreuung in heteronome Kontexte absicherte. Insofern kann ein solches Proprium besondere Sensibilität im Hinblick auf die Ganzheit des Ordinariums verraten.

Beispiele 8 a bis d

Die kumulierende Ganzheit der Antonius-Messe, anhand der bei den Beispielen 3 a bis d erörterten Wendung als Werdeprozeß kenntlich, müßte am Resultatcharakter der späteren Sätze ablesbar werden, und hier besonders bei den Anfängen, weil die Texte zu sehr verschiedenartigen Dispositionen zwingen. Tatsächlich schließt der Satzbeginn des *Sanctus* (Beispiel 2 e) an den des *Credo* (Beispiel 2 d) an, verdichtet und bereichert ihn: Die zweite Viertonfigur, im Contratenor, dank des Quartaufschlags zum Hochton *f'* herausklingend, folgt der ersten nun auf dem Fuß, anders disponierte Viertonfiguren häufen sich, und im Superius tritt das »englische« Motiv fast neu ein. Dieses spart Du Fay am Beginn des *Agnus Dei* (Beispiel 8 c) aus, offenkundig im Hinblick auf die nahezu emphatische Rückkehr in der dritten Anrufung (Takte 63, Beispiel 2 f), holt hingegen die im Superius des *Sanctus*-Beginns gemiedene Viertonwendung vom *Credo* (dort Takte 3/4, hier Takte 2/3) wieder herein und hält an der dicht anschließenden Wiederholung der Contratenor-Wendung fest. Ein Mehr an Konzentration verbietet sich, weil Du Fay Einiges für den Schlußlauf der nur 30 Takte umfassenden ersten Anrufung aufsparen und die erste Anrufung durch die dritte (Takte 58 ff., Beispiel 2 f) überboten werden muß. In dieser stellt er die zuvor dem Contratenor gehörige Wendung im Tenor groß heraus, ehe der Contratenor sie, nun das englische Motiv kontrapunktierend, zurückholt. Dessen dreiklängigem Aufstieg verschafft der absteigende Dreiklang am Superius-Beginn

Vordersatz und Entsprechung und schlägt damit den Bogen zurück zum Beginn des *Kyrie*, welches zudem in einer Häufung von Terzanstiegen erinnert wird, wie sie zuvor nur dort begegnete.

Darüberhinaus resümiert Du Fay auf einer anderen Ebene: Die übliche Anähnelung mit den *Amen*-Schlüssen von *Gloria* und *Credo* verschmähend, den Spagat zwischen Kantilenensatz und liturgischem Anspruch nochmals herausstellend komponiert er, mehrere vorausgegangene Annäherungen überbietend, die dritte *Agnus Dei*-Anrufung als makelloses Rondeau – mit »*qui tollis* ...« als zweiter, »*peccata mundi*« als dritter, »*dona*« als vierter und »*nobis pacem*« als fünfter Zeile; wobei die letzten beiden, wie in vielen seiner Rondeaus, weitgehend zu einem Ganzen verschmelzen und die »doppeldominantische« *g*-Kadenz[45] dort, wo die Corona zu stehen hätte, dem über *c* nach *f* ausmündenden Schlußlauf harmonisch die notwendige Fallhöhe sichert. Am Ende seiner möglicherweise am weitesten ausgreifenden Meßkonzeption redet Du Fay mit dem Lamm Gottes wie ein Troubadour mit seiner *amor de lonh*, riskiert er musikalisch ein Mit-der-Gottheit-auf-du-und-du.

45 Der harmonische Abstand zum Beginn, auf den von hier aus im Rondeau-Vortrag zurückgesprungen werden müßte, erscheint bei Du Fay mehrmals

XXIV. Weltlich veranlaßt – die Messen über *Se la face ay pale* und *L'homme armé*

Für Du Fays vermutlich erste über einem weltlichen Cantus firmus komponierte Messe läßt sich eine Vorgeschichte konstruieren, deren Plausibilität den Mangel an positiven Belegen freilich nicht ersetzt. Sie reicht in seinen ersten Aufenthalt am savoyischen Hof zurück und beginnt als Hauptpersonen beim dortigen Thronfolger Louis und dessen Braut, der vielbewunderten, später vielgescholtenen Anne de Lusignan, »*la plus belle princesse du monde*« im Urteil des Chronikschreibers Olivier de la Marche, »*Greca di rara bellezza*« im Urteil eines anderen. Als Tochter einer in Zypern herrschenden französischen Familie – ihren Großvater Pierre I. de Lusignan kennt man als Mäzen Guillaume de Machauts –, war sie, eben fünfzehnjährig, im Oktober 1433 Louis anverlobt worden und brach wenig später zur Reise nach Savoyen auf; bei einem Zwischenaufenthalt in Arles machte ihr der aus Du Fays Biographie wohlbekannte Kardinal Louis Aleman[1] seine Aufwartung. Am 7. Februar 1434 traf sie in Chambéry ein, unmittelbar vor den vier Tage währenden Hochzeitsfeierlichkeiten; an ihnen nahm auch Du Fay teil[2], vermutlich eigens zur Ausgestaltung gerufen; sein dortiger Vertrag ist auf den 1. Februar datiert. Dieser erste Aufenthalt dauerte nicht lange; im August und Oktober desselben Jahres ist er beurlaubt zu einer Reise nach Cambrai, im Juni des folgenden kehrt er in die päpstliche Kapelle – nun nach Florenz – zurück, vor Allem wohl abermals wegen bevorstehender Feierlichkeiten – der Domweihe.

Daß ein prominenter Musiker sich für eine Position im Dienste Amadeus' VIII. interessierte, bedarf keiner Begründung; wenn irgendein Herzogtum, dann konnte das seinige mit dem burgundischen seines Neffen Philipp konkurrieren; wie dieser hatte er eine geographisch-politische Zwischenposition, u.a. die Kontrolle der drei meistbenutzten Alpenpässe, zur Mehrung seines Besitzes und Ansehens genutzt und übrigens die Verständigung des Burgunders mit seinem französischen Lehensherrn befördert. Obwohl Philipp Amadeus' Wahl zum Gegenpapst mißbilligte, hat er gegen ihn und auch gegen Du Fays savoyische Pfründen nichts unternommen. Zudem gab es, was Cambrai betrifft, eine spezielle Vorgeschichte: Dort hatte der erste Gegenpapst Clemens VII. von 1368 bis 1371 als Bischof amtiert, später viele Landsleute und Freunde mit sich ins Exil nach Avignon gezogen, u.a. in der herausragenden Position eines *camerier* François de Conzie, welcher nun seinerseits einen hochbegabten Neffen, Louis Aleman, in eine einflußreiche Funktion beim Konzil in Konstanz lancierte; dieser, wie bekannt, hatte eine steile Karriere vor sich. Schon sehr früh also, wenn auch mit den Einschränkungen, die ein hoffnungsvoller junger Musiker mit zweifelhafter Herkunft hinnehmen mußte, könnte Du Fay von prominenten Verbindungen profitiert haben.

Ohne daß speziellere Verknüpfungen sich bestätigen ließen, paßt *Se la face ay pale*[3] in Stil, Zuschnitt und Text gut zu der savoyischen Hochzeit des Jahres 1434, jedenfalls in die Zeit – die Niederschrift der frühesten, wichtigsten Quelle wurde 1436 abgeschlossen[4]. Mindestens dreißig Jahre kontinuierlicher, selten durch Ergänzungen oder Überformungen ver-

1 S. 117 ff.
2 Cordero di Pamparato 1925
3 im Notenanhang Nr. 4
4 Schoop 1971

änderter Überlieferung sprechen dafür, daß das normwidrige Stück sehr beliebt war. Vom Text her handelt es sich um eine kurzzeilige *Ballade equivoquée*, die Du Fay als Form jedoch ignoriert. Er komponiert an der Refrainstruktur vorbei eine durchlaufende Strophe bis an den Anschein heran, er habe die Musik eines fünfzeiligen Rondeaus übernommen und nicht einmal umgemodelt; im ersten Teil wären in diesem Fall zweimal zwei und einmal drei Textzeilen der Ballade auf je eine des Rondeaus (= Takte 1 bis 6, 7 bis 12, 13 bis 18, dort die vermutete Corona) gekommen, im zweiten zwei Zeilen der Ballade auf die vierte musikalische und die letzte des Rondeaus bzw. der Musik mit dem Refrain »*Sans elle ne puis = ohne sie kann ich nicht (leben)*«. Eine solche Umwidmung könnte gar Hugo Riemanns[5] Hader mit der vermeintlichen Divergenz von Wort und Ton begründen helfen, wäre dieser nicht einem eindimensionalen Verständnis zu danken, das ein gesellig-vergnügtes Spiel mit der tausendmal besungenen aussichtslosen Liebe ausschließt, und böte die kleingliedrig rasche, fast durchweg syllabische Deklamation nicht eine sinnfällige Entsprechung zu einem Text, der in kurzen Zeilen und mit nahe beieinander liegenden, oft identischen Reimsilben denkbar eng gestrickt ist[6]. Andererseits könnte Du Fay der Neutextierung zuliebe hie und da größere Notenwerte in Repetitionen aufgelöst haben, und daß alle drei Strophen über die zwar harmonisch nicht stärkste, vom Satz her aber mit besonderem Nachdruck bedachte Kadenzierung der Takte 17/18 syntaktisch hinweglaufen, ließe sich zusätzlich als Hinweis auf einen nachträglich oktroyierten Text verstehen.

Allerdings würde das Stück auch als Rondeau normwidrig erscheinen, namentlich in den Konsequenzen der strukturellen Verdichtung für die Funktionsverteilung der Stimmen. In mehrfacher Weise komponiert Du Fay ein Sowohl-als-auch – stilistisch u.a., indem er sich in dem im Tempus perfectum notierten Stück so sehr auf Prolatio-Prägungen der zwanziger Jahre einläßt, daß man es sich auch in halbierten Werten im 6/8-Takt stehend, insgesamt im Kontext der »neuen Einfachheit« u.a. des wenig älteren Zeitgenossen Jacques Vide vorstellen kann; satztechnisch u.a., indem er Superius und Tenor einem Oberstimmenduett annähert und deren funktionale Verbindlichkeiten wohl durchlöchern, zugleich aber festhalten muß und, indem er den Contratenor, bassierende und »Lückenbüßer«-Funktion kombinierend, aus der Fixierung auf dasselbe Revier wie das des Tenors entläßt, zugleich jedoch die hergebrachte Zu- bzw. Unterordnung beibehält. Den zeitstilistischen Bezügen ließen sich geographische hinzufügen – bei der Annäherung ans Oberstimmenduett und beim harmonietragenden »Sechslinien-Contratenor«[7] mögen italienische Erfahrungen mitspielen.

Dank der miniaturistischen Intention, im engstmöglichen Rahmen größtmögliche Vielfalt von Bezügen unterzubringen, erscheint die Unterscheidung stilistischer und satztechnischer Momente allerdings recht abstrakt. Der die nervig-federnde Rhythmik der Prolatio-Zeit erinnernde Umschlag im fünften Tenor-Takt (Beispiel 1 a) diminuiert die ersten zwei Takte; der Vergleich mit einer – immerhin denkbaren – plump direkten Entsprechung der Längenwerte (Beispiel 1 b) macht diese zweite Zeile als gepreßtes, diminuiertes Pendant zur ersten kenntlich und die Folge von Vier- und Zweitaktgruppe, die sich in den Takten 7 bis 12, der dritten/vierten Zeile wiederholt – das spricht für diesen als den originalen Text –, als überhöhendes Mittel der Textdarstellung: Die Musik potenziert die Verkürzung der fünfsilbigen zweiten bzw. vierten Zeile im Vergleich zur sechssilbigen ersten bzw. dritten und kontekariert die lamentosen Auskünfte »*La cause est amer = der Grund ist Liebe*« und »*Et tant m'est amer/*

5 *Handbuch der Musikgeschichte,* Band 2, Leipzig 1905, S. 153

6 S. 151

7 Besseler 1950/1974, S. 27 ff., 46 ff., 91 ff.

Amer... = und (zu lieben) ist mir so bitter« mithilfe fröhlich-behender Deklamation ebenso wie in der Betonung der simpel kongruierenden Reime.

Darüber hinaus befestigt der Tenor in der gepreßten zweiten Zeile den Quartdurchgang, welcher schon im dritten Takt exponiert und durch den Superius gegenläufig bestätigt worden war (Beispiel 1 c) – eine der vielen zwischen anonymer Vokabel und Motiv gelegenen Wendungen, der häufiges Erscheinen und der Umstand Gewicht geben, daß der enge Rahmen undeterminierte Details kaum zuläßt; Quartdurchschreitungen nach oben oder unten, teilweise auch über Quarträume hinausgehend, erklingen im Superius neunmal (Takte 3, 8/9, 13, 16/17, 19/21, 23/25, 27/28, 28/29, 29/30), im Tenor siebenmal (Takte 2, 5/6, 9, 12/13, 16/18, 23/24, 24/25), im Contratenor dreimal (Takte 8/9, 16/17, 23/24), wobei die je letzten Male besonders bedeutungsvoll erscheinen – im Superius als ungewöhnliche Schlußformel, im Tenor als deren Vorwegnahme in der Kadenzierung der Refrainzeile *»Sans elle ne puis«*, im Contratenor als einzige kleinschrittige Bewegung innerhalb der sonst stets übersprungenen, ausschließlich dieser Stimme gehörigen Quinte *c/g*. Die auffällige Abweichung vom bläserischen Gepräge des Contratenors gibt dem Übereinander mehrerer Durchgänge hier ähnliches Gewicht wie in der siebenten Zeile die Verlängerung im gleichsinnigen Fauxbourdon-Abstieg vor der supponierten Rondeau-Teilung.

Beispiel 1

Diese müßte, der erwähnten Divergenz zur Syntax der drei Strophen entgegen, als Schwelle selbst dann gelten, wenn feststünde, daß Du Fay den Satz von vornherein für den Balladentext konzipiert hat. Die Aufsplitterung nach zweimal zwei plus vier Takten – in Imitationen und rasch zwischen Superius und Tenor wechselnder Führung, im Contratenor mit der einzigen Kolorierung im Stück und der *es*-Alteration, welche möglicherweise in der Doppelbedeutung von *»amer« = Liebe, bitter* die letztere akzentuieren soll – wiederholt sich nach der »Schwelle«; wieder folgt einer breiter deklamierten Zeile (»*La belle a qui suis*«) eine rascher deklamierte (»*Que nul bien avoir*«) und der abermals breiter deklamierten letzten ein Nachspiel, welches die Entsprechungen zur rascheren Deklamation der vierten Zeile (»*Et tant m'est amer*«) und zur nachfolgenden Aufsplitterung in kleingliedrige Imitationen in sich vereinigt (Takte 25 ff.); danach bündelt sich das Stimmgefüge, dank »dominantischer« Führung und der zur finalen Verdichtung treibenden, mehrmals wiederholten Quartaufgänge im Superius energischer als bei den euphonisch in die »Schwelle« mündenden Takten 16 bis 18.

Zur Finalität gehört auch, daß erst hier die bisher weitgehend dem Contratenor vorbehaltene Dreiklängigkeit in die anderen Stimmen eindringt und den Satz kurzzeitig (= Takte 25/26) im *C*-Klang festhält, in der »Coda« also etwas eingelöst wird, was zuvor immer wieder angemeldet – der Klang der hohe Posaune tat dazu das Nötige –, jedoch kaum beantwortet worden war. Hier sind die drei Stimmen, angeführt vom Contratenor, habituell so nahe beieinander wie zuvor nur in der Kadenzierung der Takte 16/17, in denen umgekehrt der Contratenor sich den gesungenen Linien anglich – beides Belege sensibler Vermittlungen von Stimmcharakter und Gesamtverlauf.

Nicht weniger deutlich prägen Vermittlungen, fast ununterbrochen Neuregulierungen einfordernd, das Verhältnis von Tenor und Superius. Einerseits hält Du Fay an der perfekten, auf einen Contratenor nicht angewiesenen Zweistimmigkeit fest; andererseits möchte er sie, soweit überkommene Verbindlichkeiten und unterschiedliche Stimmlagen es erlauben, duettieren lassen. Das verrät nicht nur der imitative Wettstreit der Takte 12 ff., 21 ff. und 25 ff., nicht nur der Lagentausch der Takte 11/12, bei dem der Superius mit *c'* gar den hier tiefsten Ton besetzt, es zeigt sich ebenso sehr in Stufungen der melodischen Prägnanz, welche kaum mehr mit dem traditionellen Rollenverständnis der Stimmen zu tun haben. Die oft einem Stückbeginn eigene, leicht erinnerbare Prägnanz eines Initiums tritt der Superius in den ersten sechs Takten an den Tenor ab, schließt an diesen jedoch in den folgenden vier Takten an, hier die Führung übernehmend, verliert sie bei der Imitation der Takte 12/13 und gewinnt sie zurück (Takte 14/15), weil der Tenor vorübergehend Baßfunktionen versehen muß; dieser kommt im Folgenden gegen die Plausibilität der sequenzartig gereihten, fortlaufend vergrößerten Abgänge des Superius schwer an. In den Dreiklangspielen der Takte 25/26 scheinen spezifische Charakteristiken außer Kraft gesetzt, bevor die Schlußkadenzierung die Stimmen in die angestammten Funktionen zurückzwingt. Die Verführung, eine virtuelle, zwischen Superius und Tenor hin und her springende Hauptstimme herauszulesen, wäre kaum so groß, erschiene das kontinuierlich gehaltene Gleichgewicht der beiden, welches den Chansonsatz der 30er und 40er Jahre kennzeichnet, durch die speziellen Erfordernisse dieser Komposition nicht vorsätzlich gestört.

* * *

Du Fay übernahm also in die Messe – auch das gibt seiner Wahl besonderes Gewicht –, weder einen linear in sich stimmigen noch einen in gleichbleibender Weise als Fundamentum relationis definierten Cantus. Gerade in seinen Unebenheiten stellt der Tenor sich als Abdruck des Satzzusammenhanges dar, dem er entnommen ist, und fordert in der Messe am ehesten dort ähnliche Dispositionen ein, wo er den Chansonsatz weniger prägte als von ihm geprägt wurde, besonders bei den Dreiklangsbrechungen. Daß diese, zumal am Ende von *Gloria* und *Credo*, als rückbezogene Anspielung verstanden werden würden, konnte Du Fay nicht nur der Besonderheit der Passage wegen erwarten, sondern auch, weil der Cantus nach den ersten Takten deren kohärente Schlüssigkeit nicht wieder erreicht.

Im Frühjahr 1451, kurz nach dem Tode des Altherzogs Amadeus VIII., eines fromm-weltfremden Mannes, der sich in die Rolle des Gegenpapstes hatte drängen lassen, wurde in Chambéry abermals geheiratet; Carlotta, eine seiner Enkelinnen und eines der mindestens 16 Kinder des Brautpaares von 1434, wurde dem Dauphin und späteren französischen König Ludwig XI. angetraut – eine Verbindung der besonderen Art: Mehr als ein Jahr zuvor ins Auge gefaßt und in Einzelheiten verhandelt, kam sie gegen den erbitterten Widerstand des Bräutigamsvaters, des einstmals von Jeanne d'Arc zur Krönung in Reims geführten Königs Karl VII. zustande, welcher zu jener Zeit sich in Auseinandersetzungen um die bislang dem englischen König gehörige Guyenne befand. Nicht nur hier bewies der Sohn, ein respektlos moderner Pragmatiker, der später mit der Entmachtung des hohen Adels absolutistische Herrschaftsformen vorbereiten half, einen eigenen Kopf[8] – fünf Jahre nach der Hochzeit von Chambéry begab er sich unter den Schutz Philipps des Guten, des mächtigsten und gefährlichsten Vasallen seines Vaters.

»Se ay pesante malle / De dueil a porter ... = Wenn ich eine schwere Last / Von Traurigkeit zu tragen habe ...« – unfroh von ebenso unverwandter wie durch Bitternisse belasteter Liebe redend, lädt

8 Vgl. auch S. 412

der Balladentext zur Bezugnahme ebenso auf die Situation des Brautpaares wie auf die 17 Jahre zurückliegende Hochzeit der Brauteltern ein: Damals die Ballade, jetzt die Messe – gemäß der damals beanspruchten Teilhaberschaft des Auftraggebers am jeweiligen Werk[9] könnte die herzogliche Familie bei beiden sich als wahren Urheber und den hochgeschätzten Musiker in erster Linie als Werkzeug dieser Urheberschaft betrachtet haben. Kommt hinzu, daß in der Quelle Cappella Sistina 14 die in die Initiale »*K*« beim *Kyrie* eingefügte Miniatur eine junge Frau zeigt, die auf dem Rücken eines Delphins steht und in der einen, erhobenen Hand ein Segel, in der anderen Zügel hält[10], eine aus der christlichen Ikonographie wohlbekannte Allegorie: Der edelste und schnellste Fisch = Christus trägt die Gläubigen durchs Wasser in die Gefilde der Seligen. Die hochgreifende Symbolik erleidet keinen Schaden durch die Überlagerung einer irdischen, mit der Parallelität Delphin/Dauphin verbundenen: Der Königssohn trägt das Mädchen einem neuen Leben als Königin entgegen. Nur zu nahe liegt der Vergleich mit einer etwa zur selben Zeit entstandenen Miniatur aus dem Stundenbuch des Brautvaters Louis von Savoyen[11], die ihn und seinen Vater – Herzog Amadeus VIII. bzw. Gegenpapst Felix V. – gemeinsam auf einem Thron sitzend zeigt, darüber die Tiara, davor mit gefalteten Händen knieend seine Gemahlin Anne de Lusignan, welcher von den beiden die Krone aufs Haupt gesetzt wird; die letzten Zweifel an der – eben nicht blasphemischen – Allegorese der Marienkrönung und der ikonischen Gleichsetzung der Maria mit Anne, Gottvaters mit Amadeus und Jesu mit Louis zerstreuen die im Hintergrund zahlreich versammelten Engel. Sehr wohl läßt sich vorstellen, der das »*K*« der *Missa Se la face ay pale* ausmalende Miniator sei beauftragt gewesen, deren Veranlassung zu dokumentieren.

Die scheinbar plausible Verknüpfung hat einen Schönheitsfehler – zum Zeitpunkt der Hochzeit befand sich Du Fay nicht in Savoyen, sondern, von Dezember 1450 bis Juni/Juli 1451, in Cambrai[12]. Dies allein freilich reicht nicht aus, sie als widerlegt zu betrachten, schon, weil die Heirat seit Beginn des Jahres 1450 ins Auge gefaßt war und also – selbst, da Du Fay frühestens im März 1450 Cambrai verließ und sich im Frühsommer in Italien aufhielt[13] – genug Zeit zur Komposition der Messe blieb; zudem belegen Briefe und andere Dokumente, daß er mit dem Hof Kontakt hielt. Im Übrigen erscheint, allerdings ohne die Delphin-Symbolik und direktere textliche Bezugnahmen, auch ein anderer savoyischer Anlaß denkbar[14]: Anderthalb Jahre, nachdem ein Königssohn eine Tochter des Herzogs geheiratet hatte, heiratete ein Sohn des Herzogs, später Herzog Amadeus IX., die Königstochter Yolande – zu einem Zeitpunkt, da Du Fay ziemlich sicher, wenn auch nicht belegbar, sich in Savoyen, jedenfalls nicht in Cambrai aufhielt.

Weltliche Lieder in der Kirche (noch weltlichere Texte als *Se la face ay pale* ließen nicht lange auf sich warten), Liebeslieder, mindestens mit Liebesworten assoziierte Melodien, welche ein *Herr, erbarme Dich unser*, das Nikäische Glaubensbekenntnis oder *O Lamm Gottes, das Du trägst die Last der Welt* nicht nur begleiten, sondern kompositionstechnisch fundieren – das lädt zu ideologisierenden, auf durchlöcherte Sakralität hinzielenden Deutungen in gleicher Weise ein wie bei den Malern die Ersetzung transzendental konnotierter Goldgründe durch realistische Ausblicke auf Landschaften und Städte, von Heiligenscheinen durch Ofenschirme, mädchenhafte Madonnen, zuweilen mit bloßer Brust, welche sich auf gleicher Augenhöhe

---

9 Vgl. Kap. XX

10 Planchart 1976, S. 38 ff.; eine Wiedergabe bei Finscher (Hrsg.) 1989/1990, Teil 2, S. 218

11 Abgebildet bei Fallows 1982 gegenüber S. 36

12 Wright 1975, S. 188 ff., vgl. Fallows, a.a.O., S. 68

13 S. 324 ff.

14 Fallows a.a.O., S. 70

Stiftern gegenüber finden, deren Gesichtern ihre Lieblichkeit – besonders deutlich bei van Eycks *Madonna des Kanzlers Rolin* – kein Lächeln abgewinnen kann; wie die absichtsvoll doppelsinnige Widmung »*Beatissime virgine domini Beatrici di Aragonia*« bei einer Liedmotette des Tinctoris, wie der auf einer *Anbetung des Kindes* von Rogier van der Weyden porträtierte Karl der Kühne oder die auf Miniaturen mit Gottvater, der Maria und dem Gottessohn gleichgesetzten Mitglieder der savoyischen Herrscherfamilie. Derlei Deutungen legen eine Dichotomie von geistlich und weltlich zugrunde, welche, dem Menschen des 15. Jahrhunderts fremd, das Verständnis seines Lebensgefühls, Weltbildes etc. versperrt; sie unterstellen Emanzipationsbedürfnisse einer Art, welche damals nicht vonnöten war, sie unterschätzen Dimension und reale Erschwerungen vermeintlich kleiner Schritte und verfehlen gerade jene Umstände und Sachverhalte, deren Beschreibung auf schwierige, differenzierungsbedürftige Kategorien wie »Emanzipation« und »Fortschritt« tatsächlich nicht verzichten kann. Die Welt kann nicht in die Kirche kommen, ohne daß Kirche in die Welt kommt; das im Gottesdienst erklingende, nicht listig-polyphon unterschobene Liebeslied erscheint ebenso als Vertrauenserklärung in die Totalität Gottes wie erotische Hinterlegungen im Marienkultus oder Jan van Eycks sehr diesseitig anmutende Lust an schimmernden Prunkgewändern – allemal schimmert auch die *lux aeterna,* spielt das mystische Entzücken daran mit, wie Weltfreude und Gottesliebe aneinander steigern und in eine Frömmigkeit münden, bei der kein Lebensbereich draußen bleibt.

Wer es sich mit der Ambivalenz so schwer macht, wie sie es verdient, bekommt in Bezug auf weltliche Cantus zunächst mit der Frage zu tun, weshalb sie in den fünfziger und sechziger Jahren nahezu springflutartig in die Meßkomposition eindringen. Sie erscheint unzulässig vereinfacht durch den Versuch, Du Fays *Se la face ay pale*-Messe als erste ihrer Art und als Losungswort hinzustellen, auf das ungeduldig gewartet worden wäre. Abgesehen davon, daß die Geschichtsschreibung mit der Fixierung von Erstgeburtsrechten selten Glück gehabt hat, versäumt sie über ihr gern die Problematik einer an bestimmte Zeitsituationen und -punkte gebundenen Bereitschaft für künstlerische, auch wissenschaftliche Lösungen, welche manche zunächst rätselhaft erscheinende Gleichzeitigkeit erklären hilft, freilich nicht simpel als historische Fälligkeit verstanden werden darf. Wie immer eine Entwicklung sich asymptotisch um übergreifende Konsequenzlinien gruppieren mag – dies direkt auf den Einzelfall zu beziehen ist gefährlich. Bei der motettischen Zusammenfassung des Ordinarium missae über einem »Fremdtenor« waren englische Komponisten, zunächst ohne Widerhall bei den kontinentalen, vorangegangen[15], Bezugnahmen auf weltliche Musik hatten schon in Du Fays erster Messe[16] und später u.a. in John Bedinghams *Missa Deuil angoisseux* eine Rolle gespielt, hinsichtlich des frühen oder erstmaligen Gebrauchs eines weltlichen Cantus hat die *Missa Se la face ay pale* mehrere Konkurrenten, und nicht jeden Tag kamen eine ausführlich vorbereitete, repräsentative Hochzeit an einem kunstsinnigen, über ein leistungsfähiges Ensemble verfügenden Hof und ein hochambitionierter Musiker zusammen, um eine Lösung wie diese zu ermöglichen. Die Plausibilitätslücke im Hinblick auf das von der Tagesordnung der Musikgeschichte eingeforderte, endlich formulierte Losungswort läßt sich so nicht schließen.

Wenn schon von einem solchen – berechtigterweise angesichts jener Springflut – die Rede sein soll, dann nicht nur von dem Umstande, *daß* es, sondern von der Art und Weise, *wie* es gesagt worden ist und vermöge seines Anspruchs möglicherweise das Geflecht der Probleme erst voll zu Bewußtsein gebracht hat, deren Lösung es darstellt. Kein anderes Meßordinarium

15 Kap. VIII
16 Kap. IV

bietet sich der Kennzeichnung »klassisch«, eingeschlossen der Bedeutungshintergrund »klassizistisch«, so sehr an wie dieses[17]. Weil »the most elegant«[18], besonders knapp gefaßt, in der Strenge und Transparenz der motettischen Organisation einer Reißbrettarbeit vergleichbar, ließe es sich auch als Konsequenz aus Erfahrungen mit den vorangegangenen Proprien- bzw. Plenarmessen verstehen, deren Formenvielfalt einem zentralistischen Reglement weitgehend entzogen war[19] – als hätte Du Fay einem Extrem musikalischer Ausgestaltung der Messe ein anderes gegenüberstellen wollen. Überdies komponiert er in diesem »huge cycle of motets«[20] musikgeschichtliche Filiation – die Hereinnahme der motettischen Konzeption in die Messe. Gewiß erlaubte schon manche frühere Messe eine ähnliche Kennzeichnung – beispielsweise stellt sich Leonel Powers *Missa Alma redemptoris mater* als »a gigantic series of isorhythmic motets«[21] dar –, hier jedoch verschaffen der weltliche, leicht erkennbare Cantus, der Reißbrettcharakter und die Verwendung des gleichen Grundrisses für zwei Sätze unterschiedlicher Textstruktur wie *Gloria* und *Credo* dem Verfahren harte Kontur und lassen auf eine Bewußtheit der Anwendung schließen, welche nicht nur die Aufgabe selbst, sondern auch ihre Historizität betreffen mag. Ist es Zufall, daß Du Fays letzte isorhythmische Motetten, 1442 entstanden, weit zurücklagen[22], und daß er nach dieser Messe keine solchen mehr komponiert hat? Selbst, wenn chronologisch vielleicht nicht die erste mit weltlichem Cantus, ist die *Missa Se la face ay pale* es doch auf dem Niveau des in der kompositorischen Lösung angemeldeten und realisierten Anspruchs. Sie hat, namentlich in der Aufteilung der Sätze, als Prototyp gewirkt und war als solcher, als ein die polyphone Behandlung des Ordinarium missae betreffendes »Kunstbuch« offenbar von vornherein konzipiert. Daß dieses von *Gloria* und *Credo* her entworfen wurde, erscheint nicht nur der erstaunlichen numerischen Stimmigkeiten wegen plausibel[23].

Im *Kyrie*, *Sanctus* und *Agnus* Dei[24] läuft der Cantus je einmal in verdoppelten Werten durch (»*Tenor crescit in duplo*«, zweizeitige Longa statt Brevis), im *Sanctus* wird der Vortrag der drei Cantus-Abschnitte A, B und C jeweils durch *Pleni sunt caeli* und *Benedictus*, Teile ohne Cantus, unterbrochen, in *Kyrie* und *Agnus Dei*, als eine zwischen diesen Ecksätzen hergestellte Parallelität, nur einmal, nach A und B durch *Christe* bzw. *Agnus Dei II*, wiederum ohne Cantus. Im *Gloria* und *Credo* läuft der Cantus je dreimal durch, isorhythmisch geordnet im Verhältnis 3:2:1, d.h. er kommt beim letzten Durchlauf beim *integer valor*, der Bewegungseinheit der Ballade an (»*Tenor ter dicitur. Primo quaelibet figura crescit in triplo, secundo in duplo, tertio ut iacet*«). Das Verhältnis 3:2:1 betrifft auch die dem – je nur einmal notierten – Cantus vorangehenden Pausen, mithin die die drei Großabschnitte eröffnenden, mit einer Ausnahme (*Gloria* Takt 159 ff., *Cum sancto spiritu*) den Oberstimmen gehörigen Duo-Passagen. Du Fay verlängert das 3:2:1-Verhältnis darüberhinaus in die Einleitungs-Duos von *Sanctus* und *Agnus Dei* hinein – im *Gloria* und *Credo* umfaßten sie, auf die jeweils geltende Mensur bezogen, 18 *valores*, im *Sanctus* sind es 12, im *Agnus* 6; auch hierdurch wird angezeigt, daß das Stück zur Verdichtung des *Kyrie* im *Agnus Dei* zurückkehrt.

---

17 Reese 1954, S. 72

18 Fallows a.a.O., S. 194; zur Cantus firmus-Behandlung Nitschke 1968, S. 85 – 160

19 Vgl. die Kap. XXII und XXIII

20 Planchart 1974, S. 41

21 Brown 1976, S. 17

22 *Fulgens iubar ecclesie Dei / Puerpera, pura parens / Virgo post partum*, II/9; *Moribus et genere / Virgo, virga virens / Virgo est electus*, II/8, vgl. auch S. 226 ff.

23 Trowell 1979, S. 136 ff.

24 Vgl. die tabellarische Übersicht; ähnliche Übersichten bei Brown, a.a.O., S. 46, und Atlas 1998, S. 123

	Duo (Einleitung)	Cantus firmus	Mensur des c.f.
KYRIE			
Kyrie I		A + B	2 x integer valor
Christe		–	
Kyrie II		C	2 x integer valor
GLORIA			
Et in terra	18 perf. Longen	A + B + C	3 x integer valor
Qui tollis	18 imperf. Longen	A + B + C	2 x integer valor
Cum sancto	18 Breven	A + B + C	integer valor
CREDO			
Patrem	18 perf. Longen	A + B + C	3 x integer valor
Et iterum	18 imperf. Longen	A + B + C	2 x integer valor
Confiteor	18 Breven	A + B + C	integer valor
SANCTUS			
Sanctus	12 perf. Longen	A	2 x integer valor
Pleni sunt caeli		–	
Osanna I		B	2 x integer valor
Benedictus		–	
Osanna II		C	2 x integer valor
AGNUS DEI			
Agnus I	6 perf. Longen	A + B	2 x integer valor
Agnus II		–	
Agnus III		C	2 x integer valor

Diese Verdichtung hilft erklären, daß Du Fay im *Kyrie*, möglicherweise als dem, wie häufig, zuletzt komponierten Satz[25] über eine Anähnelung (Beispiel 2 b) an das allen anderen Sätzen gemeinsame Kopfmotiv Beispiel 2a nicht hinausgeht. Vom ersten Takt an soll klar sein, daß er es in dieser Musik auf äußerste Konzentration der Mittel und rigoros verbindliche Ordnungen anlegt: Die erste Phrase des Superius im *Kyrie* stellt sich als Verkürzung derjenigen des Kopfmotivs dar, der aus der Textur der *Se la face ay pale*-Ballade bekannte Quartdurchgang erklingt innerhalb der durch den A-Teil des Cantus getragenen 20 Takte (Beispiel 2 b) insgesamt 16mal, und mit der hemiolischen Querständigkeit der aufs Doppelte gedehnten Werte des Cantus innerhalb der Tempus-Bewegung der anderen Stimmen springt der Beginn ohne Präliminarien in eine Komplexität hinein, welche, weil der Hörer sie nicht sogleich zu entwirren vermag, nachgereichter Explikationen bzw. Entspannungen bedarf. Das beginnt bei den *Christe*- Anrufungen; deren erste (Beispiel 3 a) nimmt den Quartabstieg auf, kontrapunktiert durch eine Wendung, welche die zweite, zugleich die Quartaufgänge der ersten fortführend, melodisiert; die dritte (Beispiel 3 b) macht als Fauxbourdonsatz dem Imitieren ein Ende – insgesamt eine nach dem kompliziert vermittelten Beginn unmittelbar plausible Ereignisfolge.

Alle vier Einleitungs-Duos, rückbezogen und hinführend zugleich, lassen sich als Explikationen der überdosierten Exposition des *Kyrie* verstehen und fokussieren den von dem Stück insgesamt ausgemessenen Bogen. Das Duo zu Beginn des *Gloria* beantwortet den Abstieg im Kopfmotiv Beispiel 2 a mit zwei Anstiegen (Takte 7 ff. bzw. 14 ff.), deren zweiter den ersten,

25 Hierüber Fallows, a.a.O., S. 206

Beispiel 2 a und b

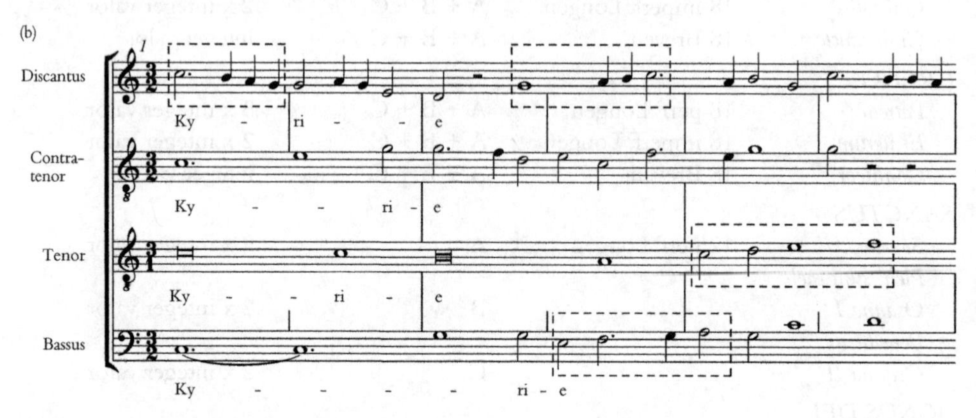

Beispiel 3 a und b

weil imitierend, übertrifft; das Duo im *Credo*, wenngleich nicht länger als das des *Gloria*, schiebt zwischen die beiden antwortenden Anstiege einen ans Kopfmotiv anschließenden Abstieg ein, sodaß sich vier melodische Gruppen ergeben, entsprechend kürzer als im *Gloria* und, weil durchweg imitierend gefügt, deutlicher »durchführend« – dergestalt bekommt der in der Mitte stehende, wortreichste Satz die am stärksten ausgearbeitete Einleitung; das zwölftaktige Duo des *Sanctus* beschränkt sich auf zwei je sechstaktige Gruppen und hebt das Korrespondenzverhältnis von Ab- und Anstieg mehrmals imitierend hervor, und dem sechstaktigen des *Agnus Dei* bleibt eben Zeit, einen zweitaktig antwortenden Aufstieg zum Kopfmotiv zu formulieren – die Linie fortgedacht dürfte man einem präsumptiven weiteren Satz, dem *Kyrie* entsprechend, keine Einleitung gestatten.

Einerseits benutzt Du Fay die einleitenden Duos als miniaturistische Widerspiegelungen eines das Ganze betreffenden Formverlaufs, andererseits zur Verdeutlichung einer harmonischen Delikatesse. Daß alle fünf Sätze auf *C* beginnen und in *F* enden, wäre, für sich genommen, nicht ungewöhnlich, wenn sich dies in den Binnenabschnitten nicht wiederholte (die einzige, eine zudem vorsichtige *C*-Kadenz eines Großabschnittes befindet sich im *Gloria*, Takt 158) und das eine wie das andere nicht einer sperrigen Grunddisposition zu verdanken wäre: Du Fay oktroyiert einer insgesamt in *F*-lydisch stehenden Textur den Tenor eines in C-ionisch stehenden, überdies mit zahlreichen V-I-Wechseln umgehenden Chansonsatzes – eine am Ende des B-Teils vorgeschriebene *b*-Alteration relativiert die tonartliche Festlegung kaum. Offenbar liegt ihm daran, die Charakteristik der eingefügten Spolie zu verdeutlichen, was auch bedeutet: eine gewisse harmonische Ambivalenz aufrechtzuerhalten. Ihr zuliebe läßt er nur einen einzigen der neun Durchgänge des Cantus, den zweiten im *Gloria* (Takt 125) auf *F* einsetzen, hält die Duo-Einleitungen sämtlich auf der *C*-Seite als dem Ausgangspunkt des Weges von *C* nach *F* fest und trägt Sorge, den »dominantischen« *G*-Auslauf des Kopfmotivs in weiteren *G*- Kadenzierungen (*Gloria* Takte 6 und 13, *Credo* Takt 14, *Sanctus* Takt 6, Takt 10 gar *D*) zu befestigen.

Nicht nur bei dem erwähnten *F*-Einsatz im *Gloria* beschert die harmonische Schieflage des Cantus satztechnische Schwierigkeiten, die Du Fay genau bedacht, möglicherweise bewußt als Signet benutzt haben muß. Daß an manchen Ausgangs- oder Schlußpunkten unter dem *c'* des Cantus ein *f* im Baß den Grundton besetzt, mag gerade noch angehen, solange kein *f'* in einer der darüber liegenden Stimmen, ein unvollkommenes Intervall zum Fundamentum relationis bildend, eben diesen Anspruch des Tenors in Frage stellt. Genau das ist z.B. im Takt 125 des *Gloria* und im Takte 85 des *Credo* der Fall – und bei allen fünf Satzschlüssen, weil dort im Superius kein anderer Ton als *f'* möglich ist. Da Du Fay einerseits die dem Kontext fremde Tonart des Cantus wichtig ist, um dessen Sonderstellung zu betonen, andererseits aber diese Art der Hervorhebung das wichtigste satztechnische Kriterium der Sonderstellung, die Funktion des Fundamentum relationis, beschädigt, ist er zu Kompromissen gezwungen: Früher als die übrigen Stimmen, bei einem Cantus nicht ungewöhnlich, erreicht der Tenor seinen letzten Ton (*c'*), und allemal, wo es geschieht (*Kyrie*: Takt 74; *Gloria* und *Credo*: Takte 115, 157 und 197; *Sanctus*: Takt 127; *Agnus Dei*: Takt 89), meidet Du Fay in der Oberstimme das fatale *f'*, freilich, um kurz danach im Schlußklang dennoch bei ihm ankommen zu müssen; immerhin wird der regeltreue Eintritt des letzten Cantus-Tons auf diese Weise gerettet. Die Betonung der lydischen Quart *h* in dem viermal in den Schlußklang eingesetzten Terzdurchgang *a-h-c* (*Kyrie*: Takt 37; *Gloria* und *Credo*: Takt 118; *Sanctus*: Takt 91; *Agnus Dei*: Takt 43) akzentuiert, wie immer der lydischen Tonart konform, die harmonische Ambivalenz, der die Musik ausgesetzt ist.

Als Kunstbuch mit dem Anspruch eines kanonischen Lehrbeispiels stellt die *Missa Se la face ay pale* sich vollends in den beiden Sätzen dar, in denen Du Fay die Erfahrungen der isorhythmischen Motette – u.a. an weit zurückliegende Lösungen wie bei Johannes Franchois (de Gembloux)[26] und an Dunstaple anschließend[27] – in die Meßkomposition einschleust. Über ein und demselben Tenorgerüst muß er in der Einleitung und dem ersten Durchgang des Cantus im *Gloria* 40 Worte unterbringen, im *Credo* 96, über dem zweiten im *Gloria* 32 Worte, im *Credo* 44, über dem dritten 8 bzw. 15 Worte – schon die Quantitäten erzwingen schroff unterschiedliche Aufbauten über demselben Grundriß, nicht zu reden von Details, welche an individueller Berücksichtigung verloren, was das Ganze an übergreifender Stimmigkeit gewann. Angesichts der im ersten *Credo*-Abschnitt zu bewältigenden Textmassen erscheint es schon beinahe wie ein Wunder, daß Du Fay bei »*Et incarnatus est*« (Takte 61 ff.) freie Bahn schaffen kann für eine das Wunder der Fleischwerdung feiernde Dreiklängigkeit; »*Crucifixus*« kann wenigstens durch Deklamation des Superius vor dem Hintergrund liegender Töne hervorgehoben werden (Takte 85 ff.), wenig später stehen die Wendungen »*secundum scripturas*«, »*Et resurrexit*« und »*sepultus est*« übereinander, und bei derart verknäulten Wortkonstellationen bleibt es bis zum Ende des ersten Großabschnittes.

Nach Maßgabe einer semantischen oder rhetorischen Wahrnehmung der Worte stellt sich das als Defizit dar. Allerdings fragt sich, ob nicht auch andere Maßgaben gelten und der Hinweis auf eine neuartige ästhetische Autonomie des Komponierten nicht einer schwierigeren, näher liegenden Frage ausweiche – derjenigen, inwieweit wir die Gegenwart der heiligen, von den Hörern vorausgewußten Worte mit deren unmittelbarer Verstehbarkeit ineinssetzen dürfen, ob zu ihrer sakralen Würde nicht auch gehöre, daß sie allzu direkter Verdeutlichung nicht bedürfen wo nicht gar, wie die *musica mundana* die Hörbarkeit, sie als banal von sich weisen müssen – Offenbarung und Verhüllung liegen eng beieinander. In diesem Sinne erscheint in dem leicht der Unverständlichkeit überführbaren Wortknäuel, nicht anders in dem die Rezeption überfordernden *Kyrie*-Beginn oder in 14 unterschiedlichen Skansionen

---

26 Bei diesem erscheint als Tenor eines dreistimmigen *Credo* die Melodie der Antiphon *Alma redemptoris mater*, zit. bei Bukofzer 1952, S. 46; vgl. James T. Igoe, *Johannes Franchois de Gembloux*, in: *Nuova Rivista Musicale Italiana* IV, 1970, S. 3 – 50, dort auch eine Übertragung des Stückes

27 John Dunstable, *Complete Works*, hrsg. von Manfred F. Bukofzer, 2. Ausgabe, hrsg. von Margaret Bent, Ian Bent und Brian Trowell, London 1970, die Nrr. 15 bis 18

des Wortes *»solus«* (*Gloria*, Takte 142 ff.) auch ein Wissen um jene Form der Offenbarung i.e. das Bewußtsein aufgehoben, daß das Komponierte die Höhe des von den Worten Gemeinten ohnehin nie erreichen, ihr sich nur nähern könne – ein Gesichtspunkt, welcher wiederum gegen den Einwand zu verteidigen wäre, er desavouiere jene Passagen, bei denen die rhetorische Wahrnehmung sehr wohl eine Rolle spielt.

»Jene geheimen Signaturen ..., die Gott in die Dinge gelegt hat, sind ... im selben Maße Verhüllungen seiner Offenbarung wie Offenbarung seiner Verhüllung«[28] – vom Bezug auf sakrale Botschaften herunter bis zu dem auf musikalische Details scheint das als Erklärungsrahmen tauglich für ein allemal sich asymptotisch, mit dem Cusaner zu reden: *»mutmaßend«* verstehendes Komponieren, u.a. auch dafür, daß es jahrhundertelang, durch Meisterlösungen nicht entmutigt, die Bewältigung ein und desselben Textes als oberste Aufgabe und Bewährungsprobe aufrechterhalten konnte. Das »schematic design«[29] der motettischen Disposition und deren Verknüpfung mit einer beliebten, die »fröhliche Wissenschaft« der Chansonkultur sinnfällig verkörpernden Ballade erscheinen geeignet, die Ambitionen wo nicht Risiken dieser Komposition sowohl zu definieren als auch abzusichern. Sie könnte sehr wohl zu der polemischen Auskunft verführen, mit der Beschreibung der den Cantus firmus betreffenden Reglements sei über die Musik ungefähr so viel gesagt wie bei Schönberg mit dem Auszählen der zwölf Töne, wäre der Gegenbeweis nicht so schwer zu erbringen, stellten die Nuancierungen, die vagen, oft kryptischen Anspielungen, die »halben« Lösungen, Unschärfen dieses *»mutmaßenden«*[30] Komponierens eine Darstellung nicht vor unlösbare Schwierigkeiten, welche auf Systematisierung, auf Anhalte und Beweisgründe für die Qualitäten dieser Musik ausgeht.

Hierbei spielt die Dialektik der vermittelten Statik der satztechnischen Basis und der spontan fortzeugenden Unmittelbarkeit ihres Überbaus eine entscheidende Rolle. Weil die vorweg isorhythmisch rastrierte Musik nicht aus dem Ruder laufen kann, darf der Überbau sich auf den Anschein einer Beliebigkeit einlassen, welche auch hinter schlüssigen Lösungen den Horizont anderer Möglichkeiten offenhält – als hätte es gegebenenfalls auch anders aussehen bzw. klingen können[31]. Hierzu ist Du Fay überdies angehalten, weil auf den neunmal vollständig, davon fünfmal in verdoppelten Werten durchlaufenden Cantus verpflichtet, mithin darauf, Wiederholungen zu meiden und mit Anklängen an den Balladensatz, Distanzierungen wie Annäherungen, sorgsam umzugehen. Gegen Ende der Durchläufe im *integer valor* in *Gloria* und *Credo* (beide Male Takte 189 bis 193) jedoch scheint der Sog unvermeidlich, scheint die Messe endgültig bei der Ballade angekommen. Jedoch reißt Du Fay das harmonische Steuer im letzten Augenblick herum und widerlegt die zunächst unentrinnbare Zwangsläufigkeit der Ausmündung, in einer knapp bewältigten Kurve biegt er die *C*-Tendenz des Cantus zum *F*-lydisch des Ganzen hin.

Die Auffälligkeit der mehrtaktigen »C-Dur«-Schaukel steht hier im Dienst einer konsekutiven Strebung, welche sich aus der Proportionenfolge 3:2:1 und der hiermit verbundenen Annäherung der Bewegungsformen der Stimmen ergibt und auf einen Zusammenfall von Balladen- und Messensatz hinzutreiben scheint – eine formale Dynamik, welche nicht zuletzt davon abhängt, daß zuvor Abstand gehalten wird. Demgemäß umgeht Du Fay demonstrative Bezugnahmen auf den Cantus, läßt sie am ehesten in den je dritten Durchläufen von *Gloria* und

28 Gershom Scholem, *Offenbarung und Tradition als religiöse Kategorien im Judentum*, in: ders., *Judaica* 4, Frankfurt am Main 1984, S. 189 – 228, das Zitat S. 210

29 Fallows a.a.O., S. 199

30 Zu Parallelitäten mit Nikolaus von Kues und insbesondere seinem Buch *De coniecturis* vgl. Kap. XXVII

31 Kap. XXVII

Beispiel 4 a bis e

Credo zu – und konsequenterweise im *Credo*, als dem späteren Satz, eher als im *Gloria* – z.B. in der Vorimitation der Takte 170 oder dem dem Cantus unmittelbar folgenden Superius (Takte 186 ff., Beispiel 4 a, in den Notenbeispielen jeweils nur die betroffenen Stimmen), woran er im *Sanctus* anschließt (Takte 27 ff., Beispiel 4 b). Bezeichnenderweise handelt es sich bei beiden Beispielen – sie gehören in den Kontext der oben angesprochenen Quartgänge – um einfache Skalen, weniger um motivfähige melodische Gestalten. Doch genau darum geht es: Nur, weil sie kaum über die Horizontlinie eines anonymen Vokabulars hinausragen (keine polyphone Musik kommt ohne sie aus), können sie in einem Maße wie hier allgegenwärtig sein; je nach Konstellation über die Horizontlinie hinausgeschoben oder in indifferenter Sprachlichkeit festgehalten, kann die Nachbarschaft von Nährlösung und Kristallisation, die Paradoxie einer polyphon durchformulierten Potenzialität aufrechterhalten werden, welche sich von unvermeidlichen Gravitationspunkten nur widerstrebend zu Fixierungen verleiten läßt. Spräche man bei den 16 Quartgängen der ersten 20 *Kyrie*-Takte von »Motiven«, stellt sich die Gegenfrage nach einer weniger motivhaltigen Musik, deren ein Motiv, um sich abzuheben, als Hintergrund bedarf; würde man sie ausschließlich als neutral-idiomatisch ansehen, käme man schwer mit der Bedeutsamkeit zurecht, welche die Komposition ihnen bei der Eröffnung von Sätzen oder Teilabschnitten, durch beantwortende Umkehrungen oder direkte Kombinationen (vgl. u.a. *Gloria* Takte 165 ff., Takte 182 ff., *Credo* Takte 165 ff. bzw. die Beispiele 4 c bis e) zumißt.

Beispiel 5 a bis h

Auf ähnlich diskrete Weise ambivalent stellt sich die Handhabung des im dritten Cantus-Abschnitt (C) exponierten Terzaufstiegs dar; zu Beginn des zweiten *Kyrie*-Teils wird er doppelt vorweggenommen (*Kyrie* Takt 52 ff., Beispiel 5 a), erscheint im Einleitungs-Duo des *Gloria* (Takte 14 ff., Beispiel 5 b) und des *Credo* (Takte 15 ff., Beispiel 5 c) durch die freie Vorimitation abgedeckt, nach Takt 100 im *Gloria* (Beispiel 5 d) wiederum in eine Imitation integriert und tritt zuvor schon im *Gloria* mit dem zu »*Glorificamus*« gehörigen Nachdruck (Takte 28/29, Beispiel 5 e) in Erscheinung, im *Credo* mit »*per quem omnia facta sunt*« (Takte 51 ff., Beispiel 5 f) als unverkennbar rhetorische Formulierung, als kleine Terz bei »*Crucifixus*« (Takte 85 ff., Beispiel 5 g), und mehrfach in der das *Confiteor* eröffnenden Imitation (Takte 159 ff., Beispiel 5 h). Schwierigkeiten der definitorischen Abgrenzung, z. B., wenn ein Quartaufstieg von der siebenten zur dritten Stufe führt, wenn eine Terz- und eine Quartdurchschreitung imitativ unzweideutig aufeinander bezogen sind etc. gehören ebenso zur Sache wie die durch die Beispiele 5 a bis h nahegelegte Frage, ob nicht auch andere knapp motivfähige Wendungen gesammelt werden könnten und diese Möglichkeit gegen die Qualifikation als Bezugspunkte spräche. Ähnliche Bedenken könnten der Beiläufigkeit gelten, mit der das vom Cantus nicht vorgegebene »englische« Motiv Beispiel 6 a innerhalb eines Melodiezuges im *Gloria* (Takt 37) begegnet, befände es sich im *Credo* (Takte 35 ff., Beispiel 6 b) bei »*Deum de Deo*« nicht auffällig plaziert, wie auch bei »*Et iterum venturus est*« (Takte 119 ff., Beispiel 6 c), wo es überdies die nachfolgende Passage wesentlich prägt (Takte 128, 134, 139/40, 145, auch Takte 165/66).

Allenthalben sucht eine »Kunst des variativen Übergangs«, im Gegenzug zum unzweideutig definierten Cantus, Distanz zu definitiver Vergegenständlichung und begünstigt Flexibilität und Verflüssigung auf eine Weise, angesichts deren am Ende fast alles zu fast allem paßt; am Beginn des dritten *Agnus* etwa (Takte 67 ff., Beispiel 6 d) stehen der langmensurierte Anfang des dritten Cantus-Abschnittes im Tenor, die Diminution seines Terzanstiegs im Contratenor, daselbst zuvor der kürzer mensurierte Cantus-Beginn – eine Variante des Kopfmotivs – und ein Quartabgang im Baß eng bei- bzw. übereinander, der in erster Linie in den Kontext der Takte 67/68 beider Oberstimmen gehört, zugleich sich auch wie ein Vor-Hinweis auf *L'homme armé* darstellt. Im Sinne jener Flexibilisierung erscheinen viele Verläufe wie Ergebnisse einer am unmittelbar Erklingenden inspirierten Erfindung, häufen sich zuweilen bestimmte Wendungen, wie zu Beginn des *Kyrie* oder nach »*Et iterum venturus est*« im *Credo,* als verenge die Phantasie ihren Spielraum vorübergehend, um aus Wiederholungen rhetorischen Gewinn zu ziehen. Entsprechend gleitet die Musik, namentlich in cantus firmus-losen Passagen, ebenso zwanglos in Imitationen hinein, wie sie sie verläßt, so daß selbst längere kanonische Führungen, z. B. die 30 Töne umfassende der Takte 51 ff. im *Agnus Dei,* viel weniger »gebaut« denn von wetteifernder Deklamation und dem Impetus der strömenden Bewegung inspiriert scheinen.

Beispiel 6 a bis d

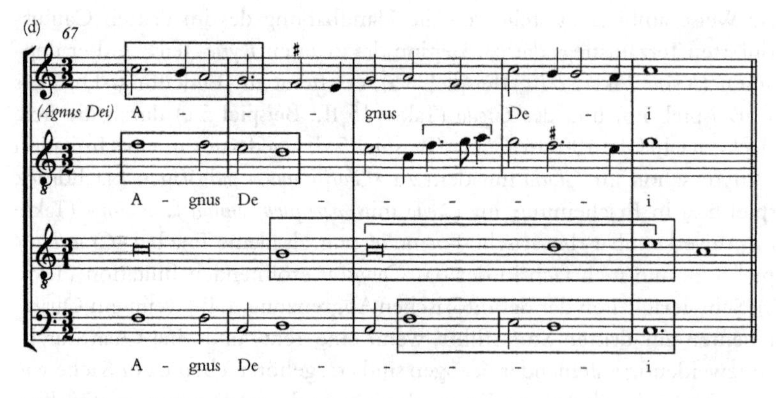

War es eine Folge des Abstandes zwischen der »euklidischen« Geometrie der Disposition des Cantus und der »fraktalen« der kommentierenden Polyphonie, daß diese als erste ihrer Art vermutete, als Idealtypus folgenreiche Messe zugleich eine letzte war? – insofern, als Du Fay die Isorhythmie auch in dem Sinne aufhob, daß er ihrer in den folgenden Messen, einen Nachklang in derjenigen über *L'homme armé* beiseitegelassen, nicht mehr bedurfte.

* * *

Der Gesandte Karls VII., der 1451 die savoyische Heirat verhindern sollte, wurde im Auftrag des Bräutigams auf seiner Reise nach Chambéry so präzise aufgehalten, daß er dort eintraf, als die Hochzeitsglocken läuteten. Die Harmonie zwischen den Fürstenhäusern hat das nicht gerade befördert, so daß, um militärische Auseinandersetzungen zu vermeiden, ein im Oktober 1452 im Schloß von Cleppé vereinbarter Vertrag nötig wurde, den die Beteiligten im Dezember 1455 in St. Pourçain nochmals feierlich besiegelten[32]; inzwischen freilich hatte der Fall von Konstantinopel ihnen genug Anlaß gegeben, über die Dimension ihres Zwistes nachzudenken. Weil Du Fay seinen Dienstherrn nach St. Pourçain begleitet hat und die Hofkapelle zuvor neu formiert worden war, liegt es nahe, eine diesem Anlaß gewidmete Komposition zu vermuten, welche früheren Friedensmotetten wie *Supremum est*[33] oder derjenigen vergleichbar wäre, die im Jahre 1438 die Beendigung des Bruderzwists in Savoyen – zwischen dem damals schon regierenden Louis und dem jüngeren Philippe – feierte[34]. Sowohl auf Cleppé als auch in St. Pourçain dürfte Du Fay mit dem ersten Musiker des französischen Königs, Jan Ockeghem, zusammengetroffen sein[35], und in den Rahmen der allfälligen konkurrierenden Prachtentfaltung würden die von beiden über *L'homme armé* komponierten Zyklen gut passen, weil die Bedrohung durch den »*Mann in Waffen*«, den Türken, seit anderthalb Jahren brandaktuell war.

Allerdings wäre es ein außerordentlich frühes, stilgeschichtlich riskantes Datum – selbst, wenn man die gleichnamige Messe von Busnoys nicht obenan in der Chronologie plaziert und demgemäß als Jugendwerk ansehen müßte[36], und wenn man kompositions- und notationstechnische Argumente für eine spätere Datierung[37] verdächtigt, einseitig den Maßgaben eines vermuteten historischen Standes zu vertrauen. Ihnen entgegen könnte man, anfangend bei komplementären Entsprechungen der Satzanfänge und in den Cantus, die *L'homme armé*-Messe mit guten Gründen als Alternativkonzeption zur *Missa Se la faye ay pale* deuten, deren direkte Bezogenheiten zeitliche Nähe, dann wohl frühestens gegen Ende der fünfziger Jahre, nahelegen. Genauso plausibel freilich läßt sich Du Fays Umgang mit dem Cantus als Auseinandersetzung mit vorausgegangenen Bearbeitungen deuten. Daß das Pro und Contra dergestalt lediglich um weitere, im Hinblick auf Datierungen wenig ergiebige Gesichtspunkte bereichert wird, fällt umso mehr ins Gewicht, als der zweite, als Anhalt halbwegs plausible Zeitpunkt ein Dutzend Jahre später liegt.

Das vieldiskutierte, insgesamt mehr in die sechziger Jahre weisende Verwirrspiel vager Anhalte und Vermutungen[38] beginnt mit Pietro Aarons[39] ins Jahr 1523 gehörigem Hinweis auf Antoine Busnoys als den Urheber von *L'homme armé*, ein Hinweis, der vor dem Hintergrund einer insgesamt läßlichen Einstellung in Fragen von Provenienz und Urheberschaft gesehen werden muß und nicht eindeutig klarstellt, ob die Melodie für sich (Beispiel 7) oder ein mehrstimmiger Satz gemeint sei: »*Si estisima, che da Busnois fussi trovato quel canto chiamato lome armé notato con il segno puntato, & che da lui fussi tolto il tenore*«. Überdies läßt der Text Raum, den »*homme armé*« entweder als den Drohenden zu verstehen, gegen den man sich wappnen muß – »the author of the song describes in a semi-dramatic, semi-narrative form what he

32 Gaston du Fresne de Beaucourt, *Histoire de Charles VII*, Paris 1880, Band 5, S. 141 ff.

33 S. 162 ff.; zu Du Fay in Savoyen Bouquet 1968

34 *Magnanime gentis*, I/17

35 Wright 1975, S. 207 ff.

36 Taruskin 1986

37 Hamm 1964, S. 144; Nitschke 1968, S. 202 ff., 385 ff.; Fallows a.a.O., S. 201

38 Eine Übersicht bei Laubenthal 1996

39 *Thoscanello de la musica*, später *Toscanello in musica*; vgl. Strohm 1993, S. 470

heard in a late medieval town: the warning sound of the watchman's horn from the tower, as a hostile army is approaching across the plaine«[40], oder als den nach dem Fall von Konstantinopel oft beschworenen wehrhaften Christen: »*Der Mann. Der gewappnete Mann. / Den gewappneten Mann muß man fürchten. / Man hat überall ausrufen lassen, / daß ein jeder sich wappnen soll / mit einem Panzerhemd aus Eisen. / Der Mann. Der gewappnete Mann. / Den gewappneten Mann muß man fürchten.*«[41]

Beispiel 7

Für den wehrhaften Christen, den für den wahren Glauben einstehenden »*Mann in Waffen*« spricht ein Zusammenhang mit dem Orden vom Goldenen Vlies, welcher spätestens mit der hochambitionierten, von König Ferrante in Neapel in Auftrag gegebenen Messe von Johannes Tinctoris offenkundig wird – Tinctoris hat für seinen Dienstherrn, der dem Orden angehörte, dessen Statuten ins Italienische übersetzt. Wehrhafte Heilige wie Georg, Michael und Sebastian spielten in den Ritualen eine wichtige Rolle, und nur zu gut läßt sich vorstellen, daß die Aktualität von *L'homme armé* sich von dem Fasanenbankett des Jahres 1454 herschreibt, auf dem der Ordensgründer, Herzog Philipp der Gute, seine Paladine für einen Kreuzzug zur Rückeroberung Konstantinopels zu gewinnen suchte[42] – keine geringe Stütze für die oben erläuterte, St. Pourçain (1455) betreffende Vermutung. Polyphone Musik wird in Berichten über den Orden zum Goldenen Vlies zwar nur mittelbar erwähnt, dennoch scheint ein Zusammenhang nach den rund um die Proprienmessen gewonnenen Erkenntnissen unabweisbar[43].

Andererseits hat die Kirche sich nicht nur im Zeichen von Bedrohungen als wehrhaft begriffen; als *Ecclesia militans* feiert Du Fay sie in der zur Inthronisation Eugens IV. komponierten Motette, geweihte Schwerter konnten in der Meßfeier, anlaßbedingt als zu ihr gehörig, entblößt und von Päpsten verliehen werden[44] – allerdings nur an gekrönte Häupter. Diesen waren die insgesamt über 40 auf *L'homme armé* komponierten Messen mit solcher Ausschließlichkeit zugedacht, daß man eine Fixierung des Cantus auf repräsentativ-öffentliche, oftmals aktuelle Anlässe, wo sie nicht bekannt sind, sicher vermuten kann. Zumindest gilt das für die erste Zeit; danach haben die Konnotationen dieses meistbenutzten Cantus firmus sich von der Aktualität der Frontstellung gegen die Ungläubigen zur allgemeineren Symbolik der wehrhaften Kirche hin verschoben, und noch später – möglicherweise markiert durch Obrechts

40 Strohm 1980/1990, S. 130
41 Übersetzung nach Laubenthal a.a.O.
42 S. 270 ff.
43 S. 309 ff.; Haggh 1995
44 Warmington 1996

großartig bereichernde Blaupause von Busnoys' Messe[45] – verblaßte auch diese hinter der Charakteristik der kanonischen Aufgabe: Jeder, der kompositorisch auf sich hält, muß sie auf je eigene Weise gelöst haben. Dem mit *L'homme armé* verbundenen repräsentativen Anspruch würden kompositorische Virtuosenstücke wie Mensurkanons bei Josquin und Pierre de la Rue ebenso gemäß sein wie die außer den anonymen Proprienmessen bis zu Isaacs *Choralis Constantinus* am weitesten ausgreifende Werkplanung, die zyklisch konzipierten sechs Messen, die der neapolitanische Codex *Ms. VI E 40* anonym überliefert[46]. Auf sicherem Boden steht die Chronologie erst mit der Auskunft, *L'homme armé*-Messen von Philippe Caron und Johannes Regis seien in den Jahren 1462/63 in Cambrai abgeschrieben worden; daß wir nicht genau wissen, ob Du Fays, Busnoys' und Ockeghems Messen davor oder danach entstanden sind, fällt bei deren Einordnung und Bewertung schwer ins Gewicht.

Im Jahre 1465 nahm in der burgundischen Hofkapelle ein langjähriges Mitglied seinen Abschied, Simon le Breton, den Du Fay später in seinem Testament »*dominus meus et confrater*« nennen wird – Simon war zugleich Kanonikus in Cambrai und folgte Du Fay dort im selben Jahr 1464 als *maître des petits vicaires* nach. Offenkundig als Musikantenspaß komponierte sein Kollege Robert Morton zum Abschied ein Quodlibet[47], worin er die dreiteilige *L'homme armé*-Melodie als Tenor in ein Rondeau einklemmt und mit der im Superius dreistrophig mitgeteilten Versicherung verbindet, der stolze Türke werde »*au plaisir Dieu*« im Namen von »*Maistre Symon*« erschlagen und man werde diesem ob der gottgefälligen Tat zujubeln: »*Vive Symonet le Breton / Que sur le Turque s'est enbatu*!« Ein zunächst angenommenes früheres Entstehungsdatum und die Verknüpfung mit dem Türken haben Anlaß gegeben, in dem Satz die früheste Quelle der *L'homme armé*-Melodie und hinter ihm ein Lied oder Volkslied zu vermuten, mit dessen Bekanntheit das Quodlibet unverkennbar spielt. Vielleicht aber hat es ein solches, zumindest in der als Beispiel 7 präsentierten, als gemeinschaftliches Vielfaches aller Zitierungen plausibelsten Form, nie gegeben, vielleicht handelt es sich um eine, freilich schlagend prägnante, zur Verwendung als Fundamentum relationis zugerichtete Collage[48].

In Pietro Aarons Hinweis auf Busnoys als Urheber könnte ein Irrtum – anscheinend hielt er Busnoys, nicht Morton für den Komponisten des Quodlibets – mit einer konkreten Erinnerung verbunden sein, derjenigen an die im Mai 1468 in Brügge abgehaltene Feier des Ordens vom Goldenen Vlies, die erste mit Karl dem Kühnen als Ordensobersten – sein Vater, Herzog Philipp der Gute, war im Vorjahr gestorben. Immerhin ist Ockeghems *L'homme armé*-Messe kurz davor abgeschrieben worden, Du Fays kurz danach – unbekannt allerdings, ob zum ersten Mal –, und die Prachthandschrift mit den sechs *L'homme armé*-Messen, welche der neapolitanischen Prinzessin Beatrice 1476 anläßlich ihrer Hochzeit mit dem ungarischen König Matthias Corvinus übereignet wurde, stammt aus dem Besitz des musikinteressierten Karl und könnte sehr wohl im Jahre 1468 von ihm angeregt worden sein. Als Argument für ein spätes, durch das Fest von 1468 veranlaßtes Entstehen von Du Fays Messe mag zudem gelten, daß Ockeghem die seine, hätte er die des Älteren gekannt, wohl anders, weniger grundrißhaft auf der Linie von dessen *Se la face ay pale*-Messe konzipiert hätte; Du Fays Messe realisiert von der nachmals mit Ockeghems Namen verbundenen Stilistik viel mehr als Ockeghems.

Weil die lakonisch-simplen Wendungen der Melodie leicht hervorstechen, vielleicht auch, weil sie von der Collage gewußt haben, sind die Musiker mit *L'homme armé* freier umgesprun-

---

45 Strunk 1937

46 Cohen 1968; NA *Corpus Mensurabilis Musicae 85*

47 Perkins/Garey 1979, Nr. 34; zur Datierung David Fallows, *Robert Morton's Songs*, Diss. Berkeley 1978, S. 203-244

48 Strohm 1993, S. 465: »*...a monophonic* chanson rustique, *or rather an artistic imitation of it*«

gen als mit anderen vielbenutzten Cantus wie *De tous biens plaine, J'ay pris amours, Fors seulement*, ausgenommen am ehesten *Le Serviteur.* Robert Morton z.B. läßt im B-Teil (s. Beispiel 7) die wiederholende zweite Zeile aus und fügt andererseits auf die Worte »*A l'assaut*« den Dreischlag der Minimen – in der Übertragung Viertel – ein, der vom fünften bzw. zehnten Takt herkommt; genau diese Takte aber (im Beispiel in Klammern) erscheinen eingefügt in eine Melodie, der sich allein durch Verdoppelung der Schlußnote des B-Teils, wie im Beispiel angezeigt, zu periodischer Regelmäßigkeit, verhelfen ließe; Morton könnte auf der Linie der den Gesang unterbrechenden »Hornrufe« – auf deren Anfangsnote *d* mißachtet Du Fay verräterisch häufig die perfekte Zweistimmigkeit mit dem Superius – lediglich fortgedacht haben. Für Einblendung sprechen zudem die wiederholten Worte, welche in einem normalen Liede ungewöhnlich erscheinen, so daß das nach Abzug der Ergänzungen übrigbleibende, aus zwei plus drei plus zwei Viertaktern bestehende Gebilde sich als aus simplen Bauteilen zusammengesetztes Konstrukt plausibler erklärt denn als vermutete Urform oder gar Volkslied. Kommt hinzu, daß seine Eignung als gerüsttragender Cantus, ohne die seine Karriere in der Meßkomposition nicht vorstellbar wäre, es als von den hiermit verbundenen Erfordernissen »rückwärts« geformtes Paradigma verdächtig macht – die erste Tonstufe *g* beansprucht allein zehn Takte, die nächstwichtige fünfte (*d*) nahezu sieben; die erste Doppelzeileneinheit (A) besetzt, unten beginnend, das Pentachord *g/d'* und erreicht *d'* erst, nachdem sie das Pentachord *g/c'* kleinschrittig erschlossen hat; die zweite Doppelzeileneinheit (B) besetzt, oben beginnend, das Tetrachord *d'/g'* und erweitert es nach oben zu *a'* erst, nachdem sie es – nahezu – kleinschrittig erschlossen hat; wie um die Entsprechung zu A zu stärken, komponiert Du Fay die ersten Durchgänge bei »*tout crier*« und »*viegne armer*« (s. Beispiel 7).

Als Versuch, die Freiheiten des Überbaus mit der isorhythmisch regulierten Tenor-Basis ebensowohl zu vereinbaren wie beides voneinander abzuheben, eigneten der *Se la face ay pale*-Messe alle Charakteristiken eines Testfalls bzw. einer systematischen Grundlegung. Nichts davon bei *L'homme armé*: Du Fay geht mit der Melodie frei um, verschmäht die Disziplinierung durch mathematisch saubere Proportionen, springt zuweilen von einer in die andere Mensur, wiederholt manchen Abschnitt in Transposition, entscheidet über Pausenlängen vom Satz her, verziert die Melodie bis hin zur melodischen Ausfüllung des Quartaufsprungs am Beginn (*Credo*, Takte 67 ff.; sie kann auch als Krebs des Quartabgangs gelesen werden) und komponiert Ausläufe, worin der Tenor diskret ins Gespräch der übrigen Stimmen hereingezogen wird – soweit man ihn zuvor überhaupt als eigenständig wahrgenommen hat: Einsätze auf Tönen, welche in einer anderen Stimme bereits erklingen, oder der fast unmerkliche Einsatz eines dritten Cantus-Durchlaufs im *Credo* (Takt 238) verraten eine Handhabung, welche dem Fundamentum relationis, mindestens fürs erste, aus dem Satzganzen herauszuragen nicht erlaubt – offenbar im Interesse einer das Ganze überspannenden motettischen Logik, welcher Du Fay eine eigene strukturelle Dynamik, um nicht zu sagen: Dramatik mitzugeben versucht: Die an vorangehenden Satzenden mehrmals versprochene, angedeutete Annäherung der Bewegungsformen wird am Schluß des *Agnus Dei* tatsächlich eingelöst, der vordem in Langmensur und etlichen schwer faßlichen Unregelmäßigkeiten festgehaltene Tenor kommt hier auch im Duktus bei den anderen Stimmen an. Wie unterschiedlich rhythmisiert auch immer – am ehesten zur Wahrnehmbarkeit herangedrängt hat er sich in den zumeist analog gefaßten ersten beiden Phrasen des B-Teils (s. Beispiel 8; Pausen sind durch Klammern angegeben, Verzierungen durch Wellenlinien über der Note).

Derlei fluktuierende Wahrnehmbarkeit gehört zu einer Konzeption, welche als *L'homme armé*-Bearbeitung kenntlich sein soll und das motettische Eigenprofil der einzelnen Sätze zurücknimmt, um, zunächst unmerkbar, aufs Werkende hin eine motettenhafte Konvergenz

Beispiel 8

zu organisieren: Je weniger der einzelne Satz in sich, desto mehr soll offenbar das Ganze sich motettenhaft darstellen.

Das betrifft einen die fünf Sätze werkhaft übergreifenden Gesamtentwurf ebenso wie das Gespräch der Stimmen. Da der Text des Cantus als motettischer Dialogpartner ausscheidet, muß um so mehr die Melodie herhalten: Ihre überwiegend diskrete Einbettung ins Stimmgefüge bedingt eine wechselseitige Annäherung und Osmose, bei der dies Gefüge von ihr ebenso viel sich zueigen macht wie umgekehrt; sehr anders als bei der *Se la face ay pale*-Messe kann von unterschiedlichen »Geometrien« keine Rede mehr sein, viel eher von einem Versuch, die simpel verfestigte *L'homme armé*-Melodie in eine anonym-amorphe Sprachlichkeit zurückzuholen, zu ihr hin aufzulösen, wie andererseits diese zu ihr hin zu konkretisieren – anachronistische Bezugnahmen auf »musikalische Prosa« oder »unendliche Melodie« liegen nicht fern. Obwohl der Umfang der Sätze – mit Ausnahme des *Credo* – denjenigen in anderen Messen nicht wesentlich übertrifft, ist ihre musikalische Räumlichkeit, trotz üblicher Segmentierungen, von anderer Art; Dynamik und Atem des Großverlaufs tragen über Zäsuren auf eine Weise hinweg, welche zu formulieren erlaubt, unter dem Druck jener Osmose bzw. vielfältiger Vermittlungen von Meßvorgabe und Cantus habe Du Fay neue Dimensionen und Möglichkeiten weiträumiger Gestaltung erschlossen. Der Abstand zur *Missa Se la face ay pale* könnte sehr wohl auch ein zeitlicher gewesen sein, und die fundamentale Auseinandersetzung mit der Problematik des Cantus firmus, inbesondere dieses, macht vorausgegangene *L'homme armé*-Bearbeitungen wahrscheinlich – beides spricht für ein spätes, am Ende der sechziger Jahre liegendes Kompositionsdatum.

Zu den neuen gestalterischen Dimensionen gehört wesentlich das Moment der Entwicklung – und damit auch die Notwendigkeit, ihr Zeit zu lassen. Gewiß kann man aus den Stimmverläufen des *Kyrie*-Beginns (Beispiel 9 a) Hüllkurven und vorwegnehmende Anspielungen auf die erste Zeile des Cantus herauslesen – der Contratenor figuriert in den ersten fünf Takten den Quartauf- und -abgang gleich zweimal aus; der Superius eröffnet diesen Satz (wie auch die anderen, vgl. unten Beispiel 11 a) mit einem Quartaufstieg, den man als Umkehrung des Abgangs der ersten Cantus-Zeile oder krebsgängig verstehen kann, liefert den Abgang im vierten Takt nach und läßt sich auch als melodisch ausholende, in die *L'homme armé*-Töne eingehängte Tropierung deuten; im Baß erscheint viermal der »lombardische« Rhythmus, welcher im dritten Cantus-Takt nach zwei weich schwingenden »Jamben« charakteristisch hervortritt. Nachdem die erste Zeile im Tenor absolviert ist, klingt ihr Abgang zweimal, gar vergrößert, im Superius und Contratenor nach. Indessen führt Du Fay den Cantus – u.a. mit vorweg im Satz schon klingendem Anfangs- und nach Abschluß der ersten Zeile im Satz weiterklingendem Endton[49] – so diskret ein, daß, wer ihn nicht kennt, es kaum bemerkt, und wer ihn kennt, bemerkt, daß er es nicht bemerken soll; zudem verflicht er ihn nach dem Schluß der zweiten Halbzeile im melodischen Duktus so rasch und so dicht mit den anderen Stimmen (Takte 18 ff., Beispiel 9 b), daß es beinahe wie ein Zurückholen erscheint, und er bestätigt dies nahezu programmatisch, indem er am Ende des *Kyrie* (und entsprechend des *Agnus Dei*) die erste, zugleich letzte Doppelzeile des Cantus in verkürzten, der Gangart der anderen Stimmen angepaßten Werten wiederholt: auch dies eine Heimkehr. Damit freilich desavouiert Du Fay eine Sichtweise, welche, von Anspielungen, Hüllkurven etc. redend, den Cantus als Gravitations- und Bezugspunkt voraussetzt. Der Suggestion von Zentrum und Peripherie entgegen, welche bei den Verbindlichkeiten des Fundamentum relationis viel Anhalt findet, wäre demgemäß zu fragen, ob es der Konzeption dieser Musik nicht mindestens eben so sehr entspräche, ihre »Tiefe« an der »Oberfläche« der lebhaft bewegten Figuration zu suchen.

Wie um dies zu unterstützen, geht Du Fay auch den umgekehrten Weg, indem er eine Wendung zunächst vom Satz her motivhaft entwickelt und erst später sie mit dem Cantus verbindet. Der melodische Aufstieg der ersten »*Christe*«-Anrufung (Beispiel 10 a) klingt zunächst an die »englische« Wendung an[50], durchmißt jedoch, über sie hinausgehend, rasch die Oktav – nahezu im Sinne einer Signalwirkung, deren Suggestivität ihr auch jene Prägungen zuzuordnen auffordert, welche die Oktav des Ausgangstones nicht erreichen (dies gelingt im

49 Fallows 1982, S. 202 ff.

50 S. u.a. Kap. XV und XXIII; die folgende Betrachtung ist Treitler 1976 verpflichtet

Beispiel 9 a und b

Kyrie ein zweites Mal lediglich in den Takten 55/56 des Superius) oder gar sich, wie in den Takten 27, 32, 36/37, 45/46, 49, auf den Terzaufstieg, meist von der dritten zur fünften Stufe, beschränken. Was dem »triadic motive«[51] dergestalt verlorenging, kompensiert Du Fay beim Wiedereintritt des »*Kyrie*« (Takte 55, Beispiel 10 b) durch imitative Verdichtung, »vergißt« es anschließend nahezu (mit Ausnahme der Takte 59/60 im Contratenor), um sich seiner mit umso größerem Nachdruck bei den verbleibenden »*Kyrie*«-Anrufungen (Takte 70/71, Beispiel 10 c, Takte 79/81, Beispiel 10 d) wieder zu erinnern. Beide treffen im Tenor auf den

51 Treitler a.a.O.

Cantus-Beginn, die zweite auf den in den Längenwerten halbierten, als gehe es darum, die Divergenz der Texturen vorzuweisen – noch der in den Schlußklang vom Contratenor eingetragene Terzaufgang bestätigt dies. Zugleich freilich weist er voraus auf die im anschließenden *Gloria* nahezu schwunghaft vollzogene Konvergenz: Zwischen die beiden *d*'s vor dem Quintfall im fünften Cantus-Takt (vgl. Beispiel 7) schiebt Du Fay den Terzaufgang ein, nachdem er ihn im Baß und Superius schon vorweggenommen hat, und wiederholt ihn anschließend, wie um die Verläufe zu vernieten, gleich mehrfach (Takte 37-49, Beispiel 10 e); als sei auch das noch nicht genug, folgt dem alsbald, wiederum mit der über die Oktav *g/g'* ausgespannten »Originalform«, eine weitere Kumulierung (Takte 51/54, Beispiel 10 f). Spätestens von hier an ist das Motiv im Kontext des Ganzen als Bezugspunkt etabliert und erscheint an exponierten Stellen immer wieder (die Verkleinerungen nicht gerechnet u.a. im *Gloria* Takte 117 ff., Credo Takte 31 ff., 93 ff., 172 ff., *Sanctus* Takte 19 ff., 55 ff., 103 ff., 110, *Agnus Dei* Takte 31, 35 ff., 99 ff.) – »the cycle can be heard as perhaps Dufay's most extended exercise in motivic development«[52].

Neben dieser weitgespannten Strategie der Zusammenführung gibt es, will man dem »paradox of idiomatic material given individual character«[53] komponierend beikommen, noch einen zweiten Weg – die aus der Unmittelbarbarkeit des Erklingenden fortgezeugte Wieder-

Beispiel 10 a bis f

52 Fallows a.a.O., S. 206
53 Treitler a.a.O., S. 216

holung, welche stärker noch als die zuvor geschilderte Strategie auf Kumulierung innerhalb abgegrenzter Felder angewiesen ist. Dem die fünf Sätze eröffnenden Quartanstieg schließt sich, bei *c''* überlappend, die Tonfolge *c''- h'- d''-c''- h'- g'- a'* an (vgl. den *Gloria*-Beginn, Beispiel 11 a, die Wendung in eckigen Klammern), eine *florificatio* des Quartabgangs, die Du Fay im Anschluß an die vier Kopftakte sogleich, kaum variiert, wiederholt; dies kontrapunktiert er mit einem Quartabstieg, welcher seinerseits zu einer Vorimitation des Cantus gehört und den Anstieg des Superiusbeginns krebsgängig wiederholt. Der Contratenor nimmt die kaum zuendegebrachte Wendung in der Unterquint auf, der Superius wiederholt sie, ungeduldig hineinfahrend, einen Ton höher – insgesamt viermal ist sie als Vehikel eines rhetorischen Wettbewerbs erklungen, ehe sie bei *»volunta-(tis)«* von einem, wiederum mehrmals erscheinenden, Anstieg abgelöst wird; dieser kristallisiert sich bei »*Laudamus te, benedicimus te*« zu jenem Terzanstieg, der vom Schlußklang des *Kyrie* her noch im Ohr liegt – und so weiter: Unter dem vom Textvortrag ausgeübten rhetorischen Druck werden aus einer elastischen, innerhalb bestimmter Grenzen identischen Tonmaterie Bildungen herausmodelliert, welche dank Ähnlichkeit oder auch Kontrastierung deklamativ eindringlich reden und den roten Faden ihrer schlüssigen Aufeinanderfolge – es liegt nahe, zum Vergleich die Wirkungsweise von Schlüsselreizen zu bemühen – so dicht spinnen, daß jeder Segmentierung beim Eintritt des Cantus vorgebeugt ist.

Beispiel 11 a bis d

Der durch Verdichtung wie durch das Gewicht ihrer Vorgeschichte beförderten Akkumulation definierter Prägungen bedarf Du Fay zur Sicherung der Kontinuität besonders bei drei Passagen, in denen er die Musik durch das Dickicht kompliziertester Überlagerungen treibt – jeweils gegen Ende im *Gloria*, *Credo* und *Agnus Dei*. Eher als die auf strikte Symmetrie gegründeten *Kyrie* und *Sanctus* lassen sie sich im Sinne einer neuartigen, die übliche Reihung verschiedenartiger Abschnitte überwölbenden Dramaturgie organisieren, welche vor die finalen Ausläufe, dem retardierenden Moment klassizistisch disponierter vierter Akte nicht unähnlich, stauende Verdichtungen setzt. Doch nicht nur dies: Innerhalb dieser Barrieren vollzieht sich eine Steigerung, so daß der den je einzelnen Satz betreffende Vorgang sich in der Abfolge der Sätze augmentiert wiederfindet.

In der Disposition des *Gloria* erscheinen die eskalierenden Verwicklungen bereits mitgesetzt, die dem Cantus im *Credo* und *Agnus Dei* bevorstehen. Schon sein erster Durchlauf kann sich auf eine stabile Konstellation zwischen ihm und den übrigen Stimmen nicht verlassen – zunehmend drängen diese, anspielend, frei imitierend, ausschmückend, ins Gespräch mit ihm, als gelte es, ihn von seiner vorgegebenen Identität wegzulocken und im oben angesprochenen Sinne die einseitige Abhängigkeit der veränderlichen Tropierung vom unveränderten Cantus zu widerlegen. Spätestens mit der melodischen Auflösung des Quartaufsprungs beim Wiedereintritt der ersten Zeile (»A'«, Takte 67 ff., Beispiel 11 b; eine Hindeutung auf den demnächst eintretenden Krebs?) ist das geschehen, und die wechselseitige Annäherung scheint bestätigt, wenn das anschließende »*Qui tollis …*« (Takte 88 ff., Beispiel 11 c) den Cantus-Beginn umspielt – Nachklang des Vorangegangenen ebenso wie Vorwegnahme des Kommenden: Wenig später beginnt der zweite Durchgang, und nun findet die *L'homme armé*-Melodie sich viel rascher eingesponnen und weggezogen vom Cantus firmus-Charakter, auf dem sie mithilfe der Langmensur bei ihrem Eintritt zunächst zu bestehen schien. Die Mensur wechselt, der Baß drängt sich als imitierender Schatten auf (Takte 134 ff., Beispiel 11 d, im Beispiel nur die Unterstimmen), und der abschließende Abgang verläuft sich kaum noch wahrnehmbar und in Wiederholungen in den *Amen*-Takten am Ende, welche übrigens auffällig konzentriert den Terzaufgang des »triadic motive« (s. Beispiel 10 e) zur Geltung bringen. Fast ließe sich sagen, die Identität des Cantus sei in der chemischen Lösung dieser satzkrönenden Polyphonie aufgelöst worden.

Im *Gloria* einmal, im *Credo* zweimal: Schon im ersten Durchlauf des Cantus ziehen die übrigen Stimmen das Netz der Korrespondenzen um ihn zusammen, zwingen ihn zu Modifikationen oder halten die Aufmerksamkeit durch deklamatorisch inspirierte Imitationen bei sich fest; weniger systematisch als im zweiten Cantus-Durchlauf des *Gloria*, dafür vielfältiger variierend, gewissermaßen als Mittler zwischen ihm und dem jeweiligen Kontext, folgt wiederum der Baß seinen Spuren, und nun, abermals beim Wiedereintritt der ersten Zeile (»A'«, Takte 81 ff., Beispiel 12 a)[54], kommt es zu dem in der gesamten Messe kompliziertesten Übereinander verschiedener Mensuren, einem schwer realisierbaren, kaum durchhörbaren, eher der Intention höchster Verdichtung als der Unmittelbarkeit einer Klangvorstellung geschuldeten Imbroglio, bei dem das desorientierte Ohr am ehesten sich an den Gleichschritt im Baß hält; zum Cantus kann es schwer vordringen, weil etliche, vom Baß markierte harmonische Wechsel seinen Liegetönen wechselnde Funktionen zudiktieren und die – oft dreiklängig – »tanzenden« Oberstimmen den Vordergrund besetzen. Die Dramaturgie der retardierenden Schwelle funktioniert perfekt: Nach dem entspannenden Intermezzo des geringstimmigen »*Qui propter* ...« führt ein nunmehr homogen vierstimmiger Satz zum Ende des ersten Großabschnittes, und nach so extremen Szenenwechseln fällt dem schlicht-zweistimmigen »*Et incarnatus*« das Privileg der freigelegten, umweglos mitgeteilten Botschaft zu.

Beispiel 12 a bis d

54 Zu dieser Passage vgl. Joannes Antonius Bank, *Tactus, Tempo and Notation in Mensural Music from the 13th to the 17th Century*, Amsterdam 1972, S. 153, und Fallows a.a.O., S. 203 ff.

(b)
244
(ex)-spe - cto re - sur - re-cti-o - - nem mor-tu - o - rum Et
ex-spe-cto re - sur - re-cti - o - - nem mor-tu - o - rum Et
(in re - mis - si - o - nem pec - ca - to - rum.) Et ex - spe-cto re - sur-re - cti - o -
(peccato) - rum
(re - sur - re - cti - o nem mor-tu-o-rum)
(c)
264
A
A
A
A
270
275
280
men.
men.
men.
men.

»*Et incarnatus*« als Eröffnung des zweiten Großabschnitts im *Credo* erscheint ebenso ungewöhnlich wie der Beginn des zweiten Cantus-Durchlaufs bei »*Crucifixus*«: Weil Du Fay Akzentuierungen oder spezielle Belichtungen nicht aus dem Widerspiel mit einem zweiten Text gewinnen kann, inszeniert er sie musikalisch. Auch das Anschlußwort »*et*« hilft der Kontinuität an der wichtigsten Zäsur im Satz, und nach 35 duettierenden Takten gibt schon das neue Klangvolumen beim Eintritt beider Unterstimmen dem »*Crucifixus*« alles erdenkliche Gewicht. Abermals zieht Du Fay das Netz der Korrespondenzen um den Cantus rasch und dicht zusammen und gesellt ihm als Schatten den Baß zu; mit minimalen Abweichungen übernimmt er 26 Takte lang das als Beispiel 11 d zitierte Unterstimmengerüst (*Gloria*: Takte 134 ff.; *Credo*: Takte 170 ff.), kehrt also bei diesem Passus zur isorhythmischen Parallelisierung der *Missa Se la face ay pale* zurück. Freilich bleibt ihm, anders als im *Gloria*, danach noch viel Text. Von diesem, so scheint es, will er sich jedoch nicht drängen lassen – so suggerieren es weitläufige Melismen u.a. bei »*per prophetas*« (Takte 216 ff.) und erst recht die desintegrierende Wahrnehmung der vom Cantus verbliebenen Doppelzeile A'; deren Beginn fügt er sogleich an (Takte 200 ff.), zögert 18 Takte mit der Fortsetzung *d'/d'/g*, hingegen nicht mit dem nächstfälligen Anschluß und dessen ausgezierter Wiederholung; und von hier aus stürzt er fort in einen dritten Cantus-Durchlauf mit motettengemäß verkürzten Werten[55]. Überstürzt mutet das um so mehr an, weil scheinbar am Text vorbeidisponiert, »... *in remissionem peccatorum*« gibt für eine Zäsurierung keinen Anlaß; wie um dies wenigstens von Seiten der Musik zu kompensieren, zieht Du Fay bei »*resurrectionem*« die Oberstimmen an den Cantus dicht heran (Takte 244 ff., Beispiel 12b), beseitigt den Eindruck einer widerständig-gepreßten Verknüpfung jedoch erst bei »*Et vitam venturi saeculi*« – von eindringlicher Wirkung umso mehr, als es sich ungezwungen in das breit ausgesponnene *Amen* hinein fortsetzt, um nicht zu sagen: ergießt. Erst innerhalb dieses *Amen* (Beispiel 12c) gelangt der Cantus zum Ende und führt eine kleingliedrig aufstauende, verfrüht anmutende Kadenzierung herbei, welche ihrerseits nahezu enigmatischen Takten (270 ff.) das Tor öffnet; deren Gleichschritt in Breven mag einerseits als Fortführung des großlinigen *Amen*-Beginns verstehbar sein, doch reicht dies als Erklärung für die habituelle Annäherung an ein Noema nicht aus, welche einen Untertext und die Ähnlichkeit mit der aus der dritten *Ave regina*-Bearbeitung in die gleichnamige Messe übernommene Passagen »*Miserere, miserere supplicanti Dufay*«[56] als unzufällig zu vermuten berechtigt – auch dies übrigens spräche für ein spätes Kompositionsdatum. Zum schwer auflösbaren Rätsel dieses Anklangs gehört auch, daß das *Agnus Dei* sich ihm bezeichnenderweise in der dreistimmigen »*miserere*«-Passage annähert (Takte 62 ff., Beispiel 12 d), welche dem Typus der Cantus

---

55 »*Scindite pausas longarum, cetera per medium*« lautet die Kanonanweisung

56 Vgl. Kap. XXVI

firmus-losen Partien zuzurechnen wäre, würde nicht eben dort der Cantus in der insgesamt gedrängtesten Form absolviert und also abermals drastisch auf die Osmose von Cantus und Kontext verwiesen: *L'homme armé* muß nicht einmal mehr den angestammten Platz besetzen, um präsent zu sein.

Es handelt sich also, bei einem *Agnus Dei* durchschnittlicher Länge ungewöhnlich genug, bereits um den dritten, dennoch erst vorletzten Durchlauf, bei dem Du Fay im Tenor für die Takte 75 ff. den Krebsgang anweist: »*Cancer eat plenus sed redeat medius*«[57]. Damit erreicht die eskalierende Reihe der Erschwerungen ihren Endpunkt. Möglicherweise hat Du Fay mit der vorangegangenen Paradoxie des in einem formaliter Cantus firmus-losen Satz präsenten Cantus der mit dem Krebs verbundenen Paradoxie kompensierend vorarbeiten wollen – der Ton für Ton vollständigen materiellen Präsenz einer als musikalische Gestalt unvorhandenen Melodie. In abstracto mag man Zeit raumhaft, also auch spiegelverkehrt begreifen können, realiter kann man es nicht; der Zeitfluß läßt sich nicht umlenken, die Reihe der Töne, welche ihn markiert und repräsentiert, verliert, was sie zu Musik macht: die Kohärenz. Insofern spielen bei krebsgängigen Dispositionen allemal auch Eitelkeiten einer sich selbst zum Gegenstande gewordenen Professionalität und die in Selbstwiderlegung umkippende Arroganz der Machbarkeit mit; sofern die Umkehrung nicht vorgeplant bei andersartig gestalthaften Gebilden ankommt, was sehr simple Strukturen voraussetzt, muß das Defizit der sinnstiftenden Zeitfolge wettgemacht, die Musik also von woandersher bezogen werden. Genau das geschieht in den 38 mit der rückläufigen Melodie beschäftigten Takten (Beispiel 13). Den Prägungen, wie wenig immer sie über den Horizont des idiomatisch Bedingten hinausragen, ist in den vorangegangenen Sätzen genug Bezugsfähigkeit, genug »Geschichte« bzw. semantische Ausstrahlung zugewachsen, um das Paradoxon des materialiter vorhandenen – und also satztechnisch verpflichtenden –, dennoch als musikalischer Sinnträger ausfallenden Cantus kompensieren zu können; Du Fays »perhaps ... most extended exercise in motivic development«[58] befindet sich hier auf dem strengsten denkbaren Prüfstand.

Wo immer möglich, versuchen die beiden Oberstimmen und der Baß, jeweilige Reste der preisgegebenen Identität des Cantus zu retten, der Baß nur begrenzt, weil er bei der Fundierung des Satzes Etliches abfangen muß. Dem Versuch kommen symmetrisch-palindromhafte Strukturen wie die Wechselnoten im B-Abschnitt der Melodie (vgl. Beispiel 7) ebenso entgegen wie der Umstand, daß die drei *d'* im fünften Takt der A- bzw. A'-Doppelzeile beidseits von *g's* flankiert werden; daß man den charakteristischen Quintabschlag erkennt, ist formal gesehen ein Irrtum, weil auf das falsche *g* bezogen. Im Übrigen hat Du Fay dem Krebs an prominenter Stelle vorgearbeitet, indem er den Quartaufsprung des Beginns in Sekundschritten melodisierte; der alle Sätze eröffnende Quartaufstieg, im *Gloria* und *Credo* bestärkt durch den Quartabgang im 5./6. Takt (s. Beispiel 11 a) kann ebenso als melodisierter Sprung wie als Krebs des dem Sprung angeschlossenen Abgangs gelesen werden. Bei der Aktivierung der mit dem Cantus verbundenen Assoziationen bedient Du Fay sich vornehmlich jenes »Irrtums«: Er exponiert die in der B-Zeile vorgegebene Viertonkonstellation von Wechselnote mit einem nachfolgenden oder vorangehenden größeren Intervallschritt (im Beispiel 12 c in eckigen Klammern, im Beispiel 13 eingekastelt) als Eröffnung des Abschnittes in der Imitation der Oberstimmen und bedient sich ihrer in verschiedensten Konstellationen und Mensuren in den 38 Takten außerhalb des Cantus mehr als 15mal. Darüberhinaus melodisiert der Baß in

57 »*Der Krebs geht ganz vorwärts und halb zurück*«.

58 Fallows a.a.O., S. 206

Beispiel 13

75
80
(Agnus Dei) A - gnus de - - - - - - - - - - -
Contra
A - gnus de - - - - - - - - - - -
Tenor
A - - - gnus de - i (qui
Contrabassus
A - gnus de
90
- i qui tol - - - - lis pec - ca
- - - - i qui tol - - -
tol
-i (qui tol - - lis
ta mun
- lis (pec - ca - ta mun - - -
lis pec - ca ta mun - di pec - ca - ta mun - di
pec - ca - - - - ta
100
pec - ca - ta mun - - - - - di pec - ca - ta
mun - - - - - - - - -

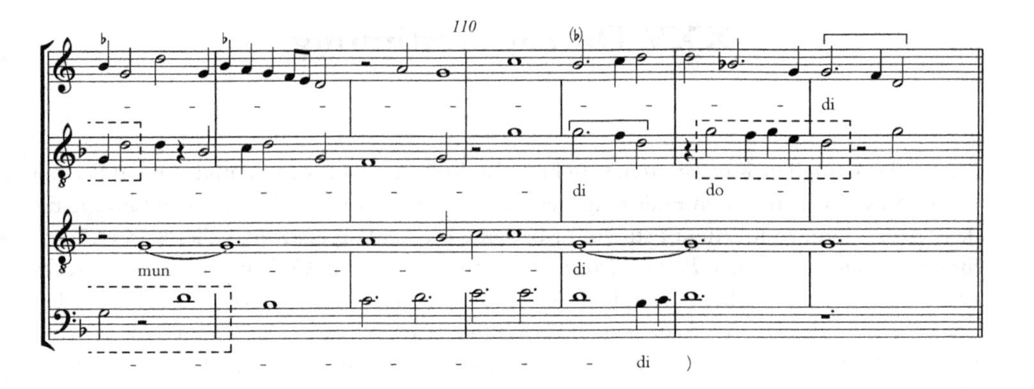

den Takten 102/103 den nach Maßgabe des Krebsganges »falsch« gelesenen Quintabschlag, womit zugleich der im Tenor nachfolgende Anstieg (Takte 103/104) vorweggenommen wird, an den der Contratenor (Takte 105/106) sogleich anschließt; gleich danach (Takte 107/108) melodisiert er die *d'/d'/g*-Folge des Tenors (Takte 105 ff.) in längst bekannter Weise mithilfe des Terzanstiegs (s. Beispiel 11a); das befindet sich in der Erinnerungsspur des in den Takten 99/100 untergekommenen »triadic motive« ebenso wie die Terzanstiege der Takte 111/112; in den Takten 111 bis 113 bewegt sich der Contratenor deutlich in der Töne-Konstellation der B-Zeile[59]. Dergestalt schließt sich der Ring der Korrespondenzen denkbar eng – nicht nur das Paradoxon der Rückläufigkeit über die Runden bringend, sondern auch kompensierend, daß es innerhalb der 38 Takte nur einmal, im Takt 89, zu einer natürlichen, Tenor und Satz übereinbringenden Kadenzierung kommt und also ein das Satzganze umfassender, auch melodische und rhythmische Konturierungen einbegreifender »Atem« kaum fühlbar wird.

Nicht zuletzt dies macht einen vierten Durchlauf des Cantus notwendig, welcher den Einklang mit dem Zeitfluß ebenso wiederherstellt wie klare, nachdrücklich befestigende Kadenzierungen (Takte 119 und 125), konvergierend überdies in identischen Gangarten und der Rückkehr zu fünf mit denen im *Kyrie* übereinstimmenden Schlußtakten: Der Nachdruck der finalen Befestigungen beantwortet die Dimensionen und Risiken der vorausgegangenen Wagnisse.

59 Treitler a.a.O.

XXV. Du Fay einstimmig[1]

Michel de Beringhen, Kanonikus in Cambrai, also Kollege, wohl auch Freund von Du Fay, sah im Jahre 1457 seinem nahen Ende entgegen und wollte der Kathedrale eine neue Liturgie für den letzten Sonntag im August stiften. Er bat einen seiner Vorgesetzten, Gilles Carlier, Texte für eine *Recollectio Festorum Beatae Mariae Virginis* zu verfassen, ein Offizium, welches die sechs vorhandenen marianischen Liturgien[2] um eine siebente ergänzen sollte. Nachdem dies geschehen, wurde ein Bote zu dem zu dieser Zeit in Savoyen tätigen Du Fay entsandt, welcher um die Musik gebeten worden war. Ein reichliches Vierteljahr später kehrte der Bote nach Cambrai zurück, wo das Mitgebrachte von mehreren Kopisten in die Chorbücher eingetragen wurde, von Simon Mellet[3] allein in 27. Im folgenden Jahr, nachdem der Stifter gestorben war, hat man die *Recollectio* erstmals in der Kathedrale mit großem Aufwand gesungen – Kanoniker, Kaplane, *grands vicaires*, mindestens acht *petits vicaires* und Altarknaben.

So beginnt die Geschichte desjenigen Teils von Du Fays Werk, welcher am längsten überdauert hat und am längsten unentdeckt geblieben ist. Das ist kein Widerspruch, weil in doppelter Weise für konservierende Anonymität gesorgt war: Als einstimmiger Gesang, wie vieles Vergleichbare liturgisch fixiert, ragte die *Recollectio* nicht aus dem Riesenrepertoire des Cantus planus heraus, dessen Ursprungsmythos – die himmlische Taube habe es Gregor dem Großen zugeflüstert – sich mit irdisch-individueller Autorenschaft nicht vertrug. Die Cambraier Musikhandschriften nennen die Namen der Verfasser bei dem Offizium nicht, begleitende Dokumente hingegen erwähnen sie etwa 30 Jahre lang. Innerhalb des einstimmigen Repertoires, wie immer man das im engeren Sinne gregorianische vom später hinzukommenden »mittelalterlichen Choral«[4] unterscheiden muß, erschien das noch überflüssiger als bei polyphoner Musik, hat aber sicher dazu beigetragen, daß man außerhalb von Cambrai und vermutlich bald auch dort Carliers und Du Fays Namen mit den Gesängen nicht mehr in Verbindung brachte. Der späteren Verbreitung kam zugute, daß sie zu den Sonderfällen gehörten, die den vom Tridentiner Konzil verordneten liturgischen Großputz überstanden. Durch Stiftungen ähnlich derjenigen Michel de Beringhens wurden alsbald Abschriften besonders im flämisch-wallonischen Raum, jedoch auch in Savoyen angeregt, nahezu kontinuierlich bis zum Ende des sechzehnten Jahrhunderts und mit Nachzüglern – in Mexiko – bis ins zwanzigste[5]. Daß die Namen in den Handschriften nicht auftauchen, fällt kaum ins Gewicht – der Quellenbefund und die Dokumentation zum Auftrag für die *Recollectio* passen nicht nur zeitlich nahtlos zueinander; u.a. ist von einer ähnlichen Stiftung im näheren Umkreis nirgends die Rede.

Einerseits schafft Anonymität, indem sie die Musik nicht als je von dem und dem stammend denunziert, einen Schutzmantel; andererseits ist ihr Respekt vor individueller Verfasserschaft fremd, und sei es einer prominenten. Wir können, mit anderen Worten, nicht bei jeder

---

1 Die diesem Kapitel zugrundeliegenden Informationen sämtlich erstmals bei Haggh 1990

2 Mariae Verkündigung, Empfängnis, Heimsuchung, Reinigung, die Geburt Christi und Himmelfahrt; allgemein zu solchen Stiftungen Haggh 1992

3 Kap. XXVI

4 Ewald Jammers, *Der mittelalterliche Choral: Art und Herkunft*, Akademie der Wissenschaften und der Literatur Mainz, Kommission für Musikwissenschaft, Neue Studien zur Musikwissenschaft Band 2, Mainz 1954

5 Tabellarische Übersicht bei Haggh, a.a.O., S. 563 – 565; vgl. auch Planchart 2001, S. 658

der innerhalb der *Recollectio* überlieferten Nummern des Autors Du Fay sicher sein, auch nicht, ob und inwieweit er sich älterer Vorlage bedient, sie teilweise vielleicht als Alternativen stehengelassen, weiterkomponiert hat usw. Soweit nachprüfbar, waren Du Fays Beiträge nach dem Tridentinum vielerorts schon durch ältere Teile ersetzt. Die vorsichtige Formulierung erscheint nötig, weil wir nicht genau wissen, wieviel älteres Repertoire möglicherweise schon in der 1457 von Savoyen nach Cambrai überbrachten Fassung enthalten war. Immerhin läßt sich Du Fays Anteil mit einiger Sicherheit einkreisen[6] – er umfaßt Antiphonen, Responsorien und Hymnen für zwei Vespern, Frühmetten und Laudes. Auch die Melodien des Graduale, Alleluia-Verse, Offertorium und Communio könnten von ihm stammen.

»Nur« einstimmig – das wäre, weil reduzierter Aufwand keineswegs identisch ist mit reduziertem Anspruch, selbst nach technologischen Maßgaben falsch gewertet; wieviel falscher noch nach damals gültigen! Du Fay begab sich komponierend in unmittelbare Nähe des sakrosankten, durch Gregors Taube beglaubigten Repertoires, desjenigen, dem er seine Cantus firmi entnahm, Fundamenta relationis nicht nur im satztechnischen, sondern auch im theologischen Verständnis, mithin in der Hierarchie obenan stehend. Das konnte nicht geschehen, ohne daß er nicht auch – die Flut der in den vorangegangenen Jahrhunderten neukomponierten Hymnen, Conductus, Antiphonen etc. relativiert das nicht wesentlich – bei den Ansprüchen eines Repertoires partizipierte, worin, cusanisch gesprochen, *»eingefaltet«* war, was er in seiner motettischen Polyphonie *»ausfaltete«*[7]; auf dieser Linie erscheint Einstimmigkeit als letzte Station vor dem Rückzug bzw. Aufstieg in die übergeordnete Unhörbarkeit. Diese Vorstellung einer virtuell mehrstimmigen Einstimmigkeit übrigens liegt parallel zur Wertung der Intervalle: Der Einklang, als Zusammenklang nicht wahrnehmbar, ist das vollkommenste, ihm zunächst liegt die Oktave, ihr folgend die Quinte; die »Vollkommenheit« der Quart ist umstritten, Terz und Sext als Konsonanzen entsprechend noch mehr, und so geht es abwärts in der Hierarchie nach der Maßgabe »je hörbarer = dissonanter, desto unvollkommener bzw. stärker *ausgefaltet*«. »*Non possumus in rebus sensibilibus dulcissimam harmoniem absque defectu experiri, quia ibi non est. Ascende hic quomodo praecisissima maxima harmonia est proportio in aequalitate, quam vivus homo audire non potest in carne*«[8]. Jenes Verständnis von Polyphonie, welches aus Du Fays Satzstrukturen allenthalben hervorleuchtet, konnte den Respekt vor dem von Michel de Beringhen erbetenen Freundschaftsdienst nur erhöhen.

Dazu trugen auch ortsbedingte Gründe bei: Damals schon wie heute noch steht das Bild der Notre Dame de Grâce[9], die der Kathedrale den Namen gab, im Mittelpunkt nahezu eines Sonderkults, marianische Liturgien hatten einen eigenen Platz, gewiß mit polyphonen Einschüben besonders bei den Magnificat, wohl auch in der Form von Marienmotetten nach dem Responsorium, wobei die Aufreihung der Stücke mit derjenigen der Modi häufig koordiniert war – Antiphon I im ersten Modus, Antiphon II im zweiten usw. Als Ausdruck spontan und unreglementiert produktiver Frömmigkeit befinden sich solche vielerorts gepflegten oder entstehenden Sonderliturgien in der Nähe der seinerzeit haufenweise nominierten Reliquien, Heiligen und Wallfahrtsorte – eine Inflation, der Rom alsbald Einhalt gebot.

---

6 Hierüber im Einzelnen Haggh, a.a.O., S. 560/561

7 Kap. XXVII

8 »*... in den sinnlich wahrnehmbaren Dingen vermögen wir die süßeste Harmonie nicht ohne Beeinträchtigung zu erfahren, weil sie sich dort nicht findet. Hier erhebe nun deinen Geist zu der Einsicht, daß letzte vollkommene Harmonie Proportion in Gleichheit ist, die der lebende Mensch in seinem Leibesdasein nicht zu hören vermag*«, Nicolai de Cusa 1967/1999, S. 6/7

9 Reproduktion u.a. bei Wright 1975, S. 201

Zu den so gut wie sicher von Du Fay stammenden Melodien gehört diejenige der Antiphon *Ave virgo speciosa* zum *Magnificat* der zweiten Vesper (Beispiel 1). Ihr Text besteht aus acht Zeilen bzw. Halbzeilen mit jeweils acht Silben, die sich, mit Ausnahme der weit auseinanderliegenden Worte »*macula*« und »*secula*« (zweite bzw. achte Zeile), nicht reimen und einer regelmäßigen Betonungsordnung entziehen – sofern man nicht, arg theoretisch, eine ausschließlich auf Silbenquantitäten gegründete Prosodie unterstellen will. Im Unterschied zu den in der *Recollectio* vertretenen Hymnen scheint eine Mitte zwischen liedhaftem Zuschnitt und freischwebender Rhythmik anvisiert; dieser hat Du Fay in verschieden langen Zeilen Rechnung getragen – die Zahl der Töne schwankt zwischen 10 und 26 –, jenem mit den üblichen Mitteln der Zeilengliederung – u.a. enden vier Zeilen auf dem Rezitationston *c*, drei auf der Finalis *f*, nur eine auf der dritten Stufe *a*.

Beispiel 1

Syntaktisch gruppieren die acht sich in sechs plus zwei Zeilen – sechs Zeilen durch Epitheta erweiterte Anrufungen der Jungfrau, zwei Zeilen an sie gerichtete Bitte (»*obtine nobis*«). Dem Ungleichgewicht 6 : 2 wirkt Du Fay durch Dehnung der letzten beiden Zeilen entgegen (16 + 26 Töne gegenüber 26 + 13, 11 + 13 und 11 + 10 in den vorangehenden drei Zeilenpaaren), darüberhinaus auch mithilfe des melodischen Ausgriffs: In der ersten Zeile hatte er mit Ausnahme des Hochtons *f'* sowohl das untere Pentachord *f/c'* als beinahe auch das obere Tetrachord ausgemessen, für die zweite, auf dieses Tetrachord (*c'/f'*) beschränkte Zeile den Hochton aufgespart (»*sine macula*«); die dritte und vierte Zeile bewegen sich, der Ton *d'* ausgenommen, im Pentachord *f/c'*, die fünfte und sechste ausschließlich im Tetrachord *c'/f'*. Nach diesen Revierbegrenzungen fällt es nicht schwer, den Komplex der beiden letzten Zeilen als verkürztes Resumé des Ganzen zu empfinden, unterstützt durch das nur hier begegnende Subsemitonium *e* und eine »tonale«, die Gerüsttöne *f*, *c* und *a* durch Intervallsprünge heraushebende Melodieführung. Zudem beginnt die siebte Zeile, als gelte es einen zweiten Anfang, als einzige nach der ersten wieder auf *f*.

Zugleich führt sie zu der modusfixierenden Schlußwendung *EUOUAE* hin und damit die individuell ausgeformte Melodie zur formalisierten Anonymität des Cantus planus zurück; der bei »*regnemus*« beginnende Abgang erscheint wie eine ausgezierte Vorwegnahme des in allen

EUOUAE-Formeln obligatorischen[10]. Zur Problematik individueller Gestaltungen innerhalb eines per definitionem überindividuellen Repertoires paßt gut, wenn dies als Heimkehr an einen Ort intendiert wäre, wo die Melodie, streng genommen, »zuhause« ist, und den sie zuvor – variierend, tropierend – umkreist hat. Daß sie dabei eine Strecke durchmessen muß, signalisiert auch der auffallend dreiklängige Beginn, nirgendwo erscheint sie von der Stilistik des Cantus planus so weit entfernt wie hier.

Für »Heimkehr« liefert die Melodie noch weitere Anhalte. Die Zahl der Töne – 26, genau doppelt so viel wie die der nächstlangen Zeilen – ist in der ersten und letzten Zeile dieselbe; die Melodie setzt bei der Finalis *f* an, bei der die Schlußformel ankommt; mit nur einer Ausnahme erreicht sie *f* stets über den Quartabgang *b/a/g/f*, den die *EUOUAE*-Formel vorgibt (Zeile 1 »*virgo*«, Zeile 4 »*incorrupta*«, Zeile 7 »*veniam*«, Zeile 8 »*secula*«), nur einmal nicht, und bei der Ausnahme (Zeile 7) steht als weitere Ausnahme der Quartabgang *c'/b/a/g* voran (»*nobis*«); dreimal, in der fünften, sechsten und achten Zeile, führt der Quartabgang vom Hochton *f'* zum Rezitationston *c'*, einmal, in der ersten, von *d'* zur dritten Stufe *a*.

Dieses blieben lediglich quantifizierende Feststellungen ohne einen Blick auf ihre Einbindung in die Dynamik der linearen Entfaltung. Der *b-a-g-f*-Abgang der ersten Zeile (»*virgo*«) hat besonderen Nachdruck als Bekräftigung des vorangehenden von *d'* nach *a*, der die sechste Zeile eröffnende (»*feliciter*«) einen ähnlichen als Rekapitulation von »*angelorum*«, der die achte Zeile beschließende (»*secula*«) als »tonale« Beantwortung des vorangegangenen von *f* nach *c'*. Überhaupt scheint in der fünften und sechsten Zeile erst der jeweils anschließende Abgang den Hochton *f'* als endgültig erreicht oder integriert auszuweisen, der durch ihn bestätigten Erschließung des oberen Tetrachords eignet etliche innermelodische Dramatik: Das erste Attribut »*speciosa*« inspiriert einen ersten Ausgriff, den die zweite Zeile mit »*sine macula*« kurzzeitig ins Ziel bringt, u.a. mithilfe der getreppt sequenzierenden Terzaufgänge *c'/d'/e'* und *d'/e'/f'*; doch läßt sich die Höhe noch nicht halten – die dritte und vierte Zeile beschreiben einen girlandenhaften Abschwung zur Finalis *f*. So scheint es der Vorstellung der *in excelsis* singenden Engelchöre und des »*feliciter exaltata*« zu bedürfen, um die Höhenlage des oberen Tetrachords endgültig zu befestigen.

Einerseits lösen die fünfte und sechste Zeile ein, was seit Ende der zweiten und in der dritten versprochen war – schon die dritte bewegte sich, wie nun die fünfte und sechste, ausschließlich im oberen Tetrachord. Andererseits stehen die beiden für sich: Erstmals zu Beginn der fünften Zeile ist ein Anfangston nicht derselbe wie der Endton der vorangegangenen; das wiederholt sich am Beginn der sechsten, nun offenbar, um auf dem endlich gesicherten Hochton bestätigend nachzufassen. Daß nach dem Neuansatz der fünften Zeile keine weitere mehr auf der Tonhöhe des vorangegangenen Zeilenschlusses beginnt, fällt besonders ins Gewicht, weil es zuvor stets der Fall war, und nicht nur das: Der Beginn der zweiten Zeile nimmt den Terzanstieg *c'/d'/e'* vom Ende der ersten auf, der Beginn der dritten die Wechselnote *c'/d'/c'* vom Schluß der zweiten – Du Fay formt den Komplex der ersten vier Zeilen als einen in sich schlüssigen melodischen Bogen und läßt beim Übergang in die gereihten Attribute, von »*virgo*« zu »*speciosa*«, mehr Neuansatz zu als an den Zeilenanfängen. Zugleich bleibt hier das Defizit des noch unbefestigten oberen Tetrachords einstweilen bestehen, bleibt also etwas nachzuholen; dies besorgend schließen die fünfte und sechste Zeile an das Vorangegangene an, ohne in dieses integriert zu sein – ein in der Luft hängendes Addendum, welches

---

10 Als *EUOUAE* sind die Vokale der letzten sechs Silben der Doxologie »***seculorum. Amen***« zusammengezogen; sie werden auf Melodiewendungen gesungen, welche jeweils am Ende einer Antiphon den Modus bzw. Psalmton fixieren, auch im Hinblick auf das jeweils Folgende, zumeist einen Psalm

nach einem Neubeginn auf dem Basiston *f* verlangt. Und mit diesem, dem ersten nach dem Beginn, wird wiederum notwendig angeschlossen – mit den zwei Schlußzeilen, welche sich nahezu als verkürzte »Reprise« des Vorangegangenen verstehen lassen, insbesondere der siebenten als Reprise von »*Ave virgo*«, des Beginns der achten als Reprise der zweiten, fünften und sechsten.

Dem symmetrischen Bilde von zweimal vier Zeilen mit den außen stehenden, melismenreichen längeren (= 1/2, 7/8) und den innen stehenden, vornehmlich syllabisch deklamierenden kürzeren (= 3/4, 5/6) und dem weitgehend geschlossenen Komplex der ersten vier Zeilen steht eine Assymmetrie von sechs zu zwei Zeilen gegenüber, welche vom Prozeß der linearen Entfaltung getragen ist und mit dem in der siebenten Zeilen zur Bitte an die Gottesmutter übergehenden Text korrespondiert. Nicht aber nur der Reprisencharakter des letzten Zeilenpaares gibt ihr Gewicht: Die Zeilen stehen im Verhältnis 3:1, die Anzahl der Töne im Verhältnis 2:1; die ersten sechs Zeilen haben 84 Töne, die beiden letzten 42 – beides Vielfache der »Marienzahl« 7[11], zu der die *Recollectio* die sechs vorhandenen Marien-Liturgien ergänzte, und sieben Töne umfaßt die *EUOUAE*-Formel, die den Schluß des Ganzen bildet, nach numerologischen Maßgaben zugleich den Ausgangspunkt.

Fast ließe sich bei diesen sieben letzten Tönen von einem zur anonymen Formel eingedampften Cantus firmus sprechen, um den herum zwei tropierende Schalen gelegt sind – näher zu ihm die sechsmal sieben Töne des letzten Zeilenpaares mit der direkt ausgesprochenen Bitte, weiter draußen die zwölfmal sieben Töne der drei vorangehenden Zeilenpaare mit der Reihung der rühmenden Epitheta. Damit wäre nicht weniger unterstellt als die virtuelle Gleichzeitigkeit der ins Nacheinander eines linearen Verlaufs ausgebreiteten Teile ein und derselben Melodie, eine imaginäre, ebenso durch numerische Stimmigkeiten und motivische Bezüge wie durch Textschichten beglaubigte Motette mit *EUOUAE* als Cantus firmus, dem letzten Zeilenpaar als Motetus und den vorangegangenen sechs Zeilen als Triplum. Wiederum wäre das Konzept als ein der Einstimmigkeit unterschobenes genuin mehrstimmiges, als unter Verlust einer Dimension in die pure Linearität breitgewalzte Motette mißverstanden, würde damit doch das Paradigma mehrerer, einen Wahrheitskern konzentrisch umschließender Sinnschichten[12] für die Gleichzeitigkeit bzw. Polyphonie reserviert. Diese epistemologische Grundfigur jedoch, cusanisch verstanden die Stufung mutmaßender Annäherungen, steht nicht in der Botmäßigkeit kompositorischer Mittel und Gestaltungsweisen, sondern umgekehrt: Sie relativiert die Unterscheidung von sukzessiv und simultan, von Ein-und Mehrstimmigkeit, welche also im Zeichen eines solchen tertium comparationis nicht so weit auseinanderliegen, wie es einem auf kompositionstechnische Kategorien fixierten Verständnis erscheint.

Je mehr eine Deutung riskiert, desto eher bedarf sie, um als repräsentativ zu gelten, flankierender Stützen. Der Einwand liegt nahe, weil es sich bei *Ave virgo, speciosa* um nur einen von Du Fays Beiträgen zur *Recollectio* handelt[13], weil die Texte unterschiedlich strukturiert sind, mit mehreren ähnlich gearteten Lösungen also kaum zu rechnen ist, und weil niemand weiß, ob Du Fay nicht in viel größerem Umfang einstimmig komponiert hat – immerhin ist Vergleichbares erst wieder von Palestrina bekannt. Im Sinne statistischer Wahrscheinlichkeit gibt es viel Anlaß, den Auskunftswert von *Ave virgo* gering zu veranschlagen, wo nicht, es als, wie immer aufschlußreiche, Einzellösung anzusehen. Das jedoch gilt angesichts der löchrigen

---

11 S. 202

12 Vgl. Kap. XXVII

13 Übersicht bei Haggh, a.a.O., S. 567/568

Überlieferung, wenn auch nicht in so zugespitzter Form, für viele Musik jener Zeit. Im Übrigen mag auch der Analyse vermutbarer Sonderfälle die Chance von Resultaten zugestanden sein, welche mindestens als hypothetische Vorgriffe verallgemeinert, vielleicht durch weitere Funde, Erkenntnisse, plausible Zuweisungen etc. nachträglich bestätigt werden können – der enorme Zugewinn innerhalb der fast 40 seit Abschluß der Gesamtausgabe vergangenen Jahre wird sich sicherlich fortsetzen.

Zudem fungieren hypothetische Vorgriffe im Sinne von »nur wer sucht, wird finden« als provisorische Schneisen im Dickicht ungeordneter Fakten, sie sensibilisieren inbezug auf Richtungen, in denen wir neue Informationen und Einsichten vermuten können. So mag die vorliegende Betrachtung neben der Hoffnung, noch mehr Cantus planus bei Du Fay zu erschließen, die Erwartung bestärken, daß solche Erschließungen Anlaß geben werden, dichotomischen Unterscheidungen von Ein- und Mehrstimmigkeit abzusagen und über die Frage, inwiefern die eine in der anderen mitenthalten gedacht wurde, mit dem quantitativen Zugewinn zugleich den qualitativen zu befördern.

XXVI. Testamente im Zeichen der Gottesmutter

Am 14. September 1458 wird Du Fay in Besançon bei einer Diskussion über den Modus der Antiphon *O quanta est exultatio angelicis turmis* zu Rate gezogen, am 12. Oktober singt er in Cambrai bei den Obsequien für einen verstorbenen Kollegen[1], am 6. November prüft er dortselbst Weinrechnungen[2] – diese Daten markieren eine, mindestens nach Ausweis verfügbarer Dokumente endgültige, Heimreise, welche der nun Dreiundsechzigjährige jedoch, wie sich aus manchen Aktivitäten der vorangegangenen Jahre ersehen läßt, schwerlich als endgültig betrachtet hat. Knapp 250 Jahre später wollte es, vielleicht in ähnlicher Weise, einem anderen »gar nicht anständig seyn ..., aus einem Capellmeister ein Cantor zu werden«[3], und wie bei diesem besteht Gefahr, die letzte Lebensspanne einseitig sub specie finis zu betrachten und über dem, der sein Haus bestellt, den zu vergessen, der damit sich Zeit läßt. Du Fay hat im Jahre 1464 eine dritte, nun vierstimmige, für seine Sterbestunde bestimmte Fassung der Antiphon *Ave regina celorum* abschreiben lassen, worin er die Gottesmutter um Erbarmen *»für Deinen hinfälligen Du Fay«* bittet (*»miserere tui labentis Dufay«*), jedoch erst fünf Jahre später, viel später als in seinem Umkreis üblich, durch einen ersten Landkauf[4] die zur Stiftung einer Meßfeier bzw. rituellen Bewahrung seines Gedenkens notwendigen Mittel sichergestellt und das nach seinem Tode alljährlich zu singende Requiem komponiert[5]. Das paßt zu langem Abschied und testamentarischem Vorbedacht ebenso wenig wie in der Musik des Siebzigjährigen die Kongruenz von Altersreife und Tuchfühlung mit jüngsten Entwicklungen.

Das veränderte Cambrai, wohin Du Fay nach siebenjähriger Abwesenheit zurückkehrte, muß ihm die Wirkungen von Zeit und Vergänglichkeit drastisch vor Augen gestellt haben. Etliche Lehrer, Freunde und Kollegen von ehedem waren in der Zwischenzeit verstorben (Robert Auclou, Mathieu Hanelle, Philippe Foliot, Nicolas Grenon, Michel de Beringhen), und alsbald sorgte eine dichte Folge prominenter Tode für eine Vereinsamung, angesichts derer Du Fays hinausgeschobene Regelungen sich nahezu als Weigerung darstellen, die eigene Situation zur Kenntnis zu nehmen. Im Jahre 1460 stirbt Gilles Binchois, mit dem ihn offenbar mehr verbunden hat als Kollegialität zweier überragender Musiker; wohl zu seinem Gedächtnis schreibt er das Rondeau *En triumphant de cruel dueil*[6] wie Johannes Ockeghem die Ballade *Mort tu as navré de ton dart*; im selben Jahr stirbt in England Johannes Bedyngham, der mit ihm nicht nur in der Popularität einiger Kantilenensätze konkurrierte, im folgenden Jahr sterben der französische König Charles VII. und der Du Fay aus Savoyen bekannte Chronist Martin le Franc, im Jahre 1462 folgt ihnen die savoyische Herzogin Anne (de Lusignan), zu deren Hochzeit fast 30 Jahre zuvor *Se la face ay pale* geschrieben worden sein dürfte[7]; im Jahre 1464 sterben der mit Du Fay fast aufs Jahr gleichaltrige Rogier van der Weyden, der 1455 ein Triptychon für Saint-Aubert in Cambrai gemalt hatte, Cosimo de'Medici, in dessen Dienst Du Fay zehn Jahre zuvor gern getreten wäre, Papst Pius II., der hochgebildete Humanist, der vormals Sekretär des

1 Planchart 1995, S. 61
2 Fast alle hier angeführten Daten bei Wright 1975
3 Johann Sebastian Bach in dem vielzitierten Brief an Georg Erdmann vom 28. Oktober 1730
4 Vgl. Kap. I
5 Über derlei Stiftungen allgemein Haggh 1992
6 VI/72
7 S. Kap. XXIV

Gegenpapstes Felix V., Du Fays erstem savoyischen Dienstherrn, gewesen war, und Nikolaus von Kues, dem Du Fay mindestens beim Basler Konzil wenn nicht öfter begegnet ist; 1465 sterben Charles d'Orléans, Louis von Savoyen, 1466 Donatello und Gilles Flannel, der mit Du Fay 40 Jahre zuvor in der päpstlichen Kapelle gesungen und ihn später als Testamentsvollstrekker eingesetzt hatte; und 1467 stirbt Herzog Philipp der Gute von Burgund.

Du Fay – 1459 übernimmt er noch einmal für ein Jahr die *petits vicaires* – kommt nun nicht mehr in die Welt, aber die Welt kommt zu ihm. Johannes Tinctoris singt im Jahre 1460 vier Monate unter seiner Leitung, Jan Ockeghem besucht Cambrai nachweislich zweimal, in den Jahren 1462 und 1464, und wohnt beim zweiten Mal in Du Fays Haus; wahrscheinlich noch ein drittes Mal kommt er 1468 im Gefolge Louis' XI. als dessen *premier chappelain* – seine und Du Fays Messen über *L'homme armé* und *Ecce ancilla Domini* lassen intensiven wechselseitigen Austausch vermuten; der burgundische Thronfolger Charles, damals noch Graf von Charolais, besucht Cambrai im Jahre 1460 und hört sich dort eine selbstkomponierte Motette an, er wiederholt seinen Besuch zwei Jahre später und nochmals, nun als Herzog, im Jahre 1468; Du Fay übereignet ihm sieben Chorbücher, welche zunächst, bis zu seinem Tode, in Cambrai verblieben und erst im Sommer 1475 übergeben worden sind. Sie gingen ebenso verloren wie die beiden für die Kathedrale bestimmten, in denen u.a. sich das mehrmals erwähnte Requiem befunden haben muß.

Neben der die Szenerie verdunkelnden Totenliste – sie wird 1472/73 noch durch zwei Bekannte aus Florenz, Leon Battista Alberti und Kardinal Bessarion, verlängert – könnte auch ein Du Fay direkt betreffendes Ereignis Abschiedsgedanken befördert haben, die Abreise von Pierre de Ranchicourt[8] im Jahre 1463; wie manche Söhne aus angesehener Familie hatte er als Kleriker blitzschnell Karriere gemacht und war soeben zum Bischof von Arras berufen worden. Bei der Ernennung des Achtzehnjährigen zum Kanonikus in Cambrai waren vier Musiker als Zeugen genannt worden, u.a. Du Fay; in dessen Haus bewohnte er seit 1459 ein Zimmer – ungewöhnlich u.a., weil Du Fay nicht durch gesellige Tugenden bekannt geworden ist. Vielleicht gar darf der Anklang des *Miserere*-Tropus im zweiten Teil der *Ave regina*-Motette (s. unten Beispiel 7 b) an die Anfangswendung des Abschiedsliedes *Hélas mon dueil*, gewiß ein Klage-Topos, als Indiz angesehen werden[9]: Um den bald Siebzigjährigen wird es einsam. Die Mitarbeit des jahrzehntelang in Cambrai zuständigen Kopisten Simon Mellet spielt nun – leider nur durch Rechnungen, nicht durch Abschriften von seiner Hand belegt – bei der Kollationierung von Du Fays musikalischem Vermächtnis eine wichtige Rolle; zur näheren Umgebung, möglicherweise als Sekretär und zeitweise als Chormeister in Cambrai tätig, obwohl nie fest angestellt, gehört Johannes Regis, welcher auch komponierend, u.a. einer *Ecce ancilla*-Messe, an Du Fay Maß zu nehmen sucht.

Wie dieser verwendet er zwei Cantus, allerdings als zweiten neben dem namengebenden einen anderen als Du Fay. Wiederum einen anderen zweiten benutzt Ockeghem in seiner *Ecce ancilla*-Messe, deren Satzanfänge denen bei Du Fay ähneln[10]. Wenngleich als pragmatische Erklärung naheliegt, daß zwei Cantus die liturgische Verwendbarkeit erweitern – *Ecce ancilla* gehört zu Mariae Verkündung, *Beata es Maria* zur Heimsuchung[11] –, ist die Doppelung – dreimal gerade bei *Ecce ancilla*! – doch ungewöhnlich genug, um die Frage nach dem Zusam-

8 Planchart a.a.O.

9 Planchart a.a.O., S. 63

10 Fallows 1982, S. 207

11 Offenbar wurden seinerzeit beide Cantus vielerorts in der Liturgie zu Mariae Verkündigung gesungen, vgl. Sparks 1963, S. 450, Nitschke 1968, S. 164 ff.

menhang der drei Stücke nahezulegen, um so mehr, als Ockeghem Cambrai besucht hat nur wenige Monate, bevor Du Fays Messe dort abgeschrieben wurde: »*A sire Simon Meslet pour avoir escript et notté es nouveaulx livres deux foix, la messe que a fait M. G. du Fay sur* ecce ancilla Domini *etc. X. feullés* …«, ist in den Rechnungsbüchern des Domkapitels für das Jahr 1463 zu lesen[12]. Nicht lange davor mag sie entstanden sein, und wie bei den *L'homme armé*-Messen Du Fays und Ockeghems mag sich hier ein Dialog zwischen dem Älteren und dem Jüngeren niedergeschlagen haben, dessen Wechselseitigkeit nach Prioritäten zu fragen kaum noch erlaubt. Der schlichtere, stärker normative Zuschnitt beider Messen bei Ockeghem muß nicht unbedingt chronologisch begründet sein, sei es, daß sie als vor denen Du Fays liegend angenommen, als methodisch bewußte Erkundungen eines vergleichsweise neuen Terrains oder nur als Arbeiten eines jüngeren Komponisten betrachtet werden. Viel, u.a. der bedeutende Beitrag von Musikern der zweiten Reihe, spricht dafür, daß mit atemberaubender Schnelligkeit eine Plattform erreicht war, deren Breite eine vordem unbekannte Pluralität der Lösungen gestattete und also Koordinierungen stilistischer mit chronologischen Befunden erschwert, die in den vorangegangenen Jahrzehnten recht sicher vorgenommen werden konnten[13]. Du Fays *L'homme armé*-Messe z.B. könnte durchaus erst in den späten sechziger Jahre entstanden sein[14], weshalb der testamentarische Zusammenhang, in den die *Missa Ecce ancilla Domini / Beata es Maria* im vorliegenden Kapitel gestellt wird, nicht die Vorstellung einschließen darf, der Alternde habe sich von weltlichen Cantus ab- und geistlichen zugewandt. Wenn irgendein kompositorisches Spätwerk kumulierte Erfahrungen und überlegene Synthesen mit der Eröffnung neuer gestalterischer Horizonte verbindet, dann dasjenige Du Fays.

Die neugewonnene Plattform erscheint paradigmatisch verdeutlicht durch den Abstand zwischen der normprägenden Klassizität der *Missa Se la face ay pale* und der normwidrig abweichenden *Ecce ancilla*-Messe. Außergewöhnlich erscheint nicht nur die Doppelung der Cantus, sondern auch die tiefe Lage und die Konfiguration der Stimmen und die Disposition voll- und geringstimmiger Abschnitte: Mit 58 von insgesamt 124 Takten im *Kyrie*, 50 von 116 im *Gloria*, 89 von 205 im *Credo*, 55 von 129 im *Sanctus* und 40 von 92 im *Agnus Dei* liegt der Anteil zweistimmiger Passagen mit jeweils mehr als zwei Fünfteln beträchtlich über dem Üblichen – insgesamt neben der auffälligen Tieflage der Oberstimme genug Anlaß, eine besondere Intention und eine spezielle Zwecksetzung zu vermuten. Nicht nur der Aussparungen und der u.a. durch jene Tieflage zurückgenommenen Kontrastierungen wegen könnte man die Messe, hätte das Wort nicht einen sehr weiten Bedeutungsspielraum, Du Fays »philosophischste« nennen.

Textlich liegen die beiden marianischen Cantus – im ersten (Beispiel 1 a) spricht Maria, im zweiten (Beispiel 1 b) wird sie angesprochen – weiter auseinander als musikalisch. Möglicherweise hat Du Fay selbst, indem er bei *Ecce ancilla* die erste Note hinzufügte und damit die Anfänge einander anglich[15], dafür gesorgt, daß jede der beiden Melodien wie eine tropierende Erweiterung der je anderen erscheint, *Beata es* nach dem nahezu identischen Beginn als breiter ausgesponnener Bogen (»… *Maria quae credisti* …«), *Ecce ancilla* bei »*secundum verbum*« als dessen bestätigende Wiederholung; nach dem Quartabgang holt ein schließendes *Alleluia* die *Beata es*-Melodie zur Finalis *g* zurück. Mithilfe des hierauf verwendeten Nachdrucks – am

12 Zitiert u.a. bei Haberl 1885, S. 50; v.d. Borren 1926, S. 130

13 Hamm 1964

14 Nitschke 1968

15 Der nirgendwo in der liturgischen Überlieferung belegte Quartaufsprung erscheint bei seinem Adlatus Johannes Regis in dessen gleichnamiger Messe ebenfalls

Beispiel 1 a und b

Kyrie-Schluß mit einem Noema und sechs Fermaten, im *Sanctus* und *Agnus* mit den vier gleichlautenden Schlußtakten (Beispiel 2 a) – verdeutlicht Du Fay, als in einer knapp gewonnenen Schlußkurve, die harmonische Querständigkeit der Cantus: Beide stehen im achten, hypomixolydischen Ton in *g*, der Tonsatz insgesamt jedoch in *C*. Parallel zum *C*-*F*-Verlauf der *Missa Se la face ay pale*[16] beginnen alle fünf Sätze in *G* und enden in *C*, der Anteil der Neuansätze und Binnenkadenzen auf *G* ist zunächst groß und verringert sich zum Ende hin – das scheint Du Fay ebenso für die Disposition des Ganzen genutzt zu haben wie das in den Cantus firmus-losen Partien nach *C* hin verlegte Schwergewicht.

Dem freilich steht entgegen, daß der zweite Cantus auf *d* endet, kurz vor den Satzschlüssen (außer im Credo, dort in den Takten 133 ff.) die modale Querständigkeit also, stärker noch als bei den Ausläufen »... *mihi*« und »... *dicta sunt*« (vgl. Beispiel 1), drastisch in Erscheinung tritt. Zu *g*, dennoch immer nur der Quinte im *C*-Schlußklang, zurücklenkend verdeutlicht das angefügte *Alleluia* (Beispiel 2 a), daß die Tonart dieser Musik nicht unbefragt ein und dieselbe, sondern die Spannung zwischen zweien ist. Auch im *Credo*, wo dem zweiten Cantus die Wiederholung des ersten folgt, diesem also die Rückkorrektur überlassen bleiben könnte und eine *d*-Kadenz vor der Wiederaufnahme von *Ecce ancilla* besonders sinnfällig stünde, verzichtet Du Fay auf das *Alleluia* nicht und läßt einer *C*-Kadenz einen *C*-Beginn folgen; entweder gehörte für ihn, heute nicht mehr belegbar, das *Alleluia* als fester Bestandteil zu *Beata es Maria*, oder es lag ihm viel daran, den Dissens der harmonischen Strebungen als wichtiges Moment des Ganzen auszuweisen – oder beides.

Weder *eine* Tonart noch *ein* Cantus! – gleich zwei kanonische Bezugsgrößen erscheinen damit relativiert, ihre identitätsstiftende Funktion für die in der Liturgie auseinanderliegenden Sätze des Ordinariums mindestens in ihrer Eindeutigkeit beschädigt. War es der Hinblick auf die von hierher drohende Destabilisierung, der Du Fay veranlaßte, durch die Identität der Schlußteile von *Sanctus* und *Agnus* (Takte 103 ff. bzw. 66 ff.) auf ungewöhnliche Weise für Finalität zu sorgen? Damit opferte er die das Ganze übergreifende Entsprechung der je dreiteiligen *Kyrie* und *Agnus Dei* und kompensierte, daß die Wiederholung des *Ecce ancilla*-Cantus im dritten Großabschnitt des *Credo* die übliche Parallelisierung der wortreichen Sätze verhinderte. Nicht lange zuvor noch wäre die Übernahme eines Satzes oder Satzteils in einen

16 S. 353 ff.

anderen Textzusammenhang nicht ungewöhnlich erschienen – nunmehr ist es, ganz und gar angesichts der Differenzierungen dieser Meßkomposition, durchaus der Fall. Du Fay bestätigt die Besonderheit, indem er die identischen Schlußteile in mehrfacher Weise vom Übrigen abhebt. In beiden Fällen geht ein melismatisch weitschweifendes, in prozessualen Fortspinnungen sich ergehendes Duo voran – als Kontrastfolie zu den nachdrücklich segmentierenden Kadenzierungen innerhalb der Schlußteile, welche diese, solide verfestigend, in Gruppen von 5, 4 + 2, 4, 4 + 4 und nochmals 4 Takten gliedern. Damit nicht genug: Während Du Fay in den anderen vierstimmigen Passagen eine fein differenzierende Polyphonie gegeneinander verschobener Phrasen bzw. Perioden beobachtet – besonders im Hinblick auf die hierdurch als halbautonom herausgehobenen Cantus –, decken sich in den Schlußteilen die Gruppierungen des Satzes und die des, zudem rasch und konzentriert absolvierten *Beata es Maria*-Cantus. Nicht weniger als die Bewegungsformen führt Du Fay nun auch die Dispositionen der Abschnitte zusammen.

In Bezug auf die Verbindlichkeiten des Fundamentum relationis handelt Du Fay sich ungleich größere Kalamitäten ein als in der *Se la face ay pale*-Messe. Nicht nur in Schluß- und Binnenkadenzen auf *C* hält die mixolydische Finalis *g* des Tenors notwendigerweise imperfekten Quartabstand zum *c'* des Superius, zwischen Tenor und Contratenor tritt das viel häufiger ein – in einem Maß, welches vermuten läßt, Du Fay wolle sich bewußt von den hergebrachten Reglements distanzieren, sofern diese für den vierstimmigen Satz nicht sowieso schon halb verabschiedet waren. Ohne Kompromisse ließen sie sich nicht in den vierstimmigen Satz übernehmen – diese längst gemachte, von Theoretikern kaum diskutierte Erfahrung mag Anlaß gewesen sein zu dem vorliegenden Lösungsversuch, dem zusätzliche Erschwerungen besonderes Gewicht geben: Wegen der Tieflage des Superius überschneiden sich die Reviere der Stimmen mehr als üblich, jedoch verweigert Du Fay sich der wichtigsten Konsequenz, dem Zwang zu Stimmkreuzungen, wo und wie immer er kann – mit Ausnahme der den selben Tonraum besetzenden Mittelstimmen Tenor und Contratenor. Und hier macht er aus der Not eine Tugend, indem er den Contratenor, über die üblichen supplementären Funktionen weit hinausgehend, fast zu einem Schatten-Tenor nobilitiert und oftmals, nicht nur in Duo-Sätzen, als Fundamentum relationis beansprucht. Zu ihm viel mehr als zur vierten Stimme würde die Benennung »*Tenor secundus*« passen, welche vor Allem wohl als Hinweis auf die enge Bündelung der Stimmen verstanden werden soll. Nicht von ungefähr eignet dem Contratenor an den – immerhin als Erkennungszeichen wichtigen – Satzanfängen mehr Prägnanz als dem Superius (vgl. Beispiel 2 b), nicht überall in den Quellen wird er als *Contratenor* bezeichnet, nicht zufällig übernimmt er die tragende Rolle in den zweistimmigen Passagen, denen Du Fays besonderes Interesse gilt.

So u. a. gleich zu Beginn, wenn er, Tenor im doppelten Sinne, die erste Kurve des Cantus melodisierend vorwegnimmt und im imitativen Duo-Spiel der Takte 15 ff. (s. Beispiel 2 b) die vom Cantus-Beginn herstammende charakteristische Folge von Quartaufschlag und Wechselnote auf dem Quartoberton mehrmals zur Geltung bringt, welche auch im *Christe* eine wichtige Rolle spielt[17]. Mit einer freien Variante jenes vorwegnehmenden Auf- und Abstiegs kontrapunktiert der Baß den Eintritt des Cantus (Beispiel 2 b, Takte 5 ff.) und beteiligt sich im *Christe* auch an zweistimmigen Imitationen – als ein Teil der im *Kyrie* vorerst angedeuteten Lockerungsübungen im Hinblick auf die überkommene Kompetenzverteilung: Du Fay schafft Freiheitsräume, um alle Stimmen ins Spiel mit je wechselnden Prägungen hineinzu-

---

17 Takte 58/59, 62/63, 67/69, 69/70, 77/78

Beispiel 2 a und b

ziehen. Dies betrifft z.B. den punktierten Terzaufgang vom Beginn, den er nach einem Echo im Superius (Beispiel 2 b, Takt 7) »vergißt«, um sich seiner bei der dritten »*Kyrie*«-Anrufung[18] und bei der vorletzten[19] mehrmals zu erinnern. Nach der Neu-Exposition am *Gloria*-Beginn zitiert er ihn bei »*Domine fili* ...« (Takte 46), bevor der Cantus mit »*fiat mihi* ...« (s. Beispiel 1 a)

18 Takte 35/36, Superius und Contratenor; Takt 44, Contratenor und Tenor
19 Takte 93/94, Superius und Contratenor

und das »*Qui tollis*«-Duo (Beispiel 3a, Takte 62 ff.) ihn mehrmals bestätigen. Spätestens hiermit endgültig in der Sprachlichkeit der Messe verankert, erscheint er im Weiteren an exponierter Stelle immer wieder[20].

Beispiel 3 a und b

In vergleichbar diskreter Weise schwächt Du Fay die Vorwegnahmen des zweiten Cantus zunehmend ab. Im *Kyrie* (Takte 48 ff., Beispiel 4 a) erscheint der typische Quartaufschlag mit nachfolgendem Sekund-Abgang gar in verschiedenen Größen und im Verlauf der drei »*Christe*«-Anrufungen insgesamt zehnmal, wonach der Einsatz des *Beata es Maria*-Cantus überdies hemiolisch hervorgehoben wird; an entsprechender Stelle im *Gloria* (»*Qui tollis* ...«, Takte 63 ff.) erscheint er sechsmal und klingt in den anderen Stimmen, nachdem er eingetreten, häufiger nach; im *Credo* (Takte 93 ff.) nimmt Du Fay ihn zweimal flüchtig vorweg, wiederholt ihn jedoch nach dem Eintritt zweimal an exponierter Stelle (»*Et iterum* ...«, Takte 121 ff., »*cum gloria* ...«, Takt 125), im *Sanctus* fehlt jegliche Vorwegnahme, im *Agnus Dei* mag man sie in den Takten 58 und 62 im Contratenor angedeutet finden. In diesem Decrescendo der Bezugnahmen scheint ebenso der Ähnlichkeit der beiden Cantus-Einsätze Rechnung getragen wie der aller übertriebenen Prägnanz drohenden Abnutzung.

---

20 *Credo*: Takte 15/16, 31/32, 75/76, 130/131, 136, 153/154, 190/191, 200, 204; *Sanctus*: Takte 1 und 3 – *Tenor secundus* –, 18, 34, 47/48, 58/59, 79, 80/81; *Agnus Dei*: Takte 8, 11, 17, 18, 35/36 – vgl. Beispiel 4 c –, 61/62, 73/74

Das betrifft auch die Satzanfänge. Wohl gleichen sich die je zweistimmigen ersten Takte – bei *Gloria* und *Credo* sechs, bei *Kyrie* (Beispiel 2 b) und *Agnus Dei* vier Takte, zu denen im *Sanctus* eine dritte Stimme tritt –, und der nahezu normative Zuschnitt des Incipit signalisiert weniger, daß speziell diese Messe, als allgemein, daß mehrstimmige Musik beginne. Anfangs gleicht der Contratenor dem Superius des Kopfmotivs der *L'homme armé*-Messe, und insgesamt könnten seine ersten fünf Takte auch als freie Vorwegnahme der entsprechenden der *L'homme armé*-Melodie passieren, hier wie dort setzen die Cantus im fünften *Kyrie*-Takt ein. Weitab von aufdringlicher Profilierung legt Du Fay die Schwelle für den Eintritt in die Sätze tief und geht in sehr verschiedenartiger Weise auf den Cantus zu, am deutlichsten und raschesten in den ohnehin ähnlich disponierten *Kyrie* und *Agnus Dei*. Im *Gloria* schafft er ihm mit zweimal sechs plus vier Takten ein fast liedhaft disponiertes, durch die Umkehrung des eröffnenden Aufstiegs im Abstieg bei »*Laudamus*« (Takt 11) auch motivisch in sich gebundenes Glacis und öffnet mit Hilfe der Langmensur der ersten Cantus-Töne groß dimensionierte Klangräume, notwendigerweise mit glockenartig dreiklängigen Prägungen, diese sinnfällig verbunden mit »*Glorificamus*«, welches seinerseits auch diejenige einbegreift, Maria, die im Cantus zu sprechen beginnt (»*Ecce ancilla* ....«).

Ganz anders im *Credo*: In den insgesamt 30 dem Cantus vorangehenden Takten (kaum zufällig genau ein Drittel mehr als im *Gloria*: nur im *Credo* wird der Durchlauf beider Cantus durch eine Wiederholung des ersten ergänzt) folgen dem Incipit vier imitierende Gruppen – u.a. eine sehr transparente bei »*visibilium*«, eine kompliziertere bei »*invisibilium*«, eine in sich homogen dreiklängige bei »*Et in unum dominum*« – und diesen eine liedhaft geschlossene Periode bei »*filius dei unigenitum*«; so daß Maria mit ihrem Cantus sich präzise bei »*ex patre natum*« zu Worte melden kann – schließlich hat nicht nur der Vater ihn geboren. Ähnlich motiviert erscheint die Wortmeldung beim zweiten Eintritt des *Ecce ancilla*-Cantus: »*qui ex patre filioque procedit*[21]. *Qui cum patre et filio simul adoratur*« – da gehört doch wohl auch die Muttergottes dazu. Im *Sanctus* schließt Du Fay dem Incipit noch innerhalb der ersten Anrufung kleingliedrige, die Kadenzierung unterstreichende Imitationen an, schweift frei mit der zweiten und steigert die dritte zu einer über 13 Töne gezogenen Imitation – deutlich vier Gruppen, deren lebhafte Bewegung beim Eintritt des Cantus kaum innehält vermöge eines inneren Tempos, welches zuvor bereits die drei »*Sanctus*«-Rufe absolviert hat; Du Fay meldet darin eine Verdichtung an, welche den Satz insgesamt kennzeichnet. Zu der durch die Kombination der Texte markierten dialektischen Theologie – zweifellos wünschte Du Fay den Tenor gesungen[22] – gehören zudem die Verknüpfung der als glücklich gepriesenen Maria (»*Beata es* ...«) im *Gloria* (Takte 83 ff.) mit dem Bilde des zur Rechten des Vaters sitzenden Sohnes und, sehr anders, im *Credo* (Takte 97 ff.) diejenige mit »*Crucifixus etiam pro nobis*«.

Angesichts vielfältiger Differenzierungen erscheint die übersichtliche Großgliederung auch als Widerlager nötig: Im *Kyrie* gehört den zweimal drei »*Kyrie*«-Anrufungen der Rahmenteile das Tempus perfectum, dem von ihnen umschlossenen *Christe* das Tempus imperfectum, den ersten drei »*Kyrie*« der erste Cantus, den anderen der zweite. Das *Gloria* hälftet Du Fay bei »*Qui tollis*« (Takt 62) in zwei Teile, der erste im perfekten Tempus mit dem ersten Cantus, der zweite im imperfekten mit dem zweiten; diesem Schema – jedesmal gehen dem Cantus Duo-Passagen voraus – fügt Du Fay im *Credo* einen dritten Teil im perfekten Tempo mit dem wiederholten ersten Cantus hinzu, stellt also eine dem *Kyrie* entsprechende, nun erweiterte

21 Diese Takte 148 ff. beginnen nahezu als Zitat von »*Et in unum* ...«, Takte 19 ff.

22 Curtis 1979

Dreiteiligkeit her; mit zwei Großabschnitten, im Tempus perfectum mit dem ersten Cantus bzw. im Tempus imperfectum mit dem zweiten, schließen *Sanctus* und *Agnus Dei* ans *Gloria* an. Eine Parallelität zum dreiteiligen *Kyrie* und mit ihr eine symmetrisch um den längsten Satz gruppierte Reihe zwei- bzw. dreiteiliger Dispositionen würde sich ergeben, befolgte man die in der Handschrift Rom *CS 14* überlieferte Anweisung, statt des mit dem zweiten *Osanna* im *Sanctus* identischen dritten *Agnus Dei*-Teils den ersten zu wiederholen; damit freilich entfiele, wenig überzeugend, für das *Agnus Dei* der zweite Cantus ganz und gar.

Auf sehr spezielle Weise »philosophisch« verfährt die *Ecce ancilla*-Messe in der bohrend-auslotenden Versenkung in Phänomen und Möglichkeiten der Zweistimmigkeit. Je mehr Stimmen, desto mehr Rücksicht müssen sie aufeinander nehmen – der dreistimmige, aus zwei verschränkten, je in sich perfekten Bicinien (Tenor/Superius, Tenor/Contratenor) zusammengefügte Kantilenensatz stellt sich als locus classicus einer hierarchischen Ordnung dieser Rücksichtnahmen dar, der vierstimmige demgegenüber als Zwang zu Ausweichungen, Verletzungen, Kompromissen; je weniger Stimmen, desto weiter die den Arten und Freiheiten ihres Miteinanders eröffneten Spielräume. Nicht zuletzt im Kontrast zu solchen Freiheiten empfindet man bei Duo-Sätzen deutlicher, daß und wie sie kadenzierend sich üblichen Reglements fügen müssen. Du Fay legt es bei dieser Messe auf eine repräsentative, geradezu enzyklopädische Totalität zweistimmiger Möglichkeiten an, er benutzt – selten – profilierte Prägungen ebenso wie kaum von der anonymen Sprachlichkeit der Musik abgehobene, streng und lang durchgehaltene Imitationen und ständig variierende, er kontrastiert liedhaften Zuschnitt mit frei schweifenden, scheinbar von aller Bindung fortstrebenden Expansionen, er versucht sich u.a. in prozessual zu Neuem fortgehenden, dennoch auf eine Kernzelle bezogenen Verläufen in der Verbindung von Identischem und Nichtidentischem, d.h. einer je partiellen, tendenziell unendlich vielfältigen musikalischen »Namensgebung« im Sinne einer cusanisch »*mutmaßenden*« Annäherung an ein über unseren Begriffen und oberhalb aller Benennbarkeit liegendes zugleich Größtes und Kleinstes – paradigmatische Erfüllung dessen, was Tinctoris »*varietas*« genannt hat[23]. »*Alle diese Namen sind indes nur Ausfaltungen der eingefalteten Fülle des einen unaussprechlichen Namens. Und weil dieser eigentliche Name unendlich ist, schließt er in sich eine*

Beispiel 4 a bis e

23 Vgl. unten S. 429 ff.

(b)
50
Superius
Credo
Contra-
tenor
Et in-car-na-tus est de spi-ri-tu san - - - - - cto
Et in-car na-tus est de spi-ri-tu san - - - - - - cto
(c)
34
40
Superius
Agnus Dei
Contra-
tenor
A - gnus de - - i qui tol -
A - gnus de - - i qui
- lis pec-ca - ta mun - - -
tol - - lis pec-ca - ta mun - - -
(d)
53
Superius
Sanctus
Contra-
tenor
glo - - - - ri - - - - - - -
glo - - - - - ri - - - - - - a
60
-a tu - - - - - - - - - - a
tu - - - - - - - - - - - - a
(e)
89
Superius
Sanctus
Contra-
tenor
in no - mi - ne
in no - mi-ne
100
do - - - - - - mi - - ni
do - - - - - - mi - - - ni

unendliche Zahl solcher Namen von einzelnen Vollkommenheiten. So können der ausfaltenden Bezeichnungen viele sein und doch nicht so viele und so umfassende, daß ihre Zahl sich nicht vermehren ließe. Jeder von diesen Namen verhält sich zum eigentlichen und unaussprechlichen Namen wie Endliches zum Unendlichen.«[24]

Auf der Linie einer solchen, auf die *»complicatio = Einfaltung«* bezogenen *»explicatio = Ausfaltung«* bindet Du Fay, mehrmals rekurrierend, den Nachhall des *Ecce ancilla*-Beginns an die zweite *»Kyrie«*-Anrufung (Takte 15 ff., Beispiel 2 b) und das *Christe* (Takte 48, Beispiel 4 a); definiert jeweils in den Satzanfängen vor den Einsätzen der Cantus die *»einzelnen Vollkommenheiten ... solcher Namen«* zwischen den Determinanten von Konstellation und Text einerseits und bereits fixiertem musikalischem Kontext andererseits; nimmt die Substanzeinheit von Gottessohn und Gottvater bei *»con substantialem patri«* per Imitation und noch in kleinen Differenzen der bewegteren höheren und der ruhigen tieferen, »väterlichen« Stimme wörtlich (*Credo*, Takte 49 ff.); er nobilitiert Zweistimmigkeit und Kanon – Symbolik der Entstehung des einen aus dem anderen?[25] – zum Medium dezidiert wortbezogener Andacht beim häufiger vollstimmig begrüßten[26] *»Et incarnatus est ...«* (Takte 75, Beispiel 4 b) und macht die zweite *»Agnus Dei«*-Anrufung (*Agnus Dei*, Takte 34 ff., Beispiel 4 c) auf ähnliche Weise zum diskursiv vergegenwärtigenden Gegenstück der vierstimmig prachtvoll ausgearbeiteten ersten; anderwärts, in komplizierter verschlungenen Passagen, *»faltet«* er *»aus«*, indem er ein und denselben Verlauf, in zwei Stimmen geringfügig gegeneinander verschoben, von der puren Identität mit sich selbst in eine schwer verfolgbare Auffächerung herüberzieht, und nicht weniger eindringlich, wenn er mithilfe der im Beispiel 4 c eingekastelten, hierbei einer Monade vergleichbaren Wendung die Identität von Verläufen sicherstellt, welche immerfort zu Neuem fortzugehen scheinen (*Sanctus*, Takte 52 ff. und 89 ff., Beispiele 4 d und e).

Von den 16 Formen, in denen vier verschiedene Töne im engstmöglichen Intervallrahmen, der Quarte, angeordnet werden können, begegnen die in den Beispielen 4 c, d und e eingekastelten Wendungen in einer anonymisierend dichten Vernetzung beieinander liegender Permutationen[27], welche von Wendung, Prägung, Gestalt, Motiv o. ä. zu sprechen verböte, ließen auffällige Häufungen – gerade auch in andersartigen Zusammenhängen wie der vierstimmigen Fortsetzung des letzten Beispiels – nicht bewußte Handhabung vermuten. Auf sehr spezielle Weise, charakteristisch für die hinsichtlich profilierter Prägungen enthaltsame Melodiebildung jener Zeit, erscheint die Dialektik von Identischem und Nichtidentischem aufrechterhalten, wenn ein Detail so knapp über den Tellerrand der Anonymität zur definierenden »Namensgebung« emporgezogen, im Sinne des Cusaners *»ausgefaltet«* ist, daß die Rückbindung an die alles einschließende, *»einfaltende«* Namenlosigkeit, hier als Konnex mit einer hinter den je individuellen Prägungen liegenden »Hauptmusik«, gegenwärtig gehalten und spürbar bleibt. Hoch aufragende, individuelle Profile würden eine Präsenz dieses Hintergrundes verdrängen, welche dem Betrachter des Beispiels 4 e einerseits Fragen aufnötigt wie die, ob die zentralsymmetrische Konstellation der Töne des Contratenors in den Takten 95 bis 97 bewußt disponiert oder der doppelte Terzfall im Takt 101 noch dem »motivischen«

24 *»Quae quidem omnia nomina unius ineffabilis nominis complicationem sunt explicantia. Et secundum quod nomen proprium est infinitum, ita infinita nomina talia particularium perfectionum complicat. Quare et explicantia possent esse multa et numquam tot et tanta, quin possent esse plura. Quorum quodlibet se habet ad proprium et ineffabile, ut finitum ad infinitum.»* Nicolai de Cusa, *De docta ignorantia / Die belehrte Unwissenheit*, Buch I, Hamburg 1994, S. 106/107

25 Gülke 1984, S. 370

26 So in der *Missa Ave regina celorum*, zweistimmig hingegen in den Messen *Se la face ay pale* und *L'homme armé*

27 Vgl. auch die Betrachtung der *Ave regina*-Messe, die Permutationen als Beispiel 5 auf S. 336

Zusammenhang zuzurechnen sei, andererseits jedoch eindeutige Antworten verhindert. Verhindert werden sie, weil definitive Festlegungen innerhalb der Polarität einer mit dem Zufall verbündeten anonymen Sprachlichkeit und der auf determinierende Notwendigkeiten verpflichteten Disposition auf Ab- und Ausgrenzungen drängen, die dem Wesen einer ungezwungen zwischen Beidem hin- und herwechselnden, allemal sich asymptotisch, »*mutmaßend*« verstehenden Erfindung widerstreiten.

★ ★ ★

Ave regina coelorum[28], gemeinsam mit *Salve regina*, *Alma Redemptoris mater* und *Regina coeli* zu den vier wichtigen marianischen Antiphonen zählend, beschließt seit einer Mitte des 13. Jahrhunderts von den Franziskanern getroffenen Regelung zwischen Maria Lichtmeß (*Purificatio*, 2. Februar) bis zum Mittwoch der Karwoche die Komplet, die das Ende des täglichen Stundengebetes bildet. Daß die jedem Gläubigen vertraute Melodie Du Fay lebenslang begleitete, erscheint aufgrund des Usus selbstverständlich; weniger indessen, daß er sich ihr komponierend viermal, konsequent in steigender Linie, zugewendet hat. Um die Mitte der zwanziger Jahre schreibt er einen in der Oberstimmenführung, im einfachen Zuschnitt des Satzes und dank periodischer Regelmäßigkeit geradehin volkstümlich anmutenden, von der liturgischen Melodie unabhängigen Satz[29], eines der »simplest surviving examples of three-voice polyphony from the Middle Ages,« welche »perhaps show at its purest the mixing of sacred and secular styles for the optimum communication«[30]. Frühestens zwanzig Jahre später läßt er dem, nun den Cantus benutzend, einen Gegenentwurf folgen, worin die Homogenität der polyphonen Strukturierung regiert – sowohl im Hinblick auf einander angenäherte Stimmcharaktere als auch im Hinblick auf eine die liedhafte Zeilengliederung überspülende Kontinuität des Verlaufs[31]. Zu Beginn der sechziger Jahre wird *Ave regina celorum* zur Grundlage der testamentarisch verordneten Sterbemusik, einer »Tenormotette«, welche dieses Genre kategorial neu faßt, wozu nicht zuletzt die zeitweilige Distanzierung vom Cantus und die Tropierungen beitragen[32]. Knapp zehn Jahre später folgt ihr, in mehrfacher Hinsicht als – dennoch zugleich zukunftsoffenes – Vermächtnis konzipiert, die *Missa Ave regina celorum*. Es fällt schwer, diese Sequenz der Bearbeitungen, weil sie unterschiedlichste Satzstrukturen, Gattungen und Ansprüche durchmißt, nicht mit einer besonderen Beziehung zu der Melodie und ihrem Gegenstande in Zusammenhang zu sehen; sehr wohl lassen sich, eingebettet in die neuartig aktualisierte Marienverehrung, speziellere, persönlichere Veranlassungen vorstellen, an denen die Mutter Marie Du Fay[33] ebenso beteiligt sein mag wie die gewiß als unzufällig empfundene Zufälligkeit, daß es sich bei den beiden in Du Fays Lebensgang wichtigsten Kirchen, denjenigen in Cambrai und Florenz, um Marienkirchen handelte.

Für den komponierenden Musiker kam hinzu, daß der aus acht viermal paarweis gereimten Zeilen gebildete *Ave regina*-Text von einer Melodie getragen wird, deren subtiler Ausgleich von Vorangang und Rückbezug nach dem Verfasser bzw. der kollektiven Weisheit zu fragen

28 Die zumeist in den Quellen begegnende Schreibung »*celorum*« wird dort benutzt, wo die Worte als Titel oder Zitat sich direkt auf die entsprechenden Kompositionen bezieht

29 V/49

30 Fallows 1982, S. 133

31 V/50

32 V/51

33 S. Kap. I

Beispiel 5

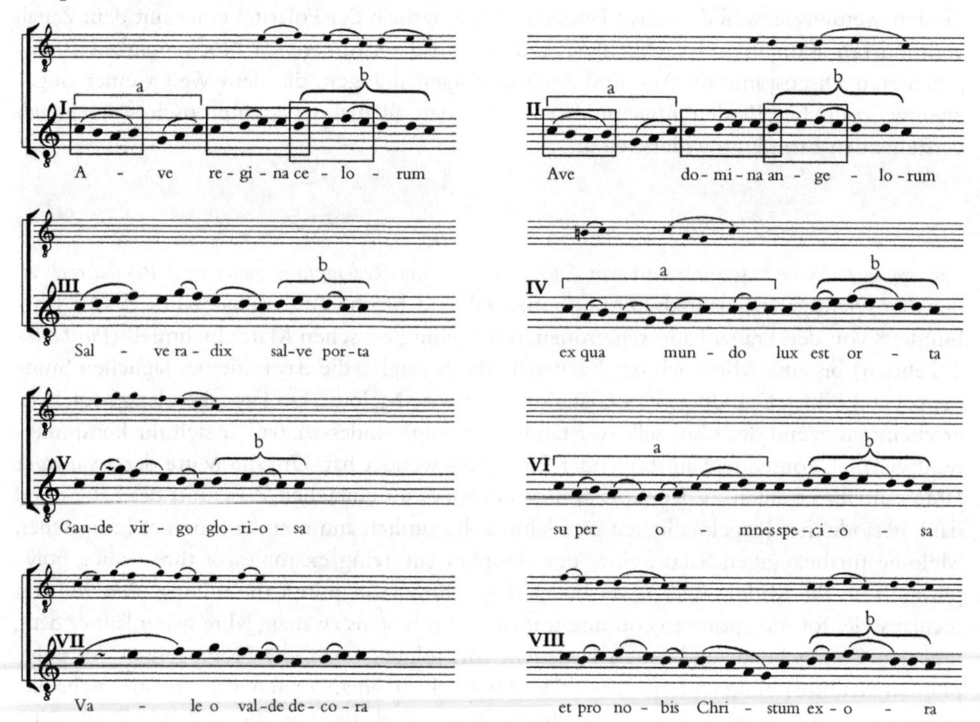

einlädt, welche hinter ihr zu vermuten sind – Beispiel 5 gibt die Fassung des *Antiphonale Monasticum,* darüber die Abweichungen in der Fassung des *Liber Usualis*; wie diese sich zu derjenigen verhalten, die Du Fay zugrundelegte, wissen wir nicht; seinerzeit konnten die Melodien schon in der Liturgie verschiedener Bischofskirchen voneinander abweichen.

Der Gliederung des Textes folgt die Musik weitgehend. Zwar signalisiert der rasche Aufstieg von *c'* nach *g'* am Beginn der fünften Zeile (»*Gaude* ...«), nahezu eine zweite Strophe suggerierend, einen Neuansatz und bestätigt überdies, mit dem Beginn der dritten Zeile korrespondierend, die paarige Zeilenordnung. Dieser zuwiderlaufend und präzise die Ordnung der Anfangsworte »*Ave ... Ave ... Salve ... Gaude ... Vale*« nachvollziehend entsprechen sich die ersten beiden Zeilen je für sich, die Zeilen III/IV, V/VI und VII/VIII jedoch paarweise. Diese Verschiebung erhält besonderen Nachdruck dadurch, daß der durch die Zeilenanfänge I und II als Incipit herausgestellte Quartab- und -aufgang (»a« im Beispiel) als die Zeilen IV und VI eröffnend in die Position eines Nachsatzes, einer Beantwortung überwechselt, eine Assymmetrie, welche in der letzten Zeile dadurch überboten und eingeholt wird, daß sie an der Höhenlage *e* festhält – nur die siebente Zeile endet nicht auf *c* –, »verspätet« zur Unterquart *g* absteigt und erst danach, wie im letzten Augenblick, zur Parallelität mit den Schlüssen der Zeilen I, II, IV und VI zurückfindet (»b« im Beispiel; der variativen Handhabung entsprechend bezeichnen die Kleinbuchstaben nicht nur Note für Note identische, sondern auch auffällig ähnliche Melodieglieder). Das Zugleich von Bestätigung und Überbietung der musikalischen Zeilenordnung unterstreicht die Ausnahmestellung des letzten Verses, des einzigen mit »*et*« angeschlossenen halb selbständigen Satzes, und der Ausmündung der vorangegangenen Lobpreisung in die Bitte »*pro nobis ... exora*«.

Wie immer a und b sich als Vorder- bzw. Nachsatz darstellen – in beiden fängt gegen Ende die melodische Bewegung die der ersten Töne (a: abwärts, b: aufwärts) ab, zudem kehren in den ersten beiden Zeilen die ersten Töne der Nachsätze (»*Regina* ... *Domina*«) diejenigen der Vordersätze exakt um (im Beispiel eingekastelt), ein Vorgang, dem im polyphonen Satz die Alterationen *b* bzw. *h* besonderes Gewicht geben. Nach soviel wechselseitiger Verstrebung stellt sich die dritte Zeile (»*Salve radix* ...«) wie eine freie, erstmals auch den Hochton *g'* erreichende Ausfahrt dar, im Aufstieg überdies die vorangegangenen absteigenden Zeilenanfänge kompensierend. Als die vierversige »Strophe« beschließend kann sich die vierte Zeile (»*Ex qua mundo* ...«) danach nicht nur dank der Parallelität zu den Anfängen der ersten beiden darstellen, sondern auch, weil sie mit dem Nachsatz »*Lux est orta*« das erste nicht mehrfach in der Bewegungsrichtung gebrochene Melodieglied enthält. Ähnlich ungebrochen im Bewegungsimpuls, nun direkt zum *g'* emporschwingend, eignen der fünften Zeile »*Gaude gloriosa*« mehr als den anderen die Charakteristiken eines jubelnden Ausbruchs.

In seiner dritten, letzten polyphonen Bearbeitung hat Du Fay das in der Melodie angelegte Zugleich von Parallelität und Überschreitung ebenso benutzt wie den Umstand, daß der weit ausholende Verlauf auf wenigen Grundprägungen aufbaut und diese sich kontrapunktisch gut verbinden lassen; dergestalt können sie – und damit virtuell die Melodie insgesamt – stets gegenwärtig gehalten und zu immerwährender Simultan-Präsenz zusammengezogen erscheinen. Das Moment der Überschreitung zeigt sich auch in der Disposition der Mensuren: Nach zwei gleich langen Abschnitten im Tempus perfectum bzw. Tempus imperfectum (Takte 1-76, 77-149), welche zudem durch die Anfänge der jeweils dritten Zeilen (»*Salve radix* ...«, »*Vale valde* ...«) bei den Takten 45 bzw. 109 gehälftet werden, wechselt Du Fay mit dem Beginn der letzten Zeile (»*Et pro nobis* ...«) überraschend ins Tempus perfectum diminutum und nach nur fünf Takten zurück ins Tempus imperfectum. Einerseits verschafft er sich mit diesem Einschub ein Trittbrett für die finale Kulmination der zuvor in vielen Formen anvisierten Gleichartigkeit der Stimmen, andererseits bricht er die blockhafte Entsprechung von je zwei Textstrophen und Taktarten auf.

Wie am Ende den offenen Auslauf potenziert er am Beginn die paarige Stimmigkeit; nicht nur verdeutlicht er sie durch zwei gleich lange, dem Cantus entsprechend jeweils in sich gehälftete Duos (Superius/Contratenor Takte 1-10, Contratenor/Bassus Takte 11-21, die jeweils führende Stimme Beispiel 6 a und b) und hat bis zum Takt 21 bereits viermal auf *C* kadenziert, er wiederholt die beiden ersten Zeilen anschließend im nunmehr die erste vierstimmige Passage tragenden Tenor und erinnert die paarige Disposition auch im Folgenden immer wieder – am deutlichsten am versetzten Beginn der Satzpaare bei »*Salve radix* ...« (Takte 45 ff.), darüberhinaus mithilfe des den Cantus vorausnehmenden Superius bei »*Gaude gloriosa*« und »*Vale valde*« (Takte 77 ff. bzw. 109 ff.). Im Übrigen bedarf er ihrer, um die Verflüssigung des Cantus zu exponieren; mithilfe dreier unterschiedlicher Versionen der ersten beiden Zeilen (Beispiele 6 a/b[34] und 7 a, untere Zeile) führt er vor, daß es den einen, in sich identischen, vom Kontext vorsichtig abgehobenen Cantus hier nicht gibt, sondern nur den zu jenem Kontext und den jeweiligen Situationen hin aufgelösten, mit deren Hilfe seine elastische Identität widerspiegelnden Cantus.

Nach Maßgabe unserer, notwendig abstrahierenden, Definitionen entfernt sich Du Fay hiermit weit von den isorhythmischen Dispositionen vieler Motetten bis 1442 und im *Gloria*

---

34 Der – im Beispiel 6 b nicht notierte – Wechsel von *c'* nach *c* läge entgegen der Redaktion der Gesamtausgabe besser nicht auf der Eins des Taktes 19, sondern ein Viertel davor oder danach

Beispiel 6 a und b

bzw. *Credo* der *Missa Se la face ay pale*, nicht zufällig hat die – immerhin unter dem Gegendruck der leicht nachvollziehbaren Zeilenordnung erreichte – Anähnelung der Stimmen den Vergleich mit Johannes Ockeghem nahegelegt und die Aufspaltung des Satzes in Duos denjenigen mit Josquin des Prés. Fraglos gehört zu den wichtigen Zwischenschritten der Entwicklung die *L'homme armé*-Messe[35]; indessen schirmte hier der Meßtext gegen Konsequenzen hinsichtlich Struktur und Genre ab, welche in einer Motette bzw. in dem durchschlagen mußten, was nun, deutlich vom früheren Verständnis abgehoben, so hieß – die vorausgegangenen Bearbeitungen der Antiphon würde man nie »Motetten« nennen. Die Befreiung vom isorhythmischen Stützkorsett zog im Verzicht auf eine gattungsimmanente, von individuellen Lösungen abgehobene Gewähr die Verpflichtung nach sich, das Komponierte als Motette von den Besonderheiten der je einmaligen Problemlösung her neu zu definieren, eine Verpflichtung auf individuelle Formung, dank derer auch qualitative Unterschiede deutlicher in Erscheinung traten als vordem. Nicht nur die Bevormundungen, auch die Sicherungen des hergebrachten Regelwerks war man damit los.

Angesichts der Risiken des Schrittes ins Freie – weniger ambitionierte, locker isorhythmische Motetten im näheren oder weiteren Umkreis mögen ihn erleichtert haben, ohne seine Tragweite zu reflektieren – verwundert nicht, daß er unter dem Druck einer außergewöhnlichen Aufgabenstellung und zugleich im Freiraum einer nicht liturgietauglichen Konzeption vollzogen wurde: Du Fay sucht in Musik den Moment zu fassen, da er der Gottesmutter gegenübertritt und sie um Erbarmen anfleht, er muß nahezu gleiche Augenhöhe komponieren und zieht die überpersönlich sakralisierte Antiphon in eine hochpersönliche Zwiesprache hinein, welche in den anonymen Formalitäten eines Gottesdienstes keinen Platz hat[36] – übrigens ließen die Umstände von Du Fays Tod nicht zu, die Motette an seinem Sterbebett zu singen. Das Einmalige der Stunde, des Hinübertritts in die andere Welt befugt den, der sich hier meint, jene Augenhöhe stellvertretend für jeden Sterbenden zu suchen – Du Fay tut es musikalisch mit allem Nachdruck: Wo erstmals der Tenor eintritt und erstmals alle vier Stimmen singen, tritt auch der Tropus »*Miserere tui labentis Dufay = Erbarme dich deines hinfälligen Du Fay*« ein, nicht nur in strikter Parallelführung mit dem Cantus (Beispiel 7 a), sondern, nach vier C-Kadenzen, nahezu schockierend auf jenem *es"*, auf dem, dann imitierend und ohne Bindung an den Cantus, der dritte, später in der Messe zitierte Tropus (»*Miserere, miserere supplicanti Dufay*«, Takte 86 ff., Beispiel 7 b) ansetzen wird.

---

35 S. 362 ff.

36 Hierzu vgl. auch das folgende Kapitel

Beispiel 7 a bis c

(a)

(b)

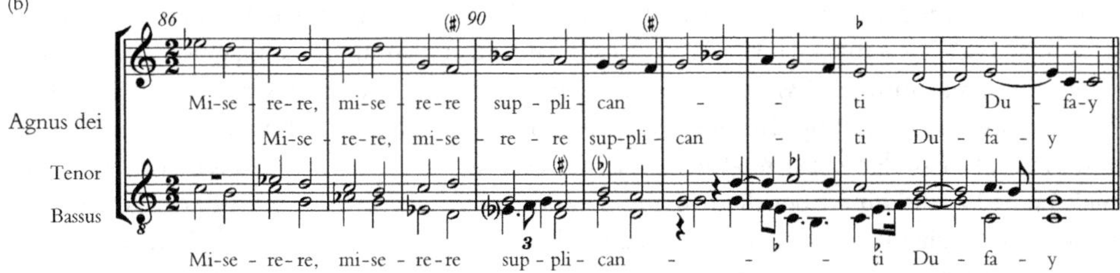

(c)

»Il y a là un effet de coloris et d'expression véritablement surprenant, que seul un génie comme Dufay était capable d'imaginer, à cette époque lointaine«, kommentierte Charles van den Borren[37] und wehrt sich gegen den Verdacht unangemessenen Überschwangs in einer Anmerkung : »Non, qu'on ne puisse trouver plus ou moins analogues chez des contemporains, mais jamais elles ne se présentent avec un relief aussi marqué et un accent aussi affirmatif«. Die Anrufung »*Miserere*« findet sich in allen vier, jeweils nach zwei Antiphon-Zeilen eingeschalteten Tropierungen, dreimal steht sie am Beginn; im dogmatischen Verständnis erscheint sie zudringlich, weil das Gnadenrecht ausschließlich dem Gottessohn zusteht, der Maria nur die Möglichkeit, ein gutes Wort einzulegen (»*ora pro nobis*«). Du Fay stuft diese Zudringlichkeit sehr genau – beim ersten Mal läßt er »*Miserere*« gemeinsam mit dem Beginn des Cantus eintreten (Beispiel 7 a) und den weiteren Text nach der Nennung seines Namens (»*peccatorum ne ruat in ignem fervorum = daß er nicht ins Fegefeuer gestürzt werde*«[38]) über dem des Cantus dahinlaufen; beim zweiten Mal (»*Miserere, miserere genitrix Domini, Ut pateat porta celi, debili = Erbarme Dich, Muttergottes, damit sich die Himmelspforte seiner Hinfälligkeit öffne*«, Takt 58 ff.) setzte es

37 1926, S. 204
38 Zur Frage des in der Quelle fehlenden »*ne*« Planchart a.a.O., S. 58

außerhalb des Cantus ein und erhält durch die Parallelität bzw. Gegenführung der Skalen viel melodischen Nachdruck; diesen steigert Du Fay beim dritten Mal (Beispiel 7 b) durch den Gleichschritt der Stimmen abermals und legt die Textfortsetzung (»*Sitque in conspectu mors eius speciosa = damit er einem schönen (guten) Tod entgegensehen kann*«) über den fortgeführten Cantus, eröffnet sie jedoch abermals mit gegenläufigen Skalen (Beispiel 7 c); und beim vierten, letzten Mal (»*In excelsis ne damnetur, miserere nobis Et iuva, ut in mortis hora nostra sint corda decora = daß wir im Himmel nicht verdammt werden. Erbarme dich unser und hilf, daß in der Stunde des Todes Herzen und Gesichter unsere eigenen sein mögen*«, Takte 126 ff.) kehrt er fast zur Disposition des ersten zurück, indem er nach einer überwiegend zweistimmigen Passage dem Eintritt des Tropus wieder das »Tutti« (Takte 126 ff.) und danach, erst- und einmalig, einem Tropus-Text eine lange dreistimmige Passage, die am ausführlichsten imitierende, reserviert (Takte 134 ff.). Mindestens gleich wichtig: In zwei viertaktigen, einem Noema nahekommenden Blöcken verschafft Du Fay der »*miserere*«-Bitte (nur hier eröffnet »*miserere*« den tropierenden Einschub nicht) eine Wucht, hinter der die früheren, besonders der als Beispiel 7 b zitierte, gewiß nicht in der Eindringlichkeit, wohl aber an geballter Massivität zurückbleiben, sodaß dieses »*In excelsis ne damnetur, miserere nobis*«, gekoppelt mit »*valde decora*« im Cantus – Maria wird also als Himmelskönigin angesprochen – sich als Kulmination des Ganzen darstellt. Wie um diesen Eindruck ex negativo zu bestärken, folgen als eher desintegrierende, auflösende Momente eine in weitläufigen Imitationen sich ergehende dreistimmige Passage, zwei Mensurwechsel und danach wie als Auffangbecken 16 Schlußtakte, in deren klarer Gruppierung mit 5 + 5 + 6 Takten die Ballung des »Noemas« nachzuwirken scheint.

Beispiel 8 a und b

Nicht nur das. Du Fay leitet die Schlußpassage wie als Fazit mit einer Kontrapunktierung jener gegenläufigen Skalen ein (Beispiel 8 a), welche, in fast allen Zeilen der Antiphon (Beispiel 5) ins Nacheinander zweier Halbzeilen auseinandergelegt vorgegeben, von ihm vom Stückbeginn an als Aufforderung wahrgenommen wurden, ihr Nacheinander in polyphone

Gleichzeitigkeit zusammenzuziehen. Idealiter erscheint , weil es sich um die beiden wichtigsten Wendungen handelt, das Ganze der Antiphon in jeder Zelle des Satzes präsent gehalten, umso mehr, als sie allenthalben und in vielerlei Varianten auf die Führung der Stimmen ausstrahlen. Die Abgänge gegen Ende des zweiten Zeilendurchlaufs (Takte 18 ff., Beispiel 6 b) lassen sich eben so gut als Nachwirkungen des Cantus-Beginns verstehen wie als antizipierende Hinführung zum ersten »Tutti« und dem innerhalb dessen schwerer wahrnehmbaren dritten Cantus-Beginn; Terzaufgänge von der dritten zur fünften Stufe wie in den Takten 29/30 reinigen nicht nur, wie in den Takten 43/44 oder 169/170, Schlußklänge von der unvollkommenen Terz, sie weisen, vor- oder rückwärts, auch auf den freudigen Aufschwung bei »*Gaude gloriosa*« hin (Takte 77 ff., Beispiel 8 b), der ihnen besondere Eindringlichkeit verleiht und sogleich, als an der intimsten, von freudigem Aufschwung weit abstehenden Passage »*Miserere, miserere supplicanti Du Fay*«, von der Umkehrung in gleicher Intervallkonstellation (kleine, dann große Terz: *e'/f'/g'*, *es'/d'/c'*) beantwortet wird. Du Fay hilft der Korrespondenz, indem er die zweite Halbzeile von »*Gaude gloriosa*« um eine Quinte versetzt (vgl. Beispiel 5, Zeile V mit Beispiel 8 b) und mit den Fixpunkten *C* (Takt 77), *G* (Takt 81) und wieder *C* (Takt 85) eine »dominantische« Klarheit schafft, in die der threnodische, auf *es'* ansetzende Abgang fremd und verstörend einfällt und das Ohr nach Bezugsmöglichkeiten zu suchen auffordert.

Nicht nur die Konstellation des ersten Tropus-Beginns (Beispiel 7 a) bindet den threnodischen Abgang in den von der Antiphon her definierten Zusammenhang ein, sondern auch die auf der Stufe *e/es* geschärft hervortretende, im Cantus-Beginn im Wechsel von *b* und *h* angelegte Alteration (vgl. die Beispiele 5, Zeilen I und II, und 6 a). Wäre sie nicht schon vom Cantus nahegelegt, so geschähe dies durch Du Fays Satz – u.a. durch den imitierenden Terzabschlag im dritten, den Terzaufgang des Basses im 23. und die Disposition im 32. Takt; allemal sichern die Konstellationen die Aufspaltung der siebten Stufe und belegen, wie sehr Du Fay an dem auffälligen melodischen Gestus gelegen war – möglicherweise im Sinne einer Deutung, die man allzu schnell als »Ausdrucksästhetik« zu verengen geneigt ist: »... quel sens de la vérité expressive se révèle dans cette humble prière du cantus qu'intensifient l'imitation du premier contraténor et le contrepoint libre du second, avec son *la* bémol si discrètement plaintif! Et quelle coincidence parfaite entre la réalité psychologique et le sens visuel, dans cette inflexion descendante de la mélodie, où l'on devine le lent agenouillement de celui qui implore!«[39] Der Besonderheit dieser Passage wird kein Eintrag getan durch den Umstand, daß Du Fay sich auch in einem durch *L'homme armé* definierten Zusammenhang der threnodischen Figur annähern konnte[40]. Unterstellt man, daß mit der Sterbemotette der persönliche Kontext des »*miserere*« als unausweichlich ausgewiesen und musikalisch endgültig benannt worden war, so erhält die Frage, ob er sich in der *Missa L'homme armé* – dann vor 1463/64 – herankomponiert oder auf eine bereits festliegende Formulierung – dann nach 1463/64 – rückbezogen habe, noch mehr Dringlichkeit.

* * *

Wären die sieben Chorbücher, die der reitende Bote im Juli 1475 Herzog Karl dem Kühnen übergab, nicht ebenso verlorengegangen wie die beiden in Cambrai verbliebenen (s.o.), so

39 v.d. Borren 1926, S. 206
40 Vgl. Beispiel 12 c auf S. 371

hätten wir mehr Musik des späten Du Fay[41] und einen authentischen Text u.a. seiner letzten Messe und wüßten über die Umstände der Komposition und der ersten Aufführungen sicherer Bescheid. Eine Verknüpfung des hochambitionierten Werkes mit der Einweihung der Kathedrale von Cambrai am 5. Juli 1472 lag umso näher, als beide – *Ave regina celorum, Notre Dame de Grâce* – der Maria gewidmet sind und kaum vorstellbar erscheint, bei diesem großen Anlaß sei keine Musik der ortsansässigen »*luna totius musice atque cantorum lumine*«[42] vertreten gewesen – nicht gerechnet die anekdotische Pikanterie, daß es sich um Musik handelte, über deren persönliche Bezüge vielleicht gerätselt wurde – in der aus der Motette ins *Agnus Dei* übernommenen Passage fleht sie, nun ohne Worte, »*miserere supplicanti Dufay*«.

Die Schweigsamkeit der Dokumente (auch von anderer Musik ist in dem Zusammenhang nicht die Rede) beweist indessen nicht, daß bei der Einweihung, wenn schon nicht die *Ave regina*-Messe, nicht irgendwelche andere Musik von Du Fay erklungen wäre – immerhin wurden Kompositionen von ihm seit mindestens zehn Jahren in Cambrai kompiliert, und fast 40 Jahre zuvor hatte er zur spektakulärsten Kathedralweihe des Jahrhunderts in Florenz seine berühmteste Motette beigesteuert. Dennoch ist, freilich in einem anderen Zusammenhang, von einer Marienmesse die Rede: »*Am fünften August, wenn das Fest der Heiligen* Maria Schnee *begangen wird, wird für Magister Guillermus Du Fay, Kanonikus und Priester, so lange er lebt, eine derselben gesegneten Jungfrau Maria gewidmete Messe gesungen werden, und nach seinem Verscheiden ein Totenamt, wobei 12 Pfunde in der Währung von Tours in der Weise verteilt werden sollen, wie sie in der Meßordnung des Kapiteloberstern festgelegt ist*«, findet sich in einem in der Bibliothèque municipale von Cambrai erhaltenen Folianten[43] vermerkt. Das entspricht einem vielgeübten Usus[44]: Altgewordene Kleriker stiften alljährlich abzuhaltende, mit ihrer Person verbundene Meßfeiern, oft mit polyphoner Musik, d.h. sie kommen für die bei der Verteilung von Almosen, Verpflichtung von Sängern, Kerzenbeleuchtung, Glockenläuten etc. entstehenden Kosten auf. Offenbar dienten Du Fays Landkäufe in den Jahren 1470 und 1472[45] der Absicherung dieser Stiftung – möglicherweise also trat die zitierte Regelung also erst nach 1472 in Kraft; das würde bedeuten, daß Du Fay die Aufführung der mit seiner Stiftung verbundenen Messe in der für ihn vorgesehenen Kapelle des Hl. Stephan nur zweimal, jeweils am 5. August der Jahre 1473 und 1474, erlebt hätte[46]. Nach seinem Tode am 27. November wurde die Messe durch das verlorengegangene Requiem und die *Ave regina*-Motette ersetzt.

Offen bleiben das Datum des Eintrags – was nicht schwer wöge, ließen sich der Zusammenhang mit den Landkäufen oder die erste Aufführung in der Stephanskapelle belegen –, und die Frage, wie genau die Auskunft »*de eadem beata maria missa celebris*« genommen werden muß. Meinte der Schreiber allgemein eine Marienmesse oder bezog er sich auf den zweiten Cantus firmus – *Beata es Maria* – der *Missa Ecce ancilla Domini,* also auf diese? Fürs erstere sprechen gewichtig die in die *Missa Ave regina celorum* einkomponierten, aus der gleichnamigen Motette herstammenden Bezüge (s.o.): Wo, wenn nicht im Rahmen eines expressis verbis mit Du Fay und seinem erwartbaren Hinscheiden verbundenen, von ihm gestifteten Rituals

41 über den Inhalt Kenney 1964, S. 59 ff.

42 so die Epitheta in Loyset Compères Sängergebet *Omnium bonorum plena*

43 MS *B.39*, fol. 56 recto, zitiert u.a. bei Strohm 1993, S. 285: »*Die quinta Augusti in quaquidem solemnitas agitur sancte Marie ad Niues fiet de eadem beata maria missa celebris pro Magistro Guillermo du fay Canonico sacerdote quamdiu uiuet et post decessum eius obitus de de lb. turon. distribuendis prout in missa domini decani continetur.*«

44 Vgl. auch das vorangehende Kap.

45 Kap. I

46 Hierüber insgesamt Strohm 1993, S. 284 ff., und Planchart 1995, S. 63 ff.

hätten sie ihren Platz! Auch die Wahl eines außergewöhnlichen Datums spricht für die Wichtigkeit persönlicher Bezüge – der 5. August kann als Du Fays Geburtstag vermutet werden, und er war zugleich der dem Schneewunder der Maria gewidmete Festtag, und *Maria Schnee* war als Patronin von Santa Maria Maggiore in Rom mittelbar auch die der Tochterkirche Santa Maria del Fiore in Florenz[47], des Domes, dessen Einweihung Du Fay fraglos als einen, vielleicht *den* Lebenshöhepunkt betrachtet hat. Außergewöhnlich war das Datum, weil in Cambrai zunächst durch eine andere gestiftete Messe besetzt – möglicherweise mußte Du Fay zunächst ausweichen –, und weil man *Notre-Dame aux Neiges* wohl vielerorts in den frankoflämischen Gebieten, in Deutschland und Böhmen, jedoch ausgerechnet in Cambrai bisher nicht feierte.

Sollte die *Ave regina*-Messe tatsächlich erstmals im August 1473 als von Du Fay gestiftet aufgeführt worden sein, könnte sie auch als Festmusik zur Kathedralweihe von 1472 neu in Erwägung gezogen werden, sofern man die Doppelverwendung für zwei besondere Anlässe nicht von vornherein ausschließt und in Kauf nimmt, daß der 5. Juli kein Marienfest war und der fälligen Liturgie *In Dedicatione Ecclesiae* marianische Bezugnahmen fehlen. Es liegt umso näher, als die Überlieferung an zwei Stellen auf differierende Fassungen hindeutet, unverkennbar eine »private« und eine offizielle Version. In der zweiten *Christe*-Anrufung des *Kyrie*, ausgerechnet einem Gravitationspunkt in der Strukturierung des Meßganzen[48], läßt Du Fay den Sängern die Wahl zwischen einer dreistimmigen fugierten und einer unfugierten zweistimmigen Fassung, und bei den drei eröffnenden *Kyrie*-Anrufungen bringt er sie in Verlegenheit, weil die erste Zeile des Cantus (s. oben Beispiel 5) nicht nur einmal – als zweite Zeile –, sondern zweimal wiederholt werden muß. Mit welchem Text? Die Frage wäre nicht so dringlich, wenn nicht – entgegen den erhaltenen Quellen, welche offenbar Abschriften von Abschriften sind –, alles dafür spräche, daß Dufay den Tenor, und nicht nur ihn, mit dem Text der Antiphon gesungen wünschte[49]. Die mit dem Anspruch des Werkes schwer vereinbare Unstimmigkeit erklärt sich am ehesten als Überrest unterschiedlicher Aufführungsversionen – umso mehr, als eine zweite Differenz unzweideutig darauf hinweist: Im Manuskript *5557* der Bibliothèque municipale von Brüssel läßt sich im *Agnus Dei II* bei den elf der Motette entnommenen Takten 72-82 (vgl. Beispiel 9) – dort mit dem Text »*miserere, miserere supplicanti du Fay*« – unter der bekannten eine gekürzte Fassung erkennen, bei der die letzten vier (im Beispiel angezeigt), auf die Namensnennung »*du Fay*« hinauslaufenden Takte fehlen[50]. Also muß einer Situation, da man von der Indiskretion nichts befürchtete, eine andere vorausgegangen sein, in der dies durchaus der Fall war. Je feierlich-allgemeiner der vermutete Anlaß, desto peinlicher die Indiskretion – dies ein, allein freilich nicht tragfähiger Hinweis auf die Möglichkeit einer Aufführung am 5. Juli 1472. Wie dem immer sei – jedenfalls setzt die Kürzung, die musikalisch nicht plausibel und kaum anders als aufgenötigt denkbar erscheint, voraus, daß man, mindestens die für polyphone Musik zuständigen *petits vicaires*, die Sterbemotette kannte, daß Du Fay sie also nicht unter Verschluß gehalten hat oder halten konnte; immerhin wurde dokumentiert, daß Simon Mellet sie abgeschrieben hat.

Nicht nur hier hat Du Fay sich dem Motettensatz angenähert, sondern schon in der im *Gloria* (Takte 119/120) auffallend tiefliegenden Kadenzierung, mit der in der Motette das komplexhafte Noema der Takte 126-131 schließt; zwei- bzw. dreimal im *Sanctus* – beim

---

47 S. Kap. XV

48 Hierzu vgl. Kap. XIV, S. 180 ff.

49 Wegman 1995

50 Wegman a.a.O., S. 33

Beispiel 9

Eintritt der zweiten Zeile der Antiphon[51], vor dem Eintritt der vierten[52], eine Konstellation, welche in den *Sanctus*-Takten 140-144, um eine vierte Stimme ergänzt, wiederkehrt –, und einmal, dem *Sanctus* entsprechend, im *Agnus Dei*[53] wieder beim Eintritt der zweiten Zeile der Antiphon – gewiß auch, weil die Spielräume bei der satztechnischen Handhabung der *b/h*-Differenz am Zeilenbeginn des Cantus, sollte die Oberstimme nicht viel höher geführt werden, eng waren. Darüberhinaus klingen auch Details aus früheren Messen an – schwerlich zufällig das Kopfmotiv (Beispiel 10 a) an dasjenige der *Se la face ay pale*-Messe (Beispiel 10 b), und die zweite *Christe*-Anrufung im *Kyrie* (Beispiel 10 c) gleicht vier Takte lang dem *Agnus Dei II* der *Missa Ecce ancilla Domini/Beata es Maria* (Beispiel 10 d); daß es sich in beiden Fällen um eher in der Positionierung als in der Prägung auffällige Wendungen handelt, spricht in besonderer Weise für die Kontinuität, in die Du Fay dieses Auffangbecken seiner Erfahrungen in der Messen- und Motettenkomposition stellen wollte.

Beispiel 10 a bis d

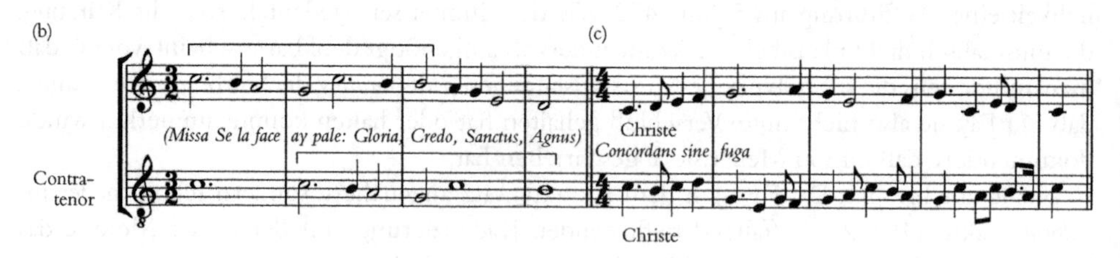

51 Messe: Takte 23-26; Motette: Takte 28-30

52 Messe: Takte 86-89; Motette: Takte 61-64

53 Takte 23-26

Meßordinarium und Motette erscheinen in der *Missa Ave regina celorum*, auf das Werkganze bezogen[54], inniger verschwistert als in jeder vorangegangenen – in einer Weise, welche nicht nur die Entscheidung gegenstandslos macht, ob die Motette eher der Messe zuarbeite oder die Messe der Motette, sondern darüberhinaus zu fragen Anlaß gibt, inwieweit beide als Gattungsbestimmungen überhaupt gleichberechtigt behandelt werden dürften. »*Missa*«, in musikalischen Quellen erst in den fünfziger Jahren auftauchend, bezeichnet allererst eine Zusammenstellung, »Motette«, von Theoretikern häufiger, konkreter, ausführlicher beschrieben, in erster Linie eine Struktur[55] – und zwar eine, ohne deren Aneignung die Cantus firmus-Messe als Gattung sich nicht hätte konstituieren können. Mithilfe des *Ave regina*-Cantus – ausnahmsweise kein Ausschnitt und nahezu doppelt so lang wie der nächstlängste in Messen vorkommende, der aufgrund vielerlei variierter Wiederholungen schwer erkennen läßt, wo man sich befinde (vgl. oben Beispiel 5) – versucht Du Fay ein Sowohl-als-auch, welches die Entscheidung in der Schwebe hält, ob es sich um ein auf einen Cantus gegründetes und diesen zur eigenen Stabilisierung integrierendes Meßordinarium handele oder um fünf über ein und denselben, frei variierten Cantus komponierte Motetten, ob die Antiphon – mit notfalls entbehrlichem Text – vor Allem musikalisch beansprucht sei oder der Meßtext als ein ihr bzw. den Oberstimmen motettenüblich zugeordneter Kommentar. Die Überlieferung aus zweiter oder dritter Hand hat leider viel getan, diese Gratwanderung zu verdecken, weil sie entweder ignorierte oder als selbstverständlich voraussetzte – man kannte Texte und Melodien –, daß die Tenores, gerade in den Kathedralen des Nordens, gesungen wurden[56].

So wohl auch und gerade hier: *Ave regina celorum* bietet sich für eine mehrtextige Disposition insofern in besonderer Weise an, als weder verschlungene Syntax noch narrative Konsequenz die Aufmerksamkeit bei dem Text so festhalten, daß ein parallel laufender nur peripher wahrgenommen werden könnte; vielmehr scheint alles darauf angelegt, die immer neu angesprochene Gottesmutter (»*Ave ..., salve ..., gaude ..., vale ...*«) ohne diskursive Beanspruchungen als planen, gleichmäßig tragenden Hintergrund gegenwärtig zu halten. Gleichartige Satzkonstruktionen unterstreichen die Häufung der Epitheta, von denen eines oder das andere einer durch den Meßtext abgelenkten Aufmerksamkeit entgehen könnte, ohne daß die Präsenz der *regina celorum* Schaden litte. Im gesamten Text gibt es einen einzigen prädikativen, durch den Anschluß »*Et*« unselbständig gemachten Satz – das »*Et pro nobis semper Christum exora*« der letzten Zeile. Auf diese läuft die Reihung in steigender Linie zu – die dritte Anrufung »*Salve*« und die vierte am Beginn der zweiten Strophe (»*Gaude*«) werden durch Appositionen ergänzt (Zeile IV: »*Ex qua mundo lux est orta*«, Zeile VI: »*Super omnes speciosa*«), welche sich in der letzten (»*Et pro nobis ...*«) zum Imperativ »*exora*« verdichten. Dergestalt ergibt sich

54 insofern nicht vergleichbar den zwei als *Gloria* und *Credo* der *Missa Se la face ay pale* eingefügten isorhythmischen Motetten

55 Kirkman 2001

56 Planchart 1983

in Worten – und Tönen, vgl. oben – ein in seiner Kontinuität stetiger Hintergrund, aus dem Du Fays musikalische Homilie je einzelne Wendungen, zumeist Zeilenanfänge, hervorholt, um sie mit bestimmten Aussagen des Meßtextes zu verknüpfen und ihm jeweils spezielle Konstellationen zu verschaffen. Weil ihn keine isorhythmischen Reglements binden, liegt es in seiner Hand, mit Hilfe von Dehnungen oder Beschleunigungen, unterschiedlich langen Unterbrechungen usw. im Tenor die gewünschten Koinzidenzen herbeizuführen.

Beispiel 11 a und b

Texte und Töne kommentieren einander wechselseitig. Auf dem Hintergrund der Antiphon kann, ähnlich wie später beim »*Miserere*«, die *eleison*-Bitte nicht mehr nur an Gottvater und Gottessohn gerichtet sein, und wo der liturgische Text ihn direkt anspricht (»*Christe* ...«), wird die Muttergottes als »*radix sancta*« vergegenwärtigt; die Musik setzt dies fort, indem sie zur mittleren *Christe*-Anrufung (Takte 53 ff., beide Fassungen, Beispiel 10 c und Beispiel 5, Zeile IV) den melodischen Aufstieg »*lux est orta*« benutzt; den Neuansatz der zweiten Antiphon-Strophe (»*Gaude* ...«) unterstreicht die Rückkehr zum vollen Satz und zum *Kyrie* (Takte 72 ff.) und diese ihn. Ähnlich wie im *Kyrie* ist im *Gloria* die *regina celorum* mitgemeint, ganz und gar mit »*Laudamus te, benedicimus te, adoramus te, glorificamus te*« etc., und ähnlich dem »*Christe*« verbindet Du Fay die den allmächtigen *rex caelestis*, danach den eingeborenen Sohn ansprechende Passage (Takte 42 ff.) mit »*Salve radix* ...«, d.h. der III. und IV. Zeile der Antiphon als Hinweis auf die »*Wurzel*«, »*ex qua mundo lux est orta.*« Im Duo *Domine deus, agnus Dei*[57] bleibt die Jungfrau auf wiederum andere Weise gegenwärtig – weitläufig imitierend setzt Du Fay mit dem bisher nicht benutzten Kopfmotiv Beispiel 11 a ein (es hängt mit den in den folgenden Beispielen eingekastelten Viertonfiguren zusammen), welches beiden in der vorangegangenen Messe benutzten marianischen Cantus – vgl. Beispiel 1 a und b – gemeinsam war. Dies wiederum präludiert einem ersten Kulminationspunkt seiner musikalisch-dialektischen Predigt: »*Gaude gloriosa*« erscheint in bereinigter Dreiklängigkeit ebenfalls imitativ verschlungen und

57 Takte 61 ff.

zweistimmig (Takte 77 ff.) an einer Stelle, wo im Meßtext *»qui tollis peccata mundi«* erwartet wird. Diese Worte treten »verspätet« in einem Block von zweimal vier Takten ein, welcher dem oben beschriebenen der *Ave regina*-Motette (*»... in excelsis ne damnetur ...«*[58], Takte 126 ff.) ähnelt und das Lobpreis der *»super omnes speciosa«* mit dem Eingedenken dessen zusammenzwingt, der die *»peccata mundi«* trägt (Beispiel 11 b). Er endigt mit den hier in der Messe erstmals erscheinenden Worten *»miserere nobis«*, womit Du Fay, ebenfalls erstmals, gemeinsam akkordische Fortschreitungen aller vier Stimmen verbindet – wie nahezu nochmals beim zweiten *»miserere nobis«*[59]. Wie um letzte Zweifel daran auszuräumen, daß hier auf die Konvergenz von Meßtext und persönlicher Bitte, Messe und Motette im *Agnus Dei* vorausgeblickt werde, gibt er dem *»miserere«* auch den threnodischen Abgang, hier von *b* aus, und den punktierten, in der Motette mit *»Du-fa-y«* verbundenen Terzfall. Ähnlich markant in zwei Viertaktern inszeniert er die Koinzidenz von *»Cum sancto spiritu«* und *»Et pro nobis semper Christum exora«*[60].

Beim nochmals wortreicheren *Credo* ermöglicht der gedehnte Cantus in den Oberstimmen mehr syllabisch deklamierende Tonrepetitionen, fast einen anderen Stil: Du Fay muß viel Text absolvieren, um *»Salve radix«* mit *»Genitum, non factum«* zusammenbringen zu können[61], und wenig später muß er in dem weitläufigen Duo *»Qui propter«* recht viel eilige Bewegung vielfältig verschlungener Linien aufbieten, um als innehaltenden Kontrast, nahezu Glockengeläut assoziierend, die Verbindung von *»Et incarnatus est«* und *»Salve (radix)«* zu bewerkstelligen; wenig später[62], zunächst die Verlangsamung festhaltend, kommt es bei der Verbindung von *»ex Maria virgine«* und *»radix sancta«* abermals zu zwei affirmativen Viertaktern. Vom Cantus unabhängig ergeben sich die Stimmen einer nahezu platten Abbildlichkeit: Beide Oberstimmen steigen bei *»et ascendit«*[63], der Baß »klettert« gar in getreppten Terzen, und bei *»non erit finis«*[64] kann der aufsteigende Superius kaum ein Ende finden – da gewinnt der Eintritt der zweiten Strophe der Antiphon mit *»Gaude«* fast den Charakter eines Ordnungsrufs.

Im *Sanctus* lassen sich das Lobpreis des *dominus deus* und der *regina celorum* leicht parallelisieren, besonders deutlich beim ersten, mit *»Gaude gloriosa«* verbundenen *Osanna*[65]; dies verstärkend steigert Du Fay die Osmose zwischen dem Tenor und den übrigen Stimmen, bezieht den Beginn des *»Pleni sunt celi«*-Duos[66] aus der vorangegangenen Schlußwendung des Cantus (Beispiel 12 a), nimmt wenig später[67] den *»Salve radix«*-Zeilenbeginn vorweg und macht sodann aus dieser Zeile selbst ein Duo; in den Duos *»in excelsis«*[68] und *»Benedictus«*[69] klingt das *»Gaude gloriosa«* nach, und das zweite Duo ergeht sich in intrikaten Verschlingungen, ehe Du Fay bei der Verknüpfung des zweiten *Osanna* mit *»Vale valde«*, wiederum in zwei Viertaktern, eine »Säule« errichtet, womit die Nähe von Antiphon und *Sanctus* nochmals bestätigt wird.

---

58 Takte 126 ff.
59 Takte 110 ff.
60 Takte 131 bis 138
61 Takte 39 ff.
62 Takte 81 bis 88
63 Takte 109 ff.
64 Takte 128 ff.
65 Takte 70 ff.
66 Takte 38 ff.
67 Takte 47 ff.
68 Takte 80 ff.
69 Takte 97 ff.

Beispiel 12 a und b

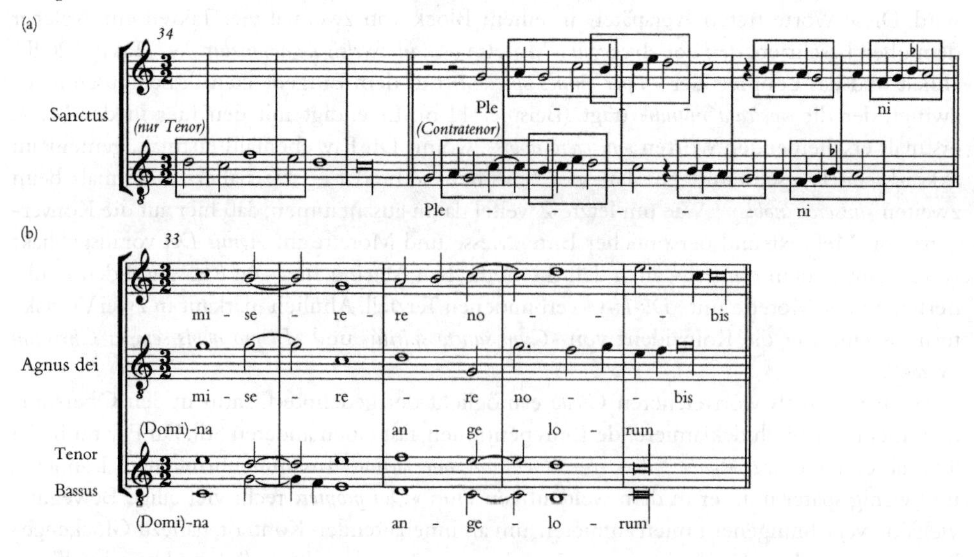

Nach dergestalt auf mehreren Ebenen realisierter Nähe mündet die zuvor sorgsam wahrgenommene Dualität im *Agnus Dei* in die Konvergenz mit dem zwar nicht musikalisch, jedoch textlich beschwiegenen Tropus. Wie in den vorangegangenen Sätzen außer dem *Kyrie* beginnt es mit der gleichen, zweimal viertaktigen Eröffnung Beispiel 10 a und läuft alsbald in den endgültig als Noema behandelten »*Miserere*«-Takten 33 bis 37 (Beispiel 12 b) auf, deren Oberstimme sich einer Kurzfassung der ersten Cantus-Zeile annähert. Als stelle dies eine Verabschiedung dar, finden sich in der folgenden Duo-Passage versprengte, dennoch in andersartige Verläufe eingelassene Reste der weiteren Cantus-Zeilen. Von ihnen scheint die Musik, in der »*qui tollis*« und »*ex qua mundo lux est orta*« so wenig mehr unterschieden werden zu können wie Jesus und Maria als Adressaten der Bitte um Erbarmen, sich immer weiter zu entfernen – bis das Zitat eintritt, welches den Ton der Musik so sehr verändert, daß die – liturgisch unabdingbare – Camouflage mithilfe des unterdrückten »eigentlichen« Textes oder der Kürzung (s. Beispiel 9) wie vergebliche Liebesmüh erscheint.

Du Fay muß genau empfunden haben, daß er hier an ein Ende gekommen war, welches jedoch nicht das Ende dieses Satzes bzw. der Messe sein kann; eine dem Satzbeginn ähnelnde Lösung wäre leicht zu haben und liturgisch stimmig, jedoch mit dem Odium der Zurücknahme bzw. einer Flucht in Formalitäten behaftet gewesen. Der letzten Anrufung des *Agnus Dei* mußte Genüge getan, die vertiefende Verstörung durch das Zitat durfte nicht beiseitegeschoben werden, etwas Neues, noch nicht Dagewesenes war vonnöten. Du Fay preßt in nur 31 Takte die gesamte zweite Strophe der Antiphon hinein, durchmischt nach dem durch »*Gaude gloriosa*« affirmativ gehobenen Einsatz auch die anderen Stimmen vielfältig mit Elementen des Cantus und läßt die musikalische Bewegung triolisch-tänzerisch umschlagen in etwas, was Alejandro Enrique Planchart zu Recht mit einer danteschen *visio beatifica* in Verbindung gesehen hat[70]. Danach trägt der Quartauf- und -abstieg der Halbzeilen IV und VI der Antiphon die wie eine Liedperiode kadenzierenden letzten vier Takte; strikt periodisch, wie alle fünf Sätze eröffnet und wichtige Knotenpunkte organisiert waren, schließt die Messe.

70 Planchart 1995, S. 69

Um den Testament-Charakter der *Ave regina*-Messe zu begründen, würde das in eine überpersönliche Werkkonzeption integrierte persönliche Signet allemal ausreichen, umso mehr, als es sich keineswegs als enklavenhaft eingefügte, der Stofflichkeit des Ganzen äußerlich bleibende Spolie erweist. Testamentarisch erscheint sie jedoch mindestens ebenso sehr darin, daß Du Fay an dem motettischen, gleicherweise musikalischen wie textlichen Gespräch zwischen Meßordinarium und Cantus festhält. Die damals munter sprudelnde, von ihm mitverantwortete Prosperität der Meßkomposition mochte ihm verdächtig erscheinen, weil sie auch einer Instrumentalisierung der Mittel zu verdanken war: Kaum mehr als Sinnträger, bestenfalls mit ausgedünnter Symbolik, fast nur noch tektonisch – hier freilich mit gewaltig gesteigerter Kompetenz – schien der Cantus vonnöten. Die Streubreite der Cantus verrät zugleich eine neuartige Autonomie des Ästhetischen und Indifferenz im Verhältnis zum Meßtext: Diesen können die Cantus im satztechnisch unanfechtbaren Huckepack allemal über die Runden bringen, taugen sie hierzu nur als Tonfolge. Semantische Momente und mit ihnen der Dialog mehrerer Sinnschichten treten zurück, die sakrale Würde der liturgischen Texte wird nicht befördert, wenn zunehmend musikalische Maßgaben über die Tauglichkeit der motettischen Vehikel entscheiden. Zur Karriere von *L'homme armé*[71] trug seine alsbald von konkreten Veranlassungen abgelöste, anonyme Verwendbarkeit entscheidend bei, nicht zufällig hat Du Fay mit ihm die Per-Version des Krebsgangs erkundet, deren Paradoxie darin besteht, daß die Materialität der Töne in abstracto erhalten, deren Identifizierung mit dem Zeitfluß jedoch zerstört wird – eine naheliegende Konsequenz, wenn zuvörderst die Konstellation der Töne über die Tauglichkeit als Cantus entscheidet. Und ebenso wenig zufällig hat der allemal experimentierfreudig, erforderlichenfalls virtuos Komponierende sich bei den sogenannten »Kanonkünsten« zurückgehalten[72] – offenbar im Hinblick auf den Preis, der bei derlei, wie immer staunenswerten Manipulationen in Bezug auf semantisch-homiletisch verstandene Kontrapunktierungen der Ebenen erlegt werden müßte. *Ave regina celorum* eignete sich in mehrerlei Weise als Prüfstand des Bemühens, an einer dergestalt umfassenden Verbindlichkeit des Cantus, am Dialog mit dem Meßtext festzuhalten und der Verengung auf technologische Funktionalität zu widerstehen. Den erschrockenen Rückversicherungen, wo nicht dem horror vacui bei anderen großen Neuerern ähnlich – u.a. den Malern, die nach den Triumphen der Zentralperspektive bei Masaccio oder Piero della Francesca gegen diese anarbeiten; Nikolaus von Kues, der die denkerischen Ausgriffe von *De coniecturis* nicht weiterverfolgt hat[73]; später Kopernikus, der sich den Konsequenzen seiner Weltkonstruktion verweigert[74] – etabliert der maßgebende Architekt der Cantus firmus-Messe am Beginn ihrer großen Geschichte in ihr selbst, hiermit in besonderer Weise vermächtnishaft, ein Moment struktureller Selbstkritik; vielbestaunte Nachfolgewerke wie z.B. Jacob Obrechts *Missa Sub tuum praesidium*[75] bezeugen, daß und wie das von den Erben verstanden worden ist.

Im Verhältnis der Stimmen zueinander verschafft Du Fay jenem gefährdeten Dialog größtmögliche musikalische Unmittelbarkeit in einer Osmose von Cantus und kommentierenden Stimmen, welche oft nicht zu entscheiden erlaubt, ob in der Stimmführung von Superius,

---

71 S. 359 ff.

72 Kap. XIV

73 Flasch 1998, besonders s. 143 ff.; Burkhard Mojsisch in: Kurt Flasch (Hrsg.), *Hauptwerke der Philosophie im Mittelalter*, Stuttgart 1998, S. 470 – 486

74 Blumenberg 1981

75 Friedhelm Krummacher, *Notizen zu Obrechts Missa Sub tuum praesidium*, in: *Musikästhetik und Analyse. Festschrift Wilhelm Seidel zum 65. Geburtstag*, hrsg. von M. Märker und L. Schmidt, Laaber 2002, S. 55 – 74; dort weitere Literatur

Contratenor oder Bassus eine demnächst im Cantus eintretende Wendung vorweggenommen werde oder eine soeben erklungene nachhalle. Der melodische Zuschnitt der Antiphon, der regelmäßige Wechsel zwischen ab- und aufsteigenden Halbzeilen erleichtert den Aufbau eines Bezugsnetzes, dessen Dichte die Frage nach vorausgegangenen oder nachfolgenden Bezugspunkten gegenstandslos macht; *daß* eine Wendung als bezogen und in diesen Zusammenhang gehörig wahrgenommen wird, erscheint wichtiger als, *wie* es zustandekam. Eine im Rahmen einer Quarte oder Quinte ab- oder aufsteigende Tonleiter ist zunächst anonymes verfügbares Sprachgut; der Melodieverlauf der Antiphon indessen sorgt für eine Spezifikation innerhalb der *Ave regina*-Motette und der Messe, welche das Tonleitersegment über die Horizontlinie jener Anonymität hinaushebt und im gegebenen Kontext bezugsfähig macht – allerdings in Grenzen: Denn dank des geringen Abstandes zu jener Linie i.e. dank gering gehaltener Gestaltqualitäten kann sie über längere Distanzen hinweg nicht erkannt werden, sie ist auf die Unmittelbarkeit der Erinnerung an soeben Gehörtes angewiesen, ihre formbildende Kompetenz erscheint gering. So kommt es innerhalb begrenzter Felder zu Ballungen, zu einer um jeweils bestimmte Prägungen kreisenden Melodiebildung, welche in vielerlei variierenden Wiederholungen die rhetorische Eindringlichkeit stärkt und oft unwichtig erscheinen läßt, ob die Redikte in ein und derselben Stimme dicht aufeinander folgen oder dank imitierender Verknotung in zwei Stimmen – bis heran an den Eindruck, bei diesen zwei handele es sich eigentlich um eine einzige, zur Ungleichzeitigkeit aufgesplittete Stimme (vgl. hierzu die Beispiele 13 f, g und i).

Die Satzanfänge der Messe exponieren außer dem vom Antiphon-Beginn herkommenden Abstieg die im Beispiel 10 a eingekastelte, unüberhörbar zunächst zweimal auf den gleichen Tonstufen eingeführte Viertonkonstellation, zu der der Satz so viele unterschiedliche Permutationen anbietet, daß eine Katalogisierung in Verdacht geriete, Du Fay reihentechnische Gelüste zu unterstellen. Wenig später jedoch, bei »*Glorificamus*« (Takte 21 ff., Beispiel 13 a), gibt die Imitation einer nahe liegenden Variante ihr ein Gewicht, welches in seinem struktiven Wert dennoch bezweifelt werden könnte, erklänge nicht gleich danach (*Gratias* ...«, Takte 27 ff., Beispiel 13 b) eine weitere Variante und abermals eine weitere am Beginn des zweiten Großabschnittes (»*Domine Deus, rex celestis* ...«, Takte 42 ff., Beispiel 13 c); in den ersten neun Takten des anschließenden Duos (»*Dominus deus. Agnus dei* ...«, Takte 61 ff., der Anfang Beispiel 11 a) erscheinen sieben Varianten, und gar neun, wenn man die Anfangswendung hinzurechnet, welche oben mit denjenigen der Cantus *Ecce ancilla Domini* und *Beata es, Maria* (Beispiel 1 a/b bzw. 11 a) in Verbindung gebracht wurde. Daß der eine Bezug den anderen nicht ausschließt und die Ubiquität der Wendung von einer Wandelbarkeit nicht zu trennen ist, welche die Grenzen ihrer Identität und Identifizierbarkeit berührt wo nicht überschreiten kann – auch »*Quoniam tu solus* ...« (Takte 113 ff, Beispiel 13 d) und »*Cum sancto spiritu* ...« (Takte 131 ff., Beispiel 13 e), beides Gravitationspunkte, müßten einbezogen werden –, taugt nicht als Einwand gegen die ihnen zugewendete Aufmerksamkeit. Im weitläufig imitierenden Duo »*Ex patre*« (Takte 25 ff., Beispiel 13 f) des *Credo* begegnet sie in zehn Takten zwölfmal, innerhalb des nächsten Duo (»... *et propter*«, Takte 61 ff., Beispiel 13 g) in neun Takten 16mal, und nach »*Et iterum venturus est*« rückt die Quart nach vorn (Takte 120 ff., Beispiel 13 h), welche bei »*Super omnes*« (Takte 146 ff., Beispiel 13 i) auch den Cantus okkupiert prägt – die Reihe ließe sich fortsetzen.

Die Übernahme einer in den identischen Anfangstakten der Meßsätze als Kontrasubjekt zum Cantus formulierten Prägung in den Tenor belegt eine Durchlässigkeit einstmals konstituierender Abgrenzungen, welche Du Fay von anderer Seite her betreibt, wenn er die Fortführung des Cantus auch Duo-Passagen überläßt (u.a. im *Gloria* in den Takten 27 ff., 77 ff., im *Credo* in den Takten 150 ff.) oder sie an den vorangegangenen Auslauf des Tenors direkt

Beispiel 13 a bis i

anschließt (u.a. im *Gloria* in den Takten 61 ff. – dort sieben gleiche Töne –, im *Credo* in den Takten 54 ff.). Hier wie dort kündigt er den Usus, außerhalb der vom Cantus getragenen Passagen die mit der Hierarchie der Stimmen verbundene Disziplin zu lockern und im Sinne eines freien Auslaufs zu nutzen – die neuen Elastizitäten im Verhältnis von Cantus und Satz haben hier im Vorhinein für Ausgleich gesorgt.

Selbst wenn man die Verteilung der fünf Sätze des Ordinariums über die Meßliturgie mitbedenkt, d.h. den Umstand, daß nur *Kyrie* und *Gloria* unmittelbar aufeinander folgen und der Eintritt des jeweils nächsten polyphonen Satzes und seine Verbindung mit den vorausgegangenen ein Signalement gut verträgt, könnte man die Identität der Satzanfänge, gemessen an anderwärts komponierten Differenzierungen, als Wink mit dem Zaunpfahl empfinden. Vielleicht auch Du Fay selbst? Noch weniger als bei den vorangegangenen Messen beläßt er es bei der Signalfunktion. Nicht nur ist dieser viermal, fast fünfmal identische Satzanfang (Beispiel 10 a) länger als bei jenen – er enthält den Eintritt des Cantus ebenso wie dessen Vorwegnahme im Baß und darüberhinaus, gar vom Baß sekundiert (im Beispiel Takt 3), den in der Motette mit der Namensnennung »*Du-fa-y*« verbundenen, punktierten Terzfall (vgl. auch den Schluß von Beispiel 7 b), und er vollzieht verkürzt den harmonischen Gang von *F* nach *C*, welchen im Großen alle fünf Sätze durchlaufen: alle setzen auf *F* ein, und danach gibt es außer beim Beginn des ersten *Christe* im *Kyrie*[76] in der gesamten Messe keinen Beginn eines Abschnitts

76 Takt 28

und keine Kadenz mehr auf *F*; mit Ausnahme weniger Fixierungen auf *a* stehen alle in C oder *G*. Die *b*/*h*-Alteration im Cantus (Takte 5/6) tut das ihre zur Fokussierung dieses – genau umgekehrt wie in den Messen über *Se face ay pale* und *L'homme armé* – »dominantisch« ausgerichteten Vorgangs, mithin auch dazu, die acht Eröffnungstakte über die Funktion eines Merkzeichens hinaus fast zu einer Mini-Exposition zu qualifizieren.

Sie mußte an den Satzenden eingeholt und aufgewogen werden – am wenigsten am Ende des *Kyrie*, auch, weil es gleich zum *Gloria* weiterging. Auf den seinem Schlußklang einbeschriebenen Terzaufgang *e'*/*f'*/*g'* (durch den Cantus suggestiv auf »*Gaude gloriosa* ...« bezogen) kommt Du Fay erst am Schluß des *Agnus Dei* zurück. Den beiden längsten Sätzen *Gloria* und *Credo* komponiert er ein massives Gegengewicht zum Beginn in zwei Note für Note übereinstimmenden, dreizehn Takte umfassenden Schlußteilen; die Paarigkeit der dem dreitaktigen *Amen* vorausgehenden zweimal fünf Takte – zwei je zweistimmige Sätze gleicher Textur – entspricht derjenigen der zweimal vier Takte der Satzanfänge. Ihnen liegt eine verzierte Fassung des Quartauf- und -abstieges der je zweiten Halbzeile IV und VI der Antiphon zugrunde (Beispiel 14 a), welche Du Fay im *Sanctus* zurückschneidet (Beispiel 14 b) und in paarigen Imitationen durch alle vier Stimmen führt, wonach die Figuration des Superius die Identität mit den drei das *Gloria* und *Credo* schließenden *Amen*-Takten überdeckt – insgesamt eine verflüssigte, stärker zu kontinuierlichem Verlauf hingebogene Version der gleichen Grundstruktur.

Beispiel 14 a bis c

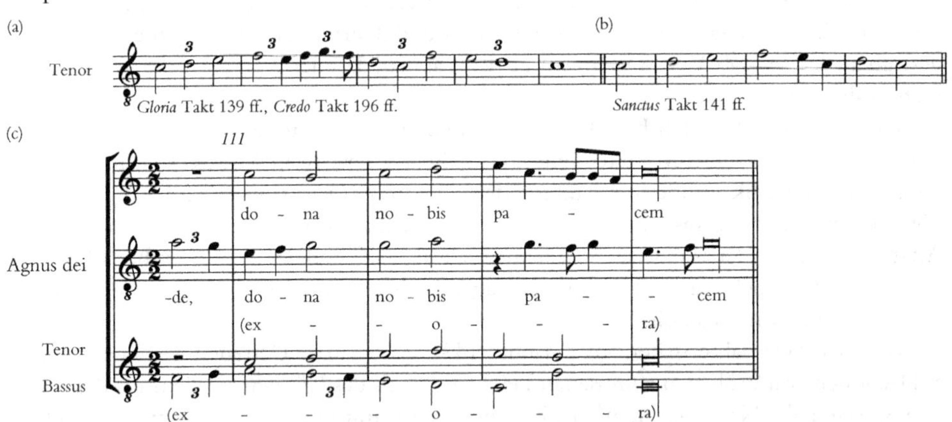

Dies kann das *Agnus Dei* nach der Intervention der verschwiegenen Bitte Beispiel 7 b nicht einfach wiederholen; fast auf der Linie der nachmaligen klassizistischen Dramaturgie inzeniert Du Fay eine verstörende Abirrung, ein kaum noch einholbares, dadurch um so gewichtigeres Quantum an Neuem. Nirgends sonst – am ehesten vergleichbar wiederum das *Kyrie* – hat er für die zweite Cantus-Strophe so wenig Zeit wie hier und zwingt sich damit, insbesondere ab »*Vale valde* ...« (Takte 99 ff.), zu einem gepreßten Verlauf, welcher der Antiphon eine drängende, aus dem Meß-Kontext hinaustreibende Präsenz verschaffen könnte, stünden dem nicht ein komplexer Satz und die jäh einschlagende tänzerische Bewegung der *visio beatifica* (s.o.) entgegen. Der hoch dosierten Verdichtung begegnet er mit zwei massiven Sperren – der überraschenden Fermate auf dem Halbschluß des Taktes 104, die dem hierhin führenden *f'*/*e'*/*d'*/*c'*-Abgang besonderen Nachdruck verschafft, und dem viertaktigen »*Dona nobis pacem*« (Beispiel 14 c), welches nun einem reinen Quartauf- und -abgang überbaut ist.

XXVII. *Ars moriendi* und motettisches Bewußtsein

Mors certa, hora incerta – über das Mittelalter hinaus bezeichnete das nicht nur eine Erfahrung, sondern eine Drohung: Dem Tode in der Stunde, da er naht, nicht ins Auge geblickt, ihn nicht als Eingangstor in ein besseres Leben erkannt, die letzte Reue und Beichte versäumt zu haben, die überraschend eintretende *mors repentina* galt als Katastrophe und unaufhebbar sündhaft. Einer transzendental bezogenen, alles Individuelle subordinierenden Moralität gemäß überwog dieses Versäumnis die Frage, ob der Betroffene es verschuldet habe oder nicht; unschuldig gestorbene Kinder, vom Blitz Erschlagene, »die Ermordeten waren Gezüchtigte«[1]. Weniger der ehebrecherischen Liebe wegen als, weil ihnen der meuchelnde Betrogene keine Zeit zur Reue ließ, muß Dante[2] Paolo und Francesca ewiger Verdammnis überantworten; die Ermordungen des Herzogs Ludwig von Orléans im Jahre 1407 und von dessen Mörder, Philipps des Guten Vater, Herzog Johann Ohnefurcht, im September 1419 waren gewiß Verbrechen, weil Menschen zu Tode kamen, aber noch mehr, weil diese die schimpflichen Umstände ins Jenseits mitschleppen mußten, weil die Mörder ihnen jede Aussicht auf die Gefilde der Seligen i.e. die Möglichkeit genommen hatten, die *secunda mors* im Sinne Augustins[3], die Entscheidung zwischen Himmel und Hölle, zu bestehen. Daß Philipp der Gute unvermutet und ohne Zeugen starb, brachte seine Umgebung und den Berichterstatter George Chastelain in arge Verlegenheit[4]. Stiftungen, sei es von Meßfeiern, Altarbildern oder für die Armen, stellen sich deshalb auch als Vorab-Versicherungen für den Fall dar, daß der Sterbende die große Stunde nicht wahrnehmen kann.

Genau so scheint es sich bei Du Fay verhalten zu haben; zumindest hat man an seinem Sterbelager die *Ave regina*-Motette nicht singen, ihn auf der letzten Wegstrecke mit der hierfür vorgesehenen Musik – außer der Motette dem Hymnus *Magno salutis gaudio* – nicht geleiten können. Obwohl sechs bis sieben Wochen zuvor absehbar, wie der Bericht über regelmäßige Arztbesuche und Aderlässe bezeugt[5], scheint der Tod am Abend des 27. November 1474 überraschend schnell gekommen zu sein; am folgenden Tag wurde die *»pour la brifté du temps«*[6] versäumte Musik nachgeholt.

Reichlich zwei Jahre später, am 7. Januar 1477, als ein paar Getreue zwei Tage nach der Schlacht den von Wölfen angefressenen Leichnam Karls des Kühnen aus dem Eis des Teiches von St. Jean nahe Nancy hackten[7], hatte man abermals mit *»Kürze der Zeit«* und verhinderter *secunda mors* zu tun. Wie immer zufällig, erscheint die Koinzidenz der Schlußkurven im Leben Du Fays und in der Geschichte Burgunds zumindest notierenswert, und sei es nur als vager Anhalt für den Versuch, zu erklären, weshalb nach 1440 keine musikalische Quelle seinem näheren Lebensumkreis zugeordnet werden kann; die Folianten, die ein reitender Bote nach Du Fays Tode seinem Herzog überbracht hat, können ebenso gut der Geringschätzung veralteter Musik wie dem burgundischen Kollaps zum Opfer gefallen sein.

---

1 Philippe Ariès, *Geschichte des Todes*, München 1980, S. 21
2 *Divina Commedia, Inferno*, 5. Gesang, Verse 80 ff.
3 *De Civitate Dei* XIII, Kap. 2 ff.; vgl. Augustinus, *Der Gottesstaat*, 2. Aufl. München/Zürich 1978, Bd. II, S. 107 ff.
4 Régnier-Bohler (Hrsg.) 1995, S. 902 ff.
5 Houdoy 1880, S. 199 ff.; Wright 1975, S. 219 ff.
6 *»wegen der Kürze der Zeit«*, vgl. Houdoy, a.a.O., S. 91; Wright, a.a.O.
7 Schnelle 1977, S. 226 ff.

Diesen allein dem so hochbegabten wie hochfahrenden Sohn Philipps des Guten zuzuschreiben, erscheint gleicherweise naheliegend wie kurzschlüssig: Es bedurfte nicht viel, um den historischen Kompromiß, die prekäre Symbiose von hochstilisierter Feudalität und frühbürgerlichen Produktionsformen über eine Grenze hinauszutreiben, jenseits derer sie unhaltbar wurde – um so mehr, als Karl in dem französischen König, seinem Generationsgenossen Ludwig XI., ein in der Kunst des Abwartens, taktischem Vorbedacht und skrupellosem Pragmatismus überlegener Gegner erwuchs; in den Netzen der »*universelle araignée* = *großen Spinne*« hatte der Burgunder sich schon verfangen, bevor er es bemerkte. Die hypertrophe Blindheit, mit der der »*tollkühne*«[8] letzte der vier »großen« Herzöge Herrschaft und Leben aufs Spiel setzte und verlor, der katastrophische Sog des burgundischen Schlußaktes verhalfen diesem ebenso zu historischer Symbolkraft wie die exemplarische Gegensätzlichkeit der Protagonisten, welche u.a. durch die Gemeinsamkeit schwerer Konflikte mit ihren Vätern hätten verbunden sein können – hier des ruhelosen, am liebsten sich als Alexander redivivus begreifenden, kunstsinnigen, wohl auch komponierenden[9], andererseits brutale Metzeleien veranstaltenden verspäteten Ritters, dort der machiavellistischen Mixtur von intrigantem Taktiker, lauerndem Finsterling und Krämerseele, welche die Modernisierung des französischen Staatswesens effektiv vorantrieb und am Ende nur zuzuschauen brauchte, wie der Vetter sich am eigenen Anachronismus den Kopf einrannte.

Zunächst hatte es anders ausgesehen; mithilfe des ihm gegen Waffenhilfe verpfändeten Elsaß konnte Karl die schwierige Geographie seines Herrschaftsgebietes verbessern, als Führer der *Ligue du bien public* des gegen Ludwig verbündeten Hochadels konnte er diesen ebenso in Bedrängnis bringen wie mit neu geknüpften englischen Verbindungen – er heiratete eine Schwester Eduards IV. Indes trugen die Triumphe seiner kurzatmigen, kaum je absichernden Politik den Keim des Verderbens von vornherein in sich; daß er Ludwig 1468 in Péronne kurzzeitig festsetzte, reichte eben aus, dessen unversöhnlichen Haß zu befestigen; die Gewaltherrschaft seines elsässischen Statthalters und ein von Ludwig eingefädeltes Bündnis der Eidgenossen mit Sigmund von Habsburg übersah bzw. unterschätzte er ebenso wie die Käuflichkeit des englischen Schwagers. Du Fays testamentarisch verordnete Antonius-Messe war in Cambrai noch nicht zum dritten Mal erklungen, als der burgundische Traum auf eine Weise ausgeträumt war, welche alle Momente eines gegen neue geschichtliche Realitäten gestellten Paradoxons bestätigen konnte.

* * *

Erstmals durch die Erwähnung der 1464 abgeschriebenen *Ave regina*-Motette[10] ist Du Fays Vorsorge für Sterben und Tod greifbar, zu einem Zeitpunkt, da er bereits über das Doppelte der durchschnittlichen Lebenserwartung hinaus ist. Fünf Jahre zuvor, kaum ein Jahr nach der Rückkehr aus dem Süden, läßt eine Vereinbarung mit dem Kopisten Simon Mellet[11] die Absicht erkennen, die musikalische Lebensernte systematisch einzufahren – das war gewiß teilweise identisch mit den für 1461 nachgewiesenen Pflichten des *trésorier de petit coffre*, des für Musikhandschriften, Chorbücher etc. Zuständigen; knapp zuvor hat Du Fay sich aus der

8 Anders als die identische deutsche Übersetzung »*kühn*« unterscheidet ihn im Französischen von seinem Großvater *Philipp le Hardi* (= *kühn, beherzt, dreist*) der Beiname *le Téméraire* (= *tollkühn, verwegen, vermessen, waghalsig*)

9 Kenney 1964, S. 13 ff., 56 ff.; Fallows 1978, S. 299 – 324

10 Vgl. S. 393 ff.

11 Houdoy, a.a.O., S. 192

Verantwortung für die Chorknaben zurückgezogen, nimmt jedoch die für die *petits vicaires* bis 1464 wahr; 1463 werden die – verlorengegangene – Hymne *O quam glorifica* und die *Ecce ancilla Domini*-Messe in Cambrai abgeschrieben[12]; dreimal, in den Jahren 1460, 1462 und 1468 ist der burgundische Thronfolger Charles zu Besuch in Cambrai – 1468 bereits als Herzog, im Oktober 1468 auch Louis XI. von Savoyen, um dem Bild der Notre-Dame de Grace zu huldigen, der Schutzheiligen der Kathedrale. Möglicherweise für diese Gelegenheit komponiert Loyset Compère sein Sängergebet *Omnium bonorum plena*, dessen erster Teil an die Jungfrau gerichtet ist und dessen zweiter 14 Musiker nennt, zuoberst Du Fay als »*luna totius musice atque cantorum lumine*«; dasselbe Jahr wäre überdies das letztmögliche Kompositionsdatum für die *Missa L'homme armé*[13]. Offenbar als Folge des Besuchs von Louis XI. bringt Gile Crepin Musik von Du Fay, »*aucunes messes faittes en l'art de musique nouvellement*«, nach Savoyen[14], 1470 wird die – verlorengegangene – *Missa da Requiem* als »*de novo compilata*« erwähnt, und ins Jahr 1472 fällt die Einweihung der Kathedrale von Cambrai durch Du Fays Freund, den nunmehr als Bischof in Arras tätigen Pierre de Ranchicourt, welche wir als letzten Lebenshöhepunkt selbst dann vermuten dürften, wenn wir sicher wüßten, daß die erst im folgenden Jahr abgeschriebene *Missa Ave regina celorum* nicht diesem Anlaß zugedacht war[15]. Am 8. Juli 1474 setzt Du Fay sein Testament auf[16], zusammen mit dem Bericht der mit seiner Vollstreckung Beauftragten ein umfangreiches, gewichtiges Dokument gerade auch im Hinblick auf die verordneten Formen rituellen Gedenkens.

Daß diese ihm wichtiger waren als die persönlichen, meinten möglicherweise nicht nur die, denen der Verstorbene sich verpflichtet hatte, und die nun sich beklagten, nicht oder nicht angemessen bedacht worden sein. Unter ihnen befand sich auch ein in Brügge wohnender Verwandter, Jennin du Chemin, der Du Fay nahezu 20 Jahre lang mit Delikatessen versorgt hatte, nun sich schnöde vergessen sah und tatsächlich, weil nach Abzug der festgelegten Zahlungen viel Geld übrigblieb, nachträglich bedacht wurde – so auch zwei enttäuschte Diener. Pierre de Wez, seit 1443 Kapellsänger in Cambrai, einer der Testamentsvollstrecker und sicherlich zum Kreis der Vertrauten gehörig, hat während Du Fays sieben savoyischen Jahren (1451/58) dessen Haus gehütet, ohne daß dieser sich erkenntlich gezeigt hätte; reichlich spät wird das im Testament nachgeholt, allerdings so sparsam, daß der Sänger sich zu Nachforderungen berechtigt fühlt; den Löwenanteil erhalten Kirchen in Savoyen, Cambrai, Condé, Lille, Mons und Valenciennes. Der Eindruck, der alte Du Fay stelle das liturgisch-formale Gedenken weit vor das persönliche, als bedeute dieses ihm nicht viel – weiterreichende Schlüsse bedürften weiterer Zeugnisse –, rührt freilich auch von Üblichkeiten der Sterbe- und Todesrituale her, mit deren Hilfe man der Paradoxie des Todes – »das uns Fremdeste« und zugleich »unser Ureigenstes«[17] – beizukommen sucht, und die noch beim *pompe funèbre* der großen Herren[18] als inszenatorische Formalität mißverstanden wären. Kaiser Sigismund, dessen Krönung Du Fay 1433 in Rom erlebt hatte, machte sich, da er sein Ende im Spätherbst 1437 nahen fühlt, ins heimatliche Ungarn auf, legte, nur noch bis Znaim gekommen, »selbst noch den Ablauf der Totenfeier fest und hörte am Morgen des 9. Dezember im kaiserlichen Ornat und gekrönt

12 Houdoy, a.a.O., S. 194

13 S. 359 ff.

14 Cordero di Pamparato 1925, S. 35 ff.; ihm folgend lesen alle Autoren »*Arpin*« statt »*Crepin*«; korrigiert bei Fallows 1982, S. 247

15 S. 399 ff.

16 Houdoy, a.a.O., S. 409 – 414, Korrekturen bei Fallows 1982, S. 289, Anmerkung 28

17 Eberhard Jüngel, *Tod*, Stuttgart – Berlin 1973, S. 12 ff.

18 Bildzeugnisse bei Bowles 1977, S. 120/121

Unbekannter Bildhauer des 15. Jahrhunderts: Epitaph für Guillaume Du Fay, 1474. Lille, Musée des Beaux Arts (Du Fay kniend links)

die Heilige Messe. Anschließend in sein Totengewand gekleidet, starb er ... am Nachmittag ..., auf seinem Throne sitzend«[19].

Zur vorausbedachten Liturgie des Gedenkens gehört bei Du Fay auch der offenbar nach seinen Anweisungen gefertigte Grabstein (Abbildung auf Seite 415); das Todesdatum wurde nachträglich lieblos eingemeißelt, obwohl der bereits vorhandene Text ein Relief vorgab: »*Hic inferius jacet venerabilis vir magister guillermus du fay musicus baccalaurius in decretis olim huius ecclesie chorialis deinde canonicus et sancte waldetrudis montenensis qui obiit anno domini millesimo quadri(ngentesimo) die (X)XVII° mensis nouenbris*«. Gestaltungen wie diese, die den Toten als gerade noch Lebenden mit der Jenseitswelt zusammenbringen, in die er doch nur als Gestorbener gelangen kann, trifft man besonders im Norden bis ins 16. Jahrhundert an; andere Details sprechen für italienische, insbesondere florentinische Vorbilder[20]. Der durch porträthafte Individualisierung von den anderen Figuren abgehobene Du Fay kniet in der Gebetspose eines Stifters neben seinem Namenspatron Wilhelm von Maleval, hinter ihm, mit ihren Kindern Adeltrude, Madelberte und Dentelin und bei dem auferstehenden Jesus für ihren Schützling bittend, die heilige Waldetrudis, an deren Begräbniskirche St. Waudru Du Fay ein Kanonikat innehatte; nur die Gottesmutter fehlt als Handhabe der Vermutung, hier sei die Konstellation der Bitte »*miserere tui labentis du fay*« in Stein gehauen, mithin ein Zusammenhang mit den testamentarischen Kompositionen über *Ave regina coelorum* hergestellt worden.

An ihm ließe sich, selbst wenn äußere Daten ihn ausschlössen, dennoch festhalten im Zeichen eines u.a. durch die Pestkatastrophen des 14. Jahrhunderts und die mystische Laienfrömmigkeit der *Devotio moderna* neu inspirierten Todesbewußtseins, welches in mindestens zweierlei Hinsicht auch als Realitätsbewußtsein zu charakterisieren wäre: Erstens, insofern es gegen ein Zugleich von Abstraktion und Überforderung revoltiert, welches zur stoischen Gleichgültigkeit gegenüber dem Tod (»*Solange wir da sind, ist er nicht da, und wenn er da ist, sind wir nicht mehr*«; »*Was soll ich fürchten, wenn ich nach dem Tod nicht mehr unglücklich bin oder künftighin selig?*«[21]) ebenso gehört wie zur *mors pretiosa* im Sinne von Bernhard von Clairvaux[22], der Vorstellung des Todes als eines Übergangs vom irdischen Jammertal zum wahren, besseren Leben; zweitens, insofern es auf eine Unmittelbarkeit der Erfahrung drängt, die das biblische Verständnis von Sterblichkeit als Fluch des Sündenfalls (*Genesis* II, 17 und III, 19) nicht beiseiteschieben, die antiken oder christlichen Überhöhungen als Entlastungen und die Distanz nicht dulden will, aus der wir Tod nur als den Tod Anderer, nicht jedoch als unseren eigenen erfahren und denken. In solchem Drängen artikulieren sich – in einer Zeit, da die Kirche die Ohrenbeichte durchsetzte und man das Weltende nahe meinte – emanzipatorisch-individuelle Erlebens- und Glaubwürdigkeitsansprüche, welche u.a. nicht als Versagen, sondern als Wahrheitsmoment notieren, daß weder der heilige Augustin beim Tode seiner Mutter noch der heilige Bernard beim Tode seines Bruders sogleich imstande waren, deren Abschied aus dem Jammertal als Aufstieg ins Reich der Seligen zu bejubeln.

Vermutlich hat »keine Zeit ... mit solcher Eindringlichkeit jedermann fort und fort den Todesgedanken eingeprägt wie das fünfzehnte Jahrhundert. Unaufhörlich hallt durch das

19 Jörg K. Hoensch, *Kaiser Sigismund. Herrscher an der Schwelle der Neuzeit*, München 1996, S. 461

20 Ludovic Nys, *Un relief tournaisien conservé au musée de Beaux-Arts de Lille : la stèle funeraire de Guillaume Dufay, chanoine de Notre-Dame de Cambrai*, in: *Mémoires de la Société Royale d'Histoire et d'Archéologie* VI, 1989, S. 5–24

21 Epikur, *Philosophie der Freude*, Stuttgart 1973, S. 41 (*Brief an Menoikeus*) bzw. Cicero, *Cato maior* 67; ähnlich ders., *Gespräche in Tusculum*, 1. Buch, 25, München/Zürich 1984, S. 67, und Seneca, ep. 24, alle wohl zurückgehend auf Platons *Apologie*, 40 b/c

22 Angenendt 2000, S. 660 ff.

Leben der Ruf des Memento mori«[23]. Eben deshalb aber darf die *Ars moriendi*, als welche man jenes Todesbewußtsein seinerzeit in Lebensgefühl und -praxis umzusetzen versuchte, nicht nur als Einladung zu Sack und Asche oder Kontrastprogramm zu himmlischen Freuden, sondern auch als Herzstück einer *Ars vivendi* begriffen werden – über die im 14. bis 16. Jahrhundert dicht gehäuften Zeugnisse reichen diese beidseits weit hinaus mindestens von Platons *Phaidon* bis zu Martin Heideggers »Sein zum Tode«[24] –, zugehörig auch die drastischen, weniger aus der Lust am Makabren denn als Reflex katastrophischer Erfahrungen[25] und deren Aufhebung in Bild und Gleichnis verstehbaren Vergegenwärtigungen von Apokalypse, Zerfall, Verwesung, Leid und Qual. Seit dem Trecento wird in der Malerei die Kreuzabnahme als drastischere Darstellung des Leidens Christi wichtiger als die Kreuzigung, und zur selben Zeit beginnt man, die Grabesfiguren »durch die sogenannten *transis* zu ersetzen, d.h. als verwesender Kadaver oder als Skelett wiederzugeben und in dieser makabren Form die Idee der Vergänglichkeit alles Irdischen zu verkünden, wobei das Skelett, gleichsam aus dem Grabesinneren, den Vorbeigehenden mit den Worten anzusprechen pflegte: Ich war wie Ihr«[26]. Ebenso wie die Frage nach der »Abnormität, die durch die Willensschuld des ersten Menschen in das ursprünglich todfreie Menschentum gebracht wurde«[27] und die Theodizeefrage nach dem von Gott tolerierten Bösen steht hinter all diesen Vergegenwärtigungen die Absicht, »die der Allgemeinheit zum Bewußtsein gekommene unerbittliche menschliche Endlichkeit« christlich einzuholen und zu integrieren. »Weil dieses Bewußtsein ausschließlich das eigene irdische Dasein betraf, war es nicht« essentiell »christlicher Natur«[28] und auch mit sozialer Genugtuung verbunden: Vor dem Tod – in Totentanzdarstellungen spielt das eine dominierende Rolle – sind alle gleich.

In den insistierenden Umkreisungen jener Grenzsituation und der bangen Frage, was uns drüben erwartet, artikuliert sich ein Tremendum, angesichts dessen die »Logik des Schrekkens« von Augustins Gnadenlehre[29], die vielfältig veranschaulichten Drohungen des Jüngsten Gerichts, der erbarmungslose, Ekelschwellen überschreitende Naturalismus etlicher *gisants* trotz aller Entschlossenheit zum Äußersten wie bemühte theologische Deckungen erscheinen, das 23. Kapitel im ersten Buch der *Imitatio Christi* des Thomas a Kempis wie ein im Dunkel des Grauens postiertes Lämpchen christlicher Demut und vielgelesene Schriften wie *Miroir de Mort* des burgundischen Hofchronisten Chastelain oder die des Pariser Universitätskanzlers Gerson, die die Formel *Ars moriendi* aktualisierte[30], wie ein Versuch, existenzielle Nöte in kurrente Münze zu wechseln; die Andersartigkeit der Denk- und Fühlweise kann von unserer Lebensversicherungsmentalität aus, welche jeden Tod zunächst als Unfall zu notieren versucht, kaum groß genug vermutet werden. Als Magna Charta der *Ars moriendi* war die zu Beginn des sechsten Jahrhunderts in Erwartung der Hinrichtung niedergeschriebene *Consolatio philosophiae*[31] des Boethius jedem Gebildeten geläufig: »*Constat aeterna positumque lege est, / Ut constet*

---

23 Huizinga 1924, S. 190 ff.; vgl. auch Jean Delumeau, *Angst im Abendland. Die Geschichte kollektiver Ängste im Europa des 14. bis 18. Jahrhunderts*, Reinbek 1985, bes. S. 330 ff.

24 *Sein und Zeit*, Halle 1927, § 53, S. 263

25 Bergdolt 1994

26 Pächt 1989, S. 80 ff.

27 Hugo Friedrich, *Montaigne*, 3. Aufl. Tübingen/Basel 1993, S. 270

28 Alberto Tenenti: in; Ruggiero Romano/Alberti Tenenti (Hrsg.) 1967, S. 119

29 Kurt Flasch, *Augustin. Einführung in sein Denken*, 2. Aufl. Stuttgart 1994, S. 172 ff.

30 Rudolf 1957; Nehrer 1989; *Ars moriendi*, 1996

31 Deutsche Ausgaben u.a. Leipzig o.J. (Sammlung Dieterich, Band 55), übs. von Karl Büchner; Zürich/München 1949 u. ö., übs. von Ernst Gegenschatz und Olof Gigon

genitum nihil«[32]. Hundert Jahre nach Du Fays Tod zeigt Michel de Montaigne, in einem seiner berühmtesten *Essais* die Frage »*Que philosopher c'est apprendre à mourir*« bedenkend und bei der Schlußfolgerung »*qui apprendrait les hommes à mourir, leur apprendrait à vivre*« ankommend, wie weitgehend man *Ars moriendi* und *Ars vivendi* zusammendenken konnte[33] ohne Bezug auf eine zuoberst gelegene »*einmal gekostete Weisheit*«, deren gewiß »*du ... mit unaussprechlicher Freude ... leben, sterben und nach dem Tode in liebreichster Umarmung ewig in ihr ruhen ... wirst*«[34].

Die dem 15. Jahrhundert eigentümliche Eindringlichkeit der Beschäftigung mit dem Todesgedanken hat ihr Komplement in der Eindringlichkeit des inzenierten Lebens; beides gehört zusammen. Keine noch so pedantisch reglementierte Zeremonisierung – neben Spanien im 16. Jahrhundert bietet sich am ehesten der Hof des Sonnenkönigs zum Vergleich an[35] – vermag das gähnende Nihil zu bannen, auf dem sie gründet, und vergessen machen, daß das erstrebte Leben derlei Veranstaltung offenbar nötig hat. Keiner überläßt sich dem Tagtraum vom schönen, in seinem Verständnis richtigen Leben, ohne den Abstand zum falschen mitträumen zu müssen, ohne mitunter für realitätsferne Sehnsüchte bestraft zu werden. Wenn politisch-gesellschaftliche Wirklichkeit und mythischer Nachvollzug so nahe beieinander liegen wie in den Großveranstaltungen Philipps des Guten[36] und die heiligsten Lebensinhalte zur Schaustellung gerinnen, wird die Frage unausweichlich, was dahinter übrigbleibt, ob in der Veranstaltung nicht fast die gesamte Existenz sich als Veranstaltung durchsichtig und »eigentliches«, nicht veranstaltbares Leben veruntreut wird. Fromme Gegenentwürfe eines einfachen Lebens – im 14./15. Jahrhundert u.a. die *Devotio moderna*, im 17. u.a. der Jansenisten – entspringen wesentlich dem Protest gegen den geheimen Nihilismus, den die hochfeudalen Orgien der Vergänglichkeit übertönen. Je rauschender das Fest, desto grauer der nächste Morgen – moralisch fragwürdig erscheint höfisches Zeremoniell nicht nur als Demonstration sozialer Überlegenheit, sondern auch, weil es das Fest ad infinitum perpetuieren, den grauen Morgen vertagen, sich an Rechenschaften wie der *Ars moriendi* vorbeistehlen will.

Du Fays in die *Ave regina*-Motette einkomponierte Bitte um Erbarmen[37] und die Gestaltung seines Epitaphs, sehr anders, umkreisen die Koinzidenz des »Fremdesten« und zugleich »Ureigensten«, von anonymer Transzendenz und empirischer Individualität, versuchen also, das große, letzte Tremendum ins steingewordene Ritual hereinzuholen, beide auf die Augenblicklichkeit des Übergangs nach drüben zuspitzend, derentwegen die Grabplastik, anders als

---

32 »*Eins steht ewig fest als ein uns Gesetztes:/ Nichts was irdisch erzeugt, beharrt*«; Boethius, a.a.O., 2. Buch, Carmen 3, Ausgabe Zürich/München, S. 56/57

33 Buch I, Kapitel XX., frz. u.a. Paris (Gallimard) 1965, S. 141 ff.; dt. Übers. (Herbert Lüthy) u.a. Zürich 1953, S. 121 (»*Philosophieren heißt sterben lernen ... Wer die Menschen sterben lehrte, würde sie leben lehren*«); die Titelformulierung des Essays zitiert Cicero (*Gespräche in Tusculum*, I, 75), welcher seinerseits sich auf Platons *Phaidon* (64 a) bezieht

34 »*... quoniam castissimo et purissimo corde semel degustatae sapientiae indissolubiliter adhaerebis, etiam potius hunc mundum et cuncta, quae non sunt ipsa, quam ipsam deserendo. Et cum indicibili laetitia vives, morieris et post mortem in ipsa amorissimo amplexu aeternaliter requiesces*«, Nicolai de Cusa 1988/II, S. 44/45

35 Richard Alewyn/ Karl Sälzle, *Das große Welttheater. Die Epoche der höfischen Feste in Dokument und Deutung*, Reinbek 1959

36 Vgl. S. 270 ff.

37 Der Text der Tropierungen lautet: »*Miserere, miserere tui labentis du Fay / Peccatorum ne ruat in ignem fervorum = Erbarme dich des dahinscheidenden Du Fay, / er möge wegen seiner Sünden nicht im Fegefeuer zugrunde gehen*« (Tropus 1); »*Miserere, miserere, genitrix domini, / Ut pateat porta celi debilem = Erbarme, erbarme dich, Mutter des Herrn, / damit die Tür des Himmels dem Schwachen geöffnet sei*« (Tropus 2); »*Miserere, miserere supplicanti Du Fay / Sitque in conspectu tuo mors eius speciosa = Erbarme, erbarme dich des flehenden Du Fay / und in deiner Nachfolge sei sein Tod erhaben*« (Tropus 3); »*In excelsis ne damnemur, miserere nobis/ Et iuva, ut in mortis hora/ Nostra sint corda et ora* (Superius) bzw. *et opera* (Contratenor) = *damit wir im Himmel nicht verdammt werden, erbarme dich unser / Und hilf, daß in der Stunde des Todes / Unsere Herzen rein seien*« (Tropus 4); zu Fragen der Textlesung vgl. Planchart 1995, S. 58 ff.

emblematisch zeitaufhebende Stifterbilder, offenhalten muß, ob der Bittende ein Sterbender oder Gestorbener sei. Zur realistischen Härte der *Ars moriendi* gehört, daß sie die Zuflucht bei derlei emblematischer Aufhebung, als einer eher beschwichtigenden Verallgemeinerung, so lange wie möglich zu verweigern und die im Sterben endgültig aufbrechende Divergenz von Lebenszeit und Ewigkeit auszuhalten verlangt. Dem genau entsprechend konvergieren Aussagen über Tod und Zeit wie »das Ureigenste ... zugleich Fremdeste« und »das am meisten Unsrige und doch am wenigsten Verfügbare«[38], und deshalb erlegt jene Koinzidenz, als Schnittpunkt unvereinbarer Zeitsphären, dem irdisch-real dargestellten Du Fay die Paradoxie auf, beides zugleich zu sein, jenseits der Pforte des Todes aufzutreten wie einer, der sich noch diesseits befindet.

Als Dolmetschen einer möglichst unmittelbaren Wahrnehmung jenes Schnittpunkts treffen sich die *Ars moriendi* und jene Überlegungen, welche bald nach Du Fays Tod Adam von Fulda von Musik als *»meditatio mortis«* zu sprechen veranlaßten[39], offenbar nicht nur die Identität von *Er*klingen und *Ver*klingen meinend, sondern jene im XI. Buch von Augustins *Confessiones*[40] diskutierte, diskursiv nicht auflösbare Paradoxie der allemal zeitverhafteten Musik, derzufolge sie, »sofern sie Form ist, ... ihr eigentliches Dasein gerade in dem Moment ... erreicht, in dem sie vergangen ist«[41]. Nicht zufällig fällt ihr bis hin zu Henri Bergson[42] und Edmund Husserl[43] die Ehre zu, unter den Demonstrationsobjekten der Wahrnehmung von Zeit obenan zu stehen, und nicht zufällig überlagern sich bei *»meditatio mortis«* die mit dem Verständnis als Genitivus obiectivus bzw. als Genitivus possessivus verbundenen Bedeutungen – als jener denkt die Musik über Tod bzw. Vergänglichkeit nach, als dieser denkt der Tod, selbst zu Musik geworden, nach.

Zwei nahe beieinander liegende Gesichtspunkte indessen lassen die Unterscheidung eher grammatikalisch bedingt erscheinen. Zum einen wird sie relativiert durch die parmenideisch-plotinische, im Mittelalter vielfach fortgedachte Vermittlung, wo nicht Identität von Erkennen und Sein, Objekt und Subjekt, welche Erkenntnis allemal als wechselseitige Annäherung, Anähnelung von Erkennendem und Erkannten begreift – *»simile simili*[44]*«*, *»cum intelligere sit assimilare«*[45] – und sich weitab von der abstrakten Dichotomie der beiden Genitive befindet. Zum anderen ignoriert sie die durch keine andere formbare Materialität überbotenen transzendenten Qualitäten, die »Gottnähe« der Musik, ihre kosmologischen Verbindlichkeiten, in Worten eines der wichtigen Gewährsleute: die Kompetenz, *»sich auf alle Dinge zu erstrecken«*[46].

Weil Musik allemal mehr ist als das, was wir hören, weil das jeweils Klingende begriffen wird als materieller Vordergrund bzw. zur Vernehmbarkeit, *»zur Teilbarkeit degenerier-*

---

38 Hans Blumenberg, *Weltzeit und Lebenszeit*, Frankfurt am Main 1986, S. 74

39 *De Musica*, 1490; in: M. Gerbert, *Scriptores ecclesiastici de musica*, St. Blasien 1784, Neudruck 1963, Band III, 329; vgl. u.a. P. Gülke, *Meditatio mortis – das Verklingen der Töne als Problem des musikalischen Denkens. Gedenkrede auf Fritz Reckow*, in: ders., *Die Sprache der Musik. Von Bach bis Holliger*, Kassel-Stuttgart 2001, S. 71 ff.

40 Kurt Flasch, *Was ist Zeit? Augustinus von Hippo. Das XI. Buch der Confessiones*. Historisch-philosophische Studie, Frankfurt am Main 1993

41 Carl Dahlhaus, *Musikästhetik*, Köln 1967, S. 22

42 *Les données immédiates de la conscience*, deutsche Übs. *Zeit und Freiheit*, Jena 1920 bzw. Hamburg 1994

43 *Phänomenologie des inneren Zeitbewußtseins*, u.a. in: ders., *Phänomenologie der Lebenswelt*. Ausgewählte Texte II., hrsg. von Klaus Held, Stuttgart 1986, S. 80 – 165

44 U.a. Beierwaltes 1988, S. 29

45 *»denn erkennen ist ähnlichmachen«*; Nicolai de Cusa, *Trialogus de possest / Dreiergespräch über das Können-Ist*, Hamburg 1991, S. 20/21

46 Jacobus von Lüttich, *Speculum musicae*, II, Kap. 2, neu hrsg. von R. Bragard, Rom 1955/1973

ter«[47] Teil eines zunächst in sich ungeteilten, das Weltganze konstituierenden Zusammenhangs i.e. als *musica instrumentalis*, welche hinterlegt und verbürgt ist durch *musica humana,* die leibseelische Harmonie des Menschen, und, noch weiter greifend, durch *musica mundana,* die Harmonie der Sphären[48], erscheint ihre Vergänglichkeit in einer Weise an Unvergängliches rückgebunden, welche sie fast zum Sekundärphänomen herabstuft. Dieser Rückbindung sicher, interessieren mittelalterliche Theoretiker sich, zugleich das »*opus non manens*« reflektierend[49], mehr für den *processus*, den Herstellungsvorgang, die »*scientia bene modulandi*«, »*ars regulariter canendi*« etc., als für das Hergestellte, die nur schriftlich, also in abstracto fixierbare *structura*[50] – nicht zuletzt dem Umstand Rechnung tragend, daß mit dem liturgischen Cantus planus und seinen Bearbeitungsformen eine durch aneignende Mündlichkeit geprägte Musik in die durch fixierende Schriftlichkeit geprägte Polyphonie hineinragt. Der naheliegenden Frage, inwieweit man die altehrwürdige, von den Pythagoreern herkommende kosmologisch- theologische Verankerung der Musik für Hervorbringungen einer progressiv gestimmten Epoche in Anspruch nehmen darf – die Genese des neuzeitlichen Musik-Begriffs hängt unzweideutig mit dem »Abschied von der Harmonie der Welt«[51] zusammen –, wäre, von der fortdauernden Kompetenz des christlichen Weltbildes abgesehen, diejenige anzuschließen, inwieweit Wirkungen dieser Konzeption sich in musikalischen Strukturen derart sedimentieren können, daß sie von solchen Rückkoppelungen nahezu unabhängig werden. Dies zu bejahen freilich heißt nicht eo ipso zu konstatieren, daß die allmählich verblassenden Erklärungsmuster nur, weil andere nicht zur Verfügung stehen, nicht mehr bemüht werden dürften; die Diagnose »Gleichzeitigkeit des Ungleichzeitigen« hat mit unserem Ordnungsbedürfnis oft mehr zu tun als mit der historischen Realität.

Besonders deutlich zeigt sich das in Verbindlichkeiten der *numerositas.* Würde die Zahl aus dem »neuplatonischen und neupythagoräischen Denkhorizont« nicht noch immer, u. a. vom Cusaner[52], »als ontologischer, apriorischer, *qualitativ* bestimmender und damit Gestalt konstituierender Grund« verstanden, als »intelligibler Grund dafür, daß Seiendes überhaupt erkennbar und als das Eine vom Anderen unterscheidbar ist«[53], mithin fundamental unterschieden »von den abstraktiven, mathematischen Zahlen, die im Gezählten keinen Sachverhalt anzeigen wollen«[54], wären bei der Zwei nicht allemal die »*Zweiheit = dualitas*« oder bei der Zehn die »*Zehnheit = denaritas*« mitgedacht[55], müßten mindestens Du Fays spätere isorhyth-

---

47 »... *ubi indivisibilitas in divisibilitatem degenerat* ...«, Nicolai de Cusa 2000, S. 52/53

48 Der prominenteste Vermittler des Konzepts war, u.a. von Jacobus von Lüttich bewundert, Boethius, vgl. u.a. David S. Chamberlain, *Philosophy of Music in the »Consolatio« of Boethius*, in: *Boethius*, hrsg. von Manfred Fuhrmann und Joachim Gruber, Darmstadt 1984, S. 377 – 403

49 Robert Kilwardy, *De ortu scientiarum*, Paris ca. 1250

50 Reckow 1986 ; Kaden 1992, S. 29

51 Kaden 1992

52 Vgl. u.a. *Trialogus*, a.a.O., S. 52/53:«*Si igitur recte consideravimus, nihil verti habemus in nostra scientia nisi nostram mathematicam, et illa est aenigma ad venantionem operum dei = wenn wir also die Sache recht betrachtet haben, so besitzen wir nichts Sicheres in unserem Wissen außer unserer Mathematik, und diese ist ein Gleichnis, die Werke Gottes zu erjagen*«, oder S. 76/77: »*Quare secundum mathematicae perfectam comprehensionem ad theologiam aenigma propinquius fieri posse arbitror = weshalb ich glaube, daß das Gleichnis in dem Maße, wie es mathematisch vollkommen erfaßt wird, der Gotteserkenntnis näherkommen kann*« – hier »*aenigma*«, ebenfalls nicht voll treffend, als »*Gleichnis*« statt »*Rätselbild*« übersetzt; vgl. auch Blumenberg 1988, S. 626 ff.

53 Beierwaltes 1975, S. 147

54 Werner Beierwaltes, *Platonismus in der Schöpfungstheologie. Augustins Interpretation von Sapientia 11, 21*, in: Franz Gniffke,und Norbert Herold (Hrsg.), *Klassische Fragen der Philosophiegeschichte*, Band 1: *Antike bis Renaissance*, o.J., S. 144

55 Nicolai de Cusa 1988/II, S. 40/41

mische Motetten, unabhängig von aller musikalischen Plausibilität, unerträglich formalistisch erscheinen. Dieses zugestanden, hat er allemal mehr komponiert als das, was klingt, wohl auch von den angesprochenen »Sedimenten« zehrend und also innerhalb einer Selbstverständlichkeit, welche das Bekenntnis zur kosmologisch bzw. theologisch beglaubigten *numerositas* automatisch einschloß. Dennoch drängt sich die Frage auf, ob an Du Fays hochgetriebenen Differenzierungen nicht auch ein defensives Moment teilhabe, ein zur Verteidigung bedrohter Positionen gesteigerter Aufwand. Daß dieser, januskopfig rückwärts und nach vorn gerichtet, auch dem von überkommenen Bürgschaften sich lösenden *opus perfectum* zuarbeitete und jene eines Tages gegen andere eintauschen wird, darf man den produktiv-mehrdeutigen Schleichwegen der Säkularisierung zurechnen, die die auf nur eine Entwicklungslinie fixierten Kartographien nicht verzeichnen.

Je perfekter das dergestalt »erschlichene« Opus, je näher ans So-und-nicht-anders herangeführt, desto stärker verweigert es sich als zur »Struktur ... gebremste Zeit«[56] der Vergänglichkeit, welche jeglicher Musik auferlegt ist, desto höher liegt der Anspruch auf Verewigung. »Perfektes zu machen hat nur jener nötig, der jenseits des Todes leben will, nicht freilich in kosmomorphischer Geborgenheit ..., sondern kraft ichhafter Konservierung...zwischen Himmel und Erde im abgelöst-absoluten Gegenstand. Von hier an datiert Musikgeschichte als Werkgeschichte«[57]. Sehr wohl ließen sich die großen kompositorischen Leistungen des 15. Jahrhunderts als Versuche beschreiben, diese Datierung, die Taufe des *opus perfectum* aufzuschieben, und die Motette als deren Dreh- und Angelpunkt. Hierzu qualifiziert sie, was sie von Messe, Rondeau, Ballade etc., mit ihnen als Gattungsbezeichnung mißverständlich in einer Reihe stehend, unterscheidet: »Messe« benennt in erster Linie, zudem ungenau, eine Zusammenstellung; die weltlichen Formen geben Ablaufschemata vor; »Motette« meint zuvörderst eine Struktur, welche zumeist, wie immer umgelenkt, abgeschwächt, angepaßt, auch jenen zugrundeliegt. Die Verbindung einer letztenendes unantastbaren Grundstruktur mit der Vielfalt ihrer Anwendungen gibt der vorliegenden Betrachtung das Recht, sie als idealtypischen Fluchtpunkt zugrundezulegen

In divergierenden, unterschiedlich bewegten bzw. zeitbremsenden Schichten = Stimmen holt die motettische Struktur das Moment der Vergänglichkeit zu sich herein, sie konstituiert sich in diesem Akt als Form, ohne jene Stufungen integrierend in einem Dritten aufgehen zu lassen, bei dem im Sinne von Albertis *concinnitas* »*Teile, welche von Natur aus untereinander verschieden sind*«, so angeordnet würden, »*daß sie durch ihre Wechselwirkung einen schönen Anblick gewähren*«[58], und kein Detail ohne substanziellen Schaden fürs Ganze verändert werden könnte. Weder der »*Anblick*« noch irgendeine fugenlose Vollkommenheit stehen obenan; vollkommen im Sinne solcher apriorisch mitgegebenen »Gleichzeitigkeit des Ungleichzeitigen« kann sie nur erscheinen, indem sie in strukturell vorausdefinierter Weise, u.a. mithilfe isorhythmischer Reglements, jene Unvollendbarkeit, den Charakter einer Zusammenstellung (*com-positio*) und Durchgangsstation aufbewahrt. Als Vorposten, Exemplifikation oder Epizentrum, cusanisch: als »*explicatio = Ausfaltung*«, bleibt sie bezogen auf eine größere, größte, die letzte, allumfassende, mit Gott identische Vollkommenheit bzw. »*implicatio = Einfaltung*«. Und diese, schon vor dem Cusaner definiert als »*unendliche Kugel, deren Mitte überall, deren Umfang nirgendwo*

56 Friedrich Cramer, *Der Zeitbaum. Grundlegung einer allgemeinen Zeittheorie*, Frankfurt am Main 1993, S. 103 und 139

57 Kaden, a.a.O., S. 44/45

58 *De re aedificatoria libri decem* IX/5: »*Atqui est quidem concinnitatis munus et paratio partes, quae alioque inter se natura destinctae sunt, perfecta quadam ratione constituere, ita ut mutuo ad speciem correspondeant*«, hier zit. nach Naredi-Rainer 1989, S. 23

ist«[59], bleibt unserem Vorstellungsvermögen entzogen, weil sie potenziell alle, d.h. unendlich viele Ausfaltungen *»impliziert = einfaltet«*. *»Sein Unsichtbares wird von der Schöpfung der Welt her erblickt durch das, was geworden und als solches erkannt ist, ... denn das ist gewiß, ... daß kein Geschöpf in Wirklichkeit alles das ist, was es sein kann, ... daß alle Schönheit, die geschaffen werden kann, nur ein in keinem Verhältnis stehendes Abbild jener ist, die wirklich die ganze Seinsmöglichkeit von Schönheit ist,«* weil *»der Ursprung ... seine allmächtige Kraft in nichts, was sein kann, ganz ausgibt.«*[60]

Der Einwand, auch aus ästhetischen Gründen könne kein Werk – nicht nur die Motette – so vollkommen sein und sich selbst genügen, um nicht zu einer umfassenderen Vollkommenheit hin geöffnet zu bleiben, würde die Bezugnahme auf Denkweise und Kategorien des großen Zeitgenossen umwegig erscheinen lassen, könnte man diese in der motettischen Struktur nicht konkret festmachen. Das geht weit hinaus über die Parallelität einer historisch ambivalenten, hier philosophischen, dort kompositorischen Anstrengung, welche alte Positionen – die Kongruenz von Theologie und Philosophie (letztmalig) und die Hierarchie motettischer Stimmen – mit Mitteln zu sichern sucht, welche später als Wegweiser zu neuen Ufern kenntlich werden. Hierbei bleiben »die Sprache« bzw. die Musik »ein Medium, das nur dann in bezug zur Wahrheit gebracht werden kann, wenn es sich selbst als provisorisch nimmt und ständig auf den Punkt seiner Selbstaufhebung tendiert. Vorstellung und Sprache reflektieren sich vom Grenzwert ihrer Selbstaufhebung her; aber dies ist nicht mehr« oder nicht nur »ein Akt mittelalterlicher Demut, nicht mehr das *sacrificium intellectus* angesichts der Mysterien des Glaubens, sondern ein quasi-experimentelles Verfahren ständig neuer Erkundung der Grenze zur Transzendenz«[61].

Je näher bei dieser, desto mehr Selbstaufhebung: Daß der Musiker das zum Cantus firmus bestimmte, aus der liturgischen Melodie herausgeschnittene Segment von sich aus bestimmen kann, macht die Motette im Vergleich zum Conductus zur emanzipierteren Form. Indessen bleibt ein mehrfach rückbindendes pars pro toto vorausgesetzt, vornan die Möglichkeit, daß der gewählte Ausschnitt das Ganze und – unabhängig davon, ob der zugehörige Text gesungen oder nur mitgedacht wird – einen Sinnzusammenhang vertrete, der einkomponiert und vergegenwärtigt erscheint, also mitarbeitet, ohne kompositorisch materialisiert zu sein. Zudem erklingt das Segment – zumindest am Beginn – in Langmensur, in einer mensural-mathematisch regulierten Dehnung der Tonlängen, welche es als melodische Gestalt zu rezipieren verhindert, mithin auf die Paradoxie einer der empirisch-sinnlichen Wahrnehmung entzogenen, »abwesenden Anwesenheit« ausgeht. Späterhin sorgt zumeist eine proportionale Verkürzung der Tonlängen für eine Annäherung der Bewegungsform des Cantus firmus an die der anderen Stimmen[62].

Dergestalt bewegt sich der motettische Verlauf innerhalb der Dialektik der *»Erscheinung des Nichterscheinenden«*[63] bzw. auf der Linie der negativen Theologie insbesondere des Dionysius

---

59 *»Deus est sphaera infinita, cuius centrum ubique circumferentia nusquam est»*, cit. C. Baeumker, *Das pseudohermetische »Buch der vierundzwanzig Meister«*, Münster 1927, S. 194 ff.; auch von Meister Eckart zitiert; bei Nikolaus von Kues in: Nicolai de Cusa 2000, S. 97, vgl. dort die Anmerkung S. 158

60 *»Invisibilia enim ipsius a creatura mundi per ea quae facta sunt intellecta conspiciuntur ... nam certum est nullam creaturam esse actu omne id quod esse potest ... quod omnis quae potest creari pulchritudo non est nisi quaedam similitudo improportionalis ad illam quae actu est omnis essendi possibilitas pulchritudinis ... Principium igitur suam vim omnipotentem in nullo quod esse potest evacuat«*, Nicolai de Cusa, *Trialogus*, a.a.O., S. 2/3, 10/11, 12/13, 34/35

61 Blumenberg 1988, S. 566

62 Vgl. die Kapitel III, XIII und XV

63 Johannes Eriugena, *De divisione naturae* III/4, in: ders., *De divisione naturae libri quinque*, Oxford 1681, Nachdruck Frankfurt am Main 1964, S. 103, zitiert nach der deutschen Übersetzung von Kurt Flasch in: Flasch (Hrsg.) 1992, S. 185

Areopagita und Johannes Eriugenas, welche sich, cusanisch angeeignet, nicht agnostizistisch bescheidet bei der Gewißheit, »*daß die wahre Erkenntnis (von Gott) das Nichterkennen Gottes ist*«[64], sondern dieser »*wahren Erkenntnis*« immerfort sich nähert in »*Mutmaßungen*« als »*positiver Behauptungen, die in der Andersheit an der Wahrheit, wie sie wirklich ist, teilhaben*«[65]. Wenn vielleicht nicht bei seinem Zeitgenossen, so hat Du Fay es ähnlich zweifellos bei Boethius gelesen: »*Alles, was man erkennt, wird erfaßt nicht in seinem So-Sein* (seiner eigenen Kraft bzw. Fähigkeit, seiner Eigenart), *sondern nach der Fähigkeit des Erkennenden*«[66]. In diesem Sinne darf motettisches Komponieren als »*mutmaßendes*«, asymptotisches, umkreisendes verstanden werden, als zu musikalischer Struktur gebrachtes Bewußtsein, daß »das Wissen ... angesichts des nicht-wißbaren Gegenstandes des Unendlichen Nicht-Wissen« ist, »im Blick auf sich selbst aber Wissen; indem das Wissen aber sein Unwissen weiß, vermag es in der Unwissenheit zu immer mehr Wissen fortzuschreiten, dies mit dem dynamischen Resultat, zugleich immer wissender und immer unwissender zu werden«[67].

Für den sukzessiven, die Stimmen zumeist habituell einander annähernden Verlauf kann das nur gelten, weil es erst recht gilt für die Vertikale, insofern sie, u.a. über die Bewegungsformen, unterschiedliche Grade der Annäherung bzw. Teilhabe an »*der Wahrheit*« definiert. Der Vergleich mit konzentrisch um den Cantus gelegten Umkreisungen oder Kugelschalen[68] liegt ebenso nahe wie dessen Charakterisierung als Epizentrum: Einerseits gründet die relative Autonomie der jeweiligen Motette auf dem Cantus, andererseits stellt er sich im Verhältnis zum »eigentlichen« Zentrum, der »*überall*« befindlichen »*Mitte*« bzw. allumfassenden »*complicatio*« (s.o.), nicht anders als die satellitenhaft ihn begleitenden Stimmen im Verhältnis zu ihm, als »*Mutmaßung*« dar, freilich eine dem Zentrum näher gelegene. Er bildet die Nabelschnur zum liturgischen Repertoire, als musikalisch-emblematisches Zwischengebilde ist er am wenigsten zur »*Teilbarkeit*« einer greifbaren Gestalt »*degeneriert*« (s.o.); darüberhinaus fundiert er die »Gesamtmutmaßung« der Motette satztechnisch, weil er als Stellvertreter des »unbewegten Bewegers« zur irdisch-gegenständlichen Bewegung der anderen Stimmen Distanz hält, und weil die das Ganze regulierende, verursachende *numerositas* in ihm als dem zentralen Bezugspunkt fokussiert. »*Quis ... sine tenore discantat, quis sine fundamento edificat*?« hat Jacobus von Lüttich emphatisch gefragt[69].

In der Benennung »Tenor« ist mitenthalten, daß etwas »gehalten« wird, und das Adjektiv im Terminus »Cantus firmus« impliziert, daß das Übrige nicht im gleichen Maße »firm« sei. Mit veränderten, ausgetauschten, weggelassenen oder hinzukomponierten Stimmen, i.e. einem Überbau, dessen fakultative Handhabung dem Anspruch konsequenter Durchformung scheinbar widerstreitet, liefert die Frühgeschichte der Motette hierfür viele Belege, und

---

64 Dionysius Areopagita, *Theologia Mystica / Mystische Theologie* I-V, in: *Von den Namen zum Unnennbaren*. Auswahl und Einleitung von Endre von Ivánka, Einsiedeln 1956, S. 101 ff., hier zitiert nach Flasch (Hrsg.) 1982, S. 162

65 »*Coniectura igitur est positiva assertio, in alteritate veritatem, uti est, participans*«; Nicolai de Cusa 1988, S. 66/67 bzw. XIX

66 *Consolatio Philosophiae / Trost der Philosophie*, 5. Buch, Prosa 4, Zeilen 76 ff.: *Omne enim, quod cognoscitur, non secundum sui vim, sed secundum cognoscentium potius comprehenditur facultatem*«; beide Übersetzungen – von Karl Büchner, Leipzig o.J., S. 145; von Ernst Gegenschatz und Olof Gigon, Zürich/München 1949 u.ö., S. 251 – haben aus gutem Grund bei »*secundum sui vim*« Schwierigkeiten

67 Burkhard Mojsisch in: Flasch (Hrsg.) 1998, S. 471

68 Zur Problematik der »beiden unverträglichen Sphärenkonstrukte, des theoperipheren und des theozentrischen«, vgl. Peter Sloterdijk, *Globen*. (= *Sphären. Makrosphärologie*, Band 2, Frankfurt am Main 1999; Kapitel V: *Deus sive sphaera, oder: Das explodierende All-Eine*, S. 465 ff. Daselbst S. 576: »... das kusanische Oeuvre« klingt »in einer monumentalen Zweideutigkeit aus: Der konservative Zentrismus hält den revolutionären Infinitismus in Schach – als ob eine Explosion im Augenblick der Zündung eingefroren worden wäre.«

69 *Speculum musicae*, 5 Bücher, hrsg. von R. Bragard, *Corpus Scriptorum de Musica* II, Rom 1955/68

wenn dieser Anspruch jene Handhabung abzuwehren beginnt, bewahrt die kompositorische Struktur ihre Voraussetzungen dennoch auf – als Hierarchie genau definierter Funktionen und Prioritäten, deren Innen- und Außenansicht in charakteristischer Weise differieren. Das Widerspiel zwischen der Dignität des Tenors als Fundamentum relationis und der besonderen Präsenz der Oberstimme fürs Ohr scheint halbwegs aufgefangen in dem satzbeherrschenden, perfekten Duo der beiden; bei häufig zwei flankierenden Contra-Stimmen ist deren tiefere als bassierende wichtiger, selbst, wenn nicht per Funktion oder nachträgliche Benennung als harmonietragend ausgewiesen. Je nachdem, ob vom Höreindruck oder von der dem Satz eingeschriebenen Theologie her gesehen, ergibt sich eine nicht entscheidbare Konkurrenz der Rangfolgen Superius-Tenor-Baß-Contratenor bzw. Tenor-Superius-Baß-Contratenor (daß es sich beim Superius auch um ein Triplum, beim Contratenor um einen mit dem Triplum duettierenden Motetus und beim Baß um einen Contratenor bassus handeln kann – von anderen Benennungen abgesehen –, mag hier außer Betracht bleiben). Trennung des Wichtigsten vom Hörbarsten, mithin eine genuin motettische Verbindlichkeit, prägt auch den weltlichen *cantus parvus* – die vor Allem den Herstellungsvorgang betreffende Anweisung, bei Motetten solle man zuerst den Tenor komponieren, bei Kantilenensätzen zuerst den Superius[70], widerspricht dem nicht. Insbesondere der »klassische« Kantilenensatz der dreißiger Jahre verinnerlicht in dieser Trennung und der Stufung zweier mit dem Tenor perfekt duettierender Stimmen das Bewußtsein, *»daß unsere Vernunft ihren Begriff von der Vorstellung, mit der sie zusammenhängt, nicht zu lösen vermag«*[71], also im Interesse einer hinter der materiellen Unmittelbarkeit verborgenen, wahreren Wirklichkeit hintergangen werden will.

Die Problematik dieser nur zu leicht als Realitätsverlust mißverstehbaren Hintergehung, der hierarchisch abgestuften Seins- und Wirklichkeitsgrade, denengemäß wir eine texttragende Oberstimme als weniger real wahrnehmen müßten als den inmitten des Satzgefüges gelegenen Tenor, läßt sich besonders gut ex negativo erkennen – anhand unserer Schwierigkeiten mit den die Tatsachen beugenden Autoren des Mittelalters. Je weiter die Fakten von der wahren Wirklichkeit entfernt, je mehr sie als Beute unwahrer Zufälligkeiten erscheinen, desto eher müssen sie dran glauben, desto leichter und kräftiger werden sie zurechtgebogen bzw. zugunsten der dahinterliegenden Wahrheit begradigt, man könnte auch, um unangemessene Verdächtigungen als Lüge oder Fälschung abzuwehren, sagen: wahrer gemacht. Die vom Chronisten der Florentiner Domweihe korrigierte Zeremonie[72] ist wahrer als das, was sich, von den Vorschriften abweichend, tatsächlich zutrug; die von Petrarca schöngerechneten, mit Laura verbundenen Daten[73] sind im selben Verständnis wahrer als das Geschehene wie Sugers im Interesse der Königskathedrale St. Denis umdatierte Überreichung der Krone[74], die Verknüpfung der fränkischen Königsdynastie mit Troja, wie die leicht durchschaubare Darstellung Karls des Großen als Kreuzritter[75], die Auskunft, Jesus höchstpersönlich habe den ersten Kirchenbau in St. Denis geweiht, oder diejenige, die Kathedrale von Chartres sei zur Zeit der

---

70 *»Qui vult condere modulum (= motettum) fiat primo tenor ... Et qui vult condere baladam, rotundellum, viriledum spalmodium fiat primo discantus«*, Cambridge, Corpus Christi College, MS 410, Teil II, fol. 7'-8, zitiert bei Bukofzer 1952 S. 38

71 *»... quomodo noster intellectus suum conceptum ab imaginatione, ad quam continuatur, nescit absolvere«*, Nicolai de Cusa 1987, S. 62/63

72 S. 194 ff

73 S. 107

74 Simson 1992, S. 114

75 *Le Pèlerinage de Charlemagne*, hierzu u.a. Simson, a.a.O., S. 124 ff.

Sibyllen und Propheten zu Ehren der *Virgo paritura* gegründet worden[76]; die Lichterscheinungen, die den Eremiten Pelayo in der Nekropole bei Iria Flavia zu den Gebeinen des Apostels Jacobus führten, enthalten mehr Wahrheit, als eine sachliche Prüfung von deren Identität je beanspruchen könnte, und das wiederum gilt analog für alle seinerzeit gehandelten, hergestellten, umgewidmeten Heiligenreliquien und auch für die folgenreiche Verknotung dreier Personen im legendären Dionysius Areopagita – eines athenischen, um die Mitte des ersten Jahrhunderts von Paulus zum Christentum bekehrten Ratsherrn, des Pariser Heiligen Dionysius, der um 250 das Martyrium erlitt, und eines zu Beginn des sechsten Jahrhunderts in der Nachfolge Plotins und des Proklos philosophierenden Christen gleichen Namens, der mit dem Epitheton »Areopagita« selbst die Kontamination heraufbeschwor; wie gefährlich es war, sie anzuzweifeln, hat Abälard zu spüren bekommen[77]. Die Dioskuren Leoninus und Perotinus, einen schönen Reim bildend, könnten Coussemakers Anonymus 4 als symbolische Markierungen einer wichtigen Wegstrecke musikalischer Entwicklung so wichtig gewesen sein, daß es der Unterfütterung durch reale Personen kaum bedurfte[78]. Nicht nur, weil sie hochgradig stilisierte Lebensverhältnisse schildern, wechseln die heroischen Biographien des 15. Jahrhunderts, etwa die des burgundischen Jung-Siegfried, Jacques de Lalaing[79], zwischen historisch belegten Tatsachen und den Maßgaben höfischer Romane, in unserem Verständnis zwischen Realität und Fiktion, ungezwungen hin und her. In der Konsequenz einer solchen, mühelos verlängerbaren Aufzählung wird gar zweifelhaft, ob man die gefälschte Gründungsurkunde des Kirchenstaates, die Konstantinische Schenkung, schlichtweg »Fälschung« nennen darf. Je stärker der Kontingenz und Vergänglichkeit ausgeliefert und also im Seinsgrad und -anspruch gemindert, je stärker durch höher stehende Wahrheiten und Interessen unter Druck gesetzt, desto weniger Identität und Eigengewicht kommt dem einzelnen Faktum zu, desto selbstverständlicher können die Maßgaben jener höheren Instanzen sich seiner bemächtigen, im damaligen Verständnis es »wahrer« machen. Und weil dank des Bezuges nach oben allemal wahrer als die in Alltäglichkeit verstrickte, empirische Lebenswelt, können ästhetische Gebilde, bestimmten Anlässen konkret zugeordnete Kompositionen, Bilder etc. in heute schwer nachvollziehbarer Weise juristische Verbindlichkeit gewinnen.

Am weitesten ins Vergänglich-Kontingente hinausgeschoben und zur »*Ausfaltung*« bzw. »*Teilbarkeit*« verurteilt sind im musikalischen Satz die oberen, die hörbarsten Stimmen – mehrere oder eine. Das hat Konsequenzen nicht nur für ihre Strukturierung, sondern auch für ihr Verhältnis zum Ganzen: Mögen sie noch so zwingend integriert, unentbehrlich und nahezu als Hauptgegenstand der kompositorischen Bemühung erscheinen – im Sinne der motettischen Theologie bleiben sie Tropus, ein marginaler Außenposten, hinzugetan, angebaut, vorläufig und auf das sinngebende Zentrum angewiesen: »Ein mittelalterlicher Schriftsteller bemerkt einmal, daß wir einen Stein oder ein Stück Holz nur begreifen können, insofern wir Gott in ihm erkennen«[80]. Von hierher geblickt stellt sich die Motette weniger als je neukomponiert denn weiterkomponiert, wonicht als primär kommentierend dar – ähnlich wie die meisten Traktate jener Jahrhunderte als weitergeschrieben. Diese Rückkoppelung zu Voraussetzungen,

76 Simson, a.a.O., S. 325

77 Erwin Panofsky, *Zur Philosophie des Abtes Suger*, in: *Platonismus in der Philosophie des Mittelalters*, hrsg. von Werner Beierwaltes, Darmstadt 1969, S. 109 – 120

78 Jürg Stenzl, »*Und die Musikforschung erschuf den ersten Komponisten. Nach ihrem Ebenbilde erschuf sie ihn*«, in: *Perotinus Magnus*, Musikkonzepte, Band 107, hrsg. von Heinz-Klaus Metzger und Rainer Riehn, München 2000

79 Régnier-Bohler (Hrsg.) 1995, S. 1205 – 1409

80 Simson, a.a.O., S. 83

Vorgängern und Filiationen, in die man sich einreiht, gibt dem jeweils Neuen Gewicht und Hintergrund, von vornherein steht es im Ausstrahlungsbereich einer höher stehenden *»Einfaltung«*. »Motettisches Bewußtsein« wäre, nicht weitab von *Ars moriendi*, in diesem Sinne zweifach zu verstehen – als in der musikalischen Struktur sedimentierte, sie wesenhaft konstituierende Bejahung von Vorläufigkeit bzw. Vergänglichkeit und als spezifisches Selbstverständnis des die *»ars coniecturalis = Kunst der Mutmaßung«*[81] übenden, jene Bejahung in seiner Erfindung nachvollziehenden Musikers.

Inwiefern das im neuplatonischen »Denken des Einen«[82] postulierte, umgekehrt proportionale Verhältnis von Seinsgrad und Erscheinung – das Seiendste das Verhüllteste, das Erscheinendste das Flüchtigste – auch diesem Flüchtigsten unverwechselbaren Stellenwert sichert, verrät der Doppelsinn des zuständigen Begriffs *»explicatio«*: *»Ausfaltung«* des in der obersten Wahrheit *»Eingefalteten«* und zugleich *»Erklärung«*. Indem die Motette mutmaßt, redet und kommentiert, erklärt und realisiert sie sich; ob nun Diminutiv von *mot*, was altfranzösisch auch »Vers« und »Strophe« bedeutete, oder im Hinblick auf die *motetus* genannte einzelne Stimme deren Be-Wortung meinend – so oder so ist die Motette definiert als Struktur und Gattung, welche aufs Wort gestellt ist bzw. aufs Wort bringt. Mehrere gleichzeitig vorgetragene Texte stellen sich in diesem Sinne zunächst als verbale Potenzierung dar und dürften, weil einander in der Verstehbarkeit behindernd, als Akzidentien einer vornehmlich numerologisch-musikalisch bestimmten, wortindifferenten[83] Konzeption nur gedeutet werden, wäre die Motette auf unmittelbar sich mitteilende Plausibilität hin angelegt gewesen. Sie war es nicht – mögliche Ausnahmen wie *Supremum est*[84] bestätigen die Regel. Eher war sie eine Textur, ein Buch, welche musizierend oder auch anders gründlich und oft gelesen sein wollten, mithin einer Rezeptionsweise zubestimmt waren, welche das in ihr *»Ausgefaltete«* auf unterschiedlichen Wegen auf die übergeordnete *»Einfaltung«* zu beziehen suchte bzw. wie die nach oben geklappten Spruchbänder des Genter Altars primär demjenigen zugewendet, der von obenher, ex excelsis liest.

Wie sehr die Frage nach jener Plausibilität die – seinerzeit besonders für die Musik verfrühte – Vorstellung ästhetischer Autonomie, mithin eines strukturell wie wirkungsästhetisch selbstverantwortlichen Werkes voraussetzt, mag gerade der Blick auf die Motette als Wortkunstwerk zu verdeutlichen. Ihn haben die Propagandisten des *imitar le parole* jahrhundertelang verstellt[85] – demagogisch insofern, als das Selbstverständnis einer sich im historischen Neuaufbruch wissenden Epoche möglichst viel Vergangenes zu distanzieren wo nicht zu diskreditieren veranlaßte; besser legitimiert, weil sie einer neuen, werkhaften Autonomie zuarbeiteten und als theoretische Deckung mit suggestiven Textwahrnehmungen u.a. bei Josquin und im Madrigal des 16. Jahrhunderts Hand in Hand gingen. Einerseits macht sich das rhetorisch-deklamativ gehobene Wort direkter verständlich, andererseits bleibt diese *imitazione* »dem propositionalen Wesen von Sprache weitgehend fremd. Sofern sie sich mimetischer Demonstration bedient ..., speist sie sich weniger aus Formen des Sagens als vielmehr des *Zeigens*. Sie ist, von der Basis her, nicht logischer, sondern ikonischer Natur«[86]. Der Rückweg zum Verständnis einer Mitteilungsstruktur, welche Singen und Sprechen in

81 Nicolai de Cusa 1988, S. 70/71

82 Werner Beierwaltes, *Denken des Einen*, Frankfurt am Main 1985

83 Friedrich Blume, Artikel *Renaissance*, in: *MGG*, 1. Ausgabe, Band 11, Kassel usw. 1963, Sp. 276

84 S. 162 ff.

85 Hierzu vgl. auch das Vorwort

86 Kaden, a.a.O., S. 33

der artikulierenden Stimme als tertium comparationis möglichst eng beisammenhält, von sich aus rhetorischer Verdeutlichungen also nicht bedarf, wird u.a. dadurch erschwert, daß die Opposition gegen ein rhetorisch-deklamativ verengtes Konzept von Tonsprache sich oft von deren Apologeten die Argumentationsmuster hat aufzwingen lassen. Belege dafür, was vor der Konjunktur des *imitar le parole* schon dagewesen sei, erweisen der Wahrnehmung jener anders fundierten musikalischen Sprachlichkeit, dem Wort und Ton als untrennbar voraussetzenden Mitteilungsgefüge der Motette einen Bärendienst, indem sie es als Prämisse und Richtpunkt akzeptieren – unbeschadet der Tatsache, daß sie, besonders im Kantilenensatz, u.a. anhand threnodischer Formeln wie u.a. in Du Fays *Hélas mon deuil*[87], leicht beizubringen sind und Du Fay sich vielfältig als früher, allemal diskreter Anwalt deklamativer Rhetorik betätigt hat.

Wenn die Motette als in gleichem Maße zu lesend wie anzuhörend charakterisiert wurde, war jenes undeklamative, dennoch sprechende Mitteilungsgefüge stillschweigend vorausgesetzt und damit auch, daß es das Prinzip »Mutmaßung« nicht nur als Struktur verinnerlicht, sondern auch nur mutmaßend, d.h. nie erschöpfend erschlossen werden kann. Nicht weniger als die Musik betrifft das auch den Text – in einer Weise, welche zu seiner Kenntnisnahme vom unmittelbaren Vollzug Abstand zu nehmen zwingt, den wir zu selbstverständlich als ureigene Realität und Existenzform von Musik unterstellen. In der Motette gilt das nur bedingt; schon als Konzeption entzieht sie sich einer einzigen als der »eigentlichen« Rezeption, sie bleibt, wie immer man sie erlebt, hört oder liest, in einer Weise potenziell wo nicht utopisch, die über den jeglichem ästhetischen Gebilde eigenen Überschuß hinausgeht – von diesem Überschuß handelt jede damals mit metaphorischen, symbolischen und anagogischen Auslegungen befaßte Theorie[88].

Jene halb realisierte Potenzialität läßt sich mit Händen greifen als Paradoxie zumeist mehrerer zu einem komplexen Sinnzusammenhang vernetzter, gleichzeitig jedoch beim simultanen Vortrag einander in der Verstehbarkeit behindernder Texte, welche zudem, gemeinsam mit den sie tragenden Stimmen, der umgekehrten Proportionalität von Wahrnehmbarkeit und Wichtigkeit unterworfen sind. Vom wichtigsten, das Stück liturgisch verankernden Text, dem des Tenors, verstehen wir, sofern er überhaupt trotz Langmensur gesungen und nicht nur von einer Posaune mitgemeint wird, wenig oder nichts; und wenn, dann nehmen wir nur den Ausschnitt aus einem größeren Ganzen wahr, welches dennoch ähnlich mitgesetzt, vorausgesetzt bleibt wie die vom Posaunisten mitgemeinten Worte. Die als Überbau des Cantus, an der Peripherie dieses Sinnzentrums redenden, tropierenden, kommentierenden Stimmen bzw. Texte verstehen wir besser, wiewohl immer nur partiell, weil unsere Aufmerksamkeit zwischen ihnen hin- und herspringen muß – zwei nebeneinanderherlaufende Texte lassen sich, anders als zwei musikalische Linien, nicht lückenlos verfolgen. Entgegen der Vorstellung einer das Wort an den Rand der Nichtverstehbarkeit abdrängenden und die Ansprüche der Verbalität nahezu aufsaugenden Konzeption von Gnaden bzw. aus dem Geiste der Musik wäre zu fragen, ob jener Rand nicht genau dem geminderten Seinsgrad, der Marginalität dieser am stärksten der Vergänglichkeit bzw. »*Teilbarkeit*« ausgelieferten Schicht Rechnung trage, das Mit-, Neben- und Durcheinanderreden also als, gewiß an Selbstaufhebung herangetriebene, rhetorische Steigerung verstanden werden müsse, welche die musikalische Struktur mindestens in gleichem Maße benutzt, wie es von ihr oktroyiert erscheint. Dies auseinanderzuhalten war innerhalb eines vom motettischen Bewußtsein geprägten Komponierens nicht nötig,

---

87 S. oben S. 383

88 Zur Nähe von künstlerischer Praxis und Theorie vgl. Kap. XX

überwog die Gemeinsamkeit der »*Mutmaßung*« doch allemal die Differenz musikalischer und textlicher Maßgaben, empfand man diese doch nicht als bis zu jener Autonomie gediehen, welche beim Zusammentreten wechselseitige Rücksichtnahmen erfordert hätte. Zu denen jedoch gehört, z.B. als bewußtes Anschmiegen der Melodie an den Sprechtonfall, als musikalisch gestikulierende Rede oder als eigenwertige Verdeutlichung der die Mitteilung fundierenden Stimmungslage die *imitazione delle parole* – welche freilich in der ikonischen (s.o.) Direktheit der Bezugnahme anderen, tiefer in den Strukturen gelegenen Wahrnehmungen der Verbalität überlegen ist. Überdies kommt sie rasch bei Gestaltqualitäten und meldet damit Ansprüche eines emanzipierten kreativen Zugriffs an, welche dem additiven, paraphrasierenden, kommentierenden, den Durchblick auf Wichtigeres offenhaltenden Wesen, dem minderen Seinsgrad eines Triplums oder Motetus widerstreiten.

Zu den fatalen Folgewirkungen der Fixierung aufs Rhetorisch-Deklamative gehört das Unvermögen, Gleichgültigkeit oder »Indifferenz«[89] gegenüber dem Wort zu unterscheiden von einer Neutralität, welche von der transzendental verbürgten Gleichsinnigkeit beider Medien so selbstverständlich hinterfangen ist, daß es keiner explizit aufgebotenen Bindemittel bedarf. Im Übrigen gewährt die Integration, die dies sicherstellt, wenig Freiraum für eine autonom-eigenverantwortlich begriffene Kreativität; dies als Defizit zu notieren hieße jene gründlich mißzuverstehen, die es als solches nicht empfanden: Zwischen den Beglaubigungen von gleichsinnig-gleichzeitig sich mitteilenden Worten und Tönen, liturgisch verbürgten Texten und denen der transzendental verbürgten Materialität der Musik war für weitere, aus emanzipierten Schaffensimpulsen herkommende Legitimationen und Ehrgeize kaum Platz. Die beidseits offenen, in der Motettenstruktur enthaltenen Wegstrecken bzw. Distanzen öffnen in einer, der wesentlicheren Richtung Heimwege, mystisch gesprochen: Aufstiege – von »*Ausfaltungen*« zu »*Einfaltungen*«, von geringeren zu höheren Seinsgraden, vom individuierten Detail zur aufhebenden, wie immer partiellen Verallgemeinerung. Auf diesem der Musik tendenziell eingeschriebenen Heimweg müßten jeder betont personale Bezug und der zugehörige Anspruch auf originale, gar einmalige Prägung wie störend dazwischengelegte Barrieren erscheinen. Es liegt nahe, von einer »strukturellen Anonymität« der – hier gewiß idealtypisch angeschauten – Motette zu sprechen.

Allerdings läßt sich emanzipatorisch drängende Kreativität von einer »*mutmaßenden*«, zu- und weiterarbeitend begriffenen nicht so sauber trennen, wie es wünschenswert erscheint, um die vor den Proklamationen des *imitar le parole* komponierte Musik gegen Rückprojektionen der mit ihm verbundenen Deutungsansprüche abzuschirmen. Auch oberste Garantiemächte werden kreative Impulse nicht an irgendwelchen Grenz- oder Fixpunkten ruhigstellen bzw. verhindern können, daß diese fortwährend neu fest- oder hinausverlegt werden. Kreativität bleibt allemal ein, zudem suggestiver, Stachel – von den Entwicklungen des Komponierens abgesehen bezeugen das im 15. Jahrhundert die den *deus secundus* verteidigende Dialektik[90] ebenso wie zuvor Bernhard von Clairvaux' Kampfansage an jene *venustas*, welche die Aufmerksamkeit von den Glaubensinhalten ablenkt, oder Augustins Hader mit seiner Verführbarkeit durch Musik[91] – die großen Heiligen ahnen voraus und versuchen abzuwehren, was später dem Ressort »Wirkungsästhetik« zufallen wird.

89 Blume, a.a.O.

90 Vgl. Kap. XX

91 *Confessiones/Bekenntnisse*, 10. Buch, XXXIII

Diese, vorzeitig-einseitig in Anspruch genommen, hat bei späteren Deutungen des Schlüsselbegriffs »*varietas*«[92] eine wichtige Rolle gespielt. »*In omni contrapuncto varietas accuratissime exquirenda est*«, lautet die hierzu kompetenteste Auskunft im *Liber de arte contrapuncti* des Johannes Tinctoris[93]. Manche Beschreibungen der gemeinten Musik haben Parallelen mit der – gleichermaßen einseitig begriffenen – Mystik im Gefolge der Devotio moderna[94] allzu sehr betont und näher liegende Erklärungen verschmäht. Unter diesen betrifft das mehrmalige Nebeneinander von *varietas* und *copia* (= *Fülle*) bei Leon Battista Alberti[95] den Terminus direkt, welches auf unterschiedliche Konnotationen, d.h. darauf schließen läßt, daß *varietas* von *copia*, der wahl- und bezugslosen »*Fülle*«, abgehoben bleiben soll als cusanisch »*ausgefaltete*« »Mannigfaltigkeit«[96], halb übersetzt: Varietät. Das der negativen Theologie zugrundegelegte Paradox, daß »*Gottes* ***unsichtbares*** *Wesen ... seit der Schöpfung* ***ersehen*** *wird aus seinen Werken*«[97], das konstitutive Moment der Rückbindung an ein gemeinschaftliches Vielfaches, der Teilhabe des Sichtbaren bzw. Hörbaren am Unsichtbaren bzw. Unhörbaren erscheint vom verabsolutiert »Unsagbaren« beiseitegeschoben, wo »die Melodik ... jeden Augenblick etwas Neues, Unerwartetes, Überraschendes« zu bringen scheint; »nicht das Regelhafte wird gesucht, sondern Unregelmäßigkeit. In ihr liegt anscheinend das Gesetz der Komposition ... Nie wiederholt sich unmittelbar das Gleiche, weder melodisch noch rhythmisch. Das Prinzip der Symmetrie ist außer Kraft gesetzt ... Aus den Einzelstimmen, deren freies Dahinfließen stets etwas Neues und Unerwartetes bringt, ergibt sich im Zusammenspiel ein wahres Klangkaleidoskop, eine überwältigende Fülle von Erscheinungen, ... man kann sie nur staunend hinnehmen als etwas Wunderbares und Geheimnisvolles«.

Heinrich Besselers[98] bildkräftig-eindringliche, auf den Außeneindruck fixierte Darstellung würde man leichter als einseitig kritisieren und mit der Kalamität vergleichen, Phänomene der fraktalen Geometrie ohne deren Kategorien beschreiben zu wollen, deterministisch-chaotische Zustände ohne diejenigen der Chaostheorie, ließe sich die argumentative Lücke leichthin schließen, welche ihn veranlaßt hat, beim »Unsagbaren« Zuflucht zu suchen und dessen rationale Durchhellungen im Umkreis der negativen Theologie oder bei Du Fays Zeitgenossen Nikolaus von Kues zu ignorieren. Ähnliche Einwände lägen nicht fern bei den oben u.a. anhand der Viertonfiguren unternommenen Versuchen[99], eine zwischen anonymer Sprachlichkeit und motivischer Profilierung gelegene Qualität bzw. Ebene anzuvisieren, welche bei der Umschreibung von Wahrscheinlichkeiten stehenbleiben mußten – sofern man im Hinblick auf »Ordnungsstrukturen, die im deterministischen Chaos verborgen liegen«, nicht anachronistische Kategorien riskiert. »Das endliche Gebiet im Zustandsraum, in dem sich das

---

92 Gülke 2001, S. 27 ff.

93 Tinctoris 1975, Band 2, S. 155

94 Kritisch hierzu Lawrence F. Bernstein, *Ockeghem the mystic: A German Interpretation of the 1920's*, in: *Johannes Ockeghem, Actes du XIe Colloque international d'études humanistes*, Tours 1997, hrsg. von Philippe Vendrix, Paris 1998, S. 811 – 841

95 U.a. in *De pictura*; vgl. u.a. Pfisterer (Hrsg.) 2002, S. 104 ff.

96 So übersetzt bei Pfisterer, a.a.O., bzw. durch Hubert Janitschek in: Leone Battista Alberti, *Kleinere kunsttheoretische Schriften*, München 1877, S. 108 ff.

97 Römer 1, 20, zugespitzt u.a. bei Eriugena: »*Invisibilia enim ipsius, a creatura mundi, per ea quae facta sunt, intellecta conspiciuntur*, hier zitiert nach: Beierwaltes 1976, S. 254

98 Heinrich Besseler, *Vorwort* zu: Guillaume Dufay, *Se la face ay pale, Messe für vierstimmigen Chor*, CAPELLA, Meisterwerke mittelalterlicher Musik, Heft 2, Kassel 1951, Neudruck in: Chorarchiv, Kassel o.J.; vgl. auch Besseler 1931, S. 237, Besseler 1950/1974, S. 203 und 227, Bukofzer 1950, S. 291 ff., Besseler/Gülke 1973, S. 110 ff.

99 Vgl. die Kap. XXIII, XXIV und XXVI

Chaos abspielt, nennt man einen chaotischen Attraktor«; dieser »besteht aus einer (im Prinzip unendlichen, jedenfalls sehr großen) Menge von Zuständen (oder Strukturen), die im Laufe der Zeit immer wieder durchlaufen werden, allerdings niemals wieder *exakt* die gleichen, sondern nahezu die gleichen Zustände«[100]. Das trifft auch auf die mystisch vereinnahmte *varietas* zu, genauer gar, weil der »Attraktor« ein emanierendes bzw. gravitierendes Zentrum benennt, welches die anscheinend regellose Folge von »Neuem, Unerwartetem, Überraschendem« zu einer von hierher entfalteten Mannigfaltigkeit, die *copia* zur *varietas* macht, verallgemeinernd gesprochen: *mutabilitas* = *Wandelbarkeit* auf *constantia* = *Beständigkeit*[101] rückbezieht.

Anachronistisch gewiß, dennoch zuständig: Je weiter die motettische Struktur die Oberstimmen als *explicationes* in irdisch-vergängliche *mutabilitas* hinausschiebt, desto nachdrücklicher »expliziert«, kommentiert sie das zentral stehende, vergleichsweise unbewegte Sinnzentrum, desto mehr sinnlich unmittelbare Greifbarkeit verschafft sie der durch jenes repräsentierten Wahrheit, wenngleich immer nur partiell, »*mutmaßend*« und abgelenkt durch die *alteritas* = Andersheit der materiell-vergänglichen Peripherie – »*die große Verschiedenheit nämlich drückt das Nichtvervielfältigbare besser aus*«[102]. Die im jeweiligen liturgischen Cantus als Epizentrum die letzte Wahrheit vertretende Teilwahrheit könnte ebenso nur durch die Addition unendlich vieler »Mutmaßungen«, d.h. Umspielungen der Oberstimmen erreicht werden wie die letzte Wahrheit nur mithilfe unendlich vieler, in diesem Bezug ihrerseits als »Mutmaßungen« auftretender Epizentren. Dergestalt ist schon die einzelne Motette, in der Struktur vorgegeben, unvollendbar – auch daher, im Gravitationsfeld des Unerreichbaren, die Freiheit im Schwingungsgefüge umkreisender Annäherungen, Distanzierungen, kumulierender Verdichtungen oder Leerläufe, daher *varietas*. Der die Oberstimme einer Motette Formende verfährt nicht anders als der vom Cusaner zur »Unterhaltungsphilosophie«[103] des Kugelspiels[104] Eingeladene: »Die Pointe des Spiels liegt in der Erschwerung der Kugelwürfe durch den Umstand, daß die Kusanus-Kugeln nicht geradeaus rollen können, weil sie durch eine gedankenschwere List des Erfinders sozusagen angesägt oder asymmetrisch gehöhlt sind, so daß sie, nachdem sie geworfen wurden, nicht direkt auf ein intendiertes Ziel zulaufen. Vielmehr bewegen sie sich torkelnd auf einer gekrümmten Bahn vorwärts, um zuletzt einwärts rollend liegenzubleiben. Diese konkav angehöhlten, torkelnden Zweidrittelkugeln stellen gewissermaßen die menschliche Kondition dar, die es bekanntlich nicht erlaubt, auf dem geradesten Weg zu Gott zurückzueilen, sondern immer nur indirekte Annäherungen an das Absolutum durch Seitenbewegungen und gekrümmte Umwege vollzieht. Dem Menschen sind *sub luna* nicht mehr als Approximationen an das Vollkommene gestattet«[105], »*(auf) daß wir nach vielen schwankenden und unbeständigen Umläufen und Einkrümmungen endlich im Reich des Lebens ruhen*«[106]. In der Parallelisierung des vom Spieler gegebenen Antriebs mit motivischen, nicht von vornherein Cantus

100 Uwe an der Heiden, *Chaos und Ordnung, Zufall und Notwendigkeit*, in: *Chaos und Ordnung. Formen der Selbstorganisation in Natur und Gesellschaft*, hrsg. von Günter Küppers, Stuttgart 1996, S. 97 – 121, das Zitat S. 114; die Parallelität taucht schon in der Themenstellung einer 1969 geschriebenen Dissertation auf: Ann B. Scott, *Coherence and Calculated Chaos: A Study of the English Composers of Modena, Bibil. Estense, α. X. 1, 11 (lat 471)*, Chicago 1969

101 Boethius, a.a.O. (Ausgabe München/Zürich), S.44

102 »... *magna enim diversitas immultiplicabilitatem melius exprimit*«, Nicolai de Cusa 1988/II, S. 42/43; Renate Steiger übersetzt die eher deutsch-philosophische als lateinische Wortbildung »*immultiplicabilitas*« mit »*Unvervielfältigbarkeit*«

103 Flasch 1998, S. 576

104 Nicolai de Cusa 2000

105 Sloterdijk 1999, S. 565 ff.; dort S. 564 eine bildliche Darstellung des Globusspiels

106 Nicolai de Cusa, a.a.O., S. 12/13

firmus-bezogenen Ambitionen reichen die Analogien noch weiter: »*Bei größerem Antrieb erscheint die beschriebene Linie gerader und bei einem geringeren entsprechend mehr gekrümmt. Darum sind bei Beginn der Bewegung, wenn der Antrieb frischer ist, die Linien der Bewegung gerader, als wenn die Bewegung nachläßt. Denn angetrieben wird der Globus nur zu gerader Bewegung*«[107] – »*der frische Antrieb*« eigenwertiger Prägungen beispielsweise hat seinen Platz an Zeilenanfängen, wonach die Linie unter den Zwängen der Koordinierung, ganz und gar im kadenzierenden Auslauf, differenziert, d.h. »*gekrümmt*« erscheint. Mindestens ebenso triftig ließe sich die Höhlung der Kugel, welche deren Art zu torkeln teilweise vorausbestimmt, mit den Vorgaben bestimmter Modi oder Mensuren vergleichen.

Wie immer unterschiedlich dank der Art der Höhlung, stärkerer oder schwächerer Bewegungsimpulse, oder, weit davor, weil »*es nicht möglich ... ist ..., daß etwas zweimal in der gleichen Weise geschieht. Es schließt nämlich einen Widerspruch ein, daß zweie seien und in allen Stücken gleich ohne jeden Unterschied*«[108] – allemal handelt es sich um Asymptoten, Umkreisungen im Gravitationsfeld eines emanierenden Mittelpunktes und also um eine, weil auf dieses bezogen, gebremste Autonomie der Erscheinung. Auch deshalb – abermals auf der Linie »struktureller Anonymität« (s.o.) – kann und darf der Komponierende auf originelle, als eigenwertige Gestalten aus dem Kontext herausstechende Prägungen kaum ausgehen, am wenigsten, wo man sie am ehesten erwartet, am Stückbeginn. Dieser vor Allem muß – der Vergleich mit dem Einbau von Spolien in neue Kirchen, mit der Rücksichtnahme auf die Grundrisse älterer bei neugebauten liegt nahe[109] – als Anschluß, als Eintritt in eine bereits vorhandene Kontinuität i.e. als Anrufung Gottes verstanden werden: »*Invocandum, inquam, rerum omnium patrem, quo praetermisso nullam rite fundatur exordium*«[110]. Anfangen heißt stets auch Anknüpfen; »wir haben keine Anfänge mehr«, lautet der erste Satz in George Steiners »*Grammatik der Schöpfung*«[111]. Möglicherweise individuell geprägte Originalität[112] überkreuzte sich mit allgemeinen Qualitätskriterien generell so sehr, daß sie als eigenwertig kaum wahrgenommen werden konnte, die Frage nach eigenständig personalstilistischen Kriterien also nahezu ins Leere geht. Im Zeichen des asymptotischen Grundverhaltens reduziert sich selbst der Unterschied frei erfundener und paraphrasierender Stimmen vom prinzipiellen auf einen graduellen[113]; frei erfunden im Sinne bindungsloser Beliebigkeit ist fast nichts, paraphrasierend im weiteren oder in einem konkreten Sinne fast alles; so daß man zwischen dem Superius manches einfach zugeschnittenen Kantilenensatzes und dem einer mehrstimmigen Hymne kaum unterscheiden kann – und nicht unterscheiden soll im Sinne der auch für die weltliche Musik latent verbindlichen Theologie, welche das Hörbarste, die Oberstimme, vom Wichtigsten, dem Tenor, trennt. Auch hier gilt der zur Vorstellung des *deus absconditus* gehörige höhere Seinsgrad des der direkten Wahrnehmung Entzogenen.

Neben dem als Tenor vergegenständlichten Bezugspunkt bindet der kaum weniger gegenständliche des Modus. Allemal wird die Melodie, ob nun folgsam oder ausscherend, als dessen

107 A.a.O., S. 5 ff.

108 »*Nihil enim bis aequaliter fieri possibile est. Implicat enim contradictionem esse duo et per omnia aequalia sine omni differentia*«, Nicolai de Cusa 2000, S. 6/7

109 »Der Spolienraub« ist »als eine Umkehrung der Forderung zu verstehen, am heiligen Ort sein Bauwerk zu errichten; der heilige Ort wird gleichsam in Teilstücken tranferiert«; Bandmann 1951, S. 145 ff.

110 »*Wir müssen den Vater aller Dinge anrufen, denn wenn wir ihn übergehen, dürfte kein Anfang geziemend gegründet sein*«, Boethius, a.a.O., 3. Buch, 8. Prosa, Ausgabe München/Zürich, S. 128/129

111 München 2001

112 Hierzu vgl. auch die Kap. XII und XX

113 Vgl. Kap. XVII

je einmalige, »zufällige« Materialisation erfunden, aus ihm als Maßgabe und Rahmen treten die musikalischen Linien hervor ähnlich wie Kathedralskulpturen aus der durch Plinthe, Konsole, Baldachin oder Tabernakel geschaffenen »räumlichen Hülle«[114], sie sind ihm »anverwandelt« wie jene »der strengen, geometrischen Komposition von Säulen und Archivolten«[115]. Sie treten hervor und schaffen ihn dergestalt jeweils neu – auch dies ein Exempel der Identität von Erkenntnis und Sein, auf die die Konzeption des erst in der *»Andersheit«* des Geschaffenen sich erkennenden Gottes hinausläuft, und die die Bejahung der Diesseitigkeit innig an diejenige des Jenseitigen bindet und die vermeintlich weltliche Freude an Pracht und Vielfalt künstlerischer Materialien und Gestaltungen zum Beweis nobilitiert, daß »das unteilbare Eine nicht in erhabener Bestimmungslosigkeit, also im Schweigen verharrt; es ist seine Freude, sich zu zeigen und bei den Menschen zu sein ... Gott will, daß wir ihn sehen«[116].

Dergestalt bilden die unruhigen, variativ-vergänglich bewegten Oberstimmen – *»ein Bild nämlich kommt nicht zur Ruhe, es sei denn in dem, dessen Bild es ist, von dem es Ursprung, Mitte und Ziel hat«*[117] – den Außenrand einer hierarchischen Pyramide, welche die Stufen der Erkenntnis zu Stufungen der Bewegungsgrade und der Berechenbarkeit vergegenständlicht – der Tenor am wenigsten bewegt und am genauesten im Voraus berechenbar, die Oberstimmen am wenigsten berechenbar und lebhaft bewegt. In diesem Abstand wird ein je anderes Teilstück jener Strecke zu musikalischer Struktur, den die Erkenntnis im Aufstieg vom Sichtbaren, zeitlich Bedingten zum Unsichtbaren, außerhalb aller Zeitlichkeit Gelegenen durchmessen muß; wobei der Cantus firmus als die für die jeweilige Motette verbindliche *complicatio* epizentrisch die zuoberst stehende *complicatio complicationum* bzw. *»unitas absoluta, cui nihil opponitur«*[118] i.e. Gott, vertritt und im unmittelbar wahrgenommenen Abstand zum freier flottierenden Überbau, nicht nur in diesem selbst, das Faktum Vergänglichkeit immerfort gegenwärtig gehalten wird. Du Fays Umgang mit den Cantus firmi – u.a. größere Enthaltsamkeit in Bezug auf Manipulationen bei geistlichen Cantus, die Sorge in Bezug auf einseitig technologische Wahrnehmungen[119] – zeigt, wie wichtig ihm diese »Theologie der Motette« war und er den geschilderten Bedeutungshintergrund[120] mitbeteiligt wußte.

Nun ist das Hörbarste und Vergänglichste, der »Außenrand« der Oberstimmen, zugleich das Körperlichste: Diese Musik wurde von Sängern für Sänger komponiert in einer Weise, welche bei vielen der hier angesprochenen strukturellen Details allererst fragen lassen sollte nach dem Abdruck einer geradehin physiologischen Unmittelbarkeit der sängerischen Äußerung, nach atembedingten Gruppierungen, dem Auf und Ab von Zwerchfellspannungen usw. Wie – in der Formulierung eines großen Ethologen – Fischflossen Abbilder des Wassers sind die Oberstimmen u.a. Du Fays, projiziert in den Rahmen der jeweiligen musikalischen Konstellation, Abbilder des Stimmapparates bzw. vorwegnehmende Protokolle seiner Arbeitsweise. Eher vor als neben aller struktiven Plausibilität steht die physiologische – die modale Konstellation legt auch die Tessitura des Singenden fest; mit Tetra- und Pentachorden werden auch Stimmlagen

114 Panofsky 2001, Band 1, S. 23

115 Simson 1951, S. 219

116 Flasch 2001, S. 138

117 *»Non enim quietatur imago nisi in eo, cuius est imago, a quo habet principium, medium et finem«*, Nicolai de Cusa 1988/II, S. 30/31

118 *»... die absolute Einheit, der nichts entgegensteht«*, *De docta ignorantia / Die belehrte Unwissenheit*, Buch I, Kap. 5 = Nicolai de Cusa 1994, S. 22/23

119 Vgl. Kap. XXIV und XXVI

120 Vgl. u.a. die bei Dante und Durandus präzise auseinanderdefinierten Bedeutungsschichten, Hinweise u.a. bei Jantzen 1957, S. 129

erschlossen; die die bequemen Lagen bevorzugenden Anfänge von Motetten und Meßsätzen erscheinen auch als Einsinge-Übungen, in denen das Ensemble sich findet, bevor es durch exponiertere Aufgaben gefordert wird; wie in der Führung der einzelnen Stimme erscheint der organische Wechsel von Spannung und Entspannung auch im Rhythmus der Großabläufe beobachtet – akkordische Stillstände, u.a. als Noema, kompakte Viertakter oder breit ausgezogene *Amen*-Schlüsse segmentieren nicht nur, fassen nicht nur zusammen, setzen nicht nur Kulminationspunkte, sondern stellen auch sängerische Fluchtpunkte bzw. Erholungen dar; die in den vorangehenden Kapiteln angesprochenen, zwischen anonymer Sprachlichkeit und motivischer Qualität gelegenen Details machen die Lineatur auch sängerisch plausibel, im Übrigen merkfähig; in der schon in kleinsten melodischen Wendungen nistenden Rückläufigkeit der Musik – dem ins Nacheinander projizierten Analogon ihrer das Miteinander der Stimmen prägenden Theologie – kommt diese mit einem sängerfreundlichen Pulsieren der Anstrengungen überein. Derlei genuine Vokalität impliziert eine kommunikative Unmittelbarkeit, welche die vieldiskutierte Frage der Textwahrnehmung ebenso relativiert wie die des Adressaten: Weil der eigentliche sich unerreichbar oben befindet, kann sie den Singenden ungescheut mindestens ebenso sehr meinen wie den Zuhörenden, und sei es der prominenteste Auftraggeber. Dergestalt trägt die motettische Struktur die theologische Stufung der Seinsgrade bis in die Physiologie der Singenden hinein, die Erreichbarkeit der obersten Wahrheit steht im umgekehrten Verhältnis zur sängerischen: Das Vergänglichste, »Unwahrste«, die Oberstimmen das Sangbarste; die Unterstimme, weil oft auf Baßfunktionen verpflichtet, schon weniger; der transzendental bezogene Tenor am wenigsten bzw. in Langmensur garnicht oder eher aushilfsweise.

Wegstrecke im doppelten Sinne – simultan im Abstand zwischen unterschiedlichen Bewegungsformen, Bedeutungsschichten, Seinsgraden, sukzessiv in deren zunehmender, indessen nie ins Ziel gelangender Annäherung: In solcher, nahe bei späteren – untheologischen – Theorien des Fragments gelegenen, Unabschließbarkeit und Potenzialität, als strukturgewordenes Unterwegs zieht die Motette das Moment der Unendlichkeit in sich hinein und taugt als musikalisches *aenigma* (dies die zwischen »*Rätselbild*« und »*Gleichnis*« liegende Cusanische Kategorie) von Pilgerschaften jeder Art, sei es in Augustins *Confessiones*, der *Consolatio* des Boethius, Dantes *Divina Commedia,* sei es auf den Wegen nach Jerusalem, Rom oder Santiago de Compostela, im *Itinerarium Mentis in Deum* des *Pater Seraphicus* Bonaventura oder in den mystisch-philosophischen, bei Augustin[121], Hugo von St. Victor[122] und Nikolaus von Kues[123] und vielen anderen je genau gestuften Aufstiegen zur *visio dei*. Insofern arbeitete die dem Freunde Auclou zugedachte Jakobsmotette[124], indem sie dessen Reise als *aenigma* einer Lebensreise oder eines *Itinerarium ... in Deum* zu begreifen einlud, dem Selbstverständnis der Motette in besonderer Weise zu.

Allererst die formallogische Paradoxie der Integration von Vergänglichkeit mithilfe von Halteseilen, welche dicht beim Nichtvergänglichen verankert sind, konstituiert die isorhythmische Motette; sie stellt deren »Nachblüte« ins Licht weniger eines antiquarischen Rück-

---

121 *De quantitate animae*, dort sieben Stufen; vgl. Kurt Flasch, *Augustin. Einführung in sein Denken*, 2. Aufl. Stuttgart 1994, S. 139

122 »*oculus carnalis – oculus rationis – oculus meditationis*«

123 »*sensus – ratio – intellectus – visio*«, etwa: *Sinne, Vorstellungskraft, Verstand, Glaube;* nur mithilfe des letzteren vermögen wir Gott zu »*berühren*«: »*Nec sensu, imiginatione aut rationali intelligentia deorum natura attingitur*« hat sich Nikolaus von Kues bei Proklos herausgeschrieben; vgl. Flasch 1998, S. 124

124 Vgl. Kap. X

griffs als einer theologisch dimensionierten Selbstverständigung; sie hilft die Koinzidenz von Eintagsfliege und Gegenstand höchster kompositorischer Ehrgeize erklären, die außerhalb des Wechselbezugs zur obersten *complicatio* grotesk anmutende Dichotomie des Anspruchs auf Dauer, den hochdifferenzierte Strukturen anmelden dürfen, zu dem Umstand, daß sie, zumeist einem konkreten Anlaß zugedacht, nur bei diesem ihren eigentlichen Ort hatten und danach, genau verstanden, bereits vergangen, Dokument, Geschichte waren; und sie verdeutlicht die Dimension des Schrittes zu einer anders legitimierten »freien« Motette, nahezu einer Neubegründung.

Je klarer einer sich mutmaßen weiß, desto höher steht ihm als Wegweiser zur Wahrheit das Gespräch. Die motettische Dialektik des Zufälligsten und Notwendigsten, Flüchtigsten und Festesten fundiert in diesem Sinne eine essentiell dialogische Offenheit, ohne die die Osmosen, u.a. zwischen eben sich kristallisierenden nationalen Stilen und gesellschaftlichem »Unten« und »Oben«[125] nicht vorstellbar wären. Nur eine ebenso elastische wie sicher gegründete Identität kann sie gewährleisten, modern gesprochen: eine »Falsifizierbarkeit«[126], welche gegen die durchs kompositorische Niveau potenziell längst legitimierten Ansprüche auf werkhafte Autonomie am Unterwegs, am Charakter der Durchgangsstation festhält wie der Schaffende am treuhänderischen Verständnis seines Auftrags und einer Wirksamkeit, die über ihn und seine Kompetenzen hinausreichen. Keiner, der eine Kathedrale entwarf oder zu bauen begann – nur ausnahmsweise kennen wir Namen[127] – konnte hoffen, ihre Vollendung zu erleben; kein Schreibender konnte erwarten, daß ein Nachlebender nicht an seinem Epos, seiner Chronik weiterschreiben würde; kein Musiker konnte erwarten, daß von ihm komponierte Musik lange nach seinem Tode, wenn überhaupt, unverändert erklingen würde – Du Fays testamentarisch verordnete *Missa Sancti Antonii*[128] kaum die Ausnahme von der Regel. Indessen konnte er die hoffende Erwartung auf fortsetzende Modifikationen, aufhebende Neuansätze, mithin die Vergänglichkeit des von ihm Geschaffenen in dieses selbst hineinziehen. »Es wäre ein Zeichen mangelnder Freiheit, wenn der Mensch unwürdig über seine Verhältnisse lebte: über die Verhältnisse seiner Endlichkeit«[129].

Im Zeichen dieser Einsicht stellt die Motette sich als Werkzeug der *Ars moriendi* dar bzw. gehört zu den besonderen, im motettischen Bewußtsein begründeten Freiheiten die Unabhängigkeit von jenem Legitimationsdruck, der sich mit den Ansprüchen des *opus perfectum* verbindet. Von transzendenten Bürgschaften weitgehend abgekoppelt, will und muß dieses für sich selbst einstehen, muß überzeugen und präziser adressieren – die wechselseitige Bezugnahme auf den Hör- bzw. Sichtachsen von Tonalität und Perspektive[130] hat hier ebenso ihren Ort wie die »Appellstruktur«[131] deklamativer Prägungen. In der Intention, »so vollkommen« zu »werden, bis es empfangen werden muß«[132], »lebt es ... über die Verhältnisse seiner Endlichkeit« (s.o.). Anders die motettisch konzipierte Musik des 15. Jahrhunderts: Der ihr eigenen

125 Vgl. Kap. XI

126 Zu den merkwürdigen Pointen der Philosophiegeschichte gehört, daß bei Karl Raimund Popper, dem modernen Anwalt des Vermutungswissens, dessen großer, genauer differenzierender Vorgänger keine Rolle spielt

127 Hierüber ausführlich und mit weiteren Nachweisen Simson 1951, S. 48 ff.

128 S. 330 ff.

129 Odo Marquard, *Apologie des Zufälligen. Philosophische Studien*, Stuttgart 1986, S. 117

130 Kap. XVI

131 Wolfgang Iser, *Die Appellstruktur der Texte*, Konstanzer Universitätsreden 28, Konstanz 1970

132 Theodor W. Adorno, *Arnold Schönberg (1874 – 1951)*, in: ders., *Prismen. Kulturkritik und Gesellschaft*, München 1963, S. 151

Freiheit des Erscheinens gemäß redet sie uns nicht direkt an, nahe dem Eindruck, sie brauche uns nicht – und weise schon deshalb in eine Richtung, aus der sie herkommen und in die sie zurückstreben will, ein Widerhall der Gelassenheit oder *»abegescheidenheit«* Meister Eckharts – »ablassen vom Eigenen und damit auch von den Bezügen zum vielheitlich und endlich Seienden«[133]. Auf den Regelkreis des Komponierens übertragen fände sich das wieder in der Intention, die jeweilige Konstellation – von Stimmen, Mensuren, Modi, motettischen Reglements etc. – weitab von allem So-und-nicht-anders wie von sich aus zum Sprechen zu bringen. *Varietas* löst in diesem Rahmen das Paradoxon einer subtilen Durchformung auf, welche sich die Freiheit des Anscheins vorbehält, dieser und jener Verlauf könne gegebenenfalls anders lauten – innerhalb einer jeweils konkret bestimmten Konstellation, die dergestalt als Ermöglichung des musikalischen Sprechens fühlbar bleibt; der Vergleich mit dem übergenau ausgeführten, dennoch die Zufälligkeit der Sitzweise etc. aufbewahrenden Faltenwurf damals gemalter Madonnen liegt nur zu nahe. Diese Musik verfügt über das Instrumentarium und alle nötigen Legitimationen des *opus perfectum*, ohne es zu prätendieren. Anders als jenes zehrt sie in einer Selbstverständlichkeit von transzendentalen Sicherheiten, welche in der Nachfolge der Konkordanz von göttlichem Vorwissen und menschlicher Willensfreiheit im Sinne des Boethius[134] steht und die Frage nach geistlichen oder weltlichen Determinanten ebenso erübrigt wie vergleichsweise diejenige, ob der Cusaner Philosoph oder Theologe sei. Nicht anders als in diesem Punkte mögen Musik und Philosophie auch vergleichbar erscheinen in der zunehmenden Divergenz geistlicher und weltlicher Momente einerseits, andererseits in dem von den Philosophen nach Nikolaus von Kues immer weiter hinausgeschobenen Eingeständnis, am Ende doch – entgegen manchem Versuch, sie loszuwerden – ein bißchen Theologie zu enthalten bzw. zu sein. Hiermit verglichen gehört zur Freiheit oder Gelassenheit des motettischen Bewußtseins wesentlich, daß es nichts zu verbergen hat – am wenigsten jene Theologie, die ihm die Vergänglichkeit der Musik in sie hereinzuholen, vorwegzunehmen ermöglicht.

Nimmt man es mit den transzendenten Bürgschaften, der Hierarchie von *musica mundana*, *musica humana* und *musica instrumentalis*, mit der *»Einfaltung«* der hörbaren Musik in einer darüber gelegenen unhörbaren genau und betrachtet die hörbare als deren Vorposten, als *»Bild«*, welches *»nicht zur Ruhe kommt, es sei denn in dem, dessen Bild es ist, von dem es Ursprung, Mitte und Ziel hat«* (s.o.), so verlöre die Unterscheidung der »ersten« Vergänglichkeit, des Beieinanders von *Er*klingen und *Ver*klingen, von der »zweiten«, den Verlusten und dem Vergessenwerden im Laufe der Jahre, Jahrzehnte und Jahrhunderte, fast alles Recht. Angestiftet zudem von Unsicherheiten, welche Identität dieser Musik sich heute noch mitteilen könne, müßte dann die Frage unbeantwortet stehenbleiben, ob unsere Versuche, Du Fays Werk zu vergegenwärtigen, die einkomponierte *Ars moriendi* nicht mißachten und eine Grabesruhe stören, die in beiden Vergänglichkeiten mitenthalten, in ihnen mitgemeint war. Allerdings – und glücklicherweise – können wir so erst fragen, nachdem wir gestört, d.h. die Musik kennengelernt haben.

---

133 Werner Beierwaltes, *Heideggers Gelassenheit*, in: *Amicus Plato magis amica veritas*. Festschrift für Wolfgang Wieland, Berlin/New York 1998, S. 2 – 35, das Zitat S. 20/21: Vgl. auch Wolfram von den Steinen über die Lyrik des Mittelalters (in: ders., *Ein Dichterbuch des Mittelalters*, hrsg. von Peter von Moos, Bern und München 1974, S. 11 ff.): »Da ist nicht Kunst in irgendeinem geläufigen Sinne, kein Spiegeln des Umgebenden, kein Darbieten persönlicher Vorstellungen oder Ahnungen, kein noch so leiser Gedanke an Wirkung auf ein Publikum, das es ja nicht gab. Richtig will man es machen, richtig vor dem göttlichen König. Mit dem genauesten Handwerk, im besten Material, gemäß den treuesten Überlieferungen schildert man, was über der Zeit ist und doch alles Irdische durchwaltet ... die Dichtung wollte nicht rühren, erregen, gar ergreifen, erschüttern, packen – all diese Tast-Ausdrücke einer späteren Ästhetik –, sondern den Menschen emporführen und dem Höchsten dienen.«

134 *Consolatio Philosophiae*, 5. Buch, Ausgabe München/Zürich 1949, S. 267 ff.

Anhang

Notenanhang

1) *Vasilissa, ergo gaude*
2) *Supremum est mortalibus*
3) *Mon chier amy, qu'avés vous empensé*
4) *Se la face ay pale*
5) *Las coment poraye (Merques)*
6) *Las, que feray*
7) *Or pleust a Dieu qu'a son plaisir*
8) *Les douleurs*
9) *Adieu m'amour, adieu ma joye*
10) *Je ne vis oncques la pareille*

1) Vasilissa, ergo gaude

30
Cle - o - phe, cla - ra ge - stis A tu - is de Ma - la - te - stis,
Cle - o - phe, cla - ra ge - stis A tu - is de Ma - la - te - stis,
Contra-tenor
Tenor
1.1
Concupivit rex decorem tuum
40
In I - ta - li - a prin - ci - pi - bus Ma - gnis et no - bi - li - bus!
In I - ta - li - a prin - ci - pi - bus Ma - gnis et no - bi - li - bus!
2. Ex tu - o vi - ro cla - ri - or, Qui - a cun - ctis est no - bi - li - or:
2. Ex tu - o vi - ro cla - ri - or, Qui - a cun - ctis
50
Ro - mae - o - rum est de - spo - tus, Quem co - lit mun -
est no - bi - li - or: Ro - mae - o - rum est de - spo - tus, Quem co -
60
dus to - tus;
lit mun - dus to - tus;

70
In por-phy-ro est ge-ni-tus, A de-o mis-sus coe-li-tus.
In por-phy-ro est ge-ni-tus, A de-o mis-sus coe-li-tus.
II,1 Quoniam ipse est dominus tuus
3. Ju-ve-ni-li ae-ta-te pol-lens Et for-mo-si-ta-te vo-lens
3. Ju-ve-ni-li ae-ta-te pol-lens Et for-mo-si-ta-te vo-lens,
80
85
Mul-tum ge-ni-o fe-cun-da Et u-tra-que lin-gua fa-cun-da
Mul-tum ge-ni-o fe-cun-da Et u-tra-que
90
Ac cla-ri-or es vir-tu-ti-bus Prae a-li-is his
lin-gua fa-cun-da Ac cla-ri-or es vir-tu-ti-bus Prae a-
100
o-mni-bus.
li-is his o-mni-bus.

2) Supremum est mortalibus

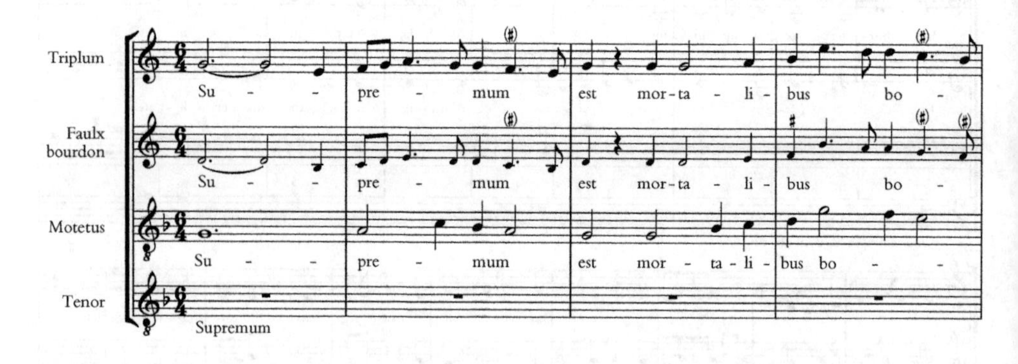

tus et lae - tus, No - cte som-nus tra - hi - tur qui - e - -
et lae - tus, No - cte som-nus tra-hi - tur qui-e -
30
tus; Pax do - cu - it vir - gi - nem or-na - re
tus; Pax do - cu - it vir - gi - nem or-na - re
II,1
Au - ro co - mam cri-nes-que
Au-ro co-mam cri - nes - que no-da - re;
Faulx bourdon
40
no - da - re; Pa - ce ri - vi psal-len-tes et a - ves
Pa - ce ri - vi psal-len-tes et a - ves
Pa - ce ri - vi psal-len-tes et a - ves
Pa-tent lae - ti col - les - que su - a - - ves Pa - ce
Pa - tent lae-ti col - les - que su - a - - - ves Pa-ce di -
III,1

50
di - ves per - va - dit vi - a - tor, Tu - tus ar - va in -
- ves per - va - dit vi - a - tor, Tu - tus ar - va in -
co - lit a - ra - tor.
co - lit a - ra - tor.
60
O san - cta pax, di - u ex -
O san - cta pax, di - u ex - pe -
IV,1
pe - cta - - - - ta, Mor - ta - li - bus tam
cta - ta, Mor - ta - li - bus tam
Faulx bourdon
70
dul - cis, tam gra - ta,
Dul - cis tam gra - ta,

V,1
Sis e - ter - na, fir - ma, si -
Sis e - ter - na, fir - ma,
80
ne frau - de, Fi - dem
si - ne frau - de, Fi - dem
te - cum sem - per es - se gau - de.
te - cum sem - per es se gau - de.
90
Et qui no - bis, o pax, te de - de - re
Et qui no - bis, o pax, te de - de - re
IV,1
Pos - si - de - ant re -
Pos - si - de - ant re - gnum

100
gnum si - ne fi - ne:
si - ne fi - ne:
Sit no - ster hic pon - ti - fex ae - ter
Sit no - ster hic pon - ti - fex ae - ter
nus Eu - ge - ni - us et rex Si - gis - mun - dus!
nus Eu - ge - ni - us et rex Si - gis - mun - dus!
Eu - ge - ni - us et rex Si - gis - mun - dus!
Faulx bourdon
120
A
A
A
A
men.
men.
men.

3) Mon chier amy, qu'avés vous empensé

1. Vous savés bien, contre la volunté
De Jhesucrist, ne la verge Marie,
2. Nuls hom ne puet, tant soit hault eslevé
De science ne de noble lignie.
3. Tous convenra fenir, je vous affie;
Il n'i a nul qui en puist eschaper,
Car une fois nous fault ce pas passer.

1. Pour tant vous pri, soiés reconforté
Et recepvés en gré, je vous supplie,
2. Ces trois chapiaux en don de charitté;
Autre nouvel ne truis en no partie,
3. Pour remettre vo cuer en chiere lie.
Ne pensés plus a celui recouvrer:
Car une fois nous fault ce pas passer.

3. Amis, la mort ne poons eschever;
Car une fois nous fault ce pas passer.

4) Se la face ay pale

Se ay pesante malle
De dueil a porter,
Ceste amour est male
Pour moy de porter;
Car soy deporter
Ne veult devouloir,
Fors pu'a son vouloir
Obeisse, et puis
Qu'elle a tel pooir,
Sans elle ne puis.

C'est la plus reale
Qu'on puist regarder,
De s'amour leiale
Ne me puis guarder,
Fol sui de agarder
Ne faire devoir
D'amours recevoir
Fors d'elle, je cuis;
Se ne veil douloir,
Sans elle ne puis.

5) Las coment poraye

He, Faulx Dangier, je te revoye
Puisque party m'a fait ce tour
Las coment ...
S'il me plaist a simple et coye
a regarder par sa doulchour
les griefs tormés dont elle menoye,
morir me fault a grant doulour.
Las coment ...

6) Las, que feray

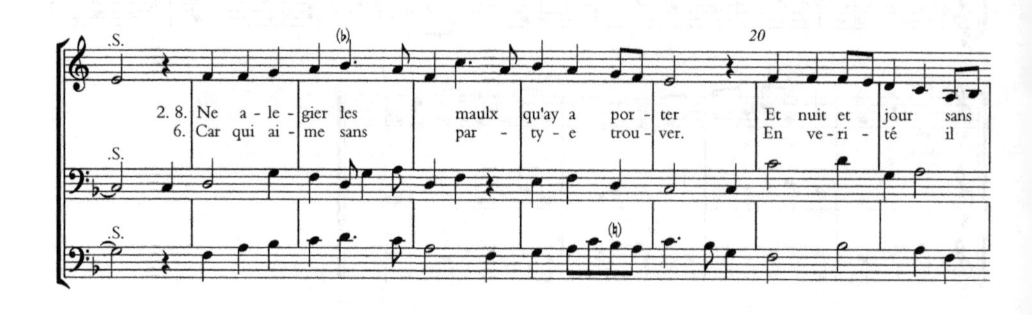

7) Or pleust a Dieu qu'a son plaisir

8) Les douleurs

9) Adieu m'amour, adieu ma joye

10) Je ne vis onques la pareille

Werkverzeichnis

Das Werkverzeichnis ist entnommen aus dem Artikel »Guillaume Dufay« von Laurenz Lütteken, der in »Die Musik in Geschichte und Gegenwart« (Zweite, neubearbeitete Auflage, herausgegeben von Ludwig Finscher, Personenteil, Band 5, Kassel/Stuttgart u.a. 2001, Sp. 1510ff.) erschienen ist. Lediglich die Spalten für die jeweiligen Quellen wurden gestrichen.

Abkürzungen

Ant.	Antiphon
B.M.V.	Beata Maria Virgo
c.f.	cantus firmus
CMM	Corpus Mensurabilis Musicae
Ct.	Contratenor
DTÖ 14/15	Guido Adler/Oswald Koller (Hrsg.): Sieben Trienter Codices. Geistliche und weltliche Kompositionen des 15. Jahrhunderts. Eine Auswahl, Wien 1900 (= Denkmäler der Tonkunst in Österreich, Jahrgang 7, Band 14/15)
DTÖ 76	Rudolf von Ficker (Hrsg.): Sieben Trienter Codices. Geistliche und weltliche Kompositionen des XV. Jahrhunderts. Sechste Auswahl, Wien 1939 (= Denkmäler der Tonkunst in Österreich, Jahrgang 46, Band 76
T.	Tenor
v.	vox (Stimme)
vesp.	Vesper

A. Messen und Messesätze

Ausgaben

B II = G. Du Fay, *Opera omnia*, hrsg. von H. Besseler, Bd. 2: *Missarum pars prior*, Rom 1960 (= CMM I,2)
B III = G. Du Fay, *Opera omnia*, hrsg. von dems., Bd. 3: *Missarum pars altera*, ebd. 1951/1962 (= CMM I,3)
B IV = G. Du Fay, *Opera omnia*, hrsg. von dems., Bd. 4: *Fragmenta missarum*, ebd. 1962 (= CMM I,4)
Bo = Bockholdt (1960), Edition
F = L. Feininger (Hrsg.), *Auctorum anonymorum missarum propria XVI quorum XI Gulielmo Du Fay auctori adscribenda sunt*, Rom 1947 (= Monumenta polyphoniae liturgicae sanctae ecclesiae romanae II,1)
V III = G. Du Fay, *Opera omnia*. Bd. 3: *Missa sine nomine*, hrsg. von G. de Van, ebd. 1949 (= CMM I,3)

I. Messen

Werk	Stimmen	Cantus firmus	Bemerkungen	Ausgabe
Missa »Ave regina celorum«	4 ([Superius], Ct., T, Bassus)	Ant. B.M.V.	wahrscheinlich kopiert 1473/74, Cambrai	B III, 10
Missa »Ecce ancilla domini/ Beata es Maria«	4 ([Superius], Ct., T I/II)	Ant. in II. Vesp. in annuntiatione B. M.V.; Ant. in I. Vesp. in visitatione B.M.V.	kopiert 1463/64, Cambrai	B III, 9
Missa »L'homme armé«	4 ([Superius], Ct., T, Ct. bassus)	*»L'homme armé«* (anon.)	Kyrie und Gloria auch einzeln überliefert	B III, 8
Missa »Resvelliés vous«	3 ([Superius], Ct., T)	*»Resvelliés vous«* (Du Fay) 1423	Kyrie und Gloria auch einzeln überliefert	B II, 1 V III, 1 (*sine nomine*)
Missa S. Antonii	3 ([Superius], Ct., T)	kein c.f.; war urspr. wohl Plenarmesse	Kyrie auch einzeln überliefert; entst. eventuell für Padua, 1450	B II, 3
Missa S. Jacobi	3/4 ([Superius I/II], Ct. [Communio: Fauxbourdon], T)	kein einheitl. c.f.; enthält 4 Propriumssätze	Kyrie und Credo auch einzeln überliefert	B II, 2

Werk	Stimmen	Cantus firmus	Bemerkungen	Ausgabe
Missa »Se la face ay pale«	4 ([Superius], Ct., T, T bassus)	*»Se la face ay pale«* (Du Fay)		B III, 7
verschollen:				
Missa S. Antonii Viennensis	erwähnt im Testament (Houdoy 1880, S. 411); möglicherweise identisch mit der *Missa beati Anthonii* im Trienter Codex 89 (vielleicht Plenarmesse)			
Missa pro defunctis	kopiert in Cambrai 1470/71; erwähnt im Testament und 1501; dreistimmig; mit Proprien			

II. Meßsätze

1. Satzpaare (Ordinarium Missae)

Werk	Stimmen	Bemerkungen	Ausgaben
Kyrie-Gloria-Credo	3 ([Superius], Ct., T)	Kyrie mehrfach als Einzelsatz überliefert	B IV, 1 Bo, S. 24–29
Kyrie-Sanctus [*»Vineux«*]-Agnus [*»Vineux«*]	3 ([Superius], Ct., T)	Kyrie auch einzeln überliefert; Tenor *»Vineux«* unklar	B IV, 2 Bo, S. 30, 33f. (Kyrie, Sanctus) B V, S. 155f. (Agnus verb.)
Kyrie-Gloria	3 ([Superius], Ct., T)	Kyrie mehrfach als Einzelsatz überliefert	B IV, 19 und 28 Bo, S. 58–64
[Gloria]-Credo	3 ([Superius], Ct., T)	beide Sätze auch einzeln überliefert; Gloria auch Hugo de Lantins zugeschr.	B IV, 3
Gloria [*«Tu m'as monté«*]-Credo [*«La vilanella«*]	4 ([Superius I/II], Ct., T)	beide Sätze auch einzeln überliefert; beide tropiert	B IV, 4 Bo, S. 38–47
Gloria-Credo	4 ([Superius I/II], Ct., T)	Credo auch einzeln überliefert	B IV, 5 Bo, S. 48–56
Sanctus-Agnus	3 ([Superius], Ct., T)	Musik identisch	B IV, 6 Bo, S. 64–67
Sanctus [*»Papale«*]-[Agnus *»Custos et pastor«*]	3 ([Superius], Ct., T)	Sanctus auch einzeln überliefert; beide tropiert; Agnus anonym	B IV, 7
Sanctus-Agnus	3 ([Superius], Ct. und Fauxbourdon im Wechsel, T)	Musik weitgehend identisch	B IV, 8 Bo, S. 21–23

2. Einzelsätze (Ordinarium Missae)

Kyrie *»cum jubilo«*	3 ([Superius], Ct., T)	für Missa IX (B. M.V. – *Cum jubilo*)	B IV, 14 Bo, S. 9f.
Kyrie *»cunctipotens genitor«*	3 ([Superius], Fauxbourdon [Ct.], T)	für Missa IV (*»Cunctipotens genitor«*)	B IV, 10 Bo, S. 13
Kyrie *»fons bonitatis«*	3 ([Superius], Ct., T)	für Missa II (*»Fons bonitatis«*)	B IV, 16 Bo, S. 1f.
Kyrie *»fons bonitatis«*	3 ([Superius I/II], T)	für Missa II (*»Fons bonitatis«*)	B IV, 17 Bo, S. 3f.
Kyrie *»Jesu redemptor«*	3 ([Superius], Fauxbourdon, T)	für Missa XIV (*»Jesu redemptor«*)	B IV, 13
Kyrie *»lux et origo«*	3 ([Superius], Ct., T)	für Missa I (*»Lux et origo«*)	B IV, 15 Bo, S. 8f.

Werk	Stimmen	Bemerkungen	Ausgaben
Kyrie »*orbis factor*«	3 ([Superius], Ct. [Fauxbourdon], T)	für Missa IX (»*Orbis factor*«)	B IV, 12 Bo, S. 7
Kyrie »*orbis factor*«	3 ([Superius I/II], T)	für Missa IX (»*Orbis factor*«)	B IV, 11 Bo, S. 5f.
Kyrie »*pater cuncta*«	3 ([Superius], Ct., T)	für Missa XII (»*Pater cuncta*«)	B IV, 9 Bo, S. 12
Kyrie »*rex genitor*«	3 ([Superius], Ct., T)	für Missa VI (»*Rex genitor*«)	B IV, 18 Bo, S. 11f.
Gloria	3 ([Superius], Ct., T)	Autorschaft umstritten	B IV, 20
Gloria	3 ([Superius], Ct., T)		B IV, 21 Bo, S. 35–37
Gloria	3 ([Superius], Ct., T)	für Missa XV (»*Dominator Deus*«)	B IV, 27 Bo, S. 14f.
Gloria	4 ([Superius. I/II] Ct., [T])	Contratenor: »*du fay*«; Werk anonym	B IV, 30
Gloria »*ad modum tube*«	4 ([Motetus], Triplum, Ct., T)	Fuga in den Oberst.; Ct./T: *ad modum tube*	B IV, 22
Gloria »*de quaremiaulx*«	3 ([Superius], Ct., T)	nach Bockholdt (1960) zyklisch mit Kyrie-Sanctus-Agnus (»*Vineux*«)	B IV, 23 Bo, S. 31f.
Gloria »*in galli cantu*«	3 ([Superius], Ct., T)	für Messe XIV (»*Jesu redemptor*«)	B IV, 26 Bo, S. 18–20
Gloria »*spiritus et alme*«	3 ([Superius], Ct., T)	tropiert	B IV, 24

3. Proprien

Missa S. Jacobi	s. o., S. 455		
»*Alleluia Antoni compar inclite*«	3 ([Superius], Ct., T)	*Missa S. Anthonii:* Alleluia	F, S. 139–143
»*Alleluia veni sancte spiritus*«	3 ([Superius], Ct., T)	*Missa in festo pentecostes:* Alleluia	B II, 4 F, S. 8–10
»*Confirma hoc Deus*«	3 ([Superius], Ct., T)	*Missa in festo pentecostes:* Offertorium	F, S. 10–12
»*Desiderium anime eius*«	3 ([Superius], Ct., T)	*Missa de uno martyre pontifice:* Tractus; für: *Missa S. Georgii*	F, S. 90–93
»*Os iusti meditabitur*«	3 ([Superius], Ct., T)	*Missa de doctoribus:* Graduale; für: *Missa S. Anthonii*	F, S. 135–138
»*Os iusti meditabitur*«	3 ([Superius], Ct., T)	*Missa de confessore non pontifice:* Introitus; für: *Missa S. Francisci*	F, S. 151–153 Fallows 1986, S. 58f.
verschollen			
Missa pro defunctis	s. o., S. 455		

B. Motetten

I. Isorhythmische Motetten

Ausgaben

B I = G. Du Fay, *Opera omnia*, Bd. 1: *Motetti*, hrsg. von H. Besseler, Rom 1966 (= CMM I,1)
V I = G. Du Fay, *Opera omnia*, Bd. 1: *Motetti qui et cantiones vocantur*, hrsg. von G. de Van, ebd. 1947 (= CMM I,1)
V II = G. Du Fay, *Opera omnia*, Bd. 2: *Motetti qui et cantiones vocantur*, hrsg. von dems., ebd. 1948 (= CMM I,2)
Kritische Edition der Texte der isorhythmischen Motetten mit deutscher bzw. englischer Übersetzung bei Lütteken 1993 und Holford-Strevens 1997

Texte	Stimmen	Entstehung	Ausgaben
»Apostolo glorioso«/»Cum tua doctrina«/»Andreas«	5 ([Superius I/II], Ct. I/II, T)	1426 (Weihe der Kirche St. Andreas, Patras)	B I, 10 V II, 3
»Balsamus et munda«/»Isti sunt agni novelli«	4 ([Superius I/II], Ct., T)	1431 (Weihe der ›Agnus Dei‹, Rom, 7. April)	B I, 13 V II, 2
»Ecclesie militantis«/»Sanctorum arbitrio«/»Bella canunt«/»Ecce nomen Domini«/»Gabriel«	5 ([Superius I/II], Ct., T I/II	1431 (Krönung Papst Eugens IV., Rom, 11. März; vgl. abw. Bent 1998)	B I, 12 V II, 13
»Fulgens iubar ecclesie«/»Puerpera pura parens«/»Virgo post partum«	4 ([Superius I/II], T I/II)	nach 1442 (für Petrus du Castel und ein Reliquienfest)	B I, 18 V II, 9
»Magnam me gentes«/»Nexus amicicie«/»Hec est vera fraternitas«	3 ([Triplum, Motetus], T)	1438 (Beistandsvertrag zw. Bern und Fribourg)	B I, 17 V II, 12
»Moribus et genere«/»Virgo est electus«	4 ([Superius I/II], T I/II)	1441/42?, 1451? (für die Sainte-Chapelle, Dijon)	B I, 19 V II, 8
»Nuper rosarum flores«/»Terribilis est locus iste«	4 ([Superius I/II], T I/II)	1436 (Weihe des Doms S. Maria del Fiore, Florenz, 25. März)	B I, 16 V II, 11
»O gemma lux et speculum«/»Sacer pastor«/»Beatus Nicolaus«	4 ([Superius I/II], Ct., T]	1425/26? (Wallfahrt des Malatesta-Hofes?)	B I, 9 V II, 7
»O gloriose tyro«/»Divine pastus«/»Iste Sanctus«	4 ([Superius I/II], Ct., T)	1420er Jahre? (hl. Theodor Tyro) Autorschaft umstritten	B I, 22 V II, 14
»O sancte Sebastiane«/»O martir Sebastiane«/»O quam mira«/»Gloria«	4 ([Superius I/II], Ct., T)	1429? (Pestepidemie in Rom?)	B I, 8 V II, 4
»Rite maiorem Iacobum«/»Artibus summis«/»Ora pro nobis«	4 ([Superius I/II], Ct., T)	? (Robert Auclou, hl. Jacobus)	B I, 11 V II, 6
»Salve flos tusce gentis«/»Vos nunc estruste«/»Viri mandaces«	4 ([Superius I/II], T I/II)	1436? (Florenz; Papst Eugen IV.?)	B I, 15 V II, 10
»Supremum est mortalibus«/»Isti sunt due olive«	3 ([Triplum, Motetus], T, mit Fauxbourdon)	1433 (Krönung Kaiser Sigismunds, Rom, 31. Mai)	B I, 14 V II, 5
»Vasilissa ergo gaude«/»Concupivit rex decorem tuum«	4 ([Superius I/II], Ct., T)	1419 (Goldbulle Theodoros II./Hochzeit mit Cleofe Malatesta)	B I, 7 V II, 1

II. Nicht-isorhythmische Motetten

Werk	Stimmen	Bemerkungen	Ausgaben
»Ave virgo que de celis«	3 ([Superius], Ct., T)	B.M.V.	B I, 3 V I, 5
»Flos florum«	3 ([Superius], Ct., T)	B.M.V.	B I, 2 V I, 3
»Inclita stella maris«	4 ([Superius], Fuga, Ct. I/II)	B.M.V.	B I, 1 V I, 2
»Mirandas parit hec urbs florentina puellas«	3 ([Superius I/II], T)	gegebenenfalls derselbe Anlaß wie »*Salve flos tusce*«	B I, 5 V I, 1

Werk	Stimmen	Bemerkungen	Ausgaben
»*O beate Sebastiane*«	3 ([Superius], Ct., T)	gegebenenfalls derselbe Anlaß wie »*O Sancte Sebastiane*«	B I, 4 V I, 6
»*O proles Hispanie*«/»*O sidus Hispanie*«	4 ([Superius], Ct. I/II, T)	für St. Antonius von Padua	B I, 6 V I, 4
»*Qui latuit in virgine*« [»*Du pist mein*«]	3 ([Superius], Ct., T)	Kontrafaktur eines frz. Werkes (?, Tenor später als Basse danse »*Je suis povere de leesse*«); Autorschaft umstritten	B I, 20 V I, 7
verschollen			
»*O sidus Yspanie*«	erwähnt in Du Fays Testament (Houdoy 1880, S. 413; nicht identisch mit der Edition in DTÖ 76, S. 105)		
»*O lumen ecclesie*«	erwähnt in Du Fays Testament (Houdoy 1880, S. 413)		

III. Motettenchansons

»*Je ne puis plus*«/»*Unde veniet auxilium*«	s. u., S. 464		
»*O tres piteulx*«/»*Omnes amici eius*«	4 ([Superius, Ct.], T, Bassus]	›Lamentatio sancte matris ecclesie Constantinopolitane‹, 1454?, 1456?	BVI, 10

C. Antiphonen, Sequenzen, Hymnen, Benedicamus, Magnificat, Choral

Ausgaben
BV = G. Du Fay, *Opera omnia*, hrsg. von H. Besseler, Bd. 5: *Compositiones liturgicae minores*, Rom 1966 (= CMM I,5)
S = G. Du Fay, *15 Himnusz*, hrsg. von J. Szendrei, Budapest 1997 (= Egyházzenei Füzetek III,6)

I. Antiphonen

»*Alma redemptoris mater*«	3 ([Superius], Ct., T)	de B.M.V. ad completorium	BV, 47
»*Alma redemptoris mater*«	3 ([Superius], Ct., T)	vollst. abweichende Version	BV, 48
»*Anima mea liquefacta est*«	3 ([Superius I/II], T)	de B.M.V. per annum	BV, 46
»*Ave regina celorum*«	3 ([Superius], Ct., T)	de B.M.V. ad completorium	BV, 49
»*Ave regina celorum*«	3 ([Superius], Ct., T)	vollst. abweichende Version	BV, 50
»*Ave regina celorum*«	4 ([Superius], Ct., T, Bassus)	tropiert (»*miserere tui labentis Du Fay*«) kopiert Cambrai 1464/65	BV, 51
»*Hic vir despiciens mundum*«	3 ([Superius], Fauxbourdon, T)	ad Magnificat in II. Vesp. Commune confessoris non pontificis	BV, 40
»*Magi videntes stellam*«	3 ([Superius], Ct., T)	ad Magnificat in I. Vesp. in Epiphania Domini	BV, 38
»*O gemma martyrum*«	3 ([Superius], Ct., T)	In festo sancti Georgi	BV, 42
»*Petrus apostolus et Paulus*«	3 ([Superius], Fauxbourdon, T)	ad Magnificat in Vesp. infra octavam sanctorum Petri et Pauli	BV, 41
»*Propter nimiam caritatem*«	3 ([Superius], Fauxbourdon, T)	ad Magnificat in I. Vesp. in circumcisione Domini	BV, 37
»*Salva nos Domine*«	3 ([Superius], Ct., T)	ad Completorium in tempore Paschali	BV, 39
»*Salve sancte pater*«	3 ([Superius], Ct., T)	In festo sancti Francisci	BV, 43
»*Sapiente filio*«	3 ([Superius], Fauxbourdon, T)	In festo sancti Antonii	BV, 44
»*Si queris miracula*«	3 ([Superius], Ct., T)	In festo sancti Antonii	BV, 45

II. Sequenzen

Werk	Stimmen	Bemerkungen	Ausgaben
»Epiphaniam Domino«	3 ([Superius], Ct., T) alternatim	In epiphania Domini	BV, 3
»Gaude virgo, mater Christi«	4 ([Superius I/II], Ct., T)	In festo assumptionis B.M.V.	BV, 1
»Isti sunt due olive«	3 ([Superius], Ct., T) alternatim	In festo sanctorum apostolorum Petri et Pauli	BV, 8
»Lauda Sion Salvatorem«	3 ([Superius], Ct., T) alternatim	In festo Corporis Christi	BV, 7
»Letabundus«	3 ([Superius], Ct., T) alternatim	In nativitate Domini	BV, 2
»Rex omnipotens«	3 ([Superius], Ct., T) alternatim	In ascensione Domini	BV, 5
»Veni Sancte Spiritus«	3 ([Superius I/II], T) alternatim	Dominica pentecostes	BV, 6
»Victime paschali laudes«	3 ([Superius], Ct., T) alternatim	Dominica resurrectionis	BV, 4
verschollen			
[*»Laus tibi Christi«* (?)]	kopiert in Cambrai 1464/65 (S. Maria Magdalena)		

III. Hymnen

Werk	Stimmen	Bemerkungen	Ausgaben
»A solis ortus cardine«	3 ([Superius], Ct., T) alternatim	In nativitate Domini dies. Musik wie *»Hostis Herodes«*	[BV, 13]
»Ad cenam agni providi«	3 ([Superius], Ct., T) alternatim	In resurrectione Domini	BV, 17a S 7
»Audi benigne conditor«	3 ([Superius], Ct., T) alternatim	In quadragesima	BV, 14 S 4
»Aurea luce et decore roseo«	3 ([Superius], Ct., T) alternatim	In festo sanctorum apostolorum Petri et Pauli	BV, 27 S 14
»Aures ad nostras deitatis preces«	3 ([Superius], Ct., T) alternatim	In quadragesima	BV, 15 S 5
»Aures ad nostras deitatis preces«	3 ([Superius], Ct., T) nur 1. Strophe	Authentizität angezweifelt	BV, 53
»Ave maris stella«	3 ([Superius], Ct. oder alternativ Fauxbourdon, T) alternatim	In festis B.M.V.	BV, 23 S 15
»Ave maris stella«	3 ([Superius], Ct., T) ohne Text	ders. Cantus	BV, 58
»Christe redemptor omnium, conserva«	3 ([Superius], Fauxbourdon, T) alternatim	In festo omnium Sanctorum	BV, 24a
»Christe redemptor omnium, conserva«	3 ([Superius I/II], T) alternatim	ders. Cantus im Superius II	BV, 24b
»Christe redemptor omnium, ex patre«	3 ([Superius], Fauxbourdon, T) alternatim	In nativitate Domini	BV, 12a S 2
»Christe redemptor omnium, ex patre«	3 ([Superius], Ct., T) alternatim	Außenstimmen identisch mit der Fauxbourdon-Version	BV, 12b
»Conditor alme siderum«	3 ([Superius], Fauxbourdon, T) alternatim	In adventu Domini	BV, 11 S 1
»Deus tuorum militum«	3 ([Superius], Fauxbourdon, T) alternatim	In festis unius martyris	BV, 29

Werk	Stimmen	Bemerkungen	Ausgaben
»*Exultet celum laudibus*«	3 ([Superius], Ct., T) alternatim	In festis apostolorum	B V, 28b
»*Exultet celum laudibus*«	3 ([Superius], Fauxbourdon, T) alternatim	ders. Cantus	B V, 28a
»*Festum nunc celebre*«	3 ([Superius], Ct., T) nur 1. Strophe	In ascensione Domini Authentizität angezweifelt	B V, 55
»*Hostis Herodes impie*«	3 ([Superius], Ct., T) alternatim	In epiphania Domini	B V, 13 S 3
»*Iste confessor*«	3 ([Superius], Fauxbourdon, T) alternatim	In festis unius confessoris	B V, 31
»*Jesu corona virginum*«	3 ([Superius], Fauxbourdon, T) alternatim	In festis unius virginis	B V, 31a
»*Jesu nostra redemptio*«	3 ([Superius], Ct., T) alternatim	In ascensione Domini	B V, 18 S 8
»*O lux beata trinitas*«	3 ([Superius], Ct., T) alternatim	In festo Trinitatis	B V, 20 S 10
»*Pange lingua gloriosi*«	3 ([Superius], Ct., T) alternatim	In festo Corporis Christi	B V, 21 S 11
»*Pange lingua gloriosi*«	3 ([Superius], Ct., T) nur 1. Strophe	Authentizität angezweifelt	B V, 56
»*Proles de celo*«	3 ([Superius], Ct., T)	In festo sancti Francisci	B V, 32
»*Sanctorum meritis inclyta gaudia*«	3 ([Superius], Ct., T) alternatim	In festis plurimorum martyrum	B V, 30
»*Tibi Christe splendor patris*«	3 ([Superius], Fauxbourdon, T) alternatim	In festo Sanctorum angelorum	B V, 25
»*Urbs beata Jerusalem*«	3 ([Superius], Ct., T) alternatim	In dedicatione ecclesiae	B V, 22 S 12
»*Ut queant laxis*«	3 ([Superius], Ct., T) alternatim	In festo nativitatis S. Johannis baptistae	B V, 26 S 13
»*Veni creator spiritus*«	3 ([Superius], Ct., T) alternatim	In festo Pentecostis	B V, 19 S 9
»*Vexilla regis*«	3 ([Superius], Ct., T) alternatim	In tempore passionis	B V, 16 S 6
verschollen			
»*Magna salutis gaudio*«	erwähnt in Du Fays Testament (Houdoy 1880, S. 410)		
»*O quam glorifica*«	kopiert in Cambrai 1463/64 (In festis B.M.V.)		

IV. Benedicamus

»*Benedicamus Domino*«	3 ([Superius], Ct., T)		B V, 9
»*Benedicamus Domino*«	3 ([Superius], Ct., T)		B V, 10

V. Magnificat

Tertii et quarti toni	4 ([Superius], Ct. I/II, T)	Text nicht vollständig; nicht durchweg vierstimmig	B V, 36
Quinti toni	3 ([Superius], Ct., T)	alternatim	B V, 35
Sexti toni	3 ([Superius], Ct., T)	auch mit Zuschreibungen an Binchois und Dunstaple überliefert	B V, 33

Werk	Stimmen	Bemerkungen	Ausgaben
Octavi toni	3 ([Superius], Ct. und Fauxbourdon alternierend, T)	auch als Intavolierung überliefert	B V, 34
verschollen			
Septimi toni	kopiert in Cambrai 1462/63		

VI. Choral

»*Recollectio festorum B.M.V.*«	einstimmig	Text: Gilles Carlier entstanden 1457	Edition in Vorb.

D. Chansons und weltliche Werke

Ausgaben

B VI = G. Du Fay, *Opera omnia,* hrsg. von H. Besseler, Bd. 6: *Cantiones*, rev. von D. Fallows, Neuhausen 1995 (= CMM I,6)

D = G. Du Fay, *Chansons. Forty-five Settings in Original Notation. From Oxford, Bodleian Library MS Canonici 213,* hrsg. von R. W. Duffin, Miami 1983 (= Sources and Repertoires 4)

I. Lateinische Werke

»*Hic iocundus sumit mundus*« [Rondeau]	3 ([Superius], Ct., T)	Kontrafaktur; Autorschaft Du Fays zweifelhaft	B VI, 56
»*Juvenis qui puellam*«	3 ([Superius, Ct.], T)	Textbeginn: Brief Papst Eugens III. »*ad Esculapium presbyterium*«	B VI, 9

II. Italienische Werke

1. Ballate

»*Invidia nimicha*«	4 ([Superius], Ct. I/II, T)		B VI, 2 D 38
»*L'alta belleza tua*«	3 ([Superius], Ct., T)	rasierte Zuschr. an Hugo de Lantins	B VI, 1 D 16
»*La dolce vista*«	3 ([Superius], Ct., T)		B VI, 4
»*Passato è il tempo omai di quei pensieri*«	3 ([Superius], Ct., T)		B VI, 3 D 40

2. Stanze di canzone

»*Vergene bella che di sol vestita*«	3 ([Superius], Ct., T)	Text: Petrarca	B VI, 5 D 39

3. Rondeaux

»*Dona gentile bella come l'oro*«	3 ([Superius], Ct., T)	Beginn der Oberstimme zitiert im anonymen Quodlibet »*Mon seul plaisir*«/»*La doulour*«	B VI, 8
»*Dona i ardenti ray*«	3 ([Superius], Ct., T)		B VI, 6 D 29
»*Quel fronte signorille in paradiso*«	3 ([Superius], Ct., T)	»*Rome couposuit*«; weitgehend identisch mit »*Craindre vous vueil*«, s. u. S. 464	B VI, 7 D 28

III. Französische Werke

1. Balladen

»*Bien doy servir*«	3 ([Superius], Ct., T)	nur 2 Textzeilen	B VI, 20
»*Ce jour le doibtaussy fait la saison*«	3 ([Superius], Ct., T)	1424/1426?	B VI, 18 D 32
»*C'est bien raison*«	3 ([Superius], Ct., T)	für Niccolò d'Este 1433? 1437?	B VI, 16 D 22
»*J'ay mis mon cuer et ma pensee*«	3 ([Superius], Ct., T)	Akrostichon ›Isabete‹ (Elisabetta Malatesta?)	B VI, 13 D 36
»*Je languis en piteux martire*«	3 ([Superius], Ct., T)	Text in: *Le Jardin de de plaisance et fleur de rethoricque*, Paris 1501 Autorschaft angezweifelt	B VI, 17
»*Je me complains piteusement*«	3 (Primus, Secundus, Tertius)	datiert 12. Juli 1425	B VI, 14 D 4
[»*La belle se siet*«]	3 ([Superius I/II], T)	nur Superius II von Du Fay; mehrere Quellen zweistimmiger Fassungen und des T allein	B VI, 12 D 9
»*Mon chier amy*«	3 ([Superius], Ct., T)	Totenklage für Pandolfo Malatesta da Rimini? Okt. 1427?	B VI, 15 D 41
»*Or me veult bien*« (Portugaler)	3 ([Superius], Ct., T)	Tenor auch als ›Square‹ überliefert; Tanz?	B VI, 88
»*Resvelliés vous*«	3 ([Superius], Ct., T)	1423 (Hochzeit Carlo Malatesta da Pesaro und Vittoria di Lorenzo Colonna, Rimini, 18. Juli)	B VI, 11 D 37
»*Se la face ay pale*«	3 ([Superius], Ct., T)	ca. 1435, Savoyen? 2 Intavolierungen erhalten; als c.f. in der *Missa* »*Se la face ay pale*«	B VI, 19 D 21

2. Rondeaux

»*Adieu ces bons vins de Lannoys*«	3 ([Superius], Ct., T)	1426	B VI, 27 D 44
»*Adieu m'amour*«	3 ([Superius], Ct., T)	Text im Rohan-Chansonnier (ca. 1470) und in *Le Jardin de plaisance et fleur de rethoricque*, Paris 1501	B VI, 76
»*Adyeu quitte le demeurant*«	3 ([Superius], Ct., T)	nur Textbeginn	B VI, 75
»*Belle plaissant*«	3 ([Superius], Ct., T)		B VI, 40 D 34
»*Belle que vous ay je mesfait*«	3 ([Superius], Ct., T)		B VI, 46
»*Belle veulliés moy retenir*«	3 ([Superius], Ct., T)		B VI, 30 D 18
»*Belle vueillés moy vengier*«	3 ([Superius], Ct., T)	Text im Rohan-Chansonnier	B VI, 78
»*Belle vueilliés vostre mercy donner*«	3 ([Superius], Ct., T)		B VI, 47 D 35
»*Bien veignés vous*«	3 ([Superius], Ct., T)	Kanonanweisung	B VI, 50 D 14
»*Bon jour bon mois*«	3 ([Superius], Ct., T)	Text in Octovien de Saint-Gelais und Blaise d'Auriol, *La Chasse et le depart d'amours*, Paris 1509	B VI, 59 D 17
»*Ce jour de l'an*«	3 ([Superius], Ct., T)		B VI, 38 D 2
»*Ce moys de may*«	3 ([Superius], Ct., T)	Selbstnennung Du Fays im Text	B VI, 39 D 3

Werk	Stimmen	Bemerkungen	Ausgaben
»Craindre vous vueil«	3 ([Superius], Ct., T)	Akrostichon Cateline – Dufai weitgehend identisch mit *»Quel fronte signorille in paradiso«*	B VI, 61 D 1
»Dieu gard la bone sans reprise«	3 ([Superius], Ct., T)	Text in *Le Jardin de plaisance et fleur de rethoricque*, Paris 1501	B VI, 79
»Donnés l'assault a la fortresse«	4 ([Superius], Ct. I/II, T)	auch mit 3v. überliefert	B VI, 70
»Du tout m'estoye abandonné«	3 ([Superius], Ct., T)	nur in F-Pn f.fr.15123 Zuschr. an Du Fay	B VI, 82
»En triumphant de cruel dueil«	3 ([Superius], Ct., T)	Text in Rohan-Chansonnier auch mit dem Text: *»Je triumphe«* überliefert	B VI, 72
»Entre les plus plaines d'anoy«	3 ([Superius], Ct., T)		B VI, 66
»Entre vous gentils amoureux«	3 ([Superius], Ct., T)	Kanonanweisung	B VI, 26 D 15
»Estrinés moy je vous estrineray«	3 ([Superius], Ct., T)		B VI, 58 D 8
»Franc cuer gentil«	3 ([Superius], Ct., T)	Text in *Le Jardin de plaisance et fleur de rethoricque*, Paris 1501 Akrostichon: Franchoise, auch als Intavolierung überliefert	B VI, 74
»He compaignons resvelons nous«	4 ([Superius I/II], Concordans cum omnibus, Ct.)	1426? (für die Kapelle der Malatesta in Pesaro) Text in *Le Jardin de plaisance et fleur de rethoricque*, Paris 1501	B VI, 49 D 12
»Helas et quant vous veray«	3 ([Superius], Ct., [T])		B VI, 35
»Helas ma dame par amours«	3 ([Superius], Ct., T)		B VI, 45 D 11
»J'atendray tant qu'il vous playra«	3 ([Superius], Ct., T)		B VI, 42 D 19
»J'ay grant [dolour]«	3 ([Superius], Ct., T)	nur Textincipit; auch als Intavolierung überliefert	B VI, 65
»Je donne a tous les amoureux«	3 ([Superius], Ct., T)	auch mit lat. Text überliefert	B VI, 52 D 30
»Je n'ay doubté«	3 ([Superius], Ct., T)		B VI, 51
»Je ne puis plus«/»Unde veniet auxilium«	3 ([Superius], Ct., T)	T: Kanonanweisung	B VI, 29 D 23
»Je ne suy plus tel que souloye«	3 ([Superius], Ct., T)		B VI, 36 D 20
»Je prens congié«	3 ([Superius], Ct., T)		B VI, 57
»Je requier a tous amoureux«	3 ([Superius], Ct., T)		B VI, 32 D 25
»Je veuil chanter de cuer joieux«	3 ([Superius], Ct., T)	Akrostichon: Jehan de Dinant	B VI, 37 D 10
»Je vous pri«/»Ma tres douce amie«/ »Tant que mon argent«	4 ([Superius], Ct. I/II, T)		B VI, 25
»La plus mignonne de mon cueur«	3 ([Superius I/II], Concordans)	Text mehrfach ohne Musik, in einem Fall mit abweichender Musik überliefert	B VI, 80
»Las que feray ne que je devenray«	3 ([Superius], Ct., T)		B VI, 69 D 27
»Les douleurs dont me sens tel somme«	4 ([Superius I/II], Concordans I/II)	Text: Antoine de Cuise Oberstimmenkanon	B VI, 84
»Ma belle dame je vous pri«	3 ([Superius], Ct., T)		B VI, 31 D 43

Werk	Stimmen	Bemerkungen	Ausgaben
»Ma belle dame souverainne«	4 (Cantus, Triplum, Ct., T)		B VI, 44 D 45
»Mille bonjours je vous presente«	3 ([Superius], Ct., T)	auch als Intavolierung sowie mit lat. Text überliefert	B VI, 63
»Mon bien m'amour«	3 ([Superius], Ct., T)	nur Textincipit (Text: Charles d'Albert?)	B VI, 71
»Mon cuer me fait tous dis penser«	4 ([Superius], Triplum, Ct., T)	Akrostichon: Maria Andreasq	B VI, 54 D 7
»Navré je suy d'un dart penetratif«	3 ([Superius], Ct., T)		B VI, 34 D 31
»Ne je ne dors ne je ne veille«	3 ([Superius], Ct., T)	Text mehrfach ohne Musik überliefert	B VI, 77
»Or pleust a Dieu qu'a son plaisir«	3 ([Superius], Ct., T)		B VI, 60 D 26
»Par droit je puis bien complaindre«	4 ([Superius I/II], Ct. concordans I/II)	Oberstimmenkanon	B VI, 43 D 6
»Par le regard de vos beaulx yeulx«	3 ([Superius], Ct., T)	Text in *Le Jardin de plaisance et fleur de rethoricque*, Paris 1501, auch als Intavolierung überliefert	B VI, 73
»Pour ce que veoir je ne puis«	3 ([Superius], Ct., T)		B VI, 41 D 5
»Pour l'amour de ma doulce amye«	3/4 ([Superius], Ct., T, zus. Triplum)	auch mit lat. Text überliefert	B VI, 48 D 42
»Pouray je avoir vostre mercy«	3 ([Superius], Ct., T)		B VI, 33 D 33
»Puis que celle«	3 ([Superius], Ct., T)		B VI, 64
»Puis que vous estes campieur«	3 ([Superius, T], Ct.)	Kanonanweisung	B VI, 81
»Qu'est devenue leaulté«	3 ([Superius], Ct., T)		B VI, 67
»Resvelons nous«/»Alons ent bien«	3 ([Superius], Ct., T)	Ct. und T im Unterquintkanon	B VI, 28 D 13
»Se ma dame je puis veir«	3 ([Superius], Ct., T)		B VI, 53 D 24
»Trop long temps«	3 ([Superius], Ct., T)		B VI, 62
»Va t'en mon cuer jour et nuitie«	3 ([Superius], Ct., T)	Text im Rohan-Chansonnier	B VI, 68
»Vo regard et doulce maniere«	3 ([Superius], Ct., T)	Text in *Le Jardin de plaisance et fleur de rethoricque*, Paris 1501	B VI, 55
»Vostre bruit et vostre grant fame«	3 ([Superius], Ct., T)	Text in *Le Jardin de plaisance et fleur de rethoricque*, Paris 1501; Bertrand Desmarins de Masan, *Le Procès des deulx amans*, Lyon 1514	B VI, 83
3. Virelais			
»De ma haulte et bonne aventure«	3 ([Superius], Contra, T)	Text im Rohan-Chansonnier	B VI, 22
»Helas mon dueil a ce cop sui je mort«	3 ([Superius], Contra, T)		B VI, 23
»Malheureulx cueur que vieulx tu faire«	3 ([Superius], Contra, T)	Text (Le Rousselet) mehrfach ohne Musik überliefert	B VI, 24
»S'il est plaisir« (*»O pulcherrima«*)	4 ([Superius I/II], Ct., T)	Text in *Le Jardin de plaisance et fleur de rethoricque*, Paris 1501 Autorschaft z.T. angezweifelt	B VI, 21

E. Schriften

Musica, verschollen (vgl. Gallo 1966)
Tractatus de musica et de proportionibus, verschollen; erwähnt bei Fétis (vgl. Gallo 1966)

F. Werke zweifelhafter Echtheit, Zuschreibungen

Gloria	3v., in einer Quelle Du Fay zugeschr., jedoch umstritten; möglicherweise Kontrafaktur; Edition: B IV, 29; Bo, S. 57
Gloria	3v., in einer Quelle Hugo de Lantins zugeschrieben; Zuschr. an Du Fay bei H. Schoop, S. 48f.; Edition: Ch. van den Borren (Hrsg.), *Polyphonia Sacra. A Continental Miscellany of the Fifteenth Century*, Burnham, 2. Aufl. 1962, Nr. 16
Contratenor trompette	anonym zu Pierre Fontaine, »*J'ayme bien*«, 4v.; Edition: B VI, 86
Missa de Angelis	Introitus, Graduale, Alleluia, Alleluia, Offertorium, Communio (3v., anonym, durch Feininger [1947] und Planchart [1988] Du Fay zugeschrieben; Edition: F, S. 69–83)
Missa de S. Cruce	Introitus, Graduale, Alleluia, Alleluia, Offertorium, Communio (3v., anonym, durch Feininger [1947] und Planchart [1988] Du Fay zugeschrieben; Edition: F, S. 46–57)
Missa de SS. Trinitate	Introitus, Graduale, Alleluia, Alleluia, Offertorium, Communio (3v., anonym, durch Feininger [1947] und Planchart [1988] Du Fay zugeschrieben; Edition: F, S. 16–30)
Missa de Spiritu Sancto	Introitus, Graduale, Alleluia, Communio (3v., anonym, durch Feininger [1947] und Planchart [1988] Du Fay zugeschrieben; Edition: F, S. 1–13; Alleluia und Offertorium s. o.)
Missa de S. Andrea apostolo	Introitus, Graduale, Alleluia, Alleluia, Offertorium, Communio (3v., anonym, durch Feininger [1947] und Planchart [1988] Du Fay zugeschrieben; Edition: F, S. 31–46)
Missa de S. Joanne Baptista	Introitus, Graduale, Alleluia, Offertorium, Communio (3v., anonym, durch Feininger [1947] und Planchart [1988] Du Fay zugeschrieben; Edition: F, S. 58–68)
Missa S. Anthonii de Padua	Introitus, Offertorium (4v.), Communio (3v., anonym, durch Feininger [1947] und Planchart [1988] Du Fay zugeschrieben; Edition: F, S. 134–147; Graduale und Alleluia s. o.)
Missa S. Francisci	Introitus, Introitus, Alleluia, Communio (3v., anonym, durch Feininger [1947] und Planchart [1988] Du Fay zugeschrieben; Edition: F, S. 148–157; Introitus s. o.; Graduale »*Os iusti*« [s. o.] laut Vermerk in der Hs. aus der *Missa S. Antonii*)
Missa S. Georgii [martyris]	Introitus, Introitus, Alleluia, Tractus, Offertorium, Offertorium, Communio, Communio (3v., anonym, durch Feininger [1947] und Planchart [1988] Du Fay zugeschrieben; Edition: F, S. 84–99)
Missa S. Mauritii et sociorum	Introitus, Introitus, Graduale, Alleluia, Offertorium, Communio (3v., anonym, durch Feininger [1947] und Planchart [1988] Du Fay zugeschrieben; Edition: F, S. 108–122)
Missa S. Sebastiani	Introitus, Graduale, Alleluia, Offertorium, Communio (3v., anonym, durch Feininger [1947] und Planchart [1988] Du Fay zugeschrieben; Edition: F, S. 166–176)
»*Gaudeamus omnes*«	Intr. ad missam in festo assumptionis B. M.V., 3v., anonym, durch Planchart (1988) Du Fay zugeschrieben; Edition: F, S. 182–184
»*Letabundus*«	Sequ., 3v., anonym, Zuschr. durch Hamm (1964), S. 77
»*Mittit ad virginem*«	Sequ., 3v., anonym, Zuschr. durch Hamm (1964), S. 78
»*Sancti spiritus assit*«	Sequ., 3v., anonym, Zuschr. durch Hamm (1964), S. 78, und Laubenthal (1993)
»*Elizabet Zacharie-Inter vates*«/»*Lingua pectus*«/ »*Elizabet*«	isorhythmische Mot., 4v., anonym; Zuschr. durch Hamm (1964), S. 70ff.; Edition: J. M. Allsen (Hrsg.), *Four Late Isorhythmic Motets*, North Harton 1995 (= Antico Edition AE35), S. 4–12; DTÖ 76, S. 16–18; Text: Holford-Strevens (1997), S. 150f.
»*Veni dilecti me*«	Mot., 3v., sowohl Du Fay als auch Johannes de Lymburgia zugeschrieben; wahrscheinlich von Lymburgia; Edition: B I, 21; V I, 8
»*Salve regina*«	Ant., 4v., in einer Quelle Du Fay zugeschrieben, Autorschaft von Dézes (1927) in Zweifel gezogen, Befund von Fallows (1982) wieder in Frage gestellt; Edition: DTÖ 14/15, S. 178–183

»Ad cenam agni providi«	Hymnus, 3v. (Fauxbourdon), anonym als stark variierte Fassung der Du Fay zugeschriebenen Version; Edition: B V, S. XXIII oben
»Ad cenam agni providi«	Hymnus, 3v. (Fauxbourdon), anonym; Außenst. weitgehend identisch mit der Du Fay zugeschr. Version; Edition: B V, 17b
»Deus tuorum militum«	Hymnus, 3v., anonym; ders. Cantus wie in der Du Fay zugeschr. Version; Edition: B V, 59
»Deus tuorum militum«	Hymnus, 3v., anonym; ders. Cantus wie in der Du Fay zugeschr. Version; Edition: B V, 60
»Iste confessor«	Hymnus, 3 v., anonym; ders. Cantus wie in der Du Fay zugeschr. Version, kein Fauxbourdon; Edition: B V, 61
»Jesu corona virginum«	Hymnus, 3 v., anonym; ders. Cantus wie in der Du Fay zugeschr. Version, kein Fauxbourdon; Edition: B V, 62
»Jesu corona virginum«	Hymnus, 4 v., anonym; ders. Cantus und T wie in der Du Fay zugeschr. Version, kein Fauxbourdon; Edition: B V, 63
»Urbs beata Jerusalem«	Hymnus, 4 v., anonym; ders. Cantus wie in der Du Fay zugeschr. Version; Edition: B V, 57a
»Urbs beata Jerusalem«	Hymnus, 3 v. (Fauxbourdon), anonym; Cantus und T wie in der vierst. Version; Edition: B V, 57
» Vexilla regis«	Hymnus, 3 v., anonym, ders. Cantus wie in der Du Fay zugeschr. Version, variierter T, Fauxbourdon statt Ct.; Edition: B V, 54
»Nuper almos rose flores«	Sequ., 1v., anonym, Zuschr. durch Wright (1994), S. 440f.
»Scitote quoniam«	Intr., 1v., anon., Zuschreibung durch Planchart (1988)
»Departés vous«	Rondeau, 3v., anon. in I-Bc Q 16; Zuschreibung an Du Fay und Johannes Ockeghem ; Edition: B VI, 93
»Le Serviteur hault guerdonné«	Rondeau, 3v., anonym in 13 Quellen, nur in einer Handschrift Du Fay zugeschrieben; Edition: B VI, 92
»Seigneur Leon«/ »Benedictus qui venit«	Rondeau, 4v., anonym bzw. mit abgetrennter Zuschreibung; entst. 1441?; Zuschr. und Edition: B VI, 85

G. Nicht authentische Werke

Missa »Caput«	4v., Zyklus anonym, Kyrie Du Fay zugeschr., Zyklus jedoch wahrscheinlich englischer Provenienz; Edition: B II, 5
Missa »Christus surrexit«	4v., durch Feininger (1951) Du Fay zugeschr.; Edition: L. Feininger (Hrsg.), *Missa Caput auctore Gulielmo Du Fay cum aliis duabus missi anonymis Veterem hominem et Christus surrexit eidem auctori adscribendis*, Rom 1951 (= Monumenta polyphoniae liturgicae sanctae ecclesiae Romanae I, II-1)
Missa »La Mort de Saint Gothard«	4v., anonym, wahrscheinlich von Joh. Martini; Edition: B II, 6; L. Feininger (Hrsg.), *Missa Ave regina celorum Gulielmi Du Fay synoptice secundum fontes praecipuos una cum Missa La mort de Saint Gothardo*, Rom 1963, S. 59–78 (= Monumenta polyphoniae liturgicae sanctae ecclesiae Romanae I, II-3)
Missa »Puisque je vis«	4v., anonym, Zuschr. und Edition: L. Feininger (Hrsg.), *Missa ecce ancilla Domini auctore Gulielmo Du Fay cum altera Missa anonyma super puisque ie vis eidem auctori adscribenda*, Rom 1952 (= Monumenta polyphoniae liturgicae sanctae ecclesiae Romanae I, II-4); dort (S. IV) auch Zuschr. des Tenors (nach I-Fr 2356) an Du Fay
Missa sine nomine	4 v., anonym, Zuschr. durch Hamm (1964), S. 137
Missa » Veterem hominem«	4v., durch Feininger (1951) Du Fay zugeschr., aber wahrscheinlich englisch; Edition: L. Feininger (Hrsg.), *Missa Caput auctore Gulielmo Du Fay cum aliis duabus missi anonymis Veterem hominem et Christus surrexit eidem auctori adscribendis*, Rom 1951 (= Monumenta polyphoniae liturgicae sanctae ecclesiae Romanae I, II-1)
Missa de S. Joanne Baptista	Introitus, Graduale, Alleluia, Offertorium, Communio 3v., anonym, durch Feininiger (1947) Du Fay zugeschr.; Edition: F, S. 58–68
Kyrie *»Lux et origo«*	3v., Fauxbourdon, anonym; durch Dézes (1927) Du Fay zugeschr., durch Bockholdt (1960) zurückgewiesen; Edition: Bo, S. 9
Gloria	3v., *»Susay«* zugeschrieben, Zuschreibungsversuche an Du Fay niemals ernstlich bestätigt; Edition: CMM 29, 35

»*O flos florum*«	Mot., 3v., »*Duffay*« zugeschrieben; wahrscheinlich Kontrafaktur eines frz. Rondeaus; Edition: B VI, 89
»*O sidus Yspanie*«	Mot., 5 v., anonym; Edition und nie ernsthaft bestätigte Zuschr. in: DTÖ 76, S. 75f.
»*Iam ter quaternis*«	Hymnus, 3 v., anonym; Zuschr. durch Bockholdt (1979); Zurückweisung durch Fallows (1982), S. 288
»*O quam glorifica*«	Hymnus, 3 v., anon. in: F-CA 6; Zuschr. an Du Fay in Bockholdt (1979); Zurückweisung durch Fallows (1982), S. 288
»*Veni Sancte Spiritus*«	Sequenz, 3v., irrtümliche Zuschr. an Du Fay durch G. de Van, *A Recently Discovered Source of Early Fifteenth Century Polyphonic Music*, in: Musica Disciplina 2, 1948, S. 5–74
»*Je ne vis onques la pareille*«	Rondeau, 3v., eventuell auch Gilles Binchois oder Antoine Busnois; Edition: B VI, 91
»*Mon seul plaisir*«	Rondeau, 3v., wahrscheinlich John Bedyngham; Edition: B VI, 90
»*Resistera*«	Rondeau, 4v.; in der Quelle von anderer Hand Du Fay zugeschr.; Edition: B VI, 94
»*Se la face ay pale*«	ohne Text, 4v.; Edition: B VI, 87

Eigens angesprochene oder eingehender erörterte Werke

(nicht vermerkt, ob erhalten oder nicht; die Kennzeichnung »anonym« hier ausschließlich nach der Quellenlage; fettgedruckte Texte weisen auf die im Notenanhang vertretenen Werke hin, fettgedruckte Seitenzahlen auf Notenbeispiele)

Glossar

Agnus Dei: der letzte Teil des Ordinarium missae, eine dreimalige Anrufung, zugleich Bittruf, ursprünglich zur Brechung des Brotes, später u.a. während des Friedenskusses gesungen

Alleluia: feierliche, seit dem 4. Jahrhundert in der christlichen Liturgie heimische, zum Proprium de tempore gehörige Akklamation, welche aus der jüdischen Liturgie herstammt (*hallelu-jah = Preiset Jahwe*)

Ambitus: in den Modi (= Kirchentönen) entscheiden der Umfang bzw. die Positionierung der Melodie bzw. Skala darüber, ob es sich um einen authentischen oder plagalen Tonus handelt

Antiphon, antiphonisch: liturgischer Gesang mit Prosatext, meist als Refrain zu Psalmversen, seit dem 10./11. Jahrhundert zunehmend in Reimversen und unabhängig von der Psalmodie, insbesondere in den marianischen Antiphonen *Alma redemptoris mater, Ave regina coelorum, Regina coeli* und *Salve regina*; allgemein Vortrag im Wechsel zwischen zwei Solisten oder Chören, hervorgegangen aus dem Psalmvortrag, oft Begleitgesang zu liturgischen Handlungen

Ballade: ursprünglich Tanzlied, meist mit drei durchgereimten Strophen und gleichbleibendem Refrain, die Strophe bestehend aus Stollen und Gegenstollen, welche nach oft gleicher Melodie bzw. gleichem Satz im Halbschluß (»*ouvert*«) bzw. Ganzschluß (»*clos*«) auslaufen, gefolgt von einem Abgesang (B), der auf den Refrain (R) zuläuft (= AA'B + R). Wird im Refrain die Musik des Stollenschlusses wiederaufgenommen, spricht man von »Rücklaufballade« (= AA' + x, B, R + x), vgl. S. 51 ff. und im Notenanhang Nr. 3. Nach 1400 wurde die Ballade in ihrer bis dahin dominierenden Rolle vom Rondeau abgelöst

Ballata, ursprünglich Tanzlied, seit ca. 1360 bis zu Ausläufern bei Hugo de Lantins und Du Fay eine der in Italien wichtigsten Formen weltlicher Mehrstimmigkeit, bei der textliche und musikalische Gliederung sich verschränken:

Text:	*A-A (ripresa)*	*b-c/b-c (piede)*	*c-a (volta)*	*A-A (ripresa)*
Musik:	*a-b*	*c-d/c-d'*	*a-b*	*a-b*

Die *ripresa* wird chorisch gesungen, *piede* und *volta* – zusammen die *stanza* – solistisch

Brevis, s. Notenwerte

Cantus figuralis (bzw. *Cantus mensuratus*)*:* Sammelbezeichnung für das mehrstimmige, rhythmisch regulierte Repertoire

Cantus planus (bzw. *Cantus choralis*)*:* Sammelbezeichnung für das einstimmige gregorianische Repertoire der Kirche

Cantus prius factus: die »früher verfertigte«, d.h. vorgegebene, zumeist der liturgischen Einstimmigkeit entnommene Melodie

Cantus, Cantus firmus: im allgemeinsten Verständnis ist Cantus Gesang, Melodie, im weltlichen Kantilenensatz die in der Regel frei erfundene Oberstimme (auch: »Superius«), in der liturgisch gebundenen Mehrstimmigkeit die dem gregorianischen Repertoire entnommene, dem Satz als Fundamentum relationis zugrundegelegte Stimme; weil durch den liturgischen Rückhalt besser gesichert als die anderen, additiv verstandenen Stimmen, zumeist als »Cantus firmus« bezeichnet.

Color: vom Begriff der rhetorischen »Schmückung« abgeleitet zunächst die Benennung fixierter, wiederholter Melodiewendungen; innerhalb der Isorhythmie Bezeichnung der melodisch gleichbleibenden Tonfolge; in der Notation die von der jeweiligen Schriftart abweichende Notationsweise (in schwarzer Notation rot, in weißer Notation schwarz), welche zumeist hemiolische Rhythmisierung anzeigt, in moderner Notation zumeist durch unterbrochene eckige Klammern über dem Notensystem wiedergegeben

Communio: Gesang zur Beichte (Kommunion), oft mit Psalm 33 als Text, ursprünglich von zwei alternierenden Chören gesungen

Contratenor: der in gleicher Lage wie der Tenor verlaufende, als dritte Stimme zum Duo von Tenor und Superius hinzukomponierte »Gegentenor«, jene Fundamentierungen des Satzes besorgend, welchen der zumeist an eine vorgegebene Melodie gebundene Tenor versäumen muß, daher oft springend und deutlich additiven Wesens, später zunehmend zur Baßstimme (»Contratenor bassus«) sich entwickelnd bzw. in zwei Stimmen sich aufspaltend

Corona (auch: *signum congruentiae*): Haltepunkt, einer Fermate vergleichbar, oder nur Achtungszeichen, markiert z.B. in der Ballade den Schluß des Stollenpaars, im Rondeau den Schluß der ersten Hälfte, in Kanons den Eintritt der je nächsten Stimme

Credo: das Glaubensbekenntnis, als dritter Teil des Ordinarium missae zugleich dessen wortreichster, nach der Predigt und beginnend mit der Intonation des Zelebranten zunächst von alternierenden Chören auf eine begrenzte Zahl wiederkehrender Formeln rezitiert

Discant (Discantus): in der allgemeinsten Bedeutung (»Auseinandergesang«) Bezeichnung der Gegenstimme zu einem Cantus oder des von beiden Stimmen gebildeten Duos insgesamt; in England das extemporierende Herleiten zusätzlicher Stimmen (Treble, Faburden) aus einem vorgegebenen, in der Regel in der Satzmitte verlaufenden Cantus

Doppeloktavkadenz: die in einen Zweioktavenabstand mündende Kadenz, im Vergleich zur Parallel- und zur Oktavsprungkadenz die »modernste«; der fundamentierende Tiefton gehört nicht mehr dem Tenor, wie es dessen Stellung als Fundamentum relationis zukäme, sondern dem – nunmehr bassierenden – Contratenor, welcher zum Schlußton zumeist über einen »dominantischen« Quintschritt gelangt, vgl. Beispiele u.a. auf den Seiten 68 (Takte 16/17), 214 (Beispiel 1 a, Takte 4/5, Beispiel 1 d), 333 (Beispiel 3 b)

Duplum: die »zweite« Stimme im Organum bzw. in der Motette, d.h. die erste zum Cantus bzw. Tenor hinzugesetzte

Faburden: in England Bezeichnung der nicht notierten Unterstimme eines dreistimmigen Satzes, welcher von einem in der Mitte befindlichen Cantus abgeleitet wird; sie hält zum Cantus Abstände in Terzen oder Quinten, zur Oberstimme Sexten oder Oktaven

Fauxbourdon: Verfahren, eine nicht notierte Stimme in Quartparallelen aus der Oberstimme abzuleiten und auszuführen, woraus sich strikte Vorfestlegungen für den Verlauf der dritten, unteren Stimme ergeben, vgl. Kap. XI

Finalis: in den Modi (= Kirchentönen) der Endton, in seinen Verbindlichkeiten nicht identisch mit dem Grundton der nachmaligen Tonarten

Fusa, s. Notenwerte

Gloria: Lob-, Dank- und Bittgesang, zweiter, unmittelbar ans Kyrie anschließender Teil des Ordinarium missae, nächst dem Credo der wortreichste

Graduale: responsorischer Gesang, zweiter Teil des Ordinarium missae

Hoquetus: herkommend wohl von altfranzösisch *»hoqueter = zerschneiden«*, das Miteinander zweier oder mehrerer mit Pausen durchsetzter Stimmen (»wenn einer pausiert, pausiert der andere nicht, und umgekehrt«, Franko von Köln), ein besonders im 13. und 14. Jahrhundert beliebter, auch im 15. noch begegnender, zumeist mit lebhaftem Tempo verbundener Musiziereffekt

Hymnus: aus der Antike übernommenes Preislied, poetisch und musikalisch in regelmäßigen Strophen

Introitus: Einleitung der Messe, als antiphonischer Gesang den Einzug des Klerus bzw. der Priester begleitend, erstes Stück des Proprium de tempore, also je nach Station im Kirchenjahr wechselnd

Isorhythmie: der Einsatz rhythmisch identischer, mehrmals zumeist in unterschiedlichen Mensuren wiederholter Abschnitte (= talea) in erster Linie im Tenor, um eine Motette strophenartig zu gliedern. Eine fortlaufende Melodie kann in mehrere solche Abschnitte untergliedert sein (Verhältnis x : 1, vgl. Beispiel 6 in Kap. III, Beispiel 5 b in Kap. XIII) oder gleich viele Töne umfassen (Verhältnis 1 : 1, vgl. Beispiel 6 a/b in Kap. XV, hier fugiert in zwei Tonlagen); wiederholte melodische Abschnitte heißen »color«. Erstreckt sich die rhythmische Entsprechung auf alle Stimmen, spricht man von »Pan-Isorhythmie« bzw. »Iso-Periodik«, vgl. u.a. Beispiele 3 auf den Seiten 23, 34, 121, 154, 162, 166, 191 und 201

Kadenz: s. Doppeloktavkadenz, Oktavsprungkadenz, Parallelkadenz

Kirchenton, s. Modus

Kyrie eleyson: aus der Antike übernommener dreiteiliger Bittruf, der erste Teil des Ordinarium missae

Ligatur: in der Notation des 15. Jahrhunderts ein zwei oder mehr Noten zu einer Einheit zusammenfassendes Zeichen, welches eine rhythmische Bewertung implizierte und auch als Anhaltspunkt für die Textlegung diente – oftmals sollten die betreffenden Töne auf eine Silbe gesungen werden. In Transskriptionen werden Ligaturen durch über die Systeme gesetzte eckige Klammern angezeigt, im vorliegenden Buch wurden sie wegen anderweitiger Verdeutlichungen weggelassen

Longa, s. Notenwerte

Magnificat: Lobgesang der Maria (»Magnificat anima mea Dominum«, Lukas 1, 46 – 55), Höhepunkt der Vesper

Maxima, s. Notenwerte

Mene: in England Bezeichnung des in der Satzmitte befindlichen Cantus, zu dem die nicht notierte Oberstimme (= Treble) in parallelen Quarten verläuft, die nicht notierte Unterstimme (= Faburden) Terz- oder Quintabstände hält, vgl. Kap. XI

Mensuralnotation: im Grundriß von Franco von Köln um 1250 geschaffenes System, welches das Verhältnis der Notenlängen untereinander festlegt. *Modus* bezeichnet das Verhältnis von Longa zu Brevis, *Tempus* das Verhältnis von Brevis zu Semibrevis, *Prolatio* das Verhältnis von Semibrevis zu Minima; Tempus und Prolatio können perfekt (3 : 1, auch: »maior«) oder imperfekt (2 : 1, auch: »minor«) sein, Modus war zuallermeist imperfekt. Wichtig erscheinen im 15. Jahrhundert vorab die Kombinationen von Tempus und Prolatio:

Bezeichnung	*Symbol*	*Notenwerte*		*moderner Takt*
Tempus perfectum cum prolatione perfecta	⊙	𝅜 = 𝅝 𝅝 𝅝	𝅝 = 𝅗𝅥 𝅗𝅥 𝅗𝅥	9/8
Tempus imperfectum cum prolatione imperfecta	C	𝅜 = 𝅝 𝅝	𝅝 = 𝅗𝅥 𝅗𝅥	2/4
Tempus imperfectum cum prolatione perfecta	Ͼ	𝅜 = 𝅝 𝅝	𝅝 = 𝅗𝅥 𝅗𝅥 𝅗𝅥	6/8
Tempus perfectum cum prolatione imperfecta	O	𝅜 = 𝅝 𝅝 𝅝	𝅝 = 𝅗𝅥 𝅗𝅥	3/4

(Die Angaben zum modernen Takt setzen eine Lesung der Brevis als Halbe, der Semibrevis als Viertel usw. voraus, als Kurzbenennungen haben sich für die dritte Position (Ͼ) »Prolatio« bzw. »Prolationotierung«, für die vierte (O) »Tempus« bzw. »Tempusnotierung« eingebürgert). Dem Eindruck, daß mit diesen vier Mensuren alle seinerzeit gebräuchlichen »Taktarten« erfaßt und weitere nicht notwendig seien, stehen, von der Vorgeschichte abgesehen, vor Allem zwei Sachverhalte entgegen: Erstens hätte in den zahlreichen Fällen, da in größere Mensureinheiten der Unterstimmen kleinere der Oberstimmen eingeschachtelt sind – vgl. z.B. im Notenanhang die Motette *Vasilissa ergo gaude* –, das Verhältnis der Längenwerte zueinander nicht verdeutlicht werden können, weil – zweitens – unterschiedliche Tempi nicht angezeigt werden konnten. Dies war unnötig, da Mensuren nicht nur die Verhältnisse der Notenwerte, sondern auch Gangarten, Bewegungsformen, Tempi – gewiß innerhalb elastischer Margen – festlegten; so war der Übergang von der Vorherrschaft der »Prolatio« (= Prolatio maior bzw. perfecta) zu der des »Tempus« (= perfectum) zugleich mit einem Stilwandel verbunden (vgl. Kap. V, S. 75 ff.), in geringerem Maße später auch der zum Tempus imperfectum. Schon aus den genannten Gründen waren Zwischenlösungen erforderlich, deren definitorische Abgrenzung voneinander schon die zeitgenössischen Theoretiker beschäftigt hat, und bei denen moderne Übertragungen (die Brevis als Ganze, Halbe oder gar Viertel?) am ehesten differieren. Als zwischen der Aufteilung des Tempus imperfectum cum prolatione maiori und der Gangart des Tempus perfectum cum prolatione minori vermittelnd erscheint besonders wichtig das meist als 6/4-Takt übertragene Tempus perfectum diminutum (⦶).

Minima, s. Notenwerte

Modus: rhythmisch bezogen seit der Notre Dame-Epoche die Bezeichnung verschiedener dreizeitiger Rhythmusfolgen; in der Mensuralnotation das Verhältnis zwischen Longa und Brevis; melodisch bezogen – als »Kirchenton« – die Bezeichnung verschiedener Skalen; ihre Wahl bedeutet jeweils zugleich Wahl eines bestimmten Anfangs- und Endtons, bestimmter melodisch vorstrukturierender Tonräume – vgl. die unterschiedliche Position der im Beispiel als Brevis geschriebenen Finalis innerhalb der Tetrachorde bzw Pentachorde – und eines bestimmten Grundcharakters. Im 15./16. Jahrhundert galt die folgende Einteilung:

(Die Problematik der verschobenen Benennungen bleibt hier außer Betracht)

Motette: die Bezeichnung herkommend von »*motetus*« als der Benennung einer im mehrstimmigen Satz mit einem eigenen Text »be-worteten« Stimme; als Struktur die Verbindung eines den Cantus firmus bildenden Tenors mit einer weiteren oder mehreren ihn kommentierenden, satztechnisch und textlich auf ihn bezogenen Stimmen; unmittelbar über ihm liegend Duplum bzw. Motetus, darüber Triplum, auch Superius, unter dem Tenor bzw. in gleicher Lage neben ihm laufend ein Contratenor – dies eine vielfach variierte Norm; im Ablauf, besonders in den repräsentativen Prägungen, seit dem 14. Jahrhundert bis zur Mitte des 15. zumeist isorhythmisch organisiert.

Motetus: das mit eigenem Text versehene, »be-wortete« Duplum, in der Regel die Stimme über dem Tenor

Musica ficta (Musica falsa): »vorgetäuschte« Musik, ursprünglich Tonstufen, die auf der Guidonischen Hand nicht zu finden sind, von hier aus verallgemeinert erhöhte oder erniedrigte Tonstufen, welche nicht eigens notiert und deren Wahl dem Ausführenden überlassen werden, in modernen Ausgaben über den Systemen notiert; die einschlägigen Regeln lassen etlichen Spielraum, infolgedessen differiert die oft alternativ an Gesichtspunkten der Stimmverläufe oder harmonischer Führungen orientierte Handhabung erheblich

Noema: Hervorhebung eines Texthöhepunkts oder einer Schlußbildung (z. B. »*Amen*«) durch einen homophonen, nur aus Konsonanzen bestehenden, oft auf jeder Note mit einer Fermate versehenen Abschnitt

Notenwerte: Die Notation des 15. Jahrhunderts unterscheidet Maxima (𝆶, übertragen meist als Doppelganze 𝅜), Longa (𝆷 bzw. 𝅝), Brevis (𝆸 bzw. 𝅗𝅥), Semibrevis (𝆹 bzw. 𝅘𝅥), Minima (𝆺 bzw. 𝅘𝅥𝅮), Semiminima (𝆺𝅥 bzw. 𝅘𝅥𝅯), Fusa (𝆺𝅥𝅮 bzw. 𝅘𝅥𝅰), Semifusa (𝆺𝅥𝅮 bzw. 𝅘𝅥𝅱); weil graphisch die moderne Ganze von der Semibrevis herkommt, handelt es sich bei der hier angegebenen Übertragung um eine vierfache Verkürzung

Offertorium: antiphonischer Gesang zur Darbietung der Opfergaben

Offizium: die Reihe der über den Tag und die Nacht verteilten Stundengebete

Oktavsprungkadenz: die eine »dominantische« Endung mit dem Fundament-Anspruch des Tenors kompromißhaft verbindende Kadenzierung, bei der der Contratenor von der Unterquint in die Oberquint springt, mithin im vorletzten Klang tiefste Stimme ist, nicht jedoch im letzten, vgl. u.a. Beispiele auf den Seiten 45 (Beispiel 4 a), 181 (Takte 70/71) und 214 (Beispiel 1 a, Takte 14/15, Beispiel 1 c)

Ordinarium missae (Meßordinarium): Sammelbezeichnung für die durch das Kirchenjahr gleichbleibenden fünf Sätze Kyrie, Gloria, Credo, Sanctus und Agnus Dei

Parallelkadenz: die älteste, den Superius in den Grundton und den Contratenor in die Unterquint parallel führende Kadenzierung, welche, um den Tritonus zu vermeiden, eine Alteration des Contratenors erforderlich macht, also sich »funktionalharmonisch« verweigert und am ehesten altertümlich-formalhaft anmutet; sie wahrt die Hierarchie der Stimmen, vgl. u.a. Beispiele auf den Seiten 68 (Takte 6/7, 32/33), 110, 214 (Beispiel 1 b), 334 (Beispiel 4a und b)

Plenarmesse: sowohl die Sätze des Ordinarium missae als auch diejenigen des Proprium de tempore umfassend

Prolatio: das Verhältnis von Semibrevis zu Minima, s. Mensuralnotation

Proportionen, s. Mensuralnotation

Proprium de tempore (Proprium missae): Sammelbezeichnung für die je nach Anlässen im Kirchenjahr wechselnden Gesänge der Messe (Introitus, Graduale mit Alleluia oder Tractus und Sequenz, Offertorium) bzw. die sie enthaltenden liturgischen Bücher – mit Ausnahme des Proprium de Sanctis

Proprium de Sanctis: Sammelbezeichnung für die je nach Heiligenfesten wechselnden Gesänge der Messe

Rondeau: möglicherweise aus dem Rundtanz (»*Rondel*«) herkommende Form, bei der sich dank einer raffinierten Verschränkung textlicher und musikalischer Zeilen Refrain- und Strophenstruktur verbinden, beim vierzeilig-vierstrophigen Rondeau in der Anordnung

Text:	*ABBA*	*abAB*	*abba*	*ABBA*
Musik:	*A B*	*a A*	*a b*	*A B.*

Nach 1400 löste es zu nehmend die Ballade in deren bis dahin dominierender Rolle ab, vgl. Kap. XII

Rücklaufballade, s. Ballade

Sanctus: der vierte Teil des Ordinarium missae, bei dem die Gemeinde in den himmlischen Lobgesang einstimmt, erst später an die Kleriker übergegangen; textlich verbindet sich hier die Akklamation der Seraphim (»*Sanctus, Sanctus, Sanctus*«) aus Jesaias 6, 3 mit dem durch *Osanna* eingeleiteten »*Benedictus qui venit …*«

Semibrevis, s. Notenwerte

Semiminima, s. Notenwerte

Sequenz: nach dem Alleluia bzw. Tractus vorgetragener Gesang, seit dem 9. Jahrhundert belegt, Texte mit fortschreitender Wiederholung von Zeilenpaaren

Superius: die im Satz zuoberst liegende Stimme

Talea: innerhalb der Isorhythmie Bezeichnung der rhythmisch identischen Abschnitte

Tempus: in der Mensuralnotation das Verhältnis von Brevis zu Semibrevis, s. Mensuralnotation

Tenor: die den vorgegebenen Cantus »haltende« Stimme, textlich und satztechnisch das Zentrum (»Fundamentum relationis«) des Satzes, in der Regel in hoher Männerstimmlage verlaufend und erst später als Bezeichnung für diese verwendet

Tractus: Zum Proprium missae gehörig, wird zur Vorfasten- und Fastenzeit, in der Totenmesse und bei einigen anderen Gelegenheiten anstelle des Alleluia nach dem Graduale gesungen

Treble: in England Bezeichnung der nicht notierten Oberstimme eines dreistimmigen Satzes, welcher von einem in der Mitte befindlichen Cantus abgeleitet wird; sie verläuft in parallelen Quarten zum Cantus, in Sexten oder Oktaven zur Unterstimme, dem Faburden

Triplum: die »dritte« Stimme im Organum bzw. in der Motette, d.h. die zweite zum Cantus bzw. Tenor hinzugesetzte, in der Regel über dem Duplum bzw. Motetus liegend

Tuba: im liturgischen Gesang der Rezitationston, auch »Tenor« genannt, neben Finalis und Ambitus das wichtigste Kriterium zur Bestimmung der Modi (= Kirchentöne)

Vesper: der vorletzte Stundengottesdienst im Offizium

Virelai: neben Ballade und Rondeau die dritte fixe Form weltlicher Mehrstimmigkeit, zahlenmäßig hinter den beiden anderen weit zurücktretend; beginnend mit dem Refrain (*A*), dem mit neuer Melodie anders gereimte Verse (*b*) folgen, denen eine in Reim und Melodie mit dem Refrain übereinstimmende Versgruppe (*a*), und dieser nochmals, einen Rahmen schaffend, der Refrain (musikalisch *A bb a A*).

Literaturverzeichnis

a) Ausgaben

(nur namentlich auf Du Fay bezogene, keine Einzelausgaben in Denkmälern, Sammelpublikationen, Anthologien usw.)

Stainer, John F. R. und Cecie, *Dufay and his contemporaries*, London 1898

Guillaume Dufay, *Zwölf geistliche und weltliche Werke zu 3 Stimmen*, hrsg. von Heinrich Besseler, *Das Chorwerk* 19, Wolfenbüttel 1932

Guillaume Dufay, *Sämtliche Hymnen zu 3 und 4 Stimmen*, hrsg. von Rudolf Gerber, *Das Chorwerk* 49, Wolfenbüttel 1937

Guglielmi Dufay Opera omnia, Bd. I – II, *Motetti qui et cantiones vocantur*, hrsg. von Guillaume de Van, *Corpus mensurabilis musicae* I, Rom 1947/48

Auctorum anonymorum missarum propria XVI quorum XI Gulielmo Dufay auctori adscribenda sunt, hrsg. von Laurence Feininger, *Monumenta polyphoniae liturgicae sanctae ecclesiae romanae* II/1, Rom 1947

Guillelmi (Bd. II/III: *Guglielmi*) *Dufay opera omnia*, hrsg. von Heinrich Besseler, Bd. I – VI, *Corpus mensurabilis musicae* I, Rom 1951 – 1966; Bd VI neu hrsg. von David Fallows, Stuttgart 1995 (hierzu Kommentar in: *Musica Disciplina* XLVII, 1995

Die frühen Messenkompositionen von Guillaume Dufay, hrsg. von Rudolf Bockholdt, Band II, Tutzing 1960

Guillaume Dufay, *Chansons. Forty-five Settings in Original Notation. From Oxford, Bodleian Library MS Canonici 213*, hrsg. von R.W. Duffin, Miami 1983

Guillaume Dufay, *Four Italian Songs*, hrsg. von Bernhard Thomas, Brighton 1991

Lütteken 1993 (s. Literaturverzeichnis): Kritische Edition der Texte der isorhythmischen Motetten mit deutscher Übersetzung

Guillaume Dufay, *15 Himnusz*, hrsg. von J. Szendrey, *Egyházzenei Füzetek* III/6, Budapest 1997

Holford-Strevens 1997 (s. Literaturverzeichnis): Kritische Edition der Texte der isorhythmischen Motetten mit englischer Übersetzung

b) Sekundärliteratur

Aertsen, Jan A., *»Speculum musicae« als Spiegel der Philosophie*, in: *Musik – und die Geschichte der Philosophie und Naturwissenschaften im Mittelalter*, hrsg. von Frank Hentschel, Leiden-Boston-Köln 1998, S. 305 – 321

Allsen, J. Michael, *Intertextuality and Compositional Process in Two Cantilena Motets by Hugo de Lantins*, in: *The Journal of Musicology*, XI, 1993, S. 174 – 202

Allsen, J. Michael, *Style and Intertextuality in the Isorhythmic Motet 1400 – 1440*, Ph. Diss. University of Wisconsin-Madison 1992

Althoff, Gerd, *Die Macht der Rituale. Symbolik und Herrschaft im Mittelalter*, Darmstadt 2003

Angenendt, Arnold, *Geschichte der Religiosität im Mittelalter*, 2. Aufl., Darmstadt 2000

Apel, Willi, *Die Notation der polyphonen Musik*, Leipzig 1962, 2. Aufl. 1971

Apel, Willi, *Remarks about the Isorhythmic Motet*, in: *L'Ars Nova*, hrsg. von Susanne Clerx-Lejeune, *Les Colloques de Wégimont II*, 1955, Paris 1959, S. 139 – 148

Apfel, Ernst, *Aufsätze und Vorträge zur Musikgeschichte und historischen Musiktheorie*, Saarbrücken 1977

Apfel, Ernst, *Grundlagen einer Geschichte der Satztechnik vom 13. bis zum 16. Jahrhundert*, Saarbrücken 1974

Apfel, Ernst, *H. Besseler, Bourdon und Fauxbourdon und die Tonalität*, in: *ders., Aufsätze und Vorträge zur Musikgeschichte und historischen Musiktheorie*, Saarbrücken 1977, S. 111 – 122

Arlt, Wulf, *»Helas«/»Las« in Liedanfängen des 15. Jahrhunderts*, in: *Musik als Text*, a.a.O., S. 358 – 361

Arlt, Wulf, *Der Beitrag der Chanson zu einer Problemgeschichte des Komponierens: »Las! j'ay perdu …« und »Il m'est si grief« von Jacobus Vide*, in: *Analysen. Beiträge zu einer Problemgeschichte des Komponierens. Festschrift für Hans Heinrich Eggebrecht zum 65. Geburtstag*, Beihefte zum *Archiv für Musikwissenschaft* 23, Stuttgart 1984, S. 68 – 74

Arlt, Wulf, *Einführung*, in: *Musik als Text*, a.a.O., S. 287 – 290
Arlt, Wulf, *Italien als produktive Erfahrung franko-flämischer Musiker im 15. Jahrhundert*, in: *Vorträge der Aeneas-Silvius-Stiftung an der Universität Basel*, Band XXVI, Basel/Frankfurt am Main 1993
Arlt, Wulf, *Musik und Text im Liedsatz franko-flämischer Italienfahrer der ersten Hälfte des 15. Jahrhunderts*, in: *Schweizer Jahrbuch für Musikwissenschaft*, Neue Folge 1 (1981), S. 23 – 69
Arlt, Wulf, *Musik, Schrift und Interpretation. Zwei Studien zum Umgang mit Aufzeichnungen ein- und mehrstimmiger Musik aus dem 14. und 15. Jahrhundert*, in: *Basler Jahrbuch für historische Musikpraxis* 4, 1980, S. 91 ff. und 115 ff.
Ars moriendi. Die Kunst, gut zu leben und zu sterben. Texte von Cicero bis Luther, hrsg. von Jaques Laager, Zürich 1996
Aschbach, Joseph, *Geschichte Kaiser Sigismund's*, 4 Bände, Hamburg 1845
Assmann, Aleida, und Harth, Dietrich (Hrsg.), *Mnemosyne. Formen und Funktionen der kulturellen Erinnerung*, Frankfurt am Main 1991
Atlas, Allan W. (Hrsg.), *Papers Read at the Dufay Quincentenary Conference, Brooklyn College, December 6 – 7, 1974*, Brooklyn 1976
Atlas, Allan W., *Gematria, Marriage Numbers, and Golden Section in Dufay's »Resvellies vous«*, in: *Acta mus.* 59, 1987, S. 111 – 126
Atlas, Allan W., *Mon chier amy: Another Piece for the Malatesta*, in: *Music in Renaissance cities and Courts. Studies in Honour of Lewis Lockwood*, hrsg. von Jessie Ann Owens und Anthony Cummings, Warren/Michigan 1996, S. 3 – 20
Atlas, Allan W., *Renaissance Music*, New York – London 1998

Baix, François, *La carrière »bénéficiale« de Guillaume Dufay (vers 1398 – 1474): notes et documents*, in: *Bulletin de l'Institut historique belge de Rome* VIII, 1928, S. 265 – 272
Bandmann, Günther, *Mittelalterliche Architektur als Bedeutungsträger*, Berlin 1951
Baron, Hans, *The Crisis of the Early Italian Renaissance*, rev. Ausgabe Princeton 1966
Basso, Giuliano di/Nádas, John, *The Papal Chapels and Italian Sources of Polyphony during the Great Schism*, in: *Papal Music and Musicians in Late Medieval and Renaissance Rome*, hrsg. von Richard Sherr, Oxford – Washington 1998, S. 44 – 90
Baxandall, Michael, *Die Wirklichkeit der Bilder. Malerei und Erfahrung im Italien der Renaissance*, Darmstadt 1999
Baxandall, Michael, *Giotto and the Orators. Humanist Observers of Painting in Italy and the Discovery of Pictorial Composition. 1350 – 1450*, London 1970
Beierwaltes, Walter, *Aequalitas numerosa. Zu Augustins Begriff des Schönen*, in: *Wissenschaft und Weisheit*, Band 38, 1975, S. 140 – 157
Beierwaltes, Werner, *Negati Affirmatio: Welt als Metapher. Zur Grundlegung einer mittelalterlichen Ästhetik bei Johannes Scotus Eriugena*, in: Philosophisches Jahrbuch der Görres-Gesellschaft 83, 1976, S. 237 – 265
Beierwaltes, Werner, *Platonismus im Christentum*, Philosophische Abhandlungen Band 73, Frankfurt am Main 1998
Beierwaltes, Werner, VISIO FACIALIS – *Sehen ins Angesicht. Zur Coincidenz des endlichen und unendlichen Blicks bei Cusanus*, in: Bayerische Akademie der Wissenschaften, Philosophisch-historische Klasse, Sitzungsberichte, Jahrgang 1988, Heft 1
Bent, Margaret, *A Contemporary Perception of Early Fifteenth-Century Style: Bologna Q 15 as a Document of Scribal Editorial Initiative*, in: *Musica Disciplina* 41, 1987, S. 183 – 201
Bent, Margaret, and Bent, Ian D., *Dufay, Dunstable, Plumner: A New Source*, in: *JAMS* XXII, 1969, S. 394 – 424
Bent, Margaret, *Counterpoint, Composition, and Musica ficta*, New York/London 2002
Bent, Margaret, *Dunstaple*, Oxford Studies of Composers (17), London/New York/Melbourne 1981
Bent, Margaret, *Early Papal Motets*, in: *Papal Music and Musicians in Late Medieval and Renaissance Rome*, hrsg. von Richard Sherr, Oxford-Washington 1998, S. 5 – 43
Bent, Margaret, *Editing early music: the dilemma of translation*, in: *Early Music* XXII, 1994, S. 373 – 392
Bent, Margaret, *On the Interpretation of O in the Fifteenth Century: A Response to Rob. Wegman*, in: *JAMS* LIII, 2000, S. 597 – 616
Bent, Margaret, *Reflections on Christopher Page's* Reflections, in: *Early Music* 21, 1993, S. 625 – 633
Bent, Margaret, *Res facta* and *Cantare Super Librum*, in: *JAMS* XXXVI, 1983, S. 371 – 391, auch in: Bent 2002, S. 301 – 319

Bent, Margaret, *Text Setting in Sacred Music of the Early 15th Century. Evidence and Implications*, in: *Musik und Text in der Mehrstimmigkeit des 14. und 15. Jahrhunderts*, hrsg. von Ursula Günther und Ludwig Finscher, Kassel 1984, S. 291 – 326

Bent, Margaret, *The Early Use of the Sign O*, in: *Early Music* 24, 1996, S. 199 – 225

Bent, Margaret, *The Grammar of Early Music: Preconditions for Analysis*, in: *Tonal Structures in Early Music*, hrsg. von Christle Collins Judd, New York – London 1998, S. 15 – 60

Bent, Margaret, *The Songs of Dufay. Some questions of form and authenticity*, in: *Early Music* VIII, 1980, S. 454 – 459

Bergdolt, Klaus, *Der schwarze Tod in Europa. Die große Pest und das Ende des Mittelalters*, München 1994

Berger, Christian, *Hexachord und Modus: Drei Rondeaux von Gilles Binchois*, in: *Basler Jahrbuch für Historische Musikpraxis* XVI, 1992, S. 71 – 87

Berger, Christian, *Maß und Klang. Die Gestaltung des Tonraumes in der frühen abendländischen Mehrstimmigkeit*, in: *Miscellanea Medievalia*, Veröffentlichungen des Thomas-Institutes der Universität zu Köln, Band 25: *Raum und Raumvorstellungen im Mittelalter*, Berlin – New York 1998, S. 687 – 701

Berger, Karol, *Musica ficta: Theories of Accidental Inflections in Vocal Polyphony from Marchetto da Padova to Gioseffo Zarlino*, Cambridge 1987

Berger, Karol, *The Martyrdom of St. Sebastian: The Function of Accidental Inflections in Dufay's »O beate Sebastiane«*, in: *Early Music* 17, 1989, S. 342 – 357

Besseler, Heinrich und Gülke, Peter, *Schriftbild der mehrstimmigen Musik. Musikgeschichte in Bildern*, begründet von Heinrich Besseler und Max Schneider, hrsg. von Werner Bachmann, Band III: *Musik des Mittelalters und der Renaissance*, Lieferung 5, Leipzig 1973

Besseler, Heinrich, *Aufsätze zur Musikästhetik und Musikgeschichte*, hrsg. von Peter Gülke, Leipzig 1978

Besseler, Heinrich, *Bourdon und Fauxbourdon. Studien zum Ursprung der niederländischen Musik*, Leipzig 1950, 2., revidierte Auflage, hrsg. von Peter Gülke, Leipzig 1974 (zitiert wird, sofern nicht anders angegeben, nach der ersten Auflage, da deren Seitenzahlen in der zweiten vermerkt sind)

Besseler, Heinrich, *Das Ergebnis der Diskussion über »Fauxbourdon«*, in: *Acta mus.* 29, 1957, S. 185 – 188

Besseler, Heinrich, *Der Ursprung des Fauxbourdons*, in: *Mf* I, 1948 S. 106 – 112

Besseler, Heinrich, *Die Musik des Mittelalters und der Renaissance*, Potsdam 1931

Besseler, Heinrich, *Dufay in Rom*, in: *AfMw* XV, 1958, S. 1 – 19; mit einer ergänzenden Einleitung in: *Miscelánea en homenaje a Monsenor Higinio Anglés*, Barcelona 1958/1961, S. 111 – 134

Besseler, Heinrich, *Dufay, Guillaume*, Artikel in: MGG, Band III, Kassel usw. 1954, Sp. 889 – 912, Wiederabdruck in: ders., *Aufsätze zur Musikästhetik und Musikgeschichte*, Leipzig 1978

Besseler, Heinrich, *Dufay, Schöpfer des Fauxbourdons*, in: *Acta Musicologica* XX, 1948, S. 26 ff.

Besseler, Heinrich, *Erläuterungen zu einer Aufführung ausgewählter Denkmäler der Musik des späten Mittelalters*, in: Wilibald Gurlitt (Hrsg.), *Bericht über die Freiburger Tagung für deutsche Orgelkunst vom 27. bis 30. Juli 1926*, Augsburg 1926, S. 141 – 154

Besseler, Heinrich, *Falsche Autornamen in den Handschriften Straßburg (Vitry) und Montecassino (Dufay)*, in: *Acta mus.* XL, 1968, S. 201 – 203

Besseler, Heinrich, *Fauxbourdon*, Artikel in: MGG, Bd. 3, Kassel und Basel 1954

Besseler, Heinrich, *Neue Dokumente zum Leben und Schaffen Dufays*, in: *AfMw* IX, 1952, S. 159 – 172

Besseler, Heinrich, *Von Dufay bis Josquin: ein Literaturbericht*, in: *Zeitschrift für Musikwissenschaft* XI, 1928/29, S. 1 – 22

Besser Scott, Ann B., *The Beginnings of Fauxbourdon: A New Interpretation*, in: *JAMS* 24, 1971, S. 345 – 363

Blackburn, Bonnie J., *A Lost Guide to Tinctoris' Teachings Recovered*, in: *Early Music History* 1, 1981, 29 – 116

Blackburn, Bonnie J., *Composition, Printing and Performance. Studies in Renaissance Music*, Aldershot/Burlington-USA/Singapore/Sydney 2000

Blackburn, Bonnie J., *On Compositional Process in the Fifteenth Century*, in: *JAMS* XL, 1987, S. 210 – 284, auch in: Blackburn 2000, S. 210 – 284

Blumenberg, Hans, *Die Genesis der kopernikanischen Welt*, 3 Bände, Frankfurt 1981

Blumenberg, Hans, *Die Legitimität der Neuzeit. Erneuerte Ausgabe*, 2. Aufl. Frankfurt am Main 1988

Bockholdt, Rudolf, *Die frühen Messenkompositionen von Guillaume Dufay*, 2 Bände , Tutzing 1960

Bockholdt, Rudolf, *Die Hymnen in der Handschrift Cambrai 6: Zwei unbekannte Vertonungen von Dufay?*, in: *Tijdschrift van de Vereiniging voor Nederlandse Muziekgeschiedenis* 29/2, 1979, S. 40 – 47

Bockholdt, Rudolf, *Dufay, Artikel* in: Marc Honegger (Hrsg.), *Dictionnaire de la musique, Paris 1970;* in: *Sohlmans Musiklexikon*, Stockholm 1975; in: Günther Massenkeil (Hrsg.), *Das große Lexikon der Musik*, Freiburg 1979

Bockholdt, Rudolf, *Englische und franko-flämische Kirchenmusik in der ersten Hälfte des 15. Jahrhunderts,* in: Karl Gustav Fellerer (Hrsg.), *Geschichte der katholischen Kirchenmusik,* Band 1, Kassel 1972, S. 418 – 437

Bockholdt, Rudolf, *Französische und niederländische Musik des 14. und 15. Jahrhunderts,* in: Thrasybulos Georgiades (Hrsg.), *Musikalische Edition im Wandel des historischen Bewußtseins,* Kassel 1971, S. 149 – 173

Bockholdt, Rudolf, *Notizen zur Handschrift Trient »93« und zu Dufays frühen Messensätzen,* in: *Acta mus.* XXXIII, 1961, S. 40 – 47

Bockholdt, Rudolf, Rezension von Ch. Hamm, *A Chronology…,* in: *Mf* XX, 1967, S. 221 – 222

Boone, Graeme M., *Dufay's early chansons: Chronology and Style in the manuscript Oxford, Bodleian Library, Canonici misc. 213,* Diss. Harvard 1987

Boone, Graeme M., *Marking Mensural Time,* in: *Music Theory Spectrum,* The Journal of the Society for Music Theory, XXII, 2000, S. 2 – 43

Boone, Graeme M., *Patterns in Play: A Model for Text Setting in the Early French Songs of Guillaume Dufay,* American Musicological Society Monographs, University of Nebraska Press 1999

Boone, Graeme M., *Tonal Color in Dufay,* in: *Music in Renaissance Cities and Courts. Studies in Honour of Lewis Lockwood,* hrsg. von Jessie Ann Owens and Anthony M. Cummings, Warren/Michigan 1996, S. 57 – 99

Borren, Charles van den, *A Light of the Fifteenth Century: Guillaume Dufay,* in: *MQ* XXI, 1935, S. 279 – 297

Borren, Charles van den, *Du rôle international de la Belgique dans l'histoire musicale,* in: *Société internationale de musicologie: Premier congrès Liège 1930,* Burnham o.J., S. 17 – 31

Borren, Charles van den, *Dufay and his School,* in: Anselm Hughes und Gerald Abraham (Hrsg.), *Ars Nova and the Renaissance: 1300 – 1540,* London 1960

Borren, Charles van den, *Etudes sur le quinzième siècle musical,* Antwerpen 1942

Borren, Charles van den, *Guillaume Dufay (c. 1400 – 1474),* in: *The Score* II, 1950, S. 26 – 36

Borren, Charles van den, *Guillaume Dufay, centre de rayonnement de la polyphonie européenne à la fin du moyen age,* in: *Bulletin de l'Institut historique belge de Rome* XX, 1939, S. 171 – 185; auch in: *Revue belge de musicologie* XXI, 1967, S. 56 – 67

Borren, Charles van den, *Guillaume Dufay: son importance dans l'évolution de la musique au Xve siècle,* Brüssel 1926 (= Academie royale de Belgique: Classe des Beaux-Arts, *Mémoires,* Tome II, fasc. II)

Borren, Charles van den, *Le manuscrit musical M.222 C. 22 de la Bibliothèque de Strasbourg,* Antwerpen 1924

Bosi, Carlo, *Strutture matematiche nei motetti isoritmici di Dufay,* in: *Musica e Storia* 7, 1999, S. 59 – 76

Bouquet, Marie-Thérèse, *La Cappella musicale dei duchi di Savoia dal 1450 al 1500,* in: *Rivista italiana di musicologia* III, 1968, S. 233 – 285

Bowers, Roger, *Some Observations on the Life and Career of Lionel Power,* in: *Proceedings of the Royal Musical Association* CII, 1975/76, S. 104 – 127

Bowles, Edmund A., *Musikleben im 15. Jahrhundert. Musikgeschichte in Bildern,* begründet von Heinrich Besseler und Max Schneider, hrsg. von Werner Bachmann, Band III: *Musik des Mittelalters und der Renaissance,* Lieferung 8, Leipzig 1977

Bridgman, Nanie, *La vie musicale au quattrocento et jusqu'à la naissance du madrigal,* Paris 1964

Brothers, Thomas, *Chromatic beauty in the late medieval chanson. An interpretation of manuscript accidentals,* Cambridge – New York – Melbourne 1997

Brothers, Thomas, *Vestiges of the Isorhythmic Tradition in Mass and Motet, ca. 1450 – 1475,* in: *JAMS* XLIV, 1991, S. 1 – 58

Brown, Howard Mayer, *Emulation, Competition, and Homages: Imitation and Theories of Imitation in the Renaissance,* in: *JAMS* XXXV, 1982, S. 1 – 48

Brown, Howard Mayer, *Music in the Renaissance,* Englewood Cliffs 1976

Brown, Samuel Emmons, *New Evidence of Isomelic Design in Dufay's Isorhythmic Motets,* in: *JAMS X,* 1957, S. 7 – 13

Brown, Samuel Emmons, *The Motets of Ciconia, Dunstable and Dufay,* Diss. Indiana 1962

Buck, August (Hrsg.), *Zu Begriff und Problem der Renaissance, Wege der Forschung* Band CCIV, Darmstadt 1969

Bukofzer, Manfred F., *Discantus,* Artikel in: MGG, Bd. 3, Kassel und Basel 1954

Bukofzer, Manfred F., *Fauxbourdon Revisited,* in: *MQ* 38, 1952, S. 22 – 47

Bukofzer, Manfred F., *Geschichte des englischen Diskants und des Fauxbourdons nach den theoretischen Quellen,* Straßburg 1936

Bukofzer, Manfred F., *Popular Polyphony in the Middle Ages*, in: *MQ* XXVI, 1940, S. 31 ff.
Bukofzer, Manfred, *Caput redivivum: a new Source for Dufay's Missa Caput*, in: *JAMS* IV, 1951, S. 97 – 110
Bukofzer, Manfred, *English Church Music of the Fifteenth Century*, in: *The New Oxford History of Music*, hrsg. von Dom Anselm Hughes und Gerald Abraham, London 1960
Bukofzer, Manfred, Rezension von: L. Feininger, *Propria* ... (s. Ausgaben), in: *MQ* XXXV, 1949, S. 334 – 340
Bukofzer, Manfred, *Studies in Medieval and Renaissance Music*, New York 1950
Burke, Peter, *Die Renaissance in Italien. Sozialgeschichte einer Kultur zwischen Tradition und Erfindung*, München 1988
Busse Berger, Anna Maria, *The Origin and Early History of Proportion Signs*, in: *JAMS* XVI, 1988, S. 403 – 433

Cahn, Peter, *Zur Vorgeschichte des »opus perfectum et absolutum« in der Musikauffassung um 1500*, in: *Zeichen und Strukturen in der Musik der Renaissance*, Kassel 1989, S. 11 – 26
Calmette, Joseph, *Die großen Herzöge von Burgund*, München 1968
Carl, Beate, *Metrum und Rhythmus in einigen Rondeaux von Guillaume Dufay: Anmerkungen zur Auffassung von Rhythmus und Metrum im 15. Jahrhundert*, in: *Musiktheorie* XII, 1997, S. 147 – 164
Carpenter, Patricia, *Tonal coherence in a motet of Dufay*, in: *Journal of Music Theory* 17, 1973, S. 2 – 65
Chastel, André, *Renaissance italienne 1460 – 1500*, Paris 1999
Chew, Geoffrey, *The Early Cyclic Mass as an Expression of Royal and Papal Supremacy*, in: *ML* 1972, S. 274 – 269
Clercx-Lejeune, Suzanne, *Aux origines du faux-bourdon*, in: *Revue de musicologie* XL, 1957, S. 151 – 165
Cohen, Judith, *The six anonymous »L'homme armé» Masses in Naples, Biblioteca Nazionale, Ms. VI E 40*, in: *MSD* 21, 1968
Cordero de Pamparato, Stanislao, *Guglielmo Dufay alla corte di Savoia*, in: *Santa Cecilia – Torino* XXVII/2, Nr. 272, 1925, S. 19 – 21, und XXVII/3, Nr. 273, 1925, S. 34 – 36
Crocker, Richard L., *Discant, Counterpoint, and Harmony*, in: *JAMS* XV, 1962, S. 1 – 21
Croll, Gerhard, *Dufays Festmusik zur Florentiner Domweihe*, in: *Österreichische Musikzeitschrift* XXIII, 1968, S. 538 – 547
Croll, Gerhard, *Festmusiken der Renaissance*, Salzburg 1969
Cumming, Julie E., *Concord out of Discord: Occasional Motets of the Early Quattrocento*, Phil. Diss. Berkeley 1987
Cumming, Julie E., *The motet in the age of Du Fay*, Cambridge etc. 1999
Curtis, Gareth Richard Kenneth, *Brussels, Bibliothèque royale MS. 5557, and the Texting of Dufay's »Ecce Ancilla Domini« and »Ave regina celorum« masses*, in: *Acta mus.* 1979, S. 73 – 86
Curtis, Liane, *Simon Mellet, scribe of Cambrai cathedral*, in: *Plainsong and Medieval Music 8*, 1999, S. 133 – 166
Cusanus, Nicolaus s. Nicolai de Cusa

D'Accone, Frank A., *Lorenzo il Magnifico e la musica*, in: Gargiulo, Piero (Hrsg.), *La musica a Firenze al tempo di Lorenzo il Magnifico*, Florenz 1993, S. 219 – 248
D'Accone, Frank A., *The Singers of San Giovanni in Florence during the 15th Century*, in: *JAMS* XIV, 1961, S. 307 – 358
Dahlhaus, Carl, *Miszellen zur Musiktheorie des 15. Jahrhunderts*, in: *Jahrbuch des Staatlichen Instituts für Musikforschung Preußischer Kulturbesitz*, 1970, S. 21 – 33
Dahlhaus, Carl, *Untersuchungen über die Entstehung der harmonischen Tonalität, Saarbrücker Studien zur Musikwissenschaft* II, Kassel 1968
Dammann, Rolf, *Die Florentiner Domweihmotette Dufays*, in: Wolfgang Braunfels, *Der Dom von Florenz*, Olten-Lausanne-Freiburg i.Brsg. 1964, S. 73 – 85; auch in: Heinrich Poos (Hrsg.), *Chormusik und Analyse. Beiträge zur Formanalyse und Interpretation mehrstimmiger Chormusik*, Mainz 1983
Dammann, Rolf, *Geschichte der Begriffsbestimmung Motette*, in: *AfMw* XVI, 1959, S. 337 – 377
Dannemann, Erna, *Die spätgotische Musiktradition in Frankreich und Burgund vor dem Auftreten Guillaume Dufays*, Strasbourg 1936
Dartus, Edmond, *Un grand musicien cambrésien: Guillaume Du fay*, Cambrai 1974
Davis, Shelley, *The Solus Tenor in the 14th and 15th Centuries*, in: *Acta mus.* 39, 1967, S. 44 – 64
de la Motte-Haber, Helga, *Musik und Religion*, 3. Aufl. Laaber 2002

Dericum, Christa (Hrsg.), *Burgund und seine Herzöge in Augenzeugenberichten*, Düsseldorf 1966, Taschenbuchausgabe München 1977
Dèzes, Karl, *Der Mensuralkodex des Benediktinerklosters Sancti Emmerani zu Regensburg*, in: *Zeitschrift für Musikwissenschaft* 10, 1927/28, 65 – 105
Dijk, S. J.P van/Hazelden Walker, J, *The Origins of the Modern Roman Liturgy*, Westminster/London 1960
Dragonetti, Roger, *Le gai savoir dans la rhétorique courtoise*, Paris 1982

Eco, Umberto, *Kunst und Schönheit im Mittelalter*, München/Wien 1991
Edgerton, Samuel Y., *Die Entdeckung der Perspektive*, München 2002
Eggebrecht, Hans Heinrich, *Musik als Tonsprache*, in : *AfMw* XVIII, 1961, S. 73 – 100
Elders, Willem, *Guillaume Dufay as Musical Orator*, in: *Tijdschrift van de Vereniging voor nederlandse muziekgeschiedenis* XXXI 1981, S. 1 – 15
Elders, Willem, *Guillaume Dufay's Concept of Faux-Bourdon*, in: ders., *Symbolic Scores. Studies in the Music of the Renaissance*, Leiden/New York/Köln 1994, S. 17 – 43
Elders, Willem, *Humanism and Early-Renaissance Music: a Study of the Ceremonial Music by Ciconia and Dufay*, in: *Tijdschrift van de Vereniging voor nederlandse muziekgeschiedenis* XXVII, 1977, S. 65 – 101
Elders, Willem, *Humanism and Music in the Early Renaissance*, in: *International Musicological Society. Report of the Twelfth Congress Berkeley 1977*, hrsg. von Daniel Heartz und Bonnie Wade, Kassel 1981
Elders, Willem, Rezension von Nitschke, *Dufay ...*, in: *Tijdschrift van de Vereniging voor nederlandse muziekgeschiedenis* XXI, 1970, S. 192 – 195
Elders, Willem, *Studien zur Symbolik in der Musik der alten Niederländer*, Bilthoven 1968
Elders, Willem, *Zur Aufführungspraxis der altniederländischen Musik*, in: Jozef Robijns (Hrsg.), *Renaissance-muziek 1400 – 1600: donum natalicium René Bernard Lenarts*, Leeuwen 1969

Fallows, David (Hrsg.), *Oxford, Bodleian Library, Ms. Canon. Misc. 213*, Chicago 1995
Fallows, David, *Dufay and Nouvion-le-Vineux: Some Details and a Thought*, in: *Acta mus.* XLVIII, 1976, S. 44 – 50
Fallows, David, *Dufay and the Proper Mass Cycles of Trent 88*, in: Pirrotta, Nino, und Curti, Danilo (Hrsg.), *I codici trentini a cento anni dalla loro riscoperta: Atti del convegno »Laurence Feininger, la musicologia come missione«*, Trento: Provincia Autonoma di Trento, 1986, S. 46 – 49
Fallows, David, *Dufay*, London – Toronto – Melbourne 1982, 2., veränderte Auflage 1987
Fallows, David, *Dufay's Mass for St. Anthony of Padua. Reflections on the Career of His Most Important Work*, in: *The Musical Times* 123, 1982, S. 467 – 470, (= Fallows 1982/III)
Fallows, David, *Dunstable, Bedingham and* O rosa bella, in: *Journal of Musicology* 12, 1994, S. 281 – 305, nachgedruckt in: Fallows 1996, Kap. II
Fallows, David, *Introit Antiphon Paraphrase in the Trent Codices: Laurence Feininger's Confronto*, in: *Journal of the Plainsong and Medieval Music Society* VII, 1984, S. 47 – 77
Fallows, David, *Le serviteur of several masters*, in: *Musik als Text*, a.a.O., S. 337 – 34
Fallows, David, *Polyphonic Song in the Florence of Lorenzo's Youth, ossia: The Provenance of the Manuscript Berlin 78.C.28: Naples or Florence?*, in: *La Musica a Firenze al Tempo di Lorenzo il Magnifico*, Florenz 1993, S. 47 – 61
Fallows, David, *Robert Morton's Songs*, Diss. Berkeley 1978
Fallows, David, *Robertus de Anglia and the Oporto Song Collection*, in: Bent, Ian D. (Hrsg.), *Source Materials and the Interpretation of Music: A Memorial Volume to Thurston Dart*, London 1982, S. 99 – 128 (= Fallows 1982/II)
Fallows, David, *Rondeau*, Artikel in: *MGG*, Neue Ausgabe, Sachteil, Band 8, Kassel 1997, Sp. 542 ff.
Fallows, David, *Songs and Musicians in the 15th Century*, Aldershot 1996
Fallows, David, *The contenance angloise: English influence on continental composers of the fifteenth century*, in: *Renaissance Studies*, Band 1, 1987, S. 198 – 208; nachgedruckt in: Fallows 1996, Kap. V
Fallows, David, *The Songs of Guillaume Dufay: Critical Commentary to the Revision of Corpus Mensurabilis Musicae*, ser. 1, Band VI, Neuhausen/Stuttgart 1994
Fallows, David, *Two more Dufay Songs Reconstructed*, in: *Early Music* III, 1975, S. 258 – 360, und 1976, VI, S. 99
Fallows, David, *Words and Music in two English Songs of the mid-15th century: Charles d'Orléans and John Lydgate*, in: *Early Music* V, 1977, S. 38 – 43
Feldmann, Fritz, *Numerorum mysteria*, in: *AfMw* 14, 1957, S. 102 – 129

Ficker, Rudolf von, *Epilog zum Faburden*, in: *Acta musicologica* 25, 1953, S. S. 127 – 131
Ficker, Rudolf von, *Zur Schöpfungsgeschichte des Fauxbourdon*, in: *Acta mus.* XXIII, 1951, S. 93 – 123
Finscher, Ludwig (Hrsg.), *Die Musik des 15. und 16. Jahrhunderts*, Teil 1 und 2, Laaber 1989/1990
Flasch, Kurt (Hrsg.), *Hauptwerke der Philosophie. Mittelalter* (Interpretationen), Stuttgart 1998
Flasch, Kurt (Hrsg.), *Mittelalter. Geschichte der Philosophie in Text und Darstellung*, Band 2, Stuttgart 1982
Flasch, Kurt, *Das philosophische Denken im Mittelalter. Von Augustin zu Machiavelli*, Stuttgart 1986
Flasch, Kurt, *Nicolaus Cusanus*, München 2001
Flasch, Kurt, *Nikolaus von Kues. Geschichte einer Entwicklung*, Frankfurt am Main 1998
Flasch, Kurt, *Unter der Riesenkuppel. Und sie bewegt sich schon: Rasender Stillstand einer Epoche*, in: *Das 15. Jahrhundert*, hrsg. von Michael Jeismann, München 2000, S. 9 – 19
Frey, Dagobert, *Gotik und Renaisssance*, Augsburg o.J. (1929)

Gallo, F. Alberto, *Citazioni da un trattato di Dufay*, in: *Collectanea historiae musicae* IV, 1966, S. 149 – 152
Georgiades, Thrasybulos, *Englische Diskanttraktate aus der ersten Hälfte des 15. Jahrhunderts*, München 1937
Gerber, Rebecca L., *Dufay's Style and the Question of Unity in the Trent 88 Mass Proper Cycles*, in: Wright, Peter (Hrsg.), Trient 1996, S. 107 – 119
Gerber, Rebecca L., *An Assessment of Johannes Wiser's Scribal Activities in the Trent Codices*, in: *Musica Disciplina* XLVI, 1991, S. 231 ff.
Gerken, R., *The Polyphonic Cycles of the Proper of the Mass in the Trent Codex 88 and Jena Choirbooks 30 and 35*, Diss. Indiana University 1969
Ginzburg, Carlo, *Erkundigungen über Piero*, Berlin 1981
Gossett, Philip, *Techniques of Unification in Early Cyclic Masses and Mass Pairs*, in: *JAMS* XIX, 1966, S. 205 – 231
Grafton, Anthony, *Leon Battista Alberti. Baumeister der Renaissance*, Berlin 2002
Gülke, Peter, *Ein Stück, eine Form, ein Prinzip. Drei Studien zu Du Fay*, in: *Musik & Ästhetik* V, 2001, S. 12 – 45
Gülke, Peter, *Das Volkslied in der burgundischen Polyphonie des 15. Jahrhunderts*, in: *Festschrift Heinrich Besseler zum sechzigsten Geburtstag*, Leipzig 1962, S. 179 – 202
Gülke, Peter, *Et incarnatus est – Zur Entwicklung des Wort-Ton-Verhältnisses in der Meßkomposition des 15. Jahrhunderts anhand einer zentralen Passage*, in: Günther, Ursula, und Finscher, Ludwig (Hrsg.), *Musik und Text in der Mehrstimmigkeit des 14. und 15. Jahrhunderts, Göttinger Musikwissenschaftliche Arbeiten*, Band 10, Kassel – Basel – London 1984, S. 351 – 381
Gullo, Salvatore, *Das Tempo in der Musik des XIII. und XIV. Jahrhunderts*, Bern 1964
Günther, Ursula, *Polymetric Rondeaux from Machaut to Dufay. Some Style-Analytical Observations*, in: *Studies in Musical Sources and Style. Essays in Honor of Jean LaRue*, Madison 1990, S. 75 – 108
Günther, Ursula, *Quelques remarques sur des feuillets récemment découverts à Grottaferrata*, in : *L'Ars nova italiana del Trecento* 3, Certaldo 1970, S. 315 – 397
Günther, Ursula, und Finscher, Ludwig (Hrsg.), *Musik und Text in der Mehrstimmigkeit des 14. und 15. Jahrhunderts, Kassel 1984*

Haberl, Franz X., *Bausteine für Musikgeschichte: I, Wilhelm du Fay*, Leipzig 1885
Haggh 2000 s. Planchart 2000
Haggh, Barbara, *Du Fay and Josquin at the Collegiate Church of St. Gudula*, in: *Revue Belge de Musicologie* 55, 2001, S. 41 – 52
Haggh, Barbara, *Guillaume Du Fay's Birthplace: Some Notes on a Hypothesis*, in: *Revue Belge de Musicologie* LI, 1997, S. 17 – 21
Haggh, Barbara, *The Archives of the Order of the Golden Fleece and Music*, in: *Journal of the Royal Musical Association* 120, 1995, S. 1 – 43
Haggh, Barbara, *The meeting of sacred ritual and secular piety: endowments for music*, in: Knighton, Tess, and Fallows, David (Hrsg.) 1992, S. 60 – 69
Hamm, Charles, *A Catalogue of Anonymous English Music in Fifteenth-Century Continental Manuscripts*, in: *Musica Disciplina* XXII, 1968, S. 47 – 78
Hamm, Charles, *A Chronology of the Works of Guillaume Dufay. Based on a Study of Mensural Practice*, Princeton 1964
Hamm, Charles, *Dating a Group of Dufay Works*, in: *JAMS* XV, 1962, S. 65 – 71

Hamm, Charles, *Dufay, Guillaume*, Artikel in: *The New Grove,* Ausgabe 1980
Hamm, Charles, *Manuscript Structure in the Dufay Era*, in: *Acta mus.* XXXIV, 1962, S. 166 – 184
Hamm, Charles, Rezension von: Heinrich Besseler (Hrsg.), *Guglielmi Dufay Opera Omnia* Band VI, in: *MQ* LII, 1955, S. 244 – 254
Hamm, Charles, *The Manuscript San Pietro B 80,* in: *Revue Belge de Musicologie* XIV, 1960, S. 40 – 55
Hamm, Charles, *The Reson Mass,* in: *JAMS* XVIII, 1965, S. 5 – 21
Hamm, Charles, und Scott, Ann B.., *A Study and Inventory of the Manuscript Modena, Biblioteca Estense, a.X.1.11 (ModB)*, in: *Musica Disciplina* 26, 1972, S. 101 – 143
Hammerstein, Reinhold, *Über das gleichzeitige Erklingen mehrerer Texte*, in: *AfMw* 27, 1970, S. 257 – 286
Harrison, Frank Ll., *Music in Medieval Britain,* 2. Aufl. London 1963
Hartt, Frederick, *Art and Freedom in Quattrocento Florence*, in: *Essays in Honour of Karl Lehmann*, hrsg. von Lucy Freeman Sandler, New York 1964, S. 114 – 131
Hegel, Georg Wilhelm Friedrich, *Vorlesungen über die Ästhetik*, in: ders., *Sämtliche Werke in 20 Bänden*, Band 14, Stuttgart 1928
Heinze, Joachim (Hrsg.), *Modernes Mittelalter. Neue Bilder einer populären Epoche,* Frankfurt am Main und Leipzig 1994
Higgins, Paula (Hrsg.), *Antoine Busnoys. Method, meaning and context in late medieval music*, Oxford etc. 1999
Higgins, Paula, *Servants, Mistresses and the Fortunes of their Families: Influence and Intertextuality in the Fifteenth-Century Song,* in: *Musik als Text*, a.a.O., S. 346 –357
Hoensch, Jörg K., *Kaiser Sigismund. Herrscher an der Schwelle der Neuzeit*, München 1996
Hoffmann-Axthelm, Dagmar, *Faburdon / Fauxbourdon / falsobordone*, in: *Handwörterbuch der musikalischen Terminologie*, Ordner III, Stuttgart 1972
Holford-Strevens, Leofranc, *Du Fay the Poet? Problems in the Texts of His Motets*, in: *Early Music History* 16, Cambridge 1997, S. 97 – 165
Hortschansky, Klaus, *Notationsgewohnheiten in den burgundischen Chansonniers des 15. Jahrhunderts*, in: *Wolfenbütteler Forschungen*, München – Wolfenbüttel 1981, S. 9 – 23
Houdoy, Jules, *Histoire artistique de la cathédrale de Cambrai, ancienne église métropolitaine Notre Dame: Comptes, inventaires et documents inédits*, in: *Mémoires de la Société des sciences, de la'agriculture et des arts de Lille*, 4. série, Vol. VII, 1880
Hughes, Andrew, *English Sacred Music (excluding carols) in Insular Sources, 1400 – ca. 1450,* 3 Bände, Oxford 1963
Hughes, Andrew, *Mensural Polyphony for Choir in 15th-Century England*, in: *JAMS* XIX, 1966, S. 352 – 369
Huizinga, Johan, *Herbst des Mittelalters,* niederländische Originalausgabe Haarlem 1919, erste deutsche Ausgabe München 1924, 8. Aufl. Stuttgart 1961
Hüschen, Heinrich, *Nikolaus von Kues und sein Musikdenken*, in: Riedel, Friedrich Wilhelm, und Unverricht, Hubert (Hrsg.), *Symbolae Historiae Musicae: Hellmut Federhofer zum 60. Geburtstag*, Mainz 1971, S. 47 – 67

Igoe, James T., *Performance Practices in the Polyphonic Mass of the Early Fifteenth Century*, Diss. Chapel Hill 1971
Irwin, Joyce L., *The Mystical Music of Jean Gerson*, in: *Early Music History* I, S. 187 – 201

Jantzen, Hans, *Die Gotik des Abendlandes*, Köln 1952
Jantzen, Hans, *Kunst der Gotik. Klassische Kathedralen Frankreichs. Chartres, Reims, Amiens*, Reinbek 1957

Kaden, Christian, *Abschied von der Harmonie der Welt. Zur Genese des neuzeitlichen Musik-Begriffs*, in: *Sociologia Internationalis*, Beiheft 1, *Gesellschaft und Musik. Wege zur Musiksoziologie*, Berlin 1992, S. 29 – 53
Kaden, Christian, *Des Lebens wilder Kreis. Musik im Zivilisationsprozeß*, Kassel usw. 1993
Kaye, Philip R., *The »contenance angloise« in perspective: a study of consonance and dissonance in continental music, 1380 – 1440*, Diss. Oxford 1986
Kemp, Walter H., *Burgundian court song in the time of Binchois*, Oxford 1990
Kemp, Wolfgang. *Die Räume der Maler. Zur Bilderzählung seit Giotto*, München 1996
Kennedy, Josepha, *Dufay and Don Pedro the Cruel*, in: *MQ* LXI, 1975, S. 58 – 64
Kenney, Sylvia W., *Walter Frye and the Contenance Angloise*, New Haven – London 1964
King, Ross, *Das Wunder von Florenz. Architektur und Intrige: Wie die schönste Kuppel der Welt entstand*, München 2001

Kirkman, Andrew, *Some Early 15th-Century Fauxbourdons by Dufay and His Contemporaries: A Study in Liturgically-Motivated Style*, in: *Tijdschrift van de Vereniging voor nederlandse muziekgeschiedenis 40*, 1990, S. 91 – 93
Kirkman, Andrew, *The Invention of the Cyclic Mass*, in: *JAMS* LIV, 2001, S. 1 – 47
Kirnbauer, Martin, *Hartmann Schedel und sein »Liederbuch«. Studien zu einer spätmittelalterlichen Handschrift (Bayerische Staatsbibliothek München, Cgm 810) und ihrem Kontext*, Bern usw. 2001
Knighton, Tess, und Fallows, David (Hrsg.), *Companion to Medieval and Renaissance Music*, Berkeley – Los Angeles 1992
Korte, Werner, *Die Harmonik des frühen 15. Jahrhunderts in ihrem Zusammenhang mit der Formtechnik*, Münster 1929
Korth, Hans-Otto, *Der Fauxbourdon in seinem musikgeschichtlichen Umfeld*, in: *Musik-Konzepte* 60, 1988, S. 74 – 96
Korth, Hans-Otto, *Fauxbourdon*, Artikel in: *MGG*, 2. Ausgabe, Sachteil Band 3, Kassel/Stuttgart usw. 1995
Kovarik, *The Performance of Dufay's Paraphrase Kyries*, in: *JAMS* XXVIII, 1975, S. 230 – 244
Kris Ernst /Kurz, Otto, *Die Legende vom Künstler. Ein geschichtlicher Versuch*, Frankfurt am Main 1980
Kühner, Hans, *Ein unbekannter Brief von Guillaume Dufay*, in: *Acta mus.* XI, 1939, S. 114 – 115

Lambrecht, Roland, *Melancholie. Vom Leiden an der Welt und den Schmerzen der Reflexion*, Reinbek 1994
Lange, Augusta, *Une lettre du duc Louis de Savoie au duc de Bourgogne à propos de Guillaume Dufay*, in: *Publications du Centre européen d'études burgondo-médianes* IX, 1967, S. 103 – 105
Laubenthal, Annegrit, *Die Funktionalisierung von Satztechniken und Stilsphären in Dufays Motette »Supremum est mortalibus bonum«*, in: *Collectanea II. Studien zur Geschichte der päpstlichen Kapelle*, Tagungsbericht Heidelberg 1989, Vatikanstadt 1994, S. 477 – 495
Laubenthal, Annegrit, *L'homme armé*, Artikel in: *MGG*, 2. Ausgabe, Sachteil Band 5, Kassel usw. – Stuttgart 1996
Laubenthal, Annegrit, *Obervations on some polyphonic sequences in Trent 87 and Trent 92: Dufay, Roullet and a piece ascribed to »Maioris«*, in: Wright, Peter (Hrsg.), Trient 1996, S. 93 – 105
Laubenthal, Annegrit, *Eine zum Teil neue Sequenzbearbeitung Dufays. Thesen zur Herstellung und Zuschreibung eines bislang anonymen Werkes*, in: Hermann Danuser/Tobias Plebuch (Hrsg.), *Musik als Text, Bd. 2. Freie Referate*, Kassel etc. 1998, 254 – 262.
Lepenies, Wolf, *Melancholie und Gesellschaft*. Mit einer neuen Einleitung, Frankfurt am Main 1998
Lerner, Edward R., *The Polyphonic Magnificat in 15th-century Italy*, in: *MQ L*, 1964, S. 44 – 58
Leuchtmann, Horst, und Mauser, Siegfried (Hrsg.), *Messe und Motette. Handbuch der musikalischen Gattungen* Band 9, Laaber 1998
Lisio, Giuseppe, *Una stanza di Petrarca musicata dal Du Fay tratta da due codici antichi*, Bologna 1893
Lockwood, Lewis, *Aspects of the »L'homme armé«-Tradition*, in: *PRMA* 1973/174, S. 97 – 122
Lockwood, Lewis, *Dufay and Ferrara*, in: Atlas (Hrsg., 1976), a. a. O., S. 1 – 25
Lockwood, Lewis, *Music in Renaissance Ferrara 1400 – 1530. The Creation of a Musical Center in the Fifteenth Century*, Cambridge/Mass. 1984
Lockwood, Lewis, Rezension von: Strohm, Reinhard, *The Rise of European Music*, in: *Journal of the Royal-Musical Association* 120, 1995, S. 151 – 162
Loesch, Heinz von, *Musica poetica – die Geburtsstunde des Komponisten*, in: *Jahrbuch des Staatlichen Instituts für Musikforschung*, Stiftung Preußischer Kulturbesitz, 2001, S. 84 – 91
Long, Michael, *Arma virumque cano: Echoes of a Golden Age*, in: Paula Higgins (Hrsg.), *Antoine Busnoys. Method, Meaning and Context in Late Medieval Music*, Oxford 1999, 133 – 154
Lovegnée, Albert, *Le lieu de naissance de Guillaume du Fay compositeur wallon du XVe siècle: Soignies vers 1398 – Cambrai 1474*, Liège 1974
Lowinsky, Edward E., *Canon Technique and Simultaneous Conception in Fifteenth-century Music: A Comparison of North and South*, in: *Essays on the Music of J. S. Bach and Other Divers Subjects: A Tribute to Gerhard Herz*, Louisville 1981, S. 181 – 222
Lowinsky, Edward E., *Laurence Feininger (1909–1976): Life, Work, Legacy*, in: *MQ* LXIII, 1977, S. 327–366
Lowinsky, Edward E., *Music in the Culture of Renaissance*, in: *Journal of the History of Ideas* 15, 1954, S. 509 – 553, Nachdruck in: Lowinsky 1989, S. 19 – 39
Lowinsky, Edward E., *Musical Genius – Evolution and Origins of a Concept*, in: *MQ* 50, 1964, S. 321 – 340, 476 – 495, auch in: Lowinsky 1989, S. 40 – 66

Lowinsky, Edward E., *On the Use of Scores by Sixteenth-Century Musicians*, in: *JAMS* I, 1948, S. 17 – 23

Ludwig, Friedrich, *Studien über die Geschichte der mehrstimmigen Musik*, in: *Studien der Internationalen Musikgesellschaft* 4, 1902/03, S. 117 – 224

Lütteken, Laurenz, *»Autobiographische« Musik? Kompositorische Selbstdarstellung in der Motette des 14. und 15. Jahrhunderts*, in: *Deutsche Vierteljahresschrift für Literaturwissenschaft und Geistesgeschichte* 74, 2000, S. 3 – 26

Lütteken, Laurenz, *Dufay, Guillaume*, Artikel in: *MGG*, 2. Ausgabe, Personenteil Band 3, Kassel/Stuttgart usw. 1998

Lütteken, Laurenz, *Guillaume Dufay und die isorhythmische Motette: Gattungstraditionen und Werkcharakter an der Schwelle der Neuzeit*, Hamburg – Eisenach 1993

Lütteken, Laurenz, *Zeitenwende. Zeit und Wahrnehmung in der Musik des Mittelalters*, in: *Neue Zeitschrift für Musik* 160, 1999, S. 16 – 21

Mahrt, William Peter, *Guillaume Dufay's Chansons in the Prygian Mode*, in: *Studies in Music* 1980, S. 81 – 98

Mann, Thomas, *Gesammelte Werke in zwölf Bänden*, Berlin 1955

Marggraf, Wolfgang, *Tonalität und Harmonik in der französischen Chanson zwischen Machaut und Dufay*, in: *AfMw* XXIII, 1966, S. 11 – 31

Marix, Jeanne, *Histoire de la musique et des musiciens de la cour de Bourgogne sous le règne de Philippe le Bon (1420 – 1467)*, Strasbourg 1939

Marix, Jeanne, *Les Musiciens de la Cour de Bourgogne au XVème siècle*, Paris 1937

Meier, Bernhard, *Die Handschrift Porto 715 als Quelle zur Tonartenlehre des 15. Jahrhunderts*, in: *Musica Disciplina* 7, 1953, S. 175 – 197

Meier, Bernhard, *Rhetorical Aspects of the Renaissances Modes*, in: *Journal of the Royal Musical Association* 115, 1990, S. 182 – 190

Meyer, Andreas, *Der deutsche Pfründenmarkt im Spätmittelalter*, in: Quellen und Forschungen aus italienischen Archiven und Bibliotheken 71/1991, Tübingen, S. 266 – 279

Mila, Massimo, *Guillaume Dufay*, 2 Bände Turin 1972/73, 2. Aufl. Turin 1997

Moll, Kevin N. (Hrsg.), *Counterpoint and compositional process in the time of Dufay: Perspectives from German musicology*, New York 1997

Moll, Kevin N., *Toward a comprehensive view of compositional priorities in the music of Dufay and his contemporaries*, in: Moll, Kevin N. (Hrsg.), S. 3 – 58

Mommsen, Theodor E., *Der Begriff des »Finsteren Zeitalters« bei Petrarca*, in: *Zu Begriff und Problem der Renaissance*, hrsg. von August Buck, Darmstadt 1969, S. 151 – 179

Monson, Craig, *Stylistic Inconsistencies in a Kyrie attributed to Dufay*, in: *JAMS* XXVIII, 1975, S. 245 – 267

Montagna, Gerald, *Johannes Pullois in the Context of his Era*, in: *Revue Belge de Musicologie* 42, 1988, S. 83 – 117

Moos, Peter von, *Gefahren des Mittelalterbegriffs. Diagnostische und präventive Aspekte, in:* Heinze, Joachim (Hrsg.) 1994, a.a.O., S. 33 – 63

Musik als Text. Bericht über den Internationalen Kongreß der Gesellschaft für Musikforschung Freiburg im Breisgau 1993, Kassel 1998

Musik-Konzepte Heft 60. *Guillaume Dufay*, hrsg. von Heinz-Klaus Metzger und Rainer Riehn, München 1988

Naredi-Rainer, Paul v., *Architektur und Harmonie. Zahl, Maß und Proportion in der abendländischen Baukunst*, 4., überarbeitete Auflage Köln 1989

Nehrer, Peter, *Ars moriendi. Sterbebeistand durch Laien. Eine pastoral-theologische Analyse*, St. Ottilien 1989

Nelson, K.E., *The Canonic Technique in the Mass Movement and Motet, ca. 1360 – ca. 1430*, Diss. University of Adelaide 1932

Nicolai de Cusa, *De beryllo / Über den Beryll*, 3. Aufl. Hamburg 1987

Nicolai de Cusa, *De coniecturis / Mutmaßungen*, 2. Aufl. Hamburg 1988

Nicolai de Cusa, *De docta ignorantia / Die belehrte Unwissenheit*, Buch I-III, 4. Aufl. Hamburg 1994

Nicolai de Cusa, *Dialogus de ludo globi / Gespräch über das Globusspiel*, Hamburg 2000

Nicolai de Cusa, *Idiota de mente / Der Laie über den Geist*, Hamburg 1995

Nicolai de Cusa, *Idiota de sapientia / Der Laie über die Weisheit*, Hamburg 1988 (= Nicolai de Cusa 1988/II)

Nicolai de Cusa, *Trialogus de possest / Dreiergespräch über das Können-Ist*, Hamburg 1991

Nikolaus von Kues s. Nicolai de Cusa

Nitschke, Wolfgang, *Studien zu den Cantus-firmus-Messen Guillaume Dufays,* Berlin 1968
Nosow, Robert, *Du Fay and the Culture of Renaissance Florence,* in: *Hearing the Motet. Essays on the Motet of the Middle Ages and Renaissance,* hrsg. von Dolores Pesce, New York – Oxford, 1997, S. 104 – 121
Nosow, Robert, *The Equal-Discantus Motet Style after Ciconia,* in: *Musica Disciplina* 45, 1991, S. 221 – 275
Novack, Saul, *Guillaume Dufay: Alma redemptoris mater (II),* in: *Models of Musical Analysis. Music before 1600,* hrsg. von Mark Everist, Oxford/Cambridge MA 1992, S. 93 – 113

Osthoff, Helmuth, *Der Durchbruch zum musikalischen Humanismus,* in: *International Musicological Society, Report of the Ninth Congress New York 1961,* Band 2, Bassel 1962, S. 31 – 39
Osthoff, Wolfgang, *Petrarca in der Musik des Abendlandes,* in: *Castrum peregrini,* Band XX, 1954
Otterbach, Friedemann, *Kadenzierung und Tonalität im Kantilenensatz Dufays,* München/Salzburg 1975

Pächt, Otto, *Van Eyck. Die Begründer der altniederländischen Malerei,* München 1989, 3. Aufl. 2002
Page, Christopher, *A Reply to Margaret Bent,* in: *Early Music* 22, 1994, S. 127 – 133
Page, Christopher, *Discarding Images. Reflections on Music and Culture in Medieval France,* Oxford 1993
Page, Christopher, *Reading and Reminiscence: Tinctoris on the Beauty of Music,* in: *JAMS* XLIX, 1996, S. 1 – 31
Palisca, Claude V., *Humanism in Italian Renaissance Musical Thought,* New Haven/London 1985
Panofsky, Erwin, *Die altniederländische Malerei. Ihr Ursprung und Wesen,* 2 Bände, Köln 2001
Panofsky, Erwin, *Die Perspektive als »symbolische Form«,* in: *Vorträge der Bibliothek Warburg,* 1924/25, Leipzig/Berlin 1927, S. 258 – 330, Nachdruck in: ders., *Aufsätze zur Grundfragen der Kunstwissenschaft,* hrsg. von Hariolf Oberer und Egon Verheyen, Berlin 1980, S. 99 – 167
Panofsky, Erwin, *Renaissance and Renascences in Western Art,* 2. Aufl. Stockholm 1960
Perkins, Leeman L., *Toward a Rational Approach to Text Placement in the Secular Music of Dufay's Time,* in: Atlas (Hrsg.) 1976, a.a.O., S. 102 – 114
Perkins, Leeman L., und Garey, Howard (Hrsg.), *The Mellon Chansonnier,* 2 Bände, Berkeley 1979
Pernoud, Régine, *Les saints au Moyen Age,* Paris 1984, deutsche Übersetzung *Die Heiligen im Mittelalter,* Bergisch Gladbach 1988
Pfisterer, Ulrich (Hrsg.), *Die Kunstliteratur der italienischen Renaissance. Eine Geschichte in Quellen,* Stuttgart 2002
Pirro, André, *Histoire de la musique de la fin du XIVe siècle à la fin du XVIe,* Paris 1940
Pirro, André, *La musique à Paris sous le règne de Charles VI,* 2. Aufl. Paris 1958
Pirro, André, Rezension von: Borren, *Dufay ...,* in: *Revue musicale* VII, 1926, S. 321 – 324
Pirrotta, Nino, *On Text Forms from Ciconia to Dufay,* in: Jan LaRue (Hrsg): *Aspects of Medieval and Renaissance Music: a Birthday Offering to Gustave Reese,* New York 1966, S. 673 – 682
Planchart Alejandro Enrique, *Guillaume Du Fay's Masses. A Review of the Manuscript Traditions,* in: Atlas (Hrsg.), 1976, a.a.O., S. 26 – 60
Planchart, Alejandro Enrique, *Concerning Du Fay's birthplace,* in: *Revue Belge de Musicologie* LIV, 2000, S. 225 – 230 (dortselbst S. 229/30: *Reply from Barbara Haggh*)
Planchart, Alejandro Enrique, *Dufay, Guillaume,* Artikel in *The New Grove,* Ausgabe 2001
Planchart, Alejandro Enrique, *Guillaume Du Fay's Benefices and the Relationship to the Court of Burgundy,* in: *Early Music History* 8, 1988, S. 117 – 171
Planchart, Alejandro Enrique, *Guillaume Du Fay's Second Style,* in: *Music in Renaissance Cities and Courts. Studies in Honour of Lewis Lockwood,* hrsg. von Jessie Ann Owens und Anthony M. Cummings, Warren/ Michigan 1996, S. 307 – 340
Planchart, Alejandro Enrique, *Music for the Papal Chapel in the Early Fifteenth Century,* in: *Papal Music and Musicians in Late Medieval and Renaissance Rome,* hrsg. von Richard Sherr, Oxford – Washington 1998, S. 91 – 124
Planchart, Alejandro Enrique, *Notes on Guillaume Du Fay's Last Works,* in: *JAMS* XIII, 1995, S. 55 – 72
Planchart, Alejandro Enrique, *The Achievement of the 15th Century,* in: *Early Music* XXII, 1994, S. 667 – 679
Planchart, Alejandro Enrique, *The Early Career of Guillaume Du Fay,* in: *JAMS* 46, 1993, S. 341 – 368
Planchart, Alejandro Enrique, *Two Fifteenth-Century Songs and their Texts in a Close Reading,* in: *Basler Jahrbuch für Historische Musikpraxis* XIV, 1990, hrsg. von Peter Reidemeister, S. 13 – 36
Planchart, Alejandro Enrique, *What's in a name? Reflections on some works of Guillaume Du Fay,* in: *Early Music* 1988, S. 165 – 175

Planchart, Alejandro, *Parts With Words and Without Words: the Evidence for Multiple Texts in Fifteenth-Century Masses*, in: Boorman, S. (Hrsg.), *Studies in the Performance of Late Medieval Music*, Cambridge 1983, S. 227 – 251

Polk, Keith, *Ensemble Performance in Dufay's Time*, in: Atlas (Hrsg.) 1976, a.a.O., S. 61 – 75

Pope, Isabel, und Kanazawa, Masakata (Hrsg.), *The Musical Manuscript Montecassino 871*, Oxford 1978

Powell, Newman Wilson, *Fibonacci and the Golden Mean. Rabbits, Rumbas, and Rondeaux*, in: *Journal of Music Theory* 23, 1979, S. 227 – 273

Powers, Harold S., *Tonal Types and Modal Categories in Renaissance Polyphony*, in: *JAMS* 34, 1981, S. 428 – 470

Prizer, Walter F., *The Frottola and the Unwritten Tradition*, in: *Studi musicali* 15, 1986, S. 3 – 37

Prizer, William F., *Music and ceremonial in the Low Countries: Philip the Fair and the Order of the Golden Fleece*, in: *Early Music History* 5, 1985, S. 113 – 135

Randal, Don Michael, *Dufay the Reader*, in: *Music and Language. Studies in the History of Music I*, New York 1983, S. 38 – 78

Randal, Don Michael, *Music and Poetry, History and Criticism: Reading the Fifteenth Century Chanson*, in: *Essays in Musicology: A Tribute to Alvin Johnson*, hrsg. von Lewis Lockwood und Edward Roesner, Philadelphia 1990

Randel, Don Michael, *Emerging Triadic Tonality in the Fifteenth Century*, in: *MQ* LVII, 1971, S. 73 – 86

Reckow, Fritz, *»Musik als Sprache«. Über die erstaunliche Karriere eines prekären musiktheoretischen Modells, in: Musik als Text*, a.a.O., Band II, S. 28 – 33

Reckow, Fritz, *»Sonus pulcher et aliquid«: Notizen zur kompositorischen Intertextualität im späten Mittelalter*, in: *Musik als Text*, a.a.O. S. 291 – 294

Reckow, Fritz, *Processus und structura. Über Gattungstraditionen und Formverständnis im Mittelalter*, in: *Musiktheorie* I, 1986, S. 5 – 29

Reckow, Fritz, *Zwischen Ontologie und Rhetorik. Die Idee des movere animos und der Übergang vom Spätmittelalter zur frühenNeuzeit in der Musikgeschichte*, in: *Traditionswandel und Traditionsverhalten*, hrsg. von Walter Haug und Burghart Wachinger, Tübingen 1991, S. 145 – 178

Reese, Gustave, *Music in the Renaissance*, New York 1954

Reeser, Eduard, *Guillaume Dufay: »Nuper rosarum flores« 1436 – 1936*, in: *Tijdschrift van de Vereniging voor nederlandse muziekgeschiedenis* XV, 1938, S. 137 – 146

Régnier-Bohler, Danielle (Hrsg.), *Splendeurs de la Cour de Bourgogne. Recits et Chroniques*, Paris 1995

Reichert, Georg, *Kirchentonart als Formfaktor in der mehrstimmigen Musik des 15. und 16. Jahrhunderts*, in: *Mf* IV, 1951, S. 35 – 48

Reichling, Dietrich (Hrsg.), *Das Doctrinale de Villa-Dei. Kritisch-exegetische Ausgabe mit Einleitung, Verzeichnis der Handschriften und Drucke nebst Registern, Monumenta Germaniae Paedagogica* 12, Berlin 1893, Reprint New York 1974

Reidemeister, Peter, *Die Handschrift 78 C 28 des Berliner Kupferstichkabinetts*, Berliner musikwissenschaftliche Arbeiten 4, München 1973

Reynolds, Christopher A., *Musical Evidence of Compositional Planning in the Renaissance: Josquin's* Plus nulz regretz, in: *JAMS* XL, 1987, S. 53 – 81

Reynolds, Christopher A., *The Counterpoint of Allusion in Fifteenth-Century Masses*, in: *JAMS* XLV, 1992, S. 228 – 260

Reynolds, Christopher A., *The Origins of San Pietro B 80 and the Development of a Roman Sacred Repertory*, in: *Early Music History* I, 1981, S. 257 – 304

Richter, Lukas, *Dante und die Musik seiner Zeit*, in: *Deutsche Vierteljahresschrift für Literaturwissenschaft und Geistesgeschichte*, 63. Jahrgang, 1989, S. 25 – 63

Romano, Ruggiero, und Tenenti, Alberto, *Die Grundlegung der modernen Welt. Spätmittelalter, Renaissance, Reformation, Fischer Weltgeschichte* Band 12, Frankfurt am Main 1965

Roth, Adalbert, *L'homme armé, le doubté turq, l'ordre de la toison d'or. Zur Begleitmusik der letzten großen Kreuzzugsbewegung nach dem Fall von Konstantinopel*, in: *Feste und Feiern im Mittelalter*. Paderborner Symposion des Mediävistenverbandes, hrsg. v. Delef Altenburg, Jörn Janut und Hans Hugo Steinhof, Sigmaringen 1991, S. 469 – 480

Rubsamen, Walter H., *The Justiniane or Viniziane of the 15th Century*, in: *Acta Musicologica* 29, 1957, S. 172 – 184

Rudolf, Rainer, *Ars moriendi. Von der Kunst des heilsamen Lebens und Sterbens*, Köln-Graz 1957

Runciman, Steven, *Die Eroberung von Konstantinopel 1453,* München 1966, Taschenbuchausgabe München 1977
Ryschawy, Hans, und Stoll, Rolf W., *Die Bedeutung der Zahl in Dufays Kompositionsart: Nuper rosarum flores,* in: *Musik-Konzepte* 60, a.a.O., S. 3 – 73

Sachs, Klaus-Jürgen, *Boethius and the Judgment of the Ears: A Hidden Challenge in Medieval and Renaissance Music,* in: Burnett, Charles, Fend, Michael und Gouk, Penelope (Hrsg.), *The Second Sense: Studies in Hearing and Musical Judgment from Antiquity to the Seventeenth Century,* London 1991, S. 169 – 198
Sachs, Klaus-Jürgen, *De modo componendi. Studien zu musikalischen Lehrtexten des späten 15. Jahrhunderts,* Hildesheim/Zürich/New York 2002
Sachs, Klaus-Jürgen, *Der Contrapunctus im 14. und 15. Jahrhundert, Beihefte zum Archiv für Musikwissenschaft 13,* Wiesbaden 1974
Sanders, Ernest H., *Die Rolle der englischen Mehrstimmigkeit des Mittelalters in der Entwicklung von Cantus-firmus-Satz und Tonalitätsstruktur,* in: *AfMw* XXIV, 1967, S. 24 – 53
Sanders, Ernest H., *England: From the Beginnings to c. 1540,* in: *Music from the Middle Ages to the Renaissance,* hrsg. von Frederick W. Sternfeld, London 1973, S. 255 – 313
Sandresky, Margaret Vardell, *The Continuing Concept of the Platonic-Pythagorean Concept and its Application to the Analysis of Fifteenth Century Music,* in: *Music Theory Spectrum* I, 1979, S. 107 – 120
Sandresky, Margaret Vardell, *The Golden Section in three Byzantine Motets of Dufay,* in: *Journal of Music Theory* 25, 1981, S. 291 – 307
Schelle, Klaus, *Karl der Kühne,* Stuttgart 1977
Schnell, Rüdiger, *Unterwerfung und Herrschaft. Zum Liebesdiskurs im Mittelalter,* in: Heinze, Joachim (Hrsg.), a.a.O., S. 103 – 133
Schnerb, Bertrand, *L'État bourguignon. 1363 – 1477,* Paris (Perin) 1999
Schoop, Hans, *Entstehung und Verwendung der Handschrift Oxford Bodleian Library, Canonici misc. 213,* Bern – Stuttgart 1971
Schuler, Manfred, *Die Musik in Konstanz während des Konzils 1414 – 1419,* in: *Acta mus.* XXXVIII, 1966, S. 150 – 168
Schuler, Manfred, *Neues zur Biographie von Gilles Binchois,* in: *AfMw* XXXIII, 1976, S. 68 – 78
Schuler, Manfred, *Zur Geschichte der Kapelle Papst Martins V.,* in: *AfMw* XXV, 1968, S. 30 – 45
Schwarz, Brigide, *Klerikerkarrieren und Pfründenmarkt. Perspektiven einer sozialgeschichtlichen Auswertung des Repertorium Germanicum,* in: Quellen und Forschungen aus italienischen Archiven und Bibliotheken 71/1991, Tübingen, S. 243 – 265
Schwarz, Brigide, *Römische Kurie und Pfründenmarkt im Spätmittelalter,* in: *Zeitschrift für historische Forschung,* 20. Band, Berlin 1993, S. 129 – 152
Scott, Ann B., *The Beginnings of Fauxbourdon: A New Interpretation,* in: *JAMS* XXIV, 1971, S. 345 – 363
Sedlmayr, Hans, *Die Entstehung der Kathedrale,* Zürich 1950
Sherr, Richard, *Tempo to 1500,* in: Knighton, Tess, und Fallows, David (Hrsg.) 1997, S. 327 – 336
Sillem, Peter (Hrsg.), *Melancholie oder Vom Glück, unglücklich zu sein,* München 1997
Simson, Otto von, *Die gotische Kathedrale, Beiträge zu ihrer Entstehung und Bedeutung,* 5. Aufl. Darmstadt 1992
Sparks, Edgar H., *Cantus Firmus in Mass and Motet, 1420 – 1520,* Berkeley und Los Angeles 1963
Stainer, John, *A Fifteenth Century MS Book of Vocal Music in the Bodleian Library, Oxford,* in: *PRMA* XXII, 1895/96, S. 1 – 22
Starr, Pamela F., *Music and Music Patronage at the Papal Court, 1447 – 1464,* Diss. Yale University 1987 (UMI 8810283)
Stenzl, Jürg, *Un fragment de Dufay au Grand-Saint-Bernard,* in: *Revue musicale de la Suisse romande* XXIV, 1971, S. 5 – 7
Stephan, Wolfgang, *Die burgundisch-niederländische Motette zur Zeit Ockeghems,* Kassel 1937
Stevens, Denis, *Musicology: a Practical Guide,* London 1980
Stoll, Rolf W., *Musik: Wörter, Zahlen. Guillaume Dufays Chanson »Mon chier amy ...«,* in: *Neue Zeitschrift für Musik,* 162. Jahrgang, 2001, S. 42 – 47
Strohmayer, Wolfgang, *Leon Battista Alberti – Schönheitsbegriff und traditionelle Entwurfsgrundlagen,* in: *AfMw* 58 (2001), S. 231 – 260
Strohm, Reinhard, *Centre and periphery: mainstream and provincial music,* in: Knighton, Tess, und Fallows, David (Hrsg) 1992, S. 55 – 59

Strohm, Reinhard, *Die Missa super »Nos amis« von Johannes Tinctoris*, in: *Mf* 32, 1979, S. 34 – 51
Strohm, Reinhard, *Ein unbekanntes Chorbuch des 15. Jahrhunderts*, in: *Mf* XXI, 1968, S. 40 – 42
Strohm, Reinhard, *Einheit und Funktion früher Meßzyklen*, in: *Festschrift Rudolf Bockholdt zum 60. Geburtstag*, hrsg. von N. Dubowy und S. Meyer-Eller, Pfaffenhofen 1990, S. 141 – 160
Strohm, Reinhard, *European Politics and the Distribution of Music in the Early Fifteenth Century*, in: *Early Music History* I, 1981, S. 305 – 323
Strohm, Reinhard, *How to Make Medieval Music Our Own: A Response to Christopher Page and Margaret Bent*, in: *Early Music* 22, 1994, S. 715 – 719
Strohm, Reinhard, *Music in Late Medieval Bruges*, Oxford 1980, 2., veränderte Auflage Oxford 1990
Strohm, Reinhard, *Music, Humanism, and the Idea of a Rebirth of the Arts*, in: Strohm, R. und Blackburn, B. (Hrsg.) 2001, S. 346 – 405
Strohm, Reinhard, *The »Rise of European Music« and the Rights of Others*, in: *Journal of the Royal Musical Association* 121, 1996, S. 2 ff.
Strohm, Reinhard, *The Humanist Idea of a Common Revival of the Arts, and its Implications for Music History*, in: Jablonski, Maciej und Steszewski, Jan (Hrsg.), *Interdisciplinary Studies in Musicology*, Posen 1997, S. 7 – 27
Strohm, Reinhard, *The Rise of European Music 1380 – 1500*, Cambridge 1993
Strohm, Reinhard, und Blackburn, Bonnie (Hrsg.), *Music as Concept and Practice in the Late Middle Ages, The New Oxford History of Music* Band III.1, New Edition, Oxford 2001
Strunk, Oliver, *Church Polyphony Apropos of a New Fragment at Grottaferrata*, in: *L'Ars nova italiana del Trecento* 3, Certaldo 1970, S. 305 – 315
Strunk, Oliver, *The Ordinarium Missae in Settings by Dufay and Power*, in: ders., *Essays on Music in the Western World*, New York 1974, S. 62 – 67
Strupp, Christoph, *Johann Huizinga. Geschichtswissenschaft als Kulturgeschichte*, Göttingen 2000

Taruskin, Richard, *Antoine Busnoys and the* L'Homme armé *Tradition*, in: *JAMS* XXXIX, 1986, S. 255 – 293
Thibault, Geneviève, *Quelques chansons de Dufay*, in: *Revue de musicologie* XI, 2. série, 1924, S. 97 – 102
Thürlemann, Felix, *Robert Campin. Das Mérode – Triptychon*, Frankfurt am Main 1997
Tinctoris: *Johannis Tinctoris Opera Theoretica*, hrsg. von Albert Seay, *Corpus Scriptorum de Musica* 22, Bd. 1 – 2 a, Rom 1975
Toussaint, Joseph, *Les rélations diplomatiques de Philippe le Bon avec le Concile de Bâle (1431 – 1449)*, Louvain 1942
Treitler, Leo, *Dufay the Progressive*, in: Atlas (Hrsg.), a.a.O., S. 115 – 127
Treitler, Leo, *Tone System in the Secular Works of Guillaume Dufay*, in: *JAMS* XVIII, 1965, S. 131 – 161
Trowell, Brian, *Faburden and Fauxbourdon*, in: *Musica Disciplina* 13, 1959, S. 43 – 78
Trowell, Brian, *Proportion in the Music of Dunstable*, in: *Proceedings of the Royal Musical Association* CV, 1978/79, S. 100 – 141
Trumble, Ernest, *Authentic and Spurious Faburden*, in: *Revue Belge de Musicologie* XIV, 1960, S. 3 – 29
Trumble, Ernest, *Autobiographical Implications in Dufay's Song-Motet* Juvenis qui puellam, in: *Revue Belge de Musicologie* XLII, 1988, S. 31 – 82
Trumble, Ernest, *Dissonance Treatment in Early Fauxbourdon*, in: Festschrift L. Dittmer, Ottawa 1990, S. 243 – 272
Trumble, Ernest, *Fauxbourdon: an Historical Survey, Musicological Studies III*, Brooklyn 1959
Turner, Ch., *Proportion and Form in the Continental Isorhythmic Motet ca. 1385 – 1450*, in: *Music Analysis* 10, 1991, S. 89 – 124

Valéry, Paul, *Oeuvres*, 2 Bände, Bibliothèque de la Pléiade, Paris 1960
Van der Linden, Albert, *«Natus ipse Fay»*, in: *Revue Belge de Musicologie* II, 1949, S. 215
Van der Linden, Albert, *A propos de Guillaume Dufay*, in: *Revue Belge de Musicologie* III, 1949, S. 44 – 46
Van der Linden, Albert, *Comment faut-il prononcer «Dufay«?*, in: *Revue Belge de Musicologie* XIX, 1965, S. 112 – 117
Van der Linden, Albert, *Guillaume Dufay fut-il chanoine de Soignies?*, in: *Revue Belge de Musicologie* XVIII, 1964, S. 28 – 31
Vogel, Martin, *»Musica falsa und falso bordone«*, in: *Festschrift Walter Wiora*, hrsg. von Ludwig Finscher und Christoph-Hellmut Mahling, Kassel usw. 1967, S. 170 ff.
Völker, Ludwig (Hrsg.), *»Komm, heilige Melancholie«*, Stuttgart 1983

Walker, Thomas, *A Severed Head: Notes on a Lost English Caput Mass*, in: Abstracts of Papers Read at the Thirty-Fifth Annual Meeting of the American Musicological Society, Saint Louis, Missouri 1969, S. 14 ff.

Ward, Tom R., *Hymn. III. Polyphonic Latin*, in: *The New Grove*, Oxford 1980, Band VIII, S. 841,

Ward, Tom R., *The Polyphonic Office Hymn 1400 – 1520. A Descriptive Catalogue*, Stuttgart 1980

Warmington, Flynn, *The Ceremony of the Armed Man: The Sword, the Altar, and the* L'homme armé *Mass*, in: Paula Higgins (Hrsg.), *Antoine Busnoys. Method, Meaning, and Context in Late Medieval Music*, Oxford 1999, S. 89 – 130

Warnke, Martin, *Hofkünstler. Zur Vorgeschichte des modernen Künstlers,* Köln 1985

Warren, Charles W., *Brunelleschi's Dome and Dufay's Motet*, in: *MQ* XLIV, 1973, S. 92 – 105

Warren, Charles W., *Punctus Organi and Cantus Coronatus in the Music of Dufay, in:* Atlas (Hrsg.), a.a.O., S. 128 – 143

Wathey, Andrew, *Dunstable in France*, in: *Music and Letters* LVII, 1986, S. 1 – 31

Wegman, Rob C., *Reviewing Images*, in: *Music and Letters* LXXVI, 1995, S. 265 – 273

Wegman, Rob. C., *Johannes Tinctoris and the »New Art«*, in: *Music and Letters* 2003, S. 171 – 188

Wegman, Rob. C., *»And Josquin Laughed ...«. Josquin and the Composer's Anecdote in the Sixteenth Century,* in: *JAMS* XVII, 1999, S. 319 – 357

Wegman, Rob. C., *Different Strokes for Different Folks? On Tempo and Diminution in Fifteenth-Century Music, in: JAMS* 53, 2000, S. 461 – 506

Wegman, Rob. C., *From Maker to Composer: Improvisation and Musical Authorship in the Low Countries 1450 – 1500*, in: *JAMS* 49, 1996, S. 409 – 479

Wegman, Rob. C., *Miserere supplicanti Dufay: The Creation and Transmission of Dufay's Missa Ave Regina Coelorum*, in: *The Journal of Musicology* 13, 1995, S. 18 – 54

Wegman, Rob. C., *Miserere supplicanti Dufay: The Creation and Transmission of Guillaume Dufay's Missa »Ave regina celorum«*, in: *JAMS* 48, 1995, S. 18 – 54

Welker, Lorenz, *Die Musik der Renaissance*, in: Hermann Danuser (Hrsg.), *Musikalische Interpretation.* Neues Handbuch der Musikwissenschaft, Band 11, Laaber 1992, S. 139 – 215

Weller, Philip, *Frames and Images: Locating Music in Cultural Histories od the Middle Ages,* in: *JAMS* 50, 1997, S. 7 – 54

White, John, *The Birth and Rebirth of Pictorial Space*, London 1968

White, Lynn jr., *The Flavor of Early Renaissance Technology*, in: *Developments in the Early Renaissance*, hrsg. von Bernard S. Levy, Albany, N.Y., 1972, S. 36 – 58

Wilkins, Nigel, *Music and Poetry at Court: England and France in the Late Middle Ages*, in: *English Court Culture in the Later Middle Ages*, hrsg. von V. J. Scattergood und J. W. Sherborne, London 1981, S. 183 – 204

Wolfzettel, Friedrich (Hrsg.), *Lyrik des Mittelalters,* 2 Bände, Stuttgart 1983

Wolfzettel, Friedrich, *Die mittelalterliche Lyrik Frankreichs,* in: ders., (Hrsg.) a.a.O., S. 527 ff.

Woodley, Ronald, *Johannes Tinctoris: A Review of the Documentary Biographical Evidence*, in: *JAMS* 34, 1981, S. 7 – 48

Wright, Craig, *Dufay at Cambrai: Discoveries and Revisions,* in: *JAMS* 28, 1975, S. 175 – 229

Wright, Craig, *Performance Practices at the Cathedral of Cambrai 1475 – 1550*, in: *MQ* LXIV, 1978, S. 295 – 328

Wright, Craig, *Dufay's Nuper rosarum flores, King Solomon's Temple, and the Veneration of the Virgin,* in: *JAMS* 47, 1994, S. 395 – 441.

Wright, Peter (Hrsg.), *I Codici Musicali Trentini. Nuove scoperte e nuovi orientamenti della ricerca. Atto del convegno internazionale* The Trent Codices: New Findings and New Directions, Trient 1996

Zak, Sabine, *Fürstliche und städtische Repräsentation in der Kirche*, in: *Musica Disciplina* 38, 1984, S. 231 – 259

Zenck, Hermann, *Zarlinos »Istituzioni harmoniche« als Quelle zur Musikanschauung der italienischen Renaissance*, in: *Zeitschrift für Musikwissenschaft* 12, 1930, S. 540 – 578

Personenregister

Erfaßt nur die im laufenden Text und in der Zeittafel genannten Namen